Feldt/Ellenberg/Koterzyna/Plikat/Gerhards
Mehrwertsteuerrecht europäischer Staaten und wichtiger Drittstaaten

Zusätzliche digitale Inhalte für Sie!

Dieses Buch bietet Ihnen mehr als nur eine gedruckte Version! Nutzen Sie die folgenden Möglichkeiten, die Ihnen für dieses Produkt in der NWB Datenbank zur Verfügung stehen.

Online-Version

Sie haben das gedruckte Exemplar Ihres Buches nicht zur Hand oder möchten etwas schnell recherchieren? Dann nutzen Sie die Online-Version Ihres Buches. Diese steht Ihnen nach Eingabe des folgenden Freischaltcodes direkt zur Verfügung.

Schalten Sie sich das Buch inklusive Mehrwert direkt frei.

Scannen Sie den QR-Code **oder** rufen Sie die Seite www.nwb.de auf.
Geben Sie den Freischaltcode ein und folgen Sie dem Anmeldedialog. Fertig!

Ihr Freischaltcode

BJIF-QWDX-RFLB-NZWL-YDFI-AU

www.nwb.de

Mehrwertsteuerrecht europäischer Staaten und wichtiger Drittstaaten

28 Länder im Überblick

Von

Matthias Feldt
Head of VAT
Vonovia SE, Bochum

Diana Ellenberg
Senior Manager, Indirect Taxes
eBay Marketplaces GmbH, Zürich

Jessica Koterzyna
Marc R. Plikat
Daniela Gerhards
Group Function Taxes and Customs
thyssenkrupp AG, Essen

7. überarbeitete Auflage

nwb

ISBN 978-3-482-**59387**-1 – 7. Auflage 2023

Satz: Reemers Publishing Services GmbH, Krefeld

Druck: GGP Media GmbH, Pößneck

VORWORT

Die hohe Relevanz der Mehrwertsteuer für die Praxis zeigt nicht zuletzt die Tatsache, dass Sie nunmehr die 7. Auflage dieses Buches in den Händen halten.

Mehr als 150 Staaten weltweit erheben inzwischen eine Mehrwertsteuer oder eine ähnliche Steuer und es kommen immer mehr Länder dazu. In allen Ländern, die eine Mehrwertsteuer erheben, ist diese eine der wichtigsten Steuereinnahmequellen.

Für die Unternehmen, die sich in ihrer täglichen Praxis immer wieder mit der Mehrwertsteuer in Bezug auf ihre Transaktionen befassen müssen, können Fehler schnell zu äußerst unangenehmen Folgen führen, insbesondere monetäre Folgen, aber auch Reputationsschäden. Es ist nicht immer einfach, die korrekte Darstellung jedes einzelnen Sachverhaltes im Unternehmen im täglichen Massengeschäft sicherzustellen. Das Umsatzsteuerrecht ist bereits in Deutschland recht komplex. Sind Transaktionen über mehrere Steuerhoheitsgebiete zu würdigen, wird dies noch anspruchsvoller. Nicht der einzige, aber einer der wesentlichen Aspekte ist hier, dass sich betroffene Steuerpflichtige mit dem Mehrwertsteuerrecht unterschiedlicher Staaten befassen müssen.

Das Mehrwertsteuerrecht in Drittstaaten kann ganz erheblich von der Umsatzsteuersystematik abweichen, wie wir diese in der Europäischen Union (EU) kennen.

Aber auch bei Umsätzen innerhalb der EU kann die abweichende Rechtslage in anderen Staaten zu einem Praxisproblem für betroffene Unternehmer werden. Das in den derzeit 27 Mitgliedstaaten der EU gültige Mehrwertsteuerrecht basiert auf der Mehrwertsteuersystemrichtlinie (**MwStSystRL**) und hat somit zwar zumindest eine gemeinsame Grundlage. Wie alle Richtlinien ist diese durch die Mitgliedstaaten in nationales Recht umzusetzen. Dies führt in einzelnen Punkten einerseits zu unterschiedlichen Auslegungen der **MwStSystRL**, andererseits gibt diese den Ländern auch eine Reihe von Optionen vor, die den Mitgliedstaaten Freiraum im Rahmen der Festlegung ihrer nationalen Regelungen gibt. Damit gilt das „harmonisierte Mehrwertsteuerrecht der EU" in der Praxis oft nur für Grundlagen der Steuererhebung, während für Transaktionen wie z.B. Werklieferungen und die Frage der Erhebung der Steuer in jedem Land andere Regelungen zu befolgen sind. Schritte zur weiteren Harmonisierung der Regelungen in den einzelnen Mitgliedstaaten werden immer wieder ergriffen, in großem Umfang beispielsweise durch die Einführung der sog. „Quick Fixes". Hierdurch existieren nun endlich für praxisrelevante Sachverhalte wie Reihengeschäfte oder Konsignationslagerfälle Regelungen, die so einheitlich in allen EU-Mitgliedstaaten umzusetzen waren. Details hierzu – insbesondere zu den nun seit 1.1.2020 EU-weit harmonisierten Regelungen zu Reihengeschäften und Konsignationslagern – finden sich in den Begriffsbestimmungen sowie auch in den Länderkapiteln selbst.

Aufgrund der Höhe der Mehrwertsteuersätze haben nicht nur die Finanzverwaltungen ein erhebliches Interesse an der ordnungsgemäßen Vereinnahmung der Mehrwertsteuer, sondern auch Steuerbetrüger haben schon vor Jahren das „Potential der Mehrwertsteuer" erkannt. Die europäische Kommission beziffert den jährlichen Verlust des Steueraufkommens aufgrund von Umsatzsteuerbetrug auf bis zu 93 Mrd. Euro.

Die noch immer nicht vollständig harmonisierten Regelungen in den Mitgliedstaaten und vor allem auch die erwähnten Einnahmenverluste durch Betrügereien werden auch künftig zu weiteren Reformen des Mehrwertsteuerrechts in der gesamten EU führen. So beinhaltet der bereits veröffentlichte Vorschlag zu „VAT in the Digital Age" unter anderem die elektronische Rechnungsstellung sowie Echtzeit-Meldungen an die Finanzverwaltung, die von Mitgliedstaaten und Unternehmen beginnend 2024 und in den darauffolgenden Jahren umzusetzen sind.

Diese Bestrebungen zeigen klar und eindeutig, dass der Mehrwertsteuer in der EU auch in Zukunft hohe Bedeutung beigemessen wird. Daher wird diese immer weiter im Wandel begriffen sein. Aufgrund des hohen Risikos bei unzutreffender Behandlung von Sachverhalten vor Allem auch mit Auslandsbezug sollte daher jeder Unternehmer über den aktuellen Rechtsstand in Ländern, mit denen er Geschäfte betreibt, informiert sein.

Dieses Buch verschafft Ihnen einen ersten Überblick dazu, wie das Mehrwertsteuerrecht in den EU-Mitgliedstaaten und den Drittländern China, Russland, Indien, Norwegen, Schweiz und Türkei ausgestaltet ist. Hierbei wurde der Fokus auf die gängigsten Transaktionen gelegt, die Unternehmen in anderen Ländern tätigen. Die Ausführungen zu den mehrwertsteuerlichen Regelungen in den einzelnen Staaten werden um Ausführungen zur praktischen Abwicklung im Fall einer (mehrwert-)steuerlichen Registrierungspflicht ergänzt.

Auch in dieser 7. Auflage wurden sämtliche Kapitel überarbeitet und um neu gewonnene Erkenntnisse aus der täglichen Praxis der Autorinnen und Autoren sowie um zwischenzeitlich vollzogene Gesetzes- und Rechtsänderungen in den einzelnen Ländern ergänzt.

Es sei darauf hingewiesen, dass die besonderen steuerlichen Maßnahmen zur Berücksichtigung der Auswirkungen des Coronavirus (COVID-19/SARS-CoV-2) sowie des Krieges in der Ukraine und hoher Energiekosten unserseits aufgrund der Kurzfristigkeit und Schnelllebigkeit dieser Maßnahmen nicht erörtert wurden.

Ansonsten gilt: Jeder Sachverhalt ist stets gesondert zu betrachten und die gesamte Leistungsbeziehung mit Lieferanten/Subunternehmern, Kunden und Kundeskunden ist zu würdigen, da sich aus vermeintlich kleinen Änderungen in den Leistungsbeziehungen durchaus unterschiedliche mehrwertsteuerliche Konsequenzen ergeben können. Dieses Buch kann daher keine Beratung durch einen lokalen Steuerberater ersetzen, sondern soll dazu dienen, Ihnen einen ersten Überblick geben, welche mehrwertsteuerlichen Rechtsfolgen in den einzelnen Ländern zu erwarten sind. Wir hoffen, dass Ihnen dieses Buch dabei hilft, potentielle Abweichungen zum deutschen Umsatzsteuerrecht zu erkennen und mit gezielten Fragen an einen lokalen Steuerberater heranzutreten.

Wir alle haben alle langjährige Erfahrung mit grenzüberschreitenden Leistungsbeziehungen und diese praktischen Erfahrungen sind in unser Buch eingeflossen – wir sehen es vor allem als Unterstützung von Praktikern für Praktiker!

Die Autorinnen und Autoren

Juni 2023

INHALTSVERZEICHNIS

Über die Autoren

Matthias Feldt, Steuerberater, ist seit dem Jahr 2017 Leiter Umsatzsteuer bei der Vonovia SE, Bochum. Zuvor war Matthias Feldt fünf Jahre im internationalen Umsatzsteuerteam von General Electric für die Region DACH und Osteuropa verantwortlich. Bis dahin war er Leiter der Gruppe Umsatzsteuer und Zoll der thyssenkrupp AG. Matthias Feldt beschäftigt sich seit der Einführung des Binnenmarktes 1993 mit dem Umsatzsteuerrecht der EU-Staaten. Er ist regelmäßig Vortragender bei nationalen und internationalen Konferenzen.

Diana Ellenberg, Diplom-Wirtschaftsjuristin (FH), ist seit 2003 im Bereich der internationalen Umsatzsteuer tätig und hat 2008 das Steuerberaterexamen abgelegt. Sie hat mehr als 15 Jahre bei der thyssenkrupp AG im Bereich Indirect Taxes & Customs die Konzernunternehmen inbesondere im Zusammenhang mit grenzüberschreitenden Liefer- und Leistungsbeziehungen beraten. Seit 2019 ist sie im Team Indirect Taxes EMEA bei eBay tätig und dort neben der Umsatzsteuer auch für die Digital Services Tax verantwortlich. Diana Ellenberg hält regelmäßig Vorträge bei Seminaren und Konferenzen.

Jessica Koterzyna, LL.M. Unternehmensteuerrecht, ist seit 2012 in der Group Function Taxes & Customs der thyssenkrupp AG tätig. Innerhalb der Gruppe Indirect Taxes & Customs befasst sich Jessica Koterzyna schwerpunktmäßig mit dem internationalen Umsatzsteuerrecht. Ihre Arbeitsschwerpunkte umfassen hierbei insbesondere die Beratung bei grenzüberschreitenden Liefer- und Leistungsbeziehungen sowie die umsatzsteuerliche Planung und Begleitung von Bau- und Montageprojekten weltweit. Jessica Koterzyna veröffentlicht regelmäßig Aufsätze zu internationalen Themen der Umsatzbesteuerung in diversen Fachzeitschriften.

Marc R. Plikat, Diplom-Finanzwirt (FH), Steuerberater und Head of Indirect Taxes & Customs in der Group Function Taxes & Customs der thyssenkrupp AG, ist seit dem Jahr 2000 in der thyssenkrupp AG tätig. Die Gruppe Indirect Taxes & Customs ist Ansprechpartner für alle umsatzsteuerlichen, zollrechtlichen und energiesteuerlichen Belange in der Group of Companies von thyssenkrupp. Zuvor war er u. a. als Umsatzsteuer-Sonderprüfer in der deutschen Finanzverwaltung tätig. Herr Plikat veröffentlicht regelmäßig in der Fachpresse und tritt als Referent bei nationalen und internationalen Veranstaltungen zur Umsatzsteuer in Erscheinung.

Daniela Gerhards, Diplom-Finanzwirtin (FH), Steuerberaterin und Tax Managerin in der Group Function Taxes & Customs der thyssenkrupp AG, befasst sich in ihrer täglichen Praxis schwerpunktmäßig mit nationalem und internationalem Umsatzsteuerrecht und ist Spezialistin für umsatzsteuerliche Fragestellungen im Konzern. Ursprünglich in der Finanzverwaltung und anschließend mehrere Jahre bei einer großen Wirtschafts- und Steuerberatungsgesellschaft tätig, arbeitet Daniela Gerhards seit nunmehr fast fünfzehn Jahren bei der thyssenkrupp AG. Sie ist Verfasserin diverser Beiträge zur Umsatzsteuer in Fachzeitschriften und tritt insbesondere auch als Referentin bei nationalen und internationalen Veranstaltungen zur Umsatzsteuer in Erscheinung.

Begriffsbestimmungen

Allgemein

In den Ausführungen zu den einzelnen Staaten wird teilweise vorausgesetzt, dass feststehende umsatzsteuerliche Begriffsbestimmungen bekannt sind. Mit der folgenden Begriffsbestimmung sollen – in zusammengefasster Form – die Grundbegriffe erläutert werden.

In den Jahren 2020 und 2021 sind zwei bedeutende Maßnahmen zur Vereinfachung und Vereinheitlichung des EU-Mehrwertsteuersystem in den einzelnen Mitgliedstaaten umgesetzt worden.

Im Rahmen der im Oktober 2018 durch die europäischen Finanzminister beschlossenen sogenannten „Quick-Fixes" wurden zum 1.1.2020 die Regelungen im Bereich Konsignationslagerfälle, Reihengeschäfte, Nachweisführung und der USt-ID-Nr. geändert. Mit dem Mehrwertsteuer-Digitalpaket sind umfangreiche Änderungen der Besteuerung des e-Commerce auf den Weg gebracht worden. Aufgrund der einheitlichen Anwendung in allen EU-Staaten sich umfangreiche Erläuterungen zu den einzelnen Anwendungen unter dem jeweiligen Stichwort weiter unten in diesem Kapitel.

Das Umsatzsteuerrecht der einzelnen EU-Staaten basiert auf der „Richtlinie 2006/112/EG des Rates vom 28.11.2006 über das gemeinsame Mehrwertsteuersystem" (Mehrwertsteuersystemrichtlinie – MwStSystRL), die zum 1.1.2007 die „6. EG-Richtlinie des Rates vom 17.5.1977 zur Harmonisierung der Rechtsvorschriften der Mitgliedstaaten – 77/308/EWG" abgelöst hatte.

Die Regelungen der MwStSystRL begründen zunächst nur eine Verpflichtung für die Mitgliedstaaten zur Umsetzung in nationales Recht.

Soweit die MwStSystRL nicht rechtzeitig oder nicht ordnungsgemäß in nationales Recht umgesetzt worden ist, kann sich der Steuerpflichtige auf eine für ihn günstigere Regelung der MwStSystRL berufen. Diese Berufung ist allerdings nur möglich, wenn die Regelungen der MwStSystRL auch inhaltlich hinreichend bestimmt sind.

Bei der inhaltlichen Bestimmtheit ergibt sich vielfach das schlichte Problem der unterschiedlichen Übersetzung in einzelne Sprachen der EU. Die Frage der richtlinienkonformen Umsetzung in nationales Recht führt zunehmend zu Verfahren vor dem Europäischen Gerichtshof (EuGH). Die Auslegung der MwStSystRL durch den EuGH bestimmt dem folgend zunehmend auch die nationalen Gesetze. Gleichzeitig wird in großen Teilen durch die EuGH-Rechtsprechung eine weitere Annäherung der einzelnen nationalen Regelungen erreicht.

Eine vollständige Identität aller nationalen Umsatzsteuergesetze ist aus zwei Gründen aber nicht zu erzielen.

a. Bereits mit der Einführung der 6. EG-Richtlinie in 1977 ist es den damaligen EU-Mitgliedstaaten erlaubt worden, nationale Regelungen beizubehalten, wenn diese Regelungen der Steuervereinfachung bzw. der Verhütung von Steuerhinterziehungen oder Steuerumgehungen dienten (Art. 394 der MwStSystRL).

   - Die in Deutschland praktizierte Umrechnung von Werten in fremder Währung nach Durchschnittssätzen (§ 16 Abs. 6 UStG) gehört beispielsweise zu den beibehaltenen Regelungen, die von der MwStSystRL abweichen.
   - Darüber hinaus können die Mitgliedstaaten ermächtigt werden, weitere von der MwStSystRL abweichende Sondermaßnahmen einzuführen, um die Steuererhebung zu vereinfachen oder Steuerhinterziehungen oder Steuerumgehungen zu verhindern (Art. 395 MwStSystRL).

b. Die MwStSystRL enthält weit über 100 sog. Optionsmöglichkeiten, d. h., es steht den einzelnen Mitgliedstaaten frei, Vorgaben der MwStSystRL umzusetzen.

BEISPIEL: Ein Beispiel für diese Optionsmöglichkeit ist die Umsetzung einer umsatzsteuerlichen Organschaft. Diese Optionsmöglichkeit führt dazu, dass die umsatzsteuerliche Organschaft nicht in allen Mitgliedstaaten bekannt ist.

Die EU-Kommission hat die Notwendigkeit einer weiteren Harmonisierung erkannt. So wurde durch die Richtlinie 2010/45/EU des Rates vom 13.7.2010 zur Änderung der Richtlinie 2006/112/EG über das gemeinsame Mehrwertsteuersystem hinsichtlich der Rechnungsstellungsvorschriften zum 1.1.2013 ein weiterer Schritt in diese Richtung getan.

Aus den oben angeführten „erlaubten" Abweichungen und der nicht immer richtlinienkonformen Umsetzung resultiert die Tatsache, dass die Steuergesetze der einzelnen Staaten leider nicht vollständig identisch sind.

In der Durchführungsverordnung (EU) Nr. 282/2011 des Rates vom 15.3.2011 (mit späteren Änderungen) zur Festlegung von Durchführungsvorschriften zur Richtlinie 2006/112/EG über das gemeinsame Mehrwertsteuersystem ist – zumindest für einen kleinen Bereich – eine verbindliche Auslegung von Begriffen erfolgt.

Bezüglich der Ausführungen zu den Nicht-EU-Staaten ist anzumerken, dass diese Staaten sich selbstverständlich nicht an Vorgaben der MwStSystRL halten müssen. Gleichwohl ist festzustellen, dass auch die Umsatzsteuergesetze von Nicht-EU-Staaten starke Parallelen zum EU-Recht zeigen.

Unternehmen/Organkreis

Unternehmer/Steuerpflichtiger

Die MwStSystRL kennt nicht den im deutschen Umsatzsteuerrecht verwendeten Begriff des Unternehmers, sondern spricht in Art. 9 vom „Steuerpflichtigen".

Gemäß Art. 9 Abs. 1 der MwStSystRL gilt als Steuerpflichtiger, wer eine wirtschaftliche Tätigkeit selbständig und unabhängig ausübt, gleichgültig zu welchem Zweck und mit welchem Ergebnis.

Der Begriff des Unternehmers ist im deutschen Umsatzsteuergesetz in § 2 Abs. 1 Satz 1 UStG definiert. Unternehmer ist, wer eine gewerbliche oder berufliche Tätigkeit selbständig ausübt.

Trotz der unterschiedlichen Formulierung decken sich der Unternehmerbegriff des deutschen UStG und der Begriff des Steuerpflichtigen der MwStSystRL inhaltlich.

Im Folgenden werden die Begriffe „der Unternehmer" oder „das Unternehmen" synonym verwendet und meinen den Steuerpflichtigen gem. MwStSystRL.

Organkreis

Eine umsatzsteuerliche Organschaft kann von den einzelnen EU-Staaten optional umgesetzt werden. Verschiedene Staaten kennen eine Organschaft (z. B. Deutschland, Niederlande, Österreich, Belgien, Spanien) wohingegen in anderen Staaten die Organschaftsregelung unbekannt ist. Die Regelungen sind in einzelnen Staaten sehr unterschiedlich. So ist beispielsweise in Schweden die Organschaft auf die Finanzwirtschaft begrenzt (vgl. auch Vertragsverletzungsverfahren gegen Schweden, EuGH, Urteil v. 25.4.2013 - Rs. C-480/10 „Kommission/Schweden" KAAAE-34950). Irland lässt auch nichtsteuerpflichtige Personen im Organkreis zu (vgl. Vertragsverletzungsverfahren gegen Irland, EuGH, Urteil v. 9.4.2013 - Rs. C-85/11 „Kommission/Irland" XAAAE-33738).

In der Regel können nur die in dem jeweiligen Land ansässigen Unternehmen einen Organkreis bilden.

Leistung

Das deutsche Umsatzsteuerrecht definiert den Begriff Leistung als Oberbegriff für Lieferungen und sonstige Leistungen. Die MwStSystRL kennt ebenfalls den Begriff Lieferung, bezeichnet die sonstigen Leistungen allerdings als Dienstleistungen.

Als Leistungen werden alle (Waren-)Lieferungen und sonstigen Leistungen/Dienstleistungen betrachtet, die ein Unternehmer gegen Entgelt im Rahmen seines Unternehmens ausführt. Alles, was Gegenstand eines Rechtsgeschäftes sein kann, wird als Leistung bezeichnet.

Lieferung

Laut Definition in Art. 14 Abs. 1 MwStSystRL und auch des deutschen UStG (§ 3 Abs. 1 UStG) ist eine Lieferung jede Leistung, durch die ein Unternehmer einen anderen befähigt, im eigenen Namen über einen körperlichen Gegenstand zu verfügen (Verschaffung der Verfügungsmacht).

Sonstige Leistungen/Dienstleistungen

Sonstige Leistungen sind alle Leistungen, die keine Lieferungen sind (§ 3 Abs. 9 UStG). Eine sonstige Leistung kann auch in einem Unterlassen oder im Dulden einer Handlung bestehen. In Art. 24 Abs. 1 MwStSystRL wird statt des Begriffs der sonstigen Leistung der Begriff der Dienstleistung verwendet.

Ort der Lieferung

Die Abgrenzung der Lieferung von den sonstigen Leistungen/Dienstleistungen ist insbesondere für die Frage, wo die Leistung erbracht worden ist, von Bedeutung.

Als Ort der Lieferung gilt in den Fällen,

- in denen die Güter befördert oder versendet werden, der Ort, an dem sich der Gegenstand zum Zeitpunkt des Beginns der Beförderung/Versendung befindet.
- in denen die Güter nicht befördert oder versendet werden, der Ort, an dem sich der Gegenstand zum Zeitpunkt der Lieferung befindet.

Die Bestimmung des Ortes der Lieferung ist notwendig, um festzustellen in welchem Staat der Umsatz steuerbar ist. Erst im nächsten Schritt ist zu entscheiden, ob die Lieferung steuerpflichtig oder steuerbefreit ist (z. B. Export/siehe Erläuterungen zu den Steuerbefreiungen).

Insbesondere bei Reihengeschäften, d. h. bei Umsätzen, bei denen mindestens drei Unternehmen in der Kette einen Gegenstand in der Weise verkaufen, dass zwar zwei Umsatzgeschäfte erfolgen (A verkauft an B, B verkauft an C), aber die Ware direkt von dem Ersten an den Letzten befördert/versendet wird (A an C), spielen die Ortsbestimmungen für die Steuerbarkeit und die Steuerpflicht/Steuerfreiheit eine entscheidende Rolle.

Ort der sonstigen Leistung/Dienstleistung

Zum 1.1.2010 sind die Regelungen des so genannten Umsatzsteuer-Paketes („VAT-package") in Kraft getreten. Dieses Umsatzsteuer-Paket beinhaltete Änderungen hinsichtlich

- (Regelungen) der Ortsbestimmung von Dienstleistungen und damit der Frage, in welchem Staat eine sonstige Leistung/Dienstleistung der Umsatzsteuer unterliegt.
- erweiterter Meldeverpflichtungen bei verkürzten Fristen. Seit dem 1.1.2010 sind sowohl innergemeinschaftliche Lieferungen als auch Dienstleistungen an Unternehmer aus anderen EU-Staaten in der Zusammenfassenden Meldung zu erfassen.
- Neuregelung des Vorsteuer-Vergütungsverfahrens.

Die Regelungen zur Bestimmung des Ortes einer Dienstleistung sind seitdem für die Mehrzahl der Unternehmen wesentlich einfacher zu handhaben. Negativ ins Gewicht gefallen ist, dass seit dem 1.1.2010 auch die „innergemeinschaftlichen" Dienstleistungen gemeldet werden müssen. Analog der bereits seit 1993 zu meldenden innergemeinschaftlichen Lieferungen, sind seitdem auch bei Dienstleistungen an Unternehmen aus anderen EU-Staaten die USt-ID-Nr'n der Leistungsempfänger zu prüfen, aufzunehmen und zu melden.

Grundzüge der Ortsbestimmung bei Dienstleistungen im B2B-Bereich

Bei Dienstleistungen im zwischenunternehmerischen Bereich (allgemein heutzutage als B2B-Umsatz bezeichnet) ist die steuerliche Beurteilung und damit auch Abwicklung seit 2010 deutlich einfacher geworden. Im B2B-Bereich gelten – bis auf wenige Ausnahmen wie z. B. sonstige Leistungen im Zusammenhang mit einem Grundstück – alle Dienstleistungen als an dem Ort erbracht, von dem aus der Leistungsempfänger sein Unternehmen betreibt.

Eine Ausnahme bilden z. B. – aus deutscher Sicht – Güterbeförderungsleistungen oder ähnliche mit der Beförderung im Zusammenhang stehenden Leistungen, Arbeiten an beweglichen körperlichen Gegenständen bzw. deren Begutachtung oder eine Veranstaltungsleistung im Zusammenhang mit Messen und Ausstellungen. Diese zuvor genannten sonstigen Leistungen sind als im Drittlandsgebiet ausgeführt zu behandeln, wenn die Leistung dort genutzt oder ausgewertet wird (§ 3a Abs. 8 UStG). Problematisch ist, dass diese Ausnahmeregelung nicht alle EU-Staaten kennen, so dass es im Einzelfall zu einer nicht oder Doppelbesteuerung kommen kann.

Auf zwei Ausnahmen soll an dieser Stelle hingewiesen werden:

HINWEIS:

Eine oft relevante Ausnahme bilden die Leistungen im Zusammenhang mit einem Grundstück. Diese Leistungen werden dort erbracht, wo das Grundstück belegen ist.

Als sonstige Leistungen in diesem Sinne gelten insbesondere

- die Leistungen im Zusammenhang mit der Vermietung oder Verpachtung von Grundstücken, grundstücksgleichen Rechten sowie von Gebäuden,
- alle mit dem Erwerb oder der Veräußerung von Grundstücken/Gebäuden im Zusammenhang stehenden Leistungen sowie
- sonstige Leistungen, die der Erschließung von Grundstücken oder der Vorbereitung oder Ausführung von Baumaßnahmen dienen.

Die MwStSystRL nennt explizit auch die Vorbereitung und Koordinierung von Bauleistungen als Leistungen, die dort erbracht sind, wo das Grundstück liegt (Art. 47 der MwStSystRL).

Die Abgrenzung der sonstigen Leistungen im Zusammenhang mit einem Grundstück gegenüber den übrigen sonstigen Leistungen bereitet seit jeher Schwierigkeiten. Die europäische Kommission und das BMF haben der Problematik der Abgrenzung Rechnung getragen. Mit Schreiben vom 18.12.2012 (BMF, Schreiben v. 18.12.2012 - IV D 3-S 7117-a/12/10001, 2012/1143976, BStBl 2012 I S. 1272) hat das BMF den UStAE angepasst. Das BMF-Schreiben ist in Folge der Leitlinien der 93. Sitzung des Mehrwertsteuerausschusses (veröffentlicht am 29.3.2012 - taxud.c.1(2012)400557) ergangen, die wiederum nunmehr in die Durchführungsverordnung (EU) Nr. 1024/2013 des Rates vom 7.10.2013 zur Änderung der Durchführungsverordnung (EU) Nr. 282/2011 bezüglich des Ortes der Dienstleistung eingeflossen sind. Die hinsichtlich der Leistungen im Zusammenhang mit Grundstücken erst seit dem 1.1.2017 geltende Verordnung 1024/2013 war bereits vorher schon relevant, da sie in vielen Bereichen dem Wortlaut des BMF-Schreibens bzw. dem UStAE entsprach. Wortgleich (bis auf den Einleitungssatz) ist beispielsweise der Versuch einer Begriffsbestimmung „Grundstück" in Art. 13 der Verordnung 1042/2013 und in Abschnitt 3a.3. Abs. 2 UStAE. Zwischenzeitlich ist der UStAE im Bereich der Leistungen im Zusammenhang mit Grundstücken mehrfach angepasst worden (z. B. mit BMF, Schreiben v. 10.2.2017 und 5.12.2017), um weitere Abgrenzungsfälle aufzunehmen.

Bei den Leistungen im Zusammenhang mit einem Grundstück ist unerheblich, ob es sich bei dem Leistungsempfänger um einen Unternehmer oder Nichtunternehmer handelt.

Die zweite Ausnahme sind die Dienstleistungen auf dem Gebiet der Kultur, des Sports, der Wissenschaft, des Unterrichts, der Unterhaltung und ähnliche Veranstaltungen (Art. 53 der MwStSysrRL). Bei dieser Regelung geht es um die Eintrittsberechtigung zu Veranstaltungen. Ort der Leistung ist bei diesen Veranstaltungen dort, wo die Veranstaltung stattfindet. Umfasst ist aber nicht nur der klassische Eintrittskartenverkauf, sondern betroffen sind auch beispielsweise Schulungsveranstaltungen, bei denen im Vorfeld Anmeldung und Bezahlung erfolgen. Verschiedene EU-Staaten legen diese „Eintrittsberechtigung" sehr weit aus. Darunter können auch Schulungen erfasst werden, die sich an die Allgemeinheit richten und einem großen Kreis offen stehen. Verschiedene Staaten (z. B. Frankreich, Ungarn) gehen soweit, dass auch konzerninterne Schulungen unter die Sonderregelung fallen können, wenn sich die Schulung an mehrere selbständige Gesellschaften aus einem Konzernverbund richtet. Ort der Leistung ist dann jeweils dort, wo die Schulung erbracht wird. Insoweit ist hier sorgfältig zu prüfen, ob eine „vor Ort-Schulung" in einem anderen Staat eine Registrierung auslösen kann. Dies gilt nach dem EuGH-Urteil vom 13.3.2019 (EuGH, Urteil v. 13.3.2019 - Rs. C-647/17 „Srf konsulterna" LAAAH-11036) umso mehr, auch wenn es hierbei nicht explizit um „Inhouse"-Schulungen ging.

Feste Niederlassung/Betriebstätte

Besonderheiten ergeben sich hinsichtlich empfangener bzw. erbrachter Dienstleistungen, wenn eine feste Niederlassung/umsatzsteuerliche Betriebstätte beteiligt ist. Als Ort der sonstigen Leitung gilt dann nicht mehr der Ort an dem der Leistungsempfänger bzw. an dem der Leistende seinen Sitz hat, sondern der Ort der Betriebstätte ist entscheidend. Auch hinsichtlich des Reverse-Charge Verfahrens können sich abweichende Regelungen ergeben, wenn eine feste Niederlassung/umsatzsteuerliche Betriebstätte an dem Umsatzgeschäft beteiligt ist.

Werklieferung/Werkleistung/Bauleistung

Werklieferung

Eine Lieferung zuzüglich Montage/Installation etc. wird in Deutschland als Werklieferung bezeichnet. In anderen Staaten werden Werklieferungen als „Supply and Installation Contracts" bezeichnet. Demnach besteht eine Werklieferung aus dem Lieferanteil und einem Anteil einer sonstigen Leistung. Typisch für eine Werklieferung ist, dass ein fertiges Werk geschuldet wird, wobei nach deutscher Auffassung für das Vorliegen einer Werklieferung die Be- oder Verarbeitung eines fremden Gegenstandes notwendig ist.

Wird die Montage/Installation in einem anderen Staat erbracht, folgt daraus, dass ein Umsatz in diesem Staat vorliegt, da die Verschaffung der Verfügungsmacht erst mit der Abnahme des fertigen Werkes erfolgt.

Art. 36 MwStSystRL bestimmt eindeutig den Ort der Lieferung: „Falls der Gegenstand mit oder ohne probeweise Inbetriebnahme durch den Lieferer oder für dessen Rechnung installiert oder montiert wird, gilt als Ort der Lieferung der Ort, an dem die Installation oder Montage vorgenommen wird."

Werkleistung

Werkleistungen liegen vor, wenn Arbeiten an einem Gegenstand erbracht werden (z. B. Montage, Installation, Reparaturen) und der Leistende hierbei nur Materialien/Stoffe verwendet, bei denen es sich lediglich um Nebensachen handelt. Die sonstige Leistung/Dienstleistung steht somit im Vordergrund.

Eine Abgrenzung zur Werklieferung ist in verschiedenen Staaten von Bedeutung, da sich abweichende Regelungen für die Notwendigkeit einer umsatzsteuerlichen Registrierung ergeben können.

Im B2B-Bereich bestimmt sich der Ort der Werkleistung an beweglichen Gegenständen seit der Neuregelung im Zuge des VAT packages zum 1.1.2010 grds. danach, wo der Leistungsempfänger seinen Sitz hat. Wird die Leistung an eine (umsatzsteuerliche) Betriebsstätte des Leistungsempfängers erbracht, dann gilt die Leistung als am Ort der Betriebsstätte erbracht (Art. 44 MwStSystRL).

Im Bereich B2C wird die Werkleistung an beweglichen Gegenständen grds. an dem Ort ausgeführt, von dem aus der (leistende) Unternehmer sein Unternehmen betreibt (§ 3a Abs. 1 Satz 1 UStG). Erfolgt die Leistungserbringung ex Betriebsstätte des leistenden Unternehmers, dann gilt die Betriebsstätte als Ort der sonstigen Leistung (Art. 45 MwStSystRL).

Durch das Jahressteuergesetz 2010 vom 8.12.2010 wurde § 3a UStG um einen Absatz 8 erweitert. In diesem ist u. a. geregelt, dass bei Arbeiten an beweglichen körperlichen Gegenständen oder bei deren Begutachtung diese Leistung abweichend von § 3a Abs. 2 UStG als im Drittlandsgebiet ausgeführt zu behandeln ist, wenn die Leistung dort genutzt oder ausgewertet wird.

Werkleistungen im Zusammenhang mit einem Grundstück werden dort erbracht, wo das Grundstück belegen ist.

Bauleistungen

Als Bauleistungen sind im Folgenden die Werklieferungen/Werkleistungen bezeichnet, die im Zusammenhang mit Immobilien/Bauwerken im weiteren Sinne erbracht werden. Werden Bauleistungen erbracht, ergeben sich teilweise abweichende Regelungen gegenüber den „normalen" Werklieferungen/Werkleistungen. Siehe insbesondere unter „Reverse-Charge-Verfahren".

In den letzten Jahren haben immer mehr Staaten ein Reverse-Charge-Verfahren im Bereich der Bauleistungen eingeführt. Zu beachten ist, dass die Regelungen in den einzelnen Staaten erheblich voneinander abweichen. Ausländische Unternehmen werden in den meisten Fällen sicherlich bereits von den Regelungen zum Reverse-Charge-Verfahren bei „normalen“ sonstigen Leistungen/Werklieferungen erfasst. Die Regelungen zum Reverse-Charge-Verfahren bei Bauleistungen werden zu prüfen sein, wenn der leistende Unternehmer eine feste Niederlassung in dem jeweiligen Staat begründet oder bereits aufgrund anderer Leistungen umsatzsteuerlich registriert ist.

Verlagerungsverfahren/Reverse-Charge-Verfahren

Als Verlagerungsverfahren/Reverse-Charge-Verfahren sind die Verfahren bezeichnet, bei denen nicht der leistende Unternehmer Steuerschuldner ist, sondern der Leistungsempfänger.

Auch in Deutschland hat sich allgemein der Begriff des Reverse-Charge-Verfahrens durchgesetzt.

Im Ergebnis bedeutet Reverse-Charge-Verfahren, dass bei definierten steuerbaren und auch steuerpflichtigen Leistungen eines nicht im Inland ansässigen bzw. registrierten Unternehmens der Leistungsempfänger die Anmeldung und Abführung der Umsatzsteuern vornimmt. Findet das Reverse-Charge-Verfahren Anwendung, dann braucht sich der leistende Unternehmer i. d. R. in dem Staat, in dem die Leistung ausgeführt wird, nicht umsatzsteuerlich registrieren zu lassen. Der leistende Unternehmer darf keine Umsatzsteuer in der Rechnung ausweisen, muss aber (i. d. R.) auf die Anwendung des Reverse-Charge-Verfahrens hinweisen (siehe auch Rechnungsstellung).

Bei den in Art. 44 MwStSystRL genannten sonstigen Leistungen ist grds. eine Verlagerung auf einen Steuerpflichtigen (oder die nicht steuerpflichtige juristische Person mit USt.ID-Nummer) zwingend (Art. 196 MwStSystRL), wenn der Leistende in dem jeweiligen Staat des Leistungsempfängers nicht ansässig ist. Zu den Dienstleistungen i. S. des Art. 44 MwStSystRL gehören die o. g. – nicht den Ausnahmeregelungen – unterliegenden sonstigen Leistungen im B2B-Bereich. Nicht dazu gehören demnach Dienstleistungen im Zusammenhang mit einem Grundstück (Art. 47 MwStSystRL). Hier ist im Einzelfall zu prüfen, ob eine Verlagerung erfolgen kann/muss.

Bei Werklieferungen sehen die meisten EU-Staaten ebenfalls ein Reverse-Charge-Verfahren vor. In dem Bereich Werklieferung ist jedoch jeder Staat gesondert zu betrachten.

In welchen Fällen in den einzelnen Staaten ein Reverse-Charge-Verfahren angewendet werden kann und welche Restriktionen ggf. bestehen, kann den Ausführungen zu den einzelnen Staaten entnommen werden.

Teilweise sehen Staaten sogar ein Reverse-Charge-Verfahren bei Warenlieferungen vor (z. B. Niederlande, Spanien, Frankreich jeweils mit Einschränkungen). Bei Warenlieferungen ergibt sich darüber hinaus eine Besonderheit, wenn ein Reihengeschäft mit drei Unternehmen aus drei Staaten durchgeführt wird (sog. Dreiecksgeschäft).

EU-Reihengeschäfte – Quick Fixes

Alte Rechtslage – bis 31.12.2019

Ein Reihengeschäft liegt vor, wenn dieselben Gegenstände nacheinander geliefert und direkt vom ersten Lieferanten (A) zum letzten Abnehmer (C) in der Lieferkette transportiert werden.

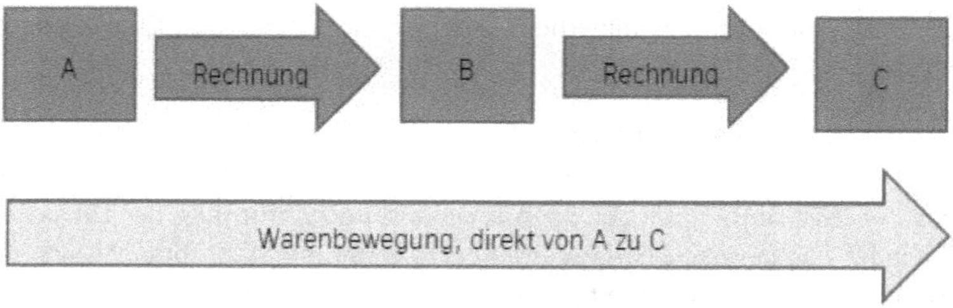

Aus umsatzsteuerrechtlicher Sicht gibt es zwei steuerbare Lieferungen: Die Lieferung von A an B und die Lieferung von B an C. Wenn die Waren über eine oder mehrere Landesgrenzen innerhalb der EU transportiert werden, muss geprüft werden, welche der Lieferungen als steuerfreie innergemeinschaftliche Lieferung zu qualifizieren ist.

Es gibt zwei mögliche Optionen:

1. Die Lieferung von A an B gilt als steuerfreie innergemeinschaftliche Lieferung. Unternehmer A muss die innergemeinschaftliche Lieferung im Abgangsmitgliedstaat melden. B meldet einen innergemeinschaftlichen Erwerb im Empfangsmitgliedstaat. Die Lieferung von B an C ist eine Inlandslieferung, die im Empfangsmitgliedstaat der Mehrwertsteuer unterliegt.
2. Die Lieferung von B an C gilt als steuerfreie innergemeinschaftliche Lieferung. Unternehmer B muss diese innergemeinschaftliche Lieferung im Abgangsmitgliedstaat melden. C meldet einen innergemeinschaftlichen Erwerb im Empfangsmitgliedstaat. Die Lieferung von A an B ist eine inländische Lieferung, die im Abgangsmitgliedstaat der Mehrwertsteuer unterliegt.

Um festzustellen, welche Lieferung die steuerfreie innergemeinschaftliche Lieferung ist, war – zumindest gem. der Rechtsprechung des Europäischen Gerichtshofes – der Zeitpunkt des Eigentumsübergangs auf Unternehmer C maßgebend. Wenn Unternehmer C Eigentümer der Waren wurde, bevor die Waren die Grenze überschritten, handelt es sich bei der B-C-Lieferung um die steuerfreie innergemeinschaftliche Lieferung. Wenn C im Empfangsmitgliedstaat Eigentümer der Waren geworden ist, handelt es sich bei der A-B-Lieferung um die innergemeinschaftliche Lieferung.

Diese Regel war nicht sehr praktikabel, insbesondere, weil A ggf. nicht wusste, dass C bereits Eigentümer der Waren geworden ist, bevor sie den Mitgliedstaat von A verlassen hatte.

EU-einheitliche Regeln für Reihengeschäfte seit dem 1.1.2020

Mit dem Ziel, die MwSt-Vorschriften zu vereinfachen und zu vereinheitlichen, um die künftige Einführung eines endgültigen MwSt-Systems zu implementieren, erzielte der Rat der Europäischen Kommission im Rahmen der so genannten Quick Fixes eine Einigung über die am 1.1.2020 in Kraft getretene Richtlinie über Reihengeschäfte.

Die europäische Regelung zum Reihengeschäft findet sich in Art. 36a MwStSystRL. In Deutschland wurden die neuen europarechtlichen Vorgaben in § 3 Abs. 6a UStG umgesetzt, welcher im Wesentlichen der bisherigen Regelung im § 3 Abs. 6 Satz 5 und 6 UStG entspricht. Mit Ausnahme der Regelungen für innergemeinschaftliche Dreiecksgeschäfte waren weder in der 6. EG-Richtlinie noch in den MwStSystRL bis zum 1.1.2020 besondere Regelungen für Reihengeschäfte enthalten. Eine Grundlage für die Ortbestimmung ergab sich einzig und allein aus Art. 31 und 32 MwStSystRL, wobei die vorgenannten Artikel offensichtlich reine Zweier-Beziehungen und eben keine Reihengeschäfte mit mehr als zwei Beteiligten regeln sollten.

Seit dem 1.1.2020 gilt grds., dass, wenn der erste Lieferant die Waren transportiert bzw. den Transport veranlasst (also z. B. den Spediteur mit dem Warentransport beauftragt) hat, die erste Lieferung von A an B die innergemeinschaftliche Lieferung ist. Wenn der Endkunde C die Waren transportiert oder den Transport veranlasst, so gilt die letzte Lieferung von B an C als steuerfreie innergemeinschaftliche Lieferung.

In den Fällen, in denen der mittlere Unternehmer (so genannter Zwischenhändler) den Transport veranlasst, ist der Transport grds. der Lieferung zuzurechnen, die an den mittleren Unternehmer ausgeführt wird. Diese Lieferung stellt somit die innergemeinschaftliche Lieferung dar. Der Warentransport und damit die innergemeinschaftliche Lieferung kann der Lieferung des mittleren Unternehmers an seinen Kunden zugerechnet werden, wenn zwei Voraussetzungen erfüllt sind:

1. Der mittlere Unternehmer muss den Transport veranlassen.
2. Der mittlere Unternehmer teilt seinem Lieferanten seine vom Abgangsmitgliedstaat ausgestellte Umsatzsteuer-Identifikationsnummer mit. Dies erfordert natürlich, dass der mittlere Unternehmer im Abgangsmitgliedstaat ansässig ist oder dort für Umsatzsteuerzwecke registriert ist.

Die Regelung kann auch bei Reihengeschäften angewendet werden, an denen mehr als drei Parteien beteiligt sind, z. B. im Falle eines Reihengeschäfts aus fünf Parteien (A, B, C, D und E), bei dem D den Transport veranlasst. Wenn D für den Transport verantwortlich ist und dem C eine Umsatzsteuer-Identifikationsnummer eines anderen Mitgliedstaats als des Abgangsmitgliedstaats mitteilt, handelt es sich bei der C-D-Lieferung um die innergemeinschaftliche Lieferung. Wenn D dem C eine Umsatzsteuer-Identifikationsnummer (USt-IDNr.) des Abgangsmitgliedstaats mitteilt, handelt es sich bei der D-E-Lieferung um die innergemeinschaftliche Lieferung.

Diese nunmehr ab 2020 EU-einheitlich geltende Regelung wirkt sich nicht auf die bereits bestehende Vereinfachungsregelung zu innergemeinschaftlichen Dreiecksgeschäften aus. Diese Regel wird beibehalten (siehe IV.).

Verschiedene Beispiele

BEISPIEL 1 A beauftragt den Spediteur (auf der Rechnung des Spediteurs sind Name und Anschrift des Unternehmers A angegeben).

A ist in Deutschland ansässig.

B ist in Deutschland ansässig.

C ist in Frankreich ansässig.

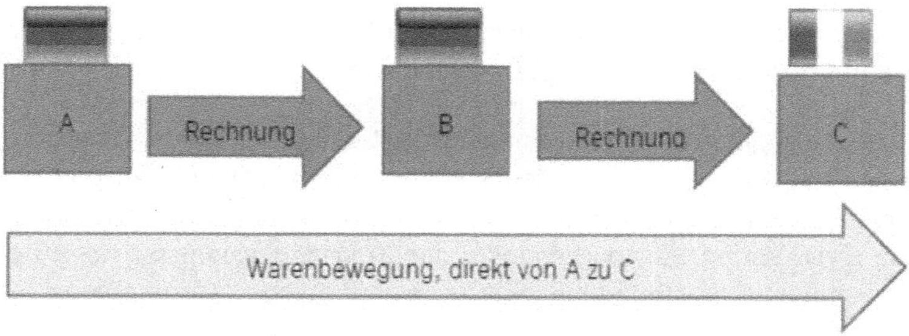

Die Lieferung von A an B ist die steuerfreie innergemeinschaftliche Lieferung. Unternehmen A muss diese innergemeinschaftliche Lieferung im Abgangsmitgliedstaat (hier: in Deutschland) melden. B meldet einen innergemeinschaftlichen Erwerb im Empfangsmitgliedstaat (hier: in Frankreich).

Bei der Lieferung von B an C handelt es sich um eine lokale Lieferung, die im Empfangsmitgliedstaat der Mehrwertsteuer unterliegt (hier: in Frankreich). B muss daher in Frankreich eine

Umsatzsteuer-Identifikationsnummer beantragen. In Frankreich gibt es die lokale Sonderregel, dass B lediglich eine Registrierung für „statistische Zwecke" durchgeführt wird, damit dem Lieferanten eine USt-IDNr. für die innergemeinschaftliche Lieferung mitgeteilt werden kann. Der Erwerb ist in Frankreich von der Umsatzsteuer befreit, B müsste keine Umsatzsteuer-Erklärung in Frankreich abgeben. Ausgangsseitig greift das Reverse-Charge-Verfahren.

BEISPIEL 2

B beauftragt den Spediteur (auf der Rechnung des Spediteurs sind Name und Anschrift des Unternehmer B angegeben).

A ist in Deutschland ansässig.

B ist in Deutschland ansässig.

C ist in Frankreich ansässig.

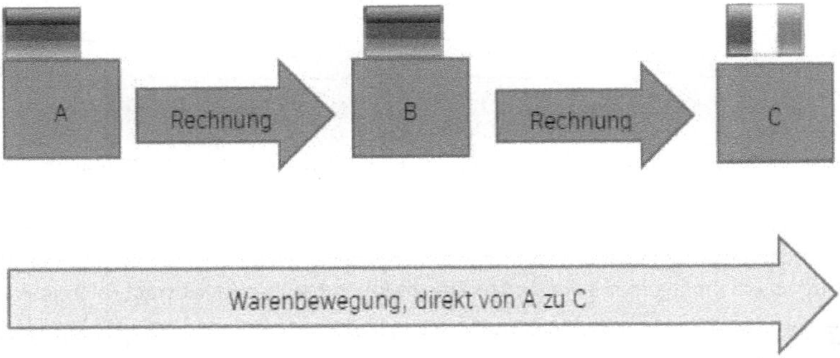

Wenn B dem A eine Umsatzsteuer-Identifikationsnummer vom Abgangsmitgliedstaat der Ware (hier: Deutschland) angibt, ist die Lieferung von B an C die steuerfreie innergemeinschaftliche Lieferung.

Die Lieferung von A an B ist eine umsatzsteuerpflichtige Lieferung im Abgangsmitgliedstaat (hier: in Deutschland).

Wenn B dem A bei der Bestellung der Ware keine deutsche USt-IDNr. angibt, ist die Lösung dieselbe wie in Beispiel 1.

Demnach:

Die A-B-Lieferung ist die umsatzsteuerfreie innergemeinschaftliche Lieferung. Unternehmen A muss die innergemeinschaftliche Lieferung im Abgangsmitgliedstaat (hier: in Deutschland) melden. Bei der B-C-Lieferung handelt es sich um eine lokale Lieferung, die im Empfangsmitgliedstaat (hier: in Frankreich) der Mehrwertsteuer unterliegt. B muss daher in Frankreich eine Umsatzsteuer-Identifikationsnummer beantragen. Wie bereits erwähnt, gibt es in Frankreich die lokale Sonderregel, dass B lediglich eine Registrierung für „statistische Zwecke" durchgeführt wird, damit dem Lieferanten eine USt-IDNr. für die innergemeinschaftliche Lieferung mitgeteilt werden kann. Der Erwerb ist in Frankreich von der Umsatzsteuer befreit, B müsste keine Umsatzsteuer-Erklärung in Frankreich abgeben. Ausgangsseitig greift das Reverse-Charge-Verfahren.

BEISPIEL 3 C beauftragt den Spediteur (auf der Rechnung des Spediteurs sind Name und Anschrift des Unternehmer C angegeben).

A ist in Deutschland ansässig.

B ist in Deutschland ansässig.

C ist in Frankreich ansässig.

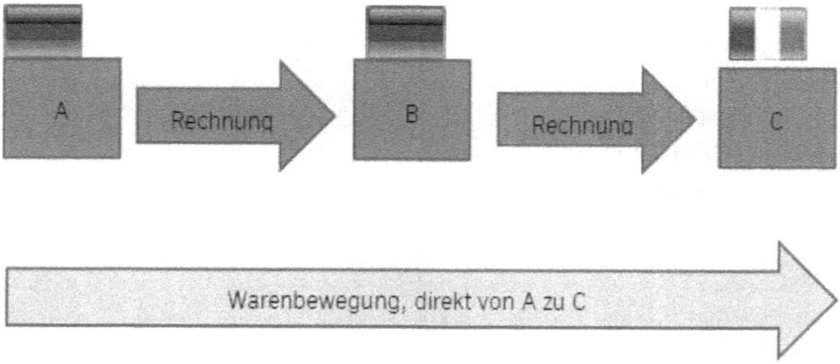

Die Lieferung von A an B ist eine umsatzsteuerpflichtige Lieferung im Abgangsmitgliedstaat (hier: in Deutschland).

Die Lieferung von B an C ist die steuerfreie innergemeinschaftliche Lieferung. B muss die steuerfreie innergemeinschaftliche Lieferung im Abgangsmitgliedstaat (hier: in Deutschland) melden. C meldet einen innergemeinschaftlichen Erwerb im Empfangsmitgliedstaat (hier: in Frankreich).

BEISPIEL 4 A beauftragt den Spediteur (auf der Rechnung des Spediteurs sind Name und Anschrift des Unternehmer A angegeben).

A ist in Deutschland ansässig.

B ist in Frankreich ansässig.

C ist in Frankreich ansässig.

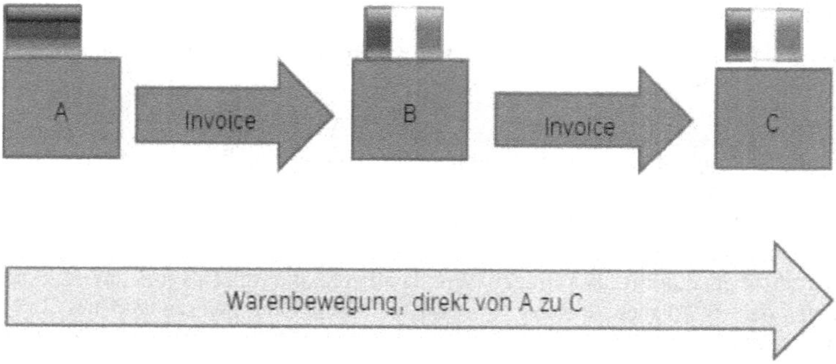

Die Lieferung von A an B ist die steuerfreie innergemeinschaftliche Lieferung. A muss die steuerfreie innergemeinschaftliche Lieferung im Abgangsmitgliedstaat (hier: in Deutschland) melden. B meldet einen innergemeinschaftlichen Erwerb im Empfangsmitgliedstaat (hier: in Frankreich). Bei der Lieferung von B an C handelt es sich um eine lokale Lieferung, die im Empfangsmitgliedstaat (hier: in Frankreich) der Mehrwertsteuer unterliegt.

BEISPIEL 5 ▶ B beauftragt den Spediteur (auf der Rechnung des Spediteurs sind Name und Anschrift des Unternehmer B angegeben).

A ist in Deutschland ansässig.

B ist in Frankreich ansässig.

C ist in Frankreich ansässig.

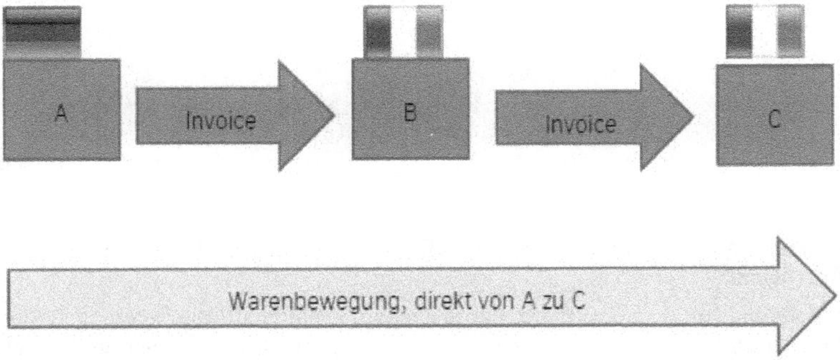

Option 1:

B verwendet keine Umsatzsteuer-Identifikationsnummer des Abgangsmitgliedstaates.

Die Lieferung von A an B ist die steuerfreie innergemeinschaftliche Lieferung. A muss diese steuerfreie innergemeinschaftliche Lieferung im Abgangsmitgliedstaat (hier: in Deutschland) melden. B meldet einen innergemeinschaftlichen Erwerb im Empfangsmitgliedstaat (hier: in Frankreich). Bei der Lieferung von B an C handelt es sich um eine lokale Lieferung, die im Empfangsmitgliedstaat der Mehrwertsteuer unterliegt (hier: in Frankreich).

Option 2:

B verwendet die Umsatzsteuer-Identifikationsnummer des Abgangsmitgliedstaates

Wenn B dem A eine Umsatzsteuer-Identifikationsnummer, vom Abgangsmitgliedstaat der Ware (hier: Deutschland) angibt, ist die Lieferung von B an C die steuerfreie innergemeinschaftliche Lieferung.

Die Lieferung von A an B ist eine steuerpflichtige Lieferung im Abgangsmitgliedstaat (hier: in Deutschland).

BEISPIEL 6 ▸ C beauftragt den Spediteur (auf der Rechnung des Spediteurs sind Name und Anschrift des Unternehmer C angegeben).

A ist in Deutschland ansässig.

B ist in Frankreich ansässig.

C ist in Frankreich ansässig.

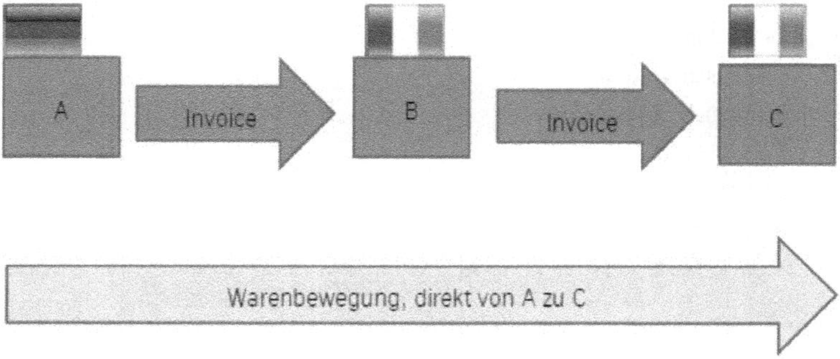

Die Lieferung von A an B ist eine steuerpflichtige Lieferung im Abgangsmitgliedstaat (hier: in Deutschland).

Die Lieferung von B an C ist die steuerfreie innergemeinschaftliche Lieferung. B muss die steuerfreie innergemeinschaftliche Lieferung im Abgangsmitgliedstaat (hier: in Deutschland) melden. B benötigt eine hierzu eine Registrierung für Mehrwertsteuerzwecke im Abgangsmitgliedstaat. C meldet einen innergemeinschaftlichen Erwerb im Empfangsmitgliedstaat (hier: in Frankreich).

Vereinfachungsregelung des innergemeinschaftlichen Dreiecksgeschäfts

Die o. g. Regelungen in Bezug auf Reihengeschäfte wirken sich nicht auf die bereits bestehende Vereinfachungsregelung für innergemeinschaftliche Dreiecksgeschäfte aus. Die Regeln des innergemeinschaftlichen Dreiecksgeschäfts wurden nicht zum 1.1.2020 geändert, sondern diese wurden beibehalten.

Das Dreiecksgeschäft ist eine Vereinfachungsregelung, um den Verwaltungs- und Deklarationsaufwand für Unternehmer und Steuerbehörden zu verringern. Die Vereinfachungsregelung kann nur angewendet werden, wenn alle drei beteiligten Unternehmer in der Europäischen Union für Mehrwertsteuerzwecke registriert sind.

Gemäß Mehrwertsteuerrichtlinie (Richtlinie 2006/112/EG, Art. 141) müssen die folgenden Bedingungen erfüllt sein, damit das innergemeinschaftliche Dreiecksgeschäft angewendet werden kann:

- Es gibt drei verschiedene Unternehmer, die in drei verschiedenen EU-Mitgliedstaaten zur Mehrwertsteuer registriert sind.

- Die Waren werden direkt von einem Mitgliedstaat in einen anderen befördert und entweder der erste oder der zweite Unternehmer sind für den Transport zuständig.
- Der Rechnungsfluss erfolgt dergestalt, dass Partei A die Waren an Unternehmer B (den mittleren Unternehmer) verkauft und in Rechnung stellt.
- Der mittlere Unternehmer stellt seinem Kunden, Unternehmer C (in Mitgliedstaat C), eine Rechnung.
- Unternehmer B muss von Unternehmer C eine gültige Umsatzsteuer-Identifikationsnummer (aus dem Empfangsland) erhalten und diese auf der Rechnung aufführen.
- Unternehmer B muss in der Rechnung an Unternehmer C den Vermerk „innergemeinschaftliches Dreiecksgeschäft gem. § 25b UStG, Steuerschuld geht auf den Abnehmer über" aufnehmen (Hinweis: Vermerk gem. deutscher Rechtslage).
- Unternehmer B ist im Empfangsmitgliedstaat nicht für mehrwertsteuerzwecke Registriert (ansonsten besteht keine Notwendigkeit, die vereinfachte Regelung anzuwenden).

Zusätzlich muss der mittlere Unternehmer gegenüber seinem Lieferer und seinem Kunden die gleiche Umsatzsteuer-Identifikationsnummer verwenden (es darf sich herbei weder um eine vom Abgangsmitgliedstaat noch eine vom Bestimmungsmitgliedstaat erteilte Nummer handeln). Weiterhin hat der mittlere Unternehmer seine Lieferung in der Umsatzsteuervoranmeldung sowie in der Zusammenfassenden Meldung als „Lieferung im Rahmen eines Dreiecksgeschäfts" zu melden.

Ohne Anwendung der Vereinfachungsregelung müsste sich die Partei B (mittlerer Unternehmer) in Mitgliedstaat C für die mehrwertsteuerzwecke registrieren lassen, um in Mitgliedstaat C einen innergemeinschaftlichen Erwerb von B sowie eine lokale Lieferung an seinen Kunden C melden zu können.

Da dies ein recht verbreitetes Szenario bei Reihengeschäften ist, gibt es in der Mehrwertsteuerrichtlinie die Vereinfachungsregelung gem. Art. 141 Mehrwertsteuerrichtlinie (Vereinfachungsregelung für diese sogenannten „Dreiecksgeschäfte"). Durch diese Regelung wird erreicht, dass sich Unternehmen (hier: Unternehmer B) für solche Transaktionen nicht mehr im Empfangsland registrieren lassen müssen.

BEISPIEL: ▶ A oder B beauftragen den Spediteur (auf der Rechnung des Spediteurs sind Name und Anschrift des Unternehmer A (oder B) angegeben).

A ist in Deutschland ansässig.

B ist in Spanien ansässig.

C ist in Frankreich ansässig.

B tritt gegenüber A und C mit seiner spanischen Umsatzsteuer-Identifikationsnummer auf.

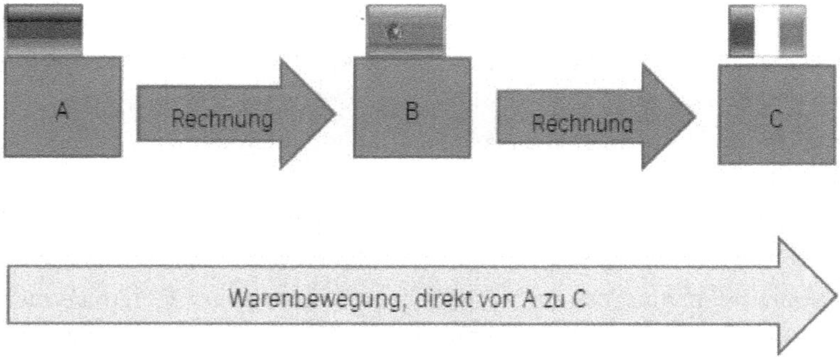

Bei der Lieferung von A an B handelt es sich um die steuerfreie innergemeinschaftliche Lieferung. A muss die steuerfreie innergemeinschaftliche Lieferung im Abgangsmitgliedstaat (hier: in Deutschland) melden.

Erfüllt B alle Anforderungen für die Anwendbarkeit der Dreiecksgeschäfts-Vereinfachung, gilt für ihn Folgendes:

B muss *keinen* innergemeinschaftlichen Erwerb in dem Empfangsmitgliedstaat melden. Dieser Erwerb gilt bei Anwendbarkeit der Vereinfachungsregelung als bereits besteuert.

Bei der Lieferung von B an C handelt es sich um eine lokale Lieferung, die im Empfangsmitgliedstaat (hier: in Frankreich) der Mehrwertsteuer unterliegt. B muss sich bei Anwendbarkeit der Vereinfachungsregelung für Dreiecksgeschäfte aber *nicht* im Empfangsmitgliedstaat registrieren lassen, denn Steuerschuldner für diese Umsatzsteuer wird sein Kunde (C).

B muss zur Anwendbarkeit der Regelung die regulären Rechnungsanforderungen um die folgenden Informationen ergänzen:

- die eigene (verwendete) Umsatzsteuer-Identifikationsnummer,
- die Umsatzsteuer-Identifikationsnummer des Unternehmers C im Land C und
- den Hinweis: „innergemeinschaftliches Dreiecksgeschäft, Steuerschuld geht auf den Abnehmer über“.

Auf diese Weise wird der Unternehmer C darauf aufmerksam gemacht, dass er Schuldner der Umsatzsteuer auf die Lieferung an ihn ist.

Wenn C den Spediteur beauftragt hat oder den Transport selbst durchführt, ist es nicht möglich, die oben genannte Vereinfachungsregel für innergemeinschaftliche Dreiecksgeschäfte anzuwenden. Das heißt, wenn C den Transport veranlasst, ergeben sich folgende mehrwertsteuerlichen Konsequenzen:

- Die Lieferung von A an B ist eine umsatzsteuerpflichtige lokale Lieferung im Abgangsmitgliedstaat (hier: in Deutschland).
- Die Lieferung von B an C ist die steuerfreie innergemeinschaftliche Lieferung. B muss die steuerfreie innergemeinschaftliche Lieferung im Abgangsmitgliedstaat (hier: in Deutsch-

land) melden. B muss daher im Abgangsmitgliedstaat eine Umsatzsteuer-Identifikationsnummer beantragen.

- C meldet einen innergemeinschaftlichen Erwerb im Empfangsmitgliedstaat (hier: in Frankreich).

Im Rahmen der IntraStat-Meldung muss im Beispielsfall der deutsche Lieferant den Versand und der französische Kunde den Eingang der Ware deklarieren. In den meisten Ländern ist es nicht erforderlich, dass das spanische Unternehmen Warenbewegungen anmeldet, da diese nicht physisch durch Spanien transportiert wurden.

Konsignationslager

Begriff

Es existiert keine Legaldefinition des Begriffes „Konsignationslager".

Typischerweise handelt es sich hier um ein Warenlager eines Lieferanten, welches in der Nähe eines oder mehrerer Kunden (bei Logistikdienstleistern oder auf dem Gelände des Kunden) unterhalten wird, um deren kurzfristige Belieferung sicherstellen zu können.

Der Kunde ist berechtigt, die Waren dem Lager bei Bedarf selbst zu entnehmen.

Das Eigentum an den Waren verbleibt bis zum Zeitpunkt der Entnahme beim Lieferanten. Die Rechnungstellung in Bezug auf die Waren erfolgt nach Entnahme.

Im internationalen Sprachgebrauch spricht man von „consignment stock" oder „call-off-stock".

Quick Fixes

Bisher war die umsatzsteuerliche Behandlung von grenzüberschreitenden Warenlieferungen über ein Konsignationslager in der **MwStSystRL** nicht geregelt. Dies hatte zur Folge, dass in den einzelnen Mitgliedstaaten uneinheitliche Regelungen existierten.

Auf dem Weg zu einem neuen endgültigen EU-Mehrwertsteuersystem wurden im Oktober 2018 durch die europäischen Finanzminister die sogenannten „Quick-Fixes" erlassen. Diese traten ab dem 1.1.2020 in Kraft und enthalten u. a. eine in allen EU-Mitgliedstaaten anwendbare Vereinfachungsregelung für Konsignationslagerfälle.

Werden die Voraussetzungen für die Anwendung dieser Vereinfachungsregelung *nicht* erfüllt, so hat dies für den Lieferanten folgende Konsequenzen:

- Gelangt die Ware im Rahmen der Beschickung eines Konsignationslagers *von einem EU-Mitgliedstaat* in einen anderen, so ist der Lieferant verpflichtet, sich in dem Mitgliedstaat, in dem sich das Lager befindet, für Umsatzsteuerzwecke registrieren zu lassen. Zum Zeitpunkt der Beschickung des Lagers hat er ein „innergemeinschaftliches Verbringen“ an die ihm im Zielland erteilte Umsatzsatzsteuer-Identifikationsnummer zu erklären, im Zielland den korrespondierenden „innergemeinschaftlichen Erwerb“. Zum Zeitpunkt der Warenentnahme bewirkt er eine im Zielland umsatzsteuerpflichtige Warenlieferung an den Kunden, die nach Landesrecht umsatzsteuerlich zu würdigen ist.

- Wird die Ware im Rahmen der Beschickung eines Konsignationslagers *aus dem Drittland* in die EU importiert, so ergibt sich ebenfalls eine Registrierungspflicht des Lieferanten im Zielland. In Bezug auf den Import ist zu beachten, dass ausschließlich der Lieferant zum Vorsteuerabzug aus gezahlter Einfuhrumsatzsteuer berechtigt ist. Zum Zeitpunkt der Warenentnahme durch den Kunden gilt ebenfalls: Der Lieferant bewirkt zu diesem Zeitpunkt eine im Zielland umsatzsteuerpflichtige Warenlieferung an den Kunden, die nach Landesrecht umsatzsteuerlich zu würdigen ist.

Schaubild 1 – Umsatzsteuerliche Behandlung eines Konsignationslagers ohne Vereinfachungsregel, wenn die Ware aus dem EU-Ausland ins Konsignationslager gelangt

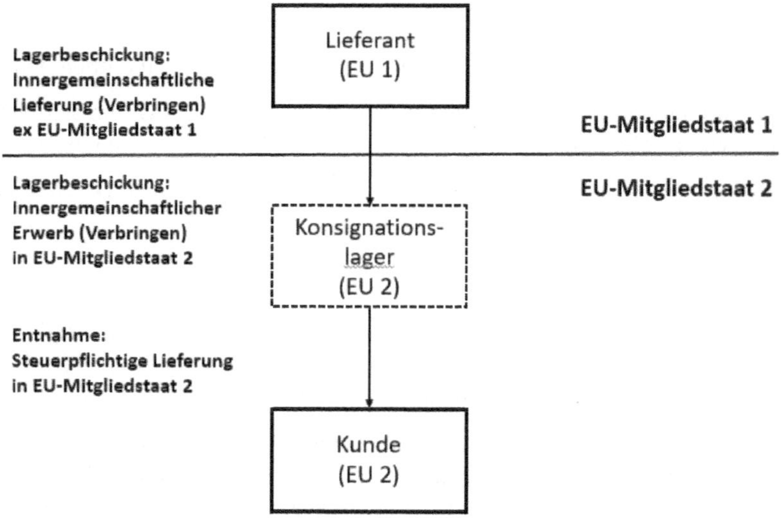

Schaubild 2 – Umsatzsteuerliche Behandlung eines Konsignationslagers, wenn die Ware aus dem Drittland ins Konsignationslager gelangt

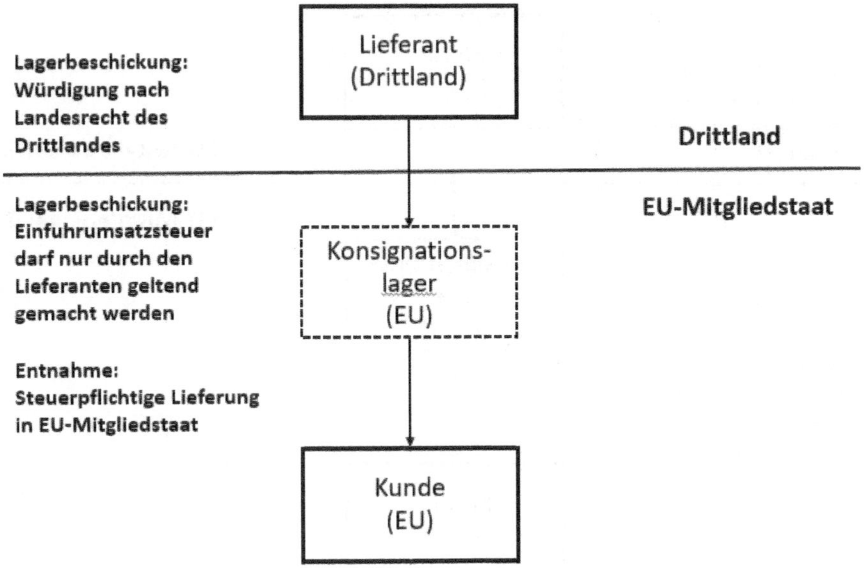

Die im Rahmen der Quick Fixes eingeführte Vereinfachungsregelung kommt für die Fälle in Betracht, in denen die Ware im Rahmen der Beschickung des Lagers von *einem Mitgliedstaat der EU* in ein anderes gelangt. Hiermit existiert nun endlich eine EU-einheitliche Vereinfachungsregelung. Diese Regelung hat das Ziel, dass sich der Lieferant eben *nicht* in dem EU-Staat für Umsatzsteuerzwecke registrieren lassen muss, in welchem er für seinen Kunden ein Konsignationslager unterhält. Sind die Voraussetzungen für die Anwendung der Vereinfachungsregelung erfüllt, führt dies aus Sicht des Lieferanten zu folgenden Konsequenzen:

- Bei Beschickung des Konsignationslagers liegt kein umsatzsteuerbarer Umsatz vor. Es besteht lediglich eine Meldepflicht (vgl. hierzu spätere Ausführungen). Die Entnahme der Ware durch den Kunden führt für den Lieferanten zu einer im Abgangsland steuerbaren, als innergemeinschaftliche Lieferung steuerfreien Lieferung an den Kunden. Hierdurch entfällt die Notwendigkeit der Registrierung des Lieferanten im Zielland.

Schaubild 3 – Umsatzsteuerliche Behandlung eines Konsignationslagers mit Vereinfachungsregel, wenn die Ware aus dem EU-Ausland ins Konsignationslager gelangt

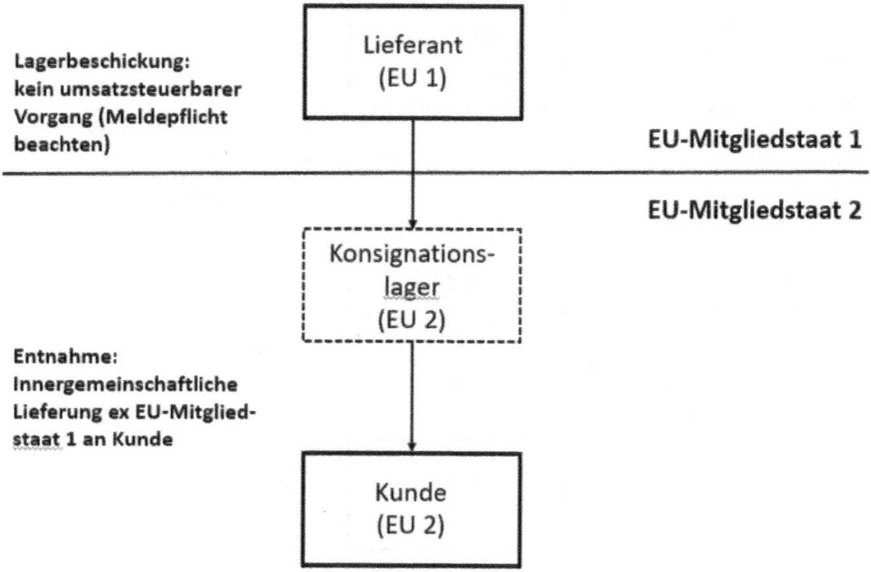

Voraussetzungen für die Anwendbarkeit der Vereinfachungsregelung

Die Vereinfachungsregelung ist unter folgenden Voraussetzungen anwendbar (vgl. Art. 17a **MwStSystRL**):

- Die Ware wird vom Lieferer oder auf seine Rechnung von einem Dritten von einem Mitgliedstaat der EU in einen anderen befördert oder versendet, um diese zu einem späteren Zeitpunkt an einen anderen Unternehmer zu liefern,
- zwischen beiden Unternehmern besteht eine Vereinbarung zur Übernahme des Eigentums an diesen Gegenständen („Konsignationslager-Vertrag"),
- der Lieferant hat im Ziel-Mitgliedstaat weder seinen Sitz noch eine feste Niederlassung,
- der Kunde hat im Ziel-Mitgliedstaat eine Umsatzsteuer-Identifikationsnummer und sowohl seine Identität als auch seine Umsatzsteuer-Identifikationsnummer sind dem Lieferer zum Zeitpunkt des Beginns der Beförderung oder Versendung bekannt,
- der Lieferer führt ein Konsignationslagerregister (vgl. im Detail Art. 243 Abs. 3 **MwStSystRL**) und trägt die Verbringung der Gegenstände dort ein,

- der Lieferer meldet die Verbringung gem. Art. 262 Abs. 2 **MwStSystRL** in der Zusammenfassenden Meldung (Hinweis: in Deutschland erfolgt diese Meldung aktuell nicht in der Zusammenfassenden Meldung, sondern in Vordruck 010168) und
- die Gegenstände werden innerhalb von zwölf Monaten vom Kunden aus dem Lager entnommen.

Die **MwStSystRL** sieht vor, dass auch der Kunde ein Register der Gegenstände führt, die sich in diesem Lager befinden (vgl. Art. 243 Abs. 3 **MwStSystRL**). Versäumt der Kunde allerdings das Führen eines solchen Registers, so führt dies für den Lieferanten nicht dazu, dass er die Vereinfachungsregelung nicht mehr anwenden darf.

Besonderheiten in Bezug auf die Anwendbarkeit der Vereinfachungsregelung

- Ist absehbar, dass die Gegenstände nicht innerhalb von zwölf Monaten entnommen werden, so ist (vor Ablauf dieser Frist) eine Rücksendung in den ursprünglichen Mitgliedstaat möglich. Dies ist dann ordnungsgemäß im Konsignationslagerregister gem. Art. 243 Abs. 3 **MwStSystRL** zu vermerken. Geschieht dies nicht und wird die Zwölf-Monats-Frist überschritten, entfällt die Anwendbarkeit der Vereinfachungsregelung in Bezug auf diese Waren. Der Lieferant wird also registrierungspflichtig.
- Ein Kunde kann innerhalb der Zwölf-Monats-Frist durch einen anderen ersetzt werden. Die Voraussetzung ist die ordnungsgemäße Erfassung des Kundenwechsels im Konsignationslagerregister gem. Art. 243 Abs. 3 **MwStSystRL**. Die Zwölf-Monats-Frist beginnt hierdurch allerdings nicht neu zu laufen. Erfolgt eine Lieferung an einen anderen als den ursprünglich vorgesehenen Kunden, ohne dass diese Regelungen beachtet werden, so gelten die Voraussetzungen für die Anwendbarkeit der Vereinfachungsregel unmittelbar als nicht mehr erfüllt. Der Lieferant wird also auch in diesen Fällen registrierungspflichtig.
- Werden die Gegenstände in ein anderes Land als den Mitgliedstaat, aus dem sie ursprünglich befördert oder versendet wurden, gebracht, so entfällt ebenfalls die Möglichkeit der Anwendung der Vereinfachungsregelung. Der Lieferant wird registrierungspflichtig.
- Im Fall von Zerstörung, Verlust oder Diebstahl der Gegenstände findet in Bezug auf diese Gegenstände die Vereinfachungsregelung ebenfalls keine Anwendung. Derartige Sachverhalte können also ebenfalls zu Registrierungspflichten führen. Es gibt Mitgliedstaaten, die hier für bestimmte Fälle Ausnahmen vorsehen.

Steuerbefreiungen

Die MwStSystRL und die nationalen Umsatzsteuergesetze unterscheiden bei den Steuerbefreiungen zwischen Steuerbefreiungen, die den Vorsteuerabzug (der mit dem steuerfreien Umsatz in Verbindung stehenden Vorleistungen) ausschließen, z. B.

- Grundstücksveräußerungen,
- Grundstücksvermietungen,
- bestimmte Finanzumsätze, bestimmte Versicherungsleistungen

und Umsatzsteuerbefreiungen, die den Vorsteuerabzug nicht ausschließen, insbesondere

- steuerfreie Ausfuhrlieferungen,
- steuerfreie innergemeinschaftliche Lieferungen.

Verschiedene Staaten haben zur besseren Abgrenzung einen Steuersatz von 0 % für die Leistungen angeführt, die den Vorsteuerabzug nicht ausschließen.

Ausfuhrlieferungen/Exporte

Ausfuhrlieferungen liegen vor, wenn Waren in Drittstaaten (Nicht-EU) geliefert werden.

Im Ergebnis wird die Warenlieferung bei einer Ausfuhr von der nationalen Umsatzsteuer des Exportstaates entlastet und bei dem Import im Empfangsland mit der nationalen Umsatzsteuer des Importstaates belastet. Dieses Verfahren dient der Wettbewerbsneutralität.

Die Begriffe „Ausfuhrlieferung“ und „Export“ werden im Folgenden synonym verwendet.

Innergemeinschaftliche Lieferung

Eine innergemeinschaftliche Lieferung liegt vor, wenn bei einer Lieferung

- Ware von einem Mitgliedsstaat in einen anderen Mitgliedsstaat gelangt,
- das Umsatzgeschäft für diese Lieferung zwischen zwei Unternehmern abgewickelt wird,
- die Lieferung gegen Entgelt erbracht wird und
- die Lieferung im Empfängerland der Erwerbsbesteuerung unterliegt.

Darüber hinaus wurden in das Umsatzsteuergesetz auch sogenannte „Gilt-Tatbestände“ einbezogen. Danach gilt auch das Verbringen von Liefergegenständen zur eigenen Verfügung in ein anderes EU-Land (z. B. auf ein Konsignationslager) als innergemeinschaftliche Lieferung.

Wie bei der Ausfuhr erfolgt auch bei der steuerfreien innergemeinschaftlichen Lieferung keine Belastung mit der Umsatzsteuer des Abgangsmitgliedstaates (dem Staat, von dem aus die Lieferung erfolgt), sondern eine Belastung mit der Umsatzsteuer des Empfangsmitgliedstaates (Empfängerlandprinzip). Die Belastung erfolgt allerdings nicht durch die Erhebung von Einfuhrumsatzsteuer, sondern durch die Erhebung von Erwerbsteuer.

Nachweise Innergemeinschaftliche Lieferung – Quick Fixes

Zum Nachweis des tatsächlich erfolgten Warentransports zwischen EU-Mitgliedstaat sind Dokumentationen und Nachweise erforderlich. Seit dem 1.1.2020 tritt Art. 45a MwStDVO, Nachweisführung bei innergemeinschaftlichen Lieferungen, unmittelbar in Kraft. Während Art. 138 MwStSystRL die tatbestandlichen Voraussetzungen der innergemeinschaftlichen Lieferungen regelt, folgt aus Art. 131 MwStSystRL, der für alle Steuerbefreiungen von Art. 132–153 MwStSystRL gilt, dass es Sache der einzelnen Mitgliedstaaten ist, die Nachweisführung zu regeln. Nichts Anderes folgt auch aus der ständigen Rechtsprechung des EuGHs, der stets die Freiheit der Mitgliedstaaten, die Nachweisführung, unter Beachtung der unionsrechtlichen Grundsätze, zu regeln, betont hat (vgl. anstatt vieler EuGH, Urteil v. 14.6.2017 - Rs. C-26/16 „Santogal" ZAAAG-48706, Rz. 50 m. w. N.). Deutschland hat den Belegnachweis für umsatzsteuerfreie innergemeinschaftliche Lieferungen in § 17b UStDV (bis 31.12.2019 § 17a UStDV) geregelt. Daran ändert auch der zum 1.1.2020 unmittelbar geltende Art. 45a MwStDVO nichts. Die erforderlichen Belegnachweise richten sich demnach nach den Vorgaben der Steuerbehörden der betroffenen Länder und den örtlichen Umsatzsteuergesetzen. Der neue Belegnachweis verdrängt die bisherigen in Deutschland geltenden Regelungen nicht, sondern tritt neben diese. Hervorzuheben ist, dass Art. 45a MwStDVO den Maximalansatz in Bezug auf das „Gelangen" eines Gegenstandes in einen anderen Mitgliedsstaat darstellt. Zur Umsetzung der Quick Fixes zum Belegnachweis für innergemeinschaftliche Lieferungen hat der deutsche Gesetzgeber einen neuen § 17a UStDV in das Gesetz eingefügt. Die bisherigen Nachweisregelungen gem. §§ 17a–17c UStDV a. F. gelten als neue §§ 17b–17d UStDV auch weiterhin und wurden lediglich an den neuen § 17a UstDV angepasst. Der vorgenannte neue Belegnachweis aus EU-Sicht verdrängt die bisherigen Regelungen der deutschen Finanzverwaltung demnach nicht, sondern kann alternativ zu den bekannten Beleg- und Buchnachweisen gem. §§ 17b–17d UstDV n. F. verwendet werden

In anderen EU-Mitgliedstaaten wurde als Nachweis für eine erfolgte innergemeinschaftliche Lieferung bislang in aller Regel lediglich auf Transportdokumente abgestellt. Ein Nachweis vergleichbar mit der deutschen Gelangensbestätigung ist in den meisten Mitgliedsstaaten unbekannt.

Die in Art. 45a MwStDVO geregelte Nachweisführung gilt nun seit dem 1.1.2020 als Verordnung in allen Mitgliedstaaten unmittelbar und bedarf keiner Umsetzung in nationales Recht. Wie auch in Deutschland haben sich jedoch die Gesetzgeber vieler Mitgliedstaaten dazu entschieden, die nationalen gesetzlichen Regelungen an die neuen EU-Regelungen anzupassen. Unternehmer können sich folglich bei der Nachweisführung auf die eine oder andere Vorschrift berufen.

Verzicht auf die Steuerfreiheit/Option zur Umsatzsteuer

Das deutsche Umsatzsteuerrecht sieht grds. die Möglichkeit des Verzichtes auf die Steuerfreiheit bei Grundstücksumsätzen (Veräußerung und Vermietung) und bei Finanzumsätzen vor, wenn bestimmte Voraussetzungen erfüllt sind.

In den einzelnen EU-Staaten sind die Regelungen zum Verzicht auf eine Steuerfreiheit (Option zur Umsatzsteuer) sehr unterschiedlich.

Werkzeugkostenzuschüsse

Bei produzierenden Unternehmen ist die Zahlung von Werkzeugkostenzuschüssen vielfach üblich. Vereinfacht geht es darum, dass an Produzenten Zuschüsse für die Herstellung oder den Zukauf der zur Herstellung der zu fertigenden Teile notwendigen Werkzeuge bezahlt werden. Die Werkzeuge verbleiben am Ort des Herstellers.

Bei der Frage, ob die Unternehmer, die diese Werkzeugkosten belasten, Umsatzsteuer abzurechnen haben, geht es im Kern darum, ob die Werkzeugkosten Nebenleistungen zur Hauptleistung sein können. In den Fällen, in denen die Hauptleistungen (Lieferung der mit den Werkzeugen gefertigten Teile) als steuerfreie Lieferung abgerechnet werden können, ist zu prüfen, ob die Werkzeugkostenzuschüsse als Nebenleistungen qualifiziert werden können.

Handelt es sich um eine Nebenleistung, dann ist eine steuerfreie Abrechnung möglich. Wird der Werkzeugkostenzuschuss nicht als Nebenleistung zur Hauptleistung qualifiziert, dann gilt die Lieferung dort als ausgeführt, wo sich die Liefergegenstände zum Zeitpunkt der Verschaffung der Verfügungsmacht befinden. Eine Steuerbefreiung greift in diesen Fällen nicht, wenn der Gegenstand im Werk des Herstellers verbleibt.

Steuersätze

Der Regelsteuersatz muss in den EU-Mitgliedstaaten mindestens 15 % betragen. Ein Höchstsatz ist nicht festgelegt. Neben dem Regelsteuersatz dürfen grds. bis zu zwei ermäßigte Steuersätze bestehen, die wiederum nicht niedriger als 5 % sein dürfen.

Bemessungsgrundlage

Die Bemessungsgrundlage ist in Art. 73 MwStSystRL geregelt. Danach umfasst die Bemessungsgrundlage alles, was den Wert der Gegenleistung bildet. Darin eingeschlossen sind eventuelle Subventionen, Zölle und andere Abgaben, Steuern (mit Ausnahme der Umsatzsteuer selbst) sowie Nebenkosten für Provision, Verpackung, Transport oder Versicherung.

Uneinbringliche Forderungen

Nicht alle Staaten erlauben eine Korrektur der Bemessungsgrundlage für uneinbringliche Forderungen (bad debts), da die MwStSystRL die Regelungen in diesem Bereich den Mitgliedsstaaten überlässt (Art. 90 MwStSystRL). Daher variieren auch die Nachweise für die Uneinbringlichkeit einer Forderung.

Vorsteuerabzug

Grundvoraussetzungen für die Inanspruchnahme des Vorsteuerabzugs sind:

- der Unternehmer muss eine Lieferung oder Leistung für sein Unternehmen bezogen haben,
- die Lieferung oder Leistung muss von einem anderen Unternehmer ausgeführt worden sein und
- der liefernde Unternehmer muss eine ordnungsgemäße Rechnung über die erbrachte Lieferung/Leistung erstellt haben.

Einschränkungen beim Vorsteuerabzug ergeben sich insbesondere im Bereich der Reisekosten und Repräsentationsaufwendungen, dazu gehören z. B.

- Übernachtungen
- Bewirtungen/Repräsentationskosten/Verpflegung
- PKW/Taxi/Mietwagen
- Geschenke

Diese Begriffe werden in den einzelnen Staaten unterschiedlich ausgelegt. Die genaue Definition der abzugsfähigen Vorsteuer aus den oben genannten Kosten erfolgt vielfach unterschiedlich und abhängig vom zuständigen Finanzbeamten oder Prüfer. Verbindliche Aussagen lassen sich daher nur schwer treffen. Beispielsweise umfassen PKW-Kosten in einzelnen Ländern lediglich die Anschaffungskosten, in anderen Staaten jedoch auch die Betriebskosten bis hin zu Parkkosten.

Einschränkungen des Vorsteuerabzuges für PKW-Kosten gelten nicht für Unternehmer, die mit diesen Fahrzeugen unmittelbar Einkünfte erzielen wie z. B. Spediteure/Frachtführer oder Taxiunternehmer.

Regelungen Import

Bei Importen aus Drittländern erfolgt die Belastung mit nationaler Umsatzsteuer über die Einfuhrbesteuerung. Die erhobene Einfuhrumsatzsteuer wird an die zuständige Zollbehörde gezahlt. Einzelne Staaten sehen in diesem Bereich vor, dass die Einfuhrumsatzsteuer – als zu zahlende Steuer – im Rahmen der USt-Meldungen erfasst und gleichzeitig als abzugsfähige Steuer verrechnet werden kann. Die importierten Waren sind somit mit der nationalen Umsatzsteuer belastet und damit einem Bezug aus dem Inland, der ebenfalls mit nationaler Umsatzsteuer belastet ist, gleichgestellt.

Ist das importierende Unternehmen zum vollen Vorsteuerabzug berechtigt, so kann die gezahlte Einfuhrumsatzsteuer als Vorsteuer geltend gemacht werden. Eine Belastung für den Unternehmer entsteht nicht. Ist der Unternehmer nicht zum Vorsteuerabzug berechtigt (z. B. ein Wohnungsvermieter), so kann die gezahlte Einfuhrumsatzsteuer nicht als Vorsteuer geltend gemacht werden.

Regelungen Erwerbsbesteuerung

Da es keine Grenzkontrollen innerhalb der EU gibt, wird bei Warenbewegungen innerhalb der EU keine Einfuhrumsatzsteuer erhoben. An die Stelle der Einfuhrumsatzsteuer tritt bei Bezügen aus einem anderen EU-Staat die Erwerbsbesteuerung.

Bei der Erwerbsbesteuerung erfolgt keine direkte Bezahlung an eine Zoll- oder Finanzbehörde. Die Erhebung der Erwerbsteuer ist auf die erwerbenden Unternehmen verlagert worden. Die Erwerbsbesteuerung erfolgt durch den Unternehmer selbst, in dem der Unternehmer die Erwerbsbesteuerung in seiner Umsatzsteuermeldung berücksichtigt.

Auf Basis der Rechnung des Lieferanten muss die Erwerbsteuer errechnet werden. Der Lieferant stellt – wie bei Exportgeschäften – lediglich eine Nettorechnung. Die vom Leistungsempfänger selbst errechnete Erwerbsteuer ist in der Umsatzsteuermeldung als zu zahlende Umsatzsteuer zu erfassen. Ist der Unternehmer zum Vorsteuerabzug berechtigt, so kann die zu zahlende Umsatzsteuer aus dem Erwerbsvorgang um die abzugsfähige Vorsteuer aus dem Erwerbsvorgang gemindert werden, so dass sich die Positionen im Idealfall innerhalb einer USt-Meldung ausgleichen.

Rechnungsbestandteile

Durch die Richtlinie 2010/45/EU des Rates vom 13.7.2010 zur Änderung der Richtlinie 2006/112/EG über das gemeinsame Mehrwertsteuersystem hinsichtlich der Rechnungsstellungsvorschriften sind zum 1.1.2013 in einigen EU-Staaten erhebliche Änderungen erfolgt.

Neben Änderungen bei der elektronischen Rechnung (siehe unten) brachte die Richtlinie auch Neuerungen zur Rechnungstellung bei grenzüberschreitenden Leistungen (Zeitpunkt der Rechnungstellung, Inhalt der Rechnung), hinsichtlich des Gutschriftsverfahrens und Aufbewahrungsverpflichtungen. Bedeutung hat die Rechnung insbesondere für den Vorsteuerabzug, da dieser nur möglich ist, wenn eine – im umsatzsteuerlichen Sinne – ordnungsgemäße Rechnung vorliegt. Die einzelnen Bestandteile einer Rechnung können den Ausführungen zu den einzelnen Staaten entnommen werden.

Elektronische Rechnungen

Änderungen brachte die bereits zuvor erwähnte Richtlinie 2010/45/EU insbesondere bei der elektronischen Rechnungsstellung. Ziel war in diesem Bereich eine Gleichstellung von Papier- und elektronischen Rechnungen. Art. 223 MwStSysRL bestimmt demnach auch, dass die Echtheit der Herkunft einer Rechnung, die Unversehrtheit ihres Inhalts und ihre Lesbarkeit unabhängig davon, ob sie auf Papier oder elektronisch vorliegen, bis zum Ende der Dauer der Aufbewahrung der Rechnung gewährleistet sein müssen. Es steht in der Verantwortung des Steuerpflichtigen hierzu einen verlässlichen Prüfpfad zwischen Rechnung und erbrachter Lieferung oder Leistung zu schaffen. Elektronische Signaturen sind nunmehr nicht mehr zwingend notwendig.

Deutschland hat eine Vereinfachung bereits zum 1.7.2011 umgesetzt. Diese Vereinfachung beruhte allerdings auf die Umsetzung des damaligen Art. 233 MwStSystRL. Demnach war neben EDI und elektronischer Signatur auch vor 2013 – mit Zustimmung des jeweiligen Mitgliedstaates – eine elektronische Übermittlung oder Bereitstellung auf anderer Weise möglich (so genannter „dritter Weg“).

Anzahlungen

Werden Anzahlungen geleistet, bevor die Leistung ausgeführt worden ist, entsteht die Verpflichtung der Abführung der Umsatzsteuer an den Fiskus in dem Monat, in dem die Vereinnahmung der Anzahlung erfolgt (Art. 65 MwStSystRL).

Abweichend können die einzelnen Mitgliedstaaten jedoch festlegen, dass die Verpflichtung der Abführung der Umsatzsteuer bereits mit Ausstellung der Rechnung erfolgen muss (Art. 66 MwStSystRL).

Gutschriften/Self Billing

Die Richtlinie 2010/45/EU sieht vor, dass alle EU-Staaten zwingend das Gutschriftsverfahren zulassen müssen. Voraussetzung für die Nutzung des Gutschriftsverfahrens ist, dass die beiden am Gutschriftsverfahren beteiligten Parteien vorher eine entsprechende Vereinbarung getroffen haben. Teilweise können die Vereinbarungen stillschweigend erfolgen. Einzelne Staaten sehen aber eine schriftliche Vereinbarung vor.

Aufbewahrung von Unterlagen

Grundsätzlich können innerhalb der EU die Unterlagen, die Basis für die Umsatzsteuermeldungen in einen anderen EU-Staat sind, außerhalb dieses EU-Staates aufbewahrt werden, d. h. im Ergebnis, dass die Unterlagen den steuerlichen Vertretern nicht periodisch zugesandt werden müssen. Vorsteuerbelege sind im Original aufzubewahren. Bei elektronischer Rechnungsstellung sind diese Rechnungen in aller Regel auch in elektronischer Form aufzubewahren.

Sofern ein steuerlicher Vertreter oder Fiskalvertreter benannt ist, sehen einzelne EU-Staaten vor, dass in diesem Fall die Unterlagen zwingend beim Vertreter aufzubewahren sind.

Zu beachten ist allerdings, dass Umsatzsteuer-Prüfungen im Ausland häufig sehr kurzfristig angesetzt werden. Es ist somit sicher zu stellen, dass eine kurzfristige Vorlage der relevanten Unterlagen möglich ist. Ferner ist zu prüfen, ob sich aus allgemeinen verfahrensrechtlichen und/oder handelsrechtlichen Regelungen Einschränkungen ergeben können.

Veranlagungsverfahren/Steuererklärungen

Die Meldezeiträume für die Umsatzsteuer innerhalb der EU liegen zwischen einem Monat und einem Jahr. In der Regel richtet sich der Abgabezeitraum nach der Höhe der Steuerschuld bzw. der Umsätze/Bezüge. Auch die Abgabefristen sind unterschiedlich. Einige Staaten sehen zusätzlich Umsatzsteuer-Jahreserklärungen vor, andere Staaten jährliche Aufstellungen über die getätigten Umsätze/Bezüge. Zunehmend gehen Staaten dazu über, dass zeitnah Angaben über getätigte Umsätze zu übermitteln sind. Dies kann zu einem erheblichen Mehraufwand führen (siehe Ausführungen zu den einzelnen Staaten). Zu beachten sind auch die Auszahlungsmodalitäten von Vorsteuerüberhängen. Teilweise erfolgt die Rückzahlung automatisch, teilweise nur auf Antrag. Verschiedene Staaten sehen innerjährlich nur einen Vortrag der Guthaben vor. Im Extremfall erfolgt eine Erstattung erst nach mehreren Monaten oder sogar Jahren (z. B. Italien).

IntraStat/Zusammenfassende Meldungen

Durch den Wegfall der Grenzkontrollen innerhalb der Europäischen Union ist eine Kontrolle und Dokumentation der innergemeinschaftlichen Lieferungen durch Grenzkontrollstellen nicht mehr möglich. Im Binnenmarkt muss aber sichergestellt sein, dass keine unbesteuerten Waren in der EU zirkulieren. Das entfallende Kontrollverfahren durch die Zollbehörden musste im Binnenmarkt durch andere Kontrollverfahren ersetzt werden, die sicherstellen, dass die Voraussetzungen für die steuerfreie innergemeinschaftliche Lieferung tatsächlich gegeben sind.

Die Kontrolle der Warenbewegungen erfolgt über eine Meldung der durchgeführten innergemeinschaftlichen Lieferungen. Zum einen sind die steuerfreien innergemeinschaftlichen Lieferungen in den monatlich oder quartalsweise einzureichenden Umsatzsteuermeldungen in einer Summe anzugeben. Daneben müssen jedoch auch so genannte „Zusammenfassende Meldungen" über die erfolgten steuerfreien innergemeinschaftlichen Lieferungen eingereicht werden.

Seit dem 1. 1. 2010 sind auch „innergemeinschaftliche Dienstleistungen" zu melden.

In der Zusammenfassenden Meldung ist mindestens anzugeben,

- an welche Unternehmen (an welche USt-ID-Nr.) in anderen EU-Staaten
- welche Umsätze (Lieferungen oder sonstige Leistungen) erfolgt sind.

Die Prüfung, ob der Bezug der Erwerbsbesteuerung (Lieferungen) bzw. dem reverse-charge Verfahren (sonstige Leistungen) zugeführt worden ist, erfolgt über einen Datenaustausch zwischen den EU-Staaten. Über die Zusammenfassende Meldung sind die erbrachten Umsätze mit den einzelnen Kunden, die durch die Umsatzsteuer-Identifikationsnummern bestimmbar sind, sowie die fakturierten Entgelte der Lieferungen oder sonstigen des jeweiligen Zeitraums bekannt.

Verschiedene EU-Staaten sehen sogar vor, dass die innergemeinschaftlichen Erwerbe bzw. EU-Dienstleistungsbezüge unter Angabe der USt-ID-Nr. der Lieferanten/Dienstleisters und der Werte der bezogenen Gegenstände/Dienstleistungen in „Erwerbslisten" gemeldet werden. Andere Staaten sehen vor, dass nicht nur die USt-ID-Nr. der Lieferungs-/Dienstleistungsempfänger angegeben werden, sondern auch deren Name und Anschrift. Auch ist eine Kombination mit weiteren statistischen Daten (z. B. statistische Warennummer) möglich.

Neben den Zusammenfassenden Meldungen sind in den einzelnen Staaten für die Warenbewegungen in und aus dem Staat IntraStat-Meldungen einzureichen. Einige Staaten haben die Zusammenfassende Meldung und die IntraStat-Meldung kombiniert, so dass nur eine Meldung einzureichen ist.

Umsatzsteuer-Identifikationsnummer

Zum Zwecke der eindeutigen Identifizierung der Unternehmen und um die Zusammenfassenden Meldungen EDV-technisch auszuwerten, sind die so genannten Umsatzsteuer-Identifikationsnummern (sog. USt-ID-Nr., UID, USt-ID-Nummer etc.) eingeführt worden.

Über die USt-ID-Nr. ist der einzelne Unternehmer identifizierbar. Die Ausgestaltung der USt-ID-Nr. ist in den einzelnen EU-Staaten unterschiedlich. Eine USt-ID-Nr. beginnt immer mit einem so genannten Länder-Präfix (z. B. DE für Deutschland, FR für Frankreich etc.). Dem Länder-Präfix folgt eine Zahlen-/Buchstabenkombination. In einigen Staaten stimmt die USt-ID-Nr. mit der „normalen" Steuernummer des Unternehmens überein, in anderen Staaten sind die Nummern voneinander völlig abweichend.

Umsatzsteuer-Identifikationsnummer als Voraussetzung zur Anwendung der Steuerbefreiung „innergemeinschaftliche Lieferung" – Quick Fixes

Die gültige Umsatzsteuer-Identifikationsnummer eines Kunden war bis zum 31.12.2019 eine *formale* Voraussetzung für die Anwendung der Umsatzsteuerbefreiung bei innergemeinschaftlichen Warenlieferungen. Nach ständiger Rechtsprechung des Gerichtshofs der Europäischen Union muss ein Steuerpflichtiger jedoch grds. nur die *materiellen* Voraussetzungen erfüllen, um die o. g. Steuerbefreiung anzuwenden zu können. Die Steuerbefreiung kann daher bis zum 31.12.2019 effektiv nicht versagt werden, wenn ein Steuerpflichtiger von seinem Kunden keine gültige Umsatzsteuer-Identifikationsnummer erhalten hat. Gleichwohl sollte auch in der Praxis das Vorhandensein einer gültigen ausländischen Umsatzsteuer-Identifikationsnummer des Kunden sichergestellt sein. Auf die o. g. Rechtsprechung sollte man sich nur in „Verteidigungsfällen" berufen.

Seit dem 1.1.2020 hat sich dieses geändert:

Nach den neuen Regeln wird die Verwendung einer gültigen Umsatzsteuer-Identifikationsnummer, die der Kunde dem Lieferanten mitgeteilt hat, als *materielle* Voraussetzung für die Anwendung der Steuerbefreiung (innergemeinschaftliche Lieferung) angesehen. Wenn ein Lieferant keine gültige Umsatzsteuer-Identifikationsnummer des Kunden auf der Rechnung angibt, ist es seit dem 1.1.2020 keinesfalls mehr möglich, die Umsatzsteuerbefreiung anzuwenden!

Zusätzlich muss der Steuerpflichtige – ebenfalls als *materielle* Voraussetzung für die Anwendung der Steuerbefreiung – die jeweilige innergemeinschaftliche Lieferung in der Zusammenfassende Meldung (ZM) erklären und erkannte Fehler in der ZM i. d. R. innerhalb eines Monats berichtigen.

e-Commerce

Allgemeines

Die EU hat mit dem Mehrwertsteuer-Digitalpaket – Richtlinien (EU) 2017/2455 des Rates vom 5.12.2017 und (EU)-Richtlinie 2019/1995 des Rates vom 21.11.2019 zur Änderung der Richtlinie 2006/112/EG des Rates vom 28.11.2006 – in den letzten Jahren umfangreiche Änderungen der Besteuerung des e-Commerce auf den Weg gebracht. Betroffen sind Leistungen an Nichtunternehmer.

Die neuen Regelungen gelten EU-weit ab dem 1.7.2021, wurden jedoch noch nicht von allen EU-Staaten in nationales Recht umgesetzt.

Die Änderungen sind äußerst umfangreich und beziehen sich auf die Versandhandelsregelung, die durch Regelungen zum „Fernverkauf" ersetzt wurden, auf bestimmte Umsätze innerhalb der EU bzw. aus dem Drittland unter Einbeziehung von elektronischen Schnittstellen und auf die Abschaffung der 22 Euro-Freigrenze bei der Erhebung der Einfuhrumsatzsteuer. Um Meldeverpflichtungen zu vereinfachen, sind neue Besteuerungsverfahren in verschiedenen Formen des One-Stop-Shops (OSS) bzw. Import-One-Stop-Shops (IOSS) geschaffen worden. Der Mini-One-Stop-Shop (MOSS) ist durch den OSS ersetzt worden. Begleitet werden die Neuerungen von Regelungen zu Aufzeichnungspflichten und nicht zuletzt zur Haftung der Betreiber von elektronischen Schnittstellen.

Die einzelnen Regelungen sind sehr umfangreich und teilweise miteinander verwoben. Die EU-Kommission hat im September 2020 zu dem gesamten Themenbereich „Erläuterungen zu den Mehrwertsteuervorschriften für den elektronischen Geschäftsverkehr" veröffentlicht (in deutscher Sprache abrufbar unter: *https://ec.europa.eu/taxation_customs/sites/taxation/files/vatecommerceexplanatory_28102020_de.pdf*). Diese so genannte „Explanatory Notes" sind zwar nicht für die einzelnen EU-Staaten bindend, bieten aber eine sehr gute, praktische Unterstützung. Mit 118 Seiten sind die Erläuterungen zum elektronischen Geschäftsverkehr sehr umfangreich. Enthalten sind erläuternde Beispiele, Schaubilder und Tabellen.

An dieser Stelle soll nur ein grober Überblick über die Änderungen gegeben werden, da eine EU-weite Umsetzung erfolgt. Bei der überwiegenden Zahl der Anwendungsfälle handelt es sich um solche, bei denen für EU-Unternehmer ausschließlich das Recht des Landes maßgeblich ist, in dem dieser ansässig ist.

Fernverkauf

Aus dem bisherigen Versandhandel (d. h. grenzüberschreitende Lieferungen an Nicht-Unternehmer (private Endkunden)) wird der „Fernverkauf". Von dieser Regelung betroffene Lieferungen können entweder durch den Unternehmer direkt oder unter Einbeziehung einer elektronischen Schnittstelle (Online-Marktplatz) abgewickelt werden.

Bei den Fernverkäufen wird nunmehr zwischen dem innergemeinschaftlichen Fernverkauf, dem Fernverkauf mit Import aus dem Drittland mit einem Warenwert bis 150 € und dem Fernverkauf aus dem Drittland mit Einfuhr über einen anderen EU-Staat unterschieden.

Beim innergemeinschaftlichen Fernverkauf erfolgt die Veräußerung an einen Nichtunternehmer und die Ware gelangt von einem EU-Staat in einen anderen EU-Staat. Zur Anwendbarkeit der Regelung muss der Gegenstand durch den Unternehmer oder für dessen Rechnung unter direkter oder indirekter Beteiligung des Unternehmers an den Erwerber befördert oder versendet werden. Art. 5a **MwStDVO** definiert, was unter „indirekter" Beteiligung des Lieferanten am Transport zu verstehen ist und rechnet den Transport auch schon dann dem Lieferanten zu, wenn z. B. der Lieferer in jeglicher Weise gegenüber dem Erwerber die Zustelldienste eines Dritten bewirbt, den Kontakt zwischen dem Erwerber und diesem Dritten hergestellt oder einem Dritten auf andere Weise die Informationen übermittelt, die dieser für die Zustellung der Gegenstände an den Erwerber benötigt.

Bisher konnten die einzelnen EU-Staaten Schwellenwerte für den Versandhandel selbst bestimmen. Das Überschreiten der Versandhandelsgrenze zog eine umsatzsteuerliche Registrierung in dem jeweiligen Staat nach sich. Diese Schwellenwerte je EU-Staat wurden durch einen EU-weiten Schwellenwert für Fernverkäufe von 10.000 € (für Umsätze in allen EU-Staaten zusammen) ersetzt. Da der Wert auch die Umsätze aus Telekommunikations-, Rundfunk- und elektronischen Dienstleistungen umfasst, war es nur konsequent, den neuen Begriff des Fernverkaufs einzuführen. Dieser stark abgesenkte Schwellenwert führt sicherlich zu einer deutlich früheren Registrierungspflicht, die jedoch auch unter Anwendung des OSS erfolgen kann und nicht zwingend in jedem EU-Staat gesondert erfolgen muss.

Bei Fernverkäufen aus dem Drittland mit einem Warenwert von mehr als 150 € bleibt der Käufer für die Zahlung der Einfuhrumsatzsteuer zuständig und muss diese bei Erhalt des Paketes an den Transportdienstleister oder bei Abholung beim Zoll dort bezahlen.

Bei Fernverkäufen aus dem Drittland bis zu einem Warenwert von 150 € schuldet der Verkäufer (oder bei Abschluss der Transaktion über eine elektronische Schnittstelle der Schnittstellenbetreiber) die Umsatzsteuer am Bestimmungsort. Der Verkauf an den Nichtunternehmer ist steuerpflichtig, der Import steuerfrei. Die bisherige Kleinbetragsgrenze für Warensendungen bis zu einem Wert von 22 € entfällt. Der Unternehmer bzw. der Schnittstellenbetreiber werden somit umsatzsteuerlich registrierungspflichtig, können die Registrierung jedoch über den Import-One-Stop-Shop (IOSS) abwickeln.

One-Stop-Shop (OSS) und Import-One-Stop-Shop (IOSS)

Um die Meldeverpflichtungen bei den Fernverkäufen – mit und ohne Beteiligung einer elektronischen Schnittstelle – zu erleichtern, wird das bisher nur für bestimmte elektronische Dienstleistungen an Nichtunternehmer existierende „Mini-One-Stop-Shop-Verfahren" abgelöst durch verschiedene „One-Stop-Shop-Verfahren" (inklusive „Import-One-Stop-Shop-Verfahren").

Der OSS löst den bisher nur für die Erbringung elektronischer Dienstleistungen und Telekommunikationsleistungen anwendbaren Mini-One-Stop-Shop (MOSS) ab. Unternehmern, die Dienstleistungen oder Warenlieferungen in Form von Fernverkäufen an Nicht-Unternehmer tätigen und somit in mehreren EU-Staaten umsatzsteuerlich registrierungspflichtig werden, soll damit die Möglichkeit gegeben werden, die administrativen Pflichten zu vereinfachen und die in mehreren EU-Staaten geschuldete Umsatzsteuer in einer einzigen Erklärung angeben zu können.

Die Teilnahme am OSS ist nur möglich, wenn der OSS einheitlich für die gesamte EU gewählt wird. Sofern ein Unternehmer z. B. über Begründung einer Niederlassung in einem anderen EU-Staat ansässig wird, können zwar Fernverkäufe weiterhin über den OSS erklärt werden, Dienstleistungen sind jedoch in der nationalen Steuererklärung aufzunehmen. Nach Klarstellung des deutschen BMF ist eine umsatzsteuerliche Registrierung aufgrund anderer Aktivitäten nicht schädlich für die Anwendung des OSS für Fernverkäufe und Dienstleistungen an Nicht-Unternehmer.

Die OSS-Registrierung erfolgt für in der EU ansässige Unternehmer im Ansässigkeitsstaat, Unternehmer aus dem Drittland können wählen, in welchem Staat sich sich zum OSS registrieren möchten.

Neben den Vorteilen, die im Wesentlichen aus der Verhinderung von Registrierungsverpflichtungen in mehr als einem EU-Staat bestehen, gibt es auch verschiedene Nachteile. Beispielsweise können Vorsteuern weiterhin nur im Rahmen des Vorsteuer-Vergütungsverfahrens in dem jeweiligen Staat geltend gemacht werden.

Lieferfiktion für elektronische Schnittstellen (Online-Marktplätze)

Ab dem 1.7.2021 gilt eine Lieferkettenfiktion für Warenlieferungen eines im Drittland ansässigen Unternehmers an Nichtunternehmer, sofern diese über eine elektronische Schnittstelle ausgeführt werden.

Die o. g. Explanatory Notes definieren elektronische Schnittstellen wie folgt: „Darunter ist ein breit gefasstes Konzept zu verstehen, das es zwei unabhängigen Systemen oder einem System und dem Endnutzer ermöglicht, mithilfe eines Geräts oder Programms miteinander zu kommunizieren. Eine elektronische Schnittstelle könnte eine Website, ein Portal, ein Gateway, ein Marktplatz, eine Anwendungsprogrammschnittstelle (API) oder Ähnliches sein." Aus deutscher Sicht liegt eine elektronische Schnittstelle vor, wenn über die Schnittstelle ein rechtswirksames Geschäft abgeschlossen wird.

Bei Lieferungen innerhalb der EU, aber auch bei einem Fernverkauf von aus dem Drittland eingeführten Gegenständen mit einem Wert von höchstens 150 € wird der Betreiber der elektronischen Schnittstelle wie ein „Zwischenhändler" in die Warenlieferung involviert, so dass das Vorliegen eines Reihengeschäftes fingiert wird. Die Lieferung an den Schnittstellenbetreiber ist steuerfrei. Für die fiktive Lieferung des Schnittstellenbetreibers an den Endkunden (sofern dieser Nicht-Unternehmer ist) gelten dann die Regelungen zum Fernverkauf.

Der Schnittstellenbetreiber schuldet somit die Umsatzsteuer auf den Fernverkauf, ohne rechtlich in die Lieferkette eingebunden zu sein. Er muss die Umsatzsteuer vom Käufer vereinnahmen und im Rahmen des OSS/IOSS an den Fiskus abführen. Für den Verkäufer im Drittland ergibt sich somit keine Umsatzsteuerschuld in der EU.

Ausländische Unternehmer, die sowohl direkt als auch über einen Schnittstellenbetreiber Fernverkäufe tätigen, müssen somit unterscheiden, ob sie selbst die Umsatzsteuer auf den Fernverkauf schulden und im OSS/IOSS-Verfahren erklären müssen oder ob diese Pflicht im Rahmen der Lieferkettenfiktion auf den Schnittstellenbetreiber übergeht.

Registrierung

Die Formalitäten der Registrierung, d. h. die dafür erforderlichen Unterlagen/Informationen sind innerhalb der EU nicht einheitlich. Die notwendigen Informationen zur Registrierung können den Ausführungen zu den einzelnen Staaten entnommen werden. Grundsätzlich ist eine Registrierung vor Aufnahme der Aktivitäten im Ausland zu beantragen. Zu bedenken ist, dass die Bearbeitungszeit der Behörden mehrere Wochen in Anspruch nehmen können.

Vorsteuervergütung

Auch für Unternehmer, die nicht im jeweiligen Staat umsatzsteuerlich registriert sind, besteht die Möglichkeit, Vorsteuern, die im Rahmen der unternehmerischen Tätigkeit angefallen sind, erstattet zu bekommen. Dazu ist ein gesonderter Antrag zu stellen.

Seit dem 1.1.2010 erfolgt das Vorsteuer-Vergütungsverfahren über ein elektronisches Portal in dem Land, in dem der Steuerpflichte ansässig. Lediglich für Vergütungsanträge in Drittländern bzw. für Vergütungsanträge von Unternehmen aus Drittländern (mit denen eine so genannte Gegenseitigkeit besteht) erfolgt der Antrag regelmäßig noch auf dem Papierweg.

Belgien

Allgemeines

Die belgische Umsatzsteuer (Belasting over de Toegevoegde Waarde – BTW, Taxe sur la Valeur Ajoutée – TVA) entspricht den Vorgaben der MwStSystRL. Einige Besonderheiten, insbesondere für ausländische Unternehmer, werden nachfolgend erläutert.

Unternehmer/Organkreis

Der Unternehmerbegriff entspricht der Definition laut MwStSystRL. Eine Gruppenbesteuerung/Organschaft ist auf Antrag möglich. Allerdings besteht die Einschränkung, dass es sich um in Belgien ansässige Unternehmen handeln muss. Ausländische Unternehmen sind somit jeweils gesondert zu registrieren.

In Belgien ist keine Kleinunternehmergrenze anwendbar, d. h. jeder Unternehmer, der steuerbare Umsätze in Belgien tätigt, für die nicht die Steuerschuld auf den Kunden verlagert wird, muss sich umsatzsteuerlich registrieren lassen.

Ausländische Unternehmer müssen sich umsatzsteuerlich registrieren lassen, wenn sie belgische Umsatzsteuer auf erbrachte oder erhaltene Leistungen schulden:

- In Belgien steuerbare Leistungen, für die nicht das Reverse-Charge-Verfahren anwendbar ist,
- Innergemeinschaftliche Erwerbe in Belgien,
- Innergemeinschaftliche Lieferungen aus Belgien,
- Importe nach Belgien mit anschließender Inlandslieferung oder
- Lieferungen innerhalb eines Umsatzsteuerlagers.

Eine freiwillige Registrierung für nicht ansässige Unternehmer ist nur möglich, wenn Leistungen im Zusammenhang mit einem Grundstück erbracht werden oder die belgische Vorsteuer den Betrag von 10.000 € überschreitet.

Für in Belgien ansässige Unternehmer gilt eine Kleinunternehmergrenze für Umsätze von bis zu 25.000 € pro Jahr. Auch Unternehmer, die ausschließlich (steuerfreie) Umsätze erbringen, die nicht zum Vorsteuerabzug berechtigen, müssen sich nicht registrieren lassen.

Lieferung/sonstige Leistung

Die Definition der Begriffe Lieferung und sonstige Leistung entspricht in Belgien grds. den Vorgaben der MwStSystRL. Danach setzt eine Lieferung die Verschaffung der Verfügungsmacht an einem Gegenstand voraus.

Der Ort der Lieferung liegt dann in Belgien, wenn sich der verkaufte Gegenstand zum Zeitpunkt der Verschaffung der Verfügungsmacht in Belgien befindet oder die Beförderung oder Versendung des Gegenstands in Belgien beginnt.

Auch im belgischen Umsatzsteuerrecht ist der Begriff der sonstigen Leistung negativ definiert, d. h., alle steuerbaren Vorgänge, die nicht als Lieferungen gelten, sind sonstige Leistungen.

Die Vorschriften zur Bestimmung des Ortes der sonstigen Leistung entsprechen den seit 1.1.2010 EU-weit gültigen Regeln. Eine sonstige Leistung, die an einen Unternehmer erbracht wird, gilt somit grds. als dort ausgeführt, wo der empfangende Unternehmer seinen Sitz hat. Ausnahmen von diesem Grundsatz existieren bei

- sonstigen Leistungen im Zusammenhang mit einem Grundstück,
- Personenbeförderungen,
- Restaurationsleistungen,
- und der kurzfristigen Vermietung von Beförderungsmitteln.

In Belgien entsteht keine Steuerschuld, wenn eine Transportdienstleistung oder eine Nebenleistung zu einer Transportleistung komplett im Drittland erbracht und genutzt wurde (Use and Enjoyment). Die in der Vergangenheit gültige Beschränkung auf den tatsächlich im Drittland liegenden Teil der Beförderungsstrecke führte in der Praxis zu Abgrenzungsproblemen, so dass heute bei einer im Drittland beginnenden Beförderung nach Belgien die gesamte Transportleistung der belgischen Umsatzsteuer unterliegt. Transportleistungen und Nebenleistungen, die in Belgien für einen im Drittland ansässigen Unternehmer erbracht werden, unterliegen der belgischen Umsatzsteuer.

In der Vergangenheit konnten Lagerdienstleistungen in Belgien als grundstücksbezogene Dienstleistungen angesehen werden und unterlagen somit der belgischen Umsatzsteuer. Seit Januar 2014 gilt dies übereinstimmend mit EU-Recht nur noch dann, wenn der Kunde ein genau begrenztes Lager zur ausschließlichen Nutzung anmietet. Alle anderen Lagerdienstleistungen sind als klassische B2B-Dienstleistungen anzusehen und gelten als am Sitz des Leistungsempfängers erbracht.

Werklieferung/Werkleistung/Bauleistung

Werklieferungen

Werklieferungsverträge sind im belgischen Umsatzsteuerrecht entsprechend der MwStSystRL als Lieferung zuzüglich Montage oder Installation definiert. Die Werklieferung wird als einheitliche Leistung betrachtet, die nach der Übergabe des fertigen Werkes als Umsatz zu erfassen ist.

Als Ort der Lieferung bei Werklieferungen ist auch in Belgien der Ort der Übergabe des fertigen Werkes festgelegt. Daher unterliegen in Belgien erbrachte Werklieferungen der belgischen Umsatzsteuer.

Bauleistungen

Bei Werklieferungen/Werkleistungen ergeben sich darüber hinaus Besonderheiten, wenn der leistende Unternehmer zusätzlich als Bauunternehmer anzusehen ist, weil er unbewegliche Gegenstände (Immobilien im weiteren Sinne) liefert oder Arbeiten an unbeweglichen Gegenständen erbringt. Als Bauleistungen gelten alle Werklieferungen von Gegenständen, die fest mit dem Boden verbunden sind und nicht wieder entfernt werden können, ohne Schäden am Grund und Boden oder Gebäude zu hinterlassen.

In der Vergangenheit war für die Erbringung von Bauleistungen zwingend eine Bauunternehmerregistrierung erforderlich, diese Registrierung ist heute nur noch optional und für in der EU ansässige Unternehmer nicht mehr zwingend erforderlich.

Verlagerungsverfahren/Reverse-Charge

Das belgische Umsatzsteuerrecht sieht bereits seit dem 1.1.2002 umfassende Regelungen zur Verlagerung der Steuerschuld auf den Leistungsempfänger vor, wenn der leistende Unternehmer nicht in Belgien ansässig ist.

Im Einzelnen ist für die Anwendung des Reverse-Charge-Verfahrens für jeden Umsatz zu unterscheiden, ob jeweils der leistende Unternehmer und der Leistungsempfänger in Belgien

- ansässig sind
- über eine feste Niederlassung im Sinne der Umsatzsteuer (sog. Fixed Establishment) verfügen
- über einen Fiskalvertreter registriert sind
- direkt (ohne Fiskalvertreter) registriert sind
- überhaupt nicht registriert sind

Zusammengefasst und vereinfacht ergeben sich die folgenden Konstellationen und umsatzsteuerlichen Auswirkungen:

Leistungs-empfänger Leistender	**ansässig**	**feste Niederlassung**	**Fiskal-vertreter**	**direkte Registrierung**	**keine Registrierung**
ansässig	+ USt	+ USt	+ USt	+ USt	+ USt
feste Niederlassung	+ USt	+ USt	+ USt	+ USt	+ USt
Fiskalvertreter	rev. charge	rev. charge	rev. charge	+ USt	+ USt
direkte Registrierung	rev. charge	rev. charge	rev. charge	+ USt	+ USt
keine Registrierung	rev. charge	rev. charge	rev. charge	Registrierungs-pflicht + USt	Registrierungs-pflicht + USt

Für die Erbringung von Bauleistungen gilt ein generelles Reverse-Charge-Verfahren, wenn der Leistungsempfänger in Belgien umsatzsteuerlich registriert ist, auch wenn die Leistung zwischen zwei in Belgien ansässigen Unternehmen erbracht wird oder der nicht ansässige Leistungsempfänger über eine direkte Umsatzsteuerregistrierung ohne Einbindung eines Fiskalvertreters verfügt.

In Belgien ansässige Unternehmen und ausländische Unternehmen, die über eine feste Niederlassung im Sinne der Umsatzsteuer verfügen, sind immer verpflichtet, zuzüglich belgischer Umsatzsteuer abzurechnen. Auf den Status des Leistungsempfängers kommt es in diesen Fällen nicht an. Entsprechend den Vorgaben der EU wird eine feste Niederlassung im Sinne der Umsatzsteuer in Belgien dann angenommen, wenn es sich um eine feste Geschäftseinrichtung handelt und ausreichend personelle und finanzielle Ressourcen verfügbar sind, um die Geschäfte der Betriebsstätte selbstständig zu führen. Eine handelsrechtlich eingetragene Niederlassung wird i. d. R. auch als umsatzsteuerliche feste Niederlassung angesehen. Die im Rahmen von Werklieferungen häufig entstehenden und für Ertragssteuerzwecke relevanten reinen Montagebetriebsstätten werden aus umsatzsteuerlicher Sicht üblicherweise nicht als feste Niederlassung betrachtet und begründen somit keine Ansässigkeit.

Ist das ausländische Unternehmen über einen Fiskalvertreter umsatzsteuerlich in Belgien registriert, so ist das Reverse-Charge-Verfahren nur dann nicht anzuwenden und zuzüglich Umsatzsteuer zu fakturieren, wenn der Leistungsempfänger nicht in Belgien ansässig ist und über eine direkte Registrierung verfügt oder überhaupt nicht registriert ist.

Im Vorfeld ist daher der umsatzsteuerliche Status des Leistungsempfängers zu klären. Leider lässt sich anhand der Steuernummer/USt-ID-Nummer des Leistungsempfängers nicht erkennen, ob dieser in Belgien über eine feste Niederlassung verfügt, über einen Fiskalvertreter oder direkt zur Umsatzsteuer registriert ist, so dass die Informationen beim Kunden bzw. Lieferanten abzufragen sind.

Zu beachten ist, dass der Leistungsempfänger bei fehlerhaft berechneter Umsatzsteuer aufgrund der Nicht-Anwendung des Reverse-Charge-Verfahrens keinen Vorsteuerabzug geltend machen darf. Umgekehrt schuldet der leistende Unternehmer auch dann die Umsatzsteuer, wenn der Leistungsempfänger unzutreffender Weise das Reverse-Charge-Verfahren angewendet und die Umsatzsteuer ordnungsgemäß erklärt hat.

Einfuhrumsatzsteuer

Auf Antrag können in Belgien umsatzsteuerlich registrierte Unternehmer die Zahlung der Einfuhrumsatzsteuer in die Steuererklärung verlagern (Lizenz 14.000). Aufgrund des gleichzeitigen Rechts zum Vorsteuerabzug kommt es damit nicht zu einem Zahlungsmittelabfluss und somit zu einem Liquiditätsvorteil.

In der Vergangenheit war für die Verlagerung eine Garantie an den Zoll zu zahlen, dies ist seit 2013 nicht mehr erforderlich. Unternehmen, die regelmäßig in Belgien importieren, sollten daher diese Möglichkeit prüfen und ggf. den erforderlichen Antrag an das zuständige Finanzamt stellen.

Konsignationslager/Call-off stock

Zum 1.1.2020 hat Belgien die EU-weit gültigen „Quick fixes" zu Konsignationslagern umgesetzt (siehe dazu im Kapitel Begriffsbestimmungen). Sofern die Voraussetzungen für die Abwicklung entsprechend der EU-weit gültigen Vereinfachungsregel nicht erfüllt sind, wird eine umsatzsteuerliche Registrierung erforderlich.

In diesem Fall gelten Lieferungen auf das Lager in Belgien als Verbringungen, die einer innergemeinschaftlichen Lieferung gleichgestellt sind. Den im Abgangsland steuerfreien Verbringungen steht in Belgien ein innergemeinschaftlicher Erwerb gegenüber.

Die Lieferungen aus dem Konsignationslager an den Kunden werden als Inlandsumsatz innerhalb Belgiens betrachtet. Für die Fakturierung bei Lagerentnahme gelten die generellen Regelungen zum Reverse-Charge-Verfahren.

Steuerbefreiungen

Das belgische Umsatzsteuergesetz sieht Umsatzsteuerbefreiungen unter anderem für die folgenden Lieferungen bzw. Leistungen vor:

- Ausfuhrlieferungen
- innergemeinschaftliche Lieferungen
- Zeitungen und Zeitschriften
- bestimmte Finanzumsätze
- Verkauf und Vermietung von Grund und Boden, Gebäuden

Das belgische Umsatzsteuerrecht kennt – wie das deutsche Recht auch – die Möglichkeit des Verzichtes auf die Steuerfreiheit bei Finanzdienstleistungen. Bei der Veräußerung und bei der Vermietung von Grundstücken ist eine Option hingegen nicht möglich.

Innergemeinschaftliche Lieferungen

Entsprechend den Vorgaben der MwStSystRL ist eine gültige Umsatzsteuer-ID-Nummer des Warenempfängers aufzuzeichnen und die Lieferung muss in die Zusammenfassende Meldung aufgenommen werden.

Weiterhin müssen für innergemeinschaftliche Lieferungen Nachweise vorgehalten werden, die die Lieferung in einen anderen EU-Staat belegen. Anders als in Deutschland gibt es keine genauen Regelungen, welche Dokumente zum Nachweis vorgelegt werden müssen, sondern „die Gesamtheit der Umstände muss darauf schließen lassen, dass eine Lieferung in einen anderen EU-Staat stattgefunden hat". Das bedeutet, dass neben Transportdokumenten insbesondere in Abholfällen auch Lieferscheine, Kundenbestätigungen und Kontoauszüge angefordert werden können, um eine Zahlung aus dem Ausland zu beweisen und damit die Annahme zu unterstützen, dass der Kunde dort ansässig ist und die Waren an seinen Geschäftssitz verbracht hat. Insbesondere bei einem durch den Kunden organisierten Transport ist eine Empfangsbestätigung ähnlich der deutschen Gelangensbestätigung zu empfehlen, reicht jedoch anders als in Deutschland nicht als alleiniger Nachweis aus.

Exporte

Die Steuerfreiheit für den Export ist durch das elektronische Zolldokument mit Ausgangsvermerk und MRN-Nummer nachzuweisen. Da seit der Änderung des Zollkodexes der zollrechtliche Exporteur häufig nicht derjenige ist, der die Umsatzsteuerbefreiung für die Ausfuhr in Anspruch nimmt, muss der Unternehmer, der die Steuerbefreiung in Anspruch nimmt, in Feld 44 der Ausfuhrzollanmeldung mit Umsatzsteuer-ID-Nummer und Namen als umsatzsteuerlicher Exporteur genannt sein. Die Angabe ist zu codieren mit „Y040“:

Y040 BE0123456789 xxx [Umsatzsteuer-ID-Nummer, Name des Unternehmens]

Reihengeschäfte

Zu beachten ist, dass die Regelungen zum Reihengeschäft bei Exporten teilweise von den in anderen EU-Staaten geltenden Regeln abweichen. Während dort für die Beurteilung die Verantwortlichkeit für den Transport entscheidend ist, spielt dies im belgischen Recht bei Exporten nur eine zweitrangige Rolle.

Auch Lieferungen innerhalb Belgiens, die entweder mit der Lieferbedingung „FOB“ (Free On Board) oder auf den Kai im Hafen erfolgen, können bereits als steuerfreie Ausfuhrlieferung betrachtet werden, sofern der Vorlieferant wie vorgehend beschrieben als umsatzsteuerlicher Exporteur in Feld 44 der Ausfuhrzollanmeldung genannt ist.

Für innergemeinschaftliche Reihengeschäfte hat Belgien die EU-Regeln zu den „Quick fixes“ umgesetzt. Vor dem Hintergrund, dass in der Praxis in Belgien in der Vergangenheit häufig auf die Verwendung der Umsatzsteuer-ID-Nummer abgestellt wurde und die Transportbeauftragung im Reihengeschäft von untergeordneter Bedeutung für die Bestimmung der warenbewegten – steuerfreien – Lieferung war, können sich aus der Anwendung der Quick fixes Änderungen ergeben. Eine vorherige Abstimmung mit belgischen Kunden und Lieferanten zur Sicherstellung der korrekten Auslegung und Anwendung der Regeln ist zu empfehlen.

Die Vereinfachungsregel für Dreiecksgeschäfte ist in Belgien auch dann anwendbar, wenn der mittlere Unternehmer in Belgien umsatzsteuerlich registriert ist und die Warenbewegung in Belgien endet.

Werkzeugkostenzuschüsse

Werkzeugkostenzuschüsse sind im belgischen Umsatzsteuerrecht in einem Erlass vom 6.10.1999 geregelt worden. Geht die Verfügungsmacht an dem Werkzeug an den Zuschussgeber über, dann liegt grds. eine umsatzsteuerbare Lieferung in Belgien vor. Werden die mit dem Werkzeug hergestellten Teile in das Drittlandsgebiet oder in einen anderen EU-Staat geliefert, dann kann auch eine steuerbefreite Abrechnung der Werkzeugkostenzuschüsse erfolgen.

Steuersätze

Im belgischen Umsatzsteuergesetz gibt es folgende Steuersätze:

- Normalsteuersatz 21 %
- ermäßigter Steuersatz 12 %
- Niedrigsteuersatz 6 %
- Nullsteuersatz 0 %

Die folgenden Leistungen unterliegen dem ermäßigten Steuersatz von 12 %:

- Restaurations- und Cateringleistungen (außer Getränken) (bis zum 31.12.2020 galt der Niedrigsteuersatz von 6 %)
- pharmazeutische Erzeugnisse
- sozialer Wohnungsbau

Dem Niedrigsteuersatz von 6 % unterliegen folgende Leistungen:

- Lebensmittel
- Medikamente
- Personentransporte
- Beherbergungsleistungen
- Näh- und Reparaturarbeiten an Schuhen, Kleidung und Heimtextilien

Ab dem Jahr 2024 soll gemäß eines Vorschlags vom Finanzministerium nur noch ein ermäßigter Steuersatz von 9 % zur Anwendung kommen, außerdem soll der Nullsteuersatz ausgeweitet werden auf bestimmte Grundnahrungsmittel, medizinische und Hygieneprodukte und den öffentlichen Verkehr.

Der Nullsteuersatz, der einer Steuerbefreiung mit Recht zum Vorsteuerabzug gleichkommt, gilt neben innergemeinschaftlichen Lieferungen und Exporten auch für elektronische Zeitungen, die mindestens 48-mal im Jahr erscheinen und die Lieferung von (Industrie-)Abfällen.

Finanz- und Versicherungsdienstleistungen sowie der Verkauf und die Vermietung von Immobilien sind steuerbefreit. Für einige Finanzdienstleistungen sowie den Verkauf oder die Vermietung von Immobilien ist unter bestimmten Voraussetzungen die Möglichkeit zum Verzicht auf die Steuerbefreiung (Option zur Steuerpflicht) möglich.

Bemessungsgrundlage

Als Bemessungsgrundlage zur Ermittlung der belgischen Umsatzsteuer gilt – entsprechend den Vorgaben der MwStSystRL – alles, was der Leistungsempfänger aufwendet, um die Leistung zu erhalten.

Eine nachträgliche Korrektur der Bemessungsgrundlage ist bei Forderungsausfällen möglich. Voraussetzung ist, dass nachweisbar alle gesetzlichen Möglichkeiten (Mahnverfahren, Anmeldung von Ansprüchen im Insolvenzverfahren) ausgeschöpft sind und die Forderung auch in der Gewinn- und Verlustrechnung als uneinbringlich aufwandswirksam ausgebucht wird. Außer bei Insolvenzfällen ist dem Kunden eine korrigierte Rechnung zu senden, in der ausdrücklich darauf hingewiesen wird, dass die Vorsteuer ebenfalls zu korrigieren ist. Die Korrektur der Umsatzsteuer muss innerhalb von drei Jahren nach Bekanntwerden der Uneinbringlichkeit erfolgen.

Vorsteuerabzug

Grundvoraussetzungen für die Inanspruchnahme des Vorsteuerabzugs sind:

- der Unternehmer muss eine Lieferung oder Leistung für sein Unternehmen bezogen haben,
- die Lieferung oder Leistung muss von einem anderen Unternehmer ausgeführt worden sein und
- der leistende Unternehmer muss eine ordnungsgemäße Abrechnung mit offen ausgewiesener Umsatzsteuer erstellt haben.

Vom Vorsteuerabzug ausgeschlossen ist die Steuer für:

- Bewirtungskosten
- Übernachtungskosten
- 50 % der PKW-Kosten
- Geschenke mit einem Wert über 50 €

Ein Vorsteuerabzug bei Übernachtungskosten/Verpflegungskosten ist teilweise möglich. Fallen die Kosten im Rahmen von Reisetätigkeiten von in Belgien im Rahmen eines Auftrags „aktiven" Personen (z. B. Monteuren und Arbeitern) an, so kann die Vorsteuer geltend gemacht werden. Liegt lediglich eine „Geschäftsreise" (z. B. zur Kontaktpflege oder für Vertragsverhandlungen) vor, ist ein Vorsteueranspruch nicht gegeben.

Im Nachgang zu zwei EuGH-Urteilen wurde in Belgien im Oktober 2017 ein Rundschreiben der Finanzverwaltung erlassen, aus dem hervorgeht, dass das Recht auf Vorsteuerabzug auch dann besteht, wenn die Rechnungen formal fehlerhaft sind, die fehlenden

Rechnungsangaben jedoch anderen Geschäftsunterlagen (Verträge. Bestellungen, Lieferscheine etc.) entnommen werden können.

Unternehmer, die sowohl steuerpflichtige als auch steuerfreie Umsätze tätigen, die nicht zum Vorsteuerabzug berechtigen, müssen seit Januar 2023 gegenüber dem Finanzamt offenlegen, ob sie Vorsteuerbeträge direkt der steuerpflichtigen bzw. steuerbefreiten Tätigkeit zuordnen oder ob sie die abziehbare Vorsteuer pro-rata berechnen. Die angewendete Methode ist für jedes Kalenderjahr vor Abgabe der ersten Mehrwertsteuererklärung abzugeben. Wird für 2023 bereits die in der Vergangenheit angewandte Methode fortgeführt, muss die Mitteilung bis zum 1.7.2023 erfolgen.

Rechnungsbestandteile

Grundsätzlich ist für jede Lieferung oder Leistung, die ein Unternehmen erbringt, bis zum 15. des Folgemonats eine ordnungsgemäße Rechnung zu erstellen. Rechnungen können in beliebiger Sprache gestellt werden, sind jedoch auf Verlangen der Finanzverwaltung zu übersetzen und müssen mindestens folgende Angaben enthalten:

- Name und Anschrift des Leistenden
- Umsatzsteuer-ID-Nummer des Leistenden
- Name und Anschrift des Kunden
- Umsatzsteuer-ID-Nummer des Kunden
- Rechnungsdatum
- fortlaufende Rechnungsnummer
- Leistungszeitpunkt/Lieferzeitpunkt
- Leistungsbeschreibung
- Nettobetrag
- Umsatzsteuersatz
- Umsatzsteuerbetrag
- Hinweis auf Minderung des Entgelts
- ggf. Angabe des Fiskalvertreters des Lieferanten und Kunden, wenn dieser die Umsatzsteuer schuldet
  - ggf. Hinweis auf eine Steuerbefreiung mit Angabe des Befreiungsgrundes gem. MwStSystRL oder gem. belgischem Umsatzsteuergesetz

Innergemeinschaftliche Lieferungen:

Livraison exonérée de la TVA sur la base de l'article 39 bis CTVA – livraison intracommunautaire

– Exporte:

Livraison exonérée de TVA sur la base de l'article 39, §1er CTVA – exportation

► Auch im Falle einer Verlagerung der Umsatzsteuerschuld (Reverse-Charge) ist auf die Anwendung des Verlagerungsverfahrens hinzuweisen:

– *Vous – le client – êtes obligé d'acquitter la TVA – Article 51, § 2 CTVA.*

– *BTW te voldoen door de medecontractant – Artikel 51, § 2 CWBTW.*

Sofern eine Rechnung in einer Fremdwährung gestellt wird, muss der Umsatzsteuerbetrag zwingend in Euro auf der Rechnung genannt werden. Die Umrechnung in Euro muss zum letzten veröffentlichten Umrechnungskurs der Europäischen Zentralbank oder – wenn die EZB keinen Umrechnungskurs veröffentlich hat – der Belgischen Nationalbank erfolgen. Wurde bereits im Vertrag ein Umrechnungskurs festgelegt und wird die Zahlung insgesamt zu diesem Umrechnungskurs geleistet, kann auch dieser Kurs verwendet werden.

Kleinbetragsrechnungen können für Leistungen bis zu einem Nettowert von 100 € sowie in der Gastronomie gestellt werden. Davon ausgenommen sind jedoch Rechnungen über innergemeinschaftliche Lieferungen und Werklieferungen.

Elektronische Rechnungen

Belgien hat zum 1.1.2013 die Vorgaben der EU zur elektronischen Rechnungsstellung umgesetzt.

Die elektronische Rechnungsstellung ist zulässig, wenn der Rechnungsempfänger mit der elektronischen Fakturierung einverstanden ist. Es ist zu empfehlen, dies schriftlich zu dokumentieren, obwohl das Einverständnis auch stillschweigend erklärt werden kann.

Weiterhin müssen Rechnungssteller und Rechnungsempfänger die Echtheit der Herkunft einer Rechnung, die Unversehrtheit ihres Inhalts und die Lesbarkeit vom Zeitpunkt der Ausstellung bis zum Ende der gesetzlichen Aufbewahrungsfrist gewährleisten. Dies kann nach Wahl der Beteiligten in folgender Form erfolgen:

► Rechnungsübermittlung in einem EDI-System

► Versendung der Rechnungen mit einer elektronischen Unterschrift oder

- in jeder anderen Form, wenn ein dokumentiertes und dauerhaftes Kontrollsystem eingerichtet wird, das der Finanzverwaltung im Rahmen einer Prüfung ermöglicht, die empfangenen Daten nachzuvollziehen und eine nachträgliche Änderung auszuschließen.

Seit März 2022 müssen Rechnungen an Behörden und die öffentliche Verwaltung (B2G) in elektronischer Form gestellt werden, wenn der gesamte Auftragswert 214.000 € überschreitet. Diese Schwelle wird im Mai 2023 auf 30.000 € gesenkt, ab November 2023 müssen alle B2G-Aufträge in elektronischer Form fakturiert werden.

Ab dem Jahr 2024 wird stufenweise ein verpflichtendes e-Invoicing für B2B-Lieferungen und sonstige Leistungen eingeführt, das zunächst nur für in Belgien ansässige Unternehmen mit einem Umsatz von mehr als 9 Mio. € im Jahr 2023 gelten soll. Ab Januar 2025 werden dann auch belgische Unternehmen mit einem Umsatz von mehr als 700.000 € pro Jahr und für alle anderen Unternehmer ab 1.7.2025 ihre Rechnungen in elektronischer Form stellen müssen.

Anzahlungen

Die Regeln zur Besteuerung von Anzahlungen haben sich in Belgien in den letzten Jahren mehrfach geändert. Seit dem 1.1.2016 entsteht die Steuerschuld auf Anzahlungsrechnungen in Belgien wie auch in Deutschland erst bei Zahlungseingang oder wenn die Leistung vollständig erbracht wurde – je nachdem, was früher eintritt. Das Erstellen einer Anzahlungsrechnung führt nicht mehr zu einer Steuerschuld, wenn die Leistung noch nicht erbracht und die Zahlung noch nicht vereinnahmt wurde. Der leistende Unternehmer ist jedoch verpflichtet, innerhalb von 15 Tagen nach Erhalt einer Anzahlung eine Rechnung zu erstellen, um den Leistungsempfänger zum Vorsteuerabzug zu berechtigen.

Korrespondierend darf auch die Vorsteuer erst dann geltend gemacht werden, wenn die Zahlung tatsächlich geleistet bzw. die vollständige Leistung erhalten wurde und eine ordnungsgemäße Rechnung vorliegt.

Gutschriften/Self Billing

Grundsätzlich besteht auch in Belgien die Möglichkeit, im Gutschriftsverfahren abzurechnen. Um den Vorsteuerabzug des Leistungsempfängers sicherzustellen, muss die Gutschrift alle üblichen Rechnungsbestandteile und den Hinweis „Self bill" enthalten.

Die Parteien müssen sich über die Abrechnung im Gutschriftsverfahren geeinigt haben, dies kann auch ohne schriftliche Vereinbarung geschehen. Weiterhin ist jede Gutschrift vom Lieferanten zu akzeptieren, dies kann jedoch auch stillschweigend (= kein Widerspruch innerhalb einer vorher definierten Frist, Akzeptanz der Zahlung) erfolgen.

Auch wenn im Gutschriftsverfahren abgerechnet wird, bleibt der leistende Unternehmer für die ordnungsgemäße Rechnungsstellung verantwortlich.

Nachträgliche Korrekturen dürfen ebenfalls nur durch den Leistungsempfänger vorgenommen werden.

Aufbewahrung von Unterlagen

Alle in Belgien umsatzsteuerlich registrierten Unternehmen sind verpflichtet, alle Unterlagen, die die belgische Umsatzsteuer betreffen, zehn Jahre aufzubewahren (die Aufbewahrungspflicht wurde im Januar 2023 von sieben auf zehn Jahre angehoben) und auf Anforderung kurzfristig vorzulegen, für Unterlagen im Zusammenhang mit Immobilien verlängert sich die Aufbewahrungspflicht auf 15 Jahre bzw. 25 Jahre, wenn bei der Vermietung zur Umsatzsteuer optiert wurde.

Sofern eine Registrierung über einen Fiskalvertreter vorgenommen wurde, ist dieser verpflichtet, die Unterlagen in Belgien vorzuhalten. Bei einer direkten umsatzsteuerlichen Registrierung können die Unterlagen auch im Ausland aufbewahrt werden.

Alle Dokumente können in Papierform oder elektronisch aufbewahrt werden. Eine elektronische Archivierung ist möglich, sofern die Echtheit und Unveränderbarkeit der Daten gewährleistet ist und über die gesamte Archivierungsdauer nachgewiesen werden kann.

Veranlagungsverfahren/Steuererklärungen

In Belgien müssen die Umsatzsteuererklärungen bei Umsätzen von mehr als 2,5 Mio. € pro Jahr monatlich bis zum 20. des Folgemonats in elektronischer Form abgegeben werden, fällt das Fristende auf ein Wochenende oder einen Feiertag, verlängert sich die Frist bis zum nächsten Werktag. Bei Umsätzen von weniger als 2,5 Mio. € pro Jahr können auf Antrag quartalsweise Steuererklärungen abgegeben werden. Ab 2024 soll die Frist zur Abgabe quartalsweiser Steuererklärungen auf den 25. des Folgemonats verlängert werden (die Frist für monatliche Erklärungen soll unverändert bleiben).

Vorsteuerbeträge werden grds. vorgetragen und auf Antrag am Ende eines Quartals ausgezahlt. Der Antrag auf Auszahlung eines Vorsteuerguthabens löst häufig eine Umsatzsteuerprüfung aus. Unternehmen, die mindestens 30 % ihres Umsatzes durch steuerfreie Exporte und innergemeinschaftliche Lieferungen erzielen und deren Vorsteuerguthaben mindestens 12.000 € beträgt, können auch beantragen, monatliche Vorsteuerauszahlungen zu erhalten. Seit dem 1.1.2020 können alle neu registrierten Unternehmen im Rahmen der Registrierung die monatliche Auszahlung von Vorsteuerguthaben beantragen. Ab 2024 sollen alle Unternehmer, die monatlich Umsatzsteuererklärungen abgeben, ohne gesonderten Antrag jeden Monat Vorsteuerguthaben zur Auszahlung anfordern können. Es ist weiterhin vorgesehen, dass bei Abgabe der monatlichen bzw. quartalsweisen Umsatzsteuererklärung nur noch das Guthaben der aktuellen Periode zur Auszahlung beantragt werden kann und dies voraussetzt, dass in den letzten sechs Monaten alle Umsatzsteuererklärungen fristgerecht eingereicht wurden. In anderen Fällen und wenn kumulierte Gutachten über mehrere Perioden zur Auszahlung beantragt werden, soll künftig ein anderes Verfahren zur Anwendung kommen.

Zu beachten ist, dass der belgische Fiskus auch bei der fehlerhaften Erklärung von Eingangsumsätzen, die dem Reverse-Charge-Verfahren unterliegen, Strafen erheben kann, obwohl ein gleichzeitiges Recht zum Vorsteuerabzug besteht.

Korrekturen können innerhalb von sechs Monaten durch Abgabe einer korrigierten Umsatzsteuererklärung vorgenommen werden, danach sind die Korrekturen dem zuständigen Finanzamt schriftlich mitzuteilen. In beiden Fällen erfolgt üblicherweise keine Erhebung von Strafen.

Bis zum 24.12. jeden Jahres ist eine Umsatzsteuervorauszahlung fällig, die wie folgt berechnet wird und in der letzten Steuererklärung des Jahres (Dezember oder 4. Quartal) in Box 91 anzugeben ist:

- Umsatzsteuerzahllast vom 1.12.–20.12 für Unternehmer, die monatliche Steuererklärungen abgeben bzw. vom 1.10.–20.12. für Unternehmer, die quartalsweise Steuererklärungen abgeben oder
- Umsatzsteuerzahllast der Erklärung für den Monat November bzw. das 3. Quartal (Juli–September).

Die belgische Finanzverwaltung fordert von den in Belgien registrierten Gesellschaften jährlich eine Aufstellung aller in Belgien getätigten Umsätze, aus der Kunden und Lieferanten, deren Anschrift, Steuernummer sowie die eingeforderten Steuerbeträge bzw. dem Reverse-Charge-Verfahren unterliegenden Umsätze hervorgehen müssen (Listing des clients, listing des fournisseurs). Die Aufstellungen sind jeweils bis zum 31.3. des Folgejahres in elektronischer Form an das Finanzamt zu senden.

Zentrales Portal für die Abgabe der Umsatzsteuererklärungen, Kunden- und Lieferantenliste und der Zusammenfassenden Meldung ist das Portal Intervat, das auch in deutscher Sprache zur Verfügung steht:

https://finances.belgium.be/fr/E-services/Intervat

Die allgemeine Verjährung tritt drei Jahre nach Ablauf des Jahres, in dem die Steuerschuld entstanden ist, ein. Im Fall einer Steuerhinterziehung verlängert sich die Frist auf sieben Jahre. Seit Januar 2023 gelten längere Fristen im Fall von verspäteter oder unterlassener Einreichung von Umsatzsteuererklärungen. In diesen Fällen verlängert sich die Verjährungsfrist auf vier Jahre nach Ablauf des Jahres, in dem die Steuerschuld entstanden ist bzw. zehn Jahre im Fall von Steuerhinterziehung.

IntraStat/Zusammenfassende Meldung

In Belgien werden sowohl Zusammenfassende Meldungen für innergemeinschaftliche Lieferungen als auch IntraStat-Meldungen abgegeben.

IntraStat-Meldungen sind in elektronischer Form bis zum 20. Tag des Folgemonats einzureichen, wenn der Schwellenwert von 1,5 Mio. € für Eingangs- und 1 Mio. € für Ausgangsmeldungen überschritten wird.

Ausführliche Informationen zur Abgabe der IntraStat-Meldungen sind in deutscher Sprache auf der Internet-Seite der Belgischen Nationalbank verfügbar:

https://www.nbb.be/de/statistiken/aussenhandel/intrastat-info

Die Zusammenfassenden Meldungen über innergemeinschaftliche Lieferungen und Dienstleistungen sind ebenfalls in elektronischer Form bis zum 20. Tag des Folgemonats einzureichen. Wenn pro Quartal innergemeinschaftliche Lieferungen mit einem Wert von weniger als 50.000 € getätigt werden, kann die Abgabe quartalsweise erfolgen.

Registrierung

Unternehmer, die Waren in Belgien importieren möchten, müssen sich nicht zwingend selbst zur Umsatzsteuer registrieren lassen. Alternativ können sie einen sogenannten „Kleinen/Beschränkten Fiskalvertreter" einschalten, der über eine für mehrere Steuerpflichtige nutzbare USt-ID-Nummer verfügt. Der kleine Fiskalvertreter kann genutzt werden, wenn Waren importiert, diese in Belgien zum freien Verkehr abgefertigt und anschließend innerhalb Belgiens oder in andere EU-Staaten geliefert werden. Der kleine Fiskalvertreter wickelt den Import ab und erfüllt die Erklärungspflichten für Umsatzsteuer, IntraStat und Zusammenfassende Meldung.

Der vertretene Unternehmer haftet jedoch gesamtschuldnerisch mit dem kleinen Fiskalvertreter für die Umsatzsteuer.

Zu beachten ist, dass die globale Umsatzsteuernummer des kleinen Fiskalvertreters nur dann genutzt werden kann, wenn keine eigene Umsatzsteuerregistrierung in Belgien existiert.

In der EU ansässige Unternehmer können sich in Belgien entweder direkt oder über einen Fiskalvertreter registrieren lassen. Für nicht in der EU ansässige Unternehmer ist die Benennung eines Fiskalvertreters obligatorisch, wenn kein Amtshilfeübereinkommen besteht. Seit dem Brexit ist auch für Unternehmer aus Großbritannien die Benennung eines Fiskalvertreters verpflichtend.

Sofern ein Fiskalvertreter benannt wird, haftet dieser gesamtschuldnerisch mit dem vertretenen Unternehmen.

Zuständig für die Registrierung ausländischer Unternehmer ist das Finanzamt in Brüssel:

Zentrales Finanzamt für ausländische Steuerpflichtige
SPF Finances|Fiscalité|PME|
Centre des Matières Spécifiques
Team gestion 1 (TVA)
Boulevard du Jardin Botanique 50 - Boïte 3410
1000 Bruxelles
BELGIEN

Benötigte Unterlagen/Informationen für eine umsatzsteuerliche Registrierung in Belgien:

- Beschreibung der Tätigkeiten in Belgien
- Handelsregisterauszug (beglaubigt)
- Gesellschaftsvertrag
- ggf. Vollmacht für den Fiskalvertreter
- Unternehmerbescheinigung vom Finanzamt
- sonstige Dokumente, die die geplanten Aktivitäten in Belgien beweisen (Verträge, Bestellungen etc.)
- Formular Nr. 604 A
- Formular Nr. 800
- Formular IRR bzw. IDT inklusive Anlage
- bei Registrierung über einen Fiskalvertreter erstellt dieser zusätzlich:
  - Formular 801
  - Formular BEC

Die Formulare sind in deutscher, französischer und niederländischer Sprache verfügbar. Bei Benennung eines Fiskalvertreters akzeptiert die Finanzbehörde jedoch nur Formulare in der Amtssprache der Region, in der der Fiskalvertreter ansässig ist.

Die belgische Finanzbehörde stellt an die Registrierungsunterlagen hohe formelle Anforderungen und akzeptiert keine Dokumente, die diesen nicht genügen, was zu einer Verzögerung der Registrierung führt.

Insbesondere die folgenden Hinweise sollten beachtet werden:

- Handelsregisterauszug

  Der HR-Auszug muss beglaubigt und jüngeren Datums sein. Die Personen, die die Registrierungsformulare unterzeichnen, müssen im HR-Auszug genannt sein.

- Gesellschaftsvertrag

  Der Vertrag – in Kopie – muss unterschrieben sein.

Bei allen Unterschriften ist darauf zu achten, dass der Name des Unterzeichnenden in Blockschrift angegeben wird.

FÖD FINANZEN
Abteilung MwSt.

ANTRAG AUF MWST-IDENTIFIKATION
(Formular 604A)

WICHTIG

Sie sind eine natürliche oder juristische Person, bzw. eine Gesellschaft/Vereinigung ohne Rechtspersönlichkeit und müssen aufgrund von Artikel 50 des MwSt.-Gesetzbuches für Zwecke der Mehrwertsteuer erfasst sein?

Bevor Sie Ihrer Tätigkeiten beginnen, müssen Sie dieses Formular ordnungsgemäß ausgefüllt und unterzeichnet bei dem für Sie zuständigen Dienst einreichen. Sie können diesen Schritt selbst oder von einer ordnungsgemäß bevollmächtigten Drittperson unternehmen lassen.

Sollten Sie Schwierigkeiten beim Ausfüllen des Formulars haben, können Sie zusätzliche Auskünfte bei dem für Sie zuständigen Dienst erhalten. Sie können ebenfalls die Dienste eines zugelassenen Unternehmensschalters in Anspruch nehmen.

DER VERWALTUNG VORBEHALTENER RAHMEN

Cresta-Kode der Abteilung Aktenverwaltung, bei dem der Antrag eingereicht wird:

Antrag erhalten am:

Eingegeben am:

Bemerkungen: .
.
.

RAHMEN I – AUSKÜNFTE ZUM UNTERNEHMEN

UNTERNEHMENSNUMMER:

A. Für natürliche Personen

a. Name und Vorname(n) : .

b. Nummer des Nationalregisters:

c. Adresse des Betriebssitzes wenn ≠ Wohnsitz:

d. Verfalldatum der Aufenthaltsgenehmigung:

B. Für juristische Personen und Gesellschaften/Vereinigungen ohne Rechtspersönlichkeit

Gesellschaftsname: .

C. Für alle Unternehmen

Hauptverwaltungssitz:

Straße Nr. Briefkasten .
Plaats Postcode .
Land .
Telefoon Fax .
E-mail .

RAHMEN II – AUSKÜNFTE ZUR TÄTIGKEIT DES UNTERNEHMENS

1. Genaue Bezeichnung der Tätigkeiten einschließlich derjenigen, die aufgrund von Artikel 44 des MwSt.-Gesetzbuches steuerfrei sind:

- Einzige Tätigkeit oder Haupttätigkeit: Steuerfrei aufgrund von Artikel 44: JA / NEIN

.

.

- Andere Tätigkeiten: Steuerfrei aufgrund von Artikel 44: JA / NEIN

.

.

2. – Vermutlicher Jahresumsatz (ohne MwSt.) dieser Tätigkeiten, unter Ausschluss der laut Artikel 44 des MwSt.-Gesetzbuches steuerfreien Tätigkeiten:

. EUR

Der erklärte Umsatz:

O stammt ganz O stammt zum Teil (*) O stammt nicht

aus dem Verkauf von:

☐ in Artikel 415 § 1 des Programmgesetzes vom 27. Dezember 2004 bezeichneten Energieprodukten

☐ Mobiltelefonie-Geräten und/oder Computern (sowie ihren Peripheriegeräten, Bestandteilen und Zubehör)

☐ motorbetriebenen Landfahrzeugen, die den Zulassungsvorschriften unterliegen.

(*) vermutlicher Jahresumsatz (ohne MwSt.) aus diesen Verkäufen:

. EUR

– Vermutlicher Jahresumsatz (ohne MwSt.) der laut Artikel 44 des MwSt.-Gesetzbuches steuerfreien Tätigkeiten:

EUR

3. Vermutlicher Jahresbetrag der steuerfreien innergemeinschaftlichen Lieferungen:

. EUR

4. Datum der Tätigkeitsaufnahme, die eine MwSt.-Identifikation erfordert:

/ / .

5. Sprache, die das Unternehmen für seine Kontakte mit der MwSt.-Verwaltung wählt:

O Französisch O Niederländisch O Deutsch

6. Handelt es sich um Übernahme eines Geschäftsfonds?

O Ja O Nein

Wenn ja, geben Sie an:

- Unternehmensnummer des Abtretenden:
- Name und Vorname oder Gesellschaftsname des Abtretenden:

.

- Übernahme eines Geschäftsfonds: O die Gesamtheit O einen Teil
- Übernahme des Saldos des auf Namen des Abtretenden eröffneten MwSt.-Verrechnungskontos :

O Ja O Nein

Nr. 604 A - 2016 .be 2.

RAHMEN III – AUSKÜNFTE ZUR MWST.-REGELUNG DES UNTERNEHMENS

Das Unternehmen erklärt ausdrücklich, dass es:

☐ **ausschließlich Umsätze** bewirkt, die in **Artikel 44** des MwSt.-Gesetzbuches vorgesehen sind und kein Recht auf Vorsteuerabzug eröffnen (Steuerpflichtiger ohne Vorsteuerabzugsrecht)

☐ **ausschließlich andere Umsätze** bewirkt als die, die in **Artikel 44** des MwSt.-Gesetzbuches vorgesehen sind, und kein Anrecht auf Vorabzug eröffnen (normaler Steuerpflichtiger)

☐ **teilweise Umsätze** bewirkt, die in **Artikel 44** des MwSt.-Gesetzbuches vorgesehen sind und kein Anrecht auf Vorabzug gewähren, und **teilweise andere Umsätze** bewirkt, die ein Anrecht auf Vorabzug gewähren (Teil-Steuerpflichtiger).

A. Steuerpflichtige, die periodische MwSt.-Erklärungen einreichen müssen

☐ Ich unterliege der Anwendung der normalen MwSt.-Regelung mit Abgabe **monatlicher** periodischer **Erklärungen**

☐ Ich optiere für die normale MwSt.-Regelung mit Abgabe **vierteljährlicher** periodischer **Erklärungen**

☐ Ich optiere für die **Anwendung der MwSt.-Pauschalregelung**

Vermerk des (der) Pauschalkode:

B. Steuerpflichtige, die der Regelung zur Steuerbefreiung von Kleinunternehmen unterliegen (Art. 56*bis* des MwSt.-Gesetzbuches)

☐ Ich erfülle die Bedingungen für die Anwendung der **Regelung zur Steuerbefreiung von Kleinunternehmen**, vorgesehen in Artikel 56*bis* des MwSt.-Gesetzbuches und **optiere** für diese Regelung

- ☐ Ich **optiere** für die Besteuerung der **innergemeinschaftlichen Erwerbe** von Gütern in Belgien

C. Steuerpflichtige, die der Sonderregelung für Landwirte unterliegen (Art. 57 des MwSt.-Gesetzbuches)

☐ Ich erfülle die Bedingungen für die Anwendung der **Sonderregelung für Landwirte** vorgesehen in Artikel 57 des MwSt.-Gesetzbuches und **optiere** für diese Regelung

- ☐ Ich **optiere** für die Besteuerung der **innergemeinschaftlichen Erwerbe** von Gütern in Belgien

☐ Ich erfülle die Bedingungen für die Anwendung der **Sonderregelung für Landwirte** vorgesehen in Artikel 57 des MwSt.-Gesetzbuches und wende gleichzeitig folgende MwSt.-Regelung an:

- ☐ Normale MwSt.-Regelung mit Abgabe vierteljährlicher periodischer Erklärungen
- ☐ Pauschale MwSt.-Regelung - Vermerk des (der) Pauschalkode(s)
- ☐ Normale MwSt.-Regelung mit Abgabe vierteljährlicher periodischer Erklärungen + Pauschalregelung - Vermerk des (der) Pauschalkode(s)
- ☐ Regelung zur Steuerbefreiung von Kleinunternehmen
  - ☐ Ich optiere für die Besteuerung der innergemeinschaftlichen Erwerbe von Gütern in Belgien
- ☐ Befreiungsregelung für Kleinunternehmen + Sonderregelung in der ich auf das Recht auf Vorsteuerabzug verzichte und nicht zur Abgabe periodische Mehrwertsteuererklärungen verpflichtet bin
  - ☐ Ich optiere für die Besteuerung der innergemeinschaftlichen Erwerbe von Gütern in Belgien

Nr. 604 A - 2016 .be 3.

D. Steuerpflichtige ohne Recht auf Vorsteuerabzug (Art. 44 des MwSt.-Gesetzbuches)

- ☐ Ich **optiere** für die Besteuerung der **innergemeinschaftlichen Erwerbe** von Gütern in Belgien
- ☐ Ich erkläre die Überschreitung der **Schwelle von 11.200 EUR** in **Sachen innergemeinschaftliche Erwerbe** von Gütern
- ☐ Ich erkläre **Dienstleistungen zu erhalten**, die von einem nicht in Belgien ansässigen Steuerpflichtigen bewirkt werden und für die die Steuer vom Dienstleistungsempfänger geschuldet ist.

  Genaue Beschreibung der Dienstleistungen:

  ....

  ....

  ....

- ☐ Ich erkläre **Dienstleistungen zu bewirken**, die in einem anderen Mitgliedstaat stattfinden, für die der Dienstleistungsempfänger die Steuer schuldet und die in diesem Mitgliedstaat nicht steuerfrei sind.

  Genaue Beschreibung der Dienstleistungen:

  ....

  ....

  ....

E. Nichtsteuerpflichtige juristische Personen

- ☐ Ich **optiere** für die Besteuerung der **innergemeinschaftlichen Erwerbe** von Gütern in Belgien
- ☐ **Ich erkläre die** Überschreitung der Schwelle von **11.200 EUR** in Sachen **innergemeinschaftlicher Erwerb** von Gütern.
- ☐ Ich erkläre die MwSt., die auf andere Umsätze als die hiervor aufgeführten geschuldet ist, entrichten zu müssen.

F. Andere Steuerpflichtige, die keine periodische MwSt.-Erklärungen einreichen müssen

- ☐ Ich **optiere** für eine **Sonderregelung**, in der ich auf das Recht auf Vorsteuerabzug verzichte und nicht zur Abgabe periodischer Mehrwertsteuererklärungen verpflichtet bin.
- ☐ Ich **optiere** für eine **Sonderregelung**, in der ich Recht auf Vorsteuerabzug habe und nicht zur Abgabe periodischer Mehrwertsteuererklärungen verpflichtet bin.

Nr. 604 A - 2016 .be 4.

RAHMEN IV - BANKVERBINDUNG FÜR MWST-ERSTATTUNGEN

Die MwSt.-Erstattungen erfolgen auf folgendes Konto:

BIC: IBAN: .

auf Namen von:

Unternehmensnummer:

Name .

Straße Nr. Briefkasten .

Ortschaft Postleitzahl .

Land .

Telefon Fax .

E-Mail .

RAHMEN V – DATUM UND UNTERSCHRIFT DES ANMELDEPFLICHTIGEN

Datum: Unterschrift:

Name und Vorname: .

Eigenschaft: .

Wenn der Anmeldepflichtige eine unternehmensfremde Person ist:

A. Unternehmensnummer:

B. Wenn der Anmeldepflichtige keine Unternehmensnummer besitzt:

Name und Vorname oder Gesellschaftsname:

.

Vollständige Adresse:

Straße Nr. Briefkasten .

Ortschaft Postleitzahl .

Land .

Telefon Fax .

E-Mail .

WICHTIG

Füllen Sie Rahmen IV richtig aus!

Wenn Sie MwSt.-Erklärungen einreichen und Rahmen IV nicht korrekt ausgefüllt haben, können Sie eventuelle MwSt.-Erstattungen nicht erhalten.

Nr. 604 A - 2016 .be 5.

I RENSEIGNEMENTS GÉNÉRAUX	Nom et adresse du déclarant :	**DÉCLARATION À LA TVA**
		Période :
		Mois
		Trimestre
		Demande de restitution (Case à cocher par une croix)
	N° TVA du déclarant : BE0	Demande de formulaires de paiement (Case à cocher par une croix)

II OPÉRATIONS À LA SORTIE	A. Opérations soumises à un régime particulier	00
	B. Opérations pour lesquelles la TVA est due par le déclarant :	
	- au taux de 6 p.c.	01
	- au taux de 12 p.c.	02
	- au taux de 21 p.c.	03
	C. Services pour lesquels la TVA étrangère est due par le cocontractant	44
	D. Opérations pour lesquelles la TVA est due par le cocontractant	45
	E. Livraisons intracommunautaires exemptées effectuées en Belgique et ventes ABC	46
	F. Autres opérations exemptées et autres opérations effectuées à l'étranger	47
	Plier ici s.v.p.	
	G. Montant des notes de crédit délivrées et des corrections négatives :	
	- relatif aux opérations inscrites en grilles 44 et 46	48
	- relatif aux autres opérations du cadre II	49

III OPÉRATIONS À L'ENTRÉE	A. Montant des opérations à l'entrée compte tenu des notes de crédit reçues et autres corrections :	
	- marchandises, matières premières et matières auxiliaires	81
	- services et biens divers	82
	- biens d'investissement	83
	B. Montant des notes de crédit reçues et des corrections négatives :	
	- relatif aux opérations inscrites en grilles 86 et 88	84
	- relatif aux autres opérations du cadre III	85
	C. Acquisitions intracommunautaires effectuées en Belgique et ventes ABC	86
	D. Autres opérations à l'entrée pour lesquelles la TVA est due par le déclarant	87
1 R/V	E. Services intracommunautaires avec report de perception	88

625 - F - 2013

Rubrique		Grille
IV TAXES DUES	**A. TVA relative aux opérations déclarées en :**	
	- grilles 01, 02 et 03	54
	- grilles 86 et 88	55
	- grille 87, à l'exception des importations avec report de perception	56
	B. TVA relative aux importations avec report de perception	57
	C. Diverses régularisations TVA en faveur de l'Etat	61
	D. TVA à reverser mentionnée sur les notes de crédit reçues	63
	A ne pas compléter	65
	Total des grilles 54, 55, 56, 57, 61 et 63	XX
V TAXES DEDUCTIBLES	**A. TVA déductible**	59
	B. Diverses régularisations TVA en faveur du déclarant	62
	C. TVA à récupérer mentionnée sur les notes de crédit délivrées	64
	A ne pas compléter	66
	Total des grilles 59, 62 et 64	YY
VI SOLDE	**Une seule des deux grilles peut être remplie :**	Plier ici s.v.p.
	Taxe due à l'Etat: grille XX - grille YY	71
	Sommes dues par l'Etat: grille YY - grille XX	72
VII ACOMPTE	**Concerne uniquement la déclaration mensuelle de décembre** TVA réellement due pour la période du 1er au 20 décembre	91
VIII LISTING CLIENTS «NEANT»	**Concerne uniquement la dernière déclaration de l'année civile ou celle relative à la cessation d'activité**	
	Pas de clients à reprendre sur le listing des clients (Case à cocher par une croix)	☐
IX DATE ET SIGNATURE(S)	Déclaration certifiée sincère et complète Nom, qualité et numéro de téléphone du (des) signataire(s):	Date: Signature(s):

Cadre réservé à l'administration

A B J M A

1 0 1

2 0

C D Cde PÉRIODE

2 R/V

Föderaler
Öffentlicher Dienst
FINANZEN
STEUERWESEN

BEANTRAGUNG DER GENEHMIGUNG E.T. 14.000

GEGENSTAND

Antrag auf Genehmigung zur Zahlung der auf die Einfuhr von Gütern geschuldeten Mehrwertsteuer gemäß der Zahlungsweise, die in Artikel 5, § 3 des Königlichen Erlasses Nr. 7 vom 29. Dezember 1992 über die Einfuhr von Gütern für die Anwendung der Mehrwertsteuer festgelegt ist.

Die Genehmigung muss per E-Mail beantragt werden: et14000@minfin.fed.be.

Der Antragsteller ist unter einer individuellen MWSt.-Identifikationsnummer registriert und zur Abgabe periodischer MWSt.-Erklärungen verpflichtet.

Rahmen I: Auskünfte in Bezug auf den Antragsteller

Name:
Anschrift:

Individuelle MWSt.-Nummer: BE

Rahmen II: Auskünfte in Bezug auf die Einfuhrtätigkeiten des Antragstellers

☐ A. Der Antragsteller hat während zwölf Monate vor der Beantragung Einfuhren, aufgrund deren die Steuer fällig wird, getätigt und wird das in Zukunft weiter Machen.

☐ B. Der Antragsteller hat in den 12 Monaten vor dem Antrag keine Einfuhren getätigt, durch die Steuer fällig wird, wird aber in Zukunft solche Einfuhren tätigen.

☐ C. Der unter B genannte Antragsteller hat diesem Antrag Dokumente zur Belegung seiner zukünftigen Einfuhrtätigkeiten als Anlage beigefügt.

☐ D. Der Antragsteller hat seit den vier Kalenderquartalen die dem Antrag vorangehen, seinen MWSt.-Pflichten nachgekommen.

Rahmen III: Datum und Unterschrift

Name und Vorname:
Eigenschaft:
Telefonnummer:
Datum:
E-Mail-Adresse:
Unterschrift:

WWW.FIN.BELGIUM.BE
STEUERWESEN • FÖDERALER ÖFFENTLICHER DIENST FINANZEN .be

FÖD FINANZEN

Generalverwaltung
STEUERWESEN

Erklärung über MwSt.-Tätigkeitseinstellung

FORMULAR 604 C
(Online-Version E-604 C)

ERLÄUTERUNGSBROSCHÜRE

604C – Erläuterungsbroschüre (2018)

Inhaltsverzeichnis

604C – Erläuterungsbroschüre (2018)

Einleitung

Wenn ein MwSt.-Pflichtiger die wirtschaftliche Tätigkeit, für die er steuerpflichtig ist, definitiv einstellt, muss er dies dem Team Aktenverwaltung mitteilen, damit dieses Team seine MwSt.-Identifikation streichen kann [1].

Diese Erklärung besteht darin, dass der Steuerpflichtige **das Formular 604 C** innerhalb des Monats nach seiner Tätigkeitseinstellung bei dem für ihn zuständigen Amt einreicht. Wir stellen ihm dieses Formular zur Verfügung.

Diese Verpflichtung, die im Gesetz vorgesehen ist, ist Gegenstand der folgenden Gesetzesbestimmungen:

- **Artikel 53 § 1 Absatz 1 Nr.** 1 des **MwSt.-Gesetzbuches**.
- **Artikel 3** des **Königlichen Erlasses Nr. 10** vom 29. Dezember 1992 über die Modalitäten zur Ausübung dieser Optionen, vorgesehen in den Artikeln 15 § 5 Absatz 3 und 25ter § 1 Absatz 3 des MwSt.-Gesetzbuches, über die Erklärungen bei Tätigkeitsbeginn, -änderung, -einstellung und über die vorhergehenden MwSt.-Erklärungen.

Verstöße gegen vorgenannte Bestimmungen (Nichteinreichung, verspätete Einreichung oder unvollständige oder unkorrekte Einreichung einer Erklärung 604C) ahnden wir mit **Geldbußen**, die sich von 50 bis auf 5.000 EUR belaufen können (**Anlage** des **Königlichen Erlasses Nr. 44** vom 9. Juli 2012 zur Festlegung des Betrags der nicht gestaffelten steuerrechtlichen Geldbußen in Sachen MwSt., Abschnitt eins – Erklärungspflichten, III, Andere Erklärungen)

Die definitive Tätigkeitseinstellung bringt in der Theorie automatisch den Verlust der Eigenschaft als Steuerpflichtiger mit sich. Ohne die Information, die anhand des Formulars 604C mitgeteilt wird, können wir jedoch keine Kenntnis der Einstellung haben und die MwSt.-Identifikation des Steuerpflichtigen nicht streichen.

Wir gehen daher davon aus, dass der Steuerpflichtige, der das Formular 604C nicht fristgerecht eingereicht hat, noch immer tätig ist mit allen Verpflichtungen, die sich daraus ergeben. Er muss, sofern er die Tätigkeitseinstellung nicht mitteilt, jeden Monat oder jedes Quartal MwSt.-Erklärungen einreichen, auch wenn er keinen steuerpflichtigen Umsatz bewirkt. In diesem Fall läuft er Gefahr, doppelt bestraft zu werden:

- einerseits, weil er den Verpflichtungen, die aus seiner Tätigkeit entstehen, nicht nachgekommen ist (z.B. Geldbuße für das Nichthinterlegen der Erklärung)
- und andererseits weil er das Formular 604C verspätet eingereicht hat (spezifische Geldbuße – s. hiervor).

Schlussendlich ist die Einreichung des Formulars 604C eine der MwSt. eigene Verpflichtung. Sie befreit das Unternehmen nicht von den Pflichten, die ihm durch andere Rechtsvorschriften auf Grund seiner Tätigkeitseinstellung auferlegt werden (insbesondere Verpflichtungen in Bezug auf die ZDU).

[1] In der Praxis besteht dies darin, die **Eigenschaft als Steuerpflichtiger,** gebunden an die **Unternehmensnummer,** die dem Steuerpflichtigen in der Zentralen Datenbank der Unternehmen (ZDU) zugeteilt wurde, zu streichen. Es wird in der Tat daran erinnert, dass jedem Unternehmen seit der Einführung der ZDU am 1. Januar 2003, eine einmalige Benutzeridentifikation (die „Unternehmensnummer") zugewiesen wird, die für die mehrwertsteuerpflichtigen Unternehmen auch als MwSt.-Identifikationsnummer dient, über Erledigung der notwendigen Formalitäten um diese Unternehmensnummer als MwSt.-Identifikationsnummer zu aktivieren.

1. Personen, die ein Formular 604C einreichen müssen

Alle **MwSt.-Pflichtigen,** die das **Formular 604A** einreichen mussten, müssen das Formular 604C einreichen, wenn sie definitiv ihre MwSt.-Tätigkeiten beenden (s. Punkt 2 hiernach in Bezug auf die Frage, wann der Tatbestand der Tätigkeitseinstellung in Sachen MwSt. gegeben ist).

- Müssen das Formular 604C einreichen:

  - Steuerpflichtige, die der **Normal**regelung unterliegen, mit Abgabe **monatlicher** Erklärungen,
  - Steuerpflichtige, die der **Normal**regelung unterliegen, mit Abgabe **vierteljährlicher** Erklärungen,
  - Steuerpflichtige, die der **Pauschal**regelung unterliegen,
  - Steuerpflichtige, die der Sonderregelung zur **Steuerbefreiung** von Kleinunternehmen unterliegen,
  - Steuerpflichtige, die der Sonderregelung für **Landwirte** unterliegen,
  - Steuerpflichtige, die der Sonderregelung **ohne Abgabe periodischer** MwSt.-**Erklärungen** unterliegen,
  - steuerfreie Steuerpflichtige, denen eine MwSt.-Identifikationsnummer zugewiesen wurde (für innergemeinschaftliche Erwerbe von Gütern, Erhalt einer Dienstleistung, für die sie MwSt. zahlen müssen bzw. Erbringung einer Dienstleistung an einen Steuerpflichtigen, der in einem anderen Mitgliedstaat ansässig ist und dort besteuert wird).

  Gleiches gilt für „**Teil**"- Steuerpflichtige, die nur für einen Teil ihrer Tätigkeit einer der vorgenannten Steuerregelungen unterliegen, während sie für den anderen Teil ihrer Tätigkeit auf Grund von **Artikel 44** des MwSt.-Gesetzbuches steuerfrei sind.

- Müssen das Formular 604C nicht einreichen:

  - **„Teil"-Steuerpflichtige** (Steuerpflichtige, deren Tätigkeit ausschließlich aus Umsätzen besteht, die von **Artikel 44** des MwSt.-Gesetzbuches steuerfrei sind und die ihnen kein Recht auf Vorsteuerabzug gewähren – z.B.: Ärzte, Schulen usw.) die nicht für Zwecke der Mehrwertsteuer erfasst werden mussten,

  - **„gelegentliche" Steuerpflichtige** (Personen, denen die Verwaltung die Eigenschaft als Steuerpflichtiger vorübergehend für spezifische, gelegentliche Umsätze gewährt, die entweder aus der gelegentlichen innergemeinschaftlichen Lieferung eines **Neufahrzeugs**, oder aus dem gelegentlichen Verkauf eines **neuen Gebäudes** bestehen).

  Diese Steuerpflichtigen müssen in der Tat ihren Tätigkeitsbeginn nicht bei dem für sie zuständigen Team Aktenverwaltung melden (kein Formular 604A zu hinterlegen).

2. Definition der Tätigkeitseinstellung in Sachen MwSt.

2.1. Allgemeines

Ein Formular 604C muss nur eingereicht werden, wenn die Tätigkeitseinstellung den Verlust der Eigenschaft als Steuerpflichtiger mit sich bringt.

Die Eigenschaft als Steuerpflichtiger geht in dem Augenblick verloren, wo der Steuerpflichtige **seine steuerpflichtigen Tätigkeiten definitiv einstellt**.

Damit die Tätigkeitseinstellung den Verlust der Eigenschaft als Steuerpflichtiger mit sich bringt:

- muss es sich um die Einstellung einer Tätigkeit handeln, die demjenigen, der sie ausübt, **die Eigenschaft als MwSt.-Pflichtiger verliehen** hat (weiterhin einfach seine „MwSt.-Tätigkeit" genannt), was übrigens nicht unbedingt die Einstellung der gesamten wirtschaftlichen Tätigkeit bedeutet. In der Tat hindert nichts den Steuerpflichtigen, der jegliche der MwSt. unterworfene Tätigkeit einstellt, daran, eine nicht der MwSt. unterworfene Tätigkeit weiterzuführen (z.B. eine passive Holdinggesellschaft).

- diese Einstellung muss **vollständig, definitiv** und **effektiv** sein:

  - vollständig: die Einstellung nur **eines Teils** der Tätigkeit bringt eine einfache Änderung der Tätigkeit mit sich, die der Verwaltung ebenfalls mitgeteilt werden muss, aber anhand des Formulars 604B,

  - definitiv: eine **zeitweilige** Tätigkeitseinstellung, aus gleich welchem Grund auch immer (Krankheit, Streik, Absatzschwierigkeiten) beendet die Eigenschaft als Steuerpflichtiger nicht,

  - effektiv: die Tätigkeit muss tatsächlich eingestellt sein, das bedeutet, dass kein einziger, der MwSt. unterworfener Umsatz mehr bewirkt wird.

Der Verlust der Eigenschaft als Steuerpflichtiger kann verschiedene Ursachen haben:
- Tod des Steuerpflichtigen,
- Verschwinden oder Einstellung jeder steuerpflichtigen Tätigkeit in Belgien,
- Tätigkeitsänderung,
- Abwicklung eines Unternehmens,
- Konkurs des Kaufmanns,
- Einbringung eines Geschäftsfonds in eine Gesellschaft durch eine natürliche Person.

2.2. Sonderfälle

A. Abwicklung eines Unternehmens

Wenn eine MwSt.-pflichtige *natürliche Person* ihr Unternehmen abwickelt, bzw. auflöst, ist sie ab dem Augenblick nicht mehr MwSt.-pflichtig, wo die **Abwicklung** beendet ist und sie keine im MwSt.-Gesetzbuch erwähnten Umsätze mehr bewirken darf. Der Steuerpflichtige bleibt also als solcher während des gesamten Zeitraums der Abwicklung tätig.

Wird die **Auflösung** einer *Gesellschaft* beschlossen, behält der Steuerpflichtige im Prinzip die Eigenschaft eines Steuerpflichtigen bis zum definitiven Abschluss der Abwicklung. Wir betrachten Umsätze, die vom Liquidator einer Gesellschaft zur **Abwicklung** einer aufgelösten Gesellschaft bewirkt werden, als Umsätze, die vom Steuerpflichtigen in Ausübung seiner Tätigkeit bewirkt werden.

Wir stellen jedoch fest, dass gewisse Unternehmen künstlich am Leben gehalten werden, oder bestimmte Abwicklungen sich in die Länge ziehen, ohne dass die Umstände dies rechtfertigen.

Die Eigenschaft als Steuerpflichtiger muss **objektiv** beurteilt werden aufgrund der reellen Situation des betreffenden Unternehmens und kann nicht vom Willen oder von der Untätigkeit des Liquidators abhängig sein.

Folglich muss die Tätigkeitseinstellung eines Steuerpflichtigen in Abwicklung (ob es nun eine natürliche Person oder eine Gesellschaft ist) ab dem Augenblick wo dieser Steuerpflichtige **keine steuerpflichtigen Umsätze** mehr bewirken kann, auftreten. Dies ist hauptsächlich der Fall, wenn sie **keine veräußerbare Aktiva** mehr besitzt und ihre Tätigkeit sich u.a. darauf beschränkt, ihre Forderungen Dritten gegenüber zu stellen.

B. In Konkurs befindliches Unternehmen

Das **Konkurseröffnungsurteil** erkennt dem Konkursschuldner die Eigenschaft als Steuerpflichtiger, die er vor diesem Urteil aufgrund der ausgeübten Tätigkeit hatte, nicht ab.

Leistungen, die vom **Konkursverwalter** eines steuerpflichtigen Konkursschuldners in Ausübung des ihm anvertrauten Auftrags oder von einem Dritten unter Aufsicht des Konkursverwalters erbracht werden, gelten als vom Konkursschuldner selbst erbracht (Artikel 2 Absatz 2 Mehrwertsteuergesetzbuch). Diese Umsätze fallen folglich unter den Anwendungsbereich der MwSt., insofern sie darunter fallen würden, wenn sie vom Konkursschuldner selbst bewirkt würden.

Die Tätigkeitseinstellung eines in Konkurs erklärten Steuerpflichtigen findet erst zum Zeitpunkt des **Abschlusses** des Konkursverfahrens statt.

Jedoch, ebenso wie bei Abwicklungen, gilt als effektive Einstellung der Tätigkeit der Augenblick, zu dem keine Umsätze mehr bewirkt werden, die die Steuer fällig machen könnten. Dieser Zeitpunkt kann **vor** Abschluss des Konkursverfahrens eintreten.

Bitte beachten Sie jedoch, dass der Konkursverwalter gemäß Nr. 152 des Rundschreibens AGFisc Nr. 47/2013 (ET 124.411) einen Zahlungsaufschub für seine Honorarabrechnung an den Konkursschuldner anwenden kann. Voraussetzung ist jedoch, dass der Konkursschuldner ein Steuerpflichtiger ist, der vor Eröffnung des Konkursverfahrens und Hinterlegung der jährlichen Erklärungen durch den Konkursverwalter, zur Hinterlegung monatlicher oder vierteljährlicher

MwSt.-Erklärungen verpflichtet war, und dass auf der vom Konkursverwalter ausgestellten Rechnung anstelle der MwSt.-Sätze und des Gesamtbetrags der geschuldeten Steuer, der Vermerk "Steuerschuldnerschaft des Leistungsempfängers - Rundschreiben AGFisc Nr. 47/2013" angegeben werden muss. Aus diesem Grund kann die Streichung der MwSt.-Identifikation erst nach Ausstellung der Rechnung der letzten Honorare des Konkursverwalters erfolgen.

C. Natürliche Person, die eine Gesellschaft gründet

Eine natürliche Person, die ihre Tätigkeit einer Gesellschaft überträgt, die sie gründet (von natürlicher Person geht sie in den Status einer juristischen Person über) verliert *als solche* die Eigenschaft als Steuerpflichtiger aufgrund dieser Änderung. Folglich muss sie ein Formular 604C einreichen, obwohl sie ihre wirtschaftliche Tätigkeit nicht einstellt, sondern unter einer anderen Rechtspersönlichkeit ausübt.

Da die natürliche und die juristische Person rechtlich gesehen zwei verschiedene Personen sind, darf vorgenannte Situation nicht als Tätigkeitsänderung im Namen der natürlichen Person, sondern muss als Verbindung zweier Vorfälle, die zwei verschiedene Steuerpflichtige betreffen, angesehen werden:

- einerseits als **Einstellung** der wirtschaftlichen Tätigkeit im Namen der **natürlichen Person**, die dafür ein Formular **604C** einreichen muss,

- andererseits als Tätigkeits**beginn** der neu gegründeten **juristischen Person**, die dafür ein Formular **604A** einreichen muss.

D. Teil-Steuerpflichtiger, der ein steuerfreier Steuerpflichtiger wird

Wenn ein „**Teil**"-Steuerpflichtiger seine Tätigkeit dergestalt ändert, dass er für seine gesamte wirtschaftliche Tätigkeit ein „**steuerfreier**" Steuerpflichtiger wird, stellt er nicht die ganze wirtschaftliche steuerpflichtige Tätigkeit ein, sondern **ändert** nur die **Art** seiner **Besteuerung**.

In einer solchen Situation reicht der **Teil**-Steuerpflichtige **kein** Formular **604C** ein, sondern ein Formular **604B**, um die in seiner steuerpflichtigen Tätigkeit eingetretenen Änderungen mitzuteilen.

Zur Erinnerung: ein „**steuerfreier**" Steuerpflichtiger besitzt die Eigenschaft als „Steuerpflichtiger", ungeachtet der Tatsache, dass seine Tätigkeit frei von MwSt. ist und er im Prinzip keine MwSt.-Identifikationsnummer zugewiesen bekommen hat (praktisch gesehen bedeutet dies, dass die Unternehmensnummer, die er in diesem Fall hätte, nicht als MwSt.-Identifikationsnummer aktiviert ist).

Erinnerung: Teil-Steuerpflichtiger = Steuerpflichtiger, dessen Tätigkeit aus Folgendem besteht:
- *teilweise* aus Umsätzen ohne Vorsteuerabzugsrecht, steuerfrei aufgrund von Artikel 44 des MwSt.-Gesetzbuches,
- und *teilweise* aus anderen Umsätzen, für die ein Recht auf Vorsteuerabzug besteht (steuerpflichtige Umsätze, bzw. Umsätze, die aufgrund von Artikel 39 bis 42 des MwSt.-Gesetzbuches steuerfrei sind)

Steuerfreier Steuerpflichtiger = Steuerpflichtiger, dessen Tätigkeit *ausschließlich* aus Umsätzen besteht, die durch Artikel 44 des MwSt.-Gesetzbuches frei von MwSt. sind und für die kein Recht auf Vorsteuerabzug besteht.

3. Frist für die Hinterlegung des Formulars 604C

3.1. Allgemeine Regel

Das Formular 604C muss dem für den Steuerpflichtigen zuständigen Dienst (s. Punkt 4 hiernach für die genauen Einreichungsmodalitäten) innerhalb **Monatsfrist** gerechnet ab dem **Datum,** an dem die **Tätigkeitseinstellung** eintritt, **zukommen**.

Bsp.: Tätigkeitseinstellung am 15.03.2017 – Hinterlegung des Formulars 604C spätestens am 15.04.2017.

Was die Frage des Datums betrifft, das als Datum der Tätigkeitseinstellung gilt, wird auf die Erläuterungen zu Rahmen III hiernach verwiesen, in dem dieses Datum eingetragen werden muss.

Wenn die Frist eines Monats abgelaufen ist, kann der Steuerpflichtige noch immer das Formular 604C einreichen, begeht aber einen Verstoß, und Geldbußen sind anwendbar (s. Einleitung).

3.2. Sonderfälle

A. In Abwicklung oder in Konkurs befindliches Unternehmen (s. Punkt 2.2; A und B hiervor)

Ist ein Unternehmen in **Abwicklung** oder in **Konkurs,** ist das Datum des **Abschlusses** der Abwicklung oder des Konkursverfahrens das Datum der Tätigkeitseinstellung. Das Formular 604C muss also in der Regel innerhalb eines Monats ab **Abschluss**datum der Abwicklung oder des Konkursverfahrens eingereicht werden.

Der **Liquidator bzw. Abwickler** oder der **Konkursverwalter** kann diese Erklärung jedoch **vor** Abschluss der Abwicklung oder des Konkursverfahrens einreichen, **ab** dem Augenblick, wo der Steuerpflichtige keine Umsätze mehr bewirken kann, die die Steuer fällig machen könnten (d.h. ab dem Augenblick, wo die Tätigkeit *effektiv* aufhört). Gegebenenfalls muss das in 2.2.B in Bezug auf die Fakturierung der Honorare des Konkursverwalters an den Konkursschuldner Aufgeführte berücksichtigt werden.

B. Steuerpflichtigen MwSt.-mäßig auf Grundlage seiner Einnahmen – Ausnahmefrist von 3 Monaten

Solange nicht erklärte steuerpflichtige Umsätze bestehen, kann im Prinzip nicht die Rede von einer Tätigkeitseinstellung sein.

So findet im Sonderfall des *Steuerpflichtigen,* der für seine gesamte Tätigkeit oder für einen Teil *MwSt.-mäßig auf Grundlage seiner Einnahmen* besteuert wurde, laut **Artikel 17 § 3 und § 4 Abs. 1 und 22*bis* § 3 und § 4 Abs. 1 des MwSt.-Gesetzbuches,** nach der Vereinnahmungsregel (s. hiernach diesbezüglich eine kurze Erläuterung), die **Tätigkeitseinstellung** im Prinzip erst statt, wenn **alle** Forderungen **vereinnahmt** wurden, selbst wenn das Unternehmen seine Tätigkeit faktisch eingestellt hat (es bewirkt keinen steuerbaren Ausgangsumsatz mehr und wird auch in Zukunft keinen mehr bewirken).

Das Formular 604C muss in diesem Fall innerhalb des Monats ab dem Datum, an dem die **letzte** noch bestehende **Forderung vereinnahmt** wurde, jedoch nicht später als drei Monate *nach der effektiven Tätigkeitseinstellung*, eingereicht werden.

Wenn nach Ablauf dieser Frist von 3 Monaten ab effektiver Tätigkeitseinstellung immer noch nicht vereinnahmte Forderungen bestehen, muss der Steuerpflichtige das Formular 604C **an dem Tag einreichen, an dem** diese Frist von **3 Monaten abläuft**, trotz der Tatsache, dass diese Forderungen noch ausstehen.

Der Steuerpflichtige muss die Umsätze, die diesen Forderungen zu Grunde liegen, in der letzten periodischen Erklärung, die er einreichen muss, **erklären** und die MwSt., die sich daraus ergibt, innerhalb derselben Frist, die auch für die Hinterlegung der Erklärung gilt, an die Staatskasse **entrichten**.

Diese Regel zielt darauf ab zu vermeiden, dass ein Unternehmen, das keine Tätigkeit mehr hat, künstlich am Leben erhalten wird, um Forderungen an säumige Kunden beizutreiben.

Was versteht man unter „MwSt.-Pflichtiger, der auf Grundlage seiner Einnahmen besteuert wird"?

Unter *„MwSt.-Pflichtiger, der auf Grundlage seiner Einnahmen besteuert wird"* versteht man den Steuerpflichtigen, der für die gesamten Umsätze, oder einen Teil der Umsätze, die er bewirkt hat, die sogenannte „Vereinnahmungsregel", angeführt in Artikel 17 § 3 und § 4 Absatz 1 und 22*bis* § 3 und § 4 Absatz 1 des MwSt.-Gesetzbuches, angewandt hat.

Diesbezüglich muss daran erinnert werden, dass laut den Grundregeln, die den Zeitpunkt des Steuertatbestands und des Steueranspruchs der MwSt. definieren, der Steueranspruch im Prinzip zu dem Zeitpunkt entsteht, an dem **der Umsatz stattfindet** (Zeitpunkt, zu dem das Gut geliefert oder die Dienstleistung erbracht wird) (Artikel 16 § 1 und 22 § 1 des MwSt.-Gesetzbuches).

Außer die Abweichung Vorauszahlung entsteht der Steueranspruch zum Zeitpunkt der Ausstellung der Rechnung entsprechend dem in Rechnung gestellten Betrag ungeachtet dessen, ob dieser Zeitpunkt **vor** oder **nach** der Lieferung des Gutes oder Abschluss der Dienstleistung erfolgt (Artikel 17 § 1 Absatz 1 und 22*bis* § 1 Absatz 1 des MwSt.-Gesetzbuches).

Der Steueranspruch tritt auf jeden Fall am 15. Tag des Monats ein, der auf den Monat folgt, in dem der Steuertatbestand eingetreten ist, wenn vor diesem Datum keine Rechnung ausgestellt worden ist (Artikel 17 § 1 Absatz 2 und 22*bis* § 1 Absatz 2 des MwSt.-Gesetzbuches).

Wird der Preis **vor** dem Zeitpunkt, zu dem die Lieferung der Güter bewirkt wird, ganz oder teilweise **vereinnahmt**, entsteht der Steueranspruch jedoch zum Zeitpunkt der Vereinnahmung der Zahlung entsprechend dem vereinnahmten Betrag (Artikel 17 § 1 Absatz 3 und 22 § 1 Absatz 3 des MwSt.-Gesetzbuches).

Zudem führen Artikel 17 § 3 und 22*bis* § 3 des Mehrwertsteuergesetzbuches für Steuerpflichtige, die **gewöhnlich** Lieferungen von beweglichen Gütern oder Dienstleistungen an **Privatpersonen** erbringen, eine von den vorgenannten Vorschriften abweichende Regel ein, wodurch der Steueranspruch für alle Umsätze für die diese Steuerpflichtigen **nicht** zur Ausstellung einer **Rechnung verpflichtet** sind, zum Zeitpunkt **der Vereinnahmung** der Zahlung entsteht, unabhängig davon, ob diese Vereinnahmung **vor** oder **nach** der Lieferung der Güter oder des Abschlusses der Dienstleistung erfolgt.

Die auf besagte Umsätze geschuldete MwSt. (Umsätze, die bei fehlender Rechnung zum Zeitpunkt ihrer Vereinnahmung in ein Tageseinnahmebuch eingetragen werden müssen) ist also nicht fällig, solange der Preis nicht vereinnahmt wurde - und das, obwohl der Umsatz effektiv getätigt wurde. Nur die MwSt. auf die effektiv vereinnahmten Beträge muss an die Staatskasse entrichtet werden.

Die Vereinnahmungsregel findet z.B. Anwendung im Architektur- oder im **Einzelhandels**sektor (Einzelhändler, die der Pauschale nicht unterworfen sind).

Obwohl die Ausstellung einer Rechnung immer verpflichtend ist, führen Artikel 17 § 4 Absatz 1 und 22*bis* § 4 Absatz 1 des Mehrwertsteuergesetzbuches die gleiche Vereinnahmungsregel für Steuerpflichtige ein, die Lieferungen von beweglichen Gütern oder Dienstleistungen zugunsten von **öffentlich-rechtlichen Personen** bewirken die **in Artikel 6** desselben Gesetzbuches **erwähnt** sind, einschließlich der besagten öffentlich-rechtlichen Personen, die die Eigenschaft eines Steuerpflichtigen haben, gemäß Artikel 6 Absatz 2 und 3 des MwSt.-Gesetzbuches.

Diese abweichende Vereinnahmungsregel gilt nicht für Lieferungen von beweglichen Gütern und Dienstleistungen, für die die Steuer aufgrund von Artikel 51 §§ 2 und 4 des MwSt.-Gesetzbuches (Artikel 17 § 4 Absatz 2 und 22bis § 4 Absatz 2 des MwSt.-Gesetzbuches) vom Vertragspartner geschuldet wird.

4. Modalitäten zum Ausfüllen und Hinterlegen des Formulars 604C

Das Formular 604C kann entweder anhand eines **Papierformulars** oder anhand eines **elektronischen Formulars** ausgefüllt werden, entsprechend den Unterscheidungen unter Punkt 2 hiernach.

Achtung: Die Wahl zwischen den zwei Hinterlegungsarten ist jedoch **nicht frei,** sondern hängt von der Eigenschaft des **Anmeldepflichtigen** ab, der das Formular 604C **ausfüllt**.

4.1. Wer kann das Formular 604C ausfüllen (der Anmeldepflichtige)?

Das Formular 604C kann **ausgefüllt** und **unterschrieben** werden:

- vom **Steuerpflichtigen selbst**, wenn dieser Steuerpflichtige eine *natürliche Person* ist;
- wenn der Steuerpflichtige eine *juristische Person* ist, von einem Mitglied des Unternehmens, das **befugt** ist, die Gesellschaft in seinem Namen **zu verpflichten** (*Verwalter, Gesellschafter, Geschäftsführer*).

Der Steuerpflichtige kann diese Formalität gleich welcher Person übertragen (**ob diese Person Mitglied seines Unternehmens ist** oder **ob sie als Dritte handelt**) unter der Bedingung, dass diese dann ordnungsgemäß **bevollmächtigt** ist, um die Nichtigkeit der Handlungen, die sie tätigt, zu vermeiden.

Diese Person kann zum Beispiel sein:

- ein Angestellter des Unternehmens,
- ein externer Buchhalter, der eine natürliche Person ist,
- ein Steuerberatungsbüro,
- ein zugelassener Unternehmensschalter bzw. „ZUS" (für in Belgien ansässige Handel- und Handwerksunternehmen sowie wie für freie Berufe mit Sitz in Belgien).

Was die Art der Vollmacht betrifft, wird darauf hingewiesen, dass eine **Generalvollmacht** genügt, wenn diese nur erteilt wird um die Formalitäten, die in Zusammenhang mit der Tätigkeitseinstellung des Unternehmens stehen, zu erledigen. Der Bevollmächtigte muss also nicht unbedingt über eine **spezifische Steuervollmacht** verfügen um das Formular 604C im Namen des Unternehmens, das ihn dazu bevollmächtigt hat, gültig zu hinterlegen, aber wenn das der Fall ist, kann er natürlich diese Formalität unter dieser Steuervollmacht erledigen.

Im Gegensatz zur spezifischen Steuervollmacht muss die Vollmacht, die sich nur auf die Erledigung der Tätigkeitseinstellungsformalitäten des Unternehmens bezieht (Generalvollmacht), dem zuständigen Amt **nicht zugesandt** werden, sondern vom **Bevollmächtigten aufbewahrt** werden.

Im Fall eines Unternehmens in Abwicklung oder in Konkurs muss der **Liquidator bzw. Abwickler** oder **Konkursverwalter** das Formular 604C im Namen des Unternehmens ausfüllen und hinterlegen.

4.2. Wo und wie wird das Formular 604C hinterlegt?

Was den **Ort der Hinterlegung** betrifft, muss das Formular 604C auf jeden Fall innerhalb der vorgeschriebenen Frist bei dem für den **Steuerpflichtigen zuständigen Amt** abgegeben werden, sei es vom Steuerpflichtigen selbst oder von seinem Bevollmächtigten (ggf. ein zugelassener Unternehmensschalter).

Dasselbe gilt für ein in Abwicklung oder Konkurs befindliches Unternehmen: der Liquidator oder der Konkursverwalter muss das Formular 604C bei dem für das in Abwicklung oder Konkurs befindlichen **Unternehmen zuständige Amt** hinterlegen, und das, gleich wo der Wohnsitz des Liquidators oder Konkursverwalters ist.

Für **natürliche Personen (KMU)** ist das zuständige Amt die Abteilung Aktenverwaltung des Zentrums Kleine und mittlere Unternehmen (KMU)[1], in dessen Einzugsgebiet gemäß Eintragung im Nationalregister der **Wohnsitz** der natürlichen Person liegt.

Für **juristische Personen (KMU)** und **Gesellschaften/Vereinigungen ohne Rechtspersönlichkeit** ist das zuständige Amt die Abteilung Aktenverwaltung und Dienstleistung des Zentrums Kleine und mittlere Unternehmen (KMU) [2], in dessen Einzugsgebiet der **Verwaltungssitz** des Unternehmens liegt, von wo aus das Unternehmen tatsächlich geleitet und verwaltet wird.

Für **juristische Personen (GU)** ist das zuständige Amt die Abteilung Aktenverwaltung des Zentrums Große Unternehmen (GU) [3] deren Sitz sich in 1000 Brüssel, Finance Tower - Boulevard du Jardin Botanique, 50 Bk 3353 befindet gogc.beheer.gestion@minfin.fed.be.

Was die **Art und Weise der Hinterlegung** betrifft, muss folgende Unterscheidung gemacht werden:

A. Erstellung und Hinterlegung vom Steuerpflichtigen oder Bevollmächtigten, der kein zugelassener Unternehmensschalter ist - Papierformular [4]

Wenn der Steuerpflichtige **selbst** das Formular 604C ausfüllt und hinterlegt oder einem **Bevollmächtigten**, der **kein zugelassener Unternehmensschalter** ist, diese Formalität überträgt, muss er zwingend das von uns zur Verfügung gestellte **Papierformular** benutzen:
- entweder den bei den **zuständigen Ämtern** verfügbaren offiziellen **Vordruck**
- oder einen **Papierausdruck** des auf der Seite www.fin.belgium.be verfügbaren Formulars (Formulare > Formulare, „GVStW-MWST" und „Mwst." auswählen).

Dieses Formular muss immer **von Hand ausgefüllt** werden.

Das auf der Webseite des FÖD Finanzen verfügbare Formular ist kein elektronisches Formular. Es kann also weder online ausgefüllt noch elektronisch gesendet werden. Dieses Formular muss zwingend ausgedruckt und von Hand ausgefüllt werden, auf dieselbe Weise wie unser offizieller Vordruck.

Einmal ausgefüllt und unterschrieben, muss das Formular 604C bei dem für den Steuerpflichtigen **zuständigen Amt abgegeben** oder per **Post** gesandt werden.

---

1 Für die in der Deutschsprachigen Gemeinschaft Ansässigen sind es die Dienste des polyvalenten Zentrums Eupen, die sich entweder in St.Vith oder Eupen befinden.

2 Für die in der Deutschsprachigen Gemeinschaft Ansässigen sind es die Dienste des polyvalenten Zentrums Eupen, die sich entweder in St.Vith oder Eupen befinden.

3 Für die in der Deutschsprachigen Gemeinschaft Ansässigen sind es die Dienste des polyvalenten Zentrums Eupen, die sich entweder in St.Vith oder Eupen befinden.

4 Der Steuerpflichtige (oder ggf. sein Bevollmächtigter) kann sich immer unmittelbar an das **für ihn zuständige Amt** wenden, um vor Ort das Formular 604C mit Hilfe der zuständigen Beamten auszufüllen.

Die Versendung per elektronischem Weg (E-Mail) ist nicht erlaubt.

B. Erstellung und Hinterlegung von einem zugelassenen Unternehmensschalter (Handels- und Handwerksunternehmen und Nichthandelsunternehmen (freie Berufe) - elektronisches Formular

Handels- und Handwerksunternehmen, sowie Nichthandelsunternehmen (freie Berufe wie Notar, Gerichtsvollzieher, Rechtsanwalt usw.), die in Belgien niedergelassen sind, können die Dienste eines zugelassenen Unternehmensschalters ihrer Wahl in Anspruch nehmen, um das Formular 604C auszufüllen und zu hinterlegen. In diesem Fall wird notwendigerweise die **elektronische Version** des Formulars (E-604C) benutzt.

Dieses elektronische Formular muss von dem zugelassenen Unternehmensschalter online ausgefüllt und unmittelbar an die zuständigen Dienste auf **digitalem Weg** versendet werden.

Zurzeit ist der Zugang zu diesem elektronischen Formular ausschließlich den zugelassenen Unternehmensschaltern vorbehalten. Das elektronische Hinterlegen ist also nur über diesen Vermittler möglich.

604C - Erläuterungsbroschüre (2018) 11

5. Ausfüllen des Formulars 604C - Erläuterung des Inhalts der verschiedenen Rahmen

DER VERWALTUNG VORBEHALTENER RAHMEN

Hier nichts ausfüllen.

Dieser Rahmen wird bei Erhalt des Formulars durch das zuständige Amt ausgefüllt.

RAHMEN I - BEZEICHNUNG DES UNTERNEHMENS

Unternehmensnummer

Hier wird die Unternehmensnummer des Unternehmens, das seine MwSt.-pflichtige Tätigkeit einstellt, eingetragen.

Zurzeit besteht diese Nummer aus einer Serie von 10 Ziffern, immer beginnend mit der Ziffer Null.

Name und Vorname - Gesellschaftsname

A. Für natürliche Personen

Hier wird der **Name** und **Vorname** der natürlichen Person, die ihre steuerbare Tätigkeit einstellt, so wie diese auf ihrem Personalausweis vermerkt sind, eingetragen.

B. Für juristische Personen und Gesellschaften/Vereinigungen ohne Rechtspersönlichkeit

Auszufüllen ist:
- der vollständige **Gesellschaftsname** der juristischen Person oder der Gesellschaft/Vereinigung, die ihre steuerbare Tätigkeit einstellt, so wie dieser in den **Statuten** vermerkt ist (also nicht den Firmennamen),
- die **Rechtsform** (AG, GmbH, VoG usw.).

RAHMEN II - ANGABEN DER KONTAKTPERSON NACH TÄTIGKEITSEINSTELLUNG

Wenn ein Steuerpflichtiger seine Tätigkeit eingestellt hat, müssen wir noch eine Reihe von Aufgaben erledigen (u.a. Kontrolle der Tätigkeitseinstellung) bevor wir die Akte des Steuerpflichtigen endgültig abschließen.

Darum ist es notwendig, dass wir über die notwendigen Angaben verfügen, um das Unternehmen nach seiner Einstellung kontaktieren zu können.

Die in der ZDU übernommenen Kontaktangaben bleiben uns auch nach der Tätigkeitseinstellung zugänglich. Diese Angaben werden nach dieser Einstellung jedoch nicht mehr aktualisiert.

Wenn also die Angaben der in der **ZDU** eingetragenen Kontaktperson nach der Einstellung **die gleichen bleiben**, müssen sie **in Rahmen II nicht ausgefüllt werden**.

Wenn die **Angaben** der in der ZDU eingetragenen Kontaktperson nach der Tätigkeitseinstellung allerdings **ändern** (z.B. Adressenänderung) oder eine **andere** Kontaktperson bestimmt wird, an die man sich nach Tätigkeitseinstellung wenden soll (Konkursverwalter, Buchhalter usw.) muss **Rahmen II** zwingend **ausgefüllt** werden:

- entweder werden die **vollständigen Angaben** dieser Person ausgefüllt,

- oder, wenn diese Kontaktperson ein Unternehmen ist, das in der ZDU registriert ist und noch immer tätig ist, wird die **Unternehmensnummer** ausgefüllt.

RAHMEN III - DATUM DER TÄTIGKEITSEINSTELLUNG

Allgemeine Regel

Hier muss das **Datum** ausgefüllt werden, an dem der Steuerpflichtige **definitiv** und **effektiv** seine wirtschaftliche Tätigkeit, die ihm die Eigenschaft eines Steuerpflichtigen gibt, einstellt, d.h. das Datum ab dem der Steuerpflichtige *tatsächlich* **keinen steuerbaren Ausgangsumsatz** mehr bewirkt (für einen detaillierteren Kommentar zum Begriff Tätigkeitseinstellung in Sachen MwSt. s. **Punkt 2** hiervor).

Zur Erinnerung: ab diesem „offiziellen" Datum der Tätigkeitseinstellung beginnt die Monatsfrist für die Hinterlegung des Formulars 604C (s. **Punkt 3** hiervor).

Sonderfälle

A. Unternehmen in Abwicklung oder in Konkurs (s. Punkt 2.2, A und B und Punkt 3.2. A)

Im Prinzip muss hier das Datum der **Beendigung** der Abwicklung oder des Konkursverfahrens eingetragen werden (es wird angenommen, dass die Beendigung der Abwicklung/des Konkursverfahrens mit der tatsächlichen Tätigkeitseinstellung übereinstimmt).

Jedoch, wie bereits in Punkt 3 hiervor erwähnt, verbietet nichts dem Liquidator/Konkursverwalter, das Formular 604C vor Beendigung der Abwicklung/des Konkursverfahrens zu **hinterlegen, sobald** ersichtlich ist, dass der Steuerpflichtige keinen Umsatz mehr bewirken wird, durch den er Schuldner einer MwSt. wird. In diesem Fall muss das **Datum**, an dem das **Formular 604C ausgefüllt** wird, hier eingetragen werden. Wenn der Konkursverwalter gemäß Nr. 152 des Rundschreibens AGFisc Nr. 47/2013 (ET 124.411 einen Zahlungsaufschub für seine Honorarabrechnung an den Konkursschuldner anwenden möchte, **muss das Datum der Einstellung nach dem Ausstellungsdatum der Rechnung fallen**.

B. Steuerpflichtiger, der auf Grundlage seiner Einnahmen besteuert wird (s. Punkt 3.2, B)

Für den Steuerpflichtigen, der für seine gesamte Tätigkeit oder für einen Teil MwSt.-mäßig auf Grundlage seiner Einnahmen besteuert wurde und der seine Tätigkeit tatsächlich einstellt (kein einziger steuerbarer Umsatz wird mehr bewirkt) gilt, dass er seine MwSt.-Tätigkeiten eingestellt hat, wenn alle aus seinen steuerbaren Umsätzen entstandenen Forderungen vereinnahmt wurden (denn die geschuldete MwSt. auf diese Umsätze wird erst fällig zum Zeitpunkt der Vereinnahmung und erst dann müssen diese Umsätze erklärt werden). Das Datum der Tätigkeitseinstellung, das in Rahmen III einzutragen ist, ist das **Datum,** an dem die **letzte Forderung vereinnahmt** wurde.

Wenn der Steuerpflichtige jedoch nicht alle seine Forderungen innerhalb von drei Monaten ab effektiver Tätigkeitseinstellung vereinnahmt hat, gilt der Tatbestand der Tätigkeitseinstellung ab Ende des dritten Monats, der der effektiven Einstellung jeglicher Tätigkeit folgt. Dieser Steuerpflichtige muss dann nach Ablauf dieser dreimonatigen Frist ein Formular 604C einreichen. Das Datum der Tätigkeitseinstellung, das in Rahmen III auszufüllen ist, **ist das Datum, an dem das Formular 604C ausgefüllt wird.**

RAHMEN IV - AUSKÜNFTE ÜBER DIE GÜTER UND FORDERUNGEN

A. Besitzt der Steuerpflichtige noch Güter seines Unternehmens?

Diese Frage ist wichtig auf Ebene der MwSt. in dem Maße wie, laut Artikel 12 § 1 Abs. 1 Nr. 5 des MwSt.-Gesetzbuches, der Besitz von **Gütern** (bewegliche oder unbewegliche) seines Unternehmens von einem Steuerpflichtigen (oder dessen Rechtsnachfolger) bei Aufgabe seiner Tätigkeit, einer **Lieferung eines Mwst.-pflichtigen Gutes** gleichgestellt wird, wenn dieses Gut oder seine Bestandteile zum vollen oder teilweisen Abzug der Steuer berechtigt haben.

Es ist also möglich, dass der Steuerpflichtige eine MwSt. für die nach der Einstellung behaltenen Güter schuldet, da dieses Behalten als Lieferung von Gütern gilt, die er „sich selbst" erbringt (manchmal spricht man auch von einer „Entnahme"). In diesem Fall muss der Steuerpflichtige diesen Umsatz in der letzten Erklärung, die er hinterlegt, angeben und der Staatskasse die Steuer, die sich daraus ergibt, entrichten.

Wenn er es unterlässt, diesen Besitz zu erklären, begeht er einen Verstoß gegen die Verfügungen des MwSt.-Gesetzbuches, den wir mit einer Geldbuße ahnden können.

Bemerkung: der Steuerpflichtige darf nicht außer Acht lassen, dass er in der letzten Erklärung, die er hinterlegen muss, ggf. den **Abzug** bestimmter Steuern, den er während der Ausübung seiner steuerpflichtigen Tätigkeit vorgenommen hat, **berichtigen** muss.

Wenn der Steuerpflichtige zum Zeitpunkt seiner Tätigkeitseinstellung:

- kein Gut behält, das dem Unternehmen gehörte (Güter und Ausrüstung): das Feld **NEIN** ankreuzen

- noch bestimmte Güter (Handelsgut und Ausrüstung) besitzt, die er nicht verkaufen konnte oder wollte: das Feld **JA** ankreuzen

In letztem Fall muss der Steuerpflichtige den Wert der Güter, die er behält, in EUR schätzen.

Dieser Wert entspricht dem **Einkaufspreis** der betreffenden Güter oder ähnlicher Güter – oder in Ermangelung des Einkaufspreises, dem **Selbstkostenpreis** der Güter – **festgelegt** indem der **Zustand des Gutes** zum Zeitpunkt der **Entnahme** berücksichtigt wird.

Beispiel: Ein steuerpflichtiger Maurer beendet seine Tätigkeit und behält noch einen Lkw. Dieser Besitz unterliegt in Anwendung von Artikel 12 § 1 Abs. 1 Nr. 5 des Gesetzbuches der Steuer auf den Einkaufspreis oder mangels Einkaufspreis auf den Selbstkostenpreis, die zum Zeitpunkt, zu dem die Tätigkeit eingestellt wurde, für ein solches Gut bezahlt werden muss.

B. Bestehen noch Forderungen?

Es handelt sich hier um **alle** Forderungen, die sich aus der *gesamten wirtschaftlichen Tätigkeit* des Steuerpflichtigen ergeben und nicht nur um die Forderungen, die lediglich aus MwSt.-pflichtigen Umsätzen entstanden sind.

Müssen also berücksichtigt werden, sowohl die Forderung, die z.B. in der Entschädigung durch eine Versicherungsgesellschaft besteht, wie die Forderung, die ihren Ursprung in einer MwSt.-pflichtigen Lieferung eines Gutes hat und die noch nicht vereinnahmt wurde.

Dazu muss:

- **NEIN** angekreuzt werden, wenn der Steuerpflichtige am Datum der Tätigkeitseinstellung keine Forderung, gleich welcher Art, mehr offen hat

- **JA** angekreuzt werden, wenn der Steuerpflichtige am Datum der Tätigkeitseinstellung noch nicht vereinnahmte Forderungen, gleich welcher Art, offen hat. In diesem Fall muss der **Gesamt**betrag der gesamten Forderungen in Euro ausgefüllt werden.

C. Ist die Tätigkeitseinstellung verbunden mit der Übertragung des Geschäftsfonds?

Dazu muss:

- **NEIN** angekreuzt werden, wenn bei der Tätigkeitseinstellung kein Geschäftsfonds übertragen wurde.

  Wenn der Steuerpflichtige einen Geschäftsfonds besaß, ihn aber nicht übertragen hat und bestimmte Elemente behalten hat (Handelsgüter und/oder Ausrüstung), muss er unter A den Wert der Güter, die er behalten hat, angeben.

- **JA** angekreuzt werden, wenn der Steuerpflichtige seinen Geschäftsfonds im Rahmen der Tätigkeitseinstellung überträgt.

  In dieser Situation müssen außerdem folgende Informationen zur Übertragung des Geschäftsfonds eingetragen werden:

  1. und 2. Identität des Zessionars

  Wenn der Zessionar eine aktive **Unternehmensnummer** hat, genügt die Unternehmensnummer dieses Zessionars, ohne andere Angaben.

  Wenn der Zessionar **keine Unternehmensnummer** hat, müssen die vollständigen Angaben dieses Zessionars eingetragen werden.

  3. Umfang der Übertragung (vollständig oder teilweise):

  Die Abtretung ist **vollständig**, wenn sie die **gesamte** Aktiva des Unternehmens des Zedenten (der Übertragende) umfasst (Kundschaft, Geschäftsausrüstung, Handelsmarken, Patente usw.). Die Abtretung ist **teilweise**, wenn nur ***ein Teil*** der Güter im Unternehmen des Zedenten investiert waren.

4. **Die Abtretung enthält den Übertrag des Saldos des MwSt.-Verrechnungskontos des Zedenten**: Der Saldo des MwSt.-Verrechnungskontos, das wir auf Namen des übertragenden Unternehmens verwaltet haben, endet mit einer Schuld oder einem Guthaben (je nachdem, ob dieser Saldo am Tag der Übertragung ein Kredit- oder ein Debetsaldo ist), die Teil der Elemente ausmachen können, die dem Zessionar übertragen werden, oder nicht.

Es wird darauf hingewiesen, dass beim **Zessionar** ähnliche Auskünfte zur Übernahme des Geschäftsfonds gefragt werden können anhand des **Formulars 604A** (*Antrag auf MwSt.-Identifikation bei Tätigkeitsbeginn),* wenn dieser diesen Geschäftsfonds im Rahmen des Beginns einer neuen MwSt.-pflichtigen Tätigkeit übernimmt.

RAHMEN V - DATUM, UNTERSCHRIFT UND IDENTITÄT DES ANMELDEPFLICHTIGEN

Der Anmeldende ist die Person, die das Formular 604C unterzeichnet. Auf die Frage, **wer** Anmeldender sein kann, wird auf Punkt 4.1. verwiesen.

RAHMEN V - ERSTER TEIL

Fehlt die **Unterschrift** des Anmeldenden, können wir das Formular 604C nicht als gültig hinterlegt betrachten. Zudem kann das Formular 604C nur gültig unterschrieben sein, wenn der Anmeldepflichtige hierzu die erforderliche **Eigenschaft** hat (s. Punkt 4.1.).

Der Anmeldepflichtige muss das Formular 604C in seinem **eigenen Namen** unterschreiben, indem er seinen **Namen** und **Vornamen** in Großbuchstaben einträgt, und indem er das **Datum** der Unterschrift vermerkt. Er muss ebenfalls die genaue **Eigenschaft,** in der er handelt, angeben.

Diesbezüglich weisen wir darauf hin, dass, wenn der Steuerpflichtige eine **juristische Person** mit der Erstellung des Formulars 604C **beauftragt** hat (ein Buchhaltungsbüro, Rechtsanwaltbüro usw.), dieses Formular von einer Person unterschrieben werden muss, die diese juristische Person, Inhaber der Vollmacht, gültig vertreten kann. Dieser **Vertreter** (der Anmeldende) muss das Formular 604C in seinem Namen unterschreiben, so wie hier oben vermerkt, und was seine Eigenschaft betrifft muss er die genaue **Eigenschaft innerhalb des bevollmächtigten Unternehmens** angeben.

Beispiele

Personen, die das Formular 604C gültig unterzeichnen können	**Unterschrift und Eigenschaft, die anzugeben ist**
1. namentlich **der Steuerpflichtige** selbst (Fall des Steuerpflichtigen natürliche Person)	Xavier DUPONT, Gründer
2. jede steuerpflichtige Person **Mitglied des Unternehmens**	
A. entweder weil die Funktion, die sie innerhalb des Unternehmens ausübt, ihr die Befugnis gibt, das Unternehmen in ihrem Namen zu verpflichten (z.B. Verwalter, Geschäftsführer, Gesellschafter einer steuerpflichtigen juristischen Person)	Xavier DUPONT, Verwalter
B. oder weil sie für die Unterzeichnung des Formulars 604C eine interne Vollmacht erhalten hat (z.B. Vollmacht an einen Buchhalter, Angestellter des Steuerpflichtigen)	Xavier DUPONT, interner Bevollmächtigter
3. jede dem steuerpflichtigen **Unternehmen nicht zugehörige Person,** die hierzu ordnungsgemäß bevollmächtigt wurde:	
A. einer bestimmten natürlichen Person erteilte Vollmacht (z.B. eine an eine natürliche Person, die selbstständiger Buchhalter ist, erteilte Vollmacht)	Sophie DURANT, Buchhaltungsexperte
B. eine an eine juristische Person erteilte Vollmacht („bevollmächtigtes Unternehmen") (z.B. dem Buchhaltungsbüro WXYZ erteilte Vollmacht)	Sophie DURANT, Geschäftsführerin der PGmbH WXYZ
C. einem zugelassenen Unternehmensschalter (ZUS) erteilte Vollmacht	Sophie DURANT, Externer bevollmächtigter ZUS

RAHMEN V – ZWEITER TEIL

Wenn der **Anmeldende** eine **unternehmensfremde Person** ist (er muss dann vom Unternehmen, das er vertritt, ordnungsgemäß bevollmächtigt werden, um die Nichtigkeit der Handlungen zu vermeiden, die er tätigt – s. Punkt 4.1), muss er *seine eigenen* Identifikationsangaben eintragen (wenn die Vollmacht namentlich erteilt wurde) oder diejenigen des *bevollmächtigten Unternehmens*, das er vertritt (wenn die Vollmacht im Namen des Unternehmens, für das er auftritt, erteilt wurde).

Dazu muss Folgendes eingetragen werden:

A. **die Unternehmensnummer** des *Bevollmächtigten* oder des *bevollmächtigten Unternehmens*, wenn er/es eine solche Nummer besitzt. In diesem Fall genügt der Vermerk dieser Nummer und es müssen keine weiteren Angaben ausgefüllt werden.

Beispiele:

- wenn der **Bevollmächtigte** ein **Buchsachverständiger** ist, der **selbstständig** als **natürliche Person** tätig ist, unterschreibt er grundsätzlich in seinem persönlichen Namen das Formular 604C; folglich gibt er seine eigene Unternehmensnummer an,
- wenn der Bevollmächtigte ein **Treuhänder** bzw. ein **zugelassener Unternehmensschalter (ZUS)** ist, kann der Unterzeichner z.B. ein *Verwalter* dieser Treuhandgesellschaft bzw. dieses Unternehmensschalters sein; dann muss er die Unternehmensnummer *der Treuhandgesellschaft* bzw. des *Unternehmensschalters,* d.h. die der **bevollmächtigten Firma** angeben.

B. **die vollständigen Angaben** (Name und Vorname, oder Gesellschaftsname und vollständige Adresse) zum *Bevollmächtigten* oder zur *bevollmächtigen Firma,* wenn er/sie **keine Unternehmensnummer** besitzt.

6. Auskünfte

Steuerpflichtige, die zusätzliche Auskünfte zu dieser Erläuterungsbroschüre wünschen, oder die Schwierigkeiten beim Ausfüllen des Formulars 604C haben, können sich an das für sie zuständige Amt wenden.

Weitere Informationen finden Sie auf: www.fisconetplus.be .

Bulgarien

Allgemeines

Seit dem 1.1.2007 zählt Bulgarien zu den EU-Mitgliedsstaaten. Im Gesetzblatt Nr. 63 vom 4.8.2006 wurde das neue Gesetz über die Mehrwertsteuer (MwStG) und mit Gesetzblatt Nr. 76 vom 15.9.2006 die dazugehörenden Durchführungsbestimmungen veröffentlicht. Probleme für Unternehmer, die geschäftliche Aktivitäten in Bulgarien tätigen, stellt die Sprache dar. Bulgarisch ist die einzige Sprache, welche die gleichen Buchstaben wie das Russische ohne zusätzliche Sonderzeichen hat: Die kyrillische Schrift wurde somit mit Aufnahme Bulgariens in der EU eine der drei offiziellen Schriften der EU. Bulgarien hat noch nicht den Euro eingeführt. Die Landeswährung ist der Lew (BGN). Der Umrechnungskurs des Euros zum Lew beträgt 1 €/1,95583 BGN. Obwohl die Einführung des Euros bereits für 2010 geplant war, wurde die Einführung des Euros vorläufig ganz abgesagt – Bulgarien sieht sich weiterhin nicht in der Lage, die vorgegebene Defizitgrenze von 3 % einzuhalten.

Unternehmer/Organkreis

Der Unternehmerbegriff entspricht der Definition der MwStSystRL. Jede Person ist steuerpflichtig, die selbständig wirtschaftlich tätig ist. Unerheblich ist, ob durch die Ausübung der Tätigkeit ein Gewinn erzielt wird, die Einnahmeerzielungsabsicht ist – wie in Deutschland – maßgebend. Gesellschaften sind jeweils gesondert umsatzsteuerlich zu registrieren. Seit dem 1.1.2023 sind in Bulgarien ansässige Unternehmen verpflichtet, sich für die Mehrwertsteuer (MwSt) registrieren zu lassen, wenn sie einen steuerpflichtigen Umsatz von mindestens 100.000 BGN (51.130 €) im laufenden Monat und in den zwölf Monaten davor (nicht auf das Kalenderjahr bezogen) erzielen. Der Umsatz für die MwSt-Registrierung verdoppelt sich demnach gegenüber dem Schwellenwert von 50.000 BGN (25.565 €), der vor der Änderung bis zum 31.12.2022 galt. Die Verdoppelung des für die MwSt-Registrierung maßgebenden Umsatzes, ist als Steuererleichterung für Kleinstunternehmen, kleine und mittlere Unternehmen (sogenannte KMU) gedacht. Die Überschreitung der Umsatzhöhe, die zwangsläufig zu einer MwSt-Registrierung führt, soll ab 2025 weiter erhöht werden, nachdem die EU-Richtlinie 2020/285 in das bulgarische Mehrwertsteuergesetz (b-MwStG) umgesetzt wurde. Die neue Maßnahme wird sich jedoch nicht auf nicht in Bulgarien ansässige Steuerpflichtige auswirken, die sich für die Mehrwertsteuer registrieren lassen müssen, bevor sie in Bulgarien steuerpflichtige Leistungen erbringen.

Am 22.4.2008 stellte die bulgarische Finanzverwaltung klar, dass zur Berechnung der nun 100.000 BGN-Umsatzgrenze steuerfreie Leistungen zu berücksichtigen sind. Die vorgenannte Grenze schließt seit 2017 einen für umsatzsteuerliche Zwecke nicht registrierten, aber sich umwandelnden Erwerber erreichten Umsatz ein (Art. 96 Abs. 4

b-MwStG). Das betrifft die Fälle einer Umwandlung einer Gesellschaft, des Unternehmensübergangs gem. Kapitel 16 b-Handelsgesetz und Leistung einer Sacheinlage an einer Gesellschaft. Liegt der Umsatz unterhalb der 100.000 BGN-Umsatzgrenze, darf weder bulgarische Mehrwertsteuer fakturiert noch der Vorsteuerabzug aus Eingangsrechnungen vorgenommen werden. Die 100.000 BGN-Grenze entspricht quasi der deutschen Kleinunternehmer-Regel.

Die Möglichkeit einer freiwilligen Registrierung besteht in Bulgarien immer (Art. 133 b-MwStG). Die Frist für die MwSt-Registrierung ab einem steuerbaren Umsatz von 100.000 BGN wurde Anfang 2018 von 14 Tagen auf sieben Tage verkürzt. Diese Frist beginnt mit Ende jener Steuerperiode, in der die vorgenannte Grenze überschritten wurde. Wird dieser Schwellenwert bereits nach weniger als zwei Monaten erreicht, ist die MwSt-Registrierung binnen sieben Tagen nach Erreichen des Schwellenwerts erforderlich. Erfolgt keine Registrierung innerhalb der vorgegebenen Frist, ist der Steuerzahler für den MwSt-Anteil des Umsatzes haftbar, der den Schwellenwert i. H. von 100.000 BGN überschreitet. Dies gilt ebenso für Lieferungen mit Übergang der Steuerschuld in Bulgarien.

Arbeitsgemeinschaften müssen sich binnen sieben Tagen ab Eintragung der Partnerschaft verpflichtend zur Umsatzsteuer registrieren, sofern zumindest einer der Partner umsatzsteuerlich registriert ist.

Eine Deregistrierung kann erst im zweiten Jahr des auf der freiwilligen Registrierung folgenden Jahres vorgenommen werden. Des Weiteren besteht u. a. auch eine Verpflichtung zur umsatzsteuerlichen Registrierung, wenn Unternehmer, die in einem anderen EU-Mitgliedsstaat ansässig sind, zu versteuernde Lieferungen von Waren durchführen, die in Bulgarien von oder für ihre Rechnung montiert oder installiert werden (sog. Werklieferungen). Die Registrierung kann insoweit nur dann unterbleiben, wenn der Leistungsempfänger in Bulgarien mehrwertsteuerlich registriert ist, denn dann kommt das Reverse-Charge-Verfahren zur Anwendung. Seit dem 19.12.2007 behält sich die bulgarische Finanzverwaltung vor, von zu registrierenden Unternehmen eine Sicherheit in bar oder z. B. in Form einer Bankbürgschaft zu verlangen.

Die Erwerbsschwelle gilt für Abnehmer ohne USt-IdNr., die nur steuerfreie Umsätze ohne Vorsteuerabzugsrecht ausführen, Kleinunternehmer, Land- und Forstwirte sowie nicht unternehmerisch tätige juristische Personen. Diese Unternehmen können bis zu dem angegebenen Betrag jährlich Warenbezüge aus dem Gemeinschaftsgebiet bewirken, ohne für Zwecke des Erwerbs steuerpflichtig zu werden. Diese Nicht-Unternehmer müssen sich in Bulgarien registrieren lassen, wenn die Erwerbsschwelle (für den Bezug aus anderen EU-Staaten) den Wert von 20.000 BGN übersteigt.

Die Versandhandelsgrenze betrug bis zum 1.7.2021 70.000 BGN. Als Versandhandelsregelung wird umgangssprachlich die Regelung des § 3c d-UStG bezeichnet. Die Regelung ist Teil der umsatzsteuerlichen Ortsbestimmung und bewirkt im Grundsatz, dass Warensendungen an Privatpersonen innerhalb der EU im Land des Empfängers zu besteuern sind. Diese Regelung wurde jedoch im Rahmen der Umsetzung des One-Stop-Shops (OSS) zum 1.7.2021 abgeschafft.

Eine umsatzsteuerliche Organschaft/Gruppenbesteuerung kennt das bulgarische MwStG nicht.

Lieferungen/sonstige Leistungen

Als steuerbare Lieferung gilt nach bulgarischem Umsatzsteuerrecht jede Übertragung eines körperlichen Gegenstandes gegen Entgelt.

Der Dienstleistungsbegriff entspricht dem deutschen UStG bzw. den Vorgaben der MwStSystRL.

Als Gegenstand im Sinne dieses Gesetzes gilt jede bewegliche oder unbewegliche Sache einschließlich Elektrizität, Gas, Wasser, Wärme, Kälte und ähnlicher Gegenstände sowie Standardsoftware. Als Dienstleistung im Sinne des bulgarischen Gesetzes gilt jede Leistung, die einen Wert hat und kein Gegenstand, gesetzliches Zahlungsmittel oder Devisen, die als Zahlungsmittel eingesetzt werden, darstellt. Die Lieferung von Gegenständen ist unter Art. 6 b-MwStG wie folgt definiert: „Als Lieferung eines Gegenstands im Sinne dieses Gesetzes gilt die Übertragung des Eigentumsrechts oder eines anderen dinglichen Rechts an dem Gegenstand."

Hingegen werden Dienstleistungen in Art. 9 b-MwStG definiert: „Als Lieferung von Dienstleistungen gilt jede Erbringung einer Dienstleistung." Die Lieferung eines Gegenstands oder Dienstleistung ist gegen Entgelt auszuführen und muss steuerpflichtig sein. Gleichgestellt mit der Lieferung von Gegenständen oder Dienstleistungen ist die Trennung oder Zurverfügungstellung eines Gegenstands oder Dienstleistung für den persönlichen Gebrauch oder Nutzung vom Steuerpflichtigen, Eigentümer, seiner Arbeitnehmer oder Mitarbeiter an Dritten, sofern bei der Erzeugung, Einfuhr oder den Erwerb ein voller oder teilweiser Vorsteuerabzug erfolgt.

Durch die Umsetzung des Mehrwertsteuerpaktes zum 1.1.2010 ist der Dienstleistungsort bei Business to Business (B2B) Konstellationen regelmäßig dort, wo der Empfänger der Dienstleistung seinen Unternehmenssitz hat. Es existieren Ausnahmen von dieser Generalregel, wobei an dieser Stelle lediglich auf die grundstücksnahen Dienstleistungen hingewiesen werden soll: Dienstleistungen im Zusammenhang mit einem Grundstück gelten am Belegenheitsort des Grundstücks als erbracht. Bei Dienstleistungen an Nichtunternehmer ist der Leistungsort i. d. R. der Unternehmenssitzort des Leistenden.

Use & Enjoyment-Regelungen existieren im bulgarischen Gesetz nicht.

EU-Umsatzsteuer-Mini-One-Stop-Shop (MOSS) und One-Stop-Shop (OSS)

Seit dem 1.1.2015 waren unionsweit neue Leistungsortregeln für elektronisch erbrachte sonstige Leistungen, Telekommunikations-, Rundfunk- und Fernsehdienstleistungen an Nichtunternehmer zu beachten. Gleichzeitig wurde für diese Art von sonstigen Leistungen eine einzige Anlaufstelle ("EU-Umsatzsteuer-Mini-One-Stop-Shop = MOSS") geschaffen. Seit dem vorgenannten Datum waren elektronisch erbrachte sonstige Leistungen, Telekommunikations-, Rundfunk- und Fernsehdienstleistungen grds. immer am Ansässigkeitsort des Leistungsempfängers (Empfängerort) steuerbar, unabhängig davon, ob es sich um Leistungen an Unternehmer (B2B) oder Nichtunternehmer (Business to Consumer = B2C) handelte. Unternehmen, die von der Neuregelung betroffene Dienstleistungen erbrachten, mussten seit 2015 bei jeder einzelnen Leistung ermitteln, wo ihr Kunde ansässig ist. Um den Aufwand, der mit der Bestimmung des Empfängerorts verbunden war, zu verringern, gibt es EU-weit standardisierte Vereinfachungsregeln. Der MOSS bot die Möglichkeit, sich in einem EU-Mitgliedstaat (Mitgliedstaat der Identifizierung = MSI) zu registrieren und sämtliche unter die Sonderregelung fallende Umsätze über den MSI zu erklären und die resultierende Umsatzsteuer zu bezahlen. Nutze ein Unternehmer den MOSS, entfiel die Verpflichtung, sich für die elektronisch erbrachten sonstigen Leistungen, Telekommunikations-, Rundfunk- oder Fernsehdienstleistungen an Nichtunternehmer in der EU in jedem Mitgliedstaat, in dem er derartige Leistungen tätigte, für umsatzsteuerliche Zwecke registrieren zu lassen und in der Folge, dort Steuererklärungen einzureichen und dort Zahlungen zu leisten. Der MOSS war optional und musste rechtzeitig beantragt werden. Wurde die Option ausgeübt, galt sie für alle unter die Sonderregelung fallenden Umsätze. Je nachdem, ob ein Unternehmer in der EU niedergelassen war, stand ihm für den MOSS das EU-Schema oder das Nicht-EU-Schema zur Verfügung. Vorsteuern konnten jedoch nicht über den MOSS geltend gemacht werden. Die Erstattung hatte im Regelfall über das Vorsteuererstattungsverfahren zu erfolgen.

Die Registrierung für den bulgarischen MOSS (vgl. Art. 152–159 b-MwStG) dauerte laut Verlautbarung der bulgarischen Finanzbehörde 14 Tage. Die Registrierung erfolgte elektronisch bei der National Revenue Agency (NRA).

Steuerpflichtige, die in Bulgarien über MOSS angemeldet waren, waren zur Führung eines elektronischen Registers für die von ihnen ausgeführten elektronischen Dienstleistungen verpflichtet. In diesem Register mussten die Details für jede ausgeführte Leistung eingetragen werden. Die im Register aufgeführten Transaktionsdetails waren auf Verlangen der bulgarischen Behörden elektronisch in strukturierter Form bereitzustellen. Die Informationen im elektronischen Register mussten für einen Zeitraum von mindestens zehn Jahren aufbewahrt werden, gerechnet ab Ende des Jahres, in dem die jeweilige Leistung ausgeführt wurde. Die Sanktion bei Nichtbereitstellung des Registers der Verkäufe betrugt zwischen 500 und 10.000 BGN und bei wiederholtem Verstoß zwischen 1.000 und 20.000 BGN.

In Verbindung mit der EU-Richtlinie Nr. 2017/2455 vom 5.12.2017 und der EU-Richtlinie 2019/1995 vom 21.11.2019 wurden mit Wirkung zum 1.7.2021 Änderungen in Verbindung mit der bisherigen Abrechnung der Fernverkäufe sowie der Telekommunikationsdienstleistungen, Rundfunk- und Fernsehdienstleistungen oder elektronischen Dienstleistungen eingeführt.

Wie oben bereits geschrieben, wurden bisher die Fernverkäufe, Telekommunikationsdienstleistungen, Rundfunk- und Fernsehdienstleistungen und elektronische Dienstleistungen über das Mini-One-Stop-Shop-Verfahren (MOSS) abgerechnet. Die bereits erwähnten beiden EU-Richtlinien sehen eine Ausweitung des MOSS-Verfahrens durch Umwandlung des MOSS in ein One-Stop-Shop-Konzept (OSS-Konzept) in Bezug auf die Dienstleistungen aller Art vor, die von in Drittländern und in der EU ansässigen Steuerpflichtigen an in der EU ansässige Nichtsteuerpflichtige erbracht werden sowie hinsichtlich der Fernverkäufe von Gegenständen an Nichtsteuerpflichtige (B2C). Es wurde zum 1.7.2021 ein Schwellenwert von 10.000 € exkl. USt pro Kalenderjahr für die Besteuerung von Fernverkäufen und Telekommunikationsdienstleistungen, Rundfunk- und Fernsehdienstleistungen und elektronischen Dienstleistungen, die an Nichtsteuerpflichtige aus EU-Staaten erbracht werden, in denen der Lieferer nicht ansässig ist, festgelegt. Die bisherige Höchstschwelle i. H. von 70.000 BGN, die für die Bestimmung des Ortes für getätigte Fernverkäufe innerhalb des Staates Bulgarien maßgebend war, wurde abgeschafft. Die Registrierung nach dem neueren OSS–Verfahren wurde in Bulgarien am 1.4.2021 in nationales Recht umgesetzt und entsprechende MwSt-Erklärungen sind seit dem 1.7.2021 gemäß dem neuen Verfahren abzugeben.

Der Schwellenwert für die Anmeldung nach der OSS-Regelung beträgt 10.000 € bezogen auf das Kalenderjahr bzw. der Gegenwert in bulgarischer Landeswährung unter Anwendung des von der Europäischen Zentralbank veröffentlichen Wechselkurses. Das heißt, dass unterhalb des vorgenannten Schwellenwerts die Mehrwertsteuer in dem Staat durch den Leistenden abzuführen ist, in dem der Lieferer ansässig ist oder die Beförderung der Gegenstände beginnt oder im Fall der Überschreitung des Schwellenwerts die Mehrwertsteuer durch den EU-Staat erhoben wird, in dem die Beförderung endet. Bei Überschreitung des Schwellenwerts hat sich der liefernde Unternehmer zu registrieren und seine Umsätze zu erklären, und zwar entweder durch Registrierung im jeweiligen EU-Bestimmungsmitgliedstaat oder durch Erklärung aller innergemeinschaftlichen Versandhandelsumsätze über den OSS. Die Anwendung des OSS kann jedoch nicht auf einzelne Länder beschränkt werden. Das bedeutet, sobald sich ein Unternehmen für die Anwendung des OSS entscheidet, sind sämtliche innergemeinschaftlichen Versandhandelsumsätze über diesen einen OSS zu deklarieren, auch solche, die im Mitgliedstaat der Registrierung (MSI) zum OSS steuerbar und steuerpflichtig sind.

Werklieferung/Werkleistung

Grundsätzlich gilt die geschuldete Leistung als erbracht, wenn bei einer Werklieferung die Abnahme erfolgt. Erfolgt die Abnahme in Bulgarien, so handelt es sich aus bulgarischer Sicht um einen bulgarischen Inlandsumsatz. Mehrwertsteuer entfällt sowohl auf den Liefer- als auch auf den Dienstleistungsanteil.

Es sind zwar Fälle bekannt, in denen eine Aufteilung der Werklieferung in einen Lieferanteil und einen Dienstleistungsanteil erfolgte und lediglich der Dienstleistungsanteil in Bulgarien der Mehrwertsteuer unterworfen wurde. Jedoch ereigneten sich diese Fälle zu Beginn des EU-Beitritts von Bulgarien. Mittlerweile entfällt bulgarische Mehrwertsteuer auf die komplette Leistung, unerheblich, ob z. B. Planungsdienstleistungsanteile außerhalb von Bulgarien erbracht wurden.

Seit 2010 besteht für einen nicht in Bulgarien ansässigen Unternehmer, der eine steuerpflichtige Werklieferung in Bulgarien tätigt, die bulgarische Umsatzsteuerschuld auf den in Bulgarien für umsatzsteuerliche Zwecke registrierten Leistungsempfänger zu übertragen. Sofern die Werklieferung an einen nicht registrierten Leistungsempfänger erfolgt, ist der nicht in Bulgarien ansässige Leistende verpflichtet, sich zur Mehrwertsteuer in Bulgarien vor Aufnahme der Tätigkeit zu registrieren.

Die vorgenannten Werklieferungen sind stets abzugrenzen von den sogenannten „Montagelieferungen". Im Umsatzsteuerrecht existiert keine Legaldefinition der Montagelieferung. Aus der Rechtsprechung lässt sich jedoch ableiten, dass eine Montagelieferung vorliegt, wenn der Gegenstand der Lieferung erst nach Montage/Installation, nicht aber bereits im Zeitpunkt der Versendung/der Beförderung vorliegt, der Zusammenbau/die Montage durch den Lieferanten wesentlicher Leistungsinhalt ist, d. h. technisch und wirtschaftlich bedeutende Montagearbeiten erforderlich sind und es somit im Ergebnis zur Veränderung der Marktgängigkeit des Gegenstands kommt. In diesem besonderen Fall ist der Leistungsort der Montagelieferung dort, wo die Verfügungsmacht über die fertige Anlage, den fertigen Rohbau oder die funktionsfähige Maschine verschafft wird. Eine weitere Rechtsfolge wäre, dass das sog. Reverse- Charge-Verfahren nicht zur Anwendung kommen würde, da diese Regelung nur bei Werklieferungen greift, nicht aber bei dem unbestimmten Rechtsbegriff „Montagelieferung". In der Praxis liegen nur in Ausnahmen Fälle einer Montagelieferung vor. Die oben beschriebene bulgarische Rechtsauslegung wurde nun auch in Deutschland mit BMF-Schreiben vom 1.10.2020 (Abschnitt 3.8 Abs. 1 Satz 1 d-UStAE) angewandt. Eine Werklieferung liegt demnach nur dann vor, wenn der Werkhersteller für das Werk einen fremden Gegenstand be- oder verarbeitet und dafür selbstbeschaffte (Haupt-)Stoffe verwendet. Für die Bestimmung des Leistungsorts ist die Unterscheidung zwischen Werklieferung und Montagelieferung unerheblich. Sowohl Werk- als auch Montagelieferungen gelten nach § 3 Abs. 7 d-UStG als dort erbracht, wo die Installation erfolgt. Allerdings kann der Steuerschuldübergang nach § 13b Abs. 2 Nr. 1 i. V. mit Abs. 5 Satz 1 d-UStG nur für Werklieferungen zur Anwendung kommen. Weil es zu § 13b d-UStG keine gesonderte Definition für den Begriff der Werklieferung gibt, muss auf § 3 Abs. 4 UStG zurückgegriffen werden, vgl. Abschnitt 13b.1 Abs. 2 Satz 1 Nr. 2 Satz 3 d-UStAE. Wie für Deutschland gilt auch für Bulgarien: Im Ausland ansässige Unternehmer, die Montagelieferungen ausführen, müssen sich damit in Bulgarien registrieren und bulgarische Umsatzsteuer fakturieren.

Verlagerungsverfahren/Reverse-Charge

Seit dem 1.1.2010 ist das Reverse-Charge-Verfahren auch anwendbar, wenn das nicht in Bulgarien ansässige leistende Unternehmen in Bulgarien zwar zur Umsatzsteuer registriert ist oder aber eine Betriebsstätte (aus umsatzsteuerlicher Sicht) in Bulgarien hat, diese jedoch nachweislich nicht an der Ausgangsleistung involviert ist.

Das heißt, wenn der ausländische – leistende – Unternehmer eine in Bulgarien steuerpflichtige Dienstleistung oder Werklieferung erbringt und dieser leistende Unternehmer in Bulgarien keine umsatzsteuerliche Betriebsstätte begründet hat bzw. die umsatzsteuerliche Betriebsstätte in Bulgarien die Leistung tätigt und der Leistungsempfänger in Bulgarien zur Mehrwertsteuer registriert ist, dann geht die bulgarische Mehrwertsteuerschuld vom Leistenden auf den Leistungsempfänger über (Reverse-Charge-Verfahren). Eine umsatzsteuerliche Registrierung des Leistungsempfängers ist ausreichend, er muss nicht zwingend in Bulgarien ansässig sein. Durch die Anwendung des Reverse-Charge-Verfahrens ist eine umsatzsteuerliche Registrierung des leistenden Unternehmens in Bulgarien nicht erforderlich. Fällt ein Umsatz unter das Reverse-Charge-Verfahren, müssen die Unternehmer, auf welche die Steuerschuld übertragen wird, seit dem 19.12.2007 innerhalb von zehn Tagen ein so genanntes Memorandum/Reverse-Charge-Statement erstellen. In diesem Memorandum/Reverse-Charge-Statement ist der Reverse-Charge-Umsatz für die bulgarischen Steuerbehörden nachvollziehbar aufzunehmen.

Das Reverse-Charge-Verfahren ist u. a. anzuwenden bei:

- Dienstleistungen durch ausländische Unternehmer an bulgarische Unternehmer; insoweit existieren bestimmte Ausnahmen,
- Werklieferungen ausländischer Unternehmer,
- Lieferungen von Gas und Elektrizität,
- Dreiecksgeschäften.

Des Weiteren findet das Reverse-Charge-Verfahren auch für inner-bulgarische Lieferungen Anwendung, sofern Schrottlieferungen, Getreidelieferungen oder gewerbliche Gesamterntelieferungen getätigt werden. Die befristete Anwendung des Reverse-Charge-Verfahrens für inner-bulgarische Getreidelieferungen und Gesamternten wurde durch die EU jüngst verlängert.

Konsignationslager/Call-off-stock

Vereinfachungen in Bezug auf Konsignationslager, die die MwStSystRL grds. ermöglicht, wurden nicht im bulgarischen MwStG umgesetzt. Ausländische Unternehmer, die Konsignationslager in Bulgarien einrichteten, waren bis 31.12.2019 demnach verpflichtet, sich in Bulgarien zur Mehrwertsteuer zu registrieren.

Am 9.11.2017 hatte zudem die bulgarische Finanzverwaltung klargestellt, dass Lieferungen über ein Konsignationslager bereits mit dessen Bestückung als ausgeführt gelten. Dies galt auch dann, wenn die Parteien einen Eigentumsübergang zum Zeitpunkt der Entnahme, der Rechnungsstellung oder mit Ablauf einer maximalen Lagerungsdauer vereinbart hatten. Folglich waren Unternehmer, die Waren aus der EU in ein in Bulgarien belegendes Konsignationslager beförderten oder versendeten, nicht mehr verpflichtet, sich aus diesem Grund in Bulgarien zur Mehrwertsteuer zu registrieren. Ob die Regelung auch für Warenlieferungen aus einem Drittland anwendbar war, konnte nicht recherchiert werden. Weitere Details sind hinsichtlich der obigen Rechtsauffassung der bulgarischen Steuerbehörde nicht bekannt. Insoweit sollte vor Einrichtung eines Konsignationslagers unbedingt eine verbindliche Auskunft bei der bulgarischen Finanzbehörde eingeholt werden.

Am 1.1.2020 traten die sogenannten „Quick fixes" in Kraft, die u. a. eine EU-weite Vereinfachung der Konsignationslagerregelung vorsehen, mit dem Ziel, dass sich der Inhaber des Konsignationslagers im EU-Lagerstaat umsatzsteuerlich nicht mehr registrieren lassen muss. Die EU-einheitlichen Regeln finden Sie in den Begriffsbestimmungen.

Auch wenn der Wortlaut dieses nicht explizit ausführt, so ist die in den Begriffsbestimmungen beschriebene EU-Konsignationslager-Regelung ein Wahlrecht zugunsten des Lieferanten. Die Anwendung der Regelung kann durch den Lieferanten faktisch durch die Nicht-Führung des notwendigen Registers und/oder die Nicht-Eintragung der Verbringung in die bulgarische Zusammenfassende Meldung (ZM) bzw. EC-Sales List (ECSL) vermieden werden.

Wird von der EU-Konsignationslagerregelung kein Gebrauch gemacht, gilt wie bisher Folgendes.

Sofern bei einem Konsignationslager Ware aus einem anderen EU-Mitgliedstaat eingelagert wird, sind diese Konsignationslager entsprechend dem Schaubild 1 in den Begriffsbestimmungen abzuwickeln. Es besteht eine Registrierungspflicht der – aus bulgarischer Sicht – ausländischen Gesellschaft, da ein steuerpflichtiger innergemeinschaftlicher Erwerb und anschließend eine steuerpflichtige Inlandslieferung in Bulgarien vorangemeldet werden muss.

Aus zivilrechtlicher Sicht ist zunächst zu beachten, dass bei einem Konsignationslager der Lieferer (Konsignant) zivilrechtlicher Eigentümer der im Lager befindlichen Ware bleibt. Erst wenn der Abnehmer (Konsignatar) die Ware entnimmt, geht auch das Eigentum über. Daraus folgt für Konsignationslagerfälle mit Drittlandswaren Folgendes:

Wenn ein im Drittlandsstaat ansässiger Unternehmer Waren aus einem Drittland in ein von ihm in Bulgarien unterhaltenes Konsignationslager liefert, aus dem der inländische Abnehmer Ware bei Bedarf entnimmt, verschafft der Lieferer dem Abnehmer die Verfügungsmacht an der Ware grds. erst im Zeitpunkt der Entnahme. Damit ist erst in diesem Zeitpunkt eine steuerbare und steuerpflichtige Lieferung gegeben. Aus diesem Umstand ergeben sich für den Lieferanten in Bulgarien folgende Konsequenzen (Schaubild 2 in den Begriffsbestimmungen):

- Abführung der festgesetzten Einfuhrumsatzsteuer bei Einfuhr der Ware in Bulgarien,
- umsatzsteuerliche Registrierungspflicht in Bulgarien,
- Geltendmachung der festgesetzten Einfuhrumsatzsteuer als Vorsteuer und
- Abführung von Umsatzsteuer für Warenentnahmen aus dem Lager, sofern es sich um keine Waren handelt, die in Bulgarien für innerbulgarische Lieferungen unter das Reverse-Charge-Verfahren fallen.

Fertigt der Abnehmer der Konsignationslagerware die Drittlandsware zum zollrechtlich freien Verkehr in Bulgarien ab, so wird er zweifelsfrei Schuldner der bulgarischen Einfuhrumsatzsteuer, da er die Einfuhr gegenüber dem bulgarischen Zoll erklärt hat. Er ist jedoch nicht befugt, die Einfuhrumsatzsteuer als Vorsteuer geltend zu machen, da im Zeitpunkt der Abfertigung die Verfügungsmacht an der Drittlandsware noch nicht auf ihn übergegangen war. Der Übergang erfolgt – wie bereits erläutert – erst im Zeitpunkt der Warenentnahme aus dem Konsignationslager.

Mit Verschaffung der Verfügungsmacht an den Abnehmer bewirkt der leistende Unternehmer eine in Bulgarien steuerbare und steuerpflichtige Lieferung. Die Umsatzsteuerbefreiung im Einfuhrfall ist nicht einschlägig, da die Lieferung der Einfuhr zeitlich nachgeht. Der Lieferant ist aus diesem Grund verpflichtet, sich für Umsatzsteuerzwecke in Bulgarien registrieren zu lassen. Er kann nach erfolgter Registrierung unter den üblichen Voraussetzungen die vom Abnehmer entrichtete Einfuhrumsatzsteuer als Vorsteuer geltend machen, sofern er im Besitz eines entsprechenden zollamtlichen Zahlungsbelegs oder eines zollamtlich bescheinigten Ersatzbelegs ist.

Bulgarien hat keine mehrwertsteuerbefreite Lagerregelung eingeführt. Importeure können jedoch Zolllager nutzen, um bestimmte Waren zu lagern und zu handeln, ohne vor der Abfertigung zum freien Verkehr in Bulgarien Zölle oder Einfuhrumsatzsteuer zu zahlen.

Bulgarien führte zudem ein elektronisches Register für Call-off-Stocks ein. Die Verpflichtung gilt sowohl für alle in Bulgarien steuerpflichtigen Personen/Unternehmen, an die Waren über ein Call-off-Stock aus anderen EU-Mitgliedstaaten geliefert werden, als auch für bulgarische Steuerpflichtige, die selbst Waren in andere EU-Mitgliedstaaten über ein Call-off-Stock liefern.

Steuerbefreiungen

Mehrwertsteuerfrei sind:

- Leistungen, die aufgrund ihres Gegenstands steuerfrei sind, wie z. B. bestimmte Übertragungen von Eigentum und beschränkten dinglichen Rechten an Grund und Boden
- Finanz- und Versicherungsdienstleistungen
- Glücksspiele
- Innergemeinschaftliche Lieferungen
- Ausfuhrlieferungen
- Lieferungen im Zusammenhang mit
  - Gesundheitsvorsorge
  - Sozialversicherungen
  - Einem Non-Profit-Charakter
  - Bildung und Sport
  - Kultur

Innergemeinschaftliche Lieferung

Warenlieferungen an Leistungsempfänger mit gültiger USt-IdNr. eines anderen EU-Mitgliedsstaats, die nachweislich in einen anderen EU-Mitgliedsstaat von Bulgarien versendet oder befördert wurden, stellen steuerfreie innergemeinschaftliche Lieferungen dar. Auf der Homepage der National Revenue Agency – NRA - (www.nap.bg) findet sich in Bezug auf Nachweispflichten lediglich der Hinweis, dass der liefernde Unternehmer „Beweise“ vorlegen muss, dass die Ware tatsächlich in einen anderen Mitgliedsstaat transportiert wurde, ohne die Art der „Beweise“ näher zu erläutern. In der Regel sind die Transportdokumente oder eine Bestätigung des Abnehmers über den Erhalt der Ware ausreichend. In der Landessprache wird die USt-IdNr. „dank dobawena stoinost" genannt und setzt sich aus den Buchstaben BG und einem Block von 9 oder 10 Ziffern zusammen.

Aus dem b-MwStG ergeben sich für innergemeinschaftliche Lieferungen ex Bulgarien nachfolgende Nachweispflichten. Laut den Vorgaben des Art. 45 b-MwStDV hat der Lieferer zum Nachweis einer innergemeinschaftlichen Lieferung über folgende Unterlagen zu verfügen:

Nachweis der Lieferung:

- Rechnung für die Lieferung, in der die von einem Mitgliedstaat zugeteilten USt-Id-Nr. des Empfängers, unter welcher die Lieferungen ausgeführt worden ist, aufgeführt ist
- Protokoll i. S. des Art. 117 Abs. 2 vom Gesetz – für innergemeinschaftliche Lieferungen gem. Art. 7 Abs. 4 b-MwStG
- Bescheinigung gem. Art. 168 Abs. 8 – wenn der Lieferer eine natürliche Person, kein Einzelkaufmann, und nicht nach dem Gesetz angemeldet ist
- Nachweise über die Versendung oder Beförderung der Gegenstände von einem in einen anderen Mitgliedstaat
- Frachtpapier oder schriftliche Bestätigung des Empfängers, womit der Empfang der Gegenstände im Gebiet des anderen Mitgliedstaats bescheinigt wird, wenn die Beförderung durch den Empfänger oder einen Dritten auf Rechnung des Empfängers ausgeführt worden ist
- Frachtpapier, womit Empfang der Gegenstände im Gebiet des anderen Mitgliedstaats bescheinigt wird, wenn die Beförderung durch den Lieferer oder einen Dritten auf Rechnung des Lieferers ausgeführt worden ist

Ausfuhrlieferungen

Lieferungen von Bulgarien mit einem Bestimmungsort außerhalb der EU sind mehrwertsteuerfrei, sofern als Nachweis die zollamtlichen Dokumente vorgehalten werden. Für den Verkauf von Gegenständen an Personen/Unternehmen außerhalb der EU sind die Bestimmungen des Art. 28 b-MwStG und Art. 21 b-MwSt-DV zu beachten. Gemäß Art. 28 Nr. 1 b-MwStG ist eine zum Nullsteuersatz besteuernde Lieferung die Lieferung von Gegenständen, die von Bulgarien in ein Drittland von oder auf Rechnung des Lieferanten versendet oder befördert werden. Die erforderlichen Nachweise zwecks Anerkennung der Steuerbefreiung sind in Art. 21 b-MwSt-DV geregelt. Der

Lieferant hat als Nachweis für die in ein Drittland versendeten oder beförderten Gegenständen gem. Art. 28 Nr. 1 und 2 b-MwStG folgende Unterlagen vorzuhalten:

1. Das Zolldokument, worin der Lieferer als Exporteur eingetragen ist, beglaubigt durch die Bestätigung der Ausgangszollstelle oder ein anderes die Ausfuhr nachweisendes Dokument, wenn das Zollrecht die Möglichkeit einräumt, kein Zolldokument einreichen zu müssen.
2. Rechnung über die (Ausfuhr-)Lieferung.
3. Beförderungsdokument für die ausgeführten Gegenstände.

Grundstücke

Von der MwSt befreit sind Leistungen im Zusammenhang mit Grundstücken, wie z. B. eine Eigentumsübertragung, Vermietung und Verpachtung sowie Servitute (= Dienstbarkeiten). Von dieser Bestimmung ausgenommen ist die Übertragung an einem regulierten Grundstück, d. h. Grundstücke, auf denen gebaut werden kann. Besonderheiten ergeben sich hinsichtlich Gebäuden: Vor der Fertigstellung des Rohbaus eines Gebäudes kann nur das Baurecht Gegenstand der Übertragung sein, dessen Übertragung von der MwSt befreit ist. Nach der Fertigstellung des Gebäudes als Rohbau kann nur das Eigentum an dem Gebäude oder der darin befindlichen Räumlichkeiten Gegenstand der Übertragung sein. Das b-MwStG unterscheidet in diesen Fällen zwischen „alten" und „neuen" Gebäuden. Fünf Jahre nach Fertigstellung gilt ein Gebäude als alt und die Übertragung des Eigentums und der beschränkten dinglichen Rechte daran sind von der MwSt befreit. Die Übertragung eines neuen Gebäudes ist MwSt-pflichtig.

Werkzeugkostenzuschüsse

Die bulgarische Steuerverwaltung betrachtet i. d. R die Lieferung von Werkzeugen als Nebenleistung zur Lieferung von Waren, die mit diesen Werkzeugen hergestellt werden. Die Begründung für diese Auslegung stützt sich auf eine Reihe von Entscheidungen des bulgarischen Obersten Verwaltungsgerichts, in denen das Gericht feststellt, dass die Herstellung der Werkzeuge mit der Herstellung des Endprodukts zusammenhängt und als solche nicht unabhängig von diesem Endprodukt erfolgen kann. Daher kommt der Gerichtshof zu dem Schluss, dass die Lieferung der Werkzeuge als solche für den Abnehmer des Endprodukts keine gesonderte wirtschaftliche Bedeutung hat und dass die Lieferung von Werkzeugen mehrwertsteuerlich genauso behandelt werden sollte wie die zugrunde liegende Hauptlieferung von Gegenständen. Wenn beispielsweise die Gegenstände Gegenstand einer innergemeinschaftlichen Lieferung sind, dann würde auch das Werkzeug als Teil dieser Lieferung behandelt und daher in Bulgarien mit 0 % Mehrwertsteuer besteuert. Unter Berufung auf diese Gerichtsentscheidungen haben die bulgarischen Steuerbehörden mehrere Schreiben verfasst, in denen sie die Auffassung des Gerichtshofs zur mehrwertsteuerlichen Behandlung von Werkzeuglieferungen wiederholen.

Steuersatz

Es gelten die nachfolgenden Steuersätze:

- 20 %
- 9 % für Hotelübernachtungen
- 0 % u. a. für steuerfreie innergemeinschaftliche Lieferungen und Ausfuhrlieferungen; Leistungen im Gesundheits- und Bildungsbereich, Leistungen von Banken und Versicherungsgesellschaften etc.
- Im Zeitraum vom 1.7.2020 bis 31.12.2021 reduzierte Bulgarien den Steuersatz für Bücher und Zeitschriften sowie für die Gastronomie (Restaurant, Catering) auf 9 %. Der ermäßigte Satz galt und gilt jedoch nicht für Werbepublikationen und solche, die hauptsächlich oder ausschließlich Video- und/oder Audio-Musikinhalte enthalten. Für denselben Zeitraum unterlagen bestimmte Produkte für Babys und Kleinkinder dem ermäßigten Steuersatz von 9 % (sogenannte „Corona-Maßnahme"). Der ermäßigte Mehrwertsteuersatz von 9 % ist nun seit dem 1.1.2023 eine dauerhafte Maßnahme für z. B. Zeitungen und Zeitschriften (Bulgarian State Gazette No. 102 vom 23.12.2022/Gesetzesänderung). Für bestimmte Waren und Dienstleistungen, wie z. B. Restaurationsumsätze, wurde die Anwendung des reduzierten Steuersatzes i. H. von 9 % bis zum 31.12.2023 verlängert.

Bemessungsgrundlage

Als Bemessungsgrundlage zur Ermittlung der bulgarischen Umsatzsteuer gilt – entsprechend den Vorgaben der MwStSystRL – alles, was der Leistungsempfänger aufwendet, um die Leistung zu erhalten.

Die Änderungen des b-MwStG (Staatsanzeiger Nr. 102 vom 23.12.2022; am 1.1.2023 in Kraft getreten) ermöglichen es, dass eine steuerpflichtige Leistung, wenn sie ganz oder teilweise nicht bezahlt wird und die Forderung uneinbringlich ist, von der Steuerbemessungsgrundlage abgezogen werden kann. Das neue Gesetz bestimmt die Bedingungen und Voraussetzungen, unter denen eine Berichtigung möglich ist, die Kriterien, nach denen eine Forderung als unbezahlbar definiert wird, den Ablauf der Berichtigung und die Situationen, in denen keine Berichtigung erfolgen kann. Es wurden außerdem besondere Definitionen für Fälle aufgenommen, in denen die Mehrwertsteuer-Registrierung des Empfängers oder Lieferanten vor der Korrektur beendet wird oder wann eine bereits korrigierte Rechnung ganz oder teilweise zurückgezahlt wird. Der Leistungsempfänger ist verpflichtet, die Vorsteuer aus den Leistungen des Leistungserbringers zu korrigieren, wenn der Leistungserbringer die Steuerbemessungsgrundlage nach den neuen Vorschriften über den Forderungsverzicht verringert hat.

Vorsteuerabzug

Registrierte Unternehmen können die berechnete Umsatzsteuer als Vorsteuer in Bulgarien geltend machen, sofern eine ordnungsgemäße Rechnung vorliegt.

Vorsteuern können nicht geltend gemacht werden für:

- Repräsentationsaufwendungen
  - Eine Begriffsbestimmung der Repräsentationskosten ist in der Durchführungsverordnung zum b-MwStG (Art. 62 Abs. 1) enthalten. Das sind die Aufwendungen, die zu Repräsentations- und Unterhaltungszwecken dienen:
  - Das heißt sämtliche mit der Geschäftstätigkeit des Unternehmens verbundenen Aufwendungen, die der Unterhaltung dienen, wie z. B. ein Geschäftsessen, können als Repräsentationskosten gewertet und als Betriebsausgabe anerkannt werden.
  - Die Aufwendungen, die für die Organisation von Tagungen, Kongressen, Konferenzen u. ä. Veranstaltungen dienen und zur unmittelbaren Präsentation oder Erprobung der von der Person innerhalb ihrer selbständigen wirtschaftlichen Betätigung angebotenen Dienstleistungen oder Waren dienen, stellen keine Repräsentationskosten dar (Art. 62 Abs. 2 b-MwStG).
  - Auch wenn die Aufwendungen als angemessene Repräsentationskosten anerkannt werden, kann das Unternehmen eine abziehbare Vorsteuer dafür nicht buchen (Art. 70 Abs. 1 Nr. 3 b-MwStG). Aus diesem Grund enthält die Steuerbemessungsgrundlage der Repräsentationskosten auch den entsprechenden MwSt-Steuersatz.
- Vorsteuerbeträge, die aus Kraftfahrzeugaufwendungen resultieren
- Taxiaufwendungen
- Geschenke
- Bestimmte Grundstücksleistungen, sofern die dazugehörigen Ausgangsumsätze umsatzsteuerfrei sind.

Die Frist zur Geltendmachung eines Vorsteuerabzuges wurde zum 1.1.2010 von bisher drei Monaten auf zwölf Monate nach Entstehen des Anspruches verlängert.

Ein registriertes Unternehmen ist hinsichtlich Rechnungen anderer registrierter Unternehmer vorsteuerabzugsberechtigt. Das gilt jedoch nur dann, wenn diese Rechnung nach der Registrierung ausgestellt wurde.

Einfuhrumsatzsteuer

Bei erfolgter Einfuhr von Gegenständen hat der Steuerpflichtige einen Anspruch auf Vorsteuerabzug. Der Vorsteuerabzug ist die Steuersumme, die die registrierte Person mit ihrer gesetzlichen Steuerschuld für die durchgeführte Einfuhr von Gegenständen abziehen darf. Der Anspruch auf Vorsteuerabzug entsteht für den Importeur und kann ordnungsgemäß geltend gemacht werden, sofern die registrierte Person über einen Einfuhrnachweis verfügt, in dem sie als Empfänger oder Importeur und der Betrag der zu leistenden b-Einfuhr-Mehrwertsteuer ausgewiesen ist oder eine Möglichkeit zur Berechnung dieses Betrags eingeräumt wurde.

Es existierte eine Befreiung von der Einfuhrumsatzsteuer (EUSt) bei größeren Investitionsprojekten in Bulgarien für die Dauer von maximal zwei Jahren. Ob diese noch aktuell ist, sollte vorab erfragt werden.

Für die oben erwähnte EUSt-Befreiung musste vorab eine Genehmigung des Finanzministers vorliegen, die erteilt werden konnte, sofern

- die Investitionssumme > 10 Mio. BGN innerhalb von zwei Jahren betrug,
- mindestens 50 neue Arbeitsplätze geschaffen wurden und
- die Finanzierung des Projekts gewährleistet war.

Außerdem konnte im Rahmen derartiger Investitionsprojekte beantragt werden, dass die fakturierte bulgarische MwSt innerhalb von 30 Tagen nach Einreichung der jeweiligen Steuererklärung durch die bulgarische Finanzbehörde zurückerstattet wird. Ob diese steuerliche Förderung bei derartigen Investitionsprojekten noch „gelebt" wird, konnte nicht abschließend recherchiert werden.

Am 1.7. 2019 wurde in Bulgarien die sogenannte aufgeschobene Entstehung der Mehrwertsteuer (oder das Reverse-Charge-Verfahren) bei der Einfuhr bestimmter Waren eingeführt (Bezugnahme auf Art. 211 MwStSystRL) eingeführt. Die neu eingeführten Regeln gelten für bestimmte Kategorien von Steuerpflichtigen und für die Einfuhr der in Anhang Nr. 3 zum b-MwStG aufgeführten Waren. Die Warenliste umfasst eisenhaltige und nichteisenhaltige Metalle, Erze, organische und anorganische chemische Produkte (d. h. die Waren gem. Kapitel 25, 26, 28, 29 und Kapitel 72–80 der Kombinierten Nomenklatur). Die Importeure, die berechtigt sind, die aufgeschobene Verbuchung der Mehrwertsteuer anzuwenden, müssen alle folgenden Bedingungen erfüllen:

- Sie müssen mindestens sechs Monate vor der Einfuhr nach den allgemeinen Vorschriften für die MwSt-Registrierung für MwSt-Zwecke registriert gewesen sein,
- sie dürfen keine ausstehenden öffentlichen Verbindlichkeiten haben und

- der Zollwert der einzelnen zur Einfuhr angemeldeten Ware muss mindestens 50.000 BGN (ca. 25 500 €) betragen.

Das Recht auf Vorsteuerabzug wird über die monatliche Mehrwertsteuererklärung des Importeurs geltend gemacht, indem die Einfuhrzollanmeldung und das Protokoll über die Verlagerung der Mehrwertsteuer in die monatlichen Mehrwertsteuer-Verkaufs- und Einkaufsbücher aufgenommen werden. Somit ist der Importeur zum Vorsteuerabzug berechtigt, ohne dass die Einfuhrumsatzsteuer bei der Einfuhr der Waren tatsächlich an die bulgarische Zollbehörde entrichtet werden muss.

Rechnungsbestandteile

Der Zeitpunkt der Rechnungsstellung stellt ausländische Unternehmen erfahrungsgemäß vor Probleme in der praktischen Umsetzung. Rechnungen müssen zwingend fünf Tage nach Leistungserbringung mit den vorgeschriebenen Pflichtangaben erstellt und dem Leistungsempfänger zugesandt werden. Auch Korrekturen zu Rechnungen sind innerhalb von fünf Tagen nach Eintritt des auslösenden Ereignisses, z. B. der nachträgliche Preisnachlass, auszustellen. Im Falle von Anzahlungsrechnungen, ist die Rechnung ebenfalls spätestens fünf Tage nach Geldeingang zu schreiben, wobei i. d. R. der Zeitpunkt der Zahlungsanforderung durch das leistende Unternehmen vor dem Geldeingang liegen wird. Rechnungen, mit denen steuerfreie innergemeinschaftliche Lieferungen abgerechnet werden, sind spätestens am 15. Tag des Monats zu schreiben, der auf den Monat des Zeitpunkts der getätigten Lieferung folgt (Beispiel: innergemeinschaftliche Lieferung am 23.5.2022 Rechnungsstellung spätestens am 15.6.2022).

Für Leistungen mit einer Dauer von mehr als einem Jahr wurde ein fiktiver Zeitpunkt der Leistungserbringung (tax event) zum Ende eines jeden Kalenderjahres eingeführt. Zum Zeitpunkt „tax event" ist somit auch eine Rechnung verpflichtend auszustellen.

Die Pflichtangaben in Rechnungen lauten:

- Bezeichnung des Dokuments
- Vermerk „Original" auf dem ersten Exemplar der Rechnung
- Zehnstellige laufende Nummer aus arabischen Ziffern, die mit 01 beginnen muss. Nach dem Wortlaut des Art. 78 § 2,3 und 4 der Verordnung über die Umsetzung des b-MwStG muss die Nummerierung der Rechnungen zehnstellig ohne Überlappung und ohne Lücken sein.
- Ausstellungsdatum
- Name und Anschrift des Leistenden
- Anschrift des Fiskalvertreters des Leistenden, sofern ein Fiskalvertreter beauftragt wurde

- Identifikationsnummer des Leistenden (MwSt-Nummer)
- Vor- und Zuname des Bearbeiters des Leistenden
- Name und Anschrift des Leistungsempfängers
- Identifikationsnummer des Leistungsempfängers (MwSt-Nummer)
- Menge und Bezeichnung der gelieferten Gegenstände, Bezeichnung der Dienstleistung
- Zeitpunkt der Lieferung, im Falle einer Anzahlungsrechnung, Zeitpunkt des Geldeingangs, sofern das Geld vor Erstellen der Anzahlungsrechnung bereits eingegangen ist
- Einheitspreis, Steuer und Besteuerungsgrundlage des Leistenden sowie Preisnachlässe, falls diese nicht im Einheitspreis enthalten sind
- Steuersatz, im Fall der Anwendung von 0 % die Gründe für die Anwendung von 0 %
- Mehrwertsteuer-Betrag
- ggf. Hinweis darauf, dass der Leistungsempfänger die MwSt zu entrichten hat (Reverse-Charge-Verfahren)

Zwar können die Beträge in der Rechnung in einer beliebigen Währung angegeben werden, jedoch sind das Entgelt und der Mehrwertsteuer-Betrag zwingend in BGN anzugeben. Ausländische Währungen müssen zum Kurs der Bulgarischen National Bank oder der Europäischen Zentralbank in BGN umgerechnet werden.

Die bisher erforderliche Unterschrift ist mittlerweile nicht mehr erforderlich.

Sofern in Bulgarien eine Rechnungsberichtigung bzw. eine Neuausstellung einer Rechnung notwendig sein sollte, ist ein Annullierungs-Protokoll (protocol for cancellation of invoice, debit or credit note according to Art. 116 b-MwStG) zu erstellen, worin die Gründe für die Stornierung dargelegt und die alte sowie die neue Rechnung mit Ausstellungsdatum aufzuführen sind. Das vorgenannte Annullierungs-Protokoll ist zwingend vom Leistungsempfänger zu unterschreiben und anschließend an den Rechnungsaussteller zurückzusenden. Der Rechnungsaussteller hat das unterschriebene Protokoll im Original aufzubewahren und im Falle einer Prüfung vorzulegen.

Um das komplexe Thema der Rechnungsstellung in Bulgarien darzustellen, ist als Anlage eine Beispielrechnung beigefügt.

Elektronische Rechnungen

Das Erfordernis, elektronisch versandte Rechnungen mit einer sicheren qualifizierten elektronischen Signatur zu versehen, wurde abgeschafft. Vor der Versendung von elektronischen Rechnungen ist dieses Verfahren zwischen dem Lieferanten und dem Kunden zu vereinbaren und entsprechend zu protokollieren. Es besteht außerdem die Möglichkeit, Rechnungen im sogenannten EDI-Verfahren (electronic data interchange) zu versenden. Durch die Zahlung der elektronisch zugestellten Rechnungen gelten diese als akzeptiert.

Anzahlungen

Aus Anzahlungsbeträgen ist Mehrwertsteuer im Zeitpunkt der Vereinnahmung des Geldes abzuführen.

Gutschriften/Self Billing

Seit dem 1.1.2011 ist die Fakturierung von Leistungen im Gutschriftswege in Bulgarien erlaubt. Die Voraussetzung, dass sowohl der Lieferant als auch der Leistungsempfänger in Bulgarien ansässig und umsatzsteuerlich registriert sind und eine entsprechende schriftliche Vereinbarung zwischen den Parteien existiert, ist entfallen.

Erhebung und Meldung von Daten über grenzüberschreitende Zahlungen

Die Regelungen der EU-Richtlinie 2020/284 wurden in Bulgarien in das nationale Mehrwertsteuergesetz umgesetzt. Aus diesem Grund werden Zahlungsdienstleister neue Verpflichtungen zu erfüllen haben. Zahlungsdienstleister müssen zukünftig die Daten in Bezug auf grenzüberschreitende Zahlungen nebst Angaben zu den Zahlungsempfängern sammeln. Die Aufzeichnungen sind elektronisch zu machen und letztendlich der bulgarischen Steuerbehörde zu melden. Die Informationen zu den Zahlungsempfängern sind immer dann aufzuzeichnen, sofern ein Zahlungsempfänger mehr als 25 grenzüberschreitende Zahlungen in drei Monaten erhalten hat. Die elektronische Meldung der gesammelten Daten hat durch den Zahlungsdienstleister vierteljährlich bis zum Ende des auf das Berichtsquartal folgenden Monats zu erfolgen. Die Verpflichtung wird am 1.1.2024 in Kraft treten.

Aufbewahrung von Unterlagen

Unterlagen sind für eine Dauer von fünf Jahren ab dem Datum der gesetzlichen Anforderung zur Entrichtung der b-Mehrwertsteuer aufzubewahren. Dadurch verlängerte sich die genannte Dauer von fünf Jahren effektiv auf zehn Jahre.

Veranlagungsverfahren/Steuererklärungen

Mehrwertsteuer-Meldungen müssen binnen 14 Tagen nach dem Ende jedes Kalendermonats eingereicht werden. Die Abgabe einer Umsatzsteuer-Jahreserklärung, wie z. B. in Deutschland gefordert, ist nicht erforderlich. Zum Zeitpunkt der Einreichung der Mehrwertsteuer-Meldung ist im Falle einer errechneten Zahllast auch der Betrag an die bulgarische Finanzbehörde zu entrichten, wobei ausländische Unternehmer bedenken sollten, dass die Zahlung erst bei Geldeingang auf dem Konto des Finanzamts als entrichtet gilt. Insoweit bietet sich die Nutzung/Einrichtung eines bulgarischen Bankkontos an.

Übersteigt bei Abgabe der Mehrwertsteuer-Meldung die Vorsteuer die Umsatzsteuer, wird der übersteigende Betrag, der Erstattungsanspruch, auf andere Abgabenverpflichtungen des steuerpflichtigen Unternehmers angerechnet. Bestehen keine weiteren Verpflichtungen, ist das Guthaben auf die Umsatzsteuerschuld der zwei Folgemonate anzurechnen. Besteht nach zwei Monaten weiterhin ein Guthaben, wird dieses binnen 30 Tagen vom bulgarischen Finanzamt erstattet. Entstehen innerhalb der zwei Monate weitere Vorsteuerguthaben, wird am Ende der 30 Tage der Gesamtbetrag dem Unternehmen ausbezahlt.

Bereits seit dem 1.1.2011 müssen Umsatzsteuermeldungen auf elektronischem Weg bei der bulgarischen Steuerbehörde eingereicht werden.

IntraStat/Zusammenfassende Meldung

Intrastatmeldungen müssen bis zum 10. Tag des Monats eingereicht werden, der auf den jeweiligen Monat folgt. Ansprechpartner für Intrastat-Angelegenheiten ist das:

Bulgarian National Statistical Institute
2, P. Volov Str.
1038 Sofia
Bulgaria
Tel.: +359 2 9857 111
E-Mail: info@nsi.bg
www.nsi.bg/index_e.htm

Die Intrastat-Meldeschwelle beträgt seit Beginn des Jahres 2023 bei Wareneingängen 700.000 BGN (Jahreswert), bei der Warenversendung 1 Mio. BGN (Jahreswert).

Zusammenfassende Meldungen (sogenannte „VIES"-Erklärungen – Vies = Value Added Tax Information Exchange System bzw. „MIAS"-Erklärungen – MIAS = Mehrwertsteuer-Informationsaustausch) sind durch Unternehmer, die innergemeinschaftliche Lieferungen ex Bulgarien tätigen, monatlich einzureichen.

Die Lieferschwellen waren in den verschiedenen EU-Ländern bis zum 30.6.2021 unterschiedlich hoch. Seit dem 1.7.2021 gibt es eine gemeinsame EU-weite Lieferschwelle.

Sie beträgt 10.000 € netto pro Kalenderjahr. Bis zu diesem Wert können Warenlieferungen gegenüber Nichtunternehmern mit dem lokalen Steuersatz belegt werden. Sobald die 10.000 € überschritten werden, wird der Händler in jedem EU-Land, in das er seine Ware an Nichtunternehmer verschickt, umsatzsteuerpflichtig und benötigt dort eine umsatzsteuerliche Registrierung. Alternativ kann sich der Lieferant beim OSS registrieren. In diesem Fall kann er seine EU-weiten Umsatzsteuerpflichten resultierend aus bestimmten Leistungen gegenüber Privatpersonen in Bulgarien zentral deklarieren und die MwSt abführen. Die bulgarische Steuerbehörde verteilt die fällige MwSt an die jeweiligen EU-Länder.

Registrierung

Die Registrierung ist vom Steuerpflichtigen innerhalb von sieben Tagen vor Entstehung der Steuertatsache (Datum der Erbringung der Leistung, Tag der Eigentumsübertragung an dem Gegenstand, Tag der Übertragung des Gegenstands u. Ä.) einzuleiten.

Ausländische Gesellschaften mit Sitz außerhalb der EU, müssen zwingend einen Fiskalvertreter mit der Registrierung beauftragen. Der Fiskalvertreter kann sowohl eine natürliche als auch eine juristische Person sein, er muss jedoch seinen Wohnort bzw. Sitz in Bulgarien haben und muss akkreditiert sein. Der Fiskalvertreter vertritt den ausländischen Unternehmer, der in einem Drittstaat ansässig ist, vor den bulgarischen Finanzbehörden in sämtlichen (mehrwert-)steuerlichen Angelegenheiten und haftet gesamtschuldnerisch für alle Pflichten, die im Zusammenhang mit dem b-MwStG stehen, insbesondere für die (Mehrwert-)Steuerzahlungen. Erfahrungsgemäß fordern aus dem vorgenannten Grund verschiedene Fiskalvertreter eine Sicherheit von dem ausländischen Unternehmer an. Seit dem 1.1.2010 sind europäische nicht in Bulgarien ansässige Unternehmen, die sich in Bulgarien umsatzsteuerlich registrieren lassen wollen, nicht länger verpflichtet, einen Fiskalvertreter zu beauftragen. Die Benennung eines Fiskalvertreters kann jedoch weiterhin freiwillig erfolgen. In diesem Fall entfällt die bisher geltende solidarische Haftung des Fiskalvertreters. Nichtsdestotrotz muss weiterhin ein Vertreter der zu registrierenden Gesellschaft vor Ort in Bulgarien sein, damit sich die bulgarische Finanzbehörde an diesen wenden kann, um z. B. Umsatzsteuerprüfungen durchführen zu können.

Das bulgarische Finanzministerium hat sämtliche „Mehrwertsteuerangelegenheiten" an die

National Revenue Agency (NRA)
Central Liasion Office
52 Dondukov Blvd
1000 Sofia
BULGARIEN

Telefon: 00359 (0) 700 18 700 (NRA call center)
E-Mail: infocenter@nra.bg
www.nap.bg

delegiert. An diese sind auch die nachfolgenden Registrierungsunterlagen, ggf. durch den beauftragten Fiskalvertreter, einzureichen:

- Offizielle Registrierungsurkunde des Fiskalvertreters, sofern dieser beauftragt wurde;
- beglaubigter Handelsregisterauszug o. Ä. mit Haager Apostille und Übersetzung in bulgarischer Sprache;
- Dienstleistungsvertrag zwischen dem bulgarischen Fiskalvertreter, sofern dieser beauftragt wurde, und dem zu registrierenden Unternehmen in bulgarischer Sprache; i. d. R. wird dieser unmittelbar zweisprachig (englisch/bulgarisch) verfasst;
- Nachweis der umsatzsteuerlichen Registrierung, ausgestellt durch die ausländische Steuerbehörde und versehen mit einer Haager Apostille und Übersetzung in bulgarischer Sprache;
- Darstellung der angestrebten Aktivitäten in Bulgarien, z. B. Einreichung der entsprechenden Verträge.

Bisher war der bulgarische Fiskus berechtigt, bei Verfehlungen, insbesondere wenn bulgarische Umsatzsteuer zu spät entrichtet wurde, eine Strafe bis zu 100 % der zu spät gezahlten Umsatzsteuer zu erheben. Zu Beginn 2016 wurde diese Sanktion erheblich reduziert. Seitdem werden zwei Fallgruppen unterschieden:

1. Der Steuerpflichtige fakturiert die Umsatzsteuer innerhalb von sechs Monaten nach dem Ende des Monats, in dem die Umsatzsteuer hätte fakturiert werden müssen: (mögliche) Pönale i. H. von 5 % des Umsatzsteuerbetrags, aber nicht weniger als 200 BGN. Sofern eine Wiederholungstat vorliegt, liegt die Mindeststrafe bei 400 BGN.
2. Der Steuerpflichtige fakturiert die Umsatzsteuer nicht innerhalb von sechs Monaten nach dem Ende des Monats, in dem die Umsatzsteuer hätte fakturiert werden müssen, aber nicht später als 18 Monate: (mögliche) Pönale i. H. von 10 % des Umsatzsteuerbetrags, aber nicht weniger als 400 BGN. Sofern eine Wiederholungstat vorliegt, liegt die Mindeststrafe bei 800 BGN.
3. Erst nach Ablauf der 18-Monatsgrenze beträgt die (mögliche) Strafe 100 % des nicht fristgerecht abgeführten Umsatzsteuerbetrags.

REFERENCE-DECLARATION
REGARDING VALUE ADDED TAX

TD of NRA /office
Incoming № ..../.................

Shall be filled in by the revenue administration
Tax period: ..../................
mm/yyyy

A: Name and correspondence address of the registered person

Identification No under Law on VAT:
BG.......................................
IN:..

Section A: Data regarding charged value added tax

Total amount of the tax bases for levying with VAT (sum from cell 11 to cell 16)		01	Total charged VAT (sum from cell 21 to cell 24)		20

Taxable base subject to 20% VAT rate:

- taxable base of the taxable supplies, including distant sales with place of supply in Bulgaria		11	VAT charged		21
- taxable base of ICA and taxable base of supplies received under Art. 82, para 2 – 6 of the VAT Act		12	VAT charged regarding ICA and with regard to supplies received under Art. 82, para 2 - 6 of the VAT Act		22
			VAT charged for supplies of goods and services for private use ****		23

Taxable base of supplies taxable with 9 % VAT rate		13	Charged VAT (9 %)		24
Taxable base subject to 0 % VAT rate:					
- taxable base of supplies under chapter three of the VAT Act		14			
- taxable base of ICS of goods		15			
- taxable base of supplies under Art. 140, 146 and Art. 173 of the VAT Act *		16			
Taxable base of supplies of services under Art. 21, para 2 with place of supply on the territory of another Member State		17			
Taxable base of supplies under Art. 69, para 2, including distant sales with place of supply on the territory of another Member State, and of supplies performed as an intermediary in triangular supplies **		18			
Taxable base of the exempt supplies and the exempt ICA ***		19			

Section B: Data for enjoyed right of tax deduction

Taxable base and tax of the received supplies, ICA, received supplies under Art. 82, para 2 - 6 of the VAT Act and the importation without right of tax deduction or without tax		30			
Taxable base of the received supplies, ICA, supplies received under Art. 82, para 2 - 6 of the VAT Act, the importation, as well as taxable base of the received supplies used for carrying out supplies under Art. 69 para 2 of the VAT Act					
- with right of full tax deduction		31	VAT subject to full tax deduction		41
- with right of partial tax deduction		32	VAT subject to partial tax deduction		42
			Annual correction under Art. 73, para 8 (+/-)		43
Coefficient under Art. 73, para 5 of the VAT Act		33	Total amount of VAT subject to deduction (cell 41 + cell 42 x cell 33 + cell 43)		40

Section C: Result for the period

VAT payable		50	VAT refund		60

(cell 20 - cell 40) ≥ 0		(cell 20 - cell 40) < 0	

Section D: VAT payable

Tax payable from cell 50, deducted under the procedure of Art. 92, para 1 of the VAT Act	70	Tax payable from cell 50, paid effectively to the Budget	71

Section E: VAT, subject to reimbursement

Pursuant to Art. 92, para 1 in 30-days term as of submission of this VAT return	80	Pursuant to Art. 92, para 3 in 30-days term as of submission of this VAT return	81	Pursuant to Art. 92, para 4 in 30-days term as of submission of this VAT return	82

The undersigned.., I declare, that:

☐ I represent the person, indicated in cell A, and the information, specified in this form is true and accurate.
☐ The circumstances under Art. 92, para 3 and 4 of the VAT Act are present
I am aware, that I am liable under Art. 313 of the Penal code regarding untrue data.

Date of compiling: .... Position: .... Signature and stamp: ....

Comment. This form shall be filled obligatorily via typing machine. The values shall be indicated in levs and stotinkas.

* In cell 16 are declared supplies subject to zero tax rate:

- supplies of common tourist service where the supplies of the goods and services, which the travelling person directly uses, are with place of supply on the territory of third states and territories.

- supplies of goods under the special margin scheme, when the conditions under art. 28 of the VAT Act are fulfilled.
- exempt supplies under international treaties.
- supplies, where the recipients are the armed forces of other countries that are parties to the North Atlantic Treaty or institutions of the European Union.

** In cell 18 are declared supplies with place of supply outside the country, which would have been taxable if they have been carried out on the territory of the country and the deliveries of financial and insurance services when the recipient of the services is established outside the European Union or when they are directly connected to goods for which the conditions under art. 28 of the VAT Act are fulfilled.

*** In cell 19 are not declared the supplies of financial and insurance services, when the recipient is established outside the European Union or when they are directly connected to goods for which the conditions under art. 28 of the VAT Act are fulfilled, which are treated as taxable under art. 69, para 2 of the VAT Act and are declared in cell 18.

**** In cell 23 has to be declared the tax due for the goods and services used during the tax period for private use.

Invoices

Sample

Invoice number:	**0000000019**
Invoice date:	**01.01.2023**

Recipient UIC (uniform identificatic VAT-ID number zip code, town Address	Supplier UIC (uniform VAT-ID num zip code, tow Address

№	**Goods / Service description**	**Units**	**Quantity**	**Price**	**Sum**
1					
2					
				Taxable base (BGN):	
				VAT (...)% (BGN):	
				Total amount:	

Tax event date:	
Grounds for charging 0% VAT / Grounds for charging no VAT / Reverse-charge (grounds)	

China

Allgemeines

Das chinesische Umsatzsteuersystem ist nicht vergleichbar mit dem der Europäischen Union und äußerst komplex. Es existierten bis zum 1.5.2016 unterschiedliche Arten der Umsatzsteuer, nämlich die

- value added tax (Umsatzsteuer bzw. Mehrwertsteuer, folgend auch VAT) – für Warenlieferungen,
- business tax (Geschäftssteuer) – für bestimmte Dienstleistungen (zum 30.4.2016 abgeschafft),
- consumption tax (Konsumsteuer bzw. Verbrauchssteuer) – für bestimmte Warenlieferungen und
- Zusatzabgaben (surcharges) zur Umsatzsteuer.

Das chinesische System sah bis zum 1.5.2016 noch eine Unterscheidung zwischen Mehrwertsteuer (VAT) für Warenlieferungen und Geschäftsteuer (business tax) für Dienstleistungen vor. Diese Zweiteilung wurde beginnend mit dem 1.5.2016 landesweit in ein einheitliches Mehrwertsteuersystem überführt. Seit Mai 2016 fällt für Dienstleistungen VAT mit Vorsteuerabzugsmöglichkeit an. Die Geschäftssteuer (business tax) wurde in diesem Rahmen abgeschafft. Bis dahin konnte die business tax grds. nicht als Vorsteuer geltend gemacht werden und stellte insoweit für das zahlende Unternehmen Kosten dar.

Das chinesische Mehrwertsteuersystem entspricht nun – mehr oder weniger - dem europäischen Netto-Allphasen-System. Eine Besteuerung findet auf jeder Stufe der Wertschöpfung (Allphasensteuer) statt. Durch den zugelassenen Abzug der Vorsteuer findet seit dem 1.5.2016 die Besteuerung des Mehrwerts statt.

China muss noch spezifische Maßnahmen umsetzen, um von Gebietsfremden zu verlangen, dass sie für digitale Dienstleistungen, die für Verbraucher in China erbracht werden, Mehrwertsteuer abführen.

Unternehmer/Organkreis

Wenn Unternehmen oder Einzelpersonen steuerpflichtige Waren und zugehörige weiterverarbeitende Dienstleistungen anbieten oder Importe nach China tätigen, unterliegt diese Transaktionen grds. der chinesischen Umsatzsteuer. Sowohl Unternehmen als auch Privatpersonen können VAT-pflichtig werden. Eine private Person muss jedoch nur dann VAT zahlen, wenn ihr Umsatz einen Grenzwert überschreitet.

In China gibt es zwei Arten der Umsatzsteuer-Registrierung:

- als Kleinunternehmer (small VAT taxpayer) oder
- als Standardsteuerzahler (general VAT taxpayer).

Kleinunternehmen waren Unternehmen mit geringem Umsatz:

- Umsatz ≤ 0,5 Mio. RMB (Renmimbi: Währung der Volksrepublik China): bei ausschließlich oder hauptsächlich produzierenden oder dienstleistungsanbietenden Unternehmen
- Umsatz ≤ 0,8 Mio. RMB: im Groß- und Einzelhandel.

Die vorgenannten Umsatzgrenzen i. H von 0,5 und 0,8 RMB wurden einheitlich auf 5 Mio. RMB angehoben. So kam eine Vielzahl von chinesischen Unternehmen in den Genuss, als Kleinunternehmen eingruppiert zu werden. Unternehmen, die bereits als allgemeiner Mehrwertsteuerzahler registriert waren, konnten sich zum Zeitpunkt der Anhebung der Umsatzgrenzen als Kleinunternehmen registrieren lassen. Die wichtigsten Unterschiede in der mehrwertsteuerlichen Behandlung der beiden Kategorien von Mehrwertsteuerzahlern sind die angewandten Mehrwertsteuersätze und die Frage, ob die chinesische Vorsteuer von den Unternehmen geltend gemacht werden kann oder nicht.

Auf Waren und Dienstleistungen von Kleinunternehmen wird VAT i. H. von 3 % erhoben. Einen Vorsteuerabzug gibt es jedoch für Kleinunternehmer nicht. Für die Kleinunternehmen ist eine Registrierung als „general VAT taxpayer" auf Antrag zwar möglich, die Voraussetzungen variieren aber oft sogar zwischen verschiedenen Bezirken innerhalb einer Stadt. Auskünfte diesbezüglich müssen deswegen individuell eingeholt werden.

Außerdem existieren Sonderregelung für Kleinunternehmen, deren Umsatz pro Monat 100.000 RMB nicht übersteigt. So können die Umsätze dieser Kleinunternehmen von der grds. bestehenden VAT-Pflicht befreit werden. Entsprechend gab die chinesische Steuerbehörde am 13.1.2023 bekannt, dass kleine Unternehmen mit einem monatlichen Umsatz von bis zu 100.000 RMB oder weniger bis 2023 von der Mehrwertsteuer (VAT) befreit werden.

Das Finanzministerium und die staatliche Steuerverwaltung sehen außerdem Steuererleichterungen für Unternehmen vor, die im Dienstleistungssektor von Post- und Telekommunikationsdiensten tätig sind.

Standardsteuerzahler müssen sich bei der chinesischen Steuerbehörde ihren Status als solche bestätigen und registrieren lassen. Nur Standardsteuerzahler sind zur Ausstellung der speziellen VAT-Rechnung, so genannter Fapiao, berechtigt.

Übliche Situationen, die umsatzsteuerliche „Erfassungen" in China erfordern, sind:

- Waren werden nach China eingeführt.
- Waren werden in China hergestellt.
- Waren werden in China aufbereitet oder erneut verarbeitet.
- Montagen in China, die einen bestimmten Zeitraum überschreiten und damit eine gewisse Anwesenheit der Monteure erforderlich machen, werden durchgeführt.
- Wenn bestimmte Waren aus China exportiert werden.

Die Bildung einer Organschaft zur Gruppenbesteuerung ist in China nicht zulässig. Niederlassungen, die zum selben Unternehmen gehören, müssen sich separat für umsatzsteuerliche Zwecke registrieren lassen, es sei denn, die Niederlassung und die Zentrale des Unternehmens sind im gleichen Bezirk ansässig. Vorbehaltlich der Zustimmung der chinesischen Steuerbehörden kann es der Zentrale eines Unternehmens jedoch gestattet werden, für Niederlassungen, die sich in verschiedenen Bezirken befinden, kombinierte Umsatzsteuer-Meldungen einzureichen.

Auch Leistungen zwischen Niederlassungen des gleichen Unternehmens können eine VAT auslösen.

Nicht in China ansässige Unternehmen können sich nicht in China umsatzsteuerlich registrieren. Sofern ausländische Unternehmen (aus chinesischer Sicht) einen steuerbaren Umsatz in China erbringen, wird die Umsatzsteuer durch den (chinesischen) Leistungsempfänger bzw. durch den Steueragenten einbehalten und abgeführt. Der Nachweis der Steuerzahlung ist regelmäßig Voraussetzung dafür, dass der zu zahlende Rechnungsbetrag ins Ausland überwiesen werden kann. Nichtansässige Unternehmen gründen aus dem vorgenannten Grund oft eine Gesellschaft in China, um sich auf diese Weise „indirekt" in China registrieren zu lassen, um so z. B. Dienstleistungen „vor Ort" anbieten zu können. Steuersubjekt kann auch ein ausländisches Unternehmen sein. Sofern dieses schon eine Betriebsstätte in China begründet hat, gehört es zu den inländischen Steuersubjekten. Sofern das ausländische Unternehmen aus dem Ausland steuerbare Umsätze in China erbringt, hat der Leistungsempfänger bzw. der Steueragent die Steuer abzuhalten und abzuführen. Mit anderen Worten, die Umsatzsteuer wird erhoben, soweit der Leistende oder der Leistungsempfänger in China ansässig ist. Der Steueragent kann i. d. R. die abzuführende VAT als Vorsteuer geltend machen.

Lieferung/sonstige Leistung

Das chinesische Recht definiert die Begriffe der Lieferung und sonstigen Leistung entsprechend den uns bekannten Vorgaben der MwStSystRL.

Der Umsatzsteuer/Value Added Tax (VAT) unterliegen die Umsätze aus

- der Lieferung von Waren in China,
- der Veredelung,
- der Reparatur- und Austauschdienstleistung und
- dem Import von Waren.

Die chinesische Umsatzsteuer entsteht dann, wenn die nachfolgenden Tatbestände erfüllt sind:

- Die Ware muss sich zum Zeitpunkt der Lieferung in China befinden.
- Der Transport der Ware zu Kunden muss in China beginnen.
- Die umsatzsteuerbare Dienstleistung, z. B. die Veredelung, muss grds. in China erbracht worden sein.
- Als in China erbracht gelten Dienstleistungen bereits dann, wenn der Dienstleistungsempfänger oder Dienstleistungserbringer in China ansässig ist.

Teilweise kam es in der Vergangenheit auch zu einer Doppelbesteuerung, wie nachfolgendes Beispiel verdeutlicht:

BEISPIEL **(bitte beachten: alte Rechtslage):**

Ein deutsches Unternehmen erbringt Dienstleistungen für eine in China belegende Fabrik. Auftraggeber ist ein in Deutschland ansässiges Unternehmen. Die Dienstleistung erfordert die physische Anwesenheit von Mitarbeitern auch in China.

Lösung aus europäischer Sicht (bitte beachten: alte Rechtslage):

- Es liegt eine Dienstleistung im B2B-Bereich (Business to Business = B2B) vor.
- Es soll keine Sonderregel, z. B. Dienstleistung im Zusammenhang mit einem Grundstück, greifen.
- Die Dienstleistung gilt am Sitzort des Leistungsempfängers als erbracht; Ort: Deutschland.

Lösung aus chinesischer Sicht (bitte beachten: alte Rechtslage):

- Da die Mitarbeiter auch in China anwesend sind, unterliegt zumindest der chinesische „Anteil" grds. auch der chinesischen VAT; zurzeit ist jedoch noch fraglich, ob und wie der chinesische Staat die VAT einfordert, da sowohl Leistender als auch Leistungsempfänger nicht in China ansässig sind und demnach auch nicht steuerlich registriert sind.

Von dem Nettoentgelt, z. B. 20.000 €, hatte bis zum 30.4.2016 der chinesische Leistungsempfänger 5 % business tax (= 1.000 €) einzubehalten und entsprechend abzuführen. Demnach überwies er lediglich 19.000 € an die deutsche Gesellschaft (Berechnung ohne Berücksichtigung von surcharges). Seit dem 1.5.2016 fällt für diese Dienstleistung aus chinesischer Sicht chinesische VAT an.

Werklieferung/Werkleistung/Bauleistung

Werklieferungen kennt das chinesische Recht nicht. Üblicherweise werden Werklieferungsverträge in einen Lieferanteil und in einen Dienstleistungsanteil gesplittet (auch betragsmäßig). Aus europäischer Sicht wird dann der Lieferanteil als umsatzsteuerfreier Export abgerechnet, der Dienstleistungsanteil unterliegt i. d. R. seit 1.5.2016 der chinesischen VAT, obwohl insgesamt – aus europäischer Sicht – eine umsatzsteuerbare Werklieferung in China vorliegt und eben kein steuerbarer Vorgang in der EU. Für den Lieferanteil ist unbedingt die Lieferkondition „unverzollt und unversteuert" vertraglich zu vereinbaren.

Bei Werklieferungsaufträgen sollte immer die Anwesenheit der Monteure in China im Fokus sein und mit den Ertragssteuerspezialisten überprüft werden, ob aus Sicht der Corporate Tax eine steuerliche Registrierung zu erfolgen hat, die dann auch Konsequenzen auf die umsatzsteuerliche Abwicklung hätte.

Verlagerungsverfahren/Reverse-Charge

Ein Mehrwertsteuereinbehaltungssystem gilt (anstelle der Umkehrung der Steuerschuldnerschaft), wenn Dienstleistungen von einer ausländischen Partei an ein Unternehmen oder eine Privatperson (oder einen Vertreter) in China erbracht werden. Damit der chinesische Staat sein Umsatzsteueraufkommen auch von ausländischen Leistenden erhält, die nicht in China registriert sind, sind chinesische Leistungsempfänger als Steueragent verpflichtet, anfallende VAT vom Rechnungsbetrag einzubehalten und entsprechend abzuführen. Dieses Prozedere entspricht in etwa dem europäischen Reverse-Charge-Verfahren. In China wird jedoch der Begriff „Reverse-Charge" nicht genutzt, sondern vielmehr handelt es sich insoweit um das „VAT-Steueragentenverfahren" (VAT withholding agent).

KALKULATIONSBEISPIEL ▸ Annahmen:

Es handelt sich bei der zu erbringenden Leistung um eine Dienstleistung. Warenlieferungen sind nicht betroffen.

Die deutsche leistende Gesellschaft begründet durch die zu erbringende Dienstleistung keine steuerliche Betriebsstätte in China.

Die deutsche legal entity (= Leistungserbringer) will im Ergebnis 100.000 € von Ihrem chinesischen Kunden (= Leistungsempfänger/LE) vereinnahmen. Der Steuersatz für die VAT ist 6 %. Der lokale Zuschlagssatz beträgt 12 % auf die VAT (12 % ist ein fiktiver Wert, die Surcharges unterscheiden sich der Art und der Höhe je nach Provinz).

BEISPIEL: VAT

Vereinbarter Verkaufspreis 100 %	Steuer in €	€
(aus europäischer Sicht: Nettopreis)		100.000,00
Abzüglich 6 % VAT: (100.000/106) x 6 =	5.660,34	
Abzüglich 12 % surcharges auf 6 % VAT	679,24	
Gesamtabzug der VAT und surcharges	6.339,58	6.339,58
Überweisung durch chinesischen Leistungsempfänger		93.660,42

Von den 100.000 € wird dem deutschen Leistenden lediglich 93.660,42 € überwiesen, demnach liegt der Gesamtabzug sämtlicher Steuern bei 6,34 %. Netto erhält er 93.660,42 €, was 93,66 % entspricht. Statt der erwartenden Nettozahl von 100 % findet der Unternehmer nur 93,66 % auf seinem Konto wieder. Daher sollte der deutsche Leistungserbringer unbedingt, seine Kalkulation um die VAT-Beträge zuzüglich surcharges für die einer VAT unterliegenden Dienstleistung erhöhen.

Der Unternehmer muss also ein gross-up in Höhe der VAT und surcharges kalkulieren.

- Surcharges: 6 % x 12 %= 0,72 (6 % = Steuersatz VAT)

Ermittlung Bemessungsgrundlage für VAT (aus europäischer Sicht = Bruttopreis, inkl. surcharges, aber ohne VAT):

- 100.000/(1./.0,72 %) = 100.725,22 €

Bemessungsgrundlage (BMG) für VAT (netto inklusive Surcharges)	100.725,22 €
BMG x 6 % VAT: 100.725,22 € x 6 % =	6.043,51 €
Verkaufspreis (netto, europäische Sichtweise)	100.000,00 €
surcharges	725,22 €
VAT	6.043,51 €
Zu vereinbarender Verkaufspreis	106.768,73 €

Durch das o. a. Beispiel wird deutlich, dass ein höherer Preis mit dem chinesischen Kunden vereinbart werden muss, um im Ergebnis eine Zahlung in gleicher Höhe zu vereinnahmen. In den Verträgen sollte daher ein Bruttopreis inklusive VAT aufgenommen werden und die Regelung, dass der chinesische Kunde für die Zahlung sämtlicher Steuern in China verantwortlich ist.

Alternativ könnte auch durch eine Steuerklausel festgelegt werden, dass es sich bei dem vereinbarten Preis um einen Nettopreis handelt und der chinesische Leistungsempfänger jede (Umsatz-)Steuerzahlung zusätzlich zu entrichten und entsprechend abzuführen hat. Diese Vorgehensweise ist ausländischen Leistungserbringern zwingend zu empfehlen.

Wenn das ausländische Unternehmen keine Niederlassung oder Registrierung in China hat, sollte der chinesische Käufer der Mehrwertsteuer-Quellenvertreter sein, um die Mehrwertsteuer an seine lokale Steuerbehörde abzuführen. Der Quellensteuersatz beträgt 6 %. Die Quellensteuer ist neutral, da sie vom chinesischen Käufer als Vorsteuer geltend gemacht werden kann, nachdem er die Bescheinigung über die Zahlung der Quellensteuer von den lokalen Steuerbehörden erhalten hat.

Im Allgemeinen verhandeln demnach der ausländische Leistungserbringer und der chinesische Kunde und legen in ihrer Vereinbarung fest, welche Partei die Quellensteuer (= die Umsatzsteuer/VAT) und die lokalen Zuschläge zu tragen hat.

Wenn sich der ausländische Leistende dafür entscheidet, die Quellensteuer (= Umsatzsteuer/VAT) von den lokalen Tochtergesellschaften tragen zu lassen, um eine Verlagerung der Umsatzsteuer zu vermeiden, und der ausländische Leistende die Quellensteuer und die lokalen Zuschläge trägt, so ist die nachfolgende Formel anzuwenden:

- Betrag der einbehaltenen Mehrwertsteuer = Vertragsbetrag x 6 %
- Betrag der einbehaltenen lokalen Zuschläge = Betrag der einbehaltenen Mehrwertsteuer x Satz der lokalen Zuschläge

Konsignationslager/Call-off stock

In China existieren umsatzsteuerliche Sonderzonen, insbesondere die Exportverarbeitungs- und Freihandelszonen. Diese Sonderzonen sind auch nicht in China ansässigen Unternehmen zugänglich.

„Exportverarbeitungszonen" (*export processing zones, EPZ*) werden umsatzsteuerlich – aus chinesischer Sicht – als Ausland behandelt. Lieferungen aus China in die EPZ werden darum als Exporte betrachtet und unterliegen nicht unbedingt der Umsatzsteuer. Importe aus Drittländern, z. B. aus Europa, in die EPZ sind zollfrei und unterliegen nicht der Umsatzsteuer. Die Waren werden in den EPZ zu dem Zweck des Exports verarbeitet. Exportumsätze aus den EPZ sind in China nicht steuerbar, da sie nicht als in China durchgeführt gelten. Erst wenn die Waren aus den EPZ in China eingeführt werden, fällt (chinesische) Einfuhrumsatzsteuer an. Güter, die innerhalb der EPZ verarbeitet oder hergestellt werden und direkt exportiert oder an andere Unternehmen in den EPZ veräußert werden, unterliegen demnach nicht der Umsatzsteuer (Umsatzsteuerbefreiung).

Liefert ein in China ansässiges Unternehmen in eine Exportverarbeitungszone, so wird bereits ein Export angenommen, die Lieferung unterliegt dem Umsatzsteuersatz von 0 %. Der Lieferant kann die Vorsteuererstattung für Exporte geltend machen. Wie bereits erwähnt, können oft Vorsteuerbeträge nur quotal angerechnet werden.

Die in China sogenannte **„Freihandelszone"** ist tatsächlich nicht eine echte Freihandelszone (Free trade zone, FTZ) im Sinne des internationalen Handelsverkehrs. Sie verfügen über nur einen Teil der Funktionen von internationalen FTZ. Die FTZ werden wie EPZ umsatzsteuerlich auch wie ein fiktives Ausland behandelt. In diesen FTZ ist lediglich eine „einfache" Verarbeitung der sich dort befindenden Waren erlaubt. Dieses ist ein entscheidender Unterschied zu den EPZ.

FTZ existieren in:

- Waigaoqiao, Shanghai
- Xiamen, Fujian
- Fusjou, Fujian
- Dalian, Liaoning
- Tanggu, Tianjin
- Guangzhou, Guangdong
- Zhuhai, Guangdong
- Futian, Shenzhen
- Yantian, Shenzhen
- Shatoujiao, Shenzhen
- Qingdao, Shandong
- Haikou, Hainan
- Ningbo, Zhejiang
- Zhangjiagang, Jiangsu.

Liefert ein in China ansässiges Unternehmen in eine FTZ, so wird ein lokales Verkaufsgeschäft angenommen, es ist chinesische Umsatzsteuer zu fakturieren und abzuführen. Der Leistungsempfänger, das in der FTZ ansässige Unternehmen, kann jedoch die Vorsteuererstattung für Exporte geltend machen, jedoch erst nach tatsächlich ausgeführtem Export.

Des Weiteren gibt es eine weitere Sonderzone, nämlich die „Zollverschlossenen Logistiksparks" (bonded logistics parks). Diese sind spezielle Zonen, die unter zollamtlicher Überwachung stehen. Üblicherweise werden in diesen Logistiksparks die Lagerung von Import- und Exportgütern, welche die Zollabfertigung nicht durchlaufen haben, einfache Verarbeitungs- und werterhöhende Leistungen für Warenbestände, der Import- und Exporthandel, die Überprüfung und die Instandsetzung und das Ausstellen von Waren ausgeübt.

Steuerbefreiungen

Wie in Deutschland auch, unterliegt die Ausfuhr von Gütern aus China dem Nulltarif, d. h. dem Steuersatz i. H. von 0 %. Vorsteuerbeträge aus damit im Zusammenhang stehenden Wareneinkäufen sind zwar abzugsfähig, jedoch nicht in voller Höhe. Je nach Art der exportierten Güter erfolgen lediglich Erstattungen der Vorsteuerbeträge, die aus „Vorleistungen“ resultieren, i. H. von 5–16 %.

Das chinesische Gesetz unterscheidet zwischen Vorsteuer-Rückerstattungen der produzierenden Unternehmen und der handelnden Unternehmen. Produzierende Unternehmen dürfen nur beim Export von Eigenprodukten Vorsteuer-Rückerstattung erhalten und handelnde Unternehmen nur beim Export von Fremdprodukten. Ist ein Unternehmen auf beiden Geschäftsfeldern tätig, kann die Rückerstattung nur für eins von beiden in Anspruch genommen werden.

Als Bemessungsgrundlage zur Berechnung der Höhe der Vorsteuer-Rückerstattung dient beim Export von Eigenprodukten der Exportpreis, während beim Export von Fremdprodukten der Ankaufspreis maßgeblich ist.

Die genaue Höhe der Rückerstattung für einzelne Waren ist anhand eines international gültigen „HS-Code“ (the Harmonized Commodity Description and Coding System) zu ermitteln. Zurzeit erfolgt die Rückerstattung für bestimmte Waren in den Warengruppen Maschinen, elektronische Produkte, Messgeräte und Bekleidungen i. H. von 16 %; für sonstige Textilprodukte, Maschinen und Geräte i. H. von 15 %; für Kohle, Erdöl und Diesel i. H. von 13 %; für landwirtschaftliche Produkte i. H. von 5 %. Intention der anteiligen Rückerstattung bezogen auf bestimmte Produkte ist die Förderung einzelner Industriezweige durch den chinesischen Gesetzgeber.

Des Weiteren ist zu erwähnen, dass insbesondere bei Dienstleistungen, die ins Ausland fakturiert werden, es nicht selbstverständlich ist, dass der in Europa ansässige Leistungsempfänger eine Nettorechnung von dem chinesischen Dienstleister erhält. Die Praxis zeigt, dass die Faktur einer VAT-freien Rechnung in vielen Fällen eines Antrags bei der zuständigen Finanzbehörde bedarf.

Die „Veröffentlichung zu VAT-Angelegenheiten während der Umstrukturierung von Vermögen (SAT Veröffentlichung [2011] Nr. 13)“ stellt klar, dass ein Transfer des gesamten Vermögens oder Teilen davon zusammen mit den betreffenden Forderungen, Schulden und Arbeitskräften von VAT-Pflichten während einer Umstrukturierung von Vermögenswerten in der Form von Verschmelzung, Spaltung, Verkauf oder Tausch ausgenommen ist. Der Transfer von Produkten während der Umstrukturierung ist ebenfalls von einer VAT-Pflicht befreit.

Die folgenden Dienstleistungen sind von einer Zahlung der Umsatzsteuer/VAT befreit:

- Einzelübertragung von Schutzmarken
- Umsatzsteuerpflichtige Dienstleistungen, die von behinderten Personen ausgeführt werden

- Ausbringung von Schädlingsbekämpfungsmitteln durch Flugzeuge
- Umsatzsteuerpflichtige Dienstleistungen, die innerhalb vertraglicher Energiemanagementprojekte sowie von anerkannten Unternehmen erbracht werden, welche Dienstleistungen zum Energiesparen anbieten
- Einnahmen aus Transportunternehmungen auf dem chinesischen Festland durch taiwanesische Transportunternehmen, welche sich in der Meeresenge von Taiwan im direkten Transport zwischen beiden Jurisdiktionen betätigen
- Schiffsinspektionen, die vom American Bureau of Shipping (ABS) innerhalb Chinas durchgeführt werden (die VAT-Befreiung wird nur dann wirksam, wenn das ABS ein gemeinnütziges Unternehmen in China bleibt und die China Classification Society in den USA dieselbe Behandlung steuerlicher Befreiung erfährt)
- Umsatzsteuerpflichtige Dienstleistungen, die von Unternehmen erbracht werden, welche hauptsächlich Angehörige der Armee/demobilisierte Soldaten/städtische Soldaten in Rente/Arbeitslose, die eigene Unternehmen besitzen, anstellen (die VAT-Befreiung wird für die ersten drei Jahre ab Gründung des Unternehmens gültig sein)

Die folgenden Dienstleistungen werden von der Umsatzsteuer/VAT, nach deren Zahlung, teilweise befreit (oder Umsatzsteuer/VAT kann teilweise zurückerstattet werden):

- Einheimische Transportunternehmen, Lager- und Umschlagsdienstleistungen, die von Pilot-VAT-Zahlern erbracht wurden, welche in der Yangshan Bonded Port Zone registriert sind
- Umsatzsteuerpflichtige Dienstleistungen, die von Unternehmen erbracht wurden, welche sich mit Behinderten beschäftigen.
- Finanzdienstleistungen sind standardmäßig mehrwertsteuerpflichtig, wobei jegliche Steuerbefreiungen oder Ausnahmen relativ eng ausgelegt werden.

Werkzeugkostenzuschüsse

Werkzeugkostenzuschüsse können nach chinesischem Recht nicht als Nebenleistung zur Hauptleistung betrachtet werden. Da das Werkzeug i. d. R. im Land verbleibt, kann der chinesische Lieferant auch keinen VAT-freien Export fakturieren, da ihm die erforderlichen Zollpapiere fehlen. Insoweit werden Werkzeugkosten normalerweise mit 16 % chinesischer VAT berechnet.

Steuersätze

Das chinesische Umsatzsteuerrecht kennt seit dem 1.5.2018 die nachfolgenden VAT- bzw. Umsatzsteuersätze:

- Normalsteuersatz für generelle Umsatzsteuerzahler und Standardlieferungen: 16 % (bis 30.4.2018: 17 %)
- ermäßigter Steuersatz für generelle Umsatzsteuerzahler, z. B. für lebensnotwendige Güter: 13 %
- ermäßigter Steuersatz i. H. von 10 % für Immobilien, Transportservice (Transport über Land, Wasser, Luft oder Rohrleitung) und Postservice (bis 30.4.2018: 11 %)
- 6 % für Dienstleistungen in der „modernen" Serviceindustrie, wie z. B. Finanz- und Kundenservice, Forschung & Entwicklung (F&E) und Technologiedienstleistungen (einschließlich Technologieberatungsdienstleistungen, Technologietransfer oder Ähnliches), IT-Dienstleistungen (einschließlich Softwaredienstleistungen, Stromkreisdesign- und Testdienstleistungen oder Ähnliches), Kultur- und kreative Dienstleistungen (einschließlich Designdienstleistungen), Dienstleistungen für geistiges Eigentum (IPR), Konferenz- und Messedienstleistungen oder Ähnliches
- für kleine Umsatzsteuerzahler 3 % bzw. 5 % für Grundstücksentwickler, die selbst entwickelte Grundstücke verkaufen
- für Exporte 0 %
- Bestimmte zu versteuernde Dienstleistungen, wie vom State Administration of Taxation (SAT) und Ministry of Finance (MoF) angegeben: anzuwendender Umsatzsteuersatz: 0 %

Es wurde bereits mitgeteilt, dass die o. a. VAT-Sätze vereinheitlicht werden sollen. Bis heute hat jedoch eine Vereinheitlichung nicht stattgefunden. Auf Produkte von Unternehmen, die als Kleinunternehmen eingruppiert werden, wird VAT i. H. von 3 % erhoben. Einen Vorsteuerabzug gibt es hier jedoch nicht.

Tabellarische Zusammenfassung:

Art des Wirtschaftssektors	VAT-Satz in Prozent
Verkauf und Import von Gütern	13
Verkauf und Import von Gütern des täglichen Bedarfs (z. B. Wasser, Gas, landwirtschaftliche Produkte)	9
Erbringung von Reparatur-, Ersatz- und Aufbereitungsleistungen	13
Leasing von beweglichen Sachanlagen	13
Transportdienstleistungen, Postdienste, grundlegende Telekommunikationsdienste, Baudienstleistungen, Leasingdienste für Immobilien, Verkauf von Immobilien, Übertragung von Landnutzungsrechten	9
Telekommunikationsdienstleistungen mit Mehrwert, Finanzdienstleistungen, moderne Dienstleistungen (außer Leasingdienstleistungen), Verbraucherdienstleistungen, Verkauf von immateriellen Immobilien (außer Landnutzungsrechten)	6
Exporte von Waren, Export von Reparatur-, Ersatz- und Verarbeitungsdienstleistungen, internationale Transportdienste und Transportdienste für Raumfahrzeuge, exportierte Dienstleistungen, die vollständig außerhalb von China genutzt bzw. konsumiert werden, einschließlich ► Forschungs- und Entwicklungsdienstleistungen (F&E) ► Vertragsleistungen im Bereich der Energieeffizienz ► Designdienstleistungen ► Produktions- und Vertriebsdienstleistungen für Radio-, Film- und Fernsehprogramme ► Softwaredienstleistungen ► Schaltungsdesign und Testdienstleistungen ► Dienste des Informationssystems ► Prozessmanagement-Services ► Offshore-Outsourcing-Dienstleistungen ► Technologietransfer	0

Die **Consumption Tax**/Verbrauchssteuer wird bei Verkauf und Einfuhr von bestimmten „Luxusgütern" und gesundheitsschädlichen Produkten erhoben, und zwar zusätzlich zu der angefallenen Umsatzsteuer/VAT.

Betroffen sind Zigaretten, Alkohol, Kosmetika, Schmuck, Erdölprodukte, Kraftfahrzeuge, Luxusuhren, Yachten usw. Die Steuersätze variieren stark je nach den Warengruppen. Angefallene Consumption Tax wird auf den Verkaufspreis aufgeschlagen und dadurch vom Käufer getragen. Consumption Tax kann grds. nicht als Vorsteuer geltend gemacht werden und stellt für Unternehmen Kosten dar.

Für importierte Waren variiert der Consumption Tax-Satz je nach Art des Produkts, das in China importiert wird. Beim Warenimport ist die Bemessungsgrundlage für die Consumption Tax der Einfuhrpreis zuzüglich angefallener Zölle.

Beispielhaft sind nachfolgend die Consumption Taxes für Autos, Golfbälle und hochwertige Armbanduhren aufgeführt:

1.		Personenfahrzeuge	
	a)	Hubraum < = 1,0	1 %
	b)	1,0 l < Hubraum < = 1,5 l	3 %
	c)	1,5 l < Hubraum < = 2,0 l	5 %
	d)	2,0 l < Hubraum < = 2,5 l	9 %
	e)	2,5 l < Hubraum < = 3,0 l	12 %
	f)	3,0 l < Hubraum < = 4,0 l	25 %
	g)	Hubraum > 4,0 l	40 %
2.		Golfbälle und Ausrüstung	10 %
3.		Hochwertige Armbanduhren	20 %

Auf die festgesetzte Umsatzsteuer, d. h. VAT und Comsuption Tax, werden **Zusatzabgaben zur Umsatzsteuer** erhoben:

- Auf der staatlichen Ebene: staatlicher Bildungszuschlag und Stadtbausteuer mit einheitlich festgesetzten Steuersätzen

Bis Dezember 2010 waren alle ausländischen Unternehmen, Unternehmen mit mindestens 25 % ausländischer Beteiligung und ausländische natürliche Personen, von dem staatlichen Bildungszuschlag und der Stadtbausteuer befreit. Zum Dezember 2010 entfiel diese Befreiung. Mit dieser Neuerung erfolgte ihre Gleichstellung mit chinesischen Unternehmen, die diese Abgaben auch schon in der Vergangenheit zu leisten hatten. Die Mehrsteuer war erstmalig im Januar 2011 zur Zahlung fällig.

- Auf der Ebene der Provinzen: Flussverwaltungsabgabe und lokaler Bildungszuschlag

Die Flussverwaltungsabgabe wird je nach Standort in unterschiedlicher Höhe oder gar nicht erhoben. Bis Ende 2010 galt das Gleiche beim lokalen Bildungszuschlag. Das Finanzministerium hatte alle Provinzen angewiesen, seit Januar 2011 den lokalen Bildungszuschlag flächendeckend und in einheitlicher Höhe von 2 % zu erheben. Trotzdem wird dieser in Peking nach wie vor nicht erhoben. Dagegen ist der Zuschlag in Shanghai pünktlich eingeführt worden.

Die Zusatzabgaben im Einzelnen:

Die Zusatzabgaben fallen gleichzeitig mit der jeweiligen Umsatzsteuer, also Umsatzsteuer/VAT an. Ihre Höhe wird mit der Umsatzsteuer als Bemessungsgrundlage berechnet, nämlich:

- Stadtbausteuer (Urban Maintenance and Construction Tax): Steuersatz abhängig vom Sitz der Steuerpflichtigen, nämlich:
  - 7 % der Umsatzsteuer (Sitz in einer Stadt)
  - 5 % der Umsatzsteuer (Sitz in einer Gemeinde oder einem Landkreis)
  - 1 % der Umsatzsteuer (Sitz in sonstigen Gebieten, i. d. R. Dörfer)
- staatlicher Bildungszuschlag (Education Surcharges): 3 % der Umsatzsteuer
- lokaler Bildungszuschlag (Education Surcharges): 2 % der Umsatzsteuer
- Flussverwaltungsabgabe (Charge of Riverway): z. B. in Shanghai: 1 % der Umsatzsteuer.

Bemessungsgrundlage

Als Bemessungsgrundlage zur Ermittlung der chinesischen Umsatzsteuer gilt alles, was der Leistungsempfänger aufwendet, um die Leistung zu erhalten.

Die meisten Importe unterliegen einer (Einfuhr-)Umsatzsteuer i. H. von 16 % (bis 30.4.2018: 17 %). Von dieser Regelung ausgenommen sind Materialien, die nur importiert werden, um Güter für den Export herzustellen. Das heißt, werden die importierten Gegenstände lediglich dafür verwendet, um Exportgüter herzustellen und werden diese Güter auch anschließend tatsächlich exportiert, so unterliegt der Import keinerlei Einfuhrabgaben (sogenannte Eigenveredelung). Auch bei der sogenannten Lohnveredelung gilt, dass der Import der benötigten Rohstoffe keine Einfuhrumsatzsteuer auslöst.

Bemessungsgrundlage (BMG) der Einfuhrumsatzsteuer (EUSt):

BMG = Einfuhrpreis + Zölle + Consumption Tax

Dabei sind Steuern, chinesische und ausländische, nicht abzugsfähig. Die entrichtete EUSt ist hingegen als Vorsteuer abzugsfähig.

Nachfolgend Ausführungen zur „allgemeinen“ Berechnung der Umsatzsteuer:

Generelle Steuerzahler können die Input-VAT von der Output-VAT abziehen. Deshalb sollten diese ihre VAT-Schuld anhand folgender Formel berechnen:

VAT-Schuld = Output-VAT./.Input-VAT

Output-VAT = Verkaufswert × anzuwendender Umsatzsteuersatz

Steuerzahler, welche die Output-VAT in den Preis der Waren und Dienstleistungen einberechnet haben, sollten ihren Verkaufswert folgendermaßen berechnen:

Verkaufswert = Verkaufswert (VAT eingeschlossen) /
(1 + anzuwendender Umsatzsteuersatz)

Kleine Steuerzahler können ihre Output-VAT nicht absetzen, deshalb müssen sie ihre VAT-Schuld folgendermaßen berechnen:

VAT-Schuld = Verkaufswert × Umsatzsteuersatz für kleine Steuerzahler

Standardsteuerzahler, die Dienstleistungen für den öffentlichen Transport anbieten, können diese Formel ebenfalls zur Berechnung ihrer VAT-Schuld anwenden.

Uneinbringliche Forderungen sind im Allgemeinen nicht entlastungsfähig, was bedeutet, dass eine Verpflichtung zur Zahlung von Umsatzsteuerschuld entstehen kann, auch wenn das entsprechende Entgelt nie vom Kunden erhalten wurde.

Vorsteuerabzug

Für nicht in China ansässige Unternehmen besteht keine Möglichkeit, dass diese die gezahlte Umsatzsteuer als Vorsteuer zurückerstattet bekommen.

Ausschließlich Unternehmen, die als „general taxpayer“ eingruppiert sind, können überhaupt Vorsteuerbeträge geltend machen. Die Vorsteuerbeträge müssen aus einer entrichteten Umsatzsteuer resultieren. Einschränkungen existieren beim Kauf von Autos, Yachten und anderer Luxusgüter, die zwar vom Unternehmer selbst genutzt werden, für die jedoch Consumption Tax angefallen ist. Vorsteuerbeträge, die die abzuführende Umsatzsteuer übersteigen, werden nicht erstattet, sondern mit der abzuführenden Umsatzsteuer des Folgemonats verrechnet. Umsatzsteuer, die aus Waren oder Dienstleistungen resultiert, aus denen VAT-befreite Waren hergestellt wurden, ist nicht zum Vorsteuerabzug zugelassen. Im März 2018 verkündigte der chinesische Premierminister, dass zukünftig ein Vorsteuerüberhang erstattet wird, sofern er eine gewisse Zeit nicht mit Umsatzsteuerzahlungen der Folgeperioden verrechnet werden kann. Dieses sollte zumindest für bestimmte Industriebereiche gelten. Die jüngst veröffentliche Verlautbarung der chinesischen Finanzbehörde zum Thema Rückerstattung erschien am 13.1.2022. Laut dieser beabsichtigte China die Rückerstattung von Mehrwertsteuergutschriften auf weitere Industriesektoren auszudehnen. In der Erklärung, die gemeinsam vom Finanzministerium und der staatlichen Steuerverwaltung herausgegeben wurde, heißt es, dass Unternehmen in sieben Sektoren, darunter Groß- und Einzelhandel, Landwirtschaft, Beherbergungs- und Gaststättengewerbe, seit dem 1.7.2022 in den Genuss der Rückerstattung von Mehrwertsteuergutschriften kommen werden. Neu hinzugefügte Mehrwertsteuergutschriften sollen monatlich in voller Höhe zurückerstattet, während ausstehende Mehrwertsteuergutschriften in einem Pauschalbetrag zurückerstattet werden.

Um als „general taxpayer" eingruppiert zu werden, müssen neben einem gesonderten Antrag bei der lokalen Finanzbehörde bestimmte Jahresumsatzgrenzen überschritten werden.

Kleinunternehmen sind nicht vorsteuerabzugsberechtigt. Kleinunternehmen, die nur eine VAT i. H. von 3 % schulden, dürfen die für ihren Eingangsumsatz gezahlte VAT nicht abziehen. Entsprechend dürfen ihre Kunden die an sie gezahlte VAT i. H. von 3 % auch nicht als Vorsteuer geltend machen. Deshalb dürfen Kleinunternehmen auch keine speziellen VAT-Rechnungen (VAT-Fapiao) ausstellen, welche einen Vorsteuerabzug zwingend voraussetzen.

Das chinesische Umsatzsteuersystem sieht an vielen Stellen Vorsteuerkürzungen vor. Zunächst kann grds. nur Umsatzsteuer/VAT abzugsfähig sein, dagegen kann eine gezahlte consumption tax i. d. R. nicht als Vorsteuer abgezogen werden. Eine Ausnahme gilt bei Steuerrückerstattung für Exporte: bei Exporten ist zusätzlich die gezahlte Umsatzsteuer/VAT auch consumption tax abzugsfähig, die bei dem Ankauf der später zu exportierenden Ware angefallen ist.

Ein Vorsteuerabzug setzt des Weiteren voraus, dass die VAT mit Erzielung von VAT-pflichtigen Umsätzen im Zusammenhang steht. Von einem Vorsteuerabzug ausgeschlossen sind auch VAT-Beträge resultierend aus der Anschaffung, den Transportkosten oder aus der Inanspruchnahme von Dienstleistungen, die unerwartet verloren gegangen sind.

Seit dem 1.4.2019 wurde die chinesische Mehrwertsteuer auf importierte Waren auf entweder 9 % oder 13 % gesenkt, von zuvor 10 % oder 16 %, gemäß der Ankündigung der staatlichen Steuerverwaltung (STA) zur Vertiefung der Mehrwertsteuerreform (STA-Ankündigung Nr. 39 aus 2019). Die 9-prozentige Steuer gilt für bestimmte Waren, die hauptsächlich in die Kategorien landwirtschaftliche und Gebrauchsgegenstände fallen, während die 13 %ige Steuer für andere mehrwertsteuerpflichtige Waren wie Industriegüter gilt.

Steuerpflichtige Dienstleistungen, die von ausländischen Unternehmen oder Einzelpersonen in China erbracht werden, unterliegen wie bisher einer Mehrwertsteuer von 6 %.

Die Import-Mehrwertsteuer kann nach der folgenden Formel berechnet werden:

Import-Mehrwertsteuer = Zusammengesetzter steuerpflichtiger Preis × Mehrwertsteuersatz= (verzollter Preis + Importzoll + Verbrauchssteuer) × Mehrwertsteuersatz
= (verzollter Preis + Einfuhrzoll) /
(1-Verbrauchssteuersatz) × Mehrwertsteuersatz

Rechnungsbestandteile

Um in China überhaupt Vorsteuerbeträge geltend machen zu können, bedarf es einer speziellen Rechnung für die Umsatzsteuer, d. h. es sind Umsatzsteuerrechnungsformulare notwendig, die landesweit in einem zentralen System verwaltet werden. Die speziellen VAT-Rechnungen können nur bei der zuständigen Steuerbehörde erworben werden. Die ausgestellten VAT-Rechnungen müssen von der Steuerbehörde online in ihr System erfasst und bestätigt werden. Nur eine bestätigte spezielle VAT-Rechnung ermöglicht den Vorsteuerabzug. Diese speziellen VAT-Rechnungen nennen sich „Fapiao“. Ein Fapiao in China soll der Steuerbehörde die Möglichkeit zur Überwachung der korrekten Abrechnung der VAT bei durchgeführten Transaktionen geben. Da ein Fapiao zum Zwecke des Steuerabzugs verwendet werden kann, enthält dieser viel mehr detaillierte Informationen mit Bezug zum Unternehmen des ausstellenden Gewerbetreibenden. Auf dem VAT-Fapiao sind u. a. Steuernummer, Anschrift, Telefonnummer, Bankverbindung aufgeführt.

Werden Waren nach Ausstellung einer Rechnung zurückgeschickt, muss eine Gutschrift (in China auch als sogenannte „Red Letter Invoice“ bekannt) ausgestellt werden. Die Original-Rechnung muss zurückgegeben werden und die Ungültigkeit muss darauf deutlich vermerkt oder es muss eine Benachrichtigung und „Freigabe“ der Gegenpartei eingeholt werden. Wenn nach der Ausstellung einer Rechnung ein Rabatt o. ä. gewährt wird, muss die Originalrechnung zurückgeschickt und die Ungültigkeit auf der Original-Rechnung deutlich vermerkt werden, bevor eine neue Rechnung ausgestellt werden darf. Alternativ kann eine „Red-Letter-Invoice“ ausgestellt werden, nachdem eine Benachrichtigung nebst Freigabe von der anderen Partei eingeholt wurde.

Elektronische Rechnungen

Mit der Einführung der VAT sollte die Umstellung auf elektronische Rechnungen vorangetrieben werden. Bisher mussten alle VAT-(Sonder-)Rechnungen in physischer Form ausgestellt werden (d. h. Papierrechnungen). Allerdings wurde ein Pilotprogramm am 1.9.2020 gestartet, das den Steuerzahlern in den Städten Hangzhou, Ningbo und Shijiazhuang gestattet, elektronische Umsatzsteuer-Sonderrechnungen auszustellen. In diesem Pilotproramm ist es Unternehmen erlaubt entweder eine elektronische Rechnung dem unternehmerisch tätigen Rechnungsempfänger oder alternativ eine Papierrechnung auszustellen. Sofern der unternehmerisch tätige Rechnungsempfänger eine Papierrechnung explizit anfordert, muss der leistende Unternehmer dieser Forderung nachkommen.

Das Ziel ist, dass die elektronische Rechnungsausstellung verpflichtend wird. Neu registrierte chinesische Mehrwertsteuerzahler in allen inländischen Regionen können elektronische Mehrwertsteuer-Sonderrechnungen gemäß dem nachfolgenden Zeitplan ausstellen:

- Seit dem 21.12.2020: Anhui, Chongqing, Guangdong, Hebei, Jiangsu, Ningbo, Shanghai, Shenzhen, Sichuan, Tianjin, und Zhejiang.
- Seit dem 21.1.2021: Peking, Dalian, Fujian, Gansu, Guangxi, Guizhou, Hainan, Heilongjiang, Henan, Hubei, Hunan, Innere Mongolei, Jiangxi, Jilin, Liaoning, Ningxia, Qingdao, Qinghai, Shaanxi, Shandong, Shanxi, Tibet, Xiamen, Xinjiang, und Yunnan.

Die regionalen Steuerbehörden können weitere Anforderungen für neu registrierte Umsatzsteuerzahler einführen, um elektronische VAT-(Sonder-)Rechnungen auszustellen.

Nunmehr gilt, dass eine elektronische Umsatzsteuer-Sonderrechnung die gleiche Rechtswirkung wie eine Papierrechnung hat. Anders als eine Papierrechnung trägt eine elektronische Rechnung keinen offiziellen Rechnungsstempel, um die Echtheit der Rechnung zu bestätigen; stattdessen wird eine digitale Signatur verwendet, mit der der Rechnungsempfänger die Echtheit einer solchen Rechnung überprüfen kann.

Nach umfangreichen Tests beabsichtigt China die elektronische Rechnungsstellung für die Mehrwertsteuer landesweit einführen. Um der neuen Praxis gerecht zu werden, startet das offizielle Online-Mehrwertsteuersystem (das sogenannte „Goldene Steuersystem“) aktuell die Phase-VI-Version und soll bis 2025 für alle Steuerzahler und Branchen zugänglich sein.

Das gesamte elektronische Rechnungsprogramm für die Mehrwertsteuer wird in zwei Phasen ablaufen: Ausstellung und Empfang. Steuerzahler in drei Pilotgebieten, nämlich Shanghai, Guangdong und der Inneren Mongolei, können nun elektronische Rechnungen an ihre Kunden in China ausstellen, sofern sie Zugang zur Online-Mehrwertsteuer-Rechnungsstellungsfunktion im Golden Steuersystem haben. Darüber hinaus sind speziell formatierte elektronische Rechnungen auch online für Transaktionen in einigen seltenen Sektoren verfügbar. Grundsätzlich gilt für die elektronische Version der Rechnungen weiterhin dieselbe Quote: Der Gesamtwert der Rechnungen, die pro Monat in Papier- oder elektronischer Form ausgestellt werden, darf die von den chinesischen Steuerbehörden für jedes Unternehmen festgelegte monatliche Höchstgrenze nicht überschreiten. Es gibt jedoch keine Obergrenze für den Höchstwert einer einzelnen elektronischen Rechnung mehr, im Gegensatz zu Rechnungen in Papierform, für die ein bestimmter Nennwert festgelegt ist. Kunden können nun unabhängig von ihrem Standort in China, also landesweit, elektronische Rechnungen von Unternehmen mit Sitz in Shanghai, Guangdong und der Inneren Mongolei empfangen und die gezahlte VAT als Vorsteuer – ggf. anteilig – geltend machen. Außerdem lassen sich mittlerweile sowohl die Gültigkeit als auch die einzelnen Daten einer elektronischen Rechnung überprüfen, indem die zwanzigstellige Rechnungsnummer online eingegeben wird.

Die für Umsatzsteuer-Sonderrechnungen in Papierform geltenden Kontrollmaßnahmen gelten gleichermaßen auch für elektronische Rechnungen.

Die chinesische Steuerbehörde hat das Verwaltungssystem für Mehrwertsteuerrechnungen mit einer elektronischen Plattform ausgestattet, um die VAT-Zahler beim Ausstellen und Drucken von elektronischen Rechnungen zu unterstützen. Die relevanten VAT-Zahler erhalten einen USB Sicherheitsschlüssel (UKey), mit dem sie sich in das System einloggen können, um elektronische Rechnungen auszustellen. Die Software und der UKey werden unentgeltlich zur Verfügung gestellt. Auch für rückabzuwickelnde Verkäufe können die jeweiligen Umsatzsteuerzahler elektronische Rechnungen, die einen negativen Umsatzbetrag ausweisen (sogenannte „Red Letter Invoices"), ausstellen.

Wie auch in Deutschland, existieren in China Sonderregeln für sogenannte Kleinstbetragsrechnungen, die nicht sämtliche Rechnungserfordernisse enthalten müssen.

Anzahlungen

Umsatzsteuer muss abgeführt werden, sobald eine Anzahlungsrechnung fakturiert wird.

Gutschriften/Self Billing

Das Gutschriftsverfahren ist in China unbekannt.

Aufbewahrung von Unterlagen

Umsatzsteuerlich relevante Unterlagen müssen in China aufbewahrt werden.

Veranlagungsverfahren/Steuererklärungen

Die VAT-Meldezeiträume variieren in China sehr stark. VAT-Meldezeiträume können in China einen Tag, drei Tage, fünf Tage, zehn Tage, fünfzehn Tage, einen Monat oder ein Quartal sein.

Kleinunternehmen haben vierteljährlich, bis zum 15. nach Ablauf des Quartals, VAT zu melden und zu entrichten. Standardsteuerzahler haben i. d. R. monatlich bis zum 15.

des Folgemonats VAT zu melden und zu entrichten. Die VAT-Zahler, deren Meldezeitraum weniger als einen Monat beträgt, müssen die VAT-Meldung für den Vormonat fünfzehn Tage des dem Meldezeitraums folgenden Monats einreichen.

Umsatzsteuer-Jahreserklärungen müssen in China nicht erstellt werden.

Seit Juni 2016 müssen die Steuerpflichtigen ausschließlich die VAT-Formulare nutzen.

Der Erklärungs- und Besteuerungszeitraum für Repräsentationsbüros eines ausländischen Unternehmens in China, Banken und Investmentgesellschaften beträgt drei Monate.

Des Weiteren existiert auch eine Erklärung für die Vorsteuererstattung im Zusammenhang mit Exporten.

Die chinesischen Steuererklärungen zur Umsatzsteuer sind „eine Wissenschaft für sich". Die Übermittlung erfolgt ausschließlich elektronisch. In Ausnahmefällen gestattet jedoch die chinesische Steuerbehörde die Übermittlung in Papierform.

Die staatliche Steuerverwaltung Chinas gab am 14.4.2023 bekannt, dass ein grenzüberschreitender Online-Steuerdienst für nicht in China ansässige Unternehmen landesweit eingeführt wurde, über den ausländische Unternehmen direkt online ihre Steuern bezahlen können. Ein nicht in China ansässiges Unternehmen ist ein Unternehmen, das in einem anderen Land als China niedergelassen ist und dort tatsächlich verwaltet wird, das entweder ein Büro oder eine Betriebsstätte in China hat oder dessen Einkünfte aus China stammen, obwohl es kein Büro oder keine Betriebsstätte in China hat.

Nicht ansässige Unternehmen können sich für das Online-Bezahlverfahren mit einer E-Mail-Adresse registrieren und dann Bescheinigungen hochladen. Nach erfolgter Überprüfung erhalten sie einen Identifizierungscode für nicht ansässige Unternehmen, der landesweit verfügbar ist. Die Online-Plattform für grenzüberschreitende Steuerdienstleistungen verfügt sowohl über eine chinesische als auch über eine englische Eingabeversion. Die Unternehmen müssen laut Ankündigung der Steuerbehörde keine Formulare ausfüllen und können die fälligen Steuern mit einem intelligenten Steuerrechner selbst berechnen. So beabsichtigt China, dass internationale Geschäftsumfeld für die Besteuerung zu optimieren und versucht, die in der Praxis bis heute existierenden Hindernisse für grenzüberschreitende Steuerzahlungen zu beseitigen. Einzelheiten sind noch nicht bekannt, auch nicht, ob nun VAT-Zahlungen online geleistet werden können.

IntraStat/Zusammenfassende Meldung

Da China bekannterweise Drittlandsgebiet ist, entfällt die Angabe der o. a. Erklärungen.

Registrierung

Ausländische Unternehmen, z. B. solche mit Sitz in der EU, können in China nur mit einem dort ansässigen, rechtlich selbständigen Unternehmen mehrwertsteuerpflichtig werden. Besonderheiten existieren für in China belegende Betriebsstätten. Eine Registrierung nur für Zwecke der Mehrwertsteuer ist im Gegensatz zur EU in China nicht möglich. Das heißt, Nicht-Residenten ohne Präsenz in China können sich nicht für Mehrwertsteuerzwecke registrieren und somit können diese auch keine Rückerstattung der Mehrwertsteuer auf Vorleistungen beantragen.

Dänemark

Allgemeines

Die dänische Umsatzsteuer (Merværdiafgift – MOMS) entspricht in allen wesentlichen Positionen/Definitionen der MwStSystRL.

Unternehmer/Organkreis

Der Unternehmerbegriff entspricht der Definition laut MwStSystRL.

Eine Gruppenbesteuerung/Organschaft für in Dänemark ansässige Unternehmen ist möglich und erfolgt auf Antrag. Zumindest sofern alle Unternehmen der Gruppe ausschließlich umsatzsteuerpflichtige Aktivitäten betreiben, ist der Antrag an keine weiteren Bedingungen geknüpft.

Es kommt auch in Betracht, dass die dänische Finanzverwaltung einer Gruppenbesteuerung/Organschaft zwischen Unternehmen zustimmt, bei denen nicht alle Unternehmen der Gruppe diese Voraussetzungen erfüllen. Zwingende Voraussetzung hier ist dann jedoch, dass eine der der Gruppe zugehörigen Gesellschaften direkt oder indirekt zu 100 % an den anderen Gesellschaften der Gruppe beteiligt ist und dass alle Mitglieder der Gruppe in Dänemark ansässig sind.

Die Gruppenbesteuerung/Organschaft beginnt einen Monat nach Antragstellung.

In Dänemark haften die Gruppen-/Organkreismitglieder gesamtschuldnerisch für die Verpflichtungen der Gruppe/der Organschaft, die sich aus dem Umsatzsteuergesetz ergeben.

In Dänemark ansässige Unternehmer müssen sich erst dann zwingend zur Umsatzsteuer registrieren lassen, wenn die Umsatzgrenze von 50.000 DKK (ca. 6.700 €) überschritten wird. Hier existieren Sonderregelungen für Blinde und Kunstgegenstände. Ausländische Unternehmer müssen sich unabhängig von einer Umsatzgrenze registrieren lassen, sobald in Dänemark steuerpflichtige Leistungen erbracht werden, für die nicht das Reverse-Charge-Verfahren anwendbar ist.

Nicht-Unternehmer müssen sich registrieren lassen, wenn die Erwerbschwelle (für den Bezug aus anderen EU-Staaten) den Wert von 80.000 DKK (ca. 10.700 €) übersteigt.

Lieferung/sonstige Leistung

Das dänische Umsatzsteuergesetz definiert die Begriffe der Lieferung und sonstigen Leistung entsprechend den Vorgaben der MwStSystRL. Danach wird jede Übertragung von Gegenständen, durch die jemand in die Lage versetzt wird, wie ein Eigentümer über den Liefergegenstand zu verfügen, als Lieferung angesehen. Die sonstige Leistung ist negativ definiert, d. h. eine Leistung, die keine Lieferung ist, wird als sonstige Leistung (Dienstleistung) angesehen.

Werklieferung/Werkleistung/Bauleistung

Eine Lieferung zuzüglich Montage wird auch in Dänemark als einheitliche Werklieferung angesehen. Übereinstimmend mit der MwStSystRL ist als Ort der Lieferung bei Werklieferungen auch im dänischen Umsatzsteuerrecht der Ort der Übergabe des fertigen Werkes festgelegt. Daher unterliegen in Dänemark erbrachte Werklieferungen grds. der dänischen Umsatzsteuer.

Reihengeschäfte

Auf dem Weg zu einem neuen endgültigen EU-Mehrwertsteuersystem wurden im Oktober 2018 durch die europäischen Finanzminister die sogenannten „Quick-Fixes" erlassen.

Hierin wurden nun erstmals Vorschriften zu Reihengeschäften aufgenommen. Seit dem 1.1.2020 ist damit verbindlich für alle Mitgliedstaaten einheitlich die Zuordnung der bewegten Lieferung bei innergemeinschaftlichen Reihengeschäften geregelt. Das bisherige Problem, dass in anderen Mitgliedstaaten diesbezüglich abweichende Regelungen zu beachten waren, fällt somit seither weitestgehend weg.

Die EU-einheitlichen Regelungen hierzu finden sich in den Begriffsbestimmungen.

Diese Regelungen beziehen sich allerdings ausschließlich auf innergemeinschaftliche Reihengeschäfte, nicht jedoch auf Reihengeschäfte mit Drittlandsbezug (Einfuhr/Ausfuhr).

Verlagerungsverfahren/Reverse-Charge

In Dänemark greift das Reverse-Charge-Verfahren zunächst einmal für

- in Dänemark steuerbare sonstigen Leistungen, die der „B2B-Grundregel" (vgl. Art. 44 MwStSystRL, § 3a Abs. 2 UStG) unterliegen und von ausländischen Unternehmen erbracht werden.

Handelt es sich um ein ausländisches Unternehmen mit umsatzsteuerlicher Betriebsstätte in Dänemark, so ist das Reverse-Charge-Verfahren nicht anzuwenden, wenn die Leistung durch diese Betriebsstätte erbracht wurde.

BEISPIEL: Ein deutsches Unternehmen erbringt Beratungsleistungen an ein dänisches Unternehmen.

Das Reverse-Charge-Verfahren ist anzuwenden.

ABWANDLUNG: Das deutsche Unternehmen besitzt in Dänemark eine umsatzsteuerliche Betriebsstätte. Die Beratungsleistungen an das dänische Unternehmen werden von dieser Betriebsstätte erbracht.

Das Reverse-Charge-Verfahren ist nicht anzuwenden. Das deutsche Unternehmen hat unter offenem Ausweis dänischer Umsatzsteuer abzurechnen.

Weiterhin ist in Dänemark die Anwendung des Reverse-Charge-Verfahrens für

- Werklieferungen und sämtliche nicht unter die o. g. Regelung fallende sonstige Dienstleistungen (Ausnahmen bilden nur die Verschaffung von Eintrittsberechtigungen zu Veranstaltungen i. S. des Art. 53 der MwStSystR sowie Personenbeförderungen) von ausländischen Unternehmern ohne feste Niederlassung in Dänemark vorgesehen.

Voraussetzung ist jedoch hierbei, dass die Leistungen an in Dänemark ansässige Unternehmen erbracht werden.

Das Reverse-Charge-Verfahren ist außerdem – unabhängig vom Ansässigkeitsland des Leistenden – anzuwenden bei

- Lieferungen von Erdgas und Elektrizität an Wiederverkäufer,
- der Übertragung von Emissionsrechten und vergleichbaren Rechten,
- bei Schrottlieferungen (beschränkt auf Metallabfälle) sowie
- bei der Lieferung von Investmentgold,

jeweils unter bestimmten Voraussetzungen.

Das Reverse-Charge-Verfahren greift zudem

- bei der Lieferung von Mobiltelefonen, integrierten Schaltkreisen, Laptops, Tablets und Spielekonsolen. Diese Regelung ist dann nicht anwendbar, wenn der Lieferer hauptsächlich an Nichtunternehmer liefert. Praxisproblem aus Sicht des Leistungsempfängers ist hier, festzustellen, ob der Lieferant diese Grenze nun überschreitet oder nicht.

Konsignationslager/Call-off stock

Mit dem 1.1.2020 traten die sogenannten „Quick Fixes" in Kraft, die u. a. eine EU-weite Vereinfachung in Form einer Konsignationslagerregelung vorsehen. Diese Regelung hat das Ziel, dass sich der Inhaber des Konsignationslagers (der „Lieferant") nicht in dem EU-Staat für Umsatzsteuerzwecke registrieren lassen muss, in welchem er für seinen Kunden ein Konsignationslager unterhält.

Die EU-einheitlichen Regelungen hierzu finden sich in den Begriffsbestimmungen.

Werden die Voraussetzungen zur Anwendung dieser Vereinfachungsregelung nicht erfüllt, so gelten die „normalen“ Grundsätze:

Lieferungen aus dem EU-Ausland in das Lager in Dänemark gelten in diesem Fall als Verbringungen, die einer innergemeinschaftlichen Lieferung gleichgestellt sind. Den im Ausland steuerfreien Verbringungen steht in Dänemark ein innergemeinschaftlicher Erwerb gegenüber, für den Erwerbsteuer anzumelden ist.

Die Lieferungen aus dem Konsignationslager an den Kunden werden dann als Inlandsumsatz innerhalb Dänemarks betrachtet und sind zuzüglich dänischer Umsatzsteuer abzurechnen.

Eine Registrierung des Lieferanten für Umsatzsteuerzwecke in Dänemark ist also notwendig, sofern die Voraussetzungen für die Anwendung der EU-weit geltenden Vereinfachungsregelung nicht gegeben sind.

Fernverkäufe

Mit Inkrafttreten der sogenannten „Quick Fixes“ zum 1.1.2020 wird u. a. EU-weit eine einheitliche Behandlung sogenannter „Fernverkäufe“ sicherstellt.

Als „Fernverkäufe“ werden grenzüberschreitende Warenlieferungen im EU-Gemeinschaftsgebiet an einen bestimmten Abnehmerkreis (vor Allem an Kunden, bei denen es sich nicht um Unternehmer handelt) bezeichnet.

Die EU-einheitlichen Regelungen hierzu finden sich in den Begriffsbestimmungen.

Sonderregelungen für die Betreiber „elektronischer Schnittstellen“

Mit den bereits erwähnten „Quick Fixes“ werden auch EU-einheitliche Regelungen für die Betreiber sogenannter „elektronischer Schnittstellen“ eingeführt. Als „elektronische Schnittstelle“ gelten beispielsweise elektronische Marktplätze oder elektronische Plattformen. Diese Regelungen greifen für bestimmte Warenverkäufe von Online-Händlern über solche Schnittstellen, wenn der Händler im Drittland ansässig ist, die Beförderung oder Versendung der Ware in der EU beginnt oder endet und die Kunden einem bestimmten Abnehmerkreis angehören (vor Allem Kunden, bei denen es sich nicht um Unternehmer handelt).

Diese Regelung tritt für Umsätze und Einfuhren ab dem 1.7.2021 in Kraft.

Die EU-einheitlichen Regelungen hierzu finden sich in den Begriffsbestimmungen.

Steuerbefreiungen

Das dänische Umsatzsteuergesetz sieht u. a. Umsatzsteuerbefreiungen (bzw. einen Steuersatz von 0 %) für die folgenden Lieferungen bzw. Leistungen vor:

- Ausfuhrlieferungen
- innergemeinschaftliche Lieferungen
- Lieferungen und Leistungen von öffentlichem Interesse (wie medizinische oder kulturelle Dienstleistungen)
- bestimmte Versicherungs- und Finanzdienstleistungen
- Vermietung von Grund und Boden und Gebäuden
- Verkauf von Grund und Boden und Gebäuden unter bestimmten Voraussetzungen

Die Verkäufe von Bauland oder „neuen" Gebäuden sind in Dänemark nicht von der Umsatzsteuer befreit. Als „neu" gilt ein Gebäude grds. innerhalb der ersten fünf Jahre nach Fertigstellung. Der erste Verkauf eines Gebäudes innerhalb dieses Zeitraums ist immer umsatzsteuerpflichtig. Folgeverkäufe innerhalb dieses Zeitraumes sind unter bestimmten Voraussetzungen umsatzsteuerpflichtig. Verkäufe nach diesem Zeitraum sind von der Umsatzsteuer befreit. Unter bestimmten Voraussetzungen können auch umfangreich sanierte oder ausgebaute Gebäude als „neu" im Sinne der Regelung gelten.

Das dänische Umsatzsteuerrecht kennt – wie das deutsche Recht auch – in bestimmten Fällen die Möglichkeit des Verzichtes auf die Steuerfreiheit. In Dänemark besteht diese Möglichkeit bei der Vermietung und Verpachtung von Immobilien, wenn der Unternehmer das Gebäude zum Zweck der Vermietung errichtet hat und es sich nicht um eine Vermietung oder Verpachtung zu Wohnzwecken handelt. Bei Ausübung der Option zur Steuerpflicht ist man hieran für mindestens zwei Jahre gebunden.

Zudem besteht die Möglichkeit zur umsatzsteuerlichen Registrierung in den Fällen, in denen Immobilien zum Zwecke des Verkaufs an eine für umsatzsteuerliche Zwecke registrierte Person gekauft und entwickelt werden (Ausnahme: Bauland und „neue" Gebäude). In diesen Fällen wird dem Veräußerer die Vorsteuer aus den Kosten im Zusammenhang mit der Entwicklung erstattet, sofern der Käufer in Schriftform die Bestätigung erteilt hat, dass die fraglichen Immobilien für umsatzsteuerpflichtige Zwecke genutzt werden sollen. Etwaige Rückzahlungsverpflichtungen die Vorsteuer betreffend – beispielsweise wegen späterer Nutzung für nicht umsatzsteuerpflichtige Zwecke – gehen auf den Käufer über.

Steuersätze

Das dänische Umsatzsteuerrecht kennt grds. nur den Normalsteuersatz i. H. von 25 %.

Alle umsatzsteuerbaren Lieferungen und Leistungen, die nicht von der Steuer befreit sind, unterliegen diesem Normalsteuersatz.

Eine Sonderregelung existiert in Bezug auf die Einfuhr von Kunstwerken, Sammlerstücken und Antiquitäten aus dem Drittland sowie die Lieferung eigener Kunstwerke durch Künstler. Diese Lieferungen werden mit einer ermäßigten Bemessungsgrundlage von 20 % besteuert (was praktisch die gleiche Wirkung hat wie ein ermäßigter Steuersatz von 5 %).

Außerdem existiert eine Sonderregelung in Bezug auf bestimmte Zeitungen.

Bemessungsgrundlage

Als Bemessungsgrundlage zur Ermittlung der dänischen Umsatzsteuer gilt – entsprechend den Vorgaben der MwStSystRL – alles, was der Leistungsempfänger aufwendet, um die Leistung zu erhalten.

Bei Forderungsausfällen besteht wie in Deutschland die Möglichkeit der Umsatzsteuerkorrektur, allerdings lediglich bis zur Höhe von 80 % des erlittenen Verlustes. Sie muss innerhalb von drei Jahren nach Erbringen der betroffenen Leistung geltend gemacht werden. Eine Umsatzsteuerkorrektur kommt beispielsweise in Fällen der Insolvenz des Kunden oder in anderen Fällen in Betracht, in denen ein Forderungsausfall verbindlich feststeht oder trotz hinreichender Bemühungen des Gläubigers von einem Forderungseingang objektiv nicht mehr auszugehen ist. Das Vorliegen dieser Voraussetzungen muss den dänischen Finanzbehörden bei Bedarf auf geeignetem Weg dargelegt werden können (Vorlage einer gerichtlichen Entscheidung, aus welcher sich die Uneinbringlichkeit ergibt, Darlegung ergriffener Maßnahmen zur Forderungseintreibung etc.).

Korrespondierend haben Leistungsempfänger bei voller oder teilweiser Nichtzahlung des Entgeltes die vormals für den Bezug der Leistung geltend gemachte Vorsteuer – ggf. anteilig – zurückzuzahlen.

Vorsteuerabzug

Grundvoraussetzungen für die Inanspruchnahme des Vorsteuerabzugs sind:

- der Unternehmer muss die Lieferung oder Leistung für sein Unternehmen bezogen haben,
- die Lieferung oder Leistung muss von einem anderen Unternehmer ausgeführt worden sein und

- der leistende Unternehmer muss eine ordnungsgemäße Rechnung mit offen ausgewiesener Umsatzsteuer erstellt haben.

Neben den Einschränkungen des Vorsteuerabzugs bei bestimmten steuerfreien Umsätzen ist darüber hinaus ein Vorsteuerabzug vor allem bei folgenden Kosten nicht oder nur eingeschränkt möglich:

- Restaurantbesuche (sofern ausschließlich geschäftlich bedingt: 25 % der Vorsteuer abziehbar)
- Unterhaltungs-/Repräsentationsaufwendungen (sofern ausschließlich geschäftlich bedingt: 25 % der Vorsteuer abziehbar)
- Geschenke
- bestimmte Sachzuwendungen an Arbeitnehmer
- Aufwendungen für den Erwerb oder das Leasing eines PKWs, der für die Beförderung von bis zu neun Personen ausgelegt ist, oder eines Nutzfahrzeugs (wenn nicht ausschließlich unternehmerisch genutzt) einschließlich der laufenden Unterhaltskosten (nach besonderen Regelungen / einem besonderen Berechnungsschema)

Rechnungsbestandteile

In den Rechnungen sind grds. folgende Angaben zwingend vorgeschrieben:

- Name und Anschrift des Leistenden und des Leistungsempfängers
- Umsatzsteuer-ID-Nummer des Leistenden
- Rechnungsdatum
- fortlaufende Rechnungsnummer
- Leistungszeitpunkt/Lieferzeitpunkt bzw. – im Falle einer Anzahlungsrechnung – Zeitpunkt der Vereinnahmung des Entgelts oder eines Teils des Entgelts, sofern der Zeitpunkt der Vereinnahmung feststeht und nicht mit dem Ausstellungsdatum der Rechnung übereinstimmt,
- Angaben zu Art und Menge der erbrachten Leistung
- Nettostückpreis
- Umsatzsteuersatz
- Gesamtnettobetrag pro Steuersatz oder Steuerbefreiung sowie Gesamtrechnungsnettobetrag
- Umsatzsteuerbetrag pro Steuersatz (außer in Fällen des Reverse-Charge bzw. einer Steuerbefreiung) sowie Gesamtumsatzsteuerbetrag
- Hinweis auf eine vereinbarte Minderung des Entgelts

- Angabe eines etwaigen Fiskalvertreters, sofern es sich um einen Fiskalvertreter handelt, der zum Schuldner der Umsatzsteuer wird (Name, Anschrift, Umsatzsteuer-ID-Nummer)
- ggf. Hinweis auf eine Steuerbefreiung

Zusätzlich ist bei innergemeinschaftlichen Lieferungen ex Dänemark die Umsatzsteuer-ID-Nummer des Kunden aufzunehmen.

Im Falle einer Verlagerung der Umsatzsteuerschuld (Reverse-Charge) ist zusätzlich die Umsatzsteuer-ID-Nummer des Kunden anzugeben und auf die Anwendung des Verlagerungsverfahrens hinzuweisen („reverse charge" oder „omvendt betalingspligt").

Es existieren keine gesetzlichen Bestimmungen zu der Frage, in welcher Sprache Rechnungen zu erteilen sind. Allerdings sind die dänischen Finanzbehörden berechtigt, eine Übersetzung von Rechnungen in die dänische Sprache zu verlangen.

Rechnungen können in jeglicher Währung erteilt werden. Sofern es sich hierbei jedoch nicht um DKK oder € handelt, so ist auf die Rechnung zusätzlich die Höhe des Umsatzsteuerbetrages in DKK oder € sowie der Wechselkurs aufzunehmen. Unternehmen können wählen, ob sie den zum Leistungszeitpunkt veröffentlichten Kurs der Europäischen Zentralbank, der dänischen Nationalbank oder aber den von den dänischen Behörden für Zollwecke veröffentlichten Wechselkurs zur Währungsumrechnung verwenden wollen. Die getroffene Wahl hat der Unternehmer in seinen Büchern zu vermerken. Er ist hieran für mindestens zwei Jahre gebunden.

Für Kleinbetragsrechnungen existieren auch in Dänemark Sonderregelungen, die bis zu einem Betrag von 3.000 DKK (ca. 400 €) anwendbar sind.

Elektronische Rechnungen

In Dänemark ist die Rechnungstellung auf elektronischem Wege möglich, wenn die Authentizität und Integrität der Rechnung sichergestellt werden kann. Dies kann durch die Rechnungsstellung per EDI oder mit einer elektronischen Signatur erfolgen. Darüber hinaus werden auch andere Wege der elektronischen Rechnungstellung anerkannt. Dies gilt unter der Voraussetzung, dass durch innerbetriebliche Kontrollverfahren ein verlässlicher Prüfpfad zwischen Rechnung und Leistung sichergestellt ist. Denkbar ist somit auch beispielsweise die Rechnungstellung in Form eines PDF-Anhangs zu einer E-Mail.

Der Rechnungsempfänger muss der Rechnungstellung auf elektronischem Wege zustimmen, wobei die Zustimmung durch „konkludentes Handeln" (z. B. Zahlung der Rechnung) ausreicht.

Anzahlungen

Bei Anzahlungen hat die Besteuerung bereits zum Zeitpunkt der Zahlung des Entgeltes zu erfolgen.

Gutschriften/Self Billing

Die Abrechnung im Gutschriftverfahren ist in Dänemark möglich.

Für die Einführung des Gutschriftenverfahrens ist eine Vereinbarung zwischen den Parteien erforderlich. Eine Vereinbarung in Schriftform ist zu empfehlen. Zudem muss im Vorfeld festgelegt werden, in welcher Form der Leistende die Gutschrift nach Erhalt akzeptiert. Während der Laufzeit der Vereinbarung ist der Leistende nicht berechtigt, über Leistungen mittels Rechnung abzurechnen.

Im Fall der Ausstellung einer Gutschrift ist der Hinweis „selvfakturering" oder „self-billing" (=„Gutschrift") sowie die Umsatzsteuer-ID-Nummer des Leistungsempfängers (also des Gutschriftenerteilers) aufzunehmen.

Aufbewahrung von Unterlagen

In Dänemark sind umsatzsteuerrelevante Unterlagen fünf Jahre lang aufbewahrungspflichtig. Diese Frist verlängert sich auf zehn Jahre, sofern Grundstückstransaktionen betroffen sind.

Umsatzsteuerlich relevante Unterlagen sind grds. in Dänemark aufzubewahren. Nach vorheriger Information der Finanzbehörden ist auch eine Aufbewahrung in anderen nordischen Staaten denkbar. Sie müssen im Falle einer Prüfung kurzfristig beigebracht werden können.

Unterlagen können auch in elektronischer Form aufbewahrt werden. Voraussetzung ist, dass eine Beschreibung der hierbei verwendeten Hard- und Software und die damit in Zusammenhang stehenden Verträge und Zertifikate vorliegen. Ebenfalls muss gewährleistet sein, dass die archivierten Dokumente unveränderlich sind und jederzeit ausgedruckt werden können.

Rechnungen in elektronischer Form können ebenfalls außerhalb Dänemarks aufbewahrt werden, sofern die dänischen Finanzbehörden im Vorfeld hierüber informiert wurden. Der Aufbewahrungsort muss sich jedoch innerhalb der EU, innerhalb der nordischen Staaten oder im Fall eines Drittlands in einem Land, mit welchem Dänemark ein Rechtshilfeabkommen unterhält, befinden. Zudem muss sichergestellt sein, dass auf Anfrage jederzeit und ohne unangemessene Verzögerung der Zugriff zu diesen Rechnungen erfolgen kann.

In der Praxis können unter Umständen mit der dänischen Finanzbehörde Ausnahmeregelungen den Archivierungsort betreffend vereinbart werden.

Veranlagungsverfahren/Steuererklärungen

In Dänemark gilt der Monat als Besteuerungszeitraum, wenn der Jahresumsatz des Unternehmens 50 Mio. DKK (ca. 6,7 Mio. €) übersteigt. Monatliche Meldungen sind zum 25. Tag des Folgemonats einzureichen. Eine Ausnahme gilt in Dänemark für die Meldung für den Monat Juni. In Anbetracht der Sommerferien gilt hier eine verlängerte Abgabefrist, die von der Finanzbehörde mitgeteilt wird und die immer um den 10.8. herum endet.

Für kleine Unternehmen gelten verlängerte Abgabeperioden und -fristen: Beträgt der Jahresumsatz nicht mehr als 5 Mio. DKK (ca. 670.000 €), so ist eine halbjährliche Abgabe zugelassen. Beträgt der Jahresumsatz zwischen 5 Mio. und 50 Mio. DKK, so sind die Umsatzsteuermeldungen quartalsweise einzureichen. Bei quartalsweiser und halbjährlicher Abgabe sind die Meldungen bis zum 1. des dritten auf die Berichtsperiode folgenden Monats einzureichen.

Die Einreichung von Jahresmeldungen wie in Deutschland ist in Dänemark nicht vorgesehen.

Die Abgabe der Meldungen hat grds. auf elektronischem Wege zu erfolgen, und zwar über die Website der dänischen Finanzverwaltung:

http://www.skat.dk/SKAT.aspx?oID=199625

Die hier erforderlichen Zugangsdaten erhalten Unternehmen im Rahmen der Registrierung für Umsatzsteuerzwecke.

Eine Umsatzsteuerzahllast ist bei den Unternehmen, die ihre Meldungen halbjährlich oder quartalsweise einreichen, innerhalb von zwei Monaten fällig, nach dem die Meldung einzureichen war. Bei Monatsmeldern ist eine Zahllast direkt an dem Tag fällig, an dem die jeweilige Meldung spätestens einzureichen war. Entsteht ein Vorsteuerüberhang, so wird dieser i. d. R. zeitnah nach Einreichung der Meldung ausgezahlt. Voraussetzung ist, dass der Steuerpflichtige im laufenden Jahr und in den vorangegangenen Jahren seine Meldung ordnungsgemäß eingereicht hat. Ein „Vortrag" des Vorsteuerüberhangs zur späteren Auszahlung/Verrechnung – wie in manchen anderen Mitgliedstaaten üblich – erfolgt nicht.

Im Hinblick auf die (dänische) Einfuhrumsatzsteuer ist auf folgende Regelung hinzuweisen:

Grundsätzlich wird die Einfuhrumsatzsteuer im Rahmen der Zollanmeldung erhoben.

In Dänemark besteht allerdings die Möglichkeit des sog. „postponed accounting". Hierbei wird die Einfuhrumsatzsteuer nicht im Rahmen der Zollanmeldung erhoben und ist nicht an die Zollbehörde zu entrichten, sondern kann im Rahmen der einzureichenden Umsatzsteuererklärung des einführenden Unternehmers erklärt und abgeführt werden. Voraussetzung ist, dass der Importeur für Umsatzsteuerzwecke und als Importeur für Zollzwecke registriert ist und das sogenannte „SKAT Warranty Scheme" nutzt.

Aus dieser Regelung ergeben sich Liquiditätsvorteile.

Intrastat/Zusammenfassende Meldung

Intrastat-Meldungen sind monatlich bis zum 10. Arbeitstag des Folgemonats einzureichen.

Die maßgebenden Schwellenwerte betragen derzeit für Eingangsmeldungen 22 Mio. DKK (ca. 2,9 Mio. €) und für Ausgangsmeldungen 11 Mio. DKK (ca. 1,45 Mio. €).

Die Abgabe von Intrastat-Meldungen ist zwingend auf elektronischem Wege durchzuführen.

Zuständige Behörde:

Statistics Denmark
Sejrøgade 11
2100 COPENHAGEN
DÄNEMARK

Intrastat-Meldungen können über das Internet mithilfe einer kostenlosen Software (IDEP), die heruntergeladen werden kann, eingereicht werden, siehe *https://www.dst.dk/en/Indberet/oplysningssider/intrastat.*

Unter dieser Adresse finden sich auch weitere Informationen in englischer Sprache.

Die Zusammenfassende Meldung ist in Dänemark grds. monatlich einzureichen. Unterschreiten jedoch die innergemeinschaftlichen Warenverkäufe (ohne Umsätze für Dienstleistungen) einen Betrag von 400.000 DKK (ca. 53.300 €) pro Kalendervierteljahr (zu betrachten sind das laufende Kalendervierteljahr sowie die vier vorangegangenen), so kann die Zusammenfassende Meldung vierteljährlich eingereicht werden. Voraussetzung ist, dass der Unternehmer keine monatlichen Umsatzsteuermeldungen einreicht. Die Abgabe der Zusammenfassenden Meldung hat ebenfalls auf elektronischem Wege erfolgen, und zwar bis zum 25. des auf den maßgebenden Kalendermonat/das maßgebende Quartal folgenden Kalendermonats.

Die Zusammenfassende Meldung ist über die Homepage der dänischen Finanzbehörden einzureichen („EU salg uden moms"). Die Zugangsdaten, die der Unternehmer für die elektronische Abgabe der Umsatzsteuermeldungen erhält, sind auch hier gültig.

Registrierung

Registrierung für umsatzsteuerliche Zwecke

Unternehmer aus anderen Staaten der Europäischen Union sowie Unternehmer aus Norwegen, Island, Grönland und von den Faröern können sich entweder direkt oder über einen steuerlichen Vertreter registrieren lassen. Für in (anderen) Drittländern ansässige Unternehmer ist die Benennung eines Fiskalvertreters obligatorisch.

Der Antrag auf Registrierung muss mindestens acht Tage vor Aufnahme der Tätigkeit eingereicht werden, die zur Registrierungspflicht führt.

Zur umsatzsteuerlichen Registrierung werden die folgenden Unterlagen benötigt:

- Formular zur Anmeldung (Vordruck 40.112 – unter dem folgenden Link finden sich auch weitere Erläuterungen zum Ausfüllen des Vordrucks in englischer Sprache): *https://virk.dk/myndigheder/stat/ERST/selvbetjening/Registration_of_Non-Danish_Company__Start_-_40112/*
- Für ausländische Unternehmen mit Niederlassung in Dänemark, die sich registrieren lassen wollen, ist dieser Vordruck nicht anzuwenden. Diese haben den digitalen Service unter *www.virk.dk/virksomhed* zu nutzen.
- Gründungsunterlagen
- Jahresabschlüsse
- Unternehmerbescheinigung (also einen Nachweis über die umsatzsteuerliche Registrierung im Ansässigkeitsstaat des Unternehmers, ausgestellt durch die Steuerbehörde im Ansässigkeitsstaat, bei Ansässigkeit innerhalb der Europäischen Union versehen mit der Umsatzsteuer-ID-Nummer im Ansässigkeitsstaat (die deutschen Finanzbehörden verwenden hierfür den Vordruck UST 1 TN – Nachweis der Eintragung als Steuerpflichtiger (Unternehmer)))

Die Registrierungsunterlangen sind an *virksomhed@erst.dk* zu senden.

Zu beachten ist – ganz unabhängig von den bestehenden Verpflichtungen im Zusammenhang mit der Umsatzsteuer –, dass gegenüber dieser Behörde verschiedene weitere Angaben zu machen sind, sofern in Dänemark Dienstleistungen erbracht werden. Information hierzu finden sich unter (Seite erscheint in dänischer Sprache, jedoch kann nach Auswahl von Feldern alternativ die Darstellung in deutsch, englisch oder polnisch gewählt werden):

http://www.virk.dk/myndigheder/stat/ERST/Registrering_af_udenlandske_tjenesteydere_RUT__Registration_of_Foreign_Services_RUT.

Die dänischen Steuerbehörden können von ausländischen Unternehmen verlangen, dass sie eine Sicherheit oder eine Bürgschaft für die Abführung der Umsatzsteuer leisten. Dies wird dann verlangt, wenn die Steuerbehörde zum Registrierungszeitpunkt zu der Einschätzung gelangt, dass ohne Sicherheit oder Bürgschaft der Verlust von Steuereinnahmen wahrscheinlich ist.

Erläuterungen zum Formular „40.112" (Ausfüllen der mit * versehenen Felder verpflichtend; Erläuterungen auf diese Felder beschränkt):

Rubrik 1

Zu wählen ist die zutreffende Variante:

- die Gesellschaft hat keine Anschrift in Dänemark (nur Unternehmen im EU- oder EEA-Raum - in diesem Fall sind die Rubriken 3 und 4 nicht auszufüllen)
- die Gesellschaft hat eine feste Betriebsstätte in Dänemark wie ein Geschäft oder ein Büro (in diesem Fall ist die Rubrik 4 nicht auszufüllen)
- die Gesellschaft hat keine feste Betriebsstätte in Dänemark, jedoch eine Postanschrift (in diesem Fall ist die Rubrik 3 nicht auszufüllen, die Sektion 4 ist vollständig auszufüllen und die Kontaktperson unter der Anschrift hat unter Rubrik 16 zu unterschreiben)

Rubrik 2

Zunächst wird abgefragt, ob das Unternehmen im Heimatland für Umsatzsteuerzwecke registriert ist (ja/nein).

Anschließend sind die Kontaktdaten der Gesellschaft einzutragen, insbesondere:

- Name der Gesellschaft
- Anschrift der Gesellschaft
- Land/Länderkennung
- Nennung von Firmenkennung und Umsatzsteuer-ID-Nummer der Gesellschaft in ihrem Ansässigkeitsstaat

Rubrik 3

Bei Bestehen einer Postanschrift in Dänemark sind die entsprechenden Kontaktdaten zu nennen, insbesondere:

- Name
- Anschrift (Straße, Hausnummer, Etage)
- Postleitzahl
- Ort

Rubrik 4

Diese Rubrik ist nur auszufüllen, wenn keine Postanschrift des Unternehmens in Dänemark besteht und demnach Rubrik 3 nicht auszufüllen war.

Hier sind die Daten einer Kontaktperson in Dänemark zu nennen, insbesondere:

- Name
- Anschrift (Straße, Hausnummer, Etage)
- Postleitzahl
- Ort

Rubrik 5

Einzutragen sind Informationen zum Inhaber des Unternehmens, insbesondere

- Name
- Anschrift (Straße, Hausnummer, Postleitzahl, Ort)
- Land/Länderkennung
- Angaben zur Art der Identifikation (natürliche Personen)

Rubrik 6

Nennung der Kontaktperson des Unternehmens im Heimatstaat (Name)

Rubrik 7

leer

Rubrik 8

Informationen zur ausgeübten Tätigkeit in Dänemark

- Branche
- Tätigkeitscode (6-ziffrig, nachzuschlagen unter *https://virk.dk/myndigheder/stat/ERST/selvbetjening/Branchekode/*)

Rubrik 9

Angaben zu Beginn und Umfang der Tätigkeiten in Dänemark, insbesondere

- Datum des Tätigkeitsbeginns in Dänemark
- Aussage dazu, ob der Jahresumsatz in Dänemark weniger oder mehr als 55 Mio. DKK betragen wird

- Grund der Registrierung (sollte keine der Alternativen passend erscheinen, „VAT registration“ ankreuzen)
- Frage nach Vorhandensein einer festen Niederlassung in Dänemark oder sonstwo in der EU

Rubrik 10

Sofern Waren von Ländern außerhalb der EU nach Dänemark oder von Dänemark ins Drittland im-/exportiert werden sollen, so ist hier der geplante Beginn dieser Tätigkeiten einzutragen. Im Fall geplanter Importe ist zudem zwischen drei Varianten in Bezug auf die Zahlung der Einfuhrabgaben zu wählen. Weiterhin sind Fragen zu beantworten, die zur Klärung offener Fragen im Zusammenhang mit einer ggf. zu erteilenden EORI-Nummer beitragen.

Rubrik 11

In dieser Rubrik sind Angaben zum Zeitpunkt der Steuerpflicht, zur ersten Bilanzierungsperiode sowie dazu zu machen, was der Grund für eine Steuerpflicht in Dänemark ist.

Rubriken 12 und 13

Diese Rubriken sind auszufüllen, wenn die Gesellschaft dänische Arbeitnehmer beschäftigt.

Rubrik 14

Bei Bedarf können hier ergänzende Anmerkungen zur Registrierung getätigt werden (wenn keine der Rubriken 9 bis 13 vollständig ausgefüllt wurde).

Rubrik 15

Unterschriften des Eigentümers/des Bevollmächtigten der Gesellschaft unter Angabe von Datum und des Namens in Druckbuchstaben.

Rubrik 16

Unterschrift der Kontaktperson der Gesellschaft in Dänemark unter Angabe von Datum und des Namens in Druckbuchstaben.

Besondere Besteuerungsverfahren der „One-Stop-Shops“

Eine Registrierung für Umsätze in (anderen) EU-Staaten ist für einen Unternehmer nur dann zwingend erforderlich, wenn für seine Umsätze kein besonderes Besteuerungsverfahren (Stichwort „One-Stop-Shop“) anwendbar ist.

Mehrfach wurden bereits die „Quick Fixes" erwähnt, mit denen Anfang 2020 zahlreiche EU-einheitliche Regelungen eingeführt wurden.

Durch die „Quick Fixes" werden auch EU-weit einheitliche Regelungen zu den besonderen Besteuerungsverfahren der „One-Stop-Shops" erlassen. Diese greifen für Umsätze, die ab dem 1.7.2021 ausgeführt werden.

Die EU-einheitlichen Regelungen zu diesem Thema finden sich in den Begriffsbestimmungen.

SKATTE STYRELSEN

ERHVERVSSTYRELSEN

Registration of non-Danish company - start virk 40.112

Company registration.

Erhvervsstyrelsen
Langelinie Alle 17
DK-2100 København Ø

Mail: virksomhed@erst.dk

The * marked fields are mandatory within the section. Please fill in the form using capital letters or machine writing. Please refer to the guide when filling in this form.

This form applies to the registration of non-Danish companies, who wish to deliver services in Denmark; excluding branch offices of foreign corporations, who must use the digital service on www.virk.dk/virksomhed. Please note that enterprises possibly also should be recorded in "Directory of Foreign Service" (RUT). Read more at www.virk.dk/rut

To print this form! Please use the print/pdf icon in the upper right corner of this form.

Section 1 **Company type*** To determine the type of registration number, please select one of the following:

- ◯ The company has no address in Denmark (only companies within the EU or EEA) (skip sections 3 and 4)
- ◯ The company has a business address in Denmark, i.e. it is represented through a store, an office, shop, etc. (skip section 4)
- ◯ The company has a contact address in Denmark, i.e. it only has a postal address in Denmark (skip section 3, complete section 4 and remember that the contact person should sign the form (section 16)).

Section 2 **Company name, address, etc. in home country***

Is the company registered in the home country?* Yes ◯ No ◯

If 'Yes', please state company ID of the non-Danish company
(Include documentation, see guide)

VAT number in home country
(Include documentation, see guide)

Company name*

Phone number

Address 1*

Fax number

Address 2

Mobile number

Postcode*

City*

Email

Country*

Country code*

Section 3 **Company address in Denmark** to be completed if the company has an address in Denmark, i.e. in the form of a store, office, shop, etc.

If you complete this section, skip section 4.

Address [street name, house number, floor]*

Phone number

Postcode*

City*

Fax number

Email

Mobile number

04.2021 Side 1/5

SKATTE STYRELSEN

ERHVERVSSTYRELSEN

virk

Registration of non-Danish company - start

Section 4 **Company's contact person in Denmark** to be completed if the company has a contact address in Denmark, i.e. only a postal address **Remember to sign the form in section 16**

Name*

Phone number

Address [street name, house number, floor]*

Fax number

Post code*

City*

Mobile number

Email

Danish civil registration number (CPR) or central business registration number

Section 5 **Company owner**

Name*

Date of birth*

DD MM YY

Address 1*

Address 2

Postcode*

City*

Country*

Country code*

Civil registration number (CPR) of the person no longer living in Denmark *

Id-type (tick): ◯ Passport ◯ Other ID (state type)

ID-number * ***(include copy of ID/passport)***

Section 6 **Company's contact person in home country**

Name*

Phone number

Email

Mobile number

Section7 **Shipping address in Denmark**

(This section is no longer in use)

Section 8 **Sector**

Describe the sector/industry in which the company operates and select a sector code from the list at www.branchekode.dk (in Danish)

Sector*

Sector code (six digits)*

04.2021

Side 2/5

SKATTE STYRELSEN

ERHVERVSSTYRELSEN

virk

Registrering af udenlandsk virksomhed - start

Section 9 **VAT**

Start date for activities subject to VAT (such as first invoice or purchase) [DD | MM | YY]

* Type of VAT registration in Denmark (select only one):

- ○ Annual sales are DKK 0 – 55 million. (Quarterly settlement)
- ○ Annual sales are more than DKK 55 million. (monthly settlement)
- ○ Seasonable registration
- ○ VAT One Stop Shop in Denmark (see guide)
- ○ Non-Danish tourist busses
- ○ Distance selling
- ○ EU purchases
- ☐ VAT registration (see guide), state reason, if any: ____________________

To determine the legal framework, please answer the following questions (see the guide):

Does the company have a fixed establishment in Denmark?* Yes ○ No ○

Does the company have a fixed establishment in the EU?* Yes ○ No ○

VAT number in home country (to be completed if no VAT number).
(Include documentation, see guide)

Country ________ VAT number ____________________

Please read the guide and remember to complete and include the appendix Liable representative (form 40.117) or Non-liable representative (form 40.116)

Section 10 **Customs registration**

Starting date for first import to or export from Denmark [DD | MM | YY]

☐ Import ☐ Export

If you import goods from outside the EU, please select one of the following options for payment of customs duties:

- ○ I am going to use the imported goods immediately. For every customs clearance, 0.35% of the import and customs duties must be paid. (This is referred to as SKAT's guarantee agreement).
- ○ I am going to use the imported goods when I have paid for them in cash (no later than five days after receipt).
- ○ I am going to provide other security. This could be third-party guarantees or bank guarantees. These types of guarantee must be approved by the Danish Customs and Tax Administration before the goods are imported.

The questions below have to be answered to determine whether the company can be assigned an EORI number (see guide on Establishment)

Is the company established in another EU country than Denmark according to the EU customs rules? * Yes ○ No ○

Any existing EORI number should be stated. Remember the country code.

____

Is the company established in Denmark according to the EU customs rules?* Yes ○ No ○

Should the company name and address be included in the EORI number validation? * Yes ○ No ○

VAT numbers to be added to a Danish EORI number

Country code	VAT number	Country code	VAT number

Remember to complete and include the appendix 'Hæftende repræsentant' (Liable representative).

04.2021 Side 3/5

SKATTE STYRELSEN   ERHVERVSSTYRELSEN   virk

Registrering af udenlandsk virksomhed - start

Section 11 **Companies' tax liability to Denmark**

Date of liability to pay tax ☐☐☐ DD MM YY

Company's first accounting period: Start date ☐☐☐ DD MM YY End date ☐☐☐ DD MM YY

Reason for tax liability to Denmark * (select several if relevant)

☐ The company has a permanent establishment in Denmark
☐ The company owns property in Denmark
☐ Headquarter is located in Denmark
☐ Would like joint taxation (see guide)
☐ Other, state reason ______

Alternative address in Denmark (to be completed if sections 3 and 4 have not been completed):

C/o name, if any

______

Address [street name, house number, floor]*

______

Postcode ______ City ______

Section 12 **Payroll tax** (only for self-employed taxi drivers, financial undertakings, doctors, etc.)

Start date ☐☐☐ DD MM YY

○ Publishers or importers of newspapers
○ Tourist and information offices, lotteries, etc.
○ Other (such as dentists, teaching, private museums, private clinics, self-employed taxi drivers)
○ Insurance companies, banks and other credit and finance companies
○ NGOs, foundations, associations and independent institutions, etc.

Does the company have a fixed establishment in Denmark?* Yes ○ No ○

If 'No', please remember to complete and enclose the Danish-language appendix 'Hæftende repræsentant' (Liable representative)

Section 13 **Employees** Settlement of Danish employees' A-tax, ATP, etc.

When was the first employee hired? ☐☐☐ DD MM YY

○ A-tax and labour market contributions (AM-bidrag)
☐ Labour market supplementary pension (ATP) contributions (see guide)
☐ Tax-free net salary
○ Payment of B-income, monthly
○ Payment of B-income, sporadic

To determine the legal framework, please answer the following questions (see the guide):

Does the company have a permanent establishment in Denmark?*

Yes ○ No ○

Is the company's address registered outside the EU, the Faroe Islands, Greenland, Iceland or Norway?*

Yes ○ No ○

If the business does not have a permanet establishment i Denmark, please complete and submit "registration of Compayny" Appendix 40.114. Read more in the guide.

04.2021   Side 4/5

SKATTE STYRELSEN

ERHVERVSSTYRELSEN

Registrering af udenlandsk virksomhed - start

virk

Section 14 **Reason for registration in Denmark (can only be completed if none of the sections from 9 to 13 have been completed)**

Any other comments relevant to this registration

Section 15 **Signature(s)*** Signature(s) of owner(s)/authorised officers

I hereby declare that the signatures are correct.

Date	Name (in capital letters)	Signature

Section 16 **Signature** Danish contact person

The undersigned Danish contact person hereby declares that he/she represents the non-Danish company in accordance with existing legislation.

Date	Name (in capital letters)	Signature

04.2021

Side 5/5

Finnland

Allgemeines

Die finnische Umsatzsteuer (Arvonlisäverso – AVL) entspricht in wesentlichen Punkten den Vorgaben der gemeinsamen EG-Richtlinien. Dennoch ergeben sich in einigen Punkten bzw. Auslegungen Unterschiede, die nachfolgend erläutert werden.

Unternehmer/Organkreis

Der Unternehmerbegriff entspricht der Definition laut EG-Richtlinie.

Eine Gruppenbesteuerung/Organschaft ist möglich und erfolgt auf Antrag. Allerdings ist diese Möglichkeit grds. auf Unternehmen beschränkt, die überwiegend steuerfreie Leistungen im Finanz- oder Versicherungssektor ausüben. Gesellschaften, die steuerpflichtige Tätigkeiten ausüben, können nur unter der Voraussetzung in die Gruppenbesteuerung/Organschaft einbezogen werden, dass die Mehrheit ihrer Stimmrechte von Gesellschaften im Finanz- oder Versicherungssektor gehalten werden. Zudem ist das Bestehen wirtschaftlicher, finanzieller und organisatorischer Verbundenheit zwischen den Unternehmen erforderlich.

Nicht-Unternehmer müssen sich registrieren lassen, wenn die Erwerbschwelle (für den Bezug aus anderen EU-Staaten) den Wert von 10.000 € übersteigt.

Die zu einer Registrierung führende Lieferschwelle (Versandhandelsumsätze) für nicht im Land ansässige Unternehmer betrug bis zum 30.6.2021 35.000 €. Zum 1.7.2021 sind die Versandhandelsregelungen durch die Regelungen zum Fernverkauf ersetzt worden. Die individuellen Schwellenwerte je EU-Staat wurden durch einen EU-weiten Schwellenwert für Fernverkäufe von 10.000 € (für Umsätze in allen EU-Staaten zusammen; berücksichtigt werden auch Umsätze aus Telekommunikations-, Rundfunk- und elektronischen Dienstleistungen an Nicht-Unternehmer) ersetzt. Um lokale Registrierungen zu vermeiden ist der Mini-One-Stop-Shop durch den erweiterten One-Stop-Shop bzw. Import-One-Stop-Shop ersetzt worden. Einzelheiten finden sich im Kapital „Begriffsbestimmungen".

Lieferung/sonstige Leistung

Die Definitionen der Begriffe Lieferungen und sonstige Leistungen sind in Finnland grds. die gleichen wie in der MwStSystRL. Danach setzt eine Lieferung die Verschaffung der Verfügungsmacht voraus. Auch im finnischen Umsatzsteuerrecht ist der Begriff der sonstigen Leistung negativ definiert, d. h., dass alle steuerbaren Vorgänge, die nicht als Lieferungen gelten, sonstige Leistungen sind.

Werklieferung/Werkleistung/Bauleistung

Eine Lieferung zuzüglich Montage wird auch in Finnland als Werklieferung angesehen. Als Ort der Lieferung bei Werklieferungen ist in Finnland der Ort der Übergabe des fertigen Werkes festgelegt. Daher unterliegt jede in Finnland erbrachte Werklieferung der finnischen Umsatzsteuer.

Das finnische Umsatzsteuerrecht sieht Sonderregelungen vor, wenn es sich um eine Bauwerklieferung handelt.

Verlagerungsverfahren/Reverse-Charge

Als Ort der Lieferung bei Werklieferungen ist auch in Finnland der Ort der Übergabe des fertigen Werkes festgelegt. Dadurch wird grds. jeder Unternehmer, der in Finnland Werklieferungen erbringt, in Finnland umsatzsteuerpflichtig. Um jedoch Registrierungen für Umsatzsteuerzwecke bei einmaligen Vorgängen zu vermeiden, kann die Steuerpflicht auf den in Finnland ansässigen Abnehmer verlagert werden, wenn dieser als Unternehmer in Finnland zur Umsatzsteuer registriert ist.

Sofern eine oder mehrere aufeinander folgende Bau- oder Montagetätigkeiten den Zeitraum von neun Monaten überschreiten, entsteht umsatzsteuerlich eine Betriebsstätte.

Seit dem 1.4.2011 gilt auch in Finnland ein generelles Reverse-Charge-Verfahren für bestimmte Bauleistungen. Betroffen sind Bauleistungen im engeren Sinne, d. h. die Erstellung von beispielsweise Produktionsanlagen gilt nicht als Bauleistung. Außerdem muss es sich bei dem Kunden um einen Unternehmer aus dem Bausektor handeln. Das Reverse-Charge-Verfahren gilt auch dann, wenn es sich um einen bisher nicht registrierten Leistungsempfänger handelt. Bezieht dieser eine Bauleistung und ist „Bauunternehmer“, dann besteht eine Registrierungspflicht. Anders als in Deutschland unterliegt auch die Personalgestellung an einen Bauunternehmer dem Reverse-Charge-Verfahren. Im Bereich der Bauleistungen bestehen umfangreiche Meldeverpflichtungen.

Die o. g. Neunmonatsregel gilt offensichtlich trotzdem und kann somit zu Registrierung unter Anwendung des Reverse-Charge-Verfahrens (ausgangsseitig) führen.

Die Lieferung von Metallschrott und die Veräußerung von Emissionsrechten unterliegen ebenfalls dem Reverse-Charge-Verfahren.

Konsignationslager/Call-off stock

Zum 1.1.2020 traten die sogenannten „Quick fixes“ in Kraft, die u. a. eine EU-weite Vereinfachung der Konsignationslagerregelung vorsehen, mit dem Ziel, dass sich der

Inhaber des Konsignationslagers im EU-Lagerstaat nicht steuerlich registrieren lassen muss. Die EU-einheitlichen Regeln finden sich in dem Kapital „Begriffsbestimmungen“.

Findet die Vereinfachungsregelung keine Anwendung, weil der Lieferant beispielsweise das notwendige Register nicht führt und/ oder andere Formalien nicht erfüllt werden, wie die Nicht-Eintragung der Verbringung in die Zusammenfassende Meldung, dann wird eine Registrierung notwendig.

In diesem Fall gelten die Lieferungen auf das Lager in Finnland als Verbringungen, die einer innergemeinschaftlichen Lieferung gleich gestellt sind. Den in Deutschland steuerfreien Verbringungen steht in Finnland ein innergemeinschaftlicher Erwerb gegenüber, für den Erwerbsteuer anzumelden ist. Die Lieferungen aus dem Konsignationslager an den Kunden werden als Inlandsumsatz innerhalb Finnlands betrachtet und sind zuzüglich finnischer Umsatzsteuer abzurechen.

Steuerbefreiungen

Das finnische Umsatzsteuergesetz sieht u. a. Umsatzsteuerbefreiungen (bzw. einen Steuersatz von 0 %) für die folgenden Lieferungen bzw. Leistungen vor:

- Ausfuhrlieferungen
- Innergemeinschaftliche Lieferungen
- bestimmte Finanzdienstleistungen
- Verkauf und Vermietung von Grund und Boden, Gebäuden

Das finnische Umsatzsteuerrecht kennt – wie das deutsche Recht auch – die Möglichkeit des Verzichtes auf die Steuerfreiheit bei der Vermietung von Grundstücken. Bei der Veräußerung von Grundstücken und bei Finanzdienstleistungen ist eine Option hingegen nicht möglich.

Steuersätze

Im finnischen Umsatzsteuergesetz gibt es folgende Steuersätze:

- Normalsteuersatz (seit 1.1.2013) 24 %
- ermäßigter Steuersatz (seit 1.1.2013) 14 %
- Niedrigsteuersatz (seit 1.1.2013) 10 %

Dem ermäßigten Steuersatz bzw. dem Niedrigsteuersatz unterliegen u. a. die Lieferungen von Lebensmitteln, Medikamenten, die Personenbeförderung und Übernachtungsleistungen.

Bemessungsgrundlage

Als Bemessungsgrundlage zur Ermittlung der finnischen Umsatzsteuer gilt – entsprechend den Vorgaben der MwStSystRL – alles, was der Leistungsempfänger aufwendet, um die Leistung zu erhalten.

Im Falle eines Forderungsausfalles des Kunden kann eine Minderung des Entgeltes – und dem folgend eine Umsatzsteuerkorrektur – erfolgen. Der leistende Unternehmer muss nachweisen, dass die Eintreibung der Forderung erfolglos versucht worden ist.

Vorsteuerabzug

Grundvoraussetzungen für die Inanspruchnahme des Vorsteuerabzugs sind:

- der Unternehmer muss eine Lieferung oder Leistung für sein Unternehmen bezogen haben
- die Lieferung oder Leistung muss von einem anderen Unternehmer ausgeführt worden sein und
- der leistende Unternehmer muss eine ordnungsgemäße Abrechnung mit offen ausgewiesener Umsatzsteuer erstellt haben

Nicht oder nur teilweise abzugsfähig sind die folgenden Vorsteuerbeträge:

- Repräsentationskosten
- PKW-Kosten

Rechnungsbestandteile

In den Rechnungen sind grds. folgende Angaben zwingend vorgeschrieben:

- Name und Anschrift des Leistenden
- Umsatzsteuer-ID-Nummer des Leistenden
- Name und Anschrift des Kunden
- Rechnungsdatum
- Fortlaufende Rechnungsnummer
- Leistungszeitpunkt/Lieferzeitpunkt
- Leistungsbeschreibung
- Nettobetrag
- der Umsatzsteuersatz
- der Umsatzsteuerbetrag

- Hinweis auf vereinbarte Minderung des Entgelts
- ggf. Hinweis auf eine Steuerbefreiung
- Bei steuerfreien innergemeinschaftlichen Lieferungen von Finnland in andere EU-Staaten der Hinweis:

HINWEIS:

„VAT exempt EC-delivery".

Zusätzlich ist bei innergemeinschaftlichen Lieferungen ex Finnland die Umsatzsteuer-ID-Nummer des Kunden aufzunehmen

Im Falle einer Verlagerung der Umsatzsteuerschuld (Reverse-Charge) ist zusätzlich die Umsatzsteuer-ID-Nummer des Kunden anzugeben und auf die Anwendung des Verlagerungsverfahrens hinzuweisen:

HINWEIS:

„VAT to be paid by the cocontractor".

Rechnungen in Fremdwährungen sind mit den in Finnland veröffentlichten amtlichen Tageskursen der Zentralbank Finnlands oder der Europäischen Zentralbank umzurechnen.

Für Rechnungen bis zu einem Bruttobetrag von 400 € gelten Vereinfachungen. Anzugeben sind lediglich:

- Rechnungsdatum
- Name des Leistenden
- Umsatzsteuer-ID-Nummer des Leistenden
- Leistungsbeschreibung
- der Umsatzsteuerbetrag oder der Nettobetrag je Steuersatz

Umfangreiche Informationen rund um das Thema Rechnungsstellung finden sich in englischer Sprache auf der offiziellen Webseite der finnischen Finanzverwaltung (*https://www.vero.fi/en/detailed-guidance/guidance/48090/vat-invoice-requirements2/*).

Elektronische Rechnungen

Im Zuge der neuen Rechnungsstellungsvorschriften der EU hat auch Finnland die Regelungen angepasst. Die Übermittlung von elektronischen Rechnungen möglich, wenn die Echtheit der Herkunft und die Unversehrtheit der Daten gewährleistet ist.

Die Zustimmung des Rechnungsempfängers ist erforderlich.

Gutschriften/Self Billing

Für die Einführung eines Gutschriftverfahrens ist eine Vereinbarung zwischen den Parteien erforderlich. Wie seit 2013 in Deutschland auch muss eine Gutschrift als solche bezeichnet werden.

Aufbewahrung von Unterlagen

Die Buchführungsunterlagen sind in Finnland sechs Jahre aufzubewahren. Vorsteuerbelege müssen im Original aufbewahrt werden.

Alle Unterlagen dürfen auch außerhalb Finnlands aufbewahrt werden, müssen jedoch im Fall einer Steuerprüfung kurzfristig vorgelegt werden können.

Die gleichen Regelungen gelten auch für elektronisch aufbewahrte Belege, wenn diese für die Finanzverwaltung von Finnland aus zugänglich sind.

Veranlagungsverfahren/Steuererklärungen

In Finnland müssen die Umsatzsteuer-Voranmeldungen monatlich (bis zum 12. Tag des dem Kalendermonat nachfolgenden zweiten Monats) abgegeben werden. In Einzelfällen ist auch eine quartalsweise oder jährliche Abgabe möglich.

Eine elektronische Meldung über das Portal MyTax der finnischen Finanzbehörde ist seit 2017 zwingend vorgeschrieben.

Erstattungsansprüche werden grds. ausgezahlt oder gegen andere Steuerschulden aufgerechnet. Nur auf Antrag erfolgt statt Auszahlung ein Vortrag.

Seit dem 1.1.2018 ist es möglich Einfuhrumsatzsteuer nicht mehr an die zuständige Zollbehörde zu bezahlen, sondern im Rahmen der Umsatzsteuermeldung zu berücksichtigen. Generell kann die Einfuhrumsatzsteuer in derselben Meldung als Vorsteuer abgezogen werden.

IntraStat/Zusammenfassende Meldung

IntraStat-Meldungen sind bis zum 10. Tag des Folgemonats einzureichen, wenn der Schwellenwert von 800.000 € für Eingangs- und 800.000 € für Ausgangsmeldungen überschritten wird.

Die monatliche Meldung über die innergemeinschaftlichen Lieferungen ist bis zum 20. Tag des Folgemonats einzureichen. In Finnland müssen keine Nullmeldungen eingereicht werden. Die Meldung der EU-Dienstleistungen kann im Rahmen der monatlichen Meldung der Lieferungen erfolgen.

Eine elektronische Meldung ist verpflichtend. Nur im Ausnahmefall erlaubt die finnische Finanzverwaltung eine Meldung per Papier. Unternehmer, die ohne Genehmigung trotzdem per Papier Zusammenfassende Meldungen einreichen oder Meldungen nicht, zu spät oder mit gegenüber der Umsatzsteuermeldung abweichenden Werten abgeben, riskieren eine Strafe bis zu 1.700 €.

Registrierung

In der EU ansässige Unternehmer können einen Fiskalvertreter bestellen oder sich direkt registrieren lassen.

Für Unternehmer aus Drittländern ist die Benennung eines Fiskalvertreters obligatorisch.

Die umsatzsteuerliche Registrierung erfolgt für juristische Personen bei:

PRH-Verohallinto
Business Information System
PO Box 2000
FI-00231 HELSINKI
FINLAND

und für Personengesellschaften und Einzelunternehmer bei

Helsinki Area Tax Office
Rajatorpantie 8 A, Vantaa
P.O. Box 400, 00052 VERO, Finland

Zur umsatzsteuerlichen Registrierung in Finnland werden folgende Unterlagen/Informationen benötigt:

- Formular Y 1 für juristische Personen
- Formular Y 2 für Personengesellschaften
- ggf. Vollmacht ausgestellt auf den steuerlichen Vertreter
- Gesellschaftsvertrag, Satzung
- Beglaubigter Handelsregisterauszug
- Beschreibung der Tätigkeiten:
  - Beginn und Dauer der Tätigkeit in Finnland
  - Art der beabsichtigten Tätigkeit
  - Ansprechpartner für Steuerfragen

Anmerkungen:

Der HR-Auszug soll den Namen der Gesellschaft, den Sitz, das Tätigkeitsgebiet, den Geschäftsjahreszeitraum und die Vertretungsvollmacht enthalten. Sofern die Angaben nicht dem HR-Auszug zu entnehmen sind, muss ein beglaubigter Auszug aus der Satzung beigefügt werden.

Der HR-Auszug (die Satzung) sollte ins Finnische oder Schwedische übersetzt werden. Eine englische Übersetzung wird üblicherweise ebenfalls akzeptiert, jedoch muss dann mit Verzögerung der Registrierung gerechnet werden.

Die Formulare und eine ausführliche Ausfüllanleitung finden sich in englischer Sprache auf der Webseite *https://www.ytj.fi/en/index/notifications/start-upnotifications/foreignbusiness.html*.

Bei den zum 1.7.2021 neu eingeführten Regelungen zu den Fernverkäufen können lokale Registrierungen in den einzelnen EU-Ländern durch Anwendung des One-Stop-Shop bzw. Import-One-Stop-Shop vermieden werden (siehe Kapital „Begriffsbestimmungen").

THE BUSINESS INFORMATION SYSTEM

For official use
/

START-UP NOTIFICATION

Limited companies, co-operatives, savings banks, foundations and other organisations

Y1

YTJ 10011

This form is for having your enterprise entered in the Trade Register, Foundation Register, VAT Register, Prepayment Register, Employer Register and the Register of payers of tax on insurance premiums.

Please, send the completed form to: PRH - Verohallinto, Yritystietojärjestelmä, PL 2000, 00231 HELSINKI

Name of enterprise or organisation	
Company Name (treated as a suggested name until the Trade Register has approved it)	Language
	☐ Finnish ☐ Swedish
Alternative Company Name 2	Alternative Company Name 3

Requesting registration in (complete pp. 3–4 to give details to the Tax Administration)	
☐ The Trade Register (enclose receipt proving you paid the fee)	☐ Register of Foundations

Trade register: Accelerated processing request (does not apply to changes of addresses and contact details).
We normally process the completed application forms on a first come, first served basis. **Exceptions can only be made for a valid reason.** Requests for accelerated processing cannot always be granted.

☐ Tick this box if you are asking for registration by a desired date. **Note:** enclose a separate letter to give your reasons for this.

Domicile	
Municipality	Country of residence (if not Finland)

Other company names (fill in if needed)	
Parallel names (translations of the company name into foreign languages)	
Auxiliary Name	Description of activities under this Auxiliary Name
Auxiliary Name	Description of activities under this Auxiliary Name

Address information for public use at PRH and the Finnish Tax Administration (postal or street address is mandatory)

c/o (postal address)	c/o (street address)

Postal address (street or road)	Building no	Entrance no	Apartment no	PO Box no	Postal code	Town or City

Street address (street or road)	Building no	Entrance no	Apartment no	Postal code	Town or City

e-mail	Telephone	Website

The accounting period begins on the day the company is established, or the day when business in Finland is started (foreign companies). If you conducted business prior to the date, see the guidance for completing this form.

	dd.mm.yyyy		dd.mm.yyyy
Date of establishment or start date of business in Finland		End date of the first accounting period (max. 18 months)	

The next accounting period (length = one year) starts automatically after the first.

YTJ 1001e 1.2019

Basic section, page 1 (4)

Y1

☐ The company is to continue the trade or business of the previous company (e.g. a private trader becomes a limited partnership), see instructions. Complete the Personal Data Form.

Name of the previous company	Business ID

Main sector (line of business) to be declared to Tax Administration (five-digit TOL 2008 code. For more information, visit website of Statistics Finland.)

Type of enterprise (Please complete the mandatory appendix form applicable to your enterprise)

- ☐ Limited company (private limited company)
- ☐ Public limited company
- ☐ Co-operative
- ☐ Foundation
- ☐ Branch of a foreign enterprise
- ☐ Foreign company
- ☐ Other type, please specify ____________

YTJ 10012

Enclosures: select at least one, as appropriate for your legal entity form

- ☐ **1** **Limited company or public limited company**
- ☐ **2** **Cooperative or cooperative bank**
- ☐ **3** **Branch of a foreign enterprise**
- ☐ **4** **Mutual insurance company, public mutual insurance company or insurance association**
- ☐ **5** **Right-of-occupancy association, resident administered area, European economic interest grouping or branch of an interest grouping located in Finland but registered in another country, mortgage society savings bank or state public enterprise**
- ☐ **11A** **Foundation (under Act 487/2015 on Foundations)**

Enclosures for the Tax Administration

- ☐ **6204** **Registration of a foreign enterprise**

Who can provide further information about this notification; an individual, an accounting firm etc.?

Name		
Postal address	Postal code	Town or City

Telephone	e-mail

Date and signature

Date	Signature and printed name	Telephone

Privacy statement: For the information referred to by Art. 13 and 14 of the EU General Data Protection Regulation on the registrations made on the basis of this form, visit ytj.fi or contact the Finnish Patent and Registration Office or the Tax Administration.

YTJ 1001e 1.2019

Basic section, page 2 (4)

VERO SKATT

REGISTRATION OF A FOREIGN ENTERPRISE
Enclosure to Y1 and Y2 Forms

Company

Company name		Confirm your language selection - English
		☐ Yes
Foreign registration number or company ID	Foreign VAT number	Foreign Tax Identification Number (TIN)

Postal address to be given to the Tax Administration use only (not publicly displayed at www.ytj.fi)

Postal address (street or road)			Building no	Entrance no	Apartment no
PO Box no	Postal code	Town or City	Country		

Bank account number

IBAN	BIC

Registration for VAT (value added tax)

Company is required to register for VAT (see instructions, p. 10 to 11)	as of (dd.mm.yyyy)

☐ For a business operation (e.g. fixed establishment for VAT purposes)

☐ Only to submit information regarding intra-Community supplies and acquisitions (See instructions, p. 10 to 11)

☐ For distance sales of goods to consumers in Finland, threshold exceeded on the start date (§ 63 a and §69 m, VAT Act)

Applying for a VAT liability

Company applies for VAT liability on a voluntary basis (see instructions, p. 12 to 13)	as of (dd.mm.yyyy)

☐ Apply voluntarily for VAT liability for sales to VAT registered buyers in Finland (under § 12.2, VAT Act)

☐ Letting of immovable property (under § 12 and § 30, VAT Act. Rental contract must be enclosed).

☐ For distance sales of goods to consumers in Finland, staying below the threshold (§ 63 a and § 69 m, VAT Act)

62041

Prepayment registration

	as of (dd.mm.yyyy)
Requesting entry in the Prepayment Register (§ 25, Prepayment Act) (Earliest possible date of registration is the date of arrival of the completed form.)	

Payroll

	as of (dd.mm.yyyy)
Registrering as an employer paying wages on a regular basis	

Insurance premiums

	as of (dd.mm.yyyy)
Registrering as liable to pay tax on insurance premiums	

Tax period of self assessed taxes

If turnover (=net sales) does not exceed €100,000 per year, you have the option to report and pay VAT, payroll withholding, employer's social security and source tax in quarter-year periods. If it does not exceed €30,000, VAT can be filed and paid by calendar year, and other self-assessed taxes quarterly. Please note that 'turnover' also includes the company's foreign selling.

☐ Sales for calendar year is €30,000 max.

☐ Sales for calendar year is from €30,001 to €100,000

☐ Sales for calendar year is higher than €100,000

Desired length of tax period – VAT

☐ year

☐ quarterly

☐ monthly

Desired length of tax period – employer contributions

☐ quarterly

☐ monthly

The Tax Administration will decide on the length of the period and inform you in writing.

VEROH 6204e 1.2019

VERO SKATT

REGISTRATION OF A FOREIGN ENTERPRISE
Enclosure to Y1 and Y2 Forms

Description of business conducted in Finland

What kind of operations does the company have in Finland?

Fill in this section if the company has building or installation operations in Finland

Name of customer	Business ID	Object	Duration (dd.mm.yyyy–dd.mm.yyyy)

If the company performs building, installation or assembly work, is the duration of a project, or several consecutive projects, longer than 9 months ☐ Yes ☐ No

Does your company have

An office or workshop	Sales office in Finland	A warehouse	Other outfit
☐ Yes ☐ No	☐ Yes ☐ No	☐ Yes ☐ No	☐ Yes, what ☐ No

Number of employees in Finland	Do your employees stay longer than 6 months in Finland?
☐ 0 ☐ 1 ☐ 2–5 ☐ over 5	☐ Yes ☐ No

Please describe the duties (such as sales or marketing management) of the company employees in Finland

Does your company have a physical person/legal person in Finland with authority to process commercial orders or to sign contracts

☐ Yes ☐ No

Do any company directors live in Finland permanently	Where are significant decisions concerning the company made?
☐ Yes ☐ No	☐ Country of domicile ☐ In Finland ☐ Elsewhere

62042

To whom does your company sell goods in Finland?

☐ Consumers ☐ Companies registered for VAT in Finland ☐ Others

To whom does your company sell services in Finland?

☐ Consumers ☐ Companies registered for VAT in Finland ☐ Others

What activities does your company have? (For more information, please see instructions.)

Intra-Community sales from Finland	Intra-Community purchases to Finland	Export transactions from Finland
☐ Yes ☐ No	☐ Yes ☐ No	☐ Yes ☐ No

Estimated investment volume during the first accounting period in Finland ________ €

Additional information

Mandatory enclosures		**Other enclosures added as necessary**
☐ Trade Register extract from country of domicile	☐ Translation of the trade register extract (into English, Finnish or Swedish)	☐ Power of attorney
☐ Photocopy of construction contract	☐ Photocopy of employee leasing contract	☐ Photocopy of rental contract (§ 12 and §30, VAT Act)

Date and signature

Date	Signature and printed name (enclose a Power of Attorney as necessary)

VEROH 6204e 1.2019

PRH PATENTTI- JA REKISTERIHALLITUS

Lopettamisilmoitus

Liite lomakkeeseen Y4

Lomakkeella ilmoitetaan kaikkien yritysmuotojen purkautuminen tai elinkeinotoiminnan lakkaaminen, ei kuitenkaan yksityisen elinkeinonharjoittajan tai avoimen/kommandiittiyhtiön.

15

TOIMINIMI	Y-TUNNUS

SELVITYSTILA
Lopputilityksen hyväksymispäivä yhtiökokouksessa

KIRJANPITOAINEISTO (Kirjanpitolaki 2 luku 10 §)		
Nimi (Kirjanpitoaineiston säilyttäjä lopettamisen jälkeen)		
Postiosoite	Postinumero	Postitoimipaikka

LISÄTIETOJA

Tällä ilmoituksella yritys poistetaan kaupparekisteristä. Rekisteriotteelle tulee merkintä "yhteisön purkautumisesta" (esim. osakeyhtiö, osuuskunta) tai "elinkeinotoiminnan lakkaamisesta" (esim. sivuliike) riippuen siitä, mikä yritysmuoto on kysymyksessä. Kaupparekisteriin ei voi ilmoittaa toiminnan väliaikaisesta lopettamisesta, vaan yritys poistetaan kokonaan rekisteristä.

Lisäohjeita: www.prh.fi

PRH-Verohallinto, Yritystietojärjestelmä | PL 2000, 00231 Helsinki | Asiakaspalvelunumero/kaupparekisteri: 029 509 5050 | www.ytj.fi
Kaupparekisterin liitelomake 15, sivu 1 (1)

VERO SKATT

Send completed form to:
Finnish Tax Administration
OCR of self-assessed tax returns
PO Box 5000
00053 VERO

SELF-ASSESSED TAX RETURN

If you are correcting an earlier filing, please resubmit the entire section, e.g. the entire VAT section with correct amounts in full.

Do not send any enclosures with this tax return.

Taxpayer's name (VAT-liable party's name)	Business ID or personal identity code

40011

VALUE ADDED TAX

Tax period	Year	
	€	c
Tax on domestic sales by tax rate 24 % tax		
14 % tax		
10 % tax		
Tax on goods purchased from other EU Member States		
Tax on services purchased from other EU Member States		
Tax on imports of goods from outside the EU		
Tax on purchases of construction services and scrap metal (reverse charge)		
Tax deductible for the tax period		
Amount of VAT relief		
Tax payable		
Negative tax that qualifies for refund (–)		

	€	c
Turnover taxable at zero VAT rate		
Sales of goods to other EU Member States		
Sales of services to other EU Member States		
Purchases of goods from other EU Member States		
Purchases of services from other EU Member States		
Imports of goods from outside the EU		
Sales of construction services and scrap metal (reverse charge)		
Purchases of construction services and scrap metal (reverse charge)		

For taxpayers within the VAT relief scheme	€	c
Turnover that qualifies for VAT relief		
Tax that qualifies for VAT relief		

REASON FOR CORRECTION

Fill in only if you are correcting previously filed information.

- ☐ Miscalculation/entry error
- ☐ Guidance received during tax audit
- ☐ Change in legal praxis
- ☐ Error in interpretation of the law

LEAVE THIS PAGE BLANK IF YOU ONLY REPORT DETAILS ON PENSIONS, SOCIAL BENEFITS OR OTHER SELF-ASSESSED TAXES.

Date	Signature and printed name	Telephone

VEROH 4001e 1.2021 (page 1/2)

VERO SKATT

Send completed form to:
Finnish Tax Administration
OCR of self-assessed tax returns
PO Box 5000
00053 VERO

SELF-ASSESSED TAX RETURN

If you are correcting an earlier filing, please resubmit the entire section, e.g. the entire VAT section with correct amounts in full.

Do not send any enclosures with this tax return.

Taxpayer's name (Payer's name)	Business ID or personal identity code

PAID PENSIONS AND SOCIAL BENEFITS

This form is only for reporting the benefits not reportable to the Incomes Register and paid after 1 January 2021, and for submitting information on pensions that a natural person pays to a pensioner.
Employer's contributions relating to wages and "trade income", paid after 1 January 2019, must be reported to the Incomes Register.

Tax period	Year

	€	c
Pensions and benefits subject to withholding		
Tax withheld		

	€	c
Paid benefits taxable at source		
Tax withheld at source		

40012

INFORMATION ON OTHER SELF-ASSESSED TAXES

Enter the code (only number) for the type of tax, the tax period and year, and the amount of tax payable. The codes are:

10 Lottery tax
16 Tax on insurance premiums
24 Amount withheld from purchase price for timber (reported by the buyer)
68 Amount withheld from interest and shares
92 Amount withheld from dividends and cooperative surplus
39 Tax withheld at source from dividends and cooperative surplus (paid to nonresidents)
69 Tax withheld at source from interest income (paid to nonresidents)
84 Tax withheld at source from interest income (of residents)

Tax type code	Tax period	Year	Tax payable	
			€	c

LEAVE THIS PAGE BLANK IF YOU ARE NOT REPORTING DETAILS ON PENSIONS, SOCIAL BENEFITS OR OTHER SELF-ASSESSED TAXES.

Date	Signature and printed name	Telephone

VEROH 4001e 1.2021 (page2/2)

VERO SKATT

Tax Administration
OCR service of self-assessed tax returns
PO Box 5000
00053 VERO

VAT RECAPITULATIVE STATEMENT

Name	Business ID	Month	Year

Country code	Buyer's VAT Number	Selling of goods €	c	Selling of services €	c	VAT Triangulation €	c
Sales of goods and services in the EU, total							

Date	Signature and printed name	Telephone

VEROH 9633e 1.2017/2

96331

Frankreich

Allgemeines

Die französische Umsatzsteuer (Taxe à la Valeur Ajoutée – TVA) wird gemäß den EU-weit gültigen Vorschriften der MwStSystRL erhoben.

Die französische Umsatzsteuer ist im französischen Code Géneral des Impôts (CGI) in den Art. 256 bis 298 geregelt. Die Regelungen gelten auch im Fürstentum Monaco, das zum Gemeinschaftsgebiet der EU gehört, sowie in den überseeischen Départements (Guayana, Martinique, Réunion, Guadeloupe), die jedoch nicht zum Gemeinschaftsgebiet der EU gehören. Martinique und Guadeloupe bilden ein gemeinsames Steuergebiet. In Französisch-Guyana und Mayotte wird keine Umsatzsteuer erhoben.

Unternehmer

Der Unternehmerbegriff entspricht der Definition laut MwStSystRL, so dass es seit Januar 2023 für in Frankreich ansässige Unternehmer möglich ist, eine Umsatzsteuergruppe/Organschaft zu bilden. Voraussetzung für das Bilden einer Umsatzsteuergruppe sind die finanzielle, organisatorische und wirtschaftliche Verbindung der Unternehmen. Auch französische Niederlassungen von ausländischen Unternehmen können Teil einer Umsatzsteuergruppe sein. Anders als in Deutschland muss die Gruppenbesteuerung bis Ende Oktober für das Folgejahr beantragt werden und gilt dann für mindestens drei Jahre. Umsätze innerhalb der Gruppe sind nicht steuerbar.

Abhängig von der Art des Unternehmens (Gewerbe, Freiberufler, Gastronomie) gelten unterschiedliche Umsatzgrenzen für in Frankreich ansässige Kleinunternehmer mit einem Umsatz von weniger als 85.800 € im Jahr bei Warenlieferungen bzw. weniger als 34.400 € für Dienstleistungen. Kleinunternehmer müssen in ihren Rechnungen darauf hinweisen, dass die von ihnen erbrachten Leistungen nicht der Umsatzsteuer unterliegen:

TVA non applicable - article 293 B du CGI.

Ausländische Unternehmer müssen sich in Frankreich umsatzsteuerlich registrieren lassen, sobald Leistungen erbracht werden, für die die Steuerschuld nicht im Rahmen des Reverse-Charge-Verfahrens auf den Kunden verlagert werden kann, es gilt keine Umsatzgrenze.

Lieferung/sonstige Leistung

Die Definition der Begriffe Lieferung und sonstige Leistung entspricht in Frankreich grds. denen der MwStSystRL. Danach setzt eine Lieferung die Verschaffung der Verfügungsmacht an einem Gegenstand voraus.

Der Ort der Lieferung liegt dann in Frankreich, wenn sich der verkaufte Gegenstand zum Zeitpunkt der Verschaffung der Verfügungsmacht in Frankreich befindet oder die Beförderung oder Versendung des Gegenstands in Frankreich beginnt.

Auch im französischen Umsatzsteuerrecht ist der Begriff der sonstigen Leistung negativ definiert, d. h. alle steuerbaren Vorgänge, die nicht als Lieferungen gelten, sind sonstige Leistungen.

Die Vorschriften zur Bestimmung des Ortes der sonstigen Leistung entsprechen den seit 1.1.2010 EU-weit gültigen Regeln. Eine sonstige Leistung, die an einen Unternehmer erbracht wird, gilt somit grds. als dort ausgeführt, wo der empfangende Unternehmer seinen Sitz hat. Ausnahmen von diesem Grundsatz existieren bei

- sonstigen Leistungen im Zusammenhang mit einem Grundstück,
- Personenbeförderungen,
- Restaurationsleistungen
- und der kurzfristigen Vermietung von Beförderungsmitteln.

Obwohl in Frankreich strenggenommen für Unternehmer keine abweichenden Regelungen hinsichtlich der Bestimmung des Leistungsortes (Use and Enjoyment) eingeführt wurden, ergibt sich aus einigen Erlassen der Finanzverwaltung, dass in den folgenden Fällen keine Steuerschuld in Frankreich entsteht, wenn die Leistung tatsächlich im Drittland erbracht wurde:

- Transportdienstleistungen inkl. Be- und Entladung,
- Lagerung von Waren im Drittland,
- Reparatur und Bearbeitung von beweglichen Gegenständigen im Drittland, wenn diese beim Import der französischen Umsatzsteuer unterliegen.

Werklieferung/Werkleistung/Bauleistung

Eine Lieferung zuzüglich Montage wird auch in Frankreich als einheitliche Werklieferung angesehen.

Übereinstimmend mit der MwStSystRL ist auch im französischen Umsatzsteuerrecht als Ort der Lieferung bei Werklieferungen der Ort der Übergabe des fertigen Werkes festgelegt. Somit unterliegen in Frankreich erbrachte Werklieferungen der französischen Umsatzsteuer.

Werklieferungen beweglicher Gegenstände werden als Lieferung angesehen, während Werklieferungen unbeweglicher Gegenstände (Bauleistungen) als sonstige Leistung betrachtet werden. Dies hat unter anderem Auswirkungen auf die umsatzsteuerliche Behandlung von Anzahlungen.

Verlagerungsverfahren/Reverse-Charge

Leistungen, die von nicht in Frankreich ansässigen Unternehmern erbracht werden, unterliegen unabhängig von einer bestehenden umsatzsteuerlichen Registrierung grds. dem Reverse-Charge-Verfahren (Auto-liquidation). Als nicht ansässig gelten alle ausländischen Unternehmer, die keine handelsrechtliche Niederlassung oder feste Niederlassung im Sinne der Umsatzsteuer in Frankreich haben. Die französische Finanzverwaltung folgt grds. den EU-weit gültigen Regeln zum Vorliegen einer festen Niederlassung.

Für die Beurteilung, ob eine feste Niederlassung vorliegt, ist zwischen einer sogenannten aktiven Niederlassung (hinsichtlich der Ausgangsumsätze) und passiven Niederlassung (bezogen auf die Einkäufe) zu unterscheiden. Es ist jeweils zu beurteilen, ob die Niederlassung über die notwendigen finanziellen, räumlichen und personellen Ressourcen verfügt, um die Leistung unabhängig vom Stammhaus zu erbringen bzw. zu nutzen. Dabei ist es möglich, dass z. B. eine ertragsteuerliche Bau- und Montagebetriebsstätte zwar nicht die Voraussetzungen für eine aktive feste Niederlassung erfüllt, wohl aber als passive feste Niederlassung anzusehen ist, was dazu führt, dass der Ort von empfangenen B2B-Dienstleistungen in Frankreich liegt.

Ausgehend von einem Urteil des französischen Obersten Gerichtshofs vom 11.12.2020 ist zu befürchten, dass die französische Verwaltung entgegen der EU-weiten Auffassung künftig wieder bei Vorliegen einer ertragsteuerlichen Betriebsstätte auch eine Ansässigkeit im Sinne der Umsatzsteuer annehmen wird. Weitergehende Erlasse oder Informationen zur praktischen Auswirkung des Urteils lagen bei Drucklegung dieses Buches noch nicht vor.

Für alle Werklieferungen, Lieferungen und sonstigen Leistungen eines nicht ansässigen Unternehmers muss somit die Steuerschuld auf den Leistungsempfänger verlagert werden, sofern dieser in Frankreich umsatzsteuerlich registriert ist. Dies gilt auch, wenn der Leistungsempfänger ein nicht ansässiger ausländischer Unternehmer ist, der über eine umsatzsteuerliche Registrierung in Frankreich verfügt.

Im Zusammenhang mit den Tätigkeiten in Frankreich entstandene französische Vorsteuer kann abhängig vom Betrag quartalsweise oder jährlich im Vergütungsverfahren erstattet werden. Eine freiwillige umsatzsteuerliche Registrierung und daraus resultierende Geltendmachung der Vorsteuer im Veranlagungsverfahren ist nicht möglich.

Bei Subunternehmerverhältnissen mit mehreren ausländischen Beteiligten ist im Einzelfall zu ermitteln, welche Unternehmen sich in Frankreich umsatzsteuerlich registrieren lassen müssen. Grundsätzlich gilt, dass ausländische Unternehmer, die einen in Frankreich umsatzsteuerlich registrierten Kunden haben, sich nicht registrieren lassen können. Eine umsatzsteuerliche Registrierung ist in diesem Fall nur noch möglich, wenn Importe getätigt werden oder Einkäufe in Frankreich mit daran anschließender innergemeinschaftlicher Lieferung stattfinden.

Bauleistungen

Seit dem 1.1.2014 gilt auch für französische Subunternehmer ein verpflichtendes Reverse-Charge-Verfahren bei Bauleistungen. Als Bauleistung gelten auch Reparaturen an Immobilien, Umbauten, Abrissarbeiten und die Reinigung von Immobilien. Zu beachten ist, dass das Reverse-Charge-Verfahren nur im Verhältnis Subunternehmer-Generalunternehmer gilt, der Generalunternehmer rechnet gem. den allgemeinen Regeln an den Auftraggeber ab.

Für im Ausland ansässige Subunternehmer ist zu beachten, dass das allgemeine Reverse-Charge-Verfahren für nicht ansässige Unternehmer dem speziellen für Bauleistungen vorgeht.

Zu beachten ist, dass bei fehlerhafter Berechnung der französischen Umsatzsteuer anstelle der Anwendung des Reverse-Charge-Verfahrens der Leistungsempfänger kein Recht zum Vorsteuerabzug hat, der nicht ansässige Leistungserbringer die in der Rechnung ausgewiesene Umsatzsteuer jedoch schuldet.

Die Anwendung des Reverse-Charge-Verfahrens ist für alle nicht ansässigen Unternehmer ohne Ausnahme verpflichtend und unabhängig von einer bestehenden Umsatzsteuerregistrierung.

Einfuhren

Seit Januar 2022 ist die Einfuhrumsatzsteuer nicht mehr an die Zollbehörde zu zahlen, sondern zwingend in der französischen Umsatzsteuererklärung zu melden. Unternehmer, die zum Vorsteuerabzug berechtigt sind, können gleichzeitig die Vorsteuer geltend machen, so dass ein Cash-Flow-Vorteil entsteht. Daraus resultiert auch, dass alle Unternehmer, die Importe in Frankreich tätigen, sich umsatzsteuerlich registrieren lassen müssen.

Unabhängig von der Ansässigkeit der beteiligten Unternehmer besteht ein generelles nationales Reverse-Charge-Verfahren für folgende Lieferungen:

- Strom und Gas
- Gold
- Schrott und Industrieabfälle
- Elektronische Kommunikationsdienstleistungen

Konsignationslager/Call-off stock

Zum 1.1.2020 hat Frankreich die EU-weit gültigen „Quick fixes" zu Konsignationslagern umgesetzt (siehe dazu im Kapitel Begriffsbestimmungen). Sofern die Voraussetzungen für die Abwicklung entsprechend der EU-weit gültigen Vereinfachungsregel nicht erfüllt sind, wird eine umsatzsteuerliche Registrierung erforderlich.

In diesem Fall gelten Lieferungen auf das Lager in Frankreich als Verbringungen, die einer innergemeinschaftlichen Lieferung gleichgestellt sind. Den im Abgangsland steuerfreien Verbringungen steht in Frankreich ein innergemeinschaftlicher Erwerb gegenüber, der jedoch für nicht ansässige und nicht registrierte Unternehmer von der Erwerbsteuer befreit ist, so dass keine umsatzsteuerliche Registrierungspflicht entsteht. (Zur Registrierung für statistische Zwecke siehe unter „IntraStat – Zusammenfassende Meldung").

Die Lieferungen aus dem Konsignationslager an den Kunden werden als Inlandsumsatz innerhalb Frankreichs betrachtet. Sie unterliegen jedoch dem Reverse-Charge-Verfahren und der Kunde ist für die Abführung der Umsatzsteuer verantwortlich.

Steuerbefreiungen

Das französische Umsatzsteuergesetz sieht u. a. Umsatzsteuerbefreiungen für die folgenden Lieferungen bzw. Leistungen vor:

Ausfuhrlieferungen von Frankreich ins Drittland

Der Nachweis über den Transport der Waren ins Drittland ist durch die elektronische Ausgansbestätigung des Zolls zu führen. Die Steuerbefreiung für Ausfuhren kann nur derjenige Unternehmer in Anspruch nehmen, der das zollrechtliche Ausfuhrverfahren eröffnet hat und im Exportdokument als Ausführer genannt ist. Hat ein anderer Unternehmer als der in den Exportzolldokumenten genannte die Steuerbefreiung für eine Ausfuhr zu Recht in Anspruch genommen, muss durch den als Exporteur genannten Kunden auf einer Kopie der Handelsrechnung bestätigt werden, dass die Ausfuhranmeldung abgegeben, wurde und eine Referenz zur zugehörigen Zollerklärung gemacht werden.

Innergemeinschaftliche Lieferungen

Entsprechend den Vorgaben der MwStSystRL ist eine gültige Umsatzsteuer-ID-Nummer des Warenempfängers aufzuzeichnen und die Lieferung muss in die Zusammenfassende Meldung aufgenommen werden.

Außerdem muss sich das Gelangen der Waren in einen anderen EU-Mitgliedstaat aus der Gesamtheit der Unterlagen zweifelsfrei ergeben, dazu gehören z. B.

- Frachtbriefe
- Spediteursrechnungen
- Lieferscheine
- Bestätigung des Kunden über den Erhalt der Ware

Innergemeinschaftliche Erwerbe, wenn der Erwerber nicht in Frankreich ansässig und nicht zur Umsatzsteuer registriert ist

Für die Besteuerung innergemeinschaftlicher Erwerbe sieht das französische Umsatzsteuergesetz gem. Art. 262ter II 3°CGI eine Befreiung von der Erwerbsteuer für nicht ansässige Unternehmen vor, wenn lediglich Lieferungen und Leistungen erbracht werden, die dem Reverse-Charge-Verfahren unterliegen. Um dem Lieferanten trotzdem eine französische Umsatzsteuer-ID-Nummer geben zu können, damit dieser im Abgangsland die Steuerbefreiung für eine innergemeinschaftliche Lieferung in Anspruch nehmen kann, wird in diesen Fällen eine Registrierung in Frankreich für statistische Zwecke durchgeführt, die nicht zur Abgabe von Umsatzsteuererklärungen verpflichtet.

Verkauf und Vermietung von Grund und Boden, Gebäuden

Umsätze im Zusammenhang mit Immobilien wie der Verkauf und die Vermietung sind grds. umsatzsteuerfrei. Das französische Umsatzsteuerrecht kennt – wie das deutsche Recht auch – die Möglichkeit des Verzichtes auf die Steuerfreiheit bei Finanzdienstleistungen und bei der Vermietung von Grundstücken. Die Option ist schriftlich zu dokumentieren und dem Finanzamt anzuzeigen. Der Leistungsempfänger sollte eine Kopie dieses Schreibens vorhalten, um das Recht zum Vorsteuerabzug dokumentieren zu können. Bei der Veräußerung von Grundstücken ist eine Option hingegen nicht möglich.

Bei Grundstücks- und Gebäudeveräußerungen gilt eine Vielzahl von Sonderregelungen. Insbesondere, wenn ein Gebäude noch nicht fertiggestellt wurde bzw. innerhalb von vier Jahren nach Fertigstellung veräußert wird, unterliegt der Verkauf der Umsatzsteuer.

Andere Leistungen

Finanzdienstleistungen, Versicherungsleistungen, medizinische Leistungen, Ausbildung sowie einige andere Leistungen sind ebenfalls steuerbefreit.

Reihengeschäfte

Für innergemeinschaftliche Reihengeschäfte hat Frankreich die EU-Regeln zu den „Quick fixes" umgesetzt. Vor dem Hintergrund, dass in der Vergangenheit auf die Verwendung der Umsatzsteuer-ID-Nummer abgestellt wurde und die Transportbeauftragung im Reihengeschäft von untergeordneter Bedeutung für die Bestimmung der warenbewegten – steuerfreien – Lieferung war, können sich aus der Anwendung der Quick fixes Änderungen ergeben. Eine vorherige Abstimmung mit französischen Kunden und Lieferanten zur Sicherstellung der korrekten Auslegung und Anwendung der Regeln ist zu empfehlen.

Bei Exporten kann immer der Unternehmer, der im Zolldokument als Exporteur genannt ist, die Steuerbefreiung für Ausfuhrlieferungen in Anspruch nehmen. Sollte im Rahmen eines Reihengeschäftes ein anderer Unternehmer die Steuerbefreiung für Ausfuhrlieferungen in Anspruch nehmen, sind Alternativnachweise zu führen.

Die Vereinfachung für innergemeinschaftliche Dreiecksgeschäfte, bei denen die Warenbewegung in Frankreich endet, ist nur dann anwendbar, wenn der mittlere Unternehmer weder in Frankreich ansässig noch dort umsatzsteuerlich registriert und ebenfalls nicht im Abgangsland der Ware ansässig ist.

Vorstufenbefreiung

Unternehmen, die in hohem Maße Exportgeschäfte oder steuerfreie innergemeinschaftliche Lieferungen tätigen, können eine Steuerbefreiung für die Wareneinkäufe beantragen. Die Befreiung bezieht sich jedoch nur auf die Waren, die anschließend steuerfrei veräußert werden und auf damit im Zusammenhang stehende Dienstleistungen. Diese sog. „Franchise" gem. Art. 275 und 276 CGI bemisst sich nach der Höhe der im Vorjahr getätigten steuerfreien Umsätze und muss vom zuständigen Finanzamt genehmigt werden. Sofern im laufenden Jahr höhere Umsätze getätigt werden, kann der Betrag der „Franchise" angepasst werden, dazu ist ein erneuter Antrag auf Erhöhung des Betrages erforderlich.

Dem Lieferanten muss dann die von der französischen Finanzbehörde unterzeichnete Bescheinigung vorgelegt und mitgeteilt werden, bis zu welchem Betrag steuerfrei geliefert werden kann. Die Nutzung der Vorstufenbefreiung ist jedoch auch von der Zustimmung des Lieferanten abhängig, d. h. der Lieferant kann die Anwendung ablehnen und weiterhin zuzüglich französischer Umsatzsteuer fakturieren.

Werkzeugkostenzuschüsse

Insbesondere in der Automobilzulieferung werden häufig für die Fertigung von Teilen zunächst Werkzeuge und Formen gefertigt. Diese Werkzeuge werden dem Auftraggeber in Rechnung gestellt, verbleiben jedoch für die weitere Fertigung beim Hersteller.

Es gibt in Frankreich keine Regelung wie in Deutschland, aus der hervorgeht, dass Werkzeugkostenzuschüsse als Nebenleistung zur Lieferung der gefertigten Teile angesehen werden können. Die Lieferung von Werkzeugen ist somit als eigenständige Leistung nach den allgemeinen Regelungen zur Umsatzsteuer zu beurteilen. Im Ergebnis müssen Werkzeugkostenzuschüsse für Werkzeuge, die in Frankreich verbleiben, zuzüglich französischer Umsatzsteuer berechnet werden.

Steuersätze

In Frankreich gelten seit dem 1.1.2014 folgende Steuersätze:

- Normalsteuersatz 20 %
- ermäßigter Steuersatz 10 %
- ermäßigter Steuersatz 5,5 %
- Niedrigsteuersatz 2,1 %

Dem ermäßigten Steuersatz von 10 % unterliegen unter anderem die folgenden Leistungen:

- Landwirtschaftliche Produkte
- Personentransport
- Gastronomie
- frei verkäufliche Medikamente und Arzneimittel
- Renovierungsarbeiten an Wohngebäuden

Dem ermäßigten Steuersatz von 5,5 % unterliegen vor allem die folgenden Lieferungen und Leistungen:

- Lebensmittel
- Trinkwasser und alkoholfreie Getränke
- Bücher
- Energieversorgung
- Leistungen im Zusammenhang mit Sozialwohnungen (seit 1.1.2014)
- Renovierungsarbeiten an Wohngebäuden zur Verbesserung der Energiebilanz (seit 1.1.2014)

Der Niedrigsteuersatz von 2,1 % gilt vor allem für folgende Leistungen:

- Medikamente und Arzneimittel, die durch Krankenkassen bezahlt werden
- Presseerzeugnisse (auch sogenannte e-Paper)
- Verkauf von lebenden Tieren zur Schlachtung

In den überseeischen Departements gelten folgende Steuersätze:

- Normalsteuersatz 8,5 %
- Ermäßigter Steuersatz 2,1 % (für Waren, die auf dem Festland dem Steuersatz von 5,5 % unterliegen)
- Niedrigsteuersatz 1,05 % (Zeitungen und Zeitschriften)
- Niedrigsteuersatz 1.75 % (Verkauf von lebenden Tieren an Nicht-Unternehmer)

Bemessungsgrundlage

Als Bemessungsgrundlage zur Ermittlung der französischen Umsatzsteuer gilt entsprechend den Vorgaben der MwStSystRL alles, was der Leistungsempfänger aufwendet, um die Leistung zu erhalten.

Die Steuer entsteht bei Warenlieferungen zum Zeitpunkt der Lieferung, bei Dienstleistungen jedoch erst bei Zahlungseingang. Es kann jedoch auch bei der Erbringung von Dienstleistungen zur Abführung der Steuer bei Rechnungstellung optiert werden („option pour les débits"). Der unterschiedliche Entstehungszeitpunkt hat Auswirkungen auf den Vorsteuerabzug (siehe Kapitel „Vorsteuerabzug).

Im Falle eines Forderungsausfalles aufgrund der Insolvenz des Kunden kann eine Minderung des Entgeltes – und dem folgend eine Umsatzsteuerkorrektur – vorgenommen werden, wenn alle rechtlichen Mittel zum Erhalt der Forderung ausgeschöpft sind. Dazu ist die endgültige Insolvenz des Kunden durch ein Urteil des Insolvenzgerichtes nachzuweisen. Der bloße Forderungsausfall berechtigt nicht zur Korrektur der Umsatzsteuer.

Anders als in Deutschland ist über den nicht gezahlten Umsatzsteuerbetrag eine Korrekturrechnung zu erstellen, die dem Kunden bzw. Insolvenzverwalter gesendet werden muss.

Vorsteuerabzug

Grundvoraussetzungen für die Inanspruchnahme des Vorsteuerabzugs sind:

- Der Unternehmer muss eine Lieferung oder Leistung für sein Unternehmen bezogen haben,
- die Lieferung oder Leistung muss von einem anderen Unternehmer ausgeführt worden sein und
- der leistende Unternehmer muss eine ordnungsgemäße Rechnung erstellt haben.
- Einfuhrumsatzsteuer: der Unternehmer ist im Zolldokument als Importeur genannt und hat die Einfuhrumsatzsteuer gezahlt.

Bei der Lieferung von Waren kann die Vorsteuer unabhängig vom Zahlungszeitpunkt geltend gemacht werden, sobald der Unternehmer die Lieferung und eine ordnungsgemäße Rechnung erhalten hat. Die Vorsteuer auf sonstige Leistungen kann erst dann geltend gemacht werden, wenn die Zahlung an den leistenden Unternehmer erfolgt ist.

Für ausländische Unternehmer, die in Frankreich zur Umsatzsteuer registriert sind, ist insbesondere zu beachten, dass trotz bestehender Registrierung Vorsteuern nur dann im Rahmen der monatlichen oder quartalsweisen Umsatzsteuererklärung geltend gemacht und erstattet werden können, wenn in Frankreich steuerbare Ausgangsumsätze getätigt werden, für die nicht der Kunde im Reverse-Charge-Verfahren die Umsatzsteuer veranlagt.

BEISPIEL: Werden nach der Fakturierung eines Auftrages, für den eine umsatzsteuerliche Registrierung erforderlich war, im Rahmen von Gewährleistungen weiterhin Leistungen in Frankreich bezogen, kann die daraus resultierende Vorsteuer trotz (noch) bestehender Umsatzsteuerregistrierung nur im Vergütungsverfahren zur Auszahlung beantragt werden.

Vom Vorsteuerabzug ausgeschlossen ist die Steuer für:

- Bewirtungskosten
- Reisekosten (auch Hotelübernachtungen eigener Mitarbeiter, Taxikosten)
- PKW-Kosten (Anschaffung, Reparatur, Miete, Treibstoff)
- Geschenke mit einem Wert über 60,00 €

Aufgrund zweier Urteile des EuGH vom 19.9.2000 hat der französische Gesetzgeber den Vorsteuerabzug ab 1.9.2000 aus den o. g. Kosten – eingeschränkt – zugelassen. Sofern ein Unternehmen diese Leistungen für Dritte in Anspruch nimmt, kann der Vorsteuerabzug – ggf. anteilig – geltend gemacht werden.

BEISPIEL: Bei einer Bewirtung von zwei Geschäftsfreunden durch einen Unternehmer könnten 2/3 der in der Bewirtungsrechnung ausgewiesenen Vorsteuer vom bewirtenden Unternehmer geltend gemacht werden.

Die Vorsteuer aus Fahrzeugkosten ist abzugsfähig, wenn es sich um Fahrzeuge handelt, die vorwiegend dem Waren- oder Materialtransport dienen und für unternehmerische Zwecke genutzt werden. Weiterhin dürfen Taxiunternehmer, Fahrschulen und Autovermieter die Vorsteuer aus Anschaffung und Wartung geltend machen, wenn die Fahrzeuge im Rahmen des Unternehmens genutzt werden.

Vorsteuerguthaben werden in Frankreich nicht automatisch nach Abgabe der Steuererklärung ausgezahlt, sondern auf die nächste Periode vorgetragen. Eine Auszahlung von Vorsteuerguthaben erfolgt nur, wenn die Auszahlung bei Abgabe der Steuererklärung beantragt wird (Formular 3519) und das Vorsteuerguthaben durch Listen aller Ein- und Ausgangsrechnungen belegt wird. Häufig erfolgt zusätzlich eine Prüfung einzelner Belege und das Finanzamt bittet um Erläuterung des Geschäftsmodells in Frankreich und der Entstehung des Vorsteuerguthabens. Vor Auszahlung wird i. d. R. noch eine Bestätigung der Bankverbindung angefordert, die durch die kontoführende Bank zu erstellen ist.

Rechnungsbestandteile

In Frankreich können Rechnungen in beliebiger Sprache erstellt werden, im Fall einer Umsatzsteuerprüfung kann der Prüfer jedoch darauf bestehen, dass ihm französische Übersetzungen vorgelegt werden, was in der Praxis jedoch selten der Fall ist. Rechnungen sind sofort nach Erbringung der Leistung, spätestens innerhalb von 30 Tagen zu stellen.

In Frankreich wurden die EU-weit harmonisierten Vorschriften zur Rechnungstellung fristgerecht zum 1.1.2013 umgesetzt.

Rechnungen müssen mindestens die folgenden Angaben enthalten:

- Name und Anschrift des Leistenden
- Umsatzsteuer-ID-Nummer des Leistenden
- Name und Anschrift des Kunden
- Umsatzsteuer-ID-Nummer des Kunden (bei Anwendung des Reverse-Charge-Verfahrens oder innergemeinschaftlichen Lieferungen)
- Rechnungsdatum
- Fortlaufende Rechnungsnummer
- Leistungszeitpunkt/Lieferzeitpunkt
- Leistungsbeschreibung
- Nettobetrag
- Umsatzsteuersatz
- Umsatzsteuerbetrag
- Hinweis auf vereinbarte Minderung des Entgelts, z. B. Skonto
- Fälligkeitsdatum der Rechnung (Zahlungsziel)
- ggf. Angabe des Fiskalvertreters
- ggf. Hinweis auf eine Steuerbefreiung:

Bei steuerfreien innergemeinschaftlichen Lieferungen von Frankreich in andere EU-Staaten der Hinweis:

„Livraison intra-communautaire – exonérée de la TVA – Art. 262 ter 1 du CGI“

Bei steuerfreien Exporten:

„Exportation – exonérée de la TVA – Art. 262-1 du CGI“

Im Falle einer Verlagerung der Umsatzsteuerschuld (Reverse-Charge) ist zusätzlich die Steuernummer/Umsatzsteuer-ID-Nummer des Kunden anzugeben und auf die Anwendung des Verlagerungsverfahrens hinzuweisen:

„Le client est obligé d'acquitter la TVA – Art. 283-1 du CGI“

Auch bei Kleinbetragsrechnungen bis 150 € müssen bis auf die Umsatzsteuer-ID-Nummer des leistenden Unternehmens alle Angaben enthalten sein. Anders als in anderen EU-Staaten ist es in Frankreich möglich, Gutschriften oder Preisnachlässe auch ohne Korrektur der Umsatzsteuer abzurechnen. Voraussetzung hierfür ist lediglich, dass in der Mitteilung (Abrechnung) über die Gutschrift auf den Verzicht der Umsatzsteuer-Korrektur hingewiesen wird.

Sofern die Rechnung in einer anderen Währung als in Euro gestellt wird, muss der Umsatzsteuerbetrag mit dem von der Europäischen Zentralbank veröffentlichten Tageskurs vom Datum der Leistungserbringung umgerechnet werden.

Zur Berechnung der Erwerbsteuer bei innergemeinschaftlichen Erwerben kann auch der von der Europäischen Zentralbank veröffentlichte Monatskurs verwendet werden.

Elektronische Rechnungen

Frankreich hat zum 1.1.2013 die Vorgaben der EU zur elektronischen Rechnungsstellung umgesetzt.

Die elektronische Rechnungsstellung ist zulässig, wenn der Rechnungsempfänger mit der elektronischen Fakturierung einverstanden ist. Es ist zu empfehlen, dies schriftlich zu dokumentieren.

Weiterhin müssen Rechnungssteller und Rechnungsempfänger die Echtheit der Herkunft einer Rechnung, die Unversehrtheit ihres Inhalts und die Lesbarkeit vom Zeitpunkt der Ausstellung bis zum Ende der gesetzlichen Aufbewahrungsfrist gewährleisten. Dies kann nach Wahl der Beteiligten in folgender Form erfolgen:

- Rechnungsübermittlung in einem EDI-System
- Versendung der Rechnungen mit einer elektronischen Unterschrift oder
- in jeder anderen Form, wenn ein dokumentiertes und dauerhaftes Kontrollsystem eingerichtet wird, das der Finanzverwaltung im Rahmen einer Prüfung ermöglicht, die empfangenen Daten nachzuvollziehen und eine nachträgliche Änderung auszuschließen („Verlässlicher Prüfpfad“ – Piste d'audit fiable).

Seit dem 1.1.2019 besteht die Pflicht zur elektronischen Rechnungsstellung an Körperschaften öffentlichen Rechts über das Portal „Chorus Pro" für alle Unternehmen. Das Portal ist in französischer und englischer Sprache verfügbar.

Die ursprünglich für Januar 2023 geplante Einführung der verpflichtenden elektronischen Rechnungsstellung für alle B2B-Leistungen wurde auf den 1.7.2024 verschoben (zunächst für große Unternehmen mit einem Umsatz von mehr als 1,5 Mrd. €), ab dem 1.1.2025 für mittlere Unternehmen mit einem Umsatz unter 1,5 Mrd. € und weniger als 5.000 Beschäftigten, ab dem 1.1.2026 dann für alle Unternehmen. Alle in Frankreich ansässigen Unternehmen müssen ab dem 1.1.2024 in der Lage sein, elektronische Rechnungen zu empfangen.

Ausländische Unternehmen, die in Frankreich umsatzsteuerpflichtig sind, sollen keine elektronischen Rechnungen stellen müssen, sondern lediglich verpflichtet sein, die elektronischen Erklärungspflichten zu erfüllen. Einzelheiten dazu waren bei Drucklegung dieses Buches noch nicht bekannt.

Anzahlungen

Seit Januar 2023 werden Anzahlungen für Lieferungen und sonstige Leistungen gleichbehandelt. Sofern Anzahlungen geleistet werden, entsteht die Steuerschuld bei Erhalt der Zahlung und nicht wie früher erst nach vollständiger Erbringung der Lieferung.

Erhaltene Anzahlungen sind somit bei Erhalt der Zahlung in die Steuererklärung aufzunehmen.

Gutschriften/Self Billing

Grundsätzlich besteht auch in Frankreich die Möglichkeit, im Gutschriftsverfahren abzurechnen. Eine Gutschrift muss alle formellen Anforderungen einer Rechnung erfüllen und wie eine Rechnung innerhalb von 30 Tagen nach dem Leistungszeitpunkt erstellt werden. Der leistende Unternehmer muss die vom Leistungsempfänger gestellte Gutschrift ausdrücklich anerkennen.

Eine schriftliche Vereinbarung zwischen den beteiligten Unternehmen ist nicht mehr zwingend erforderlich, wenn beide Vertragsparteien in der EU oder in einem Land ansässig sind, mit dem Frankreich ein Abkommen zum Informationsaustausch geschlossen hat. Eine schriftliche Vereinbarung ist jedoch zu empfehlen, um auf Anfrage des Finanzamtes dokumentieren zu können, dass Einigkeit über die Abrechnung im Gutschriftsverfahren besteht. Eine Zustimmung oder Information der Finanzbehörde über die beabsichtigte Abrechnung im Gutschriftsverfahren ist nicht erforderlich.

Aufbewahrung von Unterlagen/Buchführungspflichten

Umsatzsteuerlich relevante Unterlagen können außerhalb von Frankreich aufbewahrt werden, sind aber im Rahmen einer Steuerprüfung kurzfristig vorzulegen. Die elektronische Archivierung ist möglich, sofern das Archivierungssystem die Echtheit und Unveränderbarkeit der archivierten Belege sicherstellt. Auch Papierbelege können unter diesen Voraussetzungen elektronisch archiviert werden. Eingangsrechnungen sind stets im Original aufzubewahren, d. h. eine elektronische Archivierung von in Papierform erhaltenen Eingangsrechnungen ist nicht möglich.

Das Steuerrecht sieht in Frankreich eine Aufbewahrungsfrist von sechs Jahren vor, nach Handelsrecht sind jedoch alle Unterlagen für zehn Jahre vorzuhalten.

Unternehmen, die Leistungen an Privatpersonen erbringen, die nicht umsatzsteuerlich registriert sind, müssen seit dem 1.1.2018 zertifizierte Kassen- und Buchhaltungssoftware verwenden. Da für diese Leistungen nicht die allgemeinen Regelungen zur Erstellung einer ordnungsgemäßen Rechnung gelten, werden entsprechend höhere Anforderungen an die Buchhaltung gestellt. Im Ausland ansässige Unternehmer sind von dieser Regelung aktuell nicht betroffen.

Alle Unternehmen sind darüber hinaus verpflichtet, den gesamten Prozess zur Verbuchung von Ein- und Verkaufsrechnung, Verknüpfung mit der Materialwirtschaft und Erfassung in der Umsatzsteuererklärung zu dokumentieren (Piste d'audit fiable, PAF). Das Finanzamt kann im Rahmen einer Umsatzsteuerprüfung die PAF anfordern und – wenn diese nicht vorliegt – den Vorsteuerabzug komplett versagen.

Veranlagungsverfahren/Steuererklärungen

In Frankreich müssen die Umsatzsteuererklärungen monatlich bis zwischen dem 15. und 24. Kalendertag des Folgemonats abgegeben werden, die genaue Frist wird dem Steuerpflichtigen mit der Registrierungsbestätigung mitgeteilt. In der EU ansässige Unternehmen müssen die Umsatzsteuererklärungen immer bis zum 19. Kalendertag des Folgemonats abgeben.

Die Umsatzsteuererklärungen sind elektronisch im Portal der französischen Finanzverwaltung abzugeben:

https://www.impots.gouv.fr/portail/professionnel

Für die Registrierung im Portal ist die Umsatzsteuer-ID-Nummer und die Unternehmensnummer (SIREN) erforderlich. Beide Nummern können der Registrierungsbestätigung entnommen werden.

Bei einem Umsatz, der zu weniger als 15.000 € Umsatzsteuer pro Jahr führt, ist eine quartalsweise Umsatzsteuererklärung abzugeben. Eine zusammenfassende Jahreserklärung ist in Frankreich nicht zu erstellen. Die elektronische Abgabe von Umsatzsteuererklärungen (TeleTVA) ist seit Oktober 2014 für alle Unternehmer verpflichtend.

Die im Reverse-Charge-Verfahren geschuldete Einfuhrumsatzsteuer wird verwaltungsseitig bereits in der Steuererklärung erfasst. Es ist jedoch ratsam, zu überprüfen, ob die Werte vollständig und korrekt sind, da der Unternehmer für nicht erklärte Steuerbeträge haftet. Weiterhin wird die geltend zu machenden Vorsteuer nicht vorausgefüllt und ist vom Steuerpflichtigen im entsprechenden Feld einzutragen.

Wird im Rahmen einer Steuerprüfung festgestellt, dass die Umsatzsteuer auf Leistungen, die im Reverse-Charge-Verfahren besteuert werden, nicht korrekt angemeldet wurde, wird eine Strafe i. H. von 5 % des Umsatzsteuerbetrages erhoben. Dies gilt auch für Unternehmen, die zum vollen Vorsteuerabzug berechtigt sind. Sollte eine Rechnung fälschlicherweise vom leistenden Unternehmer mit Umsatzsteuer gestellt worden sein, obwohl das Reverse-Charge-Verfahren anwendbar ist, wird sowohl der Vorsteuerabzug versagt als auch die Strafe wegen fehlender Veranlagung der Umsatzsteuer im Reverse-Charge-Verfahren verhängt.

Auch ausländische Unternehmen sind verpflichtet, ein „Fichier des Ecritures Comptables - Taxe sur la Valeur Ajoutée" (FEC TVA) vorzuhalten, d. h. ein elektronisches Dokument, in dem alle Ein- und Verkaufsrechnungen erfasst werden, die in die französische Umsatzsteuererklärung eingeflossen sind. Für das FEC TVA ist ein Format vorgeschrieben, das der französischen Finanzverwaltung die elektronische Auswertung ermöglicht. Darüber hinaus erwartet das Finanzamt eine Prozessbeschreibung, aus der sich genau ergibt, wie die Rechnungen buchhalterisch erfasst werden und in die Umsatzsteuererklärung einfließen (Piste d'audit fiable, PAF). Beide Dokumente sind zu Beginn einer Steuerprüfung vorzulegen.

Die allgemeine Verjährungsfrist für Umsatzsteuern in Frankreich beträgt drei Jahre ab Ende des laufenden Kalenderjahres, die Verjährungsfrist für Vorsteuern zwei Jahre ab Ende des laufenden Kalenderjahres. Vorsteuern aus Nachfakturierungen im Rahmen einer Betriebsprüfung können im Einzelfall auch nach Ablauf der Verjährungsfrist noch geltend gemacht werden.

Fehler in der Steuererklärung sind in der Folgeperiode bzw. wenn der Fehler auffällt, im Feld für Korrekturen (3C Régularisations) zu erklären. Im Feld „Correspondance" sind zusätzlich Nettobetrag und Umsatzsteuer sowie das Leistungsdatum anzugeben, damit die Finanzverwaltung ggf. Zinsen festsetzen kann. Sollte die Umsatzsteuerkorrektur mehr als 4.000 € betragen, ist die ursprüngliche Steuererklärung zu korrigieren.

IntraStat/Zusammenfassende Meldung

Seit Januar 2022 wird nicht mehr die kombinierte IntraStat/Zusammenfassende Meldung („Déclaration d'échange des biens – DEB") eingereicht. Stattdessen muss eine Zusammenfassende Meldung und eine zusätzliche Statistikmeldung (EMEBI) eingereicht werden. Die Abgabefrist liegt zwischen dem 11. und 13. Kalendertag des Folgemonats und ist im Internet einsehbar:

https://www.douane.gouv.fr/fiche/calendrier-des-declarations-relatives-letat-recapitulatif-tva-et-aux-des

Ob nur die Zusammenfassende Meldung oder zusätzlich die Statistische Meldung erforderlich ist, ist für den Unternehmer im Portal ersichtlich. Die bis Ende 2021 gültigen IntraStat-Schwellenwerte sind nicht mehr anwendbar.

Sofern in einem Monat keine innergemeinschaftlichen Lieferungen oder Erwerbe getätigt wurden, ist eine Nullmeldung erforderlich.

Nicht in Frankreich ansässige Unternehmen, die wegen der Anwendung des Reverse-Charge-Verfahrens und der Befreiung von der Erwerbsteuer keine umsatzsteuerliche Registrierung erhalten, müssen sich für statistische Zwecke in Frankreich registrieren lassen, um die Zusammenfassende Meldung abgeben zu können. Ihnen wird eine französische Registrierungsnummer erteilt, die jedoch nicht zur Abgabe von Umsatzsteuererklärungen verpflichtet.

Registrierung

Ausländische Unternehmer können sich entweder direkt oder über einen Vertreter (sog. „Mandataire") in Frankreich registrieren lassen. Für nicht in der EU ansässige Unternehmer aus Staaten, mit denen kein Amtshilfeabkommen besteht, ist die Beauftragung eines Fiskalvertreters („Représentant Fiscal") zwingend. Insbesondere für Vertreter von im Onlinehandel tätigen Unternehmern aus dem Drittland, die sich in Frankreich für das OSS- oder IOSS-Verfahren registrieren möchten, gelten seit 2022 strengere Voraussetzungen. Die Vertreter und die Unternehmensführung dürfen keine Verstöße gegen strafrechtliche oder steuerrechtliche Vorschriften begangen haben und nicht für Insolvenzen verantwortlich gewesen sein und müssen über eine angemessene Organisation, finanzielle und personelle Ressourcen verfügen.

Die Registrierung zur Umsatzsteuer muss spätestens innerhalb von 15 Tagen nach Aufnahme der Aktivitäten in Frankreich erfolgen, andernfalls kann das Finanzamt Strafen für die verspätete Registrierung verhängen. Für ausländische Unternehmer ist es erforderlich, die umsatzsteuerliche Registrierung in Frankreich im Rahmen des

Registrierungsantrags zu begründen und auf Anforderung durch Verträge oder Bestellungen zu belegen.

Für die umsatzsteuerliche Registrierung von ausländischen Unternehmern ist das Finanzamt in Noisy le Grand zuständig:

Service des impôts des entreprises étrangères (SIE)
10 rue du Centre TSA 20011
Noisy le Grand CEDEX
FRANKREICH
Tel: +33 1 57 33 85 00
E-Mail: sie.entreprises-etrangeres@dgi.finances.gouv.fr

Bei Registrierung über einen Fiskalvertreter oder bei Ansässigkeit in Frankreich aufgrund einer festen Niederlassung muss die Registrierung beim örtlich zuständigen Finanzamt erfolgen.

Für eine umsatzsteuerliche Registrierung werden in Frankreich folgende Unterlagen/ Informationen benötigt:

- Ausgefülltes Formular zur Anmeldung zur Umsatzsteuer (Formular IMP)
- Beglaubigte Kopie des Handelsregisterauszuges
- Unternehmerbescheinigung vom Finanzamt im Ansässigkeitsland
- Bankbestätigung über die Kontodaten (für Erstattungen)
- ggf. Formular zur Benennung eines Vertreters (Mandataire)

Das Ende der umsatzsteuerpflichtigen Aktivitäten in Frankreich ist innerhalb von 30 Tagen beim Finanzamt anzuzeigen und die Deregistrierung vorzunehmen. Vorsteuern können nach Ende der umsatzsteuerlichen Registrierung nur noch im Rahmen des Vorsteuervergütungsverfahrens geltend gemacht werden.

EE0 cerfa 15928*02

DECLARATION D'UNE ENTREPRISE ETRANGERE SANS OUVERTURE D'ETABLISSEMENT EN FRANCE

Imprimer | Réinitialiser

PERSONNE MORALE OU PHYSIQUE

Une notice est disponible pour vous aider à remplir la présente déclaration.

RESERVE AU CFE BUIDE

Déclaration n° ____

Reçue le |_|_|_|_|_|_|_|_|

Transmise le |_|_|_|_|_|_|_|_|

IDENTIFICATION DE L'ENTREPRISE

PERSONNE MORALE (société, association...) — PERSONNE PHYSIQUE (entreprise individuelle)

1A
DENOMINATION ____
Nom commercial ____
FORME JURIDIQUE ____

1B
Nom de naissance ____ Nom d'usage ____
Prénoms ____ Pseudonyme ____
Nationalité ____ Sexe ☐ M ☐ F Né(e) le |_|_|_|_|_|_|_|_|

2
Adresse : *rés., bât., n°, voie, lieu-dit* ____ Complément d'adresse ____
Commune ____ Code postal ____ Pays ____

3
Registre public à l'étranger : Lieu ____ N° d'enregistrement ____

UNIQUEMENT POUR LES PERSONNES MORALES (société, association...)

4
REPRESENTANT LEGAL personne morale :
Qualité ____ Dénomination ____
Adresse du siège ____
Code postal ____ Commune ____
Pays ____ Forme juridique ____
Lieu et n° d'immatriculation, le cas échéant ____

REPRESENTANT LEGAL personne physique :
Nom de naissance ____ Nom d'usage ____
Prénoms ____ Qualité ____
Né(e) le |_|_|_|_|_|_|_|_| Commune ____ Pays ____
Nationalité ____ Domicile ____
Code postal ____ Commune ____ Pays ____

ACTIVITES EXERCEES EN FRANCE

5
Date de début d'activité en France |_|_|_|_|_|_|_|_| Activité ☐ Régulière ☐ Occasionnelle Activités exercées en France ____
Activité principale exercée en France ____

EFFECTIFS SALARIES

6
☐ **Vous êtes employeur de salariés relevant d'un régime français de sécurité sociale**, nombre : |__| dont |__| apprentis |__| VRP |__| Marins |__| ayant une activité agricole
Date d'embauche du 1er salarié relevant du régime français de sécurité sociale |_|_|_|_|_|_|_|_|
☐ **Vous êtes employeur de salariés ne relevant pas d'un régime français de sécurité sociale**

SITUATION SOCIALE : DESIGNATION D'UN REPRESENTANT SOCIAL EN FRANCE

7
À compléter uniquement si vous avez désigné un représentant résidant en France pour le respect des obligations sociales dues au titre de l'emploi de personnel salarié et dans ce cas, joindre une copie de la convention.

REPRESENTANT SOCIAL personne morale :
Dénomination ____
Forme juridique ____
Nom commercial ____
N° unique d'identification SIREN |_|_|_|_|_|_|_|_|_|

OU

REPRESENTANT SOCIAL personne physique :
Nom de naissance ____ Prénom ____
Nationalité ____
Né(e) le |_|_|_|_|_|_|_|_| Pays ____
Commune ____ Code postal |_|_|_|_|_|
N° unique d'identification SIREN (le cas échéant) |_|_|_|_|_|_|_|_|_|

Adresse *rés., bât., n°, voie, lieu-dit* ____ Complément d'adresse ____
Commune ____ Code postal |_|_|_|_|_|

La loi n° 78-17 du 6 janvier 1978 modifiée relative à l'informatique, aux fichiers et aux libertés s'applique aux réponses des personnes physiques à ce formulaire.

Elle leur garantit un droit d'accès et de rectification, pour les données les concernant, auprès des organismes destinataires de ce formulaire.

SITUATION FISCALE

8 **Etes-vous redevable de TVA ? ☐ oui ☐ non**
Etes-vous redevable du prélèvement à la source (PAS) au titre de l'impôt sur le revenu sur les salaires versés en France ? ☐ oui ☐ non
Etes-vous redevable d'un autre impôt ou d'une autre obligation déclarative fiscale ? ☐ oui ☐ non Si oui, lequel ou laquelle ? ____________

A ne compléter que si vous êtes redevable de TVA :
Numéro de TVA intracommunautaire dans votre pays : |_|_| |_|_|_|_|_|_|_|_|_|_|_|_|_|_|_|_|_|_| **Numéro de TVA en France si vous en avez déjà un :** |_|_| |_|_|_|_|_|_|_|_|_|_|_|

Type de clientèle en France
☐ Entreprises identifiées à la TVA en France
☐ Particuliers
☐ Entités non identifiées à la TVA en France (collectivités, SCI, associations, entreprises étrangères, etc.)
Relevez-vous du dispositif d'auto liquidation à l'importation ☐ oui ☐ non
Faites-vous des acquisitions intra-communautaires (AIC) depuis la France ? ☐ oui ☐ non
Faites-vous des livraisons intra-communautaires (LIC) ou des exportations à partir de la France ? ☐ oui ☐ non
Montant du chiffre d'affaires annuel <u>prévisible</u> en France : Pour les ventes, chiffre d'affaires : ________ euros - Pour les prestations de services, chiffre d'affaires : ________ euros

DESIGNATION D'UN REPRESENTANT / MANDATAIRE FISCAL

9 Vous désignez un : ☐ **REPRESENTANT FISCAL** OU ☐ **MANDATAIRE**

PERSONNE MORALE (société, association…)	OU PERSONNE PHYSIQUE (entreprise individuelle)
10 **DENOMINATION** ________	Nom ________ Nom d'usage ________
FORME JURIDIQUE ________	Prénoms ________
N° unique d'identification SIREN |_|_|_|_|_|_|_|_|_|	N° unique d'identification SIREN |_|_|_|_|_|_|_|_|_|
Adresse *rés., bât., n°, voie, lieu-dit* ________	Complément d'adresse ________
Commune ________ Code postal ________	Pays ________

COORDONNEES DU COMPTABLE (A L'ETRANGER OU EN FRANCE)

11 Nom, prénom ou dénomination ________	Tél (avec indicatif pays) ________
Personne ou service à contacter ________	Tél (avec indicatif pays) ________
Adresse *rés., bât., n°, voie, lieu-dit* ________	Télécopie / courriel ________
Commune ________ Pays ________	

RENSEIGNEMENTS COMPLEMENTAIRES

12 **OBSERVATIONS :** ________

13 **Si personne physique :** ☐ Je demande que les informations enregistrées dans le répertoire Sirene ne puissent pas être consultées ni utilisées par des tiers. (cf. notice)

Le présent document constitue déclaration à l'INSEE, aux services fiscaux, aux organismes de sécurité sociale.
La déclaration sur l'honneur est définie par la loi. Si vous remplissez délibérément cette déclaration de manière inexacte ou incomplète, vous vous exposerez à des poursuites.

14 ☐ **LE DECLARANT** (désigné au cadre 1B)	Certifie l'exactitude des renseignements donnés	**SIGNATURE**
☐ **LE REPRESENTANT LEGAL** (désigné au cadre 4)	Fait à ________	
☐ **LE REPRESENTANT FISCAL OU MANDATAIRE** (désigné au cadre 9)	Le |_|_|_|_|_|_|_|_|	
☐ **AUTRE MANDATAIRE** *ayant procuration*	Intercalaire JQPA ☐ oui ☐ non	
Nom, prénom / dénomination ________		
Adresse ________		
Commune ________ Pays ________	Si oui, nombre d'intercalaire(s) JQPA : |_|	

EE0 cerfa 15928*02

DECLARATION D'UNE ENTREPRISE ETRANGERE SANS OUVERTURE D'ETABLISSEMENT EN FRANCE

RESERVE AU CFE BUIDE
Déclaration n° ______
Reçue le
Transmise le

PERSONNE MORALE OU PHYSIQUE

Une notice est disponible pour vous aider à remplir la présente déclaration.

Imprimer | Réinitialiser

IDENTIFICATION DE L'ENTREPRISE

PERSONNE MORALE (société, association...) | PERSONNE PHYSIQUE (entreprise individuelle)

1A **DENOMINATION** ______
Nom commercial ______
FORME JURIDIQUE ______

1B Nom de naissance ______ Nom d'usage ______
Prénoms ______ Pseudonyme ______
Nationalité ______ Sexe ☐ M ☐ F Né(e) le

2 **Adresse :** *rés., bât., n°, voie, lieu-dit* ______ Complément d'adresse ______
Commune ______ Code postal ______ Pays ______

3 Registre public à l'étranger : Lieu ______ N° d'enregistrement ______

UNIQUEMENT POUR LES PERSONNES MORALES (société, association...)

4 **REPRESENTANT LEGAL personne morale :**
Qualité ______ Dénomination ______
Adresse du siège ______
Code postal ______ Commune ______
Pays ______ Forme juridique ______
Lieu et n° d'immatriculation, le cas échéant ______

REPRESENTANT LEGAL personne physique :
Nom de naissance ______ Nom d'usage ______
Prénoms ______ Qualité ______
Né(e) le Commune ______ Pays ______
Nationalité ______ Domicile ______
Code postal ______ Commune ______ Pays ______

ACTIVITES EXERCEES EN FRANCE

5 **Date de début d'activité en France** Activité ☐ Régulière ☐ Occasionnelle Activités exercées en France ______
Activité principale exercée en France ______

EFFECTIFS SALARIES

6

SITUATION SOCIALE : DESIGNATION D'UN REPRESENTANT SOCIAL EN FRANCE

7 À compléter uniquement si vous avez désigné un représentant résidant en France pour le respect des obligations sociales dues au titre de l'emploi de personnel salarié et dans ce cas, joindre une copie de la convention.

REPRESENTANT SOCIAL personne morale :
Dénomination ______
Forme juridique ______
Nom commercial ______
N° unique d'identification SIREN

OU

REPRESENTANT SOCIAL personne physique :
Nom de naissance ______ Prénom ______
Nationalité ______
Né(e) le Pays ______
Commune ______ Code postal
N° unique d'identification SIREN (le cas échéant)

Adresse *rés., bât., n°, voie, lieu-dit* ______ Complément d'adresse ______
Commune ______ Code postal

La loi n° 78-17 du 6 janvier 1978 modifiée relative à l'informatique, aux fichiers et aux libertés s'applique aux réponses des personnes physiques à ce formulaire.

Elle leur garantit un droit d'accès et de rectification, pour les données les concernant, auprès des organismes destinataires de ce formulaire.

SITUATION FISCALE

8

DESIGNATION D'UN REPRESENTANT / MANDATAIRE FISCAL

9 Vous désignez un : ☐ **REPRESENTANT FISCAL** OU ☐ **MANDATAIRE**

PERSONNE MORALE (société, association...) OU PERSONNE PHYSIQUE (entreprise individuelle)

10 **DENOMINATION**
FORME JURIDIQUE
N° unique d'identification SIREN

Nom Nom d'usage
Prénoms
N° unique d'identification SIREN

Adresse *rés., bât., n°, voie, lieu-dit*
Commune Code postal
Complément d'adresse
Pays

COORDONNEES DU COMPTABLE (A L'ETRANGER OU EN FRANCE)

11 Nom, prénom ou dénomination
Personne ou service à contacter
Adresse *rés., bât., n°, voie, lieu-dit*
Commune Pays

Tél (avec indicatif pays)
Tél (avec indicatif pays)
Télécopie / courriel

RENSEIGNEMENTS COMPLEMENTAIRES

12 **OBSERVATIONS :**

13 **Si personne physique :** ☐ Je demande que les informations enregistrées dans le répertoire Sirene ne puissent pas être consultées ni utilisées par des tiers. (cf. notice)

Le présent document constitue déclaration à l'INSEE, aux services fiscaux, aux organismes de sécurité sociale.
La déclaration sur l'honneur est définie par la loi. Si vous remplissez délibérément cette déclaration de manière inexacte ou incomplète, vous vous exposerez à des poursuites.

14 ☐ **LE DECLARANT** (désigné au cadre 1B)
☐ **LE REPRESENTANT LEGAL** (désigné au cadre 4)
☐ **LE REPRESENTANT FISCAL OU MANDATAIRE** (désigné au cadre 9)
☐ **AUTRE MANDATAIRE** *ayant procuration*
Nom, prénom / dénomination
Adresse
Commune Pays

Certifie l'exactitude des renseignements donnés
Fait à
Le
Intercalaire JQPA ☐ oui ☐ non
Si oui, nombre d'intercalaire(s) JQPA :

SIGNATURE

PAPIER A EN-TÊTE DE L'ENTREPRISE

Désignation d'un mandataire en matière de taxe sur la valeur ajoutée intervenant exclusivement en Directive 2006/112/CE du 28/11/2006

Je soussigné, *(nom, prénom, qualité)* ....,
agissant au nom et pour le compte de l'entreprise *(nom, dénomination, adresse de l'entreprise étrangère)* ....
....
..., ...
....
désigne *(nom ou raison sociale, adresse)*... ....
....
....
...

en qualité de mandataire.

*** Ce mandataire pourra accomplir les formalités suivantes** (liste non exhaustive ; cocher les cases qui suivent selon l'étendue du mandat) :

- ☐ Accomplir les formalités et signer les déclarations relatives à l'immatriculation (inscription, radiation ou modification) de l'entreprise en France ;
- ☐ Effectuer les obligations comptables (notamment, délivrance des factures, tenue de la comptabilité, etc) ;
- ☐ Représenter l'entreprise auprès des services administratifs et fiscaux français, notamment pour signer, adresser et recevoir des documents, correspondances, demandes d'information et déclarations ;
- ☐ Envoyer, déposer et signer les déclarations de taxes sur le chiffre d'affaires ;
- ☐ Payer la TVA et les taxes assimilées dues ;
- ☐ Envoyer, déposer et signer la déclaration d'échanges de biens destinée aux services des Douanes ;
- ☐ Etablir une réclamation contentieuse auprès de l'administration ;
- ☐ Déposer pour le compte de la société communautaire, une demande de remboursement de crédit de TVA non imputable ;

En cas de contrôle fiscal :

- ☐ Soit représenter l'entreprise au cours de l'ensemble des opérations de contrôle et répondre aux courriers et pièces de procédure (y compris les transactions) adressées par les services vérificateurs lors de la procédure de redressements, de la procédure de recouvrement et, le cas échéant, lors de la procédure contentieuse ; en ce cas, le contrôle sera réalisé sur place dans les locaux du mandataire et l'intégralité des pièces de procédure devra être envoyée à l'adresse de ces locaux, soit : ....
- ☐ Soit seulement recevoir les courriers et pièces de procédure adressées par les services vérificateurs relatifs à l'assiette, au recouvrement et au contentieux ; en ce cas, l'intégralité des pièces de procédure devra être envoyée à l'adresse suivante : ......

*** Encaissement des restitutions de sommes et des remboursements de crédits de TVA :**

2/2

Si l'entreprise étrangère assujettie autorise le mandataire à percevoir la restitution de sommes ou le remboursement de TVA, celle-ci doit fournir un mandat spécial établi conformément aux dispositions de la Circulaire du 30 mars 1989 – de Monsieur le Ministre délégué auprès du Ministre d'Etat, Ministre de l'Economie, des Finances et du Budget, chargé du Budget – relative à la simplification de la réglementation du paiement des dépenses publiques.

Coordonnées bancaires (précisez s'il s'agit de l'assujetti communautaire ou du mandataire et joindre un relevé d'identité bancaire) :

Nom et adresse de l'établissement
bancaire : ....
....
....
......
....
......
numéro de compte :
IBAN : ....
.....
SWIFT ou
BIC : ....

Impératif : indiquer le nombre de cases
cochées : ....

La désignation du mandat est effectuée à titre exclusif et prend effet à compter du..
......

Ce mandat produira ses effets jusqu'à ce qu'il soit dénoncé par le mandant ou le mandataire auprès du service des impôts des entreprises étrangères qui gère la TVA de l'entreprise étrangère assujettie.

Fait à , le

(Signature manuscrite)

Je soussigné, *(nom, prénom, qualité)* .... agissant au nom et pour le compte de l'entreprise *(nom, dénomination, et adresse)*……………………………………………………...accepte la désignation ci-dessus en qualité de mandataire et m'engage à accomplir, pour le compte de l'entreprise *(nom ou raison sociale et adresse)*……………………………………………...., les formalités indiquées ci-dessus.

Fait à , le
(Signature manuscrite)

2/2

N°3517-S-SD

CA12 (1)
CA12E (2)

RÉPUBLIQUE FRANÇAISE
Liberté Égalité Fraternité

TAXE SUR LA VALEUR AJOUTÉE ET TAXES ASSIMILÉES

cerfa
N°11417*22
FORMULAIRE OBLIGATOIRE (art. 242 sexies et 242 septies A de l'annexe II au CGI)

DÉCLARATION RELATIVE À L'EXERCICE OU À LA PÉRIODE DU ..... / ..... / 20..... AU ..... / ..... / 20.....

Horaires d'ouverture sur www.impots.gouv.fr, rubrique « Contact »

Cette déclaration doit obligatoirement être renvoyée **au plus tard le 3 mai 2021 (clôture au 31/12/2020) ou dans les trois mois de la clôture de l'exercice** (clôture en cours d'année) (CGI, ann II, art. 242 septies A)

Identification du destinataire	Nom ou dénomination	
	Adresse	

Rayer les indications imprimées par ordinateur qui ne correspondent plus à la situation exacte de l'entreprise, ***rectifiez-les en rouge.***

SIE	Numéro de dossier	Clé	Période	CM	OPT	Code service	Régime

N° d'identification de l'établissement (SIRET) |_|_|_|_|_|_|_|_|_| |_|_|_|_|_|

N° de TVA intracommunautaire |_|_| |_|_| |_|_|_|_|_|_|_|_|_|

(1) Si vous clôturez votre exercice en cours d'année, rayez la mention CA 12 (en haut à droite).

(2) Si vous clôturez votre exercice le 31 décembre, rayez la mention CA 12 E (en haut à droite).

Si vous n'avez à remplir aucune ligne de ce formulaire (déclaration « néant »), veuillez cocher la case à droite 0010 ☐

MODALITÉS DE DÉCLARATION ET DE PAIEMENT

ATTENTION : ne portez pas de centimes d'euro (l'arrondissement s'effectue à l'unité la plus proche : les fractions d'euro inférieures à 0,50 sont négligées, celles supérieures ou égales à 0,50 sont comptées pour 1).

PAIEMENT, DATE, SIGNATURE

Date : .... Signature :

Téléphone : ....

Paiement par virement bancaire : ☐

Paiement par imputation * : ☐

* (joindre l'imprimé n° 3516 disponible sur www.impots.gouv.fr ou auprès de votre service des impôts).

RÉSERVÉ À L'ADMINISTRATION

Somme :	Date :	
	N° PEC	|_|_|_|_|_|_|_|
	N° d'opération	|_|_|_|_|_|_|_|

Pénalités	
Taux 5 %	9005
Taux %	9006
Taux %	9007

Date de réception

CADRE RÉSERVÉ À LA CORRESPONDANCE

N'hésitez pas à prendre contact avec votre service des impôts, s'il vous manque une indication pour remplir cette déclaration. Vous pouvez également vous reporter à la notice, si vous souhaitez des informations sur la TVA intracommunautaire, le coefficient de taxation ou l'euro.
Les dispositions des articles 49, 50, 53 et le cas échéant, 51, 55 et 56 de la loi n° 78-17 du 6 janvier 1978 relative à l'informatique, aux fichiers et aux libertés, modifiée par la loi n° 2004-801 du 6 août 2004, garantissent les droits des personnes physiques à l'égard des traitements des données à caractère personnel.

- 1 -

I – TVA BRUTE							
	OPÉRATIONS NON IMPOSABLES		**Base hors taxe**		**OPÉRATIONS NON IMPOSABLES**		**Base hors taxe**
01	Achats en franchise	0037		4B	Ventes de biens ou prestations de services réalisées par un assujetti non établi en France (article 283-1 du code général des impôts)	0043	
02	Exportations hors UE	0032					
03	Autres opérations non imposables	0033					
3A	Ventes à distance taxables dans un autre État membre au profit de personnes non assujetties – Ventes BtoC	0047		4D	Livraisons d'électricité, de gaz naturel, de chaleur ou de froid non imposables en France	0029	
3B	Mises à la consommation de produits pétroliers	0049					
04	Livraisons intracommunautaires à destination d'une personne assujettie – Ventes BtoB	0034					

	OPÉRATIONS IMPOSABLES		***Base hors taxe***	***Taxe due***
	– réalisées en France métropolitaine			
5A	Taux normal 20 %	0207		
5 B	Taux normal 20 % sur les produits pétroliers	0208		
06	Taux réduit 5,5 %	0105		
6C	Taux réduit 10 %	0151		
6D				
	– réalisées dans les DOM			
07	Taux normal 8,5 %	0201		
08	Taux réduit 2,1 %	0100		
8B				
	– à un autre taux (France métropolitaine ou DOM)			
09	Opérations imposables à un taux particulier	0950		
9A	Taux réduit 13 % sur les produits pétroliers	0152		
10	Anciens taux	0900		
	– autres opérations			
AA	Livraisons d'électricité, de gaz naturel, de chaleur ou de froid imposables en France	0030		
AB	Achats de biens ou de prestations de services réalisés auprès d'un assujetti non établi en France (article 283-1 du code général des impôts)	0040		
AC	Achats de prestations de services intracommunautaires (article 283-2 du code général des impôts)	0044		
11	Cessions d'immobilisations	0970		
12	Livraisons à soi-même	0980		
13	Autres opérations imposables	0981		
14	Acquisitions intracommunautaires	0031		
15	*Dont* TVA sur immobilisations	0982		
16	***TOTAL DE LA TAXE DUE (ligne 5A à 14)***			

	Autre TVA DUE		
17	Remboursements provisionnels obtenus en cours d'année ou d'exercice	0983	
18	TVA antérieurement déduite à reverser **dont TVA sur les produits pétroliers** ………………	0600	
AD	Sommes à ajouter	0602	
19	***TOTAL DE LA TVA BRUTE DUE (lignes 16 + 17 + 18 + AD)***		

II – TVA DÉDUCTIBLE			
	AUTRES BIENS ET SERVICES		***Taxe déductible***
20	Déductions sur factures (1)	0702	
21	Déductions forfaitaires (1)	0704	
22	***TOTAL (lignes 20 + 21)***		
	IMMOBILISATIONS		
23	TVA déductible sur immobilisations (1)	0703	
	AUTRE TVA À DÉDUIRE		
24	Crédit antérieur non imputé et non remboursé	0058	

– 2 –

25	Omissions ou compléments de déductions dont régularisations TVA déductible sur les produits pétroliers	0059	....
25A	(1) Compte-tenu, le cas échéant, du coefficient de déduction .... %		
AE	Sommes à imputer	0603	....
26	***TOTAL DE LA TVA DÉDUCTIBLE (lignes 22 + 23 + 24 + 25 + AE)***		....
2E	Dont TVA déductible sur les produits pétroliers	0711	

Si vous réalisez des opérations intracommunautaires, pensez à la déclaration d'échanges de biens (livraisons de biens) ou à la déclaration européenne de services (prestations de services) à souscrire auprès de la Direction Générale des Douanes et des Droits indirects (cf. notice de la déclaration CA12).

III – TVA NETTE

RÉSULTAT DE LA LIQUIDATION			*Taxe*
28	TVA due : (Ligne 19 – ligne 26) ou		....
29	CRÉDIT : (Ligne 26 – ligne 19)	0705	....

IMPUTATIONS/RÉGULARISATIONS

	Col. 1 : Montant **effectivement payé**	Col. 2 : Montant **restant à payer**
Acompte 1	....	....
Acompte 2	....	....
	Tot. 1	**Tot. 2** ....

30	Acomptes payés et / ou restant dus (Tot. 1 + Tot. 2)	0018	....

RÉSULTAT NET

33	**SOLDE À PAYER** si ligne 28 – (lignes 29 + 30) ≥ 0 ou		....
34	**EXCÉDENT DE VERSEMENT** : si ligne 30 – ligne 28 ≥ 0		....
35	**SOLDE EXCÉDENTAIRE :** (lignes 29 + 34) ou (lignes 29 + 30)	0020	....

IV – DÉCOMPTE DES TAXES ASSIMILÉES

	Nature des taxes				Taxe brute
36	Taxe sur les retransmissions sportives au taux de 5 % (CGI, art. 302 bis ZE)	Base imposable		4215	....
37	Taxe sur le chiffre d'affaires des exploitants agricoles (CGI, art. 302 bis MB)			4220	....
	Taxe sur la diffusion en vidéo physique et en ligne de contenus audiovisuels à titre onéreux (CGI, art. 1609 sexdecies B)				
42	–au taux de 5,15 %	Base imposable		4229	....
43	– au taux de 15 %			4228	....
	Taxe sur la diffusion en vidéo physique et en ligne de contenus audiovisuels à titre gratuit (CGI, art. 1609 sexdecies B)				
43A	–au taux de 5,15 %	Base imposable		4298	....
43B	–au taux de 15 %			4299	....
44	Taxe sur les actes des huissiers de justice (CGI, art. 302 bis Y) (14,89 € par acte accompli à compter du 1er janvier 2017)	Nombre d'actes		4206	....
45	Taxe sur les embarquements ou débarquements de passagers en Corse (CGI, art 1599 vicies) (4,57 € par passager)	Nombre de passagers		4204	....
46	Taxe pour le développement de la formation professionnelle dans les métiers de la réparation de l'automobile, du cycle et du motocycle (CGI, art 1609 sexvicies) au taux de 0,75 %	Base imposable		4217	....
47	Taxe sur certaines dépenses de publicité au taux de 1 % (CGI, art 302 bis MA)	Base imposable		4213	....
4B	Contribution à l'audiovisuel public (ex-redevance audiovisuelle) (CGI, art 1605 et suiv.) [cf. fiche de calcul sur le site www.impots.gouv.fr]			4219	....
4C	Contribution à l'audiovisuel public (ex-redevance audiovisuelle) due par les loueurs d'appareils (CGI, art. 1605 et suiv.)			4221	....
4F	Taxe sur les excédents de provision des entreprises d'assurance de dommages (CGI, art. 235 ter X)			4238	....
4K	Contribution due par les gestionnaires des réseaux publics d'électricité (CGCT, art. L 2224-31 I bis)			4236	....
4L	Taxe sur les ordres annulés dans le cadre d'opérations à haute fréquence (CGI, art. 235 ter ZD bis)			4239	....
4M	Prélèvement sur les films pornographiques ou d'incitation à la violence et sur les représentations théâtrales à caractère pornographique au taux de 33 % (CGI, art. 1605 sexies)	Base imposable		4245	....
60A	Redevance sanitaire d'abattage (CGI, art. 302 bis N à 302 bis R)			4253	....
60B	Redevance sanitaire de découpage (CGI, art. 302 bis S à 302 bis W)			4254	....
61	Redevance sanitaire pour le contrôle de certaines substances et de leurs résidus (CGI, art. 302 bis WC)			4247	....
62	Redevance sanitaire de première mise sur le marché des produits de la pêche ou de l'aquaculture (CGI, art. 302 bis WA)			4248	....
63	Redevance sanitaire de transformation des produits de la pêche ou de l'aquaculture (0.5 € par tonne) (CGI, art. 302 bis WB)	Nombre de tonnes		4249	....
64	Redevance pour agrément des établissements du secteur de l'alimentation animale (125 € par établissement) (CGI, art. 302 bis WD à WG)	Nombre d'établissements		4250	....

– 3 –

	Redevance phytosanitaire à la circulation intracommunautaire et à l'exportation (Code rural et de la pêche maritime, art. L 251-17-1)				
65	– à la circulation intracommunautaire (PPE)			4273	....
66	– à l'exportation			4274	....
	Taxe forfaitaire sur les ventes de métaux précieux, de bijoux, d'objets d'art, de collection et d'antiquité (CGI, art. 150 VI à VM)				
67	– sur les ventes de métaux précieux au taux de 11 %	Base imposable		4268	....
68	– sur les ventes de bijoux, objets d'art, de collection ou d'antiquité au taux de 6 %	Base imposable		4270	....
	Contribution pour le remboursement de la dette sociale (CRDS) (CGI, art. 1600-0 I)				
69	– sur les ventes de métaux précieux au taux de 0,5 %	Base imposable		4269	....
70	– sur les ventes de bijoux, objets d'art, de collection ou d'antiquité au taux de 0,5 %			4271	....
	Prélèvement sur les paris hippiques				
71	– au profit de l'État (CGI, art. 302 bis ZG) au taux de 5,3 %	Base imposable		4256	....
72	– au profit des organismes de sécurité sociale (CSS, art. L137-20) au taux de 1,8 %			4259	....
73	– engagés depuis l'étranger sur des courses françaises et regroupés en France (CGI, art. 302 bis ZO) au taux de 12 %			4255	....
	Redevance due par les opérateurs agréés de paris hippiques en ligne				
74	– Enjeux relatifs aux courses de trot (CGI, art. 1609 tertricies), au taux de 6,7 %			4266	....
75	– Enjeux relatifs aux courses de galop (CGI, art. 1609 tertricies), au taux de 6,7 %			4267	....
	Prélèvement sur les paris sportifs en ligne (à compter du 01/01/2020)				
76A	– au profit de l'État (CGI, art. 302 bis ZH) au taux de 33,7 %	Base imposable		4309	....
77A	– au profit des organismes de sécurité sociale (CSS, art. L137-21) au taux de 10,6 %	Base imposable		4310	....
78A	– au profit de l'agence nationale du sport (ANS) (CGI, art. 1609 tricies) au taux de 10,6 %	Base imposable		4311	....
	Prélèvements sur les paris sportifs commercialisés en réseau physique de distribution (à compter du 01/01/2020)				
76B	– au profit de l'État (CGI, art. 302 bis ZH) au taux de 27,9 %	Base imposable		4306	....
77B	– au profit des organismes de sécurité sociale (CSS, art. L137-21) au taux de 6,6 %	Base imposable		4307	....
78B	– au profit de l'agence nationale du sport (ANS) (CGI, art. 1609 tricies) au taux de 6,6 %	Base imposable		4308	....
	Prélèvement sur les cercles de jeux				
79	– au profit de l'État (CGI, art. 302 bis ZI) au taux de 1,8 %	Base imposable		4258	....
80	– au profit des organismes de sécurité sociale (CSS, art. L137-22) au taux de 0,2 %			4261	....
84	Taxe sur l'exploration d'hydrocarbures calculée selon le barème fixé à l'article 1590 du CGI et perçue au profit des collectivités territoriales	Code INSEE de la collectivité	Montant	4291	....
	– Droits pour le département ou la collectivité territoriale :				
	– Droits pour le département ou la collectivité territoriale :				
	– Droits pour le département ou la collectivité territoriale :				
	– Droits pour le département ou la collectivité territoriale :				
	– Droits pour le département ou la collectivité territoriale :				
	– Droits pour le département ou la collectivité territoriale :				
	– Droits pour le département ou la collectivité territoriale :				
	– Droits pour le département ou la collectivité territoriale :				
	– Droits pour le département ou la collectivité territoriale :				
88	Contribution sur les boissons non alcooliques contenant des sucres ajoutés (CGI, art.1613 ter)	Nombre d'hectolitres		4294	....
89	Contribution sur les boissons non alcooliques (CGI, art. 1613 quater II 1°), 0,54€/hL	Nombre d'hectolitres		4296	....
90	Contribution sur les boissons non alcooliques contenant des édulcorants de synthèse (CGI, art. 1613 quater II 2°), 3,08€/hL	Nombre d'hectolitres		4295	....
92	Contribution sur les eaux minérales naturelles (CGI, art. 1582) — Code INSEE de la commune	Nombre d'hectolitres	Montant	4293	....
	– Droits pour la commune :				

– 4 –

	– Droits pour la commune :					
	– Droits pour la commune :					
	– Droits pour la commune :					
	– Droits pour la commune :					
	– Droits pour la commune :					
	– Droits pour la commune :					
93	Taxe sur certains services fournis par les grandes entreprises du secteur numérique (TSN) (CGI, articles 299 à 300 bis et 1692) au taux de 3 %	Montant dû au titre de la mise en relation (a)		Montant dû au titre de la publicité (b)	4301	....
	TOTAL DES LIGNES 36 à 93 (à reporter ligne 55)					....

– 5 –

V - RÉCAPITULATION

49	Solde excédentaire (report de la ligne 35)		....	54	TVA (report de la ligne 33)	....
50	Remboursement demandé au cadre VI, page 4	8002	....	55	Taxes assimilées (total lignes 36 à 85)	....
51	Crédit à reporter (cette somme est à reporter ligne 24 de la prochaine déclaration CA 12 / CA 12 E)	8003	....		ATTENTION ! UNE SITUATION DE TVA CRÉDITRICE (LIGNE 49 SERVIE) NE DISPENSE PAS DU PAIEMENT DES TAXES ASSIMILÉES DÉCLARÉES LIGNE 55	
52	Crédit imputé sur les prochains acomptes	8004	....			
	Acomptes (cochez les cases correspondant aux acomptes déduits l. 30). Précisez l'année.					
58	☐ Juillet |__|__|__|__| ☐ Décembre |__|__|__|__|			56	**TOTAL À PAYER** *(lignes 54 + 55)* (N'oubliez pas de joindre le règlement correspondant)	....

BASE DE CALCUL DES ACOMPTES DUS AU TITRE DE L'EXERCICE SUIVANT

57	TVA [ligne 16 – (lignes 11 + 12 + 15 + 22)]	....

VI – DEMANDE DE REMBOURSEMENT

Crédit remboursable dégagé à la clôture de l'année ou de l'exercice (≥ 150 €, ou, < à 150 € uniquement en cas de cession, décès, entrée dans un groupe TVA) (ligne 29)	a	
Excédent de versement dégagé (ligne 34)	b	
Maximum remboursable (a + b)	c	
Remboursement demandé	d	
Crédit reportable (c – d)	e	

Le soussigné (nom, prénom, qualité) :

demande le remboursement de la somme de (en chiffres) ☐ À .... , Le ....

– à créditer au compte désigné ☐ Cocher selon le choix — Signature :

– à imputer sur une échéance future (joindre l'imprimé n° 3516) ☐

CADRE RÉSERVÉ À L'ADMINISTRATION

L'Inspecteur (1) **Le contrôleur (1)** des finances publiques soussigné émet un avis : – Favorable – Défavorable (1) au remboursement de la somme

De ....

Observations (2) : ....

....

Code rejet / Adm partielle \|__\|__\|

Type de rejet \|__\| Type de contrôle \|__\|

N° ALPAGE \|__\|__\|__\|__\| \|__\|__\|__\|__\|__\|__\|__\|

À .... , Le ....
Signature et cachet d'authenticité :

Le directeur soussigné autorise le remboursement

de la somme de ....

au profit de ....

La présentation d'une caution – a été exigée (1) – n'a pas été exigée (1)

À .... , Le ....
Signature et cachet d'authenticité :

Décisions prises par délégation			
Nature op.	Numéro op.	Date	Nom – signature

Le comptable soussigné certifie que l'entreprise demanderesse :

(1)
– ne figure à aucun titre comme reliquataire dans les écritures du service des impôts des entreprises ;
– est redevable de la somme de ....
– au titre de ....

Observations (3) ....

N° d'enregistrement MEDOC \|__\|__\|__\|__\|__\|\|__\|__\|__\|__\|__\|__\|

À .... , Le ....
Signature et cachet d'authenticité :

(1) Rayer la mention qui ne convient pas.
(2) Indiquer, notamment, les raisons pour lesquelles il paraît opportun d'exiger une caution.
Préciser, le cas échéant, les motifs de rejet total ou partiel du remboursement demandé.
(3) Indiquer, notamment, les raisons pour lesquelles il paraît opportun d'exiger une caution.
Préciser, le cas échéant, qu'un avis de compensation n° 3382 est établi.

Depuis le 1er octobre 2014, vous avez l'obligation de télédéclarer et télépayer la TVA par transfert de fichier ou Internet.
La somme due est prélevée automatiquement, au plus tôt à la date d'échéance.
Les demandes de remboursement de crédit de TVA doivent également être télétransmises.
Pour plus d'informations, vous pouvez vous connecter sur le site www.impots.gouv.fr, rubrique « Professionnels » ou contacter votre service.

– 6 –

DIRECTION GÉNÉRALE
DES FINANCES PUBLIQUES

cerfa

N° 11255 * 17

Date de réception de la demande :
(timbre à date du service des impôts)

Liberté • Égalité • Fraternité
RÉPUBLIQUE FRANÇAISE

N° 3519 - SD

IFU/N° ILIAD-Cx

N° d'enregistrement au registre 4000

N° de dossier-clé du demandeur

N° MEDOC de la demande

TAXE SUR LA VALEUR AJOUTÉE ET TAXES ASSIMILÉES

DEMANDE DE REMBOURSEMENT DE CRÉDITS DE TAXES

AU TITRE DE LA PÉRIODE :
(Indiquer le mois ou le trimestre au titre duquel la déclaration CA3 est déposée)

I. IDENTIFICATION DE L'ENTREPRISE

Nom, prénoms ou dénomination de l'entreprise et adresse du principal établissement ou de la direction de l'entreprise	Adresse de correspondance (1) ou Nom, prénoms ou dénomination et adresse du représentant fiscal ou du liquidataire judiciaire
Tél. :	Tél. :

Activités exercées (souligner l'activité principale).

Numéros d'identification	N° de TVA intracommunautaire F R N° SIRET de l'établissement (ces numéros figurent sur vos déclarations de TVA préimprimées)
Nationalité de l'entreprise	• Entreprise française ☐ • Entreprise non établie en France – n'ayant pas l'obligation de désigner un repésentant fiscal ☐ – ayant l'obligation de désigner un représentant fiscal ☐ (2)

II. DEMANDE DE REMBOURSEMENT

■ Montant du remboursement demandé .... R ....

Attention : pour que votre demande soit recevable, le montant dont le remboursement est demandé doit figurer obligatoirement sur la ligne 26 de la déclaration CA3. Le montant porté en ligne 26 ne peut plus faire l'objet d'une imputation (article 242-0 E de l'annexe II au Code général des impôts.

OBSERVATION : Avant de remplir cet imprimé, il vous est conseillé de consulter les explications fournies page 2. Pour tout renseignement complémentaire, vous pouvez prendre contact avec le service des impôts dont vous dépendez.

Le soussigné *(nom, prénom, qualité)* ....

atteste que l'entreprise présentant cette demande est à jour dans le dépôt de ses déclarations de taxe sur la valeur ajoutée et taxes assimilées.

Il sollicite le remboursement de la somme de *(en chiffres)* : .... €
– à créditer au compte désigné .... ☐
– à imputer sur une échéance future (3) .... ☐ cocher selon le choix
et réduit, à due concurrence du crédit à reporter sur la prochaine déclaration.

A .... le ....
Signature de la personne habilitée à engager l'entreprise (représentant légal ou personne mandatée) :

(2) Demande déposée suite à :
☐ 1ère demande (création le ....)
☐ cession, cessation, décès le ....
☐ autres

N° 3519 - SD – (SDNC-DGFiP) – Décembre 2017

(1) Adresse à laquelle le courrier doit être expédié dans le cas où cette adresse est différente de celle du principal établissement.
(2) Cocher la case correspondant à votre cas et préciser, le cas échéant, la date.
(3) Joindre l'imprimé n° 3516 disponible sur le site www.impots.gouv.fr ou auprès de votre service des impôts. (Voir le cadre « Imputation du remboursement sur une échéance future » en page 2).

MINISTÈRE DE L'ACTION ET DES COMPTES PUBLICS

ENTREPRISES DEVANT UTILISER L'IMPRIMÉ N° 3519

Cet imprimé, à **déposer en simple exemplaire**, est destiné à être utilisé :

▶ **par les entreprises placées sous le régime du chiffre d'affaires réel** (ou ayant choisi de déclarer selon les modalités de ce régime);

▶ **par les exploitants agricoles placés sous le régime de la déclaration mensuelle** quelle que soit la procédure de remboursement qu'ils utilisent ;

▶ **par les entreprises placées sous le régime simplifié d'imposition,** uniquement lorsqu'elles demandent un remboursement provisionnel du crédit constitué par la taxe déductible ayant grevé l'acquisition de biens constituant des immobilisations d'un montant au moins égal à 760 € (en fin d'exercice, la demande de remboursement du crédit tenant compte de la taxe déductible sur services et biens autres qu'immobilisations s'effectue directement sur la déclaration annuelle CA 12 ou en fin d'exercice sur la déclaration CA 12 E pour les entreprises qui régularisent la taxe sur la valeur ajoutée et des taxes assimilées dans le cadre de l'exercice).

Attention : les entreprises membres d'un groupe de consolidation du paiement de la TVA et des taxes assimilées, tel que défini à l'article 1693 *ter* du CGI, ne peuvent pas solliciter le remboursement de crédits de TVA nés pendant l'application du régime de groupe. **Seul le redevable du groupe** peut en solliciter le remboursement.

RÉGLEMENTATION

La TVA qui a grevé les éléments du prix des opérations réalisées par les entreprises redevables de la TVA est déductible non seulement lorsque les opérations sont effectivement soumises à la TVA mais également lorsqu'il s'agit d'exportations ou de livraisons intracommunautaires de produits passibles de cette taxe ou d'autres opérations relevant du commerce extérieur.

La taxe déductible dont l'imputation n'a pu être opérée sur la taxe due peut faire l'objet d'un remboursement dans les conditions fixées par les articles 242-0-A à 242-0-K de l'annexe II au Code général des impôts.

La procédure :

- est ouverte à toutes les entreprises ;
- s'applique à l'issue de chaque mois ou trimestre civil :
  - dépôt au titre des onze premiers mois ou des trois premiers trimestres civils : le crédit à rembourser doit être au moins égal à 760€ ;
  - dépôt au titre du mois de décembre ou du quatrième trimestre civil : le crédit à rembourser doit être au moins égale à 150€.

IMPUTATION DU REMBOURSEMENT SUR UNE ÉCHÉANCE FUTURE

Si vous disposez d'une créance sur le Trésor (crédit de TVA, excédent d'impôt sur les sociétés...) vous pouvez utiliser tout ou partie de cette créance pour payer un impôt professionnel encaissé par le réseau comptable de la Direction générale des finances publiques (DGFiP).

Pour obtenir des informations sur ce service et le formulaire n° 3516 à souscrire, vous pouvez contacter votre service des impôts ou consulter le site www.impots.gouv.fr

DÉLAIS – DOCUMENTS À JOINDRE À LA PRÉSENTE DEMANDE

➡ DÉLAIS : En principe dans le délai prévu pour le dépôt de la déclaration de TVA (CA3) faisant apparaître le crédit dont le remboursement est demandé ; au cours du mois suivant le semestre considéré pour les entreprises placées sous le régime simplifié d'imposition.

➡ DOCUMENTS À TRANSMETTRE :

- **relevé d'identité bancaire, postal ou de caisse d'épargne** [conforme au libellé exact de l'entreprise ou du représentant dûment qualifié (cf. infra)] s'il s'agit d'une première demande de remboursement ou en cas de changement de compte (1) ;
- **mandat** si le signataire de la demande n'est pas le redevable, lors de la première demande ou en cas de changement de mandataire (le mandat doit être exprès et établi ou enregistré antérieurement à la date de souscription de la demande). Ce mandat doit être impérativement produit sous forme d'un acte authentique dans les cas de remboursement au nom du représentant qualifié de l'entreprise bénéficiaire pour toute somme excédant 5 300 €; en deçà, un acte sous seing privé est admis ;
- **relevé des factures d'achats** comportant, sur trois colonnes, les noms et adresses des fournisseurs ou prestataires de services, les date et montant de chaque facture et le montant de la TVA mentionnée sur la facture, **lorsqu'il s'agit de la première demande présentée par une entreprise nouvelle**. Pour les entreprises placées sous le régime simplifié d'imposition sollicitant un remboursement provisionnel de la TVA ayant grevé leurs acquisitions d'immobilisations, **l'original de ces factures est exigé**.

OBSERVATION : Les documents listés ci-dessus doivent **impérativement** être joints à votre demande de remboursement.
Pour votre information, dans le cadre de son pouvoir de contrôle, l'administration conserve la possibilité de remettre en cause l'existence du crédit dont le remboursement vous a été accordé.

(1) En cas de décès, au nom du notaire avec un certificat d'hérédité et une lettre dans laquelle le notaire se porte fort vis-à-vis des héritiers.

TÉLÉTRANSMISSION DES DEMANDES DE REMBOURSEMENT

Depuis le **1er octobre 2014**, toutes les entreprises **doivent obligatoirement télétransmettre** leurs demandes de remboursement de crédit de TVA.

Ce service de télédéclaration est offert à toutes les entreprises, y compris les entreprises étrangères gérées par la Direction des Impôts des Non Résidents qui sont soumises aux mêmes obligations en matière de téléprocédures que les entreprises établies en France.

Pour plus d'informations, consultez le site www.impots.gouv.fr, rubrique « Professionnels ».

Les dispositions des articles 39 et 40 de la loi n° 78-17 du 6 janvier 1978 relative à l'informatique, aux fichiers et aux libertés, modifiée par la loi n° 2004-801 du 6 août 2004, garantissent les droits des personnes physiques à l'égard des traitements des données à caractères personnels.

CADRE RÉSERVÉ À L'ADMINISTRATION

AVIS DU SERVICE INSTRUCTEUR

L'INSPECTEUR (1) LE CONTRÔLEUR (1) soussigné émet un avis | favorable / défavorable | (1) au remboursement de la somme

de *(mention en chiffres uniquement)*...

Observations (2) :...

....

....

....

....

....

....

....

À..., le...

Signature et cachet d'authenticité :

(1) Rayer la mention qui ne convient pas.
(2) Indiquer notamment, les raisons pour lesquelles il paraît opportun d'exiger une caution
Préciser, le cas échéant, les motifs de rejet total ou partiel du remboursement demandé.

DÉCISION DU DIRECTEUR

LE DIRECTEUR soussigné autorise le remboursement
de la somme de *(mention en chiffres uniquement)*...

....

au profit de...

....

....

La présentation d'une caution | a été exigée (1), / n'a pas été exigée (1).

À..., le...

Signature et cachet d'authenticité :

(1) Rayer la mention qui ne convient pas.

Décisions prises par délégation			
Nature op.	Numéro op.	Date	Nom – Signature

AVIS AU COMPTABLE

LE COMPTABLE soussigné certifie que l'entreprise demanderesse :

(1)
- a déposé en même temps que la présente demande une déclaration de taxe sur la valeur ajoutée faisant apparaître le crédit ;
- ne figure à aucun titre comme reliquataire ;
- est redevable de la somme de *(mention en chiffres uniquement)* ....

au titre de...

Observations (2) :...

....

À..., le...

Signature et cachet d'authenticité :

(1) Rayer la mention qui ne convient pas.
(2) Indiquer notamment, les raisons pour lesquelles il paraît opportun d'exiger une caution
Préciser, le cas échéant, les motifs de rejet total ou partiel du remboursement demandé.

Griechenland

Allgemeines

Die griechische Umsatzsteuer (Foros Prostithemenis Axias – FPA) entspricht in allen wesentlichen Positionen/Definitionen der MwStSystRL.

Unternehmer/Organkreis

Der Unternehmerbegriff entspricht der Definition laut MwStSystRL. Eine Gruppenbesteuerung/Organschaft ist nicht möglich, so dass Gesellschaften jeweils gesondert registriert werden müssen.

Nicht-Unternehmer müssen sich registrieren lassen, wenn die Erwerbschwelle (für den Bezug aus anderen EU-Staaten) den Wert von 10.000 € übersteigt.

Die zu einer Registrierung führende Lieferschwelle (Versandhandelsumsätze) für nicht im Land ansässige Unternehmer betrug bis 30.6.2021 35.000 €. Zum 1.7.2021 sind die Versandhandelsregelungen durch die Regelungen zum Fernverkauf ersetzt worden. Die individuellen Schwellenwerte je EU-Staat wurden durch einen EU-weiten Schwellenwert für Fernverkäufe von 10.000 € (für Umsätze in allen EU-Staaten zusammen; berücksichtigt werden auch Umsätze aus Telekommunikations-, Rundfunk- und elektronischen Dienstleistungen an Nicht-Unternehmer) ersetzt. Um lokale Registrierungen zu vermeiden ist der Mini-One-Stop-Shop durch den erweiterten One-Stop-Shop bzw. Import-One-Stop-Shop ersetzt worden. Einzelheiten finden sich im Kapital „Begriffsbestimmungen".

Lieferung/sonstige Leistung

Das griechische Umsatzsteuergesetz definiert die Begriffe der Lieferung und sonstigen Leistung entsprechend den Vorgaben der MwStSystRL. Danach wird jede Übertragung von Gegenständen, durch die jemand in die Lage versetzt wird, wie ein Eigentümer über den Liefergegenstand zu verfügen, als Lieferung angesehen.

Die sonstige Leistung ist negativ definiert, d. h. eine Leistung, die keine Lieferung ist, wird als sonstige Leistung (Dienstleistung) angesehen.

Werklieferung/Werkleistung/Bauleistung

Eine Lieferung zuzüglich Montage wird auch in Griechenland als Werklieferung angesehen. Als Ort der Werklieferung ist im griechischen Umsatzsteuerrecht der Ort der Übergabe des fertigen Werkes festgelegt. Daher unterliegen alle in Griechenland erbrachten Werklieferungen der griechischen Umsatzsteuer.

Verlagerungsverfahren/Reverse-Charge

In Griechenland kann die Steuerpflicht sowohl bei sonstigen Leistungen als auch bei Werklieferungen auf den Leistungsempfänger verlagert werden, sofern dieser in Griechenland ansässig ist. Eine freiwillige Registrierung ist möglich.

Eine Ausnahme bilden sonstige Leistungen im Zusammenhang mit einem Grundstück. Diese unterliegen nicht dem Reverse-Charge Verfahren.

Das Reverse-Charge-Verfahren ist auch auf die Lieferung bestimmter Recyclingmaterialien (Schrott und ähnliche Materialien) und der Veräußerung von Emissionsrechten anzuwenden. Ferner unterliegt seit dem 1.8.2017 die Lieferung von bestimmten elektronischen Artikeln (z. B. Mobiltelefone, Laptops, Tablets) dem Reverse-Charge Verfahren.

Konsignationslager/Call-off stock

Zum 1.1.2020 traten die sogenannten „Quick fixes“ in Kraft, die u. a. eine EU-weite Vereinfachung der Konsignationslagerregelung vorsehen, mit dem Ziel, dass sich der Inhaber des Konsignationslagers im EU-Lagerstaat nicht steuerlich registrieren lassen muss. Die EU-einheitlichen Regeln finden sich in dem Kapital „Begriffsbestimmungen“.

Findet die Vereinfachungsregelung keine Anwendung, weil der Lieferant beispielsweise das notwendige Register nicht führt und/ oder andere Formalien nicht erfüllt werden, wie die Nicht-Eintragung der Verbringung in die Zusammenfassende Meldung, dann wird eine Registrierung notwendig.

In diesem Fall gelten die Lieferungen auf das Lager in Griechenland als Verbringungen, die einer innergemeinschaftlichen Lieferung gleich gestellt sind. Den in Deutschland steuerfreien Verbringungen steht in Griechenland ein innergemeinschaftlicher Erwerb gegenüber, für den Erwerbsteuer anzumelden ist.

Die Lieferungen aus dem Konsignationslager an den Kunden werden als Inlandsumsatz innerhalb Griechenlands betrachtet und sind zuzüglich griechischer Umsatzsteuer abzurechen.

Steuerbefreiungen

Das griechische Umsatzsteuergesetz sieht u. a. Umsatzsteuerbefreiungen (bzw. einen Steuersatz von 0 %) für die folgenden Lieferungen bzw. Leistungen vor:

- Ausfuhrlieferungen
- Innergemeinschaftliche Lieferungen

- bestimmte Finanzdienstleistungen
- Verkauf und Vermietung von Grund und Boden, Gebäuden

Das griechische Umsatzsteuerrecht kennt – anders als das deutsche Recht – die Möglichkeit des Verzichtes auf die Steuerfreiheit bei der Vermietung von Grundstücken nur sehr eingeschränkt. Bei der Veräußerung von Grundstücken und bei Finanzdienstleistungen ist eine Option hingegen nicht möglich.

Steuersätze

Die Steuersätze in Griechenland betragen:

- Normalsteuersatz 24 % (seit 1.6.2016)
- ermäßigter Steuersatz 13 %
- Niedrigsteuersatz 6 %

Dem ermäßigten Steuersatz bzw. dem Niedrigsteuersatz unterliegen u. a. die Lieferungen von Lebensmitteln (ausgenommen Restaurantdienstleistungen), Wasser, verschiedenen Medikamenten, und Übernachtungsleistungen. Für bestimmte griechische Inseln gelten teilweise niedrigere Steuersätze.

Zu beachten ist ferner, dass der griechische Gesetzgeber Umsatzsteuersätze häufig als Lenkungselement einsetzt und für eine Zeitperiode Sätze senkt oder Lieferungen und sonstige Leistungen steuerfrei stellt.

Bemessungsgrundlage

Als Bemessungsgrundlage zur Ermittlung der griechischen Umsatzsteuer gilt – entsprechend den Vorgaben der MwStSystRL – alles, was der Leistungsempfänger aufwendet, um die Leistung zu erhalten.

Im Falle eines Forderungsausfalles erlaubt das griechische Umsatzsteuerrecht nur in engen Grenzen eine Minderung der Bemessungsgrundlage und demzufolge eine Umsatzsteuerkorrektur. Nur in bestimmten Insolvenzfällen kann eine Minderung der Umsatzsteuer erfolgen.

Vorsteuerabzug

Grundsätzlich kann in Griechenland die dem Unternehmen berechnete Umsatzsteuer als Vorsteuer geltend gemacht werden. Grundvoraussetzungen für die Inanspruchnahme des Vorsteuerabzugs sind:

- der Unternehmer muss eine Lieferung oder Leistung für sein Unternehmen bezogen haben
- die Lieferung oder Leistung muss von einem anderen Unternehmer ausgeführt worden sein und
- der leistende Unternehmer muss eine ordnungsgemäße Abrechnung mit offen ausgewiesener Umsatzsteuer erstellt haben

Ein Ausschluss vom Vorsteuerabzug gilt jedoch für:

- Reisekosten (Hotel, Taxi, öffentliche Verkehrsmittel, Mietwagen)
- Repräsentationsaufwendungen
- Bewirtungskosten
- PKW-Kosten (inkl. des Erwerbes von PKW)

Bis Anfang 2012 wurden auch in Griechenland Vorsteuerüberhänge nicht monatlich oder vierteljährlich ausgezahlt, sondern es konnte deren Auszahlung kann erst nach Ablauf eines Kalenderjahres beantragt werden, wenn die Vorsteuerüberhänge mit steuerfreien innergemeinschaftlichen Lieferungen oder Ausfuhren, Anschaffungen von Anlagengütern im Zusammenhang stehen. In anderen Fällen waren Vorsteuerüberhänge drei Jahre vorzutragen. Die Auszahlung gestaltete sich jedoch in beiden Fällen häufig langwierig und war i. d. R. mit vorhergehenden Steuerprüfungen verbunden. Seit 2012 erfolgt auf Antrag des Steuerpflichtigen eine periodische Auszahlung. Allerdings erfolgen bei Erstattungsanträgen über 100.000 € automatisch Steuerprüfungen.

Rechnungsbestandteile

Rechnungen für Warenlieferungen sind innerhalb eines Monats zu stellen, sonstige Leistungen müssen sofort nach Leistungserbringung berechnet werden. In den Rechnungen sind grds. folgende Angaben zwingend vorgeschrieben:

- Name und Anschrift des Leistenden
- Umsatzsteuer-ID-Nummer des Leistenden
- Name und Anschrift des Kunden
- Umsatzsteuer-ID-Nummer des Kunden
- Rechnungsdatum
- Fortlaufende Rechnungsnummer
- Leistungszeitpunkt/Lieferzeitpunkt
- Leistungsbeschreibung
- Nettobetrag

- Umsatzsteuersatz
- Umsatzsteuerbetrag
- Hinweis auf vereinbarte Minderung des Entgelts
- Angabe des Fiskalvertreters/steuerlichen Vertreters
- ggf. Hinweis auf eine Steuerbefreiung:
- Bei steuerfreien innergemeinschaftlichen Lieferungen von Griechenland in andere EU-Staaten der Hinweis:

HINWEIS:

„VAT exempt EC-delivery".

Zusätzlich ist bei innergemeinschaftlichen Lieferungen ex Griechenland die Umsatzsteuer-ID-Nummer des Kunden aufzunehmen

Im Falle einer Verlagerung der Umsatzsteuerschuld (Reverse-Charge) ist zusätzlich die Umsatzsteuer-ID-Nummer des Kunden anzugeben und auf die Anwendung des Verlagerungsverfahrens hinzuweisen:

HINWEIS:

„VAT to be paid by the cocontractor".

Bei Rechnungen in fremder Währung ist eine Umrechnung des Umsatzsteuerbetrags in Euro notwendig. Es ist der von dem griechischen Ministerium für Finanzen veröffentlichte Kurs zu nutzen. Der Umsatzsteuerbetrag in Euro ist auf der Rechnung anzugeben.

Elektronische Rechnungen

Griechenland hat die ab 1.1.2013 gültige Rechnungsstellungsrichtlinie der EU umgesetzt. Darüber hinaus ist 2021 für in Griechenland ansässige Unternehmen eine Verpflichtung zur elektronischen Übermittlung der Rechnungsdaten über eine Plattform (myDATA) an die griechische Finanzverwaltung (Independent Authority of Public Revenues) sowie eine elektronische Archivierung (e-books) eingeführt worden. Die Verpflichtung zur Erstellung elektronischer Rechnungen im B2B-Bereich ist noch nicht umgesetzt worden. Stattdessen bestehen gewisse Vergünstigungen (z. B. beschleunigte Auszahlung von Guthaben), wenn eine elektronische Rechnungsstellung genutzt wird.

Anzahlungen

In Griechenland gelten Anzahlungen nicht als Teillieferungen von Waren oder Dienstleistungen. Sie gelten als reine Zahlungsvorgänge, auf die keine Umsatzsteuer entfällt.

Bei Teillieferungen, die getrennt fakturiert werden, entsteht die Umsatzsteuerschuld jedoch im Monat der Rechnungsstellung für die Teilleistung.

Gutschriften/Self Billing

Für die Einführung eines Gutschrift-Verfahrens ist eine schriftliche Vereinbarung zwischen den Parteien erforderlich.

Aufbewahrung von Unterlagen

In Griechenland registrierten Gesellschaften kann genehmigt werden, die Unterlagen außerhalb Griechenlands aufzubewahren. Vorsteuerbelege sind im Original aufzubewahren. Alle Unterlagen müssen für mindestens sechs Jahre aufbewahrt werden.

Veranlagungsverfahren/Steuererklärungen

Umsatzsteuer-Voranmeldungen müssen monatlich bis zum letzten Arbeitstag des Folgemonats abgegeben werden. Bei Unterschreitung festgelegter Schwellenwerte (Umsatz < 1,5 Mio. €) erfolgt die Abgabe quartalsweise. Jahreserklärungen existieren seit 2014 nicht mehr. Für in Griechenland ansässige Unternehmen werden anhand der per myDATA übermittelten Informationen vorausgefüllte Umsatzsteuer-Voranmeldungen erstellt.

Grundsätzlich muss die Abgabe der Umsatzsteuer-Meldungen auf elektronischem Wege erfolgen.

IntraStat/Zusammenfassende Meldung

IntraStat-Meldungen sind bis zum letzten Werktag des Folgemonats in elektronischer Form einzureichen, wenn der Schwellenwerte von 150.000 € für Eingangs- und 90.000 € für Ausgangsmeldungen überschritten wird.

Die monatlichen Meldungen über die innergemeinschaftlichen Lieferungen und EU-Dienstleistungen sind auf elektronischem Wege bis zum 26. Tag des auf den Meldezeitraum folgenden Monats einzureichen. Nullmeldungen sind nicht erforderlich.

Griechenland sieht darüber hinaus auch Meldungen für den Bezug von Waren- und Dienstleistungen vor.

Registrierung

In der EU ansässige Unternehmer können einen Fiskalvertreter bestellen oder sich direkt registrieren lassen.

Für Unternehmer aus Drittländern ist die Benennung eines Fiskalvertreters obligatorisch.

Falls ein Fiskalvertreter benannt wird, ist für die Registrierung ausländischer Unternehmer das Finanzamt zuständig, in dessen Bezirk der steuerliche Vertreter ansässig ist.

Wenn eine direkte Registrierung erfolgen soll, kann das zuständige Finanzamt bei der Generaldirektion für Steuern erfragt werden:

Ministerium für Wirtschaft und Finanzen
Generaldirektion Steuern
Direktion 14 MwSt
Sina 2-4
10672 ATHEN
GRIECHENLAND
Tel: (+30210) 3647203-5

Fax: +30210 3645413
E-Mail: elvies@otenet.gr

https://www.aade.gr/epiheiriseis

Zur umsatzsteuerlichen Registrierung in Griechenland werden die folgenden Unterlagen benötigt:

- Handelsregisterauszug (beglaubigt mit der Haager Apostille)
- Unternehmerbescheinigung

Bei den zum 1.7.2021 neu eingeführten Regelungen zu den Fernverkäufen können lokale Registrierungen in den einzelnen EU-Ländern durch Anwendung des One-Stop-Shop bzw. Import-One-Stop-Shop vermieden werden (siehe Kapital „Begriffsbestimmungen").

F2 TAXIS

UNOFFICIAL TRANSLATION

VAT RETURN

To be submitted in two (2) copies (parer submission)

RETURN NUMBER	001	NUMBER	YEAR *
Date of Submission	002		*

COMPETENT LOCAL TAX OFFICE	003	*

YEAR	004

005	CALENDAR PERIOD					
From				Till		

TAXABLE PERIOD (Tick the boxes by using "X")													
MONTH	006	1	2	3	4	5	6	7	8	9	10	11	12
QUARTER		1	2	3	4								
SEMESTER		1	2										

RETURN TYPE								
007	AMENDING		008	WITHOUT PREJUDICE		009	EXTRA ORDINARY	

A. TABLE OF PARTICULARS DATA OF TAXABLE PERSON OR RECIPIENT

101	LAST NAME OR TRADE NAME				
102	NAME	103	FATHER'S NAME	104	Registration Number

B. TABLE OF OUTPUTS – INPUTS after the reduction (according to the VAT rates) of refunds - deductions

a	Taxable OUTPUTS (supply of goods or services, etc) INTRA-COMMUNITY ACQUISITIONS AND REVERSE CHARGE TRANSACTIONS that mechanismis applied.		VAT Rate %	VAT AMOUNT OF OUTPUTS DUE		b	DEDUCTIBLE INPUTS		INPUTS VAT	
I. OUTPUTS, INTRA- COMMUNITY ACQUISITIONS & REVERSE CHARGE TRANSACTIONS in Greece apart from the Aegean Islands	301		13	331		Purchases & expenditures within the country	361		381	
	302		6	332		Purchases & imports of investment goods (capital goods)	362		382	
	303		24	333		Other imports apart from investment goods (capital goods)	363		383	
II. OUTPUTS, INTRA-COMMUNITY ACQUISITIONS & REVERSE CHARGE TRANSACTIONS in the Aegean Islands and from the rest of Greece towards the Aegean Islands	304		9	334		Intra-community acquisitions of goods	364		384	
	305		4	335		Intra-community acquisitions of services art.14.2.a	365		385	
	306		17	336		Othere reverse charge transactions	366		386	
TOTAL TAXABLE OUTPUTS	307		TOTAL VAT	337		TAXABLE INPUTS TOTAL	367		387	

				d	ADDED AMOUNTS TO TOTAL INPUTS TAX			
Intra-community supplies	342							+
Intra-community supplies of services art.14.2.a	345			Tax Refund art. 41 (Sales of agricultural products x 3%)	400			
Exports & exemptions of ships & aircrafts	348			Other added amounts	402		TOTAL 410	
Other outputs without VAT with right to deduct	349			Amounts of adjustment of previous tax year for deduction	407			
Outputs exempted or excepted, without right to deduct	310		e	AMOUNTS REMOVABLE FROM TOTAL INPUTS TAX				-
TOTAL OUTPUTS	311			Inputs VAT which must be reduced under ProRata scheme	411			
VAT Turnover	312			Other removable amounts	422		TOTAL 428	
				Amount of adjustment of previous tax year to be paid	423			=
				REMAINING INPUTS VAT			430	

C. TABLE OF TAX SETTLEMENT to be paid, deducted or refunded (code 337 minus code 430)

CREDIT BALANCE	470		DEBIT BALANCE	480		NOTES : ....
Determination of definitive amount to be paid, deducted or refunded						
Credit balance of previus taxable period	401		Debit amount less than 30€ of previous taxable period	483		
Assested amount of previus return of this taxable period (= code 511)	403		Amount which has been refunded or requested to be refund	505		
Tax that is committed through banks	404					
AMOUNT for deduction	502		AMOUNT ** TO BE PAID	511		
AMOUNT REQUESTED for refund	503		Payment amount code 511 in 2 installments	523	YES 1 NO 2	

REASON FOR REFUND	507	EXEMPTED TRANSACTIONS 1	FIXED ASSETS 2	SUSPENSION OF PAYMENT 3	DIFFERENCE RATE 4	OTHER REASON 5	Reduction of debit balance 6
OFFSETTING APPLICATION of the requested for refund amount with future debts	508						

BANK	CODE	IBAN ACCOUNT NUMBER

Informative data	Sales for first residence	906		Value of inputs of code 906	907	Gross profit of enterprices of article 43	908

DECLARED BY	ACCOUNTANT	RECEIVED BY	THE CASHIER OF LOCAL TAX OFFICE
	(Full Name, VAT Registration number, License number / License class, Address)	(seal & signature)	(seal, date & signature)

* To be completed by the Tax Office.
- If any amount entered is a negative number, note minus (-) sign before it.
- The amounts in EURO shall be mandatory written using two (2) decimals after the decimal seperator, e.g. 45,00 or 45,63.
** Debit balance less than (30) euro to be carried for payment to the following taxable period, with the exception of cessation of tax activity.

EDITION 2016 050 - V.A.T.
MINISTRY OF FINANCE

Großbritannien

Allgemeines

Die britische Umsatzsteuer (Value Added Tax – VAT) ist eng an die Vorgaben der MwStSystRL angelehnt. Besonderheiten ergeben sich jedoch aus der Tatsache, dass Großbritannien zum 31.1.2020 die EU verlassen hat. Die mit der EU vereinbarten Übergangsregelungen sind am 31.12.2020 ausgelaufen, so dass Großbritannien seit dem 1.1.2021 auch aus umsatzsteuerlicher Sicht als Drittland anzusehen ist. Das britische Umsatzsteuerrecht gilt in England, Schottland, Wales, der Isle of Man und unter Berücksichtigung einiger mit der EU vereinbarten Sonderregelungen auch in Nordirland. Die britischen Kanalinseln und Gibraltar gehören nicht zum britischen Umsatzsteuergebiet.

Nordirland

Obwohl Nordirland zu Großbritannien und damit rechtlich nicht mehr zur EU gehört, gelten für Warenlieferungen von und nach Nordirland die EU-Regelungen, es handelt sich somit um innergemeinschaftliche Lieferungen. In Nordirland ansässigen Unternehmern wird eine Umsatzsteuer-ID-Nummer mit dem Präfix XI erteilt, die in der Datenbank des Bundeszentralamtes für Steuern und VIES überprüft werden kann.

Innergemeinschaftliche Lieferungen sind in die Zusammenfassende Meldung und ggf. Intrastat-Meldung aufzunehmen. Sofern die Waren aus Nordirland versendet werden, ist weiterhin in Großbritannien eine EC Sales List abzugeben.

Die Versandhandelsschwelle für Lieferungen nach Nordirland beträgt 70.000 GBP.

Warenlieferungen zwischen Nordirland und Großbritannien gelten als Import bzw. Export und unterliegen jeweils der Einfuhrumsatzsteuer. Da diese Regelung in der Praxis zu erheblichem administrativem Aufwand geführt hat, wurde am 27.2.2023 die Windsor Vereinbarung zwischen der EU und Großbritannien unterzeichnet, die den Warenverkehr zwischen Großbritannien und Nordirland vereinfachen soll, sofern sichergestellt ist, dass die Waren in Nordirland verbleiben und nicht in die EU gelangen. Einzelheiten zur Abwicklung lagen bei Drucklegung dieses Buches noch nicht vor und werden in den kommenden Monaten veröffentlicht. Es sollen angemessene Übergangsregelungen vorgesehen sein.

Für Dienstleistungen, die an in Nordirland ansässige Unternehmer erbracht oder von diesen bezogen werden, ist Nordirland als Drittland anzusehen.

Unternehmer/Organkreis

Der Unternehmerbegriff entspricht dem Verständnis in der EU laut MwStSystRL.

Jeder in Großbritannien ansässige Unternehmer muss sich umsatzsteuerlich registrieren lassen, wenn der Umsatz 85.000 GBP in den letzten zwölf Monaten überschritten hat oder innerhalb der nächsten 30 Tage überschreiten wird. Eine freiwillige Registrierung für Kleinunternehmer ist möglich.

Diese Kleinunternehmergrenze gilt jedoch nicht für im Ausland ansässige Unternehmer, diese müssen sich registrieren lassen, sobald in Großbritannien steuerpflichtige Umsätze getätigt werden, die nicht dem Reverse-Charge-Verfahren unterliegen.

In Großbritannien ansässige Unternehmen und britische Betriebsstätten ausländischer Unternehmen können zur Gruppenbesteuerung/Organschaft (VAT group) optieren. Anders als in Deutschland erfolgt die Besteuerung als VAT group nur auf Antrag.

Voraussetzung für die Bildung einer VAT group ist, dass die Unternehmen dieser Gruppe unter einheitlicher Leitung stehen und eine wirtschaftliche Verbindung haben. Der Head of VAT group (Organträger) kann frei gewählt werden.

Im Rahmen einer VAT group wird in Großbritannien nur eine einzige Umsatzsteuer-ID-Nummer erteilt, die für alle Mitglieder der VAT group gilt. In den Systemen zur Überprüfung der Gültigkeit von Umsatzsteuer-ID-Nummern ist immer der Head of a VAT group hinterlegt, so dass die Umsatzsteuer-ID-Nummern von einzelnen Mitgliedern nicht unmittelbar überprüft werden können. Die Bestätigung der Gültigkeit einer Umsatzsteuer-ID-Nummer eines einzelnen Mitglieds einer VAT group kann jedoch durch die britische Steuerbehörde HM Revenue & Customs erfolgen.

Seit dem 1.1.2021 können britische Umsatzsteuer-ID-Nummern nicht mehr über das Portal des Bundezentralamtes für Steuern oder VIES geprüft werden. Die britische Finanzbehörde hat eine eigene Datenbank eingerichtet: *https://www.gov.uk/check-uk-vat-number*.

Da Großbritannien nicht mehr zur EU gehört, gilt die Versandhandelsschwelle nicht mehr. Unternehmer, die Waren an in Großbritannien ansässige Verbraucher liefern, müssen sich in Großbritannien umsatzsteuerlich registrieren lassen, die Waren im eigenen Namen importieren und die britische Umsatzsteuer auf die Warenlieferung an das Finanzamt abführen. Dies gilt für Waren mit einem Wert von bis zu 135 GBP. Die Umsatzsteuer auf Waren mit einem höheren Wert wird vom Käufer geschuldet. Sofern die Waren über einen elektronischen Marktplatz oder eine Plattform verkauft werden, ist seit dem 1.1.2021 der Plattformbetreiber verpflichtet, die Umsatzsteuer vom Kaufpreis einzubehalten und an das britische Finanzamt abzuführen.

Lieferungen/sonstige Leistungen

Das britische Umsatzsteuergesetz definiert die Begriffe der Lieferung und sonstigen Leistung angelehnt an die MwStSystRL. Danach wird jede Übertragung von Gegenständen, durch die jemand in die Lage versetzt wird, wie ein Eigentümer über den Liefergegenstand zu verfügen, als Lieferung angesehen.

Der Ort der Lieferung liegt dann in Großbritannien, wenn sich der verkaufte Gegenstand zum Zeitpunkt der Übertragung in Großbritannien befindet oder die Beförderung oder Versendung des Gegenstands in Großbritannien beginnt.

Auch im britischen Umsatzsteuerrecht ist der Begriff der sonstigen Leistung negativ definiert, d. h., dass alle steuerbaren Vorgänge, die nicht als Lieferungen gelten, sonstige Leistungen sind.

Die Vorschriften zur Bestimmung des Ortes der sonstigen Leistung entsprechen den EU-weit gültigen Regeln. Eine sonstige Leistung, die an einen Unternehmer erbracht wird, gilt somit grds. als dort ausgeführt, wo der empfangende Unternehmer seinen Sitz hat. Ausnahmen von diesem Grundsatz existieren bei

- sonstigen Leistungen im Zusammenhang mit einem Grundstück
- Personenbeförderungen,
- Restaurationsleistungen,
- und der kurzfristigen Vermietung von Beförderungsmitteln.

In Großbritannien gelten für die folgenden von Unternehmern bezogenen Leistungen abweichende Regelungen hinsichtlich der Bestimmung des Leistungsortes (Use and Enjoyment), wenn diese im Drittland bzw. in Großbritannien genutzt werden:

- Telekommunikationsleistungen an Unternehmer
- Rundfunk- und Fernsehleistungen
- auf elektronischem Wege erbrachte Dienstleistungen an Unternehmer (z. B. Web-Hosting, Nutzung von Software)
- Vermietung von beweglichen Gegenständen und Fahrzeugen
- Reparaturleistungen an Unternehmer im Rahmen von Versicherungsleistungen

Werklieferung/Werkleistung/Bauleistung

Eine Lieferung zuzüglich Montage wird auch in Großbritannien als einheitliche Werklieferung (supply and installation contract) angesehen. Übereinstimmend mit der MwStSystRL ist als Ort der Lieferung bei Werklieferungen auch im britischen Umsatzsteuerrecht der Ort der Übergabe des fertigen Werkes festgelegt. Daher unterliegen in

Großbritannien erbrachte Werklieferungen grds. der britischen Umsatzsteuer. In Großbritannien erbrachte Werkleistungen unterliegen ebenfalls der britischen Umsatzsteuer, jedoch ist die Unterscheidung zwischen Werklieferung und Werkleistung notwendig, wenn die Steuerpflicht auf den Kunden verlagert werden soll (Reverse-Charge), da die Abwicklung für Werklieferungen und Werkleistungen im britischen Umsatzsteuerrecht unterschiedlich gehandhabt wird.

Die Definition von Bauleistungen umfasst neben der Errichtung von dauerhaft oder zeitweise genutzten Gebäuden auch den Hoch- und Tiefbau sowie damit in Zusammenhang stehende Leistungen wie Vorbereitung der Baustelle (Bodenarbeiten), Abriss und Rückbau, Reparaturen und Innenausbau, die Installation der Gebäudeinfrastruktur und die Grundreinigung nach Ende der Baumaßnahmen.

Bei Werk- bzw. Montagelieferungen ist zu unterscheiden, ob es sich um grundstücksbezogene Bauleistungen handelt oder nicht. Von der Erbringung einer Bauleistung ist auszugehen, wenn Material, Anlagen oder Maschinen vor Ort installiert und dabei fest mit dem Gebäude oder Grundstück verbunden werden. Keine Bauleistung ist gegeben, wenn es sich bei der geschuldeten Lieferung und Installation von Material, Anlagen oder Maschinen um Produkte handelt, die auch an jedem anderen Ort in gleicher Form installiert werden könnten, weil die lokalen Gegebenheiten nicht entscheidend für das Projekt sind.

Verlagerungsverfahren/Reverse-Charge

Sonstige Leistungen

In Großbritannien greift das Reverse-Charge-Verfahren alle in Großbritannien steuerbaren sonstigen Leistungen von ausländischen Unternehmen. Dazu gehören neben den „klassischen" B2B-Leistungen auch alle anderen Dienstleistungen inklusive Werkleistungen.

Nicht umsatzsteuerlich registrierte ausländische Unternehmer, die sonstige Leistungen erbringen, können die Steuerschuld z. B. im Rahmen von Subunternehmerverhältnissen auf den Leistungsempfänger verlagern (Reverse-Charge), sofern dieser in Großbritannien umsatzsteuerlich registriert ist. Der Leistungsempfänger muss nicht in Großbritannien ansässig sein. Sofern der Leistungsempfänger in Großbritannien ansässig ist, ist die Anwendung des Reverse-Charge-Verfahrens unabhängig von einer bestehenden umsatzsteuerlichen Registrierung in Großbritannien verpflichtend.

Werklieferungen

Handelt es sich nicht um eine Bauleistung, ist das Reverse-Charge-Verfahren grds. nicht anwendbar und eine umsatzsteuerliche Registrierung des leistenden Unternehmers wird erforderlich. Der Import der Bauteile erfolgt im Namen des leistenden Unternehmers und die Lieferung des Werkes unterliegt der britischen Umsatzsteuer.

In Einzelfällen können kleinere Werklieferungen von nicht ansässigen Unternehmern vereinfachend als reine Warenlieferungen betrachtet werden. Dies setzt voraus, dass

- der leistende Unternehmer nicht in Großbritannien umsatzsteuerlich registriert ist,
- es sich um einen Einzelauftrag handelt,
- der Kunde als Importeur für die Bauteile auftritt und
- der gesamte Auftragswert als Warenwert im Importzolldokument angegeben wird.

Bauleistungen

Seit dem 1.3.2021 gilt ein generelles Reverse-Charge-Verfahren bei der Erbringung von Bauleistungen und Werklieferungen mit Grundstücksbezug, wenn der Leistungsempfänger ebenfalls Bauleistungen erbringt. Dies gilt auch für Leistungen von in Großbritannien ansässigen oder umsatzsteuerlich registrierten Unternehmen.

Dies berührt jedoch nicht die Registrierungspflicht für ausländische Unternehmer, da die Verbringung der Bauteile auf die Baustelle im Namen des leistenden Unternehmers erfolgt und nur dieser die Vorsteuer aus der Einfuhrumsatzsteuer geltend machen kann.

Weitere Anwendungsfälle des Reverse-Charge-Verfahrens:

- Lieferungen von Elektrizität, Erdgas, Wärme oder Kälte, wenn der Lieferant außerhalb Großbritanniens ansässig ist
- Lieferung von Gold/Goldprodukten
- Übertragung von Emissionsrechten und vergleichbaren Rechten
- Lieferungen von Mobiltelefonen und Computerchips, sofern der Wert der gelieferten Waren 5.000 GBP (inklusive Umsatzsteuer) überschreitet
- Lieferungen von Gas und Elektrizität an Wiederverkäufer

Konsignationslager/Call-off stock

Seit dem 1.1.2021 gelten die EU-Regelungen für Konsignationslager nicht mehr für in Großbritannien befindliche Lager. Eine umsatzsteuerliche Registrierung des Lieferanten in Großbritannien wird erforderlich.

Wenn die Waren auf das Lager geliefert werden, unterliegen die Waren der Einfuhrumsatzsteuer. Die Entnahme der Waren durch den Kunden gilt als Lieferung innerhalb Großbritanniens und unterliegt der britischen Umsatzsteuer.

Für Konsignationslager in Nordirland gelten die Regelungen für Konsignationslager in der EU (siehe dazu im Kapitel Begriffsbestimmungen). Sofern die Voraussetzungen für die Abwicklung entsprechend der EU-weit gültigen Vereinfachungsregel nicht erfüllt sind, wird eine umsatzsteuerliche Registrierung erforderlich.

Die Lieferungen auf das Lager in Nordirland gelten dann als Verbringungen, die einer innergemeinschaftlichen Lieferung gleichgestellt sind. Den im Abgangsland steuerfreien Verbringungen steht in Nordirland ein innergemeinschaftlicher Erwerb gegenüber, für den Erwerbsteuer anzumelden ist. Die Lieferungen aus dem Konsignationslager an den Kunden werden als Inlandsumsatz innerhalb Nordirlands bzw. als Export nach Großbritannien oder innergemeinschaftliche Lieferung nach Irland betrachtet.

Sofern Waren aus Großbritannien in ein Konsignationslager in Nordirland verbracht werden, unterliegt die Verbringung der britischen Umsatzsteuer, die gleichzeitig als Vorsteuer geltend gemacht werden kann (sowohl Umsatz- als auch Vorsteuer sind jedoch in die Steuererklärung aufzunehmen). Verbringungen von Nordirland nach Großbritannien unterliegen nicht der Umsatzsteuer.

Waren aus der EU und anderen Drittländern, die Verbrauchssteuern unterliegen, können in einem Umsatzsteuerlager gelagert werden. Der Lagerbetreiber muss über eine entsprechende Bewilligung verfügen. In diesem Fall wird die Einfuhrumsatzsteuer erst bei Entnahme der Waren aus dem Umsatzsteuerlager fällig, der Weiterverkauf von im Lager befindlichen Waren ist steuerfrei. Solange sich die Waren im Lager befinden, sind auch sonstige Leistungen an den Waren wie die Lagerung, Verpackung oder Reinigung umsatzsteuerbefreit.

Steuerbefreiungen

Das britische Umsatzsteuergesetz sieht u. a. Umsatzsteuerbefreiungen für die folgenden Lieferungen bzw. Leistungen vor:

- Ausfuhrlieferungen
- bestimmte Finanzdienstleistungen
- Verkauf und Vermietung von Grund und Boden und Gebäuden

Der Verkauf von Gebäuden ist jedoch nur dann steuerfrei, wenn es sich nicht um „neue“ Gebäude handelt. Als „neu“ werden in Großbritannien Gebäude für die Zeit von drei Jahren nach Fertigstellung angesehen.

Ausfuhrlieferungen von Großbritannien ins Drittland oder auf die britischen Kanalinseln

Eine steuerfreie Ausfuhr liegt nur dann vor, wenn die Waren innerhalb von drei Monaten durch den Lieferanten oder seinen nicht in Großbritannien ansässigen Kunden ins Drittland transportiert werden. Weiterhin muss innerhalb von drei Monaten nach der tatsächlichen Ausfuhr der Waren der erforderliche Nachweis vorliegen.

Als Exportnachweis werden entweder das offizielle Zolldokument mit Ausgangsvermerk („official evidence") oder Frachtdokumente („commercial transport evidence") akzeptiert. Die Frachtdokumente wie z. B. Seefrachtbrief, Luftfrachtbrief, CMR-Frachtbrief und Ladescheine müssen vollständig ausgefüllt und unterschrieben sein und entweder im Original oder als beglaubigte Kopie vorgelegt werden. Folgende Mindestinformationen müssen sich aus dem Exportnachweis ergeben:

- Name des Lieferanten
- Name des Versenders (sofern abweichend vom Lieferanten)
- Name des Kunden
- Beschreibung der Waren
- Warenwert
- Bestimmungsort
- Transportweg und Verkehrsmittel

Zusätzlich ist durch allgemeine kaufmännische Dokumente nachzuweisen, dass die Lieferung wirklich getätigt wurde. Dies kann z. B. durch die nachfolgenden Unterlagen erfolgen, die nicht alle vorliegen, jedoch insgesamt das Geschäft nachvollziehbar dokumentieren müssen:

- Bestellung des Kunden
- Verkaufsvertrag
- Geschäftskorrespondenz
- Kopie der Verkaufsrechnung
- Versand-/Verpackungsavis
- Packliste
- Frachtversicherung, Frachtrechnungen
- Nachweis des Zahlungseingangs
- Bestätigung des Wareneingangs im Drittland

Innergemeinschaftliche Lieferungen (für Lieferungen aus Nordirland)

Voraussetzung für die Inanspruchnahme der Steuerbefreiung für innergemeinschaftliche Lieferungen sind eine gültige Umsatzsteuer-ID-Nummer des Kunden und das Gelangen der Waren in einen anderen EU-Mitgliedstaat innerhalb von drei Monaten nach Lieferung. Die Frist von drei Monaten verlängert sich auf sechs Monate, wenn die Waren vor dem Transport noch be- oder verarbeitet werden.

Das Gelangen der Waren aus Nordirland in einen anderen EU-Mitgliedstaat muss im Fall einer Beförderung durch den Verkäufer durch mindestens zwei der folgenden Dokumente nachgewiesen werden:

- Unterzeichneter Frachtbrief oder CMR
- Bill of Lading
- Luftfrachtrechnung
- Transportrechnung

Alternativ kann ein oben genanntes Dokument in Verbindung mit einem der nachfolgenden Dokumente als Nachweis vorgehalten werden:

- Transportversicherung
- Offizielle Bestätigung z. B. durch einen Notar über das Gelangen der Waren in einen anderen EU-Staat
- Bestätigung eines Lagerhalters in einem anderen EU-Staat über den Erhalt der Waren.

Aus den Unterlagen, durch die der Nachweis über das Gelangen in einen anderen EU-Staat geführt wird, müssen sich folgende Informationen ergeben:

- Name des Lieferanten
- Name des Versenders (sofern abweichend vom Lieferanten)
- Name des Kunden
- Beschreibung der Waren
- Warenwert
- Bestimmungsort
- Transportweg
- Bestimmungsort in der EU

Sofern der Kunde die Waren abholt und aus Nordirland in einen anderen EU-Staat transportiert, ist eine Bestätigung des Kunden erforderlich (Gelangensbestätigung), die mindestens folgende Informationen enthält):

- Datum
- Name und Adresse den Kunden
- Warenbeschreibung (Menge und Art)
- Ankunftsdatum und Ort in der EU
- Identifikation des Warenempfängers

Die Gelangensbestätigung muss bis zum 10. Tag des auf die Lieferung folgenden Monats vorliegen.

Option zur Steuerpflicht

Das britische Umsatzsteuerrecht kennt – wie das deutsche Recht auch – unter bestimmten Voraussetzungen die Möglichkeit des Verzichtes auf die Steuerfreiheit bei der Veräußerung und bei der Vermietung von Grundstücken. Bei Finanzdienstleistungen ist eine Option hingegen nicht möglich.

Reihengeschäfte

Für innergemeinschaftliche Reihengeschäfte hatte Großbritannien die EU-Regeln zu den „Quick fixes" umgesetzt, diese Regeln sind jedoch nur noch für Reihengeschäfte zwischen Nordirland und den EU-Staaten anwendbar.

Werkzeugkostenzuschüsse

Die Erstellung von Werkzeugen und Formen kann nach britischem Umsatzsteuerrecht als Nebenleistung zur Hauptleistung (Lieferung der gefertigten Teile) betrachtet werden. Geht die Verfügungsmacht an dem Werkzeug an den Zuschussgeber über, liegt grds. eine umsatzsteuerbare Lieferung in Großbritannien vor und die Erstellung der Werkzeuge ist mit britischer Umsatzsteuer abzurechnen.

Werden die mit dem Werkzeug hergestellten Teile ins Ausland geliefert, kann auch eine steuerbefreite Abrechnung der Werkzeugkostenzuschüsse erfolgen.

Voraussetzung für diese Behandlung ist, dass die Herstellung und Berechnung der Werkzeuge einen integralen Bestandteil der Verträge über die Lieferungen der mit den Werkzeugen hergestellten Teile bilden. Andernfalls wird die Herstellung der Werkzeuge als selbstständige Leistung betrachtet und nach den allgemein gültigen Vorschriften beurteilt, d. h. wenn die Werkzeuge in Großbritannien verbleiben, ist keine Steuerbefreiung einschlägig und die Abrechnung erfolgt immer zuzüglich britischer Umsatzsteuer.

Steuersätze

In Großbritannien gibt es drei Steuersätze:

- Normalsteuersatz 20 %
- ermäßigter Steuersatz 5,0 %
- Nullsteuersatz 0 %

Der ermäßigte Steuersatz gilt unter anderem für folgende Leistungen:

- Gas und Elektrizität
- Heilmittel
- Kindersitze
- Neubauten und Renovierungen im Wohnungsbau unter bestimmten Voraussetzungen

Der Nullsteuersatz kommt einer Steuerbefreiung gleich, ermöglicht jedoch den vollen Vorsteuerabzug. Er gilt unter anderem für folgende Leistungen:

- Lebensmittel
- Trinkwasser
- Printmedien
- Kinderkleidung und -schuhe
- Schutzausrüstung wie Helme und Sicherheitsschuhe

Bemessungsgrundlage

Grundsätzlich gilt auch im britischen Umsatzsteuerrecht das Entgelt, das der Empfänger der Leistung bezahlt, um die Leistung zu erhalten, als Bemessungsgrundlage. Sofern ein Entgelt nicht feststeht oder nicht vereinbart ist, wird der handelsübliche Preis (Marktpreis) als Bemessungsgrundlage festgesetzt.

Wenn das Entgelt nachträglich korrigiert wird (z. B. Skontogewährung oder Mengenrabatt), ist auch eine Umsatzsteuerkorrektur möglich. Soll die Umsatzsteuer korrigiert werden, muss eine handelsrechtliche Gutschrift (Credit note) über den zu korrigierenden Netto-Betrag und die zu korrigierende Umsatzsteuer erstellt werden.

Alternativ kann der Lieferant auch schon bei Erteilung der ursprünglichen Rechnung zusätzlich folgende Angaben aufnehmen und auf die Erteilung einer Credite note verzichten:

- Details zum angebotenen Preisnachlass und
- ausdrücklicher Hinweis, dass der Kunde nur insoweit aus der Rechnung zum Vorsteuerabzug berechtigt ist, als dass er den Rechnungsbetrag auch an den Lieferanten zahlt (d. h. sich der Vorsteuerabzug bei Inanspruchnahme der angebotenen Entgeltminderung entsprechend vermindert):

  „A discount of X % of the full price applies if payment is made within Y days of the invoice date. No credit note will be issued. Following payment you must ensure to only recover the input VAT actually paid."

Im Fall von Forderungsausfällen ist auch eine Umsatzsteuerkorrektur möglich. Voraussetzung ist, dass der Lieferant die Forderung in den Büchern als uneinbringlich abgeschrieben hat und dass mindestens sechs Monate seit der Lieferung bzw. Fälligkeit der Zahlung vergangen sind (maßgeblich ist der jeweils spätere Zeitpunkt). Derartige Umsatzsteuerkorrekturen müssen jedoch spätestens vier Jahre und sechs Monate nach Leistungszeitpunkt bzw. Fälligkeit (maßgeblich ist der jeweils spätere Zeitpunkt) durchgeführt werden.

Vorsteuerabzug

Grundvoraussetzungen für die Inanspruchnahme des Vorsteuerabzugs sind:

- der Unternehmer muss eine Lieferung oder Leistung für sein Unternehmen bezogen haben,
- die Lieferung oder Leistung muss von einem anderen Unternehmer ausgeführt worden sein und
- der leistende Unternehmer muss eine ordnungsgemäße Rechnung mit offen ausgewiesener Umsatzsteuer erstellt haben.

Vom Vorsteuerabzug ausgeschlossen sind:

- Aufwendungen für die häusliche Unterbringung von geschäftsführenden Personen
- Bewirtungsaufwendungen („Business Entertainment")
- Repräsentationsaufwendungen
- Personenkraftwagen unter bestimmten Voraussetzungen
- Geschenke mit einem Wert von mehr als 50 GBP

Der Vorsteuerabzug für Bewirtungsaufwendungen eigener Mitarbeiter und Geschäftspartner ist jedoch möglich, wenn die Bewirtung nicht zu reinen Repräsentationszwecken erfolgt ist, z. B. im Rahmen einer Besprechung ein im Umfang angemessenes Mittagessen eingenommen wird.

Bei Mietwagen und Leasingfahrzeugen ist das Recht zum Vorsteuerabzug für die Fahrzeugmiete eingeschränkt. Bei Mietwagen wird in der Praxis ab einer Mietdauer von zehn Tagen eine anteilige private Nutzung des Fahrzeuges unterstellt (die Vermutung ist nicht widerlegbar) und es können für den gesamten Mietzeitraum nur 50 % der Vorsteuer abgezogen werden. Die Finanzverwaltung betrachtet dabei die tatsächliche Mietdauer eines Fahrzeuges, nicht lediglich die in der Rechnung ausgewiesene Mietzeit. Die Aufsplittung in mehre Rechnungen wird daher nicht akzeptiert und unter Umständen als Betrugsversuch angesehen.

Die Vorsteuer auf die Fahrzeugwartung und Reparaturen kann vollständig geltend gemacht werden, wenn das Fahrzeug zumindest teilweise für Zwecke des Unternehmens genutzt wird. Die Vorsteuer aus Treibstoff und Parkgebühren kann geltend gemacht werden, sofern sie im Rahmen der unternehmerischen Nutzung des Fahrzeuges angefallen ist.

Rechnungsbestandteile

Rechnungen sind in Großbritannien innerhalb von 30 Tagen zu erstellen. Eine Rechnungssprache ist nicht vorgeschrieben, im Fall einer Steuerprüfung können jedoch Übersetzungen angefordert werden. In den Rechnungen sind grds. folgende Angaben zwingend vorgeschrieben:

- Name und Anschrift des Leistenden
- Umsatzsteuer-ID-Nummer des Leistenden
- Name und Anschrift des Kunden
- Rechnungsdatum
- fortlaufende Rechnungsnummer
- Leistungszeitpunkt/Lieferzeitpunkt oder im Fall von Anzahlungsrechnungen Zeitpunkt der Vereinnahmung des Entgelts oder eines Teils des Entgelts, sofern der Zeitpunkt der Vereinnahmung feststeht und nicht mit dem Ausstellungsdatum der Rechnung übereinstimmt
- Art und Menge der gelieferten Gegenstände / Beschreibung der Leistung
- Nettostückpreis
- Nettorechnungsbetrag (pro Steuersatz/Steuerbefreiung)
- Umsatzsteuersatz
- Umsatzsteuerbetrag in Britischen Pfund
- Hinweis auf vereinbarte Minderung des Entgelts

- ggf. Angabe des steuerlichen Vertreters
- ggf. Hinweis auf eine Steuerbefreiung

Bei steuerfreien innergemeinschaftlichen Lieferungen aus Nordirland in andere EU-Staaten ist der Hinweis *„VAT exempt EC-delivery“* aufzunehmen und die Umsatzsteuer-ID-Nummer des Kunden anzuführen.

Im Falle einer Verlagerung der Umsatzsteuerschuld (Reverse-Charge) ist zusätzlich die Umsatzsteuer-ID-Nummer des Kunden anzugeben und auf die Anwendung des Verlagerungsverfahrens hinzuweisen: *„VAT to be paid by the co-contractor“* oder *„reverse charge”*

Rechnungen können in jeder beliebigen Währung gestellt und beglichen werden, jedoch muss der Umsatzsteuerbetrag zwingend in Britischen Pfund in der Rechnung ausgewiesen werden. Dazu sind amtliche Umrechnungskurse zu verwenden, die jeweils zu Beginn eines Monats von der britischen Finanzverwaltung HM Revenue & Customs im Internet veröffentlicht werden:

https://www.gov.uk/government/collections/exchange-rates-for-customs-and-vat

Alternativ können in britischen Zeitungen veröffentlichte Devisen-Kassa-Kurse von Banken verwendet werden. Auf Antrag kann auch ein anderer Umrechnungskurs (z. B. Devisen-Kassa-Kurs einer ausländischen Bank, interner Umrechnungskurs für Buchhaltungszwecke) angewendet werden.

Für Kleinbetragsrechnungen unter 250 GBP gelten Vereinfachungsregeln, diese müssen lediglich folgende Bestandteile enthalten:

- Name und Anschrift des leistenden Unternehmers
- Umsatzsteuer-ID-Nummer des leistenden Unternehmers
- Liefer-/Leistungszeitpunkt
- Leistungsbeschreibung
- Bruttorechnungsbetrag
- Umsatzsteuersatz

Elektronische Rechnungen

In Großbritannien ist die elektronische Rechnungsstellung zulässig, wenn der Rechnungsempfänger mit der elektronischen Fakturierung einverstanden ist. Die Rechnung kann auch als PDF-Dokument per Email gesendet werden, wenn Rechnungssteller und Rechnungsempfänger die Echtheit der Herkunft einer Rechnung, die Unversehrtheit ihres Inhalts und die Lesbarkeit vom Zeitpunkt der Ausstellung bis zum Ende der gesetzlichen Aufbewahrungsfrist gewährleisten. Dies kann nach Wahl der Beteiligten in folgender Form erfolgen:

- Rechnungsübermittlung in einem EDI-System
- Versendung der Rechnungen mit einer elektronischen Unterschrift oder
- in jeder anderen Form, wenn ein dokumentiertes und dauerhaftes Kontrollsystem eingerichtet wird, das der Finanzverwaltung im Rahmen einer Prüfung ermöglicht, die empfangenen Daten nachzuvollziehen und eine nachträgliche Änderung auszuschließen.

Eine vorherige Genehmigung der Finanzverwaltung ist nicht erforderlich.

Anzahlungen

Im Gegensatz zur Regelung in Deutschland werden Anzahlungen und Rechnungen über Teillieferungen in Großbritannien genauso wie die Abrechnungen über normale Lieferungen und Leistungen behandelt. Dies führt dazu, dass die Umsatzsteuer auf Teilrechnungen und Anzahlungen zum Zeitpunkt der Rechnungsstellung zu erfassen und zu erklären sind.

Sofern eine Anzahlung erhalten wird, bevor eine Rechnung erstellt worden ist, wird die Anzahlung zum Zeitpunkt des Zahlungseingangs steuerpflichtig, eine Rechnung ist somit spätestens bei Zahlung zu erstellen, damit der Leistungsempfänger die Vorsteuer geltend machen kann.

Es besteht jedoch die Möglichkeit, über reine Zahlungsanforderungen einen späteren Zeitpunkt bezüglich der Versteuerung zu erreichen. Hierzu ist es erforderlich, dass auf der Zahlungsanforderung ein Hinweis steht, dass es sich nicht um eine Steuerrechnung handelt. Standardmäßig wird in Großbritannien der Hinweis *„This is not a VAT-invoice“* benutzt. Diese Zahlungsanforderungen berechtigen nicht zum Vorsteuerabzug und müssen zum Zeitpunkt des Zahlungseingangs gegen eine ordentliche Rechnung ausgetauscht werden.

Gutschriften/Self Billing

Grundsätzlich besteht auch in Großbritannien die Möglichkeit, im Gutschriftsverfahren (Self Billing) abzurechnen. Bedingung ist eine vorherige schriftliche Vereinbarung zwischen den Parteien über die Abrechnung im Self Billing-Verfahren. Diese schriftliche Vereinbarung kann auch Bestandteil des Liefer- oder Leistungsvertrages sein, in diesem Fall gilt die Self Billing-Vereinbarung für die gesamte Vertragsdauer und muss nicht verlängert werden.

Wenn eine gesonderte Vereinbarung über das Self Billing geschlossen wird, muss diese Vereinbarung bestimmte Anforderungen erfüllen. Zu beachten ist, dass neben dem Datum, ab dem die Abrechnung per Self Billing beginnen soll (Datum der Unterzeichnung), auch ein Enddatum angegeben werden muss. Dieses beträgt üblicherweise zwölf Monate, danach muss eine neue Vereinbarung geschlossen werden. Es ist nicht möglich, eine Vereinbarung von unbestimmter Dauer zu schließen.

Sobald die Vereinbarung unterzeichnet ist, hat nur noch der Kunde die Möglichkeit, Self Billing-Dokumente (SBI) zu erstellen. Preisminderungen sind zwingend in einer Debit Note vorzunehmen und dürfen nicht im nächsten SBI berücksichtigt werden.

Das Muster einer solchen Vereinbarung ist als Anlage beigefügt.

Der britischen Finanzbehörde muss die Abrechnung im Self Billing-Verfahren nicht vorab angezeigt werden, jedoch muss die unterzeichnete Vereinbarung auf Verlangen vorgelegt werden, um die Berechtigung zum Vorsteuerabzug nachzuweisen.

Die Self Billing-Dokumente müssen alle oben genannten Rechnungsbestandteile und die Überschrift „Self Billing“ enthalten. Die britische Finanzverwaltung empfiehlt außerdem den Hinweis: „The VAT shown is your output tax due to HMRC“.

Aufbewahrung von Unterlagen

Umsatzsteuerlich relevante Unterlagen können außerhalb von Großbritannien aufbewahrt werden, sind aber im Rahmen einer Steuerprüfung kurzfristig vorzulegen. Alle Dokumente müssen für sechs Jahre vorgehalten werden. Die Archivierung kann in Papierform oder elektronisch erfolgen, im Fall der elektronischen Aufbewahrung von Unterlagen muss sichergestellt sein, dass diese im Fall einer Steuerprüfung leicht zugänglich und im ursprünglichen Format reproduzierbar sind.

Veranlagungsverfahren/Steuererklärungen/Reverse Charge Sales Listing/Making Tax Digital

Veranlagungsverfahren/Steuererklärungen

Umsatzsteuererklärungen (VAT return) sind normalerweise für einen Dreimonats-Zeitraum in elektronischer Form abzugeben, wobei dies nicht zwingend das Kalender-Vierteljahr sein muss. Abgabetermin ist üblicherweise der letzte Tag des auf den Dreimonats-Zeitraum folgenden Monats plus sieben Tage, in Einzelfällen auch der letzte Tag des Folgemonats. Zeitgleich müssen Umsatzsteuerzahlungen beim Finanzamt eingegangen sein. Bei Überweisungen aus dem Ausland sind daher ggf. einige Tage für den Banktransfer einzuplanen.

Umsatzsteuererklärungen müssen nach Registrierung und Authentifizierung elektronisch im Portal der Britischen Finanzverwaltung (Government Gateway) eingereicht werden:

https://www.access.service.gov.uk/login/signin/creds

Alternativ kann die elektronische Einreichung unter Nutzung eines zugelassenen Produktes eines Drittanbieters erfolgen.

Auf Antrag können Unternehmer, die permanente Vorsteuerüberhänge haben, monatliche Umsatzsteuererklärungen abgeben, um Guthaben schneller erstattet zu bekommen. Auch die Finanzbehörde kann z. B. im Fall sehr hoher dreimonatlicher Umsatzsteuerzahlungen im Ausnahmefall monatliche Umsatzsteuererklärungen fordern.

Unter bestimmten Voraussetzungen kann bei einem Jahresumsatz von weniger als 1,35 Mio. GBP die Einreichung von jährlichen Erklärungen beantragt werden. In diesem Fall setzt die Finanzverwaltung Vorauszahlungen fest.

Im Fall der monatlichen oder vierteljährlichen Abgabe ist die zusätzliche Einreichung einer Jahressteuererklärung wie in Deutschland nicht erforderlich.

Ein „Vortrag" eines Vorsteuerüberhangs zur späteren Auszahlung/Verrechnung – wie in manchen anderen Mitgliedstaaten üblich – erfolgt nicht. Vielmehr erfolgt die Auszahlung zeitnah.

Bei Überschreiten einer Umsatzsteuerschuld von 2,3 Mio. GBP im Jahr setzt die britische Finanzbehörde Vorauszahlungen (Payments on Account) fest, die monatlich zu leisten sind und mit aus der folgenden Steuererklärung resultierenden Umsatzsteuerzahlungen verrechnet werden.

Die britische Finanzverwaltung achtet sehr genau auf die korrekte zeitliche Zuordnung von abzuführenden Umsatzsteuern bzw. der abziehbaren Vorsteuern. Sofern Korrekturen erforderlich sind, dürfen diese nicht einfach in einer folgenden Umsatzsteuererklärung durchgeführt werden. Stattdessen ist bei Korrekturen von mehr als 10.000 GBP Umsatzsteuer bzw. mehr als 1 % der Umsätze (maximal 50.000 GBP) eine „Selbstanzeige" (Voluntary Disclosure) einzureichen. Die in der Voluntary Disclosure erklärten Beträge dürfen nicht noch einmal in einer Umsatzsteuererklärung berücksichtigt werden. Die britische Finanzbehörde erstellt für die berichtigten Beträge eine eigene Abrechnung und fordert ggf. eine Zahlung an. Für die verspätete Zahlung werden Zinsen erhoben (Late Payment Interest), die sich nach dem Marktzins bemessen.

Das bereits für April 2022 von der britischen Finanzbehörde angekündigte Punktesystem für verspätet abgegebene Umsatzsteuererklärungen wurde erst zum 1.1.2023 eingeführt. Die Unternehmen werden informiert, wenn Punkte vergeben werden und bei Überschreitung einer bestimmten Punkteanzahl (vier Punkte für die vierteljährliche Abgabe von Umsatzsteuererklärungen, d. h. vier verspätet eingereichte Steuererklärungen) wird eine Strafe von GBP 200 festgesetzt. Punkte werden gelöscht, wenn alle ausstehenden Steuererklärungen eingereicht und innerhalb von zwölf Monaten stets pünktlich abgegeben wurden. Zusätzlich wird für die verspätete Zahlung der Umsatzsteuer eine Strafe i. H. von 2 % der Steuerschuld zwischen dem 16. und 30. Tag nach Fälligkeit, danach i. H. von 4 % erhoben. Davon unberührt sind die Verzugszinsen, die sich nach dem Basiszins der Bank of England plus 2,5 % richten und Tag genau berechnet werden.

Die allgemeine Verjährungsfrist für die Umsatzsteuer beträgt in Großbritannien vier Jahre ab dem Ende der Erklärungsperiode und gilt auch für nicht geltend gemachte Vorsteuerbeträge. Im Fall von vorsätzlicher Steuerhinterziehung oder -verkürzung gilt eine Verjährungsfrist von 20 Jahren.

Einfuhrumsatzsteuer - Postponed VAT accounting

Seit dem 1.1.2021 kann auch in Großbritannien die Zahlung der Einfuhrumsatzsteuer in die Steuererklärung verlagert werden, wobei zeitgleich das Recht zum Vorsteuerabzug besteht. Ein gesonderter Antrag ist nicht erforderlich, in der Zollanmeldung ist lediglich die britische EORI-Nummer und die britische Umsatzsteuer-ID-Nummer anzugeben und die entsprechende Codierung für die Zahlung der Einfuhrumsatzsteuer zu verwenden. Ausländische Unternehmer müssen den Zollagenten/Vertreter entsprechend beauftragen.

Die monatliche Aufstellung aller Importe, für die die Einfuhrumsatzsteuer in der Steuererklärung erklärt wird, kann im Government Gateway heruntergeladen werden. Dazu ist es erforderlich, dass die EORI-Nummer mit dem Konto verknüpft ist.

Reverse Charge Sales Listing

Seit dem 1.7.2022 ist die Abgabe des „Reverse Charge Sales Listing“ (RCSL) für Lieferungen von Mobiltelefonen und Computerchips GBP nicht mehr erforderlich. Das Reverse Charge Verfahren ist aber unverändert anwendbar.

Making Tax Digital

Seit dem 1.4.2022 sind alle in Großbritannien umsatzsteuerlich registrierten Unternehmen dazu verpflichtet, Umsatzsteuererklärungen elektronisch zu erstellen und sicherzustellen, dass ein elektronischer Prüfpfad zwischen Buchungsdokumenten und Umsatzsteuererklärung existiert. Im Idealfall werden die für die Erstellung der Umsatzsteuererklärung maßgeblichen Buchungsdaten aus dem ERP-System exportiert, mittels einer von der britischen Finanzverwaltung zugelassenen Software in eine Datei umgewandelt und (automatisiert) im Portal zur Abgabe der Steuererklärungen hochgeladen.

Alternativ lässt die Finanzverwaltung die Erstellung der Umsatzsteuererklärung auch mithilfe von Standardsoftare wie Excel zu, sofern die Berechnungen durch Formeln erfolgen und der Finanzverwaltung auf Anfrage elektronisch zur Verfügung gestellt werden können. Die Abgabe der Steuererklärung im Portal kann dann mittels einer sogenannten „Bridging Software" erfolgen.

IntraStat/Zusammenfassende Meldung

IntraStat- und Zusammenfassende Meldungen müssen nur noch für Warenlieferungen aus Nordirland in andere EU Staaten abgeben werden.

Abweichend von den Umsatzsteuererklärungen, die für einen Dreimonatszeitraum abgegeben werden, der nicht mit dem Kalenderquartal übereinstimmen muss, ist die EC Sales List bei Lieferungen in andere EU-Staaten bis zu 35.000 GBP pro Quartal am Ende eines Kalendervierteljahres bis zum 21. des auf das Quartal folgenden Monats einzureichen, bei Umsätzen über 35.000 GBP monatlich bis zum 21. des Folgemonats. Für Unternehmen, die jährliche Umsatzsteuermeldungen einreichen, ist unter bestimmten Voraussetzungen auch die jährliche Einreichung der Listen denkbar.

IntraStat-Meldungen werden jeweils gesondert für innergemeinschaftliche Erwerbe („Arrivals") und innergemeinschaftliche Lieferungen („Dispatches") abgegeben. Die Meldungen sind jeweils erst bei Überschreiten eines Schwellenwertes von 250.000 GBP für innergemeinschaftliche Lieferungen (Dispatches) und 500.000 GBP für innergemeinschaftliche Erwerbe (Arrivals) einzureichen. Es kann somit vorkommen, dass Intrastat-Meldungen entweder nur für Erwerbe oder nur für innergemeinschaftliche Lieferungen eingereicht werden.

Intrastat-Meldungen müssen online bis zum 21. des Folgemonats abgegeben werden.

Registrierung

Ausländische Unternehmer können sich entweder direkt (Direct Registration) oder über einen steuerlichen Vertreter (Tax Representative oder Tax Agent) registrieren lassen. Die Benennung eines Fiskalvertreters ist lediglich für Unternehmer aus Ländern obligatorisch, mit denen Großbritannien kein Amtshilfeabkommen geschlossen hat.

Sofern ein Fiskalvertreter bestellt ist, haftet dieser gesamtschuldnerisch für die geschuldete Umsatzsteuer.

Kontaktadresse für die schriftliche Registrierung und Übersendung von Dokumenten auf dem Postweg:

BT VAT
HM Revenue and Customs
BX9 1WR
United Kingdom

Der Antrag auf umsatzsteuerliche Registrierung in Großbritannien kann online erfolgen, dazu ist zunächst ein Government Gateway Zugang zu beantragen:

https://www.access.service.gov.uk/registration/email

Anschließend kann ein Fragebogen zur Registrierung ausgefüllt werden, der auch die Beschreibung der Tätigkeiten und den Beginn der Tätigkeiten in Großbritannien enthält (siehe Anlage).

Die Registrierung zur Umsatzsteuer in Nordirland erfolgt ebenfalls online, sobald eine britische Umsatzsteuer-ID-Nummer erteilt wurde.

Sofern ein Agent/Tax Representative bestellt werden soll, ist zusätzlich das Formular VAT1TR auszufüllen.

HM Revenue
& Customs

Value Added Tax (VAT) Application for registration

You can apply online

To register for VAT go to www.gov.uk/vat-registration

How to fill in the form

Please write clearly in black ink and use capital letters. If you need more space for any answers, continue on a separate sheet of paper. If you need help, read the VAT1 Notes.

You may have to send us other forms and supporting information as well as this form. You'll be told what is needed as you work through the form. You can get copies of any forms you need from www.gov.uk or phone our VAT Helpline.

Declaration

By submitting this application to register for VAT, you are making a legal declaration that the information is correct and complete to the best of your knowledge and belief. A false declaration can result in prosecution.

Signature

Name of signatory

Date DD MM YYYY

Capacity in which you are signing this application (for example, proprietor, trustee, company secretary)

If this form is being signed by an authorised signatory, or an authorised agent, provide your contact details below. This will help with the processing of the application should we have any enquiries. These details will only be used for this application and should you wish to have continued authorised agent relationship, please read the VAT1 Notes.

If you're the sole owner, partner or director of the business being registered, do not complete these details but make sure you complete question 25.

First line of address

Street

Town or city

Postcode

Country

Contact telephone number

Contact email address

VAT1 Page 1 HMRC 12/20

About the business

Not a UK business or non-established business in the UK

Please read the notes for the definition of a non-established business before confirming the status of the applicant.
Put an 'X' in one of the boxes.

UK ☐ Not UK or non-established ☐

If you're not a UK business or are a non-established business in the UK and have no UK reference numbers, when completing this form, please complete the registration numbers and tax references sections with those from the country of origin.

Country where you are based and operate your business from (for example, Germany)

1 **Enter the type of business**

Complete only one section relevant to your type of business on pages 2 to 4. If you're not sure what type of business you are, read the notes for questions 1 and 2.

Sole trader

Title - enter MR, MRS, MISS, MS or other title

First names

Last name

Date of birth DD MM YYYY

So that we can identify you, please provide a reference with your application.

National Insurance number

Unique Taxpayer Reference (UTR)

Trading name, if applicable

If you need more space, use a separate sheet of paper.

General partnership

Name of the general partnership
Partnerships must also complete form VAT2 and enclose it with this form.

Self Assessment Unique Taxpayer Reference (SA UTR)

Trading name, if applicable

If you need more space, use a separate sheet of paper. Partnerships now go to question 4.

Page 2

About the business continued

Limited partnership

Name of the limited partnership

Partnerships must also complete form VAT2 and enclose it with this form.

Company registration number (CRN)

Self Assessment Unique Taxpayer Reference (SA UTR)

Trading name, if applicable

If you need more space, use a separate sheet of paper. Partnerships now go to question 4.

2 **Corporate bodies (including limited liability partnerships)**

Enter the name of the company

Trading name, if applicable

Enter details for the type of body registered in the UK from the Certificate of Incorporation

Certificate number

Date of incorporation DD MM YYYY

Country of incorporation

Unique Taxpayer Reference (CT UTR for UK companies, SA UTR for limited liability partnerships, tax reference in your country if you are overseas)

Charitable Incorporated Association

Charity

Trading name, if applicable

Company registration number (CRN)

HMRC charity reference number

Page 3

About the business continued

Trust

Name of trust

Trading name, if applicable

Self Assessment Unique Taxpayer Reference (SA UTR)

HMRC charity reference number

Registered society

Name of registered society

Trading name, if applicable

Corporation Tax Unique Taxpayer Reference (CT UTR)

Company registration number (CRN)

Unincorporated Association

Name of Unincorporated Association

Trading name, if applicable

Corporation Tax Unique Taxpayer Reference (CT UTR)

HMRC charity reference number

Community Amateur Sports Club (CASC) number

If the business is an unincorporated body, enter the type (for example, club, association, trust or charity)

About the business continued

3 **Are you registering as the representative member or nominated corporate body of a VAT group?**

Read the glossary in the notes for a definition of 'VAT group'.

Yes ☐ No ☐

If 'Yes', complete and enclose forms VAT50 and VAT51

4 **Business contact details**

Business address, that is, the principal place where most of the day to day running of the business is carried out.

First line of address

Street

Town or city

Postcode

Country

Contact telephone number

Business fax number

Business mobile phone number

Business email address

Business website address

Contact preference

How should we contact the business about VAT?

We can send you an email notification when you have a new message about VAT.

Put an 'X' in one box

Email notifications ☐

letters ☐

We may still need to send you letters if this is the only service available or if the law requires us to do so.

About your VAT registration

Reason for registration

Please read the notes before you complete this section. Look at each reason for registering and put an 'X' in the box that applies. You should select only one reason for registering.

Taking over a going concern

5 **You are registering for VAT because you've either:** Put an 'X' in the box ☐

- **taken over (or are about to take over) a business (or part of a business) as a going concern**
- **changed (or are about to change) the legal status of a VAT registered business**

Important - read the note for question 5 before you answer.

If you've selected this option, enter the date the transfer or change took place or is intended to take place. This will be your effective date of registration.

DD MM YYYY

☐☐ ☐☐ ☐☐☐☐

Name of previous owner

☐☐☐☐☐☐☐☐☐☐☐☐☐☐☐☐☐☐☐☐☐☐☐☐☐☐☐☐☐

Previous owner's VAT number (if applicable)

☐☐☐☐☐☐☐☐☐

Do you want to keep the previous owner's VAT number?

Yes ☐ No ☐

If 'Yes', you and the previous owner will need to complete form VAT68 and attach it to this form.

Now go to question 16 - ignore questions 6 to 16.

Voluntary registration

Put an 'X' in the box

6 **You are applying for voluntary registration because your turnover is below the registration threshold** ☐

Important - read the note for question 6 before you answer

If you've selected this option, put an 'X' in one of the boxes below.

I am already trading and my turnover is below the current registration threshold. However, I want to register now ☐

I am not currently trading. However, I intend to trade and make taxable supplies in the future, and I want to register now ☐

I am established, or have a fixed establishment, in the UK and make, or intend to make, supplies only outside the UK ☐

What date do you wish to be registered from? DD MM YYYY

☐☐ ☐☐ ☐☐☐☐

Go to question 16 - ignore questions 7 to 15.

Page 6

About your VAT registration continued

Compulsory registration

Important - read the notes for questions 7 to 9 before you answer.

Put an 'X' in the box

7 **You are registering because your taxable turnover has gone over the registration threshold in any past period of 12 months or less**

If you've selected this option, enter the date when this occured.

DD MM YYYY

8 **You are registering because you had an expectation on any date that your taxable turnover would go over the registration threshold in the next 30 days alone**

If you've selected this option, enter the date you first expected this to happen.

DD MM YYYY

9 **You are registering because you're a non-established taxable person making, or intending to make, taxable supplies in the UK**

If you've selected this option, what was the earliest date that the business either made, or had an intention to make, taxable supplies in the next 30 days?

DD MM YYYY

You have confirmed you are required to be VAT registered, would you like;

10 **Exception - your taxable turnover has gone over the VAT registration threshold, but you believe this will only be temporary and you also believe your turnover will fall below the VAT deregistration threshold within the following 12 months**

Read the notes for more information.

11 **Exemption - because your taxable supplies are mostly zero-rated**

Read the notes for more information.

Distance sales

12 **Your application to register is due to distance sales in the uk**

If you've selected this option, complete form VAT1A and attach it to this application.

Acquisitions

13 **Your application to register is due to acquisitions from EU countries**

If you've selected this option, complete form VAT1B and attach it to this application.

Agricultural Flat Rate Scheme

14 **Your application to register is for the Agricultural Flat Rate Scheme**

If you've selected this option, complete form VAT98 and attach it to this application.

About your VAT registration continued

Disposal of assets

15 **Your application to register is due to the disposal of assets** ☐

If you've selected this option, complete form VAT1C and attach it to this application.

Earlier registration

Please make sure you have selected a reason for registration in questions 6 to 9 before asking for an earlier registration.

16 **Do you want an earlier registration?**

Yes ☐ No ☐

If 'Yes', enter date you want to be registered from

DD MM YYYY

Your turnover

17 **Enter your estimate of your taxable supplies in the next 12 months**

£ . 0 0

Enter your estimated zero-rated supplies value in the next 12 months

£ . 0 0

Enter your farming turnover

£ . 0 0

18 **Do you expect to make any exempt supplies?**

Look at the list of VAT terms in the notes if you need more information about exempt supplies.

Yes ☐ No ☐

19 **Do you expect to receive goods in Northern Ireland from an EU member state in the next 12 months?**

Read the note for question 19 before you answer.

Yes ☐ No ☐

If 'Yes', enter the total estimated value

£ . 0 0

Do you expect to either sell goods located in Northern Ireland at the time of sale or sell goods from Northern Ireland to EU member states in the next 12 months?

Yes ☐ No ☐

If 'Yes', enter the total estimated value

£ . 0 0

About your VAT registration continued

20 **Business activities**

Read the note for question 20.

Enter the main activities (include other activities)

If you need more space, use a separate sheet of paper.

Land and Property

Please provide more details by completing form VAT5L.

Selling of goods

Do you use a fulfilment warehouse to dispatch your goods from the UK?

Yes ☐ No ☐

Fulfilment House Due Diligence Scheme (FHDDS) warehouse number

Name of warehouse

If you do not use a fulfilment warehouse, where are you storing your goods for dispatch?

Building name and/or number

Street

Town or city

Postcode

Do you solely intend to send goods direct to customers from overseas?

Yes ☐ No ☐

Do you intend to send goods direct to customers from within the EU?

Yes ☐ No ☐

Labour providers

Do you supply workers to provide a service to another business?

Yes ☐ No ☐

If 'No', go question 21.

If 'Yes', how many workers do you supply?

Are you an intermediary arranging the supply of workers?

Yes ☐ No ☐

About your VAT registration continued

21 **Are you (or any of the partners or directors in this business) currently involved, or in the last 2 years have been involved, in any other business in the UK or Isle of Man (VAT registered or not) either as a sole trader, partner or director?**

Yes ☐ No ☐

If Yes, complete the boxes below

Business name	**Tax reference number or UTR**	**Put an 'X' if still trading**

If you need to show details of more than 2 businesses, use a separate sheet of paper.

22 **VAT repayment**

Do you expect the VAT on your purchases to regularly exceed the VAT on your taxable supplies?

Yes ☐ No ☐

If 'Yes', explain why.

About your VAT registration continued

UK bank or building society account

23 **UK bank or building society account**

Read the note for question 23.

Name of bank or building society

Business bank account name

Sort code

Account number

Bank Identifier Code (BIC)

Building society roll number

If you've not provided bank details, enter the reason why below.
Put an 'X' in one box

1. Bank account is in the process of being set up
2. Waiting for bank details from the bank
3. The business has an overseas bank account
4. Waiting for a change of name at the bank (for example, sole proprietor to limited company)

VAT Return periods

24 **Which return period do you intent to use?**

HMRC may not be able to accommodate your request and allocate the reporting period in line with your date of registration. Put an 'X' in one of the 5 options.

MA - Quarterly (last day of January, April, July and October)

MB - Quarterly (last day of February, May, August and November)

MC - Quarterly (last day of March, June, September and December)

MM - Monthly

AA - Annual accounting
If you've selected this option, complete form VAT600 and attach it to this application.

Applicant details

This section must be completed by:
- the sole owner of the business, or a partner
- a director or the company secretary or an authorised signatory of a corporate body
- an officer or official applying on behalf of an unincorporated body, for example, secretary, trustee
- an authorised agent

If this form is being signed by an authorised signatory, or an authorised agent, the details of the person authorising you (the applicant for VAT registration) must be shown at question 25.

25 **Applicant details**

Role in the business (for example, owner, proprietor, partner, director, company director)

Title - enter MR, MRS, MISS, MS or other title

First names

Last name

Date of birth DD MM YYYY

National Insurance number

If you're a non-UK national and do not have a National Insurance number, enter your tax identification number in your country of origin and the name of that country

Unique Taxpayer Reference (UTR)

Home address

First line of address

Street

Town or city

Postcode

Country

Applicant details continued

If you have lived at this address for less than 3 years, enter details of your previous address

Previous address

First line of address

Street

Town or city

Postcode

Country

Applicant contact details

Home phone number

Mobile phone number

Contact fax number

Email address

Where to send your completed form

Send your registration applications to:

BT VAT
HM Revenue and Customs
BX9 1WR

Next Steps

When we have received the paper application we can take up to 30 days to process it and approve a VAT registration. If we need more information from you, we'll contact you within the next 30 days.

Alternatively, you can apply online. The service will guide you through the form, your application will be processed and a decision made within 20 days. If more information is needed we will contact you.

Important information for keeping your VAT records and your responsibilities under VAT Law

Now that you've identified and are applying to be registered for VAT you may find it useful to check out our VAT information. For general information about:

- VAT, go to www.gov.uk/topic/business-tax/vat
- guidance on record-keeping, go to www.gov.uk/vat-record-keeping

By law, you must send your VAT returns to us online or by compatible accounting software and make any payments due to us electronically. To find out about completing and submitting returns, go to www.gov.uk/vat-returns

For more details about payments, go to www.gov.uk/pay-vat

If your agent will be completing and submitting VAT returns to us on your behalf, they will have to create an agent services account before they do this. For more details, go to www.gov.uk/guidance/get-an-hmrc-agent-services-account

If you use a tax adviser, agent or someone else to do your accounts and this person is not the individual who is authorised to submit VAT returns for you, but you're happy for them to speak to us on your behalf on VAT matters, you must authorise them to do so.

For more details about this, go to www.gov.uk/appoint-tax-agent

Your VAT Return

1 Oct to 31 Dec 2020

Return due date: 7 February 2021
Date submitted: 4 February 2021

VAT details

Box 1	VAT you charged on sales and other supplies
Box 2	VAT due in this period on intra-community acquisitions of goods made in Northern Ireland from EU Member States
Box 3	VAT you owe before deductions (this is the total of box 1 and 2)
Box 4	VAT you have claimed back
Box 5	**Return total**

Additional information

Box 6	Total value of sales and other supplies, excluding VAT
Box 7	Total value of purchases and other expenses, excluding VAT
Box 8	Total value of intra-community dispatches of goods and related costs (excluding VAT) from Northern Ireland to EU Member States
Box 9	Total value of intra-community acc goods and related costs (excluding VAT) from Northern Ireland to EU Member States

Return total:

HM Revenue
& Customs

Value Added Tax (VAT)
Application for registration

You can apply online

To register for VAT go to www.gov.uk/vat-registration

How to fill in the form

Please write clearly in black ink and use capital letters. If you need more space for any answers, continue on a separate sheet of paper. If you need help, read the VAT1 Notes.

You may have to send us other forms and supporting information as well as this form. You'll be told what is needed as you work through the form. You can get copies of any forms you need from www.gov.uk or phone our VAT Helpline.

Declaration

By submitting this application to register for VAT, you are making a legal declaration that the information is correct and complete to the best of your knowledge and belief. A false declaration can result in prosecution.

Signature

Name of signatory

Date DD MM YYYY

Capacity in which you're signing this application (for example, proprietor, trustee, company secretary)

If this form is being signed by an authorised signatory, or an authorised agent, provide your contact details below. This will help with the processing of the application should we have any enquiries. These details will only be used for this application and should you wish to have continued authorised agent relationship, please read the VAT1 Notes.

If you're the sole owner, partner or director of the business being registered, do not complete these details but make sure you complete question 25.

First line of address

Street

Town or city

Postcode

Country

Contact telephone number

Contact email address

About the business

Not a UK business or non-established business in the UK

Please read the notes for the definition of a non-established business before confirming the status of the applicant.
Put an 'X' in one of the boxes.

UK ☐ Not UK or non-established ☐

If you're not a UK business or are a non-established business in the UK and have no UK reference numbers, when completing this form, please complete the registration numbers and tax references sections with those from the country of origin.

Country where you're based and operate your business from (for example, Germany)

1 **Enter the type of business**

Complete only one section relevant to your type of business on pages 2 to 4. If you're not sure what type of business you are, read the notes for questions 1 and 2.

Sole trader

Title - enter MR, MRS, MISS, MS or other title

First names

Last name

Date of birth - please enter the date of birth in the format DD MM YYYY (date month year), for example 01/10/1970

So that we can identify you, please provide a reference with your application.

National Insurance number

Unique Taxpayer Reference (UTR)

Trading name, if applicable

If you need more space, use a separate sheet of paper.

General partnership

Name of the general partnership

Partnerships must also provide the full details and signatures of all the partners on a form VAT2 or equivalent notification.

Self Assessment Unique Taxpayer Reference (SA UTR)

Trading name, if applicable

If you need more space, use a separate sheet of paper. Partnerships now go to question 4.

Page 2

About the business continued

Limited partnership

Name of the limited partnership

Partnerships must also provide the full details and signatures of all partners on a form VAT2 or equivalent notification.

Company registration number (CRN)

Self Assessment Unique Taxpayer Reference (SA UTR)

Trading name, if applicable

If you need more space, use a separate sheet of paper. Partnerships now go to question 4.

2 **Corporate bodies (including limited liability partnerships)**

Name of the company

Trading name, if applicable

Enter details for the type of body registered in the UK from the Certificate of Incorporation

Certificate number

Date of incorporation DD MM YYYY

Country of incorporation

Unique Taxpayer Reference

(CT UTR for UK companies, SA UTR for limited liability partnerships,tax reference in your country if you are overseas)

Charitable incorporated association

Charity

Trading name, if applicable

Company registration number (CRN)

HMRC charity reference number

Page 3

About the business continued

Trust

Name of trust

Trading name, if applicable

Self Assessment Unique Taxpayer Reference (SA UTR)

HMRC charity reference number

Registered society

Name of registered society

Trading name, if applicable

Corporation Tax Unique Taxpayer Reference (CT UTR)

Company registration number (CRN)

Unincorporated association

Name of unincorporated association

Trading name, if applicable

Corporation Tax Unique Taxpayer Reference (CT UTR)

HMRC charity reference number

Community Amateur Sports Club (CASC) number

If the business is an unincorporated body, enter the type (for example, club, association, trust or charity)

Page 4

About the business continued

3 **Are you registering as the representative member or nominated corporate body of a VAT group?**

Read the glossary in the notes for a definition of 'VAT group'.

Yes ☐ No ☐

If 'Yes', complete and enclose the combined VAT50-51 form

4 **Business contact details**

Please give the address where the business will operate from on a day-to-day basis. For most businesses this address should be in the United Kingdom (UK). As a general rule we cannot register the business at a PO box, care of (c/o) or an accountant's address. These are only acceptable in exceptional circumstances.

First line of address

Street

Town or city

Postcode

Country

Contact telephone number

Business fax number

Business mobile number

Business email address

Business website address

Contact preference

How should we contact the business about VAT?

We can send you an email notification when you have a new message about VAT.

Put an 'X' in one box

Email notifications ☐

Letters ☐

We may still need to send you letters if this is the only service available or if the law requires us to do so.

About your VAT registration

Reason for registration

Please read the notes before you complete this section. Look at each reason for registering and put an 'X' in the box that applies. You should select only one reason for registering.

Taking over a going concern

5 **You're registering for VAT because you've either:**
- **taken over (or are about to take over) a business (or part of a business) as a going concern**
- **changed (or are about to change) the legal status of a VAT registered business**

Put an 'X' in the box

Important - read the note for question 5 before you answer.

If you've selected this option, enter the date the transfer or change took place or is intended to take place. This will be your effective date of registration.

DD MM YYYY

Name of previous owner

Previous owner's VAT number (if applicable)

Do you want to keep the previous owner's VAT number?

Yes No

If 'Yes', you and the previous owner will need to complete form VAT68 and attach it to this form.
Now go to question 16 - ignore questions 6 to 16.

Voluntary registration

Put an 'X' in the box

6 **You're applying for voluntary registration because your turnover is below the registration threshold**

Important - read the note for question 6 before you answer

If you've selected this option, put an 'X' in one of the boxes below.

I am already trading and my turnover is below the current registration threshold. However, I want to register now

I am not currently trading. However, I intend to trade and make taxable supplies in the future, and I want to register now

I am established, or have a fixed establishment, in the UK and make, or intend to make, supplies only outside the UK

What date do you wish to be registered from? DD MM YYYY

Go to question 16 - ignore questions 7 to 15.

Page 6

About your VAT registration continued

Compulsory registration

Important - read the notes for questions 7 to 9 before you answer.

For more information on compulsory registration please refer to 'VAT Notice 700/1 Who should register for VAT'.

Put an 'X' in the box

7 **You're registering because your taxable turnover has gone over the registration threshold in any past period of 12 months or less** ☐

If you've selected this option, enter the date when this occurred.

DD MM YYYY

8 **You're registering because you had an expectation on any date that your taxable turnover would go over the registration threshold in the next 30 days alone** ☐

If you've selected this option, enter the date you first expected this to happen.

DD MM YYYY

9 **You're registering because you're a non-established taxable person making, or intending to make, taxable supplies in the UK** ☐

If you've selected this option, what was the earliest date that the business either made, or had an intention to make, taxable supplies in the next 30 days?

DD MM YYYY

You've confirmed you are required to be VAT registered, would you like:

10 **Exception - your taxable turnover has gone over the VAT registration threshold, but you believe this will only be temporary and you also believe your turnover will fall below the VAT deregistration threshold within the following 12 months** ☐

Read the notes for more information.

11 **Exemption - because your taxable supplies are mostly zero-rated** ☐

Read the notes for more information.

Distance sales

12 **Your application to register is due to distance sales in the UK** ☐

If you've selected this option, complete form VAT1A and attach it to this application.

Acquisitions

13 **Your application to register is due to acquisitions from EU countries** ☐

If you've selected this option, complete form VAT1B and attach it to this application.

Agricultural Flat Rate Scheme

14 **Your application to register is for the Agricultural Flat Rate Scheme** ☐

If you've selected this option, complete form VAT98 and attach it to this application.

Page 7

About your VAT registration continued

Disposal of assets

15 **Your application to register is due to the disposal of assets** ☐

If you've selected this option, complete form VAT1C and attach it to this application.

Earlier registration

Please make sure you've selected a reason for registration in questions 6 to 9 before asking for an earlier registration.

16 **Do you want an earlier registration?**

Yes ☐ No ☐

If 'Yes', enter date you want to be registered from

DD MM YYYY

If 'No', go to question 23.

Your turnover

17 **Enter your estimate of your taxable supplies in the next 12 months**

£ . 0 0

Enter your estimated zero-rated supplies value in the next 12 months

£ . 0 0

Enter your farming turnover

£ . 0 0

18 **Do you expect to make any exempt supplies?**

Look at the list of VAT terms in the notes if you need more information about exempt supplies.

Yes ☐ No ☐

19 **Do you expect to receive goods in Northern Ireland from an EU member state in the next 12 months?**

Read the note for question 19 before you answer.

Yes ☐ No ☐

If 'Yes', enter the total estimated value

£ . 0 0

Do you expect to either sell goods located in Northern Ireland at the time of sale or sell goods from Northern Ireland to EU member states in the next 12 months?

Yes ☐ No ☐

If 'Yes', enter the total estimated value

£ . 0 0

Page 8

About your VAT registration continued

20 **Business activities**

Important - read the note for question 20 before you answer.

Enter the main activities (include other activities)

If you need more space, use a separate sheet of paper.

Land and Property

Please give more details by completing form VAT5L. Go to GOV.UK and search for 'VAT5L'

Selling of goods

Do you use a fulfilment warehouse to dispatch your goods from the UK?

Yes ☐ No ☐

Fulfilment House Due Diligence Scheme (FHDDS) warehouse number

Name of warehouse

If you do not use a fulfilment warehouse, where are you storing your goods for dispatch?

Building name and/or number

Street

Town or city

Postcode

Do you solely intend to send goods direct to customers from overseas?

Yes ☐ No ☐

Do you intend to send goods direct to customers from within the EU?

Yes ☐ No ☐

Labour providers

Do you supply workers to provide a service to another business?

Yes ☐ No ☐

If 'No', go to question 21.

If 'Yes', how many workers do you supply?

Are you an intermediary arranging the supply of workers?

Yes ☐ No ☐

Page 9

About your VAT registration continued

21 **Are you (or any of the partners or directors in this business) currently involved, or in the last 2 years have been involved, in any other business in the UK or Isle of Man (VAT registered or not) either as a sole trader, partner or director?**

Yes ☐ No ☐

If 'Yes', complete the boxes below

Business name	Tax reference number or UTR	Put an 'X' in the box if still trading
		☐
		☐

If you need to show details of more than 2 businesses, use a separate sheet of paper.

22 **VAT repayment**

Do you expect the VAT on your purchases to regularly exceed the VAT on your taxable supplies?

Yes ☐ No ☐

If 'Yes', explain why

About your VAT registration continued

UK bank or building society account

23 **UK bank or building society account**

Please read the note for question 23. This must be an account held in the UK and the account name must match the business name.

Name of bank or building society

Business bank account name

Sort code

Account number

Bank Identifier Code (BIC)

Building society roll number

If you've not provided bank details, tell us why.
Put an 'X' in one box

1. Bank account is in the process of being set up
2. Waiting for bank details from the bank
3. The business has an overseas bank account
4. Waiting for a change of name at the bank (for example, sole proprietor to limited company)

VAT Return periods

24 **Which return period do you intent to use?**

HMRC may not be able to accommodate your request and allocate the reporting period in line with your date of registration. Put an 'X' in one of the 6 options.

MA - Quarterly (last day of January, April, July and October)

MB - Quarterly (last day of February, May, August and November)

MC - Quarterly (last day of March, June, September and December)

MM - Monthly

AA - Annual accounting
If you've selected this option, complete form VAT600 and attach it to this application.

NSTP - Non-standard tax periods
If you've selected this option, provide details of the requested tax periods on a separate sheet of paper and attach to this application.

Page 11

Applicant details

This section must be completed by:

- the sole owner of the business, or a partner
- a director or the company secretary or an authorised signatory of a corporate body
- an officer or official applying on behalf of an unincorporated body, for example, secretary or trustee
- an authorised agent

If this form is being signed by an authorised signatory, or an authorised agent, the details of the person authorising you (the applicant for VAT registration) must be shown at question 25.

25 **Applicant details**

Role in the business (for example, owner, proprietor, partner, director, company director)

Title - enter MR, MRS, MISS, MS or other title

First names

Last name

Date of birth DD MM YYYY

National Insurance number

If you're a non-UK national and do not have a National Insurance number, enter your tax identification number in your country of origin and the name of that country

Unique Taxpayer Reference (UTR)

Home address

First line of address

Street

Town or city

Postcode

Country

Applicant details continued

If you've lived at this address for less than 3 years, enter details of your previous address

Previous address

First line of address

Street

Town or city

Postcode

Country

Applicant contact details

Home telephone number

Mobile number

Contact fax number

Email address

Agent's details

Have you registered with HMRC as an agent

Yes ☐ No ☐

If 'Yes', enter your Agent Reference Number (ARN).

If 'No', enter your National Insurance number and date of birth

National Insurance number

Date of birth DD MM YYYY

Where to send your completed form

Send your registration applications to:

BT VAT
HM Revenue and Customs
BX9 1WR

Next Steps

When we've received the paper application we can take up to 30 days to process it and approve a VAT registration.
If we need more information from you, we'll contact you within the next 30 days.

Alternatively, you can apply online. The service will guide you through the form, your application will be processed and a decision made within 20 days. If more information is needed we'll contact you.

Important information for keeping your VAT records and your responsibilities under VAT Law

Now that you've identified and are applying to be registered for VAT you may find it useful to check out our VAT information.
For general information about:

- VAT, go to www.gov.uk/topic/business-tax
- guidance on record-keeping, go to www.gov.uk/vat-record-keeping

By law, you must send your VAT returns to us online or by compatible accounting software and make any payments due to us electronically. To find out about completing and submitting returns, go to www.gov.uk/vat-returns

For more details about payments, go to www.gov.uk/pay-vat

If your agent will be completing and submitting VAT returns to us on your behalf, they'll have to create an agent services account before they do this. For more details, go to www.gov.uk/guidance/get-an-hmrc-agent-services-account

If you use a tax adviser, agent or someone else to do your accounts and this person is not the individual who is authorised to submit VAT returns for you, but you're happy for them to speak to us on your behalf on VAT matters, you must authorise them to do so.

For more details about this, go to www.gov.uk/appoint-tax-agent

HM Revenue
& Customs

Appoint a tax representative if you are a non-established taxable person registering for VAT in the United Kingdom

When to use this form

Use this form if you are a non-established taxable person (NETP) registering for VAT in the United Kingdom (UK) and want to appoint a UK tax representative.

A tax representative must keep your VAT records and accounts, account for UK VAT on your behalf and is jointly and severally liable for any VAT debts you incur. For more information about appointing a tax representative and NETPs, refer to VAT Notice 700/1, 'Who should register for VAT'. Go to www.gov.uk and search for 'vat notice 700/1'. Where HM Revenue and Customs (HMRC) has reason to believe that a tax representative may not be fit and proper, we may refuse the use of a tax representative.

How to fill in this form

Please write clearly in black ink and use capital letters where appropriate. If you need more space for your answers, continue on a separate sheet of paper. If you need help, read the VAT1TR notes or phone our VAT Helpline on 0300 200 3700.

Only the taxable person and the tax representative named in this form must sign and date the declaration. A taxable person is a person registered, or liable to be registered, for VAT. A taxable person can be a sole proprietor, a partnership, a company, a group of companies or an unincorporated body.

1 Declaration

We, ______________ (full name of taxable person in capital letters) and

______________ (full name of tax representative in capital letters)

are aware that both parties are jointly and severally liable for any debts incurred in respect of the VAT registration, and declare that the information given in this form is correct and complete to the best of our knowledge and belief.

Authorised signature of the taxable person

Authorised signature of the tax representative

Capacity in which you are signing this application on behalf of the taxable person
for example, proprietor, director, trustee

Capacity in which you are signing this application on behalf of the tax representative
for example, proprietor, director, trustee

Date DD MM YYYY

Date DD MM YYYY

2 Business details

Name of business

Principal place of business address

Telephone number

Email address

UK VAT Registration Number leave blank if not yet registered

Unique Taxpayer Reference, if applicable

If you are a sole proprietor and a UK national, tell us your National Insurance number

If you're a non-UK national and do not have a National Insurance number, enter your tax identification number in your country of origin and the name of that country

Tax identification number

Country of origin

3 Tax representative details

Name

Address

Postcode

Telephone number

Email address

2

3 Tax representative details

What is your relationship with the business?

For example, authorised agent, paid professional, family member

Agent reference number, if applicable

National Insurance number, if applicable

Company Registration Number, if applicable

Unique Taxpayer Reference, if applicable

UK VAT Registration Number, if applicable

Date you were appointed as a tax representative
DD MM YYYY

Where to send your completed form

Send the completed form to:

BT VAT
HM Revenue and Customs
BX9 1WR

About HM Revenue and Customs

Your rights and obligations

The HMRC Charter explains what you can expect from us and what we expect from you. For more information go to www.gov.uk/government/publications/hmrc-charter

Indien

Allgemeines

Seit dem 1.7.2017 wird in Indien eine Goods and Services Tax (GST) erhoben. Die lang angekündigte GST hat das bisherige System diverser indirekter Steuern wie Service Tax, State VAT, Central Sales Tax, Duties und Cesses abgelöst.

Aufgrund des föderalen Aufbaus Indiens – Indien besteht aus 29 Bundesstaaten und 8 Unionsterritorien – entschied man sich bei der Einführung der GST für ein duales System. Hiernach werden die Bestandteile der GST sowohl vom indischen Staat als auch von den Bundesstaaten bzw. Unionsterritorien selbst erhoben.

Hierbei besteht die GST aus folgenden Bestandteilen:

- *Central Goods and Service Tax (CGST):* Der CGST unterliegen Lieferungen und Dienstleistungen, bei denen sich Ansässigkeit des Leistenden und Ort der Leistung im gleichen Bundesstaat bzw. Unionsterritorium befinden („intra-state" – also beispielsweise ein Warenverkauf innerhalb des Bundesstaates Maharashtra). Sie wird vom indischen Staat erhoben.
- *State Goods and Service Tax (SGST) bzw. Union Territory Goods and Service Tax (UTGST):* Auch der SGST bzw. UTGST werden Lieferungen und Dienstleistungen unterworfen, bei denen sich Ansässigkeit des Leistenden und Ort der Leistung im gleichen Bundesstaat bzw. Unionsterritorium befinden („intra-state" – also beispielsweise ein Warenverkauf innerhalb des Bundesstaates Maharashtra). Die SGST/UTGST wird jedoch nicht vom indischen Staat, sondern vom jeweiligen Bundesstaat bzw. Unionsterritorium erhoben.
- *Integrated Goods and Service Tax (IGST):* IGST fällt für Lieferungen und Dienstleistungen an, bei denen der Bundesstaat bzw. das Unionsterritorium des Leistenden ein anderer/anderes ist als das, in dem sich der Ort der Leistung befindet („inter-state" – wie beispielsweise für eine Lieferung von Maharashtra nach Tamil Nadu). Sie wird vom indischen Staat erhoben.

Lieferungen innerhalb eines Bundesstaates („intra-state") unterliegen also der CGST und der SGST bzw. UTGST, und zwar jeweils zur Hälfte. Unterliegt demnach beispielsweise eine Ware einer GST von 12 %, entfällt diese zu jeweils 6 % auf CGST und SGST bzw. UTGST und wird jeweils zur Hälfte auf den indischen Staat sowie den jeweiligen Bundesstaat bzw. das jeweilig Unionsterritorium aufgeteilt. Lieferungen von einem Bundesstaat/ein Unionsterritorium in einen anderen/ein anderes („inter-state") unterliegen der IGST, die vollumfänglich dem indischen Staat zusteht.

Die Einfuhr von Waren unterliegt neben den üblichen Zollabgaben der IGST und ggf. der Compensation Cess. Importierte Dienstleistungen unterliegen ebenfalls der IGST.

Zusätzlich zur GST wird auf bestimmte Transaktionen noch eine Zusatzabgabe erhoben, um eine Kompensation für die in der Vergangenheit nur von den Bundesstaaten erhobenen indirekten Steuern zu schaffen.

Unternehmer/Organschaft

Alle in Indien ansässigen Unternehmer, die in Indien einen Umsatz von mehr als 2 Mio. INR (ca. 22.200 €) tätigen, müssen sich in jedem Bundesstaat bzw. Unionsterritorium zur GST registrieren lassen, von dem aus sie eine Leistung erbringen (in einigen Bundesstaaten gilt eine Umsatzgrenze von 1 Mio. INR). Erbringt ein Unternehmer ausschließlich innerstaatliche Warenlieferungen, gilt hier seit dem 1.3.2019 ein Schwellenwert von 4 Mio. INR. Für Dienstleister liegt der Schwellenwert bei 2 Mio. INR.

Unabhängig von einer Umsatzgrenze sind vor Allem die nachfolgend genannten Unternehmer verpflichtet, sich zur GST registrieren zu lassen:

- Unternehmer, die in einem anderen Bundesstaat/Unionsterritorium steuerbare Umsätze tätigen,
- Unternehmer, die die GST auf erhaltene Leistungen im Reverse-Charge-Verfahren schulden,
- ausländische Unternehmer, die in Indien eine steuerpflichtige Leistung erbringen (die nicht dem Reverse-Charge-Verfahren unterliegen),
- E-Commerce-Betreiber,
- Lieferanten von Vorleistungen und
- Personen, die zum Vorsteuerabzug verpflichtet sind.

Eine freiwillige Registrierung zur GST ist grds. möglich.

Regelungen zur Bildung einer GST-Gruppe oder Organschaft sind im indischen Recht nicht vorgesehen.

Lieferung/sonstige Leistung

Die Definition von Lieferung und sonstiger Leistung (Dienstleistung) in Indien entspricht weitestgehend der Rechtslage in der EU.

GST wird auf die Lieferung von Waren und Dienstleistungen in Indien erhoben, sofern es sich um steuerbare Leistungen handelt. Als Lieferung oder Dienstleistung gelten der Verkauf von Waren oder die Erbringung einer Dienstleistung gegen Entgelt und tausch- ähnliche Umsätze.

Leistungsort

Bei Lieferungen und Dienstleistungen ist die Bestimmung des Ortes der Leistung insbesondere relevant für die Frage, ob es sich um eine Leistung innerhalb eines Bundesstaates bzw. Unionsterritoriums handelt („intra-state") oder um eine Leistung in einen anderen Bundesstaat/ein anderes Unionsterritorium („inter-state").

Bei der Lieferung von Waren gilt – zumindest grds. – der Ort als „Ort der Leistung", an dem die Lieferung der Waren an den Kunden endet (Bestimmungsort). Liegt der Bestimmungsort in einem anderen Bundesstaat oder Unionsterritorium als der Ort, an dem der Leistende ansässig ist, handelt es sich um eine „inter-state"-Lieferung und diese unterliegt der IGST.

Der Ort einer Lieferung, bei denen Gegenstände noch vor Ort installiert oder montiert werden, ist der Ort der Installation/Montage.

Zur Bestimmung des Ortes von Dienstleistungen gelten folgende Grundsätze:

- Handelt es sich beim Kunden um einen Unternehmer, ist Ort der Dienstleistung dort, wo der Unternehmer ansässig ist,
- handelt es sich um einen Nichtunternehmer und dessen Anschrift ist dem Leistenden bekannt, gilt als Ort der Dienstleistung ebenfalls der Ort, an dem der Kunde ansässig ist. Ist die Anschrift des Kunden nicht bekannt, gilt als Ort der Leistung der Ansässigkeitsort des Leistenden.

Es gibt Ausnahmeregelungen.

Verlagerungsverfahren/Reverse-Charge

Die GST wird immer dann vom Leistungsempfänger im Reverse-Charge-Verfahren veranlagt, wenn der leistende Unternehmer nicht in Indien zur GST registriert ist, die Lieferung oder Dienstleistung aber der GST unterliegt. Somit gilt für von ausländischen Unternehmern erbrachte Lieferungen und sonstige Leistungen das Reverse-Charge-Verfahren, sofern sie nicht (freiwillig) zur GST registriert sind.

Sofern ein im Ausland ansässiger Unternehmer eine Dienstleistung für ein in Indien ansässiges Unternehmen erbringt, ohne dass die Leistung physisch in Indien erbracht wird, handelt es sich um einen sogenannten Dienstleistungsimport.

Darüber hinaus gilt für einige Leistungen ein generelles Reverse-Charge-Verfahren, also auch dann, wenn sie von einem in Indien ansässigen Unternehmer erbracht werden, z. B. für definierte Waren, bestimmte Warentransporte auf dem Landweg oder Anwaltsdienstleistungen.

Zudem gibt es diverse weitere Regelungen für die Anwendung des Reverse-Charge-Verfahrens.

Empfängt ein Unternehmer Lieferungen oder Leistungen von einem nicht in Indien zur GST registrierten Unternehmen und unterliegen diese dem Reverse-Charge-Verfahren, so ist der leistungsempfangende Unternehmer in Bezug auf diese Leistungen zur Erstellung einer „Eigenrechnung" verpflichtet, da der Leistende nicht in der Lage ist, eine GST-konforme Rechnung auszustellen.

Steuerbefreiungen

Eine Befreiung von der GST gilt für Exporte von Waren aus Indien in andere Länder. Auch Dienstleistungen an außerhalb von Indien ansässige Kunden, bei denen sich der Ort der Leistung am Sitz des Leistungsempfängers im Ausland befindet, gelten als Export.

Als Export von Waren gilt die physische Lieferung von Waren ins Ausland. Zur Inanspruchnahme der Steuerbefreiung bzw. des „0-Satzes" bei Exporten hat der Exporteur den sog. „Letter of Untertaking" bei den zuständigen Finanzbehörden einzureichen. Alternativ kann dieser eine Exportsteuer zahlen und deren Rückerstattung beantragen.

Ein Export von Dienstleistungen wird angenommen, wenn folgende Kriterien erfüllt sind:

- Der leistende Unternehmer befindet sich in Indien,
- der Leistungsempfänger befindet sich außerhalb Indiens,
- der Ort der Leistung (zu bestimmen nach den allgemeinen Regeln, grds. am Sitz des Leistungsempfängers) liegt außerhalb Indiens,
- das Entgelt wird in einer frei konvertierbaren Fremdwährung (ungleich INR) gezahlt und
- der leistende Unternehmer und der Leistungsempfänger gehören nicht zur selben Gesellschaft, d. h. es handelt sich nicht um eine ausländische Niederlassung oder Betriebsstätte.

Lieferungen von Waren in Sonderwirtschaftszonen (Special Economic Zone – SEZ) oder die Erbringung von Dienstleistungen an ebendiese unterliegen ebenfalls nicht der GST.

Zu weiteren Steuerbefreiungen bzw. der Anwendbarkeit des Steuersatzes von 0 % vgl. auch folgende Ausführungen zu „Steuersätzen".

Steuersätze

In Indien existieren zahlreiche Steuersätze, die zwischen 0 und 28 % liegen. Zusätzlich zur GST wird auf bestimmte Transaktionen noch eine Zusatzabgabe erhoben, um eine Kompensation für die in der Vergangenheit nur von den Bundesstaaten erhobenen indirekten Steuern zu schaffen.

Die Steuersätze beziehen sich auf die IGST-Sätze für die jeweilige Ware oder Dienstleistung (und gilt also für „inter-state"-Sachverhalte). Handelt es sich jedoch um einen „intra-state"-Sachverhalt und fällt daher stattdessen CGST und SGST bzw. UTGST an, so beziehen sich die Steuersätze auf beide Formen der GST und die Steuer wird jeweils hälftig aufgeteilt (d. h. bei einem Steuersatz von 28 % entfällt die Steuer zu 14 % auf die CGST und zu 14 % auf die SGST bzw. USGST).

Es seien folgende Beispiele genannt:

Steuersatz von 0 % (Steuerbefreiung):

- Exporte
- Grundnahrungsmittel (z. B. Getreide, Cerealien, Milch, Melasse, Salz)
- bestimmte Versicherungs- und Finanzdienstleistungen
- Bücher und Zeitungen
- Bildungsleistungen
- medizinische Leistungen
- Vermietung von Wohnräumen
- Hotelunterkünfte (täglicher Zimmertarif unter 1.000 INR (ca. 11 €))

Steuersatz von 0,1 %:

- Beschaffung von Waren unter dem Konzept des „merchant exporters" (hiernach unterliegt unter bestimmten Bedingungen die Beschaffung von Waren diesem niedrigen Steuersatz, um den Handel für kleine Exporteure zu erleichtern)

Steuersatz von 5 %:

- Lebensmittel, die nicht als Grundnahrungsmittel/lebensnotwendig eingestuft werden
- Güter- und Personentransporte

Steuersatz von 12 %:

- weitere Lebensmittel wie Fleisch, Butter, Käse, Nüsse und haltbar gemachtes Gemüse
- Holzartikel
- bestimmte Arzneien

- Textilien
- Antiquitäten
- bestimmte Restaurants (ohne Klimaanlage, Heizung und Lizenz zum Ausschank alkoholischer Getränke)
- Hotelunterkünfte (täglicher Zimmertarif zwischen 1.000 und 2.500 INR (ca. 11–28 €))
- Flugtickets (Business Class)

Steuersatz von 18 %:

- weitere Lebensmittel
- Chemikalien
- Leder- und Papierprodukte
- bestimmte Restaurants (mit Lizenz zum Ausschank alkoholischer Getränke und/oder mit Heizung und Klimaanlage)
- Hotelunterkünfte (täglicher Zimmertarif zwischen 2.500 und 7.500 INR (ca. 28–85 €))

Steuersatz von 28 %:

- Lieferungen und Leistungen, die als Luxus angesehen werden

Für kleinere Unternehmen mit einem Gesamtumsatz von bis zu 10 Mio. INR (ca. 111.000 €) finden unter bestimmten Voraussetzungen reduzierte Steuersätze Anwendung (Besteuerung nach dem Composition Scheme).

Bemessungsgrundlage

Grundsätzlich ist das Entgelt die Bemessungsgrundlage für die GST, d. h. alles, was der Leistungsempfänger aufwendet, um die Leistung zu erhalten. Dazu gehören auch Zinsen, Verzugszinsen und Vertragsstrafen für die verspätete Zahlung.

Für Leistungen zwischen verbundenen Unternehmen und nahestehenden Personen gilt als Bemessungsgrundlage immer der marktübliche Preis, unabhängig vom tatsächlich vereinbarten Preis. Der berechnete Preis wird jedoch als marktüblicher Preis angesehen, wenn der Leistungsempfänger zum vollen Vorsteuerabzug berechtigt ist.

Eine nachträgliche Änderung der Bemessungsgrundlage wegen uneinbringlicher Forderungen ist in Indien nicht vorgesehen.

Vorsteuerabzug

Ein registrierter Unternehmer kann die Vorsteuer aus den erhaltenen Lieferungen und sonstigen Leistungen geltend machen, wenn er diese für sein Unternehmen bezogen hat, eine ordnungsgemäße Rechnung vorliegt und er die Waren bzw. Dienstleistungen tatsächlich erhalten hat.

Eine weitere Voraussetzung für den Vorsteuerabzug ist die Zahlung der Leistung inklusive GST innerhalb von 180 Tagen ab Rechnungsdatum. Sofern die Zahlung an den Lieferanten nicht innerhalb dieser Frist erfolgt, muss die geltend gemachte Vorsteuer zurückgezahlt werden.

Die Vorsteuer ist spätestens geltend zu machen bis

- zur Abgabe der Steuererklärung für September des Folgejahres oder
- bis zur Abgabe der Jahressteuererklärung des Jahres, in dem die Rechnung erhalten wurde.

Der jeweils frühere Zeitpunkt ist maßgeblich.

Keine Vorsteuer kann beispielsweise geltend gemacht werden bei Kosten im Zusammenhang mit

- Gegenständen und Dienstleistungen, die zur Durchführung steuerbefreiter Leistungen verwendet werden,
- Kraftfahrzeugen (ausgenommen Fahrzeuge für Transportunternehmen),
- Nahrungsmitteln und Getränken, Schönheitsbehandlungen oder Gesundheitsdienstleistungen, es sei denn, sie stehen in Zusammenhang mit steuerpflichtigen Ausgangsleistungen derselben Kategorie,
- Taxen,
- Lebensversicherungen und Krankenversicherungen unter bestimmten Voraussetzungen,
- Leistungen im Zusammenhang mit der Errichtung von Gebäuden (mit Ausnahme von Anlagen und Maschinen, sofern es sich nicht um das Gebäude als solches handelt), es sei denn, sie stehen in Zusammenhang mit einer Vorleistung für die Erbringung von Bauleistungen,
- dem Eigenverbrauch von Waren oder Dienstleistungen oder
- mit verloren gegangenen oder gestohlenen Waren.

Verrechnung von Vorsteuerguthaben

Vorsteuerguthaben aus IGST müssen zunächst mit Zahlungen von IGST verrechnet werden, erst der übersteigende Betrag kann auf die Zahlung von CGST und SGST bzw. UTGST angerechnet werden.

Ein Vorsteuerüberhang aus CGST muss zunächst mit Zahlungen der CGST und nachrangig der IGST verrechnet werden. Ebenso muss ein Vorsteuerüberhang aus SGST bzw. UTGST zunächst mit Zahlungen der SGST bzw. UTGST und nachrangig mit Zahlungen der IGST verrechnet werden.

Es ist nicht möglich, Vorsteuerüberhänge aus CGST mit SGST oder umgekehrt zu verrechnen.

Ebenso ist zu beachten, dass die Vergütung nicht länderübergreifend möglich ist. So kann ein Vorsteuerüberhang aus der IGST, CGST und SGST eines Bundesstaates nicht mit der IGST-, CGST- und SGST-Verbindlichkeit eines anderen Bundesstaates verrechnet werden.

Vorsteuerguthaben sind also i. d. R. wie oben beschrieben zu verrechnen. Eine Auszahlung eines etwaig verbleibenden Guthabens ist nur in wenigen Fällen möglich, z. B.

- wenn das Guthaben entstanden ist, weil steuerfreie Leistungen wie Exporte erbracht wurden, oder
- wenn das Guthaben dadurch entstanden ist, dass der Steuersatz auf die bezogenen Leistungen höher war als der Steuersatz auf den fertigen Gegenstand oder die erbrachte Dienstleistung.

In allen anderen Fällen sind Vorsteuerguthaben grds. vorzutragen.

Eine Vorsteuererstattung ohne eine Registrierung zur GST ist nicht möglich, da ein Vorsteuervergütungsverfahren für nicht ansässige Unternehmer nicht existiert.

Rechnungsbestandteile

Jeder zur GST registrierte Unternehmer ist verpflichtet, für alle der GST unterliegenden Leistungen eine Rechnung zu erstellen („GST invoice"). Für steuerfreie Leistungen oder für Leistungen von Unternehmern, die sich für die Anwendung des „Composition Scheme" entschieden haben (hierbei handelt es sich um eine Sonderregelung für Unternehmer, die eine bestimmte Umsatzgrenze nicht überschreiten) und die deshalb keine GST in Rechnung zu stellen haben, muss anstelle der „GST invoice" ein „bill of supply" ausgestellt werden.

Eine Rechnung für Warenlieferungen ist im Lieferzeitpunkt zu stellen, bei Dienstleistungen muss die Rechnung innerhalb von 30 Tagen nach Leistungserbringung gestellt werden.

Eine GST-konforme Rechnung muss mindestens folgende Bestandteile enthalten:

- Name, Adresse und GST Identifikationsnummer (GSTIN) des leistenden Unternehmers
- Name, Adresse und GST Identifikationsnummer (GSTIN) des Leistungsempfängers

- Rechnungsdatum
- fortlaufende Rechnungsnummer
- Leistungsbeschreibung inkl. HSN-Code/SAC-Code
- Menge der gelieferten Waren
- Wert der Leistung
- ggf. abweichende Bemessungsgrundlage abzüglich Skonto/Rabatte
- Steuersatz (CGST, SGST bzw. UTGST, IGST oder ggf. Zusatzabgabe)
- Steuerbetrag
- Lieferadresse, zusammen mit der Angabe des Bundesstaates im Fall des zwischenstaatlichen Handels
- ggf. Hinweis auf die Anwendung des Reverse-Charge-Verfahrens
- ggf. Hinweis auf einen Export („Supply meant for export on payment of IGST" oder „Supply meant for export under Bond or Letter of Undertaking without payment of IGST") unter Nennung der Lieferadresse im Ausland (mit Angabe des Landes)

Rechnungen sind in Hindi oder englischer Sprache zu erteilen.

Grundsätzlich müssen Rechnungen in Indischen Rupien (INR) gestellt werden. Lediglich bei Exporten kann die Rechnungstellung auch in einer Fremdwährung erfolgen. Der anwendbare Wechselkurs für die Umrechnung ist in diesem Fall der Referenzkurs für die Fremdwährung, wie er von der Reserve Bank of India zum Zeitpunkt der Leistung festgelegt wurde.

Elektronische Rechnungen

E-Invoicing

Seit dem 1.4.2022 besteht eine Verpflichtung zur elektronischen Rechnungstellung

- für Unternehmen mit einem GST-Gesamtumsatz von mehr als 200 Mio. INR (ca. 2,2 Mio. €) in einem der drei vergangenen Wirtschaftsjahre,
- soweit es sich um B2B-Rechnungen handelt und
- der Empfänger GST-registriert ist.

Betroffene Unternehmen erhalten für jede Rechnung – soweit es sich bei dem Kunden ebenfalls um einen Unternehmer handelt – eine eindeutige Rechnungsreferenznummer. Diese erhalten sie, indem sie die Rechnungsdaten auf dem dafür vorgesehenen Rechnungsregistrierungsportal (Invoice Registration Portal (IRP)) hochladen. Das Portal prüft Echtheit und Korrektheit der Daten und vergibt für jede Rechnung eine eindeutige Identifikationsnummer, die Invoice Registration Number (IRN) und einen QR-Code.

Die Rechnungsinformationen werden anschließend direkt ans GST-Portal weitergeleitet, so dass die Notwendigkeit der manuellen Dateneingabe für die Einreichung der entsprechenden Steuererklärung entfällt.

Es gelten Besonderheiten in Bezug auf die Rechnungstellung von bestimmten Branchen wie beispielsweise Versicherungen, Banken, Finanzinstitute oder Personenbeförderungsunternehmen sowie in Bezug auf die Rechnungstellung an Nichtunternehmer.

Durch die Einführung des E-Invoicing-Systems können Transaktionen zwischen Unternehmern gut nachverfolgt werden – beispielsweise erfolgt ein automatischer Abgleich mit Vorsteuerbeträgen, die Unternehmer (Kunden) geltend machen. Hierdurch verspricht sich der indische Staat die Eindämmung von Steuerhinterziehungen.

E-way Bill

Jedes GST-registrierte Unternehmen ist verpflichtet, für jede Warenbewegung eine E-way Rechnung bzw. einen elektronischen Frachtbrief auszustellen, sofern der Wert der Sendung über 50.000 INR (ca. 550 €) liegt.

Relevante Warenbewegungen können im Zusammenhang mit Lieferungen stattfinden, aber auch aus anderen Gründen als der Lieferung oder aufgrund von Importen durch nicht registrierte Personen.

Für reine Dienstleistungen ist kein E-way Bill auszustellen. Für Fälle, in denen neben einer (Haupt-)Dienstleistung auch eine Warenbewegung stattfindet (beispielsweise einer Werkvertragsdienstleistung), kann die Erteilung eines E-way Bill jedoch erforderlich sein. In solchen Fällen kann die Erstellung durch Eingabe der Einzelheiten des HSN-Codes der Waren zusammen mit dem SAC (Service Accounting Code) der Dienstleistung angegeben werden.

Anzahlungen

Anzahlungen unterliegen zum Zeitpunkt des Geldeingangs der GST.

Gutschriften/Self Billing

Es ist in Indien nicht möglich, im Gutschriftsverfahren abzurechnen (vgl. jedoch Ausführungen zu „Eigenrechnungen“ im Kapitel „Verlagerungsverfahren/Reverse-Charge“).

Aufbewahrung von Unterlagen

Alle zur GST registrierten Unternehmer sind verpflichtet, ihre Geschäftsunterlagen am Ort ihres Sitzes aufzubewahren. Die Aufbewahrung ist auch in elektronischer Form möglich.

Die Aufbewahrungspflicht beträgt sechs Jahre ab dem Datum, an dem die Jahressteuererklärung für das jeweilige Jahr einzureichen war.

Veranlagungsverfahren/Steuererklärungen/Verbindliches Auskunftsverfahren

Veranlagungsverfahren/Steuererklärungen

Die nachfolgenden GST-Erklärungen sind jeden Monat elektronisch abzugeben und werden automatisch vom Finanzamt verprobt, um die Übereinstimmung von abzuführender GST beim Lieferanten und Vorsteuerabzug beim Kunden sicherzustellen. Fehler werden hierdurch nahezu in Echtzeit erkannt. Die Erkennung von Betrugsfällen wird durch dieses Vorgehen deutlich erleichtert.

Es sind folgende Meldungen einzureichen:

Name	Inhalt	Frist
GSTR-1	Ausgangsumsätze	10. Kalendertag des Folgemonats
GSTR-2	Eingangsumsätze	15. Kalendertag des Folgemonats
GSTR-3 GSTR 3B	monatliche Steuererklärung	20. Kalendertag des Folgemonats
GSTR-5	Ein- und Verkäufe nicht ansässiger Unternehmer	20. Kalendertag des Folgemonats
GSTR-9	Jahreserklärung	31.12. des Folgejahres

In Bezug auf die GSTR-1-Meldung besteht für Unternehmer mit einem Umsatz von nicht mehr als 15 Mio. INR (ca. 166.000 €) auch die Möglichkeit zur vierteljährlichen Abgabe.

Zusätzlich ist bis zum 31.12. des Folgejahres die Jahreserklärung GSTR-9 einzureichen, soweit der Jahresumsatz über 50 Mio. INR (ca. 555.320 €) liegt. Die Jahreserklärung wird automatisch mit den Angaben aus den Monatserklärungen befüllt, der Steuerpflichtige kann jedoch noch Korrekturen vornehmen, falls diese erforderlich sind.

Zusätzlich gilt die Pflicht zur Abgabe eines GST-Prüfungsberichts bis zum 31.12. des Folgejahres.

Zahlungen sind nach Erstellung der Erklärung GSTR-3 bzw. GSTR-5 am 20. des Folgemonats zu leisten.

Nicht ansässige Unternehmer erstellen nur eine zusammengefasste Erklärung (GSTR-5).

Für Steuerzahler wie die Regierung, öffentliche Unternehmen und E-Commerce-Betreiber gilt darüber hinaus eine weitere Bestimmung zum GST-Quellenabzug (Formular GSTR-8).

Wenn die Geschäftsaktivitäten in Indien beendet werden, ist innerhalb von drei Monaten die finale GST-Erklärung GSTR-10 zu übermitteln.

Hinweis: Seit 2017 ist die Einreichung der GSTR 2- und der GSTR 3-Meldung bis auf Weiteres ausgesetzt.

Verbindliches Auskunftsverfahren

In Indien wurde durch die Zentralregierung eine Behörde für verbindliche Auskunftsverfahren als hochrangiges, quasi-richterliches Organ eingerichtet („Authority for Advance Rulings" (AAR)). Hier können ausländische Unternehmen verbindliche Auskünfte zu (indirekten) Steuern in Bezug auf geplanten Geschäftsvorhaben erlangen.

Grundsätzlich kann eine solche Auskunft nur in folgenden Fällen beantragt werden:

- ein Nichtansässiger gründet in Indien ein Joint Venture,
- ein Ansässiger gründet in Indien ein Joint Venture mit einem Nichtansässigen oder
- eine ausländische Holdinggesellschaft hält zu 100 % die Anteile einer indischen Tochtergesellschaft und plant die Aufnahme einer Geschäftstätigkeit in Indien.

Auch bestehende Joint Ventures können das verbindliche Auskunftsverfahren in Anspruch nehmen.

Die Zentralregierung ist befugt, auch anderen Personengruppen oder -kategorien verbindliche Auskünfte zu erteilen.

Registrierung

Die nachfolgenden Ausführungen gelten für die Registrierung ausländischer Unternehmen in Indien.

Eine Registrierung muss mindestens fünf Tage vor Aufnahme der Geschäftstätigkeit in Indien erfolgen.

Die Registrierung zur GST erfolgt online unter:

https://www.gst.gov.in

Die weiteren Schritte ergeben sich bei Click unter „Services“ und „Registration“.

Sofern Unternehmen in mehreren indischen Bundesstaaten steuerpflichtige Umsätze tätigen, müssen sie sich in jedem dieser Bundesstaaten zur GST registrieren. Nach Abschluss der Registrierung erhält der Unternehmer eine Goods and Services Tax Identification Number (GSTIN), bei mehreren Registrierungen entsprechend mehrere.

Nicht in Indien ansässige Unternehmer können sich entweder direkt registrieren lassen oder einen Fiskalvertreter bevollmächtigen. Zu beachten ist, dass die Registrierung nicht abgeschlossen werden kann, wenn das Unternehmen nicht entweder selbst über eine Permanent Account Number (PAN) verfügt oder einen indischen Vertreter beauftragt, der über eine PAN verfügt.

Im Rahmen der Registrierung ist eine Vorauszahlung in Höhe der geschätzten GST für den Zeitraum, für den die Registrierung beantragt wird, zu leisten.

Die Registrierung erfolgt in mehreren Schritten und erfordert im Fall der Registrierung ausländischer Unternehmen vor allem folgende Unterlagen:

- Registrierungsformular GST REG-09
- Bestätigung der Steuernummer im Ansässigkeitsland
- Permanent Account Number (PAN)

Auf Basis dieser Unterlagen erfolgt zunächst eine vorläufige Registrierung zur GST, für die endgültige Registrierung ist das Formular GST REG-26 erforderlich. Das Finanzamt bestätigt die endgültige Erteilung der GSTIN mit dem Formular GST REG-06.

Form GST REG-09

[See rule 13(1)]

Application for Registration of Non Resident Taxable Person

Part -A

State /UT – District -

(i)	Legal Name of the Non-Resident Taxable Person	
(ii)	Permanent Account Number of the Non-Resident Taxable person, if any	
(iii)	Passport number, if Permanent Account Number is not available	
(iv)	Tax identification number or unique number on the basis of which the entity is identified by the Government of that country	
(v)	Name of the Authorised Signatory (as per Permanent Account Number)	
(vi)	Permanent Account Number of the Authorised Signatory	
(vii)	Email Address of the Authorised Signatory	
(viii)	Mobile Number of the Authorised Signatory (+91)	
Note - Relevant i*nformation submitted above is subject to online verification, where practicable, before proceeding to fill up Part-B.*		

Part -B

1.	Details of Authorised Signatory (should be a resident of India)			
	First Name	Middle Name	Last Name	
	Photo			
	Gender		Male / Female / Others	
	Designation			
	Date of Birth		DD/MM/YYYY	
	Father's Name			
	Nationality			
	Aadhaar			
	Address of the Authorised signatory.		Address line 1	
			Address Line 2	
			Address line 3	
2.	Period for which registration is required	From	To	
		DD/MM/YYYY	DD/MM/YYYY	

125

3	Turnover Details	Estimated Turnover (Rs.)		Estimated Tax Liability (Net) (Rs.)				
		Intra- State	Inter –State	Central Tax	State Tax	UT Tax	Integrated Tax	Cess

4	Address of Non-Resident taxable person in the Country of Origin
	(In case of business entity - Address of the Office)
	Address Line 1
	Address Line 2
	Address Line 3
	Country (Drop Down)
	Zip Code
	E mail Address
	Telephone Number

5	Address of Principal Place of Business in India	
	Building No./Flat No.	Floor No.
	Name of the Premises/Building	Road/Street
	City/Town/Village/Locality	District
	Block/Taluka	
	Latitude	Longitude
	State	PIN Code
	Mobile Number	Telephone Number
	E mail Address	Fax Number with STD

6	Details of Bank Account in India					
	Account Number		Type of account			
	Bank Name		Branch Address		IFSC	

7	Documents Uploaded *A customized list of documents required to be uploaded (refer Instruction) as per the field values in the form*
8	Declaration *I hereby solemnly affirm and declare that the information given herein above is true and correct to the best of my knowledge and belief and nothing has been concealed therefrom.* Signature Place: Name of Authorised Signatory Date: Designation:

Note: Non-Resident taxable person is required to upload declaration (as per under mentioned format) along with scanned copy of the passport and photograph.

List of documents to be uploaded as evidence are as follows:-

1.	Proof of Principal Place of Business:

126

	(a) For own premises – Any document in support of the ownership of the premises like Latest Property Tax Receipt or Municipal Khata copy or copy of Electricity Bill. (b) For Rented or Leased premises – A copy of the valid Rent / Lease Agreement with any document in support of the ownership of the premises of the Lessor like latest Property Tax Receipt or Municipal Khata copy or copy of Electricity Bill. (c) For premises not covered in (a) and (b) above – A copy of the Consent Letter with any document in support of the ownership of the premises of the Consenter like Municipal Khata copy or Electricity Bill copy. For shared properties also, the same documents may be uploaded.
2.	Proof of Non-resident taxable person: Scanned copy of the passport of the Non -resident taxable person with VISA details. In case of a business entity incorporated or established outside India, the application for registration shall be submitted along with its tax identification number or unique number on the basis of which the entity is identified by the Government of that country or it's Permanent Account Number, if available.
3	Bank Account related proof: Scanned copy of the first page of Bank passbook or the relevant page of Bank Statement or Scanned copy of a cancelled cheque containing name of the Proprietor or Business entity, Bank Account No., MICR, IFSC and Branch details including code.
4	Authorisation Form:- For each Authorised Signatory mentioned in the application form, Authorisation or copy of Resolution of the Managing Committee or Board of Directors to be filed in the following format:Declaration for Authorised Signatory (Separate for each signatory) (Details of Proprietor/all Partners/Karta/Managing Directors and whole time Director/Members of Managing Committee of Associations/Board of Trustees etc.)I/We --- (name) being (Partners/Karta/Managing Directors and whole time Director/Members of Managing Committee of Associations/Board of Trustees etc.) of ...... (name of registered person) hereby solemnly affirm and declare that <<name of the authorised signatory, (status/designation)>> is hereby authorised, vide resolution no... dated..... (Copy submitted herewith), to act as an authorised signatory for the business << Goods and Services Tax Identification Number - Name of the Business>> for which application for registration is being filed under the Act. All his actions in relation to this business will be binding on me/ us. Signature of the person competent to sign Name: Designation/Status: (Name of the proprietor/Business Entity) Acceptance as an authorised signatory Acceptance as an authorised signatory I <<(Name of the authorised signatory>> hereby solemnly accord my acceptance to act as authorised signatory for the above referred business and all my acts shall be binding on the business. Signature of Authorised Signatory Place: Date: Designation/Status:

Instructions for submission of application for registration as Non-Resident Taxable Person.

1. Enter Name of the applicant Non-Resident taxable person as recorded on Passport.

2. The applicant shall apply at least **Five** days prior to commencement of the business at the common portal.
3. The applicant needs to provide Email Id and Mobile Number for verification and future communication which will be verified through One Time Passwords to be sent separately, before filling up Part-B of the application.
4. The applicant needs to upload the scanned copy of the declaration signed by the Proprietor/all Partners /Managing Directors and whole time Director/Members of Managing Committee of Associations/Board of Trustees etc. in case the business declares a person as Authorised Signatory.
5. The application filed by the under-mentioned persons shall be signed digitally:-

Sr. No	Type of Applicant	Digital Signature required
1.	Private Limited Company Public Limited Company Public Sector Undertaking Unlimited Company Limited Liability Partnership Foreign Company Foreign Limited Liability Partnership	Digital Signature Certificate(DSC) class 2 and above
2.	Other than above	Digital Signature Certificate class 2 and above e-Signature or as may be notified

6. All information related to Permanent Account Number, Aadhaar, shall be online validated by the system and Acknowledgment Receipt Number will be generated after successful validation of all filled up information.

7. Status of the application filed online can be tracked on the common portal.

8. No fee is payable for filing application for registration

9. Authorised signatory shall be an Indian national and shall not be a minor.

Form GST REG-26

[See Rule 24(2)]

Application for Enrolment of Existing Taxpayer	
Taxpayer Details	
1. Provisional ID	
2. Legal Name (As per Permanent Account Number)	
3. Legal Name (As per State/Center)	
4. Trade Name, if any	
5. Permanent Account Number of the Business	
6. Constitution	
7. State	
7A Sector, Circle, Ward, etc. as applicable	
7B. Center Jurisdiction	
8. Reason of liability to obtain Registration	Registration under earlier law
9. Existing Registrations	

Sr. No.	Type of Registration	Registration Number	Date of Registration
1	TIN Under Value Added Tax		
2	Central Sales Tax Registration Number		
3	Entry Tax Registration Number		
4	Entertainment Tax Registration Number		
5	Hotel And Luxury Tax Registration Number		
6	Central Excise Registration Number		
7	Service Tax Registration Number		
8	Corporate Identify Number/Foreign Company Registration		
9	Limited Liability Partnership Identification Number/Foreign Limited Liability Partnership Identification Number		
10	Import/Exporter Code Number		
11	Registration Under Duty Of Excise On Medicinal And Toiletry Act		

12	Others (Please specify)		

10. Details of Principal Place of Business

Building No. /Flat No.		Floor No	
Name of the Premises/Building		Road/Street	
Locality/Village		District	
State		PIN Code	
Latitude		Longitude	
Contact Information			
Office Email Address		Office Telephone Number	
Mobile Number		Office Fax No	

10A. Nature of Possession of Premises	(Own; Leased; Rented; Consent; Shared)
10B. Nature of Business Activities being carried out	

Factory / Manufacturing	Wholesale Business	Retail Business	Warehouse/Depot
Bonded Warehouse	Service Provision	Office/Sale Office	Leasing Business
Service Recipient	EOU/ STP/ EHTP	SEZ	Input Service Distributor (ISD)
Works Contract	Others (Specify)		

11. Details of Additional Places of Business

Building No/Flat No		Floor No	
Name of the Premises/Building		Road/Street	
Locality/Village		District	
State		PIN Code	
Latitude (Optional)		Longitude(Optional)	
Contact Information			
Office Email Address		Office Telephone Number	
Mobile Number		Office Fax No	

11A.Nature of Possession of Premises	(Own; Leased; Rented; Consent; Shared)
11B.Nature of Business Activities being carried out	

Factory / Manufacturing	Wholesale Business	Retail Business	Warehouse/Depot

Bonded Warehouse	Service Provision	Office/Sale Office	Leasing Business
Service Recipient	EOU/ STP/ EHTP	SEZ	Input Service Distributor (ISD)
Works Contract	Others (Specify)		

Add More --------

12. Details of Goods/ Services supplied by the Business

Sr. No.	**Description of Goods**	**HSN Code**
Sr. No.	**Description of Services**	**Service Accounting Code**

13. Total Bank Accounts maintained by you for conducting Business

Sr. No.	**Account Number**	**Type of Account**	**IFSC**	**Bank Name**	**Branch Address**

14. Details of Proprietor/all Partners/Karta/Managing Directors and whole time Director/Members of Managing Committee of Associations/Board of Trustees etc.

Name	<First Name>	<Middle Name>	<Last Name>	<Photo>
Name of Father/Husband	<First Name>	<Middle Name>	<Last Name>	

Date of Birth	DD/ MM/ YYYY	Gender	<Male, Female, Other>	

Mobile Number		Email Address		
Telephone Number				

Identity Information

Designation		Director Identification Number	
Permanent Account Number		Aadhaar Number	

Are you a citizen of India?	<Yes/No>	Passport Number	

Residential Address

Building No/Flat No		Floor No	
Name of the Premises/Building		Road/Street	
Locality/Village		District	
State		PIN Code	

15. Details of Primary Authorized Signatory

Name	<First Name>	<Middle Name>	<Last Name>	<Photo>
Name of Father/Husband	<First Name>	<Middle Name>	<Last Name>	
Date of Birth	DD / MM / YYYY	Gender	<Male, Female, Other>	

Mobile Number		Email Address		
Telephone Number				
Identity Information				
Designation		Director Identification Number		
Permanent Account Number		Aadhaar Number		

Are you a citizen of India?	<Yes/No>	Passport Number	

Residential Address

Building No/Flat No		Floor No	
Name of the Premises/Building		Road/Street	
Locality/Village		District	
State		PIN Code	

Add More ---

List of Documents Uploaded

A customized list of documents required to be uploaded as per the field values in the form should be auto-populated with provision to upload relevant document against each entry in the list. (Refer instruction)

16. Aadhaar Verification

I on behalf of the holders of Aadhaar numbers provided in the form, give consent to "Goods and Services Tax Network" to obtain details from UIDAI for the purpose of authentication. "Goods and Services Tax Network" has informed me that identity information would only be used for validating identity of the Aadhaar holder and will be shared with Central Identities Data Repository only for the purpose of authentication.

17. Declaration

I, hereby solemnly affirm and declare that the information given herein above is true and correct to the best of my knowledge and belief and nothing has been concealed therefrom.

Digital Signature/E-Sign

Name of the Authorized Signatory		Place	
Designation of Authorized Signatory		Date	

Instructions for filing of Application for enrolment

1. Every person, other than a person deducting tax at source or an Input Service Distributor, registered under an existing law and having a Permanent Account Number issued under the Income-tax Act, 1961 (Act 43 of 1961) shall enrol on the Common Portal by validating his email address and mobile number.

2. Upon enrolment under clause (a), the said person shall be granted registration on a provisional basis and a certificate of registration in **FORM GST REG-25**, incorporating the Goods and Services Tax Identification Number therein, shall be made available to him on the Common Portal:

3. Authorization Form:-

For each Authorised Signatory mentioned in the application form, Authorization or copy of Resolution of the Managing Committee or Board of Directors to be filed in the following format:

Declaration for Authorised Signatory (Separate for each signatory)

I ---

(Details of Proprietor/all Partners/Karta/Managing Directors and whole time Director/Members of Managing Committee of Associations/Board of Trustees etc)

1. << Name of the Proprietor/all Partners/Karta/Managing Directors and whole time Director/Members of Managing Committee of Associations/Board of Trustees etc>>

2.

3.

hereby solemnly affirm and declare that <<name of the authorized signatory>> to act as an authorized signatory for the business << GSTIN - Name of the Business>> for which application for registration is being filed/ is registered under the Goods and Service Tax Act, 20__.

All his actions in relation to this business will be binding on me/ us.

Signatures of the persons who are Proprietor/all Partners/Karta/Managing Directors and whole time Director/Members of Managing Committee of Associations/Board of Trustees etc.

S. No.	Full Name	Designation/Status	Signature
1			

2

Acceptance as an authorized signatory

I <<(Name of the authorized signatory>> hereby solemnly accord my acceptance to act as authorized signatory for the above referred business and all my acts shall be binding on the business.

Signature of Authorised

Signatory

Designation/Status

Date

Place

Instructions for filing online form

. Enter your Provisional ID and password as provided by the State VAT/Central Excise/Service Tax Department for log in on the GST Portal.

. Correct Email address and Mobile number of the Primary Authorised Signatory are to be provided. The Email address and Mobile Number would be filled as contact information of the Primary Authorised Signatory.

. E mail and Mobile number to be verified by separate One Time Passwords. Taxpayer shall change his user id and password after first login.

. Taxpayer shall require to fill the information required in the application form related details of Proprietor/all Partners/Karta/Managing Directors and whole time Director/Members of Managing Committee of Associations/Board of Trustees, Principal Place of Business and details in respect of Authorised signatories.

. Information related to additional place of business, Bank account, commodity in respect of goods and services dealt in (top five) are also required to be filled.

. Applicant need to upload scanned copy of the declaration signed by the Proprietor/all Partners/Karta/Managing Directors and whole time Director/Members of Managing Committee of Associations/Board of Trustees etc. in case he/she declares a person as Authorised Signatory as per Annexure specified. Documents required to be uploaded as evidence are as follows:-

1	Photographs wherever specified in the Application Form (maximum 10) Proprietary Concern - Proprietor Partnership Firm / Limited Liability Partnership - Managing/ Authorized Partners (personal details of all partners is to be submitted but photos of only ten partners including that of Managing Partner is to be submitted) Hindu Undivided Family - Karta Company - Managing Director or the Authorised Person Trust - Managing Trustee Association of Person or Body of Individual - Members of Managing Committee (personal details of all members is to be submitted but photos of only ten members including that of Chairman is to be submitted) Local Body - Chief Executive Officer or his equivalent Statutory Body - Chief Executive Officer or his equivalent Others - Person in Charge

2	Constitution of business: Partnership Deed in case of Partnership Firm, Registration Certificate/Proof of Constitution in case of Society, Trust, Club, Government Department, Association of Person or Body of Individual, Local Authority, Statutory Body and Others etc.
3	Proof of Principal/Additional Place of Business: (a) For Own premises - Any document in support of the ownership of the premises like Latest Property Tax Receipt or Municipal Khata copy or copy of Electricity Bill. (b) For Rented or Leased premises - A copy of the valid Rent / Lease Agreement with any document in support of the ownership of the premises of the Lessor like Latest Property Tax Receipt or Municipal Khata copy or copy of Electricity Bill. (c) For premises not covered in (a) & (b) above - A copy of the Consent Letter with any document in support of the ownership of the premises of the Consenter like Municipal Khata copy or Electricity Bill copy. For shared properties also, the same documents may be uploaded.
4	Bank Account Related Proof: Scanned copy of the first page of Bank passbook / one page of Bank Statement Opening page of the Bank Passbook held in the name of the Proprietor / Business Concern - containing the Account No., Name of the Account Holder, MICR and IFSC and Branch details.
5	For each Authorised Signatory: Letter of Authorization or copy of Resolution of the Managing Committee or Board of Directors to that effect as specified.

. After submitting information electronic signature shall be required. Following person can electronically sign application for enrolment:-

Constitution of Business	Person who can digitally sign the application
Proprietorship	Proprietor
Partnership	Managing / Authorized Partners
Hindu Undivided Family	Karta
Private Limited Company	Managing / Whole-time Directors and Managing Director/Whole Time Director/Chief Executive Officer
Public Limited Company	Managing / Whole-time Directors and Managing Director/Whole Time Director/Chief Executive Officer
Society/ Club/ Trust/ AOP	Members of Managing Committee
Government Department	Person In charge
Public Sector Undertaking	Managing / Whole-time Director and Managing Director/Whole Time Director/Chief Executive Officer
Unlimited Company	Managing / Whole-time Director and Managing Director/Whole Time Director/Chief Executive Officer
Limilted Liability Partnership	Designated Partners
Local Authority	Chief Executive Officer or Equivalent
Statutory Body	Chief Executive Officer or Equivalent
Foreign Company	Authorized Person in India
Foreign Limited Liability Partnership	Authorized Person in India

Others	Person In charge

. Application is required to be mandatorily digitally signed as per following :-

Sl. No	Type of Applicant	Digital Signature required
1	Private Limited Company Public Limited Company Public Sector Undertaking Unlimited Company Limited Liability Partnership Foreign Company Foreign Limited Liability Partnership	Digital Signature Certificate(DSC) Class 2 and above
2	Other than above	Digital Signature Certificate class 2 and above e-Signature

Note :- 1. Applicant shall require to register their DSC on Common portal.

2. e-Signature facility will be available on the common portal for Aadhar holders.

All information related to Permanent Account Number, Aadhaar, Director Identification Number, Challen Identification Number, Limited Liability Partnership Identification Number shall be online validated by the system and Acknowledgment Reference Number will be generated after successful validation of all the filled up information.

Status of the online filed Application can be tracked on the Common Portal.

1. Authorised signatory should not be minor.

2. No fee is applicable for filing application for enrolment.

Acknowledgement

Enrolment Application - Form GST- has been filed against Application Reference Number (ARN) <......>

Form Number	:	<........>
Form Description	:	<Application for Enrolment of Existing Taxpayers>
Date of Filing	:	<DD/MM/YYYY>
Taxpayer Trade Name	:	<Trade Name>
Taxpayer Legal Name	:	<Legal Name as shared by State/Center>
Provisional ID Number	:	<Provisional ID Number>

It is a system generated acknowledgement and does not require any signature

सत्यमेव जयते

Government of India
And
Government of <State>

Form GST REG-06

[See Rule ----]

Registration Certificate issued under Section -----
Central Goods and Services Tax Act, 20-- and <State> Goods and Services Tax Act, 20--

Registration Number: *<GSTIN/Unique ID Number (UIN) generated by the system>*

1.	**Legal Name**		
2.	**Trade Name, if any**		
3.	**Constitution**		
4.	**Address of Principal Place of Business**		
5.	**Date of Liability**	DD/MM/ YYYY	
6.	**Date of Validity**	From	DD/MM/YYYY
		To* *(Applicable only in case of Non-Resident Taxpayers or Casual Taxpayers)*	DD/MM/YYYY
7.	**Type of Registration**		

Central Goods and Services Tax Act, 20__		<State> Goods and Services Tax Act, 20__	
Signature		*Signature*	
Name	<Name of Proper Officer>	Name	<Name of Proper Officer>
Designation	Designation of Proper Officer	Designation	Designation of Proper Officer

8. Date of Certificate		
Jurisdictional Office	Center	State

Note: The registration certificate is required to be prominently displayed at all places of Business/Office(s) in the State.

Annexure A

Details of <Proprietor / all partners / Karta / Managing Director and whole-time Director / Members of the Managing Committee of Association of Persons / Board of Trustees etc.>

GSTIN

Legal Name

1.	*Place for Photo*	Name Designation/Status Resident of State	<Name of the 1st Promoter <Designation of the Promoter> <Residential Status of Promoter>
2.	*Place for Photo*	Name Designation/Status Resident of State	<Name of the 2nd Promoter> <Designation of the Promoter> <Residential Status of Promoter>
3.	*Place for Photo*	Name Designation/Status Resident of State	<Name of the 3rd Promoter> <Designation of the Promoter> <Residential Status of Promoter>
4.	*Place for Photo*	Name Designation/Status Resident of State	<Name of the 4th Promoter> <Designation of the Promoter> <Residential Status of Promoter>
5.	*Place for Photo*	Name Designation/Status Resident of State	<Name of the 5th Promoter> <Designation of the Promoter> <Residential Status of Promoter>
6.	*Place for Photo*	Name Designation/Status Resident of State	<Name of the 6th Promoter> <Designation of the Promoter> <Residential Status of Promoter>

7.	*Place for Photo*	Name	<Name of the 7th Promoter>
		Designation/Status	<Designation of the Promoter>
		Resident of State	<Residential Status of Promoter>
8.	*Place for Photo*	Name	<Name of the 8th Promoter>
		Designation/Status	<Designation of the Promoter>
		Resident of State	<Residential Status of Promoter>
9.	*Place for Photo*	Name	<Name of the 9th Promoter>
		Designation/Status	<Designation of the Promoter>
		Resident of State	<Residential Status of Promoter>
10.	*Place for Photo*	Name	<Name of the 10th Promoter>
		Designation/Status	<Designation of the Promoter>
		Resident of State	<Residential Status of Promoter>

Annexure B*

Details of Additional Place of Business(s)

[Type here]

GSTIN

Legal Name

Total Number of Additional P ace of Business(s) in the State

Sr. No. Address

1

2

3

...

Note * To be created if Taxpayer has any additional place of business within the state.
Certificate of registration in FORM GST REG-6, shall be made available indicating all additional places of business for the principal place of business and separate registration certificate for every declared additional place of business indicating the address of that place besides address of principal place of business , shall be printed on Registration Certif cate.

Form GSTR-5

[See rule 63]

Return for Non-resident taxable person

Year				
Month				

1.	GSTIN		
2.	(a)	Legal name of the registered person	Auto Populated
	(b)	Trade name, if any	Auto Populated
	(c)	Validity period of registration	Auto Populated

3. Inputs/Capital goods received from Overseas (Import of goods

(Amount in Rs. for all Tables)

Details of bill of entry			Rate	Taxable value	Amount		Amount of ITC available	
No.	Date	Value			Integrated Tax	Cess	Integrated Tax	Cess
1	2	3	4	5	6	7	8	9

4. Amendment in the details furnished in any earlier return

Original details		Revised details									Differential ITC (+/_)	
Bill of entry		Bill of entry			Rate	Taxable value	Amount		Amount of ITC available			
No	Date	No	Date	Value			Integrated Tax	Cess	Integrated Tax	Cess	Integrated tax	Cess
1	2	3	4	5	6	7	8	9	10	11	12	13

5. Taxable outward supplies made to registered persons (including UIN holders)

GSTIN/ UIN	Invoice details			Rate	Taxable value	Amount				Place of Supply (Name of State/UT)
	No.	Date	Value			Integrated Tax	Central Tax	State / UT Tax	Cess	

218

1	2	3	4	5	6	7	8	9	10	11

6. Taxable outward inter-State supplies to un-registered persons where invoice value is more than Rs 2.5 lakh

Place of Supply (State/UT)	Invoice details			Rate	Taxable Value	Amount	
	No.	Date	Value			Integrated Tax	Cess
1	2	3	4	5	6	7	8

7. Taxable supplies (net of debit notes and credit notes) to unregistered persons other than the supplies mentioned at Table 6

Rate of tax	Total Taxable value	Amount			
		Integrated	Central	State /UT Tax	Cess
1	2	3	4	5	6
7A. Intra-State supply (Consolidated, rate wise)					
7B. Inter-State Supplies where the value of invoice is upto Rs 2.5 Lakh [Rate wise]					
Place of Supply (Name of State)					

8. Amendments to taxable outward supply details furnished in returns for earlier tax periods in Table 5 and 6 [including debit note/credit notes and amendments thereof]

Details of original document			Revised details of document or details of original Debit/Credit Notes				Rate	Taxable Value	Amount				Place of supply
GSTIN	No.	Date	GSTIN	No.	Date	Value			Integrated Tax	Central Tax	State / UT Tax	Cess	
1	2	3	4	5	6	7	8	9	10	11	12	13	14
8A. If the invoice details furnished earlier were incorrect													
8B. Debit Notes/Credit Notes [original)]													
8C. Debit Notes/Credit Notes [amendment of debit notes/credit notes furnished in earlier tax periods]													

9. Amendments to taxable outward supplies to unregistered persons furnished in returns for Earlier tax periods in Table 7

Rate of tax	Total taxable value	Amount			
		Integrated Tax	Central Tax	State / UT Tax	Cess
1	2	3	4	5	6
Tax period for which the details are being revised					
9A. Intra-State Supplies [Rate wise]					
9B. Inter-State Supplies [Rate wise]					
Place of Supply (Name of State)					

10. Total tax liability

Rate of Tax	Taxable value	Amount of tax			
		Integrated Tax	Central Tax	State/UT Tax	CESS
1	2	3	4	5	6
10A. On account of outward supply					
10B. On account of differential ITC being negative in Table 4					

11. Tax payable and paid

Description	Tax payable	Paid in cash	Paid through ITC		Tax Paid
			Integrated tax	Cess	
1	2	3	4	5	6
(a) Integrated Tax					
(b) Central Tax					
(c) State/UT Tax					
(d) Cess					

12. Interest, late fee and any other amount payable and paid

Description	Amount payable	Amount paid
1	2	3
I Interest on account of		
(a) Integrated tax		
(b) Central Tax		
(c) State/UT Tax		
(d) Cess		
II Late fee on account of		
(a) Central tax		
(b) State / UT tax		

220

13. Refund claimed from electronic cash ledger

Description	Tax	Interest	Penalty	Fee	Other	Debit Entry Nos.
1	2	3	4	5	6	7
(a) Integrated tax						
(b) Central Tax						
(c) State/UT Tax						
(d) Cess						
Bank Account Details (Drop Down)						

14. Debit entries in electronic cash/credit ledger for tax/interest payment [to be populated after payment of tax and submissions of return]

Description	Tax paid in cash	Tax paid through ITC		Interest	Late fee
		Integrated tax	Cess		
1	2	3	4	5	6
(a) Integrated tax					
(b) Central Tax					
(c) State/UT Tax					
(d) Cess					

Verification

I hereby solemnly affirm and declare that the information given herein above is true and correct to the best of my knowledge and belief and nothing has been concealed therefrom.

Signatures of Authorised Signatory

Place .... Name of Authorised Signatory

Date .... Designation /Status

Instructions:-

1. Terms used:
   a. GSTIN: Goods and Services Tax Identification Number
   b. UIN: Unique Identity Number
   c. UQC: Unit Quantity Code
   d. HSN: Harmonized System of Nomenclature
   e. POS: Place of Supply (Respective State)
   f. B to B: From one registered person to another registered person
   g. B to C: From registered person to unregistered person
2. GSTR-5 is applicable to non-resident taxable person and it is a monthly return.
3. The details in GSTR-5 should be furnished by 20th of the month succeeding the relevant tax period or within 7 days from the last date of the registration whichever is earlier.
4. Table 3 consists of details of import of goods, bill of entry wise and taxpayer has to specify the amount of ITC eligible on such import of goods.
5. Recipient to provide for Bill of Entry information including six digits port code and seven digits bill of entry number.
6. Table 4 consists of amendment of import of goods which are declared in the returns of earlier tax period.
7. Invoice-level information, rate-wise, pertaining to the tax period separately for goods and services should be reported as under:
   i. For all B to B supplies (whether inter-State or intra-State), invoice level details should be uploaded in Table 5;
   ii. For all inter-state B to C supplies, where invoice value is more than Rs. 2,50,000/- (B to C Large) invoice level detail to be provided in Table 6; and
   iii. For all B to C supplies (whether inter-State or intra-State) where invoice value is up to Rs. 2,50,000/- State-wise summary of supplies shall be filed in Table 7.

8. Table 8 consists of amendments in respect of -
   i. B2B outward supplies declared in the previous tax period;
   ii. "B2C inter-State invoices where invoice value is more than 2.5 lakhs" reported in the previous tax period; and
   iii. Original Debit and credit note details and its amendments.

222

9. Table 9 covers the Amendments in respect of B2C outward supplies other than inter-State supplies where invoice value is more than Rs 250000/-.
10. Table 10 consists of tax liability on account of outward supplies declared in the current tax period and negative ITC on account of amendment to import of goods in the current tax period.

    On submission of GSTR-5, System shall compute the tax liability and ITC will be posted to the respective ledgers.

223

Irland

Allgemeines

Die irische Umsatzsteuer (Value Added Tax – VAT) ist im Value Added Tax Consolidation Act 2010 (VATCA) geregelt.

Das irische Umsatzsteuerrecht entspricht in wesentlichen Punkten den Vorgaben der MwStSystRL. Dennoch ergeben sich in einigen Punkten bzw. Auslegungen Unterschiede, die nachfolgend erläutert werden.

Die Sonderregelungen für Nordirland nach dem vollzogenen Brexit finden sich im Kapitel „Großbritannien".

Unternehmer/Organkreis

Der Unternehmerbegriff entspricht der Definition laut EG-Richtlinien. Eine Gruppenbesteuerung/Organschaft ist möglich. Allerdings besteht die Einschränkung, dass es sich um in Irland ansässige Unternehmen handeln muss. Ausländische Unternehmen sind somit jeweils gesondert zu registrieren.

Nicht-Unternehmer müssen sich registrieren lassen, wenn die Erwerbschwelle (für den Bezug aus anderen EU-Staaten) den Wert von 41.000 € übersteigt.

Die zu einer Registrierung führende Lieferschwelle (Versandhandelsumsätze) für nicht im Land ansässige Unternehmer betrug bis zum 30.6.2021 35.000 €. Zum 1.7.2021 sind die Versandhandelsregelungen durch die Regelungen zum Fernverkauf ersetzt worden. Die individuellen Schwellenwerte je EU-Staat wurden durch einen EU-weiten Schwellenwert für Fernverkäufe von 10.000 € (für Umsätze in allen EU-Staaten zusammen; berücksichtigt werden auch Umsätze aus Telekommunikations-, Rundfunk- und elektronischen Dienstleistungen an Nicht-Unternehmer) ersetzt. Um lokale Registrierungen zu vermeiden ist der Mini-One-Stop-Shop durch den erweiterten One-Stop-Shop bzw. Import-One-Stop-Shop ersetzt worden. Einzelheiten finden sich im Kapital „Begriffsbestimmungen".

Lieferung/sonstige Leistung

Die Definitionen der Begriffe Lieferungen und sonstige Leistungen sind in Irland grds. die gleichen wie in der MwStSystRL. Danach setzt eine Lieferung die Verschaffung der Verfügungsmacht an einem Gegenstand voraus. Auch im irischen Umsatzsteuerrecht ist der Begriff der sonstigen Leistung negativ definiert, d. h., dass alle steuerbaren Vorgänge, die nicht als Lieferungen gelten, sonstige Leistungen sind.

Werklieferung/Werkleistung/Bauleistung

Das irische Recht kennt ebenfalls den Begriff der Werklieferung in Form eines Supply and Installation Contracts. Die Abgrenzung von der Werkleistung ist von Bedeutung, da sich Unterschiede hinsichtlich der möglichen Nutzung des Reverse-Charge-Verfahrens ergeben.

Bei Leistungen im Bereich von unbeweglichen Gegenständen (Immobilien), die sich aus einem Lieferungs- und einem sonstigen Leistungsanteil zusammensetzen, existiert in Irland eine Sonderregelung (2/3-Regelung). Sofern der Wertanteil der Lieferung oder der sonstigen Leistung 66,6 % übersteigt, gilt die Leistung insgesamt entweder als Lieferung oder als sonstige Leistung. Die 2/3-Regelung ist bei der Bestimmung des Steuersatzes von Bedeutung.

Als Bauleistungen werden in Irland insbesondere die Errichtung von Gebäuden und der Einbau von Bestandteilen angesehen, die fest mit dem Gebäude verbunden sind. Dazu gehören z. B. Heizungsanlagen, Fenster, Boden- und Wandfliesen etc. Die Verlegung eines Teppichbodens, der nicht fest mit dem Boden verklebt ist, gilt hingegen nicht als Bauleistung.

Verlagerungsverfahren/Reverse-Charge

Bei Werklieferungen, die durch ausländische Unternehmer erbracht werden, ist die Anwendung des Reverse-Charge-Verfahrens zwingend, wenn der Kunde in Irland umsatzsteuerlich registriert ist.

Bei der Erbringung von Bauleistungen gilt in Irland ein generelles Reverse-Charge-Verfahren für Leistungen, die zwischen Sub- und Generalunternehmern erbracht werden. Rechnungen sind mit dem Zusatz, VAT on this supply to be accounted for by the Principal Contractor' zu versehen. Lediglich der Generalunternehmer, der an den Endkunden abrechnet – unabhängig davon, ob dieser Unternehmer ist – berechnet mit irischer Umsatzsteuer. Gleichwohl besteht für nicht in Irland ansässige Unternehmen eine Verpflichtung zur umsatzsteuerlichen Registrierung für bestimmte Bauleistungen.

Das Reverse-Charge-Verfahren ist auch auf die Lieferung von Elektrizität und Gas, Lieferung von Metallschrott und der Veräußerung von Emissionsrechten anzuwenden.

Konsignationslager/Call-off stock

Zum 1.1.2020 traten die sogenannten „Quick fixes“ in Kraft, die u.a. eine EU-weite Vereinfachung der Konsignationslagerregelung vorsehen, mit dem Ziel, dass sich der Inhaber des Konsignationslagers im EU-Lagerstaat nicht steuerlich registrieren lassen muss. Die EU-einheitlichen Regeln finden sich in dem Kapital „Begriffsbestimmungen“.

Findet die Vereinfachungsregelung keine Anwendung, weil der Lieferant beispielsweise das notwendige Register nicht führt und/ oder andere Formalien nicht erfüllt werden, wie die Nicht-Eintragung der Verbringung in die Zusammenfassende Meldung, dann wird eine Registrierung notwendig.

In diesem Fall gelten die Lieferungen auf das Lager in Irland als Verbringungen, die einer innergemeinschaftlichen Lieferung gleich gestellt sind. Den in Deutschland steuerfreien Verbringungen steht in Irland ein innergemeinschaftlicher Erwerb gegenüber, für den Erwerbsteuer anzumelden ist.

Die Lieferungen aus dem Konsignationslager an den Kunden werden als Inlandsumsatz innerhalb Irlands betrachtet und sind zuzüglich irischer Umsatzsteuer abzurechen.

Steuerbefreiungen

Das irische Umsatzsteuergesetz sieht u. a. Umsatzsteuerbefreiungen (bzw. einen Steuersatz von 0 %) für die folgenden Lieferungen bzw. Leistungen vor:

- Ausfuhrlieferungen
- Innergemeinschaftliche Lieferungen
- bestimmte Finanzdienstleistungen
- Verkauf und Vermietung von Grund und Boden, Gebäuden (mit der Ausnahme von „neuen“ Gebäuden)

Das irische Umsatzsteuerrecht kennt – wie das deutsche Recht auch – die Möglichkeit des Verzichtes auf die Steuerfreiheit bei der Vermietung von Grundstücken. Bei der Veräußerung von Grundstücken ist eine Option eingeschränkt möglich. Die Veräußerung von neuen Gebäuden ist nicht steuerfrei. Wie lange ein Gebäude als neu gilt, ist abhängig vom Gebäudetyp zu entscheiden. Bei Finanzdienstleistungen ist eine Option hingegen nicht möglich.

Sonderregelung zur Steuerbefreiung:

Eine weitere Besonderheit besteht bei der Ausführung von sonstigen Leistungen eines in Irland registrierten Unternehmers an einen nicht in Irland registrierten Unternehmer. Erbringt der registrierte Unternehmer eine sonstige Leistung an den nicht registrierten Unternehmer und könnte dieser die Vorsteuer im Vergütungsverfahren erstattet bekommen, so besteht die Möglichkeit, in diesen Fällen einen Steuersatz von 0 % anzuwenden. Der Leistungsempfänger muss diese Option der irischen Finanzbehörde mit einem Formblatt vor Rechnungserstellung mitteilen (mittels Form VAT 60 A).

Irland kennt darüber hinaus eine so genannte Vorstufenbefreiung. Unternehmen, die mehr als 75 % der Güter exportieren oder innergemeinschaftlich liefern, können eine Befreiung für Einkauf von Gütern und Dienstleistungen (mit einigen Einschränkungen z. B. Ankauf und Betriebskosten von PKW) beantragen. Die irische Finanzbehörde erteilt auf Antrag ein entsprechendes Zertifikat. Wird dem Antrag stattgegeben, dann muss der Unternehmer alle Lieferanten entsprechend darüber informieren, dass nur noch netto fakturiert werden darf. Bei Nutzung der Vorstufenbefreiung steht dem Unternehmen kein Vorsteuerabzug aus Rechnungen zu. Lediglich für Rechnungen mit einem Steuerbetrag von maximal 40 € besteht eine Ausnahme.

Steuersätze

Im irischen Umsatzsteuergesetz gelten die folgenden Steuersätze:

- Normalsteuersatz (seit 1. 1. 2012) 23 % (vom 1.9.2020 bis 28.2.2021 auf 21 % gemindert)
- ermäßigte Steuersätze 13,5 % und 9 %

Dem ermäßigten Steuersatz von 13,5 % (bis 31.12.2018 9 %) unterliegen u. a. Restaurant- und Übernachtungsleistungen.

Der ermäßigte Steuersatz findet teilweise auch im Bereich der sonstigen Leistungen (insbesondere Wartung/Reparaturen) an/von Immobilien Anwendung. Zuletzt hat Irland – wie auch Deutschland – verstärkt temporäre Steuersatzsenkung zu Entlastungszwecken genutzt.

Bemessungsgrundlage

Als Bemessungsgrundlage zur Ermittlung der irischen Umsatzsteuer gilt – entsprechend den Vorgaben der MwStSystRL – alles, was der Leistungsempfänger aufwendet, um die Leistung zu erhalten.

Im Falle eines Forderungsausfalles des Kunden kann eine Minderung des Entgeltes – und dem folgend eine Umsatzsteuerkorrektur – erfolgen. Der leistende Unternehmer muss nachweisen, dass die Eintreibung der Forderung erfolglos versucht worden ist. Ferner muss die Forderung ausgebucht sein und ertragsteuerlich aufwandsmindernd behandelt werden.

Vorsteuerabzug

Grundvoraussetzungen für die Inanspruchnahme des Vorsteuerabzugs sind:

- der Unternehmer muss eine Lieferung oder Leistung für sein Unternehmen bezogen haben
- die Lieferung oder Leistung muss von einem anderen Unternehmer ausgeführt worden sein und
- der leistende Unternehmer muss eine ordnungsgemäße Abrechnung mit offen ausgewiesener Umsatzsteuer erstellt haben

Vom Vorsteuerabzug ausgeschlossen ist die Steuer für:

- Bewirtungskosten
- Repräsentationskosten
- PKW-Kosten (Miete, Benzin)

Übernachtungskosten im Zusammenhang mit Konferenzen sind seit 1.7.2007 abzugsfähig.

Rechnungsbestandteile

Grundsätzlich ist für jede Lieferung oder Leistung, die ein Unternehmen erbringt, eine ordnungsgemäße Rechnung zu erstellen. Die Rechnung muss bis zum 15. Tag des auf die Lieferung oder Leistung folgenden Monats erstellt werden. Werden Anzahlungen vereinnahmt, dann ist ebenfalls bis zum 15. Tag folgenden Monats eine Rechnung zu erstellen.

In den Rechnungen sind grds. folgende Angaben zwingend vorgeschrieben:

- Name und Anschrift des Leistenden
- Umsatzsteuer-ID-Nummer des Leistenden
- Name und Anschrift des Kunden
- Rechnungsdatum
- Fortlaufende Rechnungsnummer
- Leistungszeitpunkt/Lieferzeitpunkt
- Leistungsbeschreibung
- Nettobetrag
- Umsatzsteuersatz
- Umsatzsteuerbetrag

- Hinweis auf vereinbarte Minderung des Entgelts
- ggf. Hinweis auf eine Steuerbefreiung

Bei steuerfreien innergemeinschaftlichen Lieferungen von Irland in andere EU-Staaten der Hinweis:

HINWEIS:

„VAT exempt EC-delivery".

Zusätzlich ist bei innergemeinschaftlichen Lieferungen ex Irland die Umsatzsteuer-ID-Nummer des Kunden aufzunehmen.

Im Falle einer Verlagerung der Umsatzsteuerschuld (Reverse-Charge) ist zusätzlich die Umsatzsteuer-ID-Nummer des Kunden anzugeben und auf die Anwendung des Verlagerungsverfahrens hinzuweisen:

HINWEIS:

„VAT to be paid by the cocontractor".

Fremdwährungsrechnungen sind mit dem gültigen Umrechnungskurs der irischen Zentralbank zum Zeitpunkt der Lieferung oder sonstigen Leistung umzurechnen. Der Umsatzsteuerbetrag ist in Euro aufzuführen. In Abstimmung mit der irischen Finanzverwaltung können auch abweichende Regelungen getroffen werden.

Das irische Umsatzsteuerrecht sieht bei Beträgen von bis zu 100 € (inklusive Umsatzsteuer) Vereinfachungen vor. Bei Kleinbetragsrechnungen genügt es, wenn das Rechnungsdatum, Name, Anschrift und Steuernummer des Ausstellers, Liefer- oder Leistungsbeschreibung und in der Kombination Steuer- und Bruttobetrag oder Netto- und Bruttobetrag enthalten sind.

Elektronische Rechnungen

Im Zuge der Neuregelung der Rechnungsstellungsvorschriften zum 1.1.2013 hat auch Irland seine Anforderungen angepasst. Neben Authentizität, Integrität und einem Prüfpfad muss das elektronische Rechnungssystem in der Lage sein die Rechnungen zu speichern, zu reproduzieren und noch verschiedene weitere Detailanforderungen erfüllen.

Ferner bedarf es für die Nutzung der elektronischen Rechnungsstellung einer Vereinbarung mit dem Empfänger der Rechnung.

Anzahlungen

Anzahlungsrechnungen müssen bis zum 15. Tag des auf den Geldeingang folgenden Monats erstellt werden.

Gutschriften/Self Billing

Für die Abrechnung im Gutschriftswege ist lediglich eine Vereinbarung zwischen dem Leistenden und dem Leistungsempfänger notwendig. Eine Gutschrift muss die Bezeichnung „self-billing" enthalten.

Aufbewahrung von Unterlagen

Alle Gesellschaften, die in Irland registriert sind, sind verpflichtet, die Unterlagen, die die irische Umsatzsteuer betreffen, sechs Jahre aufzubewahren. Die Unterlagen dürfen nach Genehmigung durch die irische Finanzverwaltung auch außerhalb Irlands aufbewahrt werden, müssen jedoch rechtzeitig zu einer Prüfung in Irland vorgelegt werden.

Veranlagungsverfahren/Steuererklärungen

In Irland müssen die Umsatzsteuer-Voranmeldungen für den Zeitraum von zwei Monaten (bis zum 23. des Folgemonats) abgegeben werden. Eine Verkürzung des Meldezeitraumes auf einen Monat ist bei permanenten Vorsteuerüberhängen möglich. Bei Unterschreitung festgelegter Schwellenwerte sind lediglich drei Meldungen jährlich einzureichen.

Darüber hinaus ist jährlich eine Meldung einzureichen, in der die gesamten Umsätze – unterteilt nach Steuersätzen – anzugeben sind.

Eine Abgabe der Umsatzsteuer-Meldungen auf elektronischem Wege ist ebenso wie die elektronische Zahlung zwingend.

IntraStat/Zusammenfassende Meldung

IntraStat-Meldungen sind in elektronischer Form bis zum 23. Arbeitstag des Folgemonats einzureichen, wenn der Schwellenwert von 500.000 € für Eingangs- oder 635.000 € für Ausgangsmeldungen überschritten wird.

Die Meldung über die innergemeinschaftlichen Lieferungen ist quartalsweise einzureichen. Eine monatliche Abgabe ist zwingend, wenn die Lieferungen in einem der vier vorherigen Quartale 50.000 € überschritten haben. Der Abgabezeitraum für die Meldung der EU-Dienstleistungen ist grds. quartalsweise. Eine monatliche Abgabe ist möglich. In Irland müssen auch Nullmeldungen eingereicht werden. Die Meldungen (eine kombinierte Meldung ist möglich) sind zum 23. des Folgemonats einzureichen und müssen zwingend auf elektronischem Wege erfolgen.

Registrierung

Ausländische Unternehmen müssen sich vor der umsatzsteuerlichen Registrierung in einem Register für ausländische Unternehmer eintragen lassen:

The Companies Registration Office
Parnell House
14, Parnell Square
Dublin 1

Seit Mitte 2019 wird zwischen einer Registrierung für rein lokale Umsätze und Umsätze innerhalb der EU unterschieden. Entsprechend wird entweder eine lokale Steuernummer oder eine USt-ID-Nummer erteilt. Die umsatzsteuerliche Registrierung muss grds. online erfolgen über Revenue's Online Service (ROS - *https://www.ros.ie/ros-registration-web/ros-registration.*) In Ausnahmefällen ist eine Registrierung auf dem Papierweg möglich bei:

Business Registrations South
Office of The Revenue Commissioners
P.O. Box 1
Wexford

Zur Registrierung werden benötigt:

- Formular TR 1 für Einzelunternehmer und Personengesellschaften, TR 2 für juristische Personen
- Beschreibung der Aktivitäten in Irland
- Mit Haager Apostille versehene, beglaubigte Kopie des Handelsregisterauszuges

Bei den zum 1.7.2021 neu eingeführten Regelungen zu den Fernverkäufen können lokale Registrierungen in den einzelnen EU-Ländern durch Anwendung des One-Stop-Shop bzw. Import-One-Stop-Shop vermieden werden (siehe Kapital „Begriffsbestimmungen").

TAX REGISTRATION TR1(FT)

FOR NON-RESIDENT INDIVIDUALS, PARTNERSHIPS, TRUSTS OR UNINCORPORATED BODIES REGISTERING FOR TAX IN IRELAND

This form may be used by:
- A **non-resident** individual, complete parts A1, A3.
- A **non-resident** partnership, trust or unincorporated body, complete parts A2, A3.

It should not be used by:
- PAYE Employees taking up employment for the first time - use the Jobs & Pensions service. To use this service the employee must first register for my**Account** on **www.revenue.ie**,
- A non-resident body whose sole aim is to receive a registration number to obtain a grant / tax clearance certificate - use Form TC1 available on the website,
- A non-resident body etc. Persons who are collection agents for non-resident landlords - use Collection Agent Registration form available on the website.

Complete this form in BLOCK LETTERS, note that * denotes a required field, where given options insert ☒ in the box(es) as appropriate. When completed sign the declaration at the end of the form and return it to the appropriate Registration Unit. Registration Units details are available at the end of this form.

Note: Please complete all relevant sections of this form. Without sufficient information your tax registration(s) may be delayed

Part A Individual Details

A1 Individuals - Give the following information of the person who is to be registered and then complete Section **A3**

1. **Forename *** ☐☐☐☐☐☐☐☐☐☐ 2. **Surname *** ☐☐☐☐☐☐☐☐☐☐☐☐
3. **Gender *** **Male** ☐ **Female** ☐ 4. **Nationality *** ☐
5. **Date of Birth *** D D M M Y Y Y Y 6. **Private Address *** (Incl. Eircode where applicable) ☐
7. **PPSN *** ☐☐☐☐☐☐☐☐☐
   (for information on how to obtain a Personal Public Service Number (PPSN) refer to **www.gov.ie**)
8. **Phone No. *** (Incl. Local Area Code) ☐ 9. **Garda National Immigration Bureau Number (GNIB) / Irish Residence Permit (IRP) Number*** ☐☐☐☐☐☐☐☐
   eMail ☐ 10. **Immigration Stamp Number *** ☐☐
11. **Civil Status**

Single	☐	Divorced	☐	Widowed	☐
Married	☐	A former Civil Partner	☐	A Surviving Civil Partner	☐
In a Civil Partnership	☐	Married but living apart	☐	In a Civil Partnership but living apart	☐

12. **If married or in civil partnership state the following details in respect of your spouse or civil partner:**
   Forename * ☐☐☐☐☐☐☐☐☐☐☐☐ **Surname *** ☐☐☐☐☐☐☐☐☐
   PPSN * ☐☐☐☐☐☐☐☐☐
   or if PPSN not known Pre-marriage or Pre-Civil Partnership surname ☐☐☐☐☐☐☐☐☐☐☐☐☐☐☐☐☐☐☐☐ Date of Birth D D M M Y Y Y Y

A2 Trusts / Partnerships - Give the following information of the body who is to be registered and then complete Section A3

13. **Name of the Body to be registered *** ☐☐☐☐☐☐☐☐☐☐☐☐☐☐☐☐☐☐☐
14. **Responsible Person ***
   (Chairperson or secretary of the group, or precedent partner in the case of a partnership)
   (a) Name ☐☐☐☐☐☐☐☐☐☐☐☐☐☐☐☐☐☐☐
   (b) Address (Incl. Eircode) ☐☐☐☐☐☐☐☐☐☐☐☐☐☐☐☐☐☐☐
   (c) Responsible Person's Phone No. (Incl. Local Area Code) ☐☐☐☐☐☐☐☐☐☐☐☐☐☐☐☐☐☐☐

1

RPC017410_EN_WB_L_1

Part A continued General details of Partnerships, Trusts or Other Bodies

15. If previously registered for any tax in Ireland state the reference number used * [ ]

16. (a) % sales anticipated online [ ] %

(b) Website Address, [ ]

17. Partnership, Trust or Other Body * (a minimum of two officers, is required)
Give the following information in respect of all partners, trustees or other officers. Under 'Capacity', state whether acting precedent partner, partner, trustee, treasurer, etc. If necessary continue on a separate sheet.

Name	Private Address (Incl. Eircode)	Capacity	Irish Tax Reference Number

A3 Business / Activity Details

18. If trading under a business name, state Trading Name [ ]

19. Legal Format *

Sole Trader [ ] Partnership [ ] Other [ ] Specify [ ]

20. Business Address (Incl. Eircode) **(if different to private address)** (tax advisor / accountant address is not acceptable)

Phone No. (Incl. Local Area Code) [ ]
Website address [ ]
Mobile Phone No. [ ]
eMail [ ]

21. Type of business / activity *
(a) Is the business: mainly retail [ ] mainly wholesale [ ] mainly manufacturing [ ]
building & construction [ ] forestry / meat processing [ ] service and other [ ]

(b) Describe the business conducted in as much detail as possible. Give a precise description such as 'newsagent', 'clothing manufacturer', 'property letting', 'dairy farmer', 'investment income', etc. Do not use general terms such as 'shopkeeper', 'manufacturer', 'computers', 'consultant', etc.

[ ]

If the application is a property-related activity you may also need to complete Panel 43.

22. Please confirm if there is a software package in use within the business, e.g. Accounting Package / EPOS system. Yes [ ] No [ ]

If yes, please provide the name of the software package(s) [ ]

23. If the business will supply plastic bags to it's customers, insert ☒ in the box * [ ]

24. When did the business or activity commence? * D D M M Y Y Y Y

25. To what date will annual accounts be made up? * D D M M Y Y Y Y

26. State the expected turnover in the next twelve months * €

27. Tax Advisor Details - Give the following details of your accountant or tax advisor, if any, who will prepare the accounts and tax returns of the business.

Name [ ]
Address (Incl. Eircode) [ ]
Tax Advisor Identification Number (TAIN) [ ]
Phone No. (Incl. Local Area Code) [ ]
eMail [ ]
Mobile phone No. [ ]
Client's Reference [ ]

2

Part A continued — General Details

28. If correspondence relating to the following is being dealt with by the accountant or tax advisor insert ☒ in the relevant box

VAT (i.e. VAT3's) ☐ IT ☐ RCT ☐ Employer PAYE / PRSI ☐

29. If you rent your business premises in Ireland, state:

(a) Name of landlord

(b) Private address of landlord
(not an estate agent or rent collector)

(c) The amount of rent paid per week ☐ month ☐ year ☐ (☒ the frequency) €

(d) The date on which you started paying the rent

(e) The length of the agreed rental / lease period

(f) Tax reference number of landlord

Part B — Registration for Income Tax (non-PAYE)

30. Insert ☒ in this box if you are registering for Income Tax ☐

31. Indicate your main source of income in Ireland *

Trade ☐ **Salary & Pension** ☐ **Rental Income** ☐ **Investment Income** ☐

Other ☐ **Specify**

For the purposes of determining Permanent Establishment under the terms of a Double Taxation Agreement, state if you have any of the following in Ireland. Insert ☒ in the box(es) as appropriate:

a place of management ☐ an office or site office ☐ a factory or workshop ☐

a person to negotiate contracts on your behalf ☐ a building site or construction or installation project lasting more than six months ☐

Part C — Registration for VAT

32. Insert ☒ in this box if you are registering for VAT ☐

33. Registration

(a) State the date from which you require to register for VAT *
(Election cases may only register from the current VAT period)

(b) Is registration being sought only in respect of **European Union (EU) acquisitions?** Yes ☐ No ☐
(This applies only to farmers and non-taxable entities)

(c) Are you registering because you wish to **elect to be a taxable person** (although not obliged by law to be registered)? * Yes ☐ No ☐
Note: The option to elect to register is not available to receivers.

(d) Provide a detailed description of your Vatable activity in Ireland

34. Please provide a copy of the contract / service agreement (where applicable) - details to include:

(i) Name and address of the contractor / service provider
(ii) Location of supply of goods and services
(iii) Duration of the contract / service provider
(iv) Value of the contract / service provider

Please provide these details on a separate sheet where there is no formal contract.

35. Are you applying for the cash receipts basis of accounting for goods and services? Yes ☐ No ☐

If your answer is **'Yes'**, is this because:

(a) expected annual turnover will be less than €2,000,000 (a) ☐

(b) at least 90% of your expected annual turnover will come from supplying goods and services to persons who are not registered, e.g. hospitals, schools or the general public (b) ☐

(☒ either (a) or (b) as appropriate)

36. State the expected annual turnover from supplies of taxable goods or services within the State * €

37. State the VAT number(s) in other Member State(s) *

3

Part C continued	*Registration for VAT*

38. Will your business engage in the supply of goods and / or services? Yes ☐ No ☐

If your answer is '**Yes**':

(a) ☒ the appropriate box and provide a brief description Goods ☐ Services ☐ Both ☐

(b) State the storage and distribution address in Ireland for goods?

(c) State the courier or delivery service provider(s) for sales.

39. Intra Community Activity*

You should answer "Yes" to the following question(s) if you are or intend to trade with VAT Registered Businesses in other EU member states and wish to apply VAT at 0%.

(a) Do you intend to supply goods to other EU member states? Yes ☐ No ☐

(b) Do you intend to supply services to other EU member states? Yes ☐ No ☐

(c) Do you intend to acquire goods from other EU member states? Yes ☐ No ☐

(d) Do you intend to acquire services from other EU member states? Yes ☐ No ☐

40. Intra Community Activity Information

If you have answered Yes to **any** of the questions in 39 above please provide the following mandatory information:

Who are your customers? Private Individuals ☐ Businesses ☐ Both ☐

What due diligence measures and checks are conducted in relation to current and prospective suppliers or customers in the EU?

What are the transport arrangements for making supplies of goods outside the State?

What documentation will be sought to prove that goods supplied outside the State, leave the State?

How do you intend to make supplies to your customers? Direct Sales ☐ Via an Intermediary / Third Party ☐ Both ☐

If supplies are made through an intermediary / third party please detail the distribution chain. Include information concerning storage facilities / fulfillment partners / delivery as appropriate.

41. VIES (VAT Information Exchange System) information.

If you have answered Yes to question 39 (a) or 39 (b) above, in relation to the **supply** of goods and / or services to other EU Member States you are indicating that you will be an intra-EU supplier.

You will be required to submit mandatory VIES returns to Revenue detailing these supplies as per Value-Added Tax (Statement of Intra-Community Supplies) Regulations, 1993.

(a) What is your estimated annual supply of goods and / or services?

Less than €635,000 ☐ Between €635,000 and €1m ☐ Between €1m and €10m ☐ Greater than €10m ☐

(b) Will you exceed €50,000 per quarter in supply of goods? Yes ☐ No ☐

4

Part C continued | **Registration for VAT**

42. State the bank or building society account to which refunds should be made:

Bank/Building Society

Branch Address

IBAN (Max. 34 characters)

BIC (Max. 11 characters)

43. Developer / Landlord - Property details for VAT purposes

(a) Address of the property

(b) Date purchased or when development commenced D D M M Y Y Y Y

(c) Planning permission reference number, if applicable

(d) A signed statement from you / your client confirming that the property in question will be purchased and / or developed and will be disposed of or used in a manner which will give rise to a VAT liability, e.g. by sale of the property or by exercising the Landlord's 'option to tax'. Note: In the case of a Partnership, Trust or Unincorporated Body, the statement should be signed by the precedent acting partner or the the respons ble person (Chairperson or Secretary

44. Postponed Accounting for VAT

Do you intend to import goods from outside the EU? Yes ☐ No ☐

If Yes, do you wish to be considered for Postponed Accounting of VAT on such imports? Yes ☐ No ☐

If Yes, please provide the following details as applicable:

- Details of the type, volume and value of goods to be imported from outside the EU
- Details of the suppliers of such goods being imported and the terms of such supply. The terms of supply should clearly demonstrate who the importer / accountable person is
- Who are your customers? Private Individuals ☐ Businesses ☐ Both ☐
  Please provide details
- Please provide details of the system for maintaining records that the accountable person has in place relating to the supply by or to that person, of goods, that ensures those records are complete, accurate and readily available to that person. The address at which the information will be retained should be included.
- Please attach evidence of the current business address, e.g. a copy of the lease, correspondence received at the address, etc.

Revenue may request additional documentation or proofs as outlined in legislation in addition to what has been specified above. If the requested documentation or proofs are not submitted within the timeframe, access to Postponed Accounting will not be granted.

VAT applicants who wish to be considered for Postponed Accounting must first hold a Customs & Excise registration.

5

Part D — Registration as an Employer for PAYE / PRSI

45. Are you registering as an employer for PAYE / PRSI (insert ☒ in the box) Yes ☐ No ☐

If 'Yes', state the date from which you wish to register D D M M Y Y Y Y

As an employer you are obliged to report your employees' payroll information to Revenue in real time. To do this, you will need a ROS digital certificate. Further information on registering for ROS can be found at **www.revenue.ie**.

46. Do you intend to engage any employees in the course of the contract Yes ☐ No ☐

If 'Yes', state:

(a) Are any of the employees resident in Ireland? Yes ☐ No ☐

If 'Yes', you **must register** as an employer in the State.

(b) Are any of the employees resident outside the State? Yes ☐ No ☐

If 'Yes', are any of these employees working in the State for more than 60 days in total in the year of assessment? Yes ☐ No ☐

(Refer to SP-IT-3 07 for exemption from the obligation to operate PAYE / PRSI in certain circumstances)

(c) State the date your first employee commenced or will commence in your employment * D D M M Y Y Y Y

(d) If correspondence relating to PAYE / PRSI is being dealt with by an agent, insert ☒ in this box ☐ and give the following details if different from Panel 27.

Name		Phone No. (Incl. Local Area Code)	
Address (Incl. Eircode)		eMail	
		Mobile Phone No.	
Tax Advisor Identification Number (TAIN)		Client's Reference	

Part E — Registration for Relevant Contracts Tax (RCT)

Note that Principal Contractors are obliged to use Revenue's Online Service to fulfill their RCT obligations. Principal Contractors are obliged to register and account for VAT in relation to Construction Services under the VAT Reverse Charge rules. Please refer to Part C of this form, Registration for VAT. Detailed information on RCT and VAT, including guides on Principal Contractor obligations, is available on the Revenue website www.revenue.ie

47. Are you applying to register as a: *

(a) Principal only ☐ (b) Principal & Subcontractor ☐ (c) Subcontractor only ☐

If (a) or (b) applies please provide the number of subcontractors engaged. ☐

48. Date of commencement for RCT * D D M M Y Y Y Y

49. If you are a sub-contractor, please provide the following details, in relation to your contract in Ireland:

(a) Principal contractor's name and Irish registration number

(b) Contract notification ID number (available from your principal contractor)

(c) Site Identification Number

(d) What is the duration of the contract?

(e) What is the commencement date of the contract ? D D M M Y Y Y Y

Part F — Registration for Capital Gains Tax (CGT)

50. If you are registering for Capital Gains Tax insert ☒ in the box ☐

Declaration — *This must be made in every case before you can be registered for any tax*

I declare that the particulars supplied by me in this application are true in every respect

NAME * ______ *(in BLOCK LETTERS)* **SIGNATURE *** ______

CAPACITY * ______ **DATE *** D D M M Y Y Y Y

(Individual, Secretary, Precedent Partner, Trustee, etc.)

Phone No. (Incl. Local Area Code) of the Signee* ______

6

Additional Information

If you require further information on taxation in Ireland, please visit www.revenue.ie. Save time by filing online using our **Revenue Online Service (ROS)**. This is a self-service, internet facility which provides customers with a quick and secure facility to manage their tax affairs online 24/7, 365 days a year. Please note that certain categories of taxpayers in Ireland are required to pay and file their tax returns online. See more on **Mandatory e-filing** on our website.

Revenue's data protection policy and information are available on the Revenue website.

Please submit this form to the appropriate Registration Unit, see Details below.

Details	Address	Contact Details
Associates of existing LCD customers and companies involved in; a) Financial institutions (other than credit unions) b) Debt Securitisation c) Stockbroking firms d) Aircraft Leasing e) Insurance / Re-insurance f) An Investment Fund regulated by the Central Bank of Ireland g) Real Estate Investment Trust h) An IDA supported company (over 300 employees)	Large Corporates Division Registration Unit Office of the Revenue Commissioners Ballaugh House 73/79 Lower Mount Street Dublin 2 D02 PX37	eMail: largecasesdiv@revenue.ie Tel: 01 738 3637 or from outside Ireland + 353 1 738 3637
All other customers and companies	Business Registrations Office of the Revenue Commissioners P.O. Box 1 Wexford	eMail: businesstaxesregistrations@revenue.ie Tel: 01 738 3630 or from outside Ireland + 353 1 738 3630

The Revenue Commissioners collect taxes and duties and implement customs controls. Revenue requires customers to provide certain personal data for these purposes and certain other statutory functions as assigned by the Oireachtas. Your personal data may be exchanged with other Government Departments and agencies in certain circumstances where this is provided for by law. Full details of Revenue's data protection policy setting out how we will use your personal data as well as information regarding your rights as a data subject are available on our **Privacy** page on **www.revenue.ie**. Details of this policy are also available in hard copy upon request.

The information in this document is provided as a guide only and is not professional advice, including legal advice. It should not be assumed that the guidance is comprehensive or that it provides a definitive answer in every case.

Revenue
Cáin agus Custaim na hÉireann
Irish Tax and Customs

Designed by the Revenue Printing Centre

TAX REGISTRATION TR2 (FT)

FOR NON-RESIDENT COMPANIES REGISTERING FOR TAX IN IRELAND

This form can be used to register a non-resident limited company for Corporation Tax, Income Tax, PAYE / PRSI (as an employer), VAT and / or Relevant Contracts Tax (RCT).

Non-resident persons, other than companies requiring to register in Ireland should complete Form TR1(FT). PAYE Employees taking up employment for the first time should register their job using the Jobs & Pensions service. To use this service the employee must first be registered for my**Account** on **www.revenue.ie.**

Complete this form in BLOCK LETTERS, * denotes a required field, where given options insert ☒ in the box(es) as appropriate. When completed sign the declaration at the end of the form and return it to the appropriate Registration Unit. Registration Units details are available at the end of this form.

Note: Please complete all relevant sections of this form. Without sufficient information your tax registration(s) may be delayed.

Part A General Details

1. **State the full name of the company as it is registered under the Companies' Acts ***
2. **If trading under a business name, state ***
3. **The country of incorporation ***
4. **Date of incorporation** D D M M Y Y Y Y
5. **Company's registered number ***
6. **VAT registered number in country of establishment ***
7. **The address of the company in country of establishment ***
8. **State business address in Ireland** (Incl. Eircode)*
   (tax advisor / accountant address is not acceptable)

   Business website address

   Business Phone (Incl. Local Area Code)*

   Business Mobile No.
9. **Legal format**
   E.C. (branch Disclosures) Regulations 1993 — Branch of Foreign Company ☐ Branch Number

   Other ☐ Specify
10. **For the purposes of determining Permanent Establishment under the terms of a Double Taxation Agreement please state if you have any of the following in Ireland.** Insert ☒ in the box(es) as appropriate:

    ☐ a place of management ☐ a branch ☐ an office or site office

    ☐ a factory or workshop ☐ a person to negotiate contracts on your behalf ☐ a building site or construction or installation project lasting more than six months
11. **To what date will annual accounts be made up?** D D M M Y Y Y Y
12. **Address** (Incl. Eircode) **in this State where the company's books and records can be produced for inspection by Revenue Officials ***
13. **If the business address** (Incl. Eircode) **in Ireland is rented please state ***

    (a) Name and private address (Incl. Eircode) of landlord (not an estate agent or rent collector)

    (b) The amount of rent paid per: week ☐ month ☐ year ☐ (☒ the frequency) €

    (c) The date the company started paying rent D D M M Y Y Y Y

    (d) The length of the agreed rental / lease period

1

RPC017415_EN_WB_L_1

Part A continued General Details

14. If you acquired the business from a previous owner, state *

(i) The name and current address (Incl. Eircode) of the person from whom you acquired it

(ii) The VAT / registered number of that person

15. If the company was registered for any tax in Ireland previously, what reference numbers did it hold? *

Corporation Tax

Employer (PAYE / PRSI)

Value Added Tax

Relevant Contracts Tax

Income Tax

16. Type of Business / Activity *

(a) Is the business ☐ mainly retail ☐ mainly wholesale ☐ mainly manufacturing ☐ meat and processing ☐ building & construction ☐ distance sales ☐ services

(b) Describe the Business / Activity conducted in as much detail as possible.

17. Please confirm if there is a software package in use within the business, e.g. Accounting Package / EPOS system. Yes ☐ No ☐

If yes, please provide the name of the software package(s)

18. If the business will supply plastic bags to it's customers, insert ☒ in the box* ☐

19. Director Details* Per Companies Act 2014, Chapter 4, Section 128(1) a Company shall have at least One Director.

Name	Private Address (Incl. Eircode)	Shareholding	Irish Tax Reference Number (where applicable)
		. %	
		. %	
		. %	

20. Company Secretary Details* (if this is one of the directors above the name will suffice).

Name	Private Address (Incl. Eircode)	Irish Tax Reference Number (where applicable)

21. Shareholders Details*, give the details of any shareholder (other than a director whose details are shown above) who has 15% or more beneficial interest in the issued capital. * If necessary, continue on a separate sheet.

Name	Private Address (Incl. Eircode)	Shareholding	Irish Tax Reference Number (where applicable)
		. %	

2

Part A continued — General Details

22. (a) Advisor Details, give the following details of the company's accountant or tax advisor, if any, who will prepare the accounts and tax returns of the company.

Name

Address (Incl. Eircode)

Phone No. (Incl. Local Area Code) — Mobile No.

Tax Advisor Identification Number (TAIN) — Client's Ref

Contact Person — eMail

22. (b) If correspondence relating to the following is being dealt with by the accountant or tax advisor , insert ☒ in the relevant box

VAT (i.e. VAT3's) ☐ RCT ☐ Employer PAYE / FRSI ☐ CT ☐ IT ☐

Part B — Registration for Corporation Tax

23. (a) Insert ☒ in this box if you are registering for Corporation Tax ☐

(b) Insert ☒ in this box if you are registering for Income Tax ☐

(c) State the date the company commenced to trade in the State * D D M M Y Y Y Y

24. (a) Does the company have a permanent establishment in the State? * Yes ☐ No ☐
(Building site or construction or installation project lasting more than six months)

(b) If Yes, state the address (Incl. Eircode)

Part C — Registration for VAT

25. Insert ☒ in this box if you are registering for VAT ☐

26. (a) State the date from which the company requires to register for VAT * D D M M Y Y Y Y
(If you are electing to register for VAT you may only register from the current VAT period)

(b) Are you registering the company because you wish to **elect it to be a taxable person** (although not obliged by law to be registered)? Yes ☐ No ☐
Note: The option to elect to register is not available to receivers.

(c) Provide a detailed description of your Vatable activity in Ireland

27. Are you applying for the cash receipts basis of accounting for goods and services? * Yes ☐ No ☐

If your answer is **'Yes'**, is this because

(a) your expected annual turnover will be less than €2,000,000 (net of VAT)? (a) ☐

or (b) at least 90% of your expected annual turnover will come from supplying goods and services to persons who are not registered, e.g. hospitals, schools or the general public? (b) ☐

insert ☒ in either (a) or (b) as appropriate

28. Provide copy of contract * - details to include

(a) Name and address (Incl. Eircode) of contractor

(b) Registration Number of contractor.

(c) Location of supply of goods or services

(d) Duration of contract

€

(e) Value of contract

29. Will your business engage in the supply of goods and / or services? Yes ☐ No ☐

If your answer is 'Yes':

(a) ☒ the appropriate box and provide a brief description Goods ☐ Services ☐ Both ☐

(b) State the storage and distribution address in Ireland for goods?

3

Part C continued | **Registration for VAT**

(c) State the courier or delivery service provider(s) for sales.

[ ]

30. Intra Community Activity*

You should answer "Yes" to the following question(s) if you are or intend to trade with VAT Registered Businesses in other EU member states and wish to apply VAT at 0%.

(a) Do you intend to supply goods to other EU member states? Yes ☐ No ☐

(b) Do you intend to supply services to other EU member states? Yes ☐ No ☐

(c) Do you intend to acquire goods from other EU member states? Yes ☐ No ☐

(d) Do you intend to acquire services from other EU member states? Yes ☐ No ☐

31. Intra Community Activity Information

If you have answered Yes to **any** of the questions in 30 above please provide the following mandatory information:

Who are your customers? Private Individuals ☐ Businesses ☐ Both ☐

What due diligence measures and checks are conducted in relation to current and prospective suppliers or customers in the EU?

[ ]

What are the transport arrangements for making supplies of goods outside the State?

[ ]

What documentation will be sought to prove that goods supplied outside the State, leave the State?

[ ]

How do you intend to make supplies to your customers? Direct Sales ☐ Via an Intermediary / Third Party ☐ Both ☐

If supplies are made through an intermediary / third party please detail the distribution chain. Include information concerning storage facilities / fulfillment partners / delivery as appropriate.

[ ]

32. VIES (VAT Information Exchange System) information.

If you have answered Yes to question 30 (a) or 30 (b) above, in relation to the **supply** of goods and / or services to other EU Member States you are indicating that you will be an intra-EU supplier.

You will be required to submit mandatory VIES returns to Revenue detailing these supplies as per Value-Added Tax (Statement of Intra-Community Supplies) Regulations, 1993.

(a) What is your estimated annual supply of goods and / or services?

Less than €635,000 ☐ Between €635,000 and €1m ☐ Between €1m and €10m ☐ Greater than €10m ☐

(b) Will you exceed €50,000 per quarter in supply of goods? Yes ☐ No ☐

33. State the bank or building society account to which refunds should be made:

Bank/Building Society [ ]

Branch Address [ ]

IBAN (Max. 34 characters) [ ]

BIC (Max. 11 characters) [ ]

34. If you acquired the business from a previous owner, state

(i) The name and current address of the person from whom you acquired it [ ]

(ii) The VAT / registered number of that person [ ]

4

Part C continued *Registration for VAT*

35. Postponed Accounting for VAT

Do you intend to import goods from outside the EU? Yes ☐ No ☐

If Yes, do you wish to be considered for Postponed Accounting of VAT on such imports? Yes ☐ Nc ☐

If Yes, please provide the following details as applicable:

- Details of the type, volume and value of goods to be imported from outside the EU

- Details of the suppliers of such goods being imported and the terms of such supply. The terms of supply should clearly demonstrate who the importer / accountable person is

- Who are your customers? Private Individuals ☐ Businesses ☐ Both ☐
  Please provide details

- Please provide details of the system for maintaining records that the accountable person has in place relating to the supply by or to that person, of goods, that ensures those records are complete, accurate and readily available to that person. The address at which the information will be retained should be included.

- Please attach evidence of the current business address, e.g. a copy of the lease, correspondence received at the address, etc.

Revenue may request additional documentation or proofs as outlined in legislation in addition to what has been specified above. If the requested documentation or proofs are not submitted within the timeframe, access to Postponed Accounting will not be granted.

VAT applicants who wish to be considered for Postponed Accounting must first hold a Customs & Excise registration.

Part D — Registration as an Employer for PAYE / PRSI

36. Are you registering as an employer for PAYE / PRSI? Yes ☐ No ☐

If 'Yes', state the date from which you wish to register D D M M Y Y Y Y

As an employer you are obliged to report your employees' payroll information to Revenue in real time. To do this, you will need a ROS digital certificate. Further information on **www.revenue.ie**.

37. Do you intend to engage any employees in the course of the contract? Yes ☐ No ☐
If 'Yes', state:

(a) Are any of the employees resident in Ireland? Yes ☐ No ☐
If 'Yes', you **must register** as an Employer in the State

(b) Are any of the employees resident outside the State? Yes ☐ No ☐

If 'Yes', are any employees working in the State for more than 60 days in total in the year of assessment? Yes ☐ No ☐
(Refer to SP-IT-3 07 for exemption from the obligation to operate PAYE / PRSI in certain circumstances)

(c) State the date your first employee commenced or will commence in your employment * D D M M Y Y Y Y

Correspondence on PAYE / PRSI
If correspondence relating to PAYE / PRSI is being dealt with by an agent, insert ☒ in this box ☐ and give the following details if different from Panel 22.

Name		Phone No. (Incl. Local area code)	
Address		eMail	
(Incl. Eircode)*		Mobile No.	
Tax Advisor Identification Number (TAIN)		Client's Ref	

Part E — Registration for Relevant Contracts Tax (RCT)

Note that Principal Contractors are obliged to use Revenue's Online Service to fulfill their RCT obligations. Principal Contractors are obliged to register and account for VAT in relation to Construction Services under the VAT Reverse Charge rules. Please refer to Part C of this form, Registration for VAT). Detailed information on RCT and VAT, including guides on Principal Contractor obligations, is available on the Revenue website www.revenue.ie

38. Are you applying to register as a: *

☐ (a) Principal only ☐ (b) Principa & Subcontractor ☐ (c) Subcontractor only

If (a) or (b) applies please provide the number of subcontractors engaged. ☐

39. Date of commencement for RCT * D D M M Y Y Y Y

40. If you are a subcontractor, please provide the following details in relation to your contract in Ireland

(a) Principal Contractor's name

and Irish tax registration number

(b) Contract notification ID number (available from your Principal Contractor)

(c) Site Identification Number

(d) What is the duration of the contract?

Part F — Registration for Capital Gains Tax (CGT)

41. If you are registering for Capital Gains Tax insert ☒ in the box ☐

Declaration — *This must be made in every case before you can be registered for any tax*

I declare that particulars supplied by me in this application are true in every respect

NAME *   **SIGNATURE ***

(in BLOCK LETTERS)

CAPACITY *   **DATE *** D D M M Y Y Y Y

(To be signed by the Company Secretary or other authorised officer)

Phone No. (Incl. Local Area Code) of the Signee*

6

Additional Information

If you require further information on taxation in Ireland, please visit www.revenue.ie. Save time by filing online using our **Revenue Online Service (ROS)**. This is a self-service, internet facility which provides customers with a quick and secure facility to manage their tax affairs online 24/7, 365 days a year. Please note that certain categories of taxpayers in Ireland are required to pay and file their tax returns online. See more on **Mandatory e-filing** on our website.

Revenue's data protection policy and information are available on the Revenue website.

Please submit this form to the appropriate Registration Unit, see Details below.

Details	Address	Contact Details
Associates of existing LCD customers and companies involved in; a) Financial institutions (other than credit unions) b) Debt Securitisation c) Stockbroking firms d) Aircraft Leasing e) Insurance / Re-insurance f) An Investment Fund regulated by the Central Bank of Ireland g) Real Estate Investment Trust h) An IDA supported company (over 300 employees)	Large Corporates Division Registration Unit Office of the Revenue Commissioners Ballaugh House 73/79 Lower Mount Street Dublin 2 D02 PX37	eMail: largecasesdiv@revenue.ie Tel: 01 738 3637 or from outside Ireland + 353 1 738 3637
All other customers and companies	Business Registrations Office of the Revenue Commissioners P.O. Box 1 Wexford	eMail: businesstaxesregistrations@revenue.ie Tel: 01 738 3630 or from outside Ireland + 353 1 738 3630

The Revenue Commissioners collect taxes and duties and implement customs controls. Revenue requires customers to provide certain personal data for these purposes and certain other statutory functions as assigned by the Oireachtas. Your personal data may be exchanged with other Government Departments and agencies in certain circumstances where this is provided for by law. Full details of Revenue's data protection policy setting out how we will use your personal data as well as information regarding your rights as a data subject are available on our **Privacy** page on **www.revenue.ie**. Details of this policy are also available in hard copy upon request.

The information in this document is provided as a guide only and is not professional advice, including legal advice. It should not be assumed that the guidance is comprehensive or that it provides a definitive answer in every case.

Revenue
Cáin agus Custaim na hÉireann
Irish Tax and Customs

Designed by the Revenue Printing Centre

TRCN1 Tax Registration Cancellation Notification

Please do not use this form if you are registered to use the Revenue Online Service (ROS) and are the holder of an active ROS Digital Certificate. The Manage Tax Registrations option on the Revenue Online Service (ROS) will allow you to manage the process of cancelling your tax registrations online in a quick and secure manner.

Details of Customer

PPSN / Tax Reference No. ☐☐☐☐☐☐☐☐☐

Type of Business / Activity ________

Name of Customer ________

Private Address (Incl. Eircode) ________

Business Address if different to private address (Incl. Eircode) ________

Phone Number ________

Mobile Number ________

Date of cessation ________

Reason ________

Assets and Equipment
State how disposed of
If on hand give details and state current value

____

Business Premises
State if owned or rented and give details of current position

____

Tax Type ☑ **& Tax Registration Numbers to be cancelled**

VAT (includes Intra-EU VAT) ☐ ☐☐☐☐☐☐☐☐☐

Remove Intra-EU VAT * ☐ ☐☐☐☐☐☐☐☐☐

* This will retain your domestic VAT registration

If removing Intra-EU VAT registration please state if there has been any change in circumstances

____

Employer PAYE / PRSI ☐ ☐☐☐☐☐☐☐☐☐

RCT ☐ ☐☐☐☐☐☐☐☐☐

Income Tax ☐ ☐☐☐☐☐☐☐☐☐

Corporation Tax ☐ ☐☐☐☐☐☐☐☐☐

Other ☐ ☐☐☐☐☐☐☐☐☐

↳ Specify ________

RPC014505_EN_WB_L_1

State current means of Livelihood / Occupation, i.e. Sole Trader / Rental / Director / PAYE etc.	

In the case of a Limited Company, where the business ceased state the current business involvement of each director

Name of Director	PPSN	Current Business Involvement

Information provided by

*Name		Date	
Relationship, if any, to Customer (e.g. Agent, family member)		Telephone Number	

*** mandatory field**

Please submit this form to the appropriate Registration Unit, see Details below.

Details	Address	Contact Details
Associates of existing LCD customers and companies involved in; a) Financial institutions (other than a credit union) b) Stockbroking firm c) An Investment Fund regulated by the Central Bank of Ireland d) Real Estate Investment Trust e) An IDA supported company (over 300 employees) f) Aircraft Leasing g) Insurance / Re-insurance h) ICAV's (Authorised Funds) i) Debt Securitisation j) Remote Bookmakers	Large Cases Division Registration Unit Office of the Revenue Commissioners Ballaugh House 73 / 79 Lower Mount Street Dublin 2 D02 PX37	eMail: largecasesdiv@revenue.ie Tel: 01 738 3637 or from outside Ireland + 353 1 738 3637
All other customers and companies	Business Registrations Office of the Revenue Commissioners P.O. Box 1 Wexford	eMail: businesstaxesregistrations@revenue.ie Tel: 01 738 3630 or from outside Ireland + 353 1 738 3630

The Revenue Commissioners collect taxes and duties and implement customs controls. Revenue requires customers to provide certain personal data for these purposes and certain other statutory functions as assigned by the Oireachtas. Your personal data may be exchanged with other Government Departments and agencies in certain circumstances where this is provided for by law. Revenue's data protection policy and information on your data protection rights are available on **www.revenue.ie**.

Revenue
Cáin agus Custaim na hÉireann
Irish Tax and Customs

In all correspondence please quote:

Registration No: IE
Notice No:

Period:

to

Payment due by:

Collector-General
Sarsfield House
Francis Street
Limerick

Enquiries: 1890 203070

VAT 3 RETURN

Please complete and sign the return below. The return should then be detached and forwarded (with payment or debit instructions, if liability arises) in the prepaid envelope enclosed, to arrive no later than the due date as shown above. **Guidelines on the correct completion of the return are shown overleaf.**

IMPORTANCE OF PROMPT PAYMENTS

Make sure that you allow sufficient time - at least three working days - for your payment to reach the Collector-General.
Late payment of tax carries an interest penalty.
Failure to pay a tax liability, or to pay on time, can result in enforced collection through the Sheriff, Court proceedings or Attachment.
Enforcement gives rise to costs in addition to any interest penalty charged.

METHOD OF PAYMENT

Single Debit Authority: If you want your payment to be debited directly from your bank account, complete the bank details on the left of the return below, ensuring that the amount of the payment you wish to make is entered in the Debit Amount box.
Please note that the account must be in a bank within the Republic of Ireland and must be a current account.

- Simply provide your bank details and the amount you wish to have debited from your account.
- Forward the completed return to the Collector-General at the address above.
- A once-off deduction will be taken from your account and credited against your tax liability as specified on the return below.
- The once-off deduction will not be taken from your account in advance of the due date for the taxable period in question.

Cheque: All cheques should be made payable to the Collector-General and forwarded to the address above. Do not enclose cash.
Revenue On-Line Service (ROS): You can make this return and pay your VAT on-line using ROS. For details visit the Revenue website at www.revenue.ie or Phone 1890 20 11 06.
Direct Debit: For information on how to pay VAT by monthly Direct Debit, please contact the Helpline at 1890 20 30 70.

METHOD OF REPAYMENT

Any repayment due will be credited to your bank/building society account. Account details are only required ***if*** this return is a repayment (T4 line completed) ***and*** you have not previously advised Revenue of the account details ***or*** you wish to amend the account details to which previous repayments were credited.

Please print one figure only in each space using a black ball-point pen. Do not write NIL on any line.

€: Enter whole Euro only - do not enter cents. Photocopies of this form are not acceptable.

Revenue

↓ **VAT3 RETURN (and PAYSLIP)** **Please complete below, detach and return** ↓

Bank Details - to be supplied if :
Payment is being made by Single Debit Authority
(do not complete this authority if you are paying by cheque), or
⇒ A repayment is being sought (*see Method of Repayment above*).

Branch Sort Code

Account Number

Single Debit Authority

Debit Amount , , .00

Please debit my account with the amount specified

Value of Goods Sent to other EU Countries
E1 , , .00

Value of Goods Received from other EU Countries
E2 , , .00

Office Use

AMD

O.S

VAT on Sales
T1 , , .00

VAT on Purchases
T2 , , .00

Excess of T1 over T2 (Payable)
T3 , , .00

or

Excess of T2 over T1 (Repayable)
T4 , , .00

Amount of Payment
, , .00

I declare that this is a correct return of Value Added Tax for the period specified.

Signed:-____________ Date:-________

VAT3
B

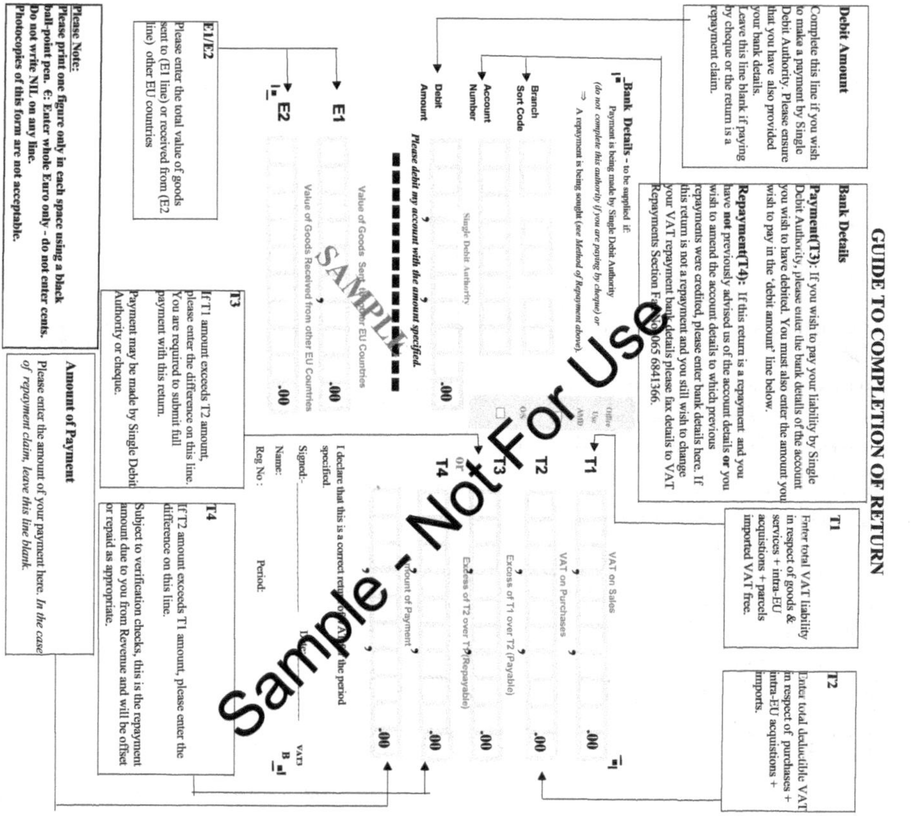

GUIDE TO COMPLETION OF RETURN

Debit Amount

Complete this line if you wish to make a payment by Single Debit Authority. Please ensure that you have also provided your bank details.
Leave this line blank if paying by cheque or the return is a repayment claim.

Bank Details

Payment(T3): If you wish to pay your liability by Single Debit Authority, please enter the bank details of the account you wish to have debited. You must also enter the amount you wish to pay in the 'debit amount' line below.

Repayment(T4): If this return is a repayment and you have **not** previously advised us of the account details **or** you wish to amend the account details to which previous repayments were credited, please enter bank details here. If this return is not a repayment and you still wish to change your VAT repayment bank details please fax details to VAT Repayments Section Fax No. 065 6841366.

T1

Enter total VAT liability in respect of goods & services + intra-EU acquistions + parcels imported VAT free.

T2

Enter total deductible VAT in respect of purchases + intra-EU acquistions + imports.

Bank Details - to be supplied if:
Payment is being made by Single Debit Authority
(do not complete this authority if you are paying by cheque) or
⇒ A repayment is being sought (*see Method of Repayment above*).

Office Use AMD OS

Branch Sort Code

Account Number

Single Debit Authority

Debit Amount , , .00

Please debit my account with the amount specified.

SAMPLE

T1 VAT on Sales , , .00

T2 VAT on Purchases , , .00

T3 Excess of T1 over T2 (Payable) , , .00

or

T4 Excess of T2 over T1 (Repayable) , , .00

Amount of Payment , , .00

E1 Value of Goods Sent to other EU Countries , , .00

E2 Value of Goods Received from other EU Countries , , .00

I declare that this is a correct return of VAT for the period specified.

Signed:- ____________ Date: ____________

Name:

Reg No : Period:

VAT3 B

E1/E2

Please enter the total value of goods sent to (E1 line) or received from (E2 line) other EU countries

T3

If T1 amount exceeds T2 amount, please enter the difference on this line. You are required to submit full payment with this return.

Payment may be made by Single Debit Authority or cheque.

T4

If T2 amount exceeds T1 amount, please enter the difference on this line.

Subject to verification checks, this is the repayment amount due to you from Revenue and will be offset or repaid as appropriate.

Please Note:
Please print one figure only in each space using a black ball-point pen. €: Enter whole Euro only - do not enter cents.
Do not write NIL on any line.
Photocopies of this form are not acceptable.

Amount of Payment

Please enter the amount of your payment here. *In the case of repayment claim, leave this line blank.*

Application by a Foreign Trader who is not established in Ireland for relief from Value-Added Tax (VAT) on charges for Services supplied to it by Irish Supplier(s)

1. Details of Foreign Trader

Please complete this section in BLOCK LETTERS. Please read notes on page 2.

Name: ☐

Address: ☐

E-mail Address: ☐ Telephone Number: ☐

Nature of Business: ☐

Where are you established? (Tick ☑ as appropriate) Within EU ☐ Outside EU ☐

Tax Reference Number: ☐☐☐☐☐☐☐☐☐

If you are established in the EU please quote your VAT Registration number. If you are established outside the EU please quote your tax reference number in the country in which you are established.

Is this your **first** application for relief? (Tick ☑ as appropriate) Yes ☐ No ☐

If no, please quote your Customer ID Number (if available) ☐

You would have been allocated a Customer ID No. by us when you made your first application for relief.

2. Details of Supplier of Services in Ireland

If there is more than one supplier, please provide the following details in respect of the other supplier(s) on a **separate** page.

Name: ☐

Address:
(Incl. Eircode) ☐

E-mail Address: ☐ Telephone Number: ☐

VAT Registration Number: ☐☐☐☐☐☐☐☐☐ Local Tax Office: ☐

Nature of Service(s) to be supplied to Foreign Trader detailed in Section 1:

☐

Will that / those Service(s) be provided on a continuous basis? (Tick ☑ as appropriate) Yes ☐ No ☐

Is the Irish supplier holding or will the Irish supplier hold stocks of goods in Ireland on behalf of the Foreign Trader detailed in Section 1 [other than stocks of goods for onward consignment to regular customers, in accordance with Section 23 of the VAT Act 2010]. Yes ☐ No ☐

OFFICAL USE ONLY

1. Customer ID: ☐
2. C/TS or C/Reg required? Yes ☐ No ☐
   Received on:
3. Date of C/TS: / /
4. Letter sent: Yes ☐ No ☐
   Reply received:
5. Copy of lease required: Yes ☐ No ☐ Received on: / /
6. Form 60B issued on: / /
7. Period of validity of Approval to Zero-Rate From: / / To: / /

RPC016217_EN_WB_L_1 1 **VAT 60A (May 2022)**

3. Declaration

Anyone who knowingly makes a false statement for the purpose of obtaining relief from VAT is liable to penalties.
Please delete text in **bold,** as appropriate, and then sign the declaration below if satisfied that it is accurate.

I/ [ ] **(if the foreign trader is a company, insert the company name here)** wish(es) to apply for relief from VAT on charges in respect of services supplied to **me / it** within Ireland.
I declare that -

(a) **I supply/** [ ] **(if the foreign trader is a company, insert the company name here) supplies** no goods or services in Ireland; (The consigning of goods direct to Irish customers from outside Ireland does not constitute supply within Ireland.)

(b) **I am/** [ ] **(if the foreign trader is a company, insert the company name here) is** not established in Ireland;

(c) **I am/** [ ] **(if the foreign trader is a company, insert the company name here) is** not registered nor **am I / is it** required to register for VAT in Ireland. (If you need to check whether you are equired to register for VAT in Ireland, please contact the Taxes Central Registration Office, Office of the Revenue Commissioners, 9/15 Upper O'Connell St., Dublin 1, Ireland. (Tel. +353 1 865 5000);

(d) the services supplied to **me/** [ ] **(if the foreign trader is a company, insert the company name here)** by the Irish supplier detailed in Section 2 will be used only in connection with the business detailed in Section 1 above; and

(e) all the particulars given on this form are true and correct to the best of my knowledge and belief.

Signature: [ ] (Secretary) Date [/ /]

Position in the Company (if applicable): [ ]

If you are signing on behalf of a Company, you must be authorised to sign on behalf of the Company.

IMPORTANT - Please read the following notes before you submit your application

1. Before you submit this claim form please ensure that -
   - ➔ you have completed all sections including signing the declaration in Section 3
   - ➔ you have attached all supporting documentation, i.e.
     - an in-date Certificate of Taxable Status if you are established within the EU. This certificate is available from your own tax authorities, or
     - Certificate from the official authority of the country in which you are established if you are established outside the EU. This certificate should contain the name, address and official stamp of the official authority, your name, address and business registration number and a statement as to the nature of the economic activity carried on by you, and
   - ➔ a certified true copy of the lease if the business in which you are engaged involves leasing.
2. A person is established in a Member State if that person has in that State:
   - ➔ the seat of his or her economic activity, or
   - ➔ a fixed establishment from which business transactions are effected, or
   - ➔ if no such seat or fixed establishment exists, his or her domicile or normal place of residence.

The information in this document is provided as a guide only and is not professional advice, including legal advice. It should not be assumed that the guidance is comprehensive or that it provides a definitive answer in every case.

3. Claim form together with supporting documentation should be returned to:

   Office of the Revenue Commissioners, Collector-General's Division, Unregistered VAT Repayment Section, Sarsfield House, Francis Street, Limerick, V94 R972.

   Tel: 01 738 3667
   E-mail: unregvat@revenue.ie
4. Further copies of this claim form may be obtained from the above address or downloaded from our website (www.revenue.ie/en/vat/index.aspx)

The Revenue Commissioners collect taxes and duties and implement customs controls. Revenue requires customers to provide certain personal data for these purposes and certain other statutory functions as assigned by the Oireachtas. Your personal data may be exchanged with other Government Departments and agencies in certain circumstances where this is provided for by law. Revenue's data protection policy and information on your data protection rights are available on **www.revenue.ie.**

Revenue
Cáin agus Custaim na hÉireann
Irish Tax and Customs

Designed by the Revenue Printing Centre 2

VALUE ADDED TAX - SECTION 56
VAT Consolidation Act 2010

(Note 1)

(BEFORE COMPLETING THIS FORM PLEASE READ THE NOTES ON THE REVERSE)

Application by a taxable person in accordance with Section 56 VAT Consolidation Act 2010 for an authorisation to:

- have certain goods and / or services supplied to him / her at the zero rate of VAT,
- account for VAT on certain EU acquisitions at the zero rate,
- import certain goods without payment of VAT. (Note 2)

1. Name:
2. Address:
3. Trading Name (if any):
4. Telephone No.:
5. E-mail:
6. VAT No.: **IE**
7. Exact description of Business: (Note 3)
8. Group registration remitter's VAT number (if different to 6 above) **IE** (Note 4)
9. Turnover details:
   (i) Total turnover from supplies of goods and services in the preceding 12 months **€** (Note 5)
   (ii) Total turnover in the preceding 12 months from zero rated intra-EU supplies of goods and exportations of goods included in (i) **€**
10. Where this is a first application for Section 56 Authorisation, please provide the following information:
    (i) List of Directors
    (ii) List of Shareholders
    (iii) List of Partners
    Where this application is a renewal, this information should be submitted where there are changes from the last application (Note 6)
11. Please tick to confirm that:
    - Full and true records are kept in accordance with Section 84 of the VAT Consolidation Act 2010, ☐
    - I / We are in compliance with the provisions as stated in Regulation 34A (b) of VAT Regulations 2010 (as amended) ☐
    - I / We have not been convicted of any offence under any of the provisions as state in Regulation 34A (c) of VAT Regulations (as amended) ☐

DECLARATION

I / We hereby apply for an authorisation in accordance with Section 56 VAT Consolidation Act 2010, and declare that the above information is correct. I / We undertake to supply any further information which may be requested in connection with this application.

Signed: Date:

Status: (Note 7)

ACCOUNTANT'S CERTIFICATE

(To be completed by the Accountant who normally prepares and / or audits the applicant's accounts)

I / We certify that the turnover for the preceding 12 months in respect of the zero rated intra-Community supplies of goods and exportations of goods amounts to € and that this figure comprises at least 75% of the total turnover from supplies of goods and services for the same period.

Signed: Date:

Accountant's Name & Address:

This application should be submitted to the applicant's local Revenue office.
For addresses see the Contact Locator on www.revenue.ie

RPC015039_EN_WB_L_1

VAT 56A (May 2021)

NOTES

Note 1

Section 56 zero-rating of goods and services Tax & Duty Manual explains the provisions of Section 56 VAT Consolidation Act 2010 in detail.

Note 2

The provisions of Section 56 VAT Consolidation Act 2010 will apply in the case of all goods and services with the following exceptions:

(a) certain motor vehicles and petrol,
(b) services consisting of the provision of food and drink, the hire of certain motor vehicles, accommodation, entertainment, and other personal services.

Note 3

Please describe the exact nature of the business.

Note 4

A group registration (i.e. where a number of companies are treated as a single taxable person for VAT purposes) can only be authorised under Section 56 if at least 75% of the group's total turnover in the preceding 12 months is derived from exportations of goods or intra-Community supplies of goods. Individual members of the group registration cannot obtain authorisations unless the group as a whole is authorised.

Note 5

Total turnover includes exempt supplies but does not include goods which have been sold and subsequently leased back.

Note 6

The Revenue Commissioners reserves the right to request information listed in section 10 in the case of renewals.

Note 7

The person who signs the application should be a person duly authorised to sign and be responsible for the accuracy of the information given, e.g. company secretary, owner or partner.

The information in this document is provided as a guide only and is not professional advice, including legal advice. It should not be assumed that the guidance is comprehensive or that it provides a definitive answer in every case.

The Revenue Commissioners collect taxes and duties and implement customs controls. Revenue requires customers to provide certain personal data for these purposes and certain other statutory functions as assigned by the Oireachtas. Your personal data may be exchanged with other Government Departments and agencies in certain circumstances where this is provided for by law. Full details of Revenue's data protection policy setting out how we will use your personal data as well as information regarding your rights as a data subject are available on our **Privacy** page on **www.revenue.ie**. Details of this policy are also available in hard copy upon request.

Revenue
Cáin agus Custaim na hÉireann
Irish Tax and Customs

Italien

Allgemeines

Die italienische Umsatzsteuer (Imposta sul Valore Aggiunto – IVA) wird gemäß den EU-weit gültigen Vorschriften der MwStSystRL erhoben. Die italienische Umsatzsteuer wird nicht in den Gemeinden Livigno und Campione d'Italia erhoben, außerdem gehören der Vatikan und San Marino nicht zum Gebiet der Republik Italien und werden aus umsatzsteuerlicher Sicht als Drittland betrachtet, obwohl San Marino für Zoll- und Verbrauchssteuerzwecke als Teil von Italien angesehen wird.

Unternehmer/Organkreis

Der Unternehmerbegriff entspricht der Definition laut MwStSystRL.

Eine Gruppenbesteuerung/Organschaft ist möglich. Auch ausländische Unternehmen können unter bestimmten Voraussetzungen eine Gruppenbesteuerung beantragen. Die Gruppenbesteuerung/Organschaft beschränkt sich allerdings auf die Möglichkeit, innerjährlich Zahlungsverpflichtungen mit Erstattungsansprüchen verrechnen zu können. Jeder Unternehmer muss nach wie vor eine eigene Steuererklärung abgeben und Umsätze zwischen den Unternehmen der Gruppe unterliegen der Umsatzsteuer. Zusätzlich muss der Organträger bzw. die Muttergesellschaft eine Erklärung über die periodischen Umsatzsteuerzahlungen und Vorsteuererstattungsansprüche abgeben, um somit die gezahlten Salden zu belegen.

Seit Januar 2019 besteht darüber hinaus die Möglichkeit der Option zur umsatzsteuerlichen Organschaft, bei der die Organgesellschaften nur noch als ein Steuerpflichtiger angesehen werden und Transaktionen innerhalb der Organschaft nicht steuerbar sind. Diese Art der Organschaft ist beschränkt auf in Italien ansässige Unternehmen.

Grundsätzlich gilt in Italien keine Registrierungsgrenze für Kleinunternehmer. In Italien ansässige Unternehmen können jedoch bis zu einer Umsatzgrenze von 85.000 € pro Jahr zu einem besonderen Besteuerungsverfahren optieren und eine Pauschalsteuer zahlen, die Umsatzsteuer und Einkommensteuer einschließt. Bei Ausübung dieser Option kann jedoch keine Vorsteuer geltend gemacht werden und keine Umsatzsteuer fakturiert werden.

Die ertragsteuerliche Registrierung einer Betriebsstätte beinhaltet automatisch auch die umsatzsteuerliche Registrierung.

Lieferung/sonstige Leistung

Die Abgrenzung der Begriffe Lieferung und sonstige Leistung entspricht den Regelungen der MwStSystRL. Danach setzt eine Lieferung die Verschaffung der Verfügungsmacht an einem Gegenstand voraus.

Der Ort der Lieferung liegt dann in Italien, wenn sich der verkaufte Gegenstand zum Zeitpunkt der Verschaffung der Verfügungsmacht in Italien befindet oder die Beförderung oder Versendung des Gegenstands in Italien beginnt.

Auch im italienischen Umsatzsteuerrecht ist der Begriff der sonstigen Leistung negativ definiert, d. h. alle steuerbaren Vorgänge, die nicht als Lieferungen gelten, sind sonstige Leistungen.

Die Vorschriften zur Bestimmung des Ortes der sonstigen Leistung entsprechen den seit 1.1.2010 EU-weit gültigen Regeln. Eine sonstige Leistung, die an einen Unternehmer erbracht wird, gilt somit grds. als dort ausgeführt, wo der empfangende Unternehmer seinen Sitz hat. Ausnahmen von diesem Grundsatz existieren bei

- sonstigen Leistungen im Zusammenhang mit einem Grundstück,
- Personenbeförderungen,
- Restaurationsleistungen
- und der kurzfristigen Vermietung von Beförderungsmitteln.

In Italien gelten abweichende Regelungen hinsichtlich der Bestimmung des Leistungsortes (Use and Enjoyment) für die Vermietung von Beförderungsmitteln und Sportbooten, wenn diese in Italien genutzt werden.

Werklieferung/Werkleistung/Bauleistung

Eine Lieferung zuzüglich Montage (auch reine Montageüberwachung) wird auch in Italien als einheitliche Leistung angesehen.

Übereinstimmend mit der MwStSystRL ist auch im italienischen Umsatzsteuerrecht als Ort der Lieferung bei Werklieferungen der Ort der Übergabe des fertigen Werkes festgelegt. Somit unterliegen in Italien erbrachte Werklieferungen der italienischen Umsatzsteuer. Die Lieferung wird mit Abnahme erbracht. Spätestens zu diesem Zeitpunkt ist die Lieferung zu fakturieren. Werden vorher Teilleistungen in Rechnung gestellt, so gilt die Lieferung bis zur Höhe des fakturierten oder vereinnahmten Betrages als erbracht.

Das Verbringen von eigenen Waren auf die Baustelle führt in Italien entsprechend den europäischen Regeln nicht zu einer Erwerbsbesteuerung.

Die im Jahr 2012 eingeführte Haftung für die Steuerschuld von Subunternehmern bei Bauleistungen wurde zwischenzeitlich für die Umsatzsteuer wieder aufgehoben. Es bleibt jedoch bei einer Haftung u. a. für lohnsteuerliche Verpflichtungen eines Subunternehmers.

Verlagerungsverfahren/Reverse-Charge

In Italien gilt seit dem Jahr 2010 ein allgemeines Reverse-Charge-Verfahren für von nicht in Italien ansässigen Unternehmern an italienische Unternehmer erbrachte Lieferungen und sonstige Leistungen.

Ausländische Unternehmer, die nicht über eine Niederlassung oder Betriebsstätte eine Ansässigkeit in Italien begründen, müssen alle an in Italien ansässige Unternehmen erbrachten Lieferungen und sonstigen Leistungen netto unter Anwendung des Reverse-Charge-Verfahrens abrechnen. Verfügt eine ausländische Gesellschaft über eine ertragsteuerliche Betriebsstätte, wird auch von einer Ansässigkeit im Sinne der Umsatzsteuer ausgegangen, da es keine Definition einer festen Niederlassung im Sinne der Umsatzsteuer gibt und die Voraussetzungen gemäß EU-Recht (auf Dauer angelegt, personelle und technische Voraussetzungen zur Erbringung bzw. Erhalt der Leistung) bei Vorliegen einer ertragsteuerlichen Betriebsstätte als erfüllt gelten. Zu beachten ist jedoch, dass das Reverse-Charge-Verfahren nur dann nicht anzuwenden ist, wenn die Leistungen tatsächlich von der Betriebsstätte erbracht werden und dieser auch ertragsteuerlich zuzurechnen sind.

BEISPIEL: ▸ Ein deutscher Unternehmer DE liefert und montiert eine Anlage im Werk eines italienischen Kunden (Werklieferung). Aufgrund der Montagedauer kommt es zur Begründung einer (ertragsteuerlichen) Betriebsstätte. DE gilt somit für diesen Auftrag als ansässig und das Reverse-Charge-Verfahren ist nicht anzuwenden. DE muss die Rechnungen an den italienischen Kunden zuzüglich italienischer Umsatzsteuer stellen.

Während die Montage der oben genannten Anlage stattfindet, gelingt es DE, einen weiteren Auftrag für eine Werklieferung in Italien zu akquirieren. Es besteht kein Zusammenhang mit dem betriebsstättenbegründenden Auftrag (anderer Ort, anderer Kunde, anderes Personal vor Ort). Die Fakturierung für diese Werklieferung muss daher unter Anwendung des Reverse-Charge-Verfahrens erfolgen.

Eine umsatzsteuerliche Registrierung in Italien ist somit nur in wenigen Fällen erforderlich, wenn der Kunde nicht in Italien ansässig ist. Im Rahmen von Werklieferungen ist eine umsatzsteuerliche Registrierung auch dann erforderlich, wenn Zukäufe von Vorlieferanten aus anderen EU-Staaten mit direkter Warenlieferung auf die Baustelle erfolgen. Für diese Zukäufe muss in Italien Erwerbsteuer angemeldet werden.

Sofern ein nicht in Italien ansässiges Unternehmen eine steuerpflichtige Leistung für ein ebenfalls nicht ansässiges Unternehmen tätigt, ist eine umsatzsteuerliche Registrierung des leistenden Unternehmers erforderlich und die Berechnung muss zuzüglich italienischer Steuer erfolgen.

Weiterhin gilt in Italien ein allgemeines Reverse-Charge-Verfahren, unabhängig von der Ansässigkeit der beteiligten Parteien, unter anderem für folgende Leistungen:

- Verkauf von Gold, wenn zur Umsatzsteuer optiert wurde
- Bauleistungen, Reinigungsleistungen
- Verkauf von Gebäuden, wenn zur Umsatzsteuer optiert wurde
- Verkauf von Mobiltelefonen und Mikroprozessoren
- Verkauf von Computern, Notebooks und Tablets
- Verkauf von Industrieabfällen und Schrott
- Erbringung von arbeitsintensiven Werkleistungen zwischen Subunternehmern und Generalunternehmern

Zu beachten ist, dass der Kunde aus einer fehlerhaft mit Ausweis von italienischer Umsatzsteuer gestellten Rechnung kein Recht auf Vorsteuerabzug hat.

Zusätzlich können bei fehlerhafter Anwendung des Reverse-Charge-Verfahrens formale Strafen für die falsche Rechnungsstellung verhängt werden, die auch bei irrtümlich falscher Rechnungsstellung erhoben werden. Problematisch ist insbesondere, dass die fehlerhafte Anwendung des Reverse-Charge-Verfahrens nicht durch Ausstellung einer Gutschrift und einer neuen Rechnung berichtigt werden kann, sondern der Tatbestand dennoch bestehen bleibt. Es ist daher sehr wichtig, bereits vor Rechnungstellung zu prüfen, ob das Reverse-Charge-Verfahren anwendbar ist oder nicht.

Konsignationslager/Call-off stock

Im November 2021 hat Italien die seit 1.1.2020 EU-weit gültigen „Quick fixes“ zu Konsignationslagern umgesetzt (siehe dazu im Kapitel Begriffsbestimmungen). Sofern die Voraussetzungen für die Abwicklung entsprechend der EU-weit gültigen Vereinfachungsregel nicht erfüllt sind, wird eine umsatzsteuerliche Registrierung erforderlich.

In diesem Fall gelten Lieferungen auf das Lager in Italien als Verbringungen, die einer innergemeinschaftlichen Lieferung gleichgestellt sind. Den im Abgangsland steuerfreien Verbringungen steht in Italien ein innergemeinschaftlicher Erwerb gegenüber. Der Lieferant muss sich somit in Italien umsatzsteuerlich registrieren und Erwerbsteuer anmelden.

Die Lieferungen aus dem Konsignationslager an den Kunden werden als Inlandsumsatz innerhalb Italiens betrachtet. Für diesen Verkauf gilt das Reverse-Charge-Verfahren, wenn der Kunde in Italien ansässig ist.

Steuerbefreiungen

Das italienische Umsatzsteuergesetz sieht u. a. Umsatzsteuerbefreiungen für die folgenden Lieferungen bzw. Leistungen vor:

- Ausfuhrlieferungen
- innergemeinschaftliche Lieferungen
- bestimmte Finanz- und Versicherungsdienstleistungen
- Verkauf und Vermietung von Grund und Boden, Gebäuden

Das italienische Umsatzsteuerrecht kennt – wie das deutsche Recht auch – die Möglichkeit des Verzichtes auf die Steuerfreiheit bei der Vermietung von Grundstücken und bei der Veräußerung von Gebäuden. Allerdings darf es sich nicht um neue Gebäude handeln. Bei der Veräußerung von Grund und Boden, bei neuen Gebäuden und bei Finanzdienstleistungen ist eine Option hingegen nicht möglich.

Innergemeinschaftliche Lieferungen

Am 30.11.2021 hat die italienische Regierung die EU-weit seit dem 1.1.2020 gültigen Vorgaben aus den EU „Quick fixes" zur Nachweisführung bei steuerfreien innergemeinschaftlichen Lieferungen umgesetzt. Entsprechend den Vorgaben der MwStSystRL, ist eine gültige Umsatzsteuer-ID-Nummer des Warenempfängers aufzuzeichnen und die Lieferung muss in die Zusammenfassende Meldung aufgenommen werden.

Anders als in anderen EU-Staaten gab es in Italien bisher keine klare Regelung, welche Nachweise für die Steuerfreiheit bei innergemeinschaftlichen Lieferungen beigebracht werden müssen. Aus einem Erlass des Finanzministeriums geht hervor, dass der Nachweis mit folgenden Dokumenten zu führen ist:

- ordnungsgemäße Rechnung
- fristgerechte Abgabe der Zusammenfassenden Meldung
- Zahlungsnachweis (Kontoauszug)
- Transportdokumente wie CMR-Frachtbrief, vollständig ausgefüllt mit allen vorgesehen Unterschriften

Exporte

Der Nachweis über den Transport der Waren ins Drittland ist durch die elektronische Ausgansbestätigung des Zolls zu führen. Die Steuerbefreiung für Ausfuhren kann nur derjenige Unternehmer in Anspruch nehmen, der das zollrechtliche Ausfuhrverfahren eröffnet hat und im Exportdokument als Ausführer genannt ist. Hat ein anderer Unternehmer als der in den Exportzolldokumenten genannte die Steuerbefreiung für eine Ausfuhr zu Recht in Anspruch genommen, muss dies durch den Zoll auf einer Kopie der Handelsrechnung oder der Zolldokumente unter Angabe der MRN bestätigt werden.

Grundsätzlich muss der Export innerhalb von 90 Tagen nachgewiesen werden. Erfolgt der Transport ins Drittland jedoch durch den drittländischen Kunden, wird es nicht mehr beanstandet, wenn der Export erst nach Ablauf von 90 Tagen nachgewiesen werden kann.

Steuerbefreiung bei Reihengeschäften mit Lieferung in andere EU-Staaten

Für innergemeinschaftliche Reihengeschäfte hat Italien die EU-Regeln zu den „Quick fixes" umgesetzt. Ergänzend wurde im November 2021 klargestellt, dass bei Transportbeauftragung durch einen Unternehmer in der Mitte der Lieferkette die Verwendung der Umsatzsteuer-ID-Nummer entscheidend für die Festlegung der umsatzsteuerbefreiten Lieferung ist. Verwendet der transportbeauftragende Unternehmer in der Mitte der Lieferkette eine italienische Umsatzsteuer-ID-Nummer, unterliegt die Lieferung an ihn der italienischen Umsatzsteuer und die nachfolgende Lieferung ist die umsatzsteuerfreie innergemeinschaftliche Lieferung. Tritt derselbe Unternehmer mit einer nicht-italienischen Umsatzsteuer-ID-Nummer auf, ist die Lieferung an ihn als umsatzsteuerfreie innergemeinschaftliche Lieferung anzusehen und die nachfolgende Lieferung unterliegt der Umsatzsteuer im Bestimmungsland. Dies gilt analog für Lieferungen nach Italien.

Bei Reihengeschäften mit Lieferung in einen anderen EU-Staat kann es jedoch zu zwei steuerfreien Lieferungen kommen, weil bereits die der innergemeinschaftlichen Lieferung vorangehende Lieferung steuerfrei abgerechnet werden kann. Dies ist in Art. 58 D. L. 331/93 geregelt, der auch durch die Änderungen zur Umsetzung der Quick fixes nicht angepasst wurde:

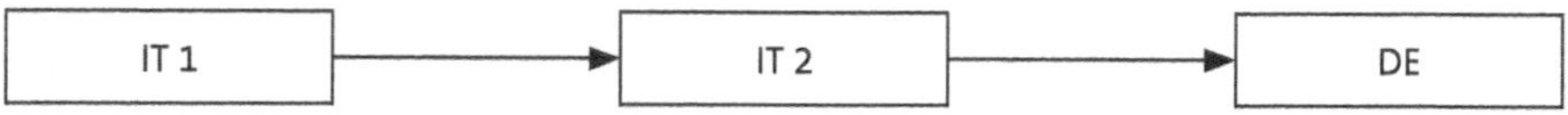

Unabhängig von der Frage, ob IT 1 oder IT 2 den Transport von IT 1 (Italien) zu DE (Deutschland) veranlasst, gilt für die Lieferung von IT 1 an IT 2 die Steuerbefreiung gem. Art. 58 des italienischen Umsatzsteuergesetztes. IT 2 würde eine ebenfalls steuerfreie innergemeinschaftliche Lieferung an DE fakturieren. Die Anwendung von Art. 58 D. L. 331/93 ist nicht möglich, wenn DE (der letzte Unternehmer) den Transport beauftragt.

Dreiecksgeschäfte

Die Vereinfachungsregel für Dreiecksgeschäfte ist in Italien auch dann anwendbar, wenn der mittlere Unternehmer in Italien umsatzsteuerlich registriert ist und die Warenbewegung in Italien endet.

Steuerbefreiung für Warenlieferungen innerhalb Italiens – „Dichiarazione di Intento"

Das italienische Umsatzsteuerrecht sieht für Unternehmen, die mehr als 10 % ihres Jahresumsatzes durch Exporte erwirtschaften, eine Steuerbefreiung bei Einkäufen innerhalb Italiens vor. Hintergrund ist, dass Vorsteuerbeträge nur mit laufenden Umsatzsteuerzahlungen verrechnet werden können und die Auszahlung eines Erstattungsanspruches erst am Ende des Kalenderjahres beantragt werden kann. Aus diesem Grunde wird Unternehmen, die regelmäßig Vorsteuerüberhänge haben, auf Antrag gestattet, Waren – bis zu einer von der Finanzverwaltung festgesetzten Höhe – steuerfrei zu beziehen (Art. 8 Buchst. C des D.P.R. 633/72). Als Nachweis dient dem abrechnenden Unternehmer das elektronisch übermittelte Formular „Dichiarazione di Intento". Zu beachten ist, dass erst dann steuerfrei abgerechnet werden darf, wenn das Formular tatsächlich vorliegt und dies dem Finanzamt vor der Lieferung mitgeteilt wird. Falls dies versäumt wird, wird die Steuerbefreiung versagt und der leistende Unternehmer schuldet die Umsatzsteuer zuzüglich Zinsen und Pönalen für die verspätete Zahlung.

Aufgrund der Einführung des generellen Reverse-Charge-Verfahrens hat diese Regelung in der Praxis inzwischen weniger Bedeutung für ausländische Unternehmen, die innerhalb Italiens Lieferungen an ansässige Kunden tätigen.

Werkzeugkostenzuschüsse

Werkzeugkostenzuschüsse sind im italienischen Umsatzsteuerrecht in zwei Erlassen aus 1994 (Erlass Nr. 13 vom 23.2.1994) und 1996 (Erlass Nr. 186/E vom 17.8.1996) geregelt worden. Geht die Verfügungsmacht an dem Werkzeug an den Zuschussgeber über, dann liegt grds. eine umsatzsteuerbare Lieferung in Italien vor. Werden die mit dem Werkzeug hergestellten Teile in das Drittlandsgebiet oder in einen anderen EU-Staat geliefert, kann auch eine steuerbefreite Abrechnung der Werkzeugkostenzuschüsse erfolgen.

Voraussetzung der o. g. Behandlung ist, dass die Werkzeugkostenzuschüsse in einheitlichen Verträgen geregelt sind, die sowohl die Werkzeugkostenzuschüsse als auch die Lieferung der mit diesen Werkzeugen gefertigten Teile umfassen. Nach der Beendigung der Lieferungen der Teile muss auch das Werkzeug ausgeliefert werden. Lediglich in den Fällen, in denen eine Verschrottung der Werkzeuge erfolgt, weil diese durch die Nutzung unbrauchbar geworden sind, muss keine Auslieferung erfolgen.

Steuersätze

In Italien gelten seit dem 1.10.2013 folgende Steuersätze:

- Normalsteuersatz 22 %
- ermäßigter Steuersatz 10 %
- Niedrigsteuersatz 4 % und 5 % (seit 2016)

Dem ermäßigten Steuersatz von 10 % unterliegen unter anderem folgende Leistungen:

- Lebensmittel
- Personentransport
- Restaurations- und Beherbergungsleistungen
- Strom, Heizöl, Fernwärme

Der Niedrigsteuersatz von 4 % gilt vor allem für folgende Leistungen:

- Grundnahrungsmittel
- Medikamente
- Zeitungen und Zeitschriften (Printmedien und sog. E-Paper)

Der seit 2016 gültige zusätzliche Niedrigsteuersatz von 5 % gilt für Babynahrung, Babywindeln, Damenhygieneprodukte sowie bestimmte medizinische und pflegerische Leistungen, für die keine Steuerbefreiung greift.

Bemessungsgrundlage

Als Bemessungsgrundlage zur Ermittlung der italienischen Umsatzsteuer gilt – entsprechend den Vorgaben der Mehrwertsteuersystemrichtlinie – alles, was der Leistungsempfänger aufwendet, um die Leistung zu erhalten.

Korrekturen der Bemessungsgrundlage müssen innerhalb eines Jahres nach Leistungserbringung erfolgen.

Im Falle eines Forderungsausfalles aufgrund der Insolvenz des Kunden kann eine Minderung des Entgeltes – und somit eine Umsatzsteuerkorrektur – erfolgen. Anders als in der Vergangenheit ist das Urteil des Insolvenzgerichts nicht mehr abzuwarten, sondern es reicht, dass das Insolvenzverfahren eröffnet wurde. Zusätzlich muss eine Gutschrift über die nicht gezahlten Rechnungen bzw. offenen Beträge mit Verweis auf die jeweilige Rechnung gestellt werden. Sollte zu einem späteren Zeitpunkt die Forderung noch beglichen werden, ist erneut eine Rechnung mit ausgewiesener Umsatzsteuer zu stellen und die Umsatzsteuer an das Finanzamt abzuführen, der Leistungsempfänger kann auch dann noch die Vorsteuer geltend machen.

Vorsteuerabzug

Grundvoraussetzungen für die Inanspruchnahme des Vorsteuerabzugs sind:

- der Unternehmer muss eine Lieferung oder Leistung für sein Unternehmen bezogen haben,
- die Lieferung oder Leistung muss von einem anderen Unternehmer ausgeführt worden sein und
- der leistende Unternehmer muss eine ordnungsgemäße Abrechnung mit offen ausgewiesener Umsatzsteuer erstellt haben.

Vorsteuer aus Einfuhrumsatzsteuer kann seit November 2022 nicht mehr auf Basis des heruntergeladenen Importdokuments (IM) geltend gemacht werden, sondern es muss die standardisierte .xml-Mitteilung (sogenannte H-Mitteilung) von der Zollwebseite heruntergeladen und in das Umsatzsteuerregister aufgenommen werden.

Anders als in Deutschland ist eine Reihe von Lieferungen und Leistungen vom Vorsteuerabzug ausgeschlossen. Die berechnete Umsatzsteuer auf diese Lieferungen und Leistungen ist damit Aufwand und darf nicht als Vorsteuer gebucht werden. Vom Vorsteuerabzugsverbot sind betroffen:

- sämtliche Kosten im Zusammenhang mit der Beförderung von Personen wie
  - Mietwagen
  - Flugtickets
  - Bahnfahrkarten
  - Taxigebühren
  - 60 % der Fahrzeugkosten wie Mietwagen, Benzin etc.
- 50 % der Kosten für mobile Telefonie (laufende Verbindungskosten und Erwerb des Mobiltelefons) – die Vorsteuer auf Kosten für Festnetztelefonie ist hingegen vollständig abziehbar
- Kosten im Zusammenhang mit der Übernachtung und Bewirtung von Mitarbeitern und Gästen wie
  - Reisekosten
  - Bewirtungskosten
  - Repräsentationskosten
  - Geschenke mit einem Wert über 50 €

Die Vorsteuer auf Übernachtungskosten und Bewirtungskosten kann abgezogen werden, wenn die Kosten im Zusammenhang mit der Erfüllung eines Vertrages, z. B. für die

Beherbergung der Monteure, entstanden sind. Die Vorsteuer auf Kosten, die im Rahmen von Kundenbesuchen zur Kontaktpflege oder zu Repräsentationszwecken entstanden sind, ist nicht abzugsfähig. Detaillierte Aufzeichnungen, um die Zuordnung der Kosten zu einem Vertrag zu ermöglichen, sind empfehlenswert.

Vorsteuern sind in Italien grds. in dem Jahr geltend zu machen, in dem die Steuerschuld entstanden ist, spätestens bei Abgabe der Umsatzsteuerjahreserklärung bis zum 30.4. des Folgejahres. Die Finanzverwaltung hat jedoch klargestellt, dass es nicht beanstandet wird, wenn die Vorsteuer erst im Folgejahr geltend gemacht wird, weil die Rechnung im Mehrwertsteuerregister des Folgejahres erfasst wird.

Rechnungsbestandteile

Grundsätzlich müssen für alle in Italien steuerbaren Leistungen, also auch innergemeinschaftliche Lieferungen und Exporte, Rechnungen innerhalb von zwölf Tagen nach Leistungserbringung gestellt werden. Ausnahmen bestehen lediglich im Einzelhandel, sofern der Kunde nicht auf einer Rechnungsstellung besteht. In der Regel wird dies aufgrund des Vorsteuerabzugs bei B2B-Geschäften stets der Fall sein. Sofern eine Lieferung durch einen Lieferschein belegt werden kann, kann auch am Ende des Monats eine Sammelrechnung für alle Einzellieferungen gestellt werden.

Für nicht in Italien, sondern im Ausland steuerbare Leistungen ist zwingend eine Rechnung zu stellen.

In den Rechnungen sind grds. folgende Angaben zwingend vorgeschrieben:

- Name und Anschrift des Leistenden
- Umsatzsteuer-ID-Nummer des Leistenden (bei Rechnungen im Reverse-Charge-Verfahren von ausländischen Unternehmen fordert das italienische Finanzamt auch die ausländische Umsatzsteuer-ID-Nummer)
- Name und Anschrift des Kunden
- Umsatzsteuer-ID-Nummer des Kunden
- Rechnungsdatum
- fortlaufende Rechnungsnummer (eigener, lückenloser Nummernkreis für Italien)
- Leistungszeitpunkt/Lieferzeitpunkt
- Leistungsbeschreibung (keine „Codes“ zulässig)
- Nettobetrag
- Umsatzsteuersatz
- Umsatzsteuerbetrag

- Hinweis auf vereinbarte Minderung des Entgelts
- ggf. Hinweis auf einen steuerlichen Vertreter/Fiskalvertreter unter Angabe der Adresse
- ggf. Hinweis auf eine Steuerbefreiung/Verlagerung der Steuerschuld
  - steuerfreie innergemeinschaftliche Lieferungen:

    Cessione intracomunitaria non imponibile ex art. 41, DL 331/93
  - steuerfreie Exporte:

    Cessione all'esportazione non imponibile IVA ai sensi dell'art. 8, lett. A) del D.P.R. n. 633/1972
  - Verlagerung der Umsatzsteuerschuld (Reverse-Charge-Verfahren)

    Inversion contabile ai sensi dell'articolo 17 comma 2 e 3 DPR 633/72

Rechnungskorrekturen müssen mit „Credit note" bezeichnetet werden, nummeriert sein und eine Referenz zur ursprünglichen Rechnung beinhalten.

Bis zu einer Bemessungsgrundlage von 400 € können vereinfachte Rechnungen gestellt werden. Dies gilt jedoch nicht für grenzüberschreitende Liefer- oder Leistungsbeziehungen, in diesen Fällen ist stets eine Rechnung mit allen oben genannten Bestandteilen erforderlich.

Bei innergemeinschaftlichen Verbringungen müssen sog. Verbringensrechnungen erstellt werden, die in Italien Basis für die Erwerbsteuer sind. In diesen Verbringensrechnungen muss auch die in Italien zu veranlagende Erwerbsteuer offen ausgewiesen sein.

Ausgangsrechnungen müssen zwingend in Euro gestellt werden. Bei Eingangsrechnungen in fremder Währung ist eine Umrechnung des Umsatzsteuerbetrags in Euro notwendig. Es ist entweder der am Tag der Leistungserbringung oder zuletzt verfügbare Umrechnungskurs der Europäischen Zentralbank zu verwenden.

Split Payment

Zur Bekämpfung des Umsatzsteuerbetruges ist seit dem 1.1.2018 das sogenannte Split-Payment-System anwendbar. Wenn ein Unternehmen eine Rechnung mit offen ausgewiesener Umsatzsteuer stellt, wird im Rahmen des Split Payments nur der Netto-Betrag auf das Geschäftskonto des Unternehmens überwiesen, der Steuerbetrag hingegen auf ein separates Umsatzsteuerkonto bei der Finanzbehörde. Betroffen sind Lieferungen und Dienstleistungen von und an die nachfolgenden Unternehmen, sofern diese umsatzsteuerlich registriert sind:

- Unternehmen der öffentlichen Hand
- Unternehmen, die direkt oder indirekt von Unternehmen der öffentlichen Hand kontrolliert werden
- Unternehmen, die an der italienischen Börse gelistet sind

In der Rechnung wird mit folgendem Hinweis auf die Anwendung des Split Payments hingewiesen:

„scissione dei pagamenti – Spaltung der Zahlungen".

Eine Liste aller Unternehmen, für die das Split Payment anwendbar ist, wird von der italienischen Finanzverwaltung im Internet veröffentlicht. Es besteht auch die Möglichkeit, mit Eingabe der Steuernummer zu suchen, ob für ein Unternehmen das Split Payment System anwendbar ist:

http://www1.finanze.gov.it/finanze3/split_payment/public/#/#testata

Elektronische Rechnungen

Seit dem 1.1.2019 müssen alle in Italien ansässigen Unternehmen, die in Italien steuerpflichtige Leistungen erbringen, elektronische Rechnungen erstellen. Ausgenommen von der Pflicht zur elektronischen Fakturierung sind grenzüberschreitende Leistungen an nicht in Italien ansässige Kunden (z. B. innergemeinschaftliche Lieferungen, B2B-Dienstleistungen, Exporte).

Die elektronischen Rechnungen müssen über ein Portal des italienischen Finanzamtes (Sistema di Interscambio - SDI) versendet werden, das bereits vorher für Rechnungen an Behörden zu verwenden war. Informationen zur Abwicklung und zum Format der Rechnung sind auch in englischer Sprache im Internet verfügbar:

https://www.fatturapa.gov.it/en/lafatturapa/

Alle Rechnungen müssen im XML-Format mit digitaler Signatur in das SDI übermittelt werden und werden automatisch vom Portal an den Kunden übermittelt. Die Finanzbehörde hat zeitglich die Möglichkeit, im Portal die Rechnungen zu prüfen.

Seit dem 1.7.2022 müssen italienische Unternehmen auch für alle erhaltenen Lieferungen und Dienstleistungen aus dem EU-Ausland sowie für alle Leistungen, die dem Reverse-Charge-Verfahren unterliegen, eine elektronische Rechnung über das SDI-Portal erstellen, obwohl sie bereits eine Rechnung vom leistenden Unternehmer erhalten haben. In dieser sogenannten „Autofattura" (Eigenrechnung) sind der Nettobetrag sowie die im Reverse-Charge-Verfahren zu veranlagende Umsatzsteuer aufzunehmen. Eine detaillierte Leistungsbeschreibung oder Aufschlüsselung der Rechnung auf alle Einzelpositionen ist nicht erforderlich, stattdessen kann auf die Kreditorenrechnung verwiesen werden.

Anzahlungen

Bei Anzahlungen entsteht die Umsatzsteuer entweder zum Zeitpunkt der Vereinnahmung des Entgeltes oder bei Rechnungsstellung. Der jeweils frühere Zeitpunkt ist maßgebend.

Gutschriften/Self Billing

Die Abrechnung im Gutschriftsverfahren ist in Italien zulässig. Im Vorfeld ist eine Verständigung der Parteien über die Abrechnung im Gutschriftsverfahren erforderlich. Eine schriftliche Vereinbarung zwischen den Parteien ist nicht zwingend vorgeschrieben, aber zu empfehlen. Besondere Anforderungen werden gestellt an die Abrechnung im Gutschriftsverfahren mit Kunden in Drittländern.

Gutschriften müssen alle Rechnungsbestandteile enthalten und der leistende Unternehmer bleibt verantwortlich für die ordnungsgemäße Rechnungsstellung.

Aufbewahrung von Unterlagen

Umsatzsteuerlich relevante Unterlagen müssen mindestens fünf Jahre nach Ende des Jahres, in dem die Umsatzsteuerjahreserklärung abgegeben wurde, aufbewahrt werden. Aus handelsrechtlicher Sicht sind jedoch alle Geschäftsunterlagen für zehn Jahre aufzubewahren.

Eine elektronische Archivierung ist ebenfalls zulässig, es muss aber sichergestellt sein, dass ein kurzfristiger Zugriff möglich ist und die Dokumente im ursprünglich archivierten Zustand reproduzierbar sind.

Ist ein Unternehmer über einen Fiskalvertreter registriert, so sind die Unterlagen/Belege beim Fiskalvertreter in Italien aufzubewahren. Bei einer Direktregistrierung ohne Einbindung eines Fiskalvertreters können die Unterlagen auch außerhalb Italiens aufbewahrt werden. Sie müssen allerdings auf Verlangen der Finanzbehörde kurzfristig beigebracht werden (innerhalb von 15 Tagen).

Veranlagungsverfahren/Steuererklärungen

In Italien müssen quartalsweise Informationen an das Finanzamt übermittelt werden (Comunicazione Liquidazioni Periodiche). Basis dieser quartalsweisen Umsatzsteuermeldung ist das weiterhin verpflichtend zu führende Mehrwertsteuerregister, das die Details jeder einzelnen Rechnung enthält und der italienischen Finanzbehörde auf Anforderung – kurzfristig – zur Verfügung zu stellen ist.

Auf Basis des Mehrwertsteuerregisters erfolgt die Erstellung der Umsatzsteuer-Liquidation, d. h. die Ermittlung einer Zahllast oder eines Vorsteuerguthabens. Resultiert aus der Umsatzsteuer-Liquidation eine Zahlungsverpflichtung, so ist der Saldo – vermindert um Vorsteuerüberhänge aus Vormonaten – an die italienische Finanzbehörde zu überweisen. Bis zu einer Umsatzhöhe von 800.000 € für Lieferungen bzw. 500.000 € für Dienstleistungen pro Jahr erfolgt die Zahlung der Umsatzsteuer quartalsweise, nach Überschreiten dieser Umsatzgrenzen monatlich.

Die Zahlung muss bei monatlicher Zahlung bis zum 16. des Folgemonats beim Finanzamt eingehen, bei quartalsweiser Zahlung bis zum 16. des zweitfolgenden Monats. Konnte die Steuerschuld in der Vergangenheit nur mittels des offiziellen Zahlungsformulars „F24" von einer italienischen Bank erfolgen, ist nun auch eine SWIFT-Zahlung aus dem Ausland möglich, dabei ist das TARGET-System zu nutzen.

Eine Umsatzsteuerjahreserklärung muss bis zum 30.4. des Folgejahres abgegeben werden, wie die monatlichen oder quartalsweisen Erklärungen ausschließlich in elektronischer Form.

Ergibt sich aus der Jahreserklärung ein Guthaben, so kann dieses Guthaben vorgetragen und im folgenden Steuerjahr bei der monatlichen Berechnung der Zahllast berücksichtigt werden. Möglich ist auch eine Erstattung, sofern der Erstattungsbetrag 3.000 € übersteigt.

Seit dem 2. Quartal 2017 ist es auch möglich, für ein Vorsteuerguthaben aus der Quartalsmeldung eine Erstattung oder Verrechnung zu beantragen. Bisher konnte ein derartiger Antrag erst im Rahmen der Jahreserklärung eingereicht werden.

Bei einem Erstattungsbetrag über 30.000 € ist eine Garantie oder ein Bestätigungsvermerk des Steuerberaters erforderlich, der bestätigt, dass das Unternehmen die Umsatzsteuererklärungen korrekt erstellt hat, das Mehrwertsteuerregister ordentlich geführt wird und keine Steuerprüfung anhängig ist. Der Steuerberater muss für die Erteilung dieses Bestätigungsvermerks zugelassen sein und die Erklärung sowie die zugrunde liegende Buchhaltung prüfen.

Sofern kein Bestätigungsvermerk eines Steuerberaters vorliegt, muss eine Bank- oder Konzerngarantie in Höhe des Vorsteuererstattungsbetrages geleistet werden. Für nachfolgende Unternehmen ist die Gewährung einer Garantie weiterhin verpflichtend:

- neu gegründete Unternehmen, die seit weniger als zwei Jahren tätig sind
- Unternehmen, die in den letzten zwei Jahren eine Umsatzsteuerfestsetzung aufgrund eines Fehlers in der Steuererklärung hatten
- Unternehmen, die die Geschäftstätigkeit aufgeben

Die Verjährungsfrist in Italien beträgt fünf Jahre ab Ende des Jahres, in dem die Steuererklärung abgegeben wurde.

Zu beachten ist, dass auch bei rein formalen Verstößen gegen das italienische Umsatzsteuerrecht erhebliche Strafen drohen.

Vorauszahlung

Bis zum 27.12. ist in Italien eine Umsatzsteuervorauszahlung für die letzte Meldeperiode des Jahres erforderlich, wenn kein Vorsteuerguthaben besteht. Die Berechnung erfolgt entweder auf Basis historischer Daten (88 % der Zahllast von Dezember/4. Quartal des Vorjahres) oder aufgrund einer Schätzung der Zahllast des aktuellen Monats/Quartals.

Die Vorauszahlung wird mit der Zahlung für die letzte Meldeperiode (16.1. bei monatlicher Umsatzsteuerliquidation, 16.2. bei quartalsweiser Liquidation) verrechnet.

IntraStat/Zusammenfassende Meldung

In Italien werden IntraStat-Meldungen und Zusammenfassende Meldungen kombiniert abgegeben. Seit dem 1.1.2023 müssen ausgangsseitig wieder ab der ersten innergemeinschaftlichen Lieferung alle für die IntraStat- und Zusammenfassende Meldung erforderlichen Informationen übermittelt werden, die bisherigen Schwellenwerte wurden abgeschafft.

Anders als in anderen EU-Ländern müssen in Italien zusätzlich IntraStat-Meldungen für Dienstleistungen an Kunden in anderen EU-Staaten oder Dienstleistungen von in der EU ansässigen Dienstleistern eingereicht werden. Dazu hat die italienische Finanzbehörde statistische Codierungen für Dienstleistungen eingerichtet. Der Schwellenwert für die IntraStat-Meldungen auf Dienstleistungen beträgt eingangsseitig 100.000 €, ausgangseitig ist die Meldung ab der ersten Dienstleistung erforderlich.

Die Meldungen sind in elektronischer Form monatlich bis zum 25. des Folgemonats einzureichen.

Esterometro: Aufstellung über Transaktionen mit ausländischen Geschäftspartnern

Da seit dem 1.7.2022 auch für Rechnungen von ausländischen Geschäftspartnern die Pflicht zur elektronischen Rechnungstellung gilt (siehe unter „Elektronische Rechnungen"), wurde diese Meldung abgeschafft.

Registrierung

Für in der EU ansässige Unternehmen ist es nicht erforderlich, einen Fiskalvertreter zu benennen. In der EU ansässige Unternehmen können jedoch freiwillig einen Fiskalvertreter benennen, der gesamtschuldnerisch für etwaige Steuerschulden haftet. Alternativ kann auch eine direkte Registrierung unter Einbindung eines Dienstleisters in Italien vorgenommen werden. Im Gegensatz zum Fiskalvertreter haftet der Dienstleister nicht gesamtschuldnerisch.

Unternehmer aus Drittländern, mit denen Italien kein Amtshilfeabkommen abgeschlossen hat, müssen eine umsatzsteuerliche Registrierung zwingend über einen in Italien ansässigen Fiskalvertreter vornehmen.

Seit März 2011 muss die Erteilung einer Umsatzsteuer-ID-Nummer für grenzüberschreitende EU-Transaktionen gesondert beantragt werden. Bereits bestehende Registrierungen wurden vom Finanzamt daraufhin überprüft, ob in den letzten drei Jahren innergemeinschaftliche Lieferungen oder Erwerbe bzw. EU-Dienstleistungen getätigt oder empfangen wurden. Falls dies nicht zutrifft, wurden bereits bestehende Umsatzsteuer-ID-Nummern deaktiviert. Die umsatzsteuerliche Registrierung bleibt gleichwohl bestehen. Zur Betrugsbekämpfung wurde diese Regelung seit dem 1.1.2023 dahingehend verschärft, dass das Finanzamt vor Erteilung einer Umsatzsteuer-ID-Nummer zu einem persönlichen Termin einladen kann, um die Absichten des Steuerpflichtigen zu prüfen. Weiterhin können Umsatzsteuer-ID-Nummern von Amts wegen deaktiviert werden, wenn Unregelmäßigkeiten festgestellt werden. Sofern eine Umsatzsteuer-ID-Nummer deaktiviert wurde, kann eine neue Umsatzsteuer-ID-Nummer nur nach Bereitstellung einer Bankgarantie in Höhe der nicht abgeführten Steuern, mindestens jedoch 50.000 €, erteilt werden.

Problematisch ist dies insbesondere für Vorlieferanten aus anderen EU-Staaten, denen keine gültige Umsatzsteuer-ID-Nummer des Kunden vorliegt.

Für die Registrierung ausländischer Unternehmer ist das Finanzamt in Pescara zuständig:

Agenzia delle Entrate
Centro Operativo di Pescara
Via Rio Spato 21
65129 Pescara
ITALIA

Für die umsatzsteuerliche Registrierung in Italien sind folgende Unterlagen erforderlich:

- Registrierungsformular ANR/3
- ggf. Vollmacht für den Fiskalvertreter
- beglaubigte Kopie des Handelsregisterauszugs

- Unternehmerbescheinigung des Finanzamtes im Ansässigkeitsstaat
- Beschreibung der geplanten Tätigkeiten in Italien, belegt durch Verträge, Bestellungen und ähnliches

Nach Beendigung der Unternehmertätigkeit in Italien muss innerhalb von 30 Tagen eine Abmeldung vorgenommen werden.

Mod./Vordr. ANR/3

Agenzia Entrate – Agentur Einnahmen

IDENTIFICAZIONE DIRETTA AI FINE IVA DI SOGGETTO NON RESIDENTE
Dichiarazione per l'identificazione diretta, di variazione dati o cessazione attività

DIREKTE IDENTIFIZIERUNG ZU MWST.-ZWECKEN DER NICHT ANSÄSSIGEN SUBJEKTE
Erklärung betreffend die direkte Identifizierung, die Abänderung von Daten oder die Auflassung der Tätigkeit

QUADRO A
TIPO DI DICHIARAZIONE
ÜBERSICHT A
ART DER ERKLÄRUNG

1 IDENTIFICAZIONE DIRETTA – DIREKTE IDENTIFIZIERUNG

2 VARIAZIONE DATI – ABÄNDERUNG VON DATEN | PARTITA IVA - MWST.-NUMMER | DATA VARIAZIONE - DATUM DER ÄNDERUNG

3 CESSAZIONE ATTIVITÀ – AUFLASSUNG DER TÄTIGKEIT | PARTITA IVA - MWST.-NUMMER | DATA CESSAZIONE - DATUM DER AUFLASSUNG

4 RICHIESTA DUPLICATO DEL CERTIFICATO DI PARTITA IVA – ANFORDERUNG EINES DUPLIKATES DER MWST.-NUMMER-BESCHEINIGUNG | PARTITA IVA - MWST.-NUMMER

QUADRO B
SOGGETTO D'IMPOSTA
Dati identificativi
ÜBERSICHT B
STEUERSUBJEKT
Identifikationsangaben

SEZIONE 1 - PERSONE FISICHE - TEIL 1 - NATÜRLICHE PERSONEN

COGNOME - NACHNAME | NOME - VORNAME | DATA DI NASCITA - GEBURTSDATUM | SESSO GESCHL.

STATO ESTERO OVVERO COMUNE ITALIANO DI NASCITA – ANDERER STAAT ODER GEBURTSGEMEINDE IN ITALIEN | PROVINCIA PROVINZ | DITTA - FIRMA

NUMERO IDENTIFICAZIONE IVA STATO ESTERO – MWST.-IDENTIFIKATIONSNUMMER DES STAATES | CODICE FISCALE - STEUERNUMMER

Residenza anagrafica estera
Meldeamtlicherr Wohnsitz im Ausland

INDIRIZZO COMPLETO (VIA O PIAZZA, NUMERO CIVICO) - VOLLSTÄNDIGE ANSCHRIFT (STRASSE BZW. PLATZ, HAUSNUMMER)

CITTÀ - STADT | STATO ESTERO - ANDERER STAAT

Domicilio estero
Wohnsitz im Ausland

INDIRIZZO COMPLETO (VIA O PIAZZA, NUMERO CIVICO) - VOLLSTÄNDIGE ANSCHRIFT (STRASSE BZW. PLATZ, HAUSNUMMER)

CITTÀ - STADT | STATO ESTERO - ANDERER STAAT

SEZIONE 2 - SOGGETTI DIVERSI DALLE PERSONE FISICHE - TEIL 2 - NICHT NATÜRLICHE PERSONEN

Dati identificativi
Identifikationsangaben

DENOMINAZIONE o RAGIONE SOCIALE - BEZEICHNUNG BZW. FIRMENNAME | NAT. GIURIDICA RECHTSNATUR

NUMERO IDENTIFICAZIONE IVA STATO ESTERO - MWST.-IDENTIFIKATIONSNUMMER DES STAATES | CODICE FISCALE - STEUERNUMMER

Sede legale
Rechtssitz

INDIRIZZO COMPLETO (VIA O PIAZZA, NUMERO CIVICO) - VOLLSTÄNDIGE ANSCHRIFT (STRASSE BZW. PLATZ, HAUSNUMMER)

CITTÀ - STADT | STATO ESTERO - ANDERER STAAT

Rappresentante
Vertreter

COGNOME - NACHNAME | NOME - VORNAME | DATA DI NASCITA - GEBURTSDATUM | SESSO GESCHL.

STATO ESTERO OVVERO COMUNE ITALIANO DI NASCITA – ANDERER STAAT ODER GEBURTSGEMEINDE IN ITALIEN | PROVINCIA PROVINZ | CODICE FISCALE - STEUERNUMMER

INDIRIZZO COMPLETO (VIA O PIAZZA, NUMERO CIVICO) - VOLLSTÄNDIGE ANSCHRIFT (STRASSE BZW. PLATZ, HAUSNUMMER)

CITTÀ - STADT | STATO ESTERO - ANDERER STAAT

QUADRO C
ATTIVITÀ ESERCITATA
ÜBERSICHT C
AUSGEÜBTE TÄTIGKEIT

CODICE ATTIVITÀ - TÄTIGKEITSKODE | DESCRIZIONE ATTIVITÀ - BESCHREIBUNG DER TÄTIGKEIT

UFFICIO COMPETENTE DELLO STATO ESTERO
IM AUSLAND ZUSTÄNDIGES AMT

ALLEGATI **ANLAGEN**	
FIRMA DELLA DICHIARAZIONE **UNTERZEICHNUNG DER ERKLÄRUNG**	Il sottoscritto si impegna ad esibire le scritture contabili entro i termini stabiliti dall'Amministrazione finanziaria italiana, come previsto dall'art. 35-ter, comma 2, lettera e). Wie von Art. 35-ter, Absatz 2, Buchstabe e) vorgesehen, verpflichtet sich der/die Unterfertigte, die Buchhaltungsunterlagen innerhalb der von der italienischen Finanzverwaltung vorgesehenen Fristen vorzulegen. DATA / DATUM ______ FIRMA DEL DICHIARANTE / UNTERSCHRIFT DES ERKLÄRERS ______
DELEGA **VOLLMACHT**	il sottoscritto / Der/die Unterzeichnete ______ delega il Sig. / ermächtigt Frau/Herrn ______ nato a / geboren in ______ il / am ______ a presentare in sua vece il presente modello / an seiner/ihrer Stelle diesen Vordruck einzureichen DATA / DATUM ______ FIRMA DEL DICHIARANTE / UNTERSCHRIFT DES ERKLÄRERS ______
IMPEGNO ALLA PRESENTAZIONE TELEMATICA **RISERVATO ALL'INTERMEDIARIO** **VERPFLICHTUNG ZUR ELEKTRONISCHEN EINREICHUNG** **DEM VERMITTLER VORBEHALTEN**	Codice fiscale dell'intermediario · Steuernummer des Vermittlers ______ N. iscrizione all'albo dei CAF / Eintragungsnummer im Register der CAF ______ Impegno a presentare per via telematica la dichiarazione predisposta dal contribuente / Verpflichtung die vom Steuerpflichtigen abgefasste Erklärung elektronisch zu übermitteln ☐ Impegno a presentare per via telematica la dichiarazione del contribuente predisposta dal soggetto che la trasmette / Verpflichtung die Erklärung des Steuerzahlers, welche vom Vermittler abgefasst wurde, elektronisch zu übermitteln ☐ Data dell'impegno / Datum der Verpflichtung (giorno · Tag, mese · Monat, anno · Jahr) ______ FIRMA DELL'INTERMEDIARIO / UNTERSCHRIFT DES VERMITTLERS ______

Agenzia Entrate – Agentur der Einnahmen

COMUNICAZIONE LIQUIDAZIONI PERIODICHE IVA
PERIODICHE IVA
MITTEILUNG PERIODISCHE MWST.-ABRECHNUNGEN

COMUNICAZIONE LIQUIDAZIONI PERIODICHE IVA
MITTEILUNG PERIODISCHE MWST.-ABRECHNUNGEN

Informativa sul trattamento dei dati personali ai sensi dell'art. 13 D.lgs. n.196/2003 in materia di protezione dei dati personali
Informationsschreiben über die Verarbeitung der personenbezogenen Daten (Art. 13 des G.v.D. Nr. 196/2003 über den Schutz der personenbezogenen Daten)

Con questa informativa l'Agenzia delle Entrate spiega come utilizza i dati raccolti e quali sono i diritti riconosciuti all'interessato. Infatti, il d.lgs. n.196/2003, "Codice in materia di protezione dei dati personali", prevede un sistema di garanzie a tutela dei trattamenti che vengono effettuati sui dati personali.
In diesem Informationsblatt erklärt die Agentur der Einnahmen, wie sie die gesammelten Daten verwendet und welche Rechte die betroffenen Personen genießen. In der Tat, sieht das G.v.D. Nr. 196/2003 des „Datenschutzgesetzes" eine Garantiesystem zum Schutz der Verarbeitungen vor, die an personenbezogenen Daten vorgenommen werden.

Finalità del trattamento
Zweck der Datenverarbeitung

I dati forniti con questo modello verranno trattati dall'Agenzia delle Entrate esclusivamente per le finalità di liquidazione, accertamento e riscossione delle imposte. I dati acquisiti potranno essere comunicati a soggetti pubblici o privati solo nei casi previsti dalle disposizioni del Codice in materia di protezione dei dati personali (art. 19 del d.lgs. n. 196 del 2003). Potranno, inoltre, essere pubblicati con le modalità previste dal combinato disposto degli artt. 69 del D.P.R. n. 600 del 29 settembre 1973, così come modificato dalla legge n. 133 del 6 agosto 2008 e 66-bis del D.P.R. n. 633 del 26 ottobre 1972.
Die durch diesen Vordruck übermittelten Daten werden von der Agentur der Einnahmen ausschließlich für die Abrechnung, Feststellung und Erhebung von Steuern verarbeitet. Die erhaltenen Daten können an öffentliche und private Subjekten nur in den Fällen weitergegeben werden, die von den Vorgaben des Datenschutzgesetzes vorgesehen sind (Art.19 des G.v.D. Nr. 196/2003). Sie können außerdem mit den von den gemeinsamen Bestimmungen der Art. 69 des DPR Nr. 600 vom 29. September 1973, geändert durch das Gesetz Nr. 133 vom 6. August 2008 und 66-bis des DPR Nr. 633 vom 26. Oktober 1972 vorgesehenen Modalitäten veröffentlicht werden.

Conferimento dei dati
Mitteilung der Daten

I dati richiesti devono essere forniti obbligatoriamente per potersi avvalere degli effetti delle disposizioni in materia di IVA. L'indicazione di dati non veritieri può far incorrere in sanzioni amministrative o, in alcuni casi, penali.
Die geforderten Daten müssen obligatorisch angegeben werden, um die Wirkungen der gesetzlichen Bestimmungen in Bezug auf die Mehrwertsteuer in Anspruch nehmen zu können. Die Angabe falscher Daten kann zu verwaltungsrechtlichen Strafen oder, in einigen Fällen, zu strafrechtlichen Sanktionen führen.

Modalità del trattamento
Modalitäten zur Bearbeitung

I dati acquisiti verranno trattati con modalità prevalentemente informatizzate e con logiche pienamente rispondenti alle finalità da perseguire, anche mediante verifiche con altri dati in possesso dell'Agenzia delle Entrate o di altri soggetti, nel rispetto delle misure di sicurezza previste dal Codice in materia di protezione dei dati personali. Il modello può essere consegnato a soggetti intermediari individuati dalla legge (centri di assistenza fiscale, associazioni di categoria, professionisti) che tratteranno i dati esclusivamente per la finalità di trasmissione del modello all'Agenzia delle Entrate.
Die in der Erklärung enthaltenen Daten werden vorwiegend mit elektronischen Verfahren verarbeitet, die methodisch den jeweiligen Zwecken vollständig entsprechen, und zwar auch durch Überprüfungen mit anderen Daten, über die die Agentur der Einnahmen oder andere Träger verfügen. Die Datenverarbeitung erfolgt zudem unter Beachtung der im Datenschutzgesetz vorgesehenen Sicherheitsmaßnahmen. Der Vordruck kann den vom Gesetz vorgesehenen Vermittlern (Steuerberatungsstellen, Berufsgenossenschaften und Freiberuflerverbände) übergeben werden, die die Daten ausschließlich zur Übermittlung der Erklärung an die Agentur der Einnahmen verarbeiten.

Titolare del trattamento
Inhaber der Datenverarbeitung

L'Agenzia delle Entrate e gli intermediari, quest'ultimi per la sola attività di trasmissione, secondo quanto previsto dal d.lgs. n. 196/2003, assumono la qualifica di "titolare del trattamento dei dati personali" quando i dati entrano nella loro disponibilità e sotto il loro diretto controllo.
Die Agentur der Einnahmen, sowie die Vermittler für die ausschließliche Übermittlung der Erklärung, handeln entsprechend den Bestimmungen des G.v.D. Nr. 196/2003 als „Inhaber der Verarbeitung der personenbezogenen Daten", da ihnen diese Daten zur Verfügung und unter ihrer direkten Kontrolle stehen.

Responsabili del trattamento
Verantwortliche für die Datenverarbeitung

Il titolare del trattamento può avvalersi di soggetti nominati "responsabili". In particolare, l'Agenzia delle Entrate si avvale, come responsabile esterno del trattamento dei dati, della Sogei S.p.a., partner tecnologico cui è affidata la gestione del sistema informativo dell'Anagrafe tributaria.
Presso l'Agenzia delle Entrate è disponibile l'elenco dei responsabili.
Gli intermediari, ove si avvalgano della facoltà di nominare dei responsabili, devono renderne noti i dati identificativi agli interessati.
Der Inhaber der Datenverarbeitung kann als „Verantwortliche" ernannte Subjekte in Anspruch nehmen. Insbesondere nutzt die Agentur der Einnahmen als externe Verantwortliche für die Datenverarbeitung die Dienste ihres technologischen Partners, der Gesellschaft Sogei S.p.a., der die Verwaltung des EDV-Systems der Steuerregister anvertraut wurde.
Bei der Agentur der Einnahmen steht das Verzeichnis der Verantwortlichen zur Verfügung.
Sollten die Vermittler von der Möglichkeit Gebrauch machen, Verantwortliche zu ernennen, müssen sie deren Identifikationsdaten den betroffenen Steuerzahlern mitteilen.

Diritti dell'interessato
Rechte des Steuerzahlers

Fatte salve le modalità, già previste dalla normativa di settore, per le comunicazioni di variazione dati e per l'integrazione dei modelli di dichiarazione e/o comunicazione l'interessato (art. 7 del d.lgs. n. 196 del 2003) può accedere ai propri dati personali per verificarne l'utilizzo o, eventualmente, per correggerli, aggiornarli nei limiti previsti dalla legge, oppure per cancellarli o opporsi al loro trattamento, se trattati in violazione di legge.
Tali diritti possono essere esercitati con richiesta rivolta a:
Agenzia delle Entrate, via Cristoforo Colombo 426 c/d – 00145 Roma.
Unbeschadet der bereits in den Bereichsbestimmungen vorgesehenen Modalitäten hat der Steuerzahler in Bezug auf die Mitteilungen über die Abänderung der Daten sowie die Vervollständigung der Vordrucke für die Erklärung und/oder die Mitteilung (Art. 7 des G.v.D Nr. 196/2003) das Recht, die Verwendung der eigenen personenbezogenen Daten zu überprüfen oder diese innerhalb der vom Gesetz vorgesehenen Bestimmungen gegebenenfalls zu ändern und zu berichtigen bzw. diese bei einer gesetzwidrigen Verwendung zu löschen oder sich der Verarbeitung zu widersetzen.
Die Ausübung dieser Rechte kann beantragt werden bei:
Agenzia delle Entrate, via Cristoforo Colombo 426 c/d – 00145 Roma.

Consenso - Zustimmung

L'Agenzia delle Entrate, in quanto soggetto pubblico, non deve acquisire il consenso degli interessati per trattare i loro dati personali.
Gli intermediari non devono acquisire il consenso degli interessati per il trattamento dei dati in quanto previsto dalla legge.
Die Agentur der Einnahmen ist als öffentlicher Träger nicht verpflichtet, für die Verarbeitung der personenbezogenen Daten die Zustimmung der Steuerzahler einzuholen. Die Vermittler sind nicht verpflichtet, die Einwilligung der Steuerzahler zur Datenverarbeitung einzuholen, da diese Verarbeitung vom Gesetz vorgeschrieben ist.

La presente informativa viene data in via generale per tutti i titolari del trattamento sopra indicati.
Dieses Informationsschreiben wird generell für alle zuvor genannten Inhaber der Datenverarbeitung ausgegeben.

IVA

Agenzia Entrate — Agentur der Einnahmen

CODICE FISCALE - STEUERNUMMER

COMUNICAZIONE LIQUIDAZIONI PERIODICHE IVA
MITTEILUNG PERIODISCHE MWST.-ABRECHNUNGEN

DATI GENERALI ALLGEMEINE DATEN

Anno di imposta / Steuerjahr

CONTRIBUENTE – STEUERZAHLER

Partita IVA - MwSt.-Nummer

Partita IVA della controllante (liquidazione IVA di gruppo) / MwSt.-Nummer des Mutterunternehmens (Gruppen-MwSt.-Abrechnung)

Ultimo mese / Letzter Monat

Liquidazione del gruppo / Gruppenabrechnung

DICHIARANTE (COMPILARE SE DIVERSO DAL CONTRIBUENTE) – ERKLÄRENDER (AUSZUFÜLLEN, WENN ER NICHT DER STEUERZAHLER SELBST IST)

Codice fiscale / Steuernummer

Codice carica / Code des bekleideten Amtes

Codice fiscale società dichiarante - Steuernummer des erklärenden Unternehmens

FIRMA UNTERSCHRIFT

IMPEGNO ALLA PRESENTAZIONE TELEMATICA VERPFLICHTUNG ZUR TELEMATISCHEN EINREICHUNG

Codice fiscale dell'incaricato / Steuernummer des Beauftragten

Impegno alla presentazione / Verpflichtung zur Einreichung

Riservato all'incaricato / Dem Beauftragten vorbehalten

Data dell'impegno / Datum der Verpflichtung — giorno / Tag, mese / Monat, anno / Jahr

FIRMA DELL'INCARICATO / UNTERSCHRIFT DES BEAUFTRAGTEN

Agenzia Entrate – Agentur der Einnahmen

COMUNICAZIONE LIQUIDAZIONI PERIODICHE IVA
MITTEILUNG PERIODISCHE MWST.-ABRECHNUNGEN

CODICE FISCALE - STEUERNUMMER

QUADRO VP - ÜBERSICHT VP
Liquidazioni periodiche IVA
Periodische MwSt.-Abrechnungen

Mod. N.
Vordr. Nr.

LIQUIDAZIONE DELL'IMPOSTA
ABRECHNUNG DER STEUER

PERIODO DI RIFERIMENTO - BEZUGSZEITRAUM

VP1	Mese / Monat; Trimestre - Quartal (*); Subforniture / Zulieferungen; Eventi eccezionali / Außergewöhnliche Ereignisse; Operazioni straordinarie / Außergewöhnliche Geschäftsvorgänge		
VP2	Totale operazioni attive (al netto dell'IVA) / Gesamtbetrag der Aktivvorgänge (ohne MwSt.)		
VP3	Totale operazioni passive (al netto dell'IVA) / Gesamtbetrag der Passivvorgänge (ohne MwSt.)		
		DEBITI - FORDERUNGEN	CREDITI - GUTHABEN
VP4	IVA esigibile - Fällige Mehrwertsteuer		
VP5	IVA detratta - Abgesetzte Mehrwertsteuer		
VP6	IVA dovuta - Geschuldete Mehrwertsteuer	1	o a credito / oder MwSt.-Guthaben 2
VP7	Debito periodo precedente non superiore 25,82 euro / Guthaben der Vorperiode nicht über 25,82 Euro		
VP8	Credito periodo precedente / Guthaben der Vorperiode		
VP9	Credito anno precedente / Guthaben des Vorjahres		
VP10	Versamenti auto UE / Zahlungen für EU-Fahrzeuge		
VP11	Crediti d'imposta / Steuerguthaben		
VP12	Interessi dovuti per liquidazioni trimestrali / Für die Quartalsabrechnung geschuldete Zinsen		
VP13	Acconto dovuto / Geschuldete Vorauszahlung	Metodo / Methode 1	2
VP14	IVA da versare - Zu zahlende MwSt.	1	o a credito / oder MwSt.-Guthaben 2

(*) **ATTENZIONE - HINWEIS:** I contribuenti che hanno optato per la liquidazione trimestrale ai sensi dell'art. 7 del D.P.R. n. 542/99 devono indicare "5" per il quarto trimestre - Steuerzahler, die die vierteljährliche Abrechnung im Sinne des Art. 7 des DPR Nr. 542/99 gewählt haben, müssen „5" für das vierte Quartal angeben.

Agenzia Entrate Agentur der Einnahmen

MITTEILUNG PERIODISCHE MWST.-ABRECHNUNGEN

ANWEISUNGEN ZUM AUSFÜLLEN

Die in den Anweisungen zum Mitteilungsvordruck der Daten der periodischen MwSt.-Abrechnungen erwähnten Gesetzesartikel (nachfolgend „Mitteilung") beziehen sich auf das D.P.R. Nr. 633 vom 26. Oktober 1972 und nachfolgende Änderungen, falls nicht anders angegeben.

VORBEMERKUNG

Die Verpflichtung zur Einreichung der Mitteilung wurde für passive MwSt.-Subjekte in Anwendung der im Art. 21-bis des Gesetzesdekrets Nr. 78 vom 31. Mai 2010 Bestimmungen, mit Änderungen in den Gesetzesstand erhoben durch das Gesetz Nr. 122 vom 30. Juli 2010 eingerichtet und durch den Art. 4, Abs. 2 des G.D. Nr. 193 vom 22. Oktober 2016, mit Änderungen in den Gesetzesstand erhoben durch das Gesetz Nr. 225 vom 1. Dezember 2010, eingeführt.
Im vorliegenden Vordruck muss der Steuerzahler eine Zusammenfassung der Buchführungsdaten der periodischen Abrechnungen angeben, die im Sinne des Art.1, Abs. 1 und 1-bis des D.P.R. Nr. 100 vom 23. März 1998 sowie der Art. 73, erster Absatz, Buchstabe e), und 74, vierter Absatz, ausgeführt wurden.
Die Mitteilung ist auch im Fall einer Abrechnung mit Guthabenüberschuss einzureichen.
Von der Einreichung der Mitteilung sind passive Subjekte ausgenommen, die nicht zur Einreichung der jährlichen MwSt.-Erklärung oder zur Durchführung der periodischen Abrechnungen verpflichtet sind, vorausgesetzt, die Bedingungen für die Befreiung von der Verpflichtung im Lauf des Jahres bestehen.
Beim Fehlen von in der Übersicht VP für das Vierteljahr anzugebenden Daten (z. B. im Fall von Steuerzahlern, die in dem Bezugszeitraum keine – weder aktive noch passive – Operation durchgeführt haben) besteht die Verpflichtung zur Einreichung der Mitteilung nicht. Dagegen besteht die Verpflichtung, im Fall es nötig ist, die Übertragung eines Guthabens aus dem vorigen Vierteljahr zu prüfen. Wenn es daher aus dem vorigen Vierteljahr keine zu übertragenden Guthaben vorliegen, ist der Steuerzahler in Ermangelung von anderen in der Übersicht VP anzugebenden Daten von der Einreichung der Mitteilung ausgenommen.
Im Fall einer getrennten Festsetzung der Steuer bei einem Vorliegen von mehreren Tätigkeiten reichen die passiven Subjekte eine einzige zusammenfassende Mitteilung für jeden Zeitraum ein.
Eine unterlassene, unvollständige oder nicht wahrheitsgemäße Mitteilung der Daten der periodischen Abrechnungen wird mit einer Verwaltungsstrafe zwischen 500 und 2000 Euro bestraft. Die Strafe wird halbiert, wenn die Übermittlung binnen 15 Tagen nach Ablauf der Frist erfolgt, oder wenn innerhalb derselben Frist eine korrekte Übermittlung der Daten erfolgt (Art. 11, Abs. 2-ter des Gesetzesdekrets Nr. 471 vom 18 Dezember 1997).

STRUKTUR DES VORDRUCKS

Der Vordruck besteht aus:
- Titelseite, bestehend aus zwei Seiten;
- Vordruck, bestehend aus der Übersicht VP.

VERFÜGBARKEIT DES VORDRUCKS

Der Mitteilungsvordruck sowie die jeweiligen Anweisungen können kostenlos im elektronischen Format auf der Internetseite der Agentur der Einnahmen www.agenziaentrate.gov.it oder auf der Internetseite des Ministeriums für Wirtschaft und Finanzen www.finanze.gov.it heruntergeladen werden.

MODALITÄTEN UND EINREICHUNGSFRISTEN

Der Mitteilungsvordruck ist ausschließlich auf telematischem Weg, direkt vom Steuerzahler oder durch zugelassene Vermittler gemäß Art. 3, Abs. 2-bis und 3 des D.P.R. Nr. 322 vom 22. Juli 1998 einzureichen.
Der Vordruck muss spätestens am letzten Tag des zweiten Monats nach Quartalsende eingereicht werden. Die Mitteilung zum zweiten Quartal wird bis zum 16. September und jene zum letzten Quartal wird spätestens am letzten Tag des Februars eingereicht.
Wenn der Termin für die Einreichung der Mitteilung auf einen Samstag, Sonntag oder Feiertag fällt, wird er auf den nachfolgenden Werktag verschoben.
Um eventuelle Fehler oder Lücken zu berichtigen, ist es möglich, vor der Einreichung der jährlichen MwSt.-Erklärung eine neue Mitteilung einzureichen, die die vorige Mitteilung ersetzt. Die Berichtigung muss danach unmittelbar in der jährlichen Erklärung erfolgen (siehe Beschluss Nr. 104/E vom 28. Juli 2017).
Wenn iMitteilungen zum gleichen Zeitraum eingereicht werden, ersetzt die letzte Mitteilung die vorangegangenen.

TELEMATISCHE EINREICHUNG

Zu den Modalitäten zur Zulassung zur direkten telematischen Einreichung und der Einreichung durch zugelassene Vermittler wird auf die jeweiligen Anweisungen verwiesen, die im entsprechenden Bereich der Internetseite der Agentur Einnahmen enthalten sind.

MITTEILUNG PERIODISCHE MWST.-ABRECHNUNGEN

MITTEILUNG DER ERFOLGTEN TELEMATISCHEN EINREICHUNG

Der Beleg der erfolgten telematischen Übermittlung der Daten der Mitteilung ist über den entsprechenden Bereich im sicheren Bereich der Internetseite der Agentur der Einnahmen sowie im Bereich „Konsultation" des sicheren Bereichs der Webschnittstelle „Rechnungen und Zahlungen" erhältlich.
In Bezug auf die Prüfung der fristgerechten Einreichung der telematisch übermittelten Mitteilungen gelten solche als fristgerecht eingereicht, die zwar innerhalb der vorgeschriebenen Fristen übermittelt, aber vom telematischen Dienst abgelehnt wurden, unter der Voraussetzung, dass sie nach dem Datum in der Mitteilung der Agentur der Einnahmen über den Grund der Ablehnung innerhalb der darauffolgenden fünf Arbeitstage erneut übermittelt werden (vgl. Rundschreiben des Ministeriums für Finanzen - Abteilung für Einnahmen - Nr. 195 vom 24.09.1999).

SONDERFÄLLE DER EINREICHUNG

STEUERZAHLER MIT QUARTALSABRECHNUNG

Steuerzahler, die im Sinne des Art. 7 des D.P.R. Nr. 542 vom 14. Oktober 1999 Quartalsabrechnungen durchführen, müssen die Mitteilung auch für das vierte Kalenderquartal einreichen, ohne eventuelle Vorgänge einer Berichtigung oder eines Ausgleichs zu berücksichtigen, die bei der Jahreserklärung durchzuführen sind (beispielsweise endgültige Berechnung des Pro-rata-Satzes).
Dennoch muss die Zahlung der geschuldeten Mehrwertsteuer für dieses Quartal mit Zinsen von 1 % beim Jahresausgleich innerhalb der ordentlichen für die Jahreserklärung vorgesehenen Frist vorgenommen werden. Daher dürfen diese Steuerzahler in der Mitteilung zum vierten Quartal die Zeilen VP11, VP12 und VP14 nicht ausfüllen.
Diese Zeilen müssen hingegen mit Ausnahme der Zeile VP12 von Zulieferern ausgefüllt werden, die die Quartals-abrechnung gemäß Art. 7 des D.P.R. Nr. 542 vom 14. Oktober 1999 ausführen, und die die Bestimmungen zu den Steuererleichterungen gemäß Art. 74, Abs. 5 in Anspruch nehmen. Insbesondere müssen diese letzteren Subjekte in Zeile VP11 die speziellen Steuerguthaben angeben, die eventuell zur Verminderung des im Zusammenhang mit den Zulieferervorgängen Zahlungsbetrags verwendet wurden. In diesem Fall muss in Zeile VP14, Spalte 1 der eventuell bis zum 16. Februar Zahlungsbetrag angegeben werden.
Schließlich müssen die Steuerzahler gemäß Art. 74, Abs. 4 die für das vierte Quartal geschuldete Mehrwertsteuer innerhalb der ordentlichen Frist (16. Februar) zahlen. Folglich müssen Steuerzahler, die sowohl im Sinne des Art. 7 des D.P.R. Nr. 542 vom 14. Oktober 1999 als auch im Sinne des Artikels 74, Abs. 4 Quartalsabrechnungen ausführen, zwei getrennte Vordrucke der Übersicht VP zum vierten Quartal ausfüllen.

STEUERZAHLER MIT GETRENNTER BUCHFÜHRUNG

Steuerzahler, die mehrere Geschäftstätigkeiten ausgeübt haben, für die sie aufgrund der gesetzlichen Verpflichtungen oder nach Wahl eine getrennte Buchführung im Sinne des Art. 36 ausgeführt haben, müssen einen einzigen Vordruck der Übersicht VP ausfüllen, in der alle mit der getrennten Buchführung verwalteten Tätigkeiten für das jeweilige Monat oder Quartal zusammengefasst werden.
Wenn für eine der genannten Tätigkeiten die Befreiung von der Verpflichtung zur jährlichen Mehrwertsteuererklärung und folglich der vorliegenden Mitteilung vorgesehen ist, dürfen die Daten dieser letzten Aktivität nicht in der Mitteilung enthalten sein, die in Bezug auf die anderen Tätigkeiten einzureichen ist, für die die Erklärungsverpflichtung vorgesehen ist.

A) Steuerzahler mit der gleichen Periodizität (monatlich oder vierteljährlich)
Diese Steuerzahler müssen die Mitteilung einreichen und im Vordruck zu jedem Zeitraum (Monat oder Quartal) alle Aktivitäten zusammenfassen, für die das Subjekt zum Unterhalt einer getrennten Buchführung verpflichtet ist.

B) Steuerzahler mit unterschiedlicher Periodizität (sowohl monatlich als auch vierteljährlich)
Der Steuerzahler, der für die verschiedenen ausgeübten Tätigkeiten sowohl monatliche als auch vierteljährliche periodische Abrechnungen durchführt, muss im Allgemeinen die Mitteilung mit getrennten Vordrucken (monatlich und vierteljährlich) in Bezug auf die jeweiligen Abrechnungen einreichen.
Im besonderen Fall einer vorgezogenen periodischen Quartalsabrechnung zu Steuerausgleichszwecken zum gleichen Zeitpunkt mit jener für das dritte Monat eines jeden Kalenderquartals (März, Juni, September und Dezember, nur für Steuerzahler gemäß Art. 74, Abs. 4) muss die zusammenfassende Mitteilung eingereicht werden, wobei in einem einzigen Vordruck die periodische Abrechnung zum dritten Monat und jene zum Quartal in Bezug auf alle ausgeübten Tätigkeiten aufgeführt werden muss, unter Angabe beider Zeiträume in den entsprechenden Kästchen (Beispiel: gemeinsame Abrechnung für den Monat März - 1. Quartal: Den Wert „03" im Kästchen „Monat" und „1" im Kästchen „Quartal" in der Zeile VP1 angeben).
Das beschriebene Verfahren für das Ausfüllen betrifft auch die von einer beherrschenden Körperschaft oder Gesellschaft eingereichte Mitteilung, die Daten der periodischen MwSt.-Abrechnung für die gesamte Unternehmensgruppe enthält, deren Teile sowohl die Körperschaften oder Gesellschaften sind, die zur monatlichen Abrechnung verpflichtet sind, als auch die Körperschaften oder Gesellschaften, die zur Quartalsabrechnung verpflichtet sind.

ÜBERTRAGUNG DES MWST.-GUTHABENS IM LAUF DES JAHRES

Die Subjekte, die sowohl monatliche als auch vierteljährliche Abrechnungen durchführen, müssen im Fall eines MwSt.-Guthabens, das zur Absetzung von einem Zeitraum auf den nächsten übertragen wird, die nachfolgend angegebene Abfolge einhalten (im folgenden Beispiel nur für das erste Jahresquartal angegeben):

1) Guthaben, hervorgehend aus dem Vordruck zum Monat Januar (aus Zeile VP14, Spalte 2): zur Absetzung zu übertragen in den Vordruck zum Monat Februar (in Zeile VP8);
2) Guthaben, hervorgehend aus dem Vordruck zum Monat Februar: zur Absetzung zu übertragen in den Vordruck zum

MITTEILUNG PERIODISCHE MWST.-ABRECHNUNGEN

Monat März;
3) Guthaben, hervorgehend aus dem Vordruck zum Monat März: zur Absetzung zu übertragen in den Vordruck zum 1. Quartal;
4) Guthaben, hervorgehend aus dem Vordruck zum ersten Quartal: zur Absetzung zu übertragen in den Vordruck zum Monat April (in der nachfolgenden Mitteilung auszufüller);

Dieselbe Sequenz gilt auch in Bezug auf die nachfolgenden Monate und Quartale des Jahres.
Im schon besprochenen Fall einer vorgezogenen periodischen Quartalsabrechnung zum selben Zeitraum wie jene des dritten Monats eines jeden Kalenderquartals müssen zum Zweck der Bestimmung des zu übertragenden MwSt.-Guthabens im Lauf des Jahres die in den Punkten 3-4 der oben dargelegten Abfolge angegebenen Guthaben berücksichtigt werden. Das Guthaben, das aus der Zeile VP14 des Vordrucks März/1. Quartal hervorgeht, muss danach in die Zeile VP8 des Vordrucks zum Monat April übertragen werden (in der nachfolgenden Mitteilung auszufüllen).

STEUERZAHLER MIT BUCHFÜHRUNG BEI DRITTEN

Steuerzahler, die ihre Buchführung Dritten anvertraut haben, können die monatlichen MwSt.-Abrechnungen in Bezug auf die Vorgänge ausführen, die im zweiten Vormonat durchgeführt worden.
Daher müssen diese Steuerzahler beispielsweise im Fall einer Abrechnung zum Monat Mai (durchzuführen bis zum 16. Juni) Folgendes angeben:

- für den Zeitraum den Wert „05" im Kästchen Monat;
- in Zeile VP2 den Betrag der im April ausgeführten aktiven (registrierten oder registrierungspflichtigen) Vorgänge;
- in Zeile VP3 den Betrag der im April registrierten Einkäufe.

KONKURSVERWALTER ODER LIQUIDATIONSKOMMISSARE

Der Konkursverwalter und der Liquidationskommissar müssen (im Fall einer verwaltungsbehördlichen Zwangsliquidation) die Mitteilung nur einreichen, wenn sie im Bezugszeitraum (Monat oder Quartal) steuerpflichtige Vorgänge registriert haben, für die sie zur Ausführung der periodischen Abrechnungen im Sinne des Artikels 74 bis, zweiter Absatz verpflichtet sind. Daher ist die Mitteilung nur für die Zeiträume einzureichen, für die die entsprechenden periodischen Abrechnungen vorgenommen wurden.

KOMMUNIKATION DER KÖRPERSCHAFTEN ODER GESELLSCHAFTEN, DIE AM MWST.-ABRECHNUNGSVERFAHREN DER UNTERNEHMENSGRUPPE TEILNEHMEN

Die beherrschende Körperschaft oder Handelsgesellschaft und die beherrschten Körperschaften oder Handelsgesellschaften, die während des Jahreszeitraums, auf den sich die Mitteilung bezieht, an der periodischen Gruppen-MwSt.-Abrechnung im Sinne des letzten Absatzes des Art. 73 teilnehmen, müssen die eigenen Mitteilungen einzeln einreichen und im Feld „MwSt.-Nummer des Mutterunternehmens (Gruppen-MwSt.-Abrechnungen)" im Abschnitt „Allgemeine Daten" der Titelseite die MwSt.-Nummer des Mutterunternehmens eintragen und die im Bezugszeitraum übertragenen Schuld- oder Guthabenbeträge jeweils in Spalte 1 oder Spalte 2 der Zeile VP14 angeben. Die Zeilen VP7, VP8, VP9 und VP13 sind hingegen nicht auszufüllen.
Diese Ausfüllungsmodalitäten gelten für den Zeitraum, in dem die erklärende Körperschaft oder Gesellschaft am Verfahren der Gruppen-MwSt.-Abrechnung teilnimmt; für die Zeiträume, die auf den Ausstieg aus diesem Abrechnungsverfahren folgen, muss die Mitteilung auf analoge Weise zu den ordentlichen Steuerzahlern ausgeführt werden. Außerdem ist das Feld „MwSt-Nummer des Mutterunternehmens (Gruppen-MwSt.-Abrechnung)" nicht auszufüllen, wenn die Körperschaft oder die Gesellschaft nicht während des gesamten Zeitraums, auf den sich die Mitteilung bezieht, an der Gruppen-MwSt.-Abrechnung teilgenommen hat. Beispielsweise muss im Fall einer Gesellschaft mit Quartalsabrechnung, die im Mai aus der Gruppen-MwSt.-Abrechnung austritt, in der Mitteilung zum zweiten Quartal im Feld „Letzter Monat" der Titelseite der Wert „03" eingetragen werden und das Feld „MwSt.-Nummer des Mutterunternehmens (Gruppen-MwSt.-Abrechnung)" ist nicht auszufüllen. In den nachfolgenden Mitteilungen ist das Feld „Letzter Monat" nicht auszufüllen.

PERIODISCHE MITTEILUNG FÜR DIE GRUPPE

Zusätzlich zur eigenen Mitteilung muss die beherrschende Körperschaft oder Handelsgesellschaft auch eine periodische Mitteilung einreichen und dabei das Kästchen „Gruppenabrechnung" auf der Titelseite ankreuzen, ohne das Feld „MwSt.-Nummer des Mutterunternehmens (Gruppen-MwSt.-Abrechnung)" auszufüllen. In dieser Mitteilung, die die Daten der periodischen MwSt.-Abrechnung für die gesamte Unternehmensgruppe enthält, sind die Kästchen „Zulieferungen" und „Außergewöhnliche Ereignisse" in Zeile VP1 nicht auszufüllen, ebenso werden auch die Zeilen VP2, VP3, VP10, VP11 und VP12 der Übersicht VP nicht ausgefüllt.
In diesem Fall muss die beherrschende Körperschaft oder Gesellschaft Folgendes angeben:

- in Zeile VP4 den Gesamtbetrag der MwSt.-Schulden, die im Zeitraum von allen Subjekten übertragen wurden, die an der Gruppen-MwSt.-Abrechnung teilnehmen, einschließlich der eventuellen Zinsen, die von den Subjekten mit Quartalsabrechnung übertragen wurden (Zeile VP4, Spalte 1);
- in Zeile VP5 den Gesamtbetrag der MwSt.-Guthaben, die im Zeitraum von allen Subjekten übertragen wurden, die an der Gruppen-MwSt.-Abrechnung teilnehmen (Zeile VP4, Spalte 2);

Es wird festgehalten, dass im besonderen Fall, dass die beherrschten Körperschaften oder Gesellschaften nach dem 27. Dezember (endgültige Frist für die Zahlung der MwSt.-Vorauszahlung) aus der Gruppe ausgeschieden sind, zum Beispiel infolge einer Eingliederung einer beherrschten Gesellschaft in eine Gesellschaft außerhalb der Unternehmensgruppe, muss in der Mitteilung zur letzten Abrechnung des Jahres, die die beherrschende Körperschaft oder Gesellschaft für die Unternehmensgruppe einreichen müssen, die Zeile VP13 ohne den Anteil der Vorauszahlung ausgefüllt werden, die für die aus der Gruppe ausgetretene beherrschte Gesellschaft geschuldet wird, und im Feld „Letzter Monat" im Abschnitt

3

MITTEILUNG PERIODISCHE MWST.-ABRECHNUNGEN

„Allgemeine Daten" der Titelseite muss der Code 99 angegeben werden.
Was die Mitteilung zum 4. Quartal betrifft, darf das Mutterunternehmen nicht die Daten zu den Salden (negativ oder positiv) zu den Körperschaften oder Gesellschaften mit Quartalsabrechnung im Sinne des Art. 7 des D.P.R. Nr. 542 vom 14. Oktober 1999 eintragen, da diese in die Jahreserklärung einfließen.

STEUERZAHLER MIT SPEZIELLEN OPERATIONEN ODER ANDEREN WESENTLICHEN VERÄNDERUNGEN DES SUBJEKTS (FUSIONEN, AUFSPALTUNGEN, FIRMENABTRETUNGEN, ÜBERTRAGUNGEN ETC.)

Außergewöhnlicher Geschäftsvorgang oder Umwandlung während des Quartals, auf das sich die Mitteilung bezieht

1) Falls das Subjekt, das diese Vorgänge verursacht hat (übernommene oder abgespaltenen Gesellschaft, übertragendes, abgetretenes oder schenkendes Subjekt) aufgrund eines außergewöhnlichen Geschäftsvorgangs oder einer Umwandlung erloschen ist, muss das Subjekt, das Rechtsnachfolger ist (übernehmende oder begünstigte Gesellschaft, nutznießendes Subjekt einer Übertragung, Abtretung oder Schenkung) zwei getrennte Mitteilungen einreichen:
   - die erste enthält die Daten der vom Subjekt selbst im Quartal ausgeführten Abrechnungen, auf das sich die Mitteilung bezieht;
   - die zweite enthält die Daten der Abrechnungen, die vom verursachenden Subjekt durchgeführt wurden, anteilsmäßig zum Quartal, auf das sich die Mitteilung bezieht und bis zur letzten vor dem außergewöhnlichen Geschäftsvorgang oder der Umwandlung ausgeführten Abrechnung. In dieser Mitteilung müssen im Teil, der dem Steuerzahler vorbehalten ist, die Daten zum übernommenen, abgespaltenen, übertragenden etc. Subjekt angegeben werden, während im Feld, das dem Erklärenden vorbehalten ist, die Daten des Subjekts anzugeben sind, das aus der Umwandlung hervorgegangen ist, wobei der Wert 9 im Kästchen zum Code des bekleideten Amts anzugeben ist.
2) Im Fall hingegen, in dem das verursachende Subjekt nicht aufgrund des außergewöhnlichen Geschäftsvorganges oder der Umwandlung erloschen ist, muss die Mitteilung von folgenden Subjekten eingereicht werden:
   - vom verursachenden Subjekt, wenn der außergewöhnliche Geschäftsvorgang oder die Umwandlung die Abtretung der MwSt.- Schuld oder des MwSt.-Guthabens zur Folge hatte, muss dieses Subjekt daher zwei getrennte Mitteilungen entsprechend den im Punkt 1) angegebene Modalitäten einreichen. Folglich darf das verursachende Subjekt nicht die Mitteilung zur Aktivität einreichen, die Gegenstand des außergewöhnlichen Geschäftsvorgangs war;
   - von jedem der Subjekte, die in den Geschäftsvorgang einbezogen waren, wenn der außergewöhnliche Geschäftsvorgang oder die Umwandlung nicht zur Abtretung der MwSt.-Schuld oder Guthaben im Zusammenhang mit den von jedem im Quartal ausgeführten Geschäftsvorgängen geführt hat, auf das sich die Mitteilung bezieht.

   Im Fall der Rechtsnachfolger in der Zeile VP8 seiner/ihrer eigenen Mitteilung das in der letzten regelmäßigen Abrechnung fällig gewordene Guthaben des verursachenden Subjekts überträgt, ist das Kästchen „außergewöhnliche Geschäftsvorgänge" in der Zeile VP9 der Übersicht VP anzukreuzen. Dieses Kästchen ist auch anzukreuzen, im Fall der Rechtsnachfolger in die Zeile VP9 einen Anteil oder den gesamten Betrag des Guthabens überträgt, das aus der jährlichen MwSt.-Erklärung des verursachenden Subjekts entsteht, die sich auf das Jahr vor dem auf der Titelseite angegebenen Jahr bezieht, und das infolge des außergewöhnlichen Geschäftsvorgangs vollständig oder teilweise abgegeben wurde.

Außergewöhnlicher Geschäftsvorgang oder Umwandlung im Zeitraum zwischen dem 1. Tag des auf das Quartal folgenden Monats und dem Datum der Einreichung der Mitteilung

In diesem Fall muss die Mitteilung zu den Geschäftsvorgängen, die vom verursachenden Subjekt während des Verlaufs des gesamten vorangegangenen Quartals durchgeführt werden, immer von verursachenden Subjekt eingereicht werden, wenn das verursachenden Subjekt aufgrund des außergewöhnlichen Geschäftsvorgangs erloschen ist, wobei die in Punkt 1) angegebene Modalitäten zu befolgen sind, immer unter der Voraussetzung, dass die Verpflichtung nicht schon direkt von diesem letzteren Subjekt vor dem außergewöhnlichen Geschäftsvorgang oder der Umwandlung erfüllt wurde.
Wenn hingegen der außergewöhnlichen Geschäftsvorgang nicht das Erlöschen des verursachenden Subjekts zur Folge hatte, erfüllt jedes am Geschäftsvorgang teilhabende Subjekt selbstständig die Verpflichtung zu den im gesamten Quartal ausgeführten Abrechnungen, auf das sich die Mitteilung bezieht und die eventuell vorgenommene Übertragung der MwSt.-Schuld oder des Guthabens infolge des außergewöhnlichen Geschäftsvorgangs wird erst mit der Mitteilung relevant, die im nachfolgenden Zeitraum entsprechend den in Punkt 2) angegebene Modalitäten einzureichen ist.

NICHT ANSÄSSIGE SUBJEKTE

Steuervertreter

Die Steuervertreter von nicht ansässigen Subjekten, die im Sinne des Artikels 17, dritter Absatz, ernannt wurden, sind zur Einreichung der Mitteilung mit Angabe der Daten der im Quartal ausgeführten Abrechnungen verpflichtet, auf das sie sich bezieht, wobei im Feld Erklärender der Code des bekleideten Amts 6 anzugeben ist.

Direkt identifizierte nicht wohnhafte Subjekte

Nicht wohnhafte Subjekte, die direkt in Italien im Sinne des Art. 35-ter identifiziert sind, sind zur Einreichung der Mitteilung in Bezug zu den von Ihnen im Quartal ausgeführten Geschäftsvorgängen verpflichtet.

Subjekte, die während des Quartals durch Steuervertreter oder mit direkter Identifikation tätig waren

In allen Fällen, in denen ein nicht wohnhaftes Subjekt im selben Quartal, jedoch offensichtlich in davon unterschiedlichen Zeiträumen mehrwertsteuerrelevante Geschäftsvorgänge in Italien sowohl durch Steuervertreter als auch mit direkter Identifikation ausgeführt haben, ist eine einzige Mitteilung durch das Subjekt (Steuervertreter oder nicht wohnhaftes direkt iden-

4

tifiziertes Subjekt) einzureichen, das zum Datum der Einreichung der Mitteilung tätig war.

Stabile Niederlassung
Im Fall einer stabilen Niederlassung eines nicht wohnhaften Subjekts in Italien muss eine Mitteilung in Bezug auf die Daten der im Quartal ausgeführten Geschäftsvorgänge eingereicht werden, die dieser zugeschrieben werden können.
In diesem Fall muss im Feld Erklärender der Code des bekleideten Amts 1 angegeben werden.

TITELSEITE

ALLGEMEINE DATEN

Steuerjahr
Das Kalenderjahr angeben, auf das sich die Mitteilung bezieht.

MwSt.-Nummer
Die MwSt.-Nummer des Steuerpflichtigen angeben..

MwSt.-Nummer des Mutterunternehmens (Gruppen-MwSt.-Abrechnung)
Wenn die Mitteilung von einer Körperschaft oder einer Handelsgesellschaft eingereicht wird, die im Quartal das Verfahren der Gruppen-MwSt.-Abrechnung gemäß dem letzten Absatz von Art. 73 in Anspruch genommen hat, ist die MwSt.-Nummer der beherrschenden Körperschaft oder Gesellschaft anzugeben (auch in der Mitteilung, die von diesem letzteren Subjekt für die eigene individuelle Position eingereicht wurde).
Das Feld ist auch auszuführen, wenn die Körperschaft oder die Gesellschaft mit periodischen Monatsabrechnungen im zweiten oder dritten Monat des Quartals aus der Gruppen-MwSt.-Abrechnung ausgeschieden ist.

Letzter Monat
Sollten die Voraussetzungen für die Inanspruchnahme der Gruppen-MwSt.-Abrechnung nicht mehr vorliegen, ist das letzte Monat der Kontrolle anzugeben (Beispiel „02" für Februar). Es wird daran erinnert, dass der eingetretene Verlust der Anforderungen zur Inanspruchnahme der Gruppenabrechnung ab der periodischen Abrechnung für den Monat oder das Quartal wirksam wird, in dem der Verlust eingetreten ist (zum Beispiel: die Gesellschaft, die monatliche Abrechnungen vornimmt und gegenüber der die Kontrolle im Monat Mai nicht mehr besteht, muss die Nummer „04" angeben, da die Kontrolle bis zum Monat April ausgeübt wurde; falls die Gesellschaft vierteljährliche Abrechnungen vornimmt, muss sie die Nummer 03 angeben, da die Kontrolle mit dem ersten Quartal beendet wurde).
Für den besonderen Fall, dass während des Jahres eine beherrschende Körperschaft oder Gesellschaft in eine andere Gesellschaft, die nicht an der MwSt.-Gruppe teilnimmt, eingegliedert wird, und wenn die Gruppen-MwSt.-Abrechnung infolge der Eingliederung dieser Gesellschaft ausgesetzt werden sollte, ist sowohl in der Erklärung der eingegliederten beherrschenden Gesellschaft (die von der aufnehmenden Gesellschaft eingereicht wird) als auch in der Erklärung der beherrschten Körperschaft oder Gesellschaften die Nummer anzugeben, die dem Monat entspricht, der sich auf die letzte regelmäßige monatliche oder vierteljährliche Abrechnung der Gruppe bezieht (zum Beispiel: das Datum der Eingliederung der beherrschenden Gesellschaft ist der 15. Mai – als letzter Monat der Kontrolle ist anzugeben: „04", wenn monatlich, „03", wenn vierteljährlich); wenn hingegen das Verfahren während des gesamten Steuerjahres mit getrennter Buchführung im Verhältnis zu jener der aufnehmenden Gesellschaft erfolgt, muss „13" in jeder Mitteilung der beherrschenden eingegliederten Körperschaft oder Gesellschaft angegeben werden, die von der aufnehmenden Gesellschaft eingereicht wird (vgl. Ministerieller Beschluss 363998 vom 26. Dezember 1986).
Wenn die beherrschte Körperschaft oder Gesellschaft nach Zahlung der Vorauszahlung aus der Gruppe ausgetreten ist, muss im Feld „Letzter Monat" der Code 99 angegeben werden. Der Anteil der Vorauszahlung, die das Mutterunternehmen dem Tochterunternehmen gutgeschrieben hat, ist in der Zeile VP13 der Mitteilung letzter Subjekt anzugeben. In Bezug auf diesen Fall wird für das Ausfüllen der vom Mutterunternehmen eingereichten Erklärung für die Gruppe auf die Anweisungen Absatz „periodische Mitteilung für die Gruppe" verwiesen.

Gruppenabrechnung
Das Kästchen ankreuzen, wenn sich Mitteilung auf die Gruppen-MwSt.-Abrechnung bezieht.

Erklärender
Das vorliegende Feld muss nur dann ausgefüllt werden, wenn der Erklärende (der Unterzeichner der Erklärung) ein anderes Subjekt als der Steuerzahler ist, auf den sich die Mitteilung bezieht.

Steueridentifikationsnummer
Die Steueridentifikationsnummer der erklärenden natürlichen Person angeben, die die Mitteilung unterzeichnet.

Code des bekleideten Amts
Den Code des bekleideten Amts des Erklärenden angeben, der aus der Tabelle in den Anweisungen der MwSt.-Jahreserklärung entnommen werden kann.

Steuernummer des erklärenden Unternehmens
Falls der Erklärende eine Gesellschaft ist, die die Mitteilung im Namen eines anderen Steuerzahlers einreicht, muss auch das vorliegende Feld ausgefüllt werden, wobei in diesem Fall im vorgesehenen Feld der Code des bekleideten Amts anzugeben ist, der der Beziehung zwischen der erklärenden Gesellschaft und dem Steuerzahler entspricht.
Unter diese Kategorie fallen zum Beispiel eine Gesellschaft, die im Sinne des Artikels 17, dritter Absatz als Steuervertreter

MITTEILUNG PERIODISCHE MWST.-ABRECHNUNGEN

eines nicht ansässigen Subjekts ernannt wurde, eine Gesellschaft, die den Code des bekleideten Amts 9 als begünstigte Gesellschaft (oder abgespaltene Gesellschaft) oder als aufnehmende Gesellschaft (oder eingegliederte Gesellschaft) angibt, eine Gesellschaft, die die Mitteilung in Eigenschaft als Vertreter des Steuerzahlers bei Verhandlungen einreicht.

Unterschrift
Die Unterschrift ist im vorgesehenen Feld in leserlicher Form durch den Steuerzahler oder durch seinen gesetzlichen Vertreter oder Vertreter bei Verhandlungen oder von einem der anderen in der Tabelle „Code des bekleideten Amts" angegebenen erklärenden Subjekte einzutragen.

Verpflichtung zur telematischen Einreichung
Dieses Feld ist vom Beauftragten, der die Erklärung einreicht, auszufüllen und zu unterzeichnen, .
Im Kästchen „Verpflichtung zur Einreichung" muss der Code „1" angegeben werden, wenn die Erklärung vom Steuerzahler ausgefüllt wurde, bzw. Code „2", wenn die Erklärung von demjenigen ausgefüllt wurde, der die Übermittlung vornimmt;
Der Beauftragte muss:
- Die eigene Steuernummer angeben;
- Das Datum (Tag, Monat und Jahr) der Übernahme der Verpflichtung zur Einreichung der Erklärung angeben;
- Unterschreiben.

ÜBERSICHT VP - PERIODISCHE MWST.-ABRECHNUNGEN

Vordruck
Für jede periodische Abrechnung muss ein getrennter Vordruck der vorliegenden Mitteilung ausgefüllt werden, wobei das Feld „Vordr. Nr." rechts oben in der Übersicht VP auszufüllen ist. Daher müssen die Steuerzahler, die:
- ausschließlich periodische monatliche Abrechnungen durchführen, einen Vordruck für jeden Monat des Quartals auszufüllen;
- ausschließlich periodische Quartalsabrechnungen durchführen, einen einzigen Vordruck für das Quartal ausfüllen;
- sowohl monatliche als auch Quartalsabrechnungen (im Fall von getrennter) durchführen, einen Vordruck für jeden Monat und einen Vordruck für das Quartal ausfüllen (im Sonderfall einer vorgezogenen periodischen Quartalsabrechnung zu Steuerausgleichszwecken zum gleichen Zeitpunkt mit jener für den dritten Monat eines jeden Kalenderquartals wird auf die Anweisungen zu Punkt B) des Absatzes „Steuerzahler mit getrennter Buchführung" verwiesen).

Bezugszeitraum
Der Steuerzahler muss in den **Spalten 1** und **2** der **Zeile VP1** den Monat (Werte von 1 bis 12) oder das Quartal (Werte von 1 bis 4) angeben, auf das sich jeder Vordruck der Kommunikation bezieht.
Steuerzahler, die im Sinne des Art. 7 des D.P.R. vom 14. Oktober 1999, Nr. 542 Quartalsabrechnungen durchführen, müssen in Spalte 2 den Wert „5" in Bezug auf das vierte Kalenderquartal angeben.
Im besonderen Fall einer vorgezogenen periodischen Quartalsabrechnung zu Steuerausgleichszwecken zum gleichen Zeitpunkt mit jener für den dritten Monat eines jeden Kalenderquartals sind die beiden genannten Spalten entsprechend den Angaben von Punkt B) des Absatzes „Steuerzahler mit getrennter Buchführung" auszufüllen).

Zulieferungen
Das Kästchen ist nur anzukreuzen, wenn der Steuerzahler die von Art. 74, Abs. 5 (Zulieferungsverträge) vorgesehenen Steuererleichterungen in Anspruch genommen hat.

Außergewöhnliche Ereignisse
Dieses Kästchen ist den Subjekten vorbehalten, die im Besitz der Vorbedingungen sind und im Bezugszeitraum die MwSt.-Erleichterungen in Anspruch genommen haben, die von den besonderen Bestimmungen infolge von Naturkatastrophen oder anderen außergewöhnlichen Ereignissen vorgesehen sind. In diesem Fall ist anzugeben:
- der **Code 1** von Subjekten, die eine unternehmerische, gewerbliche, handwerkliche oder in jeden Fall wirtschaftliche Aktivität oder eine künstlerische oder freiberufliche Tätigkeit ausüben und sich geweigert haben, auf erpresserische Forderungen einzugehen und infolgedessen auf dem Staatsgebiet Schäden an beweglichen Gütern oder Immobilien infolge von strafrechtlichen Tatbeständen erleiden, die auch außerhalb einer Vereinigung zur Fortsetzung eines ungerechtfertigten Gewinns begangen werden. Für die Opfer von Schutzgelderpressungen hat der Artikel 20, Absatz 2, des Gesetzes. vom 23. Februar 1999, Nr. 44 einen Aufschub von drei Jahren für die Frist der Steuerverpflichtungen vorgesehen, die in den Zeitraum von einem Jahr ab dem Datum des schädigenden Ereignisses fallen.
- der **Code 9,** für alle anderen außergewöhnlichen Ereignisse.

Außergewöhnliche Geschäftsvorgänge
Zum Ausfüllen des gegenständlichen Kästchens wird es auf die im Abschnitt „Steuerzahler mit speziellen Operationen oder anderen wesentlichen Veränderungen des Subjekts (Fusionen, Aufspaltungen, Firmenabtretungen, Übertragungen etc.)" enthaltenen Anweisungen hingewiesen. Das gegenständliche Kästchen ist auch anzukreuzen, im Fall die beherrschende Körperschaft oder Gesellschaft nach der Unterbrechung der Gruppen-MwSt.-Abrechnung im Laufe des Jahres in der Zeile VP8 die eventuellen Guthabenüberschüsse angibt, die der Gruppe übertragen und nicht ausgeglichen wurden, und die in den eigenen nachfolgenden regelmäßigen Abrechnungen abgeschrieben wurden.

Abrechnung der Steuer
Die Beträge, die unter Berücksichtigung der im Sinne des Art. 26 ausgeführten Veränderungen einzutragen sind, müssen

6

MITTEILUNG PERIODISCHE MWST.-ABRECHNUNGEN

in Hundertstel Euro angegeben werden, wobei die zweite Dezimalstelle aufrunden ist, wenn die dritte Stelle gleich oder höher als 5 ist, und abzurunden, wenn sie kleiner als 5 ist.

Zeile VP2 - Gesamtbetrag der aktiven Geschäftsvorgänge
Den Gesamtbetrag der aktiven Geschäftsvorgänge (Verkauf von Gütern und Erbringung von Dienstleistungen) ohne Mehrwertsteuer angeben, die im Bezugszeitraum durchgeführt werden, einschließlich auch jener mit späterer Fälligkeit, im Zusammenhang mit der Mehrwertsteuer (versteuerbar, nicht versteuerbar, steuerbefreit etc.), die im Register der ausgestellten Rechnungen oder im Register der Zahlungen vermerkt oder in jedem Fall registrierungspflichtig sind, ausschließlich jene, die von Subjekten durchgeführt wurden, die die Aussetzung der Verpflichtungen gemäß Art. 36-bis in Anspruch genommen haben (es müssen jedoch die steuerbefreiten Vorgängen gemäß Nr. 11, 18 und 19 des Art. 10 angegeben werden, für die in jedem Fall die Verpflichtung zur Rechnungsstellung und Registrierung bestehen bleibt).
Es wird außerdem hervorgehoben, dass in der vorliegenden Zeile auch die Geschäftsvorgänge eingetragen werden müssen, die aufgrund eines Fehlens der territorialen Voraussetzungen gemäß Art. 7 bis 7-septies nicht mehrwertsteuerpflichtig sind, für die die Ausstellung der Rechnung auf der Grundlage der in Art. 21, Abs. 6-bis enthaltenen Bestimmungen obligatorisch ist.
In der Zeile muss auch die Bemessungsgrundlage für die aktiven Vorgänge angegeben werden, für die die Steuer auf der Grundlage von spezifischen Bestimmungen vom Käufer zu zahlen ist.

Zeile VP3 - Gesamtbetrag der passiven Geschäftsvorgänge
Den Gesamtbetrag der innerstaatlichen, EU-weiten Käufe und der Importe von Gütern und Dienstleistungen angeben, die sich aus den Rechnungen unter den Import-Zollscheinen ergeben, ohne Mehrwertsteuer angeben, die im Bezugszeitraum im Register der Einkäufe gemäß Art. 25 eingetragen sind, oder in anderen Registern, die von den Bestimmungen hinsichtlich besonderer Steuersysteme vorgesehen sind.
In der Zeile sind außerdem die Einkäufe mit späterer Fälligkeit sowie jene mit nicht absetzbarer Mehrwertsteuer einzutragen. Es wird festgehalten, dass in der Zeile auch die nicht steuerpflichtigen EU-weiten Einkäufe gemäß Art. 42, Abs. 1 des Gesetzesdekrets Nr. 331 von 1993 (einschließlich jene, die ohne Zahlung der Steuer unter Verwendung der Obergrenze gemäß Art. 2, Abs. 2 des Gesetzes vom 18. Februar 1997, Nr. 28 ausgeführt wurden) sowie jene gemäß Art. 40, Abs. 2 des selben Gesetzesdekrets (EU-Dreiecksvorgänge mit nationalem Geschäftspartner als Käufer-Verkäufer) einzutragen sind.

HINWEIS *Die Steuer zu bestimmten Arten von Geschäftsvorgängen, für die diese auf der Grundlage von spezifischen Bestimmungen zum Teil vom Käufer (z. B. EU-weite Käufe gemäß Art. 17, Abs. 2, 5, 6 und 7 und Art. 17-ter, wenn die entsprechende Steuer in der regelmäßigen Abrechnung eingeschlossen wurde) oder durch Subjekte, die in bestimmten Geschäftsbereichen arbeiten, für an sie ausgezahlte Provisionen (z. B. Art. 74, erste Absatz, Buchst. E), Art. 74-ter, Abs. 8) zu zahlen ist, muss als fällige Mehrwertsteuer in der* ***Zeile VP4*** *und als abgezogen Mehrwertsteuer in der* ***Zeile VP5*** *eingetragen werden.*
Dieser Ausfüllungsmodus gilt auch in Bezug auf Importe von Goldmaterial, Halbfertigprodukten aus Gold und Importe von reinem Silber, für die die Steuer nicht beim Zoll, sondern durch gleichzeitige Eintragung des Zollscheins in die Register entsprechend den Art. 23 (oder 24) und dem Art. 25 bezahlt wird.

Zeile VP4 - Fällige Mehrwertsteuer
Die Höhe der geschuldeten Mehrwertsteuer zu den im Referenzzeitraum durchgeführten Geschäftsvorgängen angeben, für die die Fälligkeit eingetreten ist, oder zu den vorher durchgeführten Geschäftsvorgängen, für die die Steuer im selben Zeitraum fällig wurde, die im Register der ausgestellten Rechnungen oder der Zahlungen eingetragen sind oder in jedem Fall registrierungspflichtig sind.

Zeile VP5 - Abgesetzte Mehrwertsteuer
Die Höhe der Mehrwertsteuer in Bezug auf die registrierten Käufe angeben, für die das Recht auf Absetzung für den Referenzzeitraum ausgeübt wird. In der Zeile ist außerdem die Steuer auf die von Subjekten, die sich des Mehrwertsteuersystems mit Kassenbuchführung gemäß Art. 32-bis des Gesetzesdekrets Nr. 83 von 2012 bedienen, ausgeführten Käufe anzugeben, die in vorangegangenen Zeiträumen registriert wurden, und für die das Anrecht auf Absetzung vorliegt.
Die entsprechende Steuerbemessungsgrundlage ist jedoch in der Zeile VP3 nicht anzugeben, da sie schon in der Mitteilung des Registrierungszeitraums der Käufe angegeben ist.

Steuerzahler, die besondere Systeme der Steuerfestsetzung anwenden
Steuerzahler, die aufgrund der gesetzlichen Verpflichtungen oder nach Wahl spezielle Kriterien zur Festsetzung der geschuldeten oder absetzbaren Steuer anwenden (zum Beispiel Sondersystem für Landwirtschaft, Agritourismus etc.) müssen in der Zeile VP4 (fällige MwSt.) und in der Zeile VP5 (abgezogene MwSt.) die Steuer angeben, die sich aus der Anwendung des jeweiligen Sondersystems ergibt. Falls das angewandte Sondersystem die Absetzung der Steuer vorsieht (beispielsweise das System der Gebrauchsgüter), darf die Zeile VP5 nicht hinsichtlich der Geschäftsvorgänge ausgeführt werden, auf die dieses System angewandt wird.
Im Fall eines Übergangs von dem Sondersystem für Landwirtschaft laut Art. 34 zum ordentlichen System ist das aus der Berichtigung der Steuervergünstigung entstehende Guthaben in der Zeile VP5 (nach Abzug der MwSt.) aufzunehmen.

Zeile VP6 - Geschuldete Mehrwertsteuer oder MwSt.-Guthaben
In **Spalte 1** die Höhe der Differenz zwischen den Zeilen VP4 und VP5 angeben, falls diese Differenz positiv ist. Andernfalls ist in **Spalte 2** der absolute Wert der genannten Differenz einzutragen.

7

MITTEILUNG PERIODISCHE MWST.-ABRECHNUNGEN

Zeile VP7 Guthaben der Vorperiode nicht über 25,82 Euro
Den eventuell geschuldeten Betrag eintragen, der im vorherigen Zeitraum nicht bezahlt wurde, da er unter 25,82 Euro lag.

Zeile VP8 - Guthaben der Vorperiode
Die Höhe des für die Absetzung verwendeten MwSt.-Guthabens, das aus der vorigen Abrechnung desselben Kalenderjahrs hervorgeht (ohne Berücksichtigung der als Rückzahlung oder Ausgleich durch Einreichung des Vordrucks IVA TR beantragten Guthaben). Es wird darauf hingewiesen, dass die Zeile nicht von Subjekten auszufüllen ist, die an der Gruppen-MwSt.-Abrechnung gemäß Art. 73 für den Referenzzeitraum teilgenommen haben (VP1).

Zeile VP9 - Guthaben des Vorjahres
Die Höhe des im Sinne des G.v.D. Nr. 241/1997 ausgleichbaren MwSt.-Guthabens angeben, das als Absetzung bei der Abrechnung des Zeitraums verwendet wird, das aus der Jahreserklärung des Vorjahres hervorgeht, ohne den Anteil, der schon zur Absetzung der Abrechnungen der vorhergehenden Zeiträume desselben Kalenderjahrs verwendet wurde.
Im besonderen Fall, in dem der Steuerzahler aus der MwSt.-Buchhaltung (für Ausgleichszahlungen durch den Vordruck F24) einen Teil oder in den Gesamtbetrag des MwSt.-Guthabens „ausschließen" möchte, das aus Erklärung des Vorjahres hervorgeht und schon in Zeile VP9 angegeben und doch nicht verwendet wurde, muss er die Zeile VP9 der vorliegenden Mitteilung ausfüllen und dabei den Betrag des auszuschließenden Guthabens mit einem negativen Vorzeichen eintragen.
In der vorliegenden Zeile auch das Guthaben anzugeben, das als Rückerstattung in vorherigen Jahren beantragt wurde, für die das Amt das Anrecht auf Rückerstattung ausdrücklich verweigert hatte, in Höhe des verwendeten Anteils (nach einer Genehmigung des Amts) bei der periodischen Abrechnung (siehe D.P.R. Nr. 443 vom 10. November 1997 und das Rundschreiben Nr. 134/E vom 28. Mai 1998).
Es wird darauf hingewiesen, dass die Zeile nicht von Subjekten auszufüllen ist, die an der Gruppen-MwSt.-Abrechnung gemäß Art. 73 für den Bezugszeitraum teilgenommen haben (VP1).

Zeile VP10 - Zahlungen für EU-Fahrzeuge
Den Gesamtbetrag der Zahlungen der geschuldeten Steuer für den ersten innerstaatlichen Verkauf von Fahrzeugen angeben, die zuvor in einem anderen EU-Land unter Verwendung der entsprechenden Abgabencodes gekauft wurden, die mit dem Beschluss Nr. 337 vom 21. November 2007 eingerichtet wurden.
Insbesondere müssen die Zahlungen zu den im Bzugszeitraum erfolgten Verkäufe (Zeile VP1) angegeben werden, auch wenn sie in vorangegangenen Zeiträumen ausgeführt wurden.

Zeile VP11 - Steuerguthaben
Die Höhe der jeweiligen Steuerguthaben angeben, die im Bezugszeitraum als Abzug der Zahlung verwendet wurden, außer jener, für die der Ausgleich direkt mit dem Vordruck F24 erfolgt.

Zeile VP12 - Für die Quartalsabrechnung geschuldete Zinsen
Den Betrag der geschuldeten Zinsen in Höhe von 1 % angeben, berechnet auf die im Sinne des Art. 7 des D.P.R. Nr. 542 vom 14. Oktober 1999 zu zahlenden Beträge im Bezug auf die Quartalsabrechnung angeben.
Diese Zeile darf nicht von den Quartals-Steuerzahlern entsprechend dem erwähnten Art. 7 für das 4. Quartal ausgefüllt werden (siehe Absatz „Steuerzahler mit Quartalsabrechnung").

Zeile VP13 - Geschuldete Vorauszahlung
Die Höhe der geschuldeten Vorauszahlung angeben, auch wenn sie nicht tatsächlich gezahlt wurde. Die Zeile muss von den Steuerzahlern ausgefüllt werden, die zur Zahlung der Vorauszahlung in Sinne des Art. 6 des Gesetzes vom 29. Dezember 1999, Nr. 405 und nachfolgenden Änderungen verpflichtet sind. Wenn die Höhe der Vorauszahlung geringer als 103,29 Euro ist, ist die Zahlung nicht fällig und folglich ist in der Zeile kein Betrag einzutragen.
Das **Kästchen Methode** ist durch Angabe des Kodes auszufüllen, der die zur Bestimmung der Anzahlung benutzte Methode identifiziert:

- „1" historisch;
- „2" voraussichtlich;
- „3" analytisch-effektiv;
- „4" Subjekte, die im Sektor der Telekommunikation, der Bereitstellung des Wassers, des Stroms, der Müllsammlung und –Entsorgung, u.s.w.

Es wird darauf hingewiesen, dass im Fall einer kontrollierten Körperschaft oder Gesellschaft, die an der Gruppen-MwSt.-Abrechnung teilnimmt und nach dem 27. Dezember aus der Gruppe ausgeschieden ist (endgültige Frist für die Zahlung der MwSt.-Vorauszahlung) beispielsweise infolge einer Eingliederung in eine Gesellschaft außerhalb der Unternehmensgruppe ausgeschieden ist, in der vorliegenden Zeile der Mitteilung der aufnehmenden Gesellschaft zum Monat Dezember auch das Guthaben einzutragen ist, das sich aus dem Betrag der von der kontrollierenden Körperschaft oder Gesellschaft geschuldeten Vorauszahlung oder der eingegliederten kontrollierten Körperschaft oder Gesellschaft ergibt.

Zeile VP14 - Zu zahlende Mehrwertsteuer oder MwSt.-Guthaben
In **Spalte 1** die Höhe der zu zahlenden (auch wenn sie nicht gezahlt wird, im Fall sie 25,82 Euro nicht überschreitet) oder an die kontrollierende Körperschaft oder Gesellschaft zu übertragende Mehrwertsteuer angeben, wenn die Körperschaft oder Gesellschaft an der Gruppen-MwSt.-Abrechnung teilnimmt, nach der folgenden Formel, falls positiv:

(VP6, Spalte 1 + VP7 + VP12) – (VP6, Spalte 2 + VP8 + VP9 + VP10 + VP11 + VP13 Spalte 2)

8

MITTEILUNG PERIODISCHE MWST.-ABRECHNUNGEN

In **Spalte 2** die Höhe des Guthabens oder der an die kontrollierende Körperschaft oder Gesellschaft zu übertragende Mehrwertsteuer angeben, wenn die Körperschaft oder Gesellschaft an der Gruppen-MwSt.-Abrechnung teilnimmt, nach der folgenden Formel, falls positiv:

(VP6, Spalte 2 + VP8 + VP9 + VP10 + VP11 + VP13 Spalte 2) – (VP6, Spalte 1 + VP7 + VP12)

Es wird darauf hingewiesen, dass diese Zeile nicht von Steuerzahler mit Quartalsabrechnung gemäß Art. 7 des D.P.R. vom 14. Oktober 1999, Nr. 542 zum 4. Quartal auszufüllen ist (siehe Absatz „Steuerzahler mit Quartalsabrechnung").

MITTEILUNG PERIODISCHE MWST.-ABRECHNUNGEN

10

MODELLO IVA BASE 2020
VORDRUCK MWST.- BASE 2020

Agenzia Entrate – Agentur der Einnahmen

Periodo d'imposta 2019
Steuerzeitraum 2019

Informativa sul trattamento dei dati personali ai sensi degli artt. 13 e 14 del regolamento UE 2016/679
Verarbeitung der personenbezogene Daten gemäß Art. 13 und 14 der (EU) Verordnung 2016/679

Con questa informativa l'Agenzia delle Entrate spiega come tratta i dati raccolti e quali sono i diritti riconosciuti all'interessato ai sensi del Regolamento UE 2016/679, relativo alla protezione delle persone fisiche con riguardo al trattamento dei dati personali e del D.Lgs. 196/2003, in materia di protezione dei dati personali.
Durch dieses Informationsschreiben erläutert die Agentur der Einnahmen, wie sie die gesammelten Daten verwendet und welche Rechte dem Bürger im Sinne der EU-Verordnung 2016/679 für den Schutz der natürlichen Personen bei der Verarbeitung von personenbezogenen Daten und der G.v.D. Nr. 196/2003 für den Schutz der personenbezogenen Daten.

Finalità del trattamento
Zweck der Datenverarbeitung

I dati forniti con questo modello verranno trattati dall'Agenzia delle Entrate esclusivamente per le finalità di liquidazione, accertamento e riscossione delle imposte.
Die durch diesen Vordruck übermittelten Daten werden von der Agentur der Einnahmen ausschließlich für die Abrechnung, Feststellung und Einnahme von Steuern verarbeitet.

Conferimento dei dati
Mitteilung der Daten

I dati richiesti devono essere forniti obbligatoriamente per potersi avvalere degli effetti delle disposizioni in materia di dichiarazione IVA. L'indicazione di dati non veritieri può far incorrere in sanzioni amministrative o, in alcuni casi, penali. L'indicazione del numero di telefono o cellulare, del fax e dell'indirizzo di posta elettronica è facoltativa e consente di ricevere gratuitamente dall'Agenzia delle Entrate informazioni e aggiornamenti su scadenze, novità, adempimenti e servizi offerti.
Die geforderten Daten müssen obligatorisch angegeben werden, um die Wirkungen der gesetzlichen Bestimmungen in Bezug auf die Mehrwertsteuererklärung in Anspruch nehmen zu können.
Die Angabe falscher oder unwahrer Daten kann zu verwaltungsrechtlichen Strafen oder, in einigen Fällen, zu strafrechtlichen Sanktionen führen. Die Angabe der Telefon- oder Mobilfunknummer, der Faxnummer und der E-Mail-Adresse erfolgt hingegen freiwillig und ermöglicht es, von der Agentur der Einnahmen kostenlose Informationen und Aktualisierungen über Fälligkeiten, Neuheiten, Pflichterfüllungen und angebotene Leistungen zu erhalten.

Periodo di conservazione dei Dati
Speicherdauer der Daten

I dati saranno conservati fino al 31 dicembre dell'undicesimo anno successivo a quello di presentazione della dichiarazione di riferimento ovvero entro il maggior termine per la definizione di eventuali procedimenti giurisdizionali o per rispondere a richieste da parte dell'Autorità giudiziaria.
Die Daten werden bis zum 31. Dezember des elften Jahres nach dem Jahr der Einreichung der entsprechenden Erklärung bzw. innerhalb des längsten Zeitraums gespeichert, welcher zur Bestimmung von Gerichtsverfahren oder zur Beantwortung auf Ersuchen der Rechtsbehörde eventuell nötig ist.

Categorie di destinatari dei dati personali
Kategorien von Empfängern der personenbezogenen Daten

I suoi dati personali non saranno oggetto di diffusione, tuttavia, se necessario potranno essere comunicati: – ai soggetti cui la comunicazione dei dati debba essere effettuata in adempimento di un obbligo previsto dalla legge, da un regolamento o dalla normativa comunitaria, ovvero per adempiere ad un ordine dell'Autorità Giudiziaria; – ai soggetti designati dal Titolare, in qualità di Responsabili, ovvero alle persone autorizzate al trattamento dei dati personali che operano sotto l'autorità diretta del titolare o del responsabile; – ad altri eventuali soggetti terzi, nei casi espressamente previsti dalla legge, ovvero ancora se la comunicazione si renderà necessaria per la tutela dell'Agenzia in sede giudiziaria, nel rispetto delle vigenti disposizioni in materia di protezione dei dati personali.
Ihre personenbezogenen Daten werden zwar nicht weitergegeben, Sie können aber – wenn erforderlich – übermittelt werden:
- An Subjekten, gegenüber welchen die Mitteilung der Daten zum Erfüllung einer von einem Gesetz, von einer Ordnung oder von einer europäischen Norm vorgesehenen Verpflichtung bzw. zur Erfüllung einer Anordnung der Justizbehörde durchzuführen ist;
- An von dem Rechtsinhaber bestimmten Subjekten, in ihrer Eigenschaft als Verantwortliche, bzw. an Personen, di zur Verarbeitung der personenbezogenen Daten ermächtigt sind, welche unter der direkten Behörde des Rechtsinhabers oder des Verantwortlichen;
- An anderen eventuellen Dritten, in den von dem Gesetz ausdrücklich vorgesehenen Fällen, bzw. wenn die Mitteilung zum Schutz der Agentur vor Gericht benötigt wird, im Sinne der geltenden Normen zum Schutz der personenbezogenen Daten.

Modalità del trattamento
Verfahrensweise bei der Datenverarbeitung

I dati personali saranno trattati anche con strumenti automatizzati per il tempo strettamente necessario a conseguire gli scopi per cui sono stati raccolti. L'Agenzia delle Entrate attua idonee misure per garantire che i dati forniti vengano trattati in modo adeguato e conforme alle finalità per cui vengono gestiti; l'Agenzia delle Entrate impiega idonee misure di sicurezza, organizzative, tecniche e fisiche, per tutelare le informazioni dall'alterazione, dalla distruzione, dalla perdita, dal furto o dall'utilizzo improprio o illegittimo. Il modello può essere consegnato a soggetti intermediari individuati dalla legge (centri di assistenza, associazioni di categoria e professionisti) che tratteranno i dati esclusivamente per la finalità di trasmissione del modello all'Agenzia delle Entrate. Per la sola attività di trasmissione, gli intermediari assumono la qualifica di "titolare del trattamento" quando i dati entrano nella loro disponibilità e sotto il loro diretto controllo.
Die personenbezogenen Daten werden auch mit automatisierten Geräten verarbeitet, nur so lang sie den Zwecken dienen, wofür sie gesammelt wurden. Die Agentur der Einnahmen trifft geeignete Maßnahmen zur Gewährleistung, dass die angegebenen Daten gemäß den Zielen ihrer Verwaltung verarbeitet werden; die Datenverarbeitung erfolgt unter Beachtung geeigneter organisatorischen, technischen und physischen Sicherheitsmaßnahmen, um die Verfälschung, die Zerstörung, den Verlust, den Diebstahl oder eine unrechtmäßige oder nicht gesetzmäßige Nutzung der Informationen zu vermeiden. Der Vordruck kann den vom Gesetz vorgesehenen Vermittlern (Steuerberatungsstellen, Berufsgenossenschaften und Freiberufler) übergeben werden, die die Daten ausschließlich zur Übermittlung der Mitteilung an die Agentur der Einnahmen verarbeiten. Ausschließlich bei der Übermittlung gelten die Vermittler als „Inhaber der Datenverarbeitung", insofern die Daten ihnen zur Verfügung und unter ihrer Kontrolle stehen.

Titolare del trattamento
Inhaber der Datenverarbeitung

Titolare del trattamento dei dati personali è l'Agenzia delle Entrate, con sede in Roma, via Giorgione n.106 – 00147.
Inhaber der Verarbeitung von personenbezogenen Daten ist die Agentur der Einnahmen, mit Sitz in Rom, via Giorgione n.106 – 00147.

Responsabili del trattamento
Verantwortliche für die Datenverarbeitung

L'Agenzia delle Entrate si avvale di Sogei Spa, in qualità di partner tecnologico al quale è affidata la gestione del sistema informativo dell'Anagrafe tributaria, designata per questo Responsabile del trattamento.
Die Agentur der Einnahmen bedient sich der So.ge.i. A. G., in ihrer Eigenschaft als technologische Partnerin, die mit der Verwaltung des elektronischen Systems der Steuerbehörde betraut ist, welche dafür als Verantwortliche für die Datenverarbeitung.

Responsabile delle Protezione dei Dati -
Verantwortliche für den Datenschutz

Il dato di contatto del Responsabile della Protezione dei Dati dell'Agenzia delle Entrate è: entrate.dpo@agenziaentrate.it
Der Kontakt des Verantwortlichen für den Datenschutz der Agentur der Einnahmen ist: entrate.dpo@agenziaentrate.it

Diritti dell'interessato
Rechte des Steuerzahlers

L'interessato ha il diritto, in qualunque momento, di ottenere la conferma dell'esistenza o meno dei dati forniti anche attraverso la consultazione all'interno della propria area riservata, area Consultazioni del sito web dell'Agenzia delle Entrate. Ha, inoltre, il diritto di chiedere, nelle forme previste dall'ordinamento, la rettifica dei dati personali inesatti e l'integrazione di quelli incompleti e di esercitare ogni altro diritto ai sensi degli articoli 18 e 20 del Regolamento laddove applicabili Tali diritti possono essere esercitati con richiesta indirizzata a: Agenzia delle Entrate, via Giorgione n.106 – 00147 Roma- indirizzo di posta elettronica: entrate.updp@agenziaentrate.it Qualora l'interessato ritenga che il trattamento sia avvenuto in modo non conforme al Regolamento e al D.Lgs. 196/2003, potrà rivolgersi al Garante per la Protezione dei dati Personali, ai sensi dell'art. 77 del medesimo Regolamento. Ulteriori informazioni in ordine ai suoi diritti sulla protezione dei dati personali sono reperibili sul sito web del Garante per la Protezione dei Dati Personali all'indirizzo www.garanteprivacy.it. Die betroffene Person hat jederzeit das Recht, eine Bestätigung der Existenz oder Nichtexistenz der bereitgestellten Daten zu erhalten, auch durch eine Konsultation in ihrem reservierten Bereich sowie des Konsultationsbereichs der Website der Agentur der Einnahmen. Die betroffene Person hat auch das Recht, in den gesetzlich vorgesehenen Formen die Berichtigung unrichtiger personenbezogener Daten und die Vervollständigung unvollständiger personenbezogener Daten zu verlangen und gegebenenfalls jedes andere Recht gemäß Artikel 18 und 20 der Verordnung auszuüben. Diese Rechte können durch einen entsprechenden Antrag an die Agentur der Einnahmen, via Giorgione n.106 – 00147 Rom, E-Mail-Adresse: entrate.updp@agenziaentrate.it ausgeübt werden. Sollte die betreffende Person halten, dass die Verwaltung der Daten ungeachtet der Verordnung und dem G.v.D. 196/2003 erfolgt habe, kann er/sie sich dem Garanten der Privacy im Sinne des Art. 77 derselben Verordnung wenden. Weitere Informationen über ihre Rechte im Bereich des Datenschutzes stehen auf der Webseite des Garanten der Privacy unter der Adresse www.garanteprivacy.it zur Verfügung.

Consenso
Zustimmung

L'Agenzia delle Entrate, in quanto soggetto pubblico, non deve acquisire il consenso degli interessati per trattare i loro dati personali. Gli intermediari non devono acquisire il consenso degli interessati per il trattamento dei dati in quanto il trattamento è previsto dalla legge. - Die Agentur der Einnahmen ist als öffentliches Subjekt nicht verpflichtet, für die Verarbeitung der personenbezogenen Daten die Zustimmung der Steuerzahler einzuholen. Die Vermittler sind nicht verpflichtet, die Einwilligung der Steuerzahler zur Datenverarbeitung einzuholen, da diese Verarbeitung vom Gesetz vorgeschrieben ist.

La presente informativa viene data in via generale per tutti i titolari del trattamento sopra indicati.
Dieses Informationsschreiben wird generell für alle zuvor genannten Verfahrensträger der Datenverarbeitung ausgegeben.

MODELLO IVA BASE 2020 - VORDRUCK MWST.-BASE 2020

CODICE FISCALE - STEUERNUMMER

Periodo d'imposta 2019
Steuerzeitraum 2019

Agenzia Entrate
Agentur der Einnahmen

TIPO DI DICHIARAZIONE - ART DER ERKLÄRUNG	Correttiva nei termini / Fristgemäße Berichtigung; Dichiarazione integrativa a favore / Ergänzende Erklärung zu eigenen Gunsten; Dichiarazione integrativa / Ergänzende Erklärung
DATI DEL CONTRIBUENTE DATEN DES STEUERZAHLERS	PARTITA IVA / UST-IDNR.; Impresa artigiana iscritta all'albo / Eingetragenes Handwerksunternehmen 1; Concordato preventivo / Vergleichsverfahren 2
	Indirizzo di posta elettronica - E-Mail-Adresse; TELEFONO O CELLULARE / TELEFON- ODER MOBILFUNKNUMMER prefisso - Vorwahl numero - Rufnummer; FAX - FAX prefisso - numero / Vorwahl - Rufnummer
Persone fisiche Natürliche Personen	Cognome - Nachname; Nome - Vorname; Sesso - Geschl. (barrare la relativa casella) (entsprechendes Kästchen ankreuzen) M-M F-W
	Data di nascita - Geburtsdatum giorno/Tag mese/Monat anno/Jahr; Comune (o Stato estero) di nascita - Geburtsgemeinde (oder Geburtsort im Ausland); Provincia (sigla) - Provinz (Kürzel)
Soggetti diversi dalle persone fisiche Subjekte, die keine natürlichen Personen sind	Denominazione o ragione sociale - Firmenname oder Firmenbezeichnung; Natura giuridica Rechtsnatur
DICHIARANTE DIVERSO DAL CONTRIBUENTE (rappresentante, erede ecc.)	Codice fiscale del sottoscrittore - Steuernummer der unterzeichnenden Person; Codice carica - Code des bekleideten Amtes; Codice fiscale società dichiarante / Steuernummer des erklärenden Unternehmens
ERKLÄRENDER, DER NICHT DER STEUERZAHLER SELBST IST (Vertreter, Erbe usw.)	Cognome - Nachname; Nome - Vorname; Sesso - Geschl. (barrare la relativa casella) (entsprechendes Kästchen ankreuzen) M-M F-W
	Data di nascita - Geburtsdatum giorno/Tag mese/Monat anno/Jahr; Comune (o Stato estero) di nascita - Geburtsgemeinde (oder Geburtsort im Ausland); Provincia (sigla) - Provinz (Kürzel)
	Data decesso del contribuente / Sterbedatum des Steuerzahlers giorno/Tag mese/Monat anno/Jahr
FIRMA DELLA DICHIARAZIONE UNTERZEICHNUNG DER ERKLÄRUNG	Indicare il numero di moduli / Die Anzahl der Vordrucke angeben; Invio avviso telematico controllo automatizzato dichiarazione all'intermediario / Übersendung des telematischen Bescheids der automatischen Kontrolle der Steuererklärung an den Vermittler; Invio altre comunicazioni telematiche all'intermediario / Übersendung anderer telematischen Mitteilungen an den Vermittler
	Le caselle relative ai quadri compilati sono poste in calce al quadro VL - Die Kästchen in Bezug auf die ausgefüllten Übersichten sind am Fuß der Übersicht VL angeführt
	Situazioni particolari / Besondere Situationen Codice - Code; Esonero dall'apposizione del visto di conformità / Befreiung von der Anbringung des Bestätigungsvermerks; Firma Unterschrift
VISTO DI CONFORMITÀ BESTÄTIGUNGSVERMERK Riservato al C.A.F. o al professionista Dem Steuerbeistandszentrum (C.A.F.) oder dem Freiberufler vorbehalten	Codice fiscale del responsabile del C.A.F. / Steuernummer des Verantwortlichen des Steuerbeistandszentrums (C.A.F.); Codice fiscale del C.A.F. / Steuernummer des Steuerbeistandszentrums (C.A.F.)
	Codice fiscale del professionista / Steuernummer des Freiberuflers; Si rilascia il visto di conformità ai sensi dell'art. 35 del d.lgs. n. 241/1997 / Der Bestätigungsvermerk wird gemäß Art. 35 des G.v.D. Nr. 241/1997 ausgestellt; FIRMA DEL RESPONSABILE DEL C.A.F. O DEL PROFESSIONISTA - UNTERSCHRIFT DES VERANTWORTLICHEN DES STEUERBEISTANDSZENTRUMS C.A.F. ODER DES FREIBERUFLERS
SOTTOSCRIZIONE ORGANO DI CONTROLLO UNTERZEICHNUNG DES KONTROLLORGANS	Soggetto Subjekt; Codice fiscale - Steuernummer; FIRMA - Unterschrift
	Soggetto Subjekt; Codice fiscale - Steuernummer; FIRMA - Unterschrift
	Soggetto Subjekt; Codice fiscale - Steuernummer; FIRMA - Unterschrift
	Soggetto Subjekt; Codice fiscale - Steuernummer; FIRMA - Unterschrift
	Soggetto Subjekt; Codice fiscale - Steuernummer; FIRMA - Unterschrift
IMPEGNO ALLA PRESENTAZIONE TELEMATICA VERPFLICHTUNG ZUR TELEMATISCHEN EINREICHUNG	Codice fiscale dell'incaricato / Steuernummer des Beauftragten
	Soggetto che ha predisposto la dichiarazione / Subjekt, das die Erklärung angefasst hat
	Ricezione avviso telematico controllo automatizzato dichiarazione - Erhalt des telematischen Bescheids der automatischen Kontrolle der Steuererklärung; Ricezione altre comunicazioni telematiche / Erhalt anderer telematischer Mitteilungen
Riservato all'incaricato Dem Beauftragten vorbehalten	Data dell'impegno / Datum der Verpflichtung giorno/Tag mese/Monat anno/Jahr; FIRMA DELL'INCARICATO / UNTERSCHRIFT DES BEAUFTRAGTEN

MODELLO IVA BASE 2020- VORDRUCK MWST.-BASE 2020

Periodo d'imposta 2019
Steuerzeitraum 2019

CODICE FISCALE - STEUERNUMMER

IVA

Agentur der Einnahmen – Agenzia Entrate

QUADRO ÜBERSICHT VA – Informazioni sull'attività – Informationen über die Tätigkeit
QUADRO ÜBERSICHT VB – Estremi identificativi dei rapporti finanziari – Erkennungsdaten der Finanzbeziehungen
QUADRO ÜBERSICHT VE – Determinazione del volume d'affari – Ermittlung des Geschäftsumsatzes

Mod. N.
Vordruck Nr.

QUADRO VA ÜBERSICHT VA

Sez. 1 - Dati analitici generali
Absch. 1 - Allgemeine analytische Angaben

VA2 Indicare il codice dell'attività svolta
Den Code für die ausgeübte Tätigkeit angeben
CODICE ATTIVITÀ TÄTIGKEITSCODE [1]

VA5 **Terminali per il servizio radiomobile di telecomunicazione con detrazione superiore al 50%**
Terminals für den Telekommunikations-Mobilfunkdienst mit Absetzung über 50%

	Totale imponibile - Gesamtbetrag der Bemessungsgrundlage	Totale imposta - Gesamtbetrag der Steuer
Acquisti apparecchiature - Anschaffung von Geräten	[1] ,00	[2] ,00
Servizi di gestione - Verwaltungsdienste	[3] ,00	[4] ,00

Sez. 2 - Dati riepilogativi relativi a tutte le attività
Absch. 2 - Zusammenfassende Daten sämtlicher Tätigkeiten

VA10 **Riservato ai soggetti che hanno usufruito di agevolazioni per eventi eccezionali**
Den Subjekten vorbehalten, die Begünstigungen für außerordentliche Ereignisse in Anspruch genommen haben
Indicare il codice desunto dalla "Tabella eventi eccezionali" delle istruzioni
Den Code aus der „Tabelle der außerordentlichen Ereignisse" in den Anweisungen angeben [1]

VA11 Gruppo IVA art.70-bis - MwSt.-Gruppe art.70-bis [1]

VA13 Operazioni effettuate nei confronti di condomini - Gegenüber Wohnungseigentümergemeinschaften getätigte Geschäfte ,00

VA14 **Regime forfetario per le persone fisiche esercenti attività d'impresa, arti e professioni (art. 1, commi da 54 a 89, legge n. 190/2014)** Barrare la casella se si tratta dell'ultima dichiarazione in regime ordinario IVA - **Pauschales Besteuerungssystem für natürliche Personen, die unternehmerische, künstlerische und freiberufliche Tätigkeiten ausüben (Art. 1, Absätze 54-89 des Gesetzes Nr. 190/2014)** Dieses Kästchen ankreuzen, wenn es sich um die letzte Erklärung im ordentlichen MwSt.-System handelt. [1]

VA15 Società di comodo - Mantelgesellschaft [1]

QUADRO VB ÜBERSICHT VB

Dati relativi agli estremi identificativi dei rapporti finanziari
Daten in Bezug auf die Erkennungsdaten der Finanzbeziehungen

VB1
Codice fiscale - Steuernummer [1]
Codice di identificazione fiscale estero - Ausländische Steueridentifikationsnummer [2]
Denominazione operatore finanziario - Bezeichnung des Finanzsubjekts [3]
Tipo di rapporto - Art der Beziehung [4]

VB2 [1] [2] [3] [4]

VB3 [1] [2] [3] [4]

VB4 [1] [2] [3] [4]

QUADRO VE ÜBERSICHT VE

Sez. 2 - Operazioni imponibili agricole e operazioni imponibili commerciali o professionali
Absch. 2 - Steuerpflichtige Geschäfte in der Landwirtschaft und steuerpflichtige gewerbliche oder freiberufliche Geschäfte

Operazioni imponibili diverse dalle operazioni di cui alla sezione 1 distinte per aliquota, tenendo conto delle variazioni di cui all'art. 26, e relativa imposta - Steuerpflichtige Geschäfte, die sich von jenen aus Abschnitt 1 unterscheiden und getrennt nach Steuersätzen sind, wobei die Änderungen gemäß Art. 26 und die entsprechende Steuer zu berücksichtigen sind

VE20	,00	4	,00
VE21	,00	5	,00
VE22	,00	10	,00
VE23	,00	22	,00

Sez. 3 - Totale imponibile e imposta - **Absch. 3** - Gesamtbetrag der Bemessungsgrundlage und Steuer

VE24 TOTALI (somma dei righi da VE20 a VE23)
GESAMTBETRAG (Summe aus den Zeilen VE20 bis VE23) ,00 ,00

VE25 Variazioni e arrotondamenti d'imposta (indicare con il segno +/–)
Steuerliche Änderungen und Auf- und Abrundungen der Steuer (mit dem Zeichen +/– angeben) ,00

VE26 TOTALE (VE24± VE25) - **GESAMTBETRAG** (VE24± VE25) ,00

Sez. 4 - Altre operazioni
Absch. 4 - Sonstige Geschäfte

VE31 Operazioni non imponibili a seguito di dichiarazione di intento
Infolge einer Absichtserklärung nicht steuerpflichtige Geschäfte ,00

VE32 Altre operazioni non imponibili - Sonstige nicht steuerpflichtige Geschäfte ,00

VE33 Operazioni esenti (art. 10) - Steuerfreie Geschäfte (Art. 10) ,00

VE35 Operazioni con applicazione del reverse charge
Geschäfte mit Anwendung der Umkehr der Steuerschuld [1] ,00

Cessioni di rottami e altri materiali di recupero Abtretungen von Schrott und sonstigen Recyclingmaterialien [2] ,00	Cessioni di oro e argento puro Abtretungen von Gold und reinem Silber [3] ,00
Subappalto nel settore edile Subunternehmerauftrag in der Baubranche [4] ,00	Cessioni di fabbricati Abtretungen von Gebäuden [5] ,00
Cessioni di telefoni cellulari Abtretungen von Mobiltelefonen [6] ,00	Cessioni di prodotti elettronici Abtretungen von Elektronik-Produkten [7] ,00
Prestazioni comparto edile e settori connessi m- Leistungen des Bausektors und damit verbundener Sektoren [8] ,00	Operazioni settore energetico Operationen im Energiebereich [9] ,00

VE36 Operazioni non soggette all'imposta effettuate nei confronti dei terremotati - Geschäfte, die keiner Steuer unterliegen und gegenüber erdbebengeschädigten Personen getätigt wurden ,00

VE37 Operazioni effettuate nell'anno ma con imposta esigibile in anni successivi
Geschäfte, die während des Jahres getätigt wurden, die Steuer aber in den Folgejahren fällig wird [1] ,00
art. 32-bis, decreto-legge n. 83/2012
Art. 32 bis, Gesetzesdekret Nr. 83/2012 [2] ,00

VE38 Operazioni effettuate nei confronti dei soggetti di cui all'art. 17-ter
Geschäftsvorgänge gegenüber den Subjekten gemäß Art. 17-ter ,00

VE39 *(meno)* Operazioni effettuate in anni precedenti ma con imposta esigibile nel 2019
(minus) Geschäfte, die in den Vorjahren getätigt wurden, die Steuer aber 2019 fällig ist ,00

VE40 *(meno)* Cessioni di beni ammortizzabili e passaggi interni
(minus) Abtretungen von abschreibbaren Gütern und interne Übergänge ,00

Sez. 5 - Volume d'affari
Absch. 5 - Geschäftsumsatz

VE50 VOLUME D'AFFARI (somma dei righi VE24, da VE31 a VE38 meno VE39 e VE40)
GESCHÄFTSUMSATZ (Summe der Zeilen VE24 und von VE31 bis VE38 minus VE39 und VE40) ,00

MODELLO IVA BASE 2020 - VORDRUCK MWST.-BASE 2020

CODICE FISCALE - STEUERNUMMER

Periodo d'imposta 2019
Steuerzeitraum 2019

Agenzia Entrate – Agentur der Einnahmen

QUADRO VF – Operazioni passive e Iva ammessa in detrazione
ÜBERSICHT VF – Passive Geschäfte und absetzbare Mehrwertsteuer

Mod. N.
Vordruck Nr.

QUADRO VF
ÜBERSICHT VF

Operazioni passive e Iva ammessa in detrazione
Passive Geschäfte und absetzbare Mehrwertsteuer

Sez. 1 - Ammontare degli acquisti effettuati
Absch. 1 - Gesamtbetrag der vorgenommenen Anschaffungen

Acquisti imponibili (esclusi quelli di cui ai righi VF19, VF20 e VF21) distinti per aliquota d'imposta o per percentuale di compensazione, tenendo conto delle variazioni di cui all'art. 26, e relativa imposta
Steuerpflichtige Anschaffungen (ausgenommen jener gemäß in den Zeilen VF19, VF20 und VF21), unterteilt nach Steuersatz oder prozentualem Ausgleichsanteil, unter Berücksichtigung der Änderungen gemäß Art. 26 und der entsprechenden Steuer

	1 IMPONIBILE BEMESSUNGSGRUNDLAGE	%	2 IMPOSTA - STEUER
VF1	,00	2	,00
VF2	,00	4	,00
VF3	,00	5	,00
VF4	,00	6	,00
VF5	,00	7,3	,00
VF6	,00	7,5	,00
VF7	,00	7,65	,00
VF8	,00	7,95	,00
VF9	,00	8,3	,00
VF10	,00	8,5	,00
VF11	,00	8,8	,00
VF12	,00	10	,00
VF13	,00	12,3	,00
VF14	,00	22	,00

VF16 Acquisti esenti (art. 10) - Steuerfreie Anschaffungen (Art. 10) — 1 ,00

VF17 Acquisti da soggetti che si sono avvalsi di regimi agevolativi - Ankäufe durch Subjekte, die erleichterte Steuersysteme in Anspruch genommen haben — 2 ,00
art. 1, commi da 54 a 89, legge n. 190/2014
Art. 1, Absätze 54 bis 89, des Gesetzes Nr. 190/2014 — 1 ,00
2 ,00

VF18 Acquisti non soggetti all'imposta effettuati dai terremotati - Anschaffungen, die keiner Steuer unterliegen und von erdbebengeschädigten Personen vorgenommen wurden — ,00

VF19 Acquisti per i quali la detrazione è esclusa o ridotta (art. 19-bis1)
Anschaffungen, für die die Absetzung ausgeschlossen oder reduziert ist (Art. 19-bis1) — ,00

VF20 Acquisti per i quali non è ammessa la detrazione - Anschaffungen, für die keine Absetzung zuläss — ,00

VF21 Acquisti registrati nell'anno ma con detrazione dell'imposta differita ad anni successivi - Im Jahr verbuchte Anschaffungen, deren Steuerabsetzung auf nachfolgende Jahre zurückgestellt wurde — 1 ,00
art. 32-bis, decreto-legge n. 83/2012
Art. 32-bis, Gesetzesdekret Nr. 83/2012
2 ,00

VF22 *(meno)* Acquisti registrati negli anni precedenti ma con imposta esigibile nel 2019
(minus) Anschaffungen, die in den Vorjahren verbucht wurden, die Steuer aber 2019 fällig ist — ,00

Sez. 2 - Totale acquisti e totale imposta
Absch. 2 - Gesamtbetrag der Anschaffungen und Gesamtbetrag der Steuer

VF23 TOTALE ACQUISTI - GESAMTBETRAG DER ANSCHAFFUNGEN — ,00 — ,00

VF24 Variazioni e arrotondamenti d'imposta (indicare con il segno +/–)
Steuerliche Änderungen und Auf- und Abrundungen der Steuer (mit dem Zeichen +/– angeben) — ,00

VF25 TOTALE IMPOSTA SUGLI ACQUISTI IMPONIBILI (VF23 colonna 2 + VF24)
GESAMTBETRAG DER STEUER AUF STEUERPFLICHTIGE ANSCHAFFUNGEN (VF23 Spalte 2 + VF24) — ,00

Ripartizione totale acquisti (rigo VF23):
Aufteilung Gesamtbetrag der Anschaffungen (Zeile VF23):

	1 Beni ammortizzabili – Abschreibbare Güter	2 Beni strumentali non ammortizzabili – Nicht abschreibbare Ausrüstungsgüter	3 Beni destinati alla rivendita ovvero alla produzione di beni e servizi - - Für den Wiederverkauf bzw. für die Produktion von Gütern und Dienstleistungen bestimmte Güter	4 Altri acquisti – Sonstige Anschaffungen
VF27	,00	,00	,00	,00

Sez. 3 - Determinazione dell'IVA ammessa in detrazione
Absch. 3 Bestimmung der zulässigen MwSt.-Absetzung

VF30 METODO UTILIZZATO PER LA DETERMINAZIONE DELL'IVA AMMESSA IN DETRAZIONE
FÜR DIE ERMITTLUNG DER ABSETZBAREN MEHRWERTSTEUER VERWENDETE METHODE
operazioni esenti - Steuerfreie Geschäfte — 3 ☐

Sez. 3-A Operazioni esenti
Absch. 3-A Steuerfreie Geschäfte

VF31 Acquisti destinati alle operazioni imponibili occasionali
Anschaffungen für gelegentliche steuerpflichtige Geschäfte — 1 Imponibile - Bemessungsgrundlage ,00 — 2 Imposta - Steuer ,00

VF32 Se per l'anno 2019 sono state effettuate esclusivamente operazioni esenti barrare la casella
Wenn im Jahr 2019 ausschließlich steuerfreie Geschäftsfälle getätigt wurden, dieses Kästchen ankreuzen — 1 ☐

VF33 Se per l'anno 2019 ha avuto effetto l'opzione di cui all'art. 36-bis barrare la casella
Wenn im Jahr 2019 die Wahl der Option gemäß Art. 36-bis wirksam wurde, dieses Kästchen ankreuzen — 1 ☐

Dati per il calcolo della percentuale di detrazione - Angaben für die Berechnung des Steuersatzes der Absetzung

	1 Operazioni esenti relative all'oro da investimento effettuate dai soggetti di cui all'art. 19, co. 3, lett. d) - Steuerfreie Geschäfte in Bezug auf Anlagegold, die von den Subjekten gemäß Art. 19, Abs. 3, Buchstabe d) getätigt wurden	2 Operazioni esenti di cui ai nn. da 1 a 9 dell'art. 10 non rientranti nell'attività propria dell'impresa o accessorie ad operazioni imponibili - Steuerfreie Geschäfte gemäß Art. 10, Nummer 1 bis 9, die nicht in die eigene Tätigkeit des Unternehmens fallen oder zusätzlich zu den steuerpflichtigen Geschäften getätigt wurden	3 Operazioni esenti di cui all'art. 10, n. 27-quinquies - Steuerfreie Geschäfte gemäß Art. 10, Nr. 27-quinquies	4 Beni ammortizzabili e passaggi interni esenti - Steuerfreie abschreibbar Güte und interne Übergänge
VF34	,00	,00	,00	
	5 Operazioni non soggette – Nicht steuerpflichtige Geschäfte	6 Operazioni non soggette di cui all'art 74, co. 1 - Nicht steuerpflichtige Geschäfte gemäß Art. 74, Absatz 1	7 Operazioni esenti art. 19, co. 3, lett. a-bis) Steuerfreie Geschäfte Art. 19, Absatz 3, Buchstabe a-bis)	9 Percentuale di detrazione (arrotondata all'unità più prossima) - Steuersatz der Absetzung (auf die nächste Einheit auf- bzw. abgerundet)
	,00	,00	,00	%

VF37 IVA ammessa in detrazione – Absetzbare Mehrwertsteuer — ,00

Sez. 3-C Casi particolari
Absch. 3-C Sonderfälle

VF60 **Occasionale effettuazione di operazioni esenti ovvero di operazioni imponibili**
Gelegentliche Durchführung von steuerfreien bzw. steuerpflichtigen Geschäften
Se le operazioni esenti effettuate sono occasionali ovvero riguardano esclusivamente operazioni di cui ai nn. da 1 a 9 dell'art. 10, non rientranti nell'attività propria dell'impresa o accessorie ad operazioni imponibili barrare la casella - Wenn die steuerfreien Geschäfte nur gelegentlich getätigt werden bzw. ausschließlich die Geschäfte gemäß Art. 10, Nummer 1 bis 9 betreffen, die nicht in die eigene Tätigkeit des Unternehmens fallen oder zusätzlich zu den steuerpflichtigen Geschäften getätigt wurden, ist dieses Kästchen anzukreuzen — 1 ☐
Se le operazioni imponibili effettuate sono occasionali barrare la casella
Wenn die durchgeführten steuerpflichtigen Geschäfte gelegentlich erfolgen, dieses Kästchen ankreuzen — 2 ☐

VF61 Se sono state effettuate cessioni occasionali di beni usati con l'applicazione del regime del margine (d.l. n. 41/1995) barrare la casella - Wenn gelegentliche Abtretungen von gebrauchten Gütern bei Anwendung der Differenzbesteuerung (Gesetzesdekret Nr. 41/1995) durchgeführt wurden, ist dieses Kästchen ankreuzen — 1 ☐

VF62 Operazioni occasionali rientranti nel regime previsto dall'art. 34-bis per le attività agricole connesse - Gelegentliche Geschäfte, die unter die in Art. 34-bis für verbundene landwirtschaftliche Tätigkeiten vorgesehene Regelung fallen — 1 Imponibile - Bemessunggrundlage ,00 — 2 Imposta - Steuer ,00

Sez. 4 - IVA ammessa in detrazione
Absch. 4 - Absetzbare Mehrwertsteuer

VF70 TOTALE rettifiche (indicare con il segno +/–) - GESAMTBETRAG der Berichtigungen (Zeichen +/- angeben) — ,00

VF71 IVA ammessa in detrazione - Absetzbare Mehrwertsteuer — ,00

MODELLO IVA BASE 2020 - VORDRUCK MWST.-BASE 2020

CODICE FISCALE - STEUERNUMMER

Periodo d'imposta 2019
Steuerzeitraum 2019

Agenzia Entrate – Agentur der Einnahmen

QUADRO VJ – Imposta relativa a particolari tipologie di operazioni
ÜBERSICHT VJ – Steuer in Bezug auf besondere Arten von Geschäften
QUADRO VI – Dichiarazioni di intento ricevute
ÜBERSICHT VI – Erhaltene Absichtserklärungen

Mod. N.
Vordruck Nr.

QUADRO VJ
Imposta relativa a particolari tipologie di operazioni
ÜBERSICHT VJ
Steuer in Bezug auf besondere Arten von Geschäften

		1 IMPONIBILE BEMESSUNGSGRUNDLAGE	2 IMPOSTA - STEUER
VJ3	Acquisti di beni e servizi da soggetti non residenti ai sensi dell'art. 17, comma 2 - Anschaffungen von Gütern und Erwerb von Dienstleistungen durch nicht ansässige Subjekte gemäß Art. 17, Absatz 2	,00	,00
VJ6	Acquisti all'interno di beni di cui all'art. 74, commi 7 e 8 - Im Inland getätigte Anschaffungen von Gütern gemäß Art. 74, Absatz 7 und 8	,00	,00
VJ7	Acquisti all'interno di oro industriale e argento puro (art. 17, comma 5) Im Inland getätigte Anschaffungen von Industriegold und reinem Silber (Art. 17, Absatz 5)	,00	,00
VJ8	Acquisti di oro da investimento imponibile per opzione (art. 17, comma 5) Anschaffungen von Anlagegold, das aufgrund der Option steuerpflichtig ist (Art. 17, Absatz 5)	,00	,00
VJ12	Acquisti di servizi resi da subappaltatori nel settore edile (art. 17, comma 6, lett. a) - Erwerb von Dienstleistungen von Subunternehmern in der Baubranche (Art. 17, Absatz 6, Buchstabe a)	,00	,00
VJ13	Acquisti di fabbricati (art. 17, comma 6, lett. a-bis) Anschaffungen von Gebäuden (Art. 17, Absatz 6, Buchstabe a-bis)	,00	,00
VJ14	Acquisti di telefoni cellulari (art. 17, comma 6, lett. b) Anschaffungen von Mobiltelefonen (Art. 17, Absatz 6, Buchstabe b)	,00	,00
VJ15	Acquisti di prodotti elettronici (art. 17, comma 6, lett. c) Erwerbungen von Elektronik-Produkten (Art. 17, Absatz 6, Buchstabe c)	,00	,00
VJ16	Acquisti di servizi del comparto edile e settori connessi (art. 17, comma 6, lett. a-ter) - Ankäufe von Dienstleistungen des Bausektors und damit verbundener Sektoren (Art. 17, Absatz 6, Buchstabe a-ter)	,00	,00
VJ17	Acquisti di beni e servizi del settore energetico (art. 17, comma 6, lett. d-bis, d-ter e d-quater - Ankäufe von Gütern und Dienstleistungen des Energiesektors (Art. 17, Absatz 6, Buchstabe d-bis, d-ter und d-quater)	,00	,00
VJ18	Acquisti dei soggetti di cui all'art. 17-ter Ankäufe von Subjekten gemäß Art. 17-ter	,00	,00
VJ20	**TOTALE IMPOSTA** (somma dei righi da VJ3 a VJ18) **GESAMTBETRAG DER STEUER** (Summe aus den Zeilen VJ3 bis VJ18)		,00

QUADRO VI
Dichiarazioni di intento ricevute
ÜBERSICHT VI
Erhaltene Absichtserklärungen

Dati relativi al cessionario o committente - Daten des Übernehmers oder Auftraggebers

VI1	1 Partita IVA - MEHRWERTSTEUERNUMMER	2 Numero protocollo - Protokollnummer
VI2	1	2 -
VI3	1	2 -
VI4	1	2 -
VI5	1	2 -
VI6	1	2 -

MODELLO IVA BASE 2020 - VORDRUCK MWST.-BASE 2020

Periodo d'imposta 2019
Steuerzeitraum 2019

CODICE FISCALE - STEUERNUMMER

Agenzia Entrate – Agentur der Einnahmen

QUADRO VH – Liquidazioni periodiche
ÜBERSICHT VH – Regelmäßige Abrechnungen
QUADRO VL – Liquidazione dell'imposta annuale
ÜBERSICHT VL – Abrechnung der jährlichen Steuer

Mod. N.
Vordruck Nr.

QUADRI COMPILATI - AUSGEFÜLLTE ÜBERSICHTEN

QUADRO VH
ÜBERSICHT VH

Variazioni delle comunicazioni periodiche (*)
Änderungen der periodischen mitteilungen (*)

		CREDITI - GUTHABEN	DEBITI - SCHULDEN	Liquidazione anticipata / Vorzeitige Abrechnung
VH1	Gennaio - Januar	,00	,00	
VH2	Febbraio - Februar	,00	,00	
VH3	Marzo - März	,00	,00	
VH4	I TRIMESTRE - I QUARTAL	,00	,00	
VH5	Aprile - April	,00	,00	
VH6	Maggio - Mai	,00	,00	
VH7	Giugno - Juni	,00	,00	
VH8	II TRIMESTRE - II QUARTAL	,00	,00	
VH9	Luglio - Juli	,00	,00	
VH10	Agosto - August	,00	,00	
VH11	Settembre - September	,00	,00	
VH12	III TRIMESTRE - III QUARTAL	,00	,00	
VH13	Ottobre - Oktober	,00	,00	
VH14	Novembre - November	,00	,00	
VH15	Dicembre - Dezember	,00	,00	
VH16	IV TRIMESTRE - IV QUARTAL	,00	,00	

			Metodo / Methode
VH17	Acconto dovuto - Geschuldete Anzahlung	,00	

QUADRO VL
ÜBERSICHT VL

Sez. 1 - Determinazione dell'IVA dovuta o a credito per il periodo d'imposta -
Absch. 1 - Ermittlung der geschuldeten MwSt. bzw. des MwSt.-Guthabens des Besteuerungszeitraumes

		DEBITI - SCHULDEN	CREDITI - GUTHABEN
VL1	**IVA a debito** (somma dei righi VE26 e VJ19) **MwSt.-Schuld** (Summe der Zeilen VE26 und VJ19)	,00	
VL2	**IVA detraibile** (da rigo VF71) - **Absetzbare MwSt.** (aus Zeile VF71)		,00
VL3	**IMPOSTA DOVUTA** (VL1 – VL2) **GESCHULDETE STEUER** (VL1 – VL2)	,00	
	ovvero - oder		
VL4	**IMPOSTA A CREDITO** (VL2 – VL1) **STEUERGUTHABEN** (VL2 – VL1)		,00

Sez. 2 - Credito anno precedente
Absch. 2 - Guthaben aus dem Vorjahr

		DEBITI - SCHULDEN	CREDITI - GUTHABEN
VL8	Credito risultante dalla dichiarazione per il 2018 Aus der Erklärung für das Jahr 2018 resultierendes Guthaben		,00
VL9	Credito compensato nel modello F24 - Im Vordruck F24 ausgeglichenes Guthaben	,00	

Sez. 3 - Determinazione dell'IVA a debito o a credito relativa a tutte le attività esercitate
Absch. 3 - Ermittlung der MwSt.-Schuld bzw. des MwSt.-Guthabens in Bezug auf alle durchgeführten Tätigkeiten

		DEBITI - SCHULDEN	CREDITI - GUTHABEN
VL20	Rimborsi infrannuali richiesti (art. 38-bis, comma 2) Im Laufe des Jahres beantragte Rückerstattungen (Art. 38-bis, Absatz 2)	,00	
VL22	Credito IVA risultante dai primi 3 trimestri del 2019 compensato nel mod. F24 - Resultierendes Mehrwertsteuerguthaben der ersten 3 Quartale 2019, das im Vordruck F24 ausgeglichen wurde	,00	
VL23	Interessi dovuti per le liquidazioni trimestrali Für die quartalsweise Abrechnung geschuldeten Zinsen	,00	
VL25	Eccedenza credito anno precedente - Guthabenüberschuss des Vorjahres		,00
VL26	Credito richiesto a rimborso in anni precedenti computabile in detrazione a seguito di diniego dell'ufficio - In den Vorjahren als Rückerstattung beantragtes Guthaben, das infolge der amtlichen Ablehnung als Absetzung berechnet werden kann		,00
VL27	Crediti d'imposta utilizzati nelle liquidazioni periodiche e per l'acconto Steuerguthaben, die für die regelmäßigen Abrechnungen und Anzahlungen verwendet wurden		,00
			,00

VL30 Ammontare IVA periodica - Summe der periodischen MwSt.

IVA periodica dovuta Geschuldete periodische MwSt.	IVA periodica versata Gezahlte periodische MwSt	IVA periodica versata a seguito di comunicazione di irregolarità Nach Meldung von Unregelmäßigkeiten gezahlte periodische MwSt.	IVA periodica versata a seguito di cartelle di pagamento Nach Zahlungsaufforderungen gezahlte Periodische MwSt.
2 ,00	3 ,00	4 ,00	5 ,00

		DEBITI - SCHULDEN	CREDITI - GUTHABEN
VL32	**IVA A DEBITO** **MWST.-SCHULD**	,00	
	ovvero- oder		
VL33	**IVA A CREDITO** **MWST.-GUTHABEN**		,00
VL34	Crediti d'imposta utilizzati in sede di dichiarazione annuale Für die Jahreserklärung in Anspruch genommenes		,00
VL36	Interessi dovuti in sede di dichiarazione annuale Steuerguthaben bei Einreichung der jährlichen Erklärung geschuldete Zinsen	,00	
VL38	**TOTALE IVA DOVUTA** (VL32 - VL34 + VL36) **GESAMTBETRAG DER GESCHULDETEN MWST.** (VL32 - VL34 + VL36)	,00	
VL39	**TOTALE IVA A CREDITO - GESAMTBETRAG DES MWST.-GUTHABEN**		,00
VL40	Versamenti effettuati a seguito di utilizzo in accesso del credito Zahlungen, die infolge der übermäßigen Verwendung des Guthabens vorgenommen wurden		,00

QUADRI COMPILATI AUSGEFÜLLTE ÜBERSICHTEN	VA	VB	VE	VF	VJ	VI	VH	VL	VP	VX	VT

(*) Il quadro VH va compilato solo nel caso in cui si intenda inviare/integrare /correggere i dati omessi /incompleti/errati nelle comunicazioni delle liquidazioni periodiche IVA

(*) Die Übersicht VH nur ausfüllen, wenn man die ausgelassenen/unvollständigen/falschen Daten in den Mitteilungen der periodischen MwSt.-Abrechnungen senden/ergänzen/korrigieren möchte.

MODELLO IVA BASE 2020 - VORDRUCK MWST.-BASE 2020

Periodo d'imposta 2019
Steuerzeitraum 2019

CODICE FISCALE - STEUERNUMMER

IVA

Agenzia Entrate – Agentur der Einnahmen

QUADRO VX – Determinazione dell'IVA da versare o a credito
ÜBERSICHT VX – Ermittlung der zu zahlenden MwSt. oder des MwSt.-Guthaben
QUADRO VT – Separata indicazione delle operazioni effettuate nei confronti di consumatori finali e soggetti IVA
ÜBERSICHT VT – Getrennte Angabe der gegenüber Endverbrauchern und Inhabern einer Ust-IdNr. getätigten Geschäfte

QUADRO VX
DETERMINAZIONE DELL'IVA DA VERSARE O DEL CREDITO D'IMPOSTA

ÜBERSICHT VX
ERMITTLUNG DER ZU ZAHLENDEN MWST. ODER DES STEUERGUTHABEN

Per chi presenta la dichiarazione con più moduli compilare solo nel modulo n. 01
Wer die Erklärung auf mehreren Vordrucken einreicht, hat diesen Teil nur im Vordruck Nr. 01 abzufassen

VX1 IVA da versare - Zu zahlende Mehrwertsteuer ,00

VX2 IVA a credito (da ripartire tra i righi VX4, VX5 e VX6) - **MwSt.-Guthaben** (in den Zeilen VX4, VX5 und VX6 aufzuteilen) [1] ,00
di cui da trasferire al Gruppo IVA (art.70-bis) / wovon der MwSt.-Gruppe zu übermitteln (art.70-bis) [2] ,00

VX3 Eccedenza di versamento (da ripartire tra i righi VX4, VX5 e VX6) - Einzahlungsüberschuss (in den Zeilen VX4, VX5 und VX6 aufzuteilen) [1] ,00

Importo di cui si richiede il rimborso
Betrag, für den die Rückerstattung beantragt wird ,00
di cui da liquidare mediante procedura semplificata / davon mittels vereinfachter Prozedur abzurechnen [2] ,00

Causale del rimborso / Grund der Rückerstattung [3]
Contribuenti ammessi all'erogazione prioritaria del rimborso - Für die vorrangige Aus-zahlung der Rückerstattung zugelassene Steuerpflichtige [4]
Imposta relativa alle operazioni di cui all'art. 17-ter - Steuer auf die Geschäftsvorgänge gemäß Art. 17-ter [5] ,00

Contribuenti Subappaltatori / Steuerpflichtige Subunternehmer [6]
Esonero garanzia - Garantiebefreiung [7]

Attestazione delle società e degli enti operativi - Nachweis der geschäftstätigen Gesellschaften und Körperschaften

Il sottoscritto dichiara, ai sensi dell'articolo 47 del decreto del Presidente della Repubblica 28 dicembre 2000, n. 445, di non rientrare tra le società e gli enti non operativi di cui all'articolo 30 della legge 23 dicembre 1994, n. 724 e dichiara di essere consapevole delle responsabilità anche penali derivanti dal rilascio di dichiarazioni mendaci, previste dall'articolo 76 del decreto del Presidente della Repubblica 28 Dicembre 2000, n. 445. - Der Unterzeichnende erklärt gemäß Art. 47 des Dekrets des Präsidenten der Republik Nr. 445 vom 28. Dezember 2000, nicht zu den nicht geschäftstätigen Gesellschaften oder Körperschaften im Sinne von Artikel 30 des Gesetzes Nr. 724 vom 23. Dezember 1994 zu gehören. Darüber hinaus erklärt der Unterzeichnende, dass er sich auch der strafrechtlichen Verantwortungen infolge der Abgabe falscher Erklärungen laut Art. 76 des Dekrets des Präsidenten der Republik Nr. 445 vom 28. Dezember 2000 bewusst ist.

VX4 FIRMA / UNTERSCHRIFT [8] Interpello / Anfrage [9]

Attestazione condizioni patrimoniali e versamento contributi - Nachweis der Vermögenslage und der Beitragszahlung

Il sottoscritto dichiara, ai sensi dell'articolo 47 del decreto del Presidente della Repubblica 28 dicembre 2000, n. 445, che sussistono le seguenti condizioni previste dall'articolo 38-bis, terzo comma, lettere a), b) e c):
Der Unterzeichnende erklärt im Sinne von Art. 47 des Dekrets des Präsidenten der Republik Nr. 445 vom 28. Dezember 2000, dass die nachfolgenden und in Art. 38-bis, dritter Absatz, unter den Buchstaben a), b) und c) vorgesehenen Bedingungen vorliegen

a) il patrimonio netto non è diminuito, rispetto alle risultanze contabili dell'ultimo periodo d'imposta, di oltre il 40 per cento; la consistenza degli immobili non si è ridotta, rispetto alle risultanze contabili dell'ultimo periodo d'imposta, di oltre il 40 per cento per cessioni non effettuate nella normale gestione dell'attività esercitata; l'attività stessa non è cessata né si è ridotta per effetto di cessioni di aziende o rami di aziende compresi nelle suddette risultanze contabili;
a) Das Eigenkapital ist gegenüber den Ergebnissen aus den Buchhaltungsunterlagen des letzten Steuerzeitraums nicht über 40% gesunken. Der Bestand der eingetragenen Immobilien ist gegenüber den Ergebnissen aus den Buchhaltungsunterlagen des letzten Steuerzeitraums wegen Übertragungen, die nicht bei der normalen Geschäftsführung in Bezug auf die ausgeübten Tätigkeiten vorgenommen wurden, nicht über 40% gesunken. Die Tätigkeit selbst wurde infolge von Unternehmensübertragungen oder Übertragungen von Unternehmenszweigen, die in den genannten Ergebnissen aus den Buchhaltungsunterlagen enthalten sind, weder beendet noch reduziert.

b) non risultano cedute nell'anno precedente la richiesta azioni o quote della società stessa per un ammontare superiore al 50 per cento del capitale sociale;
b) Im Jahr vor dem Antrag wurden keine Gesellschaftsaktien oder Anteile an der Gesellschaft übertragen, deren Höhe 50% des Gesellschaftskapitals übersteigt

c) sono stati eseguiti i versamenti dei contributi previdenziali e assicurativi.

Il sottoscritto dichiara di essere consapevole delle responsabilità anche penali derivanti dal rilascio di dichiarazioni mendaci ai sensi dell'articolo 76 del decreto del Presidente della Repubblica 28 dicembre 2000, n. 445.
Der Unterzeichnende erklärt hiermit, sich der auch strafrechtlichen Verantwortungen infolge der Abgabe falscher Erklärungen im Sinne von Art. 76 des Dekrets des Präsidenten der Republik Nr. 445 vom 28. Dezember 2000 bewusst zu sein

FIRMA / UNTERSCHRIFT [10]

VX5 Importo da riportare in detrazione o in compensazione - Betrag, der als Absetzung oder Ausgleich zu übertragen ist ,00

VX6 Importo ceduto a seguito di opzione per il consolidato fiscale / Betrag, der durch die Wahl der Option für die Steuerkonsolidierung abgetreten wurde [1] Codice fiscale consolidante / Steuernummer des konsolidierenden Unternehmens ,00

QUADRO VT
ÜBERSICHT VT

VT1 Ripartizione delle operazioni imponibili effettuate nei confronti di consumatori finali e di soggetti titolari di partita IVA - Aufteilung der steuerpflichtigen Geschäfte, die gegenüber Endverbrauchern und Inhabern einer Ust-IdNr. getätigt wurden

Totale operazioni imponibili - Gesamtbetrag der steuerpflichtigen Geschäfte [1] | Totale imposta / Gesamtbetrag der Steuer [2]
Operazioni imponibili verso consumatori finali - Steuerpflichtige Geschäfte gegenüber Endverbrauchern [3] | Imposta - Steuer [4] ,00
Operazioni imponibili verso soggetti IVA - Steuerpflichtige Geschäfte gegenüber Inhabern einer Ust-IdNr. [5] | Imposta - Steuer [6] ,00

		Operazioni imponibili verso consumatori finali / Steuerpflichtige Geschäfte gegenüber Endverbrauchern [1]	Imposta - Steuer [2]
VT2	Abruzzo - Abruzzen	,00	,00
VT3	Basilicata - Basilikata	,00	,00
VT4	Bolzano - Bozen	,00	,00
VT5	Calabria - Kalabrien	,00	,00
VT6	Campania - Kampanien	,00	,00
VT7	Emilia Romagna - Emilia Romagna	,00	,00
VT8	Friuli Venezia Giulia - Friaul-Julisch-Venetien	,00	,00
VT9	Lazio - Latium	,00	,00
VT10	Liguria - Ligurien	,00	,00
VT11	Lombardia - Lombardei	,00	,00
VT12	Marche - Marken	,00	,00
VT13	Molise - Molise	,00	,00
VT14	Piemonte - Piemont	,00	,00
VT15	Puglia - Apulien	,00	,00
VT16	Sardegna - Sardinien	,00	,00
VT17	Sicilia - Sizilien	,00	,00
VT18	Toscana - Toskana	,00	,00
VT19	Trento - Trient	,00	,00
VT20	Umbria - Umbrien	,00	,00
VT21	Valle d'Aosta - Aostatal	,00	,00
VT22	Veneto - Venetien	,00	,00

MODELLO IVA BASE 2020 - VORDRUCK MWST.-BASE 2020

CODICE FISCALE - STEUERNUMMER

Periodo d'imposta 2019
Steuerzeitraum 2019

IVA

Agenzia Entrate – Agentur der Einnahmen

QUADRO VP LIQUIDAZIONI PERIODICHE IVA
ÜBERSICHT VP PERIODISCHE ABRECHNUNGEN DER MwSt

LIQUIDAZIONE DELL'IMPOSTA
ABRECHNUNG DER STEUER

	PERIODO DI RIFERIMENTO - BEZUGSZEITRAUM		Subforniture / Zulieferungen		
VP1	Mese / Monat [1]	Trimestre (*) / Quartal (*) [2]	[3]		
VP2	Totale operazioni attive (al netto dell'IVA) / Gesamtbetrag der Aktivvorgänge (ohne MwSt.)				
VP3	Totale operazioni passive (al netto dell'IVA) / Gesamtbetrag der Passivvorgänge (ohne MwSt.)				
		DEBITI - SCHULDEN		CREDITI - GUTHABEN	
VP4	IVA esigibile - Fällige Mehrwertsteuer				
VP5	IVA detratta - Abgesetzte Mehrwertsteuer				
VP6	IVA dovuta - Geschuldete Mehrwertsteuer	[1]	o a credito / MwSt.-Guthaben	[2]	
VP7	Debito periodo precedente non superiore 25,82 euro / Guthaben der Vorperiode nicht über 25,82 Euro				
VP8	Credito periodo precedente - Guthaben der Vorperiode				
VP9	Credito anno precedente - Guthaben des Vorjahres				
VP10	Versamenti auto UE - Zahlungen für EU-Fahrzeuge				
VP11	Crediti d'imposta - Steuerguthaben				
VP13	Acconto dovuto - Geschuldete Vorauszahlung	Metodo / Methode [1]		[2]	
VP14	IVA da versare - Zu zahlende MwSt.	[1]	o a credito / MwSt.-Guthaben	[2]	

(*) **ATTENZIONE**: I contribuenti che hanno optato per la liquidazione trimestrale ai sensi dell'art. 7 del D.P.R. n. 542/99 devono indicare "5" per il quarto trimestre
(*) **HINWEIS**: Steuerzahler, die sich gemäß Artikel 7 des D.P.R. Nr. 542/99 für die Quartalsliquidation entschieden haben, müssen für das vierte Quartal "5" angeben.

Kroatien

Allgemeines

Die kroatische Umsatzsteuer (Porez na dodanu vrijednost – PDV) entspricht inzwischen weitestgehend den Vorgaben der MwStSystRL. In Kroatien wurde am 1. Januar 2023 der Euro als offizielle Währung eingeführt.

Unternehmer/Organkreis

Der Unternehmerbegriff entspricht der Definition laut MwStSystRL.

Eine umsatzsteuerliche Organschaft oder Gruppenbesteuerung ist im kroatischen Umsatzsteuerrecht nicht vorgesehen, so dass Unternehmer jeweils gesondert registriert und zur Umsatzsteuer veranlagt werden.

Während in Kroatien ansässige Unternehmer sich erst dann zwingend zur Umsatzsteuer registrieren lassen müssen, wenn die Umsatzgrenze von 40.000 € überschritten wird, müssen ausländische Unternehmer sich unabhängig von einer Umsatzgrenze registrieren lassen, sobald in Kroatien steuerpflichtige Leistungen erbracht werden, für die nicht das Reverse-Charge-Verfahren anwendbar ist.

Für Steuerpflichtige mit ausschließlich steuerfreien Umsätzen sowie für nicht unternehmerische juristische Personen ist eine Registrierung erforderlich, wenn die Erwerbschwelle (für den Bezug aus anderen EU-Staaten) den Wert von 10.000 € übersteigt.

Lieferungen/sonstige Leistungen

Die Definition der Begriffe Lieferung und sonstige Leistungen entspricht in Kroatien grds. den Vorgaben der MwStSystRL. Danach setzt eine Lieferung die Verschaffung der Verfügungsmacht an einem Gegenstand voraus. Der Begriff der sonstigen Leistung ist negativ definiert, d. h., dass alle steuerbaren Vorgänge, die nicht als Lieferungen gelten, sonstige Leistungen sind.

Werklieferung/Werkleistung/Bauleistung

Der Ort einer Werklieferung ist im kroatischen Umsatzsteuerrecht dort, wo die Installation oder Montage erfolgt.

Reihengeschäfte

Bis Ende 2019 existierten in Kroatien – mit Ausnahme zu der Regelung zu Dreiecksgeschäften sowie Regelungen zu Exporten – keine besonderen Regelungen zur umsatzsteuerlichen Behandlung von Reihengeschäften.

Auf dem Weg zu einem neuen endgültigen EU-Mehrwertsteuersystem wurden im Oktober 2018 durch die europäischen Finanzminister die sogenannten „Quick-Fixes" erlassen.

Hierin werden nun u. a. erstmals Vorschriften zu Reihengeschäften aufgenommen. Seit dem 1.1.2020 ist damit verbindlich für alle Mitgliedstaaten einheitlich die Zuordnung der bewegten Lieferung bei innergemeinschaftlichen Reihengeschäften geregelt. Das bisherige Problem, dass in anderen Mitgliedstaaten diesbezüglich abweichende Regelungen zu beachten waren, fällt somit seither weitestgehend weg.

Die EU-einheitlichen Regelungen hierzu finden sich in den Begriffsbestimmungen.

Diese Regelungen beziehen sich allerdings ausschließlich auf innergemeinschaftliche Reihengeschäfte, nicht jedoch auf Reihengeschäfte mit Drittlandsbezug (Einfuhr/Ausfuhr).

Verlagerungsverfahren/Reverse-Charge

Das kroatische Umsatzsteuerrecht sieht die Anwendung des Reverse-Charge-Verfahrens zunächst einmal vor bei

- in Kroatien steuerbaren sonstigen Leistungen, die der „B2B-Grundregel" (vgl. Art. 44 MwStSystRL, § 3a Abs. 2 UStG) unterliegen und von ausländischen, nicht in Kroatien ansässigen Unternehmen erbracht werden.

Ein Unternehmer gilt in Kroatien als ansässig, wenn er über eine feste Niederlassung in Kroatien verfügt und diese an der Transaktion beteiligt ist.

Weiterhin sieht das kroatische Umsatzsteuerrecht die Anwendung des Reverse-Charge-Verfahrens vor bei

- allen anderen sonstigen Leistungen und
- Lieferungen,

die von ausländischen – nicht in Kroatien ansässigen – Unternehmen in Kroatien erbracht werden. Dies gilt jedoch nur dann, wenn der Leistende nicht in Kroatien für Umsatzsteuerzwecke registriert ist. Voraussetzung für die Anwendung des Reverse-Charge-Verfahrens ist hier außerdem, dass der Leistungsempfänger in Kroatien umsatzsteuerlich registriert ist.

Außerdem greift das Reverse-Charge-Verfahren für folgende Leistungen zwischen zwei in Kroatien für Umsatzsteuerzwecke registrierten Unternehmen:

- Bauleistungen,
- Zurverfügungstellung von Arbeitskräften im Bausektor,
- Veräußerung von Immobilien im Fall der Option zur Steuerpflicht,
- Veräußerung von Immobilien durch den Vollstreckungsschuldner im Zwangsversteigungsverfahren,
- Umsätze mit bestimmten Gebrauchtwaren und Abfällen,
- Lieferung von Gold und
- Übertragung von Emissonsrechten und vergleichbaren Rechten,

jeweils unter bestimmten Voraussetzungen.

Konsignationslager/Call-off stock

Mit dem 1.1.2021 traten die sogenannten „Quick Fixes" in Kraft, die u. a. eine EU-weite Vereinfachung in Form einer Konsignationslagerregelung vorsehen. Diese Regelung hat das Ziel, dass sich der Inhaber des Konsignationslagers (der „Lieferant") nicht in dem EU-Staat für Umsatzsteuerzwecke registrieren lassen muss, in welchem er für seinen Kunden ein Konsignationslager unterhält.

Die EU-einheitlichen Regelungen hierzu finden sich in den Begriffsbestimmungen.

Werden die Voraussetzungen zur Anwendung dieser Vereinfachungsregelung nicht erfüllt, so gelten die „normalen" Grundsätze:

Lieferungen aus dem EU-Ausland in das Lager in Kroatien gelten in diesem Fall als Verbringungen, die einer innergemeinschaftlichen Lieferung gleichgestellt sind. Den im Ausland steuerfreien Verbringungen steht in Kroatien ein innergemeinschaftlicher Erwerb gegenüber, für den Erwerbsteuer anzumelden ist.

Die Lieferungen aus dem Konsignationslager an den Kunden werden dann als Inlandsumsatz innerhalb Kroatiens betrachtet und sind in Kroatien umsatzsteuerpflichtig.

Eine Registrierung des Lieferanten für Umsatzsteuerzwecke in Kroatien ist also notwendig, sofern die Voraussetzungen für die Anwendung der EU-weit geltenden Vereinfachungsregelung nicht gegeben sind.

Fernverkäufe

Mit Inkrafttreten der sogenannten „Quick Fixes" zum 1.1.2021 wird u. a. EU-weit eine einheitliche Behandlung sogenannter „Fernverkäufe" sicherstellt.

Als „Fernverkäufe“ werden grenzüberschreitende Warenlieferungen im EU-Gemeinschaftsgebiet an einen bestimmten Abnehmerkreis (vor Allem an Kunden, bei denen es sich nicht um Unternehmer handelt) bezeichnet.

Die EU-einheitlichen Regelungen hierzu finden sich in den Begriffsbestimmungen.

Sonderregelungen für die Betreiber „elektronischer Schnittstellen“

Mit den bereits erwähnten „Quick Fixes“ werden auch EU-einheitliche Regelungen für die Betreiber sogenannter „elektronischer Schnittstellen“ eingeführt. Als „elektronische Schnittstelle“ gelten beispielsweise elektronische Marktplätze oder elektronische Plattformen. Diese Regelungen greifen für bestimmte Warenverkäufe von Online-Händlern über solche Schnittstellen, wenn der Händler im Drittland ansässig ist, die Beförderung oder Versendung der Ware in der EU beginnt oder endet und die Kunden einem bestimmten Abnehmerkreis angehören (vor allem Kunden, bei denen es sich nicht um Unternehmer handelt).

Diese Regelung tritt für Umsätze und Einfuhren ab dem 1.7.2021 in Kraft.

Die EU-einheitlichen Regelungen hierzu finden sich in den Begriffsbestimmungen.

Steuerbefreiungen

Das kroatische Umsatzsteuergesetz sieht u. a. Umsatzsteuerbefreiungen für die folgenden Lieferungen bzw. Leistungen vor:

- Ausfuhrlieferungen
- innergemeinschaftliche Lieferungen
- bestimmte Aktivitäten von öffentlichem Interesse (beispielsweise medizinische und zahlärztliche Versorgung)
- Versicherungsleistungen
- Finanzdienstleistungen
- Organisation von Glücksspielen
- Lieferung von Briefmarken
- Vermietung von Grund und Boden und Gebäuden unter bestimmten Voraussetzungen
- Verkauf von Grundstücken und von Gebäuden, die nicht als „neu“ anzusehen sind.

Als „neu“ werden Gebäude vor erstmaliger Nutzung und in den zwei folgenden Jahren angesehen. Auch umgebaute Gebäude oder Gebäudeteile können unter bestimmten

Voraussetzungen als „neue Gebäude" in diesem Sinn zu qualifizieren sein. Die Lieferung von Bauland ist nicht umsatzsteuerbefreit.

Es ist möglich, unter bestimmten Voraussetzungen bei der Veräußerung von Grundstücken auf die Steuerfreiheit zu verzichten. Eine der Voraussetzungen ist hier, dass sowohl Käufer als auch Verkäufer in Kroatien für Umsatzsteuerzwecke registriert sind und dass der Käufer in Bezug auf den Grundstückskauf das volle Recht zum Vorsteuerabzug besitzt.

Auch in Bezug auf die Gewährung von Darlehen und Krediten im Zusammenhang mit der Durchführung von Lieferungen und Leistungen kann unter bestimmten Voraussetzungen auf die Steuerbefreiung verzichtet werden.

Steuersätze

Im kroatischen Umsatzsteuergesetz gibt es folgende Steuersätze:

- Normalsteuersatz: 25 %
- ermäßigte Steuersätze: 5 %, 13 %

Dem ermäßigten Steuersatz von 13 % unterliegen z. B. die folgenden Leistungen:

- Übernachtungsleistungen
- besondere Lebensmittel
- Zeitungen und Zeitschriften unter bestimmten Voraussetzungen
- Konzertkarten

Dem Niedrigsteuersatz von 5 % unterliegen im Wesentlichen:

- Grundnahrungsmittel wie Brot und Milch
- Medikamente
- Bücher und Zeitschriften unter bestimmten Voraussetzungen
- Kinokarten

Bemessungsgrundlage

Als Bemessungsgrundlage zur Ermittlung der kroatischen Umsatzsteuer gilt entsprechend den Vorgaben der MwStSystRL alles, was der Leistungsempfänger aufwendet, um die Leistung zu erhalten.

Eine Korrektur der Bemessungsgrundlage bei Gewährung von nachträglichen Preisminderungen oder bei Forderungsausfällen kann nur erfolgen, wenn der Kunde die korrespondierende Vorsteuerkorrektur vorgenommen hat und dies dem leistenden Unternehmer in Schriftform bestätigt. Ist der Kunde ein ausländisches, nicht für Umsatzsteuerzwecke in Kroatien registriertes Unternehmen, so hat dieser zu bestätigen, dass kein Antrag auf Vorsteuervergütung gestellt wurde.

Vorsteuerabzug

Grundvoraussetzungen für die Inanspruchnahme des Vorsteuerabzugs sind:

- Der Unternehmer muss eine Lieferung oder Leistung für sein Unternehmen bezogen haben,
- die Lieferung oder Leistung muss von einem anderen Unternehmer ausgeführt worden sein und
- der leistende Unternehmer muss eine ordnungsgemäße Abrechnung mit offen ausgewiesener Umsatzsteuer erstellt haben.

Es existieren Regelungen, wonach der Vorsteuerabzug für bestimmte Lieferungen oder Dienstleistungen nicht oder nur beschränkt möglich ist:

- In Bezug auf den Kauf und die Miete persönlicher Transportmittel (wie Autos, Freizeitschiffe und Flugzeuge) einschließlich der damit verbundenen Waren und Dienstleistungen (wie Wartung und Kraftstoff) haben Steuerpflichtige das Recht, 50 % der Vorsteuer abzuziehen (Ausnahme: gewerblich genutzte Fahrzeuge von Taxiunternehmen, Fahrschulen, Autohändlern etc.).
- Kein Recht zum Vorsteuerabzug besteht in Bezug auf Kosten für Geschäftspartner (wie Bewirtung, Geschenke, Unterhaltung usw.).

Rechnungsbestandteile

Rechnungen für innergemeinschaftliche Lieferungen und sonstige Leistungen, die der „B2B-Grundregel“ (vgl. Art. 44 MwStSystRL, § 3a Abs. 2 UStG sowie obige Ausführungen zum „Verlagerungsverfahren/Reverse-Charge) unterliegen, sind bis zum 15. des Folgemonats zu stellen.

In den Rechnungen sind grds. folgende Angaben zwingend vorgeschrieben:

- Name und Anschrift des Leistenden
- persönliche Identifikationsnummer oder Umsatzsteuer-ID-Nummer des Leistenden
- Name und Anschrift des Kunden
- persönliche Identifikationsnummer oder Umsatzsteuer-ID-Nummer des Kunden
- Rechnungsdatum
- fortlaufende Rechnungsnummer

- Leistungszeitpunkt/Lieferzeitpunkt (in Fällen von Anzahlungsrechnungen Zeitpunkt der Vereinnahmung des Entgelts, sofern der Zeitpunkt der Vereinnahmung feststeht und nicht mit dem Ausstellungdatum der Rechnung übereinstimmt)
- Menge und Art der erbrachten Leistung
- Nettostückpreis und Nettogesamtpreis je Steuersatz
- Umsatzsteuersatz
- Umsatzsteuerbetrag je Steuersatz
- Hinweis auf vereinbarte Entgeltminderungen
- ggf. Hinweis auf eine Steuerbefreiung und Rechtsgrundlage für die Anwendung der Steuerbefreiung
- falls bestellt: Name, Anschrift und persönliche Identifikationsnummer oder Umsatzsteuer-ID-Nummer des Fiskalvertreters
- ggf. Hinweis auf die Anwendbarkeit des Reverse-Charge-Verfahrens („prijenos porezne obveze“ oder „reverse charge“) sowie Nennung der Rechtsgrundlage für die Anwendung des Reverse-Charge-Verfahrens

Das kroatische Umsatzsteuerrecht kennt Vereinfachungsregelungen für Kleinbetragsrechnungen bis 100 € brutto.

Werden Rechnungen in ausländischer Sprache erteilt, so ist die kroatische Finanzbehörde berechtigt, eine Übersetzung zu verlangen.

Bei Rechnungen in fremder Währung muss der Umsatzsteuerbetrag in Euro auf der Rechnung angegeben werden. Die Umrechnung muss zum am Tag der Steuerentstehung gültigen Tageskurs erfolgen. Für die Umrechnung sind die von der Kroatischen Zentralbank veröffentlichten Wechselkurse zu verwenden:

https://www.hnb.hr/en

In Kroatien wurde der Euro erst aktuell zum 1.1.2023 als Landeswährung eingeführt. Bis zum 31.12.2023 gilt folgende Übergangsregelung: Bis zu diesem Zeitpunkt sind auf den Rechnungen die Preise in HRK und Euro auszuweisen. Für die Umrechnung ist der vom EU-Rat festgelegte Wechselkurs von 1 € = 7,53450 HRK zu verwenden.

Elektronische Rechnungen

Die elektronische Rechnungsstellung ist in Kroatien zulässig, wenn der Rechnungsempfänger mit der elektronischen Fakturierung einverstanden ist. Es ist zu empfehlen, dies schriftlich zu dokumentieren.

Weiterhin müssen Rechnungssteller und Rechnungsempfänger die Echtheit der Herkunft einer Rechnung, die Unversehrtheit ihres Inhalts und die Lesbarkeit vom Zeitpunkt der Ausstellung bis zum Ende der gesetzlichen Aufbewahrungsfrist gewährleisten. Dies kann nach Wahl der Beteiligten in folgender Form erfolgen:

- Rechnungsübermittlung in einem EDI-System
- Versendung der Rechnungen mit einer elektronischen Unterschrift oder
- in jeder anderen Form, wenn ein dokumentiertes und dauerhaftes Kontrollsystem eingerichtet wird, das der Finanzverwaltung im Rahmen einer Prüfung ermöglicht, die empfangenen Daten nachzuvollziehen und eine nachträgliche Änderung auszuschließen.

Anzahlungen

Die Umsatzsteuer auf Anzahlungen für Lieferungen und sonstige Leistungen entsteht in der Periode, in der die Anzahlung vereinnahmt wurde.

Gutschriften/Self Billing

Grds. besteht auch in Kroatien die Möglichkeit, im Gutschriftsverfahren abzurechnen. Hierzu bedarf es einer vorherigen schriftlichen Vereinbarung zwischen den beteiligten Unternehmen. Eine Gutschrift muss alle formellen Anforderungen einer Rechnung erfüllen. Die Gutschrift muss den Hinweis „self-issue of the invoice" (kroatisch: „samoizdavanja računa") enthalten.

Aufbewahrung von Unterlagen

Umsatzsteuerlich relevante Unterlagen sind elf Jahre nach Ablauf des Jahres, auf das sie sich beziehen, aufzubewahren. Sie können im Original oder elektronisch archiviert werden. Bei einer elektronischen Archivierung ist sicherzustellen, dass die Unterlagen vollständig wiederhergestellt werden können und die Übereinstimmung mit dem Original nachgewiesen werden kann.

Falls Unterlagen außerhalb von Kroatien aufbewahrt werden sollen, ist dies dem zuständigen Finanzamt im Vorfeld anzuzeigen. Der Steuerpflichtige muss in der Lage sein, diese dem Finanzamt – beispielsweise im Rahmen einer Prüfung – zur Verfügung stellen zu können. Eine Aufbewahrung außerhalb der EU ist nicht vorgesehen.

Veranlagungsverfahren/Steuererklärungen/gesonderte Meldepflichten

Veranlagungsverfahren/Steuererklärungen

In Kroatien müssen die Umsatzsteuererklärungen grds. monatlich abgegeben werden. Hat der Umsatz im vorangegangenen Kalenderjahr weniger als 106.178,25 € betragen, können auf Antrag quartalsweise Umsatzsteuererklärungen abgegeben werden. Diese Regelung ist jedoch auf kroatische Unternehmer beschränkt. Spätester Abgabetermin ist der 20. des Monats, der dem Abgabezeitraum folgt.

Die Zahlung der Umsatzsteuer ist am letzten Tag des Monats fällig, der auf den Abgabezeitraum folgt.

Eine Jahressteuererklärung ist nicht einzureichen. Etwaige Korrekturen werden im Rahmen der Dezember-Meldung eingereicht.

Umsatzsteuer-Meldungen sind in elektronischer Form einzureichen.

Entsteht ein Vorsteuerüberhang, so wird dieser grds. nicht ausgezahlt, sondern in die folgende Meldungsperiode vorgetragen. Eine Auszahlung kann jedoch beantragt werden.

Der Euro wurde in Kroatien erst aktuell zum 1.1.2023 als Landeswährung eingeführt. Für den Übergangszeitraum ist zu beachten: Steuererklärungen für die Jahre 2022 und älter sind noch in HRK einzureichen. Dies gilt auch für spätere Korrekturmeldungen in Bezug auf diese Jahre.

Zum 1.1.2021 wurden die Bedingungen für eine verschobene Zahlung der Einfuhrumsatzsteuer („postponed accounting") deutlich gelockert.

Vor diesem Zeitpunkt existierte eine solche Regelung nur für ausgewählte Gegenstände: Hiernach war für ausgewählte Gegenstände (Maschinen und Teile), deren Wert 1 Mio. HRK übersteigt, unter bestimmten Voraussetzungen keine Einfuhrumsatzsteuer mehr zu entrichten. Die Einfuhrumsatzsteuer war in diesen Fällen lediglich in der Umsatzsteuererklärung des betroffenen Zeitraums betragsmäßig anzugeben, ohne dass sie – aufgrund des zeitgleichen Vorsteuerabzugs – bezahlt werden musste. Seit 2021 ist die Anwendung nicht mehr auf bestimmte Waren beschränkt und ist lediglich noch an die Erfüllung folgender Voraussetzungen geknüpft:

- Importeur ist in Kroatien für Umsatzsteuerzwecke registriert und er ist zum vollen Vorsteuerabzug berechtigt
- Zollerklärung ist ordnungsgemäß
- Einfuhrumsatzsteuerbetrag wird in der Umsatzsteuererklärung angegeben

Damit ist bei Vorliegen aller Voraussetzungen bei Importen aus Drittstaaten die Einfuhrumsatzsteuer nicht an die Zollbehörde zu zahlen, sondern die Zahlung erfolgt durch die Erfassung des Einfuhrvorgangs in der Umsatzsteuermeldung, in der auch der korrespondierende Vorsteuerabzug geltend gemacht werden kann. Dieses Procedere führt für Steuerpflichtige zu Liquiditätsvorteilen.

In Kroatien sind auch ausländische Unternehmer verpflichtet, Umsatzsteuerbücher gem. den kroatischen Vorschriften zu führen. Die Bücher müssen jede Einzelrechnung aufführen, getrennt nach

- Ausgangsrechnungen
- Eingangsrechnungen
- erhaltenen Anzahlungen
- Importen und
- innergemeinschaftlichen Erwerben.

Gesonderte Meldepflichten

Steuerpflichtige haben bis zum 20. des auf die Meldeperiode folgenden Monats auf elektronischem Weg eine Auflistung aller Eingangs- und Ausgangsrechnungen einreichen (Auflistung „UR-A" und „I-RA").

In Kroatien waren in der Vergangenheit zur Umsatzsteuer registrierte ausländische Unternehmer zur monatlichen elektronischen Abgabe einer gesonderten Meldung verpflichtet, in der bestimmte Umsätze des Unternehmens im Meldezeitraum anzuführen waren, die in Kroatien dem Reverse-Charge-Verfahren unterlagen (Vordruck INO-PPO). Diese Meldung wurde jedoch mit Wirkung zum 1.1.2019 abgeschafft.

Eine ähnliche Meldepflicht existiert weiterhin für kroatische Unternehmen (Vordruck PPO). Diese Meldung ist vierteljährlich auf elektronischem Weg bis zum 20. des auf die Meldeperiode folgenden Monats einzureichen. Wurden keine entsprechenden Leistungen erbracht, entfällt die Pflicht zur Abgabe einer solchen Meldung, d. h. eine Nullmeldung ist nicht erforderlich.

Unternehmer haben weiterhin Register über vorübergehende innergemeinschaftliche Beförderungen von Gegenständen zu führen, wenn diese aus Kroatien, aber innerhalb der EU für Zwecke von Umsätzen befördert werden, die in der Begutachtung oder Bearbeitung oder ihrer vorübergehenden Verwendung in einem anderen Mitgliedstaat bestehen.

Außerdem sind kroatische Steuerpflichtige verpflichtet, für statistische Zwecke die Salden der fälligen, uneinbringlichen Forderungen zu melden. Meldepflichtige Forderungen sind am 31.12. überfällige Forderungen, für die Rechnungen ausgestellt wurden. Diese Meldung hat elektronisch unter Verwendung des vorgeschriebenen Formulars OPZ-STAT-1 zu erfolgen, und zwar innerhalb der Frist für die Abgabe der jährlichen Körperschaft- bzw. Einkommensteuererklärung.

IntraStat/Zusammenfassende Meldung

IntraStat-Meldungen sind monatlich bis zum 15. des Folgemonats in elektronischer Form einzureichen, wenn der Schwellenwert von 200.000 € für innergemeinschaftliche Lieferungen und 400.000 € für innergemeinschaftliche Erwerbe überschritten wurde. Wird der Schwellenwert überschritten, so sind auch „Nullmeldungen" einzureichen, sollten in einem Monat mal keine meldepflichtigen Transaktionen vorliegen. Eine Anleitung in englischer Sprache findet sich unter:

https://dzs.gov.hr/highlighted-themes/intrastat-674/intrastat-guide/964

Zusammenfassende Meldungen sind für innergemeinschaftlichen Lieferungen und EU-Dienstleistungen – sowohl für die Ausgangs- als auch für die Eingangsseite – sowie für Verkäufe einzureichen, für die die Dreiecksgeschäftsregelung Anwendung findet. Die Meldungen sind monatlich bis zum 20. des Folgemonates in elektronischer Form einzureichen. Eine Fehlanzeige ist nicht erforderlich, wenn in einem Monat keine innergemeinschaftlichen Lieferungen, B2B-Dienstleistungen an in der EU ansässige Unternehmer oder Dreiecksgeschäfte getätigt bzw. empfangen wurden.

Registrierung

Registrierung für umsatzsteuerliche Zwecke

Zuständig für die Registrierung von nicht in Kroatien ansässigen Unternehmern ist folgende Behörde:

Tax Administration
Zagreb Regional Office
Department for Foreign Taxable Persons
Avenija Dubrovnik, 32
10000 Zagreb

In der EU ansässige Unternehmer können einen haftenden Fiskalvertreter benennen. Die Bestellung eines steuerlichen Bevollmächtigten ist ebenfalls möglich.

Für Unternehmer, die außerhalb der EU ansässig sind (Drittstaaten), ist die Ernennung eines Fiskalvertreters hingegen obligatorisch. Ein Fiskalvertreter haftet gesamtschuldnerisch mit dem vertretenen Unternehmen für alle Umsatzsteuerzahlungen, Zinsen und etwaige Pönalen.

Für die umsatzsteuerliche Registrierung in Kroatien sind erforderlich:

- Formular „OIB“ zur Beantragung einer Steuernummer
- Registrierungsformular P-PDV zur Erteilung einer Umsatzsteuernummer
- Handelsregisterauszug
- Unternehmerbescheinigung (nicht älter als sechs Monate – bei der Unternehmerbescheinigung handelt es sich um den Nachweis über die umsatzsteuerliche Registrierung im Ansässigkeitsstaat des Unternehmers, ausgestellt durch die Steuerbehörde im Ansässigkeitsstaat, bei Ansässigkeit innerhalb der Europäischen Union versehen mit der Umsatzsteuer-ID-Nummer im Ansässigkeitsstaat (die deutschen Finanzbehörden verwenden hierfür den Vordruck UST 1 TN – Nachweis der Eintragung als Steuerpflichtiger (Unternehmer)))
- Verträge, Bestellungen oder andere Dokumente/Erläuterungen, die die Aktivitäten in Kroatien belegen, in vom Unternehmen unterzeichneter und abgestempelter Form
- ggf. Vollmacht für einen steuerlichen Vertreter/Fiskalvertreter

Alle genannten Dokumente müssen entweder in kroatischer Sprache oder mit einer beglaubigten Übersetzung ins Kroatische eingereicht werden. Die Dokumente können entweder durch einen Bevollmächtigten oder vom Unternehmer selbst eingereicht werden.

Die Umsatzsteuer-ID-Nummer soll innerhalb von acht Tagen nach vollständigem Eingang der Unterlagen beim Finanzamt erteilt werden.

Besondere Besteuerungsverfahren der „One-Stop-Shops“

Eine Registrierung für Umsätze in (anderen) EU-Staaten ist für einen Unternehmer nur dann zwingend erforderlich, wenn für seine Umsätze kein besonderes Besteuerungsverfahren (Stichwort „One-Stop-Shop“) anwendbar ist.

Mehrfach wurden bereits die „Quick Fixes“ erwähnt, mit denen Anfang 2021 zahlreiche EU-einheitliche Regelungen eingeführt wurden.

Durch die „Quick Fixes“ werden auch EU-weit einheitliche Regelungen zu den besonderen Besteuerungsverfahren der „One-Stop-Shops“ erlassen. Diese greifen für Umsätze, die ab dem 1.7.2021 ausgeführt werden.

Die EU-einheitlichen Regelungen zu diesem Thema finden sich in den Begriffsbestimmungen.

ANTRAG AUF ZUTEILUNG DER PERSÖNLICHEN IDENTIFIKATIONSNUMMER

1. NATÜRLICHE PERSON

MBG (Bürgerstammnummer) ____________

1.1. Grundlegende Angaben			
Vorname		**Zuname**	
Geschlecht		**Geburtsname**	
Geburtsdatum		**Geburtsort**	
Geburtsstaat		**Staatsangehörigkeit**	
Wohnanschrift			

1.2. Angaben zum Identitätsnachweis					
Personalausweis Nr.		**Gültig bis**			
Reisepass Nr.		**Gültig bis**		**Ausgestellt in (Staat)**	
Nr. des europäischen Personalausweises		**Gültig bis**		**Ausgestellt in (Staat)**	
Personaldokument aus dem Heimatland		**Gültig bis**		**Ausgestellt in (Staat)**	

1.3. Angaben zu den Eltern		
	Vater	**Mutter**
PIN		
MBG (Bürgerstammnummer)		
Vorname		
Zuname		
Geburtsname		

2. JURISTISCHE PERSON

MB (Reg.-Nr.) ____________

2.1. Grundlegende Angaben	
Firma	
Abgekürzte Firma	
Übersetzung	
Art jur. Person	
Rechtsform	
Sitz	
Ort und Staat der Gründung	
Datum der Registration	

3. Verzeichnis beigefügter Unterlagen

____
Unterschrift des Antragstellers

Eingereicht am ____________ ____________
Unterschrift der Dienstperson

ANLEITUNGEN ZUM AUSFÜLLEN DES ANTRAGS

1. Dieser Antrag ist bei der Zuteilung der persönlichen Identifikationsnummer auszufüllen.
2. Der Antrag ist bei der örtlich zuständigen Dienststelle der Steuerverwaltung einzureichen. Örtlich zuständige Dienststelle der Steuerverwaltung ist jene Dienststelle der Steuerverwaltung, die nach dem gemeldeten Wohnsitz eines kroatischen Staatsbürgers, beziehungsweise nach dem Sitz der juristischen Person in der Republik Kroatien zuständig ist. Örtlich zuständige Dienststelle der Steuerverwaltung für einen Ausländer und kroatischen Staatsbürger, der keinen gemeldeten Wohnsitz in der Republik Kroatien hat, ist jene Dienststelle der Steuerverwaltung zuständig, in deren Zuständigkeitsgebiet der Anlass zur Steueraufsicht entstanden ist. Wenn die örtliche Zuständigkeit nicht eindeutig festzulegen ist, wird der Antrag bei der Steuerverwaltung – Dienststelle Zagreb eingereicht.
3. Der Antragsteller ist eine Person, beziehungsweise ihr gesetzlicher Vertreter, von welcher die Zuteilung der persönlichen Identifikationsnummer beantragt und der Antrag persönlich unterschrieben wird (Unterschrift des Antragstellers).
4. Natürliche Personen kroatischer Staatsbürgerschaft und ausländische natürliche Personen füllen die Punkte 1 und 3 des Formblattes aus. Juristische Personen, deren Sitz auf dem Gebiet der Republik Kroatien oder außerhalb der Republik Kroatien ist, füllen die Punkte 2 und 3 des Formblattes aus.
5. Unter Punkt **1 Natürliche Person** ist die einheitliche Bürgerstammnummer (MBG) anzugeben.
6. Unter Punkt **1.1. Grundlegende Angaben** werden angeführt: Vor- und Zuname, Geschlecht (männlich/weiblich), Geburtsname, Geburtsdatum (Tag, Monat, Jahr) Geburtsort und –staat, Staatsangehörigkeit, Wohnsitz (Staat, Stadt/Gemeinde, Siedlung, Straße und Hausnummer).
7. Unter Punkt **1.2. Angaben zum Identifikationsnachweis** wird angeführt:
   - für kroatische Staatsbürger Nummer des Personalausweises, Gültigkeitsdatum
   - für ausländische natürliche Person Nummer des Reisepasses, Gültigkeitsdatum und Ausstellungsstaat; wenn die ausländische natürliche Person keinen Reisepass hat, werden die Nummer des europäischen Personalausweises, Gültigkeitsdatum, Ausstellungsstaat oder Personaldokument aus dem Heimatland, Gültigkeitsdatum, Ausstellungsstaat samt Nachweis über die jeweilige Staatsbürgerschaft angegeben
8. Unter Punkt **1.3. Angaben zu den Eltern** werden angegeben: PIN, MBG, Vor- und Zuname, Geburtsname.
9. Angaben unter Punkt 5 bis 8 werden unter der Voraussetzung eingetragen, dass der Antragsteller über diese verfügt.
10. Unter Punkt **2. Juristische Person** wird die Registernummer (MB) angegeben.
11. Unter Punkt **2.1. Grundlegende Angaben** werden angeführt: Firma, abgekürzte Firma, Übersetzung, Art der juristischen Person, Rechtsform – wenn bestehend (Handelsgesellschaft – GmbH, AG. KG, einf. GmbH), Sitz (Staat, Stadt/Gemeinde, Siedlung, Straße und Hausnummer), Ort und Staat der Gründung, Datum der Registration.
12. Unter Punkt **3. Verzeichnis beigefügter Unterlagen** werden alle Urkunden eingetragen, die als Ablichtungen dem Antrag beigelegt werden.
13. Die Dienstperson trägt das Datum der Einreichung des Antrags ein und setzt ihre Unterschrift auf dem Formblatt.

FINANZMINISTERIUM - FINANZAMT P-PDV Formblatt
ZUSTÄNDIGES FINANZAMT ______
AUSSENSTELLE ______

ANTRAG AUF UMSATZSTEUERREGISTRIERUNG

1. ALLGEMEINE ANGABEN ZUM ANTRAGSTELLER

FIRMA/VORNAME UND NAME ______
OIB-Nummer ______ STEUERNUMMER IM SITZSTAAT ______
ANSCHRIFT ______ USt-IdNr. IM SITZSTAAT ______
SITZSTAAT ______
BEGINN DER GESCHÄFTLICHEN TÄTIGKEIT/VORAUSSICHTLICHER ZEITRAUM DER ERBRINGUNG VON LIEFERUNGEN INNERHALB DER REPUBLIK KROATIEN

______

TELEFON-/E-MAIL-ADDRESSE DES ANTRAGSTELLERS ______

2. ANGABEN ZUR STEUERLICHEN VERTRETUNG ☐
FIRMA/VORNAME UND NAME ______
OIB-Nummer ______
ANSCHRIFT ______

3. EINTRAGUNG IM UMSATZSTEUERREGISTER ☐
AUF ANFRAGE ☐ DURCH GESETZGESETZ ☐
WERT DER STEUERBAREN LIEFERUNGEN IM VORJAHR ______
WERT DER STEUERBAREN LIEFERUNGEN IM LAUFENDEN JAHR ______
DATUM DER EINTRAGUNG IM UMSATZSTEUERREGISTER ______

BESTEUERUNGSVERFAHREN ENTSPRECHEND ERFOLGTER GEBÜHRENBEGLEICHUNG ☐
STEUERZEITRAUM MONATLICH ☐ QUARTALJÄHRLICH ☐

4. ERTEILUNG DER USt-IdNr. DEM INLÄNDISCHEN STEUERZAHLER ☐
Inländischer Steuerzahler beantragt die Erteilung der USt-IdNr. aus folgendem Grund:

1. erbringt innergemein. Leistungen (2) ☐
3. Verzicht auf Erwerbsschwelle (4) ☐
2. Überschreitung der Erwerbsschwelle (3) ☐
4. erbringt oder erhält innergemein Leistungen (8) ☐
5. erwirbt verbrauchsteuerpflichtige Waren innerhalb der EU (10) ☐

5. ERTEILUNG DER USt-IdNr. DEM AUSLÄNDISCHEN STEUERZAHLER ☐
Ausländischer Steuerzahler beantragt die Erteilung der USt-IdNr. aus folgendem Grund:
1. erbringt Leistungen innerhalb der Rep. Kroatien (7) ☐
2. gelegentlicher inetrnationaler Strassentransport von Reisenden nach Kroatien (9) ☐

NUMERISCHES ODER BESCHREIBENDES KENNZEICHEN - (KODE) NACH DER NATIONALEN KLASSIFIKATION DER WIRTSCHAFTSZWEIGE

______

RECHTSFORM
HANDELSGESELLSCHAFT ☐ SONSTIGES: ______
Unterschrift und Stempel des Antragstellers ______

Eingangsdatum des Antrags ______ Unterschrift und Stempel des Antragnehmers ______

Anmerkung:

Falls die Umsatzsteuer-Identifikationsnummer wegen Verzicht auf Erwerbsschwelle beantragt wird, ist der Steuerzahler verpflichtet, zwei Kalenderjahre lang diese Besteuerungsart anzuwenden.

Ausländischer Steuerzahler, dem die Umsatzsteuer-Identifikationsnummer zugeteilt wird, wird zugleich im Umsatzsteuerregister eingetragen.

STEUERZAHLER (Firma//Vorname und Name und Anschrift: Ort, Straße und Straßennummer)	STEUERLICHE VERTRETUNG (Firma//Vorname und Name und Anschrift: Ort, Straße und Straßennummer)	ZUSTÄNDIGE AUSSENSTELLE DES FINANZAMTES
		UMSATZSTEUER-VORANMELDUNGSZEITRAUM
USt-IdNr./OIB-Nummer	USt-IdNr. der steuerlichen Vertretung/OIB-Nummer	VOM |_|_||_|_| BIS ZUM |_|_||_|_| JAHR |_|_|_|_|

BESCHREIBUNG	BEMESSUNGSGRUNDLAGE (Beträge in euro und cent)	UMSATZSTEUER ZUM STEUERSATZ von 5%, 13% und 25% (Beträge in euro und cent)
UMSATZSTEUERBERECHNUNG AUF ERBRACHTE LIEFERUNGEN UND LEISTUNGEN – GESAMT (I. + II.)		XX XXX
I. NICHT STEUERBARE UND STEUERFREIE LEISTUNGEN - GESAMT (1.+2.+3.+4.+5.+6.+7.+8.+9.+10.+11.)		XX XXX
1. LIEFERUNGEN INNERHALB DER REPUBLIK KROATIEN, FÜR DIE DER LEISTUNGSEMPFÄNGER DIE UMSATZSTEUER SCHULDET (inländischer Übergang der Steuerschuld)		XX XXX
2. WARENLIEFERUNGEN IN DAS ÜBRIGE GEMEINSCHAFTSGEBIET		XX XXX
3. INNERGEMEINSCHAFTLICHE WARENLIEFERUNGEN		XX XXX
4. ERBRACHTE INNERGEMEINSCHAFTLICHE DIENSTLEISTUNGEN		XX XXX
5. ERBRACHTE LIEFERUNGEN AN AUSSERHALB DER REPUBLIK KROATIEN ANSÄSSIGE PERSONEN		XX XXX
6. ZUSAMMENSETZUNG UND MONTAGE DER WAREN IN EINEM ANDEREN EU-MITGLIEDSTAAT		XX XXX
7. INNERGEMEINSCHAFTLICHE LIEFERUNGEN NEUER FAHRZEUGE		XX XXX
8. INLÄNDISCHE LIEFERUNGEN		XX XXX
9. AUSFUHRLIEFERUNGEN		XX XXX
10. SONSTIGE STEUERBEFREIUNGEN		XX XXX
11. LIEFERUNGEN VON 0 %		XX XXX
II. STEUERPFLICHTEGE LEISTUNGEN - GESAMT (1.+2.+3.+4.+5.+6.+7.+8.+9.+10.+11.+12.+13.+14.+15.)		
1. LIEFERUNGEN VON WAREN UND DIENSTLEISTUNGEN INNNERHALB DER REPUBLIK KROATIEN zum Steuersatz von 5%		
2. LIEFERUNGEN VON WAREN UND DIENSTLEISTUNGEN INNERHALB DER REPUBLIK KROATIEN zum Steuersatz von 13%		
3. LIEFERUNGEN VON WAREN UND DIENSTLEISTUNGEN INNNERHALB DER REPUBLIK KROATIEN zum Steuersatz von 25%		
4. ERHALTENE LIEFERUNGEN INNERHALB DER REPUBLIK KROATIEN, FÜR DIE DER LEISTUNGSEMPFÄNGER DIE UMSATZSTEUER SCHULDET (inländischer Übergang der Steuerschuld)		
5. INNERGEMEINSCHAFTLICHER WARENERWERB zum Steuersatz von 5%		
6. INNERGEMEINSCHAFTLICHER WARENERWERB zum Steuersatz von 13%		
7. INNERGEMEINSCHAFTLICHER WARENERWERB zum Steuersatz von 25%		
8. ERHALTENE INNERGEMEINSCHAFTLICHE DIENSTLEISTUNGEN zum Steuersatz von 5%		
9. ERHALTENE INNERGEMEINSCHAFTLICHE DIENSTLEISTUNGEN zum Steuersatz von 13%		
10. ERHALTENE INNERGEMEINSCHAFTLICHE DIENSTLEISTUNGEN zum Steuersatz von 25%		
11. ERHALTENE LIEFERUNGEN VON WAREN UND DIENSTLEISTUNGEN VON AUSSERHALB DER REPUBLIK KROATIEN ANSÄSSIGEN STEUERZAHLERN zum Steuersatz von 0% und 5%		
12. ERHALTENE LIEFERUNGEN VON WAREN UND DIENSTLEISTUNGEN VON AUSSERHALB DER REPUBLIK KROATIEN ANSÄSSIGEN STEUERZAHLERN zum Steuersatz von 13%		
13. ERHALTENE LIEFERUNGEN VON WAREN UND DIENSTLEISTUNGEN VON AUSSERHALB DER REPUBLIK KROATIEN ANSÄSSIGEN STEUERZAHLERN zum Steuersatz von 25%		
14. NACHTRÄGLICHE BEFREIUNG VON AUSFUHRLIEFERUNGEN IM PERSONENVERKEHR		
15. BERECHNETE EINFUHRUMSATZSTEUERBETRÄGE		
III. BERECHNETE VORSTEUERBETRÄGE - GESAMT (1.+2.+3.+4.+5.+6.+7.+8.+9.+10.+11.+12.+13.+14.+15.)		
1. VORSTEUERBETRÄGE AUS ERHALTENEN LIEFERUNGEN IM INLAND zum Steuersatz von 5%		
2. VORSTEUERBETRÄGE AUS ERHALTENEN LIEFERUNGEN IM INLAND zum Steuersatz von 13%		
3. VORSTEUERBETRÄGE AUS ERHALTENEN LIEFERUNGEN IM INLAND zum Steuersatz von 25%		
4. VORSTEUERBETRÄGE AUS ERHALTENEN LIEFERUNGEN INNERHALB DER REPUBLIK KROATIEN, FÜR DIE DER LEISTUNGSEMPFÄNGER DIE UMSATZSTEUER SCHULDET (inländischer Übertrag der Steuerpflicht)		
5. VORSTEUERBETRÄGE AUS DEM INNERGEMEINSCHAFTLICHEN WAREBERWERB zum Steuersatz von 5%		
6. VORSTEUERBETRÄGE AUS DEM INNERGEMEINSCHAFTLICHEN WARENERWERB zum Steuersatz von 13%		
7. VORSTEUERBETRÄGE AUS DEM INNERGEMEINSCHAFTLICHEN		

WARENERWERB zum Steuersatz von 25%		
8. VORSTEUERBETRÄGE AUS ERHALTENEN INNERGEMEINSCHAFTLICHEN DIENSTLEISTUNGEN zum Steuersatz von 5%		
9. VORSTEUERBETRÄGE AUS ERHALTENEN INNERGEMEINSCHAFTLICHEN DIENSTLEISTUNGEN zum Steuersatz von 13%		
10. VORSTEUERBETRÄGE AUS ERHALTENEN INNERGEMEINSCHAFTLICHEN DIENSTLEISTUNGEN zum Steuersatz von 25%		
11. VORSTEUERBETRÄGE AUS ERHALTENEN WAREN- UND DIENSTLEISTUNGSLIEFERUNGEN VON AUSSERHALB DER REPUBLIK KROATIEN ANSÄSSIGEN STEUERZAHLERN zum Steuersatz von 5%		
12. VORSTEUERBETRÄGE AUS ERHALTENEN WAREN- UND DIENSTLEISTUNGSLIEFERUNGEN VON AUSSERHALB DER REPUBLIK KROATIEN ANSÄSSIGEN STEUERZAHLERN zum Steuersatz von 13%		
13. VORSTEUERBETRÄGE AUS ERHALTENEN WAREN- UND DIENSTLEISTUNGSLIEFERUNGEN VON AUSSERHALB DER REPUBLIK KROATIEN ANSÄSSIGEN STEUERZAHLERN zum Steuersatz von 25%		
14. VORSTEUERBETRÄGE FÜR EINFUHRLIEFERUNGEN		
15. VORSTEUERBERICHTIGUNGSBETRÄGE	XX XXX	
IV. UMSATZSTEUERPFLICHT IM BERECHNUNGSZEITRAUM: ABSCHLUSSZAHLUNG (II. - III.) ODER ERSTATTUNGSANSPRUCH (III. - II.)	XX XXX	
V. BETRAG DES JÄHRLICHEN ANTEILSMÄSSIGEN ANSPRUCHS AUF VORSTEUERABZUG (%)		

BESCHREIBUNG	**LIEFERUNGSWERT** **BETRAG** in EURO und CENT	
VI. SONSTIGE ANGABEN		
1. FÜR DIE VORSTEUERBERICHTIGUNG (INSGESAMT 1.1.+1.2.+1.3-+1.4.+1.5)		
1.1. IMMOBILIENANSCHAFFUNG		
1.2. ANSCHAFFUNG VON PERSONENWAGEN UND ANDEREN TRANSPORTMITTELN ZUR PERSONENBEFÖRDERUNG		
1.3. VERKAUF VON PERSONENKRFTWAGEN UND ANDEREN TRANSPORTMITTELN ZUR PERSONENBEFÖRDERUNG		
1.4. ANSCHAFFUNG SONSTIGEN LANGJÄHRIGEN VERMÖGENS		
1.5. VERKAUF SONSTIGEN LANGJÄHRIGEN VERMÖGENS		
2. ENTEIGNUNG/ERWERBEN WIRTSCHAFTLICHER EINHEITEN/KOMPLEXE ODER BETRIEBE		
3. INSGESAMT EMPFANGENE DIENSTLEISTUNGEN VON STEUERPFLICHTIGEN OHNE SITZ IN REPUBLIK KROATIEN (EU + DRITTLÄNDER)		
4. INSGESAMT ERBRACHTE DIENSTLEISTUNGEN AN STEUERPFLICHTIGE OHNE SITZ IN REPUBLIK KROATIEN (EU + DRITTLÄNDER)		
5. AUS EU ERHALTENE GÜTER IM RAHMEN EINER DREISEITIGEN BETÄTIGUNG		
6. BESTEUERUNGSVERFAHREN ENTSPRECHEND EINGEBRACHTER GEBÜHREN		☐

☐ ________ EURO
ERSTATTUNGSANSPRUCH

☐ ________ EURO
VORAUSZAHLUNG

☐ ________ EURO
ABTRETUNG VON ERSTATTUNGSANSPRÜCHEN

RÜCKGABERECHNU
NGSNUMMER _____

BERECHNUNG ANGEFERTIGT VON (Vorname, Name und Unterschrift) ____________

UNTERSCHRIFT ______________

Luxemburg

Allgemeines

Die luxemburgische Umsatzsteuer (Taxe sur la valeur ajoutée – TVA) entspricht in allen wesentlichen Positionen/Definitionen den Vorgaben der MwStSystRL.

Unternehmer/Organkreis

Der Unternehmerbegriff entspricht der Definition laut MwStSystRL. Eine umsatzsteuerliche Organschaft bzw. Gruppenbesteuerung ist seit Mitte 2018 auch im luxemburgischen Umsatzsteuerrecht vorgesehen. In Luxemburg ansässige Unternehmen, die finanziell, wirtschaftlich und organisatorisch verbunden sind (Bestätigung durch einen Abschluss-/ Wirtschaftsprüfer) können auf Antrag eine Mehrwertsteuergruppe bilden.

Während in Luxemburg ansässige Unternehmer sich erst dann zwingend zur Umsatzsteuer registrieren lassen müssen, wenn die Umsatzgrenze von 35.000 € überschritten wird, müssen ausländische Unternehmer sich unabhängig von einer Umsatzgrenze registrieren lassen, sobald in Luxemburg steuerpflichtige Leistungen erbracht werden, für die nicht das Reverse-Charge-Verfahren anwendbar ist.

Nicht-Unternehmer müssen sich registrieren lassen, wenn die Erwerbschwelle (für den Bezug aus anderen EU-Staaten) den Wert von 10.000 € übersteigt.

Die zu einer Registrierung führende Lieferschwelle (Versandhandelsumsätze) für nicht im Land ansässige Unternehmer betrug bis 30.6.2021 100.000 €. Zum 1.7.2021 sind die Versandhandelsregelungen durch die Regelungen zum Fernverkauf ersetzt worden. Die individuellen Schwellenwerte je EU-Staat wurden durch einen EU-weiten Schwellenwert für Fernverkäufe von 10.000 € (für Umsätze in allen EU-Staaten zusammen; berücksichtigt werden auch Umsätze aus Telekommunikations-, Rundfunk- und elektronischen Dienstleistungen an Nicht-Unternehmer) ersetzt. Um lokale Registrierungen zu vermeiden ist der Mini-One-Stop-Shop durch den erweiterten One-Stop-Shop bzw. Import-One-Stop-Shop ersetzt worden. Einzelheiten finden sich im Kapital „Begriffsbestimmungen".

Lieferungen/sonstige Leistungen

Die Definition der Begriffe Lieferung und sonstige Leistungen entspricht in Luxemburg grundsätzlich den Vorgaben der MwStSystRL. Danach setzt eine Lieferung die Verschaffung der Verfügungsmacht an einem Gegenstand voraus.

Der Ort der Lieferung liegt dann in Luxemburg, wenn sich der verkaufte Gegenstand zum Zeitpunkt der Verschaffung der Verfügungsmacht in Luxemburg befindet oder die Beförderung oder Versendung des Gegenstands in Luxemburg beginnt.

Abweichungen können sich bei Lieferungen im Rahmen von Reihengeschäften ergeben.

Auch im luxemburgischen Umsatzsteuerrecht ist der Begriff der sonstigen Leistung negativ definiert, d. h., dass alle steuerbaren Vorgänge, die nicht als Lieferungen gelten, sonstige Leistungen sind.

Die Vorschriften zur Bestimmung des Ortes der sonstigen Leistung entsprechen den seit 1.1.2010 EU-weit gültigen Regeln. Eine sonstige Leistung, die an einen Unternehmer erbracht wird, gilt somit grds. als dort ausgeführt, wo der empfangende Unternehmer seinen Sitz hat. Ausnahmen von diesem Grundsatz existieren bei

- sonstigen Leistungen im Zusammenhang mit einem Grundstück,
- Personenbeförderungen,
- Restaurationsleistungen,
- und der kurzfristigen Vermietung von Beförderungsmitteln.

Werklieferung/Werkleistung/Bauleistung

Eine Lieferung zuzüglich Montage wird auch in Luxemburg als Werklieferung angesehen. Als Ort der Lieferung ist im luxemburgischen Umsatzsteuerrecht der Ort der Übergabe des fertigen Werkes festgelegt. Daher unterliegen in Luxemburg erbrachte Werklieferungen der luxemburgischen Umsatzsteuer.

Eine Abgrenzung Werkleistung und Werklieferung ist notwendig, da sich unterschiedliche Möglichkeiten der Verlagerung der Steuerschuldnerschaft ergeben.

Bei der Erbringung von Montagetätigkeiten in Luxemburg ist eine Entsendeinformation erforderlich. Diese muss an das luxemburgische Gewerbeaufsichtsamt gesendet werden

Das Formular sowie weitere Informationen sind auf der folgenden Internetseite verfügbar:

https://guichet.public.lu/de/support/recherche.html?q=montage&r=f%2Faem_target_audience%2Ftags_cible%3Aguichet%5Cmyguichet&

Verlagerungsverfahren/Reverse-Charge

Nicht in Luxemburg ansässige Unternehmer, die in Luxemburg steuerpflichtige sonstige Leistungen oder Werkleistungen erbringen, können die Steuerschuld auf den Leistungsempfänger verlagern, sofern die Leistung als klassische B2B-Dienstleistung anzusehen ist.

Bei Dienstleistungen, die aufgrund der besonderen Regelungen zur Ortsbestimmung in Luxemburg der Umsatzsteuer unterliegen (z. B. grundstücksbezogene Dienstleistungen), ist eine Verlagerung der Steuerschuld auf den Leistungsempfänger nicht möglich und ein nicht in Luxemburg ansässiges Unternehmen wird registrierungspflichtig.

Eine Verlagerung der Steuerschuld auf den Leistungsempfänger ist auch bei Werklieferungen nicht vorgesehen, so dass ein Unternehmer, der in Luxemburg eine Werklieferung erbringt, registrierungspflichtig wird.

Konsignationslager/Call-off stock

Zum 1.1.2020 traten die sogenannten „Quick fixes" in Kraft, die u. a. eine EU-weite Vereinfachung der Konsignationslagerregelung vorsehen, mit dem Ziel, dass sich der Inhaber des Konsignationslagers im EU-Lagerstaat nicht steuerlich registrieren lassen muss. Die EU-einheitlichen Regeln finden sich in dem Kapital „Begriffsbestimmungen".

Findet die Vereinfachungsregelung keine Anwendung, weil der Lieferant beispielsweise das notwendige Register nicht führt und/ oder andere Formalien nicht erfüllt werden, wie die Nicht-Eintragung der Verbringung in die Zusammenfassende Meldung, dann wird eine Registrierung notwendig.

In diesem Fall gelten die Lieferungen auf das Lager in Luxemburg als Verbringungen, die einer innergemeinschaftlichen Lieferung gleichgestellt sind. Den in Deutschland steuerfreien Verbringungen steht in Luxemburg ein innergemeinschaftlicher Erwerb gegenüber, für den Erwerbsteuer anzumelden ist.

Die Lieferungen aus dem Konsignationslager an den Kunden werden als Inlandsumsatz innerhalb Luxemburgs betrachtet und sind zuzüglich luxemburgischer Umsatzsteuer abzurechen.

Ferner ist zum 1.1.2012 in Luxemburg ein neues Freizonenregime eingeführt worden. Dies erlaubt unter anderem auch die Einrichtung eines VAT Warehouses für bestimmte Waren, so dass eine steuerliche Registrierung bei Einrichtung eines Lagers unter Umständen verhindert werden kann.

Steuerbefreiungen

Das luxemburgische Umsatzsteuergesetz sieht u. a. Umsatzsteuerbefreiungen für die folgenden Lieferungen bzw. Leistungen vor:

- Ausfuhrlieferungen
- innergemeinschaftliche Lieferungen
- bestimmte Finanzdienstleistungen
- Verkauf und Vermietung von Grund und Boden, Gebäuden

Das luxemburgische Umsatzsteuerrecht kennt – wie das deutsche Recht auch – die Möglichkeit des Verzichtes auf die Steuerfreiheit bei der Veräußerung und bei der Vermietung von Grundstücken. Bei Finanzdienstleistungen ist eine Option hingegen nicht möglich.

Innergemeinschaftliche Lieferungen und Exporte sind durch „angemessene Nachweise" zu belegen, dazu gehören z. B. bei innergemeinschaftlichen Lieferungen der CMR-Frachtbrief oder andere Transportdokumente, Lieferscheine und Zahlungsnachweise. Bei Exporten muss der Unternehmer als Exporteur im Zolldokument genannt sein und den elektronischen Ausgangsvermerk der Zollstelle vorweisen können.

Steuersätze

Im luxemburgischen Umsatzsteuergesetz gibt es folgende Steuersätze:

- Normalsteuersatz (seit 1.1.2015) 17 % (temporäre Senkung auf 16 % für 2023)
- ermäßigter Steuersatz (seit 1.1.2015) 14 % bzw. 8 % (temporäre Senkung auf 13 % bzw. 7 % für 2023)
- Niedrigsteuersatz 3 %

Dem ermäßigten Steuersatz von 14 % (bzw. temporär 13 %) unterliegen z. B. die folgenden Leistungen:

- Heizöl
- Wein
- Finanzdienstleistungen, sofern sie nicht steuerfrei sind

Der ermäßigte Steuersatz von 8 % (bzw. temporär 7 %) gilt unter anderem für folgende Leistungen:

- Gas
- Strom
- Blumen

Dem Niedrigsteuersatz von 3 % unterliegen im Wesentlichen:

- Lebensmittel
- Wasser
- Personenbeförderung
- Hotelübernachtungen
- Bücher
- Presseerzeugnisse

Bemessungsgrundlage

Als Bemessungsgrundlage zur Ermittlung der luxemburgischen Umsatzsteuer gilt entsprechend den Vorgaben der MwStSystRL alles, was der Leistungsempfänger aufwendet, um die Leistung zu erhalten.

Im Falle eines Forderungsausfalles kann eine Minderung des Entgeltes – und dem folgend eine Umsatzsteuerkorrektur – erfolgen, wenn innerhalb von zwei Jahren nach Fälligkeit der Umsatzsteuer keine Zahlung eingegangen ist. Der leistende Unternehmer muss nachweisen, dass der Kunde eine Zahlung nicht vorgenommen hat und auch nicht vornehmen wird. Im Fall der bestätigten Insolvenz kann auch vor Ablauf der Zweijahresfrist eine Umsatzsteuerkorrektur vorgenommen werden.

Da der Leistungsempfänger zu einer korrespondierenden Vorsteuerkorrektur verpflichtet ist, muss eine korrigierte Rechnung gestellt werden.

Vorsteuerabzug

Grundvoraussetzungen für die Inanspruchnahme des Vorsteuerabzugs sind:

- der Unternehmer muss eine Lieferung oder Leistung für sein Unternehmen bezogen haben
- die Lieferung oder Leistung muss von einem anderen Unternehmer ausgeführt worden sein und
- der leistende Unternehmer muss eine ordnungsgemäße Abrechnung mit offen ausgewiesener Umsatzsteuer erstellt haben

Vom Vorsteuerabzug ausgeschlossen ist die Steuer für:

- Repräsentationskosten
- Bewirtungskosten (außer Arbeitsessen)
- Luxuswaren

Sofern eine Leistung sowohl für unternehmerische als auch für nicht-unternehmerische Zwecke bezogen wurde, darf die Vorsteuer nur anteilig geltend gemacht werden.

Rechnungsbestandteile

Rechnungen sind bis zum 15. des Folgemonats zu stellen. Rechnungen können in jeder Amtssprache der EU gestellt werden. In den Rechnungen sind grds. folgende Angaben zwingend vorgeschrieben:

- Name und Anschrift des Leistenden
- Umsatzsteuer-ID-Nummer des Leistenden
- Name und Anschrift des Kunden
- Rechnungsdatum
- Fortlaufende Rechnungsnummer
- Leistungszeitpunkt/Lieferzeitpunkt
- Leistungsbeschreibung
- Nettobetrag
- Umsatzsteuersatz
- Umsatzsteuerbetrag
- Hinweis auf Minderung des Entgelts
- ggf. Hinweis auf eine Steuerbefreiung
- Bei steuerfreien innergemeinschaftlichen Lieferungen von Luxemburg in andere EU-Staaten der Hinweis:

HINWEIS

Steuerfreie innergemeinschaftliche Lieferung, Art. 43, 1, d Luxemburgisches Umsatzsteuergesetz.

- Bei Exporten:

HINWEIS

Steuerfreier Export, Art. 43, 1, a Luxemburgisches Umsatzsteuergesetz".

- Im Falle einer Verlagerung der Umsatzsteuerschuld (Reverse-Charge) ist zusätzlich die Umsatzsteuer-ID-Nummer des Kunden anzugeben und auf die Anwendung des Verlagerungsverfahrens hinzuweisen.

Das luxemburgische Umsatzsteuerrecht kennt Vereinfachungsregelungen für Kleinbetragsrechnungen bis 100 € brutto. Diese müssen lediglich folgende Bestandteile enthalten:

- Rechnungsdatum
- Name und Adresse des Leistenden
- Leistungsbeschreibung
- Bruttopreis
- Steuersatz

Bei Rechnungen in fremder Währung muss der Umsatzsteuerbetrag in Euro auf der Rechnung angegeben werden. Die Umrechnung muss zum am Tag der Lieferung gültigen Tageskurs erfolgen, es wird in der Praxis jedoch üblicherweise auch nicht beanstandet, wenn der am Tag der Rechnungsstellung gültige Umrechnungskurs verwendet wird. Für die Umrechnung sind die Tageskurse zugelassen, die von der Luxemburgischen Zentralbank, der Europäischen Zentralbank oder von einer anderen zugelassenen Bank als EZB-Kurse veröffentlicht werden.

Elektronische Rechnungen

Luxemburg hat zum 1.1.2013 die Vorgaben der EU zur elektronischen Rechnungsstellung umgesetzt.

Die elektronische Rechnungsstellung ist zulässig, wenn der Rechnungsempfänger mit der elektronischen Fakturierung einverstanden ist. Es ist zu empfehlen, dies schriftlich zu dokumentieren.

Weiterhin müssen Rechnungssteller und Rechnungsempfänger die Echtheit der Herkunft einer Rechnung, die Unversehrtheit ihres Inhalts und die Lesbarkeit vom Zeitpunkt der Ausstellung bis zum Ende der gesetzlichen Aufbewahrungsfrist gewährleisten. Dies kann nach Wahl der Beteiligten in folgender Form erfolgen:

- Rechnungsübermittlung in einem EDI-System
- Versendung der Rechnungen mit einer elektronischen Unterschrift oder
- in jeder anderen Form, wenn ein dokumentiertes und dauerhaftes Kontrollsystem eingerichtet wird, das der Finanzverwaltung im Rahmen einer Prüfung ermöglicht, die empfangenen Daten nachzuvollziehen und eine nachträgliche Änderung auszuschließen.

Anzahlungen

Die Umsatzsteuer auf Anzahlungen für Lieferungen und sonstige Leistungen entsteht in der Periode, in der die Anzahlung vereinnahmt wurde. Die Leistung gilt in diesem Fall als teilweise erbracht.

Gutschriften/Self Billing

Grundsätzlich besteht auch in Luxemburg die Möglichkeit im Gutschriftsverfahren abzurechnen. Hierzu bedarf es einer schriftlichen Vereinbarung zwischen den beteiligten Unternehmen. Eine Gutschrift muss alle formellen Anforderungen einer Rechnung erfüllen. Der leistende Unternehmer muss die vom Leistungsempfänger gestellte Gutschrift ausdrücklich anerkennen.

Eine Zustimmung oder Information der Finanzbehörde über die beabsichtigte Abrechnung im Gutschriftsverfahren ist nicht erforderlich.

Aufbewahrung von Unterlagen

Umsatzsteuerlich relevante Unterlagen sind zehn Jahre lang aufzubewahren. Sie können außerhalb von Luxemburg aufbewahrt werden, sind aber im Rahmen einer Steuerprüfung kurzfristig vorzulegen. Alle Belege, die zum Vorsteuerabzug berechtigen, sind im Original aufzubewahren.

Werden Unterlagen außerhalb von Luxemburg aufbewahrt und soll die Archivierung elektronisch erfolgen, muss sichergestellt sein, dass ein kurzfristiger Zugriff von Luxemburg aus möglich ist. Dies ist dem Finanzamt im Vorfeld anzuzeigen.

Veranlagungsverfahren/Steuererklärungen

In Luxemburg müssen die Umsatzsteuererklärungen abhängig von der Höhe des Umsatzes (ab 620.000 € p. a.) entweder monatlich (bis zum 15. des Folgemonats) oder quartalsweise (bis zum 15. des Folgemonats nach Beendigung des Quartals) abgegeben werden, zusätzlich ist bis zum 30.4. des Folgejahres eine Jahreserklärung abzugeben. Unternehmer, die einen steuerbaren Umsatz oder innergemeinschaftliche Erwerbe von weniger als 112.000 € haben, brauchen nur eine Jahreserklärung bis zum 28. 2. des Folgejahres abzugeben.

Umsatzsteuer-Meldungen sind auch von im Ausland ansässigen Unternehmern zwingend in elektronischer Form einzureichen und können entweder über eine XML-Datenübertragung oder durch Ausfüllen eines PDF-Formulars über das eTVA-Portal abgegeben werden. In jedem Fall ist im Vorfeld die Beantragung einer elektronischen Signaturkarte („Signing stick pro“) über Luxtrust erforderlich.

Im Zuge einer Steuerprüfung kann die luxemburgische Finanzverwaltung die Vorlage von Daten nach dem Muster des SAF-T (Standard Audit File for Tax - in Luxemburg FAIA - Fichier Audit Informatisé Administration de l'enregistrement et des domaines genannt) verlangen.

Seit 2015 existiert ein formeller Prozess zur Beantragung und Bearbeitung von Erstattungsansprüchen. Der luxemburgischen Finanzverwaltung sind gesetzlich fixierte Grenzen gesetzt, um Informationen und Dokumente anzufordern bzw. die Erstattung durchzuführen.

Anfang 2017 hat Luxemburg die Strafen im Zusammenhang mit der verspäteten oder unrichtigen Abgabe von Meldungen und Steuerzahlungen erheblich verschärft.

IntraStat/Zusammenfassende Meldung

IntraStat-Meldungen sind monatlich bis zum 6. Tag des Folgemonats einzureichen (elektronische Meldungen zehn Tage später), wenn der Schwellenwert von 200.000 € für Ausgangsmeldungen bzw. 250,000 € für Eingangsmeldungen überschritten wird.

Zusammenfassende Meldungen für die innergemeinschaftlichen Lieferungen und EU-Dienstleistungen sind grds. monatlich einzureichen. Die Meldungen über die innergemeinschaftlichen Lieferungen können auch quartalsweise eingereicht werden, wenn der Wert der innergemeinschaftlichen Lieferungen in den vergangenen vier Quartalen den Wert von 50.000 € nicht überschritten hat. Die Meldungen über die EU-Dienstleistungen können wahlweise auch quartalsweise erfolgen. Ein Schwellenwert existiert hier nicht.

Monatliche Meldungen sind auf elektronischen Weg bis zum 25. Tag des Folgemonats einzureichen. Quartalsmeldungen können auch auf dem Papierweg bis zum 15. des auf das Ende des Quartals folgenden Monats eingereicht werden (elektronische Meldungen zehn Tage später).

In Luxemburg müssen auch Nullmeldungen eingereicht werden, wenn in einem Meldezeitraum keine Transaktionen stattgefunden haben.

Registrierung

Zuständig für die Registrierung von nicht in Luxemburg ansässigen Unternehmern ist das Finanzamt Luxemburg 10:

Einregistrierungs-, Domänen- und Mehrwertsteuerverwaltung (AED)
Luxembourg Guichet Unique
308, route d'Esch
L-1471 Luxemburg
Luxemburg
Tel.: (+352) 247 - 80800

In der EU ansässige Unternehmer können keinen Fiskalvertreter, jedoch einen steuerlichen Bevollmächtigten („Mandataire“) benennen. Für Unternehmer, die außerhalb der EU ansässig sind (Drittstaaten), ist die Ernennung eines Fiskalvertreters obligatorisch. Alternativ kann eine Bankgarantie geleistet werden.

Für die Registrierung in Luxemburg sind erforderlich:

- Formular „Mehrwertsteuer-Anmeldung“

Bei juristischen Personen (Gesellschaften) müssen der Erstanmeldung beiliegen:

- eine Kopie der Gründungsurkunde in französischer oder deutscher Sprache
- eine Kopie des Personalausweises (oder Reisepasses) der Gesellschafter gemäß den Namensangaben in der Gründungsurkunde und/oder der Geschäftsführer/Verwaltungsratsmitglieder der Gesellschaft.

Bei natürlichen Personen ist der Erklärung beizufügen:

- eine Kopie des Personalausweises oder Reisepasses des Steuerpflichtigen.

Es sind insbesondere die folgenden Angaben im Formular zur steuerlichen Erfassung anzugeben:

- Bei einer Gesellschaft:
  - Name der Gesellschaft
  - Rechtsform
  - Adresse des Gesellschaftssitzes
  - Datum der Gründungsurkunde
  - Namen und Adressen der Gesellschafter gemäß Namensangaben in der Gründungsurkunde und/oder der Geschäftsführer/Verwaltungsratsmitglieder der Gesellschaft
- Bei einer natürlichen Person:
  - Name und Vorname des Steuerpflichtigen
  - Personenstand
  - Art und Ort der Tätigkeit
  - Angaben zur privaten Anschrift
- Nummer des Bank- oder Postscheckkontos bei einer luxemburgischen oder ausländischen Bank (IBAN + BIC)
- Datum der tatsächlichen Aufnahme der Tätigkeit, das für die erste Periode, für die eine MwSt.-Erklärung einzureichen ist, maßgebend ist
- Geschäftsjahr
- Angabe, ob innergemeinschaftliche Geschäfte für Warenlieferungen oder Dienstleistungserbringung beabsichtigt sind
- geschätzter Jahresumsatz ohne Steuerabzug (diese Schätzung ist ein Wert, durch den ermittelt wird, wie oft die Erklärungen einzureichen sind)

Bei den zum 1.7.2021 neu eingeführten Regelungen zu den Fernverkäufen können lokale Registrierungen in den einzelnen EU-Ländern durch Anwendung des One-Stop-Shop bzw. Import-One-Stop-Shop vermieden werden (siehe Kapital „Begriffsbestimmungen").

LE GOUVERNEMENT
DU GRAND-DUCHÉ DE LUXEMBOURG
Administration de l'enregistrement,
des domaines et de la TVA

Administration de l'enregistrement,
des domaines et de la TVA

Boite Postale 31
L-2010 Luxembourg

info@aed.public.lu

MEHRWERTSTEUER – BETRIEBSANMELDUNG JURISTISCHE PERSONEN

Das vorliegende interaktive Formular erfordert mindestens die Version 8.1.3 des Adobe Acrobat® Reader®. Die aktuelle Version des Adobe Acrobat Reader für alle Betriebssysteme (Windows®, Mac usw.) kann kostenlos auf der Internetseite von Adobe Systems Incorporated heruntergeladen werden.

Das vorliegende Formular ist dem zuständigen Steuerbüro zukommen zu lassen. Für nähere Auskünfte über die Zuständigkeiten der einzelnen Steuerbüros, klicken Sie auf den nachstehenden Link: http://www.aed.public.lu/functions/contact/recherche/tva/index.html.

Der Verwaltung vorbehalten

Eingangsdatum: ____

Wichtiger Hinweis:
Die Anmeldeerklärung ist innerhalb von fünfzehn Tagen nach Beginn der jeweiligen Tätigkeit einzureichen.

1. Angaben

Die mit * markierten Felder sind Pflichtfelder

Angaben zum Erklärenden

1 Ist die juristische Person im Großherzogtum Luxemburg niedergelassen? * ☐ Ja ☐ Nein

2 Rechtsform der juristischen Person *: ____

3 Firmenbezeichnung *: ____

4 Art der Haupttätigkeit *: ____

Genaue Beschreibung der Haupttätigkeit, die unter den Anwendungsbereich der MwSt. fällt *: ____

Genaue Beschreibung der anderen ausgeübten Tätigkeiten, die unter den Anwendungsbereich der MwSt. fallen: ____

5 Datum der Gründungsurkunde *: ____

6 Datum der tatsächlichen Aufnahme der MwSt.-pflichtigen Tätigkeit (1) *: ____

7 Veröffentlichung im Amtsblatt (Mémorial) C, Nr.: ____

(1) Ausländische MwSt.-Pflichtige: betrifft lediglich die MwSt.-pflichtige Tätigkeit im Großherzogtum Luxemburg.

Für Fragen zum Inhalt des Formulars wird auf Punkt „4. Zuständiges Steuerbüro" verwiesen.

Für Fragen zur elektronischen Unterschrift sowie zur Online-Übermittlung des vorliegenden Formulars wenden Sie sich bitte an den Guichet.lu-Helpdesk unter der folgenden Rufnummer: (+352) 247 82 000

LE GOUVERNEMENT
DU GRAND-DUCHÉ DE LUXEMBOURG
Administration de l'enregistrement,
des domaines et de la TVA

Administration de l'enregistrement,
des domaines et de la TVA

Boite Postale 31
L-2010 Luxembourg

info@aed.public.lu

8 **Adresse des Gesellschaftssitzes**

Straße und Hausnummer *:

Ort *: Postleitzahl *:

Land *:

Telefon: Fax:

E-Mail *: Handy:

Internetseite:

9 **Bankverbindung** * ☐ IBAN ☐ Außerhalb der EU

Kontonummer (IBAN):

SWIFT-BIC:

Kontonummer außerhalb der EU:

10 Geschäftsjahr * (2): vom bis zum

11 Wurde das Unternehmen neu gegründet? ☐ Ja ☐ Nein

12 **Von wem wurde der Firmenwert übernommen?**

Name:

Kennziffer:

13 **Geschätzter Jahresumsatz ohne MwSt.** (1) *:

In der EU ansässiger MwSt.-Pflichtiger:

☐ geringer als 35.000,01 €
☐ zwischen 35.000,01 € und 112.000 €

☐ Normales System
☐ zwischen 112.000,01 € und 620.000 €

☐ Steuerbefreiung (3)
☐ höher als 620.000 €

Nicht in der EU ansässiger MwSt.-Pflichtiger, Betrag des geschätzten Jahresumsatzes (ohne MwSt.) (in Euro):

(2) Der Besteuerungszeitraum ist das Kalenderjahr (Art. 64 § 7)

Für Fragen zum Inhalt des Formulars wird auf Punkt „4. Zuständiges Steuerbüro" verwiesen.

Für Fragen zur elektronischen Unterschrift sowie zur Online-Übermittlung des vorliegenden Formulars wenden Sie sich bitte an den Guichet.lu-Helpdesk unter der folgenden Rufnummer: (+352) 247 82 000

LE GOUVERNEMENT
DU GRAND-DUCHÉ DE LUXEMBOURG
Administration de l'enregistrement,
des domaines et de la TVA

Administration de l'enregistrement,
des domaines et de la TVA

Boite Postale 31
L-2010 Luxembourg

info@aed.public.lu

14 Tätigt das Unternehmen [3]:

innergemeinschaftliche Erwerbe von Gütern? * ☐ Ja ☐ Nein

innergemeinschaftliche Lieferungen von Gütern? * ☐ Ja ☐ Nein

innergemeinschaftliche Dienstleistungen? * ☐ Ja ☐ Nein

Erhält das Unternehmen [3]:

innergemeinschaftliche Dienstleistungen? * ☐ Ja ☐ Nein

15 **Zusatzinformationen**

Geplante Mitarbeiteranzahl bei Aufnahme der Tätigkeit *: ☐

Beschreibung des Sitzes/Betriebsorts *:

☐ Büro ☐ Werkstatt
☐ Domizilierungsadresse ☐ Lagerhalle
☐ Laden ☐ Warenlager
☐ Verkaufsstelle ☐ Sonstige, bitte angeben:

MwSt.-Nummer in Ihrem Herkunftsland:

[3] Für sämtliche Informationen betreffend die Melde- und Entrichtungspflicht verweisen wir die Steuerpflichtigen, die von der MwSt. befreit sind, auf folgende Internetseite der Verwaltung: http://www.aed.public.lu/tva/demarches/index.html.

2. Erforderliche Belege

Die mit * markierten Felder sind Pflichtfelder

21

☐ Kopie der Gründungsurkunde *

☐ Kopie des Personalausweises des Geschäftsführers/geschäftsführenden Verwaltungsratsmitglieds *

☐ Gewerbe-/Niederlassungsgenehmigung

☐ Kopie des Miet-/Domizilierungsvertrags

3. Anmerkungen

Die mit * markierten Felder sind Pflichtfelder

31

Für Fragen zum Inhalt des Formulars wird auf Punkt „4. Zuständiges Steuerbüro" verwiesen.

Für Fragen zur elektronischen Unterschrift sowie zur Online-Übermittlung des vorliegenden Formulars wenden Sie sich bitte an den Guichet.lu-Helpdesk unter der folgenden Rufnummer: (+352) 247 82 000

LE GOUVERNEMENT
DU GRAND-DUCHÉ DE LUXEMBOURG
Administration de l'enregistrement,
des domaines et de la TVA

Administration de l'enregistrement,
des domaines et de la TVA

Boite Postale 31
L-2010 Luxembourg

info@aed.public.lu

4. Zuständiges Steuerbüro

Die mit * markierten Felder sind Pflichtfelder

Wählen Sie das für die Bearbeitung Ihrer Akte zuständige Steuerbüro (1) *:

41

- ☐ Automobilbranche - Esch 2 (Tel.: 247-80554/80547)
- ☐ Immobilienbranche - Diekirch 2 (Tel.: 247-80843/80836)
- ☐ Finanzbranche - Luxemburg 3 (Tel.: 247-80632/80624)
- ☐ Großunternehmen - Luxemburg 4 (Tel.: 247-80645/80640)
- ☐ Amt für Nicht-Gebietsansässige - Luxemburg 10 (Tel.: 247-80686/80669)

Sonstige MwSt.-Pflichtige:

- ☐ Luxemburg 1 (Tel.: 247-80603/80599)
- ☐ Luxemburg 2 (Tel.: 247-80622/80613)
- ☐ Luxemburg 5 (Tel.: 247-80666/80653)
- ☐ Esch 1 (Tel.: 247-80534/80531)
- ☐ Diekirch 1 (Tel.: 247-80829/80822)

(1) nähere Informationen unter: http://www.aed.public.lu/functions/contact/recherche/tva/index.html

5. Datenschutz-Grundverordnung

Personenbezogene Daten welche vom Bürger übermittelt werden, werden von der Einregistrierungs-, Domänen- und Mehrwertsteuerverwaltung, in ihrer Eigenschaft als Verantwortlicher, gemäß der Verordnung (EU) 2016/679 des Europäischen Parlaments und des Rates vom 27. April 2016 zum Schutz natürlicher Personen bei der Verarbeitung personenbezogener Daten, zum freien Datenverkehr und zur Aufhebung der Richtlinie 95/46/EG (Datenschutz-Grundverordnung), verarbeitet.
Für weitere Informationen, verweisen wir Sie mit folgendem Link auf die entsprechende Webseite der Einregistrierungs-, Domänen- und Mehrwertsteuerverwaltung.

Für Fragen zum Inhalt des Formulars wird auf Punkt „4. Zuständiges Steuerbüro" verwiesen.

Für Fragen zur elektronischen Unterschrift sowie zur Online-Übermittlung des vorliegenden Formulars wenden Sie sich bitte an den Guichet.lu-Helpdesk unter der folgenden Rufnummer: (+352) 247 82 000

LE GOUVERNEMENT
DU GRAND-DUCHÉ DE LUXEMBOURG
Administration de l'enregistrement,
des domaines et de la TVA

Administration de l'enregistrement,
des domaines et de la TVA

Boîte Postale 31
L-2010 Luxembourg

info@aed.public.lu

6. Unterschrift

Die mit * markierten Felder sind Pflichtfelder

Die nachfolgende Unterschrift bestätigt die Richtigkeit der gemachten Angaben

51 **Der/die Unterzeichnete erklärt, sämtliche stichhaltigen Elemente, anhand derer die Anmeldung als vollständig erachtet werden kann, eingehalten zu haben bzw.**

1. **dass das vorliegende Formular ordnungsgemäß ausgefüllt wurde;**
2. **dass die erforderlichen Belege beigefügt wurden.**

Erstellt in *: Am *:

Meine Angaben überprüfen **Jedes rot markierte Feld muss ausgefüllt oder korrigiert werden.**

Unterschrift:

In MyGuichet unterzeichnen In MyGuichet speichern

Klicken Sie auf „In MyGuichet unterzeichnen", um das Formular elektronisch über das Signaturmodul eSign zu unterzeichnen. Anschließend können Sie das Formular samt der erforderlichen Belege über MyGuichet.lu an die zuständige Verwaltung übermitteln.

Für Fragen zum Inhalt des Formulars wird auf Punkt „4. Zuständiges Steuerbüro" verwiesen.

Für Fragen zur elektronischen Unterschrift sowie zur Online-Übermittlung des vorliegenden Formulars wenden Sie sich bitte an den Guichet.lu-Helpdesk unter der folgenden Rufnummer: (+352) 247 82 000

LE GOUVERNEMENT
DU GRAND-DUCHÉ DE LUXEMBOURG
Administration de l'enregistrement,
des domaines et de la TVA

Helpdesk eTVA
Boîte postale 31
L - 2010 Luxembourg
Tel.: (+352) 247-80500
E-Mail: etva@en.etat.lu

Antrag betreffend einen Zugang zum eTVA System

(*e*TVA elektronischer Kontoauszug - VAT Refund - VAT MOSS)

⚠ Das vorliegende interaktive Formular erfordert mindestens die Version 8.1.3 des Adobe Acrobat® Reader®. Die aktuelle Version des Adobe Acrobat Reader für alle Betriebssysteme (Windows®, Mac, usw.) kann kostenlos auf der Internetseite von Adobe Systems Incorporated heruntergeladen werden.

1. Angaben

Der/Die Unterzeichnende(n)

1. Identifikationsnummern des Antragstellers

   Nationale Kennziffer: ☐☐☐☐☐☐☐☐☐☐☐☐☐ (1)

   RCS Nummer: ☐☐☐☐☐☐☐ (2) ☐ Existiert nicht

   MwSt-Identifikationsnummer: LU ☐☐☐☐☐☐☐☐ (3) ☐ Existiert nicht

   Nicht-LU Referenznummer: ☐☐☐☐☐☐☐☐☐☐☐☐☐☐☐☐☐☐☐☐☐☐☐ (4)

   In Luxemburg ansässige Steuerpflichtige: (1), (2) und (3) angeben

   In der EU (ausser in LU) ansässige Steuerpflichtige: (4) angeben mit der innergemeinschaftlichen MwSt.-Nr. Falls der luxemburgischen MwSt. unterworfen, dann (1) und (3) angeben

   Ausserhalb der EU ansässige Steuerpflichtige : (4) angeben

2. Name und Vorname / Firmenname / Firmenbezeichnung:

3. Wohnsitz / Gesellschaftssitz

   Land und PLZ: ____ - ____ Ort: ____

   Straße: ____ Nr: ____ Tel.: ____

4. Person welche für die moralische Person handelt *(die/der Unterzeichnende)*

   Name: ____ Vorname: ____

   Eigenschaft: ____ Tel: ____ E-Mail: ____

5. Antrag

   ☐ Neuer Zugang ☐ Änderung des Hauptzugangsverwalters

6. Hauptzugangsverwalter der firmeninternen eTVA Benutzer

   Name: ____ Vorname: ____

   E-Mail: ____ Tel.: ____

   "SSN" Seriennr. des professionellen Luxtrust Zertifikats des Hauptzugangsverwalters : ☐☐☐☐ ☐☐☐☐ ☐☐☐☐ ☐☐☐☐ ☐☐☐☐

   Kennung "OU" so wie im Luxtrust Zertifikat angegeben : ☐☐☐☐☐☐☐☐☐☐☐☐☐☐

   (benutzen Sie die Funktion "Test" im Menü "Mein Zertifikat" auf der Internetseite www.luxtrust.lu um die OBLIGATORISCHEN "SSN" Seriennummer und "OU" Kennung zu finden)

MF_ED_ETVA_D_202011_3

Beantragt(en) einen Zugang zum eTVA System

Der Antrag wird nur in Betracht gezogen wenn er komplett ist und begleitet wird von den besonderen Bedingungen, unterzeichnet von der/den Person(en), welche für die moralische Person handelt. Das Original des Antrags muss per Post an die oben angegebene Adresse geschickt werden.

Seite 1 von 3

LE GOUVERNEMENT
DU GRAND-DUCHÉ DE LUXEMBOURG
Administration de l'enregistrement,
des domaines et de la TVA

Helpdesk eTVA
Boîte postale 31
L - 2010 Luxembourg
Tel.: (+352) 247-80500
E-Mail: etva@en.etat.lu

2. Besondere Bedingungen betreffend das System *e*TVA

Die "Administration de l'Enregistrement, des Domaines et de la TVA" (AED) in Zusammenarbeit mit dem "Centre des technologies de l'information de l'État" (CTIE) stellen den Steuerpflichtigen ein elektronisches System, genannt System eTVA, zur Verfügung.

Allein durch die Herstellung einer Verbindung zum System eTVA erkennt der Benutzer die besonderen Bedingungen an, sowie deren nachfolgende Aktualisierung und Änderungen. Die AED behält sich das Recht vor, die Bedingungen jederzeit zu ändern. Außerdem kann die Benutzung des Systems eTVA noch weiteren Richtlinien, Entscheidungen oder zusätzlichen Bedingungen unterworfen werden. Diese Richtlinien, Entscheidungen und zusätzliche Bedingungen gelten als Bestandteil der besonderen Bedingungen. Die Nichtbeachtung der einen oder anderen dieser besonderen Bedingungen bewirkt den Widerruf der Genehmigung zur Benutzung des Systems eTVA.

Die AED behält sich das Recht vor verschiedene Funktionalitäten des Systems abzuschaffen, zu ändern oder neue hinzuzufügen, beziehungsweise besondere oder allgemeine Begrenzungen der verschiedenen Funktionalitäten vorzunehmen.

Bei jeder Herstellung einer Verbindung zum System eTVA wird die Authentifikation des Benutzers mittels Benutzung einer professionellen Chipkarte oder eines professionellen Signing Sticks von LuxTrust, welche das professionelle Zertifikat erthält, stattfinden. Das Zertifikat wird zur Identifikation und Authentifikation des Benutzers gegenüber dem System eTVA benutzt.

Jeder Benutzer, der vom Hauptzugangsverwalter autorisierte Benutzer inbegriffen, trifft die nötigen Vorkehrungen, um die Geheimhaltung seines Zertifikats zu wahren und benachrichtigt sofort die Ausgabeorganisation des Zertifikats falls diese Geheimhaltung verletzt, beziehungsweise zu betrügerischen Zwecken missbraucht wurde.

Der Benutzer ist allein verantwortlich für die Nutzung seines Zertifikats welche sich aus der Herstellung einer Verbindung zum System eTVA ergibt, insofern die Authentifikation bei der Herstellung der Verbindung richtig erfolgte.

Im Falle einer Einreichung im Namen und für Rechnung eines anderen Mehrwertsteuerpflichtigen als dem Besitzer des Zertifikats, setzt die AED ein gültiges Mandat voraus, mit Ausnahme eines Erstattungsantrages VAT Refund welcher ein elektronisches Mandat voraussetzt. Die AED gibt die Form eines elektronischen Mandats vor.

Der Benutzer übernimmt die alleinige Verantwortung für direkte oder indirekte Schäden die durch unlauteren, falschen oder widerrechtlichen Zugang, beziehungsweise versuchtem Zugang zum System eTVA entstanden sind, insbesondere infolge der Nichtbeachtung der Sicherheitsmaßnahmen oder auf Grund von Handlungen einer Drittperson.

Die Verwaltungen AED und CTIE tragen keine Verantwortung für eventuelle Funktionsstörungen des Systems eTVA welche auf Störungen des Internets oder im allgemeinen auf nicht der AED oder dem CTIE anzulastende Ursachen zurückzuführen sind.

Die Antwortdateien die dem Benutzer zur Verfügung gehalten werden, können von diesem nur auf sein eigenes Risiko vom Internet heruntergeladen werden. Die Verwaltungen AED und CTIE sind nicht verantwortlich für einen schlechten oder erfolglosen Empfang dieser Antwortdateien.

Die Verwaltungen AED und CTIE übernehmen keine Verantwortung bei fehlerhafter, beziehungsweise nicht kompatiblem elektronischem Material des Benutzers, betrügerischer Benutzung der geheimen Daten des Benutzers, durch ihn persönlich oder durch eine Drittperson und bei Auftreten eines Schadens an seinem elektronischen Material, oder an den auf diesem Material gespeicherten Daten, während oder nach der Benutzung des Systems eTVA.

Der Zutritt zum System eTVA erfolgt über das Internet. Der Benutzer erklärt die Grundlagen, technischen Leistungen und Risiken des Internets zu kennen und anzunehmen.

Der Benutzer verpflichtet sich, alle Maßnahmen zu ergreifen um die Verbreitung eventueller Viren zu verhindern, insbesondere mittels eines Antiviren Schutzprogramms, welches er regelmäßig auf den letzten Stand setzt.

Rechtsverbindlich sind nur die "Besonderen Bedingungen betreffend das System eTVA" welche in französischer Sprache verfasst sind.

MF_ED_ETVA_D_202011_3

Seite 2 von 3

LE GOUVERNEMENT
DU GRAND-DUCHÉ DE LUXEMBOURG
Administration de l'enregistrement,
des domaines et de la TVA

Helpdesk eTVA
Boîte postale 31
L - 2010 Luxembourg
Tel.: (+352) 247-80500
E-Mail: etva@en.etat.lu

Personenbezogene Daten welche vom Bürger übermittelt werden, werden von der Einregistrierungs-, Domänen- und Mehrwertsteuerverwaltung, in ihrer Eigenschaft als Verantwortlicher, gemäß der Verordnung (EU) 2016/679 des Europäischen Parlaments und des Rates vom 27. April 2016 zum Schutz natürlicher Personen bei der Verarbeitung personenbezogener Daten, zum freien Datenverkehr und zur Aufhebung der Richtlinie 95/46/EG (Datenschutz-Grundverordnung), verarbeitet.

Für weitere Informationen, verweisen wir Sie mit folgendem Link auf die entsprechende Webseite der Einregistrierungs-, Domänen- und Mehrwertsteuerverwaltung. (https://pfi.public.lu/)

3. Unterschrift

Durch die nachstehende Unterschrift wird die Richtigkeit der gemachten Angaben bestätigt.

☐ gelesen und genehmigt

Ort*:

den*:

Name*:

Vorname*:

Handschriftliche Unterschrift(en) der Person(en), welche für die moralische Person handeln

Der Einregistrierungs und Domänen Verwaltung (AED) vorbehalten

Organizational Unit: ☐ RCS ☐ TVA ☐ Andere:

Stempel

MF_ED_ETVA_D_202011_3

Seite 1/4

LE GOUVERNEMENT
DU GRAND-DUCHÉ DE LUXEMBOURG
Administration de l'enregistrement
et des domaines

MwSt. Nr. : LU	Kennziffer :
	Eingangsdatum :

MEHRWERTSTEUER (Abgeändertes Gesetz vom 12.2.1979)

Erklärung für den MONAT 2018

Recette Centrale
B.P. 1004 L-1010 Luxembourg
Tél. (1) **: (+352) 247-80800**
IBAN : LU31 1111 0114 1970 0000
Code BIC : CCPLLULL
URL (1) **: http://www.aed.public.lu**

(Name, bzw. Firmenbezeichnung)

Gesetzliche Frist : (2)

(Straße, Nummer)

Steuerbüro : (1)

(Landeskennzeichen, Postfach und Ort)

I. BERECHNUNG DES STEUERPFLICHTIGEN UMSATZES

		Betrag ohne MwSt.
A. Gesamtumsatz	012	
1. Besteuerung nach Entgelten (Zutreffendes ankreuzen) 204 ☐ vereinbarten 205 ☐ vereinnahmten		
2. Gesamtbetrag der Entgelte	454	
3. Entnahmen von Gegenständen für den privaten Bedarf und Zuordnung von im Unternehmen hergestellten Produkten für Zwecke des Unternehmens (Art.13)	455	
4. Benutzung von Betriebsgegenständen und Erbringung von Dienstleistungen für unternehmensfremde Zwecke (Art.16)	456	
B. Steuerbefreiungen und abzugsfähige Beträge	021	
1. Innergemeinschaftliche Lieferungen an Personen, die eine Id.-Nummer in einem anderen Mitgliedstaat besitzen (Art.43/1/d, e und f) (3)	457	
2. Ausfuhren (Art.43/1/a und b)	014	
3. Andere Befreiungen (Art.43 und 60bis)	015	
4. Andere Befreiungen (Art.44 und 56quater)	016	
5. Tabakwaren	017	
6. Im Ausland getätigte Umsätze:		
a) An innergemeinschaftliche Erwerbe anschließende Lieferungen im Rahmen von Dreiecksgeschäften, wenn der im Mitgliedstaat der Ankunft der Gegenstände für Zwecke der MwSt. erfasste Erwerber dort der Steuerschuldner ist (4)	018	
b) Dienstleistungen an in einem anderen Mitgliedstaat für Zwecke der MwSt. erfasste Personen		
1) nicht steuerbefreit im Mitgliedstaat des Empfängers, der Steuerschuldner ist (Art.17/1/b) (5)	423	
2) steuerbefreit im Mitgliedstaat des Empfängers (Art.17/1/b)	424	
c) Im Rahmen der Sonderregelung von Artikel 56sexies getätigte Umsätze	226	
d) Andere im Ausland getätigte Umsätze	019	
7. Umsätze im Inland, für die der Empfänger Steuerschuldner ist	419	
C. Steuerpflichtiger Umsatz (012-021)	022	

Seite 2/4

MwSt. Nr. : LU	Kennziffer :

II. BERECHNUNG DER STEUER

		Besteuerungsgrundlage (ohne MwSt.)	Steuer
A. Steuerpflichtiger Umsatz: Aufteilung		037	046
zum MwSt.-Satz von	17 %	701	702
	15 %	029	038
	14 %	703	704
	12 %	032	041
	8 %	705	706
	6 %	030	039
	3 %	031	040
	403 ___ %	033	042
	418 ___ %	416	417
	453 ___ %	451	452

		Besteuerungsgrundlage (ohne MwSt.)	Steuer
B. Innergemeinschaftliche Erwerbe von Gegenständen (6)		051	056
zum MwSt.-Satz von	17 %	711	712
	15 %	047	052
	14 %	713	714
	12 %	050	055
	8 %	715	716
	6 %	048	053
	3 %	049	054
	steuerbefreit	194	

C. Im Rahmen von Dreiecksgeschäften getätigte Erwerbe, welche für eine anschließende Lieferung an einen im Mitgliedstaat der Ankunft der Gegenstände für Zwecke der MwSt. erfassten Erwerber, der dort als Steuerschuldner gilt, getätigt wurden (Art. 18b/2, Absatz 2) — 152

		Besteuerungsgrundlage (ohne MwSt.)	Steuer
D. Einfuhren von Gegenständen		065	407
1. für Zwecke des Unternehmens			
zum MwSt.-Satz von	17 %	721	722
	15 %	057	066
	14 %	723	724
	12 %	060	069
	8 %	725	726
	6 %	058	067
	3 %	059	068
	steuerbefreit	195	

Seite 3/4

MwSt. Nr. : LU	Kennziffer :

2. für unternehmensfremde Zwecke

zum MwSt.-Satz von	17 %	731	732
	15 %	061	071
	14 %	733	734
	12 %	064	074
	8 %	735	736
	6 %	062	072
	3 %	063	073
	steuerbefreit	196	

E. Vom Empfänger als Steuerschuldner zu erklärende Dienstleistungen 409 410

1. erbracht an den Erklärenden von Steuerpflichtigen, die in einem anderen Mitgliedstaat der Gemeinschaft ansässig sind

a) nicht steuerbefreit im Inland 436 462

zum MwSt.-Satz von	17 %	741	742
	15 %	427	428
	14 %	743	744
	12 %	433	434
	8 %	745	746
	6 %	429	430
	3 %	431	432

b) steuerbefreit im Inland 435

2. erbracht an den Erklärenden von Steuerpflichtigen, die nicht in der Gemeinschaft ansässig sind 463 464

zum MwSt.-Satz von	17 %	751	752
	15 %	437	438
	14 %	753	754
	12 %	443	444
	8 %	755	756
	6 %	439	440
	3 %	441	442
	steuerbefreit	445	

3. erbracht an den Erklärenden von im Inland ansässigen Steuerpflichtigen 765 766

zum MwSt.-Satz von	17 %	761	762
	15 %	420	421

F. Vom Erwerber als Steuerschuldner zu erklärende Lieferungen 767 768

zum MwSt.-Satz von	8 %	763	764
	6 %	222	223

G. Sonderregelung zur Steueraussetzung: Berichtigung (Art.60bis, Abs.5 und 8) 227

H. Gesamtbetrag der Steuer (046+056+407+410+768+227) (zu übertragen in Punkt IV.A) 076

MwSt. Nr. : LU	Kennziffer :

III. BERECHNUNG DER ABZIEHBAREN VORSTEUER

A. Gesamtbetrag der Vorsteuer	093	
1. Gezahlte MwSt. bei Bezug von Gegenständen und Dienstleistungen im Inland (Art.48/1/a)	458	
2. Geschuldete MwSt. auf innergemeinschaftlichen Erwerben von Gegenständen (Art.48/1/b)	459	
3. Geschuldete oder gezahlte MwSt. auf Einfuhren von Gegenständen (Art.48/1/c)	460	
4. Geschuldete MwSt. auf Zuordnung von Gegenständen zu Zwecken des Unternehmens (Art.48/1/d)	090	
5. Als Steuerschuldner erklärte Steuer (Siehe Punkte II.E und F)	461	
6. Als Solidarschuldner erklärte Steuer	092	
7. Berichtigte Steuer - Sonderregelung zur Steueraussetzung (Art. 60bis/9, Unterabs. 2)	228	
B. Gesamtbetrag der nicht abziehbaren Vorsteuer	097	
1. in Bezug auf gemäß Artikel 44 und 56quater steuerfreie Umsätze	094	
2. in Anwendung der in Artikel 50 vorgesehenen Prorataregel	095	
C. Gesamtbetrag der abziehbaren Vorsteuer (093-097) (zu übertragen in Punkt IV.B)	102	

IV. BERECHNUNG DES ÜBERSCHUSSES

A. Gesamtbetrag der Steuer (Übertrag aus Punkt II.H.)	103	
B. Gesamtbetrag der abziehbaren Vorsteuer (Übertrag aus Punkt III.C.)	104	
C. Überschuss (ein Vorsteuerüberschuss ist mit einem Minuszeichen zu kennzeichnen) (103-104)	105	

Der (Die) Unterzeichner versichert (versichern), dass die vorstehende Erklärung richtig und vollständig ist.

______________________, den ______________ ______________________

Unterschrift(en)

Wichtige Bemerkungen

1. - Die ordnungsgemäß ausgefüllte und mit einer elektronischen Signatur (Luxtrust) versehene Erklärung ist der Verwaltung auf elektronischem Weg zu übermitteln.
   - Im Fall von technischen Problemen betreffend die elektronische Abgabe der Erklärung mit eCDF, wenden Sie sich bitte an den technischen Support eCDF. Siehe Kontaktdaten auf der Webseite www.ecdf.lu unter Kontakt.
   - Für fachliche Fragen betreffend den Inhalt der Mehrwertsteuererklärungen wenden Sie sich bitte an den allgemeinen Helpdesk (info@aed.public.lu) respektive an das zuständige Steuerbüro welches auf folgender Webseite bestimmt werden kann: www.aed.public.lu/functions/contact/bureaux_imposition .
   - Im Fall von technischen Problemen betreffend die verschiedenen elektronischen Dienstleistungen im Bereich der Mehrwertsteuer, wenden Sie sich bitte an den Helpdesk eTVA. Siehe Kontaktdaten auf der Webseite www.etva.lu .
2. - Die in dem oben auf Seite 1 vermerkten Steuerzeitraum fällig gewordene Mehrwertsteuer ist vor dem fünfzehnten Tag des Monats, der auf den Steuerzeitraum folgt an den Staat abzuführen. Zu diesem Zweck muss in der gleichen Frist eine Erklärung eingereicht werden, die alle für die Ermittlung der Steuer und der vorzunehmenden Abzüge erforderlichen Angaben enthält.
   - Das Datum der Einreichungsfrist befindet sich informationshalber und ohne Garantie auf der ersten Seite der Internetpräsenz www.aed.public.lu, wobei die gesetzlichen Vorschriften verbindlich sind.
   - Bitte geben Sie im Schrift- und Zahlungsverkehr Ihre Kennziffer an.
   - Für jeden Erklärungszeitraum ist eine gesonderte Erklärung abzugeben.
3. Die Angabe eines Betrags in Feld 457 bedingt die Abgabe einer zusammenfassenden Meldung.
4. Die Angabe eines Betrags in Feld 018 bedingt die Abgabe einer zusammenfassenden Meldung.
5. Die Angabe eines Betrags in Feld 423 bedingt die Abgabe einer zusammenfassenden Meldung.
6. Innergemeinschaftliche Erwerbe von Gegenständen (art. 18/1) und Zuordnung von aus einem anderen EG-Mitgliedstaat für Zwecke des Unternehmens verbrachten Gegenständen (Art.18bis). Im Rahmen von Dreiecksgeschäften im Inland getätigte Lieferungen für die der Erklärende als Steuerschuldner bezeichnet wurde.

Seite 1/13

LE GOUVERNEMENT
DU GRAND-DUCHÉ DE LUXEMBOURG
Administration de l'enregistrement
et des domaines

MwSt. Nr. : LU	Kennziffer :
	Eingangsdatum :

MEHRWERTSTEUER (Abgeändertes Gesetz vom 12.2.1979)

Erklärung für das Jahr 2018

Geschäftsjahr vom 233____ / 234____ /2018 bis 235____ / 236____ /2018

Recette Centrale
B.P. 1004 L-1010 Luxembourg
Tél. (1) : (+352) 247-80800
IBAN : LU31 1111 0114 1970 0000
Code BIC : CCPLLULL
URL (1) : http://www.aed.public.lu

(Name, bzw. Firmenbezeichnung)

(Straße, Nummer)

(Landeskennzeichen, Postfach und Ort)

Gesetzliche Frist :	**(2)**
Steuerbüro :	**(1)**

I. BERECHNUNG DES STEUERPFLICHTIGEN UMSATZES

Betrag ohne MwSt.

A. Berechnung des Gesamtumsatzes 012 ________

1. Besteuerung nach Entgelten (Zutreffendes ankreuzen)

   204 ☐ vereinbarten 205 ☐ vereinnahmten

2. Gesamtbetrag der Entgelte (Steuerpflichtige, steuerbefreite sowie im Ausland getätigte Umsätze, nach Geschäftszweigen)
   - a) Verkäufe und Gewinnmarge
     - 1) Verkauf von im Unternehmen hergestellten Produkten 001 ________
     - 2) Verkauf von nicht im Unternehmen hergestellten Produkten 002 ________
     - 3) Nettogewinnmarge (Sonderregelung: Art. 56ter-1 und 56ter-2) 003 ________
   - b) Dienstleistungen 004 ________
   - c) Veräußerungen von körperlichen oder unkörperlichen Anlagegütern, die einen Nebenumsatz darstellen 005 ________
   - d) 206 ________ 007 ________
3. Andere gleichgestellte Tätigkeiten
   - a) Entnahmen von Gegenständen für den privaten Bedarf oder für den Bedarf der Arbeitnehmer (Art.13/a) 008 ________
   - b) Zuordnung von im Unternehmen hergestellten Produkten für Zwecke des Unternehmens (Art.13/b) 009 ________
   - c) Benutzung von Betriebsgegenständen für unternehmensfremde Zwecke (Art.16/a) 010 ________
   - d) Erbringung von Dienstleistungen für unternehmensfremde Zwecke (Art.16/b) 011 ________

B. Steuerbefreiungen und abzugsfähige Beträge 021 ________

1. Innergemeinschaftliche Lieferungen
   - a) Innergemeinschaftliche Lieferungen (Art.43/1/d und f) an Personen, die eine Id.-Nummer in einem anderen Mitgliedstaat besitzen **(3)** 013 ________
   - b) Innergemeinschaftliche Lieferungen von neuen Fahrzeugen (Art.43/1/e) an Personen, die in einem anderen Mitgliedstaat ansässig sind und nicht im Besitz einer Id.-Nr. sind 202 ________
2. Ausfuhren (Art.43/1/a und b) 014 ________
3. Andere Befreiungen (Art.43 und Art.60bis) 015 ________
4. Andere Befreiungen (Art.44 und Art.56quater) 016 ________
5. Tabakwaren 017 ________

MwSt. Nr. : LU	Kennziffer :

6. Im Ausland getätigte (steuerpflichtige) Umsätze
   a) An innergemeinschaftliche Erwerbe anschließende Lieferungen im Rahmen von Dreiecksgeschäften, wenn der im Mitgliedstaat der Ankunft der Gegenstände für Zwecke der MwSt. erfasste Erwerber dort der Steuerschuldner ist (3) — 018 ____
   b) An in einem anderen Mitgliedstaat ansässige Personen, die nicht im Besitz einer Id.-Nummer sind, getätigte Lieferungen von Gegenständen (neue Fahrzeuge, Mineralöle, Alkohol und Tabakwaren ausgenommen), die vom Erklärenden oder für seine Rechnung versandt oder befördert wurden und dort steuerbar sind — 203 ____
   c) Dienstleistungen, die im Mitgliedstaat des Empfängers, der dort für Zwecke der MwSt. erfasst und Steuerschuldner ist, nicht steuerbefreit sind (3) — 423 ____
   d) Dienstleistungen, die im Mitgliedstaat des Empfängers, der dort für Zwecke der MwSt. erfasst ist, steuerbefreit sind — 424 ____
   e) Im Rahmen der Sonderregelung von Artikel 56sexies getätigte Umsätze — 226 ____
   f) Andere im Ausland getätigte (steuerpflichtige) Umsätze — 019 ____
7. Umsätze im Inland, für die der Empfänger Steuerschuldner ist — 419 ____

C. Steuerpflichtiger Umsatz (012-021) — 022 ____

II. BERECHNUNG DER STEUER

		Besteuerungsgrundlage (ohne MwSt.)	MwSt.
A. Steuerpflichtiger Umsatz: Aufteilung		037 ____	046 ____
zum MwSt.-Satz von	17 %	701 ____	702 ____
	15 %	029 ____	038 ____
	14 %	703 ____	704 ____
	12 %	032 ____	041 ____
	8 %	705 ____	706 ____
	6 %	030 ____	039 ____
	3 %	031 ____	040 ____
	403 ____ %	033 ____	042 ____
	418 ____ %	416 ____	417 ____
	453 ____ %	451 ____	452 ____
B. Innergemeinschaftliche Erwerbe von Gegenständen (4)		051 ____	056 ____
zum MwSt.-Satz von	17 %	711 ____	712 ____
	15 %	047 ____	052 ____
	14 %	713 ____	714 ____
	12 %	050 ____	055 ____
	8 %	715 ____	716 ____
	6 %	048 ____	053 ____
	3 %	049 ____	054 ____
	steuerbefreit	194 ____	

C. Im Rahmen von Dreiecksgeschäften getätigte Erwerbe, welche für eine anschließende Lieferung an einen im Mitgliedstaat der Ankunft der Gegenstände für Zwecke der MwSt. erfassten Erwerber, der dort als Steuerschuldner gilt, getätigt wurden (art. 18ter/2, Unterabs. 2) — 152 ____

Seite 3/13

MwSt. Nr. : LU	Kennziffer :

D. Einfuhren von Gegenständen		065	407
1. für Zwecke des Unternehmens			
zum MwSt.-Satz von	17 %	721	722
	15 %	057	066
	14 %	723	724
	12 %	060	069
	8 %	725	726
	6 %	058	067
	3 %	059	068
	steuerbefreit	195	
2. für unternehmensfremde Zwecke			
zum MwSt.-Satz von	17 %	731	732
	15 %	061	071
	14 %	733	734
	12 %	064	074
	8 %	735	736
	6 %	062	072
	3 %	063	073
	steuerbefreit	196	
E. Vom Empfänger als Steuerschuldner zu erklärende Dienstleistungen		409	410
1. erbracht an den Erklärenden von Steuerpflichtigen, die in einem anderen Mitgliedstaat der Gemeinschaft ansässig sind			
a) nicht steuerbefreit im Inland		436	462
zum MwSt.-Satz von	17 %	741	742
	15 %	427	428
	14 %	743	744
	12 %	433	434
	8 %	745	746
	6 %	429	430
	3 %	431	432
b) steuerbefreit im Inland		435	
2. erbracht an den Erklärenden von Steuerpflichtigen, die nicht in der Gemeinschaft ansässig sind		463	464
zum MwSt.-Satz von	17 %	751	752
	15 %	437	438
	14 %	753	754
	12 %	443	444
	8 %	755	756
	6 %	439	440
	3 %	441	442
	steuerbefreit	445	
3. erbracht an den Erklärenden von im Inland ansässigen Steuerpflichtigen		765	766
zum MwSt.-Satz von	17 %	761	762
	15 %	420	421

MwSt. Nr. : LU	Kennziffer :

F. Vom Erwerber als Steuerschuldner zu erklärende Lieferungen 767 ____ 768 ____

zum MwSt.-Satz von 8 % 763 ____ 764 ____

6 % 222 ____ 223 ____

G. Sonderregelung zur Steueraussetzung: Berichtigung
(Art. 60bis, Abs.5 und 8) 227 ____

H. Gesamtbetrag der Steuer (046+056+407+410+768+227) (zu übertragen in Punkt IV.A.) 076 ____

III. BERECHNUNG DER ABZIEHBAREN VORSTEUER

A. Gesamtbetrag Vorsteuer 093 ____

1. Gesamtbetrag der Vorsteuer auf Wareneingängen 080 ____
   a) Von anderen Steuerpflichtigen für Warenlieferungen und Dienstleistungen in Rechnung gestellte Mehrwertsteuer 077 ____
   b) Erklärte oder bezahlte Mehrwertsteuer für innergemeinschaftliche Erwerbe von Gegenständen, unter Ausschluss der innergemeinschaftlichen Erwerbe von Tabakwaren 078 ____
   c) Erklärte oder bezahlte Mehrwertsteuer für eingeführte Waren, unter Ausschluss der eingeführten Tabakwaren und Waren für den Privatgebrauch 079 ____
   d) Als Schuldner erklärte Mehrwertsteuer (Siehe Punkte II.E und F) 404 ____

2. Gesamtbetrag der Vorsteuer auf Anschaffungen von Anlagegütern 084 ____
   a) Von anderen Steuerpflichtigen für Warenlieferungen und Dienstleistungen in Rechnung gestellte Mehrwertsteuer 081 ____
   b) Erklärte oder bezahlte Mehrwertsteuer für innergemeinschaftliche Erwerbe von Gegenständen, unter Ausschluss der innergemeinschaftlichen Erwerbe von Tabakwaren 082 ____
   c) Erklärte oder bezahlte Mehrwertsteuer für eingeführte Waren, unter Ausschluss der eingeführten Tabakwaren und Waren für den Privatgebrauch 083 ____
   d) Als Schuldner erklärte Mehrwertsteuer (Siehe Punkte II.E und F) 405 ____

3. Gesamtbetrag der Vorsteuer auf Geschäftsunkosten 088 ____
   a) Von anderen Steuerpflichtigen für Warenlieferungen und Dienstleistungen in Rechnung gestellte Mehrwertsteuer 085 ____
   b) Erklärte oder bezahlte Mehrwertsteuer für innergemeinschaftliche Erwerbe von Gegenständen, unter Ausschluss der innergemeinschaftlichen Erwerbe von Tabakwaren 086 ____
   c) Erklärte oder bezahlte Mehrwertsteuer für eingeführte Waren, unter Ausschluss der eingeführten Tabakwaren und Waren für den Privatgebrauch 087 ____
   d) Als Schuldner erklärte Mehrwertsteuer (Siehe Punkte II.E und F) 406 ____

4. Sonstige 179 ____
   a) Erklärte Mehrwertsteuer für die in Art. 13/b genannte Zuordnung von Gegenständen zu Zwecken des Unternehmens (Siehe Punkt I.A.3.b) 090 ____
   b) Unter den Voraussetzungen von Art. 48 als solidarisch haftender Bürge bezahlte MwSt. 092 ____
   c) Berichtigte Steuer - Sonderregelung zur Steueraussetzung (Art.60bis/9, Unterabs. 2) 228 ____

MwSt. Nr. : LU	Kennziffer :

B. Gesamtbetrag der nicht abziehbaren Vorsteuer 097 ______

1. Nicht abziehbare Vorsteuer betreffend die gemäß Art. 44 und Art. 56quater steuerfreien Umsätze 094 ______
2. Nicht abziehbare Vorsteuer in Anwendung der in Art. 50 vorgesehenen Prorata-Regel 095 ______
3. Nicht abziehbare Vorsteuer in Anwendung von Art. 56ter-1/7 und 56ter-2/7 (Im Fall einer Option für die Anwendung der Sonderregelung über die Differenzbesteuerung) 096 ______

C. Berichtigung der Vorsteuerabzüge (eine Minderung der abziehbaren Vorsteuer ist mit einem Minuszeichen zu kennzeichnen) 101 ______

1. Berichtigung der Vorsteuerabzüge
   a) in Anwendung der Bestimmungen von Art. 53 098 ______
   b) in Anwendung der Bestimmungen des großherzoglichen Beschlusses vom 7. März 1980 - Optionsrecht für Grundstücksumsätze 099 ______
2. Andere:

229 ______ 100 ______

D. Gesamtbetrag der abziehbaren Vorsteuer (093 - 097 + 101) (zu übertragen in Punkt IV.B) 102 ______

IV. BERECHNUNG DES ÜBERSCHUSSES

A. Gesamtbetrag der Steuer (Übertrag aus Punkt II.H.) 103 ______

B. Gesamtbetrag der abziehbaren Vorsteuer (Übertrag aus Punkt III.D.) 104 ______

C. Überschuss (ein eventueller Vorsteuerüberschuss ist mit einem Minuszeichen zu kennzeichnen) (103-104) 105 ______

Seite 6/13

MwSt. Nr. : LU	Kennziffer :

V. ZUSÄTZLICHE ANGABEN

A. Erklärender

1. Telefonnummer, unter welcher der Erklärende zu erreichen ist:

237 ______________________________

B. Beschäftigte Personen

1. Anzahl der beschäftigten Personen (Jahresdurchschnitt) 110 __________
   - mit Lohn oder Gehalt 108 __________
   - ohne Lohn (Familienmitglieder) 109 __________

C. Bücher und Belege

1. Im Großherzogtum Luxemburg ansässige Steuerpflichtige: Aufbewahrungsort der Bücher und Belege, deren Führung, Abfassung oder Aushändigung durch das Gesetz vom 12. Februar 1979 oder seine Ausführungsbestimmungen vorgeschrieben sind, wenn dieser Aufbewahrungsort sich außerhalb des luxemburgischen Hoheitsgebietes befindet (Art. 65) :

238 ______________________________

Der (Die) Unterzeichner versichert (versichern), dass die vorstehende Erklärung richtig und vollständig ist.

______________________, den ______________ ______________________

Unterschrift(en)

Seite 7/13

MwSt. Nr.: LU	Kennziffer:

Beilage zur Mehrwertsteuererklärung

	GESAMTBETRAG gegebenenfalls mit MwSt.	%	GESCHÄFTSANTEIL der Geschäftsunkosten ohne MwSt.	GESCHÄFTSANTEIL der berechneten MwSt. (5)
A. Gesamtbetrag der Geschäftsunkosten			192	193
1. Bruttolöhne (6)	239	240	114	
davon produktive Arbeitslöhne	241	242	243	
2. Bruttogehälter (6)	244	245	246	
3. Gelegenheitsarbeiterlöhne	247	248	249	
4. Gesetzlich bedingte Sozialbeiträge (Anteil des Arbeitgebers) (7)	250	251	252	
5. Unfallversicherung	253	254	255	
6. Provisionen	256	257	258	259
7. Spesen des Personals	260	261	262	263
8. 264	265	266	267	268
9. Buchhaltungskosten (8)	269	270	271	272
10. 273	274	275	276	277
11. 278	279	280	281	282
12. Spesen des Arbeitgebers	283	284	183	184
13. Strom	285	286	287	288
14. Gas	289	290	291	292
15. Wasser	293	294	295	296
16. Heizung	297	298	299	300
17. Telefon	301	302	303	304
18. a) Miete: Gebäude mit MwSt.-Anwendung (8)	305	306	185	186
b) Miete: Gebäude ohne MwSt.-Anwendung	307	308	309	
c) Miete: Maschinen und Betriebsanlagen	310	311	312	313
19. Feuerversicherung		314	315	
20. Grundsteuer		316	317	
21. 318			319	320
22. 321			322	323
23. Gewerbesteuer			324	
24. Schankwirtschaftstaxe und andere Taxen			325	
25. Langzeitschuldzinsen			326	
26. Kurzzeitschuldzinsen			327	
27. Andere Bankunkosten			328	329
28. Versicherung der Waren und der Betriebsanlagen			330	
29. Haftpflichtversicherung (zivile und berufliche)			331	
30. Bürounkosten			332	333
31. Reinigungs- und Unterhaltskosten			334	335

Seite 8/13

MwSt. Nr.: LU	Kennziffer:

32. Beiträge zu Berufskammern und Berufsverbänden	336	
33. Zeitungen und Fachzeitschriften	337	338
34. a) Ausgaben für die von Subunternehmen ausgeführten Arbeiten	115	187
b) Ausgaben für andere von Drittpersonen ausgeführten Arbeiten	188	189
35. Transport- und Frachtkosten	343	344
36. Berufskleidung	345	346
37. Anzeigen und Werbung	347	348
38. Verpackungen	349	350
39. Reparatur und Unterhalt der Anlagen und Maschinen	351	352
40. Andere Reparaturen	353	354
41. Neuanschaffungen (Werkzeuge und andere Einrichtungsgegenstände), welche gemäß Art. 34 des EStG. integral zu Lasten des Anschaffungs- oder Herstellungsjahres abschreibbar sind	355	356
42. 357	358	359
43. Gesamtbetrag der Beilage zu den Geschäftsunkosten **(9)**	361	362
44. Fahrzeugunkosten	190	191

B. Bestimmung des Gesamtbetrags der Besteuerungsgrundlage (10) der Benutzung von Betriebsgegenständen für betriebsfremde Zwecke (Art.16/a) (zu übertragen in Punkt I.A.3.c) der Jahreserklärung) 389

1. Kraftfahrzeuge

a) Werte

1) Buchwert zu Beginn des Geschäftsjahres	363
2) Anschaffungen während des Geschäftsjahres	364
3) Veräußerungen während des Geschäftsjahres	365
4) Abschreibung während des Geschäftsjahres **(11)** (in untenstehenden Punkt b)5) zu übertragen)	366
5) Buchwert am Ende des Geschäftsjahres	367

	Besteuerungsgrundlage (ohne MwSt.)	**MwSt.**
b) Gesamtbetrag der Kosten während des Geschäftsjahres	381	382
1) Kraftstoffe (Benzin, Diesel) und Schmiermittel	368	369
LPG	372	373
2) Reparatur und Unterhalt	374	375
3) Reifen u.a.	376	377
4) Leasing / Miete	378	379
5) Abschreibung **(11)** (Übertrag von a)4))	380	

c) Anzahl der während des Geschäftsjahres zurückgelegten km

zurückgelegte km	383
davon Privatanteil der Km	384
Privatanteil der zurückgelegten km (in %)	385
Privatanteil des Gesamtbetrags der Kosten der Kraftfahrzeuge (ohne MwSt.) (385x381)	386

2. Andere Gegenstände:

387 388

Seite 9/13

MwSt. Nr. : LU	Kennziffer :

C. Im Rahmen der Sonderregelung von Artikel 56sexies getätigte Umsätze 166 ______

1. Vom Erklärenden selbst unter seiner luxemburgischen Id-Nummer erbrachte Dienstleistungen 106 ______
2. Vom Erklärenden unter seiner luxemburgischen Id-Nummer zu erklärende und versteuernde Dienstleistungen, welche jedoch durch feste Niederlassungen in anderen Mitgliedsstaaten erbracht wurden 107 ______

D. Gesamtbetrag der Wareneingänge zu Zwecken des Unternehmens (ohne MwSt.) **(12)** welche nicht in den Anwendungsbereich der Art. 56ter-1 und 56ter-2 fallen 154 ______

davon zum Weiterverkauf bestimmte Waren 155 ______

1. Warenerwerbe (im Großherzogtum Luxemburg oder im Ausland mit anschließender Verbringung der Waren in das Großherzogtum Luxemburg), welche Anlass zu einem Steuertatbestand beim Lieferanten oder beim Erwerber geben 148 ______

a) Bezüge im Inland **(13)** 131 ______

1) Bezüge unter Ausschluss von Tabakwaren 129 ______

zum MwSt.-Satz von	Satz	Kennziffer	
	17 %	771	______
	15 %	122	______
	14 %	772	______
	12 %	125	______
	(14) 12 %	774	______
	8 %	773	______
	6 %	123	______
	(14) 4 %	126	______
	3 %	124	______
	394 ______ %	128	______
	steuerbefreit	197	______

2) Tabakwaren 130 ______

b) Innergemeinschaftliche Erwerbe 139 ______

1) Erwerbe unter Ausschluss von Tabakwaren 137 ______

zum MwSt.-Satz von	Satz	Kennziffer	
	17 %	776	______
	15 %	132	______
	14 %	777	______
	12 %	135	______
	8 %	778	______
	6 %	133	______
	3 %	134	______
	153 ______ %	136	______
	steuerbefreit	198	______

2) Tabakwaren **(15)** 138 ______

Seite 10/13

MwSt. Nr. : LU	Kennziffer :

c) Einfuhren **(16)**		147 ______
1) Einfuhren unter Ausschluss von Tabakwaren		145 ______
zum MwSt.-Satz von	17 %	781 ______
	15 %	140 ______
	14 %	782 ______
	12 %	143 ______
	8 %	783 ______
	6 %	141 ______
	3 %	142 ______
	149 ______ %	144 ______
	steuerbefreit	199 ______
2) Tabakwaren **(15)**		146 ______
2. Warenerwerbe (im Großherzogtum Luxemburg oder im Ausland mit anschließender Verbringung der Waren in das Großherzogtum Luxemburg), welche weder beim Lieferanten noch beim Erwerber Anlass zu einem Steuertatbestand geben		150 ______
3. Erwerbe im Ausland von Waren, die nicht in das Großherzogtum Luxemburg verbracht werden		151 ______

E. Warenbestand / Verschiedenes (Beträge ohne MwSt.)

		Anfang des Geschäftsjahres	Ende des Geschäftsjahres
1. Gesamtsumme der Waren und Tabakwaren		168 ______	181 ______
a) Bestand von Waren, die nicht in den Anwendungsbereich von Art. 56ter-1 und 56ter-2 fallen und unter Ausschluss von Tabakwaren, da diese unter Punkt b) anzugeben sind		163 ______	176 ______
zum MwSt.-Satz von	17 %	791 ______	792 ______
	15 %	156 ______	169 ______
	14 %	793 ______	794 ______
	12 %	159 ______	172 ______
	10 %	161 ______	174 ______
	8 %	795 ______	796 ______
	6 %	157 ______	170 ______
	4 %	160 ______	173 ______
	3 %	158 ______	171 ______
	396 ______ %	162 ______	175 ______
	steuerbefreit	200 ______	201 ______
davon vom Gesamtbetrag unter 1.a)			
1) zum Weiterverkauf bestimmte Waren		164 ______	177 ______
2) im Unternehmen hergestellte Produkte		165 ______	178 ______
b) Tabakwarenbestand		167 ______	180 ______
2. Nicht fertiggestellte Arbeiten (MwSt. nicht einbegriffen)		116 ______	117 ______
3. Außenstände (MwSt. nicht einbegriffen)		118 ______	119 ______
4. Kundenvorauszahlungen (MwSt. nicht einbegriffen)		120 ______	121 ______

Seite 11/13

MwSt. Nr. : LU	Kennziffer :

F. Anzugebende Namen und Adressen - Punkte 9. und 18.a) unter A)

1. Buchhalter (A-9.)
   - a) Name 397 ______
   - b) Adresse 398 ______
     399 ______
2. Vermieter (A-18.a))
   - a) Name 400 ______
   - b) Adresse 401 ______
     402 ______

G. Jahresabschlüsse

1. hinterlegt beim Handels- und Firmenregister (RCSL) (Zutreffendes ankreuzen)

   998 ☐ ja 999 ☐ nein

Seite 12/13

MwSt. Nr. : LU	Kennziffer :

Beilage zu den Geschäftsunkosten

DETAIL DER UNKOSTEN ZEILE 43	GESCHÄFTSANTEIL	
	der Geschäftsunkosten ohne MwSt.	der berechneten MwSt. (5)
411	412	413
1.		
2.		
3.		
4.		
5.		
6.		
7.		
8.		
9.		
10.		
11.		
12.		
13.		
14.		
15.		
16.		
17.		
18.		
19.		
20.		
21.		
22.		
23.		
24.		
25.		
26.		
27.		
28.		
29.		
30.		
31.		
32.		
33.		
34.		
35.		
36.		
37.		
38.		
39.		
40.		
41.		
42.		
Auf die Zeile 43 zu übertragender Gesamtbetrag	414	415

Seite 13/13

MwSt. Nr. : LU	Kennziffer :

Wichtige Bemerkungen

1. - Die Erklärung ist ordnungsgemäß ausgefüllt und mit elektronischer Unterschrift (Luxtrust) versehen auf elektronischem Weg, mittels des Systems das zu diesem Zweck über die Internetseite der Verwaltung zur Verfügung steht, an die Verwaltung zu übermitteln. Entsprechend den gesetzlichen Bestimmungen ist es einzig dem Steuerpflichtigen und der nicht steuerpflichtigen juristischen Person denen ausschließlich die jährliche Erklärung gestattet ist erlaubt eine ordnungsgemäß ausgefüllte und unterschriebene jährliche Erklärung, dessen Formular von der Verwaltung elektronisch zur Verfügung gestellt wird, an der oben angegebenen Adresse auf Papier einzureichen. Diese jährliche Erklärung kann erst durch das zuständige Steuerbüro bearbeitet werden, nachdem sie durch die Recette Centrale verbucht wurde.
   - Im Fall von technischen Problemen betreffend die elektronische Abgabe der Erklärung mit eCDF, wenden Sie sich bitte an den technischen Support eCDF. Siehe Kontaktdaten auf der Webseite www.ecdf.lu unter Kontakt.
   - Für fachliche Fragen betreffend den Inhalt der Mehrwertsteuererklärungen wenden Sie sich bitte an den allgemeinen Helpdesk (info@aed.public.lu) respektive an das zuständige Steuerbüro welches auf folgender Webseite bestimmt werden kann: www.aed.public.lu/functions/contact/bureaux_imposition .
   - Im Fall von technischen Problemen betreffend die verschiedenen elektronischen Dienstleistungen im Bereich der Mehrwertsteuer, wenden Sie sich bitte an den Helpdesk eTVA. Siehe Kontaktdaten auf der Webseite www.etva.lu .
2. - Die in dem oben auf Seite 1 vermerkten Steuerzeitraum fällig gewordene Mehrwertsteuer ist vor dem ersten März des Jahres, das auf den Steuerzeitraum folgt (Steuerpflichtiger mit jährlicher Abgabepflicht) beziehungsweise vor dem ersten Mai des Jahres, das auf den Steuerzeitraum folgt (Steuerpflichtiger mit monatlicher oder vierteljährlicher Abgabepflicht) an den Staat abzuführen. Zu diesem Zweck muss in der gleichen Frist eine Erklärung eingereicht werden, die alle für die Ermittlung der Steuer und der vorzunehmenden Abzüge erforderlichen Angaben enthält.
   - Bei Aufgabe der Tätigkeit im Laufe des Jahres ist die gesetzliche Frist zur Abgabe der Erklärung und Zahlung der Mehrwertsteuer spätestens zwei Monate nach Tätigkeitsaufgabe.
   - Das Datum der Einreichungsfrist befindet sich informationshalber und ohne Garantie auf der ersten Seite der Internetpräsenz www.aed.public.lu, wobei die gesetzlichen Vorschriften verbindlich sind.
   - Bitte geben Sie im Schrift- und Zahlungsverkehr Ihre Kennziffer an.
   - Für jeden Erklärungszeitraum ist eine gesonderte Erklärung abzugeben.
   - Die der Erklärung zugehörigen Beilagen sind sorgfältig auszufüllen und mit der Erklärung abzugeben.
   - Die Zahlung der Steuer hat an folgendes IBAN Konto zu erfolgen: LU31 1111 0114 1970 0000 Code BIC: CCPLLULL
   - Die eventuelle Rückzahlung eines Überschusses geschieht durch Überweisung auf das vom Steuerpflichtigen der Verwaltung angegebene Konto.
3. Die im Feld 013, 018 oder 423 angegebenen Beträge entsprechen der Summe der Beträge, welche in den diesbezüglichen Sparten der für den Erklärungszeitraum eingereichten zusammenfassenden Meldungen mitgeteilt wurden.
4. Innergemeinschaftliche Erwerbe von Gegenständen (Art. 18/1).
   Zuordnung von aus einem anderen EG-Mitgliedstaat für Zwecke des Unternehmens verbrachten Gegenständen (Art. 18bis).
   Im Rahmen von Dreiecksgeschäften im Inland getätigte Lieferungen für die der Erklärende als Steuerschuldner bezeichnet wurde.
5. Nur die tatsächlich berechnete Steuer; die auf innergemeinschaftliche Lieferungen, auf Einfuhren und als Steuerschuldner zu erklärende Steuer ist hier nicht anzugeben.
6. Nicht einbegriffen die im Namen von Drittpersonen geleisteten Zahlungen (z.B. durch Krankheitsausfall bedingte Entschädigungen, ausgezahlt im Namen der Krankenkasse und durch letztere zurückzuerstatten).
7. Mit einbegriffen der auf Löhne und Gehälter zu zahlende Spezialbeitrag zur Speisung des Arbeitsfonds.
8. Name und Adresse unter F) angeben. Im Fall der Nicht-Angabe der Namen der Personen, welche die beim Erklärenden als Betriebsausgaben abziehbaren Dienstleistungen erbracht haben, kann der Abzug verweigert werden.
9. Nicht im Anhang A) aufgeführte Geschäftsunkosten können in einer Beilage zu den Geschäftsunkosten aufgeführt werden. Die Gesamtbeträge dieser Beilage müssen in die Zeile 43 der Anlage A) übertragen werden.
10. Die Besteuerungsgrundlage besteht aus dem Betrag der für die Erbringung der Dienstleistung getätigten Ausgaben.
11. Nur wenn die den Erwerb des Fahrzeuges belastende Mehrwertsteuer abziehbar war oder ist.
12. Betrifft keine Gegenstände, die als Anlagegüter oder Geschäftsunkosten gelten.
13. Einbegriffen Elektrizität und Gas, die bei einem nicht im Inland ansässigen Steuerpflichtigen erworben wurden, wenn der Erwerber der Steuerschuldner ist (reverse charge Verfahren).
14. Bezüge bei einem der Pauschalbesteuerung unterworfenen Land- oder Forstwirt.
15. Preis gemäß Steuerbanderole, abzüglich der darin einbegriffenen Mehrwertsteuer.
16. Einbegriffen Steuern, Zölle, Abschöpfungen und Gebühren sowie Nebenkosten wie Provisions-, Verpackungs-, Beförderungs- und Versicherungskosten bis zum ersten inländischen Bestimmungsort, Mehrwertsteuer ausgenommen. In die Besteuerungsgrundlage sind auch die vorgenannten Nebenkosten einzubeziehen, wenn diese sich aus der Beförderung nach einem anderen in der Gemeinschaft gelegenen Bestimmungsort ergeben, der zum Zeitpunkt, in dem der Steuertatbestand eintritt, bekannt ist (Art. 34).

Seite 1/2

MwSt. Id N° : LU	Kennziffer :
	Eingangsdatum :

LE GOUVERNEMENT
DU GRAND-DUCHÉ DE LUXEMBOURG
Administration de l'enregistrement
et des domaines

Service de coopération administrative en matière de taxe sur la valeur ajoutée

Adr. postale: B.P. 31, L-2010 Luxembourg
Bureaux: 14, avenue de la Gare, L-1610 Luxembourg
Tél.: (+352) 247-80726
www.aed.public.lu

(Name, bzw. Firmenbezeichnung)

(Straße, Nummer)

(Landeskennzeichen, Postfach und Ort)

ZUSAMMENFASSENDE AUFSTELLUNG BETREFFEND INNERGEMEINSCHAFTLICHE LIEFERUNGEN VON GEGENSTÄNDEN 1)

betreffend Monat ____________ 20__ 2)

I. AUFSTELLUNG DER INNERGEMEINSCHAFTLICHEN LIEFERUNGEN VON GEGENSTÄNDEN

N°	Staatenkode und Mehrwertsteuer-Identifikationsnummer des innergemeinschaftlichen Erwerbers		Gesamtbetrag abzüglich der Skontobeträge, Preisnachlässe, Rabatte und Gutschriften aller Lieferungen von Gegenständen welche an denselben Erwerber getätigt wurden und für welche die Steuer im Laufe des oben genannten Erklärungszeitraums geschuldet wurde 3)
	STAATEN KODE 01	NUMMER 02	03
1			
2			
3			
4			
5			
6			
7			
8			
9			
10			
11			
12			
13			
14			
15			
16			
17			
18			
19			
20			
21			
22			
23			
24			
25			
		GESAMTBETRAG:	04

Seite 2/2

MwSt. Id N° : LU	Kennziffer :

II. AUFSTELLUNG DER INNERGEMEINSCHAFTLICHEN LIEFERUNGEN VON GEGENSTÄNDEN IM RAHMEN VON DREIECKSGESCHÄFTEN 4)

N°	Staatenkode und Mehrwertsteuer-Identifikationsnummer des Empfängers von Gegenständen, welcher im Rahmen von Dreiecksgeschäften als Steuerschuldner bezeichnet wurde		Gesamtbetrag abzüglich der Skontobeträge, Preisnachlässe, Rabatte und Gutschriften aller Lieferungen von Gegenständen für welche die Steuer im Laufe des angegebenen Erklärungszeitraums durch den Empfänger der Gegenstände im Gebiet des Mitgliedstaates, in dem sie als bewirkt gelten, geschuldet wurde 3)
	STAATEN KODE 05	NUMMER 06	07
1			
2			
3			
4			
5			
6			
7			
8			
9			
10			
11			
12			
		GESAMTBETRAG:	08

III. KORREKTUREN DER IN DEN AUFSTELLUNGEN I. & II. VORHERIGER ZUSAMMENFASSENDEN AUFSTELLUNGEN GEMACHTEN ANGABEN

Die Korrekturen, welche sich auf Angaben der Aufstellungen I. und II. beziehen und denselben Erwerber oder Empfänger betreffen, werden in der Aufstellung III. getrennt aufgeführt

N°	Staatenkode und Mehrwertsteuer-Identifikationsnummer des innergemeinschaftlichen Erwerbers, Aufstellung I./ des steuerschuldnerischen Empfängers von Gegenständen, Aufstellung II.		Angaben hinsichtlich der Zusammenfassenden Aufstellung auf die sich die Korrektur bezieht			Korrektur durch einen Minus/Mehrbetrag der in den Aufstellungen I. und II. vorheriger zusammenfassenden Aufstellungen gemachten Angaben für die angegebene Nr. und den angegebenen Erklärungszeitraum	Dreiecks-geschäfte 5)
	STAATEN KODE 09	NUMMER 10	JAHR 11	VIERTEL-JAHR 12	MONAT 18	14	15
1							
2							
3							
4							
5							
6							
7							
8							
9							
10							
11							
					GESAMTBETRAG DER KORREKTUREN:	16	

1. Diese Zusammenfassende Aufstellung ist vollständig in EUR zu erstellen.
2. Siehe die Abgabebestimmungen unter www.aed.public.lu
3. Den Angaben der Skontobeträge, Preisnachlässe, Rabatte und Gutschriften, welche im Laufe des angegebenen Erklärungszeitraums gewährt wurden, geht das Minuszeichen "-" voraus, wenn während demselben Erklärungszeitraum keine Lieferungen an den betreffenden Erwerber getätigt wurden.
4. Betrifft die Lieferungen von Gegenständen im Rahmen von Dreiecksgeschäften, welche der erklärende Steuerpflichtige "B", ansässig im Ms (Mitgliedstaat) 2 vom Steuerpflichtigen "A" im Ms 1 erworben hat und an den im Ms 3 für Zwecke der MwSt. erfassten "C" liefert. Die Gegenstände werden direkt von "A" im Ms 1 zu "C" im Ms 3 befördert.
5. "Ja" angeben, wenn die Korrektur sich auf Dreiecksgeschäfte bezieht.

Diese Liste ist richtig und vollständig.

_______________________, den _______________ _______________________

Unterschrift(en)

LE GOUVERNEMENT
DU GRAND-DUCHÉ DE LUXEMBOURG
Administration de l'enregistrement
et des domaines

Seite 1/2

MwSt. Id N° : LU	Kennziffer :
	Eingangsdatum :

Service de coopération administrative en matière de taxe sur la valeur ajoutée

Adr. postale: B.P. 31, L-2010 Luxembourg
Bureaux: 14, avenue de la Gare, L-1610 Luxembourg
Tél.: (+352) 247-80726
www.aed.public.lu

(Name, bzw. Firmenbezeichnung)

(Straße, Nummer)

(Landeskennzeichen, Postfach und Ort)

ZUSAMMENFASSENDE AUFSTELLUNG BETREFFEND INNERGEMEINSCHAFTLICHE DIENSTLEISTUNGEN 1)

betreffend Monat ___________ 20__ 2)

I. AUFSTELLUNG DER INNERGEMEINSCHAFTLICHEN DIENSTLEISTUNGEN

N°	Staatenkode und Mehrwertsteuer-Identifikationsnummer des innergemeinschaftlichen Abnehmers		Gesamtbetrag abzüglich der Skontobeträge, Preisnachlässe, Rabatte und Gutschriften aller Dienstleistungen für welche die Steuer im Laufe des angegebenen Erklärungszeitraums durch den Empfänger im Gebiet des Mitgliedstaates, in dem sie als bewirkt gelten, geschuldet wurde 3)
	STAATEN KODE 01	NUMMER 02	03
1			
2			
3			
4			
5			
6			
7			
8			
9			
10			
11			
12			
13			
14			
15			
16			
17			
18			
19			
20			
21			
22			
23			
24			
25			
		GESAMTBETRAG:	04

Seite 2/2

MwSt. Id N° : LU	Kennziffer :

II. KORREKTUREN DER IN DER AUFSTELLUNG I. VORHERIGER ZUSAMMENFASSENDEN AUFSTELLUNGEN GEMACHTEN ANGABEN

Die Korrekturen, welche sich auf Angaben der Aufstellungen I. beziehen und denselben Abnehmer betreffen, werden in der Aufstellung II. getrennt aufgeführt

N°	Staatenkode und Mehrwertsteuer-Identifikationsnummer des in Aufstellung I. bezeichneten innergemeinschaftlichen Abnehmers		Angaben hinsichtlich der Zusammenfassenden Aufstellung auf die sich die Korrektur bezieht			Korrektur durch einen Minus/Mehrbetrag der in den Aufstellungen I. vorheriger zusammenfassenden Aufstellungen gemachten Angaben für die angegebene Nr. und den angegebenen Erklärungszeitraum
	STAATEN KODE	NUMMER	JAHR	VIERTEL-JAHR	MONAT	
	09	10	11	12	18	14
1						
2						
3						
4						
5						
6						
7						
8						
9						
10						
11						
12						
13						
14						
15						
16						
17						
18						
19						
20						
21						
22						
23						
24						
25						
26						
27						
28						
29						
30						
31						
32						
33						
					GESAMTBETRAG DER KORREKTUREN:	16

1. Diese Zusammenfassende Aufstellung ist vollständig in EUR zu erstellen.
2. Siehe die Abgabebestimmungen unter www.aed.public.lu
3. Den Angaben der Skontobeträge, Preisnachlässe, Rabatte und Gutschriften, welche im Laufe des angegebenen Erklärungszeitraums gewährt wurden, geht das Minuszeichen "-" voraus, wenn während demselben Erklärungszeitraum keine Dienstleistungen an den betreffenden Erwerber getätigt wurden.

Diese Liste ist richtig und vollständig.

______________________, den ______________________ ______________________

Unterschrift(en)

Niederlande

Allgemeines

Die niederländische Umsatzsteuer (Belasting op de Toegevoegde Waarde – BTW) wird gemäß den EU-weit gültigen Vorschriften der MwStSystRL erhoben. Einige Besonderheiten, insbesondere für ausländische Unternehmer, werden nachfolgend erläutert.

Unternehmer/Organkreis

Der Unternehmerbegriff entspricht der Definition laut MwStSystRL. Eine Gruppenbesteuerung/Organschaft ist auf Antrag für in den Niederlanden ansässige Unternehmen möglich, so dass Gesellschaften nicht zwingend einzeln registriert werden müssen. Für ausländische Unternehmer ist im niederländischen Umsatzsteuerrecht grds. keine umsatzsteuerliche Organschaft vorgesehen.

Seit dem 1.1.2020 gilt für in den Niederlanden ansässige Unternehmer eine optionale Kleinunternehmergrenze, wenn Umsätze von weniger als 20.000 € pro Jahr erbracht werden. Kleinunternehmer müssen sich gleichwohl zur Umsatzsteuer registrieren und die Option zur Anwendung der Kleinunternehmerregelung erklären. In diesem Fall darf keine Umsatzsteuer in Rechnung gestellt und Vorsteuer geltend gemacht werden, weiterhin müssen keine Umsatzsteuererklärungen abgegeben werden. Für ausländische Unternehmer gilt keine Kleinunternehmerregelung, d. h. eine umsatzsteuerliche Registrierung wird erforderlich, sobald in den Niederlanden steuerpflichtige Leistungen erbracht werden.

Lieferungen/sonstige Leistungen

Die Definition der Begriffe Lieferung und sonstige Leistung in den Niederlanden entspricht der MwStSystRL. Eine Lieferung setzt die Verschaffung der Verfügungsmacht an einem Gegenstand voraus.

Der Ort der Lieferung liegt dann in den Niederlanden, wenn sich der verkaufte Gegenstand zum Zeitpunkt der Verschaffung der Verfügungsmacht in den Niederlanden befindet oder die Beförderung oder Versendung des Gegenstands in den Niederlanden beginnt.

In den Niederlanden wird die Zahlung der Einfuhrumsatzsteuer für bestimmte Waren (Rohstoffe, Stahl- und Metallprodukte) per Gesetz in die Steuererklärung verlagert. Es kommt somit nicht zur Zahlung von Einfuhrumsatzsteuer an den Zoll, sondern die Einfuhrumsatzsteuer wird bei gleichzeitigem Vorsteuerabzug in die Steuererklärung verlagert. In den Niederlanden ansässige Unternehmen oder ausländische Unternehmen, die einen Fiskalvertreter bestellt haben, können darüber hinaus eine generelle Verlagerung der Einfuhrumsatzsteuer in die Steuererklärung beantragen (sog. Artikel 23-Lizenz).

Auch bei bestehender umsatzsteuerlicher Registrierung in den Niederlanden kann ein sogenannter beschränkter Fiskalvertreter beauftragt werden, die Importabwicklung vorzunehmen und eine anschließende innergemeinschaftliche Lieferung zu erklären. In diesem Fall kann die Verlagerung der Einfuhrumsatzsteuer durch den Fiskalvertreter erfolgen und das Unternehmen muss nicht selbst die entsprechende Lizenz beantragen.

Auch im niederländischen Umsatzsteuerrecht ist der Begriff der sonstigen Leistung negativ definiert, d. h. alle steuerbaren Vorgänge, die nicht als Lieferungen gelten, werden als sonstige Leistungen betrachtet.

Die Vorschriften zur Bestimmung des Ortes der sonstigen Leistung entsprechen den seit 1.1.2010 EU-weit gültigen Regeln. Eine sonstige Leistung, die an einen Unternehmer erbracht wird, gilt somit grds. als dort ausgeführt, wo der empfangende Unternehmer seinen Sitz hat. Ausnahmen von diesem Grundsatz existieren bei

- sonstigen Leistungen im Zusammenhang mit einem Grundstück,
- Personenbeförderungen,
- Restaurationsleistungen,
- und der kurzfristigen Vermietung von Beförderungsmitteln.

In den Niederlanden verlagert sich der Leistungsort in die Niederlande (Use and Enjoyment), wenn ein langfristig im Drittland gemietetes Fahrzeug in den Niederlanden genutzt wird. Weiterhin gelten Use and Enjoyment-Regeln bei Dienstleistungen an Nicht-Unternehmer.

Werklieferung/Werkleistung/Bauleistung

Eine Lieferung zuzüglich Montage wird auch in den Niederlanden als Werklieferung angesehen. Als Ort der Lieferung ist im niederländischen Umsatzsteuerrecht der Ort der Übergabe des fertigen Werkes festgelegt. Daher unterliegen in den Niederlanden erbrachte Werklieferungen der niederländischen Umsatzsteuer.

Als Bauleistung werden in den Niederlanden neben den klassischen Bauleistungen unter anderem auch Stahlbau, Schiffsbau, Instandhaltungs- und Reparaturarbeiten sowie die Personalgestellung in den genannten Bereichen angesehen.

Verlagerungsverfahren/Reverse-Charge

Sofern ein nicht in den Niederlanden ansässiges Unternehmen Leistungen erbringt, die in den Niederlanden aufgrund der Bestimmung des Ortes der Leistung steuerbar und auch steuerpflichtig sind, wird die Steuerpflicht unabhängig vom Bestehen einer umsatzsteuerlichen Registrierung grds. auf den Leistungsempfänger verlagert, wenn dieser in den Niederlanden ansässig ist. Dies gilt für Lieferungen und sonstige Leistungen gleichermaßen.

Die Verlagerung der Steuerschuld auf den Leistungsempfänger ist nicht möglich, wenn der Leistungsempfänger lediglich umsatzsteuerlich registriert, aber nicht in den Niederlanden ansässig ist.

Der Leistungsempfänger ist für die Anmeldung und Abführung der geschuldeten Umsatzsteuer verantwortlich. In der Rechnung muss ein Hinweis auf die Verlagerung der Steuerpflicht („BTW verlegd") enthalten sein.

Auch bei Werklieferungen gilt grds. das Prinzip der Verlagerung der Steuerpflicht auf den Leistungsempfänger. Das Reverse-Charge-Verfahren gilt nicht bei Werklieferungen, die eine umsatzsteuerliche Betriebsstätte (feste Niederlassung) begründen, da diese Unternehmen mit ihren Betriebsstättenaktivitäten als in den Niederlanden ansässig gelten und somit verpflichtet sind, niederländische Umsatzsteuer zu fakturieren.

Nach Auffassung der niederländischen Finanzverwaltung sind von nicht ansässigen Unternehmern erbrachte Werklieferungen, für die die Steuerschuld auf den Leistungsempfänger verlagert wird, unabhängig vom Bestehen einer umsatzsteuerlichen Registrierung in den Niederlanden, immer unter der ausländischen Umsatzsteuer-ID-Nummer des Ansässigkeitsstaates zu fakturieren.

Bei der Erbringung von Bauleistungen gilt grds. die Anwendung des Reverse-Charge-Verfahrens. Auch ausländische Unternehmer, die über eine Betriebsstätte in den Niederlanden verfügen und somit als ansässig gelten, müssen in diesem Fall die Steuerschuld auf den Leistungsempfänger verlagern. Zu den Bauleistungen gehört auch die Personalüberlassung, wenn die überlassenen Mitarbeiter für die Erbringung von Bauleistungen eingesetzt werden.

Weiterhin wird die Umsatzsteuer unabhängig von der Ansässigkeit des Leistenden in folgenden Fällen auf den Leistungsempfänger verlagert:

- Lieferung von (Industrie-)Abfällen und Schrott
- Lieferung von Mobiltelefonen, integrierten Schaltkreisen und (Micro)Prozessoren, wenn der Wert der Lieferung 10.000 € übersteigt
- Erbringung von Telekommunikationsleistungen zwischen Telekommunikationsanbietern

Konsignationslager/Call-off stock

Zum 1.1.2020 haben die Niederlande die EU-weit gültigen „Quick fixes“ zu Konsignationslagern umgesetzt (siehe dazu im Kapitel Begriffsbestimmungen). Sofern die Voraussetzungen für die Abwicklung entsprechend der EU-weit gültigen Vereinfachungsregel nicht erfüllt sind, wird eine umsatzsteuerliche Registrierung erforderlich.

In diesem Fall gelten Lieferungen auf das Lager in den Niederlanden als Verbringungen, die einer innergemeinschaftlichen Lieferung gleichgestellt sind. Den im Abgangsland steuerfreien Verbringungen steht in den Niederlanden ein innergemeinschaftlicher Erwerb gegenüber.

Die Lieferungen aus dem Konsignationslager an den Kunden werden als Inlandsumsatz innerhalb der Niederlande betrachtet. Sie unterliegen jedoch dem Reverse-Charge-Verfahren und der Kunde ist für die Abführung der Umsatzsteuer verantwortlich.

Auch für Lieferungen aus dem Drittland gilt gemäß Erlass vom Finanzsekretär eine Vereinfachungsregelung. Sofern der Kunde in den Niederlanden umsatzsteuerlich registriert ist, darf der Kunde die Vorsteuer aus der Einfuhrumsatzsteuer geltend machen und die tatsächliche Lieferung bei Entnahme der Waren aus dem Konsignationslager ist nicht steuerbar.

Steuerbefreiungen

Das niederländische Umsatzsteuergesetz sieht u. a. Umsatzsteuerbefreiungen (bzw. einen Steuersatz von 0 %) für die folgenden Lieferungen bzw. Leistungen vor:

- Ausfuhrlieferungen
- innergemeinschaftliche Lieferungen
- bestimmte Finanzdienstleistungen
- Verkauf und Vermietung von Grund und Boden, Gebäuden

Das niederländische Umsatzsteuerrecht kennt – wie das deutsche Recht auch – die Möglichkeit des Verzichtes auf die Steuerfreiheit bei der Veräußerung und bei der Vermietung von Grundstücken. Bei Finanzdienstleistungen ist eine Option zur Besteuerung hingegen nicht möglich.

Exporte

Als Nachweis der Steuerfreiheit bei Exporten gilt die elektronische Zollanmeldung mit MRN-Nummer und Ausgangsvermerk.

Innergemeinschaftliche Lieferungen

Entsprechend den Vorgaben der MwStSystRL ist eine gültige Umsatzsteuer-ID-Nummer des Warenempfängers aufzuzeichnen und die Lieferung muss in die Zusammenfassende Meldung aufgenommen werden.

Zusätzlich muss das Gelangen der Waren aus den Niederlanden in einen anderen EU-Staat nachgewiesen werden, dies kann durch einige oder alle der folgenden Dokumente erfolgen:

- Frachtbriefe
- Spediteursrechnungen
- Empfangsbestätigung des Kunden mit Nachweis der Zahlung
- Bestellungen, Auftragsbestätigungen, Lieferscheine
- Transportversicherungen

Reihengeschäfte

Die Niederlande haben die Regeln zum Reihengeschäft aus den sog. „Quick fixes" komplett umgesetzt, es gelten keine nationalen Sonderregeln. Vor dem Hintergrund, dass in den Niederlanden in der Vergangenheit die Transportbeauftragung im Reihengeschäft von untergeordneter Bedeutung für die Bestimmung der warenbewegten – steuerfreien – Lieferung war und stattdessen auf die Verwendung einer ausländischen Umsatzsteuer-ID-Nummer abgestellt wurde, ergeben sich daraus einige Änderungen. Eine vorherige Abstimmung mit niederländischen Kunden und Lieferanten zur Sicherstellung der korrekten Anwendung der Regeln ist zu empfehlen.

Die Vereinfachungsregel für Dreiecksgeschäfte ist in den Niederlanden auch dann anwendbar, wenn der mittlere Unternehmer in den Niederlanden umsatzsteuerlich registriert ist und die Warenbewegung in den Niederlanden endet.

Umsatzsteuerlager

In den Niederlanden besteht die Möglichkeit, bestimmte Waren in einem Umsatzsteuerlager (BTW-Entrepôt) einzulagern. Umsätze innerhalb des Lagers sind umsatzsteuerfrei.

Steuersätze

In den Niederlanden gelten die folgenden Umsatzsteuersätze:

- Normalsteuersatz 21 %
- ermäßigter Steuersatz 9 %

Dem ermäßigten Steuersatz unterliegen unter anderem die folgenden Leistungen:

- Lebensmittel und alkoholfreie Getränke
- Medikamente
- Wasser
- Printmedien
- Personentransporte
- Kleidung und Schuhe
- Hotel- und Gastronomieleistungen (außer alkoholische Getränke)

Bemessungsgrundlage

Zur Bemessungsgrundlage gehört gemäß den Bestimmungen der MwStSystRL alles, was der Leistungsempfänger aufwendet, um die Leistung zu erhalten.

Im Falle eines Forderungsausfalles des Kunden kann eine Minderung des Entgeltes – und somit eine Umsatzsteuerkorrektur – erfolgen. Die Umsatzsteuerkorrektur kann zwölf Monate nach Fälligkeit der Forderung vorgenommen werden, wenn davon auszugehen ist, dass der Kunde nicht zahlen wird. Sofern nach diesem Zeitpunkt eine (teilweise) Begleichung der Forderung erfolgt, ist die Umsatzsteuer in entsprechender Höhe an das Finanzamt abzuführen. Sowohl Vorsteuerkorrekturen aufgrund uneinbringlicher Forderungen als auch die Anmeldung von Umsatzsteuer auf nachträglich beglichene Forderungen erfolgt im Rahmen der Umsatzsteuererklärung, es ist keine gesonderte Anzeige gegenüber dem Finanzamt erforderlich.

Vorsteuerabzug

Grundvoraussetzungen für die Inanspruchnahme des Vorsteuerabzugs sind:

- der Unternehmer muss eine Lieferung oder Leistung für sein Unternehmen bezogen haben
- die Lieferung oder Leistung muss von einem anderen Unternehmer ausgeführt worden sein
- der liefernde Unternehmer hat eine ordnungsgemäße Rechnung über die erbrachte Lieferung/Leistung erstellt.

Bei einigen Leistungen ist in den Niederlanden ein Vorsteuerabzug jedoch nicht bzw. nur eingeschränkt möglich:

Die Vorsteuer auf Bewirtungs- und Verpflegungskosten ist grds. nicht abzugsfähig.

Während die Vorsteuer auf Anschaffungs- oder Leasingkosten und den laufenden Unterhalt von Firmenwagen innerjährlich zunächst voll geltend gemacht werden kann, ist in der letzten Steuererklärung des Kalenderjahres eine Vorsteuerkorrektur für die anteilige private Nutzung des Firmenwagens vorzunehmen. Der Anteil der privaten Nutzung und die daraus resultierende Vorsteuerkorrektur kann entweder auf Basis eines Fahrtenbuchs oder anhand anderer, plausibler und nachvollziehbarer Kriterien erfolgen. Alternativ kann eine pauschale jährliche Vorsteuerkorrektur von 2,7 % des Bruttolistenpreises des Fahrzeugs erfolgen. Bei Fahrzeugen, die älter als fünf Jahre sind, verringert sich die Korrektur auf 1,5 % des Bruttolistenpreises.

Bei Geschenken an Geschäftspartner und Mitarbeiter bis zu einem Wert von 227 €/Jahr kann die Vorsteuer vollständig geltend gemacht werden. Übersteigt der Wert der Geschenke 227 €/Jahr, besteht insgesamt kein Recht zum Vorsteuerabzug.

Die Vorsteuerkorrektur für die private Nutzung von PKW ist in der letzten Steuererklärung des Kalenderjahres vorzunehmen, d. h., innerjährlich kann die Vorsteuer komplett angesetzt werden.

Rechnungsbestandteile

Grundsätzlich ist für jede Lieferung oder Leistung, die ein Unternehmen erbringt, eine ordnungsgemäße Rechnung bis zum 15. des Folgemonats zu erstellen. Die Rechnung kann in jeder Sprache erstellt werden, muss jedoch ggf. auf Anfrage des Finanzamtes ins Niederländische übersetzt werden.

Rechnungen müssen mindestens folgende Angaben enthalten:

- Name und Anschrift des Leistenden
- Umsatzsteuer-ID-Nummer des Leistenden
- Handelsregisternummer des Leistenden
- Name und Anschrift des Kunden
- Rechnungsdatum
- fortlaufende Rechnungsnummer
- Leistungszeitpunkt/Lieferzeitpunkt
- Leistungsbeschreibung
- Nettobetrag
- Umsatzsteuersatz
- Umsatzsteuerbetrag
- Hinweis auf vereinbarte Minderung des Entgelts

- ggf. Hinweis auf einen Fiskalvertreter
- ggf. Hinweis auf eine Steuerbefreiung:
  - Innergemeinschaftliche Lieferungen

    Vrijgestelde intracommunautaire levering; Tabel II post a.6 WET OB.

    Zusätzlich ist bei innergemeinschaftlichen Lieferungen ex Niederlande die Umsatzsteuer-ID-Nummer des Kunden aufzunehmen.
  - Exporte

    Export; Tabel II post a.2 WET OB.
  - Im Falle einer Verlagerung der Umsatzsteuerschuld (Reverse-Charge) ist zusätzlich die Steuernummer/Umsatzsteuer-ID-Nummer des Kunden anzugeben und auf die Anwendung des Verlagerungsverfahrens hinzuweisen

    Heffing verlegd; artikel 12, lid 2 WET OBS. 361.

Das niederländische Umsatzsteuerrecht kennt eine Vereinfachung für Kleinbetragsrechnungen bis 100 €, Kleinbetragsrechnungen müssen nur folgende Hinweise enthalten:

- Name und Anschrift des Leistenden
- Rechnungsdatum
- Leistungsbeschreibung
- Umsatzsteuerbetrag oder Hinweise zur Berechnung des Umsatzsteuerbetrages (Steuersatz)

Leistende im Bereich des öffentlichen Verkehrs, Einzelhändler, Tankstellenbetreiber und Hotel- und Gastwirte müssen grds. keine Rechnungen an Privatpersonen erstellen.

Bei Rechnungen in fremder Währung ist eine Umrechnung des Umsatzsteuerbetrags in Euro notwendig. Es ist der letzte vor Rechnungsstellung veröffentlichte Umrechnungskurs der Europäischen Zentralbank zu nutzen.

Elektronische Rechnungen

In den Niederlanden wurden elektronische Rechnungen schon 2009 den Rechnungen in Papierform gleichgestellt.

Die elektronische Rechnungsstellung ist zulässig, wenn der Rechnungsempfänger mit der elektronischen Fakturierung einverstanden ist. Es ist zu empfehlen, dies schriftlich zu dokumentieren.

Weiterhin müssen Rechnungssteller und Rechnungsempfänger die Echtheit der Herkunft einer Rechnung, die Unversehrtheit ihres Inhalts und die Lesbarkeit vom Zeitpunkt der Ausstellung bis zum Ende der gesetzlichen Aufbewahrungsfrist gewährleisten. Dies kann nach Wahl der Beteiligten in folgender Form erfolgen:

- Rechnungsübermittlung in einem EDI-System
- Versendung der Rechnungen mit einer elektronischen Unterschrift oder
- in jeder anderen Form, wenn ein dokumentiertes und dauerhaftes Kontrollsystem eingerichtet wird, das der Finanzverwaltung im Rahmen einer Prüfung ermöglicht, die empfangenen Daten nachzuvollziehen und eine nachträgliche Änderung auszuschließen.

Bereits seit 2017 müssen Rechnungen an die niederländische Verwaltung und Behörden (B2G) in elektronischer Form über das Portal „Digipoort“ oder über „Simpler Invoicing“ gestellt werden. Informationen (in englischer Sprache) sind unter folgender Webadresse verfügbar:

https://www.government.nl/topics/e-invoicing/documents/leaflets/2017/01/01/electronic-invoicing-and-the-dutch-central-government

Anzahlungen

Anzahlungen werden in den Niederlanden wie normales Entgelt für Lieferungen/sonstige Leistungen behandelt, d. h., dass bei Stellung einer Anzahlungsrechnung für umsatzsteuerpflichtige Leistungen auch die entsprechende Umsatzsteuer fällig wird. Die Umsatzsteuerpflicht entsteht auch dann, wenn keine Anzahlungsrechnung gestellt, eine Zahlung vom Kunden aber tatsächlich geleistet wird.

Gutschriften/Self Billing

Grundsätzlich besteht auch in den Niederlanden die Möglichkeit, im Gutschriftsverfahren abzurechnen. Die Parteien müssen sich explizit einigen, die Abrechnung im Gutschriftsverfahren vorzunehmen, es ist zu empfehlen, dies schriftlich zu dokumentieren. Gutschriften müssen alle erforderlichen Rechnungsbestandteile enthalten. Der leistende Unternehmer bleibt verantwortlich für die ordnungsgemäße Rechnungsstellung und schuldet die in den Gutschriften ausgewiesene Umsatzsteuer, auch wenn sie zu Unrecht ausgewiesen wurde. Wurde eine fehlerhafte Gutschrift erstellt, muss der leistende Unternehmer dieser ausdrücklich widersprechen und kann in diesem Fall eine Rechnung erstellen, wenn der Kunde keine Korrektur der Gutschrift vornimmt.

Aufbewahrung von Unterlagen

Umsatzsteuerlich relevante Unterlagen müssen für mindestens sieben Jahre aufbewahrt werden. Rechnungen im Zusammenhang mit Immobilien müssen für zehn Jahre aufbewahrt werden.

Rechnungen können auch außerhalb der Niederlande in einem anderen EU-Staat aufbewahrt werden, müssen aber im Rahmen von Steuerprüfungen kurzfristig vorgelegt werden. Sofern eine elektronische Archivierung erfolgt, muss dem Finanzamt im Fall einer Prüfung ein elektronischer Zugriff auf das Archiv gewährt werden.

Veranlagungsverfahren/Steuererklärungen

In den Niederlanden müssen Umsatzsteuererklärungen seit Januar 2014 von allen umsatzsteuerlich registrierten Unternehmen in elektronischer Form abgegeben werden. Die Abgabe muss bis zum Ende des Folgemonats nach Ende der Meldeperiode erfolgen. Nicht in den Niederlanden ansässige Unternehmer, die über das Finanzamt in Heerlen registriert sind, müssen die Umsatzsteuererklärungen bis zum Ende des zweiten Monats nach Ende der Steuerperiode einreichen.

Für die Abgabe der Umsatzsteuererklärung ist eine Benutzerkennung und ein Passwort für die Seite der niederländischen Finanzverwaltung (Belastingdienst) erforderlich:

https://mijn.belastingdienst.nl/AuthenticatieVoorziening/toonServiceBerichten.do

Erläuterungen zum Ausfüllen der elektronischen Steuererklärung können dem auch auf Deutsch verfügbaren Leitfaden der niederländischen Finanzverwaltung entnommen werden:

https://download.belastingdienst.nl/belastingdienst/docs/toelichting_bij_dig_aangifte_omzetbelasting_ob0731t31fd.pdf

Üblicherweise erfolgen die Umsatzsteuererklärungen in den Niederlanden quartalsweise, es gibt keine zusätzliche Umsatzsteuerjahreserklärung.

Unternehmen können jedoch beantragen, monatliche Umsatzsteuererklärungen abzugeben, und das Finanzamt kann Unternehmer dazu verpflichten, monatliche Erklärungen abzugeben, wenn es zu hohen Zahllasten kommt oder Umsatzsteuerzahlungen verspätet geleistet werden. Beträgt die Umsatzsteuerschuld weniger als 1.883 € pro Jahr, ist nur eine jährliche Erklärung abzugeben. Die Abgabe einer jährlichen Erklärung ist jedoch nicht möglich, wenn die allgemeine Verlagerung der Einfuhrumsatzsteuer in die Steuererklärung beantragt wurde (sog. Artikel 23-Lizenz).

Die allgemeine Verjährungsfrist für die Umsatzsteuer beträgt fünf Jahre. Bei einer nachträglichen Korrektur der ursprünglichen Steuererklärung erfolgt darüber eine Verzinsung. Korrekturen bis zu einem Umsatzsteuerbetrag von 1.000 € können in der nächsten Steuererklärung vorgenommen werden, bei darüberhinausgehenden Korrekturen ist eine korrigierte Steuererklärung einzureichen. Die Zahlung (inklusive Zinsen) erfolgt erst nach Prüfung der korrigierten Steuererklärung und Festsetzung durch das zuständige niederländische Finanzamt.

IntraStat/Zusammenfassende Meldung

Die Statistikbehörde CBS fordert ein Unternehmen zur Abgabe von IntraStat-Meldungen auf. Seit 2023 sind keine allgemein gültigen Schwellenwerte festgelegt, stattdessen wertet die Statistikbehörde die Umsatzsteuererklärungen aus und entscheidet dann, welche Unternehmen zusätzlich IntraStat-Meldungen abgeben müssen. Gegebenenfalls ist nur eine Meldung für Erwerbe oder Lieferungen abzugeben. IntraStat-Meldungen sind bis zum zehnten Werktag des Folgemonats einzureichen, die Zentrale Statistikbehörde CBS kann Unternehmer bis zu einem Umsatz von 5 Mio. € auch zur jährlichen Abgabe der Meldungen auffordern.

IntraStat-Meldungen müssen in elektronischer Form an die Zentrale Statistikbehörde gesendet werden:

https://ihg.cbs.nl/IdepWeb/Secure/Login.aspx?ReturnUrl=%2fidepweb

Zusätzlich ist ab der ersten innergemeinschaftlichen Lieferung oder B2B-Dienstleistung an einen in der EU ansässigen Unternehmer am Ende eines Kalenderquartals eine Zusammenfassende Meldung (ICP-Meldung) einzureichen. Wenn in einem Quartal innergemeinschaftliche Lieferungen im Wert von mehr als 50.000 € getätigt werden, müssen monatliche Meldungen abgegeben werden. Die Abgabe der Meldungen erfolgt elektronisch über das Portal des Belastingdienstes.

Die Quartalsmeldung ist bis zum Ende des zweiten auf das Quartal folgenden Monats einzureichen. Wurden in einem Quartal keine innergemeinschaftlichen Lieferungen oder Dienstleistungen getätigt, ist eine Fehlanzeige nicht erforderlich.

Registrierung

Ausländische Unternehmer aus EU-Staaten können einen haftenden Fiskalvertreter benennen, haben jedoch auch die Möglichkeit, sich direkt registrieren zu lassen.

Für die direkte Registrierung ausländischer Unternehmer ohne Einschaltung eines Fiskalvertreters ist das Finanzamt in Heerlen zuständig:

Belastingdienst Buitenland
Afdeling klantenregistratie
Postbus 28926401 DJ Heerlen
NIEDERLANDE

Im Drittland ansässige Unternehmer müssen einen haftenden Fiskalvertreter bestellen. Sofern ein Fiskalvertreter bestellt wird, muss die Registrierung bei dem Finanzamt erfolgen, das für den Bezirk zuständig ist, in dem der Fiskalvertreter seinen Sitz hat.

Um die Registrierung vorzunehmen, soll ein ausländisches Unternehmen zunächst mit dem Finanzamt in Heerlen Kontakt aufnehmen und um Übersendung eines Fragebogens bitten.

Alternativ kann der Fragebogen (in deutscher Sprache) im Internet heruntergeladen werden:

https://www.belastingdienst.nl/wps/wcm/connect/bldcontentde/themaoverstijgend/programme_und_formulare/anmeldung-unternehmen-im-ausland

Für eine umsatzsteuerliche Registrierung in den Niederlanden sind folgende Unterlagen erforderlich:

- Kurzbeschreibung der Tätigkeit
- Fragebogen
- Kopie des Handelsregisterauszuges
- Unternehmerbescheinigung

Eine umsatzsteuerliche Registrierung in den Niederlanden kann insbesondere für Handelsunternehmen vermieden werden, die Waren in den Niederlanden importieren und in andere EU-Staaten verkaufen möchten. Viele Spediteure und Logistikunternehmen sind berechtigt, als sogenannter begrenzter oder limitierter Fiskalvertreter aufzutreten und die Import- und Exportformalitäten für Unternehmer abzuwickeln.

Der begrenzte Fiskalvertreter übernimmt die Abwicklung der umsatzsteuerlichen Formalitäten für die vertretenen Unternehmen, indem er die Umsatzsteuererklärung, die bei innergemeinschaftlichen Lieferungen erforderlichen Meldungen (IntraStat und Zusammenfassende Meldung) und erforderliche Zollanmeldungen abgibt.

Ein weiterer Vorteil in der Nutzung eines Fiskalvertreters liegt bei Importen darin, dass die Einfuhrumsatzsteuer auf Antrag in die Umsatzsteuererklärung verlagert wird und nicht mehr an den Zoll bezahlt werden muss. Aufgrund des gleichzeitigen Vorsteuerabzugs kommt es für die vertretenen Unternehmen nicht mehr zu einer Finanzierung der Einfuhrumsatzsteuer bis zur Erstattung der Vorsteuer.

Der Fiskalvertreter muss als solcher registriert sein, was nur möglich ist, wenn er in den Niederlanden ansässig ist und eine Bankgarantie zur Abdeckung etwaiger Steuerschulden der von ihm vertretenen Unternehmen hinterlegt.

Belastingdienst

Anmeldung
Unternehmen im Ausland

Anlass für dieses Formular

Mit diesem Formular können Sie sich als ausländischer Unternehmer beim Finanzamt in den Niederlanden für Umsatzsteuer, Körperschaftssteuer und Lohnabgaben anmelden. Mit diesem Formular können Sie auch eine Nummer beantragen, damit Sie eine Verrechnungssteuererklärung abgeben können.

Melden Sie sich mit diesem Formular für die Umsatzsteuer an, da Sie in den Niederlanden eine Mehrwertsteuererklärung (Umsatzsteuererklärung) abgeben müssen? Dann erhalten Sie eine niederländische Umsatzsteuernummer. Sie sollten dieses Formular auch verwenden, wenn Sie nicht in der EU ansässig sind und die niederländische Mehrwertsteuer zurückfordern. Oder wenn Sie nicht in der EU ansässig sind und sich für die Nutzung des „éénloketsysteem" (One Stop Shop, OSS) registrieren möchten. Sie erhalten dann eine niederländische Registrierungsnummer.

Wenn Sie sich für die Lohnabgaben anmelden, senden wir Ihnen nach Ihrer Anmeldung einen 'Aangiftebrief loonheffingen' (Erklärungsbrief für Lohnabgaben). In diesem Brief ist angegeben, für welche Zeiträume Sie eine Erklärung abgeben müssen. Das Schreiben enthält auch eine Lohnsteuernummer, die Sie z.B. zur Einreichung der Lohnabgabenerklärung verwenden müssen. Wenn Sie für Ihre Mitarbeiter Arbeitnehmerversicherungsbeiträge zahlen müssen, erhalten Sie auch einen Brief mit Infos dazu, bei welchem Sektor Sie eingeteilt sind, sowie ein Schreiben mit dem Prozentsatz für den differenzierten Beitrag Wiedereingliederungskasse (Whk-Beitrag). Für weitere Informationen siehe 'Handboek Loonheffingen'. Dieses Handbuch ist unter belastingdienst.nl/loonheffingen zu finden.

Ausfüllen und zusenden
Bitte senden Sie das vollständig ausgefüllte und unterschriebene Formular an:
Belastingdienst
Postbus 2892
6401 DJ Heerlen
Niederlande

Anlagen beifügen
Sie müssen diesem Antrag folgende Anlagen beifügen:
- Unterlagen, aus denen hervorgeht, welche Aktivitäten Ihr Unternehmen in Ihrem eigenen Land hat
- wenn Sie bei einer ausländischen Handelskammer registriert sind: Nachweis über die Eintragung
- bei einer Vermietung oder einem Kauf von Immobilien: entsprechende Angaben
- wenn Sie einen Zeitarbeitsvertrag mit einem oder mehreren Mitarbeitern haben: das Formular 'Melding Loonheffingen uitzenden' (Meldung Lohnabgaben Entsendung)
- wenn Sie Geschäftsaktivitäten von einem anderen Arbeitgeber übernommen haben: das Formular 'Melding Loonheffingen overdracht van activiteiten' (Meldung Lohnabgaben Übertragung von Geschäftsaktivitäten)
- wenn Sie einen Bevollmächtigten haben: eine Kopie der Ermächtigung
- wenn Sie in einem Nicht-EU-Land ansässig sind: eine Steuerbescheinigung dieses Landes
- wenn der Unternehmer eine natürliche Person oder eine Gesellschaft ist: eine Kopie des Ausweisdokuments für jede natürliche Person, die keine Bürgerservicenummer hat
- wenn Ihr Unternehmen eine andere Rechtsform hat: eine Kopie der Gründungsurkunde

Hinweis!
Ist Ihre Anlage nicht auf Niederländisch, Deutsch oder Englisch verfasst? Dann müssen Sie sich selbst um eine Übersetzung kümmern.

Bitte keine Rechnungen beifügen
Sind Sie in einem Nicht-EU-Land ansässig und melden Sie sich an, weil Sie die niederländische Umsatzsteuer zurückfordern möchten? Bitte senden Sie keine Rechnungen mit. Diese übermitteln Sie später zusammen mit dem Formular 'Antrag auf Mehrwertsteuerrückerstattung für Unternehmer mit Sitz in Nicht-EU-Ländern'.

Datenschutz
Wir gehen sorgfältig mit den Daten von Privatpersonen und Unternehmen und mit ihrer Privatsphäre um. Auf belastingdienst.nl/privacy-statement finden Sie weitere Information zu unserer Vorgehensweise.

Haben Sie Fragen?
Haben Sie noch Fragen? Rufen Sie dann das SteuerTelefon Ausland an: 055 - 5385 385 und aus dem Ausland +31 555 385 385.

1 Grund für die Anmeldung

1a	Sind Sie in einem Nicht-EU-Land ansässig und möchten Sie die niederländische Umsatzsteuer zurückfordern? *Wählen Sie 'Nein', wenn Sie sich auch für die Abgabe einer Umsatzsteuererklärung anmelden möchten. Sie können die Umsatzsteuer dann über die Steuererklärung zurückfordern.*	☐ Ja. *Beantworten Sie die Fragen unter Rubrik 1 bis 6, gegebenenfalls unter Rubrik 7, und unter Rubrik 12. Bitte fügen Sie keine Rechnungen bei. Diese übermitteln Sie später zusammen mit dem Formular 'Antrag auf Mehrwertsteuerrückerstattung für Unternehmer mit Sitz in Nicht-EU-Ländern'.* ☐ Nein
1b	Möchten Sie sich für die Abgabe einer Umsatzsteuererklärung anmelden?	☐ Ja. *Beantworten Sie die Fragen unter Rubrik 1 bis 6, gegebenenfalls unter Rubrik 7, und unter Rubrik 12.* ☐ Nein
1c	Sind Sie in einem Nicht-EU-Land ansässig und möchten Sie sich für das „éénloket-systeem" für die Umsatzsteuer anmelden?	☐ Ja. *Beantworten Sie die Fragen unter Rubrik 1 bis 5 und unter Rubrik 12.* ☐ Nein. *Sind Sie in einem anderen EU-Land ansässig und möchten Sie das „éénloketsysteem" nutzen? Melden Sie sich dann für die einzige Anlaufstelle beim Finanzamt Ihres Heimatlandes.*
1d	Möchten Sie sich für die Körperschafts-steuer anmelden?	☐ Ja. *Beantworten Sie die Fragen unter Rubrik 1 bis 5 und unter Rubrik 8 und 12.* ☐ Nein
1e	Möchten Sie sich für die Lohnabgaben anmelden?	☐ Ja. *Beantworten Sie die Fragen unter Rubrik 1 bis 5, unter Rubrik 9, gegebenenfalls unter Rubrik 10 und unter Rubrik 12.* ☐ Nein
1f	Möchten Sie sich für die Grunderwerbs-steuer anmelden?	☐ Ja. *Beantworten Sie die Fragen unter Rubrik 1 bis 5, unter Rubrik 11, und unter Rubrik 12.* ☐ Nein

2 Angaben zu Ihrem Unternehmen

2a	Sind Sie bereits mit einer Nummer beim Finanzamt in den Niederlanden registriert oder registriert worden? *Dazu gehört beispielsweise auch eine Bürgerservicenummer, eine Umsatzsteuernummer oder eine Steuernummer für die Grunderwerbssteuer.*	☐ Nein. *Senden Sie eine Kopie Ihres Ausweisdokuments mit. Im Falle einer Gesellschaft senden Sie für jede natürliche Person, die keine Bürgerservicenummer hat, eine Kopie des Ausweisdokuments mit.* ☐ Ja, unter der Nummer ______
2b	Sind Sie bei der Handelskammer in den Niederlanden eingetragen?	☐ Nein. *Finden Sie heraus, ob Sie sich registrieren müssen. Siehe dazu kvk.nl.* ☐ Ja, unter der Nummer ______
2c	Sind Sie bei der Handelskammer in Ihrem eigenen Land eingetragen?	☐ Nein ☐ Ja. *Senden Sie einen Nachweis über die Eintragung mit.*
2d	Haben Sie Ihren Sitz in einem anderen EU-Land?	☐ Nein. *Bitte fügen Sie eine Steuerbescheinigung aus Ihrem eigenen Land bei und fahren Sie mit Frage 2f fort.* ☐ Ja
2e	Sind Sie in Ihrem eigenen Land bereits unter einer Umsatzsteuer-Identifikationsnummer bekannt?	☐ Nein ☐ Ja, unter der Nummer ______
2f	Juristischer Name des Unternehmens	______
2g	Handelsname des Unternehmens	______
2h	Rechtsform des Unternehmens	☐ Einzelunternehmen ☐ Gesellschaft bürgerlichen Rechts ☐ Sonstiges, nämlich ______ *Senden Sie eine Kopie der Gründungsurkunde mit.*

28071 0802

2 Angaben zu Ihrem Unternehmen *(Fortsetzung)*

2i Wie lautet das Gründungsdatum der juristischen Person oder der Genossenschaft? ☐ - ☐ - ☐

2j Firmenanschrift des Unternehmens: Straße, Hausnummer und Zusatz

Postleitzahl und Ort

Land

2k Telefonnummer

2l Internetseite

2m Name der Ansprechperson

2n Haben Sie ein Einzelunternehmen und weicht Ihre Wohnadresse von Ihrer Firmenanschrift ab?
☐ Nein. *Weiter zu Rubrik 3.*
☐ Ja. *Tragen Sie nachstehend Ihre Wohnadresse ein.*

Wohnadresse: Straße, Hausnummer und Zusatz

Postleitzahl und Ort

Land

3 Angaben zu Ihrem Bevollmächtigten

Möchten Sie, dass sich jemand in Ihrem Namen um die Kontakte mit uns kümmert? Weitere Informationen erhalten Sie unter belastingdienst.nl, wenn Sie nach ‚vertegenwoordigen door een gemachtigde' suchen (nur auf Niederländisch verfügbar).

3a Haben Sie einen Bevollmächtigten, der Sie beim Finanzamt in den Niederlanden vertritt?
☐ Nein. *Weiter zu Rubrik 4.*
☐ Ja. *Füllen Sie nachstehend die Angaben des Bevollmächtigten aus und fügen Sie eine Kopie der Ermächtigung bei.*

3b Verfügt Ihr Bevollmächtigter über eine 'Beconnummer' (Steuerberaternummer) des niederländischen Finanzamts?
☐ Ja. *Tragen Sie die Beconnummer ein.* ☐ *Die Adresse ist uns bekannt.*
☐ Nein. *Bitte tragen Sie nachstehend die Korrespondenzadresse Ihres Bevollmächtigten ein.*

☐ Straße, Hausnummer und Zusatz

Postleitzahl und Ort

☐ Postfach

Postleitzahl und Ort

Land Korrespondenzadresse

3c Telefonnummer

3d Für welche Steuerarten gilt diese Ermächtigung?
☐ Umsatzsteuer
☐ Körperschaftssteuer
☐ Lohnabgaben

28071 0803

4 Korrespondenz

Wenn Sie in der Übertragungsurkunde einer Immobilie einen Steuerwohnsitz wählen, verwenden wir diese Anschrift als Postanschrift für die Grunderwerbsteuer.

4a Unter welcher Anschrift möchten Sie Korrespondenz erhalten?

- ☐ Unter der Firmenanschrift, von Frage 2j
  - ☐ Korrespondenz für die Umsatzsteuer
  - ☐ Korrespondenz für die Körperschaftssteuer
  - ☐ Korrespondenz für die Lohnabgaben
- ☐ Unter der Wohnanschrift, von Frage 2n
  - ☐ Korrespondenz für die Umsatzsteuer
  - ☐ Korrespondenz für die Körperschaftssteuer
  - ☐ Korrespondenz für die Lohnabgaben
- ☐ Unter der Anschrift meines Bevollmächtigten, von Frage 3b
  - ☐ Korrespondenz für die Umsatzsteuer
  - ☐ Korrespondenz für die Körperschaftssteuer
  - ☐ Korrespondenz für die Lohnabgaben
- ☐ Unter einer anderen Anschrift. *Füllen Sie diese Korrespondenzadresse bei Frage 4b aus und geben Sie an, für welche Steuerarten sie gilt.*
  - ☐ Korrespondenz für die Umsatzsteuer
  - ☐ Korrespondenz für die Körperschaftssteuer
  - ☐ Korrespondenz für die Lohnabgaben

4b Andere Korrespondenzadresse

☐ Straße, Hausnummer und Zusatz

Postleitzahl und Ort

☐ Postfach

Postleitzahl und Ort

Land Korrespondenzadresse

5 Geschäftsaktivitäten

5a Aktivitäten Ihres Unternehmens in Ihrem eigenen Land. *Fügen Sie Unterlagen bei, aus denen dies hervorgeht.*

5b Aktivitäten Ihres Unternehmens in den Niederlanden. *Erstellen Sie eine Anlage, wenn Sie nicht genug Platz für Anmerkungen haben. Bitte geben Sie dabei deutlich an, zu welcher Frage die Informationen gehören.*

28071 0804

6	Umsatzsteuer - allgemein		
6a	Startdatum Ihrer Aktivitäten in den Niederlanden	☐ - ☐ - ☐	
6b	Verkaufen Sie in den Niederlanden Waren an Privatpersonen? *Beispiel: Sie sind ein ausländischer Unternehmer und verkaufen CDs an Privatpersonen auf einer Musikmesse in Amsterdam.*	☐ Ja	☐ Nein
6c	Verkaufen Sie von den Niederlanden aus Waren an Privatpersonen aus anderen EU-Ländern? *Beispiel: Sie sind ein ausländischer Unternehmer und versenden Kleidung ab einer gemieteten Lagerhalle in Rotterdam an eine Privatperson aus Valencia.*	☐ Ja	☐ Nein
6d	Verkaufen Sie in den Niederlanden Waren an andere ausländische Unternehmen? *Beispiel: Als ausländischer Unternehmer haben Sie eine Lagerhalle in Rotterdam angemietet und verkaufen Käse an einen Unternehmer aus Hamburg.*	☐ Ja	☐ Nein
6e	Verkaufen Sie von den Niederlanden aus Waren an Unternehmen aus anderen EU-Ländern (innergemeinschaftliche Lieferungen)? *Beispiel: Sie haben als ausländischer Unternehmer eine Lagerhalle in Rotterdam gemietet und versenden von dort aus eine Partie Blumenzwiebeln an einen Unternehmer aus Paris.*	☐ Ja	☐ Nein
6f	Bringen Sie Ihre eigenen Waren aus den Niederlanden in ein anderes EU-Land?	☐ Ja	☐ Nein
6g	Verkaufen Sie von den Niederlanden aus an Kunden außerhalb der EU?	☐ Ja	☐ Nein
6h	Haben Sie innergemeinschaftliche Erwerbe (igE) in den Niederlanden?	☐ Ja	☐ Nein
6i	Haben Sie Rechnungen mit auf Sie verlagerte niederländische Umsatzsteuer erhalten?	☐ Ja	☐ Nein
6j	Haben Sie in den Niederlanden sonstige Lieferungen, die umsatzsteuerpflichtig sind? *Wählen Sie auch 'Ja', wenn es sich um Lieferungen mit einem Umsatzsteuersatz von 0% handelt.*	☐ Ja	☐ Nein
6k	Erbringen Sie in den Niederlanden Dienstleistungen, für die Sie Umsatzsteuer berechnen?	☐ Nur an Unternehmer ☐ Nur an Privatpersonen ☐ An Unternehmer und Privatpersonen ☐ Nein	
6l	Liegt eine Vermietung oder ein Kauf von Immobilien vor?	☐ Ja. *Beantworten Sie auch die Fragen unter Rubrik 7.* ☐ Nein. *Sie müssen Rubrik 7 nicht ausfüllen.*	

7 Umsatzsteuer - Immobilien

Lesen Sie die Erläuterung unten in diesem Formular. Hier lesen Sie auch, welche Anlagen Sie mitschicken müssen.

7a Vermieten Sie in den Niederlanden gelegene Immobilien oder einen Teil davon an nicht in den Niederlanden ansässige Unternehmer mit Umsatzsteuer?
☐ Nein
☐ Ja, seit dem ___ - ___ - ___

7b Vermieten Sie eine oder mehrere in den Niederlanden gelegene Ferienwohnungen an Privatpersonen?
☐ Nein
☐ Ja, seit dem ___ - ___ - ___

7c Vermieten Sie einen oder mehrere in den Niederlanden gelegene Parkplätze an Privatpersonen?
☐ Nein
☐ Ja, seit dem ___ - ___ - ___

7d Vermieten Sie in den Niederlanden gelegene Immobilien oder einen Teil davon mit Umsatzsteuer, wobei die Umsatzsteuer auf den Mieter verlagert wird?
☐ Nein
☐ Ja, seit dem ___ - ___ - ___

7e Zu welchem Vermögen zählen Sie die dauerhaft zu verwertende Immobilie?
☐ Vollständig zum Betriebsvermögen
☐ Vollständig zum Privatvermögen
☐ Zu ___ % zum Betriebsvermögen
und ___ % zum Privatvermögen

7f Wie lautet die Adresse oder, falls die Adresse nicht bekannt ist, die Grundbuchbezeichnung der in Frage 7e bezeichneten Immobilie?
___
___

7g Haben Sie für die Immobilien in Frage 7a bis 7d eine Option beantragt, um besteuert mit Umsatzsteuer zu liefern?
☐ Nein
☐ Ja. *Tragen Sie hier die Adresse ein oder, falls die Adresse nicht bekannt ist, die Grundbuchbezeichnung.*
___
___

7h Sind Sie Eigentümer einer Ferienwohnung, die Sie nur oder nahezu alleine privat nutzen?
☐ Nein
☐ Ja. *Tragen Sie hier die Adresse ein oder, falls die Adresse nicht bekannt ist, die Grundbuchbezeichnung.*
___
___

7i Nutzen Sie andere als die in Frage 7a bis 7d genannten, in den Niederlanden gelegenen Immobilien?
☐ Nein
☐ Ja. *Tragen Sie hier die Adresse ein oder, falls die Adresse nicht bekannt ist, die Grundbuchbezeichnung.*
___
___

28071 0806

8 Körperschaftssteuer

8a Startdatum Ihrer Aktivitäten für die Körperschaftssteuer in den Niederlanden ☐ - ☐ - ☐

8b Entspricht das reguläre Geschäftsjahr dem Kalenderjahr?
☐ Ja
☐ Nein, das Geschäftsjahr läuft von Monat ☐
bis Monat ☐

8c Beginnen die Aktivitäten in den Niederlanden im ersten Geschäftsjahr? ☐ Ja ☐ Nein. *Sie können Frage 8d überspringen.*

8d Weicht das erste Geschäftsjahr nach der Gründung laut Satzung von einem regulären Geschäftsjahr ab?
☐ Ja, das 1. Geschäftsjahr läuft von ☐ - ☐ - ☐
bis ☐ - ☐ - ☐
☐ Nein

9 Lohnabgaben (Personal) – allgemein

Lesen Sie die Erläuterung unten in diesem Formular.

9a Anzahl Ihrer festangestellten Arbeitnehmer weltweit ☐

9b Anzahl der Arbeitnehmer, die nicht für Sie in den Niederlanden arbeiten, aber dort sozialversichert sind ☐
Ab welchem Datum ist der erste Arbeitnehmer in den Niederlanden sozialversichert? *Beantworten Sie auch die Fragen unter Rubrik 10.* ☐ - ☐ - ☐

9c Anzahl der Arbeitnehmer, die in den Niederlanden wohnen und arbeiten ☐
Sind diese Arbeitnehmer in den Niederlanden sozialversichert? ☐ Ja ☐ Nein. *Weiter zu Frage 9d.*
Ab welchem Datum ist der erste Arbeitnehmer in den Niederlanden sozialversichert? *Beantworten Sie auch die Fragen unter Rubrik 10.* ☐ - ☐ - ☐

9d Anzahl der Arbeitnehmer die nicht in den Niederlanden wohnen, aber dort arbeiten ☐
Sind diese Arbeitnehmer in den Niederlanden sozialversichert? ☐ Ja ☐ Nein. *Weiter zu Frage 9e.*
Ab welchem Datum ist der erste Arbeitnehmer in den Niederlanden sozialversichert? *Beantworten Sie auch die Fragen unter Rubrik 10.* ☐ - ☐ - ☐

9e Sind Sie für die in Frage 9c oder 9d bezeichneten Arbeitnehmer in Bezug auf die Lohnsteuer/Einheitsversicherungsbeiträge steuerabzugspflichtig? ☐ Ja ☐ Nein. *Weiter zu Frage 9f.*
Ab welchem Datum wurden Sie für den ersten Arbeitnehmer steuerabzugspflichtig? *Danach weiter zu Frage 9g.* ☐ - ☐ - ☐

9f Möchten Sie sich freiwillig als Steuerabzugspflichtiger für die Lohnsteuer/Einheitsversicherungsbeiträge registrieren lassen?
☐ Ja, seit dem ☐ - ☐ - ☐
☐ Nein

9g Haben Sie die Geschäftsaktivitäten oder einen Teil davon von einem anderen Arbeitgeber übernommen? *Wählen Sie auch 'Ja', wenn sich die Rechtsform Ihres Unternehmens oder ein Teil davon geändert hat.*
☐ Ja. *Füllen Sie auch das Formular 'Melding Loonheffingen overdracht van activiteiten' aus und fügen Sie es bei.*
☐ Nein

9h Haben Sie einen Zeitarbeits- oder Payroll-Vertrag mit einem oder mehreren Arbeitnehmern? Oder sind Sie oder ein Teil davon eine konzerninterne Zeitarbeitsfirma ('personeels-bv')?
☐ Ja. *Füllen Sie auch das Formular 'Melding Loonheffingen uitzenden' aus und fügen Sie es bei.*
☐ Nein

9i Zeitraum, für den Sie eine Lohnabgabenerklärung einreichen möchten ☐ 4 Wochen ☐ Monat

28071 0807

10 Lohnabgaben (Personal) - Arbeitnehmerversicherungen

Diese Daten sind für die Sektoreneinteilung wichtig. Lesen Sie die Erläuterung unten in diesem Formular.

10a Haben Sie mehr als eine Geschäftstätigkeit?

☐ Nein. *Weiter zu Rubrik 11. Sie haben die erforderlichen Informationen bei Frage 5b bereits ausgefüllt.*
☐ Ja

10b *Beschreiben Sie jede Geschäftsaktivität so klar wie möglich. Tragen Sie auch den wirklichen oder geschätzten Prämienlohn AWf ('Algemeen Werkloosheidsfonds', Allgemeiner Arbeitslosenfonds) auf Jahresbasis ein.*

Beschreibung von Geschäftstätigkeit 1. *Erstellen Sie eine Anlage, wenn Sie nicht genug Platz für Anmerkungen haben. Bitte geben Sie dabei deutlich an, zu welcher Frage die Informationen gehören.*

Prämienlohn AWf Geschäftstätigkeit 1 €

Beschreibung von Geschäftstätigkeit 2. *Erstellen Sie eine Anlage, wenn Sie nicht genug Platz für Anmerkungen haben. Bitte geben Sie dabei deutlich an, zu welcher Frage die Informationen gehören.*

Prämienlohn AWf Geschäftstätigkeit 2 €

Erstellen Sie eine Anlage, wenn Sie noch weitere Geschäftsaktivitäten haben. Bitte geben Sie dabei deutlich an, zu welcher Frage die Informationen gehören.

2807 10808

11 Grunderwerbssteuer

11a (Erwartetes) Datum der Übertragung der Immobilie

11b Adresse der Immobilie

Haben Sie Frage 7f bereits beantwortet? Dann können Sie diese Frage überspringen.

Straße, Hausnummer und Zusatz

Postleitzahl und Ort

11c Grundbuch-Bezeichnung(en) der Immobilie.
Umfasst die Transaktion mehrer Grundbuch-Bezeichnungen? Bitte tragen Sie dann alle ein.

Sie brauchen diese Frage nicht zu beantworten, wenn Sie die Adresse der Immobilie bei Frage 11b bereits eingetragen haben.

Stadt/Gemeinde | Abschnitt | Flurstück

12 Unterzeichnung

Name

Datum

Unterschrift
In das Textfeld schreiben.

Anzahl der Anlagen

2807 1 0809

Erläuterung zu den Fragen

Frage 7a bis 7d
Es handelt sich dabei um Betriebsgebäude, Ferienwohnungen sowie Parkplätze. Unter Verlagerung der Steuerschuldnerschaft verstehen wir auch die Vermietung einer Immobilie durch einen Vermittler, der die für die Mieten fällige Umsatzsteuer selbstständig erklärt und bezahlt. Bei einer Ferienwohnung ist es wichtig, ob Sie diese Ferienunterkunft als Beherbergungsbetrieb nutzen, um damit dauerhafte Einnahmen zu erzielen, und ob Sie die Ferienunterkunft darüber hinaus auch privat nutzen. Wie viel Sie die Ferienwohnung privat nutzen, ist unerheblich. Eine private Nutzung liegt auch dann vor, wenn Sie für die private Nutzung eine Miete an einen Vermittler zahlen müssen.

Frage 7i
Es spielt keine Rolle, ob sich das Nutzungsrecht dieser Immobilien aus dem Eigentum oder aus Miet- oder Pachtverträgen ergibt. Zu den hier bezeichneten Immobilien gehören unter anderem Wohnhäuser, Wohnungen, Schulgebäude, landwirtschaftliche Flächen, Gartenbaugelände usw.

Anlagen, die Sie bei Frage 7 mitschicken müssen
Für jede Immobilie und insoweit diese Unterlagen vorhanden sind:
- eine Kopie der eingetragenen notariellen Erwerbsurkunde, oder
- eine Kopie des von allen Parteien unterzeichneten Schlüsselfertig-Vertrags

Für jede Immobilie, die (teilweise) als Betriebsgebäude umsatzsteuerpflichtig vermietet wird:
- eine Liste aller Mieter und der von jedem von ihnen gemieteten Fläche in m^2
- bei welchen Mietern die Vermietung umsatzsteuerpflichtig erfolgt
- gegebenenfalls die nicht vermietete Fläche in m^2 (Leerstand)
- gegebenenfalls die als Wohnraum genutzte Fläche in m^2
- die Gesamtmietfläche in m^2
- für jeden Mieter eine Kopie des abgeschlossenen Mietvertrags

Wenn es sich bei der vermieteten Immobilie um ein Mobilheim handelt:
- eine Kopie des Schätzwertbescheids (WOZ-Bescheid) der Stadt/Gemeinde; wenn dieser Bescheid noch nicht ausgestellt wurde, müssen Sie ihn bei der Stadt/Gemeinde anfordern.

Für eine Ferienwohnung, die Sie als Beherbergungsbetrieb vermieten und für die Sie zur Vermietung die Dienste eines Dritten in Anspruch nehmen:
- eine Kopie des mit diesem Dritten geschlossenen Vertrags (Mietvermittlungsvertrag)
- gegebenenfalls eine Original-Vollmacht, aus der hervorgeht, dass dieser Dritte in Ihrem Auftrag handeln darf

Frage 9b bis 9d
Für Arbeitnehmer, die in den Niederlanden sozialversichert sind, müssen Sie Arbeitnehmerversicherungsbeiträge zahlen sowie einen einkommensabhängigen Krankenversicherungsbeitrag entrichten oder einbehalten. Arbeitnehmer, die in den Niederlanden wohnen und arbeiten, sind in den Niederlanden versichert. Für sie müssen Sie daher die Arbeitnehmerversicherungsbeiträge zahlen sowie einen einkommensabhängigen Krankenversicherungsbeitrag entrichten oder einbehalten.

Arbeitnehmer, die zwar für Sie in den Niederlanden tätig sind, aber dort nicht wohnen, können unter bestimmten Voraussetzungen in ihrem ursprünglichen Versicherungsland versichert bleiben. Wenn Sie für diese Mitarbeiter über eine so genannte A1-Bescheinigung verfügen, aus der hervorgeht, dass sie in einem anderen Land versichert sind, müssen Sie für diese Arbeitnehmer in den Niederlanden keine Arbeitnehmerversicherungsbeiträge zahlen und auch keinen einkommensabhängigen Krankenversicherungsbeitrag entrichten oder einbehalten. Ihr Arbeitnehmer beantragt die Bescheinigung bei der zuständigen Behörde des Wohnsitzstaats.

Frage 9e
Für Arbeitnehmer, die für Sie in den Niederlanden tätig sind und die Sie überlassen, entsandt oder verliehen haben und die unter der Leitung und Aufsicht und auf Kosten und Risiko eines Dritten arbeiten, müssen Sie Lohnsteuer/Einheitsversicherungsbeiträge einbehalten und zahlen. Dies gilt auch, wenn Sie eine feste Niederlassung in den Niederlanden haben oder wenn Ihre Arbeitnehmer auf dem niederländischen Kontinentalsockel arbeiten.

Frage 9f
Müssen Sie für einen Mitarbeiter keine Lohnsteuer/Einheitsversicherungsbeiträge einbehalten und zahlen, können Sie sich dennoch entscheiden, dies zu machen. In dem Fall gelten für Sie die Regeln der Lohnsteuer. Sie führen eine Lohnbuchhaltung. Und Ihre Arbeitnehmer müssen die Lohnsteuer/Einheitsversicherungsbeiträge nicht selbst über ihre Einkommenssteuererklärung bezahlen.

Frage 9h
Ein Zeitarbeitsvertrag ist ein Arbeitsvertrag, in dem der Arbeitgeber und Arbeitnehmer vereinbaren, dass der Arbeitnehmer für einen Dritten (den Auftraggeber) arbeitet. Der Arbeitnehmer arbeitet unter der Leitung und Aufsicht dieses Dritten. Ein Payroll-Vertrag ist eine besondere Form eines Zeitarbeitsvertrags, bei dem der Auftraggeber, und somit nicht das Payroll-Unternehmen das Personal auswählt und anwirbt, und das Personal anschließend auf der Gehaltsliste des Payroll-Unternehmens steht. Die Arbeitnehmer werden dem Auftraggeber vom Payroll-Unternehmen überlassen und arbeiten in seinem Unternehmen und unter seiner Leitung und Aufsicht. Das Payroll-Unternehmen benötigt die Zustimmung des Auftraggebers, um einen Arbeitnehmer für einen anderen arbeiten zu lassen.

Es handelt sich um eine konzerninterne Zeitarbeitsfirma ('personeels-bv'), wenn das Personal der konzerneigenen Zeitarbeitsfirma den anderen Gesellschaften, die zum selben Konzern gehören, überlassen wird.

Erläuterung zu den Fragen *(Fortsetzung)*

Frage 10
Ihre Tätigkeiten in den Niederlanden sind wichtig, wenn Sie Arbeitnehmer beschäftigen, die in den Niederlanden sozialversichert sind. Die verschiedenen Beiträge hängen nämlich von dem Sektor, in den Sie eingeteilt werden, ab. In der Regel werden wir dazu die Geschäftsaktivitäten prüfen, die Sie in Ihrem eigenen Land ausüben. Wenn Ihre Geschäftsaktivitäten in den Niederlanden jedoch eigenständig sind, kann eine so genannte unteilbare Einheit vorliegen. In diesem Fall basieren wir die Prämien auf diese Tätigkeiten.

Frage 10b
Der Prämienlohn AWf ist der Gesamtlohn, für den Sie Arbeitnehmerversicherungsbeiträge zahlen müssen.
Verwenden Sie die geschätzten Lohndaten für das laufende Kalenderjahr, um den Prämienlohn AWf anzugeben. Sie müssen diese Lohnangaben auf einen Jahreslohn zurückführen.

Aangifte omzetbelasting

Gegevens omzet en omzetbelasting

Onderneming

Betalingskenmerk

IBAN Belastingdienst

Aangifte over	4e kwartaal 2020	
1. Prestaties binnenland		
	Bedrag waarover omzetbelasting wordt berekend	**Omzetbelasting**
1a Leveringen/diensten belast met 21%	€	€
1b Leveringen/diensten belast met 9%	€	€
1c Leveringen/diensten belast met overige tarieven behalve 0%	€	€
1d Privé-gebruik	€	€
1e Leveringen/diensten belast met 0% of niet bij u belast	€	
2. Verleggingsregelingen binnenland		
2a Leveringen/diensten waarbij de heffing van omzetbelasting naar u is verlegd	€	€
3. Prestaties naar/in het buitenland		
3a Leveringen naar landen buiten de EU(uitvoer)	€	
3b Leveringen naar/diensten in landen binnen de EU	€	
3c Installatie/afstandsverkopen binnen de EU	€	
4. Prestaties uit het buitenland aan u verricht		
4a Leveringen/diensten uit landen buiten de EU(invoer)	€	€
4b Leveringen/diensten uit landen binnen de EU	€	€ +
5. Berekening van de omzetbelasting		
5a Verschuldigde omzetbelasting		€
5b Voorbelasting		€ -
5c Subtotaal		€
5d Vermindering volgens de kleine ondernemersregeling		€ +/-
5g Totaal		€

Norwegen

Allgemeines

Die Mehrwertsteuer heißt auf Norwegisch Merverdiavgift und wird MVA abgekürzt. Norwegen ist zwar kein Mitgliedstaat der Europäischen Union (EU), besitzt jedoch ein Mehrwertsteuerrecht, das auf den gleichen Grundsätzen beruht.

Der Mehrwertsteuer unterliegen der Verkauf, die Entnahme aus dem Unternehmen und die Einfuhr von Waren oder Dienstleistungen, die ein Unternehmer in Norwegen gegen Entgelt ausführt, sowie die Einfuhr von Gegenständen oder bestimmter Dienstleistungen nach Norwegen. Auf den Sitz des Unternehmers kommt es dabei nicht an. Belastet werden soll nur der Endverbrauch. Für ordnungsgemäß registrierte Unternehmer ist die Mehrwertsteuer grds. kostenneutral. Gezahlte Mehrwertsteuerbeträge können registrierte Unternehmer dann als Vorsteuer in Abzug bringen, wenn diese geschäftlich begründet sind und kein spezielles Abzugsverbot besteht. Ein registrierter Unternehmer schuldet dem Finanzamt per Saldo regelmäßig nur Steuer auf den von ihm erwirtschafteten Mehrwert.

BEISPIEL: ▸ Der Möbelhändler Olsen kauft einen Tisch für 1.000 NOK + 250 NOK MWSt ein und verkauft ihn anschließend für 1.600 NOK + 400 NOK MWSt. Der von Olsen erzielte Mehrwert beträgt 1.600 NOK (Verkaufspreis) abzüglich 1.000 NOK (Einkaufspreis) gleich 600 NOK. Die Steuerschuld Olsens errechnet sich aus 400 NOK (ausgangsseitig erhaltene MWSt) abzüglich 250 NOK (eingangsseitig bezahlte MWST) gleich 150 NOK. Die Steuerschuld von 150 NOK entspricht genau der MWSt, die auf den erwirtschafteten Mehrwert von 600 NOK zu zahlen ist.

Unternehmer/Organkreis

Als steuerpflichtiger Unternehmer gilt jede natürliche oder juristische Person, die in einem gewissen Ausmaß auf eigene Rechnung und eigenes Risiko wirtschaftlich aktiv ist, um in absehbarer Zukunft einen finanziellen Überschuss zu erzielen. Bei der Beurteilung der Unternehmereigenschaft werden branchenspezifische Besonderheiten berücksichtigt.

Steuerpflichtig können nicht nur norwegische Unternehmer werden, sondern auch ausländische Unternehmer oder öffentliche Institutionen wie z. B. Kommunen, wenn sie in Norwegen Waren liefern oder Dienstleistungen erbringen.

Unter bestimmten Bedingungen werden mehrere Unternehmen mit dem gleichen Eigentümer als ein einziges Unternehmen behandelt. Alle zur „Gruppe" gehörenden Unternehmen schulden die Mehrwertsteuer dann gesamtschuldnerisch.

Im zentralen Einheiten-Register – einer umfassenderen Form des in Deutschland bekannten Handelsregisters – eingetragene Arbeitsgemeinschaften und Joint Ventures werden für MWSt-Zwecke als eigenständige Unternehmen behandelt. Für Warenlieferungen oder Dienstleistungen der Partner an die Arbeitsgemeinschaft bzw. das Joint Venture gelten die Mehrwertsteuer-Bestimmungen dann so, als ob ein fremdes Unternehmen beliefert werden würde.

Lieferung/Dienstleistung

Es ist zwischen der Lieferung von Waren und der Erbringung von Dienstleistungen zu unterscheiden. Als Ware gilt neben körperlichen Gegenständen, einschließlich Immobilien, auch elektrische Energie, Gas, Wärme, Kälte und von Wasserversorgungsunternehmen geliefertes Wasser. Als Dienstleistung gilt alles, was verkauft werden kann und nicht als Ware gilt. Als Dienstleistung gilt auch die Einräumung von Rechten an körperlichen Gegenständen oder Immobilien sowie die ganze oder teilweise Nutzung geistigen Eigentums.

Einfuhr von Waren und Dienstleistungen

Bei der Einfuhr von Waren muss Mehrwertsteuer an den norwegischen Zoll gezahlt werden, soweit keine spezielle Abgabenbefreiung für z. B. Übersiedlungsgut, Geschenke, geringwertige Reisemitbringsel gilt und kein besonderer Zollverkehr (z. B. Zolllager, vorübergehende Verwendung) beantragt wird. Steuerschuldner ist der Einführer. Die Einfuhrzollanmeldung sollte unbedingt im Namen des Unternehmers abgegeben werden, der die Mehrwertsteuer als Vorsteuer abziehen darf. Nur dann erhält er einen auf ihn lautenden Zollbescheid, den er für Inanspruchnahme des Vorsteuerabzugs zwingend benötigt. Auf Antrag und gegen die Hinterlegung einer Sicherheit (z. B. in Form einer Bankbürgschaft) gewährt der Zoll einen monatlichen Zahlungsaufschub bis zum 18. des Folgemonats für die bei der Einfuhr zu zahlende Mehrwertsteuer.

Seit dem 1.1.2017 ist die Zuständigkeit für die Erhebung der bei der Wareneinfuhr zu zahlenden Mehrwertsteuer vom Zoll auf die Steuerverwaltung gewechselt. Seitdem müssen zur Mehrwertsteuer registrierte Unternehmen die angefallene Einfuhr-MWST in ihrer laufenden MWST-Erklärung ausweisen und darüber entrichten.

Für Waren, die nur vorübergehend eingeführt werden, kann eine Abfertigung zur vorübergehenden Verwendung beantragt werden. Abhängig vom Verwendungszweck wird entweder eine vollständige Abgabenbefreiung (z. B. für Ausstellungsgut, Muster, Berufsausrüstung) oder eine teilweise Abgabenbefreiung (z. B. für Baumaschinen) gewährt. Im Rahmen einer teilweisen Abgabenbefreiung fallen je Monat, den sich die Ware in Norwegen befindet, 5 % der regulären Einfuhrabgaben an.

Als Einfuhr gilt in Norwegen auch der Einkauf „fernlieferbarer" Dienstleistungen im Ausland. Wenn ein in Norwegen ansässiger Unternehmer, der norwegische Staat, eine

Kommune oder eine staatliche/kommunale Institution eine fernlieferbare Dienstleistung gegen Entgelt aus dem Ausland bezieht, besteht eine Steuerpflicht und schuldet der Empfänger der Dienstleistung die norwegische Mehrwertsteuer. Gleiches gilt auch, wenn die Dienstleistung an einen außerhalb Norwegens ansässigen Empfänger geliefert wird, aber in Norwegen verwertet werden soll. Eine Steuerpflicht besteht jedoch nur, wenn die Dienstleistung auch steuerpflichtig wäre, wenn sie in Norwegen erbracht worden wäre. Fernlieferbar ist eine Dienstleistung dann, wenn sie nicht oder nur schwer einem bestimmten Ort zugeordnet werden kann. Zu den fernlieferbaren Dienstleistungen gehören u. a.:

- Buchführung
- Beratung
- Personalgestellung
- Internet-Newsletter
- Über das Internet gelieferte Produkte
- Elektronische Dienstleistungen, einschließlich der elektronischen Kommunikation
- Werbung in Zeitungen und Zeitschriften
- Installation, Erprobung und Wartung von Computersystemen und Software

Elektronische Dienstleistungen, die ein nicht in Norwegen ansässiger Unternehmer an Endverbraucher erbringt, sowie Umsätze / Einfuhren ausländischer Lieferanten oder Marktplätze von Waren mit einem Wert von weniger 3.000 NOK an norwegische Endverbraucher (sog. B2C-Geschäfte, VAT on E-Commerce) sind in Norwegen steuerpflichtig. Steuerschuldner ist der Lieferant (siehe auch Abschnitt Registrierung).

Ausländische Unternehmer, die in Norwegen für die Ausführung von Warenlieferungen oder Dienstleistungen unter Einschaltung eines norwegischen Repräsentanten registriert sind, gelten hinsichtlich des Bezugs ferngelieferter Dienstleistungen – die für die registrierte Tätigkeit bezogen werden – als ansässig und können daher entsprechend auch zum Steuerschuldner werden.

Der Import von Schiffen, Flugzeugen, Öl-Bohrinseln oder anderen mobilen Plattformen für den Einsatz in der Ölindustrie sowie von deren Teilen sind unter bestimmten Bedingungen von der MWSt befreit.

Werklieferung/Werkleistung/Bauleistung

Die Lieferung von Gegenständen (z. B. Anlagen), die in Norwegen vom Lieferanten montiert werden, unterliegt insgesamt der norwegischen Mehrwertsteuer. Steuerschuldner ist der Lieferant. Für ausländische Lieferanten besteht daher eine MWSt-Registrierungspflicht. Die bei der Einfuhr der Waren zu zahlende MWSt darf nur der vorgenannte Lieferant als Vorsteuer abziehen. Für die Inanspruchnahme des Vorsteuerabzugs ist es erforderlich, dass die zollrechtliche Wareneinfuhr im Namen des Lieferanten erfolgt.

Registrierte Mehrwertsteuerpflichtige und alle öffentlichen Stellen sind verpflichtet, den Steuerbehörden alle an ausländische Unternehmen vergebene Bau- oder Montageaufträge zu melden. Anhand dieser Meldungen wird kontrolliert, ob die ausländischen Unternehmen ihren Registrierungspflichten nachkommen. Geschieht dies nicht, wird der Auftraggeber ggf. haftbar gemacht.

Verlagerungsverfahren/Reverse-Charge

Die Verlagerung der Steuerschuld auf den Leistungsempfänger (Reverse-Charge-Verfahren) gilt beim Verkauf von Emissionsrechten an Unternehmen oder den öffentlichen Sektor, beim Verkauf von Gold mit einem Feingehalt von mindestens 325 ‰ an Unternehmen oder den öffentlichen Sektor sowie hinsichtlich eingeführter, fernlieferbarer Dienstleistungen. Siehe auch unter „Einfuhr von Waren und Dienstleistungen".

Konsignationslager/Call-off stock

Lieferungen von Waren aus einem in Norwegen befindlichen Konsignationslager/Call-off-stock heraus sind mehrwertsteuerpflichtig. Steuerschuldner ist der Lieferant. Für ausländische Lieferanten besteht daher eine MWSt-Registrierungspflicht. Die bei der Einfuhr der Waren zu zahlende MWSt darf nur der vorgenannte Lieferant als Vorsteuer abziehen. Für die Inanspruchnahme des Vorsteuerabzugs ist es erforderlich, dass die zollrechtliche Wareneinfuhr in seinem Namen erfolgt.

Steuerausnahmen/Steuerbefreiungen

Für eine Reihe von Umsätzen ist das Mehrwertsteuergesetz nicht anzuwenden (Steuerausnahmen). Die Umsätze sind in der Steuererklärung nicht aufzunehmen. Vorsteuerbeträge, die im Zusammenhang mit Steuerausnahmen stehen, sind nicht abziehbar. Bei bestimmten Steuerausnahmen besteht jedoch die Möglichkeit, dass sich der Unternehmer freiwillig zur Steuerpflicht entscheidet, wodurch er ein Vorsteuerabzugsrecht erlangt.

Steuerausnahmen gelten z. B. für:

- Verkauf und Vermietung von Immobilien oder Rechten an Immobilien, einschließlich Waren und Dienstleistungen, die als Teil der Vermietung geliefert werden. Unter bestimmten Bedingungen kann der Verkäufer bzw. Vermieter jedoch – zum Erhalt des Vorsteuerabzugsrechts – die Steuerpflicht wählen und ggf. beantragen.

- Finanzdienstleistungen (z. B. Versicherungen, Darlehen, Leasing (außer Finanzleasing)
- Gesundheitsdienste
- Soziale Dienstleistungen
- Nutzung von Urheberrechten an Literatur- und Kunstwerken durch den Künstler sowie für Vermittlungsumsätze im Namen des Künstlers.
- Bestimmte wohltätige Umsätze
- Einnahmen aus Briefmarken, Banknoten und Münzen, die Sammlerobjekte sind.

Die Steuerausnahmen gelten u. a. jedoch nicht für die Vermietung von

- Parkplätzen
- Hotelzimmer u. ä.
- Konferenz- und Tagungsräumen
- Lagerboxen

Für folgende Warenlieferungen und Dienstleistungen ist das Mehrwertsteuergesetz zwar anzuwenden, es gelten jedoch Steuerbefreiungen. Die Umsätze sind in der Steuererklärung aufzunehmen. Vorsteuerbeträge, die im Zusammenhang mit Steuerbefreiungen stehen, sind abziehbar.

Steuerbefreiungen gelten z. B. für

- Ausfuhrlieferungen
- im Ausland ausgeführte Warenlieferungen und Dienstleistungen
- grenzüberschreitende Transportdienstleistungen
- Warenlieferungen und Dienstleistungen zum Gebrauch auf ausländischen Schiffen
- Übertragung eines Unternehmens oder Unternehmensteils
- Dienstleistungen im Zusammenhang mit der Planung, Entwicklung, Konstruktion, Reparatur und Wartung von öffentlichen Straßen
- Lieferung bestimmter Schiffe (z. B. für die gewerbliche Schifffahrt, Schulschiffe, Kriegsschiffe, Fischereifahrzeuge, Forschungsboote), bestimmter Flugzeuge und Ölbohrplattformen
- Lieferungen von Waren und die Ausführung von Dienstleistungen für die Reparatur, die Wartung, den Neubau, der Änderung oder der Bergung der vorgenannten Fahrzeuge oder Ölbohrplattformen.

Steuersätze

In Norwegen gelten derzeit folgende Steuersätze:

- Normalsteuersatz 25 %
- Ermäßigter Steuersatz für Lebensmittel 15 %
- Ermäßigter Steuersatz für Hotel, Personentransport, Kino u. a. 12 %
- Ermäßigter Steuersatz für den Umsatz der Fischer an oder durch Fischverkaufsverbände 11,11 %

Bemessungsgrundlage

Als Bemessungsgrundlage zur Ermittlung der norwegischen Mehrwertsteuer gilt – analog dem EU-Recht – alles was aufgewendet wird, damit der Leistungsempfänger die Leistung erhält. Dazu gehören neben dem eigentlichen Warenpreis auch die ggf. zusätzlich zu bezahlenden Verpackungs-, Transport- und Versicherungskosten.

Vorsteuerabzug

Vorsteuerabzugsberechtigt ist jeder mehrwertsteuerlich registrierte Unternehmer.

Grundvoraussetzungen für die Inanspruchnahme des Vorsteuerabzugs sind:

- der Unternehmer muss eine Lieferung oder Leistung für sein Unternehmen bezogen haben
- die Lieferung oder Leistung muss von einem anderen Unternehmer ausgeführt worden sein und
- der leistende Unternehmer muss eine ordnungsgemäße Abrechnung mit offen ausgewiesener Mehrwertsteuer in norwegischen Kronen erstellt haben

Vom Vorsteuerabzug ausgeschlossen ist die Steuer für:

- Bewirtungskosten
- Anwaltsgebühren
- bestimmte Finanzdienstleistungen
- Kosten für PKW, Campingwagen und kleiner LKW (sofern es sich nicht um die Anschaffung zum Gebrauch durch Autovermieter oder Transportunternehmer handelt)

Ein Unternehmer hat dann kein Vorsteuerabzugsrecht, wenn ihm im Zeitpunkt des steuerpflichtigen Umsatzes klar ist, dass der liefernde oder leistende Unternehmer die ordnungsgemäß berechnete Mehrwertsteuer nicht an sein Finanzamt abführen wird.

Übersteigt in einer MWSt-Periode der Vorsteuerabzugsbetrag die Mehrwertsteuerschuld, wird dem Unternehmer – ggf. nach einer Steuerprüfung – der übersteigende Vorsteuerbetrag erstattet.

Rechnungsbestandteile

In den Rechnungen sind grds. folgende Angaben zwingend vorgeschrieben:

- Name und Anschrift des Leistenden
- Mehrwertsteuernummer des Leistenden
- Name des Kunden und dessen Anschrift oder Organisationsnummer
- Rechnungsdatum
- Fortlaufende Rechnungsnummer (gesonderter Nummernkreis)
- Leistungsbeschreibung
- Nettobetrag
- Mehrwertsteuersatz
- Mehrwertsteuerbetrag in norwegischen Kronen
- Hinweis auf vereinbarte Minderung des Entgelts
- Lieferort/Leistungsort
- ggf. Hinweis auf eine Steuerbefreiung

Rechnungen sind grds. schnellstmöglich und spätestens einen Monat nach dem Liefer- bzw. Leistungszeitpunkt zu stellen. Kontinuierlich erbrachte Dienstleistungen (z. B. Steuerberatung) müssen dagegen erst einen Monat nach Ablauf der MWSt-Periode in Rechnung gestellt werden. Auf Verbrauchsmessungen basierende Lieferungen (z. B. Strom, Telefon) sind spätestens nach einem Jahr in Rechnung zu stellen. Die Abrechnung von Lieferungen oder Leistungen, die auf Ausschreibungen oder auf einem vorherigen Angebot beruhen und für die ein Zahlungsplan vereinbart wurde, können gemäß dem Zahlungsplan in Rechnung gestellt werden. Dies gilt jedoch nur, soweit der Leistungsfortschritt nicht erheblich vom Zahlungszeitpunkt abweicht.

Rechnungen werden in norwegischer, schwedischer, dänischer und englischer Sprache akzeptiert.

Die Mehrwertsteuernummer setzt sich zusammen aus der vom zentralen Firmenregister (Brønnøysundregistrene) vergebenen Organisationsnummer, gefolgt von den Buchstaben „MVA“ für Mehrwertsteuer. Die Angabe „MVA“ hinter der Organisationsnummer darf nur von einem zur Mehrwertsteuer registrierten Unternehmer gemacht werden.

Nach den norwegischen Buchführungsvorschriften ist die Einrichtung eines gesonderten Rechnungsnummernkreises für alle Ausgangsumsätze erforderlich, die dem norwegischen Mehrwertsteuerrecht unterliegen. Dies soll es dem Finanzamt erleichtern, die ordnungsgemäße Anmeldung aller Umsätze zu überprüfen. Statt eines gesonderten Nummernkreises ist es auch möglich, dass in jeder Ausgangsrechnung ausgewiesen wird, welche Beträge im laufenden Jahr bereits berechnet und bezahlt wurden. Umsätze, die nicht dem norwegischen Mehrwertsteuerrecht unterliegen, dürfen dabei nicht berücksichtigt werden.

Zur MWSt registrierte ausländische Unternehmen sollen Ihre Ausgangsrechnungen über den norwegischen Fiskalvertreter stellen. Dieser hat erhaltene Rechnungen zu prüfen, erforderliche Rechnungsangaben nachzutragen und die Rechnung dann an den Kunden zu senden.

Ein zur MWSt registriertes ausländisches Unternehmen kann die Rechnung alternativ auch selbst an Kunden senden, wenn die relevante Rechnung zusätzlich den Namen, die Anschrift sowie die Mehrwertsteuernummer des Fiskalvertreters nennt. Bei beiden Abwicklungsalternativen ist es erforderlich, dass der Fiskalvertreter eine Kopie der Rechnung erhält.

Bei Fremdwährungsrechnungen muss zumindest der Mehrwertsteuerbetrag in norwegischen Kronen ausgewiesen werden. Für die Umrechnung ist der offiziel e Kurs zu verwenden, der für Zeitpunkt der Rechnungsausstellung veröffentlicht wurde.

Rechnungen über Kleinbeträge müssen nicht alle obengenannten Bestandteile enthalten, die einzelnen Belege sind jedoch mit dem Firmenstempel zu versehen. Bei Tankrechnungen und Parkquittungen ist zusätzlich das Autokennzeichen zu notieren.

Elektronische Rechnungen

Norwegen war eines der ersten Länder, das eine elektronische Rechnungsstellung eingeführt hat.

Die norwegischen Rechtsvorschriften zur elektronischen Rechnungsstellung beruhen im Wesentlichen auf der EU-Richtlinie 2014/55/EU. Die Richtlinie schreibt die Verwendung der elektronischen Rechnungsstellung bei öffentlichen Aufträgen vor.

In Norwegen gilt seit 2019 das E-Invoicing verpflichtend für alle Unternehmen, die Waren oder Dienstleistungen an öffentliche Auftraggeber verkaufen. Im B2B-Bereich gibt es zwar bislang noch keine Verpflichtung, trotzdem ist das e-Invoicing weit verbreitet. Elektronische Rechnungen müssen entweder den EHF (Elektronisk Handelsformat) – oder den Peppol BIS (Universal Business Language) – Standard entsprechen. Um elektronische Rechnungen senden und empfangen zu können, ist eine Registrierung auf der norwegischen ELMA-Plattform erforderlich.

Anzahlungen

Anzahlungen lösen nur begrenzt eine Steuerschuld und das korrespondierende Vorsteuerabzugsrecht aus. Die Steuerschuld entsteht nämlich grds. erst in dem Moment, in dem die Lieferung ausgeführt bzw. die Leistung erbracht worden ist. Erst dann darf eine Rechnung ausgestellt werden, in der die MWSt ausgewiesen wird.

Abweichend vom o. g. Grundsatz dürfen Anzahlungsrechnungen ausgestellt werden für:

- Personentransporte
- Bewirtungen
- Abonnements
- Mieten
- Abgaben

Des Weiteren können Anzahlungsrechnungen ausgestellt werden für Lieferungen oder Leistungen, die auf Ausschreibungen oder auf einem vorherigen Angebot beruhen und für die ein Zahlungsplan vereinbart wurde. Dies gilt jedoch nur, soweit der Leistungsfortschritt nicht erheblich vom Zahlungszeitpunkt abweicht.

Gutschriften

Im Rahmen einer Rechnungsberichtigung kann nur der Rechnungsaussteller eine Gutschrift ausstellen. In der Gutschrift ist die betroffene Rechnung mit Nummer und Datum zu nennen und zweifelsfrei anzugeben, welche Angaben berichtigt oder zurückgenommen werden.

Eine vom Kunden selbst ausgestellte Gutschrift zur Abrechnung erhaltener Lieferungen oder Leistungen ist möglich, wenn der Lieferumfang ganz oder teilweise vom Kunden ermittelt wird. Eine Abrechnung durch den Kunden mittels Gutschriften ist jedoch erst nach Abschluss einer entsprechenden schriftlichen Vereinbarung zulässig, die von beiden Parteien aufbewahrt werden muss. In den Gutschriften muss auf die Vereinbarung verwiesen werden.

Buchführung

Jedes steuerlich in Norwegen registrierte Unternehmen muss vollumfänglich die dortigen Buchführungsvorschriften beachten. Das gilt auch für ausländische Unternehmer, die nur für Mehrwertsteuerzwecke in Norwegen registriert sind. Die Bücher müssen innerhalb Norwegens geführt werden. Unter anderem sind für jede MWSt-Periode die Debitoren- und Kreditorenbücher mit den bereits erhaltenen bzw. geleisteten Zahlungen abzugleichen. Norwegische Unternehmen sind seit 1.1.2020 dazu verpflichtet ihre Buchhaltungsinformationen über das norwegische SAF-T System zu übermitteln.

Aufbewahrung von Unterlagen

Der Unternehmer oder ggf. der Fiskalvertreter ausländischer Unternehmer muss die steuerlich relevanten Unterlagen fünf Jahre aufbewahren. Es wird jedoch empfohlen, die Bücher und alle anderen einschlägigen Unterlagen zehn Jahre lang zu archivieren, da die norwegischen Steuerbehörden das Recht haben, die Mehrwertsteuerschuld des Steuerpflichtigen bis zu zehn Jahre nach Ablauf des betreffenden Mehrwertsteuerzeitraums zu prüfen. Die Aufbewahrung kann unter Beachtung von Form- und Verfahrensbestimmungen auch in elektronischer Form erfolgen.

Veranlagungsverfahren/Steuererklärungen

In Norwegen umfasst der Mehrwertsteuer-Erklärungszeitraum zwei Monate, beginnend mit Januar und Februar als erste Periode und endend mit November und Dezember als sechste Periode. Unternehmer mit Umsätzen von weniger als 1 Mio. NOK können unter bestimmten Voraussetzungen beantragen, nur Jahreserklärungen einreichen zu müssen. Die Mehrwertsteuer-Erklärungen sind einen Monat und zehn Tage nach Ende der MWSt-Periode einzureichen. Die Abgabefrist für die dritte Steuerperiode (Mai/Juni) ist jedoch abweichend der 31.8. Die MWSt-Schuld ist jeweils zum selben Termin zu begleichen. Wurden keine Umsätze getätigt, muss eine sog. Nullmeldung eingereicht werden. Vorsteuererstattungsansprüche werden – ggf. nach einer Steuerprüfung – innerhalb von drei Wochen ausgezahlt.

Seit Januar 2022 basiert die norwegische Mehrwertsteuererklärung auf den Codes des Standard Audit File Tax (SAF-T) der OECD. Statt bislang 18 Felder, sind nun 30 Felder in der MWSt-Erklärung zu befüllen. Die norwegische Finanzverwaltung hat eine Übersicht veröffentlicht, welche SAF-T Codes den Positionen der alten MWSt-Erklärung entsprechen (*https://www.skatteetaten.no/en/business-and-organisation/vat-and-duties/vat/vat-return/find-code/*). Darüber hinaus enthält die neue Erklärung separate Felder für uneinbringliche Forderungen sowie Umsatzsteuer- und Vorsteuer-Berichtigungen.

Die MWSt-Erklärung kann, wie bisher, elektronisch über das Altinn-Portal (*https://www.altinn.no/*) oder unmittelbar aus den Buchführungssystemen der Unternehmen an die norwegischen Finanzbehörden übermittelt werden. Zusätzlich planen die Finanzbe- hörden 2024 eine verpflichtende Meldung aller Ein- und Verkäufe auf Transaktionsebne.

Wird eine unzutreffende MWSt-Erklärung eingereicht oder erfolgt die Einreichung nicht fristgerecht, ist ein Zuschlag von mindestens 250 NOK und maximal 5.000 NOK zu zahlen. Gegebenenfalls sind zusätzlich Zinsen für nicht rechtzeitig entrichtete MWSt-Beträge zu zahlen. In gravierenden Fällen können die Finanzbehörden Strafen oder Zuschläge i. H. von bis zu 100 % festsetzen. Verstöße können auch mit Geschäftsverboten oder Gefängnisstrafen geahndet werden.

Registrierung

Eine Registrierungspflicht besteht, wenn die Umsatzschwelle von 50.000 NOK in einer Zwölfmonatsperiode überschritten wurde. Eine vorherige freiwillige Registrierung ist eingeschränkt möglich.

Vor der eigentlichen MWSt-Registrierung ist eine Anmeldung beim zentralen Unternehmensregister (The Central Coordinating Register for Legal Entities - *www.brreg.no*) erforderlich. Dieses wird nach seinem Sitzort auch Brønnøysund-Register (gesprochen: Brönnösunregistrene) genannt. Ausländische Unternehmen werden dort mit dem Zusatz „NUF“ (für: Norsk avdeling av utenlandsk foretak (norwegische Abteilung eines ausländischen Unternehmens) geführt. Die Registrierungsgebühr für eine „NUF“ beträgt 2.832 NOK.

Die Anmeldung im Brønnøysund-Register und die gleichzeitig mögliche MWSt-Registrierung können in elektronischer Form über ein Web Portal (*www.skatteetaten.no*) eingereicht werden. Ausländische Unternehmen können die beiden Registrierungen jedoch nur mit Papierformularen veranlassen.

Ausländische Gesellschaften haben grds. einen in Norwegen ansässigen Fiskalvertreter zu bestellen. Dieser hat insbesondere die Steuerförmlichkeiten und Buchführungspflichten des ausländischen Unternehmers zu erfüllen. Die Pflicht zur Bestellung eines Fiskalvertreters besteht nicht für im Europäischen Wirtschaftsraum (EWR) ansässige Unternehmer, wenn das Land der Ansässigkeit mit Norwegen ein Informations- und Amtshilfeabkommen für Besteuerungszwecke abgeschlossen hat. Zu diesen Ländern gehören Belgien, Bulgarien, Dänemark, Deutschland, Estland, Färöer, Finnland, Frankreich, Griechenland, Grönland, Island, Italien, Kroatien, Lettland, Litauen, Malta, die Niederlande, Polen, Portugal, Rumänien, Schweden, Slowenien, die Slowakei, Spanien, Tschechien, Ungarn und Zypern.

Der Fiskalvertreter und der ausländische Unternehmer schulden die MWSt-Abgaben grds. gesamtschuldnerisch. Die gesamtschuldnerische Haftung des Fiskalvertreters entfällt jedoch dann, wenn der ausländische Unternehmer in einem Land ansässig ist, mit dem Norwegen ein Informations- und Amtshilfeabkommen für Besteuerungszwecke abgeschlossen hat.

Zur mehrwertsteuerlichen Registrierung in Norwegen werden die folgenden Unterlagen benötigt:

- Handelsregisterauszug
- Gesellschaftsvertrag/Satzung
- Registrierungsbeschluss der Geschäftsführung
- Zustimmung des benannten Vertreters der Gesellschaft
- Registrierungsformular 1 (Hauptblatt)
- Registrierungsformular 2 (Anlage für MWSt-Zwecke)

Im Registrierungsformular sind u. a. Name und Anschrift eines General Managers, einer Kontaktperson oder eines Business Managers anzugeben, der über eine eigene beim Brønnøysund-Register zu beantragende norwegische Identifikationsnummer (sog. D-Nummer) verfügen muss.

Nicht in Norwegen ansässige Unternehmen, die elektronische Dienstleistungen an norwegische Endverbraucher erbringen (B2C-Geschäfte), können sich alternativ in einem vereinfachten Verfahren zur Mehrwertsteuer registrieren lassen und darüber ihre Steuererklärungen abgeben (VOEC-Verfahren). Das VOEC-Verfahren dürfen auch ausländische Lieferanten und Marktplätze nutzen, die Waren mit einem Wert von weniger als 3.000 NOK an Endverbraucher verkaufen. VOEC steht für VAT On E-Commerce. Eine Registrierung über das VOEC-Verfahren verbietet es dem Unternehmen nicht, elektronische Dienstleistungen oder Waren auch an Unternehmen oder den öffentlichen Sektor zu erbringen / liefern.

The Brønnøysund Register Centre

Coordinated register notification

Form for Norwegian registered foreign business enterprise (NUF)

for registration in the Central Coordinating Register for Legal Entities, the Register of Business Enterprises, NAV Aa register, The Business Register of Statistics Norway and the Corporate Taxation Data Register

1. Submitter/person liable for fee

The submitter will be adressed as the recipient of feedback relating to the case, and will be invoiced when the entity is registered in the Register of Business Enterprises.

Name		Brønnøysund Register Centre customer number	
P.O. Box, street, house number or place		Telephone number	Telefax number
Postal code	Postal district / Country	Case reference/attention for submitter	

2. The notification concerns

☐ 2.1 Enterprise not previously registered (enterprise without own registration number)
☐ 2.2 Changes/new information (Only fill in the fields related to the change)
☐ 2.3 Striking off an enterprise

3. Registration in Norway

	Tick:	Yes	No	
3.1	Is the enterprise subject to be registered in the Register of Business Enterprises? There is a fee for the registration.	☐	☐	→ See the guidelines on the obligation/right to register in the Register of Business Enterprises.
3.2	Are the business revenues subject to VAT regulations?	☐	☐	→ If the answer is yes, see www.skatteetaten.no
3.3	Does the enterprise have or is expecting to have employees in Norway?	☐	☐	

4. Information about the business in the country of origin

Business name in the country of origin

4.1 Complete name of the business	Organisation number in Norway (fill in if assigned)
4.2 New business name if any	For internal use only by the Brønnøysund Register Centre

5. Head office address in the country of origin

Street, building number or place			
Postal code and Postal district			Country
Telephone number	Telefax number	Mobile phone number	Website

6. Postal address in the country of origin

P.O. Box, street, building number or place	Email address
Postal code and Postal District	Country

7. Formation of the enterprise

Enter the date of the formation of the enterprise	Date	Year

8. The enterprise's articles of association in force

Only to be filled in if the enterprise is to be registered or is registered in the Register of Business Enterprises	Date	Year

9. Share capital in a limited company (Only to be filled in if the enterprise is a limited company and is to be registered in the Register of Business Enterprises)

The enterprise's share capital	Paid-up share capital

10. Type of organisation in the country of origin
(State the official designation of the type of organisation in the country of origin and tick the box for the type of liability)

Type of organisation

☐ Limited liability ☐ Unlimited liability ☐ Shared liability ☐ Sole proprietorship

11. The business register in the country of origin (State the name and address of the business register where the enterprise is registered)

11.1 Name

Address	Country

11.2 State the enterprise's registration number/ID number in the country of origin

12. Ownership

Is the enterprise wholly owned by Norwegian nationals or Norwegian businesses? Tick: Yes ☐ No ☐

13. Business operations

Does the enterprise exclusively operate business in Norway? Tick: Yes ☐ No ☐

14. Owner, board, partners and other information in the country of origin (Attach documentation, see guidelines)

State the owner's name, address and national identification number/d-number (11 digits). See the guidelines.
Only applies to sole proprietorships.

State the board and/or fully liable partners with names, addresses and dates of birth.

Businesses with shared liability must state the proportion of liabilities in per cent or fractions.

You must enter any additional information related to election of the board in the field for special information.

For new registrations and changes of the board, partners and other information you must state all the members.

Tick the column for the correct role: Owner | Chair of the board | Deputy chair of the board | Board member | Deputy member of the board | Partner | Proportion of liability | Special information

National ID number (11 digits)/organisation number.	Name/Business name (persons must state their name: first name, middle name, family name)		Owner	Chair of the board	Deputy chair of the board	Board member	Deputy member of the board	Partner	Proportion of liability	Special information
Address		Postal code	Postal district							
National ID number (11 digits)/organisation number.	Name/business name (persons must state their name: first name, middle name, family name)		☐	☐	☐	☐	☐	☐		
Address		Postal code	Postal district							
National ID number (11 digits)/organisation number.	Name/business name (persons must state their name: first name, middle name, family name)		☐	☐	☐	☐	☐	☐		
Address		Postal code	Postal district							
National ID number (11 digits)/organisation number.	Name/business name (persons must state their name: first name, middle name, family name)		☐	☐	☐	☐	☐	☐		
Address		Postal code	Postal district							

Other remarks

You may use a separate attachment if you need more space than provided in the field.

15. Other remarks/information from the country of origin

16. Information about the enterprise's operations in Norway

Name in Norway
16.1 The enterprise's complete business name in Norway
16.2 New business name in Norway, if any

17. Address in Norway (business address/visiting address)

☐ The enterprise has no premises in Norway (See field 19.)

Street, building number or place			
Postal code	Postal district		Country
Telephone number	Telefax number	Mobile phone number	Website

18. Postal address in Norway

P.O box, street, building number or place		Email address
Postal code	Postal district	Municipality

19. Norwegian representative

Enterprises subject to VAT which are without a permanent business address in Norway must register a Norwegian representative. This does not apply for businesses residing in an EEA state with which Norway has an agreement for the exchange of information and mutual assistance with the collection of VAT claims. If the representative is a legal person, you have to register a contact person as well in field 20.

Organisation no./National ID no. (11 digits)	Name/business name (persons must state their name: first name, middle name, family name)	
Address	Postal code	Postal district

I confirm that I have assumed the role as the Norwegian representative (signature). Confirmation can also be given in a separate attached declaration from the Norwegian representative.

....

20. General manager, contact person or business manager

If the enterprise does not have a general manager og business manager, enter the name of a contact person below.
If the business manager is a legal person, you must also enter a contact person for the enterprise
Foreign nationals without a Norwegian national identification number must apply for/enter a D number. See the guidelines.

General manager	National identification no./d-number (11 digits)	Name	
	Address	Postal number	Postal district
Contact person	National identification no./d-number (11 digits)	Name	
	Address	Postal number	Postal district
Business manager	National identification no./d-number (11 digits)	Name	
	Address	Postal number	Postal district

21. Activity/branch

Provide as accurate a description as possible of the activity which is or will be carried out in Norway, or the basis for the registration in Norway. If the enterprise is operating within several lines of activities, each one must be listed in order in terms size of turnover or employment.

Upon a change of activity/branch, please state the date when the change came into effect.

Date	Year

22. Signature rights (attach documentation)

Note that authorisation to sign for the enterprise cannot be limited to only apply to the business operations in Norway.

The signature right is an authorisation to act and sign on behalf of the enterprise in business matters.
If natural persons or enterprises have been empowered to sign for the business, the name, address, national identification number/d-number (11 digits), or organisation number must be stated. If several persons or enterprises have the right to sign for the enterprise, it must be stated whether they have this right jointly or separately.

Restrictions beyond this cannot be registered. If there is a later change, all the persons or enterprises empowered to sign must be stated.

23. Procuration

Note that procuration authority cannot be limited to only apply to the business operations in Norway.

Procuration is an authorisation similar to the signature but is not as comprehensive. If procuration has been assigned to natural persons, the name, address, national identification number/d-number (11 digits) must be stated. If several persons have procuration authority, it must be stated whether they have this right jointly or separately. Restrictions beyond this cannot be registered. If there is a later change, all the persons empowered must be stated.

24. Auditor (must be approved by The Financial Supervisory Authority of Norway)

Organisation number	Name/business name	
Address	Postal code	Postal district

I hereby confirm that I have accepted the assignment as auditor (signature). Confirmation may also be provided by a separate attached declaration.

....

25. Accountant (must be approved by The Financial Supervisory Authority of Norway)

Organisation number	Name/business name	
Address	Postal code	Postal district

I hereby confirm that I have accepted the assignment as accountant (signature). Confirmation may also be provided by a separate attached declaration.

....

26. Board in Norway (attach documentation, see the guidelines)

Enter the board and/or partners with full liability with name, address and birth date.
Businesses with shared liability must state the proportion of liabilities in per cent or fractions.

You must enter any additional information related to election of the board in the field for special information.

For new registrations and changes of the board, partners and other information, you must state all the members

Tick the coloumn for the correct role

National ID number (11 digits)/organisation number.	Name/business name (persons must state their name as: first name, middle name, family name)		The chair of the board	Deputy chair of the board	Board member	Deputy board member	Observer	Special information
Address		Postal code	Postal district					
National ID number (11 digits)/organisation number.	Name/business name (persons must state their name as: first name, middle name, family name)		☐	☐	☐	☐	☐	
Address		Postal code	Postal district					
National ID number (11 digits)/organisation number.	Name/business name (persons must state their name as: first name, middle name, family name)		☐	☐	☐	☐	☐	
Address		Postal code	Postal district					
National ID number (11 digits)/organisation number.	Name/business name (persons must state their name as: first name, middle name, family name)		☐	☐	☐	☐	☐	
Address		Postal code	Postal district					
National ID number (11 digits)/organisation number.	Name/business name (persons must state their name as: first name, middle name, family name)		☐	☐	☐	☐	☐	
Address		Postal code	Postal district					
National ID number (11 digits)/organisation number.	Name/business name (persons must state their name as: first name, middle name, family name)		☐	☐	☐	☐	☐	
Address		Postal code	Postal district					

Other remarks

You may use a separate attachment if you need more space than provided in the field.

27. Other remarks

This field is for information about own resignation or special striking off from the Register of Business Enterprises.

28. Notification addresses for public administration. Note! Have to be entered for new enterprises.

Fill in only one notification address in each field. Public administration will be using the notification addresses to notify the enterprise whenever new and important information is available in Altinn. The information will only be available for public authorities

Email address:

Mobile phone number:

29. Signatures

If the notification only relates to the Central Coordinating Register for Legal Entities, it must be signed by the board, the signatory, general manager, business manager or anothe contact person.

The notification to the Register of Business Enterprises must be signed by a person with the authority to sign for the enterprise or the person under the obligation to submit notification. Those under the obligation to submit notification are the members of the board of the Norwegian enterprise. If no such board exists, the general manager of the Norwegian enterprise must sign the notification.

We hereby confirm that the submitted information is correct.	Date	Year

Signature(s)	Repeat using capital letters

Please ensure that the required attachments have been included. See the guidelines.

Electronic registration: www.altinn.no

The Brønnøysund Register Centre
The Central Coordinating Register for Legal Entities
Postal Box 900
8910 Brønnøysund

www.brreg.no

Application for a d-number for persons with reporting duties in Altinn

Send to: **The Brønnøysund Register Centre**
The Central Coordinating Register for Legal Entities
P.O. Box 900
NO-8910 Brønnøysund

altinn

The form is used by foreign nationals without a Norwegian national identity number or a d-number, who are in need of a d-number in connection with reporting duties in Altinn on behalf of a participant, as mentioned in the regulations regarding the National Registry section 2-2-3, letter d.

All the fields of the form must be filled out. The d-number applicant must attach a confirmed copy of a valid identification document containing a photo, full name, birth date, gender, expiry date, citizenship and control lines – for instance a passport or a national ID-card. The copy must be confirmed with original signature and stamp from the agency providing the confirmation; either a Norwegian public authority, a Norwegian lawyer, a Norwegian licensed accountant, a Norwegian licensed or registered auditor, Nordic police authority, Nordic embassies or a foreign entity with notary public competence.

Part1 - Participant (To be filled out by someone who is already registered with a role, for instance the general manager or the chair of the board, in an entity, cf. the Central Coordinating Register for Legal Entities Act sections 5 and 6, and who can delegate reporting duties that are to be performed.)

1. Information about the reporting entity

Name of entity	Organisation number

2. Information about the participant

Full name (first name, middle name(s), surname)	Specify the role of the participant (e.g. general manager)

3. The participants national identity number/d-number

4. The name of the form or the services to be reported

5. Signature (With my signature I confirm that the d-number applicant will be performing reporting duties on my behalf)

Place and date	Signature

Part 2 - The d-number applicant (To be filled out by the person in need of a d-number in order to perform reporting duties)

6. Personal name

Full name (first name, middle name(s), surname)

7. Date of birth

8. Address in home country

Address

Postal code	Place	Country

9. Postal address

Address

Postal code	Place	Country

10. Signature

Place and date	Signature

Remember to have the form signed by both parties and to enclose a certified copy of the applicant's ID document.
BR-1016E - 2018 http://www.brreg.no

Page 1 of 1

Brønnøysundregistrene

Brønnøysundregistrene
Enhetsregisteret
Postboks 900
8910 Brønnøysund

Samordnet registermelding
Hovedblankett

for registrering i Enhetsregisteret, Foretaksregisteret, NAV Aa-registeret, Statistisk sentralbyrås Virksomhets-og foretaksregister, Stiftelsesregisteret og Skattedirektoratets register over upersonlige skattytere.

1. Navn/foretaksnavn

1.1 Virksomhetens fullstendige navn/foretaksnavn (fylles alltid ut) | Organisasjonsnummer

1.2 Eventuelt nytt navn/foretaksnavn. For virksomheter registrert i Foretaksregisteret er navne-/foretaksnavneendringen gebyrbelagt

1.3 Navn på underenheten (oppgis hvis selve aktiviteten foregår under et annen navn en hovedenhetens offisiell navn/foretaksnavn)

2. Meldingen gjelder

☐ **2.1 Virksomhet som ikke er registrert tidligere** (virksomhet som ikke har eget organisasjonsnummer)

☐ **2.2 Endringer/nye opplysninger** (fyll bare ut de felt endringen gjelder)

☐ **2.3 Beslutning om oppløsning av virksomheten**

☐ **2.4 Sletting av virksomhet**

➔ **Ved overtakelse, overdragelse eller sletting av underenheten, må felt 9 og 10 fylles ut.**

3. Registrering i andre registre(i tillegg til registrering i Enhetsregisteret)

3.1 Skal virksomheten registreres i Foretaksregisteret? (Det er **gebyr** på registreringen.) ☐ Nei ☐ Ja

3.2 Virksomheten – har eller venter å få ansatte, lønne frilansere eller betale honorar ☐ Nei ☐ Ja

➔ **Se veiledningen om registreringsrett/-plikt i Foretaksregisteret.**

4. Hovedkontorets adresse (forretningsadresse/besøksadresse)

Gate, husnummer eller sted

Postnummer | Poststed | Kommune | Land

Telefonnummer | Telefaksnummer | Mobiltelefonnummer | Hjemmeside

5. Postadresse

Postboks, gate, husnummer eller sted | E-postadresse

Postnummer | Poststed | Kommune

6. Underenhetens beliggenhetsadresse (oppgis bare hvis aktiviteten foregår et annet sted enn oppgitt i felt 4)

Gate, husnummer eller sted

Postnummer | Poststed | Kommune

7. Innsender/gebyransvarlig

Innsenderen vil bli brukt som mottaker for tilbakemeldinger om saken, og vil blant annet få tilsendt krav om gebyr ved registrering i Foretaksregistere

Navn/foretaksnavn | Kundenummer i Brønnøysundregistrene

Postboks, gate, husnummer eller sted | Telefonnummer | Telefaksnummer

Postnummer | Poststed | Saksreferanse/attention for innsender

BR – 1010B - 2021 http://www.brreg.no

Side 1 av 6

8. Organisasjonsform (fylles bare ut ved melding om virksomhet som ikke er registrert tidligere)

Kryss av for enhetens organisasjonsform

☐ Enkeltpersonforetak		☐ Gjensidig forsikrings-selskap	❷	☐ Forening/lag/innretning	❸	
☐ Ansvarlig selskap med solidarisk ansvar (ANS)	❷	☐ Sparebank	❷	☐ Eierseksjonssameie	❶	❶ Se veiledningen til felt 3.1 om registreringsrett/-plikt i Foretaksregisteret
☐ Ansvarlig selskap med delt ansvar (DA)	❷	☐ Statsforetak (SF)	❷	☐ Tingsrettslig sameie	❹ →	❷ Skal registreres i Foretaksregisteret
☐ Partrederi	❷	☐ Interkommunalt selskap	❷	☐ Bo	❹	❸ Skal registreres i Foretaks-registeret dersom virksomheten driver næringsvirksomhet
☐ Kommandittselskap (KS)	❷	☐ Kommunalt foretak/ Fylkeskommunalt foretak	❷	☐ Verdipapirfond	❹	❹ Skal ikke registreres i Foretaksregisteret
☐ Aksjeselskap (AS)	❷	☐ Norskregistrert utenlandsk foretak	❶	☐ Offentlig sektor (må spesifiseres i felt 26)	❹	
☐ Allmennaksjeselskap (ASA)	❷	☐ Europeisk foretak/selskap (SE, SCE, EØFG – må spesifiseres i felt 26)	❸	☐ Pensjonskasser	❷	
☐ Boligbyggelag	❷	☐ Samvirkeforetak (SA)	❷	☐ Annen juridisk person, for eksempel ambassade og fjellstyre (må spesifiseres i felt 26)	❹	
☐ Borettslag	❷	☐ Stiftelse	❸			

9a. Stiftelse av virksomhet. Nyregistrering eller overtakelse av underenhet

Dato for stiftelse av virksomheten: Dato | År

Har virksomheten
- startet ny aktivitet? ☐ Ja ☐ Nei — Dato | År
-overtatt underenhet ? (oppgi tidligere eier under 10a) ☐ Ja ☐ Nei — Dato | År

9b. Overdragelse eller sletting av underenhet

Underenheten er overdratt ☐ Ja ☐ Nei — Dato | År

Aktiviteten er lagt ned ☐ Ja ☐ Nei — Dato | År

10a. Overtakelse av underenhet fra

Tidligere eier: (hvis registrert) Organisasjonsnr.

Navn/foretaksnavn

Gate, husnummer eller sted

Postnummer | Poststed

10b. Overdragelse av underenhet til

Ny eier: (hvis registrert) Organisasjonsnr.

Navn/foretaksnavn

Gate, husnummer eller sted

Postnummer | Poststed

11. Aktivitet/bransje

11.1 Beskriv den aktiviteten som utføres eller skal utføres så nøyaktig som mulig. Hvis virksomheten driver aktivitet i flere bransjer, må du oppgi hver enkelt av dem i rekkefølge etter størrelsen på omsetning eller sysselsetting.

Ved **endring** av aktivitet/bransje, oppgi dato for da endringen trådte i kraft: Dato | År

11.2 Jeg bekrefter at aktiviteten jeg har oppgitt oppfyller kravene til næringsaktivitet ☐

12. Daglig leder, innehaver, forretningsfører eller annen kontaktperson

Enkeltpersonforetak oppgir alltid innehaver. Hvis virksomheten har daglig leder og/eller forretningsfører, oppgir du dette i tillegg. For norskregistrert utenlandsk foretak med forretningssted i Norge: oppgi eventuell daglig leder i Norge og/eller eventuell innehaver. For mva.-pliktig norskregistrert utenlandsk foretak uten forretningssted i Norge: oppgi norsk representant.

Hvis enheten ikke har innehaver, daglig leder eller forretningsfører: oppgi en annen kontaktperson.

Hvis daglig leder, forretningsfører eller norsk representant er en juridisk person: oppgi i tillegg en kontaktperson.

Utenlandske personer uten norsk fødselsnummer må søke om/gi opp D-nummer (se veiledningen).

Innehaver | Daglig leder | Forretningsfører | Norsk representant | Annen kontaktperson

Kryss av

Fødselsnr./D-nr.(11 siffer)/organisasjonsnr.	Navn (personer oppgir navnet slik: fornavn, mellomnavn, etternavn)	☐☐☐☐☐
Adresse	Postnummer | Poststed	
Fødselsnr./D-nr.(11 siffer)/organisasjonsnr.	Navn (personer oppgir navnet slik: fornavn, mellomnavn, etternavn)	☐☐☐☐
Adresse	Postnummer | Poststed	

13. Ønsket målform

☐ Bokmål ☐ Nynorsk

BR – 1010B - 2021 http://www.brreg.no

Side 2 av 6

Videre utfylling av blanketten:

Enkeltpersonforetak skal ikke fylle ut feltene 14-20.

Andre organisasjonsformer fyller ut disse feltene hvis opplysningene finnes.

14. Vedtekter/selskapsavtale

Fylles bare ut hvis virksomheten skal registreres eller er registrert i Foretaksregisteret og/eller Stiftelsesregisteret.

Gjeldende vedtekter/selskapsavtale vedtatt: Dato | År **Må vedlegges**

15. Kapital i aksjeselskap, allmennaksjeselskap, kommandittselskap, stiftelser med flere

Fylles bare ut hvis enheten skal registreres eller er registrert i Foretaksregisteret og/eller Stiftelsesregisteret.

Kapital i henhold til vedtekter/selskapsavtale | Totalt innbetalt kapital i kommandittselskap | Bunden kapital i kommandittselskap

☐ Kapitaltegningen blir omfattet av verdipapirhandelloven § 7-2 om prospektplikt

Kapitalendringen gjelder: ☐ Kapitalforhøyelse* ☐ Gjennomføring av kapitalnedsettelse ☐ Innbetaling (KS)

*Gi nærmere opplysninger i felt 26 i blanketten når aksjekapitalen blir forhøyet ved bruk av styrefullmakt, konvertering av lån som gir rett til å kreve utstedte aksjer, utstedte tegningsrettsaksjer eller frittstående tegningsretter.

16. Vedtak om kapitalnedsettelse

I generalforsamling/selskapsmøte Dato | År ble det besluttet å sette ned aksjekapitalen/selskapskapitalen/grunnkapitalen

fra NOK | med NOK | til NOK

Beløpet skal anvendes til (kryss av):

☐ Dekning av tap som ikke kan dekkes på annen måte ☐ Avskriving på deltakernes innskuddsplikt ☐ Sletting av selskapets egne aksjer

☐ Tilbakebetaling til aksjeeierne/deltakerne ☐ Avsetning til fond

17. Fusjon

Virksomheten har vedtatt

☐ oppløsning for å fusjonere med: ☐ å overta: ☐ gjennomføring av fusjon med:

Kryss av dersom det gjelder fusjon mellom: ☐ Mor og heleid datterselskap ☐ Selskap med samme eier

Navn/foretaksnavn | Organisasjonsnr.:

Adresse | Postnummer | Poststed

Angi om meldingen gjelder: ☐ Fusjonsplan ☐ Fusjon over landegrenser

18. Fisjon

Virksomheten har vedtatt ☐ kapitalnedsettelse i forbindelse med fisjon*: ☐ oppløsning for å fisjonere med: ☐ å skille ut del(er) av virksomheten til: ☐ å overta:

* Fyll ut: fra NOK | med NOK | til NOK

☐ gjennomføring av fisjon med:

Navn/foretaksnavn | Organisasjonsnr.:

Adresse | Postnummer | Poststed

Navn/foretaksnavn | Organisasjonsnr.:

Adresse | Postnummer | Poststed

Angi om meldingen gjelder: ☐ Fisjonsplan ☐ Fisjon over landegrenser

BR – 1010B - 2021 http://www.brreg.no Side 3 av 6

19. Styre, deltakere og annet (legg ved dokumentasjon)

Tilleggsopplysninger i forbindelse med styrevalg **skal** du angi i feltet for spesielle opplysninger helt til høyre.

I virksomheter med ansatterepresentasjon i styret, må du merke disse med D for «valgt av de ansatte». I aksjeselskap og allmennaksjeselskap med flere aksjeklasser, kan du gi opplysning om hvilken aksjeklasse vedkommende er valgt av: A for «valgt av A-aksjonærene», B for «valgt av B-aksjonærene», C for «valgt av C-aksjonærene».

Ansvarlig selskap med delt deltakeransvar (DA) og interkommunalt selskap skal oppgi ansvarsdel i prosent eller brøk i feltet for ansvarsdel.

Norskregistrert utenlandsk foretak oppgir eventuelt særskilt styre for virksomheten i Norge.

Utenlandske personer uten norsk fødselsnummer må søke om/oppgi D-nummer (11 siffer).

☐ Kryss av hvis virksomheten er underlagt krav til kjønnsrepresentasjon i styret.

Både ved nyregistrering og ved endring av styre, deltakere og annet må du oppgi alle medlemmene.

Kryss av for riktig rolle

			Styrets leder	Nestleder	Styremedlem	Varamedlem	Observatør	Komplementar	Deltaker/eierkommune	Ansvarsdel	Spesielle opplysninger
Fødselsnr./D-nr. (11 siffer)/org.nr.	Navn/foretaksnavn (personer oppgir navnet slik: fornavn, mellomnavn, etternavn)										
Adresse	Postnr.	Poststed									
Fødselsnr./D-nr. (11 siffer)/org.nr.	Navn/foretaksnavn (personer oppgir navnet slik: fornavn, mellomnavn, etternavn)										
Adresse	Postnr.	Poststed									
Fødselsnr./D-nr. (11 siffer)/org.nr.	Navn/foretaksnavn (personer oppgir navnet slik: fornavn, mellomnavn, etternavn)										
Adresse	Postnr.	Poststed									
Fødselsnr./D-nr. (11 siffer)/org.nr.	Navn/foretaksnavn (personer oppgir navnet slik: fornavn, mellomnavn, etternavn)										
Adresse	Postnr.	Poststed									
Fødselsnr./D-nr. (11 siffer)/org.nr.	Navn/foretaksnavn (personer oppgir navnet slik: fornavn, mellomnavn, etternavn)										
Adresse	Postnr.	Poststed									
Fødselsnr./D-nr. (11 siffer)/org.nr.	Navn/foretaksnavn (personer oppgir navnet slik: fornavn, mellomnavn, etternavn)										
Adresse	Postnr.	Poststed									
Fødselsnr./D-nr. (11 siffer)/org.nr.	Navn/foretaksnavn (personer oppgir navnet slik: fornavn, mellomnavn, etternavn)										
Adresse	Postnr.	Poststed									
Fødselsnr./D-nr. (11 siffer)/org.nr.	Navn/foretaksnavn (personer oppgir navnet slik: fornavn, mellomnavn, etternavn)										
Adresse	Postnr.	Poststed									
Fødselsnr./D-nr. (11 siffer)/org.nr.	Navn/foretaksnavn (personer oppgir navnet slik: fornavn, mellomnavn, etternavn)										
Adresse	Postnr.	Poststed									
Fødselsnr./D-nr. (11 siffer)/org.nr.	Navn/foretaksnavn (personer oppgir navnet slik: fornavn, mellomnavn, etternavn)										
Adresse	Postnr.	Poststed									
Fødselsnr./D-nr. (11 siffer)/org.nr.	Navn/foretaksnavn (personer oppgir navnet slik: fornavn, mellomnavn, etternavn)										
Adresse	Postnr.	Poststed									

Andre merknader

Du kan bruke eget bilag hvis det ikke er plass til alle opplysningene i feltet.

BR – 1010B - 2021 http://www.brreg.no Side 4 av 6

20. Signatur

Oppgi hvem som har fått tildelt signatur. Du kan benytte standardalternativene nedenfor. Pass på at avkryssingen er i samsvar med eventuelle vedtekter/avtale.

☐ Styret i fellesskap
☐ Styremedlemmene hver for seg
☐ To styremedlemmer i fellesskap
☐ Styrets leder alene
☐ Styrets leder og nestleder hver for seg
☐ Styrets leder og ett styremedlem i fellesskap
☐ Daglig leder alene
☐ Daglig leder og styrets leder i fellesskap
☐ Deltakerne hver for seg
☐ Deltakerne i fellesskap
☐ Komplementaren alene

Annen signaturbestemmelse:
Er signatur tildelt fysiske personer eller virksomheter, må du oppgi navn, adresser, fødselsnummer/D-nummer (11 siffer) eller organisasjonsnummer. Hvis flere har signaturrett, må det gå frem om de har retten hver for seg eller i fellesskap. Begrensninger utover dette kan ikke registreres.
Ved endringer må du oppgi samtlige signaturberettigede.

21. Prokura

Standardalternativene nedenfor kan du bruke dersom det er tildelt prokura.

☐ Daglig leder alene
☐ Styrets leder alene

Annen prokurabestemmelse:
Er prokura tildelt fysiske personer, må du oppgi navn, adresser, fødselsnummer/D-nummer (11 siffer). Hvis flere har prokura, må det gå frem om de har retten hver for seg eller i fellesskap. Begrensninger utover dette kan ikke registreres.
Ved endringer må du oppgi samtlige prokurister.

22. Revisor (må være godkjent av Finanstilsynet)

Organisasjonsnr.
Navn/foretaksnavn (personer oppgir navnet slik: fornavn, mellomnavn, etternavn)
Adresse
Postnummer | Poststed
Jeg bekrefter at jeg har tatt på meg oppdraget som revisor (underskrift). Bekreftelse kan også gis i en egen vedlagt erklæring.

☐ Foretakets regnskap skal ikke revideres. Regler for fravalg av revisjon for aksjeselskap, se § 7-6 i aksjeloven. Vedtaksdato fravalg revisjon: Dato År

23. Regnskapsfører (må være autorisert av Finanstilsynet)

Organisasjonsnr./fødselsnr. D-nr.(11 siffer)
Navn/foretaksnavn (personer oppgir navnet slik: fornavn, mellomnavn, etternavn)
Adresse
Postnummer | Poststed
Jeg bekrefter at jeg har tatt på meg oppdraget som regnskapsfører (underskrift). Bekreftelse kan også gis i en egen vedlagt erklæring

24. Navn og adresse med mer for virksomheten i Norge (gjelder kun for norskregistrerte utenlandske foretak)

Navn/foretaksnavn
Organisasjonsnr.:
Gate, husnummer eller sted
Telefonnummer
Mobiltelefonnummer
Postnummer | Poststed
Kommune
Telefaksnummer
E-postadresse
☐ Omsetningen kommer inn under MVA-lovens bestemmelser

25. Konsern/foretaksgruppe

Kryss av dersom:
☐ Virksomheten er en del av konsern/foretaksgruppe
☐ Det har skjedd endringer i konsernstrukturen

Nærmere informasjon vil bli tilsendt.

BR – 1010B - 2021 http://www.brreg.no
Side 5 av 6

26. Andre merknader/opplysninger

Her oppgir du for eksempel fullmakt til styret, opptak av konvertibelt lån, utstedelse av tegningsrettsaksjer og frie tegningsretter, meldepliktig avtale med aksjeeiere eller medlemmer av selskapets ledelse med videre, egenfratreden og særskilt sletting fra Foretaksregisteret. Ved kapitalforhøyelse ved fondsemisjon eller kapitalnedsettelse i aksjeselskap, allmennaksjeselskap eller europeisk selskap, oppgir du om beslutningen er fattet på grunnlag av mellombalanse eller årsregnskap, og dato for fastsettelsen. Kommandittselskap melder endring av kommandittister. Norskregistrert utenlandsk foretak melder opplysning om virksomheten i hjemlandet. Her spesifiserer du hvis du er personlig arbeidsgiver og må registreres i tilknyttet register. Du søker da om å bli registrert med organisasjonsformen PERS.

27. Varslingsadresser for det offentlige. NB! Må oppgis på nye virksomheter

Fyll ut bare én varslingsadresse i hvert felt. Varslingsadressene vil bli brukt av det offentlige for å varsle virksomheten når viktige meldinger er tilgjengelige i Altinn. Opplysningene er bare tilgjengelige for offentlige myndigheter.

E-postadresse:

Mobiltelefonnummer:

28. Underskrifter

Hvem som skal underskrive meldingen, avhenger av hvor virksomheten skal registeres.

Hvis meldingen bare gjelder Enhetsregisteret, skal den enten underskrives av styret, signaturberettiget, daglig leder, forretningsfører eller annen kontaktperson. For enkeltpersonforetak skal innehaver skrive under.

Melding til Foretaksregisteret skal underskrives enten av signaturberettiget eller av samtlige styremedlemmer. Hvis virksomheten ikke har styre skal meldingen underskrives av signaturberettiget eller innehaveren i enkeltpersonforetak, av samtlige deltakere i ansvarlig selskap og av komplementaren i kommandittselskap. Nyvalgte styremedlemmer som ikke har underskrevet meldingen, må vedlegge villighetserklæring som bekrefter at de har påtatt seg vervet. Ved nyregistrering og endring av deltakere i ansvarlig selskap, må deltakere som ikke har underskrevet vedlegge erklæring om samtykke til registrering i Foretaksregisteret.

Ved registrering i Stiftelsesregisteret skal meldingen underskrives av signaturberettiget eller samtlige styremedlemmer.

Hvis meldingen gjelder overtakelse eller overdragelse av underenhet, skal begge parter skrive under.
Vær oppmerksom på at vi krever original underskrift i alle tilfeller. Vi kan ikke godta en kopi, eller at skjemaet er signert digitalt.

Vi bekrefter at de meldte opplysningene er riktige

Dato	År

Underskrift	Gjenta med blokkbokstaver

BR – 1010B - 2021 http://www.brreg.no **Husk de nødvendige vedleggene. Se veiledningen for oversikt.** Side 6 av 6

Österreich

Allgemeines

Die EU-Bestimmungen wurden in starker Anlehnung an das deutsche Umsatzsteuerrecht umgesetzt.

Unternehmer/Organkreis

Der Unternehmerbegriff entspricht der Definition laut MwStSystRL.

Als Kleinunternehmer werden in Österreich Unternehmer mit einem Netto-Umsatz bis höchstens 35.000 € pro Jahr (bis 31.12.2019: 30.000 €) angesehen. Für die Ermittlung der Umsatzgrenze sind Hilfsgeschäfte einschließlich der Geschäftsveräußerung und gewisse steuerfreie Umsätze, wie z. B Leistungen von Wohnungseigentumsgemeinschaften oder umsatzsteuerfreie freiberufliche Umsätze, nicht zu berücksichtigen. Ein einmaliges Überschreiten der Umsatzgrenze von 35.000 € um 15 % innerhalb von fünf Kalenderjahren ist unbeachtlich.

Eine umsatzsteuerliche Organschaft ist möglich. Im österreichischen Umsatzsteuergesetz (ö-UStG) ist (ähnlich wie im deutschen UStG) normiert, dass die für ein Unternehmen erforderliche gewerbliche oder berufliche Tätigkeit dann nicht selbständig ausgeübt wird, wenn eine „juristische Person" (insbesondere also Kapitalgesellschaften) dem Willen eines Unternehmers derart untergeordnet ist, dass sie keinen eigenen Willen hat (Organschaft). Dies ist dann der Fall, wenn die betreffende juristische Person nach dem Gesamtbild der tatsächlichen Verhältnisse finanziell, wirtschaftlich und organisatorisch in sein Unternehmen eingegliedert ist (§ 2 Abs. 2 Ziffer 2 ö-UStG). Nach Ansicht der österreichischen Finanzverwaltung ist seit dem 1.1.2017 „auch eine Personengesellschaft, bei der neben dem Organträger nur solche Personen Gesellschafter sind, die finanziell in den Organträger eingegliedert sind (kapitalistische Personengesellschaften), Organgesellschaft, wenn die sonstigen Voraussetzungen für die Organschaft vorliegen". Der Hintergrund dieser Einschränkung, wonach sämtliche Gesellschafter in den Organträger eingegliedert sein müssen, liegt darin, dass dadurch die finanzielle Eingliederung jedenfalls sichergestellt ist und auch einfach und rechtssicher beurteilt werden kann (da bei Personengesellschaften im Unterschied zu Kapitalgesellschaften grds. das Einstimmigkeitsprinzip gilt und außerdem auch mündliche Vereinbarungen über den Gesellschaftsvertrag zu beachten sind, was zu Beweisschwierigkeiten führen kann). Unter den genannten Voraussetzungen kommt daher als Rechtsform von Organgesellschaften insbesondere auch die GmbH & Co KG in Betracht; diese gilt somit aufgrund der EuGH Rechtsprechung Larentia und Minerva – in richtlinienkonformer Auslegung – auch als „juristische Person" i. S. des § 2 Abs 2 Ziffer 2 ö-UStG (vgl. BFH, Urteil

v. 2.12.2015 - V R 25/13 JAAAF-48788 unter Hinweis auf EuGH, Urteil v. 16.7.2015 - Rs. C-108/14 „Larentia + Minerva" und Rs. C-109/14 „Marenave Schifffahrt" RAAAE-97099).

Mit Bezug auf die Rechtsprechung des d-BFH (urteil v. 2.12.2015 - V R 67/14 OAAAF-48790) kann laut österreichischer Verwaltungsauffassung das Kriterium der finanziellen Eingliederung seit dem 1.1.2023 auch aufgrund einer ausreichenden mittelbaren Beteiligung über eine nichtunternehmerisch tätige Zwischenholding erfüllt sein. Die Zwischenholding ist dabei mangels unternehmerischer Tätigkeit – wie bisher – nicht in die Organschaft einzubeziehen. Außerdem ist hinsichtlich der organisatorischen Eingliederung nicht mehr zwingend erforderlich, dass dieselbe Person sowohl beim Organträger als auch bei der Organschaft zum Geschäftsführer bestellt ist- Mit dem Wartungserlass 2022 wurden die entsprechenden Freistellungen des ö-VwGH (Erkenntnis v. 16.11.2021 - Ra 2020/15/0101) in die ö-UStR eingearbeitet, so dass eine organisatorische Eingliederung nun auch dann anzunehmen ist, wenn eine Person beim Organträger als leitender Mitarbeiter und bei der Organgesellschaft als Geschäftsführer beschäftigt ist und die wesentlichen administrativen Aufgaben in der Organgesellschaft durch den Organträger erbracht werden.

Weitere Erläuterungen zur umsatzsteuerlichen Organschaft finden sich in den österreichischen Umsatzsteuerrichtlinien (ö-UStR), insbesondere hinsichtlich der finanziellen, wirtschaftlichen und organisatorischen Eingliederung (vgl. Rz. 233 ff. ö-UStR). Im Falle einer Organschaft werden Organträger und sämtliche Organgesellschaften zu einem Unternehmen zusammengefasst. Nur der Organträger fungiert gegenüber dem Finanzamt als Unternehmer im Sinne der Umsatzsteuer.

Bei der umsatzsteuerlichen Organschaft gem. § 2 Abs. 2 Ziffer 2 ö-UStG handelt es sich um kein „Wahlrecht", sondern die Organschaft ist bei faktischer Erfüllung sämtlicher Voraussetzungen anzuwenden.

Für nicht in Österreich ansässige Unternehmer gilt jedoch hinsichtlich der Organschaft die Einschränkung, dass es sich um in Österreich ansässige Unternehmen bzw. um in Österreich belegene Unternehmensteile handeln muss. Ausländische Unternehmen sind somit jeweils gesondert zu registrieren. Arbeitsgemeinschaften/Konsortien erfüllen den umsatzsteuerlichen Begriff, wenn Sie nach außen hin auftreten und sind dann ggf. selbst registrierungspflichtig für die Umsatzsteuer.

Bis zum 30.6.2021 mussten sich Nicht-Unternehmer in Österreich registrieren lassen, wenn die Erwerbsschwelle (für den Bezug aus anderen EU-Staaten) die Grenze von 11.000 € überschritten bzw. diese Nicht-Unternehmer ausdrücklich zur Erwerbsbesteuerung optiert hatten. Die zu einer Registrierung führende Lieferschwelle (Versandhandelsumsätze) für nicht im Land ansässige Unternehmer betrug 35.000 € (Art. 3 Abs. 4 Ziffer 2 und Abs. 5 ö-UStG).

Am 1.7.2021 wurde die Lieferschwelle abgeschafft, damit sind ab diesem Zeitpunkt innergemeinschaftliche Versandhandelsumsätze grds. im Bestimmungsland zu versteuern. Die in anderen EU-Mitgliedstaaten zu entrichtende lokale Umsatzsteuer auf innergemeinschaftliche Versandhandelsumsätze kann über den One-Stop Shop (OSS) in nur einem EU-Mitgliedstaat erklärt werden.

Für Umsätze von Kleinstunternehmern besteht dazu seit dem 1.7.2021 eine Vereinfachung, nach der die Besteuerung von innergemeinschaftlichen Versandhandelsumsätzen im Ansässigkeitsstaat, d. h. im Staat, aus dem versendet wird, erfolgt. Voraussetzung ist, dass der Unternehmer über keine Betriebsstätte in einem anderen EU-Mitgliedstaat verfügt und in anderen EU-Mitgliedstaaten innergemeinschaftliche Versandhandelsumsätze und Dienstleistungen von insgesamt maximal 10.000 € tätigt. Auf die Anwendung dieser Vereinfachungsregelung kann verzichtet werden (siehe bitte weitere Ausführung in „EU-Umsatzsteuer-Mini-One-Stop-Shop (MOSS) und One-Stop Shop (OSS)".

Für elektronische Dienstleistungen an Endkunden trat am 1.1.2019 eine Vereinfachung in Kraft. Erbringt ein Kleinstunternehmer nur gelegentlich Telekom-, Rundfunk- oder elektronische Dienstleistungen an Nichtunternehmer in anderen EU-Mitgliedstaaten, so sind diese am Unternehmerort (Ursprungsland = Österreich) umsatzsteuerbar. Diese Regelung betrifft Leistungen bis zu einem Gesamtumsatz i. H. von insgesamt 10.000 €. Für österreichische Kleinstunternehmer soll damit für diese Dienstleistungen die umsatzsteuerliche Kleinunternehmerbefreiung auch über die Grenze zur Anwendung kommen. Wurde die Umsatzgrenze hingegen im Vorjahr überschritten, bleibt diese elektronische Dienstleistung weiterhin am Empfängerort steuerbar. Wird die Umsatzgrenze im laufenden Kalenderjahr überschritten, ist die Grundregel der Besteuerung am Empfängerort erst ab dem Umsatz, mit dem die Schwelle überschritten wurde, anwendbar. In diesem Kontext ist auch die Regelung zu sehen, wonach zum Nachweis des Empfängerortes bei elektronischen Dienstleistungen an Endkunden im anderen EU-Mitgliedstaat anstelle von zwei Beweismitteln bereits ein Beweismittel für die Identifizierung als Nichtunternehmer genügt, sofern der Leistende die Lieferschwelle von 100.000 € innerhalb der EU nicht überschreitet.

Lieferung/sonstige Leistung

Lieferungen eines Unternehmens sind dann in Österreich umsatzsteuerbar, wenn der Unternehmer oder ein von ihm Beauftragter den Abnehmer befähigt, im eigenen Namen in Österreich über einen Liefergegenstand zu verfügen. Der Ort der Lieferung befindet sich dort, wo sich der Liefergegenstand zum Zeitpunkt der Verschaffung der Verfügungsmacht befindet.

Der Lieferort (Ort des Warenverkaufs) liegt dann in Österreich,

- wenn sich der verkaufte Gegenstand zum Zeitpunkt der Verschaffung der Verfügungsmacht in Österreich befindet;
- wenn die Versendung oder Beförderung des Gegenstands in Österreich beginnt;
- wenn der Gegenstand aus einem Drittland kommt und der ausländische Lieferant Schuldner der österreichischen Einfuhrumsatzsteuer ist oder
- in bestimmten Fällen der Lieferung von Gas über das Erdgasverteilungsnetz oder Elektrizität.

Abweichungen können sich bei Lieferungen im Rahmen von Reihengeschäften ergeben.

Sonstige Leistungen sind alle die Leistungen, die nicht als Lieferungen anzusehen sind. Eine sonstige Leistung kann auch in einer Duldung oder in einem Unterlassen einer Handlung bestehen. Die Vorschriften zur Bestimmung des Ortes der sonstigen Leistung sind grds. mit dem § 3a des deutschen Umsatzsteuergesetzes (d-UStG) identisch.

Seit dem 1.1.2010 ist für die Bestimmung des Ortes, an dem die Dienstleistung besteuert wird, zunächst zu unterscheiden, ob die Dienstleistung an einen Unternehmer (Business to Business = B2B) oder an eine Privatperson (Business to Consumer = B2C) erbracht wird.

Sonstige Leistungen, die ein Unternehmer an einen anderen Unternehmer erbringt, werden grds. dort besteuert, wo der Leistungsempfänger sein Unternehmen betreibt (Empfängerortprinzip). Bei grenzüberschreitenden EU-Dienstleistungen, d. h., der Leistungsempfänger ist in einem anderen EU-Mitgliedsstaat ansässig, ist dabei zwingend der Übergang der Steuerschuld auf den Leistungsempfänger (Reverse-Charge-Verfahren) vorgesehen.

Das Empfängerortprinzip wird jedoch in einigen Sonderfällen durchbrochen, wie der nachfolgenden Tabelle entnommen werden kann. Seit dem 1.1.2010 besteht nicht mehr die Möglichkeit, den Leistungsort bei bestimmten Dienstleistungen durch Verwendung einer von einem anderen EU-Mitgliedsstaat erteilten USt-IdNr. zu verlagern.

Übersicht: **Ort der sonstigen Leistungen**	**seit 2010 – B2B**	**seit 2010 – B2C**
Grundregel	**Empfängerort**	**Unternehmensort**
Vermittlungsleistungen	Empfängerort	Ort, an dem der vermittelte Umsatz erbracht wird
Grundstücksleistungen	Grundstücksort	Grundstücksort
Personenbeförderungen	Dort, wo sie stattfindet; d. h. erstreckt sich die Personenbeförderung sowohl auf das Inland als auch auf das Ausland, so fällt nur der inländische Teil unter das ö-UStG	Dort, wo sie stattfindet
Güterbeförderung	Empfängerort	Dort, wo sie stattfindet
innergemeinschaftliche Güterbeförderung	Empfängerort	Abgangsort
Kunst, Sport, Wissenschaft, Unterricht, Unterhaltung und ähnliche Leistungen einschließlich der Leistungen der jeweiligen Veranstalter	Tätigkeitsort	Tätigkeitsort
Nebentätigkeiten zur Beförderung	Empfängerort	Tätigkeitsort
Begutachtung von/Arbeiten an beweglichen körperlichen Gegenständen	Empfängerort	Tätigkeitsort
Restaurant-/Verpflegungsdienstleistung	Tätigkeitsort	Tätigkeitsort
Restaurant-/Verpflegungsdienstleistungen bei inner-gemeinschaftlichen Personenbeförderung	Abgangsort an Bord von Schiffen, Flugzeugen, Eisenbahnen in der EU	Abgangsort
Kurzfristige Vermietung von Beförderungsmitteln (max. 30 Tage)	Dort, wo es zur Verfügung gestellt wird	Dort, wo es zur Verfügung gestellt wird
Langfristige Vermietung von Beförderungsmitteln (Kfz-Leasing)	Empfängerort	Seit 1.1.2013 Wohnort bzw. gewöhnlicher Aufenthalt der Privatperson; d. h. die Vermietungsdienstleistung ist am Empfängerort (= Wohnsitz, Sitz oder gewöhnlicher Aufenthalt des Nichtunternehmers) steuerpflichtig[1]
Elektronisch erbrachte Dienstleistungen vom Drittland	Empfängerort	Empfängerort

Telekom-, Rundfunk-, und Fernsehdienstleistungen vom Drittland	Empfängerort	Tatsächliche Nutzung oder Auswertung
Katalogleistungen (z. B. Leistungen von Rechtsanwälten, Steuerberatern, Ingenieuren, Sachverständigen, Personalgestellern, Werbe- u. Datenverarbeitungsdienstleistungen) **an Drittlandskunden**	Empfängerort	Empfängerort
Katalogleistungen (z. B. Leistungen von Rechtsanwälten, Steuerberatern, Ingenieuren, Sachverständigen, Personalgestellern, Werbe- u. Datenverarbeitungsdienstleistungen) **an EU-Kunden**	Empfängerort	Unternehmensort
Eintrittkartenberechtigungen[2] für Veranstaltungen auf dem Gebiet von Kunst, Sport, Wissenschaft, Unterricht, Unterhaltung für Messen und Ausstellungen	Veranstaltungsort	Veranstaltungsort
Sonstige Leistungen ohne Zusammenhang mit Eintrittsberechtigungen bei Messen, Ausstellungen, Veranstaltungen und dergleichen	Empfängerort	Tätigkeitsort

[1] Seit 1.1.2012: Bei ausländischen Leistenden geht die Umsatzsteuerschuld nicht im Reverse-Charge-Verfahren auf den Leistungsempfänger über. Der Leistungserbringer muss mit österreichischer Umsatzsteuer fakturieren (vgl. Veranlagungsverfahren/Reverse-Charge-Verfahren). Hinsichtlich der langfristigen Vermietung an Privatpersonen/Arbeitnehmer ist die österreichische Umsetzung des EuGH-Urteils (EuGH, Urteil v. 20.1.2021 – Rs.. C-288/19 „Finanzamt Saarbrücken“ AAAAH-70097) zu verfolgen.

[2] Seit 1.1.2012: Bei ausländischen Leistenden geht die Umsatzsteuerschuld nicht im Reverse-Charge-Verfahren auf den Leistungsempfänger über. Der Leistungserbringer muss mit österreichischer Umsatzsteuer fakturieren (vgl. Veranlagungsverfahren/Reverse-Charge-Verfahren).

Der seit dem 1.1.2017 geltende Grundstücksbegriff des Art. 13b der EU-DVO Nr. 282/2011 führt dazu, dass der Anwendungsbereich von Grundstücksleistungen nunmehr wesentlich weiter gefasst ist als bisher. Die Mitgliedstaaten sind verpflichtet, die Vorgaben der EU jeweils im nationalen Recht umzusetzen. Die Anpassung des ö-UStG erfolgte bereits mit dem AbgÄG 2016 und hat auch schon in die Umsatzsteuerrichtlinien Eingang gefunden (vgl. bitte Rz. 639v bis 640c ö-UStR).

Für Zwecke der Anwendung der EU-Richtlinie 2006/112 gilt als „Grundstück“:

- ein bestimmter über- oder unterirdischer Teil der Erdoberfläche, an dem Eigentum und Besitz begründet werden kann;
- jedes mit oder in dem Boden, über oder unter dem Meeresspiegel befestigte Gebäude oder jedes derartige Bauwerk, das nicht leicht abgebaut oder bewegt werden kann;
- jede Sache, die einen wesentlichen Bestandteil eines Gebäudes oder eines Bauwerks bildet, ohne die das Gebäude oder das Bauwerk unvollständig ist, wie z. B. Türen, Fenster, Dächer, Treppenhäuser und Aufzüge;
- Sachen, Ausstattungsgegenstände oder Maschinen, die auf Dauer in einem Gebäude oder einem Bauwerk installiert sind und die nicht bewegt werden können, ohne das Gebäude oder das Bauwerk zu zerstören oder zu verändern.

Als wesentliche Neuheit normiert Art. 13b Buchst. c leg. Cit., dass auch „(...) jede Sache, die einen wesentlichen Bestandteil eines Gebäudes oder eines Bauwerks bildet, ohne die das Gebäude oder das Bauwerk unvollständig ist (Türen, Fenster etc.), als „Grundstück“ zu betrachten ist.“ Während als Gebäude jede von Menschen errichtete Konstruktion mit Dach und Wänden gilt, dient der Begriff „Bauwerk“ als Auffangtatbestand und beinhaltet andere von Menschen errichtete Konstruktionen wie z. B. Straßen, Brücken, Abwassersysteme etc. Ob entsprechende Gebäude oder Bauwerke nun tatsächlich mit dem Grund und Boden verbunden sind, kann anhand des Deimmobilisierungsaufwands ermittelt werden.

Demnach können auch untrennbar mit dem Boden verbundene Gebäude oder Bauwerke als bewegliche körperliche Güter kategorisiert werden, sofern ein Abbau ohne Aufwand und erhebliche Kosten durchführbar ist.

Ferner legt Art. 13b Buchst. d leg. Cit. Fest, dass nun auch Sachen, Ausstattungsgegenstände oder Maschinen, die auf Dauer in einem Gebäude oder Bauwerk installiert sind und nicht bewegt werden können, ohne das Gebäude oder Bauwerk zu zerstören oder zu verändern, als Grundstück gelten. Für die Beurteilung, ob Sachen, Ausstattungsgegenstände oder Maschinen bewegt werden können, ohne das Gebäude zu verändern, bedarf es einer Veränderung in erheblichem Umfang. Indizien für diese Beurteilung können die Höhe des technischen, zeitlichen und finanziellen Aufwands für die Reparatur des Gebäudes, des Bauwerks oder der Sache selbst sein (vgl. Rz 639v ö-UstR idF Wartungserlass 2016 zu § 3a UStG).

Ergänzend zum Grundstücksbegriff wurde auch festgelegt, welche Dienstleistungen im Zusammenhang mit Grundstücken stehen. Insbesondere die Dienstleistungen von Rechtsanwälten und Notaren, welche vormals als B2B-Grundregelleistungen eingestuft wurden, gelten nun auch als Grundstücksleistungen. Kein Grundstückszusammenhang kann hingegen bei der Erstellung von Bauplänen hergestellt werden, sofern die Pläne keinem konkreten Grundstück zugeordnet werden können.

EU-Umsatzsteuer-Mini-One-Stop-Shop (MOSS) und One-Stop Shop (OSS)

Seit dem 1.1.2015 bis zum 30.6.2021 waren unionsweit neue Leistungsortregeln für elektronisch erbrachte sonstige Leistungen, Telekommunikations-, Rundfunk- und Fernsehdienstleistungen an Nichtunternehmer zu beachten. Gleichzeitig wurde für diese sonstigen Leistungen eine einzige Anlaufstelle („EU-Umsatzsteuer-Mini-One-Stop-Shop = MOSS") geschaffen. Seit dem vorgenannten Datum waren elektronisch erbrachte sonstige Leistungen, Telekommunikations-, Rundfunk- und Fernsehdienstleistungen grds. immer am Ansässigkeitsort des Leistungsempfängers (Empfängerort) steuerbar, unabhängig davon, ob es sich um Leistungen an Unternehmer (B2B) oder Nichtunternehmer (B2C) handelte. Unternehmen, die von der Neuregelung betroffene Dienstleistungen erbrachten, mussten seit 2015 bei jeder einzelnen Leistung ermitteln, wo ihr Kunde ansässig ist. Um den Aufwand, der mit der Bestimmung des Empfängerorts verbunden war, zu verringern, gibt es EU-weit standardisierte Vereinfachungsregeln. Der MOSS bot die Möglichkeit, sich in einem EU-Mitgliedstaat (Mitgliedstaat der Identifizierung = MSI) zu registrieren und sämtliche unter die Sonderregelung fallenden Umsätze über den MSI zu erklären und die resultierende Umsatzsteuer zu bezahlen. Nutzte ein Unternehmer den MOSS, entfiel die Verpflichtung, sich für die elektronisch erbrachte sonstige Leistungen, Telekommunikations-, Rundfunk- oder Fernsehdienstleistungen an Nichtunternehmer in der EU in jedem Mitgliedstaat, in dem er derartige Leistungen tätigte, für umsatzsteuerliche Zwecke registrieren zu lassen und in der Folge dort Steuererklärungen einzureichen und dort Zahlungen zu tätigen. Der MOSS war optional und musste rechtzeitig beantragt werden. Wurde die Option ausgeübt, galt sie für alle unter die Sonderregelung fallenden Umsätze. Je nachdem, ob ein Unternehmer in der EU niedergelassen ist, stand ihm für den MOSS das EU-Schema (Art. 25a ö-UStG) oder das Nicht-EU-Schema (§ 25a ö-UStG) zur Verfügung. Vorsteuern konnten jedoch nicht über den MOSS geltend gemacht werden. Die Erstattung hatte im Regelfall über das Vorsteuervergütungsverfahren zu erfolgen.

Sie finden weiterführende Informationen zu der bis zum 30.6.2021 in Österreich geltenden Rechtslage unter:

https://www.bmf.gv.at/themen/steuern/fuer-unternehmen/umsatzsteuer/informationen/faq-eu-umsatzsteuer-one-stop-shop.html

Am 1.7.2021 wurde der Mini-One-Stop-Shop (MOSS) zu einem One-Stop-Shop (OSS) ausgeweitet. Die bisher geltenden Lieferschwellen wurden am 1.7.2021 EU-weit abgeschafft. Dienstleistungen aller Art, die von in Drittländern und in der EU ansässigen Steuerpflichtigen an in der EU ansässige Nichtsteuerpflichtige erbracht werden, sowie Fernverkäufe von Gegenständen an Nichtsteuerpflichtige (B2C), können über den OSS deklariert werden. Damit hat die Umsatzbesteuerung bei Versandhandelslieferungen an Konsumenten und Schwellenerwerber in der EU grds. im EU-Bestimmungsland zu erfolgen. Es wurde zum 1.7.2021 ein Schwellenwert von 10.000 € exkl. USt pro Kalenderjahr für die Besteuerung von Fernverkäufen und Telekommunikationsdienstleistungen, Rundfunk- und Fernsehdienstleistungen und elektronischen Dienstleistungen, die an Nichtsteuerpflichtige aus EU-Staaten erbracht werden, in denen der Lieferer nicht ansässig ist, festgelegt. Die bisherige Höchstschwelle, die für die Bestimmung des Ortes für getätigte Fernverkäufe innerhalb des Staates Österreich maßgebend war, wurde abgeschafft. Die Registrierung nach dem neueren OSS-Verfahren wurde in Österreich rechtzeitig in nationales Recht umgesetzt und entsprechende USt-Erklärungen sind seit dem 1.7.2021 gemäß dem neuen Verfahren abzugeben. Der Schwellenwert für die Anmeldung nach der EU-OSS-Regelung beträgt 10.000 € bezogen auf das Kalenderjahr. Das heißt, dass unterhalb des vorgenannten Schwellenwerts die Umsatzsteuer in dem Staat durch den Leistenden abzuführen ist, in dem der Lieferer ansässig ist oder die Beförderung/Versendung der Gegenstände beginnt oder im Fall der Überschreitung des Schwellenwerts die Umsatzsteuer durch den EU-Staat erhoben wird, in dem die Beförderung/Versendung endet. Bei Überschreitung des Schwellenwerts hat sich der liefernde Unternehmer zu registrieren und seine Umsätze zu erklären, und zwar entweder durch Registrierung im jeweiligen EU-Bestimmungsmitgliedstaat oder durch Erklärung aller innergemeinschaftlichen Versandhandelsumsätze über den OSS. Die Anwendung des OSS kann jedoch nicht auf einzelne Länder beschränkt werden. Das bedeutet, sobald sich ein Unternehmen für die Anwendung des OSS entscheidet, sind sämtliche innergemeinschaftlichen Versandhandelsumsätze über diesen einen OSS zu deklarieren, auch solche, die im Mitgliedstaat der Registrierung (MSI) zum OSS steuerbar und steuerpflichtig sind.

Der OSS bietet somit den österreichischen Unternehmern die Möglichkeit, die in anderen EU-Ländern zu entrichtende Umsatzsteuer über ein einziges elektronisches Portal (FinanzOnline) zu erklären und abzuführen, ohne sich im EU-Bestimmungsland registrieren zu müssen. So werden alle innergemeinschaftlichen Versandhandelsumsätze über einen OSS erklärt, die Umsatzsteuer durch einen leistenden Unternehmer bezahlt und anschließend durch die österreichische Steuerbehörde an das EU-Bestimmungsland weitergeleitet. Nach erfolgreicher Antragstellung kann der OSS ab dem Kalendervierteljahr angewandt werden, das auf die Antragstellung folgt.

Sie finden weiterführende Informationen zu der seit dem 1.7.2021 in Österreich geltenden Rechtslage unter:

https://www.usp.gv.at/steuern-finanzen/umsatzsteuer/Umsatzsteuer-One-Stop-Shop/EU-OSS.html

Use and Enjoyment-Regel

Das EU-Mehrwertsteuerrecht sieht vor, dass Mitgliedstaaten den Leistungsort bei Dienstleistungen danach bestimmen können, wo diese Leistungen genutzt oder ausgewertet werden. In Österreich gelten diesbezüglich die nachfolgenden Regelungen:

- Personalgestellung

Bei Personalgestellungen verlagert sich der Dienstleistungsort vom Inland in das Drittland, wenn das Personal im Drittland eingesetzt wird.

- Telekommunikationsdienstleistungen

Bei Dienstleistungen im Zusammenhang mit Telekommunikation verlagert sich der Leistungsort vom Drittland ins Inland, wenn die Dienstleistung in Österreich ausgeführt, genutzt oder ausgewertet wird.

- Vermietung von Beförderungsmitteln

Wird das Beförderungsmittel im Drittland genutzt und ist das Kfz auch im Drittland zugelassen, so verlagert sich der Ort der Dienstleistung aufgrund der sog. Use and Enjoyment-Regel vom Inland in das Drittland.

- Vermietung von beweglichen körperlichen Gegenständen (ohne Beförderungsmittel)

Erfolgt die Nutzung der vermieteten Gegenstände, ausgenommen sind die bereits oben erwähnten Beförderungsmittel, im Inland, so verlagert sich Ort der erbrachten Dienstleistung vom Drittland ins Inland.

- Sportwetten

Die Verlagerung vom Drittland ins Inland findet statt, sofern die Dienstleistung im Inland genutzt oder ausgewertet wird, wobei diese Regel nicht für auf elektronischem Weg erbrachte Leistungen anzuwenden ist, wenn der Empfänger ein Nichtunternehmer mit Wohnsitz außerhalb der EU ist.

- Vermittlung von Sportwetten

Die Verlagerung vom Drittland ins Inland findet statt, sofern die Dienstleistung im Inland genutzt oder ausgewertet wird, wobei diese Regel nicht für auf elektronischem

Weg erbrachte Leistungen anzuwenden ist, wenn der Empfänger ein Nichtunternehmer mit Wohnsitz außerhalb der EU ist.

Use and Enjoyment-Regeln sind nicht anzuwenden, wenn nachgewiesen wird, dass es durch die Anwendung zu einer tatsächlichen Doppelbesteuerung kommt.

Werklieferung/Werkleistung/Bauleistung

Werklieferungen

Eine Lieferung zuzüglich Montage wird in Österreich als Werklieferung angesehen. Die umsatzsteuerliche Folge ist, dass die gesamte Leistung i. d. R. der österreichischen Umsatzsteuer unterliegt, wobei für ausländische Gesellschaften für erbrachte Werklieferungen, die nicht als Bauleistungen einzugruppieren sind, das Reverse-Charge-Verfahren Anwendung findet. Eine weitere Ausnahmeregelung greift bei den später dargestellten Bauleistungen, da insoweit grds. das Reverse-Charge-Verfahren sowohl für ausländische als auch für inländische Gesellschaften anzuwenden ist, d. h., österreichische Umsatzsteuer wird für die erbrachte Leistung nicht gesondert ausgewiesen, sondern die Abführung anfallender Umsatzsteuer obliegt dem Leistungsempfänger.

Sofern eigene Gegenstände aus anderen EU-Mitgliedstaaten nach Österreich verbracht werden, um mit diesen die Werklieferung auszuführen, muss der Werklieferungsunternehmer keinen steuerpflichtigen Erwerb melden, da insoweit lediglich eine „vorübergehende Verwendung" der Gegenstände vorliegt.

Die vorgenannten Werklieferungen sind abzugrenzen von den sogenannten „Montagelieferungen". Im Umsatzsteuerrecht existiert keine Legaldefinition der Montagelieferung. Aus der Rechtsprechung lässt sich jedoch ableiten, dass eine Montagelieferung vorliegt, wenn der Gegenstand der Lieferung erst nach Montage/Installation, nicht aber bereits im Zeitpunkt der Versendung/der Beförderung vorliegt, der Zusammenbau/die Montage durch den Lieferanten wesentlicher Leistungsinhalt ist, d. h. technisch und wirtschaftlich bedeutende Montagearbeiten erforderlich sind (UFS v. 22.3.2004 - R V/1215-W/03; UFS v. 19.10.2004 - ZRV/0381-Z3K/02; UFS v. 7.4.2006 - RV/0386-G/05) und es somit im Ergebnis zur Veränderung der Marktgängigkeit des Gegenstands kommt. In diesem besonderen Fall bestimmt sich der Leistungsort der Montagelieferung nach § 3 Abs. 7 ö-UStG, d. h. er ist dort, wo die Verfügungsmacht über die fertige Anlage, den fertigen Rohbau oder die funktionsfähige Maschine verschafft wird. Eine weitere Rechtsfolge wäre, dass das sog. Reverse Charge Verfahren nicht zur Anwendung kommen würde, da diese Regelung nur bei Werklieferungen greift, nicht aber bei dem unbestimmten Rechtsbegriff „Montagelieferung". In der Praxis liegen nur in Ausnahmen Fälle einer Montagelieferung vor. Die oben beschriebene österreichische Rechtsauslegung wurde nun auch in Deutschland mit BMF-

Schreiben vom 1.10.2020 (Abschnitt 3.8 Abs. 1 Satz 1 d-UStAE) angewandt. Eine Werklieferung liegt demnach nur dann vor, wenn der Werkhersteller für das Werk einen fremden Gegenstand be- oder verarbeitet und dafür selbstbeschaffte (Haupt-)Stoffe verwendet. Für die Bestimmung des Leistungsorts ist die Unterscheidung zwischen Werklieferung und Montagelieferung unerheblich. Sowohl Werk- als auch Montagelieferungen gelten nach § 3 Abs. 7 d-UStG als dort erbracht, wo die Installation erfolgt. Allerdings kann der Steuerschuldübergang nach § 13b Abs. 2 Nr. 1 i. V. mit Abs. 5 Satz 1 d-UStG nur für Werklieferungen zur Anwendung kommen. Weil es zu § 13b d-UStG keine gesonderte Definition für den Begriff der Werklieferung gibt, muss auf § 3 Abs. 4 UStG zurückgegriffen werden, vgl. Abschnitt 13b.1 Abs. 2 Satz 1 Nr. 2 Satz 3 d-UStAE. Wie für Deutschland gilt auch für Österreich: Im Ausland ansässige Unternehmer, die in Montagelieferungen ausführen, müssen sich damit in Österreich registrieren und österreichische Umsatzsteuer fakturieren.

Bauleistungen

Zum 1.10.2002 ist eine Vorschrift zur Verhinderung von Missbräuchen bei Bauleistungen eingeführt worden. Die Verlagerungsregelung greift, wenn

1. Bauleistungen
2. an einen Unternehmer erbracht werden,
   a) der seinerseits mit der Erbringung dieser Bauleistung beauftragt worden ist oder
   b) der seinerseits üblicherweise Bauleistungen erbringt.

Voraussetzung „Bauleistungen"

Bauleistungen werden wie folgt definiert:

Bauleistungen sind alle Leistungen, die

- der Herstellung,
- Instandsetzung/Instandhaltung, nicht aber der bloßen Reinigung,
- Änderung oder Beseitigung

von Bauwerken dienen.

Der Begriff der Bauleistung deckt sich fast mit dem Begriff Bauleistungen im deutschen § 13b d-UStG „Übertragung der Steuerschuldnerschaft". Abweichungen ergeben sich z. B. bei den Personalgestellungen und beim Gerüstbau. Eine Personalgestellung ist als Bauleistung anzusehen, wenn die überlassenen Arbeitskräfte für den Entleiher Bauleistungen erbringen. Der Gerüstbau, d. h. der Auf- und Abbau des Gerüstes und die Miete, stellt in Österreich eine Bauleistung dar. In diesen beiden Punkten besteht eine nicht unerhebliche Abweichung zur deutschen Rechtslage.

Bauleistungen/Bauwerke sind positiv und negativ abzugrenzen. Der Begriff des Bauwerkes ist weit auszulegen und umfasst nicht nur Gebäude, sondern sämtliche mit dem Erdboden verbundene oder infolge ihrer eigenen Schwere auf ihm ruhende Anlagen. Zu den Bauleistungen gehören auch die Lieferung und Montage von Fenstern und Türen. Nicht dazu gehört die reine (Waren-) Lieferung von Fenstern oder Türen oder anderen Baustoffen.

Folgende Leistungen sind keine Bauleistungen, wenn es sich um selbständige Hauptleistungen handelt:

- Planerische Leistungen (Architekten, Statiker, Bauingenieure)
- Vermietung von Geräten (ohne Personal)
- Reparatur/Wartung von Baugeräten
- Reine Wartungsarbeiten, solange nicht Teile verändert, bearbeitet oder ausgetauscht werden.
- Untergeordnete Änderungen (z. B. Austausch von Sicherungen oder Lampen bei der Wartung von Aufzugsanlagen) führen noch nicht zu einer Bauleistung
- Materiallieferungen, soweit sie als selbständige Hauptleistung zu beurteilen sind
- Beförderungsleistungen einschließlich des Be- und Entladens
- Anpflanzen von Bäumen, Sträuchern etc.
- Bauaufsicht und Rechnungskontrolle

Die Überlassung einer Arbeitskraft, die eine Bauaufsicht ausübt, stellt eine Bauleistung dar. Wird diese Arbeitskraft jedoch mehrfach eingesetzt, kann aus Vereinfachungsgründen insgesamt von einer Bauleistung ausgegangen werden, wenn die Arbeitskraft zu mehr als 50 % im Rahmen von Bauleistungen tätig ist.

Bestehen im Einzelfall Zweifel, ob eine Bauleistung vorliegt, kann vom Leistenden und Leistungsempfänger einvernehmlich davon ausgegangen werden, dass eine Bauleistung vorliegt. In der Praxis hat sich bewährt, die Anwendung des Reverse-Charge-Verfahrens in Zweifelsfällen vom Leistungsempfänger – z. B. auf der Rechnungskopie – bestätigen zu lassen („Leistender und Leistungsempfänger vereinbaren einvernehmlich, dass es sich bei der vorliegenden Leistung um eine Bauleistung handelt."). Die österreichische Gerichtsbarkeit hat dieser für die Praxis gute Finanzverwaltungsauffassung eingeschränkt: Der Verwaltungsgerichtshof hat in diesem Zusammenhang auch neuerlich ausgesprochen, dass die vom Bundesministerium für Finanzen veröffentlichten Erlässe und Richtlinien für die Gerichte (Bundesfinanzgericht und Höchstgericht) keine bindende Wirkung entfalten, zumal darin weder objektive noch subjektive Ansprüche des Steuerpflichtigen begründet werden (vgl. VwGH, Erkenntnis v. 25.6.2018 - 2007/15/0102).

Mit der Entscheidung des VwGH (v. 25.4.2018 - Ro 2017/13/003) steht nun eindeutig fest, dass bei der Würdigung umsatzsteuerlicher Sachverhalte die tatsächlichen Gegebenheiten obligatorisch zu beachten sind. Sollte man als Unternehmer eine Leistung unter Anwendung der UStR-Zweifelsfallregelung als „Bauleistung" qualifizieren, kann damit keineswegs gewährleistet werden, dass dies in einem Rechtsmittelverfahren auch seitens der Gerichte so akzeptiert wird.

Voraussetzung „Anderer Unternehmer"

Alternative a)

Bauleistungen an einen Unternehmer, der seinerseits mit der Erbringung der Bauleistung beauftragt ist.

Die Bauleistung muss einem Unternehmer gegenüber erbracht werden, der als (Bau-) Generalunternehmer auftritt. Der zugrundeliegende Gedanke ist, dass die Steuerschuld nur bis zum Generalunternehmer, aber nicht auf den ersten Auftraggeber übergeht. Die Anwendung dieser Regel setzt voraus, dass der (General-) Unternehmer den Leistungsempfänger schriftlich auf die Verlagerung der Steuerschuld hinweist (in Bezug auf weitere Subunternehmer gilt die Regelung entsprechend für den jeweiligen Auftraggeber).

Weist der Leistungsempfänger nicht darauf hin, dass er seinerseits mit der Erbringung einer Bauleistung beauftragt wurde, findet trotzdem ein Übergang der Steuerschuldnerschaft statt. Der leistende Unternehmer schuldet den in der Rechnung ausgewiesenen Umsatzsteuerbetrag. Der Leistungsempfänger kann diesen in der Rechnung ausgewiesenen Umsatzsteuerbetrag nicht als Vorsteuer abziehen.

Behauptet der Leistungsempfänger zu Unrecht, dass er mit der Erbringung einer Bauleistung beauftragt wurde, bleibt es bei der Steuerschuld des leistenden Unternehmers, d. h. Anmeldung und Abführung im Rahmen der Umsatzsteuer-Meldungen. Der Leistungsempfänger schuldet jedoch gesamtschuldnerisch die auf den Umsatz entfallende Umsatzsteuer.

Alternative b)

Bauleistungen gegenüber Unternehmen, die üblicherweise Bauleistungen erbringen.

Bei Bauleistungen gegenüber Unternehmen, die selbst üblicherweise Bauleistungen erbringen, wird die Steuerschuld stets verlagert, auch wenn im Einzelfall diese nicht mit der Erbringung einer Bauleistung beauftragt worden sind.

In den ö-UStR findet man weitere Informationen zu den Bauleistungen. Außerdem sind in der Liste der Unternehmer die Unternehmen aufgeführt, die üblicherweise Bauleistungen erbringen, wobei es sich hierbei lediglich um eine exemplarische Aufzählung handelt. Unternehmer, deren Umsätze zu mehr als 50 % auf Bauleistungstätigkeiten entfallen, sind Unternehmer, die üblicherweise Bauleistungen im Sinne des Umsatzsteuergesetzes erbringen. Dabei ist von einer Durchschnittsbetrachtung der Umsätze der letzten drei Jahre auszugehen.

Umsatzsteuerliche Konsequenzen

Wenn die Bauleistung (z. B. der Gerüstbau) unter das Reverse-Charge-Verfahren fällt, ist Folgendes zu beachten:

- Die Rechnung für die Leistung ist immer ohne Umsatzsteuerausweis auszustellen.
- Auch die USt-IdNr. des Leistungsempfängers ist auf der Rechnung anzugeben.
- Auf der Rechnung ist ein Vermerk anzubringen, dass die Leistung unter § 19 Abs. 1a österreichisches Umsatzsteuergesetz (ö-UStG) „Übergang der Steuerschuld auf den Leistungsempfänger“ fällt.

Besonderheit: Reinigungsleistungen

Die Aufzählung der Bauleistungen wurde zum 1.1.2011 um die Reinigung von Bauwerken ergänzt. Daher ist seit dem vorgenannten Datum auch für Reinigungsleistungen die Steuerschuld vom leistungsempfangenden Unternehmer, der selbst Bauleistungen erbringt, an die österreichische Finanzverwaltung abzuführen.

Der Begriff Reinigungsarbeiten umfasst u. a.:

- Bauendreinigungen
- jede Säuberung von Gebäudeflächen
- die Straßenreinigung
- Beseitigung von Kanalverstopfungen
- Schneeräumung
- die Säuberung von Parkplätzen
- Denkmal-, Fassaden- und Gebäudereinigung
- Dachrinnenreinigung
- die Reinigung von Tapeten
- (...).

Im Gegensatz zur deutschen Regelung, welche im Bereich der Reinigungsarbeiten das Reverse-Charge-Verfahren nur dann zur Anwendung kommen kann, wenn die Leistung an einen Unternehmer erbracht wird, der selbst Gebäudereinigungsarbeiten erbringt (§ 13b Abs. 5 Satz 2 Nr. 8 d-UStG), muss in Österreich der leistungsempfangende Unternehmer lediglich ein sog. bauleistendes Unternehmen sein.

Ein ausländischer Unternehmer ist Leistungsempfänger einer Bauleistung

Sind nicht in Österreich ansässige Unternehmer Leistungsempfänger einer Bauleistung, geht auf sie, ebenso wie bei inländischen Unternehmern, die Steuerschuld für Bauleistungen über. Sofern ein ausländischer Unternehmer die an ihn für Vorleistungen in Rechnung gestellte Umsatzsteuer als Vorsteuer geltend machen möchte, muss dieses im regulären Veranlagungsverfahren geschehen. Zu diesem Zwecke ist eine Registrierung beim Finanzamt Graz Stadt zu beantragen.

Auftraggeberhaftung nach § 67 a Allgemeines Sozialversicherungsgesetz (ASVG)

Beginnend zum 1.1.2009 wurde ein Sonderhaftungstatbestand eingeführt, der dem systematischen Betrug im Bereich der Sozialversicherungsbeiträge Einhalt gebieten soll. Der Bauunternehmer bzw. die Bauunternehmerin haftet bei Weitergabe von Aufträgen für die Beitragsrückstände bei den Krankenversicherungsträgern seiner Subunternehmer mit bis zu 20 % des geleisteten Werklohns. Zusätzlich haftet die Auftraggeberin bzw. der Auftraggeber für die vom Finanzamt einzuhebenden lohnabhängigen Abgaben bis zu 5 % des Werklohns.

Im Rahmen des Betrugsbekämpfungsgesetzes 2010 wurde die Haftung des Auftraggebers nunmehr auch auf lohnabhängige Abgaben ausgedehnt. Inhaltlich knüpft die Bestimmung des § 82a ö-Einkommensteuergesetz 1988 im Wesentlichen an die am 1.9.2009 in Kraft getretenen Bestimmungen der Auftraggeber-Innenhaftung gem. §§ 67a ff ASVG an. Wird die Erbringung von Bauleistungen nach § 19 Abs. 1a ö-UStG von einem Unternehmen an ein anderes Unternehmen weitergegeben, so haftet das Auftrag gebende Unternehmen für die vom Finanzamt einzuhebenden lohnabhängigen Abgaben, die das beauftragte Unternehmen abzuführen hat, bis zum Höchstausmaß von 5 % des geleisteten Werklohns. Diese Bestimmung trat mit Wirkung zum 1.7.2011 in Kraft.

Die Haftungsinanspruchnahme setzt voraus, dass gegen die Auftragnehmerin bzw. den Auftragnehmer erfolglos Exekution geführt wurde oder ein Insolvenztatbestand gem. § 1 ö-Insolvenz-Entgeltsicherungsgesetz (ö-IESG) vorliegt. Die Haftung trifft nur jene Auftraggeber, die Unternehmer sind, über Fachkenntnisse der Branche verfügen und eine Niederlassung in Österreich haben. Unternehmer, die keine Bauunternehmer sind, aber als Bauherren oder Letztbesteller eines Werkes in Erscheinung treten, werden vom

Gesetz nicht zur Haftung herangezogen. Ebenfalls nicht zur Haftung herangezogen werden ausländische Auftraggeber. Wieso ausgerechnet ausländische (Bau-) Unternehmer von den Haftungsregeln ausgeschlossen wurden, ist nicht nachvollziehbar.

Der Haftung kann man auf zwei Wegen entgehen.

Eine Möglichkeit ist es, wenn man seine Auftragnehmer aus der tagesaktuellen Gesamtliste der haftungsfreistellenden Unternehmen der HFU-Liste (*https://www.sozialversicherung.at/agh-frontend-extern/*) auswählt. Zur Aufnahme in die HFU-Liste werden nur jene Unternehmen zugelassen, die schon mindestens seit drei Jahren als Bauunternehmen in Österreich, dem EWR oder der Schweiz tätig sind. Des Weiteren dürfen sie in ihrer Beziehung zu den Sozialversicherungen nicht durch relevante Beitragsrückstände negativ aufgefallen sein. Ein Beitragsrückstand, der weniger als 10 % der im Kalendermonat vor Antragsstellung abzuführenden Beträge ausmacht, stellt kein Hindernis für die Aufnahme in die Liste dar. Die Unternehmen haben bei Erfüllung der Voraussetzungen einen Rechtsanspruch auf Aufnahme in die Liste. Jedoch kann trotz Erfüllung der Kriterien (drei Jahre Bestand, gute Zahlungsmoral) die Aufnahme verweigert bzw. der Eintrag gestrichen werden, wenn z. B. ein plötzlicher Dienstnehmerzuwachs von mehr als 200 % festgestellt wird. Damit will der Gesetzgeber verhindern, dass Scheinfirmen ihren Aktivitäten drei Jahre lang ehrlich (wenn auch auf Sparflamme) nachgehen und sich damit den Eintrag in die HFU-Liste erschleichen. Die Aufnahme in die HFU-Liste kann seit dem 1.11.2008 beantragt werden. Über die Aufnahme eines Unternehmens sollte innerhalb von acht Wochen nach Antragseingang entschieden werden. Für Neugründer ist die Aufnahme in die HFU-Liste nicht möglich, da diese noch keine Bauleistungen erbracht haben und dementsprechend auch noch keine SV-Beiträge in Österreich abführen mussten. Möchten Neugründer dem Werklohnabzug entgehen, empfiehlt es sich, dies vertraglich mit dem Auftraggeber zu vereinbaren (z. B. durch Vorlage einer Bankgarantie).

Für eine Erstanmeldung ist eine Registrierung im Unternehmensservice Portal (*https://www.usp.gv.at/*) erforderlich. Um in die HFU-Gesamtliste aufgenommen zu werden, muss das betreffende Unternehmen einen schriftlichen Antrag an das Dienstleistungszentrum der Gebietskrankenkasse (DLZ-AGH) oder elektronisch über das WEB-BE-Kunden-Portal (WEBEKU) stellen. Danach müssen in der USP-Administration die jeweiligen WEBEKU-Verfahrensrechte durch die USP-Administratorin bzw. den USP-Administrator des Unternehmens zugeordnet werden. Bei einzelvertretungsbefugten Personen (z. B. Geschäftsführerin bzw. Geschäftsführer, Inhaberin bzw. Inhaber) erfolgt eine automatische Zuordnung.

Ein alternativer Haftungsbefreiungsgrund für den Auftraggeber stellt die Entrichtung von 25 % (20 % Sozialversicherungsbeiträge und 5 % lohnabhängige Abgaben) des Werklohns an das DLZ-AGH dar. Diese Entrichtung, die gleichzeitig mit der Überweisung des restlichen Werklohnes an den Subunternehmer zu erfolgen hat, befreit den Auftraggeber von seiner Haftung gegenüber den Sozialversicherungen. Das DLZ-AGH ist u. a. für die Entgegennahme, Aufteilung und Weiterleitung des Betrages an die beteiligten Krankenversicherungsträger und an das Finanzamt zuständig.

Die Haftung tritt mit dem Zeitpunkt der Zahlung des Werklohns ein und umfasst die vom beauftragten Unternehmen zu entrichtenden und vom Finanzamt einzuhebenden lohnabhängigen Abgaben, die bis zum 15. Tag nach Ablauf des Kalendermonats fällig werden, in dem die Leistung des Werklohns erfolgt.

Wie auch bei der Auftraggeber-Innenhaftung nach ASVG setzt die Haftungsinanspruchnahme voraus, dass gegen das beauftragte Unternehmen erfolglos Exekution geführt wurde oder ein Insolvenztatbestand vorliegt.

Die Haftung entfällt, wenn das beauftragte Unternehmen im Zeitpunkt der Zahlung des Werklohns in der HFU-Gesamtliste geführt wird oder das auftragsvergebende Unternehmen einen fünfprozentigen Haftungsbetrag an das Dienstleistungszentrum der Wiener Gebietskrankenkasse leistet.

Für auftragsvergebende Unternehmen folgt daraus:

Der Haftungsbetrag im Ausmaß von 5 % des Werklohns ist gemeinsam mit dem 20 % igen Haftungsbetrag für Sozialversicherungsbeiträge an das DLZ-AGH unter Angabe der Umsatzsteuer-Identifikationsnummer abzuführen. Das Dienstleistungszentrum leitet den Haftungsbetrag für lohnabhängige Abgaben an das Finanzamt weiter.

Wird daher die Reinigung von Bauwerken von einem Unternehmen (Auftrag gebendes Unternehmen) an ein anderes Unternehmen (beauftragtes Unternehmen) ganz oder teilweise weitergegeben, so haftet das Auftrag gebende Unternehmen für alle Beiträge und Umlagen, die das beauftragte Unternehmen an österreichische Krankenversicherungsträger abzuführen hat oder für die es nach dieser Bestimmung haftet, im Ausmaß von 25 % des geleisteten Werklohns, sofern kein Befreiungsgrund vorliegt.

Das beauftragte Unternehmen kann sich jederzeit die vom Auftraggeber eingezahlten Beiträge auszahlen lassen, sofern es keine Beitragsrückstände hat. Der Antrag auf Auszahlung eines Guthabens auf dem SV-Beitragskonto ist schriftlich beim DLZ-AGH zu stellen. Die Auszahlung erfolgt direkt durch den zuständigen Krankenversicherungsträger. Die Auszahlung von Guthaben auf dem (Steuer-) Abgabenkonto kann nur beim zuständigen Finanzamt beantragt werden.

Verlagerungsverfahren/Reverse-Charge-Verfahren

Neben den im Bereich der Bauleistungen geltenden Sonderregelungen gilt seit dem 1.1.2004 bei sonstigen Leistungen und bei Werklieferungen, dass die Steuer vom Empfänger der Leistung geschuldet wird, wenn

- der leistende Unternehmer im Inland (= Österreich) weder einen Wohnsitz (Sitz) noch seinen gewöhnlichen Aufenthalt oder eine an der Leistungserbringung beteiligte Betriebsstätte hat

und

- der Leistungsempfänger Unternehmer oder eine juristische Person des öffentlichen Rechts ist.

Damit werden grds. sämtliche sonstigen Leistungen sowie die Werklieferungen und Bauleistungen, die ausländische Unternehmen in Österreich tätigen, vom Reverse-Charge-Verfahren erfasst. Auch für diese Fälle haftet der leistende Unternehmer für die Umsatzsteuer.

Diesbezüglich existiert jedoch eine Ausnahme: Werden Leistungen in Bezug auf Eintrittsberechtigungen zu Veranstaltungen, wie Messen, Ausstellungen, Konferenzen, Seminare, Konzerte usw. an Unternehmer erbracht, sind diese regelmäßig am Veranstaltungsort steuerbar. Das heißt, der leistende Unternehmer unterliegt den Rechtsvorschriften des Veranstaltungslandes. Österreich sieht für diese Leistungen, die von einem ausländischen Unternehmer an einen anderen Unternehmer in Österreich erbracht werden, das Reverse-Charge-Verfahren vor. Die Steuerschuld geht zwar auf den Leistungsempfänger über, jedoch haftet der leistende Unternehmer weiterhin für die übergegangene Umsatzsteuer. Grundsätzlich sollte dies in der Praxis zu keinen Problemen führen, da viele Leistungsempfänger zum Vorsteuerabzug berechtigt sind und demnach auch keine (Umsatz-) Steuerlast anfällt, für die gehaftet werden könnte. Anders sieht es jedoch bei Leistungsempfängern aus, die z. B. von der Umsatzsteuer unecht befreit sind. Hierzu zählen u. a. Versicherungen, Banken, Ärzte, Kleinunternehmer, etc. Diese Unternehmer sind nicht vorsteuerabzugsberechtigt. In der Praxis könnte dies zu größeren Problemen führen, da die Inanspruchnahme eines ausländischen Unternehmers unter Umständen schwierig sein wird.

BEISPIEL ► Ein deutscher Arzt besucht in Österreich einen von einem spanischen Veranstalter organisierten Kongress. Die Rechnung vom spanischen Veranstalter an den deutschen Arzt würde ohne Umsatzsteuer erstellt und es käme in der Folge zum Übergang der österreichischen Umsatzsteuerschuld des spanischen Leistungserbringers auf den deutschen Leistungsempfänger. Führt der deutsche Arzt die übertragene Umsatzsteuer aufgrund des fehlenden Vorsteuerabzuges nicht an die österreichische Finanzverwaltung ab, könnte der (spanische) Leistungserbringer für die entgangene Umsatzsteuer von der österreichischen Steuerbehörde in Anspruch genommen werden und dieser hätte wahrscheinlich große Schwierigkeiten seine Regressansprüche bei seinem ausländischen Kunden durchzusetzen.

Aufgrund dieser Problematik hat der Gesetzgeber diese Art der Leistung vom Reverse-Charge-Verfahren ausgeschlossen, so dass die Steuerschuld seit dem 1.1.2012 nicht mehr auf den Leistungsempfänger übergeht, sondern der Leistungserbringer mit österreichischer Umsatzsteuer fakturieren muss.

Des Weiteren wird die Umsatzsteuerschuld (u. a.) in den nachfolgenden Fällen auf den (österreichischen) Leistungsempfänger übertragen.

- Übertragung von Emissionsrechten/-zertifikaten

  Der Handel mit Emissionszertifikaten fällt (abgesehen von Drittlandskonstellationen des § 3a Abs. 14 Ziffer 1 ö-UStG i. V. mit § 3a Abs. 13 ö-UStG) sowohl im B2B- als auch im B2C-Bereich unter die Generalklausel der Leistungsortbestimmung. Der Leistungsort bestimmt sich daher bei Transaktionen zwischen Unternehmern danach, wo der Leistungsempfänger sein Unternehmen betreibt. Falls ein EU-Nichtunternehmer Emissionszertifikate (z. B. zu Spekulationszwecken) erwirbt, bestimmt sich der Leistungsort nach der Ansässigkeit des leistenden Unternehmers und liegt bei einem österreichischen leistenden Unternehmer damit in Österreich. In den Fällen, in denen zwei in Österreich ansässige Unternehmen Emissionsrechte ver- und einkaufen, wird die Umsatzsteuerschuld auf den in Österreich ansässigen Unternehmer übertragen (Übergang der Steuerschuld auf den Leistungsempfänger/Reverse-Charge-Verfahren).

- Sekundärrohstoffhandel

  Die vom Reverse Charge Verfahren erfassten Gegenstände (Sekundärrohstoffe) sind in einer eigenen Anlage zur Umsatzsteuer – Schrottverordnung enthalten. Die Sekundärrohstoffe werden nach den Zolltarifpositionen der Kombinierten Nomenklatur definiert. Während es sich bei dem Reverse-Charge-Verfahren im Bereich Bauleistungen und B2B-Leistungen um die Erbringung von Dienstleistungen handelt, unterliegen in diesem speziellen Fall die Lieferungen von Sekundärrohstoffen jedenfalls dem Reverse Charge Verfahren. Zusätzlich fallen bestimmte Dienstleistungen, wie das Sortieren, Zerschneiden, Zerteilen einschließlich der Montage und Pressen von Sekundärrohstoffen unter dieses spezielle Verfahren. Die Aufzählung der Dienstleistungen ist taxativ. Eine Reihe von Dienstleistungen, wie die Containervermietung, das bloße Sammeln von Sekundärrohstoffen, die bloße Beförderung von Sekundärrohstoffen sowie die Entnahme (Entsorgung) von Sekundärrohstoffen fällt nicht unter das Reverse- Charge-Verfahren.

Sekundär-
rohstoffe

Anlage zu § 2 Ziffer 1

Nr.	Bezeichnung der Gegenstände	Position der Kombinierten Nomenklatur
1.	Granulierte Schlacke (Schlackensand) aus der Eisen und Stahlherstellung	2618 00 00
2.	Schlacken (ausgenommen granulierte Schlacke), Zunder und andere Abfälle der Eisen- und Stahlherstellung	2619 00
3.	Schlacken, Aschen und Rückstände (ausgenommen solche der Eisen- und Stahlherstellung), die Metalle, Arsen oder deren Verbindungen enthalten	2620
4.	Abfälle, Schnitzel und Bruch von Kunststoffen	3915
5.	Abfälle, Bruch und Schnitzel von Weichkautschuk, auch zu Pulver oder Granulat zerkleinert	4004 00 00
6.	Papier oder Pappe (Abfälle und Ausschuss) zur Wiedergewinnung	4707
7.	Lumpen, aus Spinnstoffen; Bindfäden, Seile, Taue und Waren daraus, aus Spinnstoffen, in Form von Abfällen oder unbrauchbar gewordenen Waren	6310
8.	Bruchglas und andere Abfälle und Scherben von Glas	7001 00 10
9.	Abfälle und Schrott von Edelmetallen oder Edelmetallplattierungen; andere Abfälle und Schrott, Edelmetalle oder Edelmetallverbindungen enthaltend, von der hauptsächlich zur Wiedergewinnung von Edelmetallen verwendeten Art	7112
10.	Abfälle und Schrott aus Eisen oder Stahl; Abfallblöcke aus Eisen oder Stahl	7204
11.	Abfälle und Schrott aus Kupfer	7404 00
12.	Abfälle und Schrott aus Nickel	7503 00
13.	Abfälle und Schrott aus Aluminium	7602 00
14.	Abfälle und Schrott aus Blei	7802 00 00
15.	Abfälle und Schrott aus Zink	7902 00 00
16.	Abfälle und Schrott aus Zinn	8002 00 00
17.	Abfälle und Schrott aus Wolfram	8101 97 00
18.	Abfälle und Schrott aus Molybdän	8102 97 00
19.	Abfälle und Schrott aus Tantal	8103 30 00
20.	Abfälle und Schrott aus Magnesium	8104 20 00

21.	Abfälle und Schrott aus Cobalt	8105 30 00
22.	Abfälle und Schrott aus Bismut ex	8106 00 10
23.	Abfälle und Schrott aus Cadmium	8107 30 00
24.	Abfälle und Schrott aus Titan	8108 30 00
25.	Abfälle und Schrott aus Zirconium	8109 30 00
26.	Abfälle und Schrott aus Antimon	8110 20 00
27.	Abfälle und Schrott aus Mangan	8111 00 19
28.	Abfälle und Schrott aus Beryllium	8112 13 00
29.	Abfälle und Schrott aus Chrom	8112 22 00
30.	Abfälle und Schrott aus Thallium	8112 52 00
31.	Abfälle und Schrott aus Niob (Columbium), Rhenium, Gallium, Indium, Vanadium und Germanium	8112 92 21
32.	Abfälle und Schrott aus Cermets	8113 00 40
33.	Abfälle und Schrott von elektrischen Primärelementen, Primärbatterien und Akkumulatoren; ausgebrachte elektrische Primärelemente, Primärbatterien und Akkumulatoren	8548 10

- Lieferungen von sicherungsübereigneten Gegenständen durch den Sicherungsgeber an den Sicherungsnehmer
- Lieferungen von Grundstücken im Zwangsversteigerungsverfahren
- Rücklieferungen von unter Eigentumsvorbehalt gelieferten Gegenständen bei Geltendmachung des Eigentumsvorbehalts
- Lieferung von Mobilfunkgeräten

  Die Einführung des Reverse-Charge-Verfahrens für die Lieferung von Mobilfunkgeräten und integrierten Schaltkreisen (im B2B-Bereich) trat für Umsätze in Kraft, die seit dem 1.1.2012 ausgeführt werden. Die neue Regelung gilt, wenn das in der Rechnung ausgewiesene Entgelt mindestens 5.000 € beträgt.
- Weitere

  Die Einführung des Reverse-Charge-Verfahrens ist seit dem 1.1 2014 aufgrund der Umsatzsteuerbetrugsbekämpfungsverordnung auf Umsätze mit folgenden Warengruppen anzuwenden:

  - Lieferung von Videospielkonsolen (KN-Position 9504), Laptops und Tablet-Computern (KN-Unterposition 8471 3000), wenn das in der Rechnung ausgewiesene Entgelt mindestens 5.000 € beträgt. Als Tablet-Computer und Laptops sind i. d. R. tragbare digitale automatische Datenverarbeitungsmaschinen, deren Gewicht nicht mehr als 10 kg beträgt, zu verstehen. Diese mit einem flachen Bildschirm ausgestatteten Geräte können auch ohne externe elektrische Energiequelle betrieben werden und besitzen häufig die Möglichkeit zur Herstellung einer Netzwerkverbindung. Das Vorliegen einer Tastatur ist nicht maßgeblich. Tablet-Computer, die im Wesentlichen durch Bedienung des berührungsempfindlichen Bildschirms (Touchscreen-Display) funktionieren, können Daten verarbeiten, Programme ausführen und drahtlos ans Internet angeschlossen werden. Unter Videospielkonsolen sind neben Videospielkonsolen, bei denen das Bild auf einem Fernsehempfangsgerät, einem Monitor oder einem anderen externen Bildschirm dargestellt wird, oder Videospielgeräten mit eigenem Videomonitor (auch tragbar), auch Videospielkonsolen oder -geräte zu verstehen, die durch Einwurf eines Geldstücks, einer Banknote, einer Bankkarte, einer Spielmarke oder jedes anderen Zahlungsmittels in Gang gesetzt werden

- Lieferung von Gas und Elektrizität an Wiederverkäufer
- Sollte bei Umsätzen gem. § 2 Ziffer 2 ö-UStBBKV, also bei Lieferungen von Gas und Elektrizität an einen Unternehmer, dessen Haupttätigkeit in Bezug auf den Erwerb dieser Gegenstände in deren Weiterlieferung besteht und dessen eigener Verbrauch dieser Gegenstände von untergeordneter Bedeutung ist (sogenannter „Wiederverkäufer von Gas oder Elektrizität“, § 3 Abs. 13 und 14 ö-UStG), im Einzelfall Zweifel hinsichtlich der Eigenschaft des Leistungsempfängers als „Wiederverkäufer“ bestehen, ist eine schriftliche Erklärung des Leistungsempfängers als Nachweis ausreichend. Betreffend die Definition des „Wiederverkäufers von Gas und Elektrizität“ siehe ö-UStR 2000 Rz. 474b.
- Übertragung von Gas- und Elektrizitätszertifikaten
- Lieferung von Metallen, roh und als Halberzeugnisse, gem. Kapitel 71 und aus Abschnitt XV der kombinierten Nomenklatur, sofern diese nicht ohnehin unter die Schrott-ö-UStV fallen oder die Differenzbesteuerung anzuwenden ist. Ausgenommen sind die Positionen: 7113 bis 7118, Kapitel 73, Positionen 7411 bis 7419, 7507, 7508, 7608, Unterpositionen 7609 0000 bis Position 7616, Unterpositionen 7806 00, 7907 0000, 8007 0080, 8101 9900, 8103 9090, 8104 9000, 8105 9000, 8106 0090, 8107 9000, 8108 9090, 8110 9000, 8111 0090, 8112 1900, 8112 2900, 8112 5900, 8112 99, Unterposition 8113 0090, Kapitel 82 und 83.
- Leider gab es speziell bei Metallen in Rohformen Probleme bei der Unterscheidung, welche Waren erfasst sind und welche nicht. In der gegenständlichen Verordnung sind Kapitel, Positionen des Harmonisierten Systems und Unterpositionen der Kombinierten Nomenklatur („Zolltarifnummern“) als Beschreibung des betroffenen Warenkreises angeführt, die den meisten Betroffenen nicht geläufig sind. Die nachstehende Aufstellung soll daher einen Überblick geben, welche Metalle in Rohformen von der Umkehr der Steuerschuld auf den Leistungsempfänger erfasst werden, kann jedoch keinen Anspruch auf Vollständigkeit geben.

- Gold, Silber, Silberplattierungen auf unedlen Metallen, Goldplattierungen auf unedlen Metallen, Platin, Palladium, Rhodium, Iridium, Osmium und Ruthenium, Platinplattierungen auf edlen oder unedlen Metallen (Kapitel 71), Pulver, Rohformen, Stäbe, Drähte, Profile, Bleche und Bänder, Abfälle und Schrott
- Eisen und Stahl (Kapitel 72)

  Masseln, Blöcke, Rohformen, Pellets, Halbzeug, Coils, flachgewalzte Erzeugnisse nicht in Coils, flachgewalzte Erzeugnisse plattiert oder überzogen, Walzdraht, Stabstahl, Profile (z. B. U, H, I, L, T ...), Draht (auch mit unedlen Metallen überzogen)
- Kupfer, Kupfer-Zink-Legierungen (Messing) und Kupfer-Zinn-Legierungen (Bronze), Kupfervorlegierungen (Kapitel 74)

  Kupferkathoden (auch Abschnitte), Barren, Knüppel, Rohformen, Pulver, Stangen, Stäbe, Profile, Draht, Bleche, Bänder, Folien und dünne Bänder
- Nickel und Nickellegierungen (Kapitel 75)

  Rohformen, Pulver, Stangen, Stäbe, Profile, Draht, Bleche, Bänder, Folien
- Aluminium (Kapitel 76)

  Rohformen, Pulver, Stangen, Stäbe, Profile, Hohlprofile, Draht, Bleche, Bänder, Folien und dünne Bänder
- Blei (Kapitel 78)

  Rohformen, Pulver, Platten, Bleche, Bänder, Folien
- Zink und Zinklegierungen (Kapitel 79)

  Rohformen, Staub und Pulver, Stangen, Stäbe, Profile, Draht, Bleche, Bänder, Folien
- Zinn und Zinnlegierungen (Kapitel 80)

  Rohformen, Stangen, Stäbe, Profile, Draht, Bleche, Bänder
- Titan, Wolfram, Molybdän, Tantal (Kapitel 81)

  Rohformen, Pulver, Stangen, Stäbe, Draht, Profile, Bleche, Bänder, Folien
- Magnesium (Kapitel 81)

  Rohformen, Drehspäne, Körner
- Cobaltmetalle (Kapitel 81)

  Zwischenerzeugnisse der Cobaltmetallurgie, Rohformen, Pulver
- Andere unedle Metalle z. B. Bismut, Cadmium, Zirconium, Antimon, Chrom, Beryllium, Germanium, Vanadium, Gallium, Hafnium u.v.m. (Kapitel 81)

  Rohformen, Pulver.

► Steuerpflichtige Lieferungen von Anlagegold

Österreichisches Unternehmen als Leistungserbringer – Leistungsempfänger ist ein Unternehmer aus einem anderen EU-Mitgliedstaat

Erbringt ein österreichischer Unternehmer z. B. eine Steuerberatungsleistung an einen deutschen Unternehmer, so ist diese Dienstleistung in Österreich weder steuerbar noch steuerpflichtig. Die Nachweisführung, dass es sich beim Leistungsempfänger um einen Unternehmer handelt, wird mit gültigen USt-IdNr. des Leistungsempfängers und deren Überprüfung via Stufe 2 (über Finanz-Online oder über die MIAS-Datenbank der EU möglich) erbracht. Der Ort der Dienstleistung, nach dem sich die Versteuerung dieses Dienstleistungsumsatzes richtet, ist in unserem Beispiel Deutschland. Wenn der österreichische Dienstleistungserbringer, was in den meisten Fällen anzunehmen ist, in Deutschland weder seinen Sitz noch Wohnsitz hat, so geht die Steuerschuld vom österreichischen Leistungserbringer auf den deutschen Leistungsempfänger über. Dieser hat die deutsche Umsatzsteuer (i. d. R. 19 %) in seiner deutschen Umsatzsteuer-Voranmeldung zu erfassen und abzuführen. Ob ein Vorsteuerabzug gegeben ist, richtet sich ebenfalls nach den deutschen Umsatzsteuer-Vorschriften. In der Regel ist der Vorsteuerabzug gegeben, so dass sich aufgrund der abzuführenden Umsatzsteuer mit der geltend zu machenden Vorsteuer ein Saldo i. H. von 0 € ergibt.

In Österreich erscheint dieser Umsatz nicht in der Umsatzsteuer-Voranmeldung, da es sich um einen in Österreich nicht steuerbaren Umsatz handelt. Allerdings sind seit dem 1.1.2010 diese Umsätze in der österreichischen Zusammenfassenden Meldung neben den innergemeinschaftlichen Lieferungen, den Verbringungen, den Dreiecksgeschäften sowie den Lieferungen in ein Konsignationslager bis zum Ende des auf die Dienstleitungserbringung folgenden Monats zu melden.

Der leistende österreichische Unternehmer hat eine Rechnung im Sinne des ö-UStG auszustellen. Diese muss sowohl die USt-IdNr. des Leistungsempfängers als auch die des Leistenden enthalten. Außerdem ist ein Hinweis „Umkehr der Steuerschuld", „Reverse Charge" oder „Steuerschuldnerschaft des Leistungsempfängers" anzuführen. Die Rechnungslegungsvorschriften richten sich auch dann nach österreichischem Recht, wenn die Steuerschuld auf den Leistungsempfänger im übrigen EU-Gemeinschaftsgebiet übergeht.

Österreichisches Unternehmen als Leistungserbringer – Leistungsempfänger aus dem Drittland

Auch in diesem Fall ist die Erbringung einer Dienstleistung an ausländische Unternehmer in Österreich nicht steuerbar, wenn sich aufgrund der B2B-Regelungen der Ort der

Dienstleistung nicht in Österreich befindet. Als Nachweis der Unternehmereigenschaft des ausländischen Kunden sind „Certificates of Registration" – ähnlich dem österreichischen Vordruck U 70 – beizubringen. Ob die Dienstleistung im Drittstaat auch dem sogenannten Reverse Charge Verfahren unterliegt, muss im jeweiligen Drittland anhand des lokalen USt-Rechts überprüft werden.

Als Reaktion auf die Rechtsprechung des EuGH (EuGH, Urteil v. 3.6.2021 - Rs. C-931/19 „Titanium" OAAAH-80894) wurde die ö-Finanzverwaltungsauffassung zur Anwendung des Reverse-Charge-Verfahrens angepasst. Bei der Vermietung von Grundstücken durch Unternehmer, die in Österreich weder ihr Unternehmen betreiben noch eine an der Leistungserbringung beteiligte (österreichische) Betriebsstätte haben (sogenannte ausländische Unternehmer), kommt es seit dem 20.7.2022 nicht mehr zum Übergang der Umsatzsteuerschuld auf den Leistungsempfänger. Durch diese Gesetzesänderung hat der leistende (vermietende) Unternehmer als Steuerschuldner seine Umsätze – wie vor dem EuGH Urteil Titanium – im „normalen" Verfahren zu erklären und die Umsatzsteuer für seine ausgeführte Vermietungsdienstleistung abzuführen. Gleichzeitig hat der ausländische Unternehmer seine Vorsteuern seit Mitte 2022 ebenso im Voranmeldungsverfahren und nicht (mehr) über das Vorsteuervergütungsverfahren geltend zu machen.

Konsignationslager/Call-off stock

Am 1.1.2020 traten die sogenannten „Quick Fixes" in Kraft, die u.a. eine EU-weite Vereinfachung der Konsignationslagerregelung vorsehen, mit dem Ziel, dass sich der Inhaber des Konsignationslagers im EU-Lagestaat nicht steuerlich registrieren lassen muss. Die EU-einheitlichen Regeln finden Sie in den Begriffsbestimmungen.

Auch wenn der Wortlaut dieses nicht explizit ausführt, so ist die in den Begriffsbestimmungen beschriebene EU-Konsignationslager-Regelung ein Wahlrecht zugunsten des Lieferanten. Die Anwendung der Regelung kann durch den Lieferanten faktisch durch die Nicht-Führung des notwendigen Registers und/oder die Nicht-Eintragung der Verbringung in die ZM vermieden werden.

Wird von der EU-Konsignationslagerregelung kein Gebrauch gemacht, gilt wie bisher Folgendes.

Sofern bei einem Konsignationslager Ware aus einem EU-Mitgliedstaat eingelagert wird, sind diese Konsignationslager entsprechend dem Schaubild 1 in den Begriffsbestimmungen abzuwickeln. Es besteht eine Registrierungspflicht der – aus österreichischer Sicht – ausländischen Gesellschaft, da ein steuerpflichtiger innergemeinschaftlicher Erwerb und anschließend eine steuerpflichtige Inlandslieferung in Österreich vorangemeldet werden muss.

Aus zivilrechtlicher Sicht ist zunächst zu beachten, dass bei einem Konsignationslager der Lieferer (Konsignant) zivilrechtlicher Eigentümer der im Lager befindlichen Ware bleibt. Erst wenn der Abnehmer (Konsignatar) die Ware entnimmt, geht auch das Eigentum über. Daraus folgt für Konsignationslagerfälle mit Drittlandswaren Folgendes:

Wenn ein im Drittlandstaat ansässiger Unternehmer Waren aus dem Drittland in ein von ihm in Österreich unterhaltenes Konsignationslager liefert, aus dem der inländische Abnehmer Waren bei Bedarf entnimmt, verschafft er dem Abnehmer Verfügungsmacht an der Ware grds. erst im Zeitpunkt der Entnahme. Damit ist erst in diesem Zeitpunkt eine steuerbare und steuerpflichtige Lieferung gegeben. Aus diesem Umstand ergeben sich für den Lieferanten in Österreich folgende Konsequenzen (Schaubild 2 in den Begriffsbestimmungen):

- Abführung der festgesetzten Einfuhrumsatzsteuer bei Einfuhr der Ware in Österreich,
- umsatzsteuerliche Registrierungspflicht in Österreich,
- Geltendmachung der festgesetzten Einfuhrumsatzsteuer als Vorsteuer und
- Abführung von Umsatzsteuer für Warenentnahmen aus dem Lager, sofern es sich um keine Waren handelt, die in Österreich für inner-österreichische Lieferungen unter das sogenannte Reverse- Charge-Verfahren fallen.

Fertigt der Abnehmer der Konsignationslagerware die Drittlandsware zum zollrechtlich freien Verkehr in Österreich ab, so wird er zweifelsfrei Schuldner der österreichischen Einfuhrumsatzsteuer, da er die Einfuhr gegenüber dem österreichischen Zoll erklärt hat. Er ist jedoch nicht befugt, die Einfuhrumsatzsteuer als Vorsteuer geltend zu machen, da im Zeitpunkt der Abfertigung die Verfügungsmacht an der Drittlandsware noch nicht auf ihn übergegangen ist. Der Übergang erfolgt – wie bereits erläutert – erst im Zeitpunkt der Warenentnahme aus dem Konsignationslager.

Mit Verschaffung der Verfügungsmacht an den Abnehmer bewirkt der leistende Unternehmer eine in Österreich steuerbare und steuerpflichtige Lieferung. Die Umsatzsteuerbefreiung im Einfuhrfall ist nicht einschlägig, da die Lieferung der Einfuhr zeitlich nachgeht. Der Lieferant ist aus diesem Grund verpflichtet, sich für Umsatzsteuerzwecke in Österreich umsatzsteuerlich registrieren zu lassen. Er kann dann nach erfolgter Registrierung unter den üblichen Voraussetzungen die vom Abnehmer entrichtete Einfuhrumsatzsteuer als Vorsteuer geltend machen, sofern er im Besitz eines entsprechenden zollamtlichen Zahlungsbelegs oder eines zollamtlich bescheinigten Ersatzbelegs ist.

Steuerbefreiungen

Das österreichische Umsatzsteuergesetz sieht u. a. Umsatzsteuerbefreiungen für die folgenden Lieferungen bzw. Leistungen vor:

Ausfuhrlieferungen

Ausfuhrlieferungen liegen vor, wenn ein Gegenstand von Österreich ins Drittland geliefert wird. Eine Be- oder Verarbeitung des Gegenstandes vor Ausfuhr durch einen Dritten ist grds. zulässig.

Steuerfreie Ausfuhrlieferungen (§ 7 ö-UStG) liegen vor:

- Wenn die Unternehmerin/der Unternehmer den Liefergegenstand in das Ausland befördert oder versendet hat oder
- wenn das Umsatzgeschäft mit einem ausländischen Unternehmen (= nicht in Österreich ansässig) als Abnehmer abgeschlossen wurde, wobei das ausländische abnehmende Unternehmen den Gegenstand ins Ausland befördert oder versendet, oder
- wenn das Umsatzgeschäft mit einer ausländischen Abnehmerin/einem ausländischen Abnehmer abgeschlossen wurde, welche/welcher die Ware für nichtunternehmerische Zwecke erworben hat und im persönlichen Reisegepäck ausführt, sofern diese Abnehmerin/dieser Abnehmer keinen Wohnsitz oder gewöhnlichen Aufenthalt im Gemeinschaftsgebiet (= Inland und die Gebiete der übrigen EU-Mitgliedstaaten) hat, der Gegenstand der Lieferung binnen drei Monaten nach Lieferung ausgeführt wird und der Gesamtbetrag der Rechnung 75 € überschreitet („Touristenexport“).

Zu unterscheiden sind die Fälle, in denen der liefernde Unternehmer oder aber der Abnehmer den Gegenstand der Lieferung in das Drittlandsgebiet versendet oder befördert hat, da für die Steuerbefreiung unterschiedliche Belege vorgehalten werden müssen.

Im Beförderungsfall ist der Ausfuhrnachweis grds. durch die Ausfuhranzeige i. S. des Art. 796e ZK-DVO im Rahmen des ECS (Electronic Control System) zu erbringen. In diesem Fall stellt der beim Zollamt befindliche elektronische Datensatz das Original des Ausfuhrnachweises dar. Wenn Ausfuhren nicht im Rahmen des ECS stattfinden können (z. B. Notfallverfahren), kann der Ausfuhrnachweis auch durch die schriftliche Anmeldung in der Ausfuhr, versehen mit der zollamtlichen Ausgangsbestätigung (sog. Einheitspapier), erbracht werden. Wenn nach zollrechtlichen Vorschriften weder eine elektronische noch eine schriftliche Zollanmeldung erforderlich sind (z. B. bei einem Ausfuhrwert von bis zu 1.000 €), kann der Ausfuhrnachweis durch eine vom Unternehmer ausgestellte und mit der zollamtlichen Ausgangsbestätigung versehene Ausfuhrbescheinigung erbracht werden (z. B. U34). Das Formular U34 ist grds. ein Ausfuhrnachweis beim Touristenexport (die Ware wird nicht für gewerbliche Zwecke erworben und im Reisegepäck ausgeführt). Es kann aber auch bei kommerziellen Ausfuhren bis 1.000 € als Nachweis der umsatzsteuerbefreiten Ausfuhrlieferung verwendet werden, wenn die Ausfuhr im Reiseverkehr erfolgt. Anstelle des Originalformulars kann auch ein inhaltlich entsprechendes anderes Formblatt verwendet werden, also z. B. eine Kopie des Formulars oder eine Rechnung, die den Inhaltserfordernissen des ö-UStG entspricht. Der Ausfuhrnachweis ist durch das Zollamt zu bestätigen. Zuständig dafür ist i. d. R. die letzte Zollstelle vor dem Ausgang der Waren aus dem Zollgebiet der EU (Ausgangszollstelle). Bei Ausreise mit dem Flugzeug ist die Ausfuhrbestätigung daher von den Zollorganen des jeweiligen Flughafens, bei Ausreise auf dem Landweg von den Zollorganen an den EU-Außengrenzen einzuholen.

Im Versendungsfall ist der Ausfuhrnachweis in erster Linie durch Versendungsbelege (Frachtbrief, Postaufgabeschein, Konnossement und dergleichen) und deren Doppelstücke zu erbringen. Außerdem kann der Ausfuhrnachweis durch die Ausfuhranzeige i. S. des Art 796e ZKDVO bzw. durch die schriftliche Anmeldung in der Ausfuhr, versehen mit den zollamtlichen Ausfuhrnachweisen (sog. Einheitspapier), oder durch eine Ausfuhrbescheinigung eines im Gemeinschaftsgebiet ansässigen Spediteurs (Spediteursbescheinigung) erbracht werden.

Der erforderliche Ausfuhrnachweis – Zusammenfassung:

- Im Versendungsfall:
- Durch Versendungsbelege, wie z. B.: Frachtbriefe, Postaufgabebescheinigungen, Konnossemente etc., oder durch die Ausfuhrbescheinigung eines im Gemeinschaftsgebiet ansässigen Spediteurs, oder durch die schriftliche Anmeldung in der Ausfuhr (versehen mit der zollamtlichen Ausgangsbestätigung), oder durch die Ausfuhranzeige i. S. des Art. 334 Durchführungsverordnung (EU) 2015/2447.
- Im Beförderungsfall (ausgenommen Touristenexport):
- Durch die schriftliche Anmeldung in der Ausfuhr (versehen mit der zollamtlichen Ausgangsbestätigung), oder durch die Ausfuhranzeige i. S. des Art. 334 UZK-IA. Unter bestimmten Voraussetzungen genügt eine vom liefernden Unternehmen ausgestellte Ausfuhrbescheinigung, versehen mit der zollamtlichen Ausgangsbestätigung.
- Beim Touristenexport:
- Durch eine vom liefernden Unternehmen ausgestellte Ausfuhrbescheinigung versehen mit der zollamtlichen Ausgangsbestätigung.

Wird die Ausfuhr im Rahmen des ECS (Electronic Control System) erbracht, stellt der beim Zollamt befindliche elektronische Datensatz das Original des Ausfuhrnachweises dar.

Ist der Leistungsempfänger/der Abnehmer der Ware für die Beförderung oder für die Versendung der Ware verantwortlich, so kann die Steuerbefreiung nur dann in Anspruch genommen werden, wenn der Abnehmer ein – aus österreichischer Sicht – ausländischer Abnehmer ist. Als ausländischer Abnehmer gilt nur der Abnehmer, der

- über keinen Wohnsitz oder Sitz in Österreich verfügt oder
- sofern es sich beim Abnehmer um eine ausländische Zweigniederlassung eines in Österreich ansässigen Unternehmers handelt, die das Umsatzgeschäft im eigenen Namen und auf eigene Rechnung abgeschlossen hat.

In Österreich wurde der Inhalt der sogenannten Spediteursbescheinigung erst mit Wirkung zum 1.1.2007 verbindlich geregelt. Die Mindestangaben lauten:

- Name und Anschrift des Ausstellers (= Spediteur)
- Name und Anschrift des Unternehmens sowie des Auftraggebers, wenn dieser nicht der Unternehmer ist
- Datum der Übergabe des Gegenstands an den Spediteur
- Handelsübliche Bezeichnung der Menge der Gegenstände
- Ort und Tag der Ausfuhr oder Ort und Tag der Versendung in das Drittlandsgebiet
- Name und Anschrift des Empfängers und der Bestimmungsort im Drittlandsgebiet
- Eine Versicherung des Ausstellers, dass die Angaben in dem Beleg aufgrund von Geschäftsunterlagen gemacht wurden, die im Gemeinschaftsgebiet nachprüfbar sind und
- Unterschrift des Ausstellers; die Ausfuhrbescheinigung muss nicht eigenhändig unterschrieben worden sein, wenn das für den zuständigen Spediteur zuständige Finanzamt die Verwendung des Unterschriftsstempels

Die Spediteursbescheinigung kann als Faksimile (original getreue Wiedergabe) ausgestellt oder mit einen maschinellen Unterschriftsausdruck ausgestellt werden, sofern dieses behördlich genehmigt wurde und auf der Bescheinigung auf die Genehmigungsverfügung des Finanzamtes unter Angabe von Datum und Aktenzeichen hingewiesen wird.

Das seit dem 1.7.2009 geltende Zollverfahren

Allgemeines

Mit dem EU-weiten elektronischen Ausfuhrsystem wurde das Exemplar 3 der Ausfuhranmeldung durch ein Ausfuhrbegleitdokument (ABD) ersetzt. Des Weiteren erfolgt seit Mitte 2009 die Bestätigung über den tatsächlichen Austritt der Ausfuhrware aus dem Zollgebiet der EU nunmehr elektronisch.

Das nachfolgend beschriebene Verfahren ist seit dem 1.7.2009 gesetzlich vorgesehen:

Zollanmeldung (Anmeldung in der Ausfuhr mit der zollamtlichen Ausgangsbestätigung)

In Österreich werden Zollanmeldungen in der Ausfuhr ausschließlich elektronisch mittels e-zoll abgegeben. Das Export Control System als Teil der Zollsicherheitsinitiative sieht vor, dass nach der elektronischen Ausfuhranmeldung bei der Ausfuhrzollstelle (Zollstelle am Ort des Ausführers) auch die Bestätigung des Austritts durch die Ausgangszollstelle (Grenzzollstelle) in elektronischer Form erfolgt. Diese Austrittsbestätigung wird Ergebnisnachricht (IE 518) genannt. Im Normalfall wird sie der Zollstelle (Ausfuhrzollstelle) übermittelt, bei der die Zollanmeldung abgegeben wurde. Die Ausfuhrzollstelle übersendet daraufhin dem Anmelder die Ausfuhranzeige (EX 431) elektronisch als pdf-Datei. Diese tritt nunmehr an Stelle des bestätigten Blatt 3 der Zollanmeldung als einer der möglichen Ausfuhrnachweise für Umsatzsteuerzwecke im Sinn § 7 UStG 1994, wenn sie im Feld 44 folgenden Vermerk trägt:

Ausfuhranzeige

gem. Artikel 796e ZK-DVO, VO (EWG) Nr. 2454/1993

Die zur Ausfuhr überlassene Sendung hat am [Ausfuhrdatum] beim

Zollamt [Kenn-Nummer des Zollamts] das Zollgebiet der Gemeinschaft verlassen.

Mitunter kommt es auch vor, dass die elektronische Ergebnisnachricht (IE 518) nicht bei der Ausfuhrzollstelle ankommt und somit der Ausführer nicht in den Besitz der Ausfuhranzeige (EX 431) kommen kann. In Österreich wird in diesen Fällen nicht automatisch ein Ausforschungsverfahren von der Zollbehörde eingeleitet. Da es sehr aufwändig ist, sollte ein Exporteur es auch nur dann veranlassen, wenn er die Ausfuhranzeige (EX 431) als Ausfuhrnachweis für Umsatzsteuerzwecke unbedingt benötigt. Er kann im Zuge dieses Verfahrens den Nachweis, dass die Ware das Zollgebiet der Gemeinschaft tatsächlich verlassen hat, u. a. durch folgende Alternativnachweise führen, um in den Besitz der Ausfuhranzeige (EX 431) zu gelangen:

- Eine Kopie des vom Empfänger außerhalb des Zollgebiets der Gemeinschaft unterzeichneten oder authentifizierten Lieferscheins.
- Den Zahlungsnachweis, die Rechnung oder den von dem Wirtschaftsbeteiligten, der die Waren aus dem Zollgebiet der Gemeinschaft verbracht hat, unterzeichneten oder authentifizierten Lieferschein.
- Eine von dem Unternehmen, das die Waren aus dem Zollgebiet der Gemeinschaft verbracht hat, unterzeichnete oder authentifizierte Erklärung

  Ein von den Zollbehörden eines Mitgliedstaats oder eines Landes außerhalb des Zollgebiets der Gemeinschaft beglaubigtes Dokument.

Die vollständige Aufzählung der Alternativnachweise nach Art. 796da Abs. 4 ZK-DV, mit denen bei der zuständigen Zollstelle die tatsächliche Ausfuhr der Waren aus dem Zollgebiet nachgewiesen werden kann, um in den Besitz der Ausfuhranzeige (EX 431) zu kommen, findet man in der Zolldokumentation ZK-1610 in der Finanzdokumentation des Bundesministeriums für Finanzen (*http://www.bmf.gv.at*). Zwar können Unternehmer aus Vereinfachungsgründen bereits trotz Nichtvorliegens des erforderlichen Ausfuhrnachweises die Steuerbefreiung in Anspruch nehmen, jedoch muss der Nachweis grds. innerhalb von sechs Monaten nach Ausführung der Lieferung tatsächlich vorliegen. Liegt der Nachweis innerhalb dieses Zeitraums nicht vor, so hat der Unternehmer den umsatzsteuerfreien Umsatz nachträglich umsatzsteuerpflichtig abzurechnen. Die Steuerpflicht greift immer auf den Zeitpunkt der Lieferung zurück. Kann der Ausfuhrnachweis später bis zur Rechtskraft des Umsatzsteuerbescheides des betreffenden Jahres vorgelegt werden, kann die Steuerfreiheit wiederum rückwirkend beansprucht werden.

Innergemeinschaftliche Lieferung

Umsatzsteuerfreie innergemeinschaftliche Lieferungen (Art. 7 ö-UStG, Binnenmarkt) liegen vor:

- Wenn der liefernde Unternehmer oder der Leistungsempfänger den Liefergegenstand in das übrige Gemeinschaftsgebiet befördert oder versendet, und
- der Leistungsempfänger ein Unternehmer ist, der den Gegenstand für sein Unternehmen erworben hat bzw. eine nicht unternehmerisch tätige juristische Person ist, und der Erwerb des Liefergegenstandes bei dem Leistungsempfänger im anderen Mitgliedstaat steuerbar ist,
- der Leistungsempfänger dem Unternehmen die in einem anderen Mitgliedstaat erteilte USt-IdNr. mitgeteilt hat und
- die Unternehmerin/der Unternehmer die Lieferung in eine Zusammenfassende Meldung aufgenommen oder das Versäumnis zur Zufriedenheit der Behörden ordnungsgemäß korrigiert oder begründet hat.

Die Nachweispflichten im Zusammenhang mit steuerfreien innergemeinschaftlichen Lieferungen entsprechen in etwa den deutschen Regeln. Damit umsatzsteuerfrei fakturiert werden kann, benötigt der leistende Unternehmer zum Zeitpunkt der Lieferung eine gültige ausländische USt-IdNr. seines Abnehmers. Wird die USt-IdNr. nicht mitgeteilt, ist die Lieferung nicht steuerfrei und dem Leistungsempfänger steht für die Lieferung kein Vorsteuerabzug zu (siehe ö-UStR 2000 Rz 2839; keine Anwendung des Vorsteuererstattungsverfahren).

Wird dem liefernden Unternehmer vom Erwerber eine von einem anderen Mitgliedstaat erteilte USt-IdNr. nachträglich mitgeteilt, ist eine Rechnungsberichtigung möglich. Dafür muss der Erwerber dem liefernden Unternehmer nachweisen, dass dieser zum Zeitpunkt des Erwerbs Unternehmer war und als solcher gehandelt hat (vgl. ö-UStR Rz 3992a). Zur Überprüfung der Gültigkeit der USt-IdNr. existiert in Österreich ein Bestätigungsverfahren. Seit dem 1.7.2011 hat die Abfrage von USt-IdNr. verpflichtend elektronisch zu erfolgen. Die Abfrage kann über FinanzOnline (FinanzOnline ist das elektronische Datenübertragungsverfahren der österreichischen Finanzverwaltung auf Basis der Internettechnologie, seit 2003 hat jeder Unternehmer Zugang zu diesem Online-Service und kann sich in sein „Steuerkonto" einloggen) durchgeführt werden, es sei denn dieses ist für den Unternehmer unzumutbar. Sowohl bei Vorliegen der „Unzumutbarkeit" als auch bei technischen Problemen kann eine schriftliche Anfrage direkt an das für den Anfragenden zuständige – österreichische – Finanzamt gestellt werden. Im Rahmen von FinanzOnline stehen sämtlichen Unternehmern für die Bestätigung der Gültigkeit einer USt-IdNr. neben der Stufe 1 auch die Stufe 2 zur Verfügung, wo im Falle der Gültigkeit der abgefragten USt-IdNr. auch zusätzlich Name und Anschrift des Erwerbers angezeigt werden, so wie diese im jeweiligen Mitgliedstaat gespeichert sind. Auch hier können Daten österreichischer Unternehmer abgefragt werden. Ein Ausdruck der jeweiligen Antwort ist als Nachweis ausreichend.

Neben der elektronischen Abfrage via FinanzOnline ist unter www.europa.eu.int/vies jedem Unternehmer die Möglichkeit eröffnet, auf elektronischem Weg, die Gültigkeit von USt-IdNrn. zu überprüfen. Unter dieser Internet-Adresse können auch österreichische USt-IdNr. abgefragt werden. Das österreichische Finanzministerium hat in den ö-Umsatzsteuerrichtlinien nunmehr in Rz. 4352a bestätigt, dass eine derartige elektronische Selbstabfrage bei der EU-Kommission steuerrechtlich einer Bestätigung über FinanzOnline gleichgestellt ist, sofern der Ausdruck des Ergebnisses der Abfrage aufbewahrt wird.

Wie oft das USt-IdNr.-Bestätigungsverfahren in Anspruch genommen wird, ist gesetzlich nicht vorgeschrieben. Die österreichische Finanzverwaltung äußerte sich dazu wie folgt: Die Inanspruchnahme des USt-IdNr.-Bestätigungsverfahrens kann ein Hinweis auf die Anwendung der Sorgfalt eines ordentlichen Kaufmanns sein. Das Unternehmen kann selbst entscheiden, ob alle oder nur neue Kunden durch die Anfrage überprüft werden sollen. Das Unternehmen kann auch nur Stichproben durchführen. Wie oft die USt-IdNr. während der gesamten Geschäftstätigkeit bestätigt wird, ist ebenfalls die Entscheidung des Unternehmens. Bei einer längerfristig aufrechten Geschäftsbeziehung wird eher auf die Gültigkeit der USt-IdNr. des Geschäftspartners vertraut werden können. Wird die Gültigkeit einer USt-IdNr. im Bestätigungsverfahren bestätigt, kann davon ausgegangen werden, dass diese USt-IdNr. für den gesamten Tag der Abfrage gültig ist. Mehrfache Abfragen derselben USt-IdNr. an einem Tag sind daher jedenfalls nicht notwendig.

Die Voraussetzungen der steuerfreien innergemeinschaftlichen Lieferung müssen buchmäßig nachgewiesen werden. Die Lieferung muss im Normalfall mit folgenden Daten aufgezeichnet werden:

- Name, Anschrift und USt-IdNr. des Abnehmers
- Name, Anschrift des Beauftragten (in Abholfällen), ggf. Spezialvollmacht
- handelsübliche Bezeichnung und Menge des Liefergegenstandes
- Tag der Lieferung
- das vereinbarte Entgelt
- Art und Umfang einer Bearbeitung vor der Beförderung
- die Beförderung und Versendung in das übrige Gemeinschaftsgebiet
- Bestimmungsort im übrigen Gebiet der EU
- Nachweis der Beförderung bzw. Versendung

Der Nachweis der Beförderung oder Versendung des Gegenstandes von Österreich in einen anderen EU-Mitgliedsstaat kann wie folgt erbracht werden.

Nachweis der Beförderung (durch die österreichische Unternehmerin/den österreichischen Unternehmer):

- Rechnungsdurchschrift
- Beleg, z. B. Lieferschein (Bestimmungsort im Mitgliedstaat muss ersichtlich sein)
- Empfangsbestätigung der Abnehmerin/des Abnehmers

Abholung durch die abnehmende bzw. eine beauftragte Person:

- Rechnungsdurchschrift
- Beleg, z. B. Lieferschein (Bestimmungsort im Mitgliedstaat muss ersichtlich sein)
- Erklärung der abnehmenden bzw. beauftragten Person, dass der Gegenstand in einen anderen Mitgliedstaat befördert wird

Nachweis der Versendung (beispielsweise durch Übergabe an eine Spediteurin/einen Spediteur):

- Rechnungsdurchschrift
- Versendungsbeleg (z. B. Frachtbriefe, Postaufgabebescheinigungen etc.)

Als weitere Nachweise haben sich in der Praxis bewährt:

- Holt der Empfänger die Ware selbst ab, sollte neben der Kopie eines amtlichen Lichtbildausweises und einer Vollmacht auch eine Erklärung gemäß dem Muster des

Anhangs 5 der ö-UStR „Erklärung über die Beförderung von Waren in das übrige Gemeinschaftsgebiet“ archiviert werden.

- Bringt der Lieferant die Ware selbst zum Kunden, sollte er sich die Abnahme mit einer Erklärung gemäß Muster des Anhangs 6 der ö-UstR „Erklärung über den Empfang von Waren“ bestätigen lassen.

Die beiden Musterbescheinigungen sind diesem Kapitel als Anlagen angehängt.

Zusätzlich besteht seit dem 1.1.2020 für Unternehmen die Möglichkeit, den Nachweis einer Versendung oder Beförderung ins Gemeinschaftsgebiet auch nach Art. 45a (EU) 282/2011 (DVO) zu führen. Versendet der Lieferant die Ware in das EU-Ausland, so benötigt er dafür mindestens zwei einander nicht widersprechende Nachweise aus folgenden Fallgruppen:

Gruppe A: Unterzeichneter CMR-Frachtbrief; Konnossement; Luftfracht-Rechnung; Rechnung des Beförderers der Gegenstände

Gruppe B: Versicherungspolizze für Versand/Beförderung oder Bankunterlagen, die die Bezahlung von Versand/Beförderung der Gegenstände belegen; von öffentlicher Stelle (z. B. Notar) ausgestellte offizielle Unterlagen, die die Ankunft der Gegenstände im Bestimmungsland bestätigen; Quittung des Lagerinhabers, die die Lagerung im Bestimmungsmitgliedstaat bestätigt

Zulässig ist die Kombination aus zwei Nachweisen gemäß Gruppe A oder eines Nachweises aus Gruppe A mit einem aus Gruppe B. Beide Nachweise müssen von zwei verschiedenen und von Lieferant und Erwerber unabhängigen Parteien ausgestellt werden.

Sofern die Versendung der Ware durch den Erwerber erfolgt (Abholfall), so muss der Lieferant zusätzlich (bis zum 10. Tag des Folgemonats) über eine schriftliche Erklärung des Erwerbers verfügen, aus der hervorgeht, dass die Gegenstände vom Erwerber oder auf Rechnung des Erwerbers von einem Dritten versandt oder befördert wurden und in der der Bestimmungsmitgliedstaat der Gegenstände angegeben ist. Die Erklärung muss des Weiteren Ausstellungsdatum, Name und Anschrift des Erwerbers, Menge und Art der Gegenstände, Ankunftsdatum und -ort der Gegenstände sowie die allfällige Identifikation eines Bevollmächtigten enthalten. Eine innergemeinschaftliche Lieferung ist nur steuerfrei, wenn der liefernde Unternehmer der Pflicht zur Abgabe einer Zusammenfassenden Meldung innerhalb der in Art. 21 Abs 3 ö-UStG angeführten Frist nachgekommen ist. Wird keine oder nur eine unvollständige oder unrichtige Zusammenfassende Meldung für die Lieferung abgegeben, ist die innergemeinschaftliche Lieferung steuerpflichtig. Abweichend davon ist die Steuerbefreiung dennoch zu gewähren, wenn der liefernde Unternehmer das Versäumnis (Nichtabgabe, Unvollständigkeit oder Unrichtigkeit) zur Zufriedenheit der zuständigen Steuerbehörde ordnungsgemäß begründet und die Zusammenfassende Meldung entsprechend berichtigt bzw. nachträglich abgibt (siehe Rz. 3994 und Rz. 4203 ö-UStR).

Entscheidung des Verwaltungsgerichtshofes (VwGH, Erkenntnis v. 27.4.2017 - Ro 2015/ 15/0026): Die österreichische Judikatur bejaht mit Verweis auf die Rechtsprechung des EuGH (EuGH, Urteil v. 18.11.2010 - Rs. C-84/09 „X gegen Skatteverket"), dass die Umsatzsteuerfreiheit für innergemeinschaftliche Lieferungen nicht unabdingbar mit einer eigenständigen – durchgängigen - Beförderung des Abnehmers oder des Lieferers zusammenhängen kann. Auch eine Unterbrechung der Beförderung müsse nicht zwangsläufig zur Brechung des Liefergeschäfts führen (Stichworte: gebrochene Transporte). Bei bilateralen Lieferbeziehungen steht es der Steuerbefreiung einer innergemeinschaftlichen Lieferung nicht entgegen, dass die Verfügungsmacht an der gelieferten Ware tatsächlich bereits im Inland vom leistenden Unternehmer auf den jeweiligen Abnehmer übergeht. Demnach sind auch in den Fällen eines sog. gebrochenen Transports, bei denen sich der Lieferer und der Abnehmer aus dem übrigen Gemeinschaftsgebiet den Transport einer Ware teilen, so dass eine kombinierte Versendungslieferung und Abhollieferung vorliegt, nach dem Urteil des ö-VwGH (Entscheidung v. 27.4.2017 - Ro 2016/ 15/0026) die Anforderungen der Steuerbefreiung für innergemeinschaftliche Lieferungen erfüllt. Es handelt sich in diesen Fällen um ein durchgängiges Liefergeschäft, sofern es für den Lieferer problemlos möglich wäre, die formalrechtlichen Nachweise beizubringen, die einen zeitlichen und sachlichen Zusammenhang zwischen Lieferung der Gegenstände und dem damit verbundenen Transportvorgang belegen.

2015 hatte sich das ö-BMF wie folgt zu Reihen- und zu Dreiecksgeschäften geäußert:

Die Anwendung der Vereinfachungsregel für Dreiecksgeschäfte hindert nicht mehr die umsatzsteuerliche Registrierung des Zwischenhändlers (= des B in der Reihe A/B/C), wenn der Zwischenhändler im Abgangsland umsatzsteuerlich registriert ist.

Bei einem Reihengeschäft mit A/B/C, wobei A und B zu einer umsatzsteuerlichen Organschaft gehören, findet die Organschaft keine Berücksichtigung und das Reihengeschäft ist nach den allgemeinen Regeln zu beurteilen. Aus deutscher Sichtweise wäre die Lieferung zwischen A und B aufgrund der Organschaft ein nicht steuerbarer Innenumsatz und aus dem 3-er-Geschäft würde ein 2-er-Geschäft werden, demnach eine umsatzsteuerfreie innergemeinschaftliche Lieferung zwischen B und C, sofern die erforderlichen Nachweise vorgelegt werden können. Das ö-BMF blendete jedoch die Organschaftsregeln aus und behandelte die Transaktionen zwischen A/B/C nach den österreichischen Reihengeschäftsregeln. Diese Auffassung steht nicht im Einklang mit der deutschen Rechtsauffassung.

Das ö-BMF hatte sich außerdem mit Schreiben vom 19.10.2016 zum Nachweis der Besteuerung bei missglückten Dreiecksgeschäften geäußert. Beim sog. Dreiecksgeschäft handelt es sich um eine Sonderform des Reihengeschäfts mit dem positiven Effekt für den Erwerber, den mittleren Unternehmer in der Reihe, dass sich dieser bei ordnungsgemäßer Abwicklung des Dreiecksgeschäfts nicht im EU-Warenbestimmungsland umsatzsteuerlich registrieren lassen muss. Gemäß Art. 25 ö-UStG liegt ein Dreiecksgeschäft dann vor, wenn drei Unternehmer mit umsatzsteuerlichen Registrierungen aus drei verschiedenen Mitgliedstaaten der EU über dieselbe Ware kontrahieren und diese unmittelbar vom ersten Unternehmer in der Reihe an den letzten Abnehmer gelangt.

Zum Jahresbeginn 2023 wurde in Österreich klargestellt, dass eine umsatzsteuerliche Registrierung des mittleren Unternehmers in einem Dreiecksgeschäft im EU-Warenbestimmungsland der Anwendung der Dreiecksgeschäftsregelung nicht entgegensteht, solange der mittlere Unternehmer nicht mit seiner vom Warenabgangs- bzw. Warenbestimmungsland erteilten USt-IdNr. auftritt.

Verfügt der mittlere Unternehmer in einem Dreiecksgeschäft jedoch im Warenbestimmungsland über einen Sitz oder eine feste Niederlassung, ist die Regelung für Dreiecksgeschäfte aus österreichischer Sicht – genau wie in Deutschland – (weiterhin) nicht anwendbar. Auch wenn der mittlere Unternehmer über eine umsatzsteuerliche Registrierung im EU-Warenbestimmungsland verfügt, kann die Vereinfachung des Art. 25 ö-UStG in analoger Anwendung im Zusammenhang mit Rz. 4294 ö-UStR nicht zur Anwendung kommen, denn Rz. 4294 ö-UStR besagt:

> *„Ein Wohnsitz oder Sitz im Inland ist auch dann anzunehmen, wenn der Erwerber im Inland zur Umsatzsteuer erfasst ist (inländische Steuernummer bzw. UID). Die Erfassung im Rahmen der Vorsteuererstattung ist nicht schädlich."*

In diesem Zusammenhang ist das nachfolgende Urteil von Bedeutung. Das ö-BFG hatte sich in seinen Urteilen vom 24.10.2019 (RV/2100217/2018 und RV/2101154/2017) mit der Frage auseinanderzusetzen, ob die umsatzsteuerliche Registrierung im Bestimmungsland schädlich für die Inanspruchnahme der Dreiecksgeschäftsregelung ist. Nach Ansicht der österreichischen Finanzverwaltung sei aufgrund der bestehenden (umsatzsteuerlichen) Registrierung des mittleren Unternehmers im EU-Bestimmungsmitgliedstaat sichergestellt, dass dieser seinen Erklärungspflichten im EU-Bestimmungsmitgliedstaat nachkommen kann, weshalb die Vereinfachungsregel für Dreiecksgeschäfte eigentlich gar nicht erforderlich sei. Dabei verweist die österreichische Finanzverwaltung ausdrücklich auf den Art. 141 Buchst. a MwStSystRL, der jedoch explizit auf die „Niederlassung" im EU-Bestimmungsmitgliedstaat abstellt. Zudem stützt sich die ö-Finanzverwaltung auf die oben bereits zitierte Rz. 4294 ö-UStR. Das ö-BFG hingegen stellt in seinen Entscheidungsgründen voran, dass die grundsätzlichen Voraussetzungen der Erfüllung der gesetzlichen Regelungen im Sachverhalt nicht weiter strittig sind. Es erkennt, dass der Begriff „Wohnsitz im Inland" gem. Art. 25 Abs. 3 Buchst. a ö-UStG bzw. „Niederlassung" gem. Art. 141 Buchst. a MwStSystRL mit einer bloßen umsatzsteuerlichen Registrierung nicht gleichzusetzen sind. Darüber hinaus ist die Rz. 4294 ö-UStR in der Weise zu verstehen, dass grds. vom innergemeinschaftlichen Erwerb, d. h. dem tatsächlichen (faktischen) Erwerb, im Bestimmungsmitgliedstaat die Rede ist und daher in den gegenständlichen Sachverhalten (innergemeinschaftlicher Erwerb kraft USt-IdNr.) nicht zur Anwendung kommen kann. Der Erwerber hat demnach ein Wahlrecht, ob er die Vereinfachung für Dreiecksgeschäfte anwenden will, wenn er über mehrere USt-IdNrn. verschiedener EU-Mitgliedstaaten verfügt. Demnach wäre laut Urteil des ö-BFG die bloße umsatzsteuerliche Registrierung des mittleren Unternehmers im EU-Warenbestimmungsland unschädlich für die Inanspruchnahme der Dreiecksgeschäftsregel. Gegen das Urteil wurde Revision eingelegt und die Entscheidung des ö-VwGH steht noch aus.

Art. 25 Abs. 3 ö-UStG enthält folgende Voraussetzungen der Steuerbefreiung bei innergemeinschaftlichen Erwerben für den mittleren Unternehmer bei einem Dreiecksgeschäft:

- Der Erwerber hat keinen Wohnsitz oder Sitz in Österreich, wird jedoch im Gemeinschaftsgebiet zur Umsatzsteuer erfasst.
- Der Erwerb erfolgt für Zwecke einer anschließenden Lieferung des Erwerbers in Österreich an einen Unternehmer/eine juristische Person, der/die für Zwecke der Umsatzsteuer in Österreich erfasst ist.
- Die erworbenen Gegenstände stammen aus einem anderen Mitgliedstaat als jenem, in dem der Erwerber zur Umsatzsteuer erfasst ist.
- Die Verfügungsmacht über die erworbenen Gegenstände wird unmittelbar vom ersten Unternehmer oder vom Erwerber dem letzten Abnehmer verschafft.
- Die Steuer wird vom Empfänger geschuldet.

Sobald diese Kriterien erfüllt sind, bedarf es zusätzlich einer entsprechenden Erfassung in der österreichischen Umsatzsteuer-Voranmeldung (UVA) und der österreichischen Zusammenfassenden Meldung sowie einer korrekten Rechnungsausstellung i. S. von Art. 25 Abs. 4 ö-UStG (u. a. Hinweis auf das Dreiecksgeschäft).

Ein sog. missglücktes Dreiecksgeschäft liegt dann vor, wenn die Voraussetzungen des Art. 25 ö-UStG nicht erfüllt werden. Die Voraussetzungen liegen z. B. dann nicht vor, wenn der mittlere Unternehmer in seiner Rechnung explizit nicht auf das Dreiecksgeschäft oder auf die Steuerschuldübertragung auf seinen Abnehmer hingewiesen hatte. Beim verunglückten Dreiecksgeschäft wird die USt nicht auf nicht auf den finalen Empfänger der Waren übertragen und der Erwerb gilt nicht als besteuert. Vielmehr hat der mittlere Unternehmer, der Zwischenhändler, Erwerbsteuer in Österreich abzuführen, sofern dieser das entsprechende Geschäft mit seiner österreichischen USt-IdNr. abgewickelt hatte. Aufgrund der EU-Rechtsprechung „Facet" ist die durch den mittleren

Unternehmer abzuführende österreichische Erwerbssteuer nicht als Vorsteuer in Österreich abzugsfähig. Der EuGH hatte in seinen Urteilen „X“ und „Facet Trading BV“ (EuGH, Urteil v. 22.4.2010 - Rs. C-536/08 und C-539/08 „X“) für Verwendung einer vom Bestimmungsland abweichenden USt-IdNr. die Besteuerungspflicht im Land der verwendeten USt-IdNr. bejaht, eine Entlastung qua zeitgleichem Vorsteuerabzug jedoch verneint. Da die Vereinfachungsregel des Dreiecksgeschäfts nicht anwendbar ist, müssen die umsatzsteuerlichen Konsequenzen eines „normales“ Reihengeschäfts gezogen werden: Abführung von Erwerbsteuer ohne Vorsteuerabzugsrecht.

Bisher war es aus österreichischer Sicht fraglich, ob bzw. wie der (mittlere) Unternehmer einen Formfehler durch einen entsprechenden Nachweis des Empfängers bereinigen könnte, um die Dreiecksgeschäftsregel gem. Art. 25 ö-UStG rückwirkend anzuwenden.

Die aktuelle Fassung des ö-UStG beantwortet diese Frage wie folgt.

Art. 3 Abs. 8 zweiter Satz ö-UStG

Verwendet der Erwerber gegenüber dem Lieferer eine ihm von einem anderen Mitgliedstaat erteilte Umsatzsteuer-Identifikationsnummer, so gilt der Erwerb solange in dem Gebiet dieses Mitgliedstaates als bewirkt, bis der Erwerber nachweist, dass der Erwerb durch den im ersten Satz bezeichneten Mitgliedstaat besteuert worden ist.

Die abzuführende Erwerbsteuer ist nicht als Vorsteuer abzugsfähig!

Art. 25. Abs. 2 ö-UStG

Der innergemeinschaftliche Erwerb im Sinne des Art. 3 Abs. 8 zweiter Satz gilt als besteuert, wenn der Unternehmer, der den innergemeinschaftlichen Erwerb bewirkt (Erwerber) nachweist, dass ein Dreiecksgeschäft vorliegt und dass er seiner Erklärungspflicht gemäß Abs. 6 nachgekommen ist. Kommt der Unternehmer seiner Erklärungspflicht nicht nach, fällt die Steuerfreiheit rückwirkend weg.

Der EuGH hat am 8.12.2022 sein Urteil im Fall Luxury Trust Automobil GmbH gegen das österreichische Finanzamt veröffentlicht (Rs. C-247/21). Laut EuGH ist für die Anwendung des Dreiecksgeschäfts u. a. Voraussetzung, dass der mittlere Unternehmer in seiner Rechnung auf die Verlagerung der Steuerschuldnerschaft auf den Leistungsempfänger hinweist. Fehlt dieser Hinwies, liegt ein innergemeinschaftliches Dreiecksgeschäft und die Verlagerung der Steuerschuldnerschaft auf den letzten Empfänger nicht vor, was konsequenterweise dazu führt, dass die Transaktionen nach den „üblichen“ Regeln eines „normalen“ Reihengeschäfts abzuwickeln sind. Der EuGH stellte weiterhin fest, dass die fehlende Angabe auch nicht durch eine Ergänzung der Formulierung in der Rechnung an den Endkunden berichtigt werden könne. Fehlt eine der zwingenden Angaben in der ursprünglichen Rechnung, liegt bereits der Tatbestand eines Dreiecksgeschäfts nicht vor. Es kann also in Bezug auf erforderliche Rechnungshinweise keine Korrektur der Rechnung durch den mittleren Unternehmer L vorgenommen werden. Vielmehr handelt es sich nach einer erfolgten Korrektur bzw. Ergänzung um eine erstmalige Ausstellung der erforderlichen Rechnung, die aber keine Rückwirkung entfalten kann. Die Reaktion der österreichischen Finanzverwaltung auf das EuGH-Urteil vom 8.12.2022 steht noch aus und bleibt abzuwarten.

Seit dem 1.1.2023 können nun nach österreichischer Verwaltungsinterpretation die Dreiecksgeschäftsregelungen für vier- und mehrgliedrige Reihengeschäfte angewendet werden (Art. 25 ö-UStG). Im Gegensatz zu Deutschland müssen die beteiligten Unternehmer dabei nicht einmal am Ende der Lieferkette stehen. Diese Umsetzung erfolgte in Österreich im Sinne der Empfehlungen des EU-Mehrwertsteuerausschusses und im Hinblick auf eine einheitliche Anwendung der Bestimmungen des Art. 141 MwStSystRL. Die nun aus österreichischer Sicht mögliche Gestaltung betrifft jedoch ausschließlich nur den Unternehmer in der Reihe, der den innergemeinschaftlichen Erwerb bewirkt, also der Empfänger der bewegten Lieferung ist.

Rz. 4291 ö-UStR

Ein Dreiecksgeschäft ist seit 1.1.2023 auch innerhalb eines Reihengeschäftes mit mehr als drei Beteiligten möglich. Die Vereinfachungsregelung kann dabei bei Vorliegen sämtlicher Voraussetzungen an jeder Stelle des Reihengeschäftes angesiedelt sein. Es ist nicht erforderlich, dass der erste oder der letzte Unternehmer in der Reihe in das Dreiecksgeschäft involviert ist.

Sonder-USt-IdNr. für Spediteure

Spediteure können als gesondertes Steuersubjekt antragsgemäß ein eigenes Abgabenkonto mit dem Signal „U 0“ und eine Sonder-USt-IdNr. erhalten, womit eine Trennung der eigenen und der fremden Umsätze erreicht wird. Ausländische Unternehmen, die nicht in Österreich umsatzsteuerlich registriert sind, können so mittels des Spediteurs Ware in Österreich steuerfrei einführen, sofern sich im Anschluss an die Einfuhr unmittelbar eine innergemeinschaftliche Lieferung ex Österreich anschließt. Ohne die Verwendung der Sonder-USt-IdNr. des Spediteurs, der als indirekter Vertreter und damit als Anmelder bei der Überführung der Waren in den freien Verkehr auftritt, wäre das ausländische Unternehmen selbst registrierungspflichtig in Österreich.

Die Verwendung der Sonder-USt-IdNr. ist unzulässig, wenn der Vertretene über eine eigene österreichische USt-IdNr. verfügt. Die Wirtschaftskammer Österreich regt daher an, bei den Auftraggebern nachzuprüfen, ob diese über eine österreichische USt-IdNr. verfügen und das Ergebnis dieser Prüfung auch zu dokumentieren. Das ö-BMF empfiehlt in der Arbeitsrichtlinie ZK-4200 eine diesbezügliche schriftliche Erklärung des Auftraggebers einzuholen

Bezüglich der nach der Einfuhr sich anschließenden innergemeinschaftlichen Lieferung bestehen weder für den Spediteur noch für das ausländische Unternehmen Deklarationspflichten in Österreich, da die Daten von der österreichischen Zollbehörde der ZM-Datenbank automatisch zugespielt werden.

Zu beachten ist die folgende Fallkonstellation: Gemäß Art. 6 Abs. 3 ö-UStG kann die Einfuhr von Waren durch einen ausländischen Lieferanten steuerfrei behandelt werden, wenn die Waren vom Lieferanten im Anschluss an die Einfuhr unmittelbar zur Ausführung einer steuerfreien innergemeinschaftlichen Lieferung verwendet werden. Genau für diese Fälle kann sich der ausländische Lieferant/Einführer der Sonder-USt-IdNr. für Spediteure bedienen, sofern der ausländische Lieferant/Einführer nicht in Österreich umsatzsteuerlich registriert ist und demnach über keine österreichische USt-IdNr. verfügt. Seit dem 1.10.2006 darf die Abwicklung der oben beschriebenen Fälle jedoch nur dann über eine Sonder-USt-IdNr. für Spediteure erfolgen, wenn die USt-IdNr. des Warenempfängers von jenem EU-Mitgliedsstaat ausgestellt wurde, in dem sich die Ware am Ende der Beförderung/der Versendung auch tatsächlich befindet. Sollte der Warenempfänger z. B. mit einer deutschen USt-IdNr. auftreten, die Waren werden jedoch nach (z. B.) Spanien versendet, kann die Sonder-USt-IdNr. für Spediteure nicht genutzt werden, und der ausländische Lieferant wäre verpflichtet, sich selbst in Österreich zur Umsatzsteuer zu registrieren und die Einfuhranmeldung mit anschließender innergemeinschaftlicher Lieferung unter der eigenen österreichischen USt-IdNr. vorzunehmen. Bei dem o. a. Beispielsfall, entsteht außerdem die Zollschuld für den Anmelder, demnach für den Spediteur.

Verkauf und Vermietung von Grund und Boden und/oder Gebäuden

Der Verkauf und die Vermietung und Verpachtung von Grundstücken sind grds. umsatzsteuerfrei (§ 6 Abs. 1 Ziffer 9 Buchst. a ö-UStG). Es handelt sich um eine unechte Steuerbefreiung, denn Vorsteuerbeträge, die im Zusammenhang mit diesen umsatzsteuerfreien Ausgangsumsätzen stehen, sind vom Abzug ausgeschlossen. Ein umsatzsteuerfreier Grundstücksverkauf kann eine Vorsteuerkorrektur auslösen, wenn der Grundstücksveräußerer innerhalb der letzten 20 Jahre vor dem Zeitpunkt des Verkaufs z. B. aufgrund von Gebäudeinvestitionen Vorsteuerbeträge geltend gemacht hat (siehe bitte weitere – noch folgende – Ausführungen). Diese Vorsteuerbeträge wären bei einem steuerfreien Verkauf (anteilig) zurückzuzahlen (vgl. auch § 15a deutsches UStG). Damit es im Rahmen von Grundstücksverkäufen nicht zu der vorgenannten „Zwanzigstelkorrektur“ kommt, kennt das österreichische Umsatzsteuerrecht – wie das deutsche

Recht auch – die Möglichkeit des Verzichtes auf die Steuerfreiheit bei der Vermietung und der Veräußerung von Grundstücken. Wird auf die Steuerbefreiung verzichtet, so findet der Steuersatz i. H. von 20 % Anwendung. Bei Grundstücksverkäufen ist es ausreichend, wenn der Umsatz in der entsprechenden Umsatzsteuer-Voranmeldung bzw. -Jahreserklärung umsatzsteuerpflichtig behandelt wird.

Von der Umsatzsteuerbefreiung für Vermietung und Verpachtung sind immer ausgenommen:

- Die Vermietung zu Wohnzwecken, wobei hier der ermäßigte Steuersatz i. H. von 10 % anzuwenden ist (ausgenommen sind Heizkosten).
- Die Leistungen der Wohnungseigentümergemeinschaften zur Erhaltung, dem Betrieb und der Verwaltung von Wohnungseigentumsanlagen, soweit diese zu Wohnzwecken genutzt werden, ausgenommen Heizungskosten.
- Die Vermietung von Garagen oder Stellplätzen für Fahrzeuge (Regelsteuersatz i. H. von 20 %).
- Die Vermietung von Maschinen und sonstigen Vorrichtungen, die zu einer Betriebsanlage gehören, auch wenn sie wesentliche Bestandteile eines Grundstücks sind (Regelsteuersatz i. H. von 20 %).
- Übernachtungen in Hotels u. Ä. (Steuersatz 10 %).
- Die Vermietung von beweglichen Einrichtungsgegenständen in Wohnungen (Regelsteuersatz i. H. von 20 %)
- Heizkosten im Rahmen der Vermietung zu Wohnzwecken (Regelsteuersatz i. H. von 20 %)
- Die kurzfristige Geschäftsraumvermietung (z. B. kurzfristige Vermietung von Seminarräumen eines Hotelbetreibers) während eines ununterbrochenen Zeitraums von nicht mehr als 14 Tagen wird seit 2017 von der Umsatzsteuerbefreiung ausgenommen, wenn der vermietende Unternehmer das Grundstück sonst nur zur Ausführung von Umsätzen, die den Vorsteuerabzug nicht ausschließen, für kurzfristige Vermietungen oder zur Befriedigung eines Wohnbedürfnisses verwendet. Verwendet der Unternehmer das Grundstück auch für Umsätze, die den Vorsteuerabzug ausschließen, ist die kurzfristige Vermietung umsatzsteuerfrei, wenn nicht zur Umsatzsteuerpflicht optiert wurde. Durch die Änderung müssen sonst zum vollen Vorsteuerabzug berechtigte Unternehmen bei der kurzfristigen Vermietung nicht mehr unterscheiden, ob der Mieter (nahezu voll) zum Vorsteuerabzug aus dieser Leistung berechtigt ist. Zusätzlich entfällt auch die Notwendigkeit der Aufteilung der Vorsteuerbeträge bzw. die etwaige Notwendigkeit einer Vorsteuerberechtigung, die sich dadurch ergaben, dass z. B. Seminarräume tageweise an nicht (nahezu voll) zum Vorsteuerabzug berechtigte Personen vermietet werden.

Verkauf und Vermietung von Grund und Boden und/oder Gebäuden: 1. Stabilitätsgesetz 2012

Im Rahmen des 1. Stabilitätsgesetzes 2012 wurde die Frist, innerhalb derer eine Vorsteuerkorrektur bei einer Immobilienverwendungsänderung, z. B. bei einem umsatzsteuerfreien Verkauf oder der Entnahme ins Privatvermögen, vorzunehmen ist, von 10 Jahre auf 20 Jahre verlängert. Der Vorsteuerberichtigungszeitraum bei Grundstücken (einschließlich der aktivierungspflichtigen Aufwendungen und der Kosten von Großreparaturen) verlängert sich auf 20 Jahre. Das heißt, wenn sich bei einem im Anlagevermögen befindlichen Grundstück, innerhalb der auf das Jahr der erstmaligen Verwendung folgenden 19 Kalenderjahre die für den Vorsteuerabzug maßgeblichen Verhältnisse ändern, hat für jedes Jahr der Änderung eine Berichtigung in Höhe von einem Zwanzigstel des bereits geltend gemachten Vorsteuerabzugs zu erfolgen (§ 12 Abs. 10 ö-UStG). Damit zusammenhängend verlängert sich ebenfalls die Aufbewahrungspflicht für Aufzeichnungen und Unterlagen, die Grundstücke betreffen, allgemein auf 22 Jahre (§ 18 Abs. 10 ö-UStG).

Des Weiteren wurde die Möglichkeit, bei der Vermietung und Verpachtung zur Umsatzsteuerpflicht zu optieren, davon abhängig gemacht, ob der (End-) Mieter zum vollen Vorsteuerabzug berechtigt ist. Da nun die Option zur Umsatzsteuerpflicht von der „Qualität" der Ausgangsumsätze des Mieters abhängig gemacht wurde, entspricht die österreichische Gesetzeslage nun der deutschen (vgl. § 9 d-UStG).

Die Möglichkeit, nach § 6 Abs. 2 ö-UStG auf die Steuerbefreiung nach § 6 Abs. 1 Ziffer 16 ö-UStG zu verzichten, wird insoweit eingeschränkt, als der Vermieter/Verpächter davon nur Gebrauch machen kann, „soweit der Leistungsempfänger das Grundstück oder einen baulich abgeschlossenen, selbständigen Teil des Grundstücks nahezu ausschließlich für Umsätze verwendet, die den Vorsteuerabzug nicht ausschließen". Der leistende Unternehmer kann für jeden baulich abgeschlossenen, selbständigen Grundstücksteil, an dem Wohnungseigentum begründet werden könnte, auf die Anwendung der Steuerbefreiung verzichten. Erforderlich ist allerdings, dass der Mieter/Pächter das Grundstück/diesen Grundstücksteil nahezu ausschließlich (d. h. mindestens 95 %) für Umsätze verwendet, die seine Berechtigung zum Vorsteuerabzug nicht ausschließen. Ist dies der Fall und liegt ein an keine besondere gesetzliche Form gebundener Nachweis vor, dass der Mieter/Pächter die gesetzliche Voraussetzung erfüllt, so kann die leistende Unternehmerin/der leistende Unternehmer weiterhin zur Steuerpflicht für den betreffenden Vermietungs-/Verpachtungsumsatz optieren.

BEISPIEL Verrichtet ein zweigeschossiges Gebäude und vermietet es wie folgt:

- die Räume des Erdgeschosses an einen Arzt;
- die Räume im 1. Obergeschoss an einen Rechtsanwalt.

LÖSUNG Die Vermietungsumsätze des V sind von der Umsatzsteuer befreit (§ 6 Abs. 1 Ziffer 16 ö-UStG). Die Geschosse des Gebäudes sind baulich abgeschlossene, selbständige Grundstücksteile. Die Frage der Option ist für jeden Grundstücksteil gesondert zu prüfen.

- Erdgeschoss: V kann auf die Steuerbefreiung nicht verzichten, weil der Arzt den Gebäudeteil für steuerfreie Umsätze verwendet, die den Vorsteuerabzug ausschließen. Die laufenden Mietentgelte sind steuerbefreit.
- Obergeschoss: V kann auf die Steuerbefreiung verzichten, weil der Rechtsanwalt den Gebäudeteil für Umsätze verwendet, die zum Vorsteuerabzug berechtigen. In diesem Fall sind die laufenden Mietentgelte steuerpflichtig.

Inkrafttreten

Die Neuregelung ist auf Miet- und Pachtverhältnisse anzuwenden, die nach dem 31.8.2012 beginnen. Maßgeblich ist nicht der Zeitpunkt des Vertragsabschlusses, sondern die faktische Begründung des Miet- bzw. Pachtverhältnisses, somit die tatsächliche Nutzung des Gebäudes bzw. des Gebäudeteils. Ein Wechsel auf Mieter- oder Vermieterseite begründet in diesem Zusammenhang für Umsatzsteuerzwecke ein neues Miet- bzw. Pachtverhältnis. Unter die Neuregelung fallen – unabhängig vom Vorliegen eines aufrechten Miet- bzw. Pachtverhältnisses – nur jene Fälle, in denen „mit der Errichtung des Gebäudes durch den Unternehmer nicht bereits vor dem 1.9.2012 begonnen wurde." Beginn der Errichtung ist der Zeitpunkt, in dem bei vorliegender Baubewilligung mit der Bauausführung tatsächlich begonnen wurde, also tatsächliche handwerkliche Baumaßnahmen erfolgten.

Von der Neuregelung des § 6 Abs. 2 ö-UStG sind jene Fälle nicht erfasst, bei denen das Gebäude durch den Vermieter/Verpächter vor dem 1.9.2012 errichtet oder mit der Errichtung durch den leistenden Unternehmer bereits vor dem 1.9.2012 begonnen wurde, und zwar unabhängig vom Beginn des Miet- oder Pachtverhältnisses. Hat der Vermieter das Gebäude nicht errichtet, sondern erworben, so gilt die Neuregelung für alle Miet- und Pachtverhältnisse, die seit dem 1.9.2012 beginnen.

BEISPIEL V errichtet im Jahr 2013 ein Betriebsgebäude, welches er noch im gleichen Jahr an eine (nicht voll zum Vorsteuerabzug berechtigte) Versicherung vermietet.

LÖSUNG: V kann auf die Befreiung nicht verzichten, da weder das Mietverhältnis noch die Errichtung vor dem 1.9.2012 begonnen hat.

Bestimmte Finanzdienstleistungen

Bestimmte Finanzdienstleistungen, z. B. die Kreditvergabe, sind in Österreich umsatzsteuerbefreit, wobei der Unternehmer auch bei diesen Umsätzen auf die Steuerbefreiung verzichten kann.

Personen- oder Kapitalgesellschaften

Umsätze, die bestimmten anderen Verkehrssteuern unterliegen, insbesondere Umsätze mit Anteilen an Personen- oder Kapitalgesellschaften.

Werkzeugkostenzuschüsse

Werkzeugkostenzuschüsse können nach österreichischem Umsatzsteuerrecht als Nebenleistung zur Hauptleistung betrachtet werden. Geht die Verfügungsmacht an dem Werkzeug auf den Zuschussgeber über, dann liegt grds. eine umsatzsteuerbare Lieferung in Österreich vor. Werden die mit den Werkzeugen hergestellten Teile jedoch in das Drittlandsgebiet oder in einen anderen EU-Staat geliefert, dann kann auch eine steuerbefreite Abrechnung der Werkzeugkostenzuschüsse erfolgen. Von einer selbständigen Lieferung hinsichtlich der Werkzeuge ist dann auszugehen, wenn der Leistungsempfänger, der Zuschussgeber, die Verfügungsmacht über die Werkzeuge erwirbt, um sie für eigene wirtschaftliche Zwecke zu verwenden, sein Interesse also auf die Beschaffung der Werkzeuge gerichtet ist, um sie z. B. auch anderen Unternehmern zur Herstellung von Gegenständen zur Verfügung zu stellen.

Steuersätze

In Österreich gelten grds. folgende Steuersätze:

- Normalsteuersatz 20 %
- ermäßigter Steuersatz 13 %
- ermäßigter Steuersatz 10 %

Beispiele Anwendung ermäßigter Steuersatz i. H. von 13 %:

- Lieferungen und die Einfuhr der in der Anlage 2 aufgezählten Gegenstände, beispielsweise lebende Tiere und Pflanzen, Blumen, Futtermittel;
- Einfuhr von Kunstgegenständen, Sammlungsstücken etc.;
- Lieferungen von Kunstgegenständen (außer Differenzbesteuerung);
- Aufzucht, Mästen und Halten von gewissen Tieren (Rinder, Schweine, Schafe, Ziegen, Hausgeflügel, etc.) und Anzucht von Pflanzen sowie Leistungen, die unmittelbar der Vatertierhaltung, der Tierzucht oder der künstlichen Tierbesamung der genannten Tiere dienen;
- Künstler;
- Schwimmbäder und Thermalbehandlungen;
- Film- und Zirkusvorführungen sowie Schausteller;

- Personenbeförderung mit Luftverkehrsfahrzeugen;
- Jugend-, Erziehungs-, Ausbildungs-, Fortbildungs- und Erholungsheime (sofern nicht befreit oder der Steuersatz i. H. von 10 % anzuwenden ist);
- Wein ab Hof;
- Eintrittsberechtigungen zu sportlichen Veranstaltungen.

Darüber hinaus ist der ermäßigte Steuersatz i. H. von 13 % seit dem 1.5.2016 für folgende Umsätze anzuwenden:

- Beherbergung in eingerichteten Wohn- und Schlafräumen sowie Vermietung (Nutzungsüberlassung) von Grundstücken für Campingzwecke;
- Theater, Musik- und Gesangsaufführungen, Museen, botanische oder zoologische Gärten bzw. Naturparks (sofern nicht befreit oder der Steuersatz i. H. von 10 % anzuwenden ist).
- Seit dem 1.5.2016 gilt der Steuersatz i. H. von 13 % auch für die Beherbergung in eingerichteten Wohn- und Schlafräumen und die regelmäßig damit verbundenen Nebenleistungen (einschließlich Beheizung). Bei Pauschalangeboten wird per Erlass geregelt, welcher Teil auf das Frühstück sowie die Halb- oder Vollpension entfällt, da dieser Teil weiterhin dem ermäßigten Steuersatz von 10 % unterliegt.

Am 20.3.2018 hat das Plenum des Nationalrats dem Gesetzesentwurf zur Senkung des Umsatzsteuersatzes für Beherbergungsleistungen von 13 % auf 10 % seit dem 1.11.2018 beschlossen und damit die seit 1.5.2016 geltende Erhöhung wieder rückgängig gemacht.

- ermäßigter Steuersatz 10 %

  Dem ermäßigten Steuersatz bzw. dem Niedrigsteuersatz unterliegen u. a. die Lieferungen von Lebensmitteln, Wasser, die Personenbeförderung und Übernachtungsdienstleistungen, die Vermietung von Grundstücken und Gebäuden für Wohnzwecke.

Beispiele Anwendung ermäßigter Steuersatz i. H. von 10 %:

- Lieferungen und die Einfuhr der in der Anlage 1 aufgezählten Gegenstände, beispielsweise Fleisch, Gemüse, Getreide, Wasser, Bücher, Arzneimittel;
- Restaurationsumsätze mit begünstigten Speisen und Getränken;
- Verabreichung eines ortsüblichen Frühstücks, das zusammen mit der Beherbergung erbracht wird;
- Vermietung von Büchern, Zeitungen etc.;
- Wohnraumvermietung;

- Leistungen von WEG, die Wohnzwecken dienen;
- Umsätze aufgrund von Benützungsverträgen von Studenten-, Lehrlings-, Kinder- und Schülerheimen;
- Leistungen von Körperschaften (mit Betrieben i. S. des § 45 Abs. 1 und Abs. 2 BAO), die gemeinnützigen, mildtätigen oder kirchlichen Zwecken dienen;
- Leistungen der Rundfunkunternehmen;
- Personenbeförderung mit Verkehrsmitteln aller Art außer Luftverkehrsfahrzeuge;
- Müllbeseitigung und Leistungen zur Abfuhr von Spülwasser und Abfällen;
- Kranken- und Pflegeanstalten, Alters-, Blinden- und Siechenheime, Kuranstalten oder Kureinrichtung;
- Aufgrund eines EuGH-Urteils wurden E-Books den Lieferungen von Druckwerken gleichgestellt, indem der Umsatzsteuersatz von derzeit 20 % auf 10 % angepasst wurde.

Zur Unterstützung der Gastronomie, der Hotellerie, der Kulturbranche sowie des Publikationsbereichs, die von der COVID-19-Krise in einem besonderen Ausmaß betroffen sind, wurde eine Ausweitung der bisher vorgesehenen Begünstigungen in diesen Bereichen vorgenommen. Es wurde für die Beherbergung und Campingplätze, für die Abgabe aller Speisen und Getränke in der Gastronomie sowie hinsichtlich der bereits bisher mit dem ermäßigten Steuersatz i. H. von 10 % oder 13 % begünstigten Leistungen der Kulturbranche und der Lieferungen im Publikationsbereich generell ein befristeter ermäßigter Steuersatz i. H. von 5 % eingeführt. Diese Maßnahme gilt seit dem 1.7.2021 und wurde mittlerweile bis zum 31.12.2021 verlängert. Der ermäßigte Steuersatz gilt somit weiterhin für die Abgabe von Speisen und Getränken (alkoholische und nichtalkoholische). Das betrifft neben den Gastronomiebetrieben auch die Abgabe von Speisen und Getränken in Konditoreien, Bäckereien bzw. Fleischereibetrieben. Ebenso weiterhin gesenkt bleibt die Umsatzsteuer für Übernachtungen in Hotels, in anderen Beherbergungsbetrieben, auf Campingplätzen.

In den Publikations- und Kulturbereich fallen die Lieferungen, Einfuhren und innergemeinschaftliche Erwerbe von

- Büchern, Broschüren und ähnlichen Drucken
- Elektronischen Publikationen
- Bilderalben, Bilderbüchern und Zeichen- und Malbüchern für Kinder
- Noten, handgeschrieben oder gedruckt
- Kartographischen Erzeugnissen aller Art, einschließlich Wanderkarten
- Gemälden und Zeichnungen, vollständig von Hand geschaffen, Collagen

- Originalstichen, - schnitten und –steindrucken
- Originalerzeugnissen der Bildhauerkunst
- Tapisserien, handgewebt, nach Originalentwürfen von Künstlern
- Textilwaren für Wandbekleidung nach Originalentwürfen von Künstlern
- Künstlerischen Fotografien

weiterhin unter den 5 %igen Steuersatz.

Bemessungsgrundlage

Als Bemessungsgrundlage zur Ermittlung der österreichischen Umsatzsteuer gilt – entsprechend den Vorgaben der MwStSystRL – alles, was der Leistungsempfänger aufwendet, um die Leistung zu erhalten.

Seit dem 1.1.2013 ist nicht das Entgelt, sondern der Normalwert als Bemessungsgrundlage für Lieferungen und sonstige Leistungen heranzuziehen, wenn das Entgelt aus nicht unternehmerisch bedingten Motiven vom Normalwert abweicht und entweder der Empfänger der Lieferung oder Leistung oder der liefernde oder leistende Unternehmer nicht zum vollen Vorsteuerabzug berechtigt ist. Unter Normalwert versteht man den gesamten Betrag, den ein Empfänger einer Lieferung oder einer sonstigen Leistung an einen unabhängigen Lieferer oder Leistungserbringer zahlen müsste. Beispiele für nicht unternehmerisch bedingte Motive sind familiäre oder freundschaftliche Nahebeziehungen, gesellschaftliche Verflechtungen, Arbeitnehmerverhältnis etc. Auf den (unentgeltlichen) Eigenverbrauch des Unternehmers ist der Normalwert nicht anzuwenden. Praktische Bedeutung hat der Normalwert im Zusammenhang mit der verbilligten Abgabe von Unternehmenslieferungen und -leistungen an Arbeitnehmer (Stichwort: Jahreswagen für Werksangehörige) sowie im Fall von verdeckten Gewinnausschüttungen an Gesellschafter.

Im Falle eines Forderungsausfalles aufgrund der Insolvenz des Kunden kann eine Minderung des Entgeltes – und dem folgend eine Umsatzsteuerkorrektur – erfolgen. Aber auch Entgeltsänderungen aus anderen Gründen können geltend gemacht werden.

Problematisch ist die Erfassung der Entgeltsminderungen in den österreichischen Formularen. Diesbezüglich sind jedoch auf der Homepage (www.bmf.gv.at) der österreichischen Finanzbehörde entsprechende Beispiele aufgeführt.

Vorsteuerabzug

Grundvoraussetzungen für die Inanspruchnahme des Vorsteuerabzugs sind:

- der Unternehmer muss eine Lieferung oder Leistung für sein Unternehmen bezogen haben

- die Lieferung oder Leistung muss von einem anderen Unternehmer ausgeführt worden sein und
- der leistende Unternehmer muss eine ordnungsgemäße Rechnung mit offen ausgewiesener Umsatzsteuer erstellt haben, es sei denn, es handelt sich um eine Kleinbetragsrechnung (Gesamtbetrag inklusiv Umsatzsteuer seit 1.3.2014 maximal 400 €) oder um eine Leistung, die dem Reverse-Charge-Verfahren unterliegt, denn in diesen Fällen wird keine Umsatzsteuer gesondert ausgewiesen.

Nicht abzugsfähig sind Vorsteuerbeträge, die im Zusammenhang

- mit dem Erwerb, dem Betrieb oder der Miete von Personenkraftwagen, Kombinationskraftwagen oder Krafträdern, mit Ausnahme von Lastkraftwagen und bestimmten Kleinbussen, Fahrzeuge zur gewerblichen Weitervermietung, zur Personenbeförderung oder zur Vermietung sowie Fahrschul- und Vorführfahrzeuge,
- mit bestimmten umsatzsteuerfreien Umsätzen

stehen.

Bei Personenkraftwagen oder Kombinationskraftwagen mit einem CO_2-Emissionswert von 0 Gramm pro Kilometer (z. B. Personenkraftwagen oder Kombinationskraftwagen mit ausschließlich elektrischem oder elektrohydraulischem Antrieb) ist der Vorsteuerabzug seit dem 1.1.2016 unter den allgemeinen Voraussetzungen des § 12 ö-UStG möglich. Andere Personenkraftwagen oder Kombinationskraftwagen, z. B. Hybridfahrzeuge, die sowohl mit Elektromotor als auch mit Verbrennungsmotor angetrieben werden können, berechtigen weiterhin nicht zum Vorsteuerabzug. Dies gilt unabhängig von der Art des Hybridfahrzeuges – also z. B. Vollhybrid, elektrischer Antrieb und Aufladung der Batterie durch Verbrennungsmotor (sog. „Range Extender") etc. (Rz. 1984 ö-UStR).

Sind Ausgaben (Aufwendungen) für Personenkraftwagen oder Kombinationskraftwagen mit einem CO_2-Emissionswert von 0 Gramm pro Kilometer ertragsteuerlich nicht abzugsfähig (z. B. § 20 Abs. 1 Ziffer 2 Buchst. b ö-EStG), ist der Vorsteuerausschluss nach § 12 Abs. 2 Ziffer 2 Buchst. a ö-UStG bzw. der Eigenverbrauch nach § 1 Abs. 1 Ziffer 2 Buchst. a ö-UStG zu beachten (Rz. 59 ö-UStR).

BEISPIEL (QUELLE Ö-BMF) Ein Unternehmer erwirbt einen Personenkraftwagen, der ausschließlich für steuerpflichtige Umsätze verwendet wird und einen CO_2-Emissionswert von 0 g/km aufweist, für den nach § 12 Abs. 2 Ziffer 2 Buchst. b ö-UStG der Vorsteuerabzug nicht geltend gemacht werden kann, weil das Kraftfahrzeug bspw. die Voraussetzungen des § 5 der Verordnung BGBl II Nr. 193/2002 nicht erfüllt, Anschaffungskosten (brutto):

- Variante a) 30.000 €,
- Variante b) 60.000 €,
- Variante c) 120.000 €

Da für Personenkraftwagen oder Kombinationskraftwagen § 20 Abs. 1 Ziffer 2 Buchst. b ö-EStG bzw. § 12 Abs. 1 Ziffer 2 ö-KStG in Verbindung mit der Verordnung BGBl II Nr. 466/2004 zu beachten ist, berechtigt jener Personenkraftwagen mit einem CO2-Emissionswert von 0 g/km, dessen Anschaffungskosten 40.000 € nicht übersteigen, unter den allgemeinen Vorschriften des § 12 ö-UStG (uneingeschränkt) nach § 12 Abs. 2 Ziffer 2a ö-UStG zum Vorsteuerabzug (Variante a). Gleiches gilt für jenes Fahrzeug, für das auch (nicht überwiegend) Ausgaben (Aufwendungen) getätigt werden, die ertragsteuerlich nicht abzugsfähig sind. Es kommt jedoch zur Besteuerung eines Eigenverbrauchs gem. § 1 Abs. 1 Ziffer 2 Buchst. a ö-UStG mit einer Bemessungsgrundlage von 16.666,67 € (60.000 € – 40.000 € = 20.000 €; netto ergibt dies eine Bemessungsgrundlage i. H. von 16.666,67 €) zur Anwendung (Variante b). Für jenen Personenkraftwagen, dessen Anschaffungskosten überwiegend keine abzugsfähigen Ausgaben (Aufwendungen) darstellen, kann aufgrund § 12 Abs. 2 Ziffer 2 Buchst. a ö-UStG kein Vorsteuerabzug geltend gemacht werden (Variante c). Da § 12 Abs. 2 Ziffer 2 Buchst. a ö-UStG von § 12 Abs. 2 Ziffer 2a ö-UStG i. d. F. StRefG 2015/2016 unberührt bleibt, folgt daraus in wirtschaftlicher Konsequenz, dass der Vorsteuerabzug mit 6.666,67 € gedeckelt ist. Da § 12 Abs. 2 Ziffer 2 Buchst. a ö-UStG von § 12 Abs. 2 Ziffer 2a ö-UStG i. d. F. StRefG 2015/2016 unberührt bleibt, folgt daraus in wirtschaftlicher Konsequenz, dass der Vorsteuerabzug mit 6.666,67 € gedeckelt ist.

Auch aus Reisekosten und Bewirtungskosten wird in Österreich ein Vorsteuerabzug zugelassen. Hierbei ist jedoch zu beachten, dass bei nicht in Österreich ansässigen Unternehmen ein Vorsteuerabzug nur dann anerkannt wird, wenn alle Rechnungstatbestandteile in den Belegen enthalten sind. Ein Beleg über Verzehr oder Bewirtung, in dem lediglich „Speisen und Getränke" genannt sind, wird ebenso nicht für den Vorsteuerabzug anerkannt, wie ein Beleg, in dem der Rechnungsempfänger und die Firma, in dessen Auftrag er die Dienstreise angetreten hat, nicht angegeben sind. Vorsteuern aus Bewirtungskosten können – wie in Deutschland – zu 100 % geltend gemacht werden, wenn die Gesellschaft nachweist, dass die Bewirtung der Werbung dient und die betriebliche oder berufliche Veranlassung bei weitem überwiegt. Ansonsten können Vorsteuerbeträge aus Bewirtungen i. d. R. zu 50 % geltend gemacht werden.

Abzug der Einfuhrumsatzsteuer als Vorsteuer

Grundsätzlich kann die (österreichische) Einfuhrumsatzsteuer (EUSt) als Vorsteuer abgezogen werden, wenn die Gegenstände für den Unternehmer, der die EUSt schuldet, eingeführt wurden, d. h., er die umsatzsteuerliche Verfügungsmacht beim Grenzübertritt hatte. Das Verfahren zur Entrichtung der EUSt liegt grds. in der Zuständigkeit der Zollbehörde. Seit dem 1.10.2003 besteht abweichend die Möglichkeit, die Erhebung der EUSt von den Zollbehörden in die Finanzamtszuständigkeit zu übertragen.

Voraussetzung ist, dass der Schuldner der EUSt in Österreich umsatzsteuerlich registriert ist, die Gegenstände für sein Unternehmen eingeführt wurden, er bereits in der Zollanmeldung zur Überprüfung in den zollrechtlich freien Verkehr erklärt hat, dass er von dieser (neueren) Regelung Gebrauch macht, die Zollschuld entsteht und es sich um keine nachträgliche Berichtigung handelt.

Macht der einführende Unternehmer von dieser Option Gebrauch, wird die EUSt nicht bei der Zollanmeldung erhoben und ist nicht an die Zollbehörde zu entrichten, sondern auf sein Abgabenkonto (das Steuerkonto, das für den Unternehmer beim zuständigen österreichischen Finanzamt geführt wird), als Schuld gebucht. Die Beträge aus diesem Verfahren sind auf dem Abgabenkonto mit der Bezeichnung „EU" versehen. Die gebuchte EUSt wird am 15. Des Kalendermonats fällig. Die auf dem Abgabenkonto gebuchte und zu entrichtende EUSt kann als Vorsteuer im Rahmen der Abgabe der Umsatzsteuer-Voranmeldung in Kennziffer 083 ebenfalls mit Wirksamkeit am Tag der Fälligkeit der EUSt geltend gemacht werden. Durch diese Verrechnung (Abführung der EUSt durch Ausgleich auf dem Abgabenkonto und gleichzeitige Geltendmachung der EUSt als Vorsteuer) kommt es im Ergebnis zu keiner Liquiditätsbelastung für den einführenden Unternehmer.

Im Zuge der Maßnahmen im Kampf gegen den Mehrwertsteuerbetrug wird unionsweit die gesetzliche Befreiung von der Einfuhrumsatzsteuer auf Kleinstsendungen mit einem Wert unter 22 € abgeschafft. Seit dem 1.7.2021 unterliegt daher auch die Einfuhr von Sendungen mit solch geringem Wert der EUSt.

Besonderheiten in Bezug auf die Einfuhrumsatzsteuer gibt es für ausländische Unternehmer in den nachfolgenden Sachverhalten:

EUSt bei Werklieferungen ausländischer Unternehmer

Erbringt ein ausländischer Unternehmer, der in Österreich weder einen Wohnsitz / Sitz noch seinen gewöhnlichen Aufenthalt hat und auch über keine Betriebsstätte verfügt, eine steuerpflichtige Werklieferung in Österreich und führt hierzu Bestandteile des herzustellenden Werks aus dem Drittland ein, so ist der Empfänger der Werklieferung berechtigt, die entrichtete Einfuhrumsatzsteuer als Vorsteuer geltend zu machen, sofern der Werklieferer über die eingeführten Bestandteile eine gesonderte Rechnung vorlegt und die Einfuhrumsatzsteuer vom Leistungsempfänger oder für dessen Rechnung bezahlt wurde (Anwendung der Verordnung 584/2003). Hinsichtlich der eingeführten Bestandteile kommt es nicht zum Übergang der Steuerschuld (Stichworte: Reverse-Charge-Verfahren bei Werklieferungen ausländischer Unternehmer).

EUSt bei Reihengeschäften ausländischer Unternehmer

Wird im Rahmen von Reihengeschäften Ware aus dem Drittland in Österreich eingeführt, so ist der letzte Abnehmer in der Reihe berechtigt, die entrichtete Einfuhrumsatzsteuer als Vorsteuer geltend zu machen, wenn

1. der letzte Abnehmer in der Reihe der Schuldner der Einfuhrumsatzsteuer ist und
2. die letzte Lieferung an den letzten Abnehmer nach den folgenden Vorschriften steuerfrei ist:
   - der erste Abnehmer in der Reihe hat weder seinen Wohnsitz / Sitz noch seinen gewöhnlichen Aufenthalt oder eine Betriebsstätte in Österreich und ist umsatzsteuerlich nicht registriert,
   - der letzte Abnehmer wäre grds. berechtigt, im Falle einer steuerpflichtigen Lieferung an ihn, Vorsteuerbeträge in voller Höhe geltend zu machen und

es wird keine Rechnung mit gesondertem Ausweis der Umsatzsteuer ausgestellt.

Rechnungsbestandteile

Wer als Unternehmer eine steuerpflichtige Lieferung oder Leistung in Österreich erbringt, ist verpflichtet, eine Rechnung auszustellen, die die folgenden Angaben enthalten muss:

- Name und Anschrift des Leistenden
- USt-IdNr. des Leistenden
- Name und Anschrift des Abnehmers der Lieferung oder des Empfängers der sonstigen Leistung
- USt-IdNr. des Leistungsempfängers, soweit der Rechnungsbetrag > 10.000 € (seit dem 1.7.2006)
- Rechnungsdatum
- Fortlaufende Rechnungsnummer
- Leistungszeitpunkt / Lieferzeitpunkt
- Leistungsbeschreibung
- Nettobetrag
- Umsatzsteuersatz (oder ein Hinweis auf die Steuerbefreiung)
- Umsatzsteuerbetrag
- Bei innergemeinschaftlichen Lieferungen: USt-IdNr. des Leistungsempfängers und einen Hinweis auf die Steuerbefreiung

- Bei innergemeinschaftlichen Dreiecksgeschäften: Einen Hinweis, wie z. B. „Steuerschuldner ist der Rechnungsempfänger – Art. 141 MwStSystRL“, und USt-IdNr. des Leistungsempfängers
- Bei Reverse-Charge-Rechnungen: Einen Hinweis, wie z. B. „Umsatzsteuer wird vom Leistungsempfänger geschuldet – § 19 Abs. 1 ö-UStG“, USt-IdNr. des Leistenden und des Leistungsempfängers

Gemäß der seit dem 1.1.2013 anzuwendenden Rechtslage ist die Rechnung nach den Vorschriften des ö-UStG auszustellen, wenn der Umsatz in einem anderen Mitgliedsstaat ausgeführt wird und der leistende Unternehmer sein Unternehmen in Österreich betreibt.

Bei ausländischen Unternehmern ist für inländische (österreichische) Umsätze ein eigener Nummernkreis erforderlich.

Nur in Österreich ansässige Unternehmen, d. h. Unternehmen, die ihren Sitz, eine Betriebsstätte oder Zweigniederlassung in Österreich haben, sind seit dem 1.7.2006 verpflichtet, bei Rechnungen, deren Rechnungsbetrag > 10.000 € brutto beträgt, die USt-IdNr. des Leistungsempfängers aufzuführen. Im Umkehrschluss bedeutet dieses, dass in Österreich für umsatzsteuerliche Zwecke registrierte ausländische Unternehmen von dieser Verpflichtung nicht erfasst werden.

Bei steuerfreien innergemeinschaftlichen Lieferungen ist neben diesen Angaben noch ein Hinweis auf die Steuerfreiheit sowie die USt-IdNr. des Rechnungs-/Leistungsempfängers in der Rechnung auszuweisen.

Bei Umsätzen, die dem Reverse-Charge-Verfahren unterliegen (insbesondere bei dem Übergang der Steuerschuld in der Bauwirtschaft), ist statt des Ausweises der Umsatzsteuer auf die Steuerschuldnerschaft des Leistungsempfängers hinzuweisen und die USt-IdNr. des Leistungsempfängers zu nennen. Außerdem ist in Reverse-Charge-Fällen die Rechnung bis spätestens zum 15. Des Folgemonats zu erstellen.

In Österreich lediglich umsatzsteuerlich registrierte Gesellschaften, die nicht gleichzeitig eine Betriebstätte in Österreich unterhalten, müssen § 27 Abs. 4 ö-UStG beachten.

§ 27 Abs. 4 ö-UStG besagt Folgendes:

> *„Erbringt ein Unternehmer, der im Inland weder einen Wohnsitz (Sitz) noch seinen gewöhnlichen Aufenthalt oder eine Betriebsstätte hat, im Inland eine steuerpflichtige Leistung (ausgenommen die in § 3a Abs. 11a genannten Leistungen), hat der Leistungsempfänger, wenn er eine juristische Person des öffentlichen Rechts ist oder ein Unternehmer, für dessen Unternehmen die Leistung ausgeführt wird, die auf diese Leistung entfallende Umsatzsteuer einzubehalten und im Namen und für Rechnung des leistenden Unternehmers an das für diesen zuständige Finanzamt abzuführen. Kommt der Leistungsempfänger dieser Verpflichtung nicht nach, so haftet er für den hierdurch entstehenden Steuerausfall.“*

Diese Steuerabfuhr muss spätestens für den Voranmeldungszeitraum erfolgen, in dem das Entgelt entrichtet wird. Die Abfuhrverpflichtung gem. § 27 Abs. 4 ö-UStG entfällt jedoch, wenn das ausländische Unternehmen dem Leistungsempfänger nachweist, dass es als Unternehmen eine Betriebsstätte in Österreich unterhält. Als Nachweis dient das Formular U 71.

Es ist empfehlenswert, auf österreichischen Ausgangsrechnungen nachrichtlich folgenden Text aufzuführen:

> *„(...) die in dieser Rechnung ausgewiesene Umsatzsteuer ist in meinem (unserem) Namen und für meine (unsere) Rechnung auf das Konto des Finanzamt Graz-Stadt Nr. 5.534.681 (IBAN AT70 6000 0000 0553 4681; BIC: OPSKATWW; BLZ 60.000) zu Steuernummer xxx/xxxx einzuzahlen."*

Die Aufnahme derartiger Umsätze in der Umsatzsteuer-Voranmeldung des leistenden Unternehmens erfolgt unter den Kennziffern 000 und 022 bzw. 029.

Alternativ kann auch mit dem Vertragspartner vereinbart werden, dass der Leistungsempfänger von seiner Verpflichtung, die Umsatzsteuer zu Gunsten der österreichischen Steuernummer des leistenden Unternehmens beim Finanzamt Graz-Stadt einzuzahlen, befreit wird. Sofern die Umsatzsteuerzahlungen pünktlich eingehen, nimmt die österreichische Finanzverwaltung an dieser Vorgehensweise keinen Anstoß. Hinzuweisen ist jedoch, dass, sollte die Steuerzahlung unpünktlich bzw. nicht in der richtigen Höhe geleistet werden, weiterhin der Leistungsempfänger für die nicht abgeführte Umsatzsteuer haftet und i. d. R. die österreichische Finanzverwaltung zunächst die (nicht abgeführte) Umsatzsteuer bei dem österreichischen Leistungsempfänger „eintreiben" wird.

Ein Formulierungsvorschlag für die österreichischen Ausgangsrechnungen könnte wie folgt lauten:

> *„(...) die in dieser Rechnung ausgewiesene Umsatzsteuer wird von uns unmittelbar unter der Steuernummer xxx/xxxx an das Finanzamt Graz-Stadt abgeführt. Von Ihrer Abfuhrverpflichtung gem. § 27 Abs. 4 ö-UStG stellen wir Sie ausdrücklich frei."*

Wie bereits ausgeführt, findet § 27 Abs. 4 ö-UStG keine Anwendung, wenn die ausländische Gesellschaft in Österreich eine Betriebsstätte unterhält. Aus österreichischer Sichtweise ist für das Umsatzsteuerrecht der in § 29 Bundesabgabenordnung (ö-BAO) vorgesehene Betriebsstättenbegriff maßgeblich. § 29 ö-BAO normiert den Betriebsstättenbegriff als jede feste örtliche Anlage oder Einrichtung, die der Ausübung des Betriebs oder des wirtschaftlichen Geschäftsbetriebs dient. Auf dieses Praxisproblem ist unbedingt hinzuweisen: Die Frage, ob eine Betriebsstätte vorliegt, ist in Bezug auf § 27 Abs. 4 ö-UStG – und auch in Bezug auf eine umsatzsteuerliche Registrierung – ausschließlich nach österreichischem innerstaatlichen Recht (§ 29 ö-BAO) und weder nach Europarecht noch nach den Betriebsstättendefinitionen des anzuwendenden Doppelbesteuerungsabkommes zu beurteilen.

Damit mit dem Leistungsempfänger keine Diskussionen aufkommen, ob § 27 Abs. 4 ö-UStG zur Anwendung kommt oder nicht, kann sich der leistende Unternehmer von seinem zuständigen österreichischen Finanzamt eine Bescheinigung über das Vorliegen einer Betriebsstätte ausstellen lassen (Formular U 71). Liegt eine derartige Bestätigung dem Leistungsempfänger vor, muss dieser an den leistenden Unternehmer den fakturierten Bruttobetrag entrichten, da die Abfuhrverpflichtung nicht greift.

Kleinbetragsrechnungen (Gesamtbetrag der Rechnung seit 1.3.2014 bis 400 € brutto) müssen die nachfolgenden Angaben enthalten:

- den Namen und die Anschrift des liefernden bzw. leistenden Unternehmers,
- die Menge und die handelsübliche Bezeichnung der gelieferten Gegenstände oder die Art und der Umfang der Dienstleistung,
- den Zeitpunkt /-raum der Lieferung oder Dienstleistung,
- das Entgelt und der Steuerbetrag in einer Summe,
- den Steuersatz,
- das Ausstellungsdatum.

In Rechnungen über Dauerleistungen (z. B. Duldungsleistungen wie Vermietungen, Lizenzvergabe) ist der Leistungszeitraum, über den sich die sonstige Leistung erstreckt, anzugeben. Angaben wie „Gilt bis auf Widerruf" oder „Gilt bis auf Weiteres" werden dieser Anforderung nicht gerecht. Als Angabe des Leistungszeitraumes genügt z. B. „Der Mietzins für das Kalenderjahr 2023 beträgt monatlich 1.000 € plus 100 € Umsatzsteuer." Eine derartige Formulierung würde den Leistungsempfänger berechtigen, Vorsteuerbeträge geltend zu machen.

Rechnungen in Fremdwährungen

Rechnungen können in Österreich in jeder gültigen Währung ausgestellt werden. Seit 2013 besteht jedoch die Verpflichtung, auf der Rechnung den Umsatzsteuerbetrag in Euro aufzudrucken. Zur Umrechnung von Fremdwährungen in € ist der Tageskurs oder für Umsatzsteuerzwecke der vom österreichischen Bundesministerium für Finanzen veröffentlichte Zollwertkurs maßgeblich. Die Durchschnittskurse für die Umrechnung werden im „Amtsblatt zur Wiener Zeitung" monatlich als Zollwertkurse kundgemacht (www.wienerzeitung.at). Wird eine Rechnung in einer anderen Währung als € ausgestellt, muss der Umsatzsteuerbetrag in Euro (oder zumindest die Umrechnungsmethode) angegeben werden.

Elektronische Rechnungen

In Österreich ist die Rechnungsstellung per EDI zulässig. Zusätzlich zum EDI-Verfahren müssen Sammelrechnungen in Papierform oder eine auf elektronischem Weg nach den u. a. Kriterien übermittelt werden. Außerdem ist die Rechnungsübermittlung mit anderen elektronischen Mitteln möglich, wenn die Echtheit der Herkunft und die Unversehrtheit der Daten gewährleistet sind.

Am 13.7.2010 wurde vom Rat der EU eine Richtlinie betreffend Änderungen hinsichtlich der Rechnungsstellungsvorschriften beschlossen. U. a wurden in dieser Richtlinie die Vorschriften der elektronischen Rechnungsstellung gelockert. Die Echtheit der Herkunft einer Rechnung, die Unversehrtheit des Inhalts und die Lesbarkeit müssen zwar weiterhin vorliegen, auf welche Weise der Steuerpflichtige diese Kriterien erfüllt, soll zukünftig jedoch ihm überlassen werden, d. h., die Verpflichtung der Verwendung einer elektronischen Signatur oder die Anwendung des elektronischen Datenaustausches (EDI) ist nicht mehr zwingend vorgeschrieben.

Für die Umsetzung dieser Änderungen im Bereich der elektronischen Rechnungsstellung bestehen zum Teil auch Wahlrechte. Der Rat der Europäischen Union hat eine Frist zur Umsetzung bis 31.12.2012 eingeräumt. Österreich hat die Richtlinie zum 1.1.2013 wie folgt in nationales Recht umgesetzt: Elektronische Rechnungen (auch ohne aufwendige qualifizierte elektronische Signatur) wurden in Österreich seit dem 1.1.2013 den Papierrechnungen im Hinblick auf die Berechtigung zum Vorsteuerabzug gleichgestellt. Voraussetzung für die elektronische Rechnungslegung ist nun, dass der Empfänger der elektronischen Übermittlung zustimmt (konkludentes Verhalten ist ausreichend) und dass die Echtheit der Herkunft, die Unversehrtheit ihres Inhalts und ihre Lesbarkeit gewährleistet sind. Echtheit der Herkunft bedeutet, dass die Identität des Rechnungsausstellers verifizierbar ist. Unversehrtheit des Inhalts bedeutet, dass die Rechnungsangaben nicht geändert wurden. Lesbarkeit heißt, dass das verwendete elektronische Format vom Empfänger geöffnet und verwendet werden kann.

Die Rechnung muss in einem elektronischen Format ausgestellt, übermittelt und empfangen werden. Eine spezielle Form der elektronischen Übertragung ist gesetzlich nicht vorgesehen. Als elektronische Formate gelten daher beispielsweise pdf-, doc-, xml-, xls-, und txt-Dateien sowie auch digitalisierte (eingescannte) Papierrechnungen. Die Übermittlung kann beispielsweise per E-Mail, als E-Mail-Anhang oder als Web-Download erfolgen.

Bei den übermittelten elektronischen Rechnungen müssen folgende Punkte gewährleistet sein:

Die Echtheit, Unversehrtheit und Lesbarkeit muss bis zum Ende der gesetzlichen Aufbewahrungspflicht (im Normalfall 7 Jahre) gewährleistet sein. Die Rechnung darf (z. B.

für die Speicherung) in ein anderes Format konvertiert werden, wenn dabei der Inhalt der Rechnung nicht verändert wird. Durch ein innerbetriebliches Kontrollverfahren (Steuerungsverfahren) muss ein verlässlicher Prüfpfad zwischen Rechnung und Leistung hergestellt werden bzw. nachvollziehbar sein. Dafür ist zu prüfen, ob die Rechnung über eine tatsächlich erbrachte Leistung ausgestellt wurde, der Rechnungsaussteller einen tatsächlichen Zahlungsanspruch hat, die angegebene Kontoverbindung korrekt ist und somit die Echtheit der Rechnung, Unversehrtheit des Inhalts und die Lesbarkeit des verwendeten Formats gegeben sind.

Der Kontrollmechanismus ist nicht gesetzlich geregelt und entspricht im Wesentlichen einer herkömmlichen Rechnungsprüfung. Sofern also eine inhaltlich richtige Rechnung vorliegt, würde diese die Annahme rechtfertigen, dass bei der elektronischen Übermittlung keine die Echtheit der Herkunft oder Unversehrtheit des Inhalts beeinträchtigenden Fehler vorgekommen sind.

Seit dem 1.1.2014 ist die Übermittlung von e-Rechnungen im Waren- und Dienstleistungsverkehr mit Bundesdienststellen in Österreich verpflichtend. Nach den zugrundeliegenden Rechtsnormen des IKT-Konsolidierungsgesetz haben sich die Vertragspartner zur Übermittlung von e-Rechnungen eines vom BMF zur Verfügung gestellten Portals zu bedienen. Es gibt aktuell zwei Portale: Zum einen das Unternehmensserviceportal (USP, www.usp.gv.at), welches vom BMF zur Verfügung gestellt wird, und zum anderen die internationale PEPPOL-Transport-Infrastruktur, welche EU-einheitlich ist.

Nach der Anmeldung über USP stehen dem leistenden Unternehmer drei Möglichkeiten zur Übersendung der Rechnung zur Verfügung:

1. Manuelle Eingabe durch Online-Erfassung der Rechnung im Formular.
2. Manuell durch Upload einer e-Rechnung.
3. Automatische Übermittlung mittels Webservice.

Zugelassene Formate sind: PNG, XLS, XLSX, XML und PDF.

Anzahlungen

Die Umsatzsteuer muss an die österreichische Finanzverwaltung abgeführt werden, wenn das Entgelt vereinnahmt wird. Insoweit entspricht die österreichische Regelung der deutschen. Im Zusammenhang mit Anzahlungen und Betriebsstätten ausländischer Unternehmer ist auf die nachfolgende Fallkonstellation besonders zu achten:

Wird eine ausländische Gesellschaft mit der Errichtung einer Anlage, Erbringung einer Werklieferung, für einen österreichischen Unternehmer beauftragt, so geht grds. die Steuerschuld auf den Leistungsempfänger über. Durch das Überschreiten eines Zeitraums von sechs Monaten begründet die ausländische Gesellschaft gem. § 29 Abs. 2

Buchst. c ö-BAO in Österreich eine (ertragsteuerliche) Betriebsstätte, zumindest nach lokalem österreichischen Recht. Sofern für den „Vorzeitraum" Netto-Anzah ungsrechnungen durch das ausländische Unternehmen an die leistungsempfangende – österreichische – Gesellschaft gestellt wurden, da die Steuerschuld auf die österreichische Gesellschaft übergegangen ist, sind diese zwingend zu berichtigen, denn durch das Überschreiten der sechs Monatsfrist und die dadurch resultierende Begründung einer Betriebsstätte, liegen die Voraussetzungen für die Übertragung der Steuerschuld auf den Leistungsempfänger nicht (mehr) vor.

- Das Vorliegen einer Betriebsstätte führt rückwirkend zu einer Neubeurteilung des Sachverhalts.
- Die ausländische Gesellschaft hat Ihre Anzahlungsrechnungen zu berichtigen.
- Der Leistungsempfänger hat entsprechend seine eingereichten Umsatzsteuer-Voranmeldungen/Jahreserklärungen ebenfalls zu berichtigen.
- Das Vorsteuer-Vergütungsverfahren für die ausländische Gesellschaft ist mangels „Ausländereigenschaft" nicht mehr zulässig.

Die unter diesem Punkt aufgeführte Rechtsmeinung ist sehr fraglich. Denn die Begründung einer (ertragsteuerlichen) Betriebsstätte kann m. E. keine Auswirkung auf die Umsatzsteuer haben. Die Definition der EU-DVO ist maßgebend für die Entscheidung, ob für umsatzsteuerliche Zwecke eine „feste Niederlassung" dem Grunde nach vorliegt.

Gutschriften/Self Billing

Die Abrechnung mittels Gutschrift ist grds. möglich und nicht auf bestimmte Branchen beschränkt. Über die Abrechnung per Gutschrift muss zwischen den abrechnenden Parteien Einverständnis bestehen. Das Einverständnis kann auch mündlich gegeben werden, jedoch sind schriftliche Vereinbarungen vorzuziehen. Wie auch in Deutschland, muss die Gutschrift zwingend dem leistenden Unternehmer, dem Gutschriftsempfänger, zugeleitet werden. Die Gutschrift verliert die Wirkung einer Rechnung, sobald der Gutschriftsempfänger dieser widerspricht. Wie auch in Deutschland, ist es in Österreich ebenfalls gesetzlich vorgeschrieben, dass bei einer Abrechnung im Gutschriftsverfahren die „Gutschriften" als solche bezeichnet werden müssen. Auch in den geltenden Sprachfassungen der MwStSystRL genannte Bezeichnungen sind zulässig.

Aufbewahrung von Unterlagen

Die Verpflichtung in § 18 Abs. 8 ö-UStG, dass dem buchmäßigen Nachweis dienende Bücher, Aufzeichnungen und Unterlagen im Inland zu führen und aufzubewahren sind, entfällt. Es kommt bezüglich der Voraussetzungen für die Führung von dem buchmäßigen Nachweis dienenden Büchern und Aufzeichnungen im Ausland subsidiär § 131 ö-BAO zur Anwendung.

Unterlagen können demnach außerhalb von Österreich aufbewahrt werden. Die Unterlagen müssen im Falle einer Überprüfung durch die österreichische Finanzverwaltung kurzfristig zur Verfügung gestellt werden. Eingangsrechnungen sind im Original aufzubewahren. Die Aufbewahrungspflicht beträgt im Regelfall sieben Jahre, für Grundstückssachverhalte 20 bzw. 22 Jahre.

Veranlagungsverfahren/Steuererklärungen

Die Umsatzsteuermeldungen müssen in Österreich monatlich bis zum 15. Des zweitfolgenden Kalendermonats, also z. B. am 15.4. für den Monat Februar, an das für ausländische Unternehmen zuständige Finanzamt Graz-Stadt abgegeben werden. Unternehmer, deren Umsätze im vorangegangenen Kalenderjahr < 100.000 € waren, können quartalsweise Voranmeldungen zu den Terminen 15.2. (Umsätze Oktober–Dezember), 15.5. (Umsätze Januar–März), 15.8. (Umsätze April–Juni) und 15.11. (Juli-September) einreichen.

Die Umsatzgrenze, bis zu der ein Kleinunternehmer keine Umsatzsteuererklärung abgeben muss, wurde am 1.1.2020 auf 35.000 € angehoben.

Die Abgabe erfolgt ausschließlich auf elektronischem Weg mittels der Internet-Plattform „www.FinanzOnline.at". Lediglich wenn die Abgabe auf elektronischem Weg unzumutbar ist, kann antragsgemäß die Meldung per Papier erfolgen (Vordruck U 30).

Die Verpflichtung zur Abgabe von Umsatzsteuer-Voranmeldungen entfällt für ausländische Unternehmer, wenn

- sich aus der Voranmeldung zwar eine Zahllast ergibt, der Steuerbetrag jedoch rechtzeitig und zur Gänze zu Gunsten der Steuernummer auf das Konto des Finanzamts Graz Stadt entrichtet wurde (Stichwort: Abfuhrverpflichtung)

oder

- sich für einen Voranmeldungszeitraum keine Vorauszahlung ergibt

und

- die Umsätze im vorangegangenen Kalenderjahr < 100.000 € waren.

In der ö-BAO wurden durch das AbgÄG 2022 Umsatzsteuerzinsen eingeführt. Diese liegen pro Jahr 2 % über dem Basiszinssatz und werden sowohl im Falle von Erstattungen als auch im Falle von Nachforderungen fällig. Beträge bis zu einer Höhe von 50 € werden nicht festgesetzt. Grundsätzlich ist ein Erstattungsanspruch ab dem 91. Tag nach Eingang der UStVA/USt-Jahreserklärung bis zur Verbuchung des Überschusses auf dem Abgabenkonto bzw. der Bekanntgabe des entsprechenden Bescheides zu verzinsen sowie eine Nachzahlung, die sich aus einer verspätet eingereichten UStVA ergibt, ab dem 91. Tag nach Fälligkeit bis zum Einlangen der Voranmeldung bzw. Bekanntgabe des entsprechenden Bescheides. Eine Nachforderung aufgrund einer Abgabenfestsetzung infolge der Umsatzsteuerjahreserklärung wird ab dem 1.10. des Folgejahres bis zur Bekanntgabe des Bescheides bzw. der Erkenntnis verzinst. Eine Festsetzung von Umsatzsteuerzinsen für Überschüsse bzw. Erstattungen kann für Zeiträume versagt werden, in welchen der Steuerpflichtige seiner Mitwirkungsverpflichtung zur Erteilung von Auskünften oder Vorlage von Unterlagen im Rahmen der Überprüfung einer Voranmeldung oder Umsatzsteuerjahreserklärung nicht innerhalb der durch die Finanzbehörde gesetzten Frist nachkommt.

Die Jahressteuer-Erklärung (Formular U 1) ist grds. bis zum 30.4. des Folgejahres einzureichen. Wird die Jahreserklärung elektronisch eingereicht, verlängert sich der Abgabetermin auf den 30.6. des Folgejahres. Für Umsatzsteuerpflichtige, die durch Wirtschaftstreuhänder, Rechtsanwälte oder Notare vertreten werden, gelten automatische Fristverlängerungen. Zwar können berichtigte Umsatzsteuer-Voranmeldungen elektronisch übermittelt werden, berichtigte Umsatzsteuer-Jahreserklärungen jedoch nicht. Berichtigte Umsatzsteuer-Jahreserklärungen sind demnach in Papierform einzureichen.

Umsätze, die dem Reverse-Charge-Verfahren unterliegen, sind sowohl auf der Ausgangsseite als auch auf der Eingangsseite anzumelden.

Für Dienstleistungen, die für die Berichtszeiträume seit dem 1.1.2010 in die österreichische Zusammenfassende Meldung des Leistungserbringers aufzunehmen sind, gilt laut einer Information des BMF die nachfolgende Besonderheit:

Die aufgrund des Empfängerortprinzips im Ausland steuerbaren Dienstleistungen sind nicht in die Umsatzsteuer-Voranmeldung mit aufzunehmen. Begründet wird dieses damit, dass es sich insoweit aus österreichischer Sicht um nicht steuerbare Umsätze handelt, die deswegen weder in der Kennzahl 000 noch 021 der Umsatzsteuer-Voranmeldung zu erfassen sind.

Am 1.1.2020 trat das Recht auf elektronischen Verkehr mit Behörden in Kraft. Seit diesem Zeitpunkt müssen alle Bundesbehörden die elektronische Zustellung ermöglichen. Das Recht auf elektronischen Verkehr ist jedoch auch mit der Verpflichtung für Unternehmen verknüpft, spätestens seit dem 1.1.2020 an der elektronischen Zustellung teilzunehmen. Ausgenommen sind nur jene Unternehmen, die wegen Unterschreitens der Umsatzgrenze nicht zur Abgabe von Umsatzsteuervoranmeldungen verpflichtet sind bzw. Unternehmen, denen die E-Zustellung aufgrund fehlender technischer Voraussetzungen (Fehlen eines Internet-Anschlusses) nicht zumutbar ist. Für die Ausnahme von der Teilnahme an der elektronischen Zustellung ist es für diese Unternehmen grds. erforderlich, aktiv zu widersprechen (vgl. § 1b Abs 4 E-Government-Gesetz). Die elektronische Zustellung erfolgt über die Applikation „MeinPostkorb" im Unternehmensserviceportal des Bundes (USP). Die Abholung von Zustellungen aus diesem elektronischen Postfach erfolgt dabei entweder durch den USP-Administrator oder durch die im USP als postbevollmächtigt definierte Person. Darüber hinaus besteht die Möglichkeit, Nachrichten auch automatisiert über eine Webservice-Schnittstelle in die eigene Unternehmenssoftware abzuholen.

Im Juli 2019 wurden Unternehmen, die zu diesem Zeitpunkt FinanzOnline Teilnehmer waren und nicht auf die elektronische Zustellung verzichtet hatten oder zu diesem Zeitpunkt Teilnehmer des Elektronischen Rechtsverkehrs (ERV) waren, automatisch in das neue Teilnehmerverzeichnis übernommen. Dieses Teilnehmerverzeichnis wird seit dem 1.12.2019 für die elektronische Zustellung verwendet. Seit dem 1.12.2019 sind alle im Teilnehmerverzeichnis vorhandenen Empfängerinnen und Empfänger für die elektronische Zustellung adressierbar. Trifft seit diesem Zeitpunkt eine elektronische Zustellung ein, wird die Teilnehmerin/der Teilnehmer per E-Mail an die im Teilnehmerverzeichnis hinterlegte(n) Verständigungsadresse(n) informiert. Falls die Übernahme der Adressinformationen aus FinanzOnline oder dem elektronischen Rechtsverkehr (ERV) nicht möglich war, kann die Registrierung am Teilnehmerverzeichnis auch durch das Unternehmen selbst vorgenommen werden.

Seit dem 1.12.2019 werden alle in „MeinPostkorb" eingetroffenen Zustellungen maximal zehn Wochen aufbewahrt und danach aus „MeinPostkorb" automatisch gelöscht. Aus diesem Grund sollten die Zustellungen unbedingt archiviert werden. Des Weiteren werden auch diverse Dokumente, die mit Fristen verbunden sind, in den Postkorb eingehen. Hier empfiehlt es sich, einen entsprechenden Prozess zur Abholung und Speicherung der Dokumente einzurichten.

Ein USP-Zugang ist zum Abrufen der in FinanzOnline zugestellten Nachrichten nicht zwingend erforderlich, da diese wie bisher über FinanzOnline zugestellt werden.

Intrastat/Zusammenfassende Meldung

Intrastat-Meldungen sind ab dem Überschreiten der Grenze von 1.100.000 € bei der Statistik Austria einzureichen (Bundesanstalt Statistik Österreich, Tel.: 0043-1-711 28/ 8030 bzw. 7583). Bemessungsgrundlage sind die Höhe der innergemeinschaftlichen Erwerbe bzw. die der innergemeinschaftlichen Lieferungen. Die Schwelle wurde mit dem Beginn des Berichtsjahres 2022 erhöht. Soweit der Warenhandelswert der innergemeinschaftlichen Lieferungen oder Erwerbe aus bzw. in das EU-Gemeinschaftsgebiet nicht mehr als 1.100.000 € betragen hat, müssen so lange keine Intrastat-Meldungen abgegeben werden, als der Schwellenwert von 1.100.000 € nicht überschritten wird. Bei Überschreitungen des Schwellenwertes im laufenden Jahr müssen automatisch auch im folgenden Jahr Meldungen für jeden Monat abgegeben werden. Wird jedoch der Schwellenwert im folgenden Jahr nicht erreicht, endet die Meldepflicht automatisch im übernächsten Jahr. Berichtszeitraum ist der Kalendermonat, in dem der innergemeinschaftliche Warenverkehr stattgefunden hat. Für Dienstleistungen liegt der österreichische Schwellenwert aktuell bei 500.000 €, jedoch ist dann nur noch eine jährliche ADL-Meldung (Meldung grenzüberschreitender Dienstleistungen) erforderlich, wenn die Dienstleistungsexporte bzw -importe unter 5 Mio € liegen. Ab einem Betrag von 5 Mio. € sind hingegen quartalsweise ADL-Meldungen einzureichen.

Die Intrastat-Meldung ist bis zum 10. Arbeitstag des Folgemonats an die Bundesstatistik Österreich abzugeben.

Die Intrastat-Meldungen werden ausschließlich auf elektronischem Weg an Statistik Austria u. a. unter dem Internet-Online-Portal www.statistik.at/IntraWeb/ oder mit dem kostenlosen Software-Programm IDEP/KN8 (download über www.statistik.at) geschickt. Es gibt folgende Übermittlungsarten der Daten an Statistik Austria:

- Direkt aus dem Programm per E-Mail
- Online über FTP (steht für „File Transfer Protocol“: es handelt sich also um ein sogenanntes Kommunikationsprotokoll) auf den FTP-Server IP 193.170.163.75

Wichtig: Für die Datenübertragung mittels FTP benötigt man einen Benutzernamen und ein Schlüsselwort (beides kann man per E-Mail bei Statistik Austria anfordern). Wird der Meldeverpflichtung nicht nachgekommen, erhält das Unternehmen nach einer ersten Mahnung einen so genannten Rückscheinbrief weiß mit der Aufforderung, die Meldung nunmehr einzureichen. Wird dieser Aufforderung weiterhin nicht nachgekommen, ist die Bundesanstalt Statistik verpflichtet, dieses „Fehlverhalten“ anderen Behörden, dem Magistrat oder der Bezirkshauptmannschaft weiterzuleiten, die dann ggf. Strafen verhängen.

Die Meldungen können auch über sogenannte „berechtigte Drittmelder“ erfolgen. Wenn Dritte (z. B. Spediteure) mit der Erstellung der statistischen Meldung beauftragt werden, bleibt jedoch das Unternehmen, für welches die Meldung abgegeben wird, für die Richtigkeit der Angaben verantwortlich.

Zusammenfassende Meldungen sind monatlich für jeden Kalendermonat einzureichen. Die Abgabe hat auf elektronischem Weg via FinanzOnline zu erfolgen. Nur wenn die elektronische Übermittlung unzumutbar ist, kann die Zusammenfassende Meldung in Papierform eingereicht werden. Nullmeldungen, d. h., es wurde keine Ware in einen anderen Mitgliedstaat geliefert oder verbracht, sind nicht abzugeben. Unternehmer, die Waren von Österreich in andere EU-Mitgliedstaaten liefern oder verbringen, müssen via FinanzOnline eine Zusammenfassende Meldung (ZM) einreichen.

Hinsichtlich der Verpflichtung zur Abgabe der Zusammenfassenden Meldung im Rahmen des Dreiecksgeschäfts nach Art. 25 ö-UStG wurde durch das ö-BMF festgelegt, dass der Meldezeitraum jenem des Art. 21 Abs. 3 ö-UStG entspricht. Der Meldezeitraum ist somit grds. der Kalendermonat. Bei Unternehmern, für die das Kalendervierteljahr der Voranmeldungszeitraum ist (§ 21 Abs. 2 ö-UStG), ist hingegen das Kalendervierteljahr der Meldezeitraum.

Neben den bisher in der ZM zu meldenden Daten, die ex Österreich getätigten innergemeinschaftlichen Lieferungen inklusive Dreiecksgeschäften und/oder Verbringungen, sind seit dem 1.1.2010 für im übrigen Gemeinschaftsgebiet ausgeführte steuerpflichtige Dienstleistungen, für die der in einem anderen EU-Mitgliedsstaat ansässige Leistungsempfänger die Umsatzsteuer schuldet, zu melden.

Die ZM ist bis zum Ablauf des auf den Meldezeitraum (Kalendermonat oder Kalendervierteljahr) folgenden Kalendermonates bei dem für die Erhebung der Umsatzsteuer zuständigen Finanzamt einzureichen.

Der österreichische Fiskus ist bei Nichteinhalten der o. a. Termine berechtigt, einen Verspätungszuschlag von bis zu 1 % der zu meldenden Bemessungsgrundlagen, höchstens jedoch 2.200 € festzusetzen.

Registrierung

Ausländische Gesellschaften benötigen zur umsatzsteuerlichen Registrierung die folgenden Unterlagen:

- Fragebogen des Finanzamtes Graz Stadt (Verf 19)
- ggf. Vollmacht für den Fiskalvertreter / Zustellbevollmächtigten
- Antrag auf Vergabe einer USt-IdNr. (U 15)
- Unterschriftsprobenblatt (Verf 26)
- Kopie des Handelsregisterauszugs und / oder des Gesellschaftsvertrags bei Kapitalgesellschaften
- Nachweis über die Erfassung als Unternehmer (U 70)

Die umsatzsteuerliche Registrierung erfolgt ausschließlich beim

Finanzamt Graz-Stadt
Betriebsveranlagungsteams Ausländerreferate
Conrad von Hötzendorf-Straße 14-18
A-8018 Graz
ÖSTERREICH
Telefon: + 43/316/881538000

Fax: +43/1/51 433-5938041 oder +43/1/51 433-5938042
E-Mail: Post.FA68-BV11@bmf.gv.at / Post.FA68-BV12@bmf.gv.at
Bankverbindung
BIC: BUNDATWW
IBAN: AT12 0100 0000 0553 4681
www.bmf.gv.at

Unterhält die ausländische Gesellschaft eine Betriebsstätte in Österreich, so ist das Betriebsstätten-Finanzamt sowohl für die Körperschaft- als auch für die Umsatzsteuer zuständig.

Ausländische Unternehmen können sich freiwillig umsatzsteuerlich registrieren lassen, auch wenn sie keine Umsätze in Österreich ausgeführt haben oder nur Umsätze in Österreich ausgeführt haben, die dem Reverse-Charge-Verfahren unterlegen haben.

Unternehmer, die in Österreich weder Wohnsitz noch Sitz oder Betriebsstätte haben, jedoch im EU-Gemeinschaftsgebiet ansässig sind, können einen Bevollmächtigten dem Finanzamt bekannt geben, der auch Zustellungsbevollmächtigter sein muss. Dieses wird dringend angeraten, denn die österreichische Finanzverwaltung ist nicht verpflichtet, schriftliche Korrespondenz ins EU-Ausland zu verschicken.

Unternehmer aus den Drittlandsgebieten, die also im EU-Gemeinschaftsgebiet weder über einen Wohnsitz, noch einen Sitz oder eine Betriebsstätte verfügen, und die in Österreich steuerbare Umsätze tätigen, für die der Leistungsempfänger gem. § 27 Abs. 4 ö-UStG nicht haftet und bei denen die Steuerschuld auf den Leistungsempfänger auch nicht übergeht (Reverse-Charge-Verfahren), müssen einen Fiskalvertreter/Bevollmächtigten beauftragen und diesen dem Finanzamt Graz-Stadt bekannt geben. Der Fiskalvertreter fungiert als Zustellungsbevollmächtigter und Vertreter des ausländischen Unternehmens und muss seinen Sitz/Wohnsitz in Österreich haben.

Als Fiskalvertreter wird jeder Unternehmer mit Wohn- oder Geschäftssitz in Österreich auf Antrag anerkannt, sofern dieser in der Lage ist, die steuerlichen Pflichten zu übernehmen. Es ist nicht erforderlich, dass die Stellvertreter Steuerberater o.Ä. sind. Im Konzern bietet sich als kostengünstigste Möglichkeit an, dass als Fiskalvertreter/Zustellungsbevollmächtigte Tochtergesellschaften fungieren.

Personengesellschaften müssen dem Finanzamt eine vertretungsbefugte Person i. S. des § 81 ö-BAO benennen, z. B. den Geschäftsführer, einen Gesellschafter, einen Steuerberater oder einen Rechtsanwalt.

An das

☐ **Finanzamt Österreich**, Postfach 260, 1000 Wien

☐ **Finanzamt für Großbetriebe**, Postfach 251, 1000 Wien

Eingangsvermerk

2022

Füllen Sie dieses Formular nur mittels Tastatur und Bildschirm aus. Die stark umrandeten Felder sind jedenfalls auszufüllen.

Steuernummer

NAME/BEZEICHNUNG DES UNTERNEHMENS

Gesetzliche Bestimmungen ohne nähere Bezeichnung beziehen sich auf das Umsatzsteuergesetz 1994 (UStG 1994).
*Nähere Erläuterungen finden Sie in der Ausfüllhilfe **U 1a.***

Informationen zur elektronischen Erklärungsabgabe finden Sie auf bmf.gv.at oder direkt unter FinanzOnline (https://finanzonline.bmf.gv.at). Informationen zur Umsatzsteuer finden Sie auf bmf.gv.at unter Findok - Richtlinien - (Umsatzsteuerrichtlinien 2000) sowie unter Steuern - Selbstständige Unternehmer - Umsatzsteuer.

Umsatzsteuererklärung für 2022

Zutreffendes bitte ankreuzen!

ANSCHRIFT und Telefonnummer

Zum Unternehmen gehören Organgesellschaften

☐ nein

☐ ja wenn ja, Anzahl der Organgesellschaften ☐

Vom Kalenderjahr abweichendes Wirtschaftsjahr *(nur in diesen Fällen auszufüllen)*
Erklärt werden die Umsätze des Wirtschaftsjahres

vom ______ bis ______ und vom ______ bis ______

Berechnung der Umsatzsteuer:			Bemessungsgrundlage 1) Beträge in Euro und Cent
Lieferungen, sonstige Leistungen und Eigenverbrauch: a) Gesamtbetrag der Bemessungsgrundlagen des Veranlagungszeitraumes **2022** für Lieferungen und sonstige Leistungen (ohne den nachstehend angeführten Eigenverbrauch) einschließlich Anzahlungen (jeweils ohne Umsatzsteuer)	1	**000**	
b) zuzüglich Eigenverbrauch (§ 1 Abs. 1 Z 2, § 3 Abs. 2 und § 3a Abs. 1a)	2	**001**	+
c) abzüglich Umsätze, für die die Steuerschuld gemäß § 19 Abs. 1 zweiter Satz sowie gemäß § 19 Abs. 1a, 1b, 1c, 1d und 1e auf den Leistungsempfänger übergegangen ist.	3	**021**	
Summe			
Davon steuerfrei MIT Vorsteuerabzug gemäß a) § 6 Abs. 1 Z 1 iVm § 7 (Ausfuhrlieferungen)	4	**011**	
b) § 6 Abs. 1 Z 1 iVm § 8 (Lohnveredelungen)	5	**012**	
c) § 6 Abs. 1 Z 2 bis 6 sowie § 23 Abs. 5 (Seeschifffahrt, Luftfahrt, grenzüberschreitende Personenbeförderung, Diplomaten, Reisevorleistungen im Drittlandsgebiet usw.), § 28 Abs. 54 (Nullsatz bei der Lieferung von Schutzmasken vom 22.1.2021 bis zum 30.6.2023) und § 28 Abs. 53 Z 3 (COVID-19-In-vitro-Diagnostika und Impfstoffe von 1.1.2021 bis 30.6.2023)	6	**015**	
d) Art. 6 Abs. 1 (innergemeinschaftliche Lieferungen ohne die nachstehend gesondert anzuführenden Fahrzeuglieferungen)	7	**017**	
e) Art. 6 Abs. 1, sofern Lieferungen neuer Fahrzeuge an Abnehmer ohne UID-Nummer bzw. durch Fahrzeuglieferer gemäß Art. 2 erfolgten.	8	**018**	
Davon steuerfrei OHNE Vorsteuerabzug gemäß a) § 6 Abs. 1 Z 9 lit. a (Grundstücksumsätze)	9	**019**	
b) § 6 Abs. 1 Z 27 (Kleinunternehmer)	10	**016**	
c) § 6 Abs. 1 Z ______ (übrige steuerfreie Umsätze ohne Vorsteuerabzug)	11	**020**	
Gesamtbetrag der steuerpflichtigen Lieferungen, sonstigen Leistungen und Eigenverbrauch (einschließlich steuerpflichtiger Anzahlungen)			

1) *Minusvorzeichen sind, soweit nicht vorgedruckt, beim Ausfüllen der Erklärung einzusetzen.*

bmf.gv.at

Bundesministerium Finanzen

U 1-PDF-2022 Bundesministerium für Finanzen

U 1, Seite 1, Version vom 16.12.2022

		Kennzahl	Bemessungsgrundlage	Umsatzsteuer
Davon sind zu versteuern mit: 20% Normalsteuersatz	12	022		
10% ermäßigter Steuersatz	13	029		+
13% ermäßigter Steuersatz		006		+
19% für Jungholz und Mittelberg	15	037		+
10% Zusatzsteuer für pauschalierte land- und forstwirtschaftliche Betriebe	16	052		+
7% Zusatzsteuer für pauschalierte land- und forstwirtschaftliche Betriebe	17	007		+
Weiters zu versteuern: Steuerschuld gemäß § 11 Abs. 12 und 14, § 16 Abs. 2 sowie gemäß Art. 7 Abs. 4	18	056		+
Steuerschuld gemäß § 19 Abs. 1 zweiter Satz, § 19 Abs. 1c, 1e sowie gemäß Art. 25 Abs. 5	19	057		+
Steuerschuld gemäß § 19 Abs. 1a (Bauleistungen)	20	048		+
Steuerschuld gemäß § 19 Abs. 1b (Sicherungseigentum, Vorbehaltseigentum und Grundstücke im Zwangsversteigerungsverfahren)	20	044		+
Steuerschuld gemäß § 19 Abs. 1d (Schrott und Abfallstoffe, Verordnung BGBl. II Nr. 129/2007; Videospielkonsolen, Laptops, Tablet-Computer, Gas und Elektrizität, Gas- und Elektrizitätszertifikate, Metalle, Anlagegold, Verordnung BGBl. II Nr. 369/2013)	20	032		+
Innergemeinschaftliche Erwerbe:			Bemessungsgrundlage	
Gesamtbetrag der Bemessungsgrundlagen für innergemeinschaftliche Erwerbe	21	070		
Davon steuerfrei gemäß Art. 6 Abs. 2 und § 28 Abs. 54 (Nullsatz für innergemeinschaftliche Erwerbe von Schutzmasken vom 22.1.2021 bis zum 30.6.2023) und § 28 Abs. 53 Z 3 (COVID-19-In-vitro-Diagnostika und Impfstoffe von 1.1.2021 bis 30.6.2023)	22	071		
Gesamtbetrag der steuerpflichtigen innergemeinschaftlichen Erwerbe				
Davon sind zu versteuern mit: 20% Normalsteuersatz	23	072		+
10% ermäßigter Steuersatz		073		+
13% ermäßigter Steuersatz		008		+
19% für Jungholz und Mittelberg		088		+
Nicht zu versteuernde Erwerbe: Erwerbe gemäß Art. 3 Abs. 8 zweiter Satz, die im Mitgliedstaat des Bestimmungsortes besteuert worden sind	24	076		
Erwerbe gemäß Art. 3 Abs. 8 zweiter Satz, die gemäß Art. 25 Abs. 2 im Inland als besteuert gelten		077		
Zwischensumme (Umsatzsteuer)				
Berechnung der abziehbaren Vorsteuer: Gesamtbetrag der **Vorsteuern** [**einschließlich** der pauschal ermittelten Vorsteuern (Kennzahlen **084, 085, 086, 078, 068, 079**) aber ohne die übrigen gesondert anzuführenden Vorsteuerbeträge (Kennzahlen **061, 083, 065, 066, 082, 087, 089, 064, 063, 067**)]	25	060		
In Kennzahl 060 enthaltene pauschal ermittelte Vorsteuern: a) Pauschalierung gemäß § 14 Abs. 1 Z 1 (Basispauschalierung)	26	084		
b) Drogisten, Verordnung BGBl. II Nr. 229/1999		085		
c) Bestimmte Gruppen von Unternehmern, Verordnung BGBl. Nr. 627/1983, Verordnung BGBl. II Nr. 48/2014		086		
d) Lebensmitteleinzel- oder Gemischtwarenhändler, Verordnung BGBl. II Nr. 228/1999		078		
e) Handelsvertreter, Verordnung BGBl. II Nr. 95/2000		068		
f) Künstler und Schriftsteller, Verordnung BGBl. II Nr. 417/2000		079		

U 1-PDF-2022

U 1, Seite 2, Version vom 16.12.2022

Gesondert anzuführende Vorsteuerbeträge: Vorsteuern betreffend die entrichtete Einfuhrumsatzsteuer (§ 12 Abs. 1 Z 2 lit. a)	27 **061**	
Vorsteuern betreffend die geschuldete, auf dem Abgabenkonto verbuchte Einfuhrumsatzsteuer (§ 12 Abs. 1 Z 2 lit. b)	28 **083**	
Vorsteuern aus dem innergemeinschaftlichen Erwerb	29 **065**	
Vorsteuern betreffend die Steuerschuld gemäß § 19 Abs. 1 zweiter Satz, § 19 Abs. 1c, 1e sowie gemäß Art. 25 Abs. 5	30 **066**	
Vorsteuern betreffend die Steuerschuld gemäß § 19 Abs. 1a (Bauleistungen)	30 **082**	
Vorsteuern betreffend die Steuerschuld gemäß § 19 Abs. 1b (Sicherungseigentum, Vorbehaltseigentum und Grundstücke im Zwangsversteigerungsverfahren)	30 **087**	
Vorsteuern betreffend die Steuerschuld gemäß § 19 Abs. 1d (Schrott und Abfallstoffe, Verordnung BGBl. II Nr. 129/2007; Videospielkonsolen, Laptops, Tablet-Computer, Gas und Elektrizität, Gas- und Elektrizitätszertifikate, Metalle, Anlagegold, Verordnung BGBl. II Nr. 369/2013)	30 **089**	
Vorsteuern für innergemeinschaftliche Lieferungen neuer Fahrzeuge von Fahrzeuglieferern gemäß Art. 2	31 **064**	
Davon nicht abzugsfähig gemäß § 12 Abs. 3 iVm Abs. 4 und 5	32 **062**	+
Berichtigung gemäß § 12 Abs. 10 und 11	33 **063**	
Berichtigung gemäß § 16	34 **067**	
Gesamtbetrag der abziehbaren Vorsteuer		
Sonstige Berichtigungen	35 **090**	
☐ **Zahllast** (Plusvorzeichen) ☐ **Gutschrift** (Minusvorzeichen)	**095**	
Hierauf entrichtete Vorauszahlungen (Minusvorzeichen) bzw. durchgeführte Gutschriften (Plusvorzeichen)		
Ergibt ☐ **Restschuld** ☐ **Gutschrift**		

Kammerumlagepflicht
(§ 122 Wirtschaftskammergesetz) liegt vor: ☐ ja

An Kammerumlage wurde für 2022 entrichtet:
(nur auszufüllen, wenn kein abweichendes Wirtschaftsjahr vorliegt) ☐

Beachten Sie: *Bestimmte nachteilige Folgen der nicht zeitgerechten Entrichtung der Umsatzsteuer-Vorauszahlungen (Vollstreckungsmaßnahmen, Einleitung eines Finanzstrafverfahrens) können durch die umgehende Entrichtung der bereits fälligen Restschuld vermieden werden.*

Ich versichere, dass ich die vorstehenden Angaben nach bestem Wissen und Gewissen **richtig** und **vollständig** gemacht habe. Mir ist bekannt, dass die Angaben überprüft werden und dass unvollständige oder unrichtige Angaben strafbar sind. Sollte ich nachträglich erkennen, dass die vorstehende Erklärung unrichtig oder unvollständig ist, so werde ich das Finanzamt davon unverzüglich in Kenntnis setzen (§ 139 Bundesabgabenordnung).

WICHTIGER HINWEIS: *Übermitteln Sie* ***keine Originaldokumente/Belege****, da alle im Finanzamt einlangenden Schriftstücke nach elektr. Erfassung datenschutzkonform vernichtet werden! Bewahren Sie diese aber mindestens* ***7 Jahre*** *für eine etwaige Überprüfung auf.*

Noch einfacher können Sie diese Erklärung papierlos über bmf.gv.at (FinanzOnline) einbringen.
FinanzOnline steht Ihnen kostenlos und rund um die Uhr zur Verfügung und bedarf keiner speziellen Software.

Steuerliche Vertretung (Name, Anschrift, Telefonnummer)

Datum, Unterschrift bzw. firmenmäßige Zeichnung

U 1-PDF-2022

U 1, Seite 3, Version vom 16.12.2022

Ausfüllhilfe zur Umsatzsteuererklärung für 2022

Wenn in den Erläuterungen ohne nähere Bezeichnung auf gesetzliche Bestimmungen verwiesen wird, so sind darunter die Bestimmungen des Umsatzsteuergesetzes 1994 (UStG 1994) zu verstehen. Die eingerahmten Ziffern nehmen Bezug auf die in der Umsatzsteuererklärung ausgewiesenen Erläuterungszahlen.

1 Unter der Kennzahl **000** ist die Summe der nach § 1 Abs. 1 Z 1 **steuerbaren Umsätze (Lieferungen und sonstige Leistungen)** zu erklären, für welche die Steuerschuld im Laufe des Veranlagungszeitraumes entstanden ist. Unter steuerbare Umsätze fallen sowohl die steuerpflichtigen als auch die steuerfreien Umsätze, einschließlich der Umsätze, bei denen die Steuerschuld auf den Leistungsempfänger übergeht (z.B. Bauleistungen gemäß § 19 Abs. 1a). Da bei diesen Umsätzen der Leistende die Umsatzsteuer nicht entrichten muss, sind diese Umsätze unter Kennzahl **021** wieder abzuziehen (siehe auch Erläuterungen Punkt 3).

Unter der Kennzahl **000** sind auch die erhaltenen Anzahlungen aufzunehmen (siehe auch die Erläuterungen im nächsten Absatz). Die innergemeinschaftlichen Erwerbe (Art. 1) sind nicht unter dieser Kennzahl, sondern unter der Kennzahl **070** anzugeben.

Für **„Sollversteuerer"** (Besteuerung nach **vereinbarten Entgelten**) entsteht die Steuerschuld grundsätzlich mit Ablauf des Kalendermonats, in dem die Lieferungen oder sonstigen Leistungen ausgeführt worden sind; dieser Zeitpunkt verschiebt sich um einen Kalendermonat, wenn die Rechnungsausstellung erst nach Ablauf des Kalendermonats erfolgt, in dem die Lieferung oder sonstige Leistung erbracht worden ist. Wenn ein Sollversteuerer das Entgelt oder einen Teil des Entgelts vereinnahmt, bevor die Leistung ausgeführt worden ist (erhaltene Anzahlungen oder Vorauszahlungen), dann entsteht insoweit die Steuerschuld mit Ablauf des Kalendermonats, in dem das Entgelt vereinnahmt worden ist, und zwar unabhängig von der Ausstellung einer Rechnung (siehe auch Erläuterungen Punkt 25 bezüglich Vorsteuerabzug aus geleisteten Anzahlungen).

In den Fällen der Besteuerung nach **vereinnahmten Entgelten** entsteht die Steuerschuld für Lieferungen und sonstige Leistungen mit Ablauf des Kalendermonats, in dem die Entgelte vereinnahmt worden sind. Die Besteuerung nach vereinnahmten Entgelten ist für UnternehmerInnen, die der Art nach eine Tätigkeit im Sinne des § 22 Z 1 des EStG 1988 ausüben (z.B. SchriftstellerInnen, WissenschaftlerInnen, staatlich befugte und beeidete ZiviltechnikerInnen, Rechtsanwältinnen/Rechtsanwälte, NotarInnen, WirtschaftstreuhänderInnen, KünstlerInnen), vorgesehen. Das Finanzamt hat über Antrag zu gestatten, dass diese UnternehmerInnen die Umsatzsteuer nach vereinbarten Entgelten berechnen dürfen. Nach vereinnahmten Entgelten versteuern auch Versorgungsunternehmen (Gas-, Wasser-, Elektrizitäts- und Heizwerke) und Unternehmen zur Müllbeseitigung und zur Abfuhr von Spülwasser und Abfällen. Diese UnternehmerInnen können keinen Antrag auf Besteuerung nach vereinbarten Entgelten stellen. Weiters versteuern folgende UnternehmerInnen nach vereinnahmten Entgelten: Nicht buchführungspflichtige Landwirtinnen/Landwirte und nicht buchführungspflichtige Gewerbetreibende; weiters insbesondere VermieterInnen, wenn sie in einem der beiden vorangegangenen Kalenderjahre Umsätze von nicht mehr als 110.000 Euro erzielt haben. Das Finanzamt hat über Antrag zu gestatten, dass diese UnternehmerInnen die Umsatzsteuer nach vereinbarten Entgelten berechnen dürfen.

Der Umsatz wird bei Lieferungen und sonstigen Leistungen nach dem Entgelt bemessen. Entgelt ist alles, was der Empfänger einer Lieferung oder sonstigen Leistung aufzuwenden hat, um die Lieferung oder sonstige Leistung zu erhalten. Die Umsatzsteuer gehört nicht zum Entgelt. Bei Anzahlungen ist der vereinnahmte Betrag anzugeben, die darauf entfallende Umsatzsteuer ist aus dem vereinnahmten Betrag herauszurechnen. In zwei Sonderfällen (Reiseleistungen nach § 23 und Gebrauchtwaren nach § 24) bemisst sich der Umsatz im Wesentlichen nach der Differenz zwischen Einkaufspreis und Verkaufspreis abzüglich der Umsatzsteuer.

2 Unter der Kennzahl **001** ist der Eigenverbrauch zu erklären, für welchen die Steuerschuld im Laufe des Veranlagungszeitraumes entstanden ist.

Eigenverbrauch liegt vor:

1. wenn der/die UnternehmerIn Gegenstände aus dem Unternehmen entnimmt (einschließlich Zuwendungen an das Personal). Darunter fallen auch Geschenke im Wert von über 40 Euro, die aus unternehmerischen Gründen gegeben werden (z.B. Geschenke an KundInnen). Auch die Entnahme des ganzen Betriebes oder eines Teilbetriebes (insbesondere die Übertragung im Schenkungswege) fällt hierunter, wobei dem/der erwerbenden UnternehmerIn der Vorsteuerabzug ermöglicht wird;
2. wenn der/die UnternehmerIn Gegenstände des Unternehmens für Zwecke außerhalb des Unternehmens verwendet (einschließlich Verwendung durch das Personal). Beispiel: Eine Unternehmerin verwendet ihren betrieblichen Kleinbus für Privatfahrten. Die Erfassung als Eigenverbrauch nach den Punkten 1 und 2 setzt voraus, dass die Unternehmerin für den Gegenstand ganz oder teilweise zum Vorsteuerabzug berechtigt war. Daher liegt z.B. kein Eigenverbrauch vor, wenn ein Unternehmensgegenstand seinerzeit von einer Privatperson gekauft wurde (kein Vorsteuerabzug) und später entnommen wird;
3. wenn der/die UnternehmerIn sonstige Leistungen für Zwecke außerhalb des Unternehmens (einschließlich für Zwecke des Personals) ausführt. Beispiel: Ein Bauunternehmer lässt durch seine Arbeiter Reparaturleistungen in seiner Privatvilla durchführen;
4. soweit der/die UnternehmerIn im Inland Ausgaben (Aufwendungen) tätigt, die Leistungen betreffen, die überwiegend Zwecken des Unternehmens dienen und nach einkommensteuerlichen Grundsätzen nicht abzugsfähig sind, z.B. weil nicht abzugsfähiger Repräsentationsaufwand vorliegt. Auch dieser Eigenverbrauch setzt voraus, dass für die betroffenen Gegenstände seinerzeit ganz oder zum Teil ein Vorsteuerabzug zulässig war.

Die Steuerschuld für den Eigenverbrauch entsteht mit Ablauf des Kalendermonats, in dem die Gegenstände entnommen oder verwendet, die Leistungen ausgeführt bzw. Aufwendungen getätigt worden sind. Bemessungsgrundlage für den Eigenverbrauch sind (jeweils ohne darin enthaltene Umsatzsteuer):

- im Falle des Pkt. 1: der Wiederbeschaffungspreis (Einkaufspreis eines gleichartigen Gegenstandes bzw. Selbstkosten) im Zeitpunkt der Entnahme;
- im Falle des Pkt. 2: die auf die außerunternehmerische Verwendung entfallenden Kosten (z.B. die auf die Privatfahrten entfallenden anteiligen KFZ-Kosten);
- im Falle des Pkt. 3: die auf die Leistungen entfallenden Kosten;
- im Falle des Pkt. 4: die betroffenen Ausgaben (Aufwendungen).

3 Unter der Kennzahl **021** sind jene Umsätze einzutragen, bei denen es zum Übergang der Steuerschuld auf den Leistungsempfänger kommt. Dies betrifft z.B. die Umsätze (einschließlich Anzahlungen) von Unternehmerinnen/Unternehmern, die Bauleistungen im Sinne des § 19 Abs. 1a erbringen, Lieferungen und bestimmte sonstige Leistungen im Zusammenhang mit Schrott und Abfallstoffen ausführen (§ 19 Abs. 1d, Schrott-Umsatzsteuerverordnung BGBl. II Nr. 129/2007), Umsätze aus der Übertragung von Treibhausgasemissionszertifikaten (§ 19 Abs. 1e lit. a) oder Umsätze aus der Lieferung von bestimmten Mobilfunkgeräten und integrierten Schaltkreisen erzielen, wenn das in der Rechnung ausgewiesene Entgelt mindestens 5.000 Euro beträgt (§ 19 Abs. 1e lit. b). Weiters müssen unter dieser Kennzahl ausländische Unternehmer, die in Österreich zur Umsatzsteuer veranlagt werden, jene Umsätze (Werklieferungen und sonstige Leistungen) eintragen, bei denen es nach § 19 Abs. 1 zweiter Satz zum Übergang der Steuerschuld auf den Leistungsempfänger kommt.
Alle unter der Kennzahl **021** genannten Umsätze sind zwar unter der Kennzahl **000** zu erfassen, jedoch unter der gegenständlichen Kennzahl **021** wieder abzuziehen.
Nicht steuerbare Umsätze (z.B. Umsätze, deren Leistungsort im Ausland liegt), sind weder unter der Kennzahl **000** noch unter der Kennzahl **021** einzutragen.

4 Bei den **steuerfreien Lieferungen ins Ausland** ist zwischen den steuerfreien Ausfuhrlieferungen, das sind Lieferungen in Länder außerhalb der EU („Drittländer", „Drittlandsgebiet"), und den steuerfreien innergemeinschaftlichen Lieferungen, das sind Lieferungen in die anderen Länder der EU (in das „übrige Gemeinschaftsgebiet"), zu unterscheiden. Unter Kennzahl **011** sind nur die steuerfreien Ausfuhrlieferungen (§ 7) anzugeben, die steuerfreien innergemeinschaftlichen Lieferungen (Art. 6 Abs. 1 iVm. Art. 7) sind unter Kennzahl **017** anzuführen. Steuerfreie Ausfuhrlieferungen können sowohl an UnternehmerInnen als auch an Privatpersonen in das Drittlandsgebiet getätigt werden. Der Vorsteuerabzug bleibt gewahrt („echte Steuerbefreiung").

U 1a-2022 Bundesministerium für Finanzen – 12/2022 (Aufl. 2022)   U 1a, Seite 1, Version vom 19.08.2022

5 Betrifft **steuerfreie Lohnveredlungen**, wenn der be- oder verarbeitete Gegenstand in das Drittlandsgebiet gelangt (§ 8). Auch hier bleibt der Vorsteuerabzug bestehen.

6 Hier sind verschiedene weitere Steuerbefreiungen erfasst, für die der Vorsteuerabzug bestehen bleibt.

7 Hier sind die **steuerfreien innergemeinschaftlichen Lieferungen** anzuführen (siehe auch Punkt 4), ausgenommen die zwei unter der Kennzahl **018** genannten Fälle. Steuerfreie innergemeinschaftliche Lieferungen setzen idR voraus, dass der Abnehmer ein/e UnternehmerIn ist, der/die den Gegenstand für sein/ihr Unternehmen erwirbt, und dass der Abnehmer seine UID-Nummer bekannt gegeben hat. Der Vorsteuerabzug bleibt bestehen.

8 Hier sind die innergemeinschaftlichen Lieferungen neuer Fahrzeuge in folgenden Fällen einzutragen:

ACHTUNG: In diesen Fällen ist zwingend das Formular U 17 bzw. U 17a auszufüllen und beim zuständigen Finanzamt einzureichen.

Lieferungen neuer Fahrzeuge an Abnehmer ohne UID-Nummer

Wurde ein neues Fahrzeug (das ist z.B. ein Auto bis 6 Monate ab erster Inbetriebnahme unabhängig von der Fahrleistung und weiters jedes Auto bis zu 6000 km Fahrleistung) von einem/einer UnternehmerIn, der/die gewerbsmäßig mit Fahrzeugen handelt (z.B. AutohändlerIn), in einen anderen EU-Staat geliefert und hat der Abnehmer keine UID-Nummer vorgelegt, dann ist diese Fahrzeuglieferung dennoch steuerfrei. Sie ist hier gesondert anzugeben. Der Vorsteuerabzug bleibt bestehen.

Fahrzeuglieferer gemäß Art. 2

Dies betrifft den Sonderfall, dass ein neues Fahrzeug entweder von einer Privatperson oder von einem/einer UnternehmerIn, der/die nicht gewerbsmäßig mit Fahrzeugen (PKWs) handelt und für das Fahrzeug nicht vorsteuerabzugsberechtigt ist, in einen anderen EU-Staat geliefert wird. Würde ein solches Fahrzeug im Inland geliefert werden, dann läge kein steuerbarer Umsatz vor, die dem Lieferer seinerzeit für das Fahrzeug in Rechnung gestellte Umsatzsteuer wäre aber auch nicht als Vorsteuer abziehbar. Die Lieferung eines neuen Fahrzeuges in einen anderen EU-Staat löst einen steuerbaren Umsatz aus (der Umsatz ist daher auch oben unter Kennzahl **000** anzuführen), der aber sodann steuerfrei ist. Mit dieser Lieferung verbunden ist das Recht auf einen Vorsteuerabzug für das ins EU-Ausland gelieferte neue Fahrzeug, diese Vorsteuer ist unter Kennzahl **064** abzuziehen.

9 Mit der Kennzahl **019** beginnen die steuerfreien Umsätze, mit denen zugleich der Verlust des Vorsteuerabzugs verbunden ist („unechte Steuerbefreiungen"). Unter Kennzahl **019** sind die Grundstückslieferungen und der Eigenverbrauch (z.B. Entnahme einer bisher betrieblich genutzten oder vermieteten Eigentumswohnung) zu erfassen. Innerhalb von zwanzig Jahren ab einem seinerzeit für das Grundstück in Anspruch genommenen Vorsteuerabzug kommt es zu einer Vorsteuerberichtigung (siehe Punkt 33).

Für Grundstückslieferungen einschließlich Eigenverbrauch besteht die Möglichkeit, auf die Steuerbefreiung zu verzichten; in diesem Fall unterliegt der Umsatz dem Steuersatz von 20% und darf nicht unter der Kennzahl **019** eingetragen werden; es kommt diesfalls zu keiner Vorsteuerberichtigung.

10 Hier sind die unecht steuerfreien Umsätze der **Kleinunternehmer** einzutragen. Wenn Ihre Umsätze (einschließlich Eigenverbrauch) im Veranlagungszeitraum 35.000 Euro netto nicht überstiegen haben, sind Sie als Kleinunternehmer automatisch steuerbefreit. In diesem Fall dürfen Sie keine Umsatzsteuer in Rechnung stellen und auch keinen Vorsteuerabzug geltend machen. Bei der Umsatzgrenze bleiben Umsätze aus Hilfsgeschäften einschließlich der Geschäftsveräußerungen sowie Umsätze, die nach § 6 Abs. 1 Z 8 lit. d und j, Z 9 lit. b und d, Z 10 bis 15, Z 17 bis 26 und Z 28 steuerfrei sind, außer Ansatz. Hilfsgeschäfte sind die Veräußerung von Anlagegütern (z.B. Maschinen) sowie die Veräußerung des ganzen Betriebes oder eines Teilbetriebes. Wenn Ihr Umsatz die Grenze von 35.000 Euro netto in einem Zeitraum von fünf Jahren nur einmal um höchstens 15% überschreitet, bleibt die Befreiung weiter bestehen. Betreiben Sie Ihr Unternehmen nicht in Österreich (ausländische Unternehmerin/ausländischer Unternehmer), dann steht Ihnen die Steuerfreiheit als Kleinunternehmer nicht zu.

Sie können auf die Steuerbefreiung für Kleinunternehmer durch schriftliche Erklärung verzichten; in diesem Fall sind die Umsätze nach den allgemeinen Vorschriften zu versteuern und es steht Ihnen auch der Vorsteuerabzug zu („Regelbesteuerung"). Sie können diese Erklärung auch gemeinsam mit dieser Umsatzsteuererklärung abgeben, jedoch in einem gesonderten formlosen Schreiben oder in Form des beim Finanzamt erhältlichen Formulars U 12. Die Erklärung bindet Sie für mindestens fünf Kalenderjahre. Wollen Sie die Regelbesteuerung nach 5 Jahren (oder später) nicht mehr in Anspruch nehmen, müssen Sie den Regelbesteuerungs-Antrag schriftlich bis zum Ablauf des ersten Kalendermonats des Jahres, für welches Sie wieder die unechte Befreiung in Anspruch nehmen möchten, widerrufen.

Bei einem Wechsel von unechter Steuerbefreiung zur Steuerpflicht (entweder wegen Option zur Steuerpflicht oder wegen Überschreitens der Kleinunternehmer-Grenze) oder umgekehrt (Übergang von Steuerpflicht zur unechten Steuerbefreiung) kann es zu Vorsteuerberichtigungen kommen (siehe Erläuterungen Punkt 33).

11 Unter der Kennzahl **020** sind die **übrigen steuerbefreiten Umsätze (ohne Vorsteuerabzugsberechtigung)** anzugeben. Es sind dies z.B. Leistungen im Bereich der Geld-, Kredit- und Versicherungswirtschaft, Aufsichtsratsvergütungen, die Umsätze der Pflege- und Tagesmütter oder Pflegeeltern, die Umsätze von Blinden mit höchstens drei sehenden Arbeitskräften; Umsätze von Privatschulen, die Umsätze von gemeinnützigen Sportvereinigungen.

Die Umsätze der Kranken- und Kuranstalten, der Pflegeanstalten und der Alters-, Blinden- und Siechenheime sowie der Jugendheime sind steuerfrei, wenn sie von einer Körperschaft des öffentlichen Rechts oder von einer gemeinnützigen Institution bewirkt werden. Für Pflegeanstalten, Alters-, Blinden- und Siechenheime sowie für Jugendheime kann jedoch beim Finanzamt unter bestimmten Voraussetzungen auf die Steuerbefreiung verzichtet werden. In diesem Fall unterliegen die Umsätze dem Steuersatz von 10% und es ist ein Vorsteuerabzug zulässig.

Weiters sind z.B. die Umsätze der Ärztinnen/Ärzte, Psychotherapeutinnen/Psychotherapeuten, ZahntechnikerInnen sowie die Krankentransporte steuerfrei. In diesen Fällen ist ein Verzicht auf die Steuerbefreiung nicht möglich.

Für die Vermietung von Grundstücken gilt Folgendes: Die Vermietung von Wohnungen ist mit 10% steuerpflichtig. Die Vermietung von Grundstücken zu Geschäftszwecken ist, außer es handelt sich um eine kurzfristige Vermietung, grundsätzlich steuerfrei (in diesem Fall ist der Umsatz unter Kennzahl **020** einzutragen), der/die VermieterIn kann aber jeden einzelnen Umsatz (für jedes Geschäftslokal, jede sonstige Räumlichkeit) auch als steuerpflichtig behandeln („Optionsmöglichkeit"). Dies gilt allerdings nur dann, wenn der Mieter das Grundstück nahezu ausschließlich für Umsätze verwendet, die den Vorsteuerabzug nicht ausschließen. Dann kommt der Normalsteuersatz von 20% zur Anwendung. Nimmt der/die VermieterIn von Geschäftsräumen die Steuerbefreiung in Anspruch, kann es zur Berichtigung von in der Vergangenheit abgesetzten Vorsteuern kommen (siehe Punkt 33).

12 Der Normalsteuersatz beträgt 20%. Mit diesem Steuersatz sind alle steuerpflichtigen Umsätze zu versteuern, für die kein besonderer (ermäßigter) Steuersatz vorgesehen ist.

13 Dem **ermäßigten Steuersatz** von **10%** unterliegen gemäß § 10 Abs. 2 Z 1 bis 8 u.a. folgende Umsätze:

Die Lieferungen und der Eigenverbrauch der in der Anlage 1 zum UStG genannten Gegenstände, insbesondere landwirtschaftliche Erzeugnisse, Nahrungsmittel und Lebensmittelzubereitungen, Bücher, Zeitungen, weiters u.a. die Vermietung von Grundstücken für Wohnzwecke, ausgenommen die Kosten der Beheizung (zur Vermietung von Geschäftsräumlichkeiten siehe Erläuterungen Punkt 11), die Leistungen von Personenvereinigungen zur Erhaltung, Verwaltung oder zum Betrieb der in ihrem gemeinsamen Eigentum stehenden Teile und Anlagen einer Liegenschaft, an der Wohnungseigentum besteht und die Wohnzwecken dienen (bei Geschäftsräumlichkeiten im Wohnungseigentum besteht eine unechte Steuerbefreiung mit Optionsmöglichkeit unter der Voraussetzung, dass der Mieter das Grundstück nahezu ausschließlich für Umsätze verwendet, die den Vorsteuerabzug nicht ausschließen, wobei der Umsatz dann dem Normalsteuersatz obliegt), die Beherbergung in eingerichteten Wohn- und Schlafräumen und die regelmäßig damit verbundenen Nebenleistungen (einschließlich Beheizung) und die Vermietung (Nutzungsüberlassung) von Grundstücken für Campingzwecke, bestimmte Leistungen gemeinnütziger, mildtätiger und kirchlicher Vereine, die Personenbeförderung (außer mit Luftfahrzeugen im Inland), die Müllabfuhr, die Umsätze der privaten Kranken- und Kuranstalten, Pflegeanstalten und Alters-, Blinden- und Siechenheime.

Dem **ermäßigten Steuersatz** von **13%** unterliegen gemäß § 10 Abs. 3 Z 1 bis 12 u.a. folgende Umsätze:
Die Lieferungen und der Eigenverbrauch der in der Anlage 2 zum UStG genannten Gegenstände, insbesondere lebende Tiere, Pflanzen, Brennholz, die Umsätze aus der Tätigkeit als KünstlerIn (z.B. MalerIn, BildhauerIn, DichterIn und künstlerisch tätiger Schriftstellerin/künstlerisch tätigen Schriftsteller, nicht hingegen FachschriftstellerInnen), die Umsätze von Schwimmbädern und die Thermalbehandlung, Privattheater und private Konzertveranstaltungen, private Museen, Zirkusvorführungen und Leistungen der SchaustellerInnen, die Leistungen der privaten Jugend-, Erziehungs-, Ausbildungs-, Fortbildungs- und Erholungsheime (z.B. Kinderkrippen, Kindergärten, Horte), und die Personenbeförderung mit Luftverkehrsfahrzeugen. Kunstgegenstände (wenn von dem/der KünstlerIn geliefert sowie in weiteren Sonderfällen, wenn nicht die sogenannte Differenzbesteuerung angewendet wird);
Die Lieferung von Wein durch den landwirtschaftlichen Betrieb (Erzeuger) fällt ebenfalls unter dem ermäßigten Steuersatz von 13% (siehe Erläuterungen Punkt 14).

14 Die **Lieferung und der Eigenverbrauch von Wein** durch den Erzeuger unterliegt dem Steuersatz von 13%. Im Falle von Wein, der aus zugekauften Trauben erzeugt wurde, und für Buschenschank-Weinverkäufe kommt der Normalsteuersatz von 20% zur Anwendung. Für nicht buchführungspflichtige Land- und Forstwirtinnen/Forstwirte gilt dies nur, wenn sie zur Regelbesteuerung optiert haben (fünf Jahre Bindungswirkung); sonst siehe Punkte 16 und 17.

15 Für Umsätze in den Gebieten Jungholz und Mittelberg durch UnternehmerInnen, die in diesen Gebieten einen Wohnsitz (Sitz), gewöhnlichen Aufenthalt oder eine Betriebsstätte haben, ermäßigt sich der Normalsteuersatz von 20% auf 19% (einzutragen unter der Kennzahl **037**). Die ermäßigten Steuersätze von 10% bzw. 13% kommen jedoch zur Anwendung.

16 **17** Die Kennzahlen **052** und **007** sind nur für nicht buchführungspflichtige Land- und Forstwirtinnen/Forstwirte relevant, die nicht zur Regelbesteuerung optiert haben. Im Regelfall ergibt sich für die Umsätze dieser Land- und Forstwirtinnen/Forstwirte durch die Pauschalierung weder eine Verpflichtung zur Abfuhr von Umsatzsteuer noch eine Möglichkeit, sich vom Finanzamt Vorsteuern erstatten zu lassen. Nur in den nachstehend angeführten Fällen muss der/die pauschalierte LandwirtIn die entsprechende Steuer (Zusatzsteuer) tatsächlich an das Finanzamt abführen, ohne dass er sich Vorsteuern vom Finanzamt erstatten lassen kann.

16 Die Zusatzsteuer von 10% gilt, sofern der Verkauf an NichtunternehmerInnen erfolgt, insbesondere für den Verkauf von Wein durch pauschalierte Weinbäuerinnen/Weinbauern im Buschenschank oder allgemein für den Verkauf von Wein, der aus zugekauften Trauben hergestellt wurde. Die Zusatzsteuer ist auch für den Verkauf von Getränken, die nicht in der Anlage 1 zum Umsatzsteuergesetz genannt sind, zu entrichten.

17 Die Zusatzsteuer von 7% gilt für die unter Punkt 16 angeführten Getränke, sofern der Verkauf an UnternehmerInnen erfolgt.

18 Hier sind die von Ihnen unzutreffend in Rechnung gestellten und deshalb dem Finanzamt geschuldeten Umsatzsteuerbeträge (§ 11 Abs. 12 und Abs. 14) anzugeben. Wenn der Empfänger einer Lieferung in einem anderen EU-Mitgliedstaat durch unrichtige Angaben gegenüber seiner inländischen Lieferantin bzw. seinem inländischen Lieferanten die Behandlung als steuerfreie innergemeinschaftliche Lieferung (siehe Punkt 7) erzielt hat, dann schuldet der Empfänger die entgangene Steuer (Art. 7 Abs. 4); auch dieser Betrag ist unter Kennzahl **056** anzuführen.

19 In folgenden Fällen wird die Umsatzsteuer nicht von dem/der leistenden UnternehmerIn, sondern von Ihnen als AbnehmerIn (Leistungsempfängerin) geschuldet und ist daher unter der Kennzahl **057** einzutragen. Sie können aber die geschuldete Steuer unter der Kennzahl **066** sogleich wieder als Vorsteuer abziehen, falls Sie nicht grundsätzlich vom Vorsteuerabzug ausgeschlossen sind (z.B. wegen unecht befreiter Umsätze). Eine In-Rechnung-Stellung durch den leistenden Unternehmer/die leistende Unternehmerin hat nicht zu erfolgen; die Vorsteuerabzugsberechtigung ist dennoch gegeben. Von der Kennzahl **057** erfasst sind nachstehende Leistungen:

1. Sonstige Leistungen und Werklieferungen (z.B. Errichtung eines Gebäudes) die Ihnen ein ausländischer Unternehmer/eine ausländische Unternehmerin erbringt (§ 19 Abs. 1 zweiter Satz)
2. bestimmte Strom- und Gaslieferungen durch ausländische UnternehmerInnen (§ 19 Abs. 1c)
3. Umsätze aus der Übertragung von Treibhausgasemissionszertifikaten (§ 19 Abs. 1e lit. a) sowie Umsätze aus der Lieferung von bestimmten Mobilfunkgeräten und integrierten Schaltkreisen, wenn das in der Rechnung ausgewiesene Entgelt mindestens 5.000 Euro beträgt (§ 19 Abs. 1e lit. b)
4. Lieferungen an den inländischen Empfänger/die inländische Empfängerin im Rahmen eines Dreiecksgeschäftes (Art. 25 Abs. 5)

Zu beachten ist, dass in den unter Punkt 1 genannten Fällen des Überganges der Steuerschuld (§ 19 Abs. 1 zweiter Satz) der Zeitpunkt des Entstehens der Steuerschuld durch spätere Rechnungslegung nicht verschoben werden kann. Die Steuerschuld entsteht in diesen Fällen generell mit Ablauf des Kalendermonates, in dem die Leistung ausgeführt wurde.

20 Werden an Sie Bauleistungen (einschließlich Anzahlungen) erbracht, bei denen die Steuerschuld übergeht, dann wird die Steuer nicht von dem/der leistenden UnternehmerIn, sondern von Ihnen als Leistungsempfänger geschuldet. Diese übergangene Steuer ist unter Kennzahl **048** einzutragen. Wenn kein Ausschluss vom Vorsteuerabzug besteht, können Sie die geschuldete Steuer wieder als Vorsteuer unter der Kennzahl **082** abziehen.

Weiters kommt es bei Lieferungen im Rahmen des Sicherungseigentums und des Vorbehaltseigentums sowie bei Umsätzen von Grundstücken im Rahmen des Zwangsversteigerungsverfahrens (§ 19 Abs. 1b) zum Übergang der Steuerschuld auf den Leistungsempfänger. Diese übergangene Steuer ist unter Kennzahl **044** einzutragen. Wenn kein Ausschluss vom Vorsteuerabzug besteht, kann die geschuldete Steuer von dem Leistungsempfänger wieder als Vorsteuer unter der Kennzahl **087** abgezogen werden.
Unter Kennzahl **032** ist die auf Sie als Leistungsempfängerin/Leistungsempfänger übergegangene Steuerschuld für Lieferungen und bestimmte sonstige Leistungen im Zusammenhang mit Schrott und Abfallstoffen einzutragen (§ 19 Abs. 1d, Schrott-Umsatzsteuerverordnung BGBl. II Nr. 129/2007). Hier zu erfassen sind weiters Umsätze nach der Umsatzsteuerbetrugsbekämpfungsverordnung (UStBBKV), BGBl. II Nr. 369/2013, (Videospielkonsolen, Laptops, Tablet-Computer, Gas und Elektrizität, Gas- und Elektrizitätszertifikate, Metalle und Anlagegold), bei denen es ebenfalls zum Übergang der Steuerschuld auf den Leistungsempfänger kommt. Wenn kein Ausschluss vom Vorsteuerabzug besteht, können Sie die geschuldete Steuer unter der Kennzahl **089** wieder als Vorsteuer abziehen.

21 Einen **innergemeinschaftlichen Erwerb** tätigen Sie, wenn Sie im Rahmen Ihres Unternehmens (also nicht für Privatzwecke!) von einem/einer UnternehmerIn eines EU-Mitgliedstaates eine „grenzüberschreitende Lieferung" erhalten, d.h. der Liefergegenstand gelangt von einem anderen Mitgliedstaat der EU in das Inland. Ein innergemeinschaftlicher Erwerb liegt weiters vor, wenn Sie einen Ihrem Unternehmen bereits zuzurechnenden, aber in einem anderen Mitgliedstaat befindlichen Gegenstand (der Gegenstand befindet sich z.B. in einer ausländischen Niederlassung) von dort auf Dauer in das Inland verbringen. Im Falle einer nur vorübergehenden Verwendung im Inland liegt kein innergemeinschaftlicher Erwerb vor.

Soweit Sie zum Vorsteuerabzug berechtigt sind, können Sie die auf die innergemeinschaftlichen Erwerbe entfallende Umsatzsteuer sogleich wieder als Vorsteuer geltend machen (Kennzahl **065**). Die Erwerbsteuer für bestimmte KFZ können Sie nicht als Vorsteuer abziehen (§ 12 Abs. 2 Z 2 lit. b). Das Ausfüllen der Kennzahlen über den innergemeinschaftlichen Erwerb dient u.a. der Kontrolle der richtigen Versteuerung von grenzüberschreitenden Transaktionen.

Kein innergemeinschaftlicher Erwerb liegt vor, wenn Sie entweder UnternehmerIn sind, der/die nur unecht steuerbefreite Umsätze ausführt (siehe Punkte 9, 10 und 11, somit auch, wenn Sie Kleinunternehmer sind, der nicht die Regelbesteuerung beantragt hat), oder wenn Sie pauschalierte Land- und Forstwirtin bzw. pauschalierter Land- und Forstwirt sind (siehe Punkte 16 und 17), und wenn zugleich die innergemeinschaftlichen Erwerbe weder im vergangenen Jahr, noch im laufenden Jahr die Erwerbsschwelle von 11.000 Euro überschritten haben. Wird die Erwerbsschwelle nur im laufenden Jahr überschritten, so kommt es ab dem ersten Erwerb, mit dem die Schwelle überschritten wird, zur Erwerbsteuerpflicht. Stets der Erwerbsteuer zu unterziehen sind verbrauchsteuerpflichtige Waren (z.B. Tabakwaren, Wein und sonstige Alkoholika) sowie neue Fahrzeuge (bezüglich Definition „neues Fahrzeug" siehe Punkt 8), diese Lieferungen zählen daher bei der Berechnung der Erwerbsschwelle nicht mit. Auf die Erwerbsschwelle kann verzichtet werden (wenn z.B. die inländische Umsatzsteuer niedriger ist als die betreffende ausländische Umsatzsteuer); dieser Verzicht bindet den/die UnternehmerIn mindestens für zwei Kalenderjahre, und zwar generell hinsichtlich sämtlicher Erwerbe aus anderen Mitgliedstaaten.

22 Unter der Kennzahl **071** sind die Sonderfälle der steuerfreien Erwerbe abzuziehen. Hierunter fällt insbesondere der Erwerb solcher Gegenstände, deren Lieferung im Inland oder deren Einfuhr aus einem Drittland steuerfrei wäre. Für die steuerpflichtigen Erwerbe kommen die normalen Steuersätze zur Anwendung (Kennzahlen **072, 073 und 088**).

23 Siehe die Erläuterungen zu den Punkten 12, 13, 15 und 17.

24 Wenn Sie im Falle eines innergemeinschaftlichen Erwerbes eines Gegenstandes, der sich am Ende der Beförderung oder Versendung im Gebiet eines anderen Mitgliedstaates befindet, eine österreichische UID-Nummer verwendet haben, dann ist dieser Erwerb durch die Verwendung der österreichischen UID-Nummer grundsätzlich der österreichischen Erwerbsteuer zu unterziehen. Sie brauchen diesen Erwerb aber dann nicht in Österreich zu versteuern, wenn der Erwerb nachweislich im Mitgliedstaat des Bestimmungsortes versteuert wurde. Solche Erwerbe sind nicht unter Kennzahl **070**, sondern lediglich unter Kennzahl **076** anzuführen.

Im Falle sogenannter „Dreiecksgeschäfte" ist der Erwerb ebenfalls nicht zu versteuern, sondern nur unter der Kennzahl **077** anzuführen, wenn der/die UnternehmerIn (Erwerber) nachweist, dass ein solches Dreiecksgeschäft vorliegt und er/sie seine/ihrer Erklärungspflicht (durch Aufnahme in die „Zusammenfassende Meldung") nachgekommen ist.

25 Unter der Kennzahl **060** sind die in den Veranlagungszeitraum fallenden, von anderen Unternehmerinnen/Unternehmern in einer Rechnung gesondert ausgewiesenen Steuerbeträge für Lieferungen oder sonstige Leistungen, die im Inland für das Unternehmen ausgeführt worden sind, zu erklären, einschließlich der für geleistete Anzahlungen in einer Rechnung ausgewiesenen Steuer, sowie der nach Durchschnittssätzen ermittelten Vorsteuern. Für Istversteuerer, deren Umsätze nach § 1 Abs. 1 Z 1 und 2 - hierbei bleiben die Umsätze aus Hilfsgeschäften einschließlich der Geschäftsveräußerungen außer Ansatz – im vorangegangenen Veranlagungszeitraum 2 000 000 Euro nicht übersteigen haben, ist zusätzliche Voraussetzung für den Vorsteuerabzug, dass die Zahlung geleistet worden ist.

Ein Vorsteuerabzug im Zusammenhang mit Lieferungen und sonstigen Leistungen setzt voraus, dass diese mindestens zu 10% unternehmerischen Zwecken dienen.

Wenn daher z.B. ein Handelsvertreter einen (vorsteuerabzugsberechtigten) Kleinbus erwirbt und ihn zu 25% für Zwecke seines Unternehmens einsetzt, dann kann er den Vorsteuerabzug zu 100% geltend machen; der Privatanteil von 75% einschließlich anteiliger AfA unterliegt laufend der Eigenverbrauchs-Besteuerung (siehe Punkt 2).

Kein Vorsteuerabzug steht für Aufwendungen zu, die nach Ertragsteuerrecht zur Gänze oder überwiegend nicht abzugsfähig sind. Nicht zulässig ist auch der Vorsteuerabzug hinsichtlich der Anschaffung (Herstellung), Miete oder dem Betrieb von PKWs, Kombis oder Krafträdern, ausgenommen Fahrschulkraftfahrzeuge, Vorführkraftfahrzeuge sowie ausschließlich zur gewerblichen Weiterveräußerung bestimmte KFZ und KFZ, die zu mindestens 80% dem Zweck der gewerblichen Personenbeförderung oder der gewerblichen Vermietung dienen.

Bei Personenkraftwagen oder Kombinationskraftwagen mit einem CO2-Emissionswert von 0 Gramm pro Kilometer (zB Personenkraftwagen oder Kombinationskraftwagen mit ausschließlich elektrischem oder elektrohydraulischem Antrieb ist der Vorsteuerabzug unter den allgemeinen Voraussetzungen des § 12 UStG 1994 möglich.

26 Unter den Kennzahlen **084, 085, 086, 078, 068** und **079** sind die pauschal ermittelten Vorsteuern, die jedoch bereits unter der Kennzahl **060** enthalten sein müssen, gesondert anzuführen. Hier zu erfassen sind für bestimmte Berufsgruppen oder Tätigkeiten vorgesehene Vorsteuerpauschalierungen.

27 Unter der Kennzahl **061** ist die an die Zollbehörde entrichtete Einfuhrumsatzsteuer für Gegenstände, die für das Unternehmen eingeführt worden sind, zu erklären. Dies gilt nicht, sofern ein Ausschluss vom Vorsteuerabzug besteht.

28 Unter der Kennzahl **083** ist die Vorsteuer betreffend diejenige Einfuhrumsatzsteuer (EUSt) einzutragen, deren Verbuchung nicht auf das Zollamtskonto, sondern aufgrund der Wahlmöglichkeit auf das Finanzamtskonto des Unternehmers/der Unternehmerin, für den/die die Waren eingeführt wurden, erfolgte. Dies gilt nicht, sofern ein Ausschluss vom Vorsteuerabzug besteht.

29 Unter der Kennzahl **065** ist die Summe der Erwerbsteuerbeträge laut Kennzahlen **072** bis **088** anzugeben, sofern kein Ausschluss vom Vorsteuerabzug besteht.

30 Unter den Kennzahlen **066, 082, 087** und **089** ist die auf den Leistungsempfänger übergegangene Steuer einzutragen, sofern kein Ausschluss vom Vorsteuerabzug besteht. Näheres siehe die Erläuterungen Punkte 19 und 20.

31 In den Fällen, in denen ein/e NichtunternehmerIn infolge Lieferung eines neuen KFZ zum/zur UnternehmerIn wird, kann er/sie einen Vorsteuerabzug geltend machen (siehe auch Erläuterungen Punkt 8). Der Vorsteuerabzug ist nach Art. 12 Abs. 3 nur für die Anschaffungskosten, nicht auch für bis zur Weiterveräußerung anfallende Betriebskosten möglich; der Vorsteuerabzug ist, wenn das Fahrzeug zu einem niedrigeren Preis weiterveräußert wird, mit dem auf diesen niedrigeren Preis fiktiv entfallenden Steuerbetrag begrenzt und darf erst bei Durchführung der innergemeinschaftlichen Lieferung des neuen Fahrzeuges vorgenommen werden.

32 Unter der Kennzahl **062** sind die unter den Kennzahlen **060, 061, 083, 065, 066, 082, 087** und **089** erklärten Vorsteuern anzugeben, die den sogenannten „unecht steuerbefreiten Umsätzen" (siehe Punkt 9, 10 und 11) oder Umsätzen, die im Ausland ausgeführt wurden und die – wären sie im Inland bewirkt worden – unecht steuerfrei sein würden, zuzurechnen sind.

33 **Ändern sich im Veranlagungszeitraum die Verhältnisse,** die für den in den Vorjahren geltend gemachten Vorsteuerabzug maßgebend waren, so ist der Vorsteuerabzug auf Grund der Vorschriften des § 12 Abs. 10 bis 13 zu berichtigen. Die Berichtigung ist unter der Kennzahl **063** zu erklären. Dies gilt auch bei Übergang von einer unechten Steuerbefreiung zur Regelbesteuerung und umgekehrt. Je nachdem, ob der ursprünglich vorgenommene Vorsteuerabzug jetzt unzulässig ist (z.B. Verkauf eines Betriebsgrundstücks ohne Verzicht auf die Steuerbefreiung, siehe auch die Erläuterungen Punkt 9), oder ob ein seinerzeit unzulässiger Vorsteuerabzug jetzt zulässig ist (z.B. Übergang von der Kleinunternehmer-Besteuerung zur Regelbesteuerung), ergibt sich eine Vorsteuer-Rückforderung oder eine Vorsteuer-Gutschrift.

34 Unter der Kennzahl **067** sind **Vorsteuerberichtigungen** nach § 16 Abs. 1 (Änderung der Bemessungsgrundlage) und Abs. 3 (Uneinbringlichkeit des Entgelts) vorzunehmen.

35 **Sonstige Berichtigungen:**

Diese Zeile steht für sonstige Berichtigungen zur Verfügung. Beispielsweise sind hier Entgeltsberichtigungen betreffend Umsätze vorangegangener Veranlagungszeiträume zu erfassen, wobei der Steuerbetrag (und nicht die Bemessungsgrundlage) einzutragen ist. Entgeltsberichtigungen betreffend Umsätze des laufenden Veranlagungszeitraumes sind bereits unter der Kennzahl **000** zu berücksichtigen.

Hier sind auch die Gutschriften einzutragen, die sich in den Fällen des § 7 Abs. 4 zweiter Unterabsatz durch die Steuerfreiheit für (zunächst versteuerte) Ausfuhrumsätze vorangegangener Veranlagungszeiträume ergeben, wenn der Ausfuhrnachweis erst im laufenden Veranlagungszeitraum eingelangt ist.

Diese Anleitung enthält nur die wichtigsten Hinweise für das Ausfüllen der Erklärung. Wenden Sie sich in Zweifelsfällen an Ihren/Ihre WirtschaftstreuhänderIn oder an die Bediensteten des für Sie zuständigen Finanzamtes!

An das

☐ **Finanzamt Österreich**, Postfach 260, 1000 Wien

☐ **Finanzamt für Großbetriebe**, Postfach 251, 1000 Wien

Informationen zur elektronischen Erklärungsabgabe finden Sie direkt unter FinanzOnline (https://finanzonline.bmf.gv.at) und unter bmf.gv.at, wo auch steuerliche Informationen, wie die Umsatzsteuerrichtlinien 2000 abrufbar (downloadbar) sind, bzw. erhalten Sie diese bei Ihrem zuständigen Finanzamt.

2023

Eingangsvermerk

Datenschutzerklärung auf bmf.gv.at/datenschutz oder auf Papier in allen Finanz- und Zolldienststellen

bmf.gv.at

Bundesministerium Finanzen

Dieses Formular wird maschinell gelesen, füllen Sie es daher nur mittels Tastatur und Bildschirm aus. ***Eine handschriftliche Befüllung ist unbedingt zu vermeiden.*** *Betragsangaben in EURO und Cent (rechtsbündig). Eintragungen* ***außerhalb der Eingabefelder*** *können maschinell nicht gelesen werden.*
Die stark hervorgehobenen Felder sind jedenfalls auszufüllen.
Zutreffendes bitte ankreuzen.

☐ **Umsatzsteuervoranmeldung 2023**

☐ **Berichtigte Umsatzsteuervoranmeldung 2023**

1. Steuernummer

1.1 Steuernummer

1.2 ☐ Steuernummer noch nicht vorhanden

2. Zeitraum

2.1 für den Kalendermonat ☐ 2023

2.2 für das Kalendervierteljahr ☐ bis ☐ 2023

3. Angaben zum Unternehmen

3.1 BEZEICHNUNG DES UNTERNEHMENS

3.2 STRASSE

3.3 Hausnummer

3.4 Stiege

3.5 Türnummer

3.6 LAND [1]

3.7 Telefonnummer

3.8 Postleitzahl

3.9 ORT

4. Berechnung der Umsatzsteuer:

	Kennzahl	Bemessungsgrundlage, Beträge in Euro und Cent
Lieferungen, sonstige Leistungen und Eigenverbrauch:		
4.1 Gesamtbetrag der Bemessungsgrundlage für Lieferungen und sonstige Leistungen (ohne den nachstehend angeführten Eigenverbrauch) einschließlich Anzahlungen (jeweils ohne Umsatzsteuer)	000	
4.2 zuzüglich Eigenverbrauch (§ 1 Abs. 1 Z 2, § 3 Abs. 2 und § 3a Abs. 1a)	001 +	
4.3 abzüglich Umsätze, für die die Steuerschuld gemäß § 19 Abs. 1 zweiter Satz sowie gemäß § 19 Abs. 1a, 1b, 1c, 1d und 1e auf den Leistungsempfänger übergegangen ist.	021 −	
4.4 SUMME		

[1] *Nur wenn der derzeitige Wohnsitz/Sitz nicht in Österreich liegt, geben Sie das Kfz-Nationalitätszeichen des Landes an.*

U 30-PDF-2023 Bundesministerium für Finanzen

U 30, Seite 1, Version vom 16.12.2022

Davon steuerfrei MIT Vorsteuerabzug bzw. Nullsatz gemäß				
4.5	§ 6 Abs. 1 Z 1 iVm § 7 (Ausfuhrlieferungen)	**011**	–	
4.6	§ 6 Abs. 1 Z 1 iVm § 8 (Lohnveredelungen)	**012**	–	
4.7	§ 6 Abs. 1 Z 2 bis 6, § 23 Abs. 5 (Seeschifffahrt, Luftfahrt, grenzüberschreitende Personenbeförderung, Diplomaten, Reise-vorleistungen im Drittlandsgebiet usw.), § 28 Abs. 53 Z 3 (COVID-19-In-vitro-Diagnostika und Impfstoffe von 1.1.2021 bis 30.6.2023) sowie Nullsatz bei der Lieferung von Schutzmasken gemäß § 28 Abs. 54 (bis 30.6.2023)	**015**	–	
4.8	Art. 6 Abs. 1 (innergemeinschaftliche Lieferungen ohne die nachstehend gesondert anzuführenden Fahrzeuglieferungen)	**017**	–	
4.9	Art. 6 Abs. 1, sofern Lieferungen neuer Fahrzeuge an Abnehmer ohne UID-Nummer bzw. durch Fahrzeuglieferer gemäß Art. 2 erfolgten.	**018**	–	
Davon steuerfrei OHNE Vorsteuerabzug gemäß				
4.10	§ 6 Abs. 1 Z 9 lit. a (Grundstücksumsätze)	**019**	–	
4.11	§ 6 Abs. 1 Z 27 (Kleinunternehmer)	**016**	–	
4.12	§ 6 Abs. 1 Z ☐ (übrige steuerfreie Umsätze ohne Vorsteuerabzug)	**020**	–	
4.13	**Gesamtbetrag** der steuerpflichtigen Lieferungen, sonstigen Leistungen und Eigenverbrauch (einschließlich steuerpflichtiger Anzahlungen)			

Davon sind zu versteuern mit:			Bemessungsgrundlage		Umsatzsteuer
4.14	20% Normalsteuersatz	**022**			
4.15	10% ermäßigter Steuersatz	**029**		+	
4.16	13% ermäßigter Steuersatz	**006**		+	
4.17	19% für Jungholz und Mittelberg	**037**		+	
4.18	10% Zusatzsteuer für pauschalierte land- und forstwirtschaftliche Betriebe	**052**		+	
4.19	7% Zusatzsteuer für pauschalierte land- und forstwirtschaftliche Betriebe	**007**		+	

U 30-PDF-2023

U 30, Seite 2, Version vom 16.12.2022

Weiters zu versteuern:

4.20	Steuerschuld gemäß § 11 Abs. 12 und 14, § 16 Abs. 2 sowie gemäß Art. 7 Abs. 4	056	+	
4.21	Steuerschuld gemäß § 19 Abs. 1 zweiter Satz, § 19 Abs. 1c, 1e sowie gemäß Art. 25 Abs. 5	057	+	
4.22	Steuerschuld gemäß § 19 Abs. 1a (Bauleistungen)	048	+	
4.23	Steuerschuld gemäß § 19 Abs. 1b (Sicherungseigentum, Vorbehaltseigentum und Grundstücke im Zwangsversteigerungsverfahren)	044	+	
4.24	Steuerschuld gemäß § 19 Abs. 1d (Schrott und Abfallstoffe, Verordnung BGBl. II Nr. 129/2007; Videospielkonsolen, Laptops, Tablet-Computer, Gas und Elektrizität, Gas- und Elektrizitätszertifikate, Metalle, Anlagegold, Verordnung BGBl. II Nr. 369/2013)	032	+	

Innergemeinschaftliche Erwerbe:

			Bemessungsgrundlage		Umsatzsteuer
4.25	Gesamtbetrag der Bemessungsgrundlagen für innergemeinschaftliche Erwerbe	070			
4.26	Davon steuerfrei gemäß Art. 6 Abs. 2 oder gemäß § 28 Abs. 53 Z 3 (COVID-19-In-vitro-Diagnostika und Impfstoffe von 1.1.2021 bis 30.6.2023 sowie Nullsatz gemäß § 28 Abs. 54 für innergemeinschaftliche Erwerbe von Schutzmasken bis 30.6.2023)	071			
Davon sind zu versteuern mit:					
4.28	20% Normalsteuersatz	072		+	
4.29	10% ermäßigter Steuersatz	073		+	
4.30	13% ermäßigter Steuersatz	008		+	
4.31	19% für Jungholz und Mittelberg	088		+	
Nicht zu versteuernde Erwerbe:					
4.32	Erwerbe gemäß Art. 3 Abs. 8 zweiter Satz, die im Mitgliedstaat des Bestimmungslandes besteuert worden sind	076			
4.33	Erwerbe gemäß Art. 3 Abs. 8 zweiter Satz, die gemäß Art. 25 Abs. 2 im Inland als besteuert gelten	077			

4.27 Gesamtbetrag der steuerpflichtigen innergemeinschaftlichen Erwerbe

5. Berechnung der abziehbaren Vorsteuer:

5.1	Gesamtbetrag der Vorsteuern (ohne die nachstehend gesondert anzuführenden Beträge)	060	–	
5.2	Vorsteuern betreffend die entrichtete Einfuhrumsatzsteuer (§ 12 Abs. 1 Z 2 lit. a)	061	–	

U 30-PDF-2023

U 30, Seite 3, Version vom 16.12.2022

5.3	Vorsteuern betreffend die geschuldete, auf dem Abgabenkonto verbuchte Einfuhrumsatzsteuer (§ 12 Abs. 1 Z 2 lit. b)	**083**	–	
5.4	Vorsteuern aus dem innergemeinschaftlichen Erwerb	**065**	–	
5.5	Vorsteuern betreffend die Steuerschuld gemäß § 19 Abs. 1 zweiter Satz, § 19 Abs. 1c, 1e sowie gemäß Art. 25 Abs. 5	**066**	–	
5.6	Vorsteuern betreffend die Steuerschuld gemäß § 19 Abs. 1a (Bauleistungen)	**082**	–	
5.7	Vorsteuern betreffend die Steuerschuld gemäß § 19 Abs. 1b (Sicherungseigentum, Vorbehaltseigentum und Grundstücke im Zwangsversteigerungsverfahren)	**087**	–	
5.8	Vorsteuern betreffend die Steuerschuld gemäß § 19 Abs. 1d (Schrott und Abfallstoffe, Verordnung BGBl. II Nr. 129/2007; Videospielkonsolen, Laptops, Tablet-Computer, Gas und Elektrizität, Gas- und Elektrizitätszertifikate, Metalle, Anlagegold, Verordnung BGBl. II Nr. 369/2013)	**089**	–	
5.9	Vorsteuern für innergemeinschaftliche Lieferungen neuer Fahrzeuge von Fahrzeuglieferern gemäß Art. 2	**064**	–	
5.10	Davon nicht abzugsfähig gemäß § 12 Abs. 3 iVm Abs. 4 und 5	**062**	+	
5.11	Berichtigung gemäß § 12 Abs. 10 und 11	**063**	2) ☐	
5.12	Berichtigung gemäß § 16	**067**	2) ☐	
5.13	**Gesamtbetrag** der abziehbaren Vorsteuer			

6. Sonstige Berichtigungen:

	090	2) ☐	

7.1 ☐ **Vorauszahlung** (Zahllast) 7.2 ☐ **Überschuss** (Gutschrift) **095**

☐ Ich beantrage die Verwendung des unter der Kennzahl **095** ausgewiesenen Überschusses zur Entrichtung von Abgaben.

☐ Ich übermittle Rechnungskopien *(keine Originale beilegen)*

Steuerliche Vertretung (Name, Anschrift, Telefon/Telefaxnummer)

2) *Sollte die Eingabe eines negativen Wertes notwendig sein, tragen Sie das Minuszeichen in das dafür vorgesehene Kästchen vor den Betragsfeldern ein.*

Noch einfacher können Sie diese Erklärung papierlos über bmf.gv.at (FinanzOnline) einbringen. FinanzOnline steht Ihnen kostenlos und rund um die Uhr zur Verfügung und bedarf keiner speziellen Software.

Ich versichere, dass ich die vorstehenden Angaben nach bestem Wissen und Gewissen **richtig** und **vollständig** gemacht habe.

Datum, Unterschrift bzw. firmenmäßige Zeichnung

U 30-PDF-2023

U 30, Seite 4, Version vom 16.12.2022

Ausfüllhilfe zur Umsatzsteuervoranmeldung (U 30) für 2023

Gesetzeszitate ohne nähere Bezeichnung beziehen sich auf das Umsatzsteuergesetz 1994 (UStG 1994) in der am 1.1.2023 geltenden Fassung. Detaillierte steuerrechtliche Informationen finden Sie unter bmf.gv.at, Steuern/Für Selbstständige & Unternehmen/Umsatzsteuer.

Die Umsatzsteuer ist monatlich/vierteljährlich selbst zu berechnen und bis 15. des zweitfolgenden Monats (Fälligkeitstag) zu entrichten.

Beachten Sie:
Ihr Formular wird **maschinell gelesen**. Um eine optimale Verarbeitung zu gewährleisten, beachten Sie die untenstehenden Ausfüllhinweise. Sie vermeiden dadurch Rückfragen und unterstützen eine zügige Bearbeitung.

- Geben Sie nur die **Originalformulare** ab, da Kopien maschinell nicht lesbar sind.
- Schreiben Sie in **GROSSBUCHSTABEN** und verwenden Sie **ausschließlich schwarze** oder **blaue** Farbe.
- Schreiben Sie in jedes Kästchen nur einen Buchstaben, eine Ziffer oder ein Sonderzeichen.
- Füllen Sie Textfelder von links nach rechts aus.
- Leerbleibende Felder frei lassen und **NICHT** durchstreichen.
- Anmerkungen außerhalb der vorgesehenen Felder können nicht maschinell gelesen werden.

Datenschutzerklärung auf bmf.gv.at/datenschutz
oder auf Papier in allen Finanz- und Zolldienststellen

So schreiben Sie richtig

1234567890ABCDEFGHIJKLMNOPQRSTUVWXYZÄÖÜß

1.1 Finanzamtsnummer - Steuernummer

091234567

3.1 BEZEICHNUNG DES UNTERNEHMENS

MUSTER GMBH

So füllen Sie Betragsfelder richtig aus

- Füllen Sie Betragsfelder rechtsbündig aus.
- Leerbleibende Felder frei lassen und NICHT durchstreichen.

RICHTIG

5147900

28536170

FALSCH

51479

So korrigieren Sie richtig

RICHTIG

7140,90

[redacted]

FALSCH

714090

bmf.gv.at

Bundesministerium
Finanzen

1. Abgabe von Umsatzsteuervoranmeldungen

- **Verpflichtung** zur Abgabe von Umsatzsteuervoranmeldungen:
  Unternehmer/innen, deren Umsätze gemäß § 1 Abs. 1 Z 1 und 2 im vorangegangenen Kalenderjahr **35.000 Euro** überstiegen haben, sind verpflichtet, **vierteljährlich** Umsatzsteuervoranmeldungen abzugeben.
  Beträgt der Vorjahresumsatz mehr als **100.000 Euro**, besteht die Verpflichtung, **monatlich** Umsatzsteuervoranmeldungen einzureichen.
  Darüber hinaus besteht die Verpflichtung zur Abgabe von Voranmeldungen auch dann, wenn die Unternehmerin/der Unternehmer vom Finanzamt zur Einreichung von Voranmeldungen aufgefordert wird, weil Vorauszahlungen nicht vorschriftsmäßig entrichtet, Überschüsse nicht vorschriftsmäßig vorangemeldet oder Aufzeichnungspflichten nicht erfüllt wurden.
- **Keine Verpflichtung** zur Abgabe von Umsatzsteuervoranmeldungen:
  Wurde die Umsatzgrenze von 35.000 Euro im Vorjahr nicht überschritten, entfällt die Verpflichtung zur Abgabe von Umsatzsteuervoranmeldungen, wenn die nach Maßgabe der gesetzlichen Bestimmungen (§ 21 Abs. 1) errechnete Vorauszahlung zur Gänze spätestens am Fälligkeitstag entrichtet wird oder sich für einen Voranmeldungszeitraum keine Vorauszahlung ergibt. In diesen Fällen muss die Unternehmerin/der Unternehmer eine sogenannte interne Voranmeldung erstellen und zu ihren/seinen Unterlagen nehmen (§ 18 Abs. 1).
  Auch wenn keine Verpflichtung zur Einreichung von Umsatzsteuervoranmeldungen besteht, können Überschüsse nur durch Abgabe einer Voranmeldung geltend gemacht werden.
  Unternehmer/innen, die ausschließlich unecht steuerbefreite Umsätze (§ 6 Abs. 1 Z 7 bis 28) tätigen, sind aus Vereinfachungsgründen von der Verpflichtung zur Abgabe einer Umsatzsteuervoranmeldung befreit, sofern sich für diesen Voranmeldungszeitraum weder eine Vorauszahlung noch ein Überschuss ergibt.

2. Übermittlung der Umsatzsteuervoranmeldung auf elektronischem Weg

Die Übermittlung der Voranmeldung hat elektronisch über FinanzOnline zu erfolgen, ausgenommen der Unternehmerin/dem Unternehmer ist dies mangels technischer Voraussetzungen nicht zumutbar. Das Vorliegen der technischen Voraussetzungen wird dann anzunehmen sein, wenn die Unternehmerin/der Unternehmer über einen Internet-Anschluss verfügt. Bei Abgabe der Voranmeldungen über die Parteienvertreterin/den Parteienvertreter wird es anzunehmen sein, wenn diese/r über einen beruflichen Internet-Anschluss verfügt.

3. Erläuterungen zu einigen Kennzahlen

Neben den Anmerkungen in der Ausfüllhilfe zur Umsatzsteuererklärung (U 1a) des Vorjahres sind die nachstehenden ergänzenden bzw. aktuellen Erläuterungen zu beachten:

Kennzahlen 000, 067 und 090:
Entgeltsänderungen sind – **ohne Unterscheidung zwischen laufendem oder vorangegangenem Voranmeldungszeitraum** – grundsätzlich in der Kennzahl **000** sowie in den korrespondierenden Kennzahlen der steuerfreien und steuerpflichtigen Umsätze zu berücksichtigen.
Ergibt sich rechnerisch bei einer Kennzahl eine **negative Bemessungsgrundlage**, so ist bei dieser Kennzahl der Wert Null einzutragen und der negative Betrag als Berichtigung des Steuerbetrages zu erfassen. Für die Berichtigung von Vorsteuer steht die Kennzahl **067**, für die Berichtigung von Umsatzsteuer die Kennzahl **090** zur Verfügung.

Kennzahl 021:
Unter der Kennzahl **021** sind jene – in der Kennzahl **000** enthaltene - Umsätze einzutragen, bei denen es zum Übergang der Steuerschuld auf den Leistungsempfänger kommt.
Darunter fallen zB Bauleistungen und auch Umsätze aus der Lieferung von bestimmten Mobilfunkgeräten und integrierten Schaltkreisen, wenn das in der Rechnung ausgewiesene Entgelt mindestens 5.000 Euro beträgt. Dies gilt auch für von der UStBBKV erfasste Umsätze (VO BGBL. II Nr. 369/2013) bzw. ist die diesbezüglich übergegangene Steuer unter der Kennzahl **032** einzutragen und ein Vorsteuerabzug unter der Kennzahl **089** geltend zu machen.

Kennzahlen 057 und 066:
Unter der Kennzahl **057** ist auch die auf Sie als Leistungsempfänger übergegangene Steuerschuld betreffend die Lieferung von Mobilfunkgeräten und integrierten Schaltkreisen einzutragen. Der diesbezügliche Vorsteuerabzug ist unter Kennzahl **066** geltend zu machen.

Kennzahl 083:
Unter der Kennzahl **083** ist die als Vorsteuer abzugsfähige, **geschuldete und auf dem Abgabenkonto verbuchte** Einfuhrumsatzsteuer einzutragen.
Beachten Sie: Die Kennzahl **083** betrifft nur den Vorsteuerabzug. Der aufgrund des **Zollverfahrens bemessene** und an die **Abgabenbehörde zu entrichtende** Betrag an Einfuhrumsatzsteuer ist in der Voranmeldung nicht anzuführen. Dieser Betrag ist (mit Verrechnungsweisung) an das Finanzamt zu entrichten (Kennzeichnung auf dem Zahlschein: „EU"). Durch den in der Voranmeldung unter der Kennzahl **083** geltend gemachten Vorsteuerabzug, der die Umsatzsteuerzahllast mindert, ergibt sich jedoch bei voller Vorsteuerabzugsberechtigung keine tatsächliche Belastung an Einfuhrumsatzsteuer, bei teilweiser Vorsteuerabzugsberechtigung eine Belastung nur hinsichtlich des nichtabzugsfähigen Teils der Einfuhrumsatzsteuer.

Sollten Sie weitere Fragen zu Ihrer persönlichen Steuerangelegenheit haben, wenden Sie sich an Ihr zuständiges Finanzamt.

Anleitung zum Ausfüllen der Zusammenfassenden Meldung (ZM)

Unternehmen, die innergemeinschaftliche **Warenlieferungen** und/oder **ab 01.01.2010** in einem anderen EU-Mitgliedstaat **steuerpflichtige sonstige Leistungen** ausführen, bei denen es nach Art. 196 MwSt-RL zwingend zum Übergang der Steuerschuld auf den Leistungsempfänger kommt, haben eine ZM an das für die Erhebung der Umsatzsteuer zuständige Finanzamt einzureichen.
Paragrafenangaben beziehen sich auf das Umsatzsteuergesetz 1994, Artikelangaben auf den Anhang zum Umsatzsteuergesetz 1994 (Binnenmarktregelung).
Unter „Gemeinschaftsgebiet" sind die Gebiete der Mitgliedstaaten der Europäischen Union, die nach dem Gemeinschaftsrecht als Inland dieser Mitgliedstaaten gelten, zu verstehen.

Meldepflichtig sind
Unternehmer (§ 2), die innergemeinschaftliche Warenlieferungen oder in einem anderen EU-Mitgliedstaat steuerpflichtige sonstige Leistungen ausgeführt haben, für die der Leistungsempfänger nach Art. 196 MwSt-RL zwingend die Steuer schuldet.
Als Unternehmer gelten auch nichtselbständige juristische Personen im Sinne des § 2 Abs. 2 Z 2 (Organgesellschaften), sofern sie eine eigene Umsatzsteuer-Identifikationsnummer (UID) haben.
Führen pauschalierte Land- und Forstwirte innergemeinschaftliche Warenlieferungen aus, so müssen diese ebenfalls eine ZM abgeben, obwohl diese Umsätze nicht steuerbefreit sind.
NULLMELDUNGEN SIND NICHT ABZUGEBEN.

Eine innergemeinschaftliche Warenlieferung ist
- die Lieferung eines Gegenstandes im Sinne des Art. 7 Abs. 1 mit Ausnahme der Lieferung neuer Fahrzeuge an Abnehmer ohne UID;
- das einer Lieferung gleichgestellte Verbringen eines Gegenstandes (Art. 3 Abs. 1 Z 1);

Eine in einem anderen EU-Mitgliedstaat steuerpflichtige sonstige Leistung, für die der Leistungsempfänger nach Art. 196 MwSt-RL zwingend die Steuer schuldet ist eine Dienstleistung, die an einen Unternehmer oder an eine nicht unternehmerisch tätige juristische Person mit UID in einem anderen Mitgliedstaat ausgeführt wird und deren Leistungsort sich nach der Grundregel des § 3a Abs. 6 UStG 1994 (Empfängerort) bestimmt.

Übermittlung der ZM auf elektronischem Weg
Die Übermittlung der ZM hat elektronisch über FinanzOnline zu erfolgen, ausgenommen dem Unternehmer ist dies mangels technischer Voraussetzungen (z.B. fehlender Internet-Anschluss) nicht zumutbar, oder seine Umsätze haben im vorangegangenen Kalenderjahr 30.000 Euro (bis 31.12.2010: 100.000 Euro) nicht überstiegen.

Abgabefrist
Die ZM ist bis zum Ablauf des auf den Kalendermonat (Meldezeitraum) folgenden Kalendermonats abzugeben. Bei vierteljährlichem Voranmeldungszeitraum hat die Übermittlung bis zum Ablauf des auf das Kalendervierteljahr (Meldezeitraum) folgenden Kalendermonats zu erfolgen.
Dies gilt unabhängig davon, ob die ZM elektronisch (über FinanzOnline) oder in Papier (Formular U 13, erforderlichenfalls mit dem Fortsetzungsblatt U 14) eingereicht wird.
Beachten Sie bitte: Für die ZM und für die Umsatzsteuervoranmeldung (UVA) gelten somit unterschiedliche Abgabetermine.

Sanktionen bei verspäteter Einreichung bzw. Nichtabgabe
Die Abgabe von ZM kann durch Festsetzung einer Zwangsstrafe (Höchstbetrag 5.000 Euro) erzwungen werden. Bei verspäteter Einreichung kann überdies ein Verspätungszuschlag in Höhe von bis zu 1% der Summe aller zu meldenden Bemessungsgrundlagen festgesetzt werden (Höchstbetrag 2.200 Euro).

Meldezeitraum

Der Meldezeitraum umfasst einen Kalendermonat. Für Unternehmer, für die das Kalendervierteljahr der Voranmeldungszeitraum ist, umfasst der Meldezeitraum ein Kalendervierteljahr. Die Zusammenfassung mehrerer Monate bzw. Kalendervierteljahre in einer ZM ist nicht zulässig.

WAS IST ZU MELDEN

Tragen Sie bitte rechts oben auf dem Vordruck Ihre eigene UID, die Finanzamtsnummer und die Steuernummer Ihres (Umsatzsteuer-)Finanzamtes ein. Die Finanzamtsnummer können Sie dem Bescheid über die Vergabe der UID entnehmen. Weiters sind neben dem Meldezeitraum auch die Firmendaten anzuführen.

Bei **innergemeinschaftlichen Lieferungen** im Sinne des Art. 7 Abs. 1, mit Ausnahme der Lieferungen neuer Fahrzeuge an Abnehmer ohne UID, ist zu melden:
- Die UID eines jeden Erwerbers, unter der an diesen die innergemeinschaftlichen Warenlieferungen ausgeführt wurden;
- für jeden Erwerber die Summe der Bemessungsgrundlagen der an ihn ausgeführten innergemeinschaftlichen Warenlieferungen.

Innergemeinschaftliche Lieferungen im Sinne des Art. 7 Abs. 1, mit Ausnahme der Lieferungen neuer Fahrzeuge an Abnehmer ohne UID, sind in den Meldezeitraum aufzunehmen, in dem die **Rechnung** ausgestellt wird, spätestens jedoch in den Meldezeitraum, in dem der auf die Ausführung der innergemeinschaftlichen Warenlieferung folgende Monat endet.

bmf.gv.at

Bundesministerium Finanzen

U 13a Bundesministerium für Finanzen - 02/2020 (Ber. Aufl.)

U 13a, Seite 1, Version vom 27.02.2020

Bei vierteljährlicher ZM-Einreichung gilt Folgendes: Innergemeinschaftliche Lieferungen, die in den ersten beiden Monaten des Meldezeitraumes ausgeführt worden sind, sind in der ZM für diesen Zeitraum zu melden, unabhängig vom Zeitpunkt der Rechnungsausstellung. Bei innergemeinschaftlichen Lieferungen, die im letzten Monat des Meldezeitraumes ausgeführt worden sind, ist auf den Zeitpunkt der Rechnungsausstellung abzustellen. Wird die Rechnung für diese Lieferung noch in diesem Monat ausgestellt, so ist die Meldung in diesem Meldezeitraum vorzunehmen. Wird die Rechnung für diese Lieferung erst nach Ablauf des Meldezeitraumes ausgestellt, so hat die Meldung im nächsten Meldezeitraum zu erfolgen.

Bei **Verbringungen** im Sinne des Art. 3 Abs. 1 Z 1 in Verbindung mit Art. 7 Abs. 2 Z 1, die innergemeinschaftlichen Lieferungen gleichgestellt sind, ist zu melden:
- Die UID des Unternehmers in dem Mitgliedstaat, in den er die Gegenstände unternehmensintern verbracht hat;
- die hierauf entfallende Summe der Bemessungsgrundlagen.

Bezüglich des **Zeitpunktes der Aufnahme in die ZM** gilt das zu den innergemeinschaftlichen Lieferungen Gesagte sinngemäß.

Bei **Dreiecksgeschäften** ist zu melden:
- Die UID des Empfängers der vom Erwerber bewirkten nachfolgenden Lieferung, die dem Empfänger im Bestimmungsmitgliedstaat der versandten oder beförderten Gegenstände erteilt worden ist;
- für jeden einzelnen dieser Empfänger die Summe der Entgelte der auf diese Weise vom Unternehmer im Bestimmungsmitgliedstaat der versandten oder beförderten Gegenstände bewirkten Lieferungen;
- ein Hinweis auf das Vorliegen eines Dreiecksgeschäftes (Zahl 1 in der Spalte Dreiecksgeschäft eintragen).

Beachte: Für die Lieferung des ersten Unternehmers in der Reihe an den zweiten Unternehmer (Erwerber) ist kein Hinweis auf das Vorliegen eines Dreiecksgeschäftes (Spalte Dreiecksgeschäfte) vorzunehmen (fällt unter innergemeinschaftliche Lieferung).

Bei **Dreiecksgeschäften** sind die Lieferungen des Erwerbers an den Empfänger in den Meldezeitraum aufzunehmen, in dem die Steuerschuld für diese Lieferungen entstanden ist.

Sämtliche Lieferungen an einen Erwerber/Unternehmer/Empfänger innerhalb eines Meldezeitraums sind zusammenzufassen und getrennt nach Geschäftsart (innergemeinschaftliche Lieferung - Verbringung - Dreiecksgeschäft) in je einer Zeile gesondert anzuführen.

Bei **in einem anderen EU-Mitgliedstaat ausgeführten steuerpflichtigen sonstigen Leistungen, für die der Leistungsempfänger nach Art. 196 MwSt-RL zwingend die Steuer schuldet**, ist zu melden:

- die UID jedes Leistungsempfängers, unter der die steuerpflichtigen sonstigen Leistungen an ihn ausgeführt wurden
- für jeden Leistungsempfänger die Summe der Bemessungsgrundlagen der an ihn ausgeführten steuerpflichtigen sonstigen Leistungen
- ein Hinweis auf das Vorliegen einer sonstigen Leistung (Zahl 1 in der Spalte Sonstige Leistungen)

In einem anderen EU-Mitgliedstaat erbrachte steuerpflichtige sonstige Leistungen, für die der Leistungsempfänger nach Art. 196 MwSt-RL zwingend die Steuer schuldet, sind in den Meldezeitraum aufzunehmen, in dem die Leistung erfolgt ist. **Eine spätere Rechnungsausstellung hat keine Auswirkung auf den maßgeblichen Meldezeitraum.**

Sämtliche sonstige Leistungen an einen Unternehmer innerhalb eines Meldezeitraums sind zusammenzufassen und in einer Zeile gesondert anzugeben.

Für den Fall, dass die auf der ZM vorgesehenen zehn Zeilen nicht ausreichen, wurde ein Fortsetzungsblatt (Vordruck U 14) aufgelegt. Die Anzahl der angeschlossenen Fortsetzungsblätter ist auf dem Vordruck U 13 einzutragen. Die Forsetzungsblätter sind mit 1 beginnend fortlaufend zu nummerieren.

Ab 1.1.2020 sind Meldungen in Zusammenhang mit der Beförderung oder Versendung in ein Konsignationslager ausschließlich über FinanzOnline durchzuführen. Die Meldung von Umsätzen in Zusammenhang mit der Konsignationslager-Regelung erfolgt unter Angabe des entsprechenden Konsignationslagercodes. Für das Verbringen in ein Konsignationslager ist hierbei KL-Code 1, für den Rückversand sowie für eine Storno Meldung KL-Code 2 und für einen Erwerberwechsel KL-Code 3 anzugeben. Ein Wert bzw eine Bemessungsgrundlage sind im Rahmen der Konsignationslager-Regelung nicht in der „Zusammenfassenden Meldung" anzuführen. Der Unternehmer hat jedoch die UID des geplanten Erwerbers – bzw bei einem Erwerberwechsel (KL-Code 3) die UID des ursprünglichen und des neuen geplanten Erwerbers – anzugeben. Werden Waren, die im Rahmen der Konsignationslager-Regelung verbracht wurden, letztlich an den geplanten Erwerber geliefert, ist diese Lieferung als innergemeinschaftliche Lieferung in eine „Zusammenfassende Meldung" (siehe oben, d.h. ohne KL-Code, jedoch mit Bemessungsgrundlage) aufzunehmen. Für weitere Informationen zur Konsignationslager-Regelung ab 1.1.2020 siehe Rz 3691 ff der Umsatzsteuerrichtlinien 2000.

Der Unternehmer AT in Wien hat in seiner ZM anzugeben:

BEISPIEL 1 (normale innergemeinschaftliche Lieferung)
Unternehmer DE aus München bestellte beim Unternehmer AT unter Angabe seiner deutschen UID (DE333333333) eine Maschine um 50.000 Euro für seinen Betrieb.

BEISPIEL 2 (unternehmensinternes Verbringen)
Unternehmer AT aus Wien verbringt Waren aus seinem Unternehmen in Wien zur deutschen Betriebsstätte in München, wo sie zum Verkauf bestimmt sind. AT hat in Deutschland eine deutsche UID (DE444444444). Der Einkaufspreis der Waren zuzüglich der Nebenkosten beträgt zum Zeitpunkt des Verbringens 60.000 Euro.

BEISPIEL 3 (Dreiecksgeschäft - der österreichische Unternehmer ist Lieferer)
Der schwedische Unternehmer SE bestellt unter Angabe seiner UID (SE777777777777) eine Maschine bei AT um 70.000 Euro und erteilt AT den Auftrag, die Maschine unmittelbar an den finnischen Unternehmer FI (Empfänger der Ware) zu versenden. FI hat die finnische UID (FI88888888). FI seinerseits bestellte die Ware bei SE.

U 13a, Seite 2, Version vom 27.02.2020

BEISPIEL 4 (Dreiecksgeschäft - der österreichische Unternehmer ist Erwerber)
Der luxemburgische Unternehmer LU bestellt unter Angabe seiner UID (LU99999999) beim österreichischen Unternehmer AT eine Maschine. AT seinerseits bestellt die Maschine unter Angabe seiner UID beim italienischen Unternehmer IT. IT versendet die Maschine über Auftrag des AT an den luxemburgischen Empfänger LU. AT verkaufte die Maschine an LU um 20.000 Euro.

Beachten Sie bitte, dass in diesem Beispiel der österreichische Unternehmer die luxemburgische UID des Empfängers, die Bemessungsgrundlage seiner Lieferung (20.000 Euro) und in der Spalte Dreiecksgeschäft die Ziffer 1 einzutragen hat.

BEISPIEL 5 (in einem anderen EU-Mitgliedstaat ausgeführte steuerpflichtige sonstige Leistung nach der Grundregel des § 3a Abs. 6 UStG 1994)
Der österreichische Unternehmer AT befördert Waren im Auftrag des deutschen Unternehmers D (DE 555555555) von Spanien nach Österreich, wofür Transportkosten in Höhe von 10.000 Euro verrechnet werden. Der Leistungsort liegt nach der Grundregel des § 3a Abs. 6 UStG 1994 am Empfängerort (Deutschland). Die Steuerschuld geht nach Art. 196 MwSt-RL zwingend auf den Leistungsempfänger D über. AT muss die deutsche UID des Leistungsempfängers, die Bemessungsgrundlage seiner sonstigen Leistung (10.000 Euro) und in der Spalte sonstige Leistungen die Ziffer 1 eintragen.

Beachten Sie bitte, dass es nach Art. 196 MwSt-RL nur dann zwingend zum **Übergang der Steuerschuld** auf den Leistungsempfänger kommt, wenn sich der Leistungsort nach der Grundregel (Empfängerort gemäß § 3a Abs. 6 UStG 1994) bestimmt. Führt zB der österreichische Unternehmer AT im Auftrag des ungarischen Unternehmers HU in dessen Bürogebäude in Budapest Malerarbeiten durch, bestimmt sich der Ort der sonstigen Leistung gemäß § 3a Abs. 9 UStG 1994 nach der Lage des Grundstückes (Ungarn). Da für diesen Umsatz nicht zwingend die Steuerschuld nach Art. 196 MwSt-RL auf den Leistungsempfänger übergeht (kein Anwendungsfall des § 3a Abs. 6 UStG 1994), ist er nicht in die Zusammenfassende Meldung aufzunehmen.

NACHTRÄGLICHE ÄNDERUNGEN DER UMSATZSTEUERLICHEN BEMESSUNGSGRUNDLAGEN (zB Rabatt)

Solche **nachträgliche Änderungen** (zB durch nachträgliche Gewährung eines Rabatts in einem anderen Meldezeitraum) sind für den Meldezeitraum, in dem sie eingetreten sind, zu melden. Die Meldung erfolgt in der Weise, dass der Änderungsbetrag mit der Summe der Bemessungsgrundlagen der in diesem Meldezeitraum an den jeweiligen Erwerber ausgeführten innergemeinschaftlichen Warenlieferungen saldiert wird. Ergibt sich dadurch eine negative Bemessungsgrundlage, ist der Betrag mit einem Minusvorzeichen zu versehen.

Eine nachträgliche Änderung der umsatzsteuerlichen Bemessungsgrundlage ist von der Berichtigung wegen unrichtiger bzw. unvollständiger Angaben zu unterscheiden.

BERICHTIGUNGEN

Wird nachträglich erkannt, dass eine abgegene ZM **unrichtig oder unvollständig** ist, so ist die ursprüngliche ZM innerhalb eines Monats zu berichtigen. Im Falle einer Berichtigung ist das Ausstellungsdatum der ursprünglichen ZM anzuführen.

Berichtigung oder Stornierung einer Zeile:
<u>Nur Berichtigung der Bemessungsgrundlage:</u>
Die Zeile ist nochmals mit der richtigen Bemessungsgrundlage anzugeben.

<u>Berichtigung einer Zeile mit einer unrichtigen bzw. falsch verwendeten UID oder einer falschen Zuordnung als Dreiecksgeschäft bzw. als sonstige Leistungen:</u>

- Ist eine Zeile mit einer innergemeinschaftlichen Lieferung/Verbringung betroffen, ist diese unter Angabe der allenfalls unrichtigen bzw. falsch verwendeten UID (ohne Bemessungsgrundlage) mit „F" in der Spalte Dreiecksgeschäft zu stornieren.
- Ist eine Zeile mit Dreiecksgeschäften betroffen, ist diese unter Angabe der allenfalls unrichtigen bzw. falsch verwendeten UID (ohne Bemessungsgrundlage) mit „0" in der Spalte „Dreiecksgeschäft" zu stornieren.
- Ist eine Zeile mit sonstigen Leistungen betroffen, ist diese unter Angabe der allenfalls unrichtigen bzw. falsch verwendeten UID (ohne Bemessungsgrundlage) mit „0" in der Spalte „Sonstige Leistungen" zu stornieren.

Erforderlichenfalls sind anschließend die korrekten Daten neu anzugeben.

Jeder zu berichtigende Meldezeitraum ist in einer gesonderten Berichtigungsmeldung zu erfassen. Für die Berichtigungsmeldungen sind ebenfalls die Vordrucke U 13 bzw. U 14 zu verwenden. Die Berichtigung in einer ZM hat stets in der gleichen Währung wie die zu berichtigende ZM zu erfolgen.

Wie korrigiere ich eine ZM?

BEISPIEL 6 (Berichtigung einer ausländischen UID)
Ausgehend von Beispiel 1 ist folgende Berichtigung notwendig:
Unternehmer AT stellt im März 2010 fest, dass für eine im Jänner 2010 getätigte innergemeinschaftliche Lieferung an einen Abnehmer nach Deutschland dessen UID in der ZM für Jänner 2010 irrtümlicherweise mit einem Zahlenfehler behaftet eingetragen wurde. Bisherige, falsche UID DE333333333
richtige UID DE333333339

BEISPIEL 7 (Berichtigung der Bemessungsgrundlage)
Ausgehend von Beispiel 2 ist folgende Berichtigung notwendig:
Unternehmer AT stellt im März 2010 fest, dass die Bemessungsgrundlage für eine im Jänner 2010 getätigte innergemeinschaftliche Verbringung mit einem falschen Wert gemeldet wurde. Der Einkaufspreis der Waren zuzüglich der Nebenkosten hat nicht 60.000 Euro, sondern 66.000 Euro betragen.

BEISPIEL 8 (Berichtigung [Löschung] irrtümlich gemeldeter Informationen)
Ausgehend von den Beispielen 3 und 4 sind folgende Berichtigungen notwendig:
Der österreichische Unternehmer AT nahm an, dass die Lieferung und das Dreiecksgeschäft im Jänner 2010 erfolgten. Tatsächlich erfolgte die Lieferung, das Dreiecksgeschäft und die Rechnungsausstellung erst im März 2010.

U 13a, Seite 3, Version vom 27.02.2020

Umsatzsteuer-Identifikationsnummer ATU98765432

FA-Nr. 16 Steuernummer 1234567

An das Finanzamt

Baden Mödling
DI Wilhelm Haßlingerstraße 3
2340 Mödling

Anzahl der angeschlossenen Fortsetzungsblätter (Vordruck U 14) Anzahl

ACHTUNG! Innergemeinschaftliche **Erwerbe** sind in die Zusammenfassende Meldung **nicht** aufzunehmen!
Ab 1.1.2020 sind Meldungen in Zusammenhang mit der Beförderung oder Versendung in ein **Konsignationslager ausschließlich über FinanzOnline** durchzuführen.

Zusammenfassende Meldung

über innergemeinschaftliche Warenlieferungen und sonstige Leistungen

Meldezeitraum: MM 01 20 10 — Monat (MM) ACHTUNG: Die monatliche ZM-Abgabe (ab 2006) hat nur bei monatlichem Voranmeldungszeitraum (laut Umsatzsteuervoranmeldung) zu erfolgen.

Zutreffendes bitte ankreuzen !

☐ 1. Quartal ☐ 2. Quartal ☐ 3. Quartal ☐ 4. Quartal 20__

☐ Diese Meldung berichtigt hinsichtlich der folgenden Daten die Meldung vom TTMM ____ 20__

Name bzw. Firmenbezeichnung und Ort der Leitung des Unternehmens
Maximilian MUSTER
Hauptstraße 207/2
2330 Mödling

Telefonnummer 02237/47650
Telefaxnummer 02237/4765010

Zeile	Länderkennzeichen	Umsatzsteuer-Identifikationsnummer - ErwerberIn (innergemeinschaftliche Lieferung) - UnternehmerIn im anderen Mitgliedstaat (Verbringen) - EmpfängerIn (Dreiecksgeschäft)	Summe der Bemessungsgrundlagen in Euro		Dreiecksgeschäfte Ja = 1	Sonstige Leistungen Ja = 1
1	DE	333333333	50000,00	Beispiel 1		
2	DE	444444444	60000,00	Beispiel 2		
3	SE	777777777777	70000,00	Beispiel 3		
4	LU	99999999	20000,00	Beispiel 4	1	
5	DE	555555555	10000,00	Beispiel 5		1
6			,00			
7			,00			
8			,00			
9			,00			
10			,00			

Ausstellungsdatum TTMM 2802 20 10

Steuerliche Vertretung (Name und Anschrift, Telefon/Telefaxnummer)

Ich versichere, dass ich die Angaben nach bestem Wissen und Gewissen richtig und vollständig gemacht habe. Mir ist bekannt, dass unrichtige oder unvollständige Angaben strafbar sind.

Unterschrift bzw. firmenmäßige Zeichnung

Bundesministerium Finanzen bmf.gv.at

U 13 Bundesministerium für Finanzen 01

Umsatzsteuer-Identifikationsnummer ATU98765432

FA-Nr. 16 Steuernummer 1234567

An das Finanzamt

Baden Mödling
DI Wilhelm Haßlingerstraße 3
2340 Mödling

Anzahl der angeschlossenen Fortsetzungsblätter (Vordruck U 14) Anzahl

ACHTUNG! Innergemeinschaftliche **Erwerbe** sind in die Zusammenfassende Meldung **nicht** aufzunehmen!
Ab 1.1.2020 sind Meldungen in Zusammenhang mit der Beförderung oder Versendung in ein **Konsignationslager ausschließlich über FinanzOnline** durchzuführen.

Zusammenfassende Meldung

über innergemeinschaftliche Warenlieferungen und sonstige Leistungen

Meldezeitraum: MM 01 20 10 — Monat (MM) ACHTUNG: Die monatliche ZM-Abgabe (ab 2006) hat nur bei monatlichem Voranmeldungszeitraum (laut Umsatzsteuervoranmeldung) zu erfolgen.

Zutreffendes bitte ankreuzen !

☐ 1. Quartal ☐ 2. Quartal ☐ 3. Quartal ☐ 4. Quartal 20__

☒ Diese Meldung berichtigt hinsichtlich der folgenden Daten die Meldung vom TTMM 2802 20 10

Name bzw. Firmenbezeichnung und Ort der Leitung des Unternehmens
Maximilian MUSTER
Hauptstraße 207/2
2330 Mödling

Telefonnummer 02237/47650
Telefaxnummer 02237/4765010

Zeile	Länderkennzeichen	Umsatzsteuer-Identifikationsnummer - ErwerberIn (innergemeinschaftliche Lieferung) - UnternehmerIn im anderen Mitgliedstaat (Verbringen) - EmpfängerIn (Dreiecksgeschäft)	Summe der Bemessungsgrundlagen in Euro		Dreiecksgeschäfte Ja = 1	Sonstige Leistungen Ja = 1
1	DE	333333339	50000,00	Beispiel 6		
2	DE	333333333	,00	Beispiel 6	F	
3	DE	444444444	66000,00	Beispiel 7		
4	SE	777777777777	,00	Beispiel 8	F	
5	LU	99999999	,00	Beispiel 8	0	
6			,00			
7			,00			
8			,00			
9			,00			
10			,00			

Ausstellungsdatum TTMM 3004 20 10

Ich versichere, dass ich die Angaben nach bestem Wissen und Gewissen richtig und vollständig gemacht habe. Mir ist bekannt, dass unrichtige oder unvollständige Angaben strafbar sind.

Für weitere Informationen und Auskünfte stehen Ihnen die Bediensteten Ihres zuständigen Finanzamtes gerne zur Verfügung.

An das Finanzamt

Eingangsvermerk

*Dieses Formular wird maschinell gelesen, schreiben Sie daher in **BLOCKSCHRIFT** und verwenden Sie **ausschließlich schwarze** oder **blaue** Farbe.*

Steuernummer

NAME BZW. BEZEICHNUNG DES UNTERNEHMENS (BLOCKSCHRIFT)

Antrag auf Vergabe einer Umsatzsteuer-Identifikationsnummer

Weitere Angaben zum Unternehmen	
Postleitzahl	Ort der Leitung des Unternehmens
Telefonnummer	Telefaxnummer

1. Ich beantrage die Vergabe einer Umsatzsteuer-Identifikationsnummer.

☐ 1.1 Ich führe ausschließlich Umsätze aus, die zum Ausschluss vom Vorsteuerabzug führen.

☐ 1.2 Ich führe Umsätze aus, die ausschließlich nach § 22 UStG 1994 zu versteuern sind.

☐ 1.3 Wir sind eine juristische Person, die nicht Unternehmer ist.

2. Die UID-Nummer wird benötigt weil:

☐ 2.1 die innergemeinschaftlichen Erwerbe im vorangegangenen Kalenderjahr 11.000 Euro (Erwerbsschwelle) überstiegen haben bzw. diesen Betrag im laufenden Kalenderjahr voraussichtlich übersteigen werden,

☐ 2.2 neue Fahrzeuge oder verbrauchsteuerpflichtige Waren erworben werden,

☐ 2.3 auf die Erwerbsschwelle verzichtet wird (schriftliche Verzichtserklärung ergeht gesondert),

☐ 2.4 (ausgenommen juristische Personen, die nicht Unternehmer sind) innergemeinschaftliche Lieferungen ausgeführt werden,

☐ 2.5 (ausgenommen juristische Personen, die nicht Unternehmer sind) grenzüberschreitende sonstige Leistungen empfangen oder erbracht werden, für die es nach Art. 196 MWSt-RL idF der RL 2008/8/EG zwingend zum Übergang der Steuerschuld auf den Leistungsempfänger kommt.

Steuerliche Vertretung (Name, Anschrift, Telefon/Telefaxnummer

Datum und Unterschrift bzw. firmenmäßige Zeichnung

Datenschutzerklärung auf www.bmf.gv.at/datenschutz oder auf Papier in allen Finanz- und Zolldienststellen

www.bmf.gv.at

BMF BUNDESMINISTERIUM FÜR FINANZEN

U 15-PDF Bundesministerium für Finanzen

U 15, Seite 1, Version vom 31.03.2014

Erläuterungen

- Unternehmer, die zum Vorsteuerabzug (auch teilweise) berechtigt sind, haben grundsätzlich Anspruch auf Erteilung einer Umsatzsteuer-Identifikationsnummer.

- Unternehmer,
  - die ausschließlich steuerfreie Umsätze ausführen, die zum vollen Ausschluss vom Vorsteuerabzug führen und
  - Unternehmer, die ausschließlich Umsätze im Rahmen eines land- und forstwirtschaftlichen Betriebes ausführen, auf die sie die Durchschnittssatzbesteuerung gemäß § 22 UStG 1994 anwenden,

erhalten nach Artikel 28 der Binnenmarktregelung nur dann eine Umsatzsteuer-Identifikationsnummer, wenn sie diese für innergemeinschaftliche Erwerbe oder innergemeinschaftliche Lieferungen benötigen.
Weiters erhalten diese Unternehmer eine UID auch dann, wenn sie diese für im Inland ausgeführte steuerpflichtige sonstige Leistungen, für die sie als Leistungsempfänger die Steuer entsprechend Art. 196 MWSt-RL idF der RL 2008/8/EG schulden, benötigen oder wenn sie in einem anderen Mitgliedstaat sonstige Leistungen erbringen, für die die Steuerschuld nach Art. 196 MWSt-RL auf den Leistungsempfänger übergeht. Zum Übergang der Steuerschuld nach Art. 196 MWSt-RL idF der RL 2008/8/EG kommt es bei jenen sonstigen Leistungen, bei denen sich der Leistungsort nach der Grundregel des § 3a Abs. 6 UStG 1994 (Empfängerort) richtet.

- Fahrzeuglieferer (Art. 2 der Binnenmarktregelung) erhalten auf Grund dieser Tätigkeit **keine** Umsatzsteuer-Identifikationsnummer.

- Juristische Personen, die nicht Unternehmer sind, erhalten eine Umsatzsteuer-Identifikationsnummer, wenn sie diese für innergemeinschaftliche Erwerbe benötigen.

Nur vom Finanzamt auszufüllen!

Zutreffendes ist anzukreuzen!

☐ Es wurde eine Umsatzsteuer-Identifikationsnummer vergeben.

☐ Es wurde keine Umsatzsteuer-Identifikationsnummer vergeben. Bescheid Verf 36 ausgefertigt.

Zur Ablage im Veranlagungsakt.

Datum, Handzeichen

U 15, Seite 2, Version vom 31.03.2014

Eingangsvermerk

An das Finanzamt

Steuernummer

Antrag auf neuerliche Bekanntgabe der UID - Nummer

Datum (TT.MM.JJJJ)

Es wird um neuerliche Bekanntgabe der mit Bescheid vom vergebenen UID - Nummer gebeten.

Die UID - Nummer lautet:

Frau/Herr/Firma, Anschrift

Datum, Unterschrift (firmenmäßige Zeichnung)

Datenschutzerklärung auf www.bmf.gv.at/datenschutz oder auf Papier in allen Finanz- und Zolldienststellen

Nur vom Finanzamt auszufüllen!

Die Richtigkeit der oben angeführten UID - Nummer wird bestätigt.

Amtssiegel

Datum, Unterschrift - Finanzamt

www.bmf.gv.at

BMF BUNDESMINISTERIUM FÜR FINANZEN

U 15a Bundesministerium für Finanzen

U 15a, Seite 1, Version vom 18.06.2009

Antrag auf Steuerbefreiung bei Vermietung eines Grundstücks gemäß § 6 Abs. 1 Z 6 lit. d UStG 1994

ENTWEDER
Begünstigte Einrichtung:

Bezeichnung der Vertretungsbehörde/Organisation	Organisationsnummer
Adresse (Postleitzahl, Ort, Straße, Hausnummer)	

ODER
Begünstigte Person:

Name des/der Berechtigten	Legitimationskartennummer
Adresse (Postleitzahl, Ort, Straße, Hausnummer)	

Angaben zum Unternehmer (Vermieter)

Name des Unternehmers/Vermieters	Mehrwertsteuer-Identifikationsnummer
Adresse (Postleitzahl, Ort, Straße, Hausnummer)	

Angaben zum Grundstück

Adresse des steuerfrei zu vermietenden Grundstücks/der zu vermietenden Räumlichkeit		
zum Zweck der Nutzung als		Zeitraum von bis
Mietzins ohne Mehrwertsteuer	Gesamtpreis	

Ort, Datum

Unterschrift des Antragstellers

Von der Vertretungsbehörde auszufüllen:

Ort, Datum

Dienstsiegel

Unterschrift

Österreichisches Finanzamt / *Austrian Tax Office*

An (Bezeichnung und Anschrift) / *To (name and address)*

Nachweis über die Erfassung als Unternehmerin/Unternehmer

Certificate of Registration as Taxable Person (Entrepreneur)

Die zuständige Dienststelle bescheinigt, dass / *The competent authority certifies that*

Vor- und Zuname bzw. Firmenbezeichnung / *Forename and surname, or name of firm*
Anschrift / *Address, corporate seat*
Bezeichnung bzw. Art der Tätigkeit / *Nature of activity, or branch of industry*

unter der Steueronummer / *Tax account number*:

☐ ☐ / ☐ als Unternehmerin/Unternehmer erfasst ist.

is registered as a taxable person (entrepreneur) under the above taxpayer identification number.

Nur vom österreichischen Finanzamt auszufüllen!
To be filled in by the Austrian Tax office only!

Amtssiegel
Official Stamp

Datum und Unterschrift / *Date and signature*

Vor- und Zuname / *Forename and surname*

An das Finanzamt

Steuernummer /

Team

Datum

ANTRAG auf Bescheinigung über das Vorliegen einer Betriebsstätte
im Zusammenhang mit der Abfuhrverpflichtung gemäß § 27 Abs. 4 UStG 1994

Name/Bezeichnung der leistenden Unternehmerin/des leistenden Unternehmers

Art der Tätigkeit

Adresse der aktuellen Betriebsstätte

Datum, Unterschrift (firmenmäßige Zeichnung)

Datenschutzerklärung auf www.bmf.gv.at/datenschutz oder auf Papier in allen Finanz- und Zolldienststellen

Nur vom Finanzamt auszufüllen!

Hiermit wird zur Vorlage beim Leistungsempfänger bescheinigt, dass die oben angeführte Unternehmerin/der oben angeführte Umternehmer an der angegebenen Adresse eine Betriebsstätte hat.
Lieferungen und sonstige Leistungen unterliegen deshalb beim Leistungsempfänger nicht dem Abzugsverfahren gemäß § 27 Abs. 4 UStG 1994.
Diese Bescheinigung verliert ein Jahr nach Ausstellungsdatum ihre Gültigkeit.

Amtssiegel

Datum, Unterschrift - Finanzamt

www.bmf.gv.at

BMF BUNDESMINISTERIUM FÜR FINANZEN

U 71 Bundesministerium für Finanzen

U 71, Seite 1, Version vom 16.07.2009

Finanzamt Graz-Stadt

Abteilung für ausländische Unternehmer

Fragebogen für das Veranlagungsverfahren

anlässlich der Erteilung einer Steuernummer/Umsatzsteuer-Identifikationsnummer für Unternehmer, die im Inland weder ihren Sitz noch eine Betriebsstätte haben

Zutreffendes ankreuzen!

1. Name des Unternehmens (Firmenbezeichnung - laut Bescheinigung des Sitzstaates), Telefonnummer, Fax-Nummer, E-Mail-Adresse

2. Name der Inhaberin/des Inhabers: (falls anders als 1.)

Geburtsdatum:

3. Sitz bzw. Ort der Geschäftsleitung - genaue Adresse: (Straße, Postleitzahl, Staat)

4. Umsatzsteuer-Identifikationsnummer im Ansässigkeitsstaat:

5. Geschäftsführer/innen oder sonstige Zeichnungsberechtigte: (Bitte auch im Unterschriftenprobeblatt Verf 26 vermerken!)

6. Welche Tätigkeit führt das Unternehmen in Österreich aus? (Genaue Beschreibung der Tätigkeit in Österreich)

7. Bei Lieferungen: Beschreibung der Warenbewegung in Österreich:
Woher (aus welchem Land) kommt die Ware? Wohin (in welches Land) wird die Ware geliefert?

8. Beginn der Tätigkeit in Österreich:

9. Voraussichtliche Umsatzhöhe Eröffnungsjahr:	**Voraussichtliche Umsatzhöhe Folgejahr:**

10. Fiskalvertreter in Österreich:
zwingend erforderlich für **Drittlandsunternehmer** (Gem. § 27 bzw. Art. 27 UStG 1994, ist gleichzeitig Zustellungsbevollmächtigter)

11. Zustellungsbevollmächtigter in Österreich:
zwingend erforderlich für **Drittlandsunternehmer**, wenn kein Fiskalvertreter nach Pkt. 10 namhaft zu machen ist

12. Bei Personengesellschaften ist die Angabe einer vertretungsbefugten Person erforderlich: (Geschäftsführer/innen, etc.)

Datenschutzerklärung auf www.bmf.gv.at/datenschutz oder auf Papier in allen Finanz- und Zolldienststellen

www.bmf.gv.at

BMF BUNDESMINISTERIUM FÜR FINANZEN

Verf 19 Bundesministerium für Finanzen

Verf 19, Seite 1, Version vom 07.03.2011

13. Beilagen:		
Unternehmerbestätigung im Original	☐ liegt bei	☐ nicht vorhanden
Handelsregister- oder Firmenbuchauszug (in Kopie)	☐ liegt bei	☐ nicht vorhanden
Verträge (Gesellschafts-oder Lizenzverträge)	☐ liegen bei	☐ nicht vorhanden

Datum und Unterschriften bzw. firmenmäßige Zeichnung

Sie werden ersucht, den Fragebogen in allen Punkten vollständig auszufüllen und mit den Beilagen dem Finanzamt Graz-Stadt zu übermitteln. Eine Vergabe der Steuernummer kann erst nach Einlangen des Fragebogens mit den Beilagen erfolgen.

Antrag auf Vergabe einer Umsatzsteuer-Identifikationsnummer

Ich beantrage die Vergabe einer Umsatzsteuer-Identifikationsnummer ☐ ja ☐ nein

In diesem Fall ist die Vorlage einer Unternehmerbestätigung im Original zwingend erforderlich.

Aus welchen Gründen wird eine UID benötigt?
Angabe der Gründe **und** ausführliche Darstellung der Geschäftstätigkeit in Österreich, Bekanntgabe der Auftraggeber, Lieferanten und Kunden, Übermittlung von Auftragsbestätigungen

Datum und Unterschriften bzw. firmenmäßige Zeichnung

Hinweis: Keine UID ist zu vergeben, wenn diese lediglich aus Gründen der Rechnungslegung begehrt wird.

Verf 19, Seite 2, Version vom 07.03.2011

An das Finanzamt

Eingangsvermerk

Datenschutzerklärung auf bmf.gv.at/datenschutz oder auf Papier in allen Finanz- und Zolldienststellen

Steuernummer (bitte bei allen Eingaben anführen)	Team
/	

Erklärung gemäß § 6 Abs. 3 Umsatzsteuergesetz 1994 (UStG)

(Verzicht auf die Steuerbefreiung für Kleinunternehmer)

Unternehmerin/Unternehmer
Name bzw. Firmenbezeichnung
Ort der Leitung des Unternehmens

Ich verzichte auf die Steuerbefreiung gemäß § 6 Abs. 1 Z 27 UStG 1994 ab dem Kalenderjahr

Ich werde meine Umsätze nach den allgemeinen Bestimmungen des UStG 1994 versteuern.

Datum, Unterschrift bzw. firmenmäßige Zeichnung

Erläuterungen:

Für Unternehmerinnen/Unternehmer, deren Nettoumsätze im Kalenderjahr 35.000 Euro (30.000 Euro bis 31. 12. 2019) nicht übersteigen, kommt die **Steuerbefreiung** für Kleinunternehmer (§ 6 Abs. 1 Z 27 UStG 1994) zur Anwendung. Diese Grenze kann einmal innerhalb von 5 Jahren um höchstens 15%, also um 5.250 Euro (um 4.500 Euro bis 31.12.2019) überschritten werden. Diese Unternehmerinnen/Unternehmer brauchen keine Umsatzsteuer an das Finanzamt abzuführen; sie dürfen aber in von ihnen ausgestellten Rechnungen auch keine Umsatzsteuer ausweisen. Weiters ist für diese Unternehmerinnen/Unternehmer der Vorsteuerabzug nicht zulässig.

Die Unternehmerin/der Unternehmer kann jedoch gemäß § 6 Abs. 3 UStG 1994 **bis zur Rechtskraft** des (Veranlagungs-) Bescheides gegenüber dem Finanzamt schriftlich erklären, dass sie/er auf die Steuerbefreiung verzichtet und die Umsätze nach den allgemeinen Vorschriften des UStG 1994 versteuert. Die Erklärung kann mit der vorliegenden Drucksorte oder in anderer Form (jedoch jedenfalls schriftlich) erfolgen. Mit dieser Erklärung steht der Unternehmerin/dem Unternehmer nach Maßgabe des § 12 UStG 1994 auch das Recht auf Vorsteuerabzug zu. **Die Erklärung bindet die Unternehmerin/den Unternehmer mindestens für fünf Kalenderjahre.** Möchte der Kleinunternehmer nach Ablauf dieser Frist wieder auf die Steuerbefreiung übergehen, so muss er die Verzichtserklärung ausdrücklich widerrufen. Der Widerruf ist nur mit Wirkung vom Beginn eines Kalenderjahres an möglich und muss bis spätestens 31. Jänner dieses Kalenderjahres eingebracht werden. Ansonsten gilt der Verzicht auf die Steuerbefreiung auch nach Ablauf der fünf Jahre weiter.

bmf.gv.at

Bundesministerium Finanzen

U 12-PDF Bundesministerium für Finanzen

U 12, Seite 1, Version vom 05.02.2020

An das
Dienstleistungszentrum - Auftraggeber-Haftung (DLZ-AGH)
Wienerbergstraße 15–19, 1100 Wien

Fax: +43 5 0766-114555
E-Mail: dlz-agh@oegk.at

Servicecenter der
österreichischen Sozialversicherung

Telefon Inland: 050 124-6200
Telefon Ausland: +43 50 124-6200

Erst/Wiederaufnahmeantrag
auf Eintragung in die HFU-Gesamtliste

Firmenwortlaut: (ident mit Firmenbucheintrag!)	
Straße:	
PLZ/Ort:	
weitere Betriebsorte:	
Telefonnummer/Faxnummer:	
E-Mail:	
Firmenbuchnummer - falls Ihre Firma im Firmenbuch registriert ist:	
Name - falls es sich um ein Einzelunternehmen handelt:	
Versicherungsnummer oder **Geburtsdatum** - falls es sich um ein Einzelunternehmen handelt:	
Dienstgeber/innen-Nummer - falls bekannt:	
Führen Sie sämtliche **Beitragskontonummer/n** samt zuständigen **Versicherungsträger** an:	

(bitte kreuzen Sie an, welcher der folgenden Sachverhalte auf Sie zutrifft)

☐ Ich beantrage die Aufnahme in die HFU-Liste als Dienstgeber mit nach dem ASVG angemeldeten Dienstnehmern (§ 67b ASVG)

☐ Ich beantrage die Aufnahme in die HFU-Liste als Einpersonenunternehmen (natürliche Person) ohne Dienstnehmer (§ 67e ASVG)

Ich bestätige, dass das oben angeführte Unternehmen insgesamt mindestens drei Jahre lang Bauleistungen nach § 19 Abs. 1a des Umsatzsteuergesetzes 1994 erbracht hat. Als Nachweis lege ich die drei aktuellsten USt-Bescheide bzw. USt-Erklärungen samt Einbringungsnachweis beim zuständigen Finanzamt bei.

Ich bin damit einverstanden, dass Name, Adresse sowie Dienstgebernummer bzw. die Versicherungsnummer (VSNR) des oben angeführten Unternehmens in der gemäß § 67b Abs 6 ASVG geführten HFU-Gesamtliste der Öffentlichkeit zugänglich gemacht wird. (Diesen Satz können Sie im Falle der Nichtzustimmung streichen. Als Folge wird Ihr Unternehmen nicht in der HFU-Gesamtliste geführt, sondern es wird nur auf Anfrage an betroffene Dritte Auskunft gegeben. Ein an das DLZ gerichteter Widerruf ist jederzeit ohne Angabe von Gründen zulässig.)

Informationen nach Art. 13 und 14 Datenschutz-Grundverordnung betreffend die Verarbeitung Ihrer personenbezogenen Daten finden Sie auf unserer Website unter www.gesundheitskasse.at/datenschutz.

Datum Unterschrift und Firmenstempel

Hinweis: Sollte sich der von Ihnen oben angekreuzte Sachverhalt der Unternehmenseigenschaft (Wechsel zw. DG <—> EPU) ändern, muss ein neuerlicher Antrag auf Aufnahme in die HFU-Liste gestellt werden. In das Firmenbuch eingetragene Einzelunternehmen (e.U.) werden in der HFU-Liste ausschließlich unter dem Namen des Inhabers geführt.

11-ÖGK-559037_Antragsformular_Erst_Wiederaufnahme

An das
Dienstleistungszentrum – Auftraggeber-Haftung (DLZ-AGH)
Wienerbergstraße 15-19, 1100 Wien

Fax: +43 5 0766-114555
E-Mail: dlz-agh@oegk.at

Servicecenter der
österreichischen Sozialversicherung

Telefon Inland: 0 50 124-6200
Telefon Ausland: +43 50 124-6200

Antrag auf Auszahlung von Guthaben

Haftungsbetragszahlung durch Auftraggeber/innen

Um eine ordnungsgemäße Bearbeitung sicherzustellen, füllen Sie bitte diesen Antrag vollständig aus.

Antragsteller	Dienstgebernummer (DGNR) **bzw.** Versicherungsnummer (VSNR)	
	Firmenbuchnummer / UID-Nummer	
Anschrift (Postleitzahl,Ort,Straße,Nr.)		
Telefonnummer / eMail		
Bankverbindung der Antragstellerin/des Antragstellers	Bankleitzahl	Kontonummer
SWIFT Code (BIC)	IBAN	
Beitragskontonummer(n)		

Ich beantrage die Rückzahlung meines Guthabens an die oben angeführte Bankverbindung.

Datum

Unterschrift und Firmenstempel

Hinweise:

Der Antrag auf Auszahlung des Guthabens ist nur dann zweckmäßig, wenn das Guthaben zumindest einen Monatsbeitrag übersteigt.

Das DLZ-AGH erfasst den Guthabenrückzahlungsantrag und leitet diesen an den/die zuständigen Krankenversicherungsträger weiter.

Im Zuge der Bearbeitung dieses Guthabenauszahlungsantrages durch den jeweiligen Krankenversicherungsträger werden **alle** Auftraggeber/innenzahlungen berücksichtigt und kommen - sofern keine dagegenstehenden Gründe vorhanden sind - maximal im Ausmaß des tatsächlichen Beitragsguthabens durch den Krankenversicherungsträger zur Auszahlung.

Sollten Sie diesen Antrag als Vertreter/in der/des Dienstgeberin/Dienstgebers stellen, ersuchen wir um Beilage der Vollmacht in Kopie.

Das DLZ-AGH verständigt den/die zuständigen Krankenversicherungsträger über den Guthabenrückzahlungsantrag. Die Rückzahlung des Guthabens ist erst nach Freigabe durch den/die zuständigen Krankenversicherungsträger möglich.

Informationen nach Art. 13 und 14 Datenschutz-Grundverordnung betreffend die Verarbeitung Ihrer personenbezogenen Daten finden Sie auf unserer Website unter www.gesundheitskasse.at/datenschutz

11-ÖGK-42/301_dlz_agh_auszahlung_antrag_inkl_EPU_20191105

Innergemeinschaftliche Lieferung - Erklärung über die Beförderung von Waren in das übrige Gemeinschaftsgebiet (§ 2 Ziff. 3 VO BGBl 1996/401 in der geltenden Fassung)

(Erläuterung: Dieses Muster sollten Sie verwenden, wenn der Kunde die Ware selbst mit eigenen oder gemieteten Fahrzeugen an den Bestimmungsort befördert oder durch einen von ihm beauftragten Angestellten an den Bestimmungsort befördern lässt.)

Ich, ...

wohnhaft in...

InhaberIn, gesetzliche(r) Vertreter(In), MitarbeiterIn, sonstige(r) Beauftragte(r)* des Unternehmens....... (Name und Adresse) bestätige, am heutigen Tag...... (Datum) die Waren laut Rechnungsnummer/Lieferscheinnummer* .... in .... (Angabe der Adresse des Übernahmeortes und des Mitgliedsstaates) übernommen zu haben und erkläre, sie nach .... (Angabe des Mitgliedstaates und der Adresse des Bestimmungsortes)

in meiner Funktion

- ☐ als EmpfängerIn der Lieferung,
- ☐ MitarbeiterIn, sonstige(r) Beauftragte(r) des/der Empfänger/in der Lieferung,
- ☐ weiter/e EmpfängerIn einer Lieferung im Rahmen eines Reihengeschäftes

zu befördern.

Datum .... Unterschrift ....

* nicht Zutreffendes streichen

Hinweise:

1. Zur Sicherung der Identität des (der) Abholenden sollten Sie sich einen amtlichen Lichtbildausweis (z.B. Führerschein, Reisepass) zeigen lassen und schriftlich festhalten, dass Sie die Identität anhand eines Lichtbildausweises geprüft haben (Aufzeichnung der Nummer des vorgelegten Ausweises).

2. Gesetzliche VertreterInnen, MitarbeiterInnen oder sonstige Beauftragte haben durch geeignete Unterlagen nachzuweisen, dass sie vom Kunden (Käufer) zur Abholung der Waren beauftragt worden sind (z.B. Spezialvollmacht und/oder Firmenbuchauszug).

Muster: Empfangsbestätigung über eine innergemeinschaftliche Lieferung

Innergemeinschaftliche Lieferung - Erklärung über den Empfang von Waren (§ 2 Ziff. 3 VO BGBl 1996/401 in der geltenden Fassung)

(Erläuterung: Diese Empfangsbestätigung sollten Sie vom Kunden bestätigen lassen, wenn Sie die Waren selbst mit eigenen oder gemieteten Fahrzeugen befördern oder durch einen von Ihnen beauftragten Angestellten befördern lassen.)

Ich, ... InhaberIn, MitarbeiterIn, sonstige(r) Beauftragte(r)* des Unternehmens...... (Name und Adresse) bestätige, am heutigen Tag....... (Datum) die Waren laut Rechnungsnummer/Lieferscheinnummer* .... in .... (Angabe der Adresse des Ubernahmeortes und des Mitgliedstaates)

in meiner Funktion als

- ☐ EmpfängerIn der Lieferung,
- ☐ MitarbeiterIn, sonstige(r) Beauftrage(r)des/der Empfänger/in der Lieferung,
- ☐ weiter/e EmpfängerIn in einer Lieferung im Rahmen eines Reihengeschäftes

übernommen zu haben.

Datum .... Unterschrift ....

* nicht Zutreffendes streichen

Polen

Allgemeines

Das seit dem 1.5.2004 geltende und häufig angepasste und ergänzte polnische Umsatzsteuergesetz (Ustawa o podatku od towarów i uslug) dient der Umsetzung der maßgeblichen Mehrwertsteuersystem-Richtlinie Nr. 2006/112 der EU (MWStSysRL).

Die Umsatzsteuer heißt in der polnischen Sprache „podatku od towarów i uslug" oder kurz „Podatek VAT" (VAT steht für „Value Added Tax").

Unternehmer/Organkreis

Der Unternehmerbegriff entspricht der Definition der MWStSysRL. Als Unternehmer gilt mithin jede natürliche oder juristische Person, die geschäftlich aktiv ist. Des Weiteren können für Umsatzsteuerzwecke auch nicht rechtsfähige Personenvereinigungen als Unternehmer gelten.

Seit Januar 2023 ist in Polen eine Gruppenbesteuerung/Organschaft auf Antrag möglich. Als Mitglieder kommen in Polen ansässige Unternehmen oder polnische Betriebstätten ausländischer Unternehmen in Betracht. Voraussetzung ist deren finanzielle, wirtschaftliche und organisatorische Verbundenheit. Die Organschaft muss für mindestens drei Jahre abgeschlossen und vertraglich geregelt werden. Umsätze zwischen Organgesellschaften unterliegen nicht der Umsatzbesteuerung, müssen aber in den Büchern der Organgesellschaften aufgezeichnet werden. Die Organgesellschaften haften gesamtschuldnerisch für die Umsatzsteuerschuld der Organschaft.

Lieferung/sonstige Leistung

Lieferungen eines Unternehmens sind dann in Polen umsatzsteuerbar, wenn der Unternehmer oder ein von ihm Beauftragter den Abnehmer befähigt, im eigenen Namen in Polen über einen Liefergegenstand zu verfügen.

Als Ort der Lieferung gilt bei transportierten Waren der Ort, wo der Transport begonnen hat. Der Ort der Lieferung einer nicht transportierten Ware befindet sich dort, wo sich die Ware im Zeitpunkt der Lieferung befunden hat.

Sonstige Leistungen sind alle die Leistungen, die nicht als Lieferungen anzusehen sind. Eine sonstige Leistung kann auch in einer Duldung oder in einem Unterlassen einer Handlung bestehen.

Seit dem 1.1.2014 entsteht die Steuerpflicht grds. im Moment der Lieferung der Waren oder Dienstleistungen. Eine Warenlieferung gilt mit Übergabe der Ware an den ersten

Frachtführer als ausgeführt. Abweichende Regelungen gelten u. a. für Importe, Vermietungsleistungen o. ä. sowie für Bau- und Montagedienstleistungen.

Der Ort einer sonstigen Leistung, die an einen Unternehmer erbracht wird, gilt grds. als dort ausgeführt, wo der empfangende Unternehmer seinen Sitz hat. Entsprechend der MWStSysRL der EU gelten Sonderregelungen, wenn die sonstige Leistung z. B. im Zusammenhang steht mit einem Grundstück, eine Beförderungsleistung darstellt oder es sich um die kurzzeitige Vermietung von beweglichen Gegenständen (ausgenommen Fahrzeuge) handelt.

Einfuhr von Waren

Bei der Einfuhr von Waren muss anfallende Einfuhrumsatzsteuer (EUSt) grds. an den polnischen Zoll gezahlt werden. Auf Antrag und unter der Voraussetzung, dass dem Zoll Bestätigungen über die Umsatzsteuerregistrierung und keine Steuer- und Sozialversicherungsrückstände vorgelegt werden, darf der Einführer die EUSt-Schuld in seiner laufenden Umsatzsteuer-Voranmeldung aufnehmen und braucht er sie nicht an den Zoll zu bezahlen. Die in der Umsatzsteuer-Voranmeldung ausgewiesene EUSt-Schuld darf zeitgleich als abziehbare Vorsteuer ausgewiesen werden; im Zuge dessen braucht die EUSt weder an den Zoll noch an das Finanzamt gezahlt zu werden.

Werklieferung/Werkleistung

Eine Lieferung zuzüglich Montage wird auch in Polen als Werklieferung angesehen. Als Ort der Werklieferung ist im polnischen Umsatzsteuerecht der Ort der Übergabe des fertigen Werkes festgelegt. Daher unterliegt jede in Polen erbrachte Werklieferung der polnischen Umsatzsteuer.

Verlagerungsverfahren/Reverse-Charge

Das polnische Umsatzsteuerrecht sieht im B2B-Bereich die Verlagerung der Steuerschuld auf den Kunden vor, wenn dieser Emissionsrechte, bestimmte Metallerzeugnisse oder -schrotte, sowie Gold- und Silbererzeugnisse erwirbt.

Bestimmte Bauleistungen die ein mehrwertsteuerlich registrierter Subunternehmer an seinen mehrwertsteuerlich registrierten Auftraggeber (Bauunternehmer) erbringt, unterliegen ebenfalls dem Reverse-Charge-Verfahren.

Hinsichtlich sonstiger Leistungen schuldet der Abnehmer die Umsatzsteuer, wenn die Leistung von einem nicht in Polen ansässigen Unternehmen erbracht wird und der Abnehmer in Polen ansässig und zur Umsatzsteuer registriert ist (Reverse Charge-Verfahren).

Der Empfänger einer Warenlieferung (einschließlich einer Werklieferung) oder einer Dienstleistung schuldet die Umsatzsteuer, wenn der Lieferant bzw. der Leistungserbringer weder in Polen ansässig ist noch über eine „feste Niederlassung“ i. S. des Art. 11 Abs. 2 der Durchführungsverordnung (EU) Nr. 282/2011 verfügt. Bei einer Warenlieferung gilt das weiter einschränkend jedoch dann nicht, wenn der Lieferant in Polen zur Umsatzsteuer registriert ist.

Eine feste Niederlassung nach der vorgenannten Vorschrift muss „einen hinreichenden Grad an Beständigkeit sowie eine Struktur aufweisen, die es von der personellen und technischen Ausstattung her erlaubt, Dienstleistungen zu erbringen“. Entsprechend der Rechtsprechung gilt: „Eine solche beständige Struktur liegt z. B. vor, wenn die Einrichtung über eine Anzahl von Beschäftigten verfügt, von hier aus Verträge abgeschlossen werden können, Rechnungslegung und Aufzeichnungen dort erfolgen und Entscheidungen getroffen werden, z. B. über den Wareneinkauf.“ Als feste Niederlassung gilt mithin quasi nur eine nahezu eigenständig „lebensfähige“ Niederlassung.

Im November 2019 wurde das Reverse Charge-Verfahren bei bestimmten inländischen Lieferungen und Dienstleistungen durch das obligatorische Split Payment-Verfahren ersetzt (siehe Abschnitt Vorsteuerabzug).

Konsignationslager/Call-off stock

Ein ausländischer, nicht in Polen umsatzsteuerlich registrierter Lieferant, bleibt bis zur Entnahme aus dem Konsignationslager durch den polnischen Kunden Eigentümer der Waren. Mit der Einrichtung eines Konsignationslagers wird der ausländische Lieferant grds. registrierungspflichtig.

Lieferungen von einem anderen EU-Land auf das Lager in Polen gelten als Verbringungen, die einer innergemeinschaftlichen Lieferung gleichgestellt sind. Diese Verbringungen sind im Lieferland umsatzsteuerbefreit, in Polen ist jedoch Erwerbsteuer anzumelden (mit dem Verbringen liegt noch kein Umsatz im handelsrechtlichen Sinne vor). Erst die Lieferungen aus dem Konsignationslager an den Kunden stellen polnische Inlandsumsätze dar und sind zuzüglich polnischer Umsatzsteuer abzurechnen.

Polen sieht die in den Begriffsbestimmungen beschriebene Vereinfachungsregelung für Konsignationslagerumsätze vor. Wer Waren lagert, für welche die Vereinfachungsregelung angewendet wird, muss seinem Finanzamt jede Lagerstätte einmalig elektronisch mit dem Formular VAT-CS (Notification on warehouse keeping under call-off stock arrangements) melden. Die Frist dafür beträgt 14 Tage nach der ersten Einlagerung von Waren.

Steuerbefreiungen

Das polnische Umsatzsteuergesetz sieht Umsatzsteuerbefreiungen unter anderem für die folgenden Lieferungen und Leistungen vor:

- Ausfuhrlieferungen
- Innergemeinschaftliche Lieferungen
- Bestimmte Finanzumsätze

Als Nachweis für die Beförderung oder Versendung in das übrige Gemeinschaftsgebiet sieht das polnische Umsatzsteuergesetz kumulativ folgende Unterlagen vor:

- Frachtbrief, aus dem hervorgeht, dass die Waren an einen Erwerber im übrigen Gemeinschaftsgebiet befördert oder versendet wurden
- Rechnungskopie
- Unterlagen über die Spezifikation der Waren (z. B. Lieferschein)

Das polnische Umsatzsteuergesetz sieht eine Steuerbefreiung für Ausfuhrlieferungen nur für die Fälle vor, in denen die Güter

- vom Verkäufer (oder in dessen Auftrag durch eine dritte Partei) oder
- vom nicht EU-ansässigen Käufer (oder in dessen Auftrag durch eine dritte Partei)

in das Drittland befördert/versendet werden. Insbesondere bei Reihengeschäften ist darauf zu achten, dass entsprechende Lieferkonditionen vereinbart werden.

Werkzeugkostenzuschüsse

Das polnische Umsatzsteuerrecht sieht Werkzeugkostenzuschüsse nicht als Nebenleistung zur Hauptleistung an. Geht die Verfügungsmacht an dem Werkzeug an den Zuschussgeber über, dann liegt eine umsatzsteuerbare und auch umsatzsteuerpflichtige Lieferung in Polen vor. Dies gilt auch in den Fällen, in denen die mit dem Werkzeug hergestellten Teile in das Drittlandsgebiet oder in einen anderen EU-Staat geliefert werden.

Steuersätze

In Polen gelten zurzeit folgende Steuersätze:

- Normalsteuersatz 23 %
- ermäßigte Steuersätze 5,0 % / 8,0 %

Der ermäßigte Steuersatz von 8 % gilt unter anderem für gastronomische Leistungen, bestimmte Bauleistungen und bestimmte Transportdienstleistungen, der Steuersatz von 5 % gilt insbesondere für landwirtschaftliche Produkte, Bücher und Zeitschriften.

Bemessungsgrundlage

Der Umsatz wird auch in Polen nach dem Entgelt bemessen. Entgelt ist alles, was der Empfänger der Leistung bzw. ein Dritter im Namen des Empfängers für den Erhalt der Lieferung oder sonstigen Leistung aufwendet.

Vorsteuerabzug

Grundvoraussetzungen für die Inanspruchnahme des Vorsteuerabzugs sind:

- der Unternehmer muss eine Lieferung oder Leistung für sein Unternehmen bezogen haben
- die Lieferung oder Leistung muss von einem anderen Unternehmer ausgeführt worden sein und
- der leistende Unternehmer muss eine ordnungsgemäße Rechnung erstellt haben.

Die Vorsteuerabzugsmöglichkeit ist zeitlich dahingehend begrenzt, dass der Vorsteuerabzug in der Steueranmeldeperiode (Monat oder ggf. Quartal) des Liefer-/Leistungs-/Anzahlungszeitpunkts oder der nächsten oder übernächsten darauffolgenden Steueranmeldeperiode ausgeübt werden muss.

Im Fall einer Einfuhrzollabfertigung darf der Unternehmer die an den Zoll gezahlte Einfuhrumsatzsteuer (EUSt) als Vorsteuer abziehen, wenn er die Waren für sein Unternehmen eingeführt hat und die Höhe und die Entrichtung der EUSt durch den Zollbeleg nachweisen kann.

Belege müssen in der übermittelten Form archiviert werden. Papierbelege müssen im Original archiviert werden. Elektronisch ausgestellte Belege müssen so archiviert werden, wie sie versandt wurden und auf eine Weise, welche die Authentizität ihrer Herkunft, die Unversehrtheit ihres Inhalts und die dauerhafte Lesbarkeit sicherstellt.

Ausgenommen ist der Vorsteuerabzug für:

- Hotelrechnungen
- Restaurantleistungen

Unternehmer, die zwar in Polen umsatzsteuerlich registriert sind, den Umsatz aber nicht über eine feste Niederlassung i. S. des Art. 11 Abs. 2 der EU-Verordnung Nr. 282/2011 erbringen, sind wegen des zu beachtenden Reverse Charge-Verfahrens nicht zur

Berechnung von Umsatzsteuer berechtigt. Wenn doch Umsatzsteuer berechnet wird, darf der Abnehmer die Umsatzsteuer nicht als Vorsteuer abziehen.

Der Vorsteuerabzug aus Rechnungen, die vor dem Datum der Registrierung ausgestellt worden sind, ist im Rahmen der Umsatzsteuermeldungen bislang nicht möglich. Möglich ist lediglich, die Vorsteuern des Monats geltend zu machen, in dem die Registrierung erfolgt ist. Es ist zu erwarten, dass sich diese Einschränkung im Zuge der EUGH-Entscheidung C-280/10 vom 1.3.2012 zumindest hinsichtlich bestimmter Investitionskosten ändern wird.

Vorsteuerüberschüsse werden grds. in die nächste Periode vorgetragen. Unabhängig davon kann die Auszahlung eines Vorsteuerüberhangs nur dann beantragt werden, wenn eine Sicherheitsleistung gestellt wird.

Seit dem 1.1.2020 drohen ggf. erhebliche Sanktionen, wenn ein Rechnungsempfänger Umsatzsteuer an einen nicht in der von der Finanzverwaltung angebotenen Online-Liste der Mehrwertsteuerzahler (sog. White List of VAT Taxpayers, Wykaz podatników VAT) genannten Lieferanten, oder nicht auf ein des Lieferanten dort aufgeführtes Bankkonto überweist.

Die in Rechnungen ausgewiesene Umsatzsteuer muss im Rahmen des sog. Split Payment-Verfahrens getrennt vom Nettoentgelt auf ein gesondertes USt-Bankkonto des Rechnungsempfängers einbezahlt werden, wenn gleichzeitig folgende drei Bedingungen erfüllt sind:

- Der Rechnungsbetrag einschließlich USt übersteigt 15.000 PLN, oder diesen Gegenwert.
- Es werden Waren oder Dienstleistungen abgerechnet, die in Anhang 15 des Umsatzsteuergesetzes genannt werden.
- Der Empfänger der Waren oder Dienstleistungen und der Rechnung ist ein Steuerpflichtiger.

Ein Rechnungsempfänger darf das sog. Split Payment-Verfahren auch freiwillig für nicht in Anhang 15 des Umsatzsteuergesetzes genannte Waren anwenden. Vorsteuerbeträge werden schneller vom Finanzamt ausgezahlt, wenn Unternehmen durchgängig das sog. Split Payment Verfahren anwenden. Weil Zahlungsempfänger über ihre Guthaben auf dem USt-Bankkonto nicht frei verfügen können, bedeutet es für diese jedoch ggf. einen Liquiditätsnachteil, wenn ihre Kunden das sog. Split Payment Verfahren anwenden. Wird des Split Payment-Verfahren nicht ordnungsgemäß angewendet droht eine Strafe i. H. von 30 % der ausgewiesenen Umsatzsteuer.

Auch im Falle, dass die Betriebsprüfung feststellt, dass ein Vorsteuerabzug nicht berechtigt war, kann eine Strafe von bis zu 30 % der geltend gemachten Vorsteuer festgesetzt werden.

Rechnungsbestandteile

Unternehmerisch erbrachte Lieferungen oder Leistungen sowie dafür erhaltene Anzahlungen müssen bis zum 15. Tag des Folgemonats nach Ausführung der Lieferung oder sonstigen Leistung bzw. Erhalt der Anzahlung in Rechnung gestellt werden. Für Bau- und Montagedienstleistungen sowie in bestimmten anderen Fällen gelten abweichende Regelungen.

Seit dem 1.1.2014 ist es zulässig, Rechnungen bis zu 30 Tage vor der Ausführung der Lieferung oder Leistung bzw. Erhalt einer Anzahlung auszustellen. Mit Einführung des sog. SLIM VAT 2-Pakets im Oktober 2021 können Rechnungen in bestimmten Fällen bis zu 60 Tage vor Lieferung bzw. Erhalt der Anzahlung ausgestellt werden.

Rechnungen müssen mindestens folgende Angaben enthalten:

- Name und Anschrift des Leistenden
- Umsatzsteuer-ID-Nummer des Leistenden
- Name und Anschrift des Kunden
- Umsatzsteuer-ID-Nummer des Kunden
- Rechnungsdatum
- Fortlaufende Rechnungsnummer
- Leistungszeitpunkt/Lieferzeitpunkt
- Leistungsbeschreibung
- Nettobetrag
- Umsatzsteuersatz
- Umsatzsteuerbetrag
- Hinweis auf vereinbarte Minderung des Entgelts
- Fälligkeitsdatum der Rechnung (Zahlungsdatum)
- ggf. Hinweis auf eine Steuerbefreiung
- ggf. Hinweis auf das anzuwendende Split Payment Verfahren
- Zusätzlich ist bei innergemeinschaftlichen Lieferungen ex Polen die Umsatzsteuer-ID-Nummer des Kunden aufzunehmen
- Ferner ist eine umsatzsteuerliche Rechnung als solche zu kennzeichnen (z. B. mit dem Zusatz „Faktura VAT").

Im Falle einer Verlagerung der Umsatzsteuerschuld auf den Waren- oder Leistungsempfänger (Reverse-Charge-Verfahren) ist durch die Worte „odwrotne obciążenie" (reverse-charge) auf die Anwendung des Verlagerungsverfahrens hinzuweisen.

Rechnungen müssen den Hinweis „mechanizm podzielonej płatności" (split payment mechanism) enthalten, wenn gleichzeitig folgende drei Bedingungen erfüllt sind:

- Der Rechnungsbetrag einschließlich USt übersteigt 15.000 PLN, oder diesen Gegenwert
- Es werden Waren oder Dienstleistungen abgerechnet, die in Anhang 15 des Umsatzsteuergesetzes genannt werden
- Der Empfänger der Waren oder Dienstleistungen und der Rechnung ist ein Steuerpflichtiger

Rechnungen in Fremdwährungen sind in polnische Zloty umzurechnen. Für die Umrechnung ist der offizielle Umrechnungskurs der „National Bank of Poland (NBP)" (www.nbp.pl/homen.aspx?f=Kursy/kursyen.html) zu nutzen. Maßgeblich ist der Umrechnungskurs, der für den letzten Arbeitstag vor dem Liefer-/Leistungszeitpunkt bzw. für den letzten Arbeitstag vor der Vereinnahmung der Anzahlung veröffentlicht wurde. Wenn die Rechnung vor der Ausführung der Lieferung/Leistung bzw. vor Erhalt der Anzahlung ausgestellt wird, ist der Umrechnungskurs maßgeblich, der für den Tag vor der Ausstellung der Rechnung veröffentlicht wurde.

Eine Rechnung ist in polnischer Sprache zu erstellen (ggf. zweisprachig), wenn es sich bei dem Leistungsempfänger um eine natürliche Person handelt. Es ist allerdings zu empfehlen, dass auch alle übrigen Rechnungen zweisprachig erstellt werden, da bei Steuerprüfungen regelmäßig Übersetzungen verlangt werden.

Eine Telefaxrechnung gilt im polnischen Umsatzsteuerrecht nicht als Rechnung im umsatzsteuerlichen Sinne. Telefaxrechnungen berechtigen nicht zum Vorsteuerabzug.

Das polnische Umsatzsteuerrecht sieht seit dem 1.1.2021 im Zuge der Umsetzung des sog. SLIM VAT-Pakets neue Regelungen für die Korrektur von Rechnungen vor. Für die Ausstellung von Korrekturrechnungen, mit welchen der Rechnungsbetrag vermindert wird (Minus-Korrekturen), gelten andere Regelungen als für Korrekturrechnungen, mit denen der Rechnungsbetrag erhöht wird (Plus-Korrekturen).

Bei Minus-Korrekturen wird zwar keine Bestätigung mehr des Käufers über den Erhalt der Korrekturrechnung benötigt, es müssen aber andere Bedingungen erfüllt werden. Für eine Reduzierung der Steuerbemessungsgrundlage und der Steuerschuld benötigt der Rechnungsaussteller Unterlagen, aus denen hervorgeht, dass er die Änderung mit dem Käufer vereinbart hat. Auf Grundlage dieser Vereinbarung sind Verkäufer und Käufer bei Vorhandensein dieser Unterlage berechtigt / verpflichtet, die Steuerschuld (Verkäufer) bzw. den Vorsteuerabzug (Käufer) zu vermindern.

Bislang gab es keine Vorschriften darüber, welcher Wechselkurs bei der Ausstellung einer Korrekturrechnung zu verwenden ist, wenn die ursprüngliche Rechnung in Fremdwährung ausgestellt wurde. Im Rahmen der Einführung des SLIM-VAT 3 Pakets ist seit 1.4.2023 der Wechselkurs auf der Korrekturrechnung anzugeben, der auch auf der ursprünglichen Rechnung verwendet wurde.

Im Falle von Sammelkorrekturrechnungen gilt eine andere Regelung. Der Rechnungsausteller ist nicht verpflichtet, den ursprünglichen Wechselkurs zu verwenden, welcher auf die einzelnen zu berichtigenden Umsätze angewandt wurde, sondern die Umrechnung kann zum durchschnittlichen Wechselkurs erfolgen, der von der Polnischen Nationalbank am letzten Geschäftstag vor dem Tag der Ausstellung der Korrekturrechnung bekannt gegeben wurde.

Elektronische Rechnungen

Wenn eine elektronische Rechnungsstellung erfolgen soll, ist eine schriftliche Vereinbarung zwischen den Parteien abzuschließen.

Grundsätzlich muss gewährleistet sein, dass der ursprüngliche Inhalt der Rechnung nicht nachträglich geändert werden kann. Dies ist entweder durch eine elektronische Signatur oder durch die Abrechnung per EDI zu garantieren.

Falls Rechnungskorrekturen nicht in elektronischer Form erfolgen können/sollen, ist in der korrigierten Papierrechnung darauf hinzuweisen, dass das ursprüngliche Dokument in elektronischer Form erstellt wurde.

Seit 1. Januar 2022 können Steuerpflichtige das „Nationale System e-Rechnungen“ (Krajowy System e-Faktur „KSeF“: *https://ksef.mf.gov.pl/*) für die Ausstellung elektronischer Rechnungen nutzen und neben der regulären Rechnungsstellung auch sogenannte strukturierte E-Rechnungen ausstellen. Für strukturierte E-Rechnungen sollte die vom polnischen Finanzministerium über das System KSeF bereitgestellte Vorlage im XML-Format verwendet werden. Aktuell können Unternehmen in Polen noch auf freiwilliger Basis elektronische Rechnungen ausstellen.

Ende März 2022 erhielt Polen von der Europäischen Kommission die Genehmigung, das KSeF System in größerem Umfang einzusetzen. Ab 1.7.2024 soll die Nutzung für in Polen ansässige Unternehmen sowie für ausländische Unternehmen mit polnischen Niederlassungen obligatorisch sein.

Anzahlungen

Die Steuerpflicht entsteht zum Zeitpunkt der Entgeltvereinnahmung. Der Erhalt der Anzahlung ist durch eine Umsatzsteuer-Rechnung zu bestätigen. In dieser ist der Tag anzugeben, an dem die Zahlung vereinnahmt worden ist.

Gutschriften/Self Billing

Grundsätzlich besteht auch in Polen die Möglichkeit, mit Gutschriften abzurechnen, hierzu ist eine schriftliche Vereinbarung zwischen den beteiligten Unternehmen erforderlich.

Die Vereinbarung eines Gutschriftverfahrens ist dem Finanzamt anzuzeigen (Vertragsübersendung an das Finanzamt).

Aufbewahrung von Unterlagen

Eingangsrechnungen sind grds. im Original aufzubewahren. Alle umsatzsteuerlich relevanten Unterlagen müssen im Rahmen einer Umsatzsteuerprüfung kurzfristig vorgelegt werden. Nach heutigem Stand ist zumindest eine Kopie der Unterlagen und Dokumente in Polen vorzuhalten.

Wenn elektronische Rechnungen außerhalb Polens aufbewahrt werden sollen, ist darüber das zuständige polnische Finanzamt zu informieren. Dabei ist der genaue Ort der Aufbewahrung zu nennen.

Veranlagungsverfahren/Steuererklärungen

Umsatzsteuer-Voranmeldungen sind grds. monatlich zum 25. des folgenden Kalendermonats elektronisch einzureichen. Es besteht – sehr eingeschränkt – die Möglichkeit zur Abgabe von quartalsweisen Umsatzsteuer-Voranmeldungen. Neben der eigentlichen Umsatzsteuererklärung enthält die Meldedatei auch Aufstellungen aller berücksichtigten Ein- und Ausgangsrechnungen.

Vorsteuerguthaben werden auf Antrag ausgezahlt. Abhängig davon, ob Umsätze ausgeführt wurden oder nicht, und welche Nachweise vorgelegt werden, erfolgt die Auszahlung innerhalb von 25, 60 oder 180 Tagen.

IntraStat/Zusammenfassende Meldung

Neben Zusammenfassenden Meldungen für innergemeinschaftliche Lieferungen sind auch Aufstellungen über innergemeinschaftliche Erwerbe und für innergemeinschaftlich an Unternehmen erbrachte Dienstleistungen elektronisch einzureichen. Abgabetermin ist der 25. Tag des Folgemonats.

Für Kontrollzwecke müssen Mehrwertsteueraufzeichnungen über Einkäufe und Verkäufe elektronisch aufbewahrt und monatlich bis zum 25. Tag des Folgemonats als sog. JPK_VAT-Datei elektronisch und signiert an das Finanzministerium übermittelt werden (Jednolity Plik Kontrolny – JPK – Einheitliche Kontrolldatei).

Nach Überschreitung der Meldeschwelle von 1 Mio. PLN (Eingänge) bzw. 1 Mio. PLN (Versendungen) müssen für innergemeinschaftlich bezogene bzw. gelieferte Waren Intrahandelsstatistik-Meldungen (IntraStat) abgegeben werden. Abgabetermin ist der 10. Tag des Folgemonats. Die Meldungen können in Papierform oder über das Internet eingereicht werden. Nach Überschreitung der Meldeschwelle von 3 Mio. PLN (Eingänge) bzw. 2 Mio. PLN (Versendungen) müssen für innergemeinschaftlich bezogene bzw. gelieferte Waren Intrahandelsstatistik-Meldungen (IntraStat) abgegeben werden. Umfassendere Meldungen müssen abgegeben werden, wenn die Schwelle von 50 Mio. PLN (Eingänge) oder 93 Mio. PLN (Versendungen) überschritten werden. Abgabetermin ist der 10. Tag des Folgemonats. Die Meldungen können in Papierform oder über das Internet eingereicht werden.

Steuerlicher Vertreter/Fiskalvertreter

Das polnische Umsatzsteuerrecht sieht keine rückwirkende umsatzsteuerliche Registrierung vor. Vorsteuern, die aus Bezügen vor der Registrierung resultieren, können bislang grds. weder im Veranlagungs- noch im Vorsteuervergütungsverfahren geltend gemacht werden.

Wurden Leistungen, die der polnischen Umsatzsteuer unterliegen, vor dem Registrierungsdatum erbracht, dürfen diese nicht mit offen ausgewiesener Umsatzsteuer gegenüber dem Leistungsempfänger abgerechnet werden.

Unternehmen, die über eine Betriebsstätte in Polen verfügen, werden bei dem lokal zuständigen Finanzamt registriert. Unternehmen ohne Betriebsstätte werden zentral in Warschau registriert.

EU-ansässige, norwegische und britische Unternehmer brauchen – anders als drittländische Unternehmer – nicht zwingend einen Fiskalvertreter zu bestellen.

Wegen strenger Buchführungsvorschriften empfiehlt es sich, ein polnisches Buchführungsbüro mit der erforderlichen Buchführung für Umsatzsteuerzwecke zu beauftragen.

Registrierung

Ein ausländischer Unternehmer der in Polen nicht über eine feste Niederlassung i. S. des Art. 11 Abs. 2 der EU-Verordnung Nr. 282/2011 verfügt, braucht sich dann nicht in Polen registrieren zu lassen, wenn dessen Umsätze vom Abnehmer im Reverse Charge-Verfahren besteuert werden. Gegebenenfalls anfallende Vorsteuerbeträge sind dann via eines Online-Portals im Heimatland im Vorsteuervergütungsverfahren geltend zu machen.

Für die umsatzsteuerliche Registrierung in Polen werden folgende Unterlagen benötigt:

- Registrierungsformular NIP 2 für juristische Personen
- Anlage VAT-R für MWSt-Zwecke
- Unternehmerbescheinigung, ausgestellt vom zuständigen Finanzamt
- Gesellschaftsvertrag
- Aktueller Handelsregisterausdruck, von einem in Polen zugelassenen Dolmetscher übersetzt
- Bankverbindung in Polen

Die Unterlagen müssen im Original oder in Form einer notariell beglaubigten Kopie eingereicht werden. Unterlagen in fremder Sprache ist eine Übersetzung eines vereidigten Übersetzers beizufügen.

Wenn sich die in den Registrierungsunterlagen gemachten Angaben nachträglich ändern, muss dies dem polnischen Finanzamt innerhalb von sieben Tagen nach der Änderung mitgeteilt werden.

1. Identyfikator NIP podatnika	2. Nr dokumentu	3. Status
1234567890		

VAT-7 **DEKLARACJA DLA PODATKU OD TOWARÓW I USŁUG**

za

4. Miesiąc	5. Rok
3	2022

Podstawa prawna: Art. 99 ust. 1 ustawy z dnia 11 marca 2004 r. o podatku od towarów i usług (Dz. U. z 2018 r. poz. 2174, z późn. zm.), zwanej dalej „ustawą".
Składający: Podatnicy, o których mowa w art. 15 ustawy, obowiązani do składania deklaracji za okresy miesięczne zgodnie z art. 99 ust. 1 ustawy.

A. MIEJSCE I CEL SKŁADANIA DEKLARACJI

6. Urząd skarbowy, do którego adresowana jest deklaracja	7. Cel złożenia formularza (zaznaczyć właściwy kwadrat):
1436	☒ 1. złożenie deklaracji ☐ 2. korekta deklaracji [1]

B. DANE IDENTYFIKACYJNE PODATNIKA

* - dotyczy podmiotów niebędących osobami fizycznymi ** - dotyczy podmiotów będących osobami

8. Rodzaj podatnika (zaznaczyć właściwy kwadrat):
☒ 1. podatnik niebędący osobą fizyczną ☐ 2. osoba fizyczna

9. Nazwa pełna * / Nazwisko, pierwsze imię, data urodzenia **

IBFD BV

ibfd@ibfd.nl, tel.

C. ROZLICZENIE PODATKU NALEŻNEGO

		Podstawa opodatkowania w zł	Podatek należny w zł
1.	Dostawa towarów oraz świadczenie usług, na terytorium kraju, zwolnione od podatku	10. 0	
2.	Dostawa towarów oraz świadczenie usług, poza terytorium kraju	11. 0	
2a.	w tym świadczenie usług, o ktorych mowa w art. 100 ust. 1 pkt 4 ustawy	12. 0	
3.	Dostawa towarów oraz świadczenie usług, na terytorium kraju, opodatkowane stawką 0%	13. 0	
3a.	w tym dostawa towarów, o której mowa w art.129 ustawy	14. 0	
4.	Dostawa towarów oraz świadczenie usług, na terytorium kraju, opodatkowane stawką odpowiednio 3% albo 5%	15. 0	16. 0
5.	Dostawa towarów oraz świadczenie usług, na terytorium kraju, opodatkowane stawką odpowiednio 7% albo 8%	17. 0	18. 0
6.	Dostawa towarów oraz świadczenie usług, na terytorium kraju, opodatkowane stawką odpowiednio 22% albo 23%	19. 0	20. 0
7.	Wewnątrzwspólnotowa dostawa towarów, o której mowa w art. 13 ust. 1 i 3 ustawy	21. 0	
8.	Eksport towarów	22. 0	
9.	Wewnątrzwspólnotowe nabycie towarów	23. 0	24. 0
10.	Import towarów, podlegających rozliczeniu zgodnie z art.33a ustawy	25. 0	26. 0
11.	Import usług z wyłączeniem usług nabywanych od podatników podatku od wartości dodanej, do których stosuje się art. 28b ustawy	27. 0	28. 0
12.	Import usług nabywanych od podatników podatku od wartości dodanej, do których stosuje się art. 28b ustawy	29. 0	30. 0
13.	Dostawa towarów, podatnikiem jest nabywca zgodnie z art. 17 ust. 1 pkt 5 ustawy	31. 0	32. 0
14.	Wysokość podatku należnego od towarów objętych spisem z natury, o którym mowa w art. 14 ust. 5 ustawy		33. 0
15.	Wysokość zwrotu odliczonej lub zwróconej kwoty wydanej na zakup kas rejestrujących, o którym mowa w art. 111 ust. 6 ustawy		34. 0
16.	Wysokość podatku należnego od wewnątrzwspólnotowego nabycia środków transportu...., o którym mowa w art. 103 ust. 3, z ust. 4 ustawy		35. 0
17.	Podatek należny od WNT, o których mowa w art.103 ust.5aa, podlegająca wpłacie w terminie, o którym mowa w art.103 ust.5a i 5b ustawy		36. 0
18.	**RAZEM** postawa i podatek VAT należny	37. 0	38. 0

Wydruk z programu TGSoft - ***https://program-jpk.pl***

VAT-7 (22) 1/2

D. ROZLICZENIE PODATKU NALICZONEGO

D.1. PRZENIESIENIA

	Podatek do odliczenia w zł
Kwota nadwyżki z poprzedniej deklaracji Kwota z poz. "Kwota do przeniesienia na następny okres rozliczeniowy" z poprzedniej deklaracji lub wynikająca z decyzji	39. 0

D.2. NABYCIE TOWARÓW I USŁUG ORAZ PODATEK NALICZONY Z UWZGLĘDNIENIEM KOREKT

	Wartość netto w zł	Podatek naliczony w zł
Nabycie towarów i usług zaliczanych u podatnika do środków trwałych	40. 0	41. 0
Nabycie towarów i usług pozostałych	42. 0	43. 0

D.3. PODATEK NALICZONY - DO ODLICZENIA (w zł)

Korekta podatku naliczonego od nabycia towarów i usług zaliczanych u podatnika do środków trwałych	44. 0
Korekta podatku naliczonego od nabycia pozostałych towarów i usług	45. 0
Korekta podatku naliczonego, o której mowa w art. 89b ust. 1 ustawy	46. 0
Korekta podatku naliczonego, o której mowa w art. 89b ust. 4 ustawy	47. 0
Łączna wysokość podatku naliczonego do odliczenia. Suma kwot z P_39, P_41, P_43, P_44, P_45, P_46 i P_47	48. 0

E. OBLICZENIE WYSOKOŚCI ZOBOWIĄZANIA PODATKOWEGO LUB KWOTY ZWROTU

Kwota wydatkowana na zakup kas rejestrujących, do odliczenia w danym okresie rozliczeniowym Kwota wykazana w P_49 nie może być wyższa od różnicy kwot z P_38 i P_48. Jeżeli różnica kwot pomiędzy jeżeli różnica kwot pomiędzy poz. 41 i 51 jest mniejsza lub równa 0, wówczas należy wpisać 0.	49. 0
Kwota podatku objeta zaniechaniem poboru	50 0
Kwota podatku podlegająca wpłacie do urzędu skarbowego Jeżeli różnica kwot pomiędzy P_38 i P_48 jest większa od 0, wówczas P_51 = P_38 - P_48 - P_49 - P_50, w przeciwnym w przeciwnym wypadku należy wpisać 0.	51. 0
Kwota wydana na zakup kas rejestrujących, do odliczenia w danym okresie rozliczeniowym przysługująca do zwrotu w danym okresie rozliczeniowym lub powiększająca wysokość podatku naliczonego do przeniesienia na następny okres rozliczeniowy	52. 0
Wysokość nadwyżki podatku naliczonego nad należnym. Jeżeli P_51 > 0 to P_53 = 0 w przeciwnym wypadku jeżeli (P_48 + P_49 + P_50 + P_52) – P_38 > 0 to P_53 = P_48 - P_38 + P_49 + P_50 + P_52 w pozostałych przypadkach P_53 = 0.	53. 0
Wysokość nadwyżki podatku naliczonego nad należnym do zwrotu na rachunek wskazany przez podatnika	54. 0

55). 25 dni na rachunek VAT ☐	56). 25 dni na rachunek rozlicz. ☐	57). w terminie do 60 dni ☐	58). w terminie 180 dni ☐
540). w terminie do **15** dni ☐	560). w terminie do **40** dni ☐	59. Podatnik wnosi o zaliczenie zwrotu podatku na poczet przyszłych zobowiązań ☐	60. 0
61. Rodzaj przyszłego zobowiązania podatkowego			

Kwota do przeniesienia na następny okres rozliczeniowy Od kwoty wykazanej w P_53 należy odjąć kwotę z P_54.	62. 0

F. INFORMACJE DODATKOWE

Podatnik wykonywał w okresie rozliczeniowym czynności, o których mowa w (zaznaczyć właściwe kwadraty):	63. ☐ art.119	64. ☐ art.120	65. ☐ art.122	66. ☐ art.136	67. ☐ art.108d
660. ☐ art. 109b ust. 4 ustawy	68. Wysokość korekty podstawy opodat. art. 89a ust. 1 — 0		69. Wysokość korekty podatku należnego, art. 89a ust. 1 — 0		☒ Pouczenia

CRP KEP

POLA JASNE WYPEŁNIA SKŁADAJĄCY, POLA CIEMNE WYPEŁNIA URZĄD SKARBOWY. WYPEŁNIAĆ NA MASZYNIE, KOMPUTEROWO LUB RĘCZNIE DUŻYMI, DRUKOWANYMI LITERAMI, CZARNYM LUB NIEBIESKIM KOLOREM.

1. Identyfikator podatkowy NIP[1]	2. Numer dokumentu	3. Status

NIP-2 ZGŁOSZENIE IDENTYFIKACYJNE / ZGŁOSZENIE AKTUALIZACYJNE[1] OSOBY PRAWNEJ LUB JEDNOSTKI ORGANIZACYJNEJ NIEMAJĄCEJ OSOBOWOŚCI PRAWNEJ, BĘDĄCEJ PODATNIKIEM LUB PŁATNIKIEM

Formularz przeznaczony dla osób prawnych i jednostek organizacyjnych niemających osobowości prawnej będących podatnikiem lub płatnikiem podatków, lub płatnikiem składek na ubezpieczenia społeczne lub ubezpieczenia zdrowotne **z wyjątkiem podmiotów wpisanych do Krajowego Rejestru Sądowego, dla których przeznaczony jest formularz NIP-8.** Formularz NIP-2 przeznaczony jest również do dokonania zgłoszenia identyfikacyjnego przez podmioty, którym nie nadano NIP, wpisane do KRS przed grudniem 2014 r.

Podstawa prawna: Ustawa z dnia 13 października 1995 r. o zasadach ewidencji i identyfikacji podatników i płatników (Dz. U. z 2020 r. poz. 170, z późn. zm.), zwana dalej „ustawą".
Termin składania: Zgodnie z art. 6, 7 i 9 ustawy.
Miejsce składania: Zgłoszenie składa się do naczelnika urzędu skarbowego właściwego w rozumieniu art. 4 ustawy.

A. CEL I MIEJSCE ZŁOŻENIA ZGŁOSZENIA

W poz. 4 zaznaczyć właściwy kwadrat: kwadrat nr 1 - gdy formularz jest składany jako zgłoszenie identyfikacyjne w celu nadania NIP, kwadrat nr 2 - gdy formularz jest składany jako zgłoszenie aktualizacyjne (w przypadku zmiany danych objętych zgłoszeniem, tzn. zmiany danych składającego lub zmiany naczelnika urzędu skarbowego właściwego w sprawach ewidencji, lub zaistnienia nowych okoliczności). W zgłoszeniu aktualizacyjnym wystarczy wypełnić części: A, B.1., B.5., E, F oraz inne, gdy nastąpiła zmiana danych. Zgłoszenie należy wypełnić w sposób kompletny, wszystkie nazwy podać w dokładnym brzmieniu.

4. Przeznaczenie formularza (zaznaczyć właściwy kwadrat):
☐ 1. zgłoszenie identyfikacyjne ☐ 2. zgłoszenie aktualizacyjne

5. Naczelnik urzędu skarbowego, do którego jest adresowane zgłoszenie

B. DANE SKŁADAJĄCEGO

Jeżeli składający zgłasza zmianę nazwy, REGON lub danych o rejestracji (część B.3.) – zaznaczyć właściwy kwadrat (poz. 7, 10, 18).

B.1. DANE IDENTYFIKACYJNE

6. Nazwa pełna		7. Zmiana w poz. 6 ☐
8. Nazwa skrócona	9. Numer identyfikacyjny REGON	10. Zmiana w poz. 9 ☐

B.2. INFORMACJA O NUMERACH IDENTYFIKACYJNYCH UZYSKANYCH W INNYCH KRAJACH

Wypełnić tylko wówczas, gdy składający uzyskał numery służące identyfikacji dla celów podatkowych lub ubezpieczeń społecznych w innych krajach. W przypadku braku miejsca na wpisanie dalszych informacji sporządzić listę tych informacji odpowiednio, zgodnie z zakresem danych określonych w części B.2. (poz. 11-13). Formularz składany za pomocą środków komunikacji elektronicznej obejmuje listę.

11. Kraj	12. Numer	13. Powód zgłoszenia (zaznaczyć właściwy kwadrat): ☐ 1. numer aktualny ☐ 2. numer nieaktualny

B.3. DANE O REJESTRACJI

Dotyczy podmiotów ustawowo obowiązanych do rejestracji. Wskazać dane o obowiązującej podmiot rejestracji.

14. Nazwa organu prowadzącego rejestr	15. Nazwa rejestru	
16. Data rejestracji lub zmiany (dzień - miesiąc - rok)	17. Numer w rejestrze	18. Zmiana w części B.3. ☐

B.4. DATY DOTYCZĄCE DZIAŁALNOŚCI

Daty dotyczące statusu płatnika podatku dochodowego od osób fizycznych (kwadrat nr 5 i 6) wypełnia tylko jednostka z zaznaczonym w poz. 86 kwadratem nr 2.

19. Rodzaj daty (zaznaczyć właściwy kwadrat):
☐ 1. rozpoczęcie działalności ☐ 3. zawieszenie działalności ☐ 5. uzyskanie statusu płatnika
☐ 2. ustanie bytu prawnego ☐ 4. wznowienie działalności ☐ 6. utrata statusu płatnika

20. Data (dzień - miesiąc - rok)

B.5. ADRES SIEDZIBY

Adres do doręczeń[2], o ile nie wskazano na adres miejsca prowadzenia działalności (poz. 48) albo skrytki pocztowej (poz. 36).

21. Kraj	22. Województwo	23. Powiat	
24. Gmina	25. Ulica	26. Nr domu	27. Nr lokalu
28. Kod pocztowy	29. Miejscowość		

B.6. DANE KONTAKTOWE

Podanie informacji w części B.6. nie jest obowiązkowe. Wpisane niżej dane aktualizują poprzedni stan danych.

30. Telefon			31. Rezygnacja z telefonu ☐
32. Faks	33. Rezygnacja z faksu ☐	34. E-mail	35. Rezygnacja z e-mail ☐

1) Formularz może być składany w charakterze zgłoszenia identyfikacyjnego albo aktualizacyjnego. NIP składającego (poz. 1) należy podać tylko w zgłoszeniu aktualizacyjnym.

2) Doręczanie następuje zgodnie z przepisami ustawy z dnia 29 sierpnia 1997 r. - Ordynacja podatkowa (Dz. U. z 2020 r. poz. 1325, z późn. zm.) na adres siedziby, o ile nie wskazano na adres miejsca prowadzenia działalności (poz. 48) albo skrytki pocztowej (poz. 36).

NIP-2(13) 1/4

CRP KEP POLA JASNE WYPEŁNIA SKŁADAJĄCY, POLA CIEMNE WYPEŁNIA URZĄD SKARBOWY. WYPEŁNIAĆ NA MASZYNIE, KOMPUTEROWO LUB RĘCZNIE DUŻYMI, DRUKOWANYMI LITERAMI, CZARNYM LUB NIEBIESKIM KOLOREM.

B.6.1. ADRES SKRYTKI POCZTOWEJ
Podanie informacji o skrytce pocztowej nie jest obowiązkowe.

36. Adres do doręczeń[2)] ❑ 1. tak ❑ 2. nie

37. Kraj	38. Województwo	39. Powiat	
40. Gmina	41. Ulica	42. Nr domu	43. Nr lokalu
44. Kod pocztowy	45. Miejscowość	46. Numer skrytki pocztowej	47. Rezygnacja ❑

B.7. ADRESY MIEJSC PROWADZENIA DZIAŁALNOŚCI
W zgłoszeniu identyfikacyjnym podać adresy wszystkich miejsc prowadzenia działalności (również hurtowni, magazynów, składów), a w zgłoszeniu aktualizacyjnym stosownie do okoliczności i zmian. W przypadku braku miejsca na wpisanie dalszych adresów sporządzić listę adresów tych miejsc odpowiednio, zgodnie z zakresem części B.7. (poz. 49-59). Formularz składany za pomocą środków komunikacji elektronicznej obejmuje listę. W przypadku adresu nietypowego (np. sklep w przejściu podziemnym, działalność na terenie kraju) dane adresowe podać z możliwą dokładnością.

48. Adres do doręczeń[2)] ❑ 1. tak ❑ 2. nie

49. Powód zgłoszenia adresu (zaznaczyć właściwy kwadrat) ❑ 1. prowadzenie działalności pod tym adresem ❑ 2. zakończenie działalności pod tym adresem

50. Kraj	51. Województwo	52. Powiat	
53. Gmina	54. Ulica	55. Nr domu	56. Nr lokalu
57. Kod pocztowy	58. Miejscowość		
59. Określenie opisowe adresu nietypowego			

B.8. INFORMACJA O DOKUMENTACJI RACHUNKOWEJ

60. Prowadzenie dokumentacji rachunkowej (zaznaczyć właściwy kwadrat): ❑ 1. w biurze rachunkowym lub przez inny podmiot ❑ 2. we własnym zakresie

B.8.1. BIURO RACHUNKOWE lub inny podmiot prowadzący dokumentację rachunkową
Należy wypełnić tylko wówczas, gdy dokumentacja jest prowadzona w imieniu składającego przez inny niż składający podmiot / biuro.
* - dotyczy podmiotu niebędącego osobą fizyczną ** - dotyczy podmiotu będącego osobą fizyczną

61. Identyfikator podatkowy NIP	62. Nazwa pełna * / Nazwisko i imię **

B.8.2. ADRES MIEJSCA PRZECHOWYWANIA DOKUMENTACJI RACHUNKOWEJ

63. Kraj	64. Województwo	65. Powiat	
66. Gmina	67. Ulica	68. Nr domu	69. Nr lokalu
70. Kod pocztowy	71. Miejscowość		

C. INFORMACJE DOTYCZĄCE RACHUNKÓW BANKOWYCH LUB RACHUNKÓW W SKOK
Należy wskazywać rachunki[3)], których posiadaczem jest składający. Poz. 72-73, 76-77 i 81-82 wypełniać wyłącznie dla rachunków zagranicznych.

C.1. RACHUNEK DO ZWROTU PODATKU LUB NADPŁATY

72. Kraj siedziby banku (oddziału)	73. Kod SWIFT	74. Waluta, w której prowadzony jest rachunek
75. Pełny numer rachunku Numer IBAN:		

C.2. POZOSTAŁE RACHUNKI ZWIĄZANE Z PROWADZONĄ DZIAŁALNOŚCIĄ
W przypadku braku miejsca na wpisanie wszystkich rachunków sporządzić listę tych rachunków odpowiednio, zgodnie z zakresem danych określonych w części C.2. (poz. 76-80). Formularz składany za pomocą środków komunikacji elektronicznej obejmuje listę.

76. Kraj siedziby banku (oddziału)	77. Kod SWIFT	78. Waluta, w której prowadzony jest rachunek
79. Pełny numer rachunku Numer IBAN:		80. Likwidacja rachunku ❑

C.3. RACHUNEK JEDNOSTKI SAMORZĄDU TERYTORIALNEGO WŁAŚCIWY DO ODPROWADZENIA ŚRODKÓW POBRANYCH PRZEZ URZĘDY SKARBOWE NA PODSTAWIE ODRĘBNYCH PRZEPISÓW
Informacja może być realizacją obowiązku określonego w ustawie z dnia 13 listopada 2003 r. o dochodach jednostek samorządu terytorialnego (Dz. U. z 2021 r. poz. 38, z późn. zm.).

81. Kraj siedziby banku (oddziału)	82. Kod SWIFT	83. Waluta, w której prowadzony jest rachunek
84. Pełny numer rachunku Numer IBAN:		85. Likwidacja rachunku ❑

NIP-2(13) 2/4

CRP KEP POLA JASNE WYPEŁNIA SKŁADAJĄCY, POLA CIEMNE WYPEŁNIA URZĄD SKARBOWY. WYPEŁNIAĆ NA MASZYNIE, KOMPUTEROWO LUB RĘCZNIE DUŻYMI, DRUKOWANYMI LITERAMI, CZARNYM LUB NIEBIESKIM KOLOREM.

D. FORMA ORGANIZACYJNO-PRAWNA, POWIĄZANIA, DODATKOWE INFORMACJE

86. Forma organizacyjna (zaznaczyć właściwy kwadrat):

❑ 1. podmiot mający wyodrębnione jednostki wewnętrzne - jednostka macierzysta ❑ 2. wyodrębniona jednostka wewnętrzna podlegająca obowiązkowi ewidencyjnemu ❑ 3. podmiot niebędący wyodrębnioną jednostką wewnętrzną i niemający takich jednostek ❑ 4. podatkowa grupa kapitałowa[4)]

87. Podstawowa forma prawna (zaznaczyć właściwy kwadrat):

❑ 1. osoba prawna ❑ 2. jednostka organizacyjna niemająca osobowości prawnej

88. Szczególna forma prawna (zaznaczyć jeden właściwy kwadrat):

❑ spółki cywilne prowadzące działalność na podstawie umowy zawartej zgodnie z Kodeksem cywilnym (kod 019)
❑ spółki przewidziane w przepisach innych ustaw niż Kodeks spółek handlowych i Kodeks cywilny lub formy prawne, do których stosuje się przepisy o spółkach (kod 023)
❑ europejskie ugrupowanie współpracy terytorialnej (kod 053)
❑ stowarzyszenia niewpisane do KRS (kod 055)
❑ organizacje społeczne oddzielnie niewymienione niewpisane do KRS (kod 060)
❑ samorządy gospodarcze i zawodowe niewpisane do KRS (kod 076)
❑ Kościół Katolicki (kod 050)
❑ inne kościoły lub związki wyznaniowe (kod 051)
❑ partie polityczne (kod 070)
❑ przedstawicielstwa zagraniczne (kod 080)
❑ wspólnoty mieszkaniowe (kod 085)
❑ uczelnie (kod 044)
❑ fundusze (kod 049)
❑ organy władzy administracji rządowej (kod 401)
❑ organy kontroli państwowej i ochrony prawa (kod 402)
❑ sądy i trybunały (kod 406)
❑ Skarb Państwa (kod 409)
❑ wspólnoty samorządowe (kod 403)
❑ państwowe jednostki organizacyjne (kod 428)
❑ gminne samorządowe jednostki organizacyjne (kod 429)
❑ powiatowe samorządowe jednostki organizacyjne (kod 430)
❑ wojewódzkie samorządowe jednostki organizacyjne (kod 431)
❑ przedszkola publiczne (kod 381)
❑ przedszkola niepubliczne (kod 382)
❑ podstawowe szkoły publiczne (kod 383)
❑ podstawowe szkoły niepubliczne (kod 388)
❑ publiczne szkoły ponadpodstawowe (kod 385)
❑ niepubliczne szkoły ponadpodstawowe (kod 390)
❑ gimnazja publiczne (kod 384)
❑ gimnazja niepubliczne (kod 389)
❑ ponadgimnazjalne szkoły publiczne (kod 386)
❑ ponadgimnazjalne szkoły niepubliczne (kod 391)
❑ publiczne szkoły artystyczne (kod 387)
❑ niepubliczne szkoły artystyczne (kod 392)
❑ publiczne placówki systemu oświaty (kod 393)
❑ niepubliczne placówki systemu oświaty (kod 394)
❑ publiczne zespoły szkół i placówek systemu oświaty (kod 397)
❑ niepubliczne zespoły szkół i placówek systemu oświaty (kod 398)
❑ inne publiczne jednostki organizacyjne systemu oświaty (kod 395)
❑ inne niepubliczne jednostki organizacyjne systemu oświaty (kod 396)
❑ koła gospodyń wiejskich
❑ inne państwowe lub samorządowe osoby prawne w rozumieniu art. 9 pkt 14 ustawy o finansach publicznych (kod 439)
❑ bez szczególnej formy prawnej (kod 999)

89. Poniżej można wskazać formę prawną podmiotu „w organizacji"[5)] lub podmiotu wpisanego do Krajowego Rejestru Sądowego przed dniem 1 grudnia 2014 r., któremu nie nadano NIP (art. 8 ust. 1 ustawy z dnia 26 czerwca 2014 r. o zmianie ustawy o Krajowym Rejestrze Sądowym oraz o zmianie niektórych innych ustaw – Dz. U. poz. 1161):

D.1. DANE JEDNOSTKI MACIERZYSTEJ

Wypełnia tylko wyodrębniona jednostka wewnętrzna (zaznaczony w poz. 86 kwadrat nr 2).

90. Identyfikator podatkowy NIP	**91. Numer identyfikacyjny REGON**
92. Nazwa pełna	

D.2. DANE WYODRĘBNIONEJ JEDNOSTKI WEWNĘTRZNEJ

Wypełnia tylko jednostka macierzysta (zaznaczony w poz. 86 kwadrat nr 1). W przypadku braku miejsca na wpisanie dalszych informacji sporządzić listę tych informacji odpowiednio, zgodnie z zakresem danych określonych w części D.2. (poz. 93-106). Formularz składany za pomocą środków komunikacji elektronicznej obejmuje listę.

93. Powód zgłoszenia jednostki (zaznaczyć właściwy kwadrat):

❑ 1. utworzenie (rejestracja) ❑ 2. zmiana danych ❑ 3. likwidacja (wyrejestrowanie)

94. Nazwa pełna			
95. Nazwa skrócona			
96. Identyfikator podatkowy NIP	**97. Numer identyfikacyjny REGON**		
98. Kraj	**99. Województwo**	**100. Powiat**	
101. Gmina	**102. Ulica**	**103. Nr domu**	**104. Nr lokalu**
105. Kod pocztowy	**106. Miejscowość**		

D.3. DANE JEDNOSTKI ORGANIZACYJNEJ JEDNOSTKI SAMORZĄDU TERYTORIALNEGO

Wypełnia wyłącznie jednostka samorządu terytorialnego w związku ze scentralizowanym rozliczaniem VAT[6)]. W przypadku braku miejsca na wpisanie dalszych informacji sporządzić listę tych informacji odpowiednio, zgodnie z zakresem danych określonych w części D.3. (poz. 107-110). Formularz składany za pomocą środków komunikacji elektronicznej obejmuje listę.

107. Powód zgłoszenia jednostki (zaznaczyć właściwy kwadrat):

❑ 1. utworzenie (zgłoszenie) ❑ 2. zmiana danych ❑ 3. likwidacja (wyrejestrowanie)

108. Nazwa pełna	
109. Identyfikator podatkowy NIP	**110. Numer identyfikacyjny REGON**

NIP-2(13) | 3/4

CRP KEP POLA JASNE WYPEŁNIA SKŁADAJĄCY, POLA CIEMNE WYPEŁNIA URZĄD SKARBOWY. WYPEŁNIAĆ NA MASZYNIE, KOMPUTEROWO LUB RĘCZNIE DUŻYMI, DRUKOWANYMI LITERAMI, CZARNYM LUB NIEBIESKIM KOLOREM.

D.4. DANE WSPÓLNIKA SPÓŁKI OSOBOWEJ / SPÓŁKI TWORZĄCEJ GRUPĘ KAPITAŁOWĄ

Poz. 111-117 wypełnić tylko w przypadku zaznaczenia w poz. 86 kwadratu nr 4 albo w przypadku składania informacji o wspólniku spółki. W przypadku braku miejsca na wpisanie dalszych informacji sporządzić listę tych informacji odpowiednio, zgodnie z zakresem danych określonych w części D.4. (poz. 111-117). Formularz składany za pomocą środków komunikacji elektronicznej obejmuje listę.

* - dotyczy podmiotu niebędącego osobą fizyczną ** - dotyczy tylko wspólnika będącego osobą fizyczną

111. Powód złożenia informacji (zaznaczyć właściwy kwadrat):
- ❑ 1. zgłoszenie przystąpienia do spółki / grupy kapitałowej
- ❑ 2. wystąpienie ze spółki / grupy kapitałowej
- ❑ 3. zmiana danych

112. Data wystąpienia okoliczności wskazanej w poz. 111 (dzień - miesiąc - rok)

113. Rodzaj podmiotu (zaznaczyć właściwy kwadrat):
- ❑ 1. spółka / wspólnik niebędący osobą fizyczną
- ❑ 2. osoba fizyczna

114. Forma uczestnictwa - dot. grupy kapitałowej (zaznaczyć właściwy kwadrat):
- ❑ 1. spółka dominująca
- ❑ 2. spółka zależna

115. Nazwa pełna * / Nazwisko, pierwsze imię, data urodzenia **

116. Identyfikator podatkowy NIP / numer PESEL (niepotrzebne skreślić)

117. Numer identyfikacyjny REGON *

D.5. DODATKOWE INFORMACJE

118. Rodzaj przeważającej działalności (w przypadku rozpoczynających - planowanej) według Polskiej Klasyfikacji Działalności (PKD)[7].

119. Kod PKD

120. Status szczególny (we właściwych kwadratach należy wpisać znak „+", a w przypadku utraty statusu znak „-"):
- ❑ 1. bank lub inna instytucja finansowa
- ❑ 2. zakład pracy chronionej
- ❑ 3. jednoosobowa spółka Skarbu Państwa (samorządu terytorialnego)
- ❑ 4. zakład aktywności zawodowej
- ❑ 5. podmiot należący do kategorii podmiotów o istotnym znaczeniu gospodarczym lub społecznym, w odniesieniu do którego zadania są wykonywane przez naczelnika urzędu skarbowego innego niż właściwy miejscowo

E. INFORMACJA O ZAŁĄCZNIKACH

W poz. 121 wskazać dołączone listy. Składając formularz za pomocą środków komunikacji elektronicznej pominąć poz. 121. W poz. 122 zaznaczyć dołączone dokumenty albo ich uwierzytelnione lub poświadczone urzędowo kopie (art. 5 ust. 4a i art. 9 ust. 6 pkt 1 ustawy).

121. Lista, o której mowa w części: (zaznaczyć właściwe kwadraty): ❑ B.2. ❑ B.7. ❑ C.2. ❑ D.2. ❑ D.3. ❑ D.4.

122. Dołączone dokumenty (zaznaczyć właściwy kwadrat): ❑ 1. pełnomocnictwo ❑ 2. postanowienie sądu o ustanowieniu kuratora

F. DANE I PODPISY OSÓB REPREZENTUJĄCYCH SKŁADAJĄCEGO (spośród uprawnionych do reprezentowania składającego).

W poz. 126, 130 i 134 wskazać funkcję osoby uprawnionej do reprezentowania składającego, wynikającą ze sposobu reprezentacji, np. dyrektor, członek zarządu, wspólnik, prokurent, pełnomocnik, kurator sądowy, syndyk.

123. Data wypełnienia formularza (dzień – miesiąc – rok)

1	**124. Imię**	**125. Nazwisko**	**126. Podpis osoby reprezentującej składającego**
	127. Identyfikator podatkowy NIP / numer PESEL (niepotrzebne skreślić)		
2	**128. Imię**	**129. Nazwisko**	**130. Podpis osoby reprezentującej składającego**
	131. Identyfikator podatkowy NIP / numer PESEL (niepotrzebne skreślić)		
3	**132. Imię**	**133. Nazwisko**	**134. Podpis osoby reprezentującej składającego**
	135. Identyfikator podatkowy NIP / numer PESEL (niepotrzebne skreślić)		

G. ADNOTACJE URZĘDU SKARBOWEGO (część nie jest wypełniana w przypadku zgłoszenia w postaci elektronicznej)

136. Uwagi urzędu skarbowego

137. Identyfikator przyjmującego formularz

138. Podpis przyjmującego formularz

139. Data rejestracji w systemie (dzień - miesiąc - rok)

140. Identyfikator rejestrującego formularz w systemie

141. Podpis rejestrującego formularz w systemie

[3] Z wyjątkiem rachunku VAT w rozumieniu art. 2 pkt 37 ustawy z dnia 11 marca 2004 r. o podatku od towarów i usług (Dz. U. z 2021 r. poz. 685, z późn. zm.).

[4] W imieniu podatkowej grupy kapitałowej zgłoszenia dokonuje wskazana w umowie spółka reprezentująca grupę.

[5] Art. 19b ustawy z dnia 20 sierpnia 1997 r. o Krajowym Rejestrze Sądowym (Dz. U. z 2021 r. poz. 112, z późn. zm.).

[6] Ustawa z dnia 5 września 2016 r. o szczególnych zasadach rozliczeń podatku od towarów i usług oraz dokonywania zwrotu środków publicznych przeznaczonych na realizację projektów finansowanych z udziałem środków pochodzących z budżetu Unii Europejskiej lub od państw członkowskich Europejskiego Porozumienia o Wolnym Handlu przez jednostki samorządu terytorialnego (Dz. U. z 2018 r. poz. 280).

[7] Klasyfikacja PKD jest dostępna na stronie internetowej Głównego Urzędu Statystycznego www.stat.gov.pl.

Pouczenie

Za wykroczenie skarbowe dotyczące obowiązków, o których mowa w art. 81 Kodeksu karnego skarbowego, grozi kara grzywny.

NIP-2(13) 4/4

Portugal

Allgemeines

Die portugiesische Umsatzsteuer (imposto sobre o valor acrescentado – IVA) entspricht in allen wesentlichen Positionen/Definitionen der Mehrwertsteuersystemrichtlinie. Dennoch ergeben sich in einigen Punkten bzw. Auslegungen wesentliche Unterschiede, die nachfolgend erläutert werden.

Das portugiesische Umsatzsteuerrecht ist sehr formell. Die portugiesische Finanzverwaltung achtet sehr genau auf die rechtzeitige Anmeldung der abzuführenden Steuerbeträge, dies gilt selbst für die Erwerbsteuer oder Leistungen, die unter das Reverse-Charge Verfahren fallen, die eigentlich in der gleichen Voranmeldung wieder abzugsfähig ist. Werden Steuerbeträge zu spät angemeldet, werden Zinsen und ggf. Pönalen festgesetzt.

Unternehmer/Organkreis

Der Unternehmerbegriff entspricht der Definition laut EG-Richtlinie. Eine Gruppenbesteuerung/Organschaft ist nicht möglich, so dass Gesellschaften jeweils gesondert registriert werden müssen. Für in Portugal ansässige Unternehmer besteht eine Kleinunternehmerregelung, wenn die Umsätze pro Jahr rund 15.000 € (Betrag variiert jährlich) nicht überschreiten.

Nicht-Unternehmer müssen sich registrieren lassen, wenn die Erwerbschwelle (für den Bezug aus anderen EU-Staaten) den Wert von 10.000 € übersteigt.

Die zu einer Registrierung führende Lieferschwelle (Versandhandelsumsätze) für nicht im Land ansässige Unternehmer betrug bis 30.6.2021 35.000 €. Zum 1.7.2021 sind die Versandhandelsregelungen durch die Regelungen zum Fernverkauf ersetzt worden. Die individuellen Schwellenwerte je EU-Staat wurden durch einen EU-weiten Schwellenwert für Fernverkäufe von 10.000 € (für Umsätze in allen EU-Staaten zusammen; berücksichtigt werden auch Umsätze aus Telekommunikations-, Rundfunk- und elektronischen Dienstleistungen an Nicht-Unternehmer) ersetzt. Um lokale Registrierungen zu vermeiden ist der Mini-One-Stop-Shop durch den erweiterten One-Stop-Shop bzw. Import-One-Stop-Shop ersetzt worden. Einzelheiten finden sich im Kapital „Begriffsbestimmungen".

Lieferung/sonstige Leistung

Die Definition der Begriffe Lieferung und sonstige Leistung ist in Portugal grds. die gleiche wie in Mehrwertsteuersystemrichtlinie. Danach setzt eine Lieferung die Verschaffung der Verfügungsmacht an einem Gegenstand voraus. Auch im portugiesischen Umsatzsteuerrecht ist der Begriff der sonstigen Leistung negativ definiert, d. h. alle steuerbaren Vorgänge, die nicht als Lieferungen gelten, sind sonstige Leistungen.

Werklieferung/Werkleistung/Bauleistung

Eine Lieferung zuzüglich Montage wird auch in Portugal als Werklieferung angesehen.

Übereinstimmend mit den EU-Richtlinien ist auch im portugiesischen Umsatzsteuerrecht als Ort der Lieferung bei Werklieferungen der Ort der Übergabe des fertigen Werkes festgelegt. Somit unterliegen in Portugal erbrachte Werklieferungen der portugiesischen Umsatzsteuer.

Auch das portugiesische Umsatzsteuerrecht kennt eine Unterscheidung zwischen Bauleistungen und übrigen Werklieferungen.

Verlagerungsverfahren/Reverse-Charge

In Portugal kann die Steuerpflicht sowohl bei sonstigen Leistungen als auch bei Werklieferungen auf den Leistungsempfänger verlagert werden, sofern dieser in Portugal ansässig ist.

Der Leistungsempfänger muss den Erwerb der Werklieferung oder sonstigen Leistung als umsatzsteuerpflichtigen Vorgang erklären.

Der leistende Unternehmer kann im Zusammenhang mit der Leistungserbringung in Portugal entstandene Vorsteuern im Vergütungsverfahren geltend machen.

Bei der Erbringung von Bauleistungen ist zwingend das Reverse-Charge-Verfahren anzuwenden.

Das Reverse-Charge-Verfahren ist auch bei der Lieferung von Metallschrott und der Veräußerung von Emissionsrechten anzuwenden.

Konsignationslager/Call-off stock

Zum 1.1.2020 traten die sogenannten „Quick fixes" in Kraft, die u.a. eine EU-weite Vereinfachung der Konsignationslagerregelung vorsehen, mit dem Ziel, dass sich der Inhaber des Konsignationslagers im EU-Lagerstaat nicht steuerlich registrieren lassen muss. Die EU-einheitlichen Regeln finden sich in dem Kapital „Begriffsbestimmungen".

Findet die Vereinfachungsregelung keine Anwendung, weil der Lieferant beispielsweise das notwendige Register nicht führt und/ oder andere Formalien nicht erfüllt werden, wie die Nicht-Eintragung der Verbringung in die Zusammenfassende Meldung, dann wird eine Registrierung notwendig.

In diesem Fall gelten die Lieferungen auf das Lager in Portugal als Verbringungen, die einer innergemeinschaftlichen Lieferung gleich gestellt sind. Den in Deutschland steuerfreien Verbringungen steht in Portugal ein innergemeinschaftlicher Erwerb gegenüber, für den Erwerbsteuer anzumelden ist.

Die Lieferungen aus dem Konsignationslager an den Kunden werden als Inlandsumsatz innerhalb Portugals betrachtet und sind zuzüglich portugiesischer Umsatzsteuer abzurechen.

Steuerbefreiungen

Das portugiesische Umsatzsteuergesetz sieht u. a. Umsatzsteuerbefreiungen (bzw. einen Steuersatz von 0 %) für die folgenden Lieferungen bzw. Leistungen vor:

- Ausfuhrlieferungen
- Innergemeinschaftliche Lieferungen
- bestimmte Finanzdienstleistungen
- Verkauf und Vermietung von Grund und Boden, Gebäuden

Das portugiesische Umsatzsteuerrecht kennt – wie das deutsche Recht auch – die Möglichkeit des Verzichtes auf die Steuerfreiheit bei der Vermietung von Grundstücken. Bei der Veräußerung von Grundstücken ist eine Option eingeschränkt möglich. Bei Finanzdienstleistungen ist eine Option hingegen nicht möglich.

Steuersätze

Es gelten im portugiesischen Umsatzsteuergesetz folgende Steuersätze:

- Normalsteuersatz (seit 1.1.2011) 23 %
- ermäßigter Steuersatz 13 %
- Niedrigsteuersatz 6 %

Dem ermäßigten Steuersatz bzw. dem Niedrigsteuersatz unterliegen u. a. die Lieferungen von Lebensmitteln, Wasser, Medikamenten, die Personenbeförderung und Übernachtungsleistungen. Für Madeira und die Azoren gelten abweichende (niedrigere) Steuersätze. Auch Portugal nutzt – wie Deutschland – die Möglichkeit von (temporären) Steuersatzsenkungen zu Entlastungszwecken.

Bemessungsgrundlage

Als Bemessungsgrundlage zur Ermittlung der portugiesischen Umsatzsteuer gilt – entsprechend den Vorgaben der MwStSystRL – alles, was der Leistungsempfänger aufwendet, um die Leistung zu erhalten.

Im Falle eines Forderungsausfalles aufgrund der Insolvenz des Kunden kann eine Minderung des Entgeltes – und dem folgend eine Umsatzsteuerkorrektur – erfolgen. Allerdings ist die endgültige Insolvenz des Kunden nachzuweisen. Für kleinere Forderungsausfälle existieren Sonderregelungen. Anders als im deutschen Recht ist eine Korrekturrechnung zu erstellen. Seit 2013 gelten teilweise deutliche strengere Regelungen zu den Korrekturmöglichkeiten. Für bestimmte Korrekturen ist vorher eine Genehmigung durch die Finanzbehörde einzuholen.

Vorsteuerabzug

Auch das portugiesische Umsatzsteuergesetz sieht bezüglich des Vorsteuerabzugs eine Reihe von Einschränkungen vor.

Vorsteuerüberhänge sind grds. in die nächste Periode vorzutragen. Übersteigt der Vorsteuerüberhang einen festgelegten Betrag (momentan 3.000 €), dann kann um Auszahlung gebeten werden.

Grundvoraussetzungen für die Inanspruchnahme des Vorsteuerabzugs sind:

- der Unternehmer muss eine Lieferung oder Leistung für sein Unternehmen bezogen haben
- die Lieferung oder Leistung muss von einem anderen Unternehmer ausgeführt worden sein und
- der leistende Unternehmer muss eine ordnungsgemäße Abrechnung mit offen ausgewiesener Umsatzsteuer erstellt haben
- die Lieferung oder Leistung muss ausgeführt worden sein

Vom Vorsteuerabzug ausgeschlossen ist die Steuer für:

- Bewirtungskosten
- Reisekosten
- PKW-Kosten (Vorsteuer aus dem Bezug von Diesel für PKW ist zu 50 % abzugsfähig)

Rechnungsbestandteile

Rechnungen sind fünf Tage nach dem steuerpflichtigen Vorgang zu stellen (Rechnungen über innergemeinschaftliche Lieferungen und grenzüberschreitende EU-Dienstleistungen zum 15. des Folgemonats). Die Rechnung muss eindeutig als solche bezeichnet werden (z. B. Invoice, Faktura, Debit note). In den Rechnungen sind grds. folgende Angaben zwingend vorgeschrieben:

- Name und Anschrift des Leistenden
- Umsatzsteuer-ID-Nummer des Leistenden
- Name und Anschrift des Kunden
- Umsatzsteuer-ID-Nummer des Kunden
- Rechnungsdatum
- Fortlaufende Rechnungsnummer (eigener Nummernkreis für Portugal)
- Leistungszeitpunkt/Lieferzeitpunkt
- Leistungsbeschreibung
- Nettobetrag
- Umsatzsteuersatz
- Umsatzsteuerbetrag
- Hinweis auf vereinbarte Minderung des Entgelts
- Angabe des Fiskalvertreters/steuerlichen Vertreters (Name, Adresse, Steuernummer)
- ggf. Hinweis auf eine Steuerbefreiung:
- Bei steuerfreien innergemeinschaftlichen Lieferungen von Portugal in andere EU-Staaten der Hinweis:

HINWEIS:

„VAT exempt EC-delivery".

- Zusätzlich ist bei innergemeinschaftlichen Lieferungen ex Portugal die Umsatzsteuer-ID-Nummer des Kunden aufzunehmen
- Im Falle einer Verlagerung der Umsatzsteuerschuld (Reverse-Charge) ist zusätzlich die Umsatzsteuer-ID-Nummer des Kunden anzugeben und auf die Anwendung des Verlagerungsverfahrens hinzuweisen:

HINWEIS:

„VAT to be paid by the co-contractor"/IVA –autoliquidação".

Bei Rechnungen bis 100 € (inklusive Umsatzsteuer) gelten vereinfachte Vorschriften. Die Kleinbetragsrechnung muss die folgenden Angaben enthalten:

- Name und Umsatzsteuer-ID-Nummer des Leistenden
- Umsatzsteuer-ID-Nummer des Kunden
- Leistungszeitpunkt/Lieferzeitpunkt
- Leistungsbeschreibung
- Nettobetrag, Umsatzsteuersatz und Umsatzsteuerbetrag oder
- Bruttobetrag und Umsatzsteuersatz
- ggf. Hinweis auf eine Steuerbefreiung

Elektronische Rechnungen

Im Zuge der Neuregelung der Rechnungsstellungsvorschriften zum 1. 1. 2013 hat auch Portugal seine Anforderungen angepasst. Authentizität und Integrität müssen sichergestellt sein. Während der Aufbewahrungsfrist müssen die elektronischen Rechnungen lesbar gemacht werden können.

Ferner bedarf es für die Nutzung der elektronischen Rechnungsstellung einer Vereinbarung mit dem Empfänger der Rechnung.

Die Verpflichtung zur Nutzung einer zertifizierten Software, die einen QR-Code und einem eindeutigen Dokumentencode (ATCUD-Code) auf die jeweilige Rechnung druckt, ist seit dem 1.1.2023 auch für registrierte Unternehmen aus dem Ausland verpflichtend. Rechnungen in Form einfacher pdf-Dokumente und Papierrechnungen müssen einen QR-Code tragen. Elektronische Rechnungen sollen ab Januar 2025 zusätzlich mit einer elektronischen Signatur versehen werden.

Gutschriften/Self Billing

Für die Einführung eines Gutschrift-Verfahrens ist eine explizite schriftliche Vereinbarung zwischen den Parteien erforderlich. Die Gutschrift ist mit „auto-facturação“ zu bezeichnen.

Sofern ein steuerlicher Vertreter oder Fiskalvertreter benannt ist, ist vor dem Beginn des Self Billing Prozesses eine Kopie der Vereinbarung an den Fiskalvertreter zu senden.

Aufbewahrung von Unterlagen

Alle Gesellschaften, die in Portugal registriert sind bzw. die registriert werden müssen, sind grds. verpflichtet, die Unterlagen, die die portugiesische Umsatzsteuer betreffen, für zehn Jahre aufzubewahren. Eingangsrechnungen müssen im Original aufbewahrt werden, eine elektronische Archivierung ist nicht ausreichend. Lediglich für elektronisch empfangene Rechnungen gilt dies nicht.

Veranlagungsverfahren/Steuererklärungen

In Portugal sind die Umsatzsteuer-Voranmeldungen seit 2022 grds. monatlich bis zum 20. Tag des übernächsten Monats abzugeben. Bei Unterschreiten von festgelegten Schwellenwerten (< 650.000 €) erfolgt eine quartalsweise Abgabe zum 20. Tag des auf das Quartal folgenden übernächsten Monats. Zusätzlich ist eine jährliche Umsatzsteuer-Erklärung abzugeben. Die Zahlung der Umsatzsteuer wird jeweils fünf Tage später fällig.

Eine elektronische Abgabe der Umsatzsteuer-Meldungen ist verpflichtend.

Seit 2013 sind monatlich zusätzliche Angaben (Umsatz, Umsatzsteuer und Steuernummer) über Lieferungen und sonstigen Leistungen zu melden.

Ebenfalls seit 2013 sind detaillierte Angaben zu Forderungsabschreibungen, aber auch zu sonstigen Rechnungskorrekturen zu melden. Die portugiesische Finanzverwaltung will über diese Maßnahme Korrekturen besser nachverfolgen können.

Ferner sind Unternehmen zur Meldung im Rahmen des von der OECD entwickelten „Standard Audit File for Tax (SAF-T) verpflichtet. Unter anderem umfasst SAF-T die monatliche Übermittlung von Daten der Ein- und Ausgangsrechnungen sowie eine jährliche Meldung.

Seit dem 1.3.2018 ist es möglich, Einfuhrumsatzsteuer nicht mehr an die zuständige Zollbehörde zu entrichten, sondern im Rahmen der Umsatzsteuermeldung zu berücksichtigen. Generell kann die Einfuhrumsatzsteuer in derselben Meldung als Vorsteuer abgezogen werden.

IntraStat/Zusammenfassende Meldung

IntraStat-Meldungen sind auf elektronischem Wege bis zum 10. Arbeitstag des Folgemonats einzureichen, wenn der Schwellenwert von 350.000 € für Eingangs- und 250.000 € für Ausgangsmeldungen überschritten wird.

Die Meldungen über die innergemeinschaftlichen Lieferungen und EU-Dienstleistungen (Zusammenfassende Meldungen) sind monatlich oder quartalsweise bis zum 20. Tag des Folgemonats einzureichen. Sofern keine innergemeinschaftlichen Lieferungen stattgefunden haben, müssen keine Nullmeldungen eingereicht werden.

Die Meldung muss auf elektronischem Wege erfolgen.

Registrierung

In der EU ansässige Unternehmer müssen keinen Fiskalvertreter in Portugal benennen, sondern können sich direkt beim Finanzamt in Portugal registrieren. Nicht in der EU ansässige Unternehmer müssen in Portugal zwingend über einen Fiskalvertreter registrieren. Alle Unternehmer müssen sich seit 2019 im Register der wirtschaftlichen Eigentümer („UBO: Ultimate Beneficial Owner") eintragen lassen.

Für die Registrierung ausländischer Unternehmer ist Portugal folgendes Finanzamt zuständig:

REGISTO NACIONAL DE PESSOAS COLECTIVAS
Praça Silvestre Pinheiro Ferreira, 1 – C
1500 – 578 LISBOA
PORTUGAL
TEL: (+351) 21 771 43 00
E-mail address: rnpc@dgrn.mj.pt

Zur umsatzsteuerlichen Registrierung in Portugal werden die folgenden Unterlagen benötigt:

- Handelsregisterauszug, mindestens übersetzt in die englische Sprache (beglaubigt und mit Haager Apostille versehen)
- Gesellschaftsvertrag (mit Haager Apostille)
- Unternehmerbescheinigung (mit Haager Apostille)
- Vollmacht für den Fiskalvertreter (beglaubigt und mit Haager Apostille versehen)
- Generelle Beschreibung der Aktivitäten der Gesellschaft
- Detaillierte Beschreibung der geplanten Aktivitäten in Portugal (Vertragskopien)
- Datum des Beginns der Tätigkeiten
- Voraussichtlicher Umsatz pro Jahr

Bei den zum 1.7.2021 neu eingeführten Regelungen zu den Fernverkäufen können lokale Registrierungen in den einzelnen EU-Ländern durch Anwendung des One-Stop-Shop bzw. Import-One-Stop-Shop vermieden werden (siehe Kapital „Begriffsbestimmungen").

Ano de entrada em vigor: 2013

AT autoridade tributária e aduaneira

DECLARAÇÃO DE INSCRIÇÃO NO REGISTO/INÍCIO DE ATIVIDADE

01 ÁREA DA SEDE OU DIREÇÃO EFETIVA, ESTABELECIMENTO ESTÁVEL OU DOMICÍLIO

Concelho ____ - ____

02 NIF (NÚMERO DE IDENTIFICAÇÃO FISCAL)

Atribuído pelo Ministério das Finanças ou Ministério da Justiça → 1

Não residentes (atribuído pelo país de origem na UE/EEE)

Prefixo 3 4

03 USO EXCLUSIVO DOS SERVIÇOS

2 (Inscrição no Registo)
3 (Início de Atividade)
4 (Reinício de Atividade)
5 (Substituição ao início)

04 NOME COMPLETO DO SUJEITO PASSIVO, SEDE OU DIREÇÃO EFETIVA, LOCAL DO ESTABELECIMENTO ESTÁVEL OU DOMICÍLIO

Nome

Rua, Praça, Avenida, Lugar, etc. | Número | Andar, sala, etc.

Localidade | Freguesia | Telefone | *E-mail*

Concelho | Código postal | País | Território ou Região

Sujeitos passivos de IRS: O domicílio fiscal corresponde ao local do estabelecimento principal? SIM 1 NÃO 2 Se respondeu não, indique o local do estabelecimento no quadro 23

05 TIPO DE SUJEITO PASSIVO

IRS – CAT. B: Rend. Empresariais 1; Rend. Profissionais 22; Herança indivisa 18; EIRL 19

IRC: Sociedade por Quotas 2; Sociedade Anónima 3; Cooperativa 4; Sociedade Irregular 5; Empresa Pública 6; Estabelecimento Estável 7; Fundos 8; Estado 10; Autarquia Local 11; Outras Pessoas Colet. Dir. Público 12; Associação 13; Outras Sociedades 14; ACE e AEIE 15; Não residente sem Estab. Estável 16; Sociedade Unipessoal por Quotas 21; Sociedade Anónima Europeia 23; Instituto Público 24; Fundação 25

05-A SOCIEDADES ABRANGIDAS POR LEIS ESPECIAIS

SAD 1; SDR 2; SFE 3; SGE 4; SGII 5; SGJ 6; SGP 7; SGPS 8; SLJ 9; Outras 10

05-B ENTIDADES LICENCIADAS NAS ZONAS FRANCAS

Indique qual a Zona Franca onde está licenciado: ZFM 1; ZFSM 2

06 IRC – REGIME DE TRIBUTAÇÃO

Regime Geral 1; Não Sujeição 2; Isenção Definitiva 3; Isenção Temporária 4; Redução de Taxa 5

07 CONTRATO DE SOCIEDADE, DATA DA EMISSÃO DO CERTIFICADO DE ADMISSIBILIDADE OU DATA DO REGISTO NA CONSERVATÓRIA

Contrato de sociedade, estatuto ou escritura de EIRL, publicado no *Diário da República*, n.º 1 de 2 ANO MÊS DIA

Data da emissão do certificado de admissibilidade, registo ou apresentação a registo 5 ANO MÊS DIA

08 ATIVIDADES EFETIVAMENTE EXERCIDAS

Se for um Ato Isolado em IVA, assinale: 7

Se não for sujeito passivo de IVA, assinale: 8

ATIVIDADE PRINCIPAL: CAE 1 Descrição; CIRS 2

CAE 3, 4, 5 Descrição

ATIVIDADE SECUNDÁRIA: CIRS 6 Descrição

09 DADOS RELATIVOS À ATIVIDADE ESPERADA

- Data do início de atividade 1 ANO MÊS DIA

PARA ENQUADRAMENTO EM IVA:

- Efetua importações? Sim 2 Não 3
- Efetua exportações? Sim 4 Não 5
- Efetua aquisições intracomunitárias? Sim 6 Não 7
- Efetua transmissões intracomunitárias? Sim 8 Não 9
- Dados referidos a 10 Meses do ano de 11
- Volume de negócios (vendas + prestações de serviços) 12 ,0 0 €

Se for sujeito passivo com rendimentos da categoria B do IRS e código de atividade de comércio a retalho (CAE 47 ...), indique:

- Volume total de compras 13 ,0 0 €
- Volume de compras de bens destinados a venda sem transformação 14 ,0 0 €
- Volume de serviços prestados não isentos de IVA 15 ,0 0 €

PARA ENQUADRAMENTO EM IRS:

- Valor anual de rendimentos estimado (IRS) 18 ,0 0 €

10 USO EXCLUSIVO DOS SERVIÇOS

ENQUADRAMENTO DEFINIDO PELO SF EM IR: (Por opção)

- Regime Simplificado (art. 28.º do CIRS) 18
- Reg. de Contabilidade Organizada (art. 28.º do CIRS) 19 | 21
- Reg. Ger. de Det. do Lucro Tributável (CIRC) 20

ENQUADRAMENTO DEFINIDO PELO SF EM IVA: (Por opção)

- Regime Especial de Isenção (art. 53.º) 1
- Regime Especial dos Pequenos Retalhistas (art. 60.º) 2 | 9
- Regime normal: Trimestral 3 | 10; Mensal 4 | 11
- Exercício exclusivo de transmissões de bens e/ou prestações de serviços isentas que não conferem o direito à dedução (art. 9.º) 5
- Regimes Especiais de Tributação 6
- Aquisições intracomunitárias de bens nas condições previstas no campo 8 do quadro 11 ou no campo 3 do quadro 13 7 | 12
- Transmissões de bens nas condições previstas no campo 9 do quadro 11 ou no campo 4 do quadro 13 (vendas à distância a particulares) 8 | 13
- Ato Isolado 14
- Não Sujeito 23
- Enquadramento a vigorar a partir de 15 ANO MÊS DIA
- Código do Serviço de Finanças 16
- Data de receção: 17 ANO MÊS DIA
- N.º de entrada

(Carimbo)

Modelo n.º 1953 (Exclusivo da INCM, S. A.) INCM

Preço: € 0,00

5 601147 07000 7

11 IVA — TIPO DE OPERAÇÕES

No exercício da sua atividade efetua (assinale 1 ou 2 ou ambos, conforme a situação):

A – Transmissões de bens e/ou prestações de serviços que conferem o direito à dedução 1

– Transmissões de bens e/ou prestações de serviços isentas que não conferem o direito à dedução 2

• Se assinalou apenas 1 ou apenas 2, passe ao quadro seguinte.

B – Vai efetuar a dedução do imposto suportado segundo a AFETAÇÃO REAL (art. 23.º, n.º 2, do CIVA)?

Sim 3 → De todos os bens e serviços utilizados ..... 5; De parte dos bens e serviços utilizados 6

Não 4

• Nestes casos, indique a percentagem estimada (*pro rata*) que utilizará para efetuar a dedução do imposto suportado (art. 23.º, n.º 4, do CIVA) 7 %

TRANSAÇÕES INTRACOMUNITÁRIAS DE BENS CUJA REALIZAÇÃO DETERMINA A OBRIGAÇÃO DE REGISTO POR FORÇA DOS ARTS. 25.º E 26.º DO RITI. (SE ESSE REGISTO FOR EFETUADO POR OPÇÃO, ASSINALE ESSE FACTO NO QUADRO 13)

• Se, embora não sujeito ou isento nos termos do Código do IVA, realiza aquisições intracomunitárias e, por ultrapassarem o limite previsto na alínea c) do n.º 1 do art. 5.º do Regime do IVA nas Transações Intracomunitárias, está obrigado a registar-se por força do art. 25.º do mesmo diploma, assinale 8

• Se é sujeito passivo não residente sem qualquer estabelecimento estável em território nacional e efetua transmissões de bens para adquirentes não registados em IVA em Portugal («vendas à distância» a particulares) que, por estarem enquadradas no art. 11.º do Regime do IVA nas Transações Intracomunitárias, o obrigam a registo por força do art. 26.º do mesmo diploma, assinale 9

12 IVA — PRÁTICA DE OPERAÇÕES IMOBILIÁRIAS

(Decreto-Lei n.º 21/2007, de 29 de janeiro)

• Se assinalou o campo 2 do quadro anterior (transmissões de bens e/ou prestações de serviços isentas que não conferem o direito à dedução) e pretende renunciar às isenções referidas nos n.ºs 29 e 30 do art. 9.º de acordo com os n.ºs 4 e 5 do art. 12.º do CIVA, optando pela aplicação do imposto às transmissões ou locações de bens imóveis ou partes autónomas, assinale 1

13 IVA — OPÇÃO POR REGIME DE TRIBUTAÇÃO (se não pretende exercer qualquer opção, passe ao quadro seguinte)

• Se pretende exercer o direito à opção, reunindo para tal as necessárias condições, indique o regime pelo qual opta (arts. 12.º, 55.º e 63.º do CIVA) .....
- REGIME NORMAL 1
- REGIME ESPECIAL DOS PEQUENOS RETALHISTAS 2

TRANSAÇÕES INTRACOMUNITÁRIAS DE BENS

• Se, apesar de não ter sido ultrapassado o limite previsto na alínea c) do n.º 1 do art. 5.º do Regime do IVA nas Transações Intracomunitárias, pretende exercer o direito de opção previsto no n.º 3 do mesmo artigo, assinale 3

• Se a obrigação de registo resultar de opção efetuada em outro Estado membro de acordo com o disposto na alínea b) do n.º 2 do art. 11.º do Regime do IVA nas Transações Intracomunitárias, assinale 4

14 IVA — OPÇÃO RELATIVA À PERIODICIDADE DE IMPOSTO

• Se reunir condições para ficar enquadrado no regime normal ou se assinalou no quadro 13 o campo 1 e pretende optar pela periodicidade mensal (n.º 2 do art. 41.º do CIVA), assinale 1

15 IVA e IRC — NÚMERO DE IDENTIFICAÇÃO BANCÁRIA (NIB) OU NÚMERO DE IDENTIFICAÇÃO BANCÁRIA INTERNACIONAL (IBAN) PARA EFEITOS DE REEMBOLSOS

• INDIQUE, relativamente à conta escolhida para efeitos de pagamento de reembolsos (arts. 22.º, n.º 5, e seguintes do CIVA e art. 104.º, n.º 3, do CIRC)

Número de Identificação Bancária (NIB) 1

Número de Identificação Bancária Internacional (IBAN) 2

16 — INFORMAÇÕES RELATIVAS À CONTABILIDADE

• Possui contabilidade organizada?
- SIM 2 — Por opção ..... 9; Por exigência legal 10
- NÃO 1

TIPO DE CONTABILIDADE: Informatizada 3; Não informatizada 4

LOCAL DA CENTRALIZAÇÃO DA CONTABILIDADE: Sede 5; Outro 6

Data de início 11 — ANO, MÊS, DIA

Número de identificação fiscal do técnico oficial de contas 7

Número de inscrição na OTOC 8

12 Confere plenos poderes declarativos ao TOC

(Assinatura do sujeito passivo ou do seu representante legal)

INDICAR O LOCAL ONDE SE ENCONTRA CENTRALIZADA A CONTABILIDADE, SE DIFERENTE DA SEDE OU DOMICÍLIO

Rua, Praça, Avenida, Lugar, etc. | Freguesia | Concelho

Localidade | Código postal

17 RELAÇÃO DOS SÓCIOS, GERENTES, SÓCIOS-GERENTES, DIRETORES, ADMINISTRADORES, ÓRGÃOS DE FISCALIZAÇÃO, SÓCIOS DE SOCIEDADES IRREGULARES E CABEÇA-DE-CASAL OU ADMINISTRADOR CONTITULAR DA HERANÇA INDIVISA

NOME	DATA DE INÍCIO	NÚMERO DE IDENTIFICAÇÃO FISCAL	CARGO
	1 ANO MÊS DIA	1	
	2 ANO MÊS DIA	2	
	3 ANO MÊS DIA	3	
	4 ANO MÊS DIA	4	
	5 ANO MÊS DIA	5	
	6 ANO MÊS DIA	6	
	7 ANO MÊS DIA	7	
	8 ANO MÊS DIA	8	
	9 ANO MÊS DIA	9	
	10 ANO MÊS DIA	10	

NO CASO DE TER UTILIZADO O QUADRO **40**, OU FOLHA ANEXA PARA CONTINUAÇÃO DESTA RELAÇÃO, ASSINALE ☐

18 IVA — REGIMES ESPECIAIS DE TRIBUTAÇÃO

DECRETO-LEI N.º 122/88, DE 20 DE ABRIL

Art. 9.º – Vendas de peixe, crustáceos e moluscos efetuadas pelas lotas: .... Se o imposto relativo a estas operações é entregue ao Estado pelas lotas em substituição dos pescadores ou armadores por conta de quem as vendas são efetuadas, assinale ☐ 1

Art. 10.º – Substituição da responsabilidade pela entrega do imposto: .... Se é revendedor direto e o imposto relativo às operações realizadas no âmbito desta disposição legal é entregue ao Estado por empresa previamente autorizada, assinale ☐ 2

e indique, em relação a essa empresa, o NIF **3**

e a sua designação social:

Data de início **4** ANO MÊS DIA

Outros regimes - Assinale .... ☐ 5

19 IRS — OPÇÃO PELO REGIME DE CONTABILIDADE ORGANIZADA (IRS)

- Reunindo os pressupostos de inclusão no regime simplificado de tributação previsto no art. 28.º do CIRS, assinale:

IRS - Opto pelo regime de contabilidade organizada .... SIM ☐ 1 NÃO ☐ 2

20 IRC — PERÍODO DE TRIBUTAÇÃO (n.º 2 do art. 8.º do CIRC)

- Igual ao ano civil ☐ 1
- Diferente do ano civil ☐ 2
- Se assinalou **2** indique a data início do respetivo período **3** ANO MÊS DIA

21 IRC e IVA — REPRESENTANTE(S) DE ENTIDADE NÃO RESIDENTE SEM ESTABELECIMENTO ESTÁVEL

- Indique o nome e assinale para que efeitos se destina a representação:

Nome ______________________ **1** ☐ IRC — Número de identificação fiscal **3** — Data de início **5** ANO MÊS DIA

Nome ______________________ **2** ☐ IVA — Número de identificação fiscal **4** — Data de início **6** ANO MÊS DIA

22 IRC — ACEITAÇÃO DA REPRESENTAÇÃO (n.º 3 do art. 126.º do CIRC)

Local e data: ______ ANO MÊS DIA

Declara aceitar a representação de ______

Assinatura ______

23 IRS e IVA — ESTABELECIMENTO PRINCIPAL OU LOCAL DO EXERCÍCIO DE ATIVIDADE (caso seja diferente do domicílio fiscal)

Rua, Praça, Avenida, Lugar, etc. ______ Número ______ Andar, sala, etc. ______

Localidade ______ Freguesia ______ Telefone ______

Código postal ______ - ______ Concelho ______ Código do SF 1

24 IRC — OPÇÃO PELO REGIME ESPECIAL DE TRIBUTAÇÃO DOS GRUPOS DE SOCIEDADES (RETGS) (art. 69.º do código do IRC)

Sociedades dominadas	Sociedades dominadas	Sociedades dominadas
NIF 1	NIF 4	NIF 7
NIF 2	NIF 5	NIF 8
NIF 3	NIF 6	NIF 9

25 IVA — ATIVIDADES DO ANEXO E

Exerce alguma atividade que consista na transmissão de bens e/ou prestação de serviços mencionados no anexo E ao Código do IVA? SIM ☐ NÃO ☐

26 IVA — PRESTAÇÃO/AQUISIÇÃO DE SERVIÇOS INTRACOMUNITÁRIOS – IVA [alínea *a*) do n.º 6 do art. 6.º do CIVA]

Efetua ou adquire prestações de serviços intracomunitários? SIM ☐ NÃO ☐

27 IRC — INSTITUIÇÃO PARTICULAR DE SOLIDARIEDADE SOCIAL (IPSS)

Se é uma Instituição Particular de Solidariedade Social (IPSS), assinale ☐

30 A PRESENTE DECLARAÇÃO CORRESPONDE À VERDADE E NÃO OMITE QUALQUER INFORMAÇÃO PEDIDA

Local e data ______ ANO MÊS DIA

Número de identificação fiscal do representante legal 1

Nome e assinatura do Técnico Oficial de Contas

Nome ______

Assinatura ______

Assinatura do sujeito passivo ou do seu representante legal ______

(Vinheta do Técnico Oficial de Contas)

40 OBSERVAÇÕES

______

INSTRUÇÕES PARA O PREENCHIMENTO DA DECLARAÇÃO DE INSCRIÇÃO NO REGISTO - INÍCIO DE ATIVIDADE

[Art. 31.º do CIVA, alínea a) do n.º 1 do art. 117.º do CIRC e n.º 1 do art. 112.º do CIRS]

INDICAÇÕES GERAIS

No ato da entrega da declaração será sempre exigido o cartão de contribuinte, cartão do cidadão, cartão de empresa, ou documento emitido pelo Ministério da Justiça, assim como cartões de identificação fiscal ou fotocópias, comprovantes dos números de identificação fiscal indicados nos quadros 16, 17, 18, 21, 24 e 30, bem como, se for não residente com sede, estabelecimento estável ou domicílio noutro Estado membro da UE/EEE, documento comprovativo do seu NIF no país da União Europeia/Espaço Económico Europeu, indicado no campo 4 do quadro 02.

Número de declarações a apresentar - Ainda que a obrigatoriedade da apresentação da declaração surja por força das disposições contidas em mais do que um dos Códigos referidos, haverá apenas lugar à entrega de uma única declaração em **DUPLICADO**, independentemente do número de estabelecimentos e/ou tipo de atividade.

Local - Poderá ser apresentada em qualquer Serviço de Finanças.

Quando - Antes do início de atividade.

Para os sujeitos passivos inscritos no Registo Nacional de Pessoas Coletivas (RNPC), esta declaração deverá ser apresentada no prazo de 90 dias contados dessa inscrição; no caso de sujeitos passivos abrangidos pelo registo comercial, a declaração deverá ser apresentada no prazo de 15 dias após o pedido de registo na Conservatória do Registo Comercial (n.º 1 do art. 118.º do CIRC e n.º 1 do art. 31.º do CIVA).

QUADRO 01 — ÁREA DA SEDE OU DIREÇÃO EFETIVA, DO ESTABELECIMENTO ESTÁVEL OU DOMICÍLIO

- Indicar a área do Serviço de Finanças competente.
- Se a sede ou domicílio se situar no estrangeiro, inscrever o Serviço de Finanças da área fiscal do estabelecimento estável no território nacional ou, na sua falta, o da sede ou domicílio do representante.
- Na falta de representante, por força do n.º 4 do art. 77.º do CIVA, é competente o Serviço de Finanças de Lisboa-3.

QUADRO 02 — NIF – NÚMERO DE IDENTIFICAÇÃO FISCAL

- Indicar o NIF de **pessoa singular** atribuído pela AT – Autoridade Tributária Aduaneira (Ministério das Finanças) ou o NIF **de pessoa coletiva ou equiparada** atribuído pelo Registo Nacional de Pessoas Coletivas (Ministério da Justiça). Tratando-se de um sujeito passivo não residente, com sede ou direção efetiva, estabelecimento estável ou domicílio noutro Estado membro da UE/EEE, deve indicar nos campos 3 e 4, respetivamente, o prefixo e o NIF atribuído no país da UE/EEE.

QUADRO 04 — NOME COMPLETO DO SUJEITO PASSIVO, SEDE OU DIREÇÃO EFETIVA, LOCAL DO ESTABELECIMENTO ESTÁVEL OU DOMICÍLIO

Indique:

- Nome ou denominação social, igual ao que consta do cartão de contribuinte ou cartão do cidadão, cartão de empresa, cartão de pessoa coletiva ou do documento equivalente.
- A localização da sede ou direção efetiva, estabelecimento estável ou domicílio fiscal.
- Se for uma **entidade não residente e que não disponha de sede ou direção efetiva, estabelecimento estável ou domicílio noutro Estado membro da UE/EEE**, só deverá preencher o(s) campo(s) destinado(s) ao país e/ou território ou região.
- Se for uma **entidade não residente e que disponha de sede, estabelecimento estável ou domicílio noutro Estado membro da UE/EEE**, deve indicar, em **LETRAS MAIÚSCULAS**, todos os elementos referidos neste quadro, **com referência à sede ou domicílio no país de origem na UE/EEE. Deverá sempre ser exigido ao declarante a exibição do passaporte, ou do certificado de residência ou de documento de identificação idóneo onde conste a morada.**

NOTA: Para o correto preenchimento deste quadro, deve ser tida em consideração a lista de países, territórios ou regiões com regimes de tributação privilegiada, claramente mais favorável que foi aprovada pela Portaria n.º 150/2004, de 13 de fevereiro (alterada pela Portaria n.º 292/2011, de 8 de novembro).

QUADRO 05 — TIPO DE SUJEITO PASSIVO

- Assinale com **X** a natureza jurídica correspondente.
- Se auferir rendimentos empresariais e/ou profissionais sujeitos à cat. B do IRS, assinale os campos 1 e/ou 22.
- Os campos 7 e 16 são destinados aos sujeitos passivos que não tenham sede nem direção efetiva em território português, assinalando-se o campo 7 se possuir estabelecimento estável neste território e o campo 16 na situação inversa.

QUADRO 05-A — SOCIEDADES ABRANGIDAS POR LEIS ESPECIAIS

- Assinale com **X** a abreviatura correspondente à lei especial pela qual fica abrangida:
  SAD - Sociedades Anónimas Desportivas; **SDR** - Sociedades de Desenvolvimento Regional; **SFE** - Sociedades de Fomento Empresarial; **SGE** - Sociedades Gestoras de Empresas;
  SGII - Sociedades de Gestão e Investimento Imobiliário; **SGJ** - Sociedades de Gestores Judiciais; **SGP** - Sociedades Gestoras de Património; **SGPS** - Sociedades Gestoras de Participações Sociais;
  SLJ - Sociedades de Liquidatários Judiciais; **OUTRAS** - assinale se não for nenhuma das anteriores.

QUADRO 05-B — ENTIDADES LICENCIADAS NAS ZONAS FRANCAS

- Este quadro é de preenchimento obrigatório sempre que se trate de sociedade licenciada nas Zonas Francas da Madeira (ZFM) e/ou na de Santa Maria (ZFSM).

QUADRO 06 — REGIME DE TRIBUTAÇÃO

- Assinale o regime de tributação em sede de IRC.

QUADRO 07 — CONTRATO DE SOCIEDADE, DATA DA EMISSÃO DO CERTIFICADO DE ADMISSIBILIDADE OU DATA DO REGISTO NA CONSERVATÓRIA

- Indique a referência da publicação no *Diário da República* do contrato de sociedade, estatuto ou escritura, caso já tenha ocorrido, bem como no campo 5 a data da emissão do certificado de admissibilidade ou, para os contribuintes sujeitos a registo comercial, data do registo ou data de apresentação a registo.

QUADRO 08 — ATIVIDADES EFETIVAMENTE EXERCIDAS

- Assinale com **X** o campo 7, somente se a entrega desta declaração resultar de um ato isolado em IVA de valor superior ao limite referido nas alíneas *e*) e *f*) do n.º 1 do art. 29.º do CIVA.
- Assinale com um **X**, no campo 8, caso o contribuinte não se encontre sujeito às regras de incidência do IVA.
- Considere como atividade principal a exercida em mais larga escala, indicando-a no campo 1 ou 2. As atividades secundárias deverão ser indicadas nos campos 3, 4, 5 e/ou 6.

A atividade principal «00000 – ATIVIDADES MAL DEFINIDAS» só deverá ser indicada quando à atividade efetivamente exercida não corresponder um código CAE diferente de 00000.

QUADRO 09 — DADOS RELATIVOS À ATIVIDADE ESPERADA

CAMPO 1 – Indique a data em que se verifica o início de atividade.

CAMPOS 2 e/ou 4 – Só deverá assinalar estes campos se os bens em causa forem oriundos ou se destinarem a um país ou território terceiro, entendendo-se como tal o que dispõem as alíneas *c*) e *d*) do n.º 2 do art. 1.º do CIVA.

CAMPOS 6, 7, 8 e 9 – Trocas Intracomunitárias: deve entender-se por «trocas intracomunitárias» as compras e vendas de bens de/ou para países da União Europeia.

CAMPOS 10 e 11 – Inscrever, respetivamente, o número de meses e ano a que se reporta o início de atividade. No número de meses a indicar, deverá incluir também o próprio mês a que se reporta o início de atividade.

CAMPO 12 – Indique em unidade EURO o volume de negócios esperado até ao final do ano de início de atividade.

CAMPOS 13 a 15 – Estes campos, relevantes para a definição do enquadramento, devem ser preenchidos apenas pelos sujeitos passivos abrangidos pelo art. 60.º e seguintes do CIVA (Regime Especial dos Pequenos Retalhistas). Entende-se por volume total de compras o volume de mercadorias e outros bens armazenáveis destinados a consumo ou transformação.

CAMPO 18 – O valor a inscrever será o correspondente ao valor de rendimentos previsivelmente obtidos se a atividade fosse desenvolvida durante todo o ano.

NOTA: IRC (anos anteriores a 2009) – Indique nas observações do quadro 40 o valor anual total dos proveitos.

QUADRO 10 — ENQUADRAMENTO DEFINIDO PELO SERVIÇO DE FINANÇAS

- Este quadro deverá ser obrigatoriamente preenchido pelo Serviço de Finanças, que nele indicará qual o enquadramento – regime de tributação – (campos 1 a 14 , 23 e 18 a 21) resultante dos dados da declaração, bem como a data a partir da qual o mesmo produz efeitos (campo 15). Este enquadramento, definido pelo Serviço de Finanças no momento da sua apresentação, vinculará os Serviços e o sujeito passivo quanto às obrigações estabelecidas para o respetivo regime de tributação nos CIVA, CIRS e CIRC. Por esta razão, todas as dúvidas devem aí ser completamente esclarecidas.

QUADRO 11 — **TIPO DE OPERAÇÕES**

- Assinale o campo 1 se no exercício da sua atividade efetuar apenas transmissões de bens e/ou prestações de serviços que conferem o direito à dedução; assinale o campo 2 se no exercício da sua atividade efetuar apenas transmissões de bens e/ou prestações de serviços isentas que não conferem direito à dedução [são as que constam no art. 9.º do CIVA, à exceção das operações referidas nos n.os 27 e 28 nas condições previstas no art. 20.º, n.º 1, alínea *b*), subalínea *v*)].
- Se assinalou simultaneamente os campos 1 e 2, indique se o método a adotar será Afetação Real (campos 3 e 5 ou 6) ou *pro rata* (campo 4). Se assinalou o campo 4 ou 6, indique qual a percentagem do *pro rata* no campo 7. Nestas situações, não será de indicar o método de dedução do imposto, desde que seja exercido o direito à opção por regime de tributação no quadro 13.

CAMPO 8 ou **9** – Campos a preencher, exclusivamente, para os sujeitos passivos numa destas condições (só deverá assinalar um destes campos caso o regime de tributação em causa não resulte do exercício do direito de opção, situação em que assinalará o quadro 13).

QUADRO 12 — **PRÁTICA DE OPERAÇÕES IMOBILIÁRIAS**

- Destina-se exclusivamente aos sujeitos passivos que pretendam optar pela liquidação do IVA às transmissões ou locações de bens imóveis ou partes autónomas destes.
- Os sujeitos passivos que, nos termos dos n.os 4 e 5 do art. 12.º do CIVA, pretendam renunciar às isenções referidas nos n.os 29 e 30 do art. 9.º, ficam obrigados ao envio da respetiva declaração prevista na alínea *c*) do n.º 1 do art. 29.º nos prazos enunciados no art. 41.º do CIVA.

NOTA: Aconselha-se a leitura dos artigos do CIVA mencionados, bem como do Decreto-Lei n.º 21/2007, de 29 de janeiro.

QUADRO 13 — **OPÇÃO POR REGIME DE TRIBUTAÇÃO**

CAMPO 1 – Esta opção destina-se aos sujeitos passivos que, encontrando-se nalguma das situações a seguir indicadas, pretendam a aplicação do Regime Normal do imposto às suas operações tributáveis:

a) Efetuem transmissões de bens e/ou prestações de serviços isentas que não conferem o direito à dedução (isenção – art. 9.º do CIVA) e, podendo, queiram renunciar à isenção, nos termos do n.º 1 do art. 12.º do CIVA;

b) Isentos nos termos do art. 53.º do CIVA, ou com condições para ficarem enquadrados no Regime Especial dos Pequenos Retalhistas, mas que pretendam renunciar a tal isenção ou regime especial, de acordo com o n.º 1 do art. 55.º ou o n.º 1 do art. 63.º do CIVA.

CAMPO 2 – Esta opção destina-se apenas aos sujeitos passivos que aufiram rendimentos da categoria B (empresariais e profissionais) do IRS, e que sendo retalhistas (CAE 47...), isentos nos termos do art. 53.º do CIVA, pretendam renunciar a tal isenção e optar pelo Regime Especial dos Pequenos Retalhistas, nos termos do n.º 1 do art. 55.º do CIVA.

NOTA: Tendo exercido o direito à opção, o sujeito passivo ficará vinculado ao regime pelo qual optou durante um período de, pelo menos, **cinco** anos.

CAMPO 3 – Assinale apenas quando pretenda exercer o direito à opção e se encontre nas condições aí descritas.

CAMPO 4 – Assinale apenas quando o regime de tributação ao qual se encontra vinculado («vendas à distância» a particulares) resulta do exercício do direito à opção efetuado num outro Estado membro da UE.

QUADRO 14 — **OPÇÃO RELATIVA À PERIODICIDADE DE IMPOSTO**

- Podendo exercer o direito à opção pela periodicidade mensal e tendo-o feito, assinalando o campo 1, ficará vinculado ao envio das Declarações Periódicas Mensais por um período **mínimo de três anos**.

QUADRO 15 — **NÚMERO DE IDENTIFICAÇÃO BANCÁRIA (NIB) OU NÚMERO DE IDENTIFICAÇÃO BANCÁRIA INTERNACIONAL (IBAN) PARA EFEITOS DE REEMBOLSOS**

- Informação para efeitos de reembolso por transferência bancária.
- Os dados a inscrever nos campos 1 e 2 são os relativos à conta escolhida, para efeitos de IVA e/ou IRC, devendo, em caso de dúvida, solicitar os necessários esclarecimentos na entidade bancária respetiva.

NOTA: Os campos assinalados não podem conter espaços em branco ou traços.

QUADRO 16 — **INFORMAÇÕES RELATIVAS À CONTABILIDADE**

- Indique se possui ou é obrigado a possuir, por exigência legal, contabilidade organizada.
- Em caso afirmativo, indique o tipo de contabilidade, bem como o local onde se encontra centralizada.
- Nos campos 7 e 8 indique, respetivamente, o NIF de pessoa singular do técnico oficial de contas, o número de inscrição na OTOC, e no campo 11 a data de início de relação.
- Assinale com um **X** no campo 12 caso pretenda que as Declarações Eletrónicas sejam apresentadas apenas com indicação da senha do TOC (esta autorização requer assinatura do sujeito passivo ou do seu representante legal).

QUADRO 17 — **RELAÇÃO DOS SÓCIOS, GERENTES, SÓCIOS-GERENTES, DIRETORES, ADMINISTRADORES, ÓRGÃOS DE FISCALIZAÇÃO, SÓCIOS DE SOCIEDADES IRREGULARES E CABEÇA-DE-CASAL OU ADMINISTRADOR CONTITULAR DA HERANÇA INDIVISA**

- Deverá indicar o nome, data, número de identificação fiscal e cargo das pessoas singulares ou coletivas que desempenhem funções abrangidas pelo título do quadro ou tenham funções similares. Tratando-se de sociedade por quotas ou em nome coletivo deverá indicar também os sócios que não exerçam funções de gerência, nomeadamente a de gestor de negócios. Os não residentes sem estabelecimento estável poderão indicar o gestor de bens ou direitos.
- Nos casos em que o número de linhas não seja suficiente, será efetuado o necessário desenvolvimento no quadro 40 ou em folhas de formato A4 a anexar à declaração.

QUADRO 18 — **REGIMES ESPECIAIS DE TRIBUTAÇÃO**

- A 1.ª parte deste quadro destina-se apenas aos sujeitos passivos que se encontrem nas situações descritas no Decreto-Lei n.º 122/88, de 20 de abril, e que **exclusivamente** exerçam as atividades nele contempladas, ficando, para o efeito, com um enquadramento específico, designado **«Regime Especial de Tributação»**.

CAMPO 1 – A assinalar pelos sujeitos passivos que exerçam atividades de pescador ou armador, sendo a liquidação e entrega do IVA correspondente às vendas de peixe, crustáceos e moluscos efetuadas pelas lotas em sua substituição.

CAMPOS 2 e 3 – A assinalar pelos sujeitos passivos que se encontrem na situação ali descrita e que reúnam as condições previstas no referido decreto-lei, indicando ainda o NIF e a designação social da empresa para a qual prestam serviços.

CAMPO 5 – A assinalar pelos sujeitos passivos que fiquem abrangidos por outro regime especial de tributação diferente do previsto no Decreto-Lei n.º 122/88, de 20 de abril, indicando no quadro 40 a legislação aplicável.

QUADRO 19 — **OPÇÃO PELO REGIME DE CONTABILIDADE ORGANIZADA (IRS)**

- **Contribuintes tributados em sede de IRS** - Se reunir as condições previstas no art. 28.º do CIRS, para ficar enquadrado no regime simplificado de tributação **e pretende optar** pelo regime de contabilidade organizada, assinale o campo 1.
- **Se pretender ficar enquadrado no Regime Simplificado**, assinale o campo 2.

QUADRO 21 — **REPRESENTANTE(S) DE ENTIDADE NÃO RESIDENTE SEM ESTABELECIMENTO ESTÁVEL**

- Este quadro destina-se a dar cumprimento aos arts. 126.º do CIRC, 24.º do RITI e 30.º do CIVA. O número de identificação fiscal do representante da entidade não residente sem estabelecimento estável em território nacional, a inscrever nos campos 3 e/ou 4, será o constante do cartão de empresa, de pessoa coletiva ou do cidadão, consoante o caso.
- A representação fiscal para efeitos de IRC, prevista neste quadro, está condicionada à obtenção de rendimentos em território nacional.
- **A aceitação da representação, obrigatória apenas para IRC, será efetuada no quadro 22 da presente declaração.**
- É facultativa a designação de representante fiscal para os não residentes com domicílio nos Estados membros da União Europeia e do Espaço Económico Europeu (EEE).
- Para os residentes em países terceiros continua a ser obrigatória a nomeação de representante fiscal (art. 126.º do CIRC e art. 19.º da LGT).

QUADRO 23 — **ESTABELECIMENTO PRINCIPAL OU LOCAL DO EXERCÍCIO DE ATIVIDADE (CASO SEJA DIFERENTE DO DOMICÍLIO FISCAL)**

- Unicamente para os sujeitos passivos de IRS residentes ou não residentes que esperem obter rendimentos da categoria B e cujo estabelecimento principal ou local do exercício da atividade não coincida com o seu domicílio fiscal ou o do seu representante legal, referido no quadro 04 da declaração.

QUADRO 24 — **OPÇÃO PELO REGIME ESPECIAL DE TRIBUTAÇÃO DOS GRUPOS DE SOCIEDADES (RETGS) ART. 69.º DO CÓDIGO DO IRC**

- Ver informações sobre constituição de grupos de sociedades.

QUADRO 30 — **ENCERRAMENTO**

- A declaração deverá ser assinada pelo sujeito passivo ou seu representante legal, bem como pelo técnico oficial de contas, quando for obrigatória a sua assinatura, caso em que também deverá apor, no espaço a ela destinado, a vinheta emitida pela Ordem dos Técnicos Oficiais de Contas, sendo obrigatoriamente aposta nos exemplares destinados à AT – Autoridade Tributária e Aduaneira e facultativa na destinada a recibo.
- Quando a declaração for apresentada pelo representante do sujeito passivo, este deverá, para além da assinatura, indicar o NIF no campo 1.

A declaração não assinada será recusada.

AT autoridade tributária e aduaneira

DECLARAÇÃO DE CESSAÇÃO DE ATIVIDADE

01 ÁREA DA SEDE OU DIREÇÃO EFETIVA, ESTABELECIMENTO ESTÁVEL OU DOMICÍLIO

Concelho ______ - ______

02 NIF (NÚMERO DE IDENTIFICAÇÃO FISCAL)

Atribuído pelo Ministério das Finanças ou Ministério da Justiça → 1

Não residentes (atribuído pelo país de origem na UE/EEE)

Prefixo 3 | 4

03 NOME COMPLETO DO SUJEITO PASSIVO, SEDE OU DIREÇÃO EFETIVA, LOCAL DO ESTABELECIMENTO ESTÁVEL OU DOMICÍLIO

Nome

Rua, Praça, Avenida, Lugar, etc. | Número | Andar, sala, etc.

Localidade | Freguesia | Telefone | *E-mail*

Concelho | Código postal - | País | Território ou Região

04 REPRESENTANTE EM TERRITÓRIO NACIONAL – ART. 19.º DA LGT

NIF 1 | Nome

Rua, Praça, Avenida, Lugar, etc. | Número | Andar, sala, etc.

Localidade | Freguesia | Telefone | *E-mail*

Concelho | Código postal -

Declaro aceitar a representação: ______ (Assinatura do representante)

Data de início da relação 2 ANO MÊS DIA

05 IVA DATA DA CESSAÇÃO

1 ANO MÊS DIA

06 IVA MOTIVOS DA CESSAÇÃO SEGUNDO O N.º 1 DO ART. 34.º DO CIVA

Alínea *a)* 1 | Alínea *b)* 2 | Alínea *c)* 3 | Alínea *d)* 4

07 IRS DATA DA CESSAÇÃO

1 ANO MÊS DIA

08 IRS MOTIVOS DA CESSAÇÃO SEGUNDO O ART. 114.º DO CIRS

N.º 1: Alínea *a)* 1 | Alínea *b)* 2 | Alínea *c)* 3 | Alínea *d)* 4 | Alínea *e)* 5

N.º 2: 6

09 IRC DATA DA CESSAÇÃO

1 ANO MÊS DIA

10 IRC MOTIVOS DA CESSAÇÃO SEGUNDO O N.º 5 DO ART. 8.º DO CIRC

RESIDENTES: Encerramento da liquidação 1 | Fusão/cisão 2 | Mudança de residência para o estrangeiro 3 | Outros 4

NÃO RESIDENTES: Cessação de atividade do estabelecimento estável 5 | Fim de obtenção de rendimentos 6

11 IVA NO CASO DE CESSAÇÃO POR FORÇA DAS ALÍNEAS *C)* OU *D)* DO N.º 1 DO ART. 34.º DO CIVA, INDICAR, RELATIVAMENTE AO CESSIONÁRIO DO ESTABELECIMENTO

NIF 1 | Nome

12 IRC NO CASO DE CESSAÇÃO POR FUSÃO OU CISÃO INDICAR O(S) NÚMERO(S) DE IDENTIFICAÇÃO FISCAL DA(S) ENTIDADE(S) BENEFICIÁRIA(S)

NIF 1 | Nome | 1 ANO MÊS DIA

NIF 2 | Nome | 2 ANO MÊS DIA

NIF 3 | Nome | 3 ANO MÊS DIA

30 A PRESENTE DECLARAÇÃO CORRESPONDE À VERDADE E NÃO OMITE QUALQUER INFORMAÇÃO PEDIDA

Local e data ______ ANO MÊS DIA

(Vinheta do Técnico Oficial de Contas)

Nome e assinatura do Técnico Oficial de Contas

Nome ______

Assinatura ______

Assinatura do sujeito passivo ou do seu representante legal

Número de identificação fiscal do representante legal 1

31 AUTENTICAÇÃO DA DECLARAÇÃO

Código do Serviço de Finanças 1

Data de receção ...... 2 ANO MÊS DIA

(Carimbo)

N.º de entrada

Modelo n.º 1955 (Exclusivo da INCM, S. A.) INCM

Preço: € 0,00

5 601147 07003 8

Ano de entrada em vigor: 2013

20 OBSERVAÇÕES

INSTRUÇÕES PARA O PREENCHIMENTO DA DECLARAÇÃO DE CESSAÇÃO DE ATIVIDADE

[Art. 33.º do CIVA, alínea *a*) do n.º 1 do art. 117.º do CIRC e n.º 3 do art. 112.º do CIRS]

Indicações gerais

1 - Esta declaração deve ser apresentada em qualquer Serviço de Finanças no prazo de 30 dias a contar da data em que se verificar a cessação de atividade, nos termos do disposto no art. 33.º do CIVA, no n.º 6 do art. 118.º do CIRC e/ou no n.º 3 do art. 112.º do CIRS, salvo se outro prazo for expressamente previsto na lei.

2 - No ato de entrega da declaração será sempre exibido o cartão de empresa ou de pessoa coletiva e, no caso de pessoa singular, o cartão de contribuinte ou o cartão do cidadão. Todos os elementos constantes dos referidos cartões deverão coincidir rigorosamente com os inscritos na declaração, bem como se for não residente com sede, estabelecimento estável ou domicílio noutro Estado membro da UE/EEE, documento comprovativo do seu NIF no país da União Europeia/Espaço Económico Europeu, indicado no campo **4** do quadro 02.

3 - A dispensa da presente declaração está prevista no DL n.º 122/2009, de 21 de maio.

QUADRO 02 — NIF – NÚMERO DE IDENTIFICAÇÃO FISCAL

- Indicar sempre o NIF com o qual se encontra inscrito, de **pessoa coletiva ou equiparada**, atribuído pelo Registo Nacional de Pessoas Coletivas (Ministério da Justiça), ou o NIF de **pessoa singular** atribuído pela AT – Autoridade Tributária e Aduaneira (Ministério das Finanças). Tratando-se de um sujeito passivo não residente, com sede, estabelecimento estável ou domicílio noutro Estado membro da UE/EEE, deve indicar nos campos **3** e **4**, respetivamente, o prefixo e o NIF atribuído no país da UE/EEE.

QUADRO 04 — REPRESENTANTE EM TERRITÓRIO NACIONAL – ART. 19.º DA LGT

- As pessoas coletivas e outras entidades legalmente equiparadas que cessem a atividade devem, nos termos do n.º 5 do art. 19.º da LGT, designar um representante com residência em territerio nacional.

QUADRO 05 — DATA DA CESSAÇÃO EM IVA

- Indicar a data em que se verificou a cessação que obriga à entrega da declaração.

QUADRO 06 — MOTIVOS DA CESSAÇÃO SEGUNDO O N.º 1 DO ART. 34.º DO CIVA

- Transcreve-se, na íntegra, o **n.º 1 do art. 34.º do CIVA:**

Artigo 34.º

1 - Para efeitos do disposto no artigo anterior, considera-se verificada a cessação de atividade exercida pelo sujeito passivo no momento em que ocorra qualquer dos seguintes factos:

a) Deixem de praticar-se atos relacionados com atividades determinantes da tributação durante um período de dois anos consecutivos, caso em que se presumirão transmitidos, nos termos da alínea *f*) do n.º 3 do art. 3.º, os bens a essa data existentes no ativo da empresa;
b) Se esgote o ativo da empresa, pela venda dos bens que o constituem ou pela sua afetação a uso próprio do titular do pessoal ou, em geral, a fins alheios à mesma, bem como pela sua transmissão gratuita;
c) Seja partilhada a herança indivisa de que façam parte o estabelecimento ou os bens afetos ao exercício da atividade;
d) Se dê a transferência, a qualquer outro título, da propriedade do estabelecimento.

QUADRO 07 — DATA DA CESSAÇÃO EM IRS

- Indicar a data em que se verificou a cessação para efeitos de IRS.

QUADRO 08 — MOTIVOS DA CESSAÇÃO SEGUNDO O ART. 114.º DO CIRS

- Assinale, nos campos **1** a **6**, o motivo da cessação para efeitos de IRS.
- Transcreve-se, na parte aplicável, **o art. 114.º do CIRS:**

Artigo 114.º
Cessação de atividade

1 - A cessação considera-se verificada quando:

a) Deixem de praticar-se habitualmente atos relacionados com a atividade empresarial e profissional, se não houver imóveis afetos ao exercício da atividade;
b) Termine a liquidação das existências e a venda dos equipamentos, se os imóveis afetos ao exercício da atividade pertencerem ao dono do estabelecimento;
c) Se extinga o direito ao uso e fruição dos imóveis afetos ao exercício da atividade ou lhe seja dado outro destino, quando tais imóveis não pertençam ao sujeito passivo;
d) Seja partilhada a herança indivisa de que o estabelecimento faça parte, mas sem prejuízo do disposto nas alíneas anteriores;
e) Se dê a transferência, a qualquer título, da propriedade do estabelecimento.

2 - Quando, no âmbito da categoria B, existirem rendimentos de atividades agrícolas, silvícolas ou pecuárias e de pesca a cessação só se considera verificada quando deixe de ser exercida esta atividade e tenha terminado a liquidação das existências e a transmissão dos equipamentos ou a afetação destes a outras atividades, exceto quando for feita a opção prevista na última parte do artigo 36.º, caso em que a cessação ocorre no final do período de diferimento de imputação do subsídio.

QUADRO 09 — DATA DA CESSAÇÃO EM IRC

- Indicar a data em que se verificou a cessação para efeitos de IRC.

QUADRO 10 — MOTIVOS DA CESSAÇÃO SEGUNDO O N.º 5 DO ART. 8.º DO CIRC

- **Residentes** - Em conformidade com o disposto na alínea *a*) do n.º 5 do art. 8.º, assinale nos campos 1, 2, 3 ou 4 o motivo da cessação.
- **Não residentes** - Em conformidade com o disposto na alínea *b*) do n.º 5 do art. 8.º, assinale nos campos 5 ou 6 o motivo da cessação.
- Transcrevem-se, na Integra, as **alíneas *a*) e *b*) do n.º 5 do art. 8.º do CIRC**:

Artigo 8.º
Período de tributação

5 - Para efeitos deste Código, a cessação da atividade ocorre:

a) Relativamente às entidades com sede ou direção efetiva em território português, na data do encerramento da liquidação, ou na data da fusão ou cisão, quanto às sociedades extintas em consequência destas, ou na data em que a sede e a direção efetiva deixem de se situar em território português, ou na data em que se verificar a aceitação da herança jacente ou em que tiver lugar a declaração de que esta se encontra vaga a favor do Estado, ou ainda na data em que deixarem de verificar-se as condições de sujeição a imposto;
b) Relativamente às entidades que não tenham sede nem direção efetiva em território português, na data em que cessarem totalmente o exercício da sua atividade através de estabelecimento estável ou deixarem de obter rendimentos em território português.

QUADRO 12 — NO CASO DE CESSAÇÃO POR FUSÃO OU CISÃO INDICAR O(S) NÚMERO(S) DE IDENTIFICAÇÃO FISCAL DA(S) ENTIDADE(S) BENEFICIÁRIA(S)

- Este quadro só deverá ser preenchido nos casos de fusão ou cisão.
- Se o número de campos não for suficiente para indicar todas as entidades beneficiárias resultantes do processo de cisão, deverá, em alternativa, ser utilizado o quadro 20 - observações.

QUADRO 30 — ENCERRAMENTO

- A declaração deverá ser assinada pelo sujeito passivo ou seu representante legal, bem como pelo técnico oficial de contas, quando for obrigatória a sua assinatura, caso em que também deverá apor, no espaço a ela destinado, a vinheta emitida pela Ordem dos Técnicos Oficiais de Contas, sendo obrigatoriamente aposta no exemplar destinado à AT – Autoridade Tributária e Aduaneira, e facultativa no destinado a recibo.
- Quando a declaração for apresentada pelo representante do sujeito passivo, este, para além da assinatura, deverá indicar o NIF no campo 1.

A declaração não assinada será recusada.

AT autoridade tributária e aduaneira

DECLARAÇÃO PERIÓDICA

IMPOSTO SOBRE O VALOR ACRESCENTADO

IDENTIFICAÇÃO

01 Do Sujeito Passivo — Número de Identificação Fiscal [ ] — Localização da sede: [ ] CONTINENTE [ ] AÇORES [ ] MADEIRA

02 Da Declaração N.º — Ano [ ] Período Declarativo [ ] — Dentro do prazo [ ] Fora do prazo [ ]

03 Operações em espaço diferente do da sede (Dec.Lei n.º 347/85 de 23/08) — [ ] CONTINENTE [ ] AÇORES [ ] MADEIRA

04 Declaração Recapitulativa [Alínea i) do n.º 1 do artigo 29.º do CIVA e n.º 1 do artigo 30.º do RITI] — [ ] Assinale se no período de referência apresentou alguma declaração recapitulativa

05 INEXISTÊNCIA DE OPERAÇÕES

[ ] Assinale se, no período a que respeita a declaração, não realizou operações ativas nem passivas que devam constar do Quadro 06.

06 APURAMENTO DO IMPOSTO RESPEITANTE AO PERÍODO A QUE A DECLARAÇÃO SE REFERE

EFETUOU OPERAÇÕES DESTA NATUREZA ? (Valores incluídos nos campos 1, 5, 3 ou 9)
- Em que, na qualidade de adquirente, liquidou o imposto
- A que se referem as alíneas a), b) e c) do artigo 42.º do CIVA
- A que se referem as alíneas f) e g) do n.º 3 do artigo 3.º e alíneas a) e b) do n.º 2 do artigo 4.º do CIVA

SIM [ ] (Preencha também o Quadro 06-A)
NÃO [ ]

ATENÇÃO Estes campos são controlados automaticamente, pelo que os valores a inscrever devem corresponder rigorosamente aos que resultam da aplicação das respetivas taxas.

	BASE TRIBUTÁVEL	IMPOSTO A FAVOR DO SUJEITO PASSIVO	IMPOSTO A FAVOR DO ESTADO
1 - TRANSMISSÕES DE BENS E PRESTAÇÕES DE SERVIÇOS EM QUE LIQUIDOU IMPOSTO			
• À taxa reduzida (%)	1		2
• À taxa intermédia (%)	5		6
• À taxa normal (%)	3		4
• Isentas ou não tributadas: • Transmissões intracomunitárias de bens e prestações de serviços mencionadas nas declarações recapitulativas	7		
• Isentas ou não tributadas: • Que conferem direito à dedução	8		
• Isentas ou não tributadas: • Que não conferem direito à dedução	9		
2 - AQUISIÇÕES INTRACOMUNITÁRIAS DE BENS E OPERAÇÕES ASSIMILADAS	TOTAL (10 = 12+14+15) 10		TOTAL (11 = 13) 11
• Cujo imposto foi liquidado pelo declarante	12		13
• Abrangidas pelos artigos 15.º do CIVA ou do RITI	14		
• Abrangidas pelos n.ºs 3, 4 e 5 do artigo 22.º do RITI	15		
3 - PRESTAÇÕES DE SERVIÇOS EFETUADAS POR SUJEITOS PASSIVOS DE OUTROS ESTADOS MEMBROS, CUJO IMPOSTO FOI LIQUIDADO PELO DECLARANTE	16		17
4 - IMPORTAÇÕES DE BENS CUJO IMPOSTO FOI LIQUIDADO PELO DECLARANTE (n.º 8 do artigo 27.º do CIVA)	18		19
5 - IMPOSTO DEDUTÍVEL			
• Ativos não correntes (imobilizado)		20	
• Inventários (Existências) • À taxa reduzida (%)		21	
• À taxa intermédia (%)		23	
• À taxa normal (%)		22	
• Outros bens e serviços		24	
6 - REGULARIZAÇÕES MENSAIS, TRIMESTRAIS E ANUAIS		40	41
7 - EXCESSO A REPORTAR DO PERÍODO ANTERIOR (Campo 96 da declaração anterior - n.º 4 do artigo 22.º)		61	
8- ANEXO - (ver Quadro 03)		Campo 63 do Quadro 06 do Anexo R 65	Campo 64 do Quadro 06 do Anexo R 66
9 - ANEXO - (ver Quadro 03)		Campo 63 do Quadro 06 do Anexo R 67	Campo 64 do Quadro 06 do Anexo R 68
	TOTAL DA BASE TRIBUTÁVEL (1+5+3+....+10+16+18) 90	TOTAL DO IMPOSTO A FAVOR DO SUJEITO PASSIVO (20+21+....+67) 91	TOTAL DO IMPOSTO A FAVOR DO ESTADO (2+6+4+11+17+....+68) 92

IMPOSTO A ENTREGAR AO ESTADO 93 (92 - 91)

CRÉDITO A RECUPERAR 94 (91 - 92)
- SOLICITO REEMBOLSO 95
- EXCESSO A REPORTAR 96 → Valor a inscrever no campo 61 da declaração do período seguinte.

ATENÇÃO A opção pelo pedido de reembolso veda a possibilidade de utilizar o respetivo valor em declarações seguintes como «EXCESSO A REPORTAR», salvo comunicação em contrário da DSR (situações de indeferimento de reembolso).

06-A **DESENVOLVIMENTO DO QUADRO 06**

A - OPERAÇÕES LOCALIZADAS EM PORTUGAL EM QUE, NA QUALIDADE DE ADQUIRENTE, LIQUIDOU O IVA DEVIDO (valores das bases tributáveis, incluídos nos campos 1, 5 e 3)

- Efetuadas por entidades residentes em países comunitários (não inclui as operações mencionadas no campo 16) — 97
- Efetuadas por entidades residentes em países ou territórios terceiros — 98

B - OPERAÇÕES EM QUE LIQUIDOU O IVA DEVIDO POR APLICAÇÃO DA REGRA DE INVERSÃO DO SUJEITO PASSIVO (valores das bases tributáveis, incluídos nos campos 1, 5 e 3)

- **Ouro** (Decreto-Lei 362/99) — 99
- **Aquisição de imóveis com renúncia à isenção** (Decreto-Lei 21/2007) — 100
- **Sucatas** [Alínea i) do n.º 1 do artigo 2.º do CIVA] — 101
- **Serviços de construção civil** [Alínea j) do n.º 1 do artigo 2.º do CIVA] — 102
- **Emissão de gases com efeito de estufa** [Alínea l) do n.º 1 do artigo 2.º do CIVA] — 105
- **Aquisição de cortiça e outros produtos de origem silvícola** [Alínea m) do n.º 1 do artigo 2.º do CIVA] — 107

C- OPERAÇÕES REFERIDAS NAS ALÍNEAS F) E G) DO N.º 3 DO ARTIGO 3.º E ALÍNEAS A) E B) DO N.º 2 DO ARTIGO 4.º DO CIVA
(valores das bases tributáveis, incluídos nos campos 1, 5 e 3)

- Se efetuou operações desta natureza, indique o seu valor — 103

D - OPERAÇÕES REFERIDAS NAS ALÍNEAS A), B) E C) DO ARTIGO 42.º DO CIVA (valores das bases tributáveis, incluídos nos campos 1, 5, 3 e 9)

- Se efetuou operações desta natureza, indique o seu valor — 104

SOMA DO QUADRO 06-A (97 + ... + 105 + 107) — 106

20 **ZONA PARA IDENTIFICAÇÃO DO CONTABILISTA CERTIFICADO, NOS CASOS EM QUE SEJA OBRIGATÓRIA**

Número de identificação Fiscal

Caso tenho ocorrido justo impedimento, indique:
(artigo 12.º-A do Estatuto da Ordem dos Contabilistas Certificados)

Facto determinante | Data da ocorrência

A PRESENTE DECLARAÇÃO CORRESPONDE À VERDADE E NÃO OMITE QUALQUER INFORMAÇÃO PEDIDA.

Os dados recolhidos são processados automaticamente, destinando-se à prossecução das atribuições legalmente cometidas à administração fiscal. Os interessados poderão aceder à informação que lhes diga respeito através da internet devendo, caso ainda não possuam, solicitar a respetiva senha e proceder à sua correção ou aditamento nos termos das leis tributárias.

AT autoridade tributária e aduaneira

ANEXO DECLARAÇÃO PERIÓDICA **R**

(Decreto-Lei n.º 347/85 de 23 de agosto)

Este anexo respeita a operações realizadas em:

CONTINENTE ☐ AÇORES ☐ MADEIRA ☐

IMPOSTO SOBRE O VALOR ACRESCENTADO

06 APURAMENTO DO IMPOSTO RESPEITANTE AO PERÍODO A QUE A DECLARAÇÃO SE REFERE

EFETUOU OPERAÇÕES DESTA NATUREZA ?
(Valores incluídos nos campos 1, 5, 3 ou 9)

- Em que, na qualidade de adquirente, liquidou o imposto
- A que se referem as alíneas a), b) e c) do artigo 42.º do CIVA
- A que se referem as alíneas f) e g) do n.º 3 do artigo 3.º e alíneas a) e b) do n.º 2 do artigo 4.º do CIVA

SIM ☐ (Preencha também o Quadro 06-A)
NÃO ☐

	BASE TRIBUTÁVEL	IMPOSTO A FAVOR DO SUJEITO PASSIVO	IMPOSTO A FAVOR DO ESTADO
1 - TRANSMISSÕES DE BENS E PRESTAÇÕES DE SERVIÇOS EM QUE LIQUIDOU IMPOSTO			
• À taxa reduzida (%)	1		2
• À taxa intermédia (%)	5		6
• À taxa normal (%)	3		4
• Isentas ou não tributadas – Transmissões intracomunitárias de bens e prestações de serviços mencionadas nas declarações recapitulativas	7		
• Isentas ou não tributadas – Que conferem direito à dedução	8		
• Isentas ou não tributadas – Que não conferem direito à dedução	9		
2 - AQUISIÇÕES INTRACOMUNITÁRIAS DE BENS E OPERAÇÕES ASSIMILADAS	TOTAL (10 = 12+14+16) 10		TOTAL (11 = 13) 11
• Cujo imposto foi liquidado pelo declarante	12		13
• Abrangidas pelos artigos 15.º do CIVA ou do RITI	14		
• Abrangidas pelos n.ºs 3, 4 e 5 do artigo 22.º do RITI	15		
3 - PRESTAÇÕES DE SERVIÇOS EFETUADAS POR SUJEITOS PASSIVOS DE OUTROS ESTADOS MEMBROS, CUJO IMPOSTO FOI LIQUIDADO PELO DECLARANTE	16		17
4 - IMPORTAÇÕES DE BENS CUJO IMPOSTO FOI LIQUIDADO PELO DECLARANTE (n.º 8 do artigo 27.º do CIVA)	18		19
5 - IMPOSTO DEDUTÍVEL			
• Ativos não correntes (imobilizado)		20	
• Inventários (Existências) • À taxa reduzida (%)		21	
• À taxa intermédia (%)		23	
• À taxa normal (%)		22	
• Outros bens e serviços		24	
	TOTAL DA BASE TRIBUTÁVEL (1+5+3+....+10+16+18) 62	TOTAL DO IMPOSTO A FAVOR DO SUJEITO PASSIVO (20+21+...+24) A inscrever nos campos 66 ou 67 da declaração 63	TOTAL DO IMPOSTO A FAVOR DO ESTADO (2+6+4+11+17+...+19) A inscrever nos campos 68 ou 58 da declaração 64

ATENÇÃO
Estes campos são controlados automaticamente, pelo que os valores a inscrever devem corresponder rigorosamente aos que resultam da aplicação das respetivas taxas.

06-A DESENVOLVIMENTO DO QUADRO 06

A - OPERAÇÕES LOCALIZADAS EM PORTUGAL EM QUE, NA QUALIDADE DE ADQUIRENTE, LIQUIDOU O IVA DEVIDO (valores das bases tributáveis, incluídos nos campos 1, 5 e 3)

- Efetuadas por entidades residentes em países comunitários (não inclui as operações mencionadas no campo 16) — 65
- Efetuadas por entidades residentes em países ou territórios terceiros — 66

B - OPERAÇÕES EM QUE LIQUIDOU O IVA DEVIDO POR APLICAÇÃO DA REGRA DE INVERSÃO DO SUJEITO PASSIVO (valores das bases tributáveis, incluídos nos campos 1, 5 e 3)

- **Ouro** (Decreto-Lei 362/99) — 67
- **Aquisição de imóveis com renúncia à isenção** (Decreto-Lei 21/2007) — 68
- **Sucatas** [Alínea i) do n.º 1 do artigo 2.º do CIVA] — 69
- **Serviços de construção civil** [Alínea j) do n.º 1 do artigo 2.º do CIVA] — 70
- **Emissão de gases com efeito de estufa** [Alínea l) do n.º 1 do artigo 2.º do CIVA] — 73
- **Aquisição de cortiça e outros produtos de origem silvícola** [Alínea m) do n.º 1 do artigo 2.º do CIVA] — 75

C- OPERAÇÕES REFERIDAS NAS ALÍNEAS F) E G) DO N.º 3 DO ARTIGO 3.º E ALÍNEAS A) E B) DO N.º 2 DO ARTIGO 4.º DO CIVA
(valores das bases tributáveis, incluídos nos campos 1, 5 e 3)

- Se efetuou operações desta natureza, indique o seu valor — 71

D - OPERAÇÕES REFERIDAS NAS ALÍNEAS A), B) E C) DO ARTIGO 42.º DO CIVA (valores das bases tributáveis, incluídos nos campos 1, 5, 3 e 9)

- Se efetuou operações desta natureza, indique o seu valor — 72

SOMA DO QUADRO 06-A (65 + ... + 73 + 75) — 74

AT autoridade tributária e aduaneira

DECLARAÇÃO RECAPITULATIVA

TRANSMISSÕES INTRACOMUNITÁRIAS E OPERAÇÕES ASSIMILADAS E TRANSFERÊNCIAS DE BENS À CONSIGNAÇÃO

(REGIME DO IVA NAS TRANSAÇÕES INTRACOMUNITÁRIAS)

PRESTAÇÕES DE SERVIÇOS

(ARTIGO 6.º DO CÓDIGO DO IVA)

01 IDENTIFICAÇÃO DO SUJEITO PASSIVO

Nome

N.º de identificação fiscal 1

02 TIPO DE DECLARAÇÃO

1 1.ª Declaração

Houve alteração de periodicidade de envio de trimestral para mensal?

Sim 1A Não 1B

2 Declaração de substituição

2.1 Alteração da periodicidade de envio de trimestral para mensal

Assinale com X se o valor mensal substitui ou não totalmente o anterior valor trimestral declarado

Sim 2.1A Não 2.1B

2.2 Inexistência de operações intracomunitárias no respetivo período

2.3 Outras alterações em operações intracomunitárias

2.4 Transferências de bens à consignação

2.4.1 Sem alterações no respetivo período

2.4.1.1 Sem transferências de bens à consignação declaradas

2.4.1.2 Com transferências de bens à consignação declaradas

2.4.2 Com alterações no respetivo período

2.4.3 Declara pela 1ª vez no respetivo período

03 PERÍODO A QUE RESPEITA

Ano 1

Mensal 2

Trimestral 3

Mês(es) incluído(s) no trimestre 4 5

04 DESCRIÇÃO DAS OPERAÇÕES INTRACOMUNITÁRIAS

País de destino (1)	Prefixo (2)	N.º de identificação fiscal do Adquirente (3)	Valor (4)	Indicador do tipo da Operação (1, 4 ou 5) (5)
			. . ,00	
			. . ,00	
			. . ,00	

05 SOMA DOS VALORES DECLARADOS NO QUADRO 4 (AGRUPADOS POR TIPO DE OPERAÇÃO)

Soma (apenas dos valores que respeitam às operações tipificadas na coluna 5 com 1)	10	. . ,00
Total das vendas de meios de transporte novos a particulares e equiparados de outros Estados Membros	11	. . ,00
Soma (apenas dos valores que respeitam às operações tipificadas na coluna 5 com 4)	17	. . ,00
Soma (apenas dos valores que respeitam às operações tipificadas na coluna 5 com 5)	18	. . ,00
Este valor deverá coincidir com as somas dos valores a inscrever no campo 07 da Declaração Periódica e dos anexos eventualmente apresentados para efeitos do Decreto-Lei n.º 347/85 de 23 de Agosto	19	. . ,00

06 DESCRIÇÃO DAS TRANSFERÊNCIAS DE BENS À CONSIGNAÇÃO

País de destino (1)	Prefixo (2)	N.º de identificação fiscal do destinatário (3)	N.º de identificação fiscal do destinatário original (4)	Código (1, 2 ou 3) (5)

07 IDENTIFICAÇÃO DO CONTABILISTA CERTIFICADO, NOS CASOS EM QUE SEJA OBRIGATÓRIA

NIF 1

Caso tenha ocorrido justo impedimento, indique:
(artigo 12.º-A do Estatuto da Ordem dos Contabilistas Certificados)

Facto determinante 2

Data da Ocorrência 3

Os dados recolhidos são processados automaticamente, destinando-se à prossecução das atribuições legalmente cometidas à administração fiscal. Os interessados poderão aceder à informação que lhes diga respeito através da Internet, devendo, caso ainda não possuam, solicitar a respetiva senha e proceder à sua correção ou aditamento nos termos das leis tributárias.

Rumänien

Allgemeines

Die EU-Bestimmungen wurden im Rahmen des Beitritts in die EU zum 1.1.2007 umgesetzt. Zwar plant Rumänien seit 2015 die Einführung des Euros, jedoch halten Finanzmarktexperten dies zurzeit weiterhin nicht für realistisch. Die Währung in Rumänien ist der Leu (Plural: Lei) und unterteilt sich in 100 Bani. Die Abkürzung lautet RON. Rumäniens Mehrwertsteuerlücke ist ein langjähriges Problem des osteuropäischen Landes. Im jährlichen Bericht der Europäischen Kommission über die Mehrwertsteuerlücke (sogenannter VAT Gap Report) belegte das Land 2019 den ersten Platz in der Rangliste der Länder mit den größten Mehrwertsteuerlücken.

Unternehmer/Organkreis

Der Unternehmerbegriff entspricht der Definition laut MwStSystRL. In Rumänien ansässige Unternehmer sind im Falle der Ausführung von wirtschaftlichen Aktivitäten oder der Planung verpflichtet, sich umsatzsteuerlich zu registrieren. Unerheblich ist, ob durch die Ausübung der Tätigkeit ein Gewinn erzielt wird. Ausschließlich die Einnahmeerzielungsabsicht ist maßgebend.

Für in Rumänien ansässige Unternehmer gilt jedoch Folgendes: Nur, wenn der Umsatz die nachfolgend genannte Grenze innerhalb eines Jahres überschritten hat bzw. voraussichtlich überschreiten wird, muss eine mehrwertsteuerliche Registrierung erfolgen. Diese Grenze ist vergleichbar mit der Kleinunternehmerregelung in Deutschland (§ 19 d-UStG: Grenze 22.000 €/50.000 €). Die Kleinunternehmergrenze wurde in Rumänien zum 1.1.2018 auf 300.000 RON/88.500 € (vorher 220.000 RON/65.000 €) angehoben. Beginnt ein in Rumänien ansässiger Unternehmer seine wirtschaftliche Tätigkeit innerhalb eines Jahres, so ist der vorgenannte Betrag entsprechend zu kürzen. Wird die Schwelle überschritten, ist der Unternehmer verpflichtet innerhalb von zehn Tagen einen Registrierungsantrag bei den zuständigen Steuerbehörden einzureichen. Der Unternehmer gilt dann ab dem ersten Tag des Folgemonats als umsatzsteuerlich registriert – mit den entsprechenden umsatzsteuerlichen Pflichten. Eine mehrwertsteuerliche Erfassung unterbleibt, sofern die Umsätze die Grenze von 300.000 RON nicht überschreiten.

Erzielt ein Unternehmer weniger als 300.000 RON Umsatz, besteht die Möglichkeit, sich freiwillig zur Umsatzsteuer zu registrieren, um so bei ausgangsseitiger Berechnung von Umsatzsteuer eingangsseitig Vorsteuern geltend machen zu können.

Unternehmer, die nicht in Rumänien ansässig sind, müssen sich u. a. umsatzsteuerlich registrieren, wenn

- sie steuerpflichtige Erwerbe in Rumänien zu deklarieren haben,
- eigene Güter zur eigenen Verwendung nach Rumänien verbringen,
- sie eigene Güter in Rumänien bearbeiten (lassen), ohne dass die bearbeiteten Güter in den EU-Staat, aus dem die Güter ursprünglich versandt wurden, zurückgelangen,
- sie eine umsatzsteuerliche Betriebsstätte in Rumänien begründet haben.

Unternehmen mit Sitz in der EU können sich in Rumänien direkt zur Umsatzsteuer registrieren, sie können jedoch auch einen Fiskalvertreter beauftragen, damit dieser die steuerlichen Pflichten in Rumänien übernimmt. Drittlandsunternehmen sind verpflichtet, einen Fiskalvertreter, der in Rumänien ansässig sein muss, zu benennen.

Unternehmer, die nicht in Rumänien ansässig sind, sind darüber hinaus verpflichtet, sich vor der Ausführung der wirtschaftlichen Tätigkeit umsatzsteuerlich zu registrieren.

Sollte die Registrierung pflichtwidrig unterlassen oder zu spät vorgenommen werden, ist die rumänische Steuerbehörde berechtigt, eine Strafe zu erheben.

Die Versandhandelsgrenze betrug in Rumänien bis zum 30.6.2021 35.000 €. Als Versandhandelsregelung wurde umgangssprachlich die Regelung des § 3c d-UStG bezeichnet. Die Regelung ist Teil der umsatzsteuerlichen Ortsbestimmung und bewirkt im Grundsatz, dass Warensendungen an Privatpersonen innerhalb der EU im Land des Empfängers zu besteuern sind.

Diese Regelung wurde jedoch im Rahmen der Umsetzung des One-Stop-Shops zum 1.7.2021 abgeschafft.

Eine der (deutschen) umsatzsteuerlichen Organschaft ähnliche „VAT-Group“ existiert in Rumänien. Bis zum 1.1.2012 war die Einrichtung einer „VAT-Group“ großen Steuerzahlern vorbehalten. Seit dem 1.1.2012 ist die Einrichtung einer „VAT-Group“ für sämtliche Unternehmen freigegeben.

Für die Einrichtung einer „VAT-Group“ müssen - neben einem Antrag - die nachfolgenden Voraussetzungen vorliegen:

- Mindestens zwei, maximal fünf steuerpflichtige Unternehmen,
- die in Rumänien ansässig sind,
- schließen sich für mindestens zwei Jahre zusammen.

Die Mitglieder der „VAT-Group“

- dürfen nicht zu einer anderen „VAT-Group“ gehören und
- müssen den gleichen Abschlusszeitpunkt haben.
- Außerdem müssen mehr als 50 % des Kapitals der „VAT-Group“-Mitglieder von dem gleichen Anteilseigner gehalten werden.

Am 1.1.2014 wurde in Rumänien ein sogenanntes „VAT Cash Accounting System" eingeführt. Größeren in Rumänien ansässigen Unternehmern (Umsatz > 4.500.000 RON, Anhebung von der zuvor geltenden Umsatzgröße > 2.250.000 RON) wird es nach eingereichtem Antrag gestattet, die fakturierte Umsatzsteuer erst nach Geldeingang bzw. spätestens 90 Tage nach erfolgter Rechnungsstellung an den rumänischen Fiskus abzuführen. Das heißt bei diesem System ist die Umsatzsteuer für die getätigten Ausgangsumsätze abzuführen, wenn die Kunden tatsächlich die (Ausgangs-)Rechnungen des leistenden Unternehmers bezahlt haben. Korrespondierend können Vorsteuern erst dann geltend gemacht werden, wenn der Unternehmer nachweislich die von seinen Lieferanten ausgestellten (Eingangs-)Rechnungen bezahlt hat. Dieses Verfahren ist vergleichbar mit der Ist-Besteuerung in Deutschland. Da sowohl die Voraussetzungen als auch die praktische Umsetzung sehr umfangreich sind, wird auf Einzelheiten an dieser Stelle nicht weiter eingegangen.

Lieferung/Sonstige Leistungen

Lieferungen eines Unternehmens sind dann in Rumänien umsatzsteuerbar, wenn der Unternehmer oder ein von ihm Beauftragter den Abnehmer befähigt, im eigenen Namen in Rumänien über einen Liefergegenstand zu verfügen. Im Allgemeinen gilt bei Lieferungen als Ort der Lieferung derjenige, an dem sich die Gegenstände im Augenblick der Lieferung befinden. Der Lieferort (Ort des Warenverkaufs) liegt dann in Rumänien,

- wenn sich der verkaufte Gegenstand zum Zeitpunkt der Verschaffung der Verfügungsmacht in Rumänien befindet;
- wenn die Versendung oder Beförderung des Gegenstands in Rumänien beginnt;
- wenn der Gegenstand aus einem Drittland kommt und der – aus rumänischer Sicht – ausländische Lieferant Schuldner der rumänischen Einfuhrumsatzsteuer ist (vgl. § 3 Abs. 8 d-UStG).

Abweichungen können sich bei Lieferungen im Rahmen von Reihengeschäften ergeben.

Der Begriff der „sonstigen Leistung" umfasst alle Leistungen, die keine Lieferungen sind.

Die Vorschriften zur Bestimmung des Ortes der sonstigen Leistung sind aufgrund der Umsetzung des VAT-Package innerhalb der EU seit dem 1.1.2010 gleich und somit grds. mit den Regelungen des deutschen Umsatzsteuergesetzes vergleichbar.

Allgemein gilt der Grundsatz – wie seit dem 1.1.2010 überall in der EU –, dass der Ort der sonstigen Leistung an dem Ort ist, an dem der (unternehmerische) Leistungsempfänger seinen Sitz hat.

Ausnahmen von dem o. a. Grundsatz existieren u. a. bei

- Grundstücksdienstleistungen,
- Personenbeförderungen,
- Verpflegungsdienstleistungen und
- bei der kurzfristigen Vermietung von Beförderungsmitteln.

EU-Umsatzsteuer-Mini-One-Stop-Shop (MOSS) und One-Stop-Shop (OSS)

Seit dem 1.1.2015 bis zum 30.6.2021 waren unionsweit neue Leistungsortregeln für elektronisch erbrachte sonstige Leistungen, Telekommunikations-, Rundfunk- und Fernsehdienstleistungen an Nichtunternehmer zu beachten. Gleichzeitig wurde für diese Art von sonstigen Leistungen eine einzige Anlaufstelle („EU-Umsatzsteuer-One-Stop-Shop = MOSS") geschaffen. Im vorgenannten Zeitraum waren elektronisch erbrachte sonstige Leistungen, Telekommunikations-, Rundfunk- und Fernsehdienstleistungen grds. immer am Ansässigkeitsort des Leistungsempfängers (Empfängerort) steuerbar, unabhängig davon, ob es sich um Leistungen an Unternehmer (B2B) oder Nichtunternehmer (B2C) handelte. Unternehmen, die von der Neuregelung betroffene Dienstleistungen erbrachten, mussten seit 2015 bei jeder einzelnen Leistung ermitteln, wo ihr Kunde ansässig ist. Um den Aufwand, der mit der Bestimmung des Empfängerorts verbunden war, zu verringern, gibt es EU-weit standardisierte Vereinfachungsregeln. Der MOSS bot die Möglichkeit, sich in einem EU- Mitgliedstaat (Mitgliedstaat der Identifizierung = MSI) zu registrieren und sämtliche unter die Sonderregelung fallende Umsätze über den MSI zu erklären und die resultierende Umsatzsteuer zu bezahlen. Nutzte ein Unternehmer den MOSS, entfiel die Verpflichtung, sich für die elektronisch erbrachten sonstigen Leistungen, Telekommunikations-, Rundfunk- oder Fernsehdienstleistungen an Nichtunternehmer in der EU in jedem Mitgliedstaat, in dem er derartige Leistungen tätigte, für umsatzsteuerliche Zwecke registrieren zu lassen und in der Folge, dort Steuererklärungen einzureichen und dort Zahlungen zu leisten. Der MOSS war optional und musste rechtzeitig beantragt werden. Wurde die Option ausgeübt, galt sie für alle unter die Sonderregelung fallenden Umsätze. Je nachdem, ob ein Unternehmer in der EU niedergelassen ist, steht ihm für den MOSS das EU-Schema oder das Nicht-EU-Schema zur Verfügung. Vorsteuern konnten jedoch nicht über den MOSS geltend gemacht werden. Die Erstattung hatte im Regelfall über das Vorsteuererstattungsverfahren zu erfolgen.

Die Registrierung für den rumänischen MOSS erfolgte unter *https://www.anaf.ro* (ANAF = Agentia Nationala de Administrare Fiscala; englisch: NAFA = National Agency of Fiscal Administration).

Steuerpflichtige, die in Rumänien über MOSS angemeldet waren, waren zur Aufzeichnung der ausgeführten Dienstleistungen verpflichtet. Die Aufzeichnungen mussten über einen längeren Zeitraum aufbewahrt und auf Verlangen der rumänischen Steuerbehörde vorgelegt werden.

Am 1.7.2021 wurde der Mini-One-Stop-Shop (MOSS) zu einem One-Stop-Shop (OSS) ausgeweitet. Die bisher geltenden Lieferschwellen wurden am 1.7.2021 EU-weit abgeschafft. Dienstleistungen aller Art, die von in Drittländern und in der EU ansässigen Steuerpflichtigen an in der EU ansässige Nichtsteuerpflichtige erbracht werden, sowie Fernverkäufe von Gegenständen an Nichtsteuerpflichtige (B2C), können über den OSS deklariert werden. Damit hat die Umsatzbesteuerung bei Versandhandelslieferungen an Konsumenten und Schwellenerwerber in der EU grds. im EU-Bestimmungsland zu erfolgen. Es wurde zum 1.7.2021 ein Schwellenwert von 10.000 € exkl. USt pro Kalenderjahr für die Besteuerung von Fernverkäufen und Telekommunikationsdienstleistungen, Rundfunk- und Fernsehdienstleistungen und elektronischen Dienstleistungen, die an Nichtsteuerpflichtige aus EU-Staaten erbracht werden, in denen der Lieferer nicht ansässig ist, festgelegt. Die bisherige Höchstschwelle, die für die Bestimmung des Ortes für getätigte Fernverkäufe innerhalb des Staates Rumänien maßgebend war, wurde abgeschafft. Die Registrierung nach dem neueren OSS-Verfahren wurde in Rumänien rechtzeitig in nationales Recht umgesetzt und entsprechende MwSt-Erklärungen sind seit dem 1.7.2021 gemäß dem neuen Verfahren abzugeben.

Der Schwellenwert für die Anmeldung nach der EU-OSS-Regelung beträgt 10.000 € bezogen auf das Kalenderjahr bzw. den Gegenwert in rumänischer Landeswährung unter Anwendung des von der Europäischen Zentralbank veröffentlichen Wechselkurses. Das heißt, dass unterhalb des vorgenannten Schwellenwerts die Mehrwertsteuer in dem Staat durch den Leistenden abzuführen ist, in dem der Lieferer ansässig ist oder die Beförderung der Gegenstände beginnt oder im Fall der Überschreitung des Schwellenwerts die Mehrwertsteuer durch den EU-Staat erhoben wird, in dem die Beförderung endet. Bei Überschreitung des Schwellenwerts hat sich der liefernde Unternehmer zu registrieren und seine Umsätze zu erklären, und zwar entweder durch Registrierung im jeweiligen EU-Bestimmungsmitgliedstaat oder durch Erklärung aller innergemeinschaftlichen Versandhandelsumsätze über den OSS. Die Anwendung des OSS kann jedoch nicht auf einzelne Länder beschränkt werden. Das bedeutet, sobald sich ein Unternehmen für die Anwendung des OSS entscheidet, sind sämtliche innergemeinschaftlichen Versandhandelsumsätze über diesen einen OSS zu deklarieren, auch solche, die im Mitgliedstaat der Registrierung (MSI) zum OSS steuerbar und steuerpflichtig sind.

Der OSS bietet somit rumänischen Unternehmern die Möglichkeit, die in anderen EU-Ländern zu entrichtende Umsatzsteuer über ein einziges elektronisches Portal im MSI zu erklären und abzuführen, ohne sich im EU-Bestimmungsland registrieren zu müssen.

So werden alle innergemeinschaftlichen Versandhandelsumsätze über einen OSS erklärt, die Umsatzsteuer durch den leistenden Unternehmer bezahlt und anschließend durch die rumänische Steuerbehörde an das EU-Bestimmungsland weitergeleitet.

Werklieferungen/Werkleistungen/Bauleistungen

Werklieferungen

Eine Lieferung zuzüglich Montage wird in Rumänien als Werklieferung angesehen. Die umsatzsteuerliche Folge ist, dass die gesamte Leistung i. d. R. der rumänischen Umsatzsteuer unterliegt, wobei für ausländische Gesellschaften für erbrachte Werklieferungen das Reverse-Charge-Verfahren Anwendung findet.

Die vorgenannten Werklieferungen sind abzugrenzen von den sogenannten „Montagelieferungen". Im Umsatzsteuerrecht existiert keine Legaldefinition der Montagelieferung. Aus der Rechtsprechung lässt sich jedoch ableiten, dass eine Montagelieferung vorliegt, wenn der Gegenstand der Lieferung erst nach Montage/Installation, nicht aber bereits im Zeitpunkt der Versendung/der Beförderung vorliegt, der Zusammenbau/die Montage durch den Lieferanten wesentlicher Leistungsinhalt ist, d. h. technisch und wirtschaftlich bedeutende Montagearbeiten erforderlich sind und es somit im Ergebnis zur Veränderung der Marktgängigkeit des Gegenstands kommt. In diesem besonderen Fall bestimmt ist der Leistungsort der Montagelieferung dort, wo die Verfügungsmacht über die fertige Anlage, den fertigen Rohbau oder die funktionsfähige Maschine verschafft wird. Eine weitere Rechtsfolge wäre, dass das sog. Reverse-Charge-Verfahren nicht zur Anwendung kommen würde, da diese Regelung nur bei Werklieferungen greift, nicht aber bei dem unbestimmten Rechtsbegriff „Montagelieferung". In der Praxis liegen nur in Ausnahmen Fälle einer Montagelieferung vor. Die oben beschriebene rumänische Rechtsauslegung wurde nun auch in Deutschland mit BMF-Schreiben vom 1.10.2020 (Abschnitt 3.8 Abs. 1 Satz 1 d-UstAE) angewandt. Eine Werklieferung liegt demnach nur dann vor, wenn der Werkhersteller für das Werk einen fremden Gegenstand be- oder verarbeitet und dafür selbstbeschaffte (Haupt-)Stoffe verwendet. Für die Bestimmung des Leistungsorts ist die Unterscheidung zwischen Werklieferung und Montagelieferung unerheblich. Sowohl Werk- als auch Montagelieferungen gelten nach § 3 Abs. 7 d-UStG als dort erbracht, wo die Installation erfolgt. Allerdings kann der Steuerschuldübergang nach § 13b Abs. 2 Nr. 1 i. V. mit Abs. 5 Satz 1 d-UStG nur für Werklieferungen zur Anwendung kommen. Weil es zu § 13b d-UStG keine gesonderte Definition für den Begriff der Werklieferung gibt, muss auf § 3 Abs. 4 d-UStG zurückgegriffen werden, vgl. Abschnitt 13b.1 Abs. 2 Satz 1 Nr. 2 Satz 3 d-UStAE. Wie in Deutschland gilt auch für Rumänien: Im Ausland ansässige Unternehmer, die Montagelieferungen ausführen, müssen sich damit in Rumänien registrieren und rumänische Umsatzsteuer fakturieren.

Bauleistungen

In Rumänien gilt im Zusammenhang mit Immobilientransaktionen zwischen zwei vorsteuerabzugsberechtigten Unternehmen das Reverse-Charge-Verfahren, wobei die praktische Abwicklung nicht der deutschen Abwicklung entspricht.

Der Verkauf von Bauland und „neuen" Gebäuden (z. B. Gebäuden, die bis 31.12 des auf das Jahr der Inbetriebnahme folgenden Jahres verkauft werden) zwischen rumänischen Umsatzsteuerpflichtigen unterliegen der Umkehr der Steuerschuld, d. h. der Käufer erfasst den Mehrwertsteuerbetrag als Vorsteuer und Bruttoumsatzsteuer, ohne dass tatsächlich eine Mehrwertsteuer-Zahlung zwischen den beiden Parteien erfolgt.

Verlagerungsverfahren/Reverse-Charge

Für die Anwendung des Übergangs der Steuerschuld (Reverse-Charge-Verfahren) bei in Rumänien steuerpflichtigen Dienstleistungen und Werklieferungen, d. h. Lieferungen, die mit einer Installation oder Montage der Güter durch denselben leistenden Unternehmer verbunden sind, war bis zum 31.12.2011 Voraussetzung, dass

- der leistende Unternehmer keinen Sitz und keine umsatzsteuerliche Betriebsstätte in Rumänien hatte und in Rumänien nicht zur Umsatzsteuer registriert war

und

- der Leistungsempfänger seinen Sitz oder eine umsatzsteuerliche Betriebsstätte in Rumänien hatte oder mittels eines Fiskalvertreters in Rumänien zur Umsatzsteuer registriert war.

Seit dem 1.1.2012 ist das Erfordernis der Ansässigkeit des Leistungsempfängers oder der Registrierung in Rumänien mittels Fiskalvertreters weggefallen. Das heißt die Steuerschuldübertragung auf den Leistungsempfänger kann auch dann erfolgen, wenn der Leistungsempfänger direkt in Rumänien umsatzsteuerlich registriert ist.

Bei bestimmten Gütergruppen, wie z. B.

- Getreide,
- Saatgut,
- Hülsenfrüchte,
- Früchte,
- Fleisch,
- Zucker,

- Brot und
- Brotprodukte

wurde das sogenannte Reverse-Charge-Verfahren für den inner-rumänischen Handel eingeführt, unter der Voraussetzung, dass sowohl der Verkäufer als auch der Käufer als Mehrwertsteuerzahler in Rumänien registriert sind.

Um für den inner-rumänischen Handel mit Elektrizität das Reverse-Charge-Verfahren anwenden zu dürfen, bedarf es seit dem 1.1.2014 einer für den Käufer durch die „National Regulatory Authorty for Energy" ausgestellten Lizenz. Unternehmer müssen insoweit das Antragsformular 089 bis zum 10. Dezember eines Jahres einreichen, um so netto Rechnungen unter Anwendung des Reverse-Charge-Verfahrens im darauffolgenden Jahr zu erhalten.

Das Reverse-Charge-Verfahren gilt außerdem für die Lieferung von Gebäuden, Gebäudeteilen und Grundstücken sowie bis zum 31.12.2026 für die Lieferung von Mobiltelefonen, PC-Tablets, Laptops, Spielkonsolen und Geräten mit integrierten Schaltkreisen (vorausgesetzt, der auf einer Rechnung angegebene Wert dieser Gegenstände ohne Mehrwertsteuer beträgt 22.500 RON oder mehr).

Konsignationslager/Call-off-stock

Vereinfachungen in Bezug auf Konsignationslager, die die MwStSystRL grds. ermöglicht, waren bis zum 31.12.2019 im rumänischen MwStG umgesetzt. Die Vereinfachungsregelungen bei Konsignationslagern galten jedoch nur mit jenen Staaten, die vereinfachte Regelungen ebenfalls vorsahen.

Unternehmer, die in EU-Staaten ansässig sind, in denen Vereinfachungen hinsichtlich Konsignationslagern existieren, konnten bis zum 31.12.2019 bereits innergemeinschaftliche Lieferungen im Zeitpunkt der Lagerbefüllung fakturieren und mussten sich nicht in Rumänien zur Umsatzsteuer registrieren. Da jedoch die Nichtregistrierung in Rumänien von den (umsatzsteuerlichen) Regelungen des Lieferanten-EU-Staates abhängig war, sollte vor Aufnahme der Geschäfte eine schriftliche Anfrage bei der rumänischen Steuerbehörde gestellt werden.

Am 1.1.2020 traten die sogenannten „Quick fixes" in Kraft, die u.a. eine EU-weite Vereinfachung der Konsignationslagerregelung vorsehen, mit dem Ziel, dass sich der Inhaber des Konsignationslagers im EU-Lagerstaat nicht steuerlich registrieren lassen muss. Die EU-einheitlichen Regeln finden Sie in den Begriffsbestimmungen.

Auch wenn der Wortlaut dieses nicht explizit ausführt, so ist die in den Begriffsbestimmungen beschriebene EU-Konsignationslager-Regelung ein Wahlrecht zugunsten des Lieferanten. Die Anwendung der Regelung kann durch den Lieferanten faktisch durch die Nicht-Führung des notwendigen Registers und/oder die Nicht-Eintragung der Verbringung in die ZM vermieden werden.

Wird von der EU-Konsignationslagerregelung kein Gebrauch gemacht, gilt wie bisher Folgendes.

Sofern bei einem Konsignationslager Ware aus einem EU-Mitgliedstaat eingelagert wird, sind diese Konsignationslager entsprechend dem Schaubild 1 in den Begriffsbestimmungen abzuwickeln. Es besteht eine Registrierungspflicht der – aus rumänischer Sicht – ausländischen Gesellschaft, da ein steuerpflichtiger innergemeinschaftlicher Erwerb und anschließend eine steuerpflichtige Inlandslieferung in Rumänien vorangemeldet werden muss.

Aus zivilrechtlicher Sicht ist zunächst zu beachten, dass bei einem Konsignationslager der Lieferer (Konsignant) zivilrechtlicher Eigentümer der im Lager befindlichen Ware bleibt. Erst wenn der Abnehmer (Konsignatar) die Ware entnimmt, geht auch das Eigentum über. Daraus folgt für Konsignationslagerfälle mit Drittlandswaren Folgendes:

Wenn ein im Drittlandland ansässiger Unternehmer Waren aus dem Drittland in ein von ihm in Rumänien unterhaltenes Konsignationslager liefert, aus dem der inländische Abnehmer Waren bei Bedarf entnimmt, verschafft er dem Abnehmer Verfügungsmacht an der Ware grds. erst im Zeitpunkt der Entnahme. Damit ist erst in diesem Zeitpunkt eine steuerbare und steuerpflichtige Lieferung gegeben. Aus diesem Umstand ergeben sich für den Lieferanten in Rumänien folgende Konsequenzen (Abbildung 2 in den Begriffsbestimmungen):

- Abführung der festgesetzten Einfuhrumsatzsteuer bei Einfuhr der Ware in Rumänien,
- umsatzsteuerliche Registrierungspflicht in Rumänien,
- Geltendmachung der festgesetzten Einfuhrumsatzsteuer als Vorsteuer und
- Abführung von Umsatzsteuer für Warenentnahmen aus dem Lager, sofern es sich um keine Waren handelt, die in Rumänien für innerrumänische Lieferungen unter das sogenannte Reverse Charge-Verfahren fallen.

Fertigt der Abnehmer der Konsignationslagerware die Drittlandsware zum zollrechtlich freien Verkehr in Rumänien ab, so wird er zweifelsfrei zum Schuldner der rumänischen Einfuhrumsatzsteuer, da er die Einfuhr gegenüber dem rumänischen Zoll erklärt hat. Er ist jedoch nicht befugt, die Einfuhrumsatzsteuer als Vorsteuer geltend zu machen, da im Zeitpunkt der Abfertigung die Verfügungsmacht an der Drittlandsware noch nicht auf ihn übergegangen war. Der Übergang erfolgt – wie bereits erläutert – erst im Zeitpunkt der Warenentnahme aus dem Konsignationslager.

Mit Verschaffung der Verfügungsmacht an den Abnehmer bewirkt der leistende Unternehmer eine in Rumänien steuerbare und steuerpflichtige Lieferung. Die Umsatzsteuerbefreiung im Einfuhrfall ist nicht einschlägig, da die Lieferung der Einfuhr zeitlich nachgeht. Der Lieferant ist aus diesem Grund verpflichtet, sich für Umsatzsteuerzwecke in Rumänien registrieren zu lassen. Er kann dann nach erfolgter Registrierung unter den üblichen Voraussetzungen die vom Abnehmer entrichtete Einfuhrumsatzsteuer als Vorsteuer geltend machen, sofern er im Besitz eines entsprechenden zollamtlichen Zahlungsbelegs oder eines zollamtlich bescheinigten Ersatzbelegs ist.

Steuerbefreiungen

Mehrwertsteuerfrei sind u. a.

- Leistungen, die aufgrund ihres Gegenstands steuerfrei sind, wie z. B. bestimmte Übertragungen von Eigentum und beschränkten dinglichen Rechten an Grund und Boden,
- Finanz- und Versicherungsdienstleistungen,
- innergemeinschaftliche Lieferungen,
- Ausfuhrlieferungen.

Innergemeinschaftliche Lieferung

Warenlieferungen an Leistungsempfänger mit gültiger USt-IdNr. eines anderen EU-Mitgliedsstaats, die nachweislich in einen anderen EU-Mitgliedsstaat von Rumänien versendet oder befördert wurden, stellen steuerfreie innergemeinschaftliche Lieferungen dar und sind, sofern die erforderlichen Nachweise vorliegen, steuerbefreit.

In der Landessprache wird die USt-IdNr. „Cod Unic Identificare" genannt und setzt sich aus den Buchstaben RU und einem Block von maximal zehn Ziffern zusammen.

Seit dem 1.8.2010 müssen sich Unternehmer (= sämtliche steuerpflichtigen Personen und alle nicht steuerpflichtigen juristischen Personen), die innergemeinschaftliche Lieferungen, steuerpflichtige Erwerbe oder Dienstleistungen gemäß der B2B-Grundregel (Business to Business = B2B) in Rumänien erbringen, in ein besonderes Register eintragen, anderenfalls wird die rumänische USt-IdNr. für ungültig erklärt. Dieses stellt eine Maßnahme zur Bekämpfung des (Umsatz-)Steuerbetrugs dar.

- Steuerpflichtige und nicht steuerpflichtige juristische Personen, deren Geschäftsführer/Gesellschafter strafrechtlich verfolgt werden, können sich nicht registrieren lassen.
- Die Durchführung von innergemeinschaftlichen Umsätzen durch Personen, die sich nicht entsprechend registriert haben, wird als Gesetzesverstoß qualifiziert und mit einer Geldstrafe i. H. von 1.000 RON (ca. 230 €) und 5.000 RON (ca. 1.150 €) sanktioniert.

Für die Eintragung in dieses spezielle Register müssen die Unternehmen ein Antragsformular an die zuständige Finanzbehörde übermitteln. Diesem Antragsformular ist ebenfalls eine von der rumänischen Polizeibehörde ausgestellter Strafregisterauszug beizufügen, aus dem hervorgeht, dass die Personen der Geschäftsführung nicht strafrechtlich verfolgt werden.

Für nicht in Rumänien ansässige Gesellschaften wird die Eintragung in das oben genannte Register grds. nicht mehr gefordert.

In Rumänien trat mit den sogenannten „Quick fixes" zum 1.1.2020 die EU-Verordnung Nr. 1912/2018 in Kraft. Es wurden neue Bestimmungen bezüglich der Nachweispflicht und der erforderlichen Dokumente im Falle von (umsatzsteuerfreien) Warenlieferungen innerhalb der EU festgelegt.

Die Grundvoraussetzung für die Umsatzsteuerbefreiung ist, dass der Käufer eine gültige USt-IdNr. besitzt.

Der Lieferant muss zusätzlich zu der korrekt erstellten Rechnung mindestens drei Dokumente präsentieren können:

- Eine Erklärung des Kunden zum Wareneingang
- Einen Nachweis der Spedition:
  - Unterschriebener CMR-Frachtbrief
  - Einen unterschriebenen Frachtbrief (Konnossement)
  - Eine Transportrechnung

Einen der folgenden Nachweise:

- Transportversicherung
- Bankunterlagen, welche die Zahlung des Transportes nachweisen
- Einen Behördennachweis, welcher die Ankunft der Ware im Zielland bestätigt
- Eine notarielle Bestätigung, welche die Ankunft der Ware im Zielland bestätigt
- Eine Lagerbestätigung welche die Ankunft der Ware im Zielland bestätigt

Ausführlicher bedeutet die o. a. Aufzählung in Bezug auf die geforderten Nachweise Folgendes: Gemäß der rumänischen Verordnung muss der Lieferer, wenn die Beförderung der Waren vom Lieferer durchgeführt wird, zum Nachweis, dass eine solche Beförderung stattgefunden hat, über zwei einschlägige Belege verfügen, die von zwei voneinander unabhängigen Stellen sowie von dem Lieferer und dem Kunden ausgestellt wurden. Wurde der Transport vom Kunden durchgeführt, muss dieser dem Verkäufer zusätzlich zu den oben genannten Dokumenten eine schriftliche Erklärung vorlegen, die bestätigt, dass die Waren vom Kunden transportiert wurden. Diese Erklärung muss das

Ausstellungsdatum, den Namen und die Anschrift des Käufers, die Art und die Menge der Ware, das Datum und den Ort des Empfangs der Ware sowie bei Transportmitteln die Fahrzeugidentifikationsnummer und die Identifikationsangaben der Person, die die Ware im Namen des Käufers angenommen hat, enthalten. Die Erklärung ist bis zum zehnten Tag des Monats nach der innergemeinschaftlichen Lieferung abzugeben.

Es wird von der rumänischen Steuerbehörde regelmäßig davon ausgegangen, dass die Waren in einen anderen EU-Mitgliedstaat befördert wurden, wenn zwei der nachfolgenden Nachweise vorliegen: Dokumente, die sich auf den Versand oder die Beförderung der Waren beziehen, wie z. B. ein unterzeichneter CMR-Frachtbrief, ein Konnossement, eine Luftfrachtrechnung oder eine Rechnung des Güterbeförderers, oder einer der vorgenannten Nachweise und ein Dokument aus den folgenden Bereichen: a) eine Versicherungspolice für den Versand oder die Beförderung der Waren oder Bankdokumente, die die Zahlung für den Versand oder die Beförderung der Waren belegen, oder b) von einer Behörde, z. B. einem Notar, ausgestellte amtliche Dokumente, die die Ankunft der Waren im Bestimmungsmitgliedstaat bestätigen, oder c) eine von einem Lagerhalter im Bestimmungsmitgliedstaat ausgestellte Quittung, die die Lagerung der Waren in diesem EU-Mitgliedstaat bestätigt.

Bekanntlich legen rumänische Steuerprüfer ein Hauptaugenmerk auf vorgelegte CMR-Frachtbriefe, die als Nachweis für umsatzsteuerfreie innergemeinschaftliche Lieferungen (von Rumänien in einen anderen EU-Mitgliedstaat) dienen sollen. Art. 103 des rumänischen MwStG besagt: *„Als Dokumente, die bescheinigen, dass die Waren von Rumänien in einen anderen Mitgliedstaat befördert worden sind, gelten die Dokumente, die eindeutig die Beförderung der Waren von Rumänien in einen anderen Mitgliedstaat durch den Lieferanten, den Empfänger oder eine für einen von ihnen handelnde Person bescheinigen, je nach Art der Beförderung, wie z.B., unter anderem die Beförderungsdokumente, wenn zwischen den Parteien ein Beförderungsvertrag besteht, oder andere Dokumente, die die Beförderung der Waren bescheinigen, wenn zwischen den Parteien kein Beförderungsvertrag besteht, z. B. wenn der Auftragnehmer oder der Begünstigte die Beförderung der Waren mit eigenen Transportmitteln durchführt."* Da in der Praxis viele CMR-Frachtbriefe erfahrungsgemäß nicht immer ordnungsgemäß ausgefüllt sind oder aber im CMR-Feld 24 der rechnungsempfangende Unternehmer den Empfang der Ware im EU-Warenbestimmungsland nicht ordnungsgemäß mit seiner Unterschrift bestätigt hat, verweigern rumänische Steuerprüfer die Anwendung der Steuerbefreiung und erheben im Rahmen von MwSt-Prüfungen für diese deklarierten umsatzsteuerfreien Lieferungen nachträglich lokale Umsatzsteuer.

Der Lieferant muss die umsatzsteuerfreie innergemeinschaftliche Lieferung in der Meldung „Formular 390" eintragen.

Die Erklärung des Kunden zum Wareneingang muss folgende Angaben beinhalten:

- Erstellungsdatum
- Bestimmungsland der Ware
- Name und Anschrift des Käufers
- Anzahl (Mengen) und Art der Ware
- Datum und Ort wo die Ware angekommen ist
- Empfänger: Identität der Person, welche die Ware in Empfang genommen hat
- Sollten Transportmittel geliefert werden: Kennzeichen/ Fahrgestellnummer

Ausfuhrlieferungen

Lieferungen mit Bestimmungsort außerhalb der EU sind mehrwertsteuerfrei. Entsprechende Nachweispflichten, z. B. Zolldokumente, müssen vorliegen.

Steuersätze

2016 wurde für das Kalenderjahr 2017 eine Reduktion des Umsatzsteuersatzes auf 19 % beschlossen. Damit wurde der Steuersatz wieder auf jenes Niveau gesenkt, den er vor der Finanzkrise 2010 hatte.

Die Steuersätze in Rumänien betragen aktuell 19 %, 9 % und 5 %.

Der ermäßigte Mehrwertsteuersatz von 9 % gilt u. a. für:

- Hotelübernachtungen,
- Bücher, Zeitungen, Zeitschriften (seit 2016 wurde der Mehrwertsteuersatz für den Verkauf von Büchern, Zeitungen und bestimmten Magazinen von 9 % auf 5 % gesenkt),
- Eintrittsgelder für Museen, Messen, Ausstellungen,
- ausgewählte Arzneimittel.

Der Steuersatz i. H. von 5 % wird u. a. beim sozialen Wohnungsbau, beim Bücherverkauf und u. a. für Sportveranstaltungen angewendet.

BEISPIEL Die Wertobergrenze für Wohngebäude, die im Zuge einer Sozialmaßnahme verkauft werden, auf die der reduzierte Mehrwertsteuersatz i. H. von 5 % zur Anwendung kommt, wurde auf 450.000 RON (100.000 €) erhöht.

Bemessungsgrundlage

Als Bemessungsgrundlage zur Ermittlung der rumänischen Umsatzsteuer gilt – entsprechend den Vorgaben der MwStSystRL – alles, was der Leistungsempfänger aufwendet, um die Leistung zu erhalten.

Bis Ende 2020 galt in Bezug auf den Erlass uneinbringlicher Forderungen, dass ein Erlass nur dann möglich war, wenn der Kunde entweder für insolvent erklärt wurde oder aber, wenn der Kunde Teil einer gerichtlich anerkannten Reorganisation war.

Zum Jahresende 2020 wurde durch das Gesetz Nr. 296/2020 in Bezug auf „Änderung der Bemessungsgrundlage" Folgendes erlassen und geändert:

Es wurde die Möglichkeit zur Berichtigung von Rechnungen eingeräumt, die seit mehr als einem Jahr nicht eingezogen werden können, sofern u.a. die nachfolgenden Voraussetzungen vorliegen:

- die Berichtigung erfolgt innerhalb von fünf Jahren ab dem 1.1. des Jahres, das auf das Ausstellungsdatum oder den Ablauf der Zahlungsfrist folgt,

oder

- die Berichtigung kann nur nach erfolgter Umsetzung von Maßnahmen zwecks Eintreibung der offenen Forderungen erfolgen.

Vorsteuerabzug

Eine Vorsteuererstattung ist grds. nur dann möglich, wenn sich die steuerpflichtige Person umsatzsteuerlich registriert hat und die erworbenen Güter bzw. sonstigen Leistungen nutzt für

- steuerpflichtige Leistungen,
- Leistungen, die im Ausland als ausgeführt gelten, und steuerpflichtig wären, wenn sie in Rumänien ausgeführt worden wären,
- bestimmte steuerbefreite Leistungen (innergemeinschaftliche Lieferung, Exporte).

Vorsteuern aus Kraftfahrzeugaufwendungen können lediglich zu 50 % geltend gemacht werden.

Um die gezahlte Umsatzsteuer als Vorsteuer erstattet zu bekommen, muss der entsprechende Steuerbetrag in der Rechnung ausgewiesen sein und insgesamt eine ordnungsgemäße (Eingangs-) Rechnung vorliegen. Des Weiteren hat Rumänien eine nicht öffentliche Datenbank für „Risiko-Steuerpflichtige" eingeführt. In dieser Datenbank gelistete Unternehmen bekommen Vorsteuererstattungen nur noch nach einer durchgeführten Umsatzsteuerprüfung erstattet.

Handelt es sich um eine Leistung, für die der Leistungsempfänger verpflichtet ist, die Steuer zu zahlen (Reverse-Charge-Verfahren), so muss er

- eine entsprechende Rechnung unter Beachtung der Rechnungsanforderungen erhalten haben

und

- die Steuer für die relevante Steuerperiode ansetzen.

Auch im Falle des Imports sowie des innergemeinschaftlichen Erwerbs ist das Vorhandensein einer Rechnung zwingende Voraussetzung für die Abzugsfähigkeit der Vorsteuer. Daneben müssen weitere Dokumente vorgelegt werden, welche als Nachweis für die tatsächliche Warenbewegung gelten.

Sollte eine erbrachte Leistung nur zum Teil zum Vorsteuerabzug berechtigen, so ist dies zum einen auf der Rechnung zu kennzeichnen und in der Umsatzsteuererklärung entsprechend anzugeben. Für derartige Leistungen sind dann ebenfalls getrennt Aufzeichnungen zu führen.

Sollten Güter zum Teil für steuerpflichtige und zum Teil für steuerbefreite Leistungen genutzt werden, so ist im Falle von beweglichen körperlichen Gegenständen ein Vorsteuerberichtigungszeitraum von fünf Jahren und für Immobilien eine Anpassungsperiode von 20 Jahren zu beachten. Diese Regelung entspricht in etwa der deutschen Regelung in § 15a UStG.

Sofern ein in Rumänien registriertes Unternehmen Waren aus einem Drittland in Rumänien einführt, ist es nicht erforderlich, dass die anfallende Einfuhrumsatzsteuer (EUSt) an die Zollbehörden gezahlt werden muss. Vielmehr kann die festgesetzte EUSt in der Umsatzsteuer-Voranmeldung erklärt werden und gleichzeitig als Vorsteuer, sofern die Voraussetzungen vorliegen, geltend gemacht werden. Sofern Waren aus einem Drittland nach Rumänien eingeführt werden, ist den rumänischen Zollbehörden zwingend eine EORI-Nummer vorzulegen.

Rechnungsbestandteile

Die Ausstellung der Rechnung hat innerhalb von 15 Werktagen nach Ausführung der Leistung zu erfolgen. Die notwendigen Mindestangaben für eine ordnungsgemäße Rechnung sind:

- Rechnungsnummer
- Ausstellungsdatum
- Name, Adresse und USt-IdNr. des Leistenden

- Name, Adresse und USt-IdNr. des Fiskalvertreters (soweit vorhanden), wenn die nicht ansässige Person die Steuerschuld zu tragen hat
- Name, Adresse und USt-IdNr. des Leistungsempfängers (im Falle von innergemeinschaftlichen Lieferungen ist die exakte Adresse anzugeben, an welche die Güter geliefert worden sind)
- im Falle der innergemeinschaftlichen Lieferung die USt-IdNr. des Leistungsempfängers
- Menge und Art der Gegenstände bzw. Umfang der sonstigen Leistungen
- Datum des steuerpflichtigen Vorganges bzw. des Zahlungseinganges
- Bemessungsgrundlage in RON unter Ausweis von Nachlässen
- Steuersatz (wenn der Steuersatz null, Angabe des Grundes notwendig; z. B. „VAT exempt with deduction right")
- Höhe der Steuerschuld in RON
- Gesamtsumme.

Eine Unterschrift bzw. ein Stempel auf der Rechnung ist nicht notwendig.

Die Rechnung sollte, wenn möglich in rumänischer Sprache ausgestellt sein. Sie kann auch in einer anderen Sprache abgefasst werden, bei einer Umsatzsteuerprüfung sollte aber idealerweise eine Übersetzung zur Hand sein.

Im Falle des Überganges der Steuerschuldnerschaft ist auf der Rechnung keine Umsatzsteuer auszuweisen. Stattdessen hat ein kurzer Hinweis auf den Übergang der Steuerschuldnerschaft auf den Leistungsempfänger zu erfolgen.

Wenn eine nicht in Rumänien ansässige Gesellschaft in Rumänien umsatzsteuerlich registriert ist und eine Rechnung mit Umsatzsteuer ausstellen muss, dann kann diese Rechnung auch in Euro ausgestellt werden. Bei einer Euro Rechnung ist jedoch neben dem Euro Betrag auch der Betrag in RON auszuweisen. Als Wechselkurs ist der Kurs der rumänischen Nationalbank im Zeitpunkt der Rechnungsstellung auszuweisen.

Sollte ein Fiskalvertreter bestellt werden, ist auf folgende Besonderheit zu achten:

Es erfolgt eine abweichende Rechnungsstellung im Zusammenhang mit Ausgangsrechnungen. Der leistende Unternehmer stellt lediglich eine Nettorechnung an den Endkunden. Der Fiskalvertreter stellt eine reine Umsatzsteuerrechnung an den Endkunden. Dieser zahlt dann auch nur die Umsatzsteuer an den Fiskalvertreter.

Besonderheiten existieren für nachzufakturierende Umsatzsteuerbeträge, die aufgrund einer durchgeführten Betriebsprüfung anfallen: In diesem besonderen Sachverhalt soll auf der korrigierten Rechnung „ausgestellt aufgrund einer Steuerprüfung" aufgedruckt werden und die abzuführenden Umsatzsteuerbeträge sollen in einer besonderen Zeile der Umsatzsteuer-Meldung aufgeführt werden.

Erleichterungen für Kleinbetragsrechnungen existieren, sofern der in der Rechnung angegebene Betrag nicht mehr als 450 RON (ca. 100 € inklusive Umsatzsteuer) beträgt. Bei dieser Art von Rechnung müssen nur die folgenden Angaben in der Rechnung enthalten sein:

- Ausstellungsdatum,
- Name, Anschrift und USt-IdNr. des Lieferanten,
- Art und Menge der gelieferten Waren und
- Aufschlüsselung des zu zahlenden MwSt-Betrags nach MwSt-Satz oder Befreiung einschließlich des zahlbaren Betrags.

Split Payment

Zur Bekämpfung des Umsatzsteuerbetruges war seit dem 1.1.2018 das sogenannte Split-Payment-System in Rumänien anzuwenden. Wenn ein Unternehmen eine Rechnung mit offen ausgewiesener rumänischer Umsatzsteuer stellt, wird im Rahmen des Split Payments nur der Netto-Betrag auf das Geschäftskonto des Unternehmens überwiesen, der Steuerbetrag hingegen auf ein separates Umsatzsteuerkonto bei der rumänischen Finanzbehörde. Die Umsatzsteuerzahlungen sind ausschließlich auf das nur zu diesem Zwecke eingerichtete Bankkonto zu überweisen. Betroffen sind die nachfolgenden Unternehmen, sofern sie umsatzsteuerlich registriert sind:

- Unternehmen, die zum 31.12.2017 fällige Steuerschulden noch nicht beglichen haben,
- Unternehmen, die für 2018 fällige Steuerschulden nicht innerhalb von 60 Tagen begleichen,
- in Rumänien ansässige Unternehmen, über deren Vermögen das Insolvenzverfahren eröffnet wurde.

Demnach fand das Split Payment-System für ausländische Unternehmen, die zwar in Rumänien umsatzsteuerlich registriert sind, jedoch keine offenen Steuerschulden bei den rumänischen Finanzbehörden haben, keine Anwendung. Jedoch musste bei Zahlungen an rumänische Leistende evaluiert werden, ob der leistende und in Rumänien ansässige Unternehmer unter die Regelungen des Split Payments fiel.

Mittlerweile wurde das Split Payment aufgrund der Dringlichkeitsverordnung 78/2019 mit Wirkung zum 1.2.2020 gänzlich abgeschafft.

Elektronische Rechnungen

Für die Umsetzung dieser Änderungen im Bereich der elektronischen Rechnungsstellung bestehen zum Teil auch Wahlrechte. Der Rat der Europäischen Union hatte eine Frist zur Umsetzung bis zum 31.12.2012 eingeräumt. Rumänien hat die Richtlinie Mitte 2012 wie folgt in nationales Recht umgesetzt: Elektronische Rechnungen (auch ohne aufwendige qualifizierte elektronische Signatur) wurden in Rumänien den Papierrechnungen im Hinblick auf die Berechtigung zum Vorsteuerabzug gleichgestellt. Voraussetzung für die elektronische Rechnungslegung ist nun, dass der Empfänger der elektronischen Übermittlung zustimmt (konkludentes Verhalten ist ausreichend) und dass die Echtheit der Herkunft, die Unversehrtheit ihres Inhalts und ihre Lesbarkeit gewährleistet sind. Echtheit der Herkunft bedeutet, dass die Identität des Rechnungsausstellers verifizierbar ist. Unversehrtheit des Inhalts bedeutet, dass die Rechnungsangaben nicht geändert wurden. Lesbarkeit heißt, dass das verwendete elektronische Format vom Empfänger geöffnet und verwendet werden kann.

Bei den elektronisch übermittelten Rechnungen müssen folgende Punkte gewährleistet sein:

Die Echtheit, Unversehrtheit und Lesbarkeit muss bis zum Ende der gesetzlichen Aufbewahrungspflicht gewährleistet sein. Durch ein innerbetriebliches Kontrollverfahren (Steuerungsverfahren) muss ein verlässlicher Prüfpfad zwischen Rechnung und Leistung hergestellt werden bzw. nachvollziehbar sein. Dafür ist zu prüfen, ob die Rechnung über eine tatsächlich erbrachte Leistung ausgestellt wurde, der Rechnungsaussteller einen tatsächlichen Zahlungsanspruch hat, die angegebene Kontoverbindung korrekt ist und somit die Echtheit der Rechnung, Unversehrtheit des Inhalts und die Lesbarkeit des verwendeten Formats gegeben sind.

Der Kontrollmechanismus ist nicht gesetzlich geregelt und entspricht im Wesentlichen einer herkömmlichen Rechnungsprüfung. Sofern also eine inhaltlich richtige Rechnung vorliegt, würde diese die Annahme rechtfertigen, dass bei der elektronischen Übermittlung keine die Echtheit der Herkunft oder Unversehrtheit des Inhalts beeinträchtigende Fehler vorgekommen sind.

SAF-T

Seit 2022 sind Unternehmen in Rumänien verpflichtet, ihre Steuer- und Buchhaltungsdaten elektronisch über das (rumänische) Standard Audit File-Tax (SAF-T) zu melden. SAF-T ist eine Spezifikation für eine computerlesbare Datei, die Buchhaltungsdaten aus dem ursprünglichen Buchhaltungssystem in ein vorgegebenes, von Extensible Markup Language abgeleitetes, Format überträgt und für Finanzbehörden zur Außenprüfung verfügbar macht. Die Einführung des SAF-T-Systems ist Teil des nationalen Digitalisierungsprojekts zur „Verbesserung der Fähigkeiten der nationalen Steuerbehörde zur

Unterstützung von Modernisierungsinitiativen", das derzeit vom Rumänischen Zentralamt für Steuern (ANAF) implementiert wird. Nach einer Analyse der verschiedenen Modelle, die bereits in anderen Staaten, wie z. B. in Polen oder Spanien, eingeführt wurden, hat die ANAF beschlossen, sich diesen Ländern anzuschließen und den von der OECD definierten Standard für den elektronischen Austausch von Steuerinformationen zu verwenden, so dass der Beschluss gefasst wurde, dass die Steuerdaten im SAF-T-Format mit der Bezeichnung „D406 Standard Tax Control File" und verschlüsselt in einer PDF-Datei übermittelt werden müssen. Die rumänische Variante des SAF-T-Formats „Informative Declaration D406" wird verkürzt einfach als „D406" bezeichnet. D406 besteht aus einer standardisierten Datei, die den Steuerbehörden die Steuerkontrolle erleichtern und den Steuerzahlern die Einhaltung der Steuervorschriften vereinfachen soll.

Alle rumänischen Unternehmen und sämtliche in Rumänien ansässigen Niederlassungen nicht-rumänischer Unternehmen, auch wenn diese nicht mit/unter einer rumänischen USt-IdNr. registriert sind, sind zur SAF-T-Meldung verpflichtet, wobei die ANAF eine schrittweise Implementierung vorsieht, die sich an der Größe der Unternehmen orientiert:

- März 2022: große Unternehmen,
- Juli 2022: Unternehmen, die 2022 als große Steuerzahler eingestuft wurden,
- Januar 2023: mittelgroße Unternehmen,
- 2025: kleine Unternehmen.

Außerdem war 2022 für die rumänische Finanzverwaltung das Jahr der Digitalisierung. Neben der SAF-T-Meldung besteht für Unternehmen zusätzlich die neue Verpflichtung, die elektronische Rechnungsstellungsplattform „RO e-Factura" zu nutzen. Bei „RO e-Factura" handelt sich um ein IT-Protokoll zur Meldung, Speicherung und zum Herunterladen von Rechnungen über die Server der rumänischen Steuerbehörden. Die zentrale E-Rechnungsplattform „RO e-Factura" steht seit November 2021 für den Austausch von Rechnungen sowohl mit öffentlichen Auftraggebern (B2G) als auch zwischen den Unternehmen (B2B) zur Verfügung. Sowohl die Rechnungssender/-aussteller als auch die Rechnungsempfänger sind verpflichtet, ihre ausgestellten bzw. erhaltenen Rechnungen mindestens zehn Jahre lang aufzubewahren. Um die E-Rechnungsplattform „RO e-Factura" nutzen zu können, muss aktuell der Rechnungssender auf der Plattform registriert sein. Im Gegensatz zu den Unternehmen, die seit Juli 2022 verpflichtend E-Rechnungen ausstellen müssen, müssen die Empfänger der Rechnungen nicht zwingend auf der Plattform registriert sein. Die Absender müssen den Empfängern die Rechnungen jedoch gem. Art. 319 des Gesetzes 227/2015 der rumänischen Abgabenordnung zur Verfügung stellen. Die Rechnungen müssen in einem vordefinierten XML-Format gemäß dem RO_CIUS-Standard erstellt werden. Das Hauptformat der

Standardprüfdatei für Steuern ist in XML. Das ist gegenwärtig das gewöhnlichste Format für detaillierte, strukturierte Steuerberichterstattung. Was jedoch spezifisch für Rumänien ist, ist die Tatsache, dass der D406-Endbericht den Steuerbehörden mit anliegender XML-Datei als PDF-Datei einzureichen ist.

ANAF stellt den Steuerzahlern ein Tool namens „DUKIntegrator" zur Verfügung. Das Tool ermöglicht eine technische Validierung der XML-Dateien und die Erstellung der erforderlichen PDF-Datei mit einer angehängten XML-Datei. Jedoch ist die Erstellung der XML-Datei entweder unmittelbar über das ERP (Warenwirtschaftssystem) oder mit einer Drittanbieterlösung durchzuführen, da die Tools der rumänischen Steuerbehörden dieses Verfahren nicht unterstützen. Nach der elektronischen Übermittlung der Rechnung weist die Plattform jeder Rechnung eine (eindeutige) Identifikationsnummer zu. Das System führt verschiedene syntaktische und semantische Validierungen der Dokumente durch. Nach einer erfolgreichen Validierung wird die Signatur des rumänischen Finanzministeriums hinzugefügt. Diese garantiert, dass keine Änderungen am Inhalt der Rechnung vorgenommen wurden. Im Falle von Fehlern muss die Rechnung korrigiert und erneut eingereicht werden. Anschließend kann der Empfänger der Rechnung über ein Portal, eine API (= Application Programming Interface ist eine Programmierschnittstelle) oder eine App (= Anwendungssoftware, die unabhängig von der technischen Funktionalität eines Betriebssystems arbeitet) auf die Rechnung zugreifen und sie herunterladen. Signierte Rechnungen speichert die Plattform für einen Zeitraum von 60 Tagen.

Die verpflichtende Nutzung der Plattform erfolgt in verschiedenen Schritten:

1. B2B-Rechnungen

   Mit der Regierungsverordnung 120/2021 wurden sowohl die Grundlage als auch der rechtliche und operative Rahmen für die E-Rechnung in dem Land geschaffen. Die Regierungsverordnung 130/2021 führt die E-Rechnung seit Juli 2022 verpflichtend für Unternehmen ein, deren Tätigkeit mit Produktkategorien verbunden ist, bei denen ein hohes Steuerrisiko vorhanden ist (anfällig für Steuerhinterziehung). Im Einklang mit der am 17.12.2021 veröffentlichten Regierungsverordnung 130/2021, hat die rumänische Steuerbehörde (Agenia Naională de Administrare Fiscală, ANAF) die Verordnung 12/2022 veröffentlicht, die definiert, welche Produktekategorien ein hohes Steuerrisiko aufweisen. Zu den Produktkategorien gehören: Obst und Gemüse, alkoholische Getränke, Immobilien, Mineralprodukte und Bekleidung.

   Rumänien wartet jedoch auf die Genehmigung der EU, um eine besondere Maßnahme als Ausnahme zur Richtlinie 2006/112/CE anzuwenden und bei allen B2B-Transaktionen zur Ausgabe und zum Versand von E-Rechnungen zu verpflichten. In diesem Fall muss die ANAF innerhalb von maximal 30 Tagen die Kategorien der

Unternehmen und die Termine festlegen, ab wann die Verpflichtung für die einzelnen Kategorien in Kraft tritt.

2. B2G-Rechnungen

   Seit dem 1.7.2022 wurde in Rumänien das E-Invoicing für B2G-Transaktionen offiziell verpflichtend (Veröffentlichung am 17.5.2022 im Gesetz 139/2022). Demzufolge müssen bei allen Transaktionen mit öffentlichen rumänischen Einrichtungen E-Rechnungen über das nationale Invoicing-System RO e-Factura im UBL 2.1 Format ausgestellt werden.

3. Ausblick auf 2024

   Ab 2024 sollen sämtliche Unternehmen – für alle Produkte und Dienstleistungen (B2B, B2C, B2G) – die elektronische Rechnungsstellungsplattform „RO e-Factura" nutzen. Aktuell gibt es jedoch noch kein offizielles Gesetzgebungsverfahren.

Die Häufigkeit der Berichterstattung D406 beruht auf den geltenden Mehrwertsteuer-Meldeperioden. Für große Steuerzahler ist das normalerweise monatlich. Wenn es um die Einreichfristen geht, sind SAF-T-Dateien bis zum Ende des Monats nach der Berichterstattungsperiode bei der rumänischen Finanzverwaltung zu übermitteln.

Die rumänische Finanzverwaltung gewährt(e) eine sechsmonatige Gnadenfrist. Das bedeutet, dass die Nichteinhaltung der SAF-T-Verpflichtungen zunächst nicht bestraft wurde. Mittlerweile mussten alle notwendigen Dateien für Januar, Februar und März 2022 spätestens bis Ende Juli 2022 übermittelt werden. Seit Juli 2022 wird jedes Versäumnis, eine gültige SAF-T-Anmeldung fristgerecht einzureichen, mit einer Geldstrafe bis zu 5.000 RON sanktioniert. Inhaltlich fehlerhafte SAF-T-Meldungen können mit einer Strafzahlung i. H. von 500 - 1.000 RON belegt werden.

Anzahlungen

Aus Anzahlungsbeträgen ist Mehrwertsteuer im Zeitpunkt der Vereinnahmung des Geldes abzuführen.

Gutschriften/Self Billing

Das rumänische Umsatzsteuerrecht erlaubt die Rechnungsstellung zwischen Unternehmern im Gutschriftsverfahren, wenn bestimmte Voraussetzungen gegeben sind.

Diese sind:

- Es existiert eine schriftliche Vereinbarung zwischen den Parteien.
- Eine schriftliche Beschreibung des Prozesses wurde verfasst.

- Der Kunde (= der Gutschriftsersteller, der Leistungsempfänger) muss in der EU ansässig und in Rumänien umsatzsteuerlich registriert sein.
- Sowohl der Lieferant, wenn dieser in Rumänien umsatzsteuerlich registriert ist, als auch der Kunde müssen die zuständigen rumänischen Finanzämter über die Abrechnung im Gutschriftsverfahren schriftlich informieren. Dieses Schreiben muss einen Monat vor Implementierung des Gutschriftsverfahrens bei den Finanzämtern eingehen. Diesem Schreiben ist die schriftliche Vereinbarung der Parteien als Anlage anzuhängen.

Aufbewahrung von Unterlagen

Jeder Steuerpflichtige ist verpflichtet, Aufzeichnungen von allen ausgeführten geschäftlichen Aktivitäten Rumänien betreffend zu führen. So sind zwingend

- Buchführungsunterlagen,
- Kopien der Rechnungen,
- Zollerklärungen,
- Nachweise für innergemeinschaftliche Lieferungen und Erwerbe,
- Korrekturnachweise,
- etc.

aufzubewahren.

Die Aufbewahrungsfrist beträgt zehn Jahre. Dabei sind die Dokumente innerhalb von Rumänien aufzubewahren. Sollte eine umsatzsteuerliche Registrierung mit oder ohne Fiskalvertreter erfolgt und keine Ansässigkeit in Rumänien gegeben sein, so können nach vorherigem Antrag bei der zuständigen Finanzbehörde die Unterlagen im Original auch im Ausland aufbewahrt werden. In diesem Fall muss lediglich jeweils eine Kopie in Rumänien vorhanden sein.

Veranlagungsverfahren/Steuererklärungen

Die Umsatzsteuererklärung ist grds. monatlich einzureichen. Sollte der Umsatz während eines Kalenderjahres die Summe von 100.000 € nicht übersteigen, ist die Abgabe von vierteljährlichen Voranmeldungen möglich. Insoweit ist jedoch ein Antrag, der bis zum 25.1. eines Jahres gestellt sein muss, erforderlich. Wird eine wirtschaftliche Tätigkeit erst während des Jahres begonnen, so reduziert sich diese Summe je nach den verbleibenden Monaten. Kleinunternehmer können die Steuererklärung jährlich einreichen.

Die Steuererklärung ist bis zum 25. Tag eines jeden Folgemonats bei der zuständigen Finanzbehörde einzureichen. Spätestens bis zu diesem Tag muss auch der fällige Umsatzsteuerbetrag überwiesen werden. Sollte ein Fiskalvertreter bestellt worden sein, muss die Umsatzsteuererklärung zwingend durch diesen eingereicht werden. Er ist ebenfalls für die rechtzeitige Überweisung der Umsatzsteuer verantwortlich. Deswegen muss der Unternehmer die fällige Umsatzsteuer an den Fiskalvertreter (und nicht an die Steuerbehörde) überweisen. Der Fiskalvertreter überweist den Betrag dann fristgemäß weiter.

Sollten keine Umsätze erbracht werden, sind Nullmeldungen abzugeben.

Korrekturen eingereichter MwSt-Erklärungen werden normalerweise in der nächsten MwSt-Erklärung vorgenommen, obwohl es grds. auch möglich ist, eine korrigierende Erklärung einzureichen. Wesentliche Fehler sollten immer mit einer schriftlichen Erklärung hinsichtlich der Art der vorgenommenen Korrektur bzw. Änderung begründet und erläutert werden.

Mehrwertsteuererstattungen können mit Abgabe der monatlichen Umsatzsteuererklärung beantragt werden. Erstattet werden Beträge nur bis 5.000 RON. Beträge über 5.000 RON können nur vorgetragen oder mit anderen Steuerzahlungen, wie. z. B. Lohn- oder Einkommensteuerzahlungen, verrechnet werden. Die rumänischen Finanzbehörden sind verpflichtet, Mehrwertsteuern innerhalb von maximal 45 Tagen an den Antragsteller zurückzuzahlen, jedoch erfolgt eine Rückvergütung i. d. R. erst nach einer umfangreichen Prüfung, teilweise erst nach erfolgter Außenprüfung.

Seit August 2009 besteht für sämtliche Steuerpflichtige die Möglichkeit, die Mehrwertsteuer-Erklärung (Formular 300) und die Zusammenfassende Meldung über innergemeinschaftliche Lieferungen/Dienstleistungen (seit: 1.1.2010) und Erwerbe (Formular 390) elektronisch einzureichen, sofern diese über eine gültige elektronische Zertifizierung verfügen. Für große und mittlere Steuerzahler besteht seit dem 25.11.2010 die Verpflichtung, die o. a. Erklärungen elektronisch an *www.e-guvernare.ro* zu übermitteln.

Die ANAF (Agentia Nationala de Administrare Fiscala; englisch: NAFA = National Agency of Fiscal Administration) stellt auf Ihrer Webseite die Anwendung „SolDecont" zur Verfügung. Hier können Steuerpflichtige den aktuellen Verfahrensstand hinsichtlich eingereichter Umsatzsteuermeldungen (Formular 300) unter Angabe der Steuernummer, des Monats und des Jahres sowie des zur Erstattung beantragten MwSt-Betrags überprüfen. „SolDecont" informiert über die Bearbeitung des Antrags, ggf. die Nummer des Erstattungsbescheids, die vorgesehene Zahlung oder/und angeordnete Prüfungen im Falle der Feststellung eines steuerlichen Risikos.

Des Weiteren sind in Rumänien umsatzsteuerlich registrierte Steuerpflichtige verpflichtet, das Formular 394 einzureichen. In dem neuen Formular (sogenannte Kundenlisten), welches erstmalig seit April 2016 zu benutzen war, sind im Gegensatz zum Vorgänger-Formular detailliertere Informationen zu erfassen. Steuerpflichtige müssen u.a. sowohl steuerpflichtige Transaktionen, Lieferungen und Dienstleistungen als auch Verkäufe und auch einen Bezug zu sämtlichen Arten von ausgestellten und erhaltenen Rechnungen (credit notes, Gutschriften, Stornierungen) aufführen. Sogar die „Art" der Lieferanten und Kunden muss erläutert werden. Dieses gilt sowohl für inner-rumänische als auch für ausländische Transaktionen (Drittland und EU). Das Formular 394 kann entweder elektronisch via Internetportal „e-Romania" oder aber in Papierform an die zuständige Finanzbehörde zum 30. eines jeden Monats versandt werden und ist auch dann einzureichen, wenn tatsächlich keine Transaktionen im Berichtszeitraum ausgeführt wurden.

IntraStat/Zusammenfassende Meldung

In Rumänien sind zwei Arten von Intrastaterklärungen zu erstellen, einmal für innergemeinschaftliche Lieferungen und einmal für innergemeinschaftliche Erwerbe.

Die Informationen zu IntraStat-Schwellen werden jährlich im Amtsblatt Rumäniens veröffentlicht. Für die Jahre 2022 und 2023 lauten die IntraStat-Schwellen:

- für die innergemeinschaftlichen Ankünfte: 1 Mio. RON
- für die innergemeinschaftlichen Versendungen: 1 Mio. RON.

Die Anbieter von statistischen Daten müssen monatlich in elektronischer Form übermitteln:

- Ankünfte von Waren: Waren kamen in Rumänien aus den EU-Mitgliedstaaten.
- Versendungen von Waren: Waren wurden aus Rumänien in andere EU-Mitgliedstaaten versandt.

Umsatzsteuerlich registrierte Personen müssen allerdings erst ab Überschreitung der o. a. Grenzen diese Meldungen abgeben. Wird die Grenze überschritten, so ist die Erklärung ab diesem Monat abzugeben.

Die Intrastatmeldungen sind monatlich zwingend bis zum 15. des Folgemonats einzureichen. Fällt die Frist auf einen Samstag oder Sonntag ist dies irrelevant. Intrastatmeldungen können nur auf elektronischem Weg eingereicht werden (*www.intratstat.ro*). Es gibt zwei Wege, die elektronischen IntraStat-Erklärungen zu übermitteln:

- via OfflineSoftware, die von INS (National Institut for Statistics) zur Verfügung gestellt wird,
- via OnlineSoftware, die per Internet aufgerufen werden kann.

Sollten die Intrastatmeldungen zu spät oder gar nicht abgegeben werden, werden Strafzahlungen erhoben.

Steuerpflichtige Personen, die innergemeinschaftlichen Handel betreiben, sind verpflichtet eine Zusammenfassende Meldung („Declariatie recapitulativa") abzugeben. In dieser sind alle innergemeinschaftlichen Lieferungen und Erwerbe sowie Dreiecksgeschäfte aufzuführen. Mittlerweile sind auch EU-Dienstleistungen zu erfassen.

Die Zusammenfassende Meldung ist monatlich an die Steuerbehörden weiterzuleiten. Abgabedatum ist der 15. des jeweiligen Folgemonats. Die Einreichung kann elektronisch oder postalisch erfolgen.

Registrierung

In Rumänien existieren zwei Möglichkeiten der umsatzsteuerlichen Registrierung:

a) die umsatzsteuerliche Registrierung per Fiskalvertreter oder

b) die direkte umsatzsteuerliche Registrierung.

Bei einer umsatzsteuerlichen Registrierung über einen Fiskalvertreter ist es möglich, dass nichtansässige Personen, die an in Rumänien ansässige oder per Fiskalvertreter registrierte Unternehmen Leistungen erbringen, die Steuerschuld auf den Leistungsempfänger übertragen können.

Unternehmer, die nicht in Rumänien ansässig sind, sind verpflichtet, sich vor der Ausführung der wirtschaftlichen Tätigkeit umsatzsteuerlich zu registrieren. Unternehmer, die innerhalb der EU ansässig sind, müssen für die Registrierung keinen Fiskalvertreter bestellen.

Folgende Dokumente sind für die direkte Registrierung notwendig:

- Handelsregisterauszug – nicht älter als einen Monat
- Nachweis der umsatzsteuerlichen Registrierung im anderen EU-Staat
- Kurzbeschreibung über beabsichtigte Aktivitäten
- Antrag zur umsatzsteuerlichen Registrierung
- Vollmacht für Einreichung des Antrages zur umsatzsteuerlichen Registrierung (auf Firmenpapier unterschrieben und mit Firmenstempel) – notariell beglaubigt
- Vervollständigung des Formblattes 090.

Der Handelsregisterauszug ist zu beglaubigen und zu apostillieren. Die Vollmacht ist zu beglaubigen. Alle Dokumente müssen ebenfalls in rumänischer beglaubigter Übersetzung vorliegen.

Unternehmer mit Unternehmenssitz außerhalb der EU sind verpflichtet, einen Fiskalvertreter für die umsatzsteuerliche Registrierung zu bestellen. Für Unternehmer, ansässig in der EU, kann die Bestellung eines Fiskalvertreters dann von Vorteil sein, wenn z. B. im Rahmen der Installation oder Montage von beweglichen Gegenständen mit Ort der Lieferung in Rumänien von den Subunternehmern per Reverse-Charge-Verfahren abgerechnet werden soll.

Folgende Dokumente sind für die Bestellung eines Fiskalvertreters notwendig:

- Kurzbeschreibung über beabsichtigte Aktivitäten in Rumänien
- Gesellschaftsvertrag bzw. Satzung
- Handelsregisterauszug
- Vollmacht für Fiskalvertreter
- Erklärung, dass die Gesellschaft nur einen Fiskalvertreter in Rumänien bestellt hat.

Der Handelsregisterauszug wie der Gesellschaftsvertrag bzw. Satzung müssen beglaubigt und apostilliert werden. Die Unterlagen müssen jeweils auch in rumänischer Übersetzung vorliegen.

Wenn die o. a. Unterlagen vollständig eingereicht wurden, dauert es i. d. R. einen Monat, bis vom zuständigen rumänischen Finanzamt eine Mehrwertsteuernummer erteilt wird.

Weitere Informationen können erfragt werden bei:

Ministeriul Finantelor Publice
Directia Impozite Indirecte
Strada Apolodor nr. 17
RO – Sector 5, Bucharest
Tel.: +40 21 319 9759 und 9744
www.mfinante.ro

Neuerdings müssen Steuerpflichtige ein sogenanntes „Digitales Konto" bei der rumänischen Finanzbehörde ANAF einrichten lassen. Über dieses Konto erfolgt die gesamte Korrespondenz zwischen Steuerpflichtigen und der rumänischen Steuerbehörde, aber in diesem sind auch Informationen über die Zahlung der entsprechenden Steuer, Informationen über Nachzahlungen usw. aufgeführt. Für die Anmeldung benötigt man eine Erklärung, das ausgefüllte Formular C800, welche an Hand einer digitalen Signatur auszufüllen ist. Mit dem Führen des digitalen Kontos wird in der Praxis i. d. R. ein lokaler Steuerberater beauftragt, da insbesondere die Internetseiten der rumänischen Steuerbehörden lediglich in rumänischer Sprache angeboten werden und entsprechend auch die Korrespondenz in rumänischer Sprache geführt wird.

Seit dem 1.1.2016 erhebt der rumänische Fiskus erfahrungsgemäß die nachfolgenden Strafen:

- Nachzahlungszinsen i. H. von 0,02 % pro Tag einer verspäteten Zahlung und 0,01 % Strafe pro Verspätungstag.
- Eine Strafe i. H. von 0,08 % pro Tag für nicht erklärte Umsätze (bezogen auf den Umsatzsteuernachzahlungsbetrag).

ANAF Agenţia Naţională de Administrare Fiscală	**DECONT DE TAXĂ PE VALOAREA ADĂUGATĂ**	**300**

Perioada de raportare (lună/trimestru/semestru/an) ....
Anul ....

|_| Declaraţie depusă după anularea rezervei verificării ulterioare.

Temeiul legal pentru depunerea declaraţiei după anularea rezervei verificării ulterioare:
....

|_| Declaraţie depusă potrivit art. 90 alin. (4) din Legea nr. 207/2015 privind Codul de procedură fiscală, cu modificările şi completările ulterioare

Cod de identificare fiscală al succesorului |________________|

|_| Decont consolidat de TVA, depus de reprezentantul grupului fiscal unic constituit potrivit art. 269 alin. (9) din Legea nr. 227/2015 privind Codul fiscal, cu modificările şi completările ulterioare

DATE DE IDENTIFICARE A PERSOANEI IMPOZABILE

Cod de identificare fiscală	**RO**		
Denumire			

Domiciliu fiscal

Judeţ		Localitate				Sector	
Strada			Cod poştal		Număr		
Bloc		Scara		Etaj		Ap.	
Telefon		Fax		E-mail			

Cont bancar

Banca		Cont	

PRO RATA DE DEDUCERE % |__|__|__|__|__|

TAXA PE VALOAREA ADĂUGATĂ COLECTATĂ		**- lei -**	
Denumire indicatori		Valoare	TVA
COMERŢ INTRACOMUNITAR ŞI ÎN AFARA UE			
1	Livrări intracomunitare de bunuri, scutite conform art. 294 alin. (2) lit. a) şi d) din Codul fiscal		#
2	Regularizări livrări intracomunitare scutite conform art. 294 alin. (2) lit. a) şi d) din Codul fiscal		#

3	Livrări de bunuri sau prestări de servicii pentru care locul livrării/locul prestării este în afara României (în UE sau în afara UE), precum şi livrări intracomunitare de bunuri, scutite conform art. 294 alin. (2) lit. b) şi c) din Codul fiscal, din care:		#
3.1	Prestări de servicii intracomunitare care nu beneficiază de scutire în statul membru în care taxa este datorată		#
4	Regularizări privind prestările de servicii intracomunitare care nu beneficiază de scutire în statul membru în care taxa este datorată		#
5	Achiziţii intracomunitare de bunuri pentru care cumpărătorul este obligat la plata TVA (taxare inversă), din care:		
5.1	Achiziţii intracomunitare pentru care cumpărătorul este obligat la plata TVA (taxare inversă), iar furnizorul este înregistrat în scopuri de TVA în statul membru din care a avut loc livrarea intracomunitară		
6	Regularizări privind achiziţiile intracomunitare de bunuri pentru care cumpărătorul este obligat la plata TVA (taxare inversă)		
7	Achiziţii de bunuri, altele decât cele de la rd. 5 şi 6, şi achiziţii de servicii pentru care beneficiarul din România este obligat la plata TVA (taxare inversă), din care:		
7.1	Achiziţii de servicii intracomunitare pentru care beneficiarul este obligat la plata TVA (taxare inversă)		
8	Regularizări privind achiziţiile de servicii intracomunitare pentru care beneficiarul este obligat la plata TVA (taxare inversă)		
LIVRĂRI DE BUNURI/PRESTĂRI DE SERVICII ÎN INTERIORUL ŢĂRII ŞI EXPORTURI			
9	Livrări de bunuri şi prestări de servicii, taxabile cu cota 19%		
10	Livrări de bunuri şi prestări de servicii, taxabile cu cota 9%		
11	Livrări de bunuri şi prestări de servicii, taxabile cu cota 5%		
12	Achiziţii de bunuri şi servicii supuse măsurilor de simplificare pentru care beneficiarul este obligat la plata TVA (taxare inversă), din care:		
12.1	Achiziţii de bunuri şi servicii, taxabile cu cota 19%		
12.2	Achiziţii de bunuri, taxabile cu cota 9%		
12.3	Achiziţii de bunuri, taxabile cu cota 5%		
13	Livrări de bunuri şi prestări de servicii supuse măsurilor de simplificare (taxare inversă)		#

14	Livrări de bunuri şi prestări de servicii scutite cu drept de deducere, altele decât cele de la rd. 1 - 3		#
15	Livrări de bunuri şi prestări de servicii scutite fără drept de deducere		#
16	Regularizări taxă colectată		
17	Vânzări intracomunitare de bunuri la distanţa şi prestări de servicii de telecomunicaţii, de radiodifuziune şi televiziune, precum şi servicii furnizate pe cale electronică către persoane neimpozabile dintr-un alt stat membru, pentru care locul livrării/prestării este în România, conform art. 278^1 alin. (1) din Codul fiscal		
18	Regularizări privind vânzările intracomunitare de bunuri la distanţă şi prestările de servicii de telecomunicaţii, de radiodifuziune şi televiziune, precum şi servicii furnizate pe cale electronică către persoane neimpozabile dintr-un alt stat membru, conform art. 278^1 alin. (1) din Codul fiscal		
19	**TOTAL TAXĂ COLECTATĂ** (sumă de la rd. 1 până la rd. 18, cu excepţia celor de la rd. 3.1, 5.1, 7.1, 12.1, 12.2, 12.3)		
TAXA PE VALOAREA ADĂUGATĂ DEDUCTIBILĂ			**- lei -**
Denumire indicatori		**Valoare**	**TVA**
ACHIZIŢII INTRACOMUNITARE DE BUNURI ŞI ALTE ACHIZIŢII DE BUNURI ŞI SERVICII IMPOZABILE ÎN ROMÂNIA			
20	Achiziţii intracomunitare de bunuri pentru care cumpărătorul este obligat la plata TVA (taxare inversă), din care:		
20.1	Achiziţii intracomunitare pentru care cumpărătorul este obligat la plata TVA (taxare inversă), iar furnizorul este înregistrat în scopuri de TVA în statul membru din care a avut loc livrarea		
21	Regularizări privind achiziţiile intracomunitare de bunuri pentru care cumpărătorul este obligat la plata TVA (taxare inversă)		
22	Achiziţii de bunuri, altele decât cele de la rd. 20 şi 21, şi achiziţii de servicii pentru care beneficiarul din România este obligat la plata TVA (taxare inversă), din care:		
22.1	Achiziţii de servicii intracomunitare pentru care beneficiarul este obligat la plata TVA (taxare inversă)		
23	Regularizări privind achiziţii de servicii intracomunitare pentru care beneficiarul din România este obligat la plata TVA (taxare inversă)		
ACHIZIŢII DE BUNURI/SERVICII ÎN INTERIORUL ŢĂRII ŞI IMPORTURI, ACHIZIŢII INTRACOMUNITARE SCUTITE SAU NEIMPOZABILE			

24	Achiziţii de bunuri şi servicii taxabile cu cota de 19%, altele decât cele de la rd. 27		
25	Achiziţii de bunuri şi servicii, taxabile cu cota de 9%		
26	Achiziţii de bunuri şi servicii, taxabile cu cota de 5%		
27	Achiziţii de bunuri şi servicii supuse măsurilor de simplificare pentru care beneficiarul este obligat la plata TVA (taxare inversă), din care:		
27.1	Achiziţii de bunuri şi servicii, taxabile cu cota 19%		
27.2	Achiziţii de bunuri, taxabile cu cota 9%		
27.3	Achiziţii de bunuri, taxabile cu cota 5%		
28	Compensaţia în cotă forfetară pentru achiziţii de produse şi servicii agricole de la furnizori care aplică regimul special pentru agricultori	#	
29	Regularizări privind compensaţia în cotă forfetară	#	
30	Achiziţii de bunuri şi servicii scutite de taxă sau neimpozabile, din care:		#
30.1	Achiziţii de servicii intracomunitare scutite de taxă		#
31	**TOTAL TAXĂ DEDUCTIBILĂ** (sumă de la rd. 20 până la rd. 29, cu excepţia celor de la rd. 20.1, 22.1, 27.1, 27.2, 27.3)		
32	**SUBTOTAL TAXĂ DEDUSĂ CONFORM ART. 297 ŞI ART. 298 SAU ART. 300 ŞI ART. 298 DIN CODUL FISCAL ŞI COMPENSAŢIE ÎN COTĂ FORFETARĂ**	#	
33	TVA efectiv restituită cumpărătorilor străini, inclusiv comisionul unităţilor autorizate	#	
34	Regularizări taxă dedusă		
35	Ajustări conform pro-rata/ajustări de taxă	#	
36	**TOTAL TAXĂ DEDUSĂ (rd. 32 + rd. 33 + rd. 34 + rd. 35)**	#	

Câmpurile aferente casetelor gri au fost marcate cu #.

REGULARIZĂRI CONFORM ART. 303 DIN CODUL FISCAL		**- lei -**
Denumire indicatori		**TVA**
37	Suma negativă a TVA în perioada de raportare (rd. 36 - rd. 19)	
38	Taxa de plată în perioada de raportare (rd. 19 - rd. 36)	
39	Soldul TVA de plată din decontul perioadei fiscale precedente (rd. 45 din decontul perioadei fiscale precedente) neachitate până la data depunerii decontului de TVA	
40	Diferenţe de TVA de plată stabilite de organele fiscale prin	

	decizie comunicată și neachitate până la data depunerii decontului de TVA	
41	TVA de plată cumulat (rd. 38 + rd. 39 + rd. 40)	
42	Soldul sumei negative a TVA reportate din perioada precedentă pentru care nu s-a solicitat rambursare (rd. 46 din decontul perioadei fiscale precedente)	
43	Diferențe negative de TVA stabilite de organele de inspecție fiscală prin decizie comunicată până la data depunerii decontului de TVA	
44	Suma negativă a TVA cumulate (rd. 37 + rd. 42 + rd. 43)	
45	Sold TVA de plată la sfârșitul perioadei de raportare (rd. 41 - rd. 44)	
46	Soldul sumei negative de TVA la sfârșitul perioadei de raportare (rd. 44 - rd. 41)	

Cod CAEN al activității preponderente efectiv desfășurate în perioada de raportare: |______|

Ați efectuat următoarele operațiuni pentru care se aplică taxarea inversă, în conformitate cu prevederile art. 331 din Codul fiscal, a căror exigibilitate intervine în perioada de raportare?

- livrare de cereale și plante tehnice Da |_| Nu |_|
- livrare de telefoane mobile Da |_| Nu |_|
- livrare de dispozitive cu circuite integrate înainte de integrarea lor în produse destinate utilizatorului final Da |_| Nu |_|
- livrare de console de jocuri, tablete PC și laptopuri Da |_| Nu |_|

Solicitați rambursarea soldului sumei negative de TVA? Da |_| Nu |_|

FACTURI EMISE DUPĂ INSPECȚIA FISCALĂ, conform art. 330 alin. (3) din Codul fiscal

- lei -

Număr total facturi emise	Total bază de impozitare	Total TVA aferentă

FACTURI PRIMITE DUPĂ INSPECȚIA FISCALĂ, conform pct. 108 alin. (6) din Normele metodologice de aplicare a titlului VII din Codul fiscal

- lei -

Număr total facturi primite	Total bază de impozitare	Total TVA aferentă

FACTURI EMISE, CONFORM ART. 11 ALIN. (6) ȘI (8) DIN CODUL FISCAL, DUPĂ ÎNREGISTRAREA ÎN SCOPURI DE TVA PENTRU OPERAȚIUNI EFECTUATE ÎN PERIOADA ÎN CARE CODUL DE ÎNREGISTRARE ÎN SCOPURI DE TVA A FOST ANULAT

- lei -

Număr total facturi emise	Total bază de impozitare	Total TVA aferentă

INFORMAŢII PRIVIND TAXA PE VALOAREA ADĂUGATĂ NEEXIGIBILĂ SAU NEDEDUCTIBILĂ

- lei -

SOLDUL TAXEI PE VALOAREA ADĂUGATĂ AFERENTĂ OPERAŢIUNILOR REALIZATE INCLUSIV ÎN ALTE PERIOADE DE RAPORTARE

		Valoare	**TVA**
A.	Livrări de bunuri şi prestări de servicii realizate a căror TVA aferentă a rămas neexigibilă, existentă în sold la sfârşitul perioadei de raportare, ca urmare a aplicării sistemului TVA la încasare, din care:		
A1.	Livrări de bunuri şi prestări de servicii realizate în ultimele 6 luni/2 trimestre calendaristice		
B.	Achiziţii de bunuri şi servicii realizate pentru care nu s-a exercitat dreptul de deducere a TVA aferentă, existentă în sold la sfârşitul perioadei de raportare, ca urmare a aplicării art. 297 alin. (2) şi (3) din Codul fiscal, din care:		
B1.	Achiziţii de bunuri şi servicii realizate în ultimele 6 luni/2 trimestre calendaristice		

Informaţii privind valoarea totală, fără TVA, a operaţiunilor prevăzute la art. 278^1 alin. (1) lit. b) din Codul fiscal, respectiv a vânzărilor intracomunitare de bunuri la distanţă şi a prestărilor de servicii de telecomunicaţii, de radiodifuziune şi televiziune, precum şi servicii furnizate pe cale electronică către persoane neimpozabile din alte state membre UE

- lei -

Total an precedent	**An curent (inclusiv perioada de raportare)**

Prezenta declaraţie constituie titlu de creanţă şi produce efectele juridice ale înştiinţării de plată de la data depunerii acesteia, în condiţiile legii.

Sub sancţiunile aplicate faptei de fals în declaraţii, declar că datele din această declaraţie sunt corecte şi complete.

		Semnătura
Nume, prenume		
Funcţie		

Loc rezervat organului fiscal

Număr de înregistrare		Data înregistrării	

INSTRUCŢIUNI
pentru completarea şi depunerea formularului (300) "Decont de taxă pe valoarea adăugată"

Formularul (300) "Decont de taxă pe valoarea adăugată" se completează de persoanele impozabile înregistrate în scopuri de TVA conform art. 316 din Legea nr. 227/2015 privind Codul fiscal, cu modificările şi completările ulterioare (Codul fiscal).

Persoanele impozabile care conduc evidenţa contabilă, potrivit legii, pentru operaţiunile realizate pe bază de contract de asociere în participaţiune declară inclusiv datele şi informaţiile privind taxa pe valoarea adăugată rezultate din astfel de operaţiuni.

Formularul (300) "Decont de taxă pe valoarea adăugată" se depune la organul fiscal competent, la următoarele termene:

a) lunar, până la data de 25 inclusiv a lunii următoare celei pentru care se depune decontul, de persoanele impozabile pentru care perioada fiscală este luna calendaristică, potrivit prevederilor art. 322 din Codul fiscal;

b) trimestrial, până la data de 25 inclusiv a primei luni din trimestrul următor celui pentru care se depune decontul, de persoanele impozabile pentru care perioada fiscală este trimestrul calendaristic, potrivit prevederilor art. 322 din Codul fiscal;

c) semestrial, până la data de 25 inclusiv a primei luni din semestrul următor celui pentru care se depune decontul, de persoanele impozabile pentru care organul fiscal competent a aprobat ca perioadă fiscală semestrul calendaristic, potrivit prevederilor art. 322 alin. (9) din Codul fiscal şi ale pct. 103 alin. (4) din Normele metodologice de aplicare a Legii nr. 227/2015 privind Codul fiscal, aprobate prin Hotărârea Guvernului nr. 1/2016, cu modificările şi completările ulterioare (Normele metodologice);

d) anual, până la data de 25 ianuarie inclusiv a anului următor celui pentru care se depune decontul, de persoanele impozabile prevăzute la pct. 103 alin. (6) din Normele metodologice şi de persoanele impozabile pentru care organul fiscal competent a aprobat ca perioadă fiscală anul calendaristic, potrivit prevederilor art. 322 alin. (9) din Codul fiscal şi ale pct. 103 alin. (4) din Normele metodologice;

e) până la data de 25 a celei de-a treia luni a trimestrului calendaristic, pentru primele două luni ale aceluiaşi trimestru calendaristic, de persoanele impozabile care utilizează trimestrul ca perioadă fiscală şi care efectuează o achiziţie intracomunitară de bunuri taxabilă în România, dacă exigibilitatea taxei aferente achiziţiei intracomunitare intervine în a doua lună a respectivului trimestru. Decontul se va depune pentru luna a doua a trimestrului, dar va cuprinde şi operaţiunile realizate în prima lună a acestuia. În situaţia în care exigibilitatea taxei aferente achiziţiei intracomunitare intervine în prima sau în a treia lună a trimestrului calendaristic, sunt aplicabile în mod corespunzător dispoziţiile lit. a) din prezentul paragraf.

Formularul (300) "Decont de taxă pe valoarea adăugată" pentru care termenul de declarare se împlineşte la 25 decembrie se depune la organul fiscal competent până la data de 21 decembrie. În situaţia în care data de 21 decembrie este zi nelucrătoare, formularul se depune până în ultima zi lucrătoare anterioară datei de 21 decembrie, potrivit art. 155 alin. (2) din Legea nr. 207/2015 privind Codul de procedură fiscală, cu modificările şi completările ulterioare (Codul de procedură fiscală).

Persoanele impozabile înregistrate în scopuri de TVA conform art. 316 din Codul fiscal completează formularul (300) "Decont de taxă pe valoarea adăugată" cu ajutorul programului de asistenţă existent pe portalul Agenţiei Naţionale de Administrare Fiscală, secţiunea Asistenţă contribuabili sau secţiunea Declaraţii electronice şi se transmite prin mijloace electronice de transmitere la distanţă, potrivit legii.

ATENŢIE!

Nu se înscriu în decont:

- taxa pe valoarea adăugată din facturile de executare silită de către persoanele abilitate prin lege să efectueze vânzarea bunurilor supuse executării silite;

- taxa cumulată de plată pentru care a fost aprobată o înlesnire la plată;

- taxa cumulată de plată cu care organul fiscal s-a înscris la masa credală potrivit prevederilor Legii nr. 85/2014 privind procedurile de prevenire a insolvenţei şi de insolvenţă, cu modificările şi completările ulterioare;

- soldul sumei negative de taxă, înscris în decontul aferent perioadei fiscale anterioare datei deschiderii procedurii insolvenţei prevăzute de Legea nr. 85/2014 privind procedurile de prevenire a insolvenţei şi de insolvenţă, cu modificările şi completările ulterioare.

Completarea formularului se face astfel:

Perioada de raportare

"Perioada de raportare" poate fi luna calendaristică, trimestrul calendaristic, semestrul calendaristic sau anul calendaristic, în condiţiile art. 322 din Codul fiscal şi ale pct. 103 alin. (4) şi (6) din Normele metodologice.

Se înscrie cu cifre arabe numărul perioadei de raportare (de exemplu: 01 pentru ianuarie, 03 pentru trimestrul I, 06 pentru semestrul I, 12 pentru an).

Anul pentru care se completează declaraţia se înscrie cu cifre arabe, cu 4 caractere (de exemplu, 2021).

Temeiul legal pentru depunerea decontului de taxă pe valoarea adăugată

În cazul depunerii decontului de taxă după anularea rezervei verificării ulterioare, potrivit dispoziţiilor art. 105 alin. (7) din Codul de procedură fiscală, se completează temeiul legal.

În situaţia îndeplinirii de către succesorii persoanelor/entităţilor care şi-au încetat existenţa a obligaţiilor fiscale aferente perioadei în care persoana/entitatea a avut calitatea de subiect de drept fiscal, se bifează rubrica "Declaraţie depusă potrivit art. 90 alin. (4) din Legea nr. 207/2015 privind Codul de procedură fiscală, cu modificările şi completările ulterioare" şi se completează codul de identificare fiscală al succesorului. De asemenea, la secţiunea "Date de identificare a persoanei impozabile", la rubrica "Cod de identificare fiscală" se înscrie codul de identificare fiscală al entităţii care şi-a încetat existenţa.

În situaţia îndeplinirii de către reprezentantul grupului fiscal unic a obligaţiei de depunere a decontului consolidat de taxă, pentru grupul fiscal constituit potrivit art. 269 alin. (9) din Codul fiscal, se bifează caseta corespunzătoare. Caseta nu se bifează în situaţia depunerii de către reprezentantul grupului fiscal a decontului de TVA pentru activitatea proprie.

Secţiunea "Date de identificare a persoanei impozabile"

Caseta "Cod de identificare fiscală" se completează astfel:

- contribuabilii persoane juridice, cu excepţia comercianţilor, asociaţiile sau alte entităţi fără personalitate juridică înscriu codul de înregistrare fiscală;

- comercianţii, inclusiv sucursalele comercianţilor care au sediul principal al comerţului în străinătate, înscriu codul unic de înregistrare;

- contribuabilii persoane fizice care desfăşoară activităţi economice în mod independent sau exercită profesii libere înscriu codul de înregistrare fiscală;

- contribuabilii persoane fizice, cu excepţia persoanelor fizice care desfăşoară activităţi economice în mod independent sau care exercită profesii libere, înscriu codul de înregistrare în scopuri de TVA, atribuit conform art. 316 din Codul fiscal;

- contribuabilii persoane impozabile care nu sunt stabilite în România, conform art. 266 alin. (2) din Codul fiscal, şi sunt înregistrate în scopuri de taxă pe valoarea adăugată în România, potrivit art. 316 din acelaşi act normativ, înscriu codul de înregistrare în scopuri de TVA.

Reprezentantul fiscal desemnat de o persoană impozabilă stabilită în străinătate înscrie codul de înregistrare în scopuri de TVA atribuit persoanei impozabile străine, care este diferit de codul de înregistrare în scopuri de TVA atribuit pentru activitatea proprie a reprezentantului.

Înscrierea cifrelor în casetă se face cu aliniere la dreapta.

Caseta "Denumire" se completează cu denumirea persoanei juridice, a asociaţiei sau a entităţii fără personalitate juridică ori cu numele şi prenumele persoanei fizice, după caz.

În cazul persoanelor impozabile stabilite în străinătate care şi-au desemnat reprezentant fiscal, în caseta "Denumire" se înscriu informaţiile de identificare înscrise pe certificatul de înregistrare fiscală a reprezentării (denumirea persoanei impozabile stabilite în străinătate, reprezentată fiscal prin reprezentantul fiscal desemnat în condiţiile legii).

Caseta "Domiciliu fiscal" se completează cu datele privind adresa domiciliului fiscal al contribuabilului.

În cazul persoanelor impozabile stabilite în străinătate, înregistrate direct în scopuri de TVA în România, se înscrie adresa din România la care pot fi examinate evidenţele şi documentele ce trebuie păstrate, în conformitate cu prevederile pct. 88 alin. (7) lit. a) din Normele metodologice.

În cazul persoanelor impozabile stabilite în străinătate, care şi-au desemnat reprezentant fiscal, în caseta "Domiciliu fiscal" se înscrie domiciliul fiscal al reprezentantului fiscal.

În cazul persoanelor impozabile care au sediul activităţii economice în afara României şi sunt stabilite în România printr-unul sau mai multe sedii fixe fără personalitate juridică, conform art. 266 alin. (2) lit. b) din Codul fiscal, în caseta "Domiciliu fiscal" se înscrie adresa din România a sediului fix desemnat să depună decontul de taxă şi să fie responsabil pentru toate obligaţiile în scopuri de TVA, conform pct. 88 alin. (5) din Normele metodologice.

În rubrica "Pro rata de deducere%" se înscrie pro rata determinată potrivit art. 300 din Codul fiscal.

Secţiunea "Taxa pe valoarea adăugată colectată"

Rândul 1 - se înscriu informaţiile preluate din jurnalul de vânzări*) privind baza de impozitare pentru livrările intracomunitare de bunuri, scutite conform art. 294 alin. (2) lit. a) şi d) din Codul fiscal, şi pentru livrările intracomunitare de bunuri cu cod T, efectuate în cadrul unei operaţiuni triunghiulare de cumpărătorul revânzător, prevăzute la art. 276 alin. (5) din Codul fiscal, pentru care exigibilitatea taxei intervine în perioada de raportare**), inclusiv sumele din facturile pentru încasări de avansuri parţiale pentru livrările intracomunitare de bunuri scutite. Se înscriu, de asemenea, ajustările bazei de impozitare prevăzute la art. 287 din Codul fiscal pentru care exigibilitatea taxei intervine în perioada de raportare, conform art. 282 alin. (9) din Codul fiscal.

Rândul 2 - se înscriu regularizările ulterioare datorate unor evenimente care determină modificarea datelor declarate la rd. 1 din decont în altă perioadă, precum: modificarea preţului generată de alte situaţii decât cele prevăzute la art. 287 din Codul fiscal, nedeclararea din eroare a livrării intracomunitare în perioada în care intervine exigibilitatea etc.

Rândul 3 - se înscriu informaţiile preluate din jurnalul de vânzări*) privind baza de impozitare pentru livrările de bunuri/prestările de servicii care nu sunt impozabile în România pentru că nu au locul livrării/prestării stabilit, conform art. 275 şi 278 din Codul fiscal, în România, precum şi pentru livrările intracomunitare de bunuri, scutite conform art. 294 alin. (2) lit. b) şi c) din Codul fiscal, pentru care exigibilitatea taxei intervine în perioada de raportare**), inclusiv sumele din facturile pentru încasări de avansuri parţiale pentru aceste livrări intracomunitare de bunuri scutite. Se înscriu, de asemenea, ajustările bazei de impozitare prevăzute la art. 287 din Codul fiscal pentru care exigibilitatea taxei intervine în perioada de raportare, conform art. 282 alin. (9) din Codul fiscal, precum şi orice alte regularizări ulterioare, cu excepţia celor referitoare la serviciile intracomunitare care se înscriu la rândul 4.

Rândul 3.1 - se înscriu informaţiile preluate din jurnalul de vânzări*) privind baza de impozitare pentru serviciile pentru care se aplică prevederile art. 278 alin. (2) din Codul fiscal, altele decât cele scutite de TVA în statul membru în care acestea sunt impozabile, prestate către persoane impozabile nestabilite în România, dar stabilite în Uniunea Europeană, pentru care exigibilitatea intervine în perioada de raportare, precum şi ajustările bazei de impozitare prevăzute la art. 287 din Codul fiscal pentru care exigibilitatea taxei intervine în perioada de raportare, conform art. 282 alin. (9) din Codul fiscal.

Rândul 4 - se înscriu regularizările ulterioare datorate unor evenimente care determină modificarea datelor declarate la rd. 3.1 din decont în altă perioadă, precum: modificarea preţului generată de alte situaţii decât cele prevăzute la art. 287 din Codul fiscal, nedeclararea din eroare a operaţiunilor respective în perioada în care intervine exigibilitatea etc.

Rândul 5 - se înscriu informaţiile preluate din jurnalul de cumpărări*) privind baza de impozitare pentru achiziţiile intracomunitare de bunuri taxabile în România, precum şi baza de impozitare pentru achiziţiile de bunuri efectuate de către beneficiarul unei livrări ulterioare efectuate în cadrul unei operaţiuni triunghiulare, pentru care acesta este obligat la plata taxei conform art. 307 alin. (4) din Codul fiscal, şi taxa pe valoarea adăugată aferentă, pentru care exigibilitatea taxei intervine în perioada de raportare**), inclusiv sumele din facturile primite pentru plăţi de avansuri parţiale pentru achiziţii intracomunitare de bunuri. Se înscriu şi ajustările bazei de impozitare prevăzute la art. 287 din Codul fiscal pentru care exigibilitatea taxei intervine în perioada de raportare, conform art. 282 alin. (9) din Codul fiscal.

Rândul 6 - se înscriu achiziţiile intracomunitare de bunuri a căror exigibilitate a intervenit în altă perioadă, dar respectiva achiziţie nu a fost declarată, regularizările privind achiziţiile intracomunitare declarate în perioade anterioare şi datorate unor evenimente care determină modificarea datelor declarate iniţial, precum:

- modificarea preţului bunurilor care au fost declarate ca achiziţie intracomunitară pe bază de autofactură, în condiţiile legii, ulterior factura primită de la furnizor având un preţ mai mare sau mai mic, cu excepţia situaţiilor când această modificare a preţului a rezultat ca urmare a unuia dintre evenimentele prevăzute la art. 287 din Codul fiscal în perioada de raportare;
- declararea achiziţiei intracomunitare pe bază de autofactură, în condiţiile legii, iar la primirea facturii de la furnizor, într-o perioadă ulterioară, se constată că exigibilitatea achiziţiei intracomunitare intervenea într-o perioadă anterioară;
- modificarea bazei impozabile a achiziţiei intracomunitare şi a taxei aferente ca urmare a modificării cursului valutar de referinţă aplicabil, datorată unor neconcordanţe între data primirii facturii de la furnizor şi data declarării achiziţiei intracomunitare;
- orice alte evenimente de natură să modifice datele declarate iniţial, cu excepţia ajustărilor bazei de impozitare prevăzute la art. 287 din Codul fiscal, atunci când aceste evenimente au loc ulterior, într-o altă perioadă decât cea în care a intervenit exigibilitatea pentru achiziţiile intracomunitare respective.

Rândul 7 - se înscriu informaţiile preluate din jurnalul de cumpărări*) privind baza de impozitare şi taxa pe valoarea adăugată pentru achiziţiile de bunuri şi servicii pentru care beneficiarul din România este persoană obligată la plata TVA conform art. 307 alin. (2) - (6) din Codul fiscal şi pentru importurile de bunuri cărora le sunt aplicabile prevederile art. 326 alin. (4) şi (5) din Codul fiscal, a căror exigibilitate intervine în perioada de raportare. Se înscriu, de asemenea, ajustările bazei de impozitare prevăzute la art. 287 din Codul fiscal pentru care exigibilitatea taxei intervine în perioada de raportare, conform art. 282 alin. (9) din Codul fiscal, precum şi orice alte regularizări ulterioare, cu excepţia celor referitoare la serviciile intracomunitare care se înscriu la rândul 8.

Rândul 7.1 - se înscriu informaţiile preluate din jurnalul de cumpărări*) privind baza de impozitare şi taxa pe valoarea adăugată pentru achiziţiile de servicii intracomunitare pentru care beneficiarul din România este persoană obligată la plata TVA conform art. 307 alin. (2) din Codul fiscal, precum şi ajustările bazei de impozitare prevăzute la art. 287 din Codul fiscal pentru care exigibilitatea taxei intervine în perioada de raportare, conform art. 282 alin. (9) din Codul fiscal.

Rândul 8 - se înscriu regularizările ulterioare datorate unor evenimente care determină modificarea datelor declarate la rd. 7.1 din decont în altă perioadă, precum: modificarea preţului generată de alte situaţii decât cele prevăzute la art. 287 din Codul fiscal, nedeclararea din eroare a operaţiunilor respective în perioada în care intervine exigibilitatea etc.

Rândul 9 - se înscriu informaţiile preluate din jurnalul de vânzări*) pentru operaţiuni a căror exigibilitate intervine în perioada de raportare, privind:

- baza de impozitare şi taxa pe valoarea adăugată colectată pentru livrările de bunuri/prestările de servicii taxabile cu cota de 19%, inclusiv pentru livrările de bunuri şi prestările de servicii asimilate;
- baza de impozitare şi taxa pe valoarea adăugată colectată pentru operaţiunile supuse regimurilor speciale de taxă pe valoarea adăugată determinate pe baza situaţiilor de calcul întocmite în acest scop;
- ajustările bazei de impozitare prevăzute la art. 287 din Codul fiscal pentru care exigibilitatea taxei intervine în perioada de raportare, conform art. 282 alin. (9) şi (10), după caz, din Codul fiscal, dacă au fost generate de operaţiuni pentru care cota de taxă pe valoarea adăugată aplicată este de 19%.

Rândul 10 - se înscriu informaţiile preluate din jurnalul de vânzări*) pentru operaţiuni a căror exigibilitate intervine în perioada de raportare, privind baza de impozitare şi taxa pe valoarea adăugată colectată pentru livrările de bunuri/prestările de servicii taxabile cu cota de 9%, inclusiv pentru livrările de bunuri şi prestările de servicii asimilate.

Se înscriu, de asemenea, ajustările bazei de impozitare prevăzute la art. 287 din Codul fiscal, pentru care exigibilitatea taxei intervine în perioada de raportare, conform art. 282 alin. (9) şi (10), după caz, din Codul fiscal, dacă au fost generate de operaţiuni pentru care cota de taxă pe valoarea adăugată aplicată este de 9%.

Rândul 11 - se înscriu informaţiile preluate din jurnalul de vânzări*) pentru operaţiuni a căror exigibilitate intervine în perioada de raportare, privind baza de impozitare şi taxa pe valoarea adăugată colectată pentru livrările de bunuri şi prestările de servicii taxabile cu cota de 5%.

Se înscriu, de asemenea, ajustările bazei de impozitare prevăzute la art. 287 din Codul fiscal, pentru care exigibilitatea taxei intervine în perioada de raportare, conform art. 282 alin. (9) şi (10), după caz, din Codul fiscal, dacă au fost generate de operaţiuni pentru care cota de taxă pe valoarea adăugată aplicată este de 5%.

Rândul 12 - se înscriu informaţiile preluate din jurnalul de cumpărări*) privind baza de impozitare şi taxa colectată pentru achiziţiile de bunuri şi de servicii, a căror exigibilitate intervine în perioada de raportare, de către beneficiarii care aplică măsurile de simplificare prevăzute la art. 331 din Codul fiscal.

Se înscriu, de asemenea, ajustările bazei de impozitare prevăzute la art. 287 din Codul fiscal, pentru care exigibilitatea taxei intervine în perioada de raportare şi care au fost generate de operaţiuni pentru care cota de taxă pe valoarea adăugată aplicată a fost de 19%, 9% sau 5%.

Rândul 12.1 - se înscriu informaţiile preluate din jurnalul de cumpărări*) privind baza de impozitare şi taxa colectată pentru achiziţiile de bunuri şi de servicii, precum şi ajustările bazei de impozitare prevăzute la art. 287 din Codul fiscal, pentru care exigibilitatea taxei intervine în perioada de raportare şi care au fost generate de operaţiuni pentru care cota de taxă pe valoarea adăugată aplicată a fost de 19%.

Rândul 12.2 - se înscriu informaţiile preluate din jurnalul de cumpărări*) privind baza de impozitare şi taxa colectată pentru achiziţiile de bunuri, precum şi ajustările bazei de impozitare prevăzute la art. 287 din Codul fiscal, pentru care exigibilitatea taxei intervine în perioada de raportare şi care au fost generate de operaţiuni pentru care cota de taxă pe valoarea adăugată aplicată a fost de 9%.

Rândul 12.3 - se înscriu informaţiile preluate din jurnalul de cumpărări*) privind baza de impozitare şi taxa colectată pentru achiziţiile de bunuri, precum şi ajustările bazei de impozitare prevăzute la art. 287 din Codul fiscal, pentru care exigibilitatea taxei intervine în perioada de raportare şi care au fost generate de operaţiuni pentru care cota de taxă pe valoarea adăugată aplicată a fost de 5%.

Rândul 13 - se înscriu informaţiile preluate din jurnalul de vânzări*) privind baza de impozitare pentru livrările/prestările efectuate, pentru care furnizorii/prestatorii aplică măsurile de simplificare prevăzute la art. 331 din Codul fiscal, pentru operaţiuni a căror exigibilitate intervine în perioada de raportare sau în perioade fiscale anterioare. Se înscriu, de asemenea, ajustările bazei de impozitare prevăzute la art. 287 din Codul fiscal, pentru care exigibilitatea taxei intervine în perioada de raportare.

Rândul 14 - se înscriu informaţiile preluate din jurnalul de vânzări*) pentru operaţiuni a căror exigibilitate intervine în perioada de raportare sau în perioade fiscale anterioare, privind:

- baza de impozitare pentru livrările de bunuri/prestările de servicii scutite cu drept de deducere, prevăzute la art. 294 alin. (1), art. 295 şi 296 din Codul fiscal;
- baza de impozitare pentru operaţiuni scutite de taxă, conform art. 292 alin. (2) lit. a) pct. 1 - 5 şi lit. b) din Codul fiscal, în cazul în care cumpărătorul sau clientul este stabilit în afara Uniunii Europene sau în cazul în care aceste operaţiuni sunt în legătură directă cu bunuri care vor fi exportate, precum şi în cazul operaţiunilor efectuate de intermediari care acţionează în numele şi în contul altei persoane, atunci când aceştia intervin în derularea unor astfel de operaţiuni;
- baza de impozitare pentru operaţiuni scutite de taxă cu drept de deducere potrivit altor dispoziţii legale.

Rândul 15 - se înscriu informaţiile preluate din jurnalul de vânzări*) privind baza de impozitare pentru livrările de bunuri scutite fără drept de deducere, prevăzute la art. 292 din Codul fiscal sau potrivit altor dispoziţii legale.

Rândul 16 - se evidenţiază sumele rezultate din corectarea informaţiilor de la rd. 9, 10, 11 şi 12 din deconturile anterioare, ajustările bazei de impozitare prevăzute la art. 287 din Codul fiscal pentru care exigibilitatea taxei intervine în perioada de raportare, conform art. 282 alin. (9) şi (10), după caz, din Codul fiscal, dar care au fost generate de operaţiuni pentru care cota de taxă pe valoarea adăugată aplicată a fost de 24%, 20% sau 9%, operaţiuni pentru care exigibilitatea taxei intervine în perioada de raportare, dar pentru care se aplică cota de 24%, 20% sau 9%, sumele rezultate din regularizările prevăzute de art. 291 alin. (6) din Codul fiscal datorate modificării cotelor de TVA, precum şi orice alte sume rezultate din regularizările prevăzute de legislaţia în vigoare datorate unor evenimente, cu excepţia celor prevăzute la art. 287 din Codul fiscal, care determină modificarea datelor declarate iniţial, cum ar fi nedeclararea din eroare a operaţiunii în perioada în care intervine exigibilitatea.

Rândul 17 - se înscriu informaţiile preluate din jurnalul de vânzări*) privind baza de impozitare şi taxa pe valoarea adăugată colectată pentru vânzările intracomunitare de bunuri la distanţă, astfel cum sunt definite la art. 266 alin. (1) pct. 35 din Codul fiscal, şi pentru prestările de servicii de telecomunicaţii, de radiodifuziune, televiziune şi de servicii furnizate pe cale electronică, în situaţia în care bunurile sunt expediate sau transportate către un alt stat membru al Uniunii Europene, respectiv beneficiarul serviciilor este persoană neimpozabilă stabilită în alt stat membru al Uniunii Europene, pentru care locul livrării/prestării se consideră a fi în România, conform art. 278^1 alin. (1) din Codul fiscal, şi pentru care exigibilitatea taxei intervine în perioada de raportare**), inclusiv sumele din facturile pentru încasări de avansuri parţiale pentru aceste vânzări/prestări de servicii.

Locul livrării/prestării se consideră a fi în România dacă valoarea totală, fără TVA, a acestor operaţiuni nu depăşeşte în anul curent 46.337 lei şi nu a depăşit această sumă nici în anul precedent, dacă furnizorul/prestatorul nu a optat ca locul livrării/prestării să fie la beneficiar potrivit art. 275 alin. (2) sau art. 278 alin. (5) lit. h) din Codul fiscal.

Rândul 18 - se înscriu regularizările ulterioare datorate unor evenimente care determină modificarea datelor declarate la rd. 17 din decont în altă perioadă, precum: modificarea preţului generată de alte situaţii decât cele prevăzute la art. 287 din Codul fiscal, nedeclararea din eroare a operaţiunilor respective în perioada în care intervine exigibilitatea etc.

Secţiunea "Taxa pe valoarea adăugată deductibilă"

Rândul 20 - se înscriu aceleaşi informaţii declarate la rd. 5.

Rândul 20.1 - se înscriu aceleaşi informaţii declarate la rd. 5.1.

Rândul 21 - se înscriu aceleaşi informaţii declarate la rd. 6.

Rândul 22 - se înscriu aceleaşi informaţii declarate la rd. 7.

Rândul 22.1 - se înscriu aceleaşi informaţii declarate la rd. 7.1.

Rândul 23 - se înscriu aceleaşi informaţii declarate la rd. 8.

Rândul 24 - se înscriu informaţiile din jurnalul de cumpărări*) privind baza de impozitare şi taxa pe valoarea adăugată deductibilă aferentă achiziţiilor din ţară de bunuri şi servicii, taxabile cu cota de 19%, altele decât cele înscrise la rd. 27, precum şi baza de impozitare şi taxa aferentă importurilor care nu se încadrează în prevederile art. 326 alin. (4) şi (5) din Codul fiscal, pentru care exigibilitatea intervine în perioada de raportare.

Se înscriu, de asemenea, şi ajustările bazei de impozitare prevăzute la art. 287 din Codul fiscal, pentru care exigibilitatea taxei intervine în perioada de raportare, conform art. 282 alin. (9) şi (10), după caz, din Codul fiscal, dacă au fost generate de operaţiuni pentru care cota de taxă pe valoarea adăugată aplicată este de 19%.

Se înscriu, de asemenea, şi informaţii privind achiziţiile de bunuri şi servicii, taxabile cu cota de 19%, efectuate de persoana impozabilă, beneficiară a unui regim special, în condiţiile prevăzute la art. 314 alin. (12), art. 315 alin. (14) sau art. 315^2 alin. (24) din Codul fiscal.

Rândul 25 - se înscriu informaţiile din jurnalul de cumpărări*) privind baza de impozitare şi taxa pe valoarea adăugată deductibilă aferentă achiziţiilor din ţară de bunuri şi servicii, taxabile cu cota de 9%, precum şi taxa aferentă importurilor care nu se încadrează în prevederile art. 326 alin. (4) şi (5) din Codul fiscal, pentru care exigibilitatea intervine în perioada de raportare.

Se înscriu, de asemenea, ajustările bazei de impozitare prevăzute la art. 287 din Codul fiscal, pentru care exigibilitatea taxei intervine în perioada de raportare, conform art. 282 alin. (9) şi (10), după caz, din Codul fiscal, pentru care cota de taxă pe valoarea adăugată aplicată este de 9%.

Se înscriu, de asemenea, şi informaţii privind achiziţiile de bunuri şi servicii, taxabile cu cota de 9%, efectuate de persoana impozabilă, beneficiară a unui regim special, în condiţiile prevăzute la art. 314 alin. (12), art. 315 alin. (14) sau art. 315^2 alin. (24) din Codul fiscal.

Rândul 26 - se înscriu informaţiile din jurnalul de cumpărări*) privind baza de impozitare şi taxa pe valoarea adăugată deductibilă aferentă achiziţiilor din ţară de bunuri şi servicii, taxabile cu cota de 5%.

Se înscriu, de asemenea, ajustările bazei de impozitare prevăzute la art. 287 din Codul fiscal, pentru care exigibilitatea taxei intervine în perioada de raportare, conform art. 282 alin. (9) şi (10), după caz, din Codul fiscal, pentru care cota de taxă pe valoarea adăugată aplicată este de 5%.

Se înscriu, de asemenea, şi informaţii privind achiziţiile de bunuri şi servicii, taxabile cu cota de 5%, efectuate de persoana impozabilă, beneficiară a unui regim special, în condiţiile prevăzute la art. 314 alin. (12), art. 315 alin. (14) sau art. 315^2 alin. (24) din Codul fiscal.

Rândul 27 - se înscriu informaţiile preluate din jurnalul de cumpărări*) privind baza de impozitare şi taxa deductibilă pentru achiziţiile de bunuri şi de servicii, a căror exigibilitate intervine în perioada de raportare, de către beneficiarii care aplică măsurile de simplificare prevăzute la art. 331 din Codul fiscal.

Se înscriu, de asemenea, ajustările bazei de impozitare prevăzute la art. 287 din Codul fiscal, pentru care exigibilitatea taxei intervine în perioada de raportare şi care au fost generate de operaţiuni pentru care cota de taxă pe valoarea adăugată aplicată a fost de 19%, 9% sau 5%.

Se înscriu aceleaşi informaţii declarate la rd. 12.

Rândul 27.1 - se înscriu informaţiile preluate din jurnalul de cumpărări*) privind baza de impozitare şi taxa deductibilă pentru achiziţiile de bunuri şi de servicii, precum şi ajustările bazei de impozitare prevăzute la art. 287 din Codul fiscal, pentru care exigibilitatea taxei intervine în perioada de raportare şi care au fost generate de operaţiuni pentru care cota de taxă pe valoarea adăugată aplicată a fost de 19%. Se înscriu aceleaşi informaţii declarate la rd.12.1.

Rândul 27.2 - se înscriu informaţiile preluate din jurnalul de cumpărări*) privind baza de impozitare şi taxa deductibilă pentru achiziţiile de bunuri, precum şi ajustările bazei de impozitare prevăzute la art. 287 din Codul fiscal, pentru care exigibilitatea taxei intervine în perioada de raportare şi care au fost generate de operaţiuni pentru care cota de taxă pe valoarea adăugată aplicată a fost de 9%. Se înscriu aceleaşi informaţii declarate la rd.12.2.

Rândul 27.3 - se înscriu informaţiile preluate din jurnalul de cumpărări*) privind baza de impozitare şi taxa deductibilă pentru achiziţiile de bunuri, precum şi ajustările bazei de impozitare prevăzute la art. 287 din Codul fiscal, pentru care exigibilitatea taxei intervine în perioada de raportare şi care au fost generate de operaţiuni pentru care cota de taxă pe valoarea adăugată aplicată a fost de 5%. Se înscriu aceleaşi informaţii declarate la rd. 12.3.

Rândul 28 - se înscriu sumele reprezentând compensaţia în cotă forfetară achitată pentru achiziţiile de produse şi servicii agricole de la furnizori care aplică regimul special pentru agricultori, în aceleaşi limite şi condiţii aplicabile pentru deducerea TVA, conform art. 297 - 301 din Codul fiscal.

Rândul 29 - se evidenţiază sumele rezultate din corectarea compensaţiei în cotă forfetară pentru achiziţiile de produse şi servicii agricole de la furnizori care aplică regimul special pentru agricultori, înscrise la rd. 28.

Rândul 30 - se înscriu informaţiile din jurnalul de cumpărări*) privind:

- contravaloarea achiziţiilor de bunuri şi servicii a căror livrare/prestare a fost scutită de taxă, neimpozabilă sau supusă unui regim special de taxă;
- contravaloarea achiziţiilor de bunuri şi servicii din alte state membre, pentru care nu se datorează taxa pe valoarea adăugată în România;
- contravaloarea achiziţiilor intracomunitare de bunuri scutite de taxă sau neimpozabile în România;
- contravaloarea achiziţiilor de servicii intracomunitare scutite de taxa pe valoarea adăugată;
- contravaloarea importurilor scutite de taxa pe valoarea adăugată.

Nu este obligatorie înscrierea în decont a sumelor care nu sunt incluse în baza impozabilă.

Rândul 30.1 - se înscriu informaţiile din jurnalul de cumpărări*) privind achiziţiile de servicii intracomunitare scutite de taxa pe valoarea adăugată.

Rândul 32 - se înscriu taxa pe valoarea adăugată efectiv dedusă pentru achiziţiile prevăzute la rd. 20 - 27, precum şi compensaţia în cotă forfetară achitată pentru achiziţiile de produse şi servicii agricole de la furnizori care aplică regimul special pentru agricultori, prevăzută la rd. 28 şi 29:

- conform art. 297 şi 298 din Codul fiscal, în cazul persoanelor care efectuează numai operaţiuni cu drept de deducere. Nu se preia în acest rând taxa pentru care nu se permite exercitarea dreptului de deducere conform art. 298 din Codul fiscal;
- conform art. 298 şi 300 din Codul fiscal, în cazul persoanelor impozabile cu regim mixt, în funcţie de destinaţia achiziţiilor, astfel:

• taxa aferentă achiziţiilor destinate realizării de operaţiuni cu drept de deducere, cu excepţia achiziţiilor pentru care nu se permite exercitarea dreptului de deducere conform art. 298 din Codul fiscal;

• taxa dedusă conform pro rata pentru achiziţiile destinate realizării atât de operaţiuni cu drept de deducere, cât şi de operaţiuni fără drept de deducere, cu excepţia achiziţiilor pentru care nu se permite exercitarea dreptului de deducere conform art. 298 din Codul fiscal;

• taxa aferentă achiziţiilor destinate realizării operaţiunilor care nu dau drept de deducere nu se preia în acest rând;

• compensaţia în cotă forfetară achitată pentru achiziţiile de produse şi servicii agricole de la furnizori care aplică regimul special pentru agricultori, dedusă potrivit art. 315^1 alin. (17) din Codul fiscal;

• regularizări privind cota forfetară achitată pentru achiziţiile de produse şi servicii agricole de la furnizori care aplică regimul special pentru agricultori.

Totalul rd. 32 poate fi mai mic sau egal cu totalul de la rd. 20 - 29, cu excepţia celor de la rd. 20.1, 22.1, 27.1, 27.2 şi 27.3.

Rândul 33 - se înscriu sumele reprezentând taxa pe valoarea adăugată efectiv restituită, în baza art. 294 alin. (1) lit. b) din Codul fiscal, cumpărătorilor persoane fizice care nu sunt stabilite în Uniunea Europeană, de către persoanele impozabile autorizate în acest sens, inclusiv comisionul perceput pentru activitatea de restituire a taxei.

Rândul 34 - se evidenţiază sumele rezultate din corectarea taxei deduse, conform art. 297 şi 298 din Codul fiscal, în cazul persoanelor care efectuează numai operaţiuni cu drept de deducere, sau art. 298 şi. 300 din Codul fiscal, în cazul persoanelor impozabile cu regim mixt, aferentă operaţiunilor înscrise la rd. 24, 25, 26 şi 27 din decontàrile anterioare, ajustările prevăzute la art. 287 din Codul fiscal, a căror exigibilitate este ulterioară datei de 1 ianuarie 2017, dar care au fost generate de operaţiuni pentru care cota de taxă pe valoarea adăugată aplicată a fost de 24%, 20% sau 9%, potrivit dispoziţiilor art. 282 alin. (9) şi (10), după caz, din Codul fiscal, operaţiuni pentru care exigibilitatea taxei intervine în perioada de raportare, dar pentru care se aplică cota de 24%, 20% sau 9%, sumele rezultate din regularizările prevăzute de art. 291 alin. (6) din Codul fiscal datorate modificării cotelor de TVA, precum şi orice alte sume rezultate din regularizările prevăzute de legislaţia în vigoare datorate unor evenimente, cu excepţia celor prevăzute la art. 287 şi 315^1 din Codul fiscal, care determină modificarea datelor declarate iniţial, cum ar fi nedeclararea din eroare a operaţiunii în perioada în care intervine exigibilitatea.

Rândul 35 - se înscriu diferenţele de taxă pe valoarea adăugată rezultate ca urmare a ajustării anuale pe bază de pro rata definitivă, prevăzute la art. 300 din Codul fiscal, diferenţele de taxă pe valoarea adăugată rezultate ca urmare a regularizării erorilor constatate ulterior în calculul pro rata definitivă, conform pct. 70 alin. (5) din Normele metodologice, precum şi diferenţele de taxă pe valoarea adăugată rezultate ca urmare a ajustării taxei deductibile, cu semnul plus sau minus, după caz.

Secţiunea "Regularizări conform art. 303 din Codul fiscal"

Rândul 39 - se preia suma prevăzută la rd. 45 din decontul perioadei precedente celei de raportare, din care se scad sumele achitate până la data depunerii decontului.

Prin excepţie:

- în primul decont de taxă depus la organul fiscal după data aprobării unei înlesniri la plată nu se preia din decontul perioadei fiscale anterioare taxa cumulată de plată, pentru care a fost aprobată înlesnirea la plată;

- în primul decont de taxă depus la organul fiscal după data înscrierii organului fiscal la masa credală, potrivit Legii nr. 85/2014 privind procedurile de prevenire a insolvenţei şi de insolvenţă, cu modificările şi completările ulterioare, nu se preia din decontul perioadei fiscale anterioare taxa cumulată de plată cu care organul fiscal s-a înscris la masa credală.

În cazul fuziunii, persoana impozabilă care preia patrimoniul altor persoane impozabile preia şi soldul taxei de plată către bugetul de stat al persoanei impozabile dizolvate.

În cazul divizării, persoanele impozabile care preiau patrimoniul unei persoane impozabile divizate preiau, proporţional cu cotele alocate din patrimoniul persoanei impozabile divizate, soldul taxei de plată către bugetul de stat al persoanei impozabile divizate.

Rândul 40 - se preia suma reprezentând diferenţa de TVA de plată stabilită de organele fiscale prin decizie comunicată persoanei impozabile, dar nestinsă până la data depunerii decontului de TVA.

Nu se preiau sumele reprezentând TVA care, la data depunerii decontului, nu sunt considerate restante conform art. 157 alin. (2) din Codul de procedură fiscală sau potrivit altor legi. Sumele care devin ulterior restante se cuprind în decontul perioadei fiscale în care intervine această situaţie.

Rândul 42 - se preia suma prevăzută la rd. 46 din decontul perioadei precedente celei de raportare, pentru care nu s-a solicitat rambursarea, prin bifarea casetei corespunzătoare din decontul anterior.

Prin excepţie, soldul sumei negative de taxă pe valoarea adăugată înscris în decontul de taxă pe valoarea adăugată aferent perioadei fiscale anterioare datei deschiderii procedurii insolvenţei prevăzute de legislaţia în domeniu nu se preia în decontul de taxă aferent perioadei fiscale în care s-a deschis procedura, caz în care debitorul este obligat să solicite rambursarea taxei prin corectarea decontului perioadei fiscale anterioare.

În cazul fuziunii, persoana impozabilă care preia patrimoniul altor persoane impozabile preia şi soldul sumei negative a taxei pentru care persoana impozabilă dizolvată nu a solicitat rambursarea sau eventualul drept de rambursare rezultat din soluţionarea deconturilor cu sume negative de taxă cu opţiune de rambursare depuse de persoanele impozabile dizolvate şi nesoluţionate până la data fuziunii.

În cazul divizării, persoanele impozabile care preiau patrimoniul unei persoane impozabile divizate preiau, proporţional cu cotele alocate din patrimoniul persoanei impozabile divizate, şi soldul sumei negative a taxei pentru care persoana impozabilă divizată nu a solicitat rambursarea sau eventualul drept de rambursare rezultat din soluţionarea deconturilor cu sume negative de taxă cu opţiune de rambursare depuse de persoanele impozabile divizate şi nesoluţionate până la data divizării.

Rândul 43 - se preia suma reprezentând diferenţa negativă de TVA stabilită de organele de inspecţie fiscală prin decizie comunicată persoanei impozabile până la data depunerii decontului de TVA.

Nu se preiau diferenţele negative de TVA stabilite de organele de inspecţie fiscală prin decizii a căror executare a fost suspendată de instanţele de judecată, potrivit legii, în perioadele în care este suspendată executarea deciziei. Aceste sume se cuprind în decontul perioadei fiscale în care a încetat suspendarea executării deciziei, în vederea determinării sumei negative a taxei, cumulată.

Secţiunea "Facturi emise după inspecţia fiscală, conform art. 330 alin. (3) din Codul fiscal"

Se completează cu informaţiile preluate din facturile de corecţie emise către beneficiari în urma inspecţiei fiscale, astfel cum este prevăzut la art. 330 alin. (3) din Codul fiscal, facturi care se evidenţiază într-o rubrică separată din jurnalul pentru vânzări, conform pct. 108 alin. (4) din Normele metodologice.

Secţiunea "Facturi primite după inspecţia fiscală, conform pct. 108 alin. (6) din Normele metodologice de aplicare a titlului VII din Codul fiscal"

Se completează cu informaţiile preluate din facturile de corecţie emise către beneficiari în urma inspecţiei fiscale, conform pct. 108 alin. (6) din Normele metodologice.

Secţiunea "Facturi emise, conform art. 11 alin. (6) şi (8) din Codul fiscal, după înregistrarea în scopuri de TVA pentru operaţiuni efectuate în perioada în care codul de înregistrare în scopuri de TVA a fost anulat"

Se completează cu informaţiile preluate din facturile emise, conform art. 11 alin. (6) şi (8) din Codul fiscal, după înregistrarea în scopuri de taxă conform art. 316 alin. (12) din Codul fiscal pentru livrările de bunuri/prestările de servicii efectuate în perioada în care contribuabilul a avut codul de înregistrare în scopuri de TVA anulat.

Secţiunea "Informaţii privind taxa pe valoarea adăugată neexigibilă sau nedeductibilă"

Rândul A - se înscriu informaţii privind livrările de bunuri şi prestările de servicii realizate atât în perioada de raportare, cât şi în perioadele anterioare, a căror taxă pe valoarea adăugată aferentă a rămas neexigibilă, existentă în sold la sfârşitul perioadei de raportare, ca urmare a aplicării sistemului TVA la încasare, şi care urmează să devină exigibilă în perioadele ulterioare, în condiţiile prevăzute de art. 282 din Codul fiscal.

Rândul A1 - se înscriu informaţii privind livrările de bunuri şi prestările de servicii realizate în perioada de raportare şi în ultimele 5 luni anterioare acesteia, în cazul în care perioada fiscală este luna, sau realizate în perioada de raportare şi în trimestrul anterior acesteia, în cazul în care perioada fiscală este trimestrul.

Rândul B - se înscriu informaţii privind achiziţiile de bunuri şi servicii realizate atât în perioada de raportare, cât şi în perioadele anterioare, pentru care nu s-a exercitat dreptul de deducere a taxei pe valoarea adăugată aferente, conform prevederilor art. 297 alin. (2) şi (3) din Codul fiscal, existentă în sold la sfârşitul perioadei de raportare, şi care urmează să devină exigibilă în perioadele ulterioare, în condiţiile prevăzute de art. 297 din Codul fiscal.

Rândul B1 - se înscriu informaţii privind achiziţiile de bunuri şi servicii realizate în perioada de raportare şi în ultimele 5 luni anterioare acesteia, în cazul în care perioada fiscală este luna, sau realizate în perioada de raportare şi în trimestrul anterior acesteia, în cazul în care perioada fiscală este trimestrul.

Secţiunea "Informaţii privind valoarea totală, fără TVA, a operaţiunilor prevăzute la art. 278^1 alin. (1) lit. b) din Codul fiscal, respectiv a vânzărilor intracomunitare de bunuri la distanţă şi a prestărilor de servicii de telecomunicaţii, de radiodifuziune şi televiziune, precum şi servicii furnizate pe cale electronică către persoane neimpozabile din alte state membre UE"

Se înscriu informaţiile privind baza de impozitare a prestărilor de servicii înscrise la rd. 17 şi 18 din deconturile de TVA, cumulat pentru anul precedent, respectiv cumulat pentru anul curent.

Nu se admit întocmirea şi depunerea de deconturi rectificative pentru corectarea datelor din deconturile anterioare.

În ceea ce priveşte achiziţiile intracomunitare de bunuri, pe lângă legislaţia naţională, organele fiscale şi contribuabilii vor ţine cont de art. 16 din Regulamentul de punere în aplicare (UE) nr. 282/2011 al Consiliului din 15 martie 2011 de stabilire a măsurilor de punere în aplicare a Directivei 2006/112/CE privind sistemul comun al taxei pe valoarea adăugată, cu modificările şi completările ulterioare.

----

*) Prin jurnale de vânzări şi jurnale de cumpărări se înţelege orice jurnale, registre, evidenţe sau alte documente similare pe care persoanele impozabile au obligaţia să le întocmească în conformitate cu prevederile art. 321 din Codul fiscal şi ale pct. 101 din Normele metodologice.

**) Pentru a evita orice neconcordanţă între livrările intracomunitare de bunuri, scutite de TVA, care se includ în decontul de TVA şi în declaraţia recapitulativă pentru astfel de livrări în statul membru de origine, şi achiziţiile intracomunitare evidenţiate în decontul de TVA şi în declaraţia recapitulativă pentru achiziţii intracomunitare, în statul membru de destinaţie, exigibilitatea taxei pentru achiziţiile intracomunitare intervine la data emiterii facturii prevăzute în legislaţia altui stat membru la articolul care transpune prevederile art. 222 din Directiva 2006/112/CE a Consiliului din 28 noiembrie 2006 privind sistemul comun al taxei pe valoarea adăugată, cu modificările şi completările ulterioare, sau, după caz, la data emiterii autofacturii prevăzute la art. 319 alin. (9) din Codul fiscal ori în cea de-a 15-a zi a lunii următoare celei în care a intervenit faptul generator, dacă nu a fost emisă nicio factură/autofactură până la data respectivă.

Anexa nr. 1

ANAF

DECLARAȚIE RECAPITULATIVĂ PRIVIND LIVRĂRILE/ACHIZIȚIILE/PRESTĂRILE INTRACOMUNITARE

390 VIES

PERIOADA DE RAPORTARE

☐ Declarație rectificativă   Anul ☐☐☐☐   Perioada ☐☐

I. DATE DE IDENTIFICARE

Cod de identificare fiscală RO ☐☐☐☐☐☐☐☐☐☐

Denumire / Nume, Prenume ________

Domiciliul fiscal

Județ ____ Localitate ____ Strada ____ Număr ____ Bloc ____ Scara ____

Ap. ____ Cod poștal ____ Sector ____ Telefon ____ Fax ____ E-mail ____

II. REZUMAT DECLARAȚIE (DETALIAT ÎN ANEXA LA FORMULAR)

NUMĂR TOTAL PAGINI ANEXĂ LA DECLARAȚIE	
NUMĂRUL TOTAL AL OPERATORILOR INTRACOMUNITARI	
SUMA LIVRĂRILOR/ACHIZIȚIILOR/PRESTĂRILOR INTRACOMUNITARE	
LIVRĂRI INTRACOMUNITARE DE BUNURI	
LIVRĂRI ÎN CADRUL UNEI OPERAȚIUNI TRIUNGHIULARE	
ACHIZIȚII INTRACOMUNITARE DE BUNURI	
PRESTĂRI INTRACOMUNITARE DE SERVICII	
ACHIZIȚII INTRACOMUNITARE DE SERVICII	
LIVRĂRI INTRACOMUNITARE DE BUNURI EFECTUATE ÎN CADRUL REGIMULUI SPECIAL PENTRU AGRICULTORI	

III. TRANSFERUL DE BUNURI ÎN CADRUL REGIMULUI STOCURI LA DISPOZIŢIA CLIENTULUI PREVĂZUT LA ART. 270¹ DIN CODUL FISCAL

A. INFORMAŢII PRIVIND PERSOANELE IMPOZABILE DIN ALTE STATE MEMBRE CĂRORA LE SUNT DESTINATE BUNURILE EXPEDIATE SAU TRANSPORTATE ÎN CADRUL REGIMULUI

Ţara	Cod de înregistrare în scopuri de TVA

B. MODIFICĂRI ALE INFORMAŢIILOR FURNIZATE

Date din declaraţia iniţială		Modificări		Motivul modificării *)
Ţara	Cod de înregistrare în scopuri de TVA	Ţara	Cod de înregistrare în scopuri de TVA	

*) se va completa, după caz, cu una dintre cifrele corespunzătoare situaţiei:
1 - retur bunuri
2 -înlocuire client

Sub sancţiunile aplicate faptei de fals în declaraţii, declar că datele din această declaraţie sunt corecte şi complete.

Nume, Prenume:		Semnătura	
Funcţia:			

ANEXA LA FORMULAR

Cod de identificare fiscală RO Anul Perioada Pag.

LISTA OPERAȚIUNILOR INTRACOMUNITARE				
ȚARA	COD OPERATOR INTRACOMUNITAR	DENUMIRE / NUME, PRENUME OPERATOR INTRACOMUNITAR	TIPUL OPERAȚIUNII*)	BAZA IMPOZABILĂ
TOTAL pagină				
TOTAL GENERAL				

*) TIP operațiune se completează cu : L livrare intracomunitară de bunuri, T livrare ulterioară în cadrul unei operațiuni triunghiulare, A achiziție intracomunitară de bunuri, P prestare intracomunitară de servicii, S achiziție intracomunitară de servicii și R livrare intracomunitară de bunuri efectuată în cadrul regimului special pentru agricultori.

Anexa nr. 2

INSTRUCȚIUNI
pentru completarea formularului (390 VIES) "Declarație recapitulativă privind livrările/achizițiile/prestările intracomunitare"

1.1. Declarația recapitulativă se depune lunar, în condițiile prevăzute la art. 325 din Legea nr. 227/2015 privind Codul fiscal, cu modificările și completările ulterioare (Codul fiscal), până la data de 25 inclusiv a lunii următoare unei luni calendaristice, de către persoanele impozabile înregistrate în scopuri de TVA conform art. 316 sau 317 din Codul fiscal.

1.2. Persoanele impozabile înregistrate în scopuri de TVA depun declarația recapitulativă numai pentru lunile calendaristice în care ia naștere exigibilitatea taxei pentru:

a) livrările intracomunitare scutite de taxă în condițiile prevăzute la art. 294 alin. (2) lit. a) și d) din Codul fiscal, pentru care exigibilitatea taxei a luat naștere în luna calendaristică respectivă;

b) livrările de bunuri efectuate în cadrul unei operațiuni triunghiulare prevăzute la art. 276 alin. (5) din Codul fiscal efectuate în statul membru de sosire a bunurilor și care se declară drept livrări intracomunitare cu cod T, pentru care exigibilitatea de taxă a luat naștere în luna calendaristică respectivă;

c) prestările de servicii prevăzute la art. 278 alin. (2) din Codul fiscal efectuate în beneficiul unor persoane impozabile nestabilite în România, dar stabilite în Uniunea Europeană, altele decât cele scutite de TVA în statul membru în care acestea sunt impozabile, pentru care exigibilitatea de taxă a luat naștere în luna calendaristică respectivă;

d) achizițiile intracomunitare de bunuri taxabile, pentru care exigibilitatea de taxă a luat naștere în luna calendaristică respectivă;

e) achizițiile de servicii prevăzute la art. 278 alin. (2) din Codul fiscal, efectuate de persoane impozabile din România care au obligația plății taxei conform art. 307 alin. (2), pentru care exigibilitatea de taxă a luat naștere în luna calendaristică respectivă, de la persoane impozabile nestabilite în România, dar stabilite în Uniunea Europeană;

f) livrările intracomunitare de bunuri prevăzute la art. 315^1 alin. (8) lit. c) și d) din Codul fiscal, pentru care exigibilitatea taxei a luat naștere în luna calendaristică respectivă.

1.3. Persoana impozabilă înscrie în declarația recapitulativă informații cu privire la codul de înregistrare în scopuri de TVA al persoanelor impozabile cărora le sunt destinate bunurile expediate sau transportate în cadrul regimului de stocuri la dispoziția clientului, conform condițiilor stabilite la art. 270^1 din Codul fiscal și cu privire la orice modificare a informațiilor furnizate.

2. Persoanele impozabile înregistrate în scopuri de TVA conform art. 316 sau 317 din Codul fiscal completează formularul (390 VIES) "Declarație recapitulativă privind livrările/achizițiile/prestările intracomunitare" cu ajutorul programului de asistență existent pe portalul Agenției Naționale de Administrare Fiscală, secțiunea Asistență contribuabili sau secțiunea Declarații electronice și se transmite prin mijloace electronice de transmitere la distanță, potrivit legii.

1

Modul de completare a declarației recapitulative

SECȚIUNEA I

Cartușul "Perioada de raportare" se completează cu:
- anul la care se referă declarația; se înscrie cu cifre arabe cu 4 caractere (exemplu: 2016);
- perioada de raportare aferentă operațiunilor realizate este formată din două caractere, respectiv cifrele aferente lunii respective (exemplu: pentru luna ianuarie se va înscrie "01").

Declarația depusă inițial se rectifică prin depunerea unei noi declarații, pe același format, bifând căsuța corespunzătoare de pe formular.

În declarația rectificativă se rectifică tranzacții declarate în orice perioadă de raportare anterioară și se completează toate rubricile formularului cu datele valabile la momentul declarării, indiferent dacă acestea au mai fost declarate.

ATENȚIE: Informațiile completate eronat în perioade de raportare anterioare nu se corectează prin înscrierea cifrei "0" la rubrica "Bază impozabilă" din declarația recapitulativă rectificativă.

Se completează câte o declarație rectificativă pentru fiecare perioadă de raportare pentru care se operează rectificări.

Ajustările se declară pentru luna calendaristică în care intervine exigibilitatea taxei, conform art. 282 alin. (9) din Codul fiscal, respectiv în luna calendaristică în care regularizarea a fost comunicată clientului.

Cartușul "Date de identificare" conține:

1. "Cod de identificare fiscală" - se înscrie codul de înregistrare în scopuri de TVA al persoanei impozabile din România, atribuit potrivit art. 316 sau 317 din Codul fiscal.

Înscrierea cifrelor în casetă se face cu aliniere la dreapta.

2. "Denumire/Nume, Prenume" - se înscriu, după caz, denumirea sau numele și prenumele persoanei impozabile.

3. "Domiciliul fiscal" - se completează cu datele privind adresa domiciliului fiscal (sediul social, sediul sau domiciliul fiscal, după caz) al persoanei impozabile înregistrate în scopuri de TVA.

În cazul persoanelor impozabile stabilite în străinătate, înregistrate direct în scopuri de TVA în România, se înscrie adresa din România la care pot fi examinate evidențele și documentele ce trebuie păstrate în conformitate cu prevederile pct. 88 alin. (7) lit. a) din titlul VII din Normele metodologice de aplicare a Legii nr. 227/2015 privind Codul fiscal, aprobate prin Hotărârea Guvernului nr. 1/2016 (Normele metodologice).

În cazul persoanelor impozabile stabilite în străinătate, care și-au desemnat reprezentant fiscal, se înscrie domiciliul fiscal al reprezentantului.

În cazul persoanelor impozabile care au sediul activității economice în afara României și sunt stabilite în România prin unul sau mai multe sedii fixe fără personalitate juridică, conform art. 266 alin. (2) lit. b) din Codul fiscal, se înscrie domiciliul fiscal al sediului fix desemnat să depună decontul de taxă și să fie responsabil pentru toate obligațiile în scopuri de TVA, conform pct. 88 alin. (5) din Normele metodologice.

2

SECŢIUNEA a II-a

"Rezumat declaraţie (detaliat în anexa la formular)" conţine:

- numărul total al paginilor anexă la declaraţie;
- numărul total al operatorilor intracomunitari, indiferent de numărul operaţiunilor;
- valoarea operaţiunilor, defalcată pe tipuri: livrări intracomunitare de bunuri, livrări ulterioare de bunuri efectuate în cadrul operaţiunilor triunghiulare, livrări intracomunitare ce constau în transferuri scutite , achiziţii intracomunitare de bunuri, achiziţii intracomunitare asimilate, prestări intracomunitare de servicii, achiziţii intracomunitare de servicii, livrări intracomunitare de bunuri efectuate în cadrul regimului special pentru agricultori.

SECŢIUNEA a III-a "Transferul de bunuri în cadrul regimului stocuri la dispoziţia clientului, prevăzut la art. 270^1 din Codul fiscal"

Litera "A. Informaţii privind persoanele impozabile din alte state membre cărora le sunt destinate bunurile expediate sau transportate în cadrul regimului"

Persoanele impozabile înregistrate în scopuri de TVA, potrivit art. 316 sau 317 din Codul fiscal, înscriu în această secţiune informaţii privind codul de înregistrare în scopuri de TVA al persoanelor impozabile cărora le sunt destinate bunurile expediate sau transportate în cadrul regimului de stocuri la dispoziţia clientului prevăzut la art. 270^1 din Codul fiscal.

Coloana "Ţara" - se înscrie codul ţării care a emis codul de înregistrare în scopuri de TVA al persoanei impozabile căreia i-au fost expediate sau transportate bunurile în cadrul regimului stocuri la dispoziţia clientului.

Coloana "Cod de înregistrare în scopuri de TVA" - trebuie introdus fără spaţii, virgule sau puncte.

Se completează codul de înregistrare în scopuri de TVA al persoanei impozabile căreia i-au fost expediate sau transportate bunurile în cadrul regimului de stocuri la dispoziţia clientului.

Litera "B. Modificări ale informaţiilor furnizate"

Persoanele impozabile înregistrate în scopuri de TVA, potrivit art. 316 sau 317 din Codul fiscal, înscriu în această secţiune informaţii cu privire la modificarea informaţiilor completate la Secţiunea a III-a, litera A a declaraţiei recapitulative pentru perioada de declarare sau a declaraţiei depuse pentru perioade anterioare de declarare.

Spre exemplificare, modificări ale informaţiilor furnizate pot apărea atunci când persoana impozabilă care ar fi trebuit să achiziţioneze bunurile este înlocuită cu o altă persoană impozabilă, sau când bunurile sunt returnate în România în termenul menţionat la art. 270^1 alin. (4) din Codul fiscal, fără ca furnizorul să fi transferat dreptul de a dispune de bunuri către altă persoană impozabilă.

Corectarea datelor declarate eronat sau nedeclararea datelor în perioade anterioare nu reprezintă modificări ale informaţiilor furnizate la litera A.

Corectarea datelor declarate la această secţiune se efectuează cu respectarea prevederilor Secţiunii I, prin bifarea căsuţei "Declaraţie rectificativă" de pe formular.

Coloana "Date din declaraţia iniţială" - se completează cu informaţiile înscrise la Secţiunea a III-a, litera A din declaraţia recapitulativă iniţială, referitoare la ţară şi cod de înregistrare în scopuri de TVA ale persoanei impozabile căreia i-au fost expediate sau transportate bunurile în cadrul regimului de stocuri la dispoziția clientului, pentru care au apărut modificări

Coloana "Modificări " - se înscriu informațiile referitoare la țară și cod de înregistrare în scopuri de TVA ale persoanei impozabile urmare modificării informațiilor furnizate inițial în cadrul regimului.

În situația în care, în cursul aceleiași perioade de raportare intervin mai multe modificări pentru care există obligația de declarare, toate acestea se înscriu pe rânduri diferite.

Coloana „Motivul modificării" - se completează prin înscrierea cifrei corespunzătoare situației care generează modificarea datelor declarate inițial, după cum urmează:

1 - retur bunuri;

2 - înlocuire client.

INSTRUCȚIUNI

pentru completarea anexei la formularul (390 VIES) "Declarație recapitulativă privind livrările/achizițiile/prestările intracomunitare"

1. Se completează cu tranzacțiile intracomunitare efectuate, în următoarea ordine:

a) livrări intracomunitare de bunuri (L);

b) livrări ulterioare de bunuri efectuate în cadrul unei operațiuni triunghiulare (T);

c) achiziții intracomunitare de bunuri, achiziții intracomunitare asimilate prevăzute la art. 273 alin. (2) lit. a) din Codul fiscal care urmează transferurilor din alte state membre, achiziții efectuate de beneficiarul livrării ulterioare în cadrul unei operațiuni triunghiulare (A);

d) prestări intracomunitare de servicii (P);

e) achiziții intracomunitare de servicii (S);

f) livrări intracomunitare de bunuri efectuate în cadrul regimului special pentru agricultori (R).

Fiecare pagină aferentă anexei va conține în antet informații privind codul de înregistrare în scopuri de TVA, perioada aferentă și numărul paginii.

a) "Livrări intracomunitare de bunuri" - se înscrie suma totală a livrărilor intracomunitare de bunuri scutite de la plata taxei în condițiile art. 294 alin. (2) lit. a) și d) din Codul fiscal, pe fiecare cumpărător, pentru care exigibilitatea taxei ia naștere în luna calendaristică respectivă, inclusiv sumele din facturile pentru încasări de avansuri pentru livrări intracomunitare de bunuri, scutite.

b) "Livrări ulterioare de bunuri efectuate în cadrul unei operațiuni triunghiulare" - se înscrie suma totală a livrărilor de bunuri efectuate în cadrul unei operațiuni triunghiulare, prevăzute la art. 276 alin. (5) din Codul fiscal, efectuate în statul membru de sosire a bunurilor expediate sau transportate, pe fiecare beneficiar al livrării ulterioare ce are desemnat un cod T, și pentru care exigibilitatea taxei ia naștere în luna calendaristică respectivă, inclusiv sumele din facturile pentru încasări de avansuri pentru livrările de bunuri efectuate în cadrul unei operațiuni triunghiulare.

Se va completa doar de către cumpărătorul revânzător prevăzut la art. 276 alin. (5) din Codul fiscal.

c) "Achiziții intracomunitare de bunuri" - se înscrie suma totală a achizițiilor intracomunitare de bunuri, pe fiecare furnizor, pentru care persoana impozabilă, care depune declarația, este obligată la plata taxei conform art. 308 din Codul fiscal și pentru care exigibilitatea taxei

4

intervine în luna calendaristică respectivă, inclusiv sumele din facturile primite pentru plăţi de avansuri pentru achiziţii intracomunitare de bunuri.

d) "Prestări intracomunitare de servicii" - se înscrie suma totală a prestărilor de servicii pentru care se aplică prevederile art. 278 alin. (2) din Codul fiscal, altele decât cele scutite de TVA în statul membru în care acestea sunt impozabile, pe fiecare client în parte, stabilit în Uniunea Europeană, pentru care exigibilitatea taxei ia naştere în luna calendaristică respectivă. Nu vor fi declarate prestările de servicii prevăzute la art. 278 alin. (2) din Codul fiscal dacă beneficiarul serviciului este o persoană impozabilă care nu este stabilită pe teritoriul Uniunii Europene.

e) "Achiziţii intracomunitare de servicii" - se înscrie suma totală a achiziţiilor intracomunitare de servicii pentru care se aplică prevederile art. 278 alin. (2) din Codul fiscal, altele decât cele scutite de TVA, pe fiecare prestator în parte, care este stabilit în Uniunea Europeană, pentru care exigibilitatea taxei intervine în luna calendaristică respectivă. Nu vor fi declarate prestările de servicii prevăzute la art. 278 alin. (2) din Codul fiscal, dacă prestatorul serviciului este o persoană impozabilă care nu este stabilită pe teritoriul Comunităţii;

f) "Livrări intracomunitare de bunuri efectuate în cadrul regimului special pentru agricultori" - se înscrie suma totală a livrărilor intracomunitare de bunuri prevăzute la art. 315[1] alin. (8) lit. c) şi d) din Codul fiscal, pe fiecare cumpărător, pentru care exigibilitatea taxei ia naştere în luna calendaristică respectivă, inclusiv sumele din facturile pentru încasări de avansuri pentru astfel de livrări intracomunitare de bunuri.

Coloana "Ţara" - codul ţării care a emis codul de înregistrare în scopuri de TVA al clientului/furnizorului/prestatorului sau codul statului membru care ar fi trebuit să emită acest cod de înregistrare în scopuri de TVA, dar din diverse motive acesta ori nu a fost emis ori nu a fost comunicat.

Coloana "Cod operator intracomunitar" - trebuie introdus fără spaţii, virgule sau puncte şi se completează astfel:

- în cazul livrărilor intracomunitare de bunuri (L) efectuate din România - codul de identificare în scopuri de TVA al persoanei care achiziţionează bunurile în alt stat membru decât România, pe baza căruia furnizorul din România i-a efectuat o livrare intracomunitară scutită de TVA conform art. 294 alin. (2) lit. a) şi d) din Codul fiscal;
- în cazul livrărilor ulterioare de bunuri efectuate din România în cadrul unei operaţiuni triunghiulare (T) - codul de identificare în scopuri de TVA al persoanei beneficiare a livrării ulterioare, din al treilea stat membru, pe baza căruia cumpărătorul revânzător din România i-a efectuat livrarea ulterioară;
- în cazul achiziţiilor intracomunitare de bunuri, achiziţiilor intracomunitare asimilate prevăzute la art. 273 alin. (2) lit. a) din Codul fiscal care urmează transferurilor scutite, achiziţiilor efectuate de beneficiarul livrării ulterioare în cadrul unei operaţiuni triunghiulare (A) efectuate în România - codul de identificare în scopuri de TVA din alt stat membru atribuit furnizorului care efectuează livrarea intracomunitară;
- în cazul prestărilor intracomunitare de servicii (P) - codul de identificare în scopuri de TVA al persoanei care primeşte serviciile în alt stat membru decât România pe baza căruia prestatorul din România i-a prestat servicii prevăzute de art. 278 alin. (2) din Codul fiscal, altele decât cele scutite de TVA în statul membru în care acestea sunt impozabile;
- în cazul achiziţiilor intracomunitare de servicii (S) - codul de identificare în scopuri de TVA din alt stat membru atribuit prestatorului sau, după caz, doar codul statului membru în care este stabilit prestatorul serviciilor, în cazul în care prestatorul nu este identificat în scopuri de TVA, dar există indicii suficiente pentru a considera că este o persoană impozabilă;

- în cazul livrărilor intracomunitare de bunuri efectuate în cadrul regimului special pentru agricultori (R) efectuate din România - codul de identificare în scopuri de TVA al persoanei care achiziţionează bunurile în alt stat membru decât România, pe baza căruia furnizorul din România i-a efectuat o livrare intracomunitară de bunuri prevăzută la art. 315[1] alin. (8) lit. c) şi d) din Codul fiscal.

Coloana "Tipul operaţiunii":

L - pentru livrări intracomunitare de bunuri către alte state membre;

T - pentru livrări în cadrul unei operaţiuni triunghiulare;

A - pentru achiziţii intracomunitare de bunuri, achiziţii care urmează transferurilor scutite, achiziţii efectuate de beneficiarul livrării ulterioare în cadrul unei operaţiuni triunghiulare din alte state membre;

P - pentru prestările intracomunitare de servicii;

S - pentru achiziţii intracomunitare de servicii;

R - livrări intracomunitare de bunuri efectuate în cadrul regimului special pentru agricultori.

Coloana "Baza impozabilă" - valoarea tranzacţiei/tranzacţiilor efectuate în perioada de raportare cu respectivul client/furnizor (baza impozabilă pentru calculul TVA stabilită potrivit prevederilor art. 286 - 288 şi 290 din Codul fiscal).

2. În subsolul paginii se înscrie suma totală a tranzacţiilor înscrise în pagina respectivă, iar pe ultima pagină a declaraţiei se înscrie şi totalul general al operaţiunilor.

3. Toate sumele se înscriu în lei.

NOTE:

1. Pentru achiziţii intracomunitare de bunuri taxabile în România, în cazul în care furnizorul nu comunică un cod valabil de TVA, dar bunurile sunt transportate de pe teritoriul unui stat membru al Uniunii Europene, achiziţia se declară în declaraţia recapitulativă astfel:

Coloana "Ţara" - codul ţării membre din care s-a efectuat livrarea intracomunitară.

Coloana "Cod operator intracomunitar" - nu se va înscrie nimic.

Coloana "Denumire/Nume, prenume operator intracomunitar" - se va înscrie denumirea/nume, prenume al furnizorului care a emis factura.

Coloana "Tipul operaţiunii" - se va înscrie "A".

Coloana "Baza impozabilă" - valoarea tranzacţiei/tranzacţiilor efectuate în perioada de raportare cu respectivul furnizor (baza impozabilă pentru calculul TVA stabilită potrivit prevederilor titlului VII din Codul fiscal).

2. Pentru livrările intracomunitare de bunuri efectuate către clienţi nestabiliţi în Uniunea Europeană şi care au desemnat un reprezentant fiscal în Uniunea Europeană sau către clienţi stabiliţi în Uniunea Europeană, înregistraţi prin reprezentant fiscal în statul membru în care efectuează achiziţia intracomunitară de bunuri, la rubrica "Denumire operator intracomunitar" va fi înscrisă denumirea clientului (nu a reprezentantului fiscal), iar la rubrica "Cod operator intracomunitar" va fi înscris codul de înregistrare în scopuri de TVA atribuit persoanei străine prin reprezentant fiscal.

3. Pentru achiziţiile intracomunitare de bunuri care provin de la un furnizor nestabilit în Uniunea Europeană şi care a desemnat un reprezentant fiscal în statul membru în care începe transportul bunurilor sau care provin de la un furnizor stabilit în Uniunea Europeană, înregistrat prin reprezentant fiscal în statul membru din care efectuează livrarea intracomunitară de bunuri, la rubrica "Denumire operator intracomunitar" va fi înscrisă denumirea furnizorului (nu a

6

reprezentantului fiscal), iar la rubrica "Cod operator intracomunitar" va fi înscris codul de înregistrare în scopuri de TVA atribuit persoanei străine prin reprezentant fiscal.

Similar se procedează şi în situaţia în care furnizorul nestabilit în Uniunea Europeană nu şi-a desemnat un reprezentant fiscal în statul membru în care începe transportul, dar prin aplicarea de către unele state membre a măsurilor de simplificare a declarării importurilor, respectiv o reprezentare globală de către o societate care poate fi, de exemplu, o societate de expediţie/transport, operatorul extracomunitar se consideră reprezentat fiscal de societatea respectivă.

Exemplu: O societate "A" dintr-un stat extracomunitar (X) vinde unei societăţi din România "B" bunuri. Bunurile sunt importate într-un stat membru al Uniunii Europene (Y) de către societatea de expediţie "C" şi apoi aceeaşi societate "C" declară în numele furnizorului "A" din statul extracomunitar (X) (dar sub propriul cod de TVA) livrarea intracomunitară a bunurilor din statul membru (Y) în România.

În astfel de situaţii se va considera drept reprezentant fiscal societatea de expediţie "C". În declaraţia recapitulativă privind achiziţiile intracomunitare, la rubrica "Denumire operator intracomunitar" va fi înscrisă denumirea furnizorului, respectiv societatea "A" din statul extracomunitar (X), iar la rubrica "Cod operator intracomunitar" codul din statul membru (Y) al societăţii de expediţie "C" care a declarat livrarea intracomunitară.

ANEXA 1*)

(Anexa nr. 1 la Ordinul nr. 3.769/2015)

*) Anexa nr. 1 este reprodusă în facsimil.

Agenţia Naţională de Administrare Fiscală	DECLARAŢIE INFORMATIVĂ PRIVIND LIVRĂRILE/PRESTĂRILE ŞI ACHIZIŢIILE EFECTUATE PE TERITORIUL NAŢIONAL DE PERSOANELE ÎNREGISTRATE ÎN SCOPURI DE TVA	394

Tip plătitor	L - lunar T - trimestrial S - semestrial A - anual	Perioada: Anul |_|_|_|_| Luna |____|

sistemul normal de TVA |__|

sistemul de TVA la încasare |__|

Au fost efectuate operaţiuni în perioada de raportare? DA |_| NU |_|

Au fost efectuate operaţiuni cu persoane afiliate în perioada de raportare? DA |_| NU |_|

A. DATE DE IDENTIFICARE ALE PERSOANEI ÎNREGISTRATE ÎN SCOPURI DE TVA

COD DE ÎNREGISTRARE ÎN SCOPURI DE TVA RO |_|_|_|_|_|_|_|_|_|_|

Cod CAEN al activităţii preponderente efectiv desfăşurate în perioada de raportare

DENUMIRE/NUME ŞI PRENUME

DOMICILIUL FISCAL (judeţ/sector, localitate, stradă, nr., bloc, scară, etaj, apartament, cod poştal)

TELEFON |____| FAX |____|

E-MAIL |____|

B. DATE DE IDENTIFICARE ALE REPREZENTANTULUI FISCAL/LEGAL/ÎMPUTERNICIT

COD DE IDENTIFICARE FISCALĂ/CNP |_|_|_|_|_|_|_|_|_|_|_|_|_|

DENUMIRE/NUME ŞI PRENUME

DOMICILIUL FISCAL (judeţ/sector, localitate, stradă, nr., bloc, scară, etaj, apartament, cod poştal)

TELEFON | | FAX | |

E-MAIL | |

C. REZUMAT DECLARAŢIE

NUMĂRUL TOTAL AL PERSOANELOR IMPOZABILE ÎNREGISTRATE ÎN SCOPURI DE TVA ÎN ROMÂNIA INCLUSE ÎN DECLARAŢIE | |

	NUMĂR DE FACTURI	BAZĂ IMPOZABILĂ	TVA*)
LIVRĂRI DE BUNURI/PRESTĂRI DE SERVICII (L) defalcate pe fiecare cotă de TVA efectuate de către persoana impozabilă care aplică sistemul normal de TVA, cu excepţia celor pentru care au fost emise facturi simplificate			
LIVRĂRI DE BUNURI/PRESTĂRI DE SERVICII (L) defalcate pe fiecare cotă de TVA efectuate de către persoana impozabilă care aplică sistemul de TVA la încasare, cu excepţia celor pentru care au fost emise facturi simplificate			
LIVRĂRI DE BUNURI/PRESTĂRI DE SERVICII (LS) efectuate de către persoana impozabilă care aplică sistemul normal de TVA pentru operaţiunile derulate în regim special pentru agenţiile de turism,			

pentru bunurile second-hand, opere de artă, obiecte de colecţie şi antichităţi

	NUMĂR DE FACTURI	BAZĂ IMPOZABILĂ	TVA*)
ACHIZIŢII DE BUNURI ŞI SERVICII (A) defalcate pe fiecare cotă de TVA de la persoane impozabile care aplică sistemul normal de TVA, cu excepţia celor pentru care s-au primit facturi simplificate			
ACHIZIŢII DE BUNURI ŞI SERVICII (AÎ) defalcate pe fiecare cotă de TVA de la persoane impozabile care aplică sistemul de TVA la încasare, cu excepţia celor pentru care s-au primit facturi simplificate			
ACHIZIŢII DE BUNURI ŞI SERVICII (AS) efectuate de la persoane impozabile care aplică regimul special pentru agenţiile de turism, pentru bunurile second-hand, opere de artă, obiecte de colecţie şi antichităţi şi care aplică sistemul normal de TVA			

	NUMĂR DE FACTURI	BAZĂ IMPOZABILĂ	TVA*)
LIVRĂRI DE BUNURI/PRESTĂRI DE SERVICII EFECTUATE PENTRU CARE SE APLICĂ TAXAREA INVERSĂ (V), din care:			
- cereale şi plante tehnice			
- deşeuri feroase şi neferoase			
- masă lemnoasă			
- certificate de emisii de gaze cu efect de seră			
- energie electrică			
- gaze naturale			
- certificate verzi			

- construcţii/terenuri			
- aur de investiţii			
- telefoane mobile			
- microprocesoare			
- console de jocuri, tablete PC şi laptopuri			
ACHIZIŢII DE BUNURI ŞI SERVICII EFECTUATE PENTRU CARE SE APLICĂ TAXAREA INVERSĂ (C), din care:			
- cereale şi plante tehnice			
- deşeuri feroase şi neferoase			
- masă lemnoasă			
- certificate de emisii de gaze cu efect de seră			
- energie electrică			
- gaze naturale			
- certificate verzi			
- construcţii/terenuri			
- aur de investiţii			
- telefoane mobile			
- microprocesoare			
- console de jocuri, tablete PC şi			

laptopuri			

*) TVA defalcată pe cote: 24%, 20%, 19%, 9%, 5%.

D. REZUMAT DECLARAȚIE

NUMĂRUL TOTAL AL PERSOANELOR NEÎNREGISTRATE ÎN SCOPURI DE TVA INCLUSE ÎN DECLARAȚIE	

	NUMĂR DE FACTURI	BAZĂ IMPOZABILĂ	TVA*)
LIVRĂRI DE BUNURI/PRESTĂRI DE SERVICII (L) defalcate pe fiecare cotă de TVA efectuate de către persoana impozabilă care aplică sistemul normal de TVA, cu excepția celor pentru care au fost emise facturi simplificate			
LIVRĂRI DE BUNURI/PRESTĂRI DE SERVICII (L) defalcate pe fiecare cotă de TVA efectuate de către persoana impozabilă care aplică sistemul de TVA la încasare, cu excepția celor pentru care au fost emise facturi simplificate			
LIVRĂRI DE BUNURI/PRESTĂRI DE SERVICII (LS) efectuate de către persoana impozabilă care aplică sistemul normal de TVA pentru operațiunile derulate în regim special pentru agențiile de turism, pentru bunurile second-hand, opere de artă, obiecte de colecție și antichități			

	Bunuri**) Servicii	NUMĂR DE FACTURI/ BORDEROURI ACHIZIȚIE/FILE CARNET DE COMERCIALIZARE A PRODUSELOR DIN SECTORUL AGRICOL/ NUMĂR CONTRACTE/ NUMĂR ALTE DOCUMENTE	VALOARE ACHIZIȚII
ACHIZIȚII DE BUNURI ȘI SERVICII (N)			

*) TVA defalcată pe cote: 24%, 20%, 19%, 9%, 5%.

**) Pentru achizițiile de la persoane fizice va fi înscrisă natura bunurilor achiziţionate: cereale şi plante tehnice, deşeuri feroase şi neferoase, masă lemnoasă, terenuri, construcţii, alte bunuri şi servicii.

E. REZUMAT DECLARAŢIE

NUMĂRUL TOTAL AL PERSOANELOR IMPOZABILE NESTABILITE ÎN ROMÂNIA CARE SUNT STABILITE ÎN ALT STAT MEMBRU, NEÎNREGISTRATE ŞI CARE NU SUNT OBLIGATE SĂ SE ÎNREGISTREZE ÎN SCOPURI DE TVA ÎN ROMÂNIA INCLUSE ÎN DECLARAŢIE	

	NUMĂR DE FACTURI	BAZĂ IMPOZABILĂ	TVA*)
LIVRĂRI DE BUNURI/PRESTĂRI DE SERVICII (L) defalcate pe fiecare cotă de TVA efectuate de către persoana impozabilă care aplică sistemul normal de TVA, cu excepţia celor pentru care au fost emise facturi simplificate			
LIVRĂRI DE BUNURI/PRESTĂRI DE SERVICII (L) defalcate pe fiecare cotă de TVA efectuate de către persoana impozabilă care aplică sistemul de TVA la încasare, cu excepţia celor pentru care au fost emise facturi simplificate			
LIVRĂRI DE BUNURI/PRESTĂRI DE SERVICII (LS) efectuate de către persoana impozabilă care aplică sistemul normal de TVA pentru operaţiunile derulate în regim special pentru agenţiile de turism, pentru bunurile second-hand, opere de artă, obiecte de colecţie şi antichităţi			
ACHIZIŢII DE BUNURI ŞI SERVICII EFECTUATE PENTRU CARE SE APLICĂ TAXAREA INVERSĂ (C)			

*) TVA defalcată pe cote: 24%, 20%, 19%, 9%, 5%.

F. REZUMAT DECLARAŢIE

NUMĂRUL TOTAL AL PERSOANELOR IMPOZABILE NEÎNREGISTRATE ŞI CARE NU SUNT OBLIGATE SĂ SE ÎNREGISTREZE ÎN SCOPURI DE TVA ÎN ROMÂNIA, NESTABILITE PE TERITORIUL UNIUNII EUROPENE INCLUSE ÎN DECLARAŢIE	

	NUMĂR DE FACTURI	BAZĂ IMPOZABILĂ	TVA*)
LIVRĂRI DE BUNURI/PRESTĂRI DE SERVICII (L) defalcate pe fiecare cotă de TVA efectuate de către persoana impozabilă care aplică sistemul normal de TVA, cu excepţia celor pentru care au fost emise facturi simplificate			
LIVRĂRI DE BUNURI/PRESTĂRI DE SERVICII (L) defalcate pe fiecare cotă de TVA efectuate de către persoana impozabilă care aplică sistemul de TVA la încasare, cu excepţia celor pentru care au fost emise facturi simplificate			
LIVRĂRI DE BUNURI/PRESTĂRI DE SERVICII (LS) efectuate de către persoana impozabilă care aplică sistemul normal de TVA pentru operaţiunile derulate în regim special pentru agenţiile de turism, pentru bunurile second-hand, opere de artă, obiecte de colecţie şi antichităţi			
ACHIZIŢII DE BUNURI ŞI SERVICII EFECTUATE PENTRU CARE SE APLICĂ TAXAREA INVERSĂ (C)			

*) TVA defalcată pe cote: 24%, 20%, 19%, 9%, 5%.

G. REZUMAT DECLARAŢIE

	TOTAL NR. BONURI FISCALE	TOTAL ÎNCASĂRI	TOTAL BAZĂ IMPOZABILĂ	TOTAL TVA*)
ÎNCASĂRI ÎN PERIOADA DE RAPORTARE PRIN INTERMEDIUL AMEF***), INCLUSIV ÎNCASĂRILE PRIN INTERMEDIUL BONURILOR FISCALE CARE ÎNDEPLINESC CONDIŢIILE UNEI FACTURI SIMPLIFICATE INDIFERENT DACĂ AU/NU AU ÎNSCRIS CODUL DE ÎNREGISTRARE ÎN SCOPURI DE TVA AL BENEFICIARULUI (Î1)				

ÎNCASĂRI ÎN PERIOADA DE RAPORTARE EFECTUATE DIN ACTIVITĂŢI EXCEPTATE DE LA OBLIGAŢIA UTILIZĂRII AMEF***) (Î2) CONFORM PREVEDERILOR LEGALE ÎN VIGOARE**)			

*) TVA defalcată pe cote: 20%, 19%, 9%, 5%.

**) OUG NR. 28/1999 privind obligaţia operatorilor economici de a utiliza aparate de marcat electronice fiscale, republicată, cu modificările şi completările ulterioare.

***) AMEF - aparate de marcat electronice fiscale.

H. REZUMAT DECLARAŢIE (sumă de control)

	NUMĂR DE FACTURI	BAZĂ IMPOZABILĂ	TVA 24%
LIVRĂRI DE BUNURI/PRESTĂRI DE SERVICII (L)			
ACHIZIŢII DE BUNURI ŞI SERVICII (A + C)			
ACHIZIŢII DE BUNURI ŞI SERVICII (AÎ)			

	NUMĂR DE FACTURI	BAZĂ IMPOZABILĂ	TVA 20%
LIVRĂRI DE BUNURI/PRESTĂRI DE SERVICII (L)			
ACHIZIŢII DE BUNURI ŞI SERVICII (A + C)			
ACHIZIŢII DE BUNURI ŞI SERVICII (AÎ)			

	NUMĂR DE FACTURI	BAZĂ IMPOZABILĂ	TVA 19%
LIVRĂRI DE BUNURI/PRESTĂRI DE SERVICII (L)			
ACHIZIŢII DE BUNURI ŞI SERVICII (A + C)			
ACHIZIŢII DE BUNURI ŞI SERVICII (AÎ)			

	NUMĂR DE FACTURI	BAZĂ IMPOZABILĂ	TVA 9%

LIVRĂRI DE BUNURI/PRESTĂRI DE SERVICII (L)			
ACHIZIŢII DE BUNURI ŞI SERVICII (A + C)			
ACHIZIŢII DE BUNURI ŞI SERVICII (AÎ)			

	NUMĂR DE FACTURI	BAZĂ IMPOZABILĂ	TVA 5%
LIVRĂRI DE BUNURI/PRESTĂRI DE SERVICII (L)			
ACHIZIŢII DE BUNURI ŞI SERVICII EFECTUATE (A + C)			
ACHIZIŢII DE BUNURI ŞI SERVICII (AÎ)			

I. ALTE INFORMAŢII:

1.

	Bază impozabilă	TVA*)
1.1 Livrări de bunuri/prestări de servicii defalcate pe fiecare cotă de TVA pentru care s-au emis facturi simplificate care au înscris codul de înregistrare în scopuri de TVA al beneficiarului		

	Bază impozabilă	TVA*)
1.2 Livrări de bunuri/prestări de servicii defalcate pe fiecare cotă de TVA pentru care s-au emis facturi simplificate fără a avea înscris codul de înregistrare în scopuri de TVA al beneficiarului şi pentru care nu s-au emis bonuri fiscale		

	Bază impozabilă	TVA*)
1.3 Achiziţii de bunuri şi servicii defalcate pe fiecare cotă de TVA pentru care s-au primit facturi simplificate de la persoane impozabile care aplică sistemul normal de TVA şi care au înscris codul de înregistrare în scopuri de TVA al beneficiarului		

	Bază impozabilă	TVA*)
1.4 Achiziţii de bunuri şi servicii defalcate pe fiecare cotă de TVA pentru care s-au primit		

```
| facturi simplificate de la persoane impozabile                         |
| care aplică sistemul de TVA la încasare şi care                        |
| au înscris codul de înregistrare în scopuri de                         |
| TVA al beneficiarului                                                  |
|                                                    Bază         TVA*)  |
|                                                    impozabilă          |
|                                                    __________   _____  |
| 1.5 Achiziţii de bunuri şi servicii defalcate pe |          | |     || |
| fiecare cotă de TVA pentru care s-au primit      |__________| |_____|| |
| bonuri fiscale care îndeplinesc condiţiile unei                        |
| facturi simplificate şi care au înscris codul de                       |
| înregistrare în scopuri de TVA al beneficiarului                       |
|                                                                        |
| 2.                                                                     |
| 2.1 Plaja de facturi alocate                                           |
|             ______          _____           _____           ____       |
| de la seria |______| numărul |_____| la seria |_____| numărul |____|| |
| din care:                                                              |
|                                                                        |
| 2.2 Număr total de facturi emise, în perioada de raportare, din        |
|                             ___________                                |
| plaja de facturi alocate: |___________|                                |
|             ______          _____           _____           ____       |
| de la seria |______| numărul |_____| la seria |_____| numărul |____|| |
|                             _______         _______                    |
| - facturi stornate seria |_______| numărul |_______|                   |
|                            _______         _______                     |
| - facturi anulate seria |_______| numărul |_______|                    |
|                                                                        |
|                                                  Bază          TVA*)   |
|                                                  impozabilă            |
|                          ___         ____    __________     _______    |
| - autofacturare      seria |___| numărul |____| |__________| |_______|| |
|                                                                        |
| - emise de persoana impozabilă în calitate de beneficiar, în numele    |
|                          ___         ____                              |
| furnizorilor         seria |___| numărul |____|                        |
|                                                                        |
| 2.3 Număr total de facturi emise, în perioada de raportare, de         |
|                                              ___________               |
| beneficiari în numele persoanei impozabile: |___________|              |
|             ____           _____          _____          ______        |
| de la seria |____| numărul |_____| la seria |_____| numărul |______|| |
|                                 ___________        _______             |
| Denumire şi CUI beneficiar:    |___________|      |_______|            |
|                                                                        |
| 2.4 Număr total de facturi emise, în perioada de raportare, de terţi|  |
|                                    ___________                         |
| în numele persoanei impozabile:   |___________|                        |
|             ____           _____          _____          ______        |
| de la seria |____| numărul |_____| la seria |_____| numărul |______|| |
|                                 ___________        _______             |
| Denumire şi CUI terţ:          |___________|      |_______|            |
|                                                                        |
| 3. În cazul în care soldul sumei negative înregistrate în decontul     |
```

de TVA aferent perioadei de raportare este solicitat la rambursare, se vor selecta datele cu privire la natura operațiunilor din care provine acesta:

Achiziții de bunuri și servicii legate direct de bunurile imobile din următoarele categorii:	
a) parcuri eoliene	
b) construcții rezidențiale	
c) clădiri de birouri	
d) construcții industriale	
e) altele	
Achiziții de bunuri, cu excepția celor legate direct de bunuri imobile:	
a) cu cota de TVA 24%	
b) cu cota standard de TVA 20%	
c) cu cota de TVA 19%	
d) cu cota redusă de TVA 9%	
e) cu cota redusă de TVA 5%	
Achiziții de servicii, cu excepția celor legate direct de bunuri imobile:	
a) cu cota de TVA 24%	
b) cu cota standard de TVA 20%	
c) cu cota de TVA 19%	
d) cu cota redusă de TVA 9%	

Livrări de bunuri imobile	
Livrări de bunuri, cu excepția bunurilor imobile:	
a) cu cota de TVA 24%	
b) cu cota standard de TVA 20%	
c) cu cota de TVA 19%	
d) cu cota redusă de TVA 9%	
e) cu cota redusă de TVA 5%	
Livrări de bunuri scutite de TVA	
Livrări de bunuri/ prestări de servicii pentru care se aplică taxarea inversă	
Prestări de servicii:	
a) cu cota de TVA 24%	
b) cu cota standard de TVA 20%	
c) cu cota de TVA 19%	
d) cu cota redusă de TVA 9%	
e) cu cota redusă de TVA 5%	
Prestări de servicii scutite de TVA	
Livrări intracomunitare de bunuri	

e) cu cota redusă de TVA 5%	
Importuri de bunuri	Prestări intracomunitare de servicii
Achiziții imobilizări necorporale	Exporturi de bunuri
	Livrări imobilizări necorporale
	Persoana impozabilă nu a efectuat livrări de bunuri/prestări servicii în perioada de raportare

4. Date aferente operațiunilor desfășurate de către persoana impozabilă care aplică sistemul normal de TVA

	Valoare TVA*)
4.1 TVA deductibilă aferentă facturilor achitate în perioada de raportare indiferent de data în care acestea au fost primite de la persoane impozabile care aplică sistemul de TVA la încasare, defalcată pe fiecare cotă de TVA	

5. Date aferente operațiunilor desfășurate de către persoana impozabilă care aplică sistemul de TVA la încasare

	Valoare TVA*)
5.1 TVA colectată aferentă facturilor încasate în perioada de raportare indiferent de data la care acestea au fost emise de către persoana impozabilă care aplică sistemul TVA la încasare, defalcată pe fiecare cotă de TVA	

	Valoare TVA*)
5.2 TVA deductibilă aferentă facturilor achitate în perioada de raportare indiferent de data în care acestea au fost primite de la persoane impozabile care aplică sistemul normal de TVA, defalcată pe fiecare cotă de TVA	

	Valoare TVA*)
5.3 TVA deductibilă aferentă facturilor achitate în perioada de raportare indiferent de data în care acestea au fost primite de la persoane impozabile care aplică sistemul de TVA la încasare, defalcată pe	

fiecare cotă de TVA

6. TVA colectată aferentă marjei de profit din perioada de raportare indiferent de data la care au fost efectuate operaţiunile de către persoanele impozabile care aplică regimul special pentru agenţiile de turism, pentru bunurile second-hand, opere de artă, obiecte de colecţie şi antichităţi

6.1 Persoanele impozabile care aplică regimul special pentru agenţiile de turism vor completa:

Suma totală plătită de călător	Costurile agenţiei de turism	Marja de profit	TVA

6.2 Persoanele impozabile care aplică regimul special pentru bunurile second-hand, opere de artă, obiecte de colecţie şi antichităţi vor completa:

Preţ de vânzare	Preţ de cumpărare	Marja de profit	TVA

7. În situaţia în care aţi desfăşurat, în perioada de raportare, activităţi dintre cele înscrise în listă veţi selecta activitatea corespunzătoare şi veţi înscrie valoarea livrărilor/prestărilor, precum şi TVA aferentă.

Listă activităţi	Valoarea livrărilor/ prestărilor	Valoare TVA*)

*) TVA defalcată pe cote: 24%, 20%, 19%, 9%, 5%.

Subsemnatul, ________, în calitate de reprezentant legal |______ sub sancţiunile aplicate faptei de fals în declaraţii, că datele di declaraţie sunt corecte şi complete, iar persoana care a întocmit declaraţie este:

		denumire	CUI	calitate
- persoană juridică	|_|			

	nume şi prenume	CNP/NIF	funcţia în cadrul persoanei impozabile	altă calitate
-				

- persoană fizică |_| |_______| |______| |_________| |_______|

De asemenea, subsemnatul ___________, în calitate de reprezentant legal |__________|, declar:

1. sunt de acord ca, pentru anul fiscal |______|, în sensul prevederilor art. 11 alin. (3) lit. d) din Legea nr. 207/2015 privind Codul de procedură fiscală, datele înscrise în prezenta declarație referitoare la tranzacțiile derulate cu fiecare persoană impozabilă (client/furnizor) înregistrat în scopuri de TVA să fie consultate de către aceasta prin intermediul aplicației informatice puse la dispoziție de ANAF.

DA |_|*)   NU |_|

2. sunt de acord cu schimbarea opțiunii, astfel ca pentru anul fiscal |______| în sensul prevederilor art. 11 alin. (3) lit. d) din Legea nr. 207/2015 privind Codul de procedură fiscală, datele înscrise în prezenta declarație referitoare la tranzacțiile derulate cu fiecare persoană impozabilă (client/furnizor) înregistrată în scopuri de TVA să fie consultate de către aceasta prin intermediul aplicației informatice puse la dispoziție de ANAF

DA |_|*)

|_______________________|

Semnătură

Informațiile rezultate din prezenta declarație pot face obiectul analizei de risc conform prevederilor din Legea nr. 207/2015 privind Codul de procedură fiscală.

***) Acordul persoanei impozabile exprimat prin DA va fi valabil pentru toate declarațiile informative 394 pentru care există obligativitatea depunerii în anul fiscal menționat, fără a avea posibilitatea schimbării opțiunii.**

Se completează de personalul organului fiscal
Organ fiscal ______________________________
Număr înregistrare ____________ Data înregistrării _________
Numele persoanei care a verificat __________________
Cod M.F.P. 14.13.01.02/f   Număr operator de date cu caracter personal

Cod MFP 14.13.01.02/f

LISTA OPERAȚIUNILOR TAXABILE EFECTUATE PE TERITORIUL NAȚIONAL (lit. C) (cu detaliere pe fiecare operațiune cu TVA și pe fiecare operațiune

cu taxarea inversă pentru cereale şi plante tehnice, deşeuri feroase şi neferoase, certificate de emisii de gaze cu efect de seră, energie electrică, gaze naturale, certificate verzi, construcţii, aur de investiţii, microprocesoare, console de jocuri, tablete PC şi laptopuri, efectuate cu persoane înregistrate în scopuri de TVA)

(lei)

Nr. crt.	*) Tip L/A AÎ V/C LS/AS	Cod de înregistrare în scopuri de TVA	Denumire/Nume şi prenume beneficiar/furnizor		
			Nr. de facturi	Baza impozabilă	TVA**)

În cazul selectării tip LS/AS, se vor completa numărul de facturi şi baza impozabilă.

În cazul selectării tip V/C, se vor completa pentru fiecare furnizor/beneficiar şi următoarele:

Nr. crt.	Bunuri/ Servicii	Cod şi denumire NC produs
1		

*) Tip operaţiune: **L** - livrări, **A** - achiziţii, **LS** - livrări regim special, **AS** - achiziţii regim special, **AÎ** - achiziţii de la persoane impozabile care aplică sistemul de TVA la încasare, **V** - livrări cu taxare inversă, **C** - achiziţii cu taxare inversă.

**) TVA defalcată pe cote 24%, 20%, 19%, 9%, 5%.

LISTA OPERAŢIUNILOR TAXABILE EFECTUATE PE TERITORIUL NAŢIONAL
(lit. D)
(cu detaliere pe operaţiuni efectuate cu persoane neînregistrate în scopuri de TVA) (lei)

Nr. crt.	*) Tip L N LS	CIF/ CUI/ CNP/ NIF/ Adresa	Bunuri/ Servicii***)	Denumire/Nume şi prenume beneficiar/furnizor	Tip document
			Nr. de facturi/ Nr. borderouri achiziţie/ Nr. file carnete de comercializare	Baza impozabilă/ TVA**) Valoare totală	

a produselor din
sectorul agricol/
Nr. contracte/
Nr. alte documente

| 1 |

Ţara Localitate Judeţ/Sector Strada Nr. Bloc Apart.

Alte detalii adresă

În cazul selectării tip LS se vor completa numărul de facturi şi baza impozabilă.

*) Tip operaţiune: **L** - livrări, N - achiziţii de bunuri/servicii pentru care au fost primite facturi/borderouri de achiziţii/file din carnetele de comercializare a produselor din sectorul agricol de la persoane neînregistrate, LS - livrări regim special.
**) TVA defalcată pe cote 24%, 20%, 19%, 9%, 5%.
***) Pentru achiziţiile de la persoane fizice va fi înscrisă natura bunurilor achiziţionate: cereale şi plante tehnice, deşeuri feroase şi neferoase, masă lemnoasă, terenuri, construcţii, alte bunuri şi servicii.

LISTA OPERAŢIUNILOR TAXABILE EFECTUATE PE TERITORIUL NAŢIONAL
(lit. E)
(cu detaliere pe operaţiuni efectuate cu persoane impozabile nestabilite în România care sunt stabilite în alt stat membru, neînregistrate şi care nu sunt obligate să se înregistreze în scopuri de TVA în România)

(lei)

Nr. crt.	*) Tip L C LS	Cod valabil de TVA în statul membru	Denumire/Nume şi prenume beneficiar/furnizor		
			Nr. de facturi	Baza impozabilă	TVA**)
1					

În cazul selectării tip LS se vor completa numărul de facturi și baza impozabilă.

*) Tip operațiune: **L** - livrări, LS - livrări regim special, **C** - achiziții cu taxare inversă.
**) TVA defalcată pe cote 24%, 20%, 19%, 9%, 5%.

LISTA OPERAȚIUNILOR TAXABILE EFECTUATE PE TERITORIUL NAȚIONAL
(lit. F)
(cu detaliere pe operațiuni efectuate cu persoane impozabile neînregistrate și care nu sunt obligate să se înregistreze în scopuri de TVA în România, nestabilite pe teritoriul Uniunii Europene)

(lei)

Nr. crt.	*) Tip L C LS	Cod de înregistrare	Denumire/Nume și prenume beneficiar/furnizor		
			Nr. de facturi	Baza impozabilă	TVA**)
1					

În cazul selectării tip LS se vor completa numărul de facturi și baza impozabilă.

*) Tip operațiune: **L** - livrări, LS - livrări regim special, **C** - achiziții cu taxare inversă.
**) TVA defalcată pe cote 24%, 20%, 19%, 9%, 5%.

LISTA OPERAȚIUNILOR TAXABILE EFECTUATE PE TERITORIUL NAȚIONAL
(lit. G)
[cu detaliere pe operațiuni efectuate prin intermediul aparatelor de marcat electronice fiscale (AMEF), precum și pentru operațiuni pentru care nu există obligația utilizării AMEF]

(lei)

*) Tip operațiune Î1 Î2	Luna	Nr. de AMEF ***)	Nr. bonuri fiscale***)	Total încasări	din care	Baza impozabilă	TVA**)

*) Tip operaţiune:
Î1 - încasări lunare prin intermediul aparatelor de marcat electronice fiscale, cu excepţia celor pentru care s-au emis facturi. Se vor declara inclusiv încasările prin intermediul bonurilor fiscale care îndeplinesc condiţiile unei facturi simplificate, indiferent dacă au/nu au înscris codul de înregistrare în scopuri de TVA al beneficiarului (se va defalca numărul AMEF pentru fiecare lună în parte).
Î2 - încasări lunare efectuate din activităţi exceptate de la obligaţia utilizării aparatelor de marcat electronice fiscale
**) TVA defalcată pe cote 20%, 19%, 9%, 5%.
***) Se va completa numai pentru **Î1**.

ANEXA 2

(Anexa nr. 2 la Ordinul nr. 3.769/2015)

INSTRUCŢIUNI
de depunere şi completare a formularului (394) "Declaraţie informativă privind livrările/prestările şi achiziţiile efectuate pe teritoriul naţional de persoanele înregistrate în scopuri de TVA", cod MFP 14.13.01.02/f

1. Declaraţia se completează şi se depune de către:

a) persoanele impozabile înregistrate în scopuri de TVA în România conform art. 316 din Legea nr. 227/2015 privind Codul fiscal, cu modificările şi completările ulterioare, denumită în continuare Codul fiscal, pentru livrările de bunuri/prestările de servicii taxabile în România pentru care persoana obligată la plata taxei este furnizorul/prestatorul conform art. 307 alin. (1) sau (7) din Codul fiscal sau beneficiarul conform art. 331 din Codul fiscal. Declaraţia se depune pentru orice operaţiune taxabilă în România pentru care, conform titlului VII din Codul fiscal, este emisă o factură, inclusiv pentru avansuri, precum şi pentru operaţiunile la care se aplică sistemul TVA la încasare.

Declaraţia trebuie să conţină facturile care au fost emise în perioada de raportare, inclusiv cele care au înscrisă menţiunea "taxare inversă" sau "TVA la încasare", indiferent de data la care intervine exigibilitatea TVA.

De asemenea, în declaraţie se înscriu, pentru livrările de bunuri/prestările de servicii taxabile în România, următoarele informaţii:

- baza impozabilă şi TVA aferente facturilor emise prin autofacturare conform lit. I pct. 2 din anexa nr. 1 la ordin;
- valoarea totală a bonurilor fiscale, inclusiv facturile simplificate şi bonurile fiscale care îndeplinesc condiţiile unei facturi simplificate conform prevederilor art. 319 alin. (12), (13) şi (21) din Codul fiscal, indiferent dacă au/nu au înscris codul de înregistrare în scopuri de TVA al beneficiarului;
- valoarea totală a documentelor emise pentru livrări de bunuri/prestări de servicii pentru care nu există obligaţia emiterii unei facturi şi nici a bonului fiscal;

b) persoanele impozabile înregistrate în scopuri de TVA în România conform art. 316 din Codul fiscal, care realizează achiziţii de bunuri sau servicii taxabile pentru care locul livrării/prestării este în România conform art. 275, respectiv art. 278 din Codul fiscal, inclusiv achiziţiile pentru care beneficiarul este obligat la plata TVA conform art. 307 alin. (2), (3), (5) şi (6) şi art. 331 din Codul fiscal, indiferent de data la care intervine exigibilitatea taxei.

Nu se înscriu achiziţiile intracomunitare de bunuri şi servicii pentru care există obligativitatea înscrierii în declaraţia 390.

Declaraţia trebuie să conţină facturile care au fost primite în perioada de raportare, indiferent de data la care intervine exigibilitatea TVA, inclusiv cele care au înscrisă menţiunea "taxare inversă" sau "TVA la încasare", precum şi borderourile de achiziţii de bunuri, filele din carnetele de comercializare a produselor din sectorul agricol în cazul achiziţiilor efectuate de la persoane fizice, contracte încheiate cu persoane fizice şi/sau alte documente.

De asemenea, în declaraţie se înscrie valoarea totală a facturilor simplificate şi a bonurilor fiscale care îndeplinesc condiţiile unei facturi simplificate conform prevederilor art. 319 alin. (12), (13) şi (21) din Codul fiscal, dacă au înscris codul de înregistrare în scopuri de TVA al beneficiarului.

2. Declaraţia se depune la organul fiscal competent până în data de 30 inclusiv a lunii următoare încheierii perioadei de raportare declarate pentru depunerea decontului (luna, trimestrul etc.), inclusiv dacă în această perioadă nu au fost realizate operaţiuni de natura celor care fac obiectul declaraţiei. În cazul în care perioada de raportare este luna calendaristică, termenul de depunere a declaraţiei pentru luna ianuarie este până la data de 28, respectiv 29 februarie.

3. În cazul în care după depunerea declaraţiei persoana impozabilă constată existenţa unor omisiuni/erori în datele declarate, aceasta trebuie să depună o nouă declaraţie corect completată cu operaţiunile care necesită modificarea şi/sau operaţiunile care nu au fost declarate, declaraţie care înlocuieşte declaraţia informativă depusă iniţial. Nu vor face obiectul redepunerii declaraţiei facturile primite de persoana impozabilă în altă perioadă de raportare faţă de data emiterii acestora de către furnizori.

4. Declaraţia se depune în format electronic sub forma unui fişier PDF, care are ataşat un fişier XML, a cărui structură este disponibilă pe portalul Agenţiei Naţionale de Administrare Fiscală (ANAF).

4.1. Declaraţia se depune prin mijloace electronice de transmitere la distanţă, pe portalul e-România. Pentru depunerea declaraţiei, plătitorul trebuie să deţină un certificat calificat, eliberat în condiţiile Legii nr. 455/2001 privind semnătura electronică, republicată, cu completările ulterioare.

4.2. Declaraţia se poate depune şi în format electronic, însoţită de anexa nr. 1 la ordin, în format hârtie (doar prima pagină), semnată şi ştampilată, conform legii. Declaraţia în format electronic, însoţită de formularul listat, semnat şi ştampilat, se depune direct la registratura organului fiscal competent ori se comunică prin poştă cu confirmare de primire.

5. Declaraţia se completează/se validează cu ajutorul programelor de asistenţă. Programele de asistenţă sunt puse la dispoziţia contribuabililor gratuit de unităţile fiscale subordonate sau pot fi descărcate de pe site-ul ANAF, la adresa www.anaf.mfinante.gov.ro.

Completarea declaraţiei

SECŢIUNEA 1

Cartuşul referitor la tipul plătitorului şi perioada de raportare se completează cu:

a) la tip plătitor se înscrie perioada fiscală declarată pentru depunerea decontului de taxă pe valoarea adăugată (formularul 300), prevăzută la art. 322 din Codul fiscal, respectiv L - luna, T - trimestrul, S - semestrul, A - anul;

b) anul la care se referă declaraţia; se înscrie anul calendaristic cu 4 caractere (de exemplu, 2015);

c) luna - se înscrie cu cifre arabe numărul aferent perioadei de raportare (de exemplu, 01 pentru ianuarie, 03 pentru trimestrul I, 06 pentru semestrul I, 12 pentru an);

d) sistem normal de TVA - se completează în cazul în care persoana impozabilă care depune declaraţia a optat pentru aplicarea sistemului normal de TVA;

e) sistem de TVA la încasare - se completează în cazul în care persoana impozabilă care depune declaraţia a optat pentru aplicarea sistemului de TVA la încasare;

f) în situaţia în care persoana impozabilă nu a desfăşurat operaţiuni în perioada de raportare se va bifa căsuţa corespunzătoare;

g) în situaţia în care persoana impozabilă a desfăşurat/nu a desfăşurat în perioada de raportare operaţiuni cu persoane afiliate, conform definiţiei prevăzute la art. 7 din Codul fiscal, se va bifa căsuţa corespunzătoare;

A. Date de identificare ale persoanei înregistrate în scopuri de TVA

1. Cod de înregistrare în scopuri de TVA - se înscrie codul de înregistrare în scopuri de TVA (codul de identificare fiscală precedat de prefixul RO).
2. Codul CAEN - se înscrie codul CAEN al activităţii preponderente efectiv desfăşurate în perioada de raportare.
3. Denumire/nume şi prenume - se înscrie/înscriu, după caz, denumirea sau numele şi prenumele persoanei înregistrate în scopuri de TVA.
4. Domiciliul fiscal - se înscrie adresa domiciliului fiscal al persoanei înregistrate în scopuri de TVA.

B. Date de identificare ale reprezentantului fiscal/legal/împuternicitului

1. Cod de identificare fiscală/CNP - se înscrie codul de identificare fiscală sau codul numeric personal al reprezentantului fiscal/legal ori al împuternicitului.
2. Denumire/nume şi prenume - se înscrie/înscriu, după caz, denumirea sau numele şi prenumele persoanei impozabile care a fost desemnată ca reprezentant fiscal/legal sau împuternicit de către persoana impozabilă străină.
3. Domiciliul fiscal - se înscrie adresa domiciliului fiscal al reprezentantului fiscal.

C. Rezumatul declaraţiei privind operaţiunile desfăşurate cu persoane impozabile înregistrate în scopuri de TVA în România

Acest cartuş conţine:

1. numărul total al persoanelor impozabile înregistrate în scopuri de TVA incluse în declaraţie, indiferent de numărul operaţiunilor;
2. numărul total al facturilor emise pentru livrările de bunuri/prestările de servicii, defalcate pe fiecare cotă de TVA, efectuate de către persoana impozabilă care aplică sistemul normal de TVA, cu excepţia celor pentru care au fost emise facturi simplificate;
3. valoarea totală a bazei impozabile aferente livrărilor de bunuri/prestărilor de servicii, taxabile şi valoarea totală a TVA, aferente acestora, defalcate pe cote de TVA, efectuate de către persoana impozabilă care aplică sistemul normal de TVA, cu excepţia celor pentru care au fost emise facturi simplificate;
4. numărul total al facturilor emise pentru livrările de bunuri/prestările de servicii, defalcate pe fiecare cotă de TVA, efectuate de către persoana impozabilă care aplică sistemul de TVA la încasare, cu excepţia celor pentru care au fost emise facturi simplificate;
5. valoarea totală a bazei impozabile aferente livrărilor de bunuri/prestărilor de servicii taxabile pentru care se aplică sistemul de TVA la încasare şi valoarea totală a TVA aferente acestora, defalcate pe cote de TVA, efectuate de către persoana impozabilă care

aplică sistemul de TVA la încasare, cu excepţia celor pentru care au fost emise facturi simplificate;

6. numărul total al facturilor emise pentru livrările de bunuri/prestările de servicii efectuate de către persoana impozabilă care aplică sistemul normal de TVA, pentru operaţiunile derulate în regim special pentru agenţiile de turism, pentru bunurile secondhand, opere de artă, obiecte de colecţie şi antichităţi;

7. valoarea totală a bazei impozabile aferente livrărilor de bunuri/prestărilor de servicii efectuate de către persoana impozabilă care aplică sistemul normal de TVA, pentru operaţiunile derulate în regim special pentru agenţiile de turism, pentru bunurile secondhand, opere de artă, obiecte de colecţie şi antichităţi;

8. numărul total al facturilor primite pentru achiziţiile de bunuri şi servicii, defalcate pe fiecare cotă de TVA, de la persoane impozabile care aplică sistemul normal de TVA, cu excepţia celor pentru care au fost primite facturi simplificate;

9. valoarea totală a bazei impozabile aferente achiziţiilor de bunuri şi servicii taxabile şi valoarea totală a TVA aferente acestora, defalcate pe cote de TVA, de la persoane impozabile care aplică sistemul normal de TVA, cu excepţia celor pentru care s-au primit facturi simplificate;

10. numărul total al facturilor primite pentru achiziţiile de bunuri şi servicii defalcate pe fiecare cotă de TVA de la persoane impozabile care aplică sistemul de TVA la încasare, cu excepţia celor pentru care au fost primite facturi simplificate;

11. valoarea totală a bazei impozabile aferente achiziţiilor de bunuri şi servicii taxabile pentru care se aplică sistemul de TVA la încasare şi valoarea totală a TVA aferente acestora, defalcate pe cote de TVA, de la persoane impozabile care aplică sistemul de TVA la încasare, cu excepţia celor pentru care s-au primit facturi simplificate;

12. numărul total al facturilor primite pentru achiziţiile de bunuri şi servicii efectuate de către persoana impozabilă de la persoane impozabile care aplică regimul special pentru agenţiile de turism, pentru bunurile secondhand, opere de artă, obiecte de colecţie şi antichităţi şi aplică sistemul normal de TVA;

13. valoarea totală a bazei impozabile aferente achiziţiilor de bunuri şi servicii efectuate de la persoane impozabile care aplică regimul special pentru agenţiile de turism, pentru bunurile secondhand, opere de artă, obiecte de colecţie şi antichităţi şi care aplică sistemul normal de TVA;

14. numărul total al facturilor emise de către persoana impozabilă pentru livrările de bunuri/prestările de servicii efectuate, pentru care se aplică taxarea inversă, conform art. 331 din Codul fiscal;

15. valoarea totală a bazei impozabile aferente livrărilor de bunuri/prestărilor de servicii efectuate pentru care se aplică taxarea inversă, defalcată pe categorii de bunuri/prestări de servicii pentru care se aplică taxarea inversă, conform art. 331 din Codul fiscal;

16. numărul total al facturilor primite de către persoana impozabilă, aferente achiziţiilor de bunuri şi servicii pentru care se aplică taxarea inversă, conform art. 331 din Codul fiscal;

17. valoarea totală a bazei impozabile aferente achiziţiilor de bunuri şi serviciilor efectuate pentru care se aplică taxarea inversă şi valoarea totală a TVA aferente acestora, defalcate pe cote de TVA şi pe categorii de bunuri şi servicii pentru care se aplică taxarea inversă, conform art. 331 din Codul fiscal.

D. Rezumatul declaraţiei privind operaţiunile desfăşurate cu persoane neînregistrate în scopuri de TVA

Acest cartuş conţine:

1. numărul total al persoanelor neînregistrate în scopuri de TVA incluse în declaraţie, indiferent de numărul operaţiunilor;

2. numărul total al facturilor emise pentru livrările de bunuri/prestările de servicii, defalcate pe fiecare cotă de TVA, efectuate de către persoana impozabilă care aplică sistemul normal de TVA, cu excepţia celor pentru care au fost emise facturi simplificate;

3. valoarea totală a bazei impozabile aferente livrărilor de bunuri/prestărilor de servicii taxabile şi valoarea totală a TVA aferente acestora, defalcate pe cote de TVA, efectuate de către persoana impozabilă care aplică sistemul normal de TVA, cu excepţia celor pentru care au fost emise facturi simplificate;

4. numărul total al facturilor emise pentru livrările de bunuri/prestările de servicii efectuate de către persoana impozabilă care aplică sistemul de TVA la încasare, cu excepţia celor pentru care au fost emise facturi simplificate;

5. valoarea totală a bazei impozabile aferente livrărilor de bunuri/prestărilor de servicii taxabile pentru care se aplică sistemul de TVA la încasare şi valoarea totală a TVA aferente acestora, defalcate pe cote de TVA, efectuate de către persoana impozabilă care aplică sistemul de TVA la încasare, cu excepţia celor pentru care au fost emise facturi simplificate;

6. numărul total al facturilor emise pentru livrările de bunuri/prestările de servicii efectuate de către persoana impozabilă care aplică sistemul normal de TVA, pentru operaţiunile derulate în regim special pentru agenţiile de turism, pentru bunurile secondhand, opere de artă, obiecte de colecţie şi antichităţi;

7. valoarea totală a bazei impozabile aferente livrărilor de bunuri/prestărilor de servicii efectuate de către persoana impozabilă care aplică sistemul normal de TVA, pentru operaţiunile derulate în regim special pentru agenţiile de turism, pentru bunurile secondhand, opere de artă, obiecte de colecţie şi antichităţi;

8. natura bunurilor/serviciilor care au fost achiziţionate de la persoane fizice, respectiv: cereale şi plante tehnice, deşeuri feroase şi neferoase, masă lemnoasă, terenuri, clădiri, alte bunuri şi servicii;

9. numărul total al facturilor/borderourilor de achiziţii/filelor din carnetele de comercializare a produselor din sectorul agricol/contractelor/altor documente aferente achiziţiilor de bunuri şi servicii de la persoanele neînregistrate în scopuri de TVA;

10. valoarea totală a achiziţiilor de bunuri şi servicii efectuate de la persoane neînregistrate în scopuri de TVA.

E. Rezumatul declaraţiei privind operaţiunile desfăşurate cu persoane impozabile nestabilite în România care sunt stabilite în alt stat membru, neînregistrate şi care nu sunt obligate să se înregistreze în scopuri de TVA în România

Acest cartuş conţine:

1. numărul total al persoanelor impozabile nestabilite în România, care sunt stabilite în alte state membre, neînregistrate şi care nu sunt obligate să se înregistreze în scopuri de TVA în România, indiferent de numărul operaţiunilor;

2. numărul total al facturilor emise pentru livrările de bunuri/prestările de servicii, defalcate pe fiecare cotă de TVA, efectuate de către persoana impozabilă care aplică sistemul normal de TVA, cu excepţia celor pentru care au fost emise facturi simplificate;

3. valoarea totală a bazei impozabile aferente livrărilor de bunuri/prestărilor de servicii taxabile şi valoarea totală a TVA aferente acestora, defalcate pe cote de TVA, efectuate de către persoana impozabilă care aplică sistemul normal de TVA, cu excepţia celor pentru care au fost emise facturi simplificate;

4. numărul total al facturilor emise pentru livrările de bunuri/prestările de servicii efectuate de către persoana impozabilă care aplică sistemul de TVA la încasare, cu excepţia celor pentru care au fost emise facturi simplificate;

5. valoarea totală a bazei impozabile aferente livrărilor de bunuri/prestărilor de servicii taxabile pentru care se aplică sistemul de TVA la încasare şi valoarea totală a TVA aferente acestora, defalcate pe cote de TVA, efectuate de către persoana impozabilă care aplică sistemul de TVA la încasare, cu excepţia celor pentru care au fost emise facturi simplificate;

6. numărul total al facturilor emise pentru livrările de bunuri/prestările de servicii efectuate de către persoana impozabilă care aplică sistemul normal de TVA, pentru operaţiunile derulate în regim special, respectiv agenţiile de turism, pentru bunurile secondhand, opere de artă, obiecte de colecţie şi antichităţi;

7. valoarea totală a bazei impozabile aferente livrărilor de bunuri/prestărilor de servicii efectuate de către persoana impozabilă care aplică sistemul normal de TVA, pentru operaţiunile derulate în regim special pentru agenţiile de turism, pentru bunurile secondhand, opere de artă, obiecte de colecţie şi antichităţi;

8. numărul total al facturilor primite pentru achiziţiile de bunuri şi servicii pentru care beneficiarul este obligat la plata TVA conform art. 307 alin. (2), (3), (5) şi (6) din Codul fiscal;

9. valoarea totală a bazei impozabile aferente achiziţiilor de bunuri şi servicii pentru care beneficiarul este obligat la plata TVA conform art. 307 alin. (2), (3), (5) şi (6) din Codul fiscal şi valoarea totală a TVA aferente acestora, defalcate pe cote de TVA;

10. se vor declara numai operaţiunile taxabile pentru care locul livrării/prestării este în România conform art. 275, respectiv art. 278 din Codul fiscal, iar în cazul achiziţiilor de bunuri/servicii beneficiarul este obligat la plata TVA conform art. 307 alin. (2), (3), (5) şi (6) din Codul fiscal, care nu se înscriu în declaraţia recapitulativă privind livrările/achiziţiile/prestările intracomunitare (formular 390).

F. Rezumat declaraţie privind operaţiunile desfăşurate cu persoane impozabile neînregistrate şi care nu sunt obligate să se înregistreze în scopuri de TVA în România, nestabilite pe teritoriul Uniunii Europene

Acest cartuş conţine:

1. numărul total al persoanelor impozabile neînregistrate şi care nu sunt obligate să se înregistreze în scopuri de TVA în România, nestabilite pe teritoriul Uniunii Europene, indiferent de numărul operaţiunilor;

2. numărul total al facturilor emise pentru livrările de bunuri/prestările de servicii, defalcate pe fiecare cotă de TVA, efectuate de către persoana impozabilă care aplică sistemul normal de TVA, cu excepţia celor pentru care au fost emise facturi simplificate;

3. valoarea totală a bazei impozabile aferente livrărilor de bunuri/prestărilor de servicii taxabile şi valoarea totală a TVA aferente acestora, defalcate pe cote de TVA, efectuate de către persoana impozabilă care aplică sistemul normal de TVA, cu excepţia celor pentru care au fost emise facturi simplificate;

4. numărul total al facturilor emise pentru livrările de bunuri/prestările de servicii efectuate de către persoana impozabilă care aplică sistemul de TVA la încasare, cu excepţia celor pentru care au fost emise facturi simplificate;

5. valoarea totală a bazei impozabile aferente livrărilor de bunuri/prestărilor de servicii taxabile pentru care se aplică sistemul de TVA la încasare şi valoarea totală a TVA aferente acestora, defalcate pe cote de TVA, efectuate de către persoana impozabilă care aplică sistemul de TVA la încasare, cu excepţia celor pentru care au fost emise facturi simplificate;

6. numărul total al facturilor emise pentru livrările de bunuri/prestările de servicii efectuate de către persoana impozabilă care aplică sistemul normal de TVA, pentru operaţiunile derulate în regim special pentru agenţiile de turism, pentru bunurile secondhand, opere de artă, obiecte de colecţie şi antichităţi;

7. valoarea totală a bazei impozabile aferente livrărilor de bunuri/prestărilor de servicii efectuate de către persoana impozabilă care aplică sistemul normal de TVA, pentru operaţiunile derulate în regim special, respectiv agenţiile de turism, pentru bunurile secondhand, opere de artă, obiecte de colecţie şi antichităţi;

8. numărul total al facturilor primite pentru achiziţiile de bunuri şi servicii pentru care beneficiarul este obligat la plata TVA conform art. 307 alin. (2), (3), (5) şi (6) din Codul fiscal;

9. valoarea totală a bazei impozabile aferente achiziţiilor de bunuri şi servicii pentru care beneficiarul este obligat la plata TVA conform art. 307 alin. (2), (3), (5) şi (6) din Codul fiscal şi valoarea totală a TVA aferente acestora, defalcate pe cote de TVA;

10. se vor declara numai operaţiunile taxabile pentru care locul livrării/prestării este în România conform art. 275, respectiv art. 278 din Codul fiscal, iar în cazul achiziţiilor de bunuri/servicii beneficiarul este obligat la plata TVA conform art. 307 alin. (2), (3), (5) şi (6) din Codul fiscal. Nu vor fi declarate operaţiunile de export şi import de bunuri (inclusiv în cazul persoanei impozabile pentru care s-a acordat certificat de amânare de la plata în vamă a TVA) şi nici operaţiunile care se înscriu în declaraţia recapitulativă privind livrările/achiziţiile intracomunitare (formular 390).

G. Rezumatul declaraţiei privind încasările realizate din operaţiuni efectuate prin intermediul aparatelor de marcat electronice fiscale, precum şi din activităţi exceptate, conform prevederilor Ordonanţei de urgenţă a Guvernului nr. 28/1999 privind obligaţia operatorilor economici de a utiliza aparate de marcat electronice fiscale, republicată, cu modificările şi completările ulterioare

Acest cartuş conţine:

1. numărul total al bonurilor fiscale şi valoarea totală a încasărilor efectuate prin intermediul aparatelor de marcat electronice fiscale, emise în perioada de raportare, inclusiv a încasărilor prin intermediul bonurilor fiscale care îndeplinesc condiţiile unei facturi simplificate, indiferent dacă au/nu au înscris codul de TVA al beneficiarului. Nu vor fi incluse în acest cartuş bonurile fiscale pentru care au fost emise facturi conform art. 319 din Codul fiscal;

2. valoarea totală a bazei impozabile aferente livrărilor de bunuri/prestărilor de servicii taxabile efectuate prin intermediul aparatelor de marcat electronice fiscale şi valoarea totală a TVA aferente acestora, defalcate pe cote de TVA;

3. valoarea totală a încasărilor din activităţi exceptate de la obligaţia utilizării aparatelor de marcat electronice fiscale conform prevederilor legale în vigoare (Ordonanţa de urgenţă a Guvernului nr. 28/1999, republicată, cu modificările şi completările ulterioare). În situaţia în care pentru aceste activităţi au fost emise şi facturi, acestea se vor declara în cartuşul corespunzător operaţiunii;

4. valoarea totală a bazei impozabile aferente activităţilor economice exceptate de la obligaţia utilizării aparatelor de marcat electronice fiscale, conform prevederilor legale în vigoare la data aplicării, şi valoarea totală a TVA aferente acestora, defalcate pe cote de TVA.

H. Rezumatul declaraţiei

Acest cartuş se completează automat pe baza informaţiilor cuprinse în listele de detaliu din secţiunea a 2-a şi conţine:

1. numărul total al facturilor emise/primite în perioada de raportare, defalcate pe cote de TVA, cu excepţia celor pentru care au fost emise/primite facturi simplificate;

2. valoarea totală a bazei impozabile aferente livrărilor de bunuri/prestărilor de servicii taxabile efectuate, defalcată pe cote de TVA (24%, 20%, 19%, 9%, 5%);

3. valoarea totală a TVA aferente livrărilor de bunuri/prestărilor de servicii taxabile efectuate, defalcată pe cote de TVA (24%, 20%, 19%, 9%, 5%);

4. valoarea totală a bazei impozabile aferente achiziţiilor de bunuri şi servicii taxabile efectuate, inclusiv cele pentru care se aplică taxarea inversă, precum şi cele pentru care se aplică sistemul de TVA la încasare, defalcată pe cote de TVA (24%, 20%, 19%, 9%, 5%);

5. valoarea totală a TVA aferente achiziţiilor de bunuri şi servicii taxabile efectuate, inclusiv cele pentru care se aplică taxarea inversă, precum şi cele pentru care se aplică sistemul de TVA la încasare, defalcată pe cote de TVA (24%, 20%, 19%, 9%, 5%).

I. Alte informaţii

Acest cartuş conţine:

1.1. livrări de bunuri/prestări de servicii pentru care s-au emis facturi simplificate care au înscris codul de înregistrare în scopuri de TVA al beneficiarului;

1.2. valoarea totală a bazei impozabile aferente livrărilor de bunuri/prestărilor de servicii pentru care s-au emis facturi simplificate fără a avea înscris codul de înregistrare în scopuri de TVA al beneficiarului şi pentru care nu au fost emise bonuri fiscale, defalcată pe cote de TVA (24%, 20%, 19%, 9%, 5%);

1.3. valoarea totală a bazei impozabile aferente achiziţiilor de bunuri şi servicii pentru care s-au primit facturi simplificate de la persoane impozabile care aplică sistemul normal de TVA şi care au înscris codul de înregistrare în scopuri de TVA al beneficiarului, defalcată pe cote de TVA (24%, 20%, 19%, 9%, 5%);

1.4. valoarea totală a bazei impozabile aferente achiziţiilor de bunuri şi servicii pentru care s-au primit facturi simplificate de la persoane impozabile care aplică sistemul de TVA la încasare şi care au înscris codul de înregistrare în scopuri de TVA al beneficiarului, defalcată pe cote de TVA (24%, 20%, 19%, 9%, 5%);

1.5. valoarea totală a bazei impozabile aferente achiziţiilor de bunuri şi servicii pentru care s-au primit bonuri fiscale care îndeplinesc condiţiile unei facturi simplificate şi care au înscris codul de înregistrare în scopuri de TVA al beneficiarului, defalcată pe cote de TVA (20%, 19%, 9%, 5%);

2.1. contribuabilii vor completa plaja de facturi alocate prin decizie internă scrisă conform prevederilor legale în vigoare privind documentele financiar-contabile; se exclud facturile alocate pentru operaţiunile intracomunitare cu bunuri şi servicii, import/export de bunuri şi operaţiuni neimpozabile în România;

2.2. număr total de facturi emise în perioada de raportare prevăzută la art. 322 din Codul fiscal, de la seria nr. .../la seria nr. ..., din care:

2.2.1. seria şi numărul facturilor stornate; factura stornată reprezintă factura emisă de persoana impozabilă, a cărei valoare totală este negativă;

2.2.2. seria şi numărul facturilor anulate; factura anulată reprezintă factura emisă de persoana impozabilă, netransmisă beneficiarului, operaţiunile înscrise în aceasta nefiind înregistrate în contabilitatea persoanei impozabile;

2.2.3. seria şi numărul facturilor emise prin autofacturare, inclusiv baza impozabilă şi TVA aferente, defalcate pe fiecare cotă (24%, 20%, 19%, 9%, 5%), cu excepţia celor emise de beneficiar în numele furnizorilor, înscrise la pct. 2.2.4. Informaţiile privind autofacturarea nu vor fi declarate la alte rubrici din declaraţie;

2.2.4. seria şi numărul facturilor emise de persoana impozabilă în calitate de beneficiar, în numele furnizorilor conform art. 319 alin. (18) din Codul fiscal.

Exemple:

1. Persoana impozabilă A a alocat la începutul anului o plajă de facturi de la seria A nr. 1 până la seria A nr. 100, ce va fi înscrisă la pct. 2.1. În prima perioadă de raportare a emis facturi de la seria A nr. 1 la seria A nr. 25, pe care le va înscrie la pct. 2.2.

În următoarele perioade de raportare se va înscrie la pct. 2.1 plaja de facturi alocate de la seria A nr. 1 până la seria A nr. 100, până la utilizarea completă a acesteia.

2. Excepţie: pentru anul 2016, contribuabilii vor declara la pct. 2.1 numai plaja de facturi rămasă neutilizată din plaja de facturi alocată la începutul anului prin decizie internă.

De exemplu, la data de 1 octombrie 2016, persoana impozabilă B are două plaje de facturi rămase neutilizate din plajele de facturi alocate, pe care le va declara la pct. 2.1, respectiv: de la seria A nr. 80 la seria A nr. 100 şi de la seria X nr. 78 la seria X nr. 100. Pentru luna octombrie, la pct. 2.2 vor fi înscrise facturile emise din plajele de facturi neutilizate, astfel: de la seria A nr. 80 la seria A nr. 85 şi de la seria X nr. 78 la seria X nr. 90.

2.3. număr total de facturi emise în perioada de raportare de către beneficiari, în numele persoanei impozabile, conform art. 319 alin. (18) din Codul fiscal, seria şi numărul de ordine al acestora, precum şi denumire şi CUI beneficiari;

2.4. număr total de facturi emise în perioada de raportare de către terţi, în numele persoanei impozabile, conform art. 319 alin. (19) din Codul fiscal, seria şi numărul de ordine al acestora, precum şi denumire şi CUI terţi;

Plajele de facturi/Facturile înscrise în declaraţie la pct. 2.1 - 2.4 se vor completa cu serie şi număr de ordine, iar în situaţia în care acestea nu conţin decât număr de ordine se vor completa numai numerele respective (nu este exclusă utilizarea unor serii alfanumerice).

3. descrierea operaţiunilor din care provine soldul sumei negative înregistrat în decontul de TVA de către persoana impozabilă care depune declaraţia şi care este solicitat la

rambursare în perioada de raportare - se va/vor bifa căsuţa/căsuţele corespunzătoare fiecărei operaţiuni în parte;

4. date aferente operaţiunilor desfăşurate de către persoana impozabilă care aplică sistemul normal de TVA:

4.1. valoarea totală a TVA deductibile aferentă facturilor achitate în perioada de raportare, indiferent de data în care acestea au fost primite de la persoane impozabile care aplică sistemul de TVA la încasare, defalcată pe fiecare cotă de TVA (24%, 20%, 19%, 9%, 5%);

5. date aferente operaţiunilor desfăşurate de către persoana impozabilă care aplică sistemul de TVA la încasare:

5.1. valoarea totală a TVA colectate aferentă facturilor încasate în perioada de raportare, indiferent de data la care acestea au fost emise de către persoana impozabilă care aplică sistemul de TVA la încasare, defalcată pe fiecare cotă de TVA (24%, 20%, 19%, 9%, 5%);

5.2. valoarea totală a TVA deductibile aferentă facturilor achitate în perioada de raportare, indiferent de data în care acestea au fost primite de la persoane impozabile care aplică sistemul normal de TVA, defalcată pe fiecare cotă de TVA (24%, 20%, 19%, 9%, 5%);

5.3. valoarea totală a TVA deductibile aferentă facturilor achitate în perioada de raportare, indiferent de data în care acestea au fost primite de la persoane impozabile care aplică sistemul de TVA la încasare, defalcată pe fiecare cotă de TVA (24%, 20%, 19%, 9%, 5%);

6. valoarea totală a TVA colectate aferentă marjei de profit din perioada de raportare, indiferent de data la care au fost efectuate operaţiunile de către persoanele impozabile care aplică regimul special pentru agenţiile de turism/regimul special pentru bunurile second-hand, opere de artă, obiecte de colecţie şi antichităţi:

6.1. persoana impozabilă care aplică regimul special pentru agenţiile de turism va completa baza de impozitare a serviciului unic constituit din marja de profit, exclusiv taxa, care se determină ca diferenţă între suma totală care va fi plătită de călător, fără taxă, şi costurile agenţiei de turism, inclusiv taxa, aferente livrărilor de bunuri şi prestărilor de servicii în beneficiul direct al călătorului, în cazul în care aceste livrări şi prestări sunt realizate de alte persoane impozabile, şi TVA aferentă;

6.2. persoana impozabilă care aplică regimul special pentru bunurile second-hand, opere de artă, obiecte de colecţie şi antichităţi va completa marja profitului ca diferenţă între preţul de vânzare aplicat de persoana impozabilă revânzătoare şi preţul de cumpărare şi TVA aferentă;

7. în situaţia în care persoana impozabilă a desfăşurat în perioada de raportare activitate/activităţi definită/definite conform listei disponibile pe portalul ANAF (listă ce poate fi actualizată), indiferent de activitatea preponderentă efectiv desfăşurată în perioada de raportare, declarată la secţiunea 1 lit. A, se vor completa valoarea livrărilor de bunuri/prestărilor de servicii fără TVA, precum şi TVA aferentă, defalcate pe cote (24%, 20%, 19%, 9%, 5%).

Această listă cuprinde următoarele activităţi:

1071 Cofetărie şi produse de patiserie

4520 Spălătorie auto

4730 Comerţ cu amănuntul al carburanţilor pentru autovehicule în magazine specializate

4776 Comerţ cu amănuntul al florilor, plantelor şi seminţelor

4776 Comerţ cu amănuntul al animalelor de companie şi al hranei pentru acestea, în magazine specializate

4932 Transporturi cu taxiuri

5510 Hoteluri

5510 Pensiuni turistice

5610 Restaurante

5630 Baruri şi activităţi de servire a băuturilor

812 Activităţi de curăţenie

9313 Activităţi ale centrelor de fitness

9602 Activităţi de coafură şi de înfrumuseţare

9603 Servicii de pompe funebre

Lista de mai sus va fi actualizată prin formularul electronic 394 pus la dispoziţia contribuabililor în mod gratuit.

În cazul în care declaraţia este întocmită de:

- persoana juridică, se vor completa denumirea, CUI şi calitatea acesteia;

- persoana fizică, se vor completa numele şi prenumele, CNP/NIF, funcţia în cadrul persoanei impozabile, altă calitate în afara persoanei impozabile.

Datele înscrise în declaraţie referitoare la tranzacţiile derulate cu fiecare persoană impozabilă (client/furnizor) înregistrată în scop de TVA pot fi consultate de către aceasta prin intermediul aplicaţiei informatice puse la dispoziţie de ANAF şi cu acordul persoanei impozabile care depune declaraţia. Acordul va fi dat în prima declaraţie depusă de persoana impozabilă şi va fi valabil pentru toate declaraţiile informative 394 pentru care există obligativitatea depunerii în anul fiscal menţionat, fără a avea posibilitatea schimbării opţiunii.

În cazul în care persoana impozabilă nu şi-a exprimat acordul, aceasta are posibilitatea schimbării opţiunii în cursul anului. Astfel, persoana impozabilă va bifa în mod corespunzător căsuţa corespunzătoare schimbării opţiunii.

În situaţia în care persoana impozabilă nu şi-a exprimat acordul prin nicio declaraţie informativă depusă pe parcursul anului, aceasta nu va putea consulta datele înscrise de parteneri în declaraţiile informative 394, referitoare la tranzacţiile bilaterale, indiferent de opţiunea acestora.

Informaţiile rezultate din declaraţie pot face obiectul analizei de risc conform prevederilor din Legea nr. 207/2015 privind Codul de procedură fiscală.

SECŢIUNEA a 2-a

Prezenta secţiune, pentru fiecare rezumat al declaraţiei, va avea următorul cuprins:

- valorile totale înscrise în facturile emise/primite, în borderourile de achiziţii, în filele carnetelor de comercializare a produselor din sectorul agricol şi în contracte (încheiate cu persoane fizice)/alte documente, pentru fiecare partener de tranzacţie pentru perioada de raportare, inclusiv raportul lunar al memoriei fiscale de la aparatele de marcat electronice fiscale, defalcate pe fiecare cotă de TVA;

- valorile totale înscrise în facturile emise/primite aferente tranzacţiilor efectuate de către persoanele impozabile care aplică regimul special pentru agenţiile de turism, pentru bunurile second-hand, opere de artă, obiecte de colecţie şi antichităţi, inclusiv valoarea marjei de profit şi a TVA aferentă;

- valorile totale înscrise în facturile emise/primite aferente tranzacţiilor pentru care se aplică taxarea inversă pentru operaţiunile prevăzute la art. 331 din Codul fiscal, respectiv cereale şi plante tehnice, deşeuri feroase şi neferoase, masă lemnoasă, certificate de emisii de gaze cu efect de seră, energie electrică, gaze naturale, certificate verzi, construcţii/terenuri, aur de investiţii, telefoane mobile, microprocesoare, console de jocuri, tablete PC, laptopuri se completează separat faţă de celelalte operaţiuni, pentru fiecare cod de înregistrare în scopuri de TVA, categorie de bunuri/servicii supuse taxării inverse şi pentru fiecare cotă defalcată de TVA;

Listele operaţiunilor taxabile efectuate pe teritoriul naţional cuprind următoarele tipuri de operaţiuni:

- operaţiuni efectuate cu persoane impozabile înregistrate în scopuri de TVA conform art. 316 din Codul fiscal (cu detaliere pe fiecare operaţiune cu TVA şi pe fiecare operaţiune cu taxare inversă prevăzută la art. 331 din Codul fiscal, respectiv cereale şi plante tehnice, deşeuri feroase şi neferoase, masă lemnoasă, certificate de emisii de gaze cu efect de seră, energie electrică, gaze naturale, certificate verzi, construcţii/terenuri, aur de investiţii, telefoane mobile, microprocesoare, console de jocuri, tablete PC, laptopuri);

- operaţiuni efectuate cu persoane neînregistrate în scopuri de TVA (cu detaliere pe fiecare operaţiune);

- operaţiuni efectuate cu persoanele impozabile nestabilite în România, care sunt stabilite în alte state membre, neînregistrate şi care nu sunt obligate să se înregistreze în scopuri de TVA în România (cu detaliere pe fiecare operaţiune);

- operaţiuni efectuate cu persoanele impozabile neînregistrate şi care nu sunt obligate să se înregistreze în scopuri de TVA în România, nestabilite pe teritoriul Uniunii Europene (cu detaliere pe fiecare operaţiune);

- operaţiuni efectuate prin intermediul aparatelor de marcat electronice fiscale, cu excepţia celor pentru care s-au emis facturi, inclusiv încasările prin intermediul bonurilor fiscale care îndeplinesc condiţiile unei facturi simplificate, indiferent dacă au/nu au înscris codul de înregistrare în scopuri de TVA al beneficiarului;

- operaţiuni efectuate din activităţile economice exceptate de la obligaţia utilizării aparatelor de marcat electronice fiscale.

1. Coloana "Nr. curent" de la lit. C, D, E, F - se înscrie o singură dată numărul curent pentru fiecare furnizor/beneficiar.

2. Coloana "Tip L/A/LS/AS/AÎ/V/C/N/Î1/Î2" de la lit. C, D, E, F, G - se înscrie tipul operaţiunii efectuate, şi anume:

- L - livrări de bunuri/prestări de servicii pentru care au fost emise facturi, cu excepţia facturilor simplificate;

- A - achiziţii de bunuri/servicii pentru care au fost primite facturi, cu excepţia facturilor simplificate;

- LS - livrări de bunuri/prestări de servicii pentru care au fost emise facturi de către persoanele impozabile care aplică regimul special pentru agenţiile de turism, bunurile second-hand, opere de artă, obiecte de colecţie şi antichităţi;

- AS - achiziţii de bunuri şi servicii pentru care au fost primite facturi de la persoanele impozabile care aplică regimul special pentru agenţiile de turism, bunurile second-hand, opere de artă, obiecte de colecţie şi antichităţi;

- AÎ - achiziţii de bunuri/servicii pentru care au fost primite facturi cu TVA la încasare;

- V - livrări de bunuri/prestări de servicii pentru care se aplică taxarea inversă prevăzută la art. 331 din Codul fiscal;

- C - achiziţii de bunuri/servicii pentru care se aplică taxarea inversă;

- N - achiziţii de bunuri/servicii de la persoane neînregistrate în scopuri de TVA, pentru care au fost primite facturi/borderouri de achiziţii/file din carnetele de comercializare a produselor din sectorul agricol/contracte;

- Î1 - încasări efectuate prin intermediul aparatelor de marcat electronice fiscale;

- Î2 - încasări efectuate din activităţi exceptate de la obligaţia utilizării aparatelor electronice de marcat fiscale, conform prevederilor legale în vigoare (Ordonanţa de urgenţă a Guvernului nr. 28/1999, republicată, cu modificările şi completările ulterioare);

- nr. de AMEF - se va completa numărul aparatelor de marcat electronice fiscale ce sunt utilizate în fiecare lună din perioada de raportare.

3. Coloana "CIF/CUI/CNP/NIF/Cod de înregistrare în scopuri de TVA al furnizorului/beneficiarului/Cod valabil de TVA în statul membru/Cod de înregistrare" de la lit. C, D, E, F - se înscriu, după caz:

- CIF cod de identificare fiscală al furnizorului/beneficiarului;

- CUI furnizor/beneficiar;

- CNP/NIF/Adresa furnizor/beneficiar, persoană fizică - completarea CNP/NIF este obligatorie în situaţia în care persoana impozabilă îl colectează de la persoana fizică din facturi, contracte (de prestări servicii, de furnizare utilităţi, vânzări de bunuri mobile şi imobile etc.); în lipsa acestuia se vor declara numele, prenumele şi adresa persoanei fizice. La adresă se vor completa informaţiile în următoarea ordine: datele din actul de identitate al persoanei fizice colectate de persoana impozabilă sau, în lipsa acestuia, o altă adresă comunicată de beneficiar. Informaţiile vor cuprinde, în mod obligatoriu, următoarele: ţară, localitate, judeţ/sector, strada, nr., bloc, apartament, alte detalii adresă. Rubrica "alte detalii adresă" se va completa în situaţia în care se vor înscrie alte elemente decât cele existente în formularul pretipărit sau nu se deţine o adresă din România. Pentru achiziţiile efectuate pe bază de borderouri de achiziţie/file de carnet de comercializare a produselor din sectorul agricol se vor declara numele, prenumele şi adresa persoanei fizice.

- codul de înregistrare în scopuri de TVA al furnizorului/beneficiarului;

- codul de înregistrare în scopuri de TVA al reprezentantului fiscal desemnat, în cazul în care furnizorul/beneficiarul nu este stabilit în România şi este persoană obligată la plata taxei;

- cod valabil de TVA în statul membru al persoanei impozabile nestabilite în România, care este stabilită în alt stat membru, neînregistrată şi care nu este obligată să se înregistreze în scopuri de TVA în România;

- cod de înregistrare din registrul companiilor din ţara de rezidenţă pentru persoana impozabilă neînregistrată şi care nu este obligată să se înregistreze în scopuri de TVA în România, nestabilită pe teritoriul Uniunii Europene.

4. Coloana "Denumire/Nume şi prenume furnizor/beneficiar" de la lit. C, D, E, F - se înscriu, după caz:

- denumirea/numele şi prenumele persoanei impozabile înregistrate/neînregistrate în scopuri de TVA;
- numele şi prenumele persoanei fizice;
- denumirea persoanei impozabile nestabilite în România, care este stabilită în alt stat membru, neînregistrată şi care nu este obligată să se înregistreze în scopuri de TVA în România;
- denumirea persoanei impozabile neînregistrate şi care nu este obligată să se înregistreze în scopuri de TVA în România, nestabilită pe teritoriul Uniunii Europene.

5. Coloana "Număr de facturi/borderouri de achiziţii/file carnet de comercializare a produselor din sectorul agricol/contracte/alte documente" de la lit. C, D, E, F - se înscrie numărul total al facturilor emise/primite/numărul total al borderourilor de achiziţii/numărul total al filelor din carnetele de comercializare a produselor din sectorul agricol primite/numărul total al contractelor încheiate cu persoanele fizice/numărul total al altor documente.

Prin excepţie, în situaţia în care în cuprinsul unei facturi emise/primite există operaţiuni cu cote de TVA diferite, la rubrica "număr de facturi" se vor înscrie: valoarea 1 în dreptul operaţiunii cu valoarea cea mai mare a TVA şi valoarea 0 pentru restul operaţiunilor; dacă valoarea TVA este aceeaşi pentru operaţiunile respective, factura se va numerota o singură dată în dreptul cotei de TVA celei mai mari. În situaţia în care în cuprinsul unei facturi emise/primite pentru operaţiuni pentru care se aplică taxarea inversă sunt cuprinse mai multe bunuri/servicii prevăzute la lit. C, la rubrica "număr de facturi" se vor înscrie: valoarea 1 în dreptul operaţiunii cu valoarea cea mai mare a TVA şi valoarea 0 pentru restul operaţiunilor.

6. Coloana "Baza impozabilă" de la lit. C, D, E, F - se înscrie valoarea bazei impozabile, în lei, aferentă livrărilor/prestărilor/achiziţiilor, inclusiv cele pentru care se aplică taxarea inversă, precum şi valoarea bazei impozabile aferentă facturilor de stornare, defalcate pe cote de TVA (24%, 20%, 19%, 9%, 5%). În cazul în care baza impozabilă este negativă valoarea totală a acesteia se înscrie cu semnul (-).

7. Coloana "Taxă pe valoarea adăugată" de la lit. C, D, E, F - se înscrie valoarea TVA, în lei, aferentă livrărilor/prestărilor/achiziţiilor, inclusiv cele pentru care se aplică taxarea inversă, precum şi TVA aferentă facturilor de stornare, defalcate pe cote de TVA (24%, 20%, 19%, 9%, 5%). Dacă taxa pe valoarea adăugată este negativă, valoarea totală a acesteia se înscrie cu semnul (-).

8. Coloana "Bunuri/servicii" de la lit. C - se selectează categoria de bunuri sau servicii pentru care se aplică taxarea inversă.

9. Coloana "Cod şi denumire NC produs" de la lit. C - pentru bunurile din categoria cereale şi plante tehnice se înscriu codurile care figurează în nomenclatura combinată stabilită prin Regulamentul (CEE) nr. 2.658/87 al Consiliului din 23 iulie 1987 privind Nomenclatura tarifară şi statistică şi Tariful vamal comun, modificată conform Regulamentului de punere în aplicare (UE) nr. 927/2012 al Comisiei din 9 octombrie 2012, ce se regăseşte pe portalul ANAF.

10. Coloana "Bunuri/servicii" de la lit. D - se înscrie natura bunurilor/serviciilor achiziţionate de la persoane fizice - tip operaţiune N, respectiv: cereale şi plante tehnice, deşeuri feroase şi neferoase, masă lemnoasă, terenuri, construcţii, alte bunuri şi servicii.

11. Coloana "Tip document" de la lit. D - se selectează tipul documentului: factură/borderou de achiziţii/filă din carnetul de comercializare a produselor din sectorul agricol/contract/alt document.

12. Coloana "Valoare totală" de la lit. D - se înscrie valoarea totală a achiziţiilor de bunuri/servicii pentru care au fost primite facturi/borderouri de achiziţii/file din carnetele de comercializare a produselor din sectorul agricol/contracte/alte documente, de la persoane neînregistrate în scopuri de TVA.

13. Coloana "Tip operaţiune" de la lit. G - se selectează tipul încasărilor:

- încasări prin intermediul aparatelor de marcat electronice fiscale, cu excepţia celor pentru care s-au emis facturi, inclusiv încasările prin intermediul bonurilor fiscale care îndeplinesc condiţiile unei facturi simplificate, indiferent dacă au/nu au înscris codul de înregistrare în scopuri de TVA al beneficiarului;
- încasări efectuate din activităţi exceptate de la obligaţia utilizării aparatelor de marcat electronice fiscale, conform prevederilor legale în vigoare.

14. Coloana "Nr. bonuri fiscale" - se înscrie numărul total al bonurilor fiscale emise în fiecare lună din perioada de raportare.

15. Coloana "Total încasări" de la lit. G - se înscrie totalul încasărilor, în lei, lunare, din perioada de raportare prin intermediul aparatelor de marcat electronice fiscale (cu excepţia celor pentru care s-au emis facturi), respectiv încasări lunare obţinute din activităţi exceptate de la obligaţia utilizării aparatelor de marcat electronice fiscale, conform prevederilor legale în vigoare.

16. Coloana "Total bază impozabilă" de la lit. G - se înscrie valoarea bazei impozabile, în lei, din fiecare lună din perioada de raportare aferentă încasărilor, inclusiv valoarea bazei impozabile aferentă stornărilor, defalcată pe cote de TVA (20%, 19%, 9%, 5%), cu excepţia celor pentru care s-au emis facturi.

17. Coloana "Taxa pe valoarea adăugată" de la lit. G - se înscrie valoarea TVA, în lei, din fiecare lună din perioada de raportare aferentă încasărilor, inclusiv valoarea taxei pe valoarea adăugată aferentă stornărilor, defalcată pe cote de TVA (20%, 19%, 9%, 5%), cu excepţia celor pentru care s-au emis facturi.

18. Lista bunurilor/serviciilor achiziţionate de la persoanele fizice, inclusiv actualizările acesteia, va fi disponibilă prin formularul electronic 394 pus la dispoziţia contribuabililor în mod gratuit.

ANAF Agenţia Naţională de Administrare Fiscală	DECLARAŢIE DE ÎNREGISTRARE ÎN SCOPURI DE TVA/DECLARAŢIE DE MENŢIUNI PENTRU PERSOANELE IMPOZABILE CARE AU SEDIUL ACTIVITĂŢII ECONOMICE ÎN AFARA ROMÂNIEI, DAR SUNT STABILITE ÎN ROMÂNIA PRIN SEDII FIXE	093

I. FELUL DECLARAŢIEI	
1. DECLARAŢIE DE ÎNREGISTRARE ÎN SCOPURI DE TVA	
2. DECLARAŢIE DE MENŢIUNI	

II. DATE DE IDENTIFICARE A PERSOANEI IMPOZABILE										
1. COD DE IDENTIFICARE FISCALĂ (din ţara de rezidenţă)										
2. DENUMIRE/NUME ŞI PRENUME										
3. Forma juridică										
4. Data înfiinţării										
5. Ţara de rezidenţă		Localitate								
Adresa completă în ţara de rezidenţă										
5.1. Telefon		5.2. Fax		5.3. E-mail						
6. Înregistrare într-un alt stat membru U.E.										
DA		NU								
Ţara		Cod de identificare fiscală								

III. DATE PRIVIND ADRESA DIN ROMÂNIA A SEDIULUI FIX/SEDIULUI FIX DESEMNAT PENTRU TAXA PE VALOAREA ADĂUGATĂ										
1. COD DE IDENTIFICARE FISCALĂ/ COD DE ÎNREGISTRARE ÎN SCOPURI DE TVA										
2. DENUMIRE										
3. ADRESA										
Judeţ		Sector		Localitate						
Strada		Nr.		Bloc		Sc.				

Et.		Ap.		Cod poştal	
3.1. Telefon		3.2. Fax		3.3. E-mail	

IV. REPREZENTARE PRIN:

Împuternicit		Reprezentant legal	
Nr. document		Dată document	/ /

Date de identificare

COD DE IDENTIFICARE FISCALĂ	
DENUMIRE/NUME, PRENUME	

DOMICILIU FISCAL

Judeţ		Localitate		Sector					
Strada		Nr.		Bloc		Sc.			
Et.		Ap.		Cod poştal					
Telefon		Fax							
E-mail									

V. DATE PRIVIND ÎNREGISTRAREA ÎN SCOPURI DE TVA ŞI VECTORUL FISCAL PRIVIND TVA

SECŢIUNEA I - Înregistrarea în scopuri de TVA a persoanei impozabile care are sediul activităţii economice în afara României, dar este stabilită în România printr-un sediu fix, conform art. 266 alin. (2) lit. b) din Legea nr. 227/2015 privind Codul fiscal, cu modificările şi completările ulterioare	
SECŢIUNEA II - Menţiuni privind schimbarea/menţinerea perioadei fiscale	
SECŢIUNEA III - Opţiune privind aplicarea/încetarea aplicării prevederilor art. 275 alin. (2) şi art. 278 alin. (5) lit. h) din Codul fiscal (locul livrării pentru vânzările intracomunitare de bunuri la distanţă şi locul prestării, către persoane neimpozabile, a serviciilor de telecomunicaţii, radiodifuziune şi televiziune, sau a serviciilor furnizate pe cale electronică)	
SECŢIUNEA IV - Înregistrarea în scopuri de TVA, potrivit art. 316 alin. (12) din Codul fiscal	
SECŢIUNEA V - Anularea înregistrării în scopuri de TVA şi scoaterea din evidenţă ca persoană impozabilă înregistrată în scopuri de TVA	

SECŢIUNEA I - Înregistrarea în scopuri de TVA a persoanei impozabile care are sediul activităţii economice în afara României, dar este stabilită în România printr-un sediu fix, conform art. 266 alin. (2) lit. b) din Legea nr. 227/2015 privind Codul fiscal, cu modificările şi completările ulterioare, astfel:	
1.1. Înaintea primirii serviciilor, în situaţia în care urmează să primească pentru sediul fix din România servicii pentru care este obligată la plata taxei în România conform art. 307 alin. (2) din Codul fiscal, dacă serviciile sunt prestate de o persoană impozabilă care este stabilită în sensul art. 266 alin. (2) din Codul fiscal în alt stat membru	
1.2. Înainte de prestarea serviciilor, în situaţia în care urmează să presteze serviciile prevăzute la art. 278 alin. (2) din Codul fiscal de la sediul fix din România pentru un beneficiar persoană impozabilă stabilită în sensul art. 266 alin. (2) din Codul fiscal în alt stat membru care are obligaţia de a plăti TVA în alt stat membru, conform echivalentului din legislaţia statului membru respectiv al art. 307 alin. (2) din Codul fiscal	
1.3. Înainte de realizarea unor activităţi economice de la respectivul sediu fix în condiţiile stabilite la art. 266 alin. (2) lit. b) şi c) din Codul fiscal care implică:	
1.3.1. Livrări de bunuri taxabile şi/sau scutite cu drept de deducere, inclusiv livrări intracomunitare scutite de TVA conform art. 294 alin. (2) din Codul fiscal	
1.3.2. Prestări de servicii taxabile şi/sau scutite de taxa pe valoarea adăugată cu drept de deducere, altele decât cele prevăzute la art. 316 alin. (2) lit. a) şi b) din Codul fiscal	
1.3.3. Operaţiuni scutite de taxă şi optează pentru taxarea acestora, conform art. 292 alin. (3) din Codul fiscal	
1.3.4. Achiziţii intracomunitare de bunuri taxabile	
1.4. Înregistrarea în scopuri de TVA a persoanei impozabile care are sediul activităţii economice în afara României, dar este stabilită în afara României printr-un sediu fix, conform art. 266 alin. (2) lit. b) din Codul fiscal şi care nu este înregistrată şi nici nu are obligaţia să se înregistreze în scopuri de TVA, conform prevederilor art. 316 alin. (2) din Codul fiscal, dar optează pentru aplicarea regimului special prevăzut la art. 315 din Codul fiscal	
1.5. Cifra de afaceri	
1.5.1. Cifra de afaceri estimată	lei
1.5.2. Cifra de afaceri obţinută în anul precedent	lei
1.6. Perioada fiscală	

1.6.1. Lunară		1.6.3. Semestrială		Nr. aprobare organ fiscal competent	
1.6.2. Trimestrială		1.6.4. Anuală		Nr. aprobare organ fiscal competent	

SECŢIUNEA II - Menţiuni privind schimbarea/menţinerea perioadei fiscale

1.7. Menţiuni privind schimbarea perioadei fiscale pentru persoanele impozabile înregistrate în scopuri de TVA care utilizează trimestrul calendaristic ca perioadă fiscală şi care efectuează o achiziţie intracomunitară de bunuri taxabilă în România

În temeiul dispoziţiilor art. 322 alin. (7) din Codul fiscal, având în vedere faptul că în luna |__|__| anul |__|__|__|__| a intervenit exigibilitatea taxei pe valoarea adăugată aferente achiziţiei intracomunitare de bunuri efectuate, declar schimbarea perioadei fiscale utilizate pentru declararea şi plata taxei pe valoarea adăugată.

Începând cu data de întâi a lunii |__|__| anul |__|__|__|__|

perioada fiscală utilizată pentru taxa pe valoarea adăugată este LUNA calendaristică.

1.8. Menţiuni privind cifra de afaceri în cazul persoanelor impozabile pentru care perioada fiscală este trimestrul calendaristic şi care nu au efectuat achiziţii intracomunitare de bunuri în anul precedent

1.8.1. Cifra de afaceri din anul precedent, obţinută sau, după caz, recalculată |__|__|__|__|__|__|__|__| lei

1.8.2. În temeiul dispoziţiilor art. 322 alin. (8) teza a II-a din Codul fiscal, **REVIN LA TRIMESTRUL calendaristic drept perioadă fiscală**, întrucât în anul precedent/anii precedenţi am utilizat luna ca perioadă fiscală, dar nu am mai efectuat achiziţii intracomunitare de bunuri şi cifra de afaceri nu a depăşit plafonul prevăzut la art. 322 alin. (2) din Codul fiscal |___|

Sub sancţiunile aplicate faptei de fals în acte publice, declar pe propria răspundere că nu am efectuat achiziţii intracomunitare de bunuri în anul precedent.

SECŢIUNEA III - Opţiune privind aplicarea/încetarea aplicării prevederilor art. 275 alin. (2) şi art. 278 alin. (5) lit. h) din Codul fiscal (locul livrării pentru vânzările intracomunitare de bunuri la distanţă şi locul prestării către persoane neimpozabile a serviciilor de telecomunicaţii, radiodifuziune şi televiziune sau a serviciilor furnizate pe cale electronică)

1.9.1. Opţiunea privind aplicarea:

- prevederilor art. 275 alin. (2) din Codul fiscal (vânzări intracomunitare de bunuri la distanţă)

- prevederilor art. 278 alin. (5) lit. h) din Codul fiscal (prestări de servicii de telecomunicaţii, de radiodifuziune şi televiziune, servicii furnizate pe cale electronică)

În temeiul prevederilor art. 278^1 alin. (3) din Codul fiscal **optez**, începând cu data de | | |/| | |/| | | | ca locul livrării sau prestării să fie stabilit în conformitate cu prevederile art. 275 alin. (2) şi art. 278 alin. (5) lit. h), deşi îndeplinesc condiţiile prevăzute la art. 278^1 alin. (1). **Opţiunea se aplică pentru cel puţin doi ani calendaristici.**

În aceste condiţii, locul livrării pentru vânzările intracomunitare de bunuri la distanţă este considerat a fi locul în care se află bunurile în momentul în care se încheie expedierea sau transportul bunurilor către client, iar locul prestării serviciilor de telecomunicaţii, de radiodifuziune şi televiziune, precum şi a serviciilor furnizate pe cale electronică către persoane neimpozabile din alte state membre UE se consideră a fi locul unde beneficiarul este stabilit, îşi are domiciliul stabil sau reşedinţa obişnuită.

1.9.2. Încetarea opţiunii privind aplicarea prevederilor art. 275 alin. (2) şi art. 278 alin. (5) lit. h) din Codul fiscal

Întrucât îndeplinesc condiţiile prevăzute la art. 278^1 alin. (1) din Codul fiscal, dar am aplicat începând din data de | | |/| | |/| | | | prevederile art. 275 alin. (2) şi/sau art. 278 alin. (5) lit. h) din Codul fiscal pentru cel puţin 2 ani calendaristici, optez pentru încetarea aplicării:

- prevederilor art. 275 alin. (2) din Codul fiscal (vânzări intracomunitare de bunuri la distanţă)

- prevederilor art. 278 alin. (5) lit. h) din Codul fiscal (prestări de servicii de telecomunicaţii, de radiodifuziune şi televiziune, servicii furnizate pe cale electronică)

Începând cu data de | | |/| | |/| | | |

În aceste condiţii, locul livrării pentru vânzările intracomunitare de bunuri la distanţă şi/sau al prestării serviciilor de telecomunicaţii, de radiodifuziune şi televiziune, precum şi a serviciilor furnizate pe cale electronică către persoane neimpozabile din alte state membre UE se consideră a fi în România.

SECŢIUNEA IV - Înregistrarea în scopuri de TVA, potrivit art. 316 alin. (12) din Codul fiscal

PRIN PREZENTA, SOLICIT ÎNREGISTRAREA ÎN SCOPURI DE TAXĂ PE VALOAREA ADĂUGATĂ:

1.10. Înregistrare în scopuri de TVA conform art. 316 alin. (12) lit. a) din Legea nr. 227/2015, cu modificările şi completările ulterioare	
1.11. Înregistrare în scopuri de TVA conform art. 316 alin. (12) lit. b) din Legea nr. 227/2015, cu modificările şi completările ulterioare	
1.12. Înregistrare în scopuri de TVA conform art. 316 alin. (12) lit. c) din Legea nr. 227/2015, cu modificările şi completările ulterioare.	
1.13. Înregistrare în scopuri de TVA conform art. 316 alin. (12) lit. d) din Legea nr. 227/2015, cu modificările şi completările ulterioare.	
1.14. Cifra de afaceri estimată a se realiza până la sfârşitul anului	| | | | | | | | | lei
1.15. Perioada fiscală: | 1.15.1. Lunară | | 1.15.2. Trimestrială	
Prin prezenta declar că voi desfăşura activităţi economice	

SECŢIUNEA V - Anularea înregistrării în scopuri de TVA şi scoaterea din evidenţă ca persoană impozabilă înregistrată în scopuri de TVA	
1.16. Ca urmare a încetării activităţii, începând cu data de	| | / | | / | | | |
1.17. Ca urmare a încetării desfăşurării de operaţiuni care dau drept de deducere a taxei, începând cu data de	| | / | | / | | | |
1.18. Ca urmare a încetării aplicării regimului special prevăzut la art. 315 din Codul fiscal, începând cu data de	| | / | | / | | | |

Sub sancţiunile aplicate faptei de fals în declaraţii, declar că datele înscrise în acest formular sunt corecte şi complete

Numele şi prenumele persoanei care face declaraţia	
Funcţia	
Semnătura	
Data	| | / | | / | | | |

Se completează de personalul organului fiscal

Denumire organ fiscal	

Număr înregistrare		Dată înregistrare		/		/					
Numele şi prenumele persoanei care a verificat											
Număr legitimaţie											

INSTRUCŢIUNI

de completare a formularului (093) "Declaraţie de înregistrare în scopuri de TVA/Declaraţie de menţiuni pentru persoanele impozabile care au sediul activităţii economice în afara României, dar sunt stabilite în România prin sedii fixe"

Depunerea declaraţiei

Declaraţia de înregistrare în scopuri de TVA/Declaraţia de menţiuni pentru persoanele impozabile care au sediul activităţii economice în afara României, dar sunt stabilite în România prin sedii fixe, denumită în continuare declaraţie, se completează şi se depune de persoanele impozabile stabilite în România prin unul sau mai multe sedii fixe, conform art. 266 alin. (2) lit. b) din Codul fiscal, care sunt obligate să solicite înregistrarea în scopuri de taxă pe valoarea adăugată în condiţiile prevăzute la art. 316 alin. (2) şi (2^1) din Codul fiscal.

Declaraţia de înregistrare se completează cu ocazia înregistrării în scopuri de TVA a persoanei impozabile stabilite în România prin sediul fix, iar declaraţia de menţiuni se completează ori de câte ori se modifică datele declarate anterior.

Declaraţia se depune, direct (reprezentant legal) sau prin împuternicit, la registratura organului fiscal competent ori la poştă prin scrisoare recomandată, la termenele stabilite de legislaţia în vigoare.

Declaraţia se completează în două exemplare, înscriindu-se cu majuscule, citeţ şi corect toate datele prevăzute de formular. Un exemplar al declaraţiei, semnat conform legii, se depune la organul fiscal competent şi un exemplar se păstrează de contribuabil.

Declaraţia poate fi depusă şi prin mijloace electronice de transmitere la distanţă, potrivit procedurii aprobate prin ordin al preşedintelui Agenţiei Naţionale de Administrare Fiscală.

Declaraţia transmisă prin mijloace electronice de transmitere la distanţă se depune în format PDF cu XML ataşat, la care se anexează o arhivă ZIP având incluse documentele doveditoare ale informaţiilor cuprinse în declaraţie, în formatele "PDF", "JPEG" sau "TIFF".

Organul fiscal competent este organul fiscal în a cărui rază teritorială se află sediul fix sau sediul fix desemnat, potrivit legii.

Completarea declaraţiei

I. FELUL DECLARAŢIEI

Se marchează cu "X" pct. 1 sau 2, după caz.

Atenţie! În cazul declaraţiei de menţiuni se completează toate rubricile formularului, de la capitolele I - IV, cu datele valabile la momentul declarării, indiferent dacă acestea au mai fost declarate. La rubricile de la capitolul V "Date privind înregistrarea în scopuri de TVA şi vectorul fiscal privind TVA", se completează numai secţiunea/secţiunile care se modifică.

II. DATE DE IDENTIFICARE A PERSOANEI IMPOZABILE

Rândul 1. Cod de identificare fiscală - Se completează codul de identificare fiscală atribuit în ţara unde este înregistrată fiscal persoana impozabilă.

Rândul 2. Denumire/Nume şi prenume - Se completează cu denumirea sau numele şi prenumele contribuabilului.

Rândul 3. Forma juridică - Se completează cu forma juridică a contribuabilului.

Rândul 4. Data înfiinţării - Se completează cu data la care s-a înfiinţat contribuabilul în ţara de rezidenţă.

Rândul 5. Ţara de rezidenţă - Se completează ţara de rezidenţă, precum şi adresa sediului social/domiciliului contribuabilului din ţara de rezidenţă.

Rândul 6. Înregistrare într-un alt stat membru U.E. - În cazul în care se marchează "X" în căsuţa "DA", se înscriu atât denumirea ţării, cât şi codul de identificare fiscală atribuit în ţara unde este înregistrată fiscal persoana impozabilă.

III. DATE PRIVIND ADRESA DIN ROMÂNIA A SEDIULUI FIX/SEDIULUI FIX DESEMNAT PENTRU TAXA PE VALOAREA ADĂUGATĂ

Se completează cu datele privind adresa din România a sediului fix. În situaţia în care persoana impozabilă este stabilită în România prin mai multe sedii fixe fără personalitate juridică, se completează cu datele privind adresa din România a sediului fix care a fost desemnat de persoana impozabilă să fie responsabil pentru toate obligaţiile în scopuri de TVA ale tuturor sediilor fixe stabilite în România ale respectivei persoane impozabile.

Rândul 1. Cod de identificare fiscală/Cod de înregistrare în scopuri de TVA

În cazul declaraţiei de înregistrare se completează codul de identificare fiscală al sediului fix, în situaţia în care acesta a fost deja înregistrat fiscal. Codul de înregistrare în scopuri de TVA se completează numai în cazul depunerii declaraţiei de menţiuni.

Atenţie! În cazul în care declaraţia de menţiuni este completată de către împuternicit/reprezentant legal, se înscrie codul de identificare fiscală al sediului fix.

Rândul 2. Denumire - Se completează cu denumirea sediului fix.

Rândul 3. Adresa - Se completează cu adresa din România a sediului fix.

Atenţie! În cazul în care declaraţia este completată de către împuternicit/reprezentant legal se va trece adresa sediului fix al persoanei impozabile pe care o reprezintă.

IV. REPREZENTARE PRIN:

Se marchează cu "X" în cazul în care, în relaţia cu organul fiscal, contribuabilul este reprezentat prin împuternicit/reprezentant legal şi se înscriu numărul şi data înregistrării la organul fiscal, de către împuternicit, a actului de împuternicire, în original sau în copie legalizat, sau numărul şi data documentului care atestă calitatea de reprezentant legal, după caz.

Date de identificare - Se completează cu datele de identificare ale împuternicitului/reprezentantului legal, după caz.

V. DATE PRIVIND ÎNREGISTRAREA ÎN SCOPURI DE TVA ŞI VECTORUL FISCAL PRIVIND TVA

SECŢIUNEA I - Înregistrarea în scopuri de TVA a persoanei impozabile care are sediul activităţii economice în afara României, dar este stabilită în România printr-un sediu fix, conform art. 266 alin. (2) lit. b) din Codul fiscal

Se marchează cu "X" de către contribuabilii care solicită înregistrarea ca persoană impozabilă în scopuri de TVA, conform art. 316 alin. (2) sau (2^1) din Codul fiscal, respectiv persoană impozabilă care are sediul activităţii economice în afara României, dar este stabilită în România printr-un sediu fix, conform art. 266 alin. (2) lit. b) din Codul fiscal, astfel:

Rândul 1.1. În situaţia în care urmează să primească pentru sediul fix din România servicii pentru care este obligată la plata taxei în România conform art. 307 alin. (2) din Codul fiscal, dacă serviciile sunt prestate de o persoană impozabilă care este stabilită în sensul art. 266 alin. (2) din Codul fiscal în alt stat membru, înaintea primirii serviciilor.

Rândul 1.2. În situaţia în care urmează să presteze serviciile prevăzute la art. 278 alin. (2) din Codul fiscal de la sediul fix din România pentru un beneficiar persoană impozabilă stabilită în sensul art. 266 alin. (2) din Codul fiscal în alt stat membru care are obligaţia de a plăti TVA în alt stat membru, conform echivalentului din legislaţia statului membru respectiv al art. 307 alin. (2) din Codul fiscal, înainte de prestarea serviciilor.

Rândul 1.3. Înainte de realizarea unor activităţi economice de la respectivul sediu fix în condiţiile stabilite la art. 266 alin. (2) lit. b) şi c) din Codul fiscal, care implică:

Rândul 1.3.1. Livrări de bunuri taxabile şi/sau scutite cu drept de deducere, inclusiv livrări intracomunitare scutite de TVA conform art. 294 alin. (2) din Codul fiscal

Rândul 1.3.2. Prestări de servicii taxabile şi/sau scutite de taxa pe valoarea adăugată cu drept de deducere, altele decât cele prevăzute la art. 316 alin. (2) lit. a) şi b) din Codul fiscal

Rândul 1.3.3. Operaţiuni scutite de taxă şi optează pentru taxarea acestora, conform art. 292 alin. (3) din Codul fiscal.

Rândul 1.3.4. Achiziţii intracomunitare de bunuri taxabile

Rândul 1.4. Înregistrarea în scopuri de TVA a persoanei impozabile care are sediul activităţii economice în afara României, dar este stabilită în România printr-un sediu fix, conform art. 266 alin. (2) lit. b) din Codul fiscal, şi care nu este înregistrată şi nici nu are obligaţia să se înregistreze în scopuri de TVA, conform prevederilor art. 316 alin. (2) din Codul fiscal, dar optează pentru aplicarea regimului special prevăzut la art. 315 din Codul fiscal - se marchează cu "X" de către persoanele impozabile care au sediul activităţii economice în România, dar sunt stabilite în România printr-un sediu fix, conform art. 266 alin. (2) lit. b) din Codul fiscal, şi care nu sunt înregistrate şi nici nu au obligaţia să se înregistreze în scopuri de TVA, conform prevederilor art. 316 alin. (2) din Codul fiscal, dar optează pentru aplicarea regimului special prevăzut la art. 315 din Codul fiscal.

Rândul 1.5. Cifra de afaceri

Rândul 1.5.1. Se completează la înregistrarea iniţială a contribuabilului, înscriindu-se cifra de afaceri pe care contribuabilul preconizează să o realizeze în perioada rămasă până la sfârşitul anului calendaristic din operaţiuni taxabile şi/sau scutite cu drept de deducere.

Rândul 1.5.2. Se completează numai dacă, ca urmare a stabilirii cifrei de afaceri realizate în anul precedent, se modifică perioada fiscală.

Rândul 1.6. Perioada fiscală

Se marchează cu "X" perioada fiscală valabilă la data solicitării înregistrării sau ulterior înregistrării în scopuri de TVA.

În cazul în care contribuabilul foloseşte, ca perioadă fiscală, semestrul sau anul calendaristic, se va înscrie numărul actului prin care organul fiscal a aprobat utilizarea acestei perioade fiscale.

SECŢIUNEA II - Menţiuni privind schimbarea/menţinerea perioadei fiscale

Rândul 1.7. Menţiuni privind schimbarea perioadei fiscale pentru persoanele impozabile înregistrate în scopuri de TVA care utilizează trimestrul calendaristic ca perioadă fiscală şi care efectuează o achiziţie intracomunitară de bunuri taxabilă în România - Se marchează cu "X" de persoanele impozabile înregistrate în scopuri de TVA conform art. 316 din Codul fiscal, care utilizează trimestrul ca perioadă fiscală şi care efectuează o achiziţie intracomunitară de bunuri taxabilă în România.

Declaraţia de menţiuni privind schimbarea perioadei fiscale ca urmare a efectuării de achiziţii intracomunitare de bunuri taxabile în România se depune în termen de maximum 5 zile lucrătoare de la finele lunii în care intervine exigibilitatea achiziţiei intracomunitare.

Se completează cu luna şi anul în care a intervenit exigibilitatea taxei pe valoarea adăugată aferente achiziţiei intracomunitare de bunuri.

De asemenea, se completează data de întâi a lunii începând cu care se schimbă perioada fiscală, respectiv se utilizează luna calendaristică ca perioadă fiscală pentru declararea şi plata taxei pe valoarea adăugată.

Astfel, perioada fiscală devine luna calendaristică începând cu:

a) prima lună a unui trimestru calendaristic, dacă exigibilitatea taxei aferente achiziţiei intracomunitare de bunuri intervine în această primă lună a respectivului trimestru;

b) a treia lună a trimestrului calendaristic, dacă exigibilitatea taxei aferente achiziţiei intracomunitare de bunuri intervine în a doua lună a respectivului trimestru. Primele două luni ale trimestrului respectiv vor constitui o perioadă fiscală distinctă, pentru care persoana impozabilă va avea obligaţia depunerii unui decont de taxă conform art. 323 alin. (1) din Codul fiscal;

c) prima lună a trimestrului calendaristic următor, dacă exigibilitatea taxei aferente achiziţiei intracomunitare de bunuri intervine în a treia lună a unui trimestru calendaristic.

Rândul 1.8. Menţiuni privind cifra de afaceri în cazul persoanelor impozabile pentru care perioada fiscală este trimestrul calendaristic şi care nu au efectuat achiziţii intracomunitare de bunuri în anul precedent - Se marchează cu "X" de către:

a) persoanele impozabile înregistrate în scopuri de TVA conform art. 316 din Codul fiscal şi care au utilizat trimestrul ca perioadă fiscală în anul precedent, care nu au efectuat achiziţii intracomunitare de bunuri şi care nu au depăşit plafonul de 100.000 euro, al cărui echivalent în lei se calculează conform titlului VII din Normele de aplicare a Legii nr. 227/2015 privind Codul fiscal, aprobate prin Hotărârea Guvernului nr. 1/2016, cu modificările şi completările ulterioare;

b) persoanele impozabile înregistrate în scopuri de TVA conform art. 316 din Codul fiscal, aflate în situaţia prevăzută la art. 322 alin. (8) teza a II-a din Codul fiscal. În această situaţie se află persoanele impozabile care revin la trimestrul calendaristic drept perioadă fiscală, întrucât în anul precedent/anii precedenţi au utilizat luna ca perioadă fiscală, dar nu au mai efectuat achiziţii intracomunitare de bunuri şi nu au depăşit plafonul de 100.000 euro, al cărui echivalent în lei se calculează conform titlului VII din Normele de aplicare a Legii nr. 227/2015 privind Codul fiscal, aprobate prin Hotărârea Guvernului nr. 1/2016, cu modificările şi completările ulterioare. Persoanele impozabile aflate în această situaţie marchează cu "X" şi rândul 1.8.2.

Rândul 1.8.1. Se completează cu cifra de afaceri din anul precedent, obţinută sau, după caz, recalculată de către contribuabil, potrivit prevederilor Codului fiscal.

Prin marcarea cu "X" a rândului 1.8 persoana impozabilă declară, pe propria răspundere, sub sancţiunile aplicate faptei de fals în acte publice, că nu a efectuat achiziţii intracomunitare de bunuri în anul precedent.

Declaraţia de menţiuni se depune la organul fiscal competent până la data de 25 ianuarie inclusiv, pentru anul precedent.

SECŢIUNEA III - Opţiune privind aplicarea/încetarea aplicării prevederilor art. 275 alin. (2) şi art. 278 alin. (5) lit. h) din Codul fiscal (locul livrării pentru vânzările intracomunitare de bunuri la distanţă şi locul prestării către persoane neimpozabile a serviciilor de telecomunicaţii, radiodifuziune şi televiziune sau a serviciilor furnizate pe cale electronică)

Secţiunea III "Opţiune privind aplicarea/încetarea aplicării prevederilor art. 275 alin. (2) şi art. 278 alin. (5) lit. h) din Codul fiscal" - Se marchează de către persoanele impozabile stabilite sau care îşi au domiciliul stabil sau reşedinţa obişnuită în România care efectuează vânzări intracomunitare de bunuri la distanţă, care sunt expediate sau transportate către un alt stat membru, şi/sau care prestează servicii de telecomunicaţii, de radiodifuziune şi televiziune, precum şi servicii furnizate pe cale electronică către persoane neimpozabile dintr-un alt stat membru, a căror valoare totală nu depăşeşte în anul calendaristic curent şi nu a depăşit nici în cursul anului calendaristic precedent 10.000 euro (46.337 lei).

Rândul 1.9.1. - Se marchează cu "X" de către persoanele impozabile care optează, în conformitate cu prevederile art. 278^1 alin. (3) din Codul fiscal, ca locul livrării în cazul vânzărilor la distanţă şi/sau locul prestării serviciilor de telecomunicaţii, de radiodifuziune şi televiziune, precum şi a serviciilor furnizate pe cale electronică să fie stabilit în conformitate cu prevederile art. 275 alin. (2) şi art. 278 alin. (5) lit. h) din Codul fiscal, respectiv la beneficiar.

Se bifează căsuţa corespunzătoare situaţiei în care se află persoana impozabilă, respectiv efectuează vânzări intracomunitare de bunuri la distanţă sau prestează servicii de telecomunicaţii, de radiodifuziune şi televiziune sau servicii furnizate pe cale electronică.

Rândul 1.9.2. - Se marchează cu "X" de către persoanele impozabile care au aplicat cel puţin 2 ani calendaristici prevederile art. 275 alin. (2) şi art. 278 alin. (5) lit. h) din Codul fiscal şi care urmează să aplice prevederile art. 278^1 alin. (1) din Codul fiscal.

Se bifează căsuţa corespunzătoare situaţiei în care se află persoana impozabilă, respectiv optează pentru încetarea aplicării prevederilor art. 275 alin. (2) (vânzări intracomunitare de bunuri la distanţă) sau optează pentru încetarea aplicării prevederilor art. 278 alin. (5) lit. h) din Codul fiscal (prestări servicii de telecomunicaţii, de radiodifuziune şi televiziune sau servicii furnizate pe cale electronică).

SECŢIUNEA IV - Înregistrarea în scopuri de TVA, potrivit art. 316 alin. (12) din Codul fiscal

Se marchează cu "X", în mod corespunzător, de către persoanele impozabile cărora li s-a anulat înregistrarea în scopuri de TVA în conformitate cu dispoziţiile art. 316 alin. (11) lit. a) şi c) - e) şi care solicită înregistrarea în scopuri de TVA potrivit prevederilor art. 316 alin. (12) din Codul fiscal.

Se marchează cu "X" în căsuţa corespunzătoare, astfel:

Rândul 1.10. Se marchează cu "X" de către persoanele impozabile cărora li s-a anulat înregistrarea în scopuri de TVA sau li s-a respins cererea de înregistrare în scopuri de TVA, întrucât au fost declarate inactive fiscal, potrivit legii.

Rândul 1.11. Se marchează cu "X" de către persoanele impozabile cărora li s-a anulat înregistrarea în scopuri de TVA sau li s-a respins cererea de înregistrare în scopuri de TVA, întrucât asociaţii/administratorii persoanei impozabile sau persoana impozabilă însăşi a avut înscrise în cazierul fiscal infracţiuni şi/sau fapte prevăzute la art. 4 alin. (4) lit. a) din Ordonanţa Guvernului nr. 39/2015 privind cazierul fiscal, aprobată cu modificări prin Legea nr. 327/2015, cu modificările şi completările ulterioare, şi care solicită înregistrarea în scopuri de TVA, datorită încetării situaţiei care a condus la anularea înregistrării în scopuri de TVA. În cazul societăţilor reglementate de Legea societăţilor nr. 31/1990, republicată, cu modificările şi completările ulterioare, se aplică numai pentru asociații majoritari sau, după caz, asociatul unic care are înscrise astfel de fapte/situații.

Rândul 1.12. Se marchează cu "X" de către persoanele impozabile cărora li s-a anulat înregistrarea în scopuri de TVA sau li s-a respins cererea de înregistrare în scopuri de TVA, întrucât nu au depus niciun decont de TVA, şi care solicită înregistrarea în scopuri de TVA.

Rândul 1.13. Se marchează cu "X" de către persoanele impozabile cărora li s-a anulat înregistrarea în scopuri de TVA sau li s-a respins cererea de înregistrare în scopuri de TVA, întrucât nu au evidențiat, în deconturile de TVA depuse, nicio operațiune realizată, şi care solicită înregistrarea în scopuri de TVA.

Rândul 1.14. Se înscrie cifra de afaceri pe care estimează să o realizeze în perioada rămasă până la sfârşitul anului calendaristic. Cifra de afaceri se calculează potrivit dispozițiilor art. 322 din Codul fiscal.

Rândul 1.15. Perioada fiscală

Se marchează cu "X" perioada fiscală care urmează a fi utilizată pentru taxa pe valoarea adăugată, în condițiile prevăzute de art. 322 din Codul fiscal.

Prin completarea acestei secțiuni, persoana impozabilă declară pe propria răspundere că urmează să desfăşoare activități economice.

SECŢIUNEA V - Anularea înregistrării în scopuri de TVA şi scoaterea din evidență ca persoană impozabilă înregistrată în scopuri de TVA

Se marchează cu "X" în funcție de tipul scoaterii din evidență ca persoană impozabilă înregistrată în scopuri de TVA şi se înscrie data scoaterii din evidență, stabilită conform prevederilor titlului VII din Codul fiscal şi ale normelor metodologice de aplicare.

Rândul 1.16. Se completează în cazul în care se solicită scoaterea din evidență a contribuabilului în situația în care nu mai realizează livrări de bunuri, prestări de servicii, achiziții sau livrări intracomunitare de bunuri în România pentru care plata taxei se face în România.

Rândul 1.17. Ca urmare a încetării desfăşurării de operațiuni care dau drept de deducere a taxei - Se completează în situația în care se solicită scoaterea din evidență a contribuabilului în cazul în care nu mai desfăşoară operațiuni care dau drept de deducere a taxei.

Rândul 1.18. Ca urmare a încetării aplicării regimului special prevăzut la art. 315 din Codul fiscal - Se completează în cazul în care persoana impozabilă solicită scoaterea din evidență ca persoană impozabilă ca urmare a încetării aplicării regimului special prevăzut la art. 315 din Codul fiscal.

INSTITUTUL NAŢIONAL DE STATISTICĂ
Bd. Libertăţii, nr.16, sector 5, Bucureşti
Telefon: 0213115102,
Email: intrareg@insse.ro; intrastat@insse.ro; website: http://www.intrastat.ro,

INTRASTAT

Informaţii de identificare ale operatorului economic şi sediului administrativ (social) :

CUI ☐☐☐☐☐☐☐☐☐☐

Denumirea unităţii ____________________

____

Judeţ/Cod ____________________ ☐☐

Localitate ____________________

Sector ______ Str. ____________________

Nr. ______ Bl. _____ Sc. _____ Ap. ____ Telefon ____________

Cod activitatea principală (CAEN Rev.1) ____________________

Cod activitatea principală (CAEN Rev.2) ____________________

Forma de proprietate ____________________ Cod ______

În colectarea datelor sunt respectate prevederile Regulamentului (UE) 2016/679 privind protecţia persoanelor fizice în ceea ce priveşte prelucrarea datelor cu caracter personal şi privind libera circulatie a acestor date.

CHESTIONAR PENTRU FURNIZORII DE INFORMAŢII STATISTICE INTRASTAT

1. Date generale privind sediul executiv

Sediul executiv (unde se desfăşoară efectiv activitatea) al unităţii, coincide cu sediul administrativ (social)?

Da ☐
Nu ☐

Dacă **NU**, vă rugăm să menţionaţi adresa sediului executiv unde unitatea îşi desfăşoară efectiv activitatea:

Judeţ ____________________ Localitatea ____________________

Strada ____________________ Nr. ______ Bl ______ Sc ______ Ap ______

Telefon ____________________ Email ____________________

Doriţi ca pe viitor instrumentarul necesar declarării datelor statistice / materialele informative să fie transmise direct la sediul executiv?

Da ☐
Nu ☐

2. Informaţii privind conducătorul unităţii

Nume şi prenume: ____________________

Funcţia : ____________________

Telefon: ____________ Fax: ____________ E-mail: ____________

3. Valoarea schimburilor intra-UE cu bunuri cu statele membre ale Uniunii Europene realizată de la începutul anului 2023 până în prezent:

Expedieri intra-UE de bunuri:
- mai mici de 1.000.000 lei ☐
- între 1.000.000 şi 20.000.000 lei ☐
- peste 20.000.000 lei ☐

Luna în care a fost depăşit pragul: ☐

Introduceri intra-UE de bunuri:
- mai mici de 1.000.000 lei ☐
- între 1.000.000 şi 10.000.000 lei ☐
- peste 10.000.000 lei ☐

Luna în care a fost depăşit pragul: ☐

4. Intenţionaţi să solicitaţi serviciile unei părţi terţe declarante pentru a îndeplini obligaţiile dumneavoastră de a completa declaraţia Intrastat?

Da ☐
Nu ☐

Daca răspunsul la această întrebarea este **DA**, vă rugăm să continuaţi cu **punctul 6**. Dacă răspunsul este **NU**, vă rugăm să continuaţi cu **următorul punct**.

5. Informaţii privind persoana împuternicită din cadrul unităţii dummneavoastră să completeze declaraţia Intrastat:

5.1. Nume şi prenume ____________________

Funcţia ____________________

Telefon ____________ Fax ____________ E-mail ____________

Tipul declaraţiei: Introduceri intra-UE de bunuri ☐
Expedieri intra-UE de bunuri ☐

5.2. Nume şi prenume ____________________

Funcţia ____________________

Telefon ____________ Fax ____________ E-mail ____________

Tipul declaraţiei: Introduceri intra-UE de bunuri ☐
Expedieri intra-UE de bunuri ☐

În cazul în care aceeaşi persoană va avea responsabilitatea declarării informaţiilor atât pentru introducerile cât şi pentru expedierile intra-UE de bunuri, se va completa numai punctul 5.1.

6. Informaţii privind partea terţă declarantă împuternicită pentru completarea declaraţiilor Intrastat

CUI ☐☐☐☐☐☐☐☐☐☐

Denumirea unităţii: ____________________

Adresa unităţii:
Judeţul ____________ ☐☐ Localitatea ____________

Sector ____ Strada ____________________ Nr.____ Bl.____ Sc. ___ Et. ___ Ap. ____

Informaţii privind persoana care răspunde de furnizarea datelor din cadrul unităţii dumneavoastră

Nume şi prenume: ____________________

Funcţia : ____________________

Telefon: ____________ Fax: ____________ E-mail: ____________

7. Alte informaţii privind unitatea dumneavoastră

7.1. În cadrul activităţii actuale de comerţ intra-UE de bunuri, efectuaţi operaţiuni de prelucrare sub contract?

Da ☐ **Dacă DA**: Activă[1) ☐
Nu ☐ Pasivă[2) ☐

7.2. Ce modalitate electronică de transmitere a declaraţiilor Intrastat preconizaţi să utilizaţi?

On line [3) ☐
Off line [4) ☐

Data completării chestionarului **Semnătura**

____

L.S.

[1) **Prelucrare activă sub contract**: bunurile sunt introduse in România dintr-un stat membru al Uniunii Europene pentru a fi supuse uneia sau mai multor operaţiuni de prelucrare, iar după prelucrare bunurile rezultate vor fi expediate în statul membru respectiv

[2) **Prelucrarea pasivă sub contract**: bunurile româneşti sunt expediate temporar de pe teritoriul României într-un alt stat membru al Uniunii Europene pentru a fi supuse unor operaţiuni de prelucrare, iar produsele rezultate din aceste operaţiuni se vor întoarce în România ca introduceri

[3) on line (transmiterea datelor prin Internet, la adresa www.intrastat.ro)

[4) off line (realizarea declaraţiei utilizând aplicaţia Intrastat disponibilă gratuit pe site-ul www.intrastat.ro, şi transmiterea ulterioară a fişierului rezultat, prin email, la INS)

Russland

Allgemeines

Die Mehrwertsteuer (MWSt) wurde 1992 in Russland eingeführt. Seit dem 1.1.2001 regelt insbesondere das Kapitel 21 der russischen Abgabenordnung die MWSt.

Die russische MWSt und die Mehrwertsteuersystem-Richtlinie der EU beruhen auf denselben Grundprinzipien. Im Detail finden sich jedoch bedeutende Abweichungen, die insbesondere für nicht in Russland ansässige Unternehmen von Relevanz sind.

Die russische MWSt wird üblicherweise НДС abgekürzt (Налог на добавленную стоимость / Nalóg na dobávlennuyu stóimost' - NDS).

Unternehmer/Organkreis

Das russische MWSt-Recht kennt keinen dem EU-Recht vergleichbaren Unternehmerbegriff. Steuerzahler sind vom Grundsatz her alle Organisationen mit einer staatlichen Registrierungspflicht, Einzelunternehmer sowie Personen, die MWSt bei der Einfuhr von Waren nach Russland schulden.

Steuerzahler, die innerhalb der letzten drei Monate (Steuerperiode) einen monatlichen Nettoumsatz von unter 2 Mio. RUB hatten und nicht mit verbrauchsteuerpflichtigen Waren handeln, können sich für eine Dauer von zwölf Monaten von ihren Anmelde- und Zahlungspflichten befreien lassen. Die Befreiung entfällt automatisch, wenn der Nettoumsatz eines Folgequartals 2 Mio. RUB überschreitet und gilt nicht hinsichtlich der beim Import zu zahlenden MWSt.

Für bestimmte Organisationen und Unternehmen gelten besondere, vom regulären MWSt-System abweichende Steuersysteme (z. B. landwirtschaftliche Erzeuger, Teilnehmer des Skolkowo-Innovationsprojekts, Anwender des vereinfachten Steuersystems).

Ausländische Unternehmer, die in Russland an einem Ort mehr als 30 Tage im Kalenderjahr unternehmerisch aktiv sind, sind zur Anmeldung einer Niederlassung verpflichtet. Wird die 30-Tage-Frist an mehreren Orten in Russland überschritten, ist jede Niederlassung gesondert anzumelden.

Organkreise oder Steuergruppen kennt das MWSt-Recht Russlands nicht.

Lieferung/sonstige Leistung

Der russischen MWSt unterliegen entgeltliche und unentgeltliche Lieferungen und sonstigen Leistungen, sowie die Ausführung von Bau- und Montagearbeiten für den Eigenverbrauch, die auf dem Gebiet der russischen Föderation ausgeführt werden. Außerdem unterliegt die Einfuhr von Waren nach Russland der russischen MWSt.

Warenlieferungen werden dann in Russland ausgeführt, wenn sich die Waren im Zeitpunkt des Verkaufs im Gebiet Russlands befinden und nicht befördert oder versandt werden oder, wenn die Waren von Russland aus befördert oder versandt werden.

Für Dienstleistungen sieht Art. 148 der Abgabenordnung hinsichtlich des Leistungsortes ortspezifische Regelungen vor. Die Regelungen entsprechen nicht mehr immer denen des EU-Rechts. Grundstücksbezogene Leistungen gelten dort als ausgeführt, wo das Grundstück belegen ist. Arbeiten an in Russland befindlichen beweglichen Gegenständen, Anlagen, Flugzeugen und Schiffen – wozu insbesondere deren Montage, Installation, Reparatur, Wartung etc. gehören – gelten als in Russland ausgeführt. Beratungsleistungen, die Personalgestellung und die Vermietung beweglicher Gegenstände (außer Landfahrzeuge) gelten dagegen am Ort des Leistungsempfängers als ausgeführt. Maßgeblich für die Bestimmung des Leistungsortes sind grds. die Angaben im Vertrag und den Unterlagen über die Abnahme der Leistung.

Werklieferung/Werkleistung/Bauleistung

Liefer- und Leistungsanteile einer Werklieferung sind für sich gesondert zu beurteilen. Werklieferverträge sollten daher insbesondere gesonderte Preisvereinbarung für die Liefer- und Leistungsteile enthalten. Erfolgt die Warenlieferung vom Ausland aus, sollte der Import der Waren durch den russischen Empfänger erfolgen; der Lieferanteil ist dann vom Lieferanten ohne MWSt abzurechnen.

Der Leistungsanteil einer in Russland ausgeführten Werklieferung ist immer dort mehrwertsteuerpflichtig. Steuerschuldner ist der leistende Unternehmer. Handelt es sich bei diesem um einen steuerlich nicht registrierten ausländischen Unternehmer, hat der russische Empfänger MWSt vom Rechnungsbetrag einzubehalten und an sein Finanzamt abzuführen (siehe auch Verlagerungsverfahren).

Bau-, Montage-, Installations-, Reparatur-, Wiederherstellungsarbeiten usw. im Zusammenhang mit einem in Russland belegenen Grundstück oder Grundstücksteil unterliegen der russischen MWSt. Gleiches gilt für Installations-, Montage-, Verarbeitungs-, Bereitstellungs-, Reparatur- und Wartungsarbeiten usw. an beweglichen Sachen, Luftfahrzeugen, See- und Binnenschiffen, wenn sich diese im Leistungszeitpunkt in Russland befinden. Steuerschuldner ist der leistende Unternehmer. Handelt es sich bei diesem um einen steuerlich nicht registrierten ausländischen Unternehmer, hat der russische Empfänger MWSt vom Rechnungsbetrag einzubehalten und an sein Finanzamt abzuführen (siehe auch Verlagerungsverfahren).

Verlagerungsverfahren/Reverse-Charge

Steuerschuldner einer der MWSt unterliegenden Lieferung oder Leistung ist grds. allein der liefernde bzw. leistende Unternehmer. Handelt es sich bei diesem jedoch um ein steuerlich nicht registriertes ausländisches Unternehmen, ist der Empfänger gem. Art. 161 der Abgabenordnung als sog. Steueragent zur Entrichtung der russischen MWSt verpflichtet.

Entgegen dem EU-Recht ist der ausländische Unternehmer auch dann zum Ausweis der gesetzlich geschuldeten russischen MWSt berechtigt, wenn er in Russland mehrwertsteuerlich nicht registriert ist. Von dieser Möglichkeit kann der Unternehmer Gebrauch machen, wenn er den Nettopreis ungekürzt erzielen will. Alternativ kann mit dem russischen Kunden vertraglich vereinbart werden, dass er die MWSt im Steueragentenverfahren abführt und den Vertragspreis dabei als Nettopreis behandelt. Im Steueragentenverfahren muss der russische Empfänger einer Waren- oder Werklieferung nämlich die MWSt-Schuld auf Grundlage der Rechnung ermitteln und an sein Finanzamt abführen. Der Rechnungspreis ist dabei grds. als Bruttobetrag inklusive der MWSt zu behandeln. Der anzuwendende Steuersatz beträgt 20/120. Der Steueragent darf die von ihm zu entrichtende MWSt als Vorsteuer in Abzug bringen.

Es empfiehlt sich, die Durchführung des Steueragentenverfahrens ausdrücklich im Liefer- oder Leistungsvertrag zu vereinbaren, wenn es angewendet werden soll.

Anfang 2019 wurde die Besteuerung von digitalen Dienstleistungen im B2B-Bereich neu geregelt. Für digitale Dienstleistungen findet seitdem das Steueragentenverfahren **keine** Anwendung mehr. Der leistende Unternehmer ist verpflichtet, sich in Russland umsatzsteuerlich zu registrieren und Rechnungen zzgl. 20 % russischer Umsatzsteuer auszustellen. Allerdings erlaubt der russische föderale Steuerdienst bis auf weiteres in Einzelfällen auch weiterhin die Anwendung des Steueragentenverfahrens (vgl. dazu Abschnitt Registrierung).

Zu den betroffenen Dienstleistungen, die über das Internet oder ähnliche elektronische Netze bereitgestellt werden und in den Geltungsbereich des Gesetzes fallen, gehören insbesondere

- die Einräumung des Nutzungsrechtes an Software und Updates,
- die Speicherung von Daten mit Datenzugriff über das Internet,

- die Zurverfügungstellung von Rechnerkapazität über das Internet,
- die Erstellung und Wartung von Webseiten und Internetdomains.

Zu beachten ist, dass die Steuerpflicht in Russland auch dann eintreten kann, wenn diese Leistungen als „Leistungsbündel“ zusammen mit anderen Leistungen erbracht werden (z. B. andere Dienstleistungen im Bereich Buchhaltung, Datenverarbeitung, Marketing oder bei der Berechnung von Konzernumlagen).

Die folgenden Geschäftsvorfälle gelten **nicht** als elektronische Dienstleistungen:

- Lieferung von Waren und Erbringung von Dienstleistungen, die zwar über das Internet bestellt werden, die jedoch ohne die Nutzung des Internets ausgeführt werden;
- Verkauf und die Übertragung von Nutzungsrechten von Computerprogrammen und Datenbanken auf materiellen Medien und Trägern;
- Erbringung von Beratungsdienstleistungen per E-Mail.

Steuerbefreiungen

Das russische MWSt-Recht kennt einen Nullsteuersatz, der einer Steuerbefreiung ohne Ausschluss des Vorsteuerabzugs aus mit diesen Umsätzen in Verbindung stehenden Vorleistungen entspricht. Echte Steuerbefreiungen führen zum Ausschluss des Vorsteuerabzugs.

Leistungen zum Nullsteuersatz sind z. B.:

- Ausfuhren von Waren im Ausfuhrzollverfahren
- mit Ausfuhrlieferungen im Zusammenhang stehende sonstige Leistungen.

Von der MWSt befreit sind beispielsweise:

- Finanzumsätze
- Versicherungsumsätze
- Rechtsanwaltsleistungen

Bei diesen Leistungen kann auf eine Steuerfreiheit verzichtet werden.

Steuerbefreit, ohne Optionsmöglichkeit, ist z. B.:

- die Vermietung von Geschäfts- und Wohnräumen an ausländische Personen (auch Unternehmen)

Nicht steuerbefreit ist die Vermittlung von steuerfreien Umsätzen.

Werkzeugkostenzuschüsse

Das russische MWSt-Recht sieht Werkzeugkostenzuschüsse nicht als Nebenleistung zur Hauptleistung an. Geht die Verfügungsmacht an dem Werkzeug an den Zuschussgeber über, dann liegt eine steuerpflichtige Lieferung in Russland vor.

Dies gilt auch in den Fällen, in denen die mit dem Werkzeug hergestellten Teile exportiert werden.

Steuersätze

In Russland gelten zurzeit folgende Steuersätze:

- Normalsteuersatz 20 %
- ermäßigter Steuersatz 10 %
- Nullsteuersatz 0 %

Dem ermäßigten Steuersatz unterliegen insbesondere Grundnahrungsmittel, Zeitungen, Bücher, bestimmte medizinische Güter und Dienstleistungen.

Bemessungsgrundlage

Die Bemessungsgrundlage für die russische MWSt ist das vereinbarte Entgelt, das selbst keine MWSt enthält

Besonderheiten ergeben sich bei Leistungen von nicht in Russland registrierten Unternehmen. Der in Russland registrierte Unternehmer (Kunde) kann in diesen Fällen – soweit nichts anderes vereinbart wurde – die MWSt vom ausgewiesenen Preis einbehalten (siehe auch Verlagerungsverfahren).

Vorsteuerabzug

Steuerpflichtige können Vorsteuern aus bezogenen Lieferungen und Leistungen bzw. dem Import von Waren in Abzug bringen. Dies gilt jedoch dann nicht, wenn die Waren oder Leistungen zur Erzielung von steuerfreien oder nicht der russischen MWSt unterliegenden Umsätzen verwendet wurden.

Für den Vorsteuerabzug muss eine den o. g. Voraussetzungen Rechnung für Mehrwertsteuerzwecke (sog. „Fakturarechnung"/„Schtschjot-Faktura") vorliegen. Die Rechnung muss in den Büchern des Rechnungsempfängers erfasst werden. Es ist nachzuweisen, dass die Zahlung an den Leistenden erfolgt ist (nicht z. B. an die Muttergesellschaft des Leistenden).

Ein Vorsteuerabzug besteht zum Teil auch dann, wenn die Leistungen nicht als Betriebsausgaben abgezogen werden dürfen. Dies ist teilweise bei Repräsentationskosten und Reiseaufwendungen der Fall.

Bei ausländischen Unternehmen sind Vorsteuern vor der Registrierung in Russland abzugsfähig, wenn sie im Zusammenhang mit den in Russland aufgenommenen Tätigkeiten stehen.

Ein Vorsteuervergütungsverfahren für ausländische Unternehmen existiert in Russland nicht. Mithin bedarf es einer regulären steuerlichen Registrierung, um russische MWSt als Vorsteuer erstattet zu bekommen.

Rechnungsbestandteile

Wer als Steuerpflichtiger in Russland eine Lieferung oder sonstige Leistung ausführt, ist verpflichtet, innerhalb von fünf Tagen nach Erbringung der Leistung eine Rechnung für Mehrwertsteuerzwecke (sog. „Fakturarechnung"/„Schtschjot-Faktura") mit folgendem Inhalt zu stellen:

- fortlaufende Rechnungsnummer
- Rechnungsdatum
- Name, Anschrift und Steuer-Identifikationsnummer (sog. INN) des Leistenden und des Leistungsempfängers
- Bei Reihengeschäften den Vorlieferanten und / oder den nachstehenden Warenempfänger
- Warenbeschreibung und Maßeinheit
- Anzahl und Menge der verkauften Ware bzw. Art und Umfang der erbrachten Dienstleistung einschl. der Maßeinheit
- Nettopreis pro Maßeinheit der Ware bzw. der Dienstleistung
- Nettogesamtpreis
- ggf. anfallende Verbrauchsteuern
- Mehrwertsteuersatz und -betrag
- Bruttopreis
- Rechnungswährung
- Ursprungsland bei ausländischen Waren
- Nummer des Importzollbelegs bei ausländischen Waren
- Stempel sowie Unterschrift des Geschäftsführers, Niederlassungsleiters oder Chefbuchhalters

Bei Anzahlungsrechnungen muss ein Zahlungsnachweis angegeben werden.

Eine Fakturierung in fremder Währung ist möglich, wenn vertraglich eine Zahlung in fremder Währung vorgesehen ist. Umrechnungen für Buchführungs- und Steuererklärungszwecke haben unter Verwendung des offiziellen Kurses der russischen Zentralbank zu erfolgen.

Bei nachträglichen Preis- oder Mengenänderungen kann eine Korrekturrechnung ausgestellt werden, die als solche zu bezeichnen ist. Aus anderen Unterlagen muss sich die Zustimmung des Abnehmers über die Preis- oder Mengenänderung ergeben.

Elektronische Rechnungen

Die Ausstellung elektronischer Rechnungen ist unter bestimmten Voraussetzungen möglich. Beide Vertragspartner müssen dies vereinbart haben und die technischen Voraussetzungen dafür besitzen. Die elektronische Rechnung muss mit einer qualifizierten elektronischen Signatur versehen sein. Für die Erstellung und Versendung der elektronischen Rechnung muss ein Dienstleister eingeschaltet werden. Das Format der elektronischen Rechnung bedarf der Zustimmung der Steuerbehörden.

Elektronische Rechnungen müssen vom beauftragten Dienstleister für einen Zeitraum von mindestens vier Jahren archiviert werden. Dies gilt sowohl für ausgestellte als auch für empfangene Dokumente.

Aufbewahrung von Unterlagen

Einkaufs- und Verkaufsbücher sowie die zu führenden Journale über erhaltene und ausgestellte Rechnungen sind nach strengen Regeln in Russland zu führen und müssen zusammen mit den dazugehörigen Belegen (insbes. Ein- und Ausgangsrechnungen) mindestens fünf Jahre lang nach dem letzten Eintrag aufbewahrt werden.

Die Unterlagen müssen den Steuerbehörden auf deren Verlangen hin innerhalb von fünf Tagen vorgelegt werden können.

Der Geschäftsführer/Niederlassungsleiter des Unternehmens ist persönlich für die ordnungsgemäße Führung und Aufbewahrung der Unterlagen verantwortlich.

Veranlagungsverfahren/Steuererklärungen

Seit dem 1. Quartal 2015 müssen MWSt-Erklärungen in elektronischer Form an die Steuerbehörden übermittelt werden. Abgabefrist der immer für ein Vierteljahr abzugebenden Erklärung ist der 25. des Folgemonats. Teil der MWSt-Erklärung sind bestimmte Buchhaltungsinformationen sowie die Daten der Register der erhaltenen und ausgestellten Rechnungen, die bei der Berechnung der Mehrwertsteuer verwendet wurden. Anlage 1 zeigt die MWSt-Erklärung (Formular KND 1151001) in der früher verwendeten Papierform. Technische Informationen zum Aufbau und Inhalt der MWSt-Erklärung bietet der Föderale Steuerdienst im Internet zum Download an (*https://www.nalog.ru/rn77/taxation/taxes/nds/nds18/#t_15*).

Die Steuerzahlungen sind in gleichen Raten verteilt über drei Monate im Folgequartal, jeweils bis zum 25. jeden Monats, zu leisten.

Vorsteuern werden auf einen Antrag hin innerhalb von zwei Monaten erstattet, wenn sich der Anspruch in einer vor Ort durchzuführenden Steuerprüfung bestätigt hat. Die Erstattung erfolgt auf Antrag eher, wenn der Unternehmer eine Sicherheit stellt oder der Unternehmer in den letzten drei Jahren mehr als 2 Mrd. RUB Steuern bezahlt hat.

Ausländische Online Service Provider müssen ihre MWST-Erklärungen mittels eines persönlichen Benutzerkontos (*https://lkio.nalog.ru/#index*) über ein Online-Portal abgeben (*https://lkioreg.nalog.ru/en*). Bei der Kommunikation mit dem Föderalen Steuerdienst ist eine digitale Signatur zu verwenden, die über das persönliche Konto generiert werden muss. Die MWSt-Erklärung muss vierteljährlich bis zum 25. des auf das Berichtsquartal folgenden Monats eingereicht werden. Bis dahin muss auch der MWST-Betrag gezahlt werden. Auf fällige Steuererklärungen / Steuerzahlungen wird im Online-Portal unter „My tax calender" hingewiesen.

Registrierung

Eine Registrierung allein für MWSt-Zwecke ist in Russland nur für sog. Online Service Provider (siehe unten) möglich. Andere in- oder ausländische Unternehmen, die in Russland länger als 30 Tage im Kalenderjahr unternehmerisch aktiv sind, müssen sich bzw. eine eigene russische Niederlassung anmelden. Diese staatliche und die steuerliche Registrierung können in einem Schritt online oder mit dem Formular R11001 (siehe Anlage 2) beantragt werden. Erfolgt kein Befreiungsantrag, wird das Unternehmen bzw. die Niederlassung vom örtlichen zuständigen Finanzamt als Steuerzahler erfasst. Nach der Registrierung kann das Unternehmen ein Bankkonto eröffnen.

Ausländische Unternehmen, die in Russland weniger als 30 Tage im Kalenderjahr tätig sind, haben zwar keine Registrierungspflicht, müssen ihre Tätigkeiten jedoch dem örtlich zuständigen Finanzamt anzeigen.

Seit 2019 besteht für die Erbringung von digitalen Dienstleistungen in Russland eine umsatzsteuerliche Registrierungspflicht für ausländische Unternehmer. Die Registrierungspflicht besteht z. B. für deutsche Unternehmen, die digitale Leistungen an russische Tochtergesellschaften erbringen.

Der russische Föderale Steuerdienst hat die Verpflichtung zur umsatzsteuerlichen Registrierung zwar nicht gänzlich aufgehoben, erlaubt aber weiterhin die Anwendung des Steueragentenverfahrens. Damit kann gegenwärtig unter Berufung auf das Schreiben СД-4-3/3807@ vom 30.3.2022 sowohl für digitale als auch für nicht-digitale Dienstleistungen die MWSt vom russischen Leistungsempfänger abführt werden.

Ausländische Unternehmer können sich für digitale Dienstleistungen über ein besonderes Internetportal des Föderalen Steuerdienstes zur MWSt anmelden (*https://lkioreg.nalog.ru/en*). Bei allen anderen in- und ausländischen Unternehmen erfolgt die MWSt-Registrierung erst im Zuge der staatlichen Registrierung einer Niederlassung oder einer eigenständigen russischen Gesellschaft beim Föderalen Steuerdienst.

Im Gegensatz zu früher benötigt ein registriertes russisches Unternehmen kein rundes Firmensiegel mehr. Das Unternehmen darf nunmehr verschiedene Firmenstempel und Firmenbriefbögen mit ihrer Marke verwenden.

Für die Erfüllung der strengen Buchführungs- und Steuererklärungsvorschriften ist die Bestellung eines persönlich verantwortlichen russischen Chefbuchhalters erforderlich. Dies ist üblicherweise mit hohen Kosten verbunden.

Für eine Registrierung einer Niederlassung eines ausländischen Unternehmens werden folgende Unterlagen im Original oder notariell beglaubigt in Kopie, ggf. ergänzt um eine beglaubigte Übersetzung, benötigt:

- Registrierungsantrag (Formular R11001)
- Handelsregisterausdruck
- Unternehmerbescheinigung, ausgestellt vom zuständigen Finanzamt
- einen Beschluss der Geschäftsführung über die Anmeldung einer Niederlassung in Russland
- eine auf den Leiter der russischen Niederlassung ausgestellte Vollmacht
- einen Nachweis über die Entrichtung der Registrierungsgebühr von 120.000 RUB (Niederlassung) bzw. 4.000 RUB (eigenständige russische Gesellschaft)

Ausländische Online Service Provider können über ein Online-Portal prüfen, ob sie sich in Russland für MWST-Zwecke erfassen lassen müssen (*https://lkioreg.nalog.ru/en/test*). Über das Online-Portal kann dann ggf. auch die MWST-Registrierung beantragt werden (*https://lkioreg.nalog.ru/en/registration*). Dabei sind folgende Angaben zu machen und Unterlagen zu übermitteln:

- Angaben zum Unternehmen
- Angaben zu den Online-Services (Art und eingesetzten Website(s) und / oder mobilen Anwendung(en))

- Angaben zum Vertreter, der zur Kommunikation mit den russischen Steuerbehörden autorisiert wurde
- Handelsregisterauszug oder ein anderes ähnliches Dokument, das den rechtlichen Status des Unternehmens bestätigt
- Gründungsurkunde (oder jedes andere Dokument) mit dessen Übersetzung ins Russische (notarielle Beglaubigung ist nicht zwingend erforderlich).

ИНН

0031 5012 КПП Стр. 001

Форма по КНД 1151001

Налоговая декларация по налогу на добавленную стоимость

Номер корректировки Налоговый период (код) Отчетный год

Представляется в налоговый орган (код) по месту нахождения (учета) (код)

(налогоплательщик)

Форма реорганизации (ликвидация) (код) ИНН / КПП реорганизованной организации /

Номер контактного телефона

На страницах с приложением подтверждающих документов или их копий на листах

Достоверность и полноту сведений, указанных в настоящей декларации, подтверждаю:

1 - налогоплательщик, налоговый агент
2 - представитель налогоплательщика, налогового агента

(фамилия, имя, отчество* полностью)

(наименование организации - представителя налогоплательщика, налогового агента)

Подпись ______________ Дата . .

Наименование документа, подтверждающего полномочия представителя

Заполняется работником налогового органа

Сведения о представлении декларации

Данная декларация представлена (код)

на страницах

с приложением подтверждающих документов или их копий на листах

Дата представления декларации . .

Фамилия, И.О.* Подпись

* Отчество указывается при наличии

0031 5029

ИНН

КПП Стр.

Раздел 1. Сумма налога, подлежащая уплате в бюджет (возмещению из бюджета), по данным налогоплательщика

Показатели	*Код строки*	*Значения показателей*
1	*2*	*3*
Код по ОКТМО	010	
Код бюджетной классификации	020	
Сумма налога, подлежащая уплате в бюджет в соответствии с пунктом 5 статьи 173 Налогового кодекса Российской Федерации	030	
Сумма налога, подлежащая уплате в бюджет в соответствии с пунктом 1 статьи 173 Налогового кодекса Российской Федерации (величина разницы суммы строк 200 раздела 3, 130 раздела 4, 160 раздела 6 и суммы строк 210 раздела 3, 120 раздела 4, 080 раздела 5, 090 раздела 5, 170 раздела 6 >= 0)	040	
Сумма налога, исчисленная к возмещению из бюджета в соответствии с пунктом 2 статьи 173 Налогового кодекса Российской Федерации (величина разницы суммы строк 200 раздела 3, 130 раздела 4, 160 раздела 6 и суммы строк 210 раздела 3, 120 раздела 4, 080 раздела 5, 090 раздела 5, 170 раздела 6 < 0)	050	
Код основания применения заявительного порядка возмещения налога	055	
Сумма налога, заявленная к возмещению в заявительном порядке в соответствии со статьей 176.1 Налогового кодекса Российской Федерации	056	
Регистрационный номер договора инвестиционного товарищества	060	
Дата начала действия договора инвестиционного товарищества	070	. .
Дата окончания действия договора инвестиционного товарищества	080	. .
Признак СЗПК:	085	1 – является стороной СЗПК 2 – не является стороной СЗПК
Сумма налога, подлежащая уплате в бюджет налогоплательщиком, являющимся стороной СЗПК	090	
Сумма налога, исчисленная к возмещению из бюджета налогоплательщиком, являющимся стороной СЗПК	095	

Достоверность и полноту сведений, указанных на данной странице, подтверждаю:

_______________ (подпись) _______________ (дата)

ИНН

КПП Стр.

0031 5036

Раздел 2. Сумма налога, подлежащая уплате в бюджет, по данным налогового агента

Показатели	*Код строки*	*Значения показателей*
1	*2*	*3*
КПП подразделения иностранной организации, состоящей на учете в налоговых органах	010	
Наименование налогоплательщика - продавца	020	
ИНН налогоплательщика - продавца	030	
Код бюджетной классификации	040	
Код по ОКТМО	050	
Сумма налога, подлежащая уплате в бюджет	060	
Код операции	070	
Сумма налога, исчисленная при отгрузке товаров (выполнении работ, оказании услуг, передаче имущественных прав)	080	
Сумма налога, исчисленная при получении оплаты, частичной оплаты в счет предстоящей отгрузки товаров (выполнения работ, оказания услуг, передачи имущественных прав)	090	
Сумма налога, исчисленная налоговым агентом с оплаты, частичной оплаты при отгрузке товаров (выполнении работ, оказании услуг, передаче имущественных прав) в счет этой оплаты, частичной оплаты	100	

0031 5043

ИНН

КПП Стр.

Раздел 3. Расчет суммы налога, подлежащей уплате в бюджет по операциям, облагаемым по налоговым ставкам, предусмотренным пунктами 1 - 4 статьи 164 Налогового кодекса Российской Федерации

Налогооблагаемые объекты	*Код строки*	*Налоговая база в рублях*	*Ставка налога*	*Сумма налога в рублях*
1	*2*	*3*	*4*	*5*
1. Реализация (передача на территории Российской Федерации для собственных нужд) товаров (работ, услуг), передача имущественных прав по соответствующим ставкам налога, а также суммы, связанные с расчетами по оплате налогооблагаемых товаров (работ, услуг), всего	010		20%	
	020		10%	
	030		20/120	
	040		10/110	
	041		18%	
	042		18/118	
в том числе:				
1.1. реализация товаров (работ, услуг) в соответствии с пунктом 7 статьи 164 Налогового кодекса Российской Федерации	043			
1.2. реализация организацией розничной торговли товаров с оформлением документа (чека) для компенсации суммы налога	044			
2. Реализация по истечении срока, указанного в абзаце 3 подпункта 1.1 пункта 1 статьи 151 Налогового кодекса Российской Федерации, товаров, в отношении которых при таможенном декларировании был исчислен налог в соответствии с абзацем 1 подпункта 1.1 пункта 1 статьи 151 Налогового кодекса Российской Федерации	045		20%	
	046		10%	
3. Реализация предприятия в целом как имущественного комплекса	050			
4. Выполнение строительно-монтажных работ для собственного потребления	060		20%	
5. Суммы полученной оплаты, частичной оплаты в счет предстоящих поставок товаров (выполнения работ, оказания услуг), передачи имущественных прав	070			
6. Суммы налога, подлежащие восстановлению, всего	080			
в том числе:				
6.1. суммы налога, подлежащие восстановлению в соответствии с подпунктом 3 пункта 3 статьи 170 Налогового кодекса Российской Федерации	090			
6.2. суммы налога, подлежащие восстановлению при совершении операций, облагаемых по налоговой ставке 0 процентов	100			
7. Корректировка реализации товаров (работ, услуг), передачи имущественных прав на основании пункта 6 статьи 105.3 Налогового кодекса Российской Федерации	105			
8. Корректировка реализации предприятия в целом как имущественного комплекса, на основании пункта 6 статьи 105.3 Налогового кодекса Российской Федерации	109			
9. Уплата сумм налога, исчисленных при таможенном декларировании товаров в случаях, предусмотренных абзацем 3 подпункта 1.1 пункта 1 статьи 151 Налогового кодекса Российской Федерации	110			
10. Уплата сумм налога, исчисленных при таможенном декларировании товаров в случаях, предусмотренных пунктом 6 статьи 173 Налогового кодекса Российской Федерации	115			
11. Общая сумма налога, исчисленная с учетом восстановленных сумм налога (сумма величин графы 5 строк 010 - 080 (кроме строк 043 и 044), 105 - 115)	118			

0031 5050

ИНН

КПП Стр.

Налоговые вычеты	*Код строки*	*Сумма налога в рублях*
1	*2*	*3*
12. Сумма налога, предъявленная налогоплательщику при приобретении товаров (работ, услуг), имущественных прав на территории Российской Федерации, подлежащая вычету в соответствии с пунктами 2, 2.2, 2.3, 2.4, 2.5, 4, 7, 11, 13 статьи 171 Налогового кодекса Российской Федерации, а также сумма налога, подлежащая вычету в соответствии с пунктом 5 статьи 171 Налогового кодекса Российской Федерации	120	
в том числе:		
предъявленная подрядными организациями (застройщиками, техническими заказчиками) по выполненным работам при проведении капитального строительства	125	
13. Сумма налога, предъявленная налогоплательщику - покупателю при перечислении суммы оплаты, частичной оплаты в счет предстоящих поставок товаров (выполнения работ, оказания услуг), передачи имущественных прав, подлежащая вычету у покупателя	130	
14. Сумма налога, исчисленная налогоплательщиком - организацией розничной торговли по товарам, реализованным с оформлением документа (чека) для компенсации налога, подлежащая вычету	135	
15. Сумма налога, исчисленная при выполнении строительно-монтажных работ для собственного потребления, подлежащая вычету	140	
16. Сумма налога, уплаченная налогоплательщиком таможенным органам при ввозе товаров на территорию Российской Федерации и иные территории, находящиеся под её юрисдикцией, в таможенных процедурах выпуска для внутреннего потребления, переработки для внутреннего потребления, временного ввоза и переработки вне таможенной территории	150	
17. Сумма налога, уплаченная налогоплательщиком налоговым органам при ввозе товаров на территорию Российской Федерации и иные территории, находящиеся под её юрисдикцией, с территории государств - членов Евразийского экономического союза	160	
18. Сумма налога, исчисленная продавцом с сумм оплаты, частичной оплаты, подлежащая вычету у продавца с даты отгрузки соответствующих товаров (выполнения работ, оказания услуг)	170	
19. Сумма налога, уплаченная в бюджет налогоплательщиком в качестве покупателя – налогового агента, подлежащая вычету	180	
20. Сумма налога, подлежащая вычету в соответствии с пунктом 14 статьи 171 Налогового кодекса Российской Федерации	185	
21. Общая сумма налога, подлежащая вычету (сумма величин, указанных в строках 120 - 185, кроме строки 125)	190	
22. Итого сумма налога, подлежащая уплате в бюджет по разделу 3 (разность величин строк 118, 190 >= 0)	200	
23. Итого сумма налога, исчисленная к возмещению по разделу 3 (разность величин строк 118, 190 < 0)	210	

0031 5067

ИНН

КПП Стр.

Приложение 1 к разделу 3 декларации

Сумма налога, подлежащая восстановлению и уплате в бюджет за истекший календарный год и предыдущие календарные годы

Наименование объекта основного средства (код строки 010)

Код операции по объекту основного средства (код строки 020)

Дата ввода объекта основного средства в эксплуатацию для исчисления амортизации (код строки 030) . .

Дата начала начисления амортизационных отчислений по объекту основного средства (код строки 040) . .

Стоимость объекта основного средства на дату ввода объекта в эксплуатацию без учета налога (код строки 050)

Сумма налога, принятая к вычету по объекту основного средства (код строки 060)

(код строки 070)

За истекший календарный год (предыдущие календарные годы)	*Дата начала использования объекта основного средства для операций, указанных в пункте 2 статьи 170 Налогового кодекса Российской Федерации*	*Доля отгруженных товаров (работ, услуг), имущественных прав, не облагаемых налогом, в общей стоимости отгрузки (%)*	*Сумма налога, подлежащая восстановлению и уплате в бюджет за календарный год (истекшие календарные годы) в рублях*
1	*2*	*3*	*4*
	. .	.	
	. .	.	
	. .	.	
	. .	.	
	. .	.	
	. .	.	
	. .	.	
	. .	.	
	. .	.	
	. .	.	

0031 5074

ИНН

КПП Стр.

Приложение № 2 к разделу 3 декларации

Расчет суммы налога, подлежащей уплате по операциям по реализации товаров (работ, услуг), передаче имущественных прав, и суммы налога, подлежащей вычету, иностранной организацией, осуществляющей предпринимательскую деятельность на территории Российской Федерации через свои подразделения (представительства, отделения)

КПП подразделений иностранной организации, состоящей на учете в налоговых органах Российской Федерации	*Сумма налога, исчисленная по операциям, подлежащим налогообложению (руб.)*	*Сумма налоговых вычетов (руб.)*
1	2	3

ИНН

0031 5081 КПП Стр.

Раздел 4. Расчет суммы налога по операциям по реализации товаров (работ, услуг), обоснованность применения налоговой ставки 0 процентов по которым документально подтверждена[1]

Показатели	Код строки	Значения показателей
1	2	3
Код операции	010	
Налоговая база	020	
Налоговые вычеты по операциям, обоснованность применения налоговой ставки 0 процентов по которым документально подтверждена	030	
Сумма налога, ранее исчисленная по операциям, обоснованность применения налоговой ставки 0 процентов по которым ранее не была документально подтверждена	040	
Сумма налога, ранее принятая к вычету и подлежащая восстановлению	050	
Код операции	010	
Налоговая база	020	
Налоговые вычеты по операциям, обоснованность применения налоговой ставки 0 процентов по которым документально подтверждена	030	
Сумма налога, ранее исчисленная по операциям, обоснованность применения налоговой ставки 0 процентов по которым ранее не была документально подтверждена	040	
Сумма налога, ранее принятая к вычету и подлежащая восстановлению	050	
Код операции	010	
Налоговая база	020	
Налоговые вычеты по операциям, обоснованность применения налоговой ставки 0 процентов по которым документально подтверждена	030	
Сумма налога, ранее исчисленная по операциям, обоснованность применения налоговой ставки 0 процентов по которым ранее не была документально подтверждена	040	
Сумма налога, ранее принятая к вычету и подлежащая восстановлению	050	
Код операции	010	
Налоговая база	020	
Налоговые вычеты по операциям, обоснованность применения налоговой ставки 0 процентов по которым документально подтверждена	030	
Сумма налога, ранее исчисленная по операциям, обоснованность применения налоговой ставки 0 процентов по которым ранее не была документально подтверждена	040	
Сумма налога, ранее принятая к вычету и подлежащая восстановлению	050	
Код операции	060	
Налоговая база	070	
Сумма налога, ранее принятая к вычету и подлежащая восстановлению	080	
Код операции	090	
Сумма, на которую корректируется налоговая база при увеличении цены реализованных товаров (работ, услуг)	100	
Сумма, на которую корректируется налоговая база при уменьшении цены реализованных товаров (работ, услуг)	110	
Итого сумма налога, исчисленная к возмещению по разделу 4 [2]	120	
Итого сумма налога, исчисленная к уплате по разделу 4 [2]	130	

[1] Заполняется необходимое количество листов данного раздела

[2] Указывается на первой странице, на остальных - ставится прочерк.

0031 5098

ИНН

КПП Стр.

Раздел 5. Расчет суммы налоговых вычетов по операциям по реализации товаров (работ, услуг), обоснованность применения налоговой ставки 0 процентов по которым ранее документально подтверждена (не подтверждена)[1]

Показатели	Код строки	Значения показателей
1	2	3
Отчетный год	010	
Налоговый период (код)	020	
Код операции	030	
По операциям, обоснованность применения налоговой ставки 0 процентов по которым документально подтверждена в предыдущих налоговых периодах:		
Налоговая база	040	
Налоговые вычеты	050	
По операциям, обоснованность применения налоговой ставки 0 процентов по которым документально не подтверждена в предыдущих налоговых периодах:		
Налоговая база	060	
Налоговые вычеты	070	
Код операции	030	
По операциям, обоснованность применения налоговой ставки 0 процентов по которым документально подтверждена в предыдущих налоговых периодах:		
Налоговая база	040	
Налоговые вычеты	050	
По операциям, обоснованность применения налоговой ставки 0 процентов по которым документально не подтверждена в предыдущих налоговых периодах:		
Налоговая база	060	
Налоговые вычеты	070	
Код операции	030	
По операциям, обоснованность применения налоговой ставки 0 процентов по которым документально подтверждена в предыдущих налоговых периодах:		
Налоговая база	040	
Налоговые вычеты	050	
По операциям, обоснованность применения налоговой ставки 0 процентов по которым документально не подтверждена в предыдущих налоговых периодах:		
Налоговая база	060	
Налоговые вычеты	070	
Сумма налога, принимаемая к вычету, по операциям, обоснованность применения налоговой ставки 0 процентов по которым документально подтверждена в предыдущих налоговых периодах, исчисленная к возмещению по разделу 5 [2]	080	
Сумма налога, принимаемая к вычету, по операциям, обоснованность применения налоговой ставки 0 процентов по которым документально не подтверждена в предыдущих налоговых периодах, исчисленная к возмещению по разделу 5 [2]	090	

[1] Заполняется необходимое количество листов данного раздела

[2] Указывается на первой странице, на остальных - ставится прочерк.

0031 5104

ИНН

КПП Стр.

Раздел 6. Расчет суммы налога по операциям по реализации товаров (работ, услуг), обоснованность применения налоговой ставки 0 процентов по которым документально не подтверждена[1]

Показатели	Код строки	Значения показателей
1	2	3
Код операции	010	
Налоговая база	020	
Суммы налога, исчисленные по налоговым ставкам, предусмотренным пунктами 2, 3 статьи 164 Налогового кодекса Российской Федерации	030	
Сумма налоговых вычетов по операциям по реализации товаров (работ, услуг), обоснованность применения налоговой ставки 0 процентов по которым документально не подтверждена	040	
Код операции	010	
Налоговая база	020	
Суммы налога, исчисленные по налоговым ставкам, предусмотренным пунктами 2, 3 статьи 164 Налогового кодекса Российской Федерации	030	
Сумма налоговых вычетов по операциям по реализации товаров (работ, услуг), обоснованность применения налоговой ставки 0 процентов по которым документально не подтверждена	040	
Итого суммы налога, исчисленные по налоговым ставкам, предусмотренным пунктами 2, 3 статьи 164 Налогового кодекса Российской Федерации [2]	050	
Итого сумма налоговых вычетов по операциям по реализации товаров (работ, услуг), обоснованность применения налоговой ставки 0 процентов по которым документально не подтверждена [2]	060	
Код операции	070	
Налоговая база	080	
Корректировка сумм налога, ранее исчисленных по налоговым ставкам, предусмотренным пунктами 2, 3 статьи 164 Налогового кодекса Российской Федерации	090	
Сумма налога, ранее принятая к вычету и подлежащая восстановлению	100	
Код операции	110	
Сумма, на которую корректируется налоговая база при увеличении цены реализованных товаров (работ, услуг)	120	
Корректировка сумм налога, ранее исчисленных по налоговым ставкам, предусмотренным пунктами 2, 3 статьи 164 Налогового кодекса Российской Федерации	130	
Сумма, на которую корректируется налоговая база при уменьшении цены реализованных товаров (работ, услуг)	140	
Корректировка сумм налога, ранее исчисленных по налоговым ставкам, предусмотренным пунктами 2, 3 статьи 164 Налогового кодекса Российской Федерации	150	
Итого сумма налога, исчисленная к уплате в бюджет по разделу 6 [2]	160	
Итого сумма налога, исчисленная к возмещению по разделу 6 [2]	170	

[1] Заполняется необходимое количество листов данного раздела

[2] Указывается на первой странице, на остальных - ставится прочерк.

0031 5111

ИНН

КПП Стр.

Раздел 7. Операции, не подлежащие налогообложению (освобождаемые от налогообложения); операции, не признаваемые объектом налогообложения; операции по реализации товаров (работ, услуг), местом реализации которых не признается территория Российской Федерации; а также суммы оплаты, частичной оплаты в счет предстоящих поставок товаров (выполнения работ, оказания услуг), длительность производственного цикла изготовления которых составляет свыше шести месяцев

Код операции	Стоимость реализованных (переданных) товаров (работ, услуг), без налога в рублях	Стоимость приобретенных товаров (работ, услуг), не облагаемых налогом, в рублях	Сумма налога по приобретенным товарам (работам, услугам), не подлежащая вычету, в рублях
1	2	3	4

Сумма полученной оплаты, частичной оплаты в счет предстоящих поставок товаров (выполнения работ, оказания услуг), длительность производственного цикла изготовления которых составляет свыше шести месяцев, по перечню, определенному Правительством Российской Федерации, в рублях (код строки 010)

0031 5128

ИНН

КПП Стр.

Индекс 0000080

Раздел 8. Сведения из книги покупок об операциях, отражаемых за истекший налоговый период[1]

Показатели	*Код строки*	*Значения показателей*
1	2	3
Признак актуальности ранее представленных сведений[2]	001	
Порядковый номер	005	
Код вида операции	010	
Номер счета-фактуры продавца	020	
Дата счета-фактуры продавца	030	. .
Номер исправления счета-фактуры продавца	040	
Дата исправления счета-фактуры продавца	050	. .
Номер корректировочного счета-фактуры продавца	060	
Дата корректировочного счета-фактуры продавца	070	. .
Номер исправления корректировочного счета-фактуры продавца	080	
Дата исправления корректировочного счета-фактуры продавца	090	. .
Номер документа, подтверждающего уплату налога[3]	100	
Дата документа, подтверждающего уплату налога[3]	110	. .
Дата принятия на учет товаров (работ, услуг), имущественных прав[3]	120	. .

[1] Заполняется необходимое количество листов данного раздела.
[2] Указывается на первой странице, на остальных - ставится прочерк.
[3] Заполняется необходимое количество листов с указанными показателями.

0031 5135

ИНН

КПП Стр.

Продолжение раздела 8 декларации

Показатели	*Код строки*	*Значения показателей*
1	*2*	*3*
ИНН / КПП продавца[1]	130	/
ИНН / КПП посредника (комиссионера, агента, экспедитора, застройщика)	140	/
Код валюты по ОКВ	160	
Стоимость покупок по счету-фактуре, разница стоимости по корректировочному счету-фактуре (включая налог), в валюте счета-фактуры	170	.
Сумма налога по счету-фактуре, разница суммы налога по корректировочному счету-фактуре, принимаемая к вычету, в рублях и копейках	180	.
Сумма налога всего по книге покупок в рублях и копейках[2]	190	.
Регистрационный номер декларации на товары или регистрационный номер партии товара, подлежащего прослеживаемости[3]	200	
Код количественной единицы измерения товара, используемой в целях осуществления прослеживаемости[3]	210	
Количество товара, подлежащего прослеживаемости, в количественной единице измерения товара, используемой в целях осуществления прослеживаемости[3]	220	
Стоимость товара, подлежащего прослеживаемости, без НДС в рублях[3]	230	

[1] Заполняется необходимое количество листов с указанным показателем.
[2] Указывается на последней странице, на остальных - ставится прочерк.
[3] Заполняется необходимое количество листов с указанными показателями.

0031 5142

ИНН

КПП Стр.

Индекс 0000081

Приложение 1 к разделу 8 декларации

Сведения из дополнительных листов книги покупок[1]

Показатели	*Код строки*	*Значения показателей*
1	*2*	*3*
Признак актуальности ранее представленных сведений[2]	001	
Итоговая сумма налога по книге покупок в рублях и копейках[2]	005	.
Порядковый номер	008	
Код вида операции	010	
Номер счета-фактуры продавца	020	
Дата счета-фактуры продавца	030	. .
Номер исправления счета-фактуры продавца	040	
Дата исправления счета-фактуры продавца	050	. .
Номер корректировочного счета-фактуры продавца	060	
Дата корректировочного счета-фактуры продавца	070	. .
Номер исправления корректировочного счета-фактуры продавца	080	
Дата исправления корректировочного счета-фактуры продавца	090	. .
Номер документа, подтверждающего уплату налога[3]	100	
Дата документа, подтверждающего уплату налога[3]	110	. .
Дата принятия на учет товаров (работ, услуг), имущественных прав[3]	120	. .

[1] Заполняется необходимое количество листов данного приложения.

[2] Указывается на первой странице, на остальных - ставится прочерк.

[3] Заполняется необходимое количество листов с указанными показателями.

0031 5159

ИНН

КПП Стр.

Приложение 1 к разделу 8 декларации (продолжение)

Показатели	Код строки	Значения показателей
1	2	3
ИНН / КПП продавца[1]	130	/
ИНН / КПП посредника (комиссионера, агента, экспедитора, застройщика)	140	/
Код валюты по ОКВ	160	
Стоимость покупок по счету-фактуре, разница стоимости по корректировочному счету-фактуре (включая налог), в валюте счета-фактуры	170	.
Сумма налога по счету-фактуре, разница суммы налога по корректировочному счету-фактуре, принимаемая к вычету, в рублях и копейках	180	.
Сумма налога всего по Приложению 1 к разделу 8 в рублях и копейках[2]	190	.
Регистрационный номер декларации на товары или регистрационный номер партии товара, подлежащего прослеживаемости[3]	200	
Код количественной единицы измерения товара, используемой в целях осуществления прослеживаемости[3]	210	
Количество товара, подлежащего прослеживаемости, в количественной единице измерения товара, используемой в целях осуществления прослеживаемости[3]	220	
Стоимость товара, подлежащего прослеживаемости, без НДС в рублях[3]	230	

[1] Заполняется необходимое количество листов с указанным показателем.
[2] Указывается на последней странице, на остальных - ставится прочерк.
[3] Заполняется необходимое количество листов с указанными показателями.

0031 5166

ИНН

КПП Стр.

Индекс 0000090

Раздел 9. Сведения из книги продаж об операциях, отражаемых за истекший налоговый период[1]

Показатели	*Код строки*	*Значения показателей*
1	*2*	*3*
Признак актуальности ранее представленных сведений[2]	001	
Порядковый номер	005	
Код вида операции	010	
Номер счета-фактуры продавца	020	
Дата счета-фактуры продавца	030	. .
Код вида товара	036	
Код вида товара	036	
Номер исправления счета-фактуры продавца	040	
Дата исправления счета-фактуры продавца	050	. .
Номер корректировочного счета-фактуры продавца	060	
Дата корректировочного счета-фактуры продавца	070	. .
Номер исправления корректировочного счета-фактуры продавца	080	
Дата исправления корректировочного счета-фактуры продавца	090	. .
ИНН / КПП покупателя[3]	100	/

[1] Заполняется необходимое количество листов данного приложения.
[2] Указывается на первой странице, на остальных - ставится прочерк.
[3] Заполняется необходимое количество листов с указанным показателем.

0031 5173

ИНН

КПП Стр.

Продолжение раздела 9 декларации

Показатели	*Код строки*	*Значения показателей*
1	*2*	*3*
ИНН / КПП посредника (комиссионера, агента)	110	/
Номер документа, подтверждающего оплату[1]	120	
Дата документа, подтверждающего оплату[1]	130	. .
Код валюты по ОКВ	140	
Стоимость продаж по счету-фактуре, разница стоимости по корректировочному счету-фактуре (включая налог):		
в валюте счета-фактуры	150	.
в рублях и копейках	160	.
Стоимость продаж, облагаемых налогом, по счету-фактуре, разница стоимости по корректировочному счету-фактуре (без налога) в рублях и копейках, по ставке:		
20%	170	.
18%	175	.
10%	180	.
0%	190	.
Сумма налога по счету-фактуре, разница суммы налога по корректировочному счету-фактуре в рублях и копейках, по ставке:		
20%	200	.
18%	205	.
10%	210	.
Стоимость продаж, освобождаемых от налога, по счету-фактуре, разница стоимости по корректировочному счету-фактуре в рублях и копейках	220	.

[1] Заполняется необходимое количество листов с указанными показателями.

0031 5180

ИНН

КПП

Стр.

Продолжение раздела 9 декларации

Показатели	Код строки	Значения показателей
1	2	3
Регистрационный номер декларации на товары или регистрационный номер партии товара, подлежащего прослеживаемости[1]	221	
Код количественной единицы измерения товара, используемой в целях осуществления прослеживаемости[1]	222	
Количество товара, подлежащего прослеживаемости, в количественной единице измерения товара, используемой в целях осуществления прослеживаемости[1]	223	
Стоимость товара, подлежащего прослеживаемости, без НДС в рублях[1]	224	
Всего стоимость продаж по книге продаж (без налога) в рублях и копейках, по ставке:[2]		
20%	230	.
18%	235	.
10%	240	.
0%	250	.
Всего сумма налога по книге продаж в рублях и копейках, по ставке: [2]		
20%	260	.
18%	265	.
10%	270	.
Всего стоимость продаж, освобождаемых от налога, по книге продаж в рублях и копейках[2]	280	.

[1] Заполняется необходимое количество листов с указанными показателями.
[2] Указывается на последней странице.

0031 5197

ИНН

КПП Стр.

Индекс 0000091

Приложение 1 к разделу 9 декларации

Сведения из дополнительных листов книги продаж[1]

Показатели	*Код строки*	*Значения показателей*
1	2	3
Признак актуальности ранее представленных сведений[2]	001	
Итоговая стоимость продаж по книге продаж (без налога) в рублях и копейках[2], по ставке:		
20%	020	.
18%	025	.
10%	030	.
0%	040	.
Итоговая сумма налога по книге продаж в рублях и копейках[2], по ставке:		
20%	050	.
18%	055	.
10%	060	.
Итоговая стоимость продаж, освобождаемых от налога, по книге продаж в рублях и копейках[2]	070	.

[1] Заполняется необходимое количество листов данного приложения.
[2] Указывается на первой странице, на остальных - ставится прочерк.

0031 5203

ИНН

КПП Стр.

Приложение 1 к разделу 9 декларации (продолжение)[1]

Показатели	*Код строки*	*Значения показателей*
1	*2*	*3*
Порядковый номер	080	
Код вида операции	090	
Номер счета-фактуры продавца	100	
Дата счета-фактуры продавца	110	. .
Код вида товара	116	
Код вида товара	116	
Номер исправления счета-фактуры продавца	120	
Дата исправления счета-фактуры продавца	130	. .
Номер корректировочного счета-фактуры продавца	140	
Дата корректировочного счета-фактуры продавца	150	. .
Номер исправления корректировочного счета-фактуры продавца	160	
Дата исправления корректировочного счета-фактуры продавца	170	. .
ИНН / КПП покупателя[2]	180	/

[1] Заполняется необходимое количество листов со строками 080 - 300.
[2] Заполняется необходимое количество листов с указанным показателем.

0031 5210

ИНН

КПП Стр.

Приложение 1 к разделу 9 декларации (продолжение)

Показатели	*Код строки*	*Значения показателей*
1	2	3
ИНН / КПП посредника (комиссионера, агента)	190	/
Номер документа, подтверждающего оплату[1]	200	
Дата документа, подтверждающего оплату[1]	210	. .
Код валюты по ОКВ	220	
Стоимость продаж по счету-фактуре, разница стоимости по корректировочному счету-фактуре (включая налог):		
в валюте счета-фактуры	230	.
в рублях и копейках	240	.
Стоимость продаж, облагаемых налогом, по счету-фактуре, разница стоимости по корректировочному счету-фактуре (без налога) в рублях и копейках, по ставке:		
20%	250	.
18%	255	.
10%	260	.
0%	270	.
Сумма налога по счету-фактуре, разница суммы налога по корректировочному счету-фактуре в рублях и копейках, по ставке:		
20%	280	.
18%	285	.
10%	290	.
Стоимость продаж, освобождаемых от налога, по счету-фактуре, разница стоимости по корректировочному счету-фактуре в рублях и копейках	300	.

[1] Заполняется необходимое количество листов с указанными показателями.

ИНН

КПП Стр.

Приложение 1 к разделу 9 декларации (продолжение)

Показатели	*Код строки*	*Значения показателей*
1	2	3
Регистрационный номер декларации на товары или регистрационный номер партии товара, подлежащего прослеживаемости[1]	301	
Код количественной единицы измерения товара, используемой в целях осуществления прослеживаемости[1]	302	
Количество товара, подлежащего прослеживаемости, в количественной единице измерения товара, используемой в целях осуществления прослеживаемости[1]	303	
Стоимость товара, подлежащего прослеживаемости, без НДС в рублях[1]	304	
Всего стоимость продаж по Приложению 1 к разделу 9 (без налога) в рублях и копейках, по ставке: [2]		
20%	310	.
18%	315	.
10%	320	.
0%	330	.
Всего сумма налога по Приложению 1 к разделу 9 в рублях и копейках, по ставке: [2]		
20%	340	.
18%	345	.
10%	350	.
Всего стоимость продаж, освобождаемых от налога, по Приложению 1 к разделу 9 в рублях и копейках[2]	360	.

[1] Заполняется необходимое количество листов с указанными показателями.
[2] Указывается на последней странице.

0031 5234

ИНН

КПП Стр.

Индекс 0000100

Раздел 10. Сведения из журнала учета выставленных счетов-фактур в отношении операций, осуществляемых в интересах другого лица на основе договоров комиссии, агентских договоров или на основе договоров транспортной экспедиции, отражаемых за истекший налоговый период [1]

Показатели	*Код строки*	*Значения показателей*
1	2	3
Признак актуальности ранее представленных сведений [2]	001	
Порядковый номер	005	
Код вида операции	020	
Номер счета-фактуры	030	
Дата счета-фактуры	040	. .
Номер исправления счета-фактуры	050	
Дата исправления счета-фактуры	060	. .
Номер корректировочного счета-фактуры	070	
Дата корректировочного счета-фактуры	080	. .
Номер исправления корректировочного счета-фактуры	090	
Дата исправления корректировочного счета-фактуры	100	. .
ИНН / КПП покупателя	110	/

[1] Заполняется необходимое количество листов данного раздела.

[2] Указывается на первой странице, на остальных - ставится прочерк.

0031 5241

ИНН

КПП Стр.

Продолжение раздела 10 декларации

Сведения из счетов-фактур, полученных от продавцов[1]

Показатели 1	Код строки 2	Значения показателей 3
ИНН / КПП продавца	120	/
Номер счета-фактуры (корректировочного счета-фактуры), полученного от продавца	130	
Дата счета-фактуры (корректировочного счета-фактуры), полученного от продавца	140	. .
Код валюты по ОКВ	150	
Стоимость товаров (работ, услуг), имущественных прав по счету-фактуре - всего	160	.
В том числе сумма налога по счету-фактуре	170	.
Разница стоимости с учетом налога по корректировочному счету-фактуре:		
уменьшение	180	.
увеличение	190	.
Разница налога по корректировочному счету-фактуре:		
уменьшение	200	.
увеличение	210	.
Регистрационный номер декларации на товары или регистрационный номер партии товара, подлежащего прослеживаемости[2]	220	
Код количественной единицы измерения товара, используемой в целях осуществления прослеживаемости[2]	230	
Количество товара, подлежащего прослеживаемости, в количественной единице измерения товара, используемой в целях осуществления прослеживаемости[2]	240	
Стоимость товара, подлежащего прослеживаемости, без НДС в рублях[2]	250	

[1] Заполняется необходимое количество листов для одной записи порядкового номера.

[2] Заполняется необходимое количество листов с указанными показателями.

0031 5258

ИНН

КПП Стр.

Индекс 0000110

Раздел 11. Сведения из журнала учета полученных счетов-фактур в отношении операций, осуществляемых в интересах другого лица на основе договоров комиссии, агентских договоров или на основе договоров транспортной экспедиции, отражаемых за истекший налоговый период [1]

Показатели	*Код строки*	*Значения показателей*
1	*2*	*3*
Признак актуальности ранее представленных сведений [2]	001	
Порядковый номер	005	
Код вида операции	020	
Номер счета-фактуры	030	
Дата счета-фактуры	040	. .
Номер исправления счета-фактуры	050	
Дата исправления счета-фактуры	060	. .
Номер корректировочного счета-фактуры	070	
Дата корректировочного счета-фактуры	080	. .
Номер исправления корректировочного счета-фактуры	090	
Дата исправления корректировочного счета-фактуры	100	. .
ИНН / КПП продавца	110	/

[1] Заполняется необходимое количество листов данного раздела.
[2] Указывается на первой странице, на остальных - ставится прочерк.

0031 5265

ИНН

КПП Стр.

Продолжение раздела 11 декларации

Сведения о посреднической деятельности, указываемые комиссионером (агентом)

Показатели	*Код строки*	*Значения показателей*
1	*2*	*3*
ИНН / КПП субкомиссионера (субагента)	120	/
Код вида сделки	130	
Код валюты по ОКВ	140	
Стоимость товаров (работ, услуг), имущественных прав по счету-фактуре - всего	150	.
В том числе сумма налога по счету-фактуре	160	.
Разница стоимости с учетом налога по корректиро-вочному счету-фактуре:		
уменьшение	170	.
увеличение	180	.
Разница налога по корректировочному счету-фактуре:		
уменьшение	190	.
увеличение	200	.
Регистрационный номер декларации на товары или регистрационный номер партии товара, подлежащего прослеживаемости[1]	210	
Код количественной единицы измерения товара, используемой в целях осуществления прослеживаемости[1]	220	
Количество товара, подлежащего прослеживаемости, в количественной единице измерения товара, используемой в целях осуществления прослеживаемости[1]	230	
Стоимость товара, подлежащего прослеживаемости, без НДС в рублях[1]	240	

[1] Заполняется необходимое количество листов с указанными показателями.

0031 5272

ИНН

КПП Стр.

Индекс 0000120

Раздел 12. Сведения из счетов-фактур, выставленных лицами, указанными в пункте 5 статьи 173 Налогового кодекса Российской Федерации[1]

Показатели	*Код строки*	*Значения показателей*
1	2	3
Признак актуальности ранее представленных сведений[2]	001	
Номер счета-фактуры	020	
Дата счета-фактуры	030	. .
ИНН / КПП покупателя	040	/
Код валюты по ОКВ	050	
Стоимость товаров (работ, услуг), имущественных прав без налога - всего	060	.
Сумма налога, предъявляемая покупателю	070	.
Стоимость товаров (работ, услуг), имущественных прав с налогом - всего	080	.

[1] Заполняется необходимое количество листов данного раздела.
[2] Указывается на первой странице, на остальных - ставится прочерк.

Schweden

Allgemeines

Die schwedische Umsatzsteuer (Mervärdesskatt – MOMS) entspricht in allen wesentlichen Positionen/Definitionen der MwStSystRL.

Unternehmer/Organkreis

Der Unternehmerbegriff entspricht der Definition laut MwStSystRL.

Eine Gruppenbesteuerung/Organschaft ist möglich und erfolgt auf Antrag.

Die Möglichkeit der Gruppenbesteuerung/Organschaft ist grds. auf Unternehmen beschränkt,

- die unter Aufsicht der schwedischen Finanzaufsicht (Finanzinspektionen) stehen und steuerfreie Finanz- und Versicherungsleistungen erbringen,
- die hauptsächlich Lieferungen oder Dienstleistungen an solche Unternehmen erbringen und
- die als Kommissionär oder Kommittent im Rahmen einer Kommissionsstruktur handeln.

Zudem ist das Bestehen wirtschaftlicher, finanzieller und organisatorischer Verbundenheit zwischen den Unternehmen erforderlich. Wirtschaftliche Verbundenheit erfordert die Erbringung von Lieferungen oder Dienstleistungen der Gesellschaften untereinander. Finanzielle Verbundenheit ist dann gegeben, wenn die Stimmrechte in Bezug auf eine Gesellschaft mehr als 50 % – im Falle von Kommissionsstrukturen mindestens 90 % – betragen. Organisatorische Verbundenheit ist gegeben, wenn gemeinsame Verwaltungs-, Management- oder Marketingfunktionen bestehen, beispielsweise in dem Bereich der Geschäftsführung.

Die Gruppenbesteuerung/Organschaft kommt nur für in Schweden ansässige Unternehmen oder für schwedische Betriebsstätten ausländischer Unternehmen in Betracht. Ausländische Unternehmen sind somit jeweils gesondert zu registrieren.

In Schweden haften die Gruppen-/Organkreismitglieder gesamtschuldnerisch für die Verpflichtungen der Gruppe/der Organschaft, die sich aus dem Umsatzsteuergesetz ergeben.

Grundsätzlich müssen sich in Schweden ansässige Unternehmer erst dann zwingend zur Umsatzsteuer registrieren lassen, wenn die Umsatzgrenze von 80.000 SEK (ca. 7.000 €) überschritten wird. Ausländische Unternehmer müssen sich unabhängig von einer

Umsatzgrenze registrieren lassen, sobald in Schweden steuerpflichtige Leistungen erbracht werden, für die nicht das Reverse-Charge-Verfahren anwendbar ist.

Nicht-Unternehmer müssen sich registrieren lassen, wenn die Erwerbschwelle (für den Bezug aus anderen EU-Staaten) den Wert von 90.000 SEK (ca. 7.800 €) übersteigt.

Lieferung/sonstige Leistung

Das schwedische Umsatzsteuergesetz definiert die Begriffe der Lieferung und sonstigen Leistung entsprechend den Vorgaben der MwStSystRL. Danach wird jede Übertragung von Gegenständen, durch die jemand in die Lage versetzt wird, wie ein Eigentümer über den Liefergegenstand zu verfügen, als Lieferung angesehen. Die sonstige Leistung ist negativ definiert, d. h. eine Leistung, die keine Lieferung ist, wird als sonstige Leistung (Dienstleistung) angesehen.

Werklieferung/Werkleistung/Bauleistung

Eine Lieferung zuzüglich Montage wird auch in Schweden als einheitliche Werklieferung angesehen. Übereinstimmend mit der MwStSystRL ist als Ort der Lieferung bei Werklieferungen auch im schwedischen Umsatzsteuerrecht der Ort der Übergabe des fertigen Werkes festgelegt. Daher unterliegen in Schweden erbrachte Werklieferungen grds. der schwedischen Umsatzsteuer.

Reihengeschäfte

Auf dem Weg zu einem neuen endgültigen EU-Mehrwertsteuersystem wurden im Oktober 2018 durch die europäischen Finanzminister die sogenannten „Quick-Fixes" erlassen.

Hierin wurden nun erstmals Vorschriften zu Reihengeschäften aufgenommen. Seit dem 1.1.2020 ist damit verbindlich für alle Mitgliedstaaten einheitlich die Zuordnung der bewegten Lieferung bei innergemeinschaftlichen Reihengeschäften geregelt. Das bisherige Problem, dass in anderen Mitgliedstaaten diesbezüglich abweichende Regelungen zu beachten waren, fällt somit seither weitestgehend weg.

Die EU-einheitlichen Regelungen hierzu finden sich in den Begriffsbestimmungen.

Diese Regelungen beziehen sich allerdings ausschließlich auf innergemeinschaftliche Reihengeschäfte, nicht jedoch auf Reihengeschäfte mit Drittlandsbezug (Einfuhr/Ausfuhr).

Verlagerungsverfahren/Reverse-Charge

Das schwedische Umsatzsteuerrecht sieht die Anwendung des Reverse-Charge-Verfahrens zunächst einmal vor bei

- in Schweden steuerbaren sonstigen Leistungen, die der „B2B-Grundregel" (vgl. Art. 44 MwStSystRL, § 3a Abs. 2 UStG) unterliegen und von ausländischen Unternehmen im Sinne der Regelung erbracht werden.

Weiterhin sieht das schwedische Umsatzsteuerrecht die Anwendung des Reverse- Charge-Verfahrens vor bei

- fast allen anderen sonstigen Leistungen (Ausnahmen siehe spätere Ausführungen) und bei Lieferungen sowie Werklieferungen, die von ausländischen Unternehmen ohne feste Niederlassung in Schweden an in Schweden registrierte Unternehmen erbracht werden.

Das schwedische Umsatzsteuerrecht sieht jedoch auch eine freiwillige Registrierung vor. Diese ist insbesondere in den Fällen sinnvoll, in denen Vorsteuerbeträge in Schweden anfallen, da diese dann in den laufenden monatlichen Umsatzsteuermeldungen berücksichtigt werden können. In diesem Fall ist jedoch zu beachten, dass als Folge der freiwilligen Registrierung Umsätze durch den Leistenden zu versteuern sind, bei denen aufgrund des Reverse-Charge-Verfahrens ohne Registrierung eigentlich keine Versteuerung durch den Leistenden vorzunehmen gewesen wäre.

Die Anwendung des Reverse-Charge-Verfahrens ist ausgeschlossen bei

- kurzfristiger Überlassung von Beförderungsmitteln,
- Personentransport,
- Restaurationsdienstleistungen sowie
- kulturellen und sportlichen Dienstleistungen.

Bei

- Bauleistungen

ist das Reverse-Charge-Verfahren unter bestimmten Voraussetzungen – unabhängig vom Ort der Ansässigkeit des Leistenden – zwingend anzuwenden.

In der Praxis ist im Fall von Montagen von betroffenen Unternehmern schwer zu entscheiden, ob es sich um eine „Bauleistung" im Sinne der Regelung handelt. Ein Indiz hierfür ist eine Zuordnung in Abschnitt F/Hauptgruppe 45 des schwedischen Industrieklassifikationsstandards (SNI 2002). In Zweifelsfällen empfiehlt sich eine Abstimmung mit der schwedischen Finanzverwaltung.

Voraussetzung ist, dass sowohl der Leistende als auch sein Kunde nicht nur gelegentlich Bauleistungen erbringen. Typischer Fall ist die Leistungserbringung an Generalunternehmer. Das Reverse-Charge-Verfahren gilt hier für alle Leistungen, die zwischen Sub- und Generalunternehmern erbracht werden. Die Rechnungen des Generalunternehmers an den Endkunden sind typischerweise mit schwedischer Umsatzsteuer zu erteilen, unterstellt, bei diesem handelt es sich um keinen Bauunternehmer.

Das Reverse-Charge-Verfahren ist außerdem anzuwenden bei

- der Zurverfügungstellung von Arbeitskräften im Bausektor,
- Umsätzen mit Gebrauchtwaren, Schrotten und Abfallstoffen,
- bestimmten Umsätzen mit Gold/Goldprodukten sowie
- der Übertragung von Emissionsrechten und vergleichbaren Rechten

jeweils unter bestimmten Voraussetzungen.

Zudem hat Schweden zum 1.4.2021 die verpflichtende Anwendung des Reverse-Charge-Verfahrens für Inlandslieferungen von Mobilfunkgeräten (darin erfasst Computer-Chips, Mobiltelefone, Spielkonsolen, Laptops, Computer und Tablets) eingeführt, wobei dies allerdings erst ab einem Nettorechnungsbetrag von mehr als 100.000 SEK (ca. 8.700 €) gilt.

Konsignationslager/Call-off stock

Mit dem 1.1.2020 traten die sogenannten „Quick Fixes“ in Kraft, die u. a. eine EU-weite Vereinfachung in Form einer Konsignationslagerregelung vorsehen. Diese Regelung hat das Ziel, dass sich der Inhaber des Konsignationslagers (der „Lieferant“) nicht in dem EU-Staat für Umsatzsteuerzwecke registrieren lassen muss, in welchem er für seinen Kunden ein Konsignationslager unterhält.

Die EU-einheitlichen Regelungen hierzu finden sich in den Begriffsbestimmungen.

Wie dort ausgeführt, ergibt sich ein Problem, wenn aus dem Lager Waren verloren gehen oder gestohlen werden. In diesem Fall muss sich der ausländische Lieferant dann doch in Schweden für Umsatzsteuerzwecke registrieren lassen, um zum Zeitpunkt des Verlustes der Ware (oder dem Zeitpunkt, wo der Verlust festgestellt wurde) ein innergemeinschaftliches Verbringen dieser Ware im Warenabgangsland und Schweden zu erklären. Zu diesem Thema hat sich die schwedische Finanzverwaltung geäußert: Hiernach sind geringfügige Verluste (weniger als 5 %) von Waren resultierend aus der Beschaffenheit der Ware, unvorhergesehenen Umständen oder behördlichen Entscheidungen unbeachtlich.

Werden die Voraussetzungen zur Anwendung der EU-einheitlichen Vereinfachungsregelung nicht erfüllt, so gelten die „normalen" Grundsätze:

Lieferungen aus dem EU-Ausland in das Lager in Schweden gelten in diesem Fall als Verbringungen, die einer innergemeinschaftlichen Lieferung gleichgestellt sind. Den im Ausland steuerfreien Verbringungen steht in Schweden ein innergemeinschaftlicher Erwerb gegenüber, für den Erwerbsteuer anzumelden ist.

Die Lieferungen aus dem Konsignationslager an den Kunden werden dann als Inlandsumsatz innerhalb Schwedens betrachtet und sind in Schweden umsatzsteuerpflichtig.

Eine Registrierung des Lieferanten für Umsatzsteuerzwecke in Schweden ist also notwendig, sofern die Voraussetzungen für die Anwendung der EU-weit geltenden Vereinfachungsregelung nicht gegeben sind.

Fernverkäufe

Mit Inkrafttreten der sogenannten „Quick Fixes" zum 1.1.2020 wird u. a. EU-weit eine einheitliche Behandlung sogenannter „Fernverkäufe" sicherstellt.

Als „Fernverkäufe" werden grenzüberschreitende Warenlieferungen im EU-Gemeinschaftsgebiet an einen bestimmten Abnehmerkreis (vor Allem an Kunden, bei denen es sich nicht um Unternehmer handelt) bezeichnet.

Die EU-einheitlichen Regelungen hierzu finden sich in den Begriffsbestimmungen.

Sonderregelungen für die Betreiber „elektronischer Schnittstellen"

Mit den bereits erwähnten „Quick Fixes" werden auch EU-einheitliche Regelungen für die Betreiber sogenannter „elektronischer Schnittstellen" eingeführt. Als „elektronische Schnittstelle" gelten beispielsweise elektronische Marktplätze oder elektronische Plattformen. Diese Regelungen greifen für bestimmte Warenverkäufe von Online-Händlern über solche Schnittstellen, wenn der Händler im Drittland ansässig ist, die Beförderung oder Versendung der Ware in der EU beginnt oder endet und die Kunden einem bestimmten Abnehmerkreis angehören (vor Allem Kunden, bei denen es sich nicht um Unternehmer handelt).

Diese Regelung tritt für Umsätze und Einfuhren ab dem 1.7.2021 in Kraft.

Die EU-einheitlichen Regelungen hierzu finden sich in den Begriffsbestimmungen.

Steuerbefreiungen

Das schwedische Umsatzsteuergesetz sieht u. a. Umsatzsteuerbefreiungen (bzw. einen Steuersatz von 0 %) für die folgenden Lieferungen bzw. Leistungen vor:

- Ausfuhrlieferungen
- innergemeinschaftliche Lieferungen
- bestimmte Dienstleistungen, die damit in Zusammenhang stehen
- Lieferungen von Gold an die schwedische Nationalbank
- Lieferungen im Zusammenhang mit Schiffen und Luftfahrzeugen unter bestimmten Voraussetzungen
- Versicherungs- und Finanzdienstleistungen
- Steuerbefreiungen im Zusammenhang mit Umsätzen in öffentlichem Interesse (wie medizinische Versorgung)
- Verkauf von Grund und Boden und Gebäuden
- Vermietung von Grund und Boden und Gebäuden unter bestimmten Voraussetzungen

Das schwedische Umsatzsteuerrecht kennt – wie das deutsche Recht auch – die Möglichkeit des Verzichtes auf die Steuerfreiheit bei der Vermietung und Verpachtung von Immobilien unter bestimmten Voraussetzungen. Bei der Veräußerung von Grundstücken und anderen Leistungen ist eine Option hingegen nicht möglich.

Steuersätze

In Schweden gelten zurzeit folgende Steuersätze:

- Normalsteuersatz: 25 %
- ermäßigte Steuersätze: 0 %, 6 %, 12 %

Dem Steuersatz von 12 % unterliegen beispielsweise die Lieferung von Lebensmitteln, Hotelleistungen, Restaurant- und Cateringservices oder die Einführung von Kunstgegenständen, Sammlerstücken oder Antiquitäten. Dem Steuersatz von 6 % unterliegen beispielsweise die Lieferung von Zeitungen, Zeitschriften und Büchern oder Personenbeförderungsleistungen.

Bemessungsgrundlage

Als Bemessungsgrundlage zur Ermittlung der schwedischen Umsatzsteuer gilt entsprechend den Vorgaben der MwStSystRL alles, was der Leistungsempfänger aufwendet, um die Leistung zu erhalten.

Grundsätzlich mindern Rabatte oder Bonuszahlungen zum Zeitpunkt ihrer Gewährung auch die umsatzsteuerliche Bemessungsgrundlage. Wird ein solcher Nachlass an einen anderen Unternehmer gezahlt, so muss eine Gutschrift oder ein vergleichbares Dokument erteilt werden, aus welchem sich die tatsächliche Auszahlung sowie die sich daraus ergebende Umsatzsteuerminderung ergibt. Andernfalls ist der Leistende nicht berechtigt, sich die Umsatzsteuer von den Finanzbehörden erstatten zu lassen. Der Leistungsempfänger muss korrespondierend Vorsteuer zurückzahlen.

Im Falle eines Forderungsausfalles kann ebenfalls eine Minderung des Entgeltes - und dem folgend eine Umsatzsteuerkorrektur – erfolgen. Voraussetzung ist jedoch, dass es sich um einen tatsächlichen bzw. formell erklärten Forderungsverlust handelt. Der leistende Unternehmer muss auf geeignete Weise nachweisen, dass die Schuld nicht gezahlt wird und dass der Kunde keine finanziellen Mittel zur Begleichung hat. Ein solcher Nachweis kann darin bestehen, dass der Kunde insolvent ist, einen Vergleichsvertrag unterschrieben hat oder dass das reguläre Zahlungsziel überschritten ist und Vollstreckungsversuche beim Kunden vergeblich waren. Wird ein Forderungsausfall nur vermutet, kann keine Korrektur der umsatzsteuerlichen Bemessungsgrundlage vorgenommen werden.

Vorsteuerabzug

Grundvoraussetzungen für die Inanspruchnahme des Vorsteuerabzugs sind:

- der Unternehmer muss eine Lieferung oder Leistung für sein Unternehmen bezogen haben,
- die Lieferung oder Leistung muss von einem anderen Unternehmer ausgeführt worden sein und
- der leistende Unternehmer muss eine ordnungsgemäße Abrechnung mit offen ausgewiesener Umsatzsteuer erstellt haben.

Nicht oder nur teilweise abzugsfähig sind die folgenden Vorsteuerbeträge:

- Aufwendungen für langfristige Beherbergung unter bestimmten Voraussetzungen
- Bewirtungsaufwendungen, die einen bestimmten Betrag überschreiten
- Aufwendungen für den Einkauf bestimmter Fahrzeuge (Ausnahmen existieren)
- Mietwagen-/Leasingrechnungen (hälftiger Vorsteuerabzug möglich)

- Unterhaltungskosten, soweit diese 300 SEK/Person (ca. 26 €) überschreiten
- Aufwendungen für Geschenke mit einem Wert von mehr als 180 SEK (ca. 16 €)

Rechnungsbestandteile

In den Rechnungen sind grds. folgende Angaben vorgeschrieben:

- Name und Anschrift des Leistenden
- Umsatzsteuer-ID-Nummer des Leistenden
- Name und Anschrift des Kunden
- Umsatzsteuer-ID-Nummer des Kunden, sofern das Reverse-Charge-Verfahren greift
- Rechnungsdatum
- fortlaufende Rechnungsnummer
- Leistungszeitpunkt/Lieferzeitpunkt bzw. – im Falle einer Anzahlungsrechnung – Zeitpunkt der Vereinnahmung des Entgelts oder eines Teils des Entgelts, sofern der Zeitpunkt der Vereinnahmung feststeht und nicht mit dem Ausstellungsdatum der Rechnung übereinstimmt,
- Angabe zu Menge und Art der erbrachten Leistung
- Nettobetrag in Bezug auf jeden Steuersatz und jede Steuerbefreiung
- Nettostückpreis
- Umsatzsteuersatz
- Umsatzsteuerbetrag
- Hinweis auf vereinbarte Minderung des Entgelts
- ggf. Angabe des Fiskalvertreters / steuerlichen Vertreters
- ggf. Hinweis auf die anzuwendende Steuerbefreiung unter Nennung der einschlägigen Norm der Mehrwertsteuersystemrichtlinie oder des schwedischen Umsatzsteuergesetzes oder unter Anführung eines anderen Hinweises auf die Art der Steuerbefreiung
- Hinweis auf die Anwendung des Verlagerungsverfahrens bei Anwendbarkeit des Reverse-Charge-Verfahrens („omvänd betalningsskyldighet“ oder „reverse charge“)

Bei Kleinbetragsrechnungen (bis 4.000 SEK brutto, ca. 350 €) existieren Vereinfachungsregelungen.

Rechnungen können in beliebiger Sprache ausgestellt werden.

Rechnungen dürfen auch in beliebiger Währung gestellt werden. Der Umsatzsteuerbetrag ist jedoch in SEK oder € auf der Rechnung anzugeben. Bei der Umrechnung ist der aktuelle Durchschnittskurs in Ansatz zu bringen, der durch die Europäische Zentralbank oder durch die Nasdaq OMX Stockholm AB veröffentlicht wurde.

Elektronische Rechnungen

In Schweden ist die Rechnungstellung auf elektronischem Wege möglich. Dies ist im Vorfeld zwischen den Parteien zu vereinbaren.

Anzahlungen

Bei Anzahlungen hat die Besteuerung bereits zum Zeitpunkt der Zahlung des Entgeltes zu erfolgen.

Gutschriften/Self Billing

Die Abrechnung mit Gutschriften ist in Schweden zulässig.

Hinsichtlich der Abrechnung im Gutschriftenverfahren ist im Vorfeld eine Vereinbarung zwischen den Parteien zu treffen. Die Vereinbarung in Schriftform ist nicht zwingend erforderlich, jedoch zu empfehlen.

Im Fall der Ausstellung einer Gutschrift ist der Hinweis „självfakturering" oder „selfbilling" aufzunehmen.

Der leistende Unternehmer bleibt für den Inhalt der Gutschrift verantwortlich. Er kann einer erteilten Gutschrift widersprechen.

Aufbewahrung von Unterlagen

Alle umsatzsteuerlich relevanten Unterlagen sind sieben Jahre lang aufzubewahren (bzw. zehn Jahre, wenn die Regelungen des „Mini-One-Stop-Shops" in Anspruch genommen werden). Bezieht sich eine Unterlage auf die Renovierung einer Immobilie, die Gegenstand einer Umsatzsteuer-Anpassung sein könnte, gilt eine verlängerte Aufbewahrungsfrist von 17 Jahren.

Dies kann wahlweise in Papierform oder in elektronischer Form erfolgen. Bei Aufbewahrung in elektronischer Form ist sicherzustellen, dass die Lesbarkeit und Unveränderlichkeit gewährleistet bleibt. Zudem muss gewährleistet sein, dass auf Anforderung der Finanzverwaltung kurzfristig Kopien generiert werden können.

Enthalten Dokumente Buchhaltungsunterlagen, die von einer buchführungspflichtigen Person ausgestellt oder empfangen wurden, müssen sie im Originalformat aufbewahrt werden. Werden also beispielsweise Rechnungen auf elektronischem Weg erteilt oder empfangen, so sollten diese auch elektronisch archiviert werden. Rechnungen, die in Papierform erteilt oder empfangen wurden, sollten in Papierform archiviert werden. Sollen Papierrechnungen elektronisch archiviert werden, so sollte im Vorfeld unbedingt die Genehmigung der Finanzverwaltung eingeholt werden.

Grundsätzlich sind aufbewahrungspflichtige Unterlagen in Schweden aufzubewahren. Eine kurzfristige Aufbewahrung außerhalb Schwedens ist möglich, wenn das Dokument im Ausland benötigt wird – beispielsweise für Zwecke der Vorsteuervergütung oder wenn die Buchführung außerhalb Schwedens durchgeführt wird. Die Archivierung elektronischer Belege darf auch außerhalb Schwedens erfolgen, sofern die Finanzverwaltung hierüber im Voraus informiert wurde und Zugang zu den Daten hat. Soll die Archivierung außerhalb der EU sowie Islands und Norwegens erfolgen, gilt dies jedoch unter der Voraussetzung, dass der Steuerpflichtige einen diesbezüglichen Antrag bei der Finanzverwaltung gestellt hat und dieser genehmigt wurde.

Veranlagungsverfahren/Steuererklärungen

In Schweden gilt grds. der Monat als Besteuerungszeitraum. Übersteigt der Jahresumsatz nicht 40 Mio. SEK (ca. 3,5 Mio. €), ist eine quartalsweise Abgabe vorgesehen. Auf Antrag ist auch in diesen Fällen eine monatliche Abgabe möglich. Übersteigt der Jahresumsatz im o. g. Sinne nicht 1 Mio. SEK (ca. 87.500 €), so ist jährlich zu melden. Auch in diesen Fällen ist auf Antrag eine monatliche oder vierteljährliche Abgabe möglich.

Ist die Umsatzgrenze von 40 Mio. SEK überschritten, dann muss die Meldung bis zum 26. Tag des auf den Meldemonat folgenden Monats erfolgen. In allen anderen Fällen – auch im Fall der Einreichung monatlicher Meldungen auf Antrag – sind die Meldungen bis zum 12. Tag des auf den Besteuerungszeitraum folgenden übernächsten Monats einzureichen. Bei quartalsweiser Abgabe gilt aufgrund der Sommerferien eine verlängerte Abgabefrist bis zum 17.8. Erfolgt eine monatliche Abgabe auf Antrag, kann das Unternehmen eine Abgabefrist bis zum 2. Tag des auf den Meldemonat folgenden Monats beantragen. Wird die Umsatzgrenze von 1 Mio. SEK nicht überschritten, gilt als Abgabestichtag der 26. des zweiten Monats nach dem Besteuerungszeitraum.

Wird monatlich oder quartalsweise gemeldet, ist nicht – wie in Deutschland – zusätzlich eine Jahreserklärung einzureichen.

Die Abgabe von Umsatzsteuer-Meldungen kann auf elektronischem Wege erfolgen, dies ist jedoch nicht verpflichtend.

Ausführliche Erläuterungen der schwedischen Finanzverwaltung zum Ausfüllen der Umsatzsteuer-Meldung finden sich in englischer Sprache unter:

https://www.skatteverket.se/servicelankar/otherlanguages/inenglish/businessesandemployers/declaringtaxesbusinesses/vat/vatitemsboxbybox.4.3dfca4f410f4fc63c8680004502.html

Eine Umsatzsteuerzahllast ist an dem Tag fällig, an dem die jeweilige Meldung spätestens einzureichen war. Resultiert aus der Saldierung von Umsatzsteuer und Vorsteuer ein Vorsteuerüberhang, so wird dieser i. d. R. zeitnah ausgezahlt.

Die Rückerstattung eines Vorsteuerüberhangs kann sich verzögern, wenn die diesbezügliche Umsatzsteuer-Meldung noch von der Finanzbehörde geprüft wird.

Im Hinblick auf die (schwedische) Einfuhrumsatzsteuer ist auf folgende Regelung hinzuweisen:

Mit Wirkung vom 1.1.2015 wurde in Bezug auf die Zahlung der Einfuhrumsatzsteuer die Verantwortlichkeit von den Zoll- auf die Finanzbehörden übertragen. Dies bedeutet, dass die Zahlung der Einfuhrumsatzsteuer bei Importen erst im Rahmen der Umsatzsteuermeldung erfolgt, in der auch ein etwaiger korrespondierender Vorsteuerabzug geltend gemacht werden kann.

Aus dieser Neuregelung ergeben sich Liquiditätsvorteile.

Allerdings greift sie nur für Unternehmen, die in Schweden für Umsatzsteuerzwecke registriert sind. Ist ein Unternehmen nicht registriert, muss die Einfuhrumsatzsteuer den schwedischen Zollbehörden gemeldet und an diese abgeführt werden.

Intrastat/Zusammenfassende Meldung

Intrastat-Meldungen sind monatlich bis zum 10. (bei Meldung in Papierform) bzw. 12. (bei elektronischer Meldung) Arbeitstag des Folgemonats einzureichen, wenn die Schwellenwerte von 15 Mio. SEK (ca. 1.312.000 €) für Eingangs- und 4,5 Mio. SEK (ca. 393.000 €) für Ausgangsmeldungen überschritten werden.

In Schweden besteht keine Verpflichtung zur Einreichung der Intrastat-Meldungen auf elektronischem Weg. Sie können also in Papierform oder elektronisch eingereicht werden. Die elektronische Einreichung ist bei Erklärung von mehr als 20 Zeilen allerdings nicht zu empfehlen.

Ansprechpartner:

Statistics Sweden
Karlavägen 100
SE-10451 STOCKHOLM

Weitere Informationen finden sich auch auf *http://www.scb.se*.

Ein Handbuch in englischer Sprache findet sich unter:

https://www.scb.se/contentassets/2ab07b215eee4f2c910e7e61406b1830/intrastat—handbook-2021.pdf

Die Zusammenfassende Meldung ist in Schweden grds. für Warenlieferungen monatlich, für Dienstleistungen quartalsmäßig einzureichen. Hat ein Unternehmer sowohl Warenlieferungen als auch Dienstleistungen zu melden, so ist die Zusammenfassende Meldung monatlich einzureichen. Sind monatliche Meldungen einzureichen und übersteigt die Summe der Bemessungsgrundlagen für meldepflichtige Warenlieferungen 500.000 SEK (ca. 44.000 €) nicht, kann die Zusammenfassende Meldung auf Antrag kalendervierteljährlich eingereicht werden.

In Schweden besteht keine Verpflichtung zur Einreichung der Zusammenfassenden Meldung auf elektronischem Weg.

Die Abgabe der Zusammenfassenden Meldung kann schriftlich bis zum 20. Tag des auf den Meldezeitraum folgenden Monats oder auf elektronischem Wege bis zum 25. Tag des auf den Meldezeitraum folgenden Monats erfolgen.

Registrierung

Registrierung für umsatzsteuerliche Zwecke

Unternehmer aus anderen Staaten der Europäischen Union oder aus Norwegen, Island, Grönland, von den Färöern und den Åland Inseln können sich entweder direkt oder über einen steuerlichen Vertreter registrieren lassen. Für in Drittländern ansässige Unternehmer (mit Ausnahme der o. g. Länder) ist die Benennung eines Fiskalvertreters obligatorisch.

Ausländische Unternehmen, welche in Schweden eine Betriebsstätte bzw. Filiale gründen, müssen sich im ersten Schritt in Schweden beim Handelsregister (Bolagsverket) registrieren lassen. Dort erhalten sie eine Organisationsnummer (beginnend mit 5164). Anschließend erteilt die Finanzverwaltung auf Antrag eine Mehrwertsteuernummer, die der Umsatzsteuer-ID-Nummer entspricht. Diese setzt sich zusammen aus dem Länderkürzel „SE“, der vom Handelsregister erteilten Organisationsnummer und den Ziffern 01 am Ende. Anders als in Deutschland unterscheidet man in Schweden nicht zwischen Steuer- und Umsatzsteuer-ID-Nummer.

Unternehmen ohne schwedische Betriebsstätte bzw. Filiale brauchen sich nicht beim Handelsregister registrieren zu lassen. Hier erfolgt ausschließlich ein Antrag auf umsatzsteuerliche Registrierung bei der Finanzverwaltung (Vordruck SKV 4632, in englischer Sprache als Anlage beigefügt). Eine Ausfüllhilfe in englischer Sprache findet sich unter *https://www.skatteverket.se/servicelankar/otherlanguages/inenglish/businessesandemployers/nonswedishbusinesseswithoperationsinsweden/registerabusiness.4.676f4884175c97df41917fa.html*

Die Mehrwertsteuernummer, die in diesen Fällen erteilt wird, beginnt ebenfalls mit dem Länderkürzel „SE“, gefolgt von den Ziffern 5020 und endend mit den Ziffern 01.

Für die umsatzsteuerliche Registrierung von Unternehmern aus Deutschland ist die Auslandsabteilung der Steuerverwaltung in Malmö zuständig:

Skatteverket
Utlandsskattekontoret
SE-205 31 Malmö
Sverige

Für die Registrierung einer Gesellschaft in Schweden werden folgende Unterlagen benötigt:

- Registrierungsformular (Vordruck 4632 zu finden unter der obigen E-Mail-Adresse – als Anlage in englischer Sprache beigefügt)
- ggf. Eintragungsbescheinigung, die den Zeichnungsberechtigten ausweist, bei juristischen Personen Handelsregisterauszug bzw. Ausweiskopie bei Einzelunternehmern
- ggf. Vollmacht für den steuerlichen Vertreter (Vordruck SKV 5703), zu finden unter:

https://www.skatteverket.se/privat/etjansterochblanketter/blanketterbroschyrer/blanketter/info/5703.4.39f16f103821c58f680006964.html

Besondere Besteuerungsverfahren der „One-Stop-Shops“

Eine Registrierung für Umsätze in (anderen) EU-Staaten ist für einen Unternehmer nur dann zwingend erforderlich, wenn für seine Umsätze kein besonderes Besteuerungsverfahren (Stichwort „One-Stop-Shop“) anwendbar ist.

Mehrfach wurden bereits die „Quick Fixes“ erwähnt, mit denen Anfang 2020 zahlreiche EU-einheitliche Regelungen eingeführt wurden.

Durch die „Quick Fixes“ werden auch EU-weit einheitliche Regelungen zu den besonderen Besteuerungsverfahren der „One-Stop-Shops“ erlassen. Diese greifen für Umsätze, die ab dem 1.7.2021 ausgeführt werden.

Die EU-einheitlichen Regelungen zu diesem Thema finden sich in den Begriffsbestimmungen.

Swedish Tax Agency

Tax application for foreign entrepreneurs

1 (4)

This form is to be filled out in Swedish or English.
All sums are to be stated in SEK.

Applicant (completed by all applicants) ①

Name	Home country value added tax (VAT) registration number
Home country postal address	Home country identity number
Postal address in Sweden	Telephone and mobile number in the home country
Visiting address in Sweden	Telephone and mobile number in Sweden
The address to send your VAT and PAYE returns and account statements to	Year end closing date

Information regarding legal persons ②

Company form	A certificate of registration is appended ☐ Yes	Previous Swedish organisational number
Does the company have a registered branch in Sweden? ☐ Yes ☐ No	State the branch organisation number	Has the company applied for a branch registration? ☐ Yes ☐ No

Name of partners	Identity number	Share of ownership in %

Information regarding sole traders ③

Duration of stay in Sweden from - to	Previous Swedish identity number
Staying address in Sweden	A copy of the passport is appended ☐ Yes

SKV 4632 03 en 00 01

Description of the business operations in Sweden (To be completed by all applicants. All questions are to be answered.) ④

Business operation 1	Share of total business operations (%)
Business operation 2	Share of total business operations (%)
Business operation 3	Share of total business operations (%)

From where are the business operations in Sweden conducted?

☐ Office ☐ Employees residence ☐ Customers premises ☐ Other permanent place ☐ Non permanent place

Describe the place

Address to the place

Where is the staff managment or other management located?

Staff management	Other management

Does the enterprise have an agent or representative in Sweden that habitually excercises an authority to conclude contracts in the name of the enterprise?	If yes, please append a copy of any authorising document(s)
☐ Yes ☐ No	☐ Yes ☐ No
From where are the goods or services marketed?	From where are the sale and purchase agreements regarding the goods or services entered into or administered?

Goods or services are sold in Sweden to

☐ enterprises in Sweden that are registered for VAT ☐ enterprises in Sweden that are not registered for VAT ☐ non-businesses

Goods sold in Sweden are delivered to customers from

☐ warehouse in Sweden ☐ other place in Sweden ☐ from another EU-country ☐ from a country outside of the EU

Possession of real property located in Sweden	Name of real estate	Municipality
☐ Yes ☐ No		

Describe the work conducted by the employees and their authorities to act on behalf of the enterprise

SKV 4632 03 en 00 01

3 (4)

Describe the business operations in Sweden (To be completed by natural persons offering services in Sweden as sole traders etc.) ⑤

Describe the nature of the business operations and the customers you intend to offer services to	
Are the business operations also being conducted in the home country? ☐ Yes ☐ No	If Yes, please append a certificate of registration ☐ Yes ☐ No

Information on principals in Sweden (To be completed by building and construction enterprises) ⑥

During what periods of time is the work being conducted	
Which customers does the enterprise have? ☐ Only other construction enterprises ☐ Non VAT registered customers	☐ Other VAT registered enterprises ☐ Other customers
Transfer of goods from another EU-country ☐ Yes ☐ No	Does the company hire subcontractors in Sweden? ☐ Yes ☐ No

Information for approval for Swedish F-tax ⑦

A certificate that the company has no tax debts in the home country is appended	The enterprise applies for approval for Swedish F-tax
☐ Yes ☐ No	☐ Yes ☐ No

Information for VAT registration in Sweden ⑧

The VAT registration is due to the enterprise being

☐ An enterprise with a fixed establishment in Sweden

☐ A foreign enterprise that is required to register for VAT in Sweden

☐ A foreign enterprise that voluntarily chooses to be taxable for sales to VAT registered buyers in Sweden

☐ A foreign enterprise that is not taxable for VAT in Sweden but is to register for VAT only to submit information regarding the transfer of goods

☐ A foreign enterprise that only has distance sales of goods to consumers in Sweden

Please state the nature of the business activities the liability for VAT is mainly in reference to	☐ Registration only for the right of repayment of VAT in Sweden
Start date for the business operations that are subject to VAT	Estimated final date of business operations
Estimated yearly sales subject to VAT (not reverse charge acquisitions nor import)	Estimated sales that do not give a right to deduct input VAT
Choose accounting period ☐ One month (monthly) ☐ Three months ☐ One year	**Accounting date** (stated when using a monthly accounting period) ☐ The 26th of the month after the fiscal month ☐ The 12th of the second month after the fiscal month
The enterprise plans to export goods or services from Sweden (non intra EU) ☐ Yes ☐ No	☐ Power of attorney (form SKV 5703) for a VAT representative is appended

☐ The enterprise applies for Swedish VAT registration

SKV 4632 03 en 00 01

Information for registration as an employer ⑨

Date of first salary payment	Estimated date of last salary payment	Estimated total payroll expenditure (wage bill) for the fiscal year
Estimated number of employees	The number of whom are posted from another country	
Copies of certificates of social insurance adherence from another country is appended for all posted personnel ☐ Yes	Estimated time of work in days for posted personnel	☐ The enterprise applies for Swedish employer registration

Other information ⑩

Contact persons ⑪

Name	Name
Telephone number	Telephone number
Email address	Email address
Postal address	Postal address

Signature ⑫

Date	The applicants or an authorised signees signature	Web site (voluntary information)
	Clarification of signature	

SKV 4632 03 en 00 01

Deklarationen ska finnas hos Skatteverket senast på deklarationsdagen

Mervärdesskattedeklaration

01 Deklarationsdag	02 Person-/Organisationsnummer
2015-09-14	578001-6530

Momsregistreringsnummer (VAT-nummer) SE578001653001

Bankgiro och referensnummer (OCR), se andra sidan

Skickas till
Skatteverket
Skattedeklarationer, moms/arb.giv
SE-105 80 Stockholm
Sweden

KIOSK PRODUKTER AKTIEBOLAG

ESPLANADEN 256
172 31 SUNDBYBERG

Moms att deklarera för juli 2015

Ange endast kronor, ej ören

A. Momspliktig försäljning eller uttag exklusive moms

	Ruta	Belopp
Momspliktig försäljning som inte ingår i ruta 06, 07 eller 08	05	300000
Momspliktiga uttag	06	
Beskattningsunderlag vid vinstmarginalbeskattning	07	
Hyresinkomster vid frivillig skattskyldighet	08	

B. Utgående moms på försäljning eller uttag i ruta 05 - 08

	Ruta	Belopp
Utgående moms *25 %*	10	+ 75000
Utgående moms *12 %*	11	+
Utgående moms *6 %*	12	+

C. Momspliktiga inköp vid omvänd skattskyldighet

	Ruta	Belopp
Inköp av **varor** från ett annat EU-land	20	
Inköp av **tjänster** från ett annat EU-land enligt huvudregeln [1]	21	
Inköp av **tjänster** från ett land utanför EU [2]	22	
Inköp av **varor** i Sverige som köparen är skattskyldig för [3]	23	
Övriga inköp av **tjänster** i Sverige som köparen är skattskyldig för	24	

D. Utgående moms på inköp i ruta 20 - 24

	Ruta	Belopp
Utgående moms *25 %*	30	+
Utgående moms *12 %*	31	+
Utgående moms *6 %*	32	+

H. Import

	Ruta	Belopp
Beskattningsunderlag vid import	50	

I. Utgående moms på import i ruta 50

	Ruta	Belopp
Utgående moms	60	+
Utgående moms	61	+
Utgående moms	62	+

E. Försäljning m.m. som är undantagen från moms

	Ruta	Belopp
Försäljning av **varor** till ett annat EU-land [4]	35	
Försäljning av **varor** utanför EU	36	
Mellanmans inköp av **varor** vid trepartshandel	37	
Mellanmans försäljning av **varor** vid trepartshandel [4]	38	
Försäljning av **tjänster** till näringsidkare i annat EU-land enligt huvudregeln [1,4]	39	
Övrig försäljning av **tjänster** omsatta utanför Sverige	40	
Försäljning när köparen är skattskyldig i Sverige	41	
Övrig försäljning m.m.	42	

Förklaringar till fotnoter 1-4, se kopian

F. Ingående moms

	Ruta	Belopp
Ingående moms att dra av	48	- 60000

G. Moms att betala eller få tillbaka (ifylls alltid)

	Ruta	Belopp
Moms att betala eller få tillbaka	49	+/- = 15000

Skriv under på andra sidan.

Upplysningar (Upplysningar kan bara lämnas i rutan)

03 Administrativ kod

Samråd enligt SFS 1982:668 har skett med Näringslivets Regelnämnd.
Statistiska centralbyrån (SCB) använder uppgifterna i skattedeklarationen för framställning av statistik.

SKV 4700 17 01 L 15-04

Schweiz/Fürstentum Liechtenstein

Allgemeines

Die Schweiz und das Fürstentum Liechtenstein bilden zusammen aufgrund der Zollunion ein gemeinsames Umsatzsteuer-Inland, demnach wird in beiden Staaten ein identisches Umsatzsteuerrecht angewandt. Die nachfolgenden Ausführungen gelten demzufolge sowohl für die Schweiz als auch für das Fürstentum Liechtenstein.

Die Umsatzsteuer ist zwar an die MwStSystRL stark angelehnt, weist jedoch einige Besonderheiten auf. Nachdem der (Schweizer) National- und Ständerat dem Mehrwertsteuergesetz (MWStG) zugestimmt hat, trat am 1.1.2010 in der Schweiz ein neues MWStG in Kraft.

Unternehmer/Organkreis

Bis zum 31.12.2017 stellte das Schweizer Recht bei nicht in der Schweiz ansässigen Unternehmen nur auf die Höhe der in der Schweiz (CH) und im Fürstentum Liechtenstein (FL) steuerbaren Umsätze ab. Eine Registrierungspflicht war nur dann gegeben, wenn die steuerbaren Umsätze in der Schweiz > 100.000 CHF waren.

Seit dem 1.1.2018 ist für die Befreiung von der Mehrwertsteuer-Pflicht der weltweite Umsatz maßgebend.

TAB. 1: Beispiel

XY GmbH	**Umsätze außerhalb CH und FL**	**Steuerbare Umsätze in CH und FL**	**Registrierung in CH/FL**
2017	380.000 €	40.000 CHF	nein
2018	380.000 €	40.000 CHF	ja

Nicht in der Schweiz oder im Fürstentum Liechtenstein registrierte ausländische Unternehmen müssen sich demnach seit dem 1.1.2018 grds. zur MWST registrieren lassen, sobald sie erstmals steuerbare und steuerpflichtige Umsätze in der Schweiz und/oder im Fürstentum Liechtenstein erzielen und der weltweite Umsatz mehr als 100.000 CHF beträgt. Für nicht gewinnstrebende, ehrenamtlich geführte Sportvereine und gemeinnützige Institutionen liegt die maßgebende Grenze seit dem 1.1.2023 bei 250.000 CHF.

Sofern im Kalenderjahr 2017 in der Schweiz und im Fürstentum Liechtenstein steuerbare Leistungen erbracht wurden, beginnt die MWST-Pflicht am 1.1.2018, wenn bereits im Kalenderjahr 2017 mindestens 100.000 CHF Umsatz außerhalb der Schweiz und dem Fürstentum Liechtenstein erzielt wurden und mit Sicherheit davon ausgegangen werden kann, dass 2018 steuerbare Leistungen in den beiden vorgenannten Staaten erbracht werden.

Die MWST-Pflicht beginnt:

- für Unternehmen mit Sitz, Wohnsitz oder Betriebsstätte im Inland: mit der Aufnahme der unternehmerischen Tätigkeit;
- für alle anderen Unternehmen: mit dem erstmaligen Erbringen einer Leistung im Inland.

Somit gelten seit dem 1.1.2018 betreffend Beginn und Ende der Steuerpflicht und der Befreiung von der Steuerpflicht unterschiedliche Regelungen für Unternehmen mit bzw. ohne Sitz, Wohnsitz oder Betriebsstätte im Inland.

Die Steuerpflicht endet:

- für Unternehmen mit Sitz, Wohnsitz oder Betriebsstätte im Inland:
  - mit der Beendigung der unternehmerischen Tätigkeit;
  - bei Vermögensliquidation: mit dem Abschluss des Liquidationsverfahrens.;
- für alle anderen Unternehmen:
  - am Schluss des Kalenderjahres, in dem letztmals eine Leistung im Inland erbracht wird.

Unter die Grenze von 100.000 CHF bzw. 250.000 CHF, die Grenze von 250.000 CHF gilt für Sport- oder Kulturvereine oder für gemeinnützige Institutionen (Art. 10 Satz 2 Buchst. c MWSTG), fallen sämtliche Umsätze (vereinbarte Entgelte ohne MWST) aus allen steuerbaren Leistungen, d. h. sowohl aus den steuerpflichtigen als auch aus den steuerbefreiten. Lediglich die steuerbefreiten Leistungen gem. Art. 21 MWStG (z. B. „Gesundheitsumsätze“, Umsätze im Bereich der Bildung, Versicherungs- und Finanzumsätze, der Eigenverbrauch gem. Art. 31 MWStG, die Einnahmen gem. Art. 18 Abs. 2 MWStG, z. B. Subventionen und Spenden, Schadenersatz, und die in Art. 24 Abs. 6 MWSTG erwähnten Beträge, z. B. Billetsteuer, durchlaufende Posten und Anteil des Entgelts, welches auf den Wert des Grund und Bodens fällt), sind nicht in die Umsatzgrenze einzubeziehen.

Ausländische Unternehmen sind seit dem 1.1.2018 – unabhängig von der Umsatzhöhe – von der MWST-Registrierungspflicht nur dann befreit, wenn sie in der Schweiz und Liechtenstein ausschließlich Leistungen erbringen, die unter folgende Kategorien fallen:

1. von der MWST (echt) befreite Leistungen;
2. der Bezugsteuer unterliegende Leistungen.

An dieser Stelle wird lediglich erwähnt, dass seit dem 1.1.2018 die Bezugsteuer (vgl. in diesem Kapitel „Verlagerungsverfahren/Reverse-Charge“) nur noch auf Lieferungen unbeweglicher Gegenstände angewendet werden kann. Dieses stellt eine Neuerung gegenüber der alten Rechtslage dar.

Für ausländische Anbieter von Telekommunikations- und elektronischen Dienstleistungen gilt allerdings in jedem Fall die Umsatzgrenze von 100.000 CHF. Bitte beachten Sie, dass auch nicht mehrwertsteuerpflichtige Unternehmen steuerpflichtig werden, sobald sie im Kalenderjahr für mehr als 10.000 CHF Dienstleistungen oder Lieferungen beziehen, welche der Bezugsteuer unterliegen:

- Dienstleistungen von Unternehmen mit Sitz im Ausland, die nicht im Register der steuerpflichtigen Personen eingetragen sind, wobei die Leistung im Inland erbracht wird;
- Einfuhr von Datenträgern ohne Marktwert mit den darin enthaltenen Dienstleistungen und Rechten;
- Lieferungen von Unternehmen mit Sitz im Ausland, die nicht im Register der steuerpflichtigen Personen eingetragen sind, wobei die Lieferungen nicht der Einfuhrsteuer unterliegen.

Seit dem 1.1.2019 sind neue Bestimmungen für den Versandhandel in Kraft getreten. Umsatzstarke nicht in der Schweiz ansässige Online-Händler werden seit dem o. g. Zeitpunkt für gewisse Sendungen in der Schweiz obligatorisch steuerpflichtig: Erzielt ein Versandhändler im Ausland pro Jahr mindestens 100.000 CHF Umsatz aus Kleinsendungen, gelten seine Lieferungen als Schweizer Inlandlieferungen, und er wird in der Folge in der Schweiz steuerpflichtig. Es verlagert sich also zukünftig der Besteuerungsort vom Ausland in die Schweiz. Bis zum 31.12.2018 waren Lieferungen von Gegenständen, die bei der Einfuhr mit einem Steuerbetrag von weniger als 5 CHF belastet waren, von der Einfuhrmehrwertsteuer befreit. Bei Lieferungen mit einem niedrigen Mehrwertsteuersatz – vor allem bei Büchern – konnten ausländische Online-Händler zum Teil einen beachtlichen steuerfreien Umsatz erzielen. Dieses ist seit 2019 nicht mehr möglich. Nun sind ausländische Unternehmen im Versandhandel, die mit so genannten einfuhrsteuerfreien Kleinsendungen in die Schweiz einen Umsatz von mindestens 100.000 CHF erzielen, in der Schweiz steuerpflichtig. Sie müssen sich im Schweizer Mehrwertsteuer Register eintragen lassen und die Mehrwertsteuer ihren Kundinnen und Kunden selbst in Rechnung stellen. Dafür entfallen bei den Kundinnen und Kunden die vom Zoll bei der Einfuhr erhobenen Schweizer Steuern und Gebühren. Damit wurden mehrwertsteuerbedingte Wettbewerbsnachteile Schweizer Unternehmen reduziert.

TAB. 2:	Beispiele zur Mehrwertsteuerpflicht für nicht in der Schweiz ansässige Unternehmer
Warenlieferungen	
Reine Warenlieferung aus dem Ausland in die Schweiz, z. B. Ex-Works Lieferung nach den Incoterms ® 2010, (nicht online-Versandhandel).	Unabhängig vom Weltumsatz des Unternehmens lösen derartige (reine) Warenlieferungen keine MWST-Pflicht in der Schweiz aus.
Der deutsche Lieferant tritt als Importeur auf (z. B. DDP-Lieferungen nach den Incoterms ® 2010).	Wenn der deutsche Lieferant die Schweizerische Einfuhrsteuer übernimmt bzw. als Importeur auftreten möchte, muss er sich – unabhängig vom Weltumsatz – der MWST-Pflicht „unterstellen“. Hierfür ist die Unterstellungserklärung notwendig. Die Rechnung an den Schweizer Kunden fakturiert der deutsche Lieferant dann mit Schweizer MWST, die bei der Einfuhr veranlagte Schweizer Einfuhrsteuer kann der deutsche Lieferant über seine Schweizer MWST-Nummer in der MWST-Meldung als Vorsteuer geltend machen.
Warenlieferungen bei online Versandhandel (seit 1.1.2019).	Unternehmen, die für mindestens 100.000 CHF pro Jahr von der Einfuhrsteuer befreite Kleinsendungen (Einfuhrsteuer unter 5 CHF) in die Schweiz senden, werden seit dem 1.1.2019 in der Schweiz MWST-pflichtig.
Dienstleistungserbringung/Arbeitsleistung mit und ohne Warenlieferung	
Werkvertragliche Lieferungen in der Schweiz (z. B. Warenlieferung + Montage).	Wenn der weltweite Umsatz des deutschen Unternehmens 100.000 CHF übersteigt, besteht seit dem 1.1.2018 MWST-Registrierungspflicht.
Reine Arbeitsleistungen (ohne Warenlieferung) wie Reparaturen, Montage, Reinigungen usw. Es werden keine Gegenstände in die Schweiz eingeführt, die einfuhrversteuert werden	Wenn der weltweite Umsatz des deutschen Unternehmens 100.000 CHF übersteigt, besteht seit dem 1.1.2018 MWST-Registrierungspflicht.

Dienstleistungen wie Werbung, Beratung (ohne Grundstückbezug) für einen Kunden mit Sitz in der Schweiz.	Empfängerortsprinzip, egal, ob die Dienstleistung physisch in Deutschland oder der Schweiz erbracht wird. Fall der Bezugsteuer, keine MWST-Pflicht und keine Neuerung seit dem 1.1.2018.
Dienstleistungen wie Architektenleistungen mit Grundstücksbezug (Grundstück in der Schweiz belegen): Belegenheitsortsprinzip, egal, ob die Dienstleistung physisch in Deutschland oder der Schweiz erbracht wird.	Wenn der weltweite Umsatz des deutschen Unternehmens 100.000 CHF übersteigt, besteht seit dem 1.1.2018 MWST-Registrierungspflicht.
Dienstleistungen wie Telekommunikations- und elektronische Dienstleistungen an Privatpersonen oder nicht steuerpflichtige Unternehmen mit Sitz in der Schweiz	Wenn der weltweite Umsatz des deutschen Unternehmens 100.000 CHF übersteigt, besteht seit dem 1.1.2018 MWST-Registrierungspflicht.
Dienstleistungen wie Telekommunikations- und elektronische Dienstleistungen an steuerpflichtige Unternehmen mit Sitz in der Schweiz	Empfängerortsprinzip, egal, ob die Dienstleistung physisch in Deutschland oder der Schweiz erbracht wird. Fall der Bezugsteuer, keine MWST-Pflicht und keine Änderung seit dem 1.1.2018.

Arbeitsgemeinschaften/Konsortien erfüllen den umsatzsteuerlichen Unternehmerbegriff, wenn sie nach außen hin auftreten. Sie sind dann registrierungspflichtig für die Umsatzsteuer.

Seit dem 1.1.2010 gilt, dass auch das Erwerben, Halten und Veräußern von Beteiligungen i. S. von Art. 29 Abs. 2 und 3 MWSTG (= Beteiligungen > 10 % Beteiligungsquote) als unternehmerische Tätigkeit anzusehen ist.

Für Betriebsstätten ausländischer Unternehmen in der Schweiz gelten dieselben Bestimmungen wie für ein Unternehmen im Inland, d. h. bei ihnen handelt es sich um eigenständige Steuersubjekte, und sie werden – bei entsprechenden Umsätzen – steuerpflichtig. Verfügt ein ausländisches Unternehmen über mehrere inländische Betriebsstätten, gelten diese zusammen als ein einziges selbständiges Steuersubjekt. So kann es zu dem aus EU-Sicht ungewöhnlichen Fall kommen, dass sich sowohl der im Ausland belegene Hauptsitz einer Gesellschaft in der Schweiz als auch die in der Schweiz belegene Betriebsstätte zur MWST registrieren lassen muss. Hat beispielsweise der Hauptsitz einen Werkvertrag mit einem Schweizer Kunden und lässt der Hauptsitz die Montagearbeiten durch seine Betriebsstätte durchführen, kann es zu der vorgenannten doppelten Registrierung kommen.

Sowohl inländische als auch ausländische Gesellschaften haben seit dem 1.1.2010 grds. die Möglichkeit, sich freiwillig umsatzsteuerlich zu registrieren. Dies kann wegen der damit verbundenen Möglichkeit des Vorsteuerabzugs unter Umständen vorteilhaft sein, insbesondere dann, wenn z. B. in der Unternehmensgründungsphase hohe Vorsteuern anfallen. Die freiwillige Registrierung erfolgt nur auf Antrag, der vor Erzielung der Umsätze bei der Eidgenössischen Steuerverwaltung (ESTV) bzw. bei der Steuerverwaltung Fürstentum Liechtenstein (STV) einzureichen ist.

Der Verzicht auf die Steuerbefreiung kann frühestens auf Beginn der laufenden Steuerperiode erklärt werden (Art. 14 MWSTG). Sie muss mindestens während eines Jahres beibehalten werden. Eine Änderung ist demnach am Ende der nachfolgenden Steuerperiode wieder möglich.

Darüber hinaus ist Steuerpflichtiger im Sinne des Umsatzsteuerrechts, wer als „Privatperson" Dienstleistungen aus dem Ausland i. H. von mehr als 10.000 CHF im Kalenderjahr bezieht.

Die Tätigkeiten von Verwaltungsräten, Stiftungsräten oder ähnlichen Funktionsträgern gelten als unselbstständige Erwerbstätigkeiten. Wenn eine Tätigkeit durch die Sozialversicherungsbehörden oder durch andere Steuerbehörden als selbstständig qualifiziert wird, gilt dies grds. auch für die MWST.

Der Schweiz ist auch das System der deutschen Organschaft bekannt, wobei in der Schweiz der Begriff „Gruppenbesteuerung" benutzt wird. Juristische Personen, Personengesellschaften mit Sitz oder Betriebsstätte in der Schweiz, die eng miteinander verbunden sind, werden auf Antrag gemeinsam als eine einzige (umsatz-) steuerpflichtige Person behandelt. Der leitende Rechtsträger, also der (Umsatz-) Steuerpflichtige, muss nicht zwingend seinen Sitz in der Schweiz haben. Hat er jedoch tatsächlich seinen Sitz nicht in der Schweiz, kann er selbst nicht Mitglied der Gruppe sein. Die enge Verbindung soll immer dann vorliegen, wenn nach dem Gesamtbild der Verhältnisse eine natürliche Person, eine Personengesellschaft oder eine juristische Person durch Stimmenmehrheit, d. h. mehr als 50 % der Stimmen oder auf andere Weise, z. B. durch Ausgestaltung der Statuten, eine oder andere mehrere juristische oder natürliche Personen oder Personengesellschaften unter einheitlicher Leitung zusammenfasst. Seit dem 1.1.2010 entfällt die Pflicht, die verbundenen Unternehmen ausnahmslos in die Gruppe einzubeziehen. Stattdessen darf nunmehr selbst entschieden werden, welche verbundenen Unternehmen in die Mehrwertsteuergruppe mit einbezogen werden sollen. Die Gruppenmitglieder tätigen untereinander aufgrund des Vorliegens einer Mehrwertsteuergruppe lediglich sogenannte Innenumsätze, die für die Mehrwertsteuer nicht relevant sind. Seit dem 1.1.2010 können in die Gruppe ebenfalls Rechtsträger einbezogen werden, die kein Unternehmen betreiben, und – wie bisher auch – natürliche Personen.

Hier liegt ein signifikanter Unterschied zur deutschen umsatzsteuerlichen Organschaft: In Deutschland können – zumindest zurzeit – ausschließlich Kapitalgesellschaften und Personengesellschaften unselbständige Organgesellschaften sein, hingegen in der Schweiz auch natürliche Personen. Genau wie in Deutschland auch, sind die Rechtswirkungen der Gruppenbesteuerung auf sogenannte Innenumsätze (= Umsätze innerhalb der Gruppe) beschränkt; eine buchmäßige Erfassung dieser Umsätze hat jedoch zwingend zu erfolgen. Der Beginn und das Ende der Gruppenbesteuerung sind auf das Ende des Geschäftsjahres des Gruppenträgers festzulegen. An die Wirkungen der Gruppenbesteuerung ist der Unternehmer fünf Jahre gebunden, es sei denn aufgrund von Umstrukturierungsmaßnahmen muss ein kürzerer Zeitraum zugrunde gelegt werden.

Rechtsträger mit Sitz oder Betriebsstätte in der Schweiz, die unter einheitlicher Leitung eines Rechtsträgers miteinander verbunden sind, können sich auf Antrag zu einem einzigen Steuersubjekt (MWST-Gruppe) zusammenschließen. Eine Gruppenbesteuerung ist insbesondere dann zu empfehlen, wenn gruppeninterne Umsätze steuerbar, die Außenumsätze aber ganz oder teilweise von der Mehrwertsteuer ausgenommen sind.

In diesem Fall lässt sich die gruppeninterne Mehrwertsteuer, die als sogenannte Schattensteuer hängen bleibt, reduzieren. Die ESTV hat im Oktober 2015 ihre Praxis zur Gruppenbesteuerung präzisiert. Eine einheitliche Leitung ist mit Vorliegen einer direkten oder indirekten Stimmenmehrheit (> 50 %) im obersten Organ (General- oder Gesellschafterversammlung) gegeben. Liegt keine kapitalmäßige Beteiligung von mehr als 50 % des Grundkapitals bei gleichzeitiger Stimmenmehrheit vor, muss der ESTV im Einzelnen belegt werden, weshalb trotz fehlender Stimmen, respektive kapitalmäßiger Beherrschung, von einer einheitlichen Leitung ausgegangen werden kann (z. B. Statuten oder Verträge). Eine einheitliche Leitung trotz fehlender Stimmenmehrheit kann in folgenden Konstellationen vorliegen:

- Abschluss eines Aktionärsbindungsvertrags, mit dem ein einheitliches Stimmrechtsverhalten sichergestellt wird,
- eine natürliche Person ordnet mittels schriftlicher vertraglicher Vereinbarungen ihre Geschäftstätigkeit vollumfänglich einem anderen Unternehmen unter (z. B. Versicherungs- oder Generalagenturvertrag),
- Konsolidierungspflicht nach Art. 963 OR.

Ein Rechtsträger mit Sitz im Ausland kann i. d. R. Mitglied einer MWST-Gruppe werden, sofern er eine oder mehrere Betriebsstätten in der Schweiz hat. Davon ausgenommen sind in der Schweiz domizilierte Betriebsstätten von Unternehmen mit Sitz im Fürstentum Liechtenstein, die dem liechtensteinischen Hauptsitz zugeordnet werden und daher nicht als Gruppenmitglied in eine Schweizer MWST-Gruppe einbezogen werden können. Ebenso werden im Fürstentum Liechtenstein domizilierte Betriebsstätten einer Unternehmung mit Sitz in der Schweiz dem Hauptsitz in der Schweiz zugeordnet und können somit in eine Schweizer MWST-Gruppe einbezogen werden. Der Zusammenschluss zu einer MWST-Gruppe kann mit Beginn der dem Antrag nachfolgenden Steuerperiode erfolgen. War eine Gruppenbesteuerung bisher mangels Über- oder Unterordnungsverhältnis nicht möglich, ist per sofort eine Gruppenbesteuerung mit Beginn des neugegründeten Über- oder Unterordnungsverhältnisses möglich (Neubildung eines Konzerns), sofern dies der ESTV innerhalb von 30 Tagen gemeldet wird. Eine rückwirkende Eintragung einer MWST-Gruppe mit Beginn der laufenden Steuerperiode ist nur möglich, solange noch keine der in der MWST-Gruppe zusammenzufassenden Steuersubjekte die MWST-Abrechnung eingereicht hat und die Frist zur Einreichung der Abrechnung (i. d. R. 60 Tage nach Quartalsende) noch nicht verstrichen ist.

In der Schweiz wird eine geräteunabhängige Abgabe für Radio und Fernsehen bei Haushalten und Unternehmen erhoben. Da die Abgabe für Unternehmen an eine dortige Mehrwertsteuerpflicht anknüpft, sind davon ggf. auch ausländische Unternehmen mit Sitz oder Betriebsstätte in der Schweiz betroffen, sofern sie im MWST-Register eingetragen sind und einen jährlichen Gesamtumsatz von mehr als 500.000 CHF erzielen.

Betriebsstätte

Im Gegensatz zum europäischen Umsatzsteuerrecht unterstellt die Schweiz einen Leistungsaustausch, wenn z. B. ein deutsches Stammhaus gegenüber einer in der Schweiz gelegenen Betriebsstätte eine Leistung erbringt (sämtliche in der Schweiz gelegenen Betriebsstätten eines ausländischen Unternehmens gelten als ein Unternehmen!). Das heißt, grenzüberschreitende Transaktionen zwischen unterschiedlichen Unternehmensteilen eines Unternehmens – im Sinne einer rechtlichen Einheit – werden umsatzsteuerlich wie Leistungen zwischen fremden Dritten behandelt. Hingegen sind Leistungen zwischen verschiedenen, jedoch in der Schweiz gelegenen, Unternehmensteilen, nicht als Leistungsaustausch angesehen. Das Schweizer MWSTG hat den Grundsatz der Unternehmenseinheit, wie er in den meisten Mitgliedstaaten der EU spätestens seit der EuGH-Entscheidung „FCE Bank plc." (EuGH, Urteil v. 23.3.2006 - Rs. C-210/04 „PCE Bank plc." PAAAB-83174) umgesetzt worden ist, nicht übernommen. In der Schweiz gilt demnach das sogenannte Dual-Entity-Prinzip, in der EU hingegen das sogenannte Single-Entity-Prinzip, wobei auch aus Sicht des europäischen Mehrwertsteuerrechts die weitere Rechtsentwicklung abgewartet werden muss.

Schaubild zur Überprüfung der Registrierungspflicht

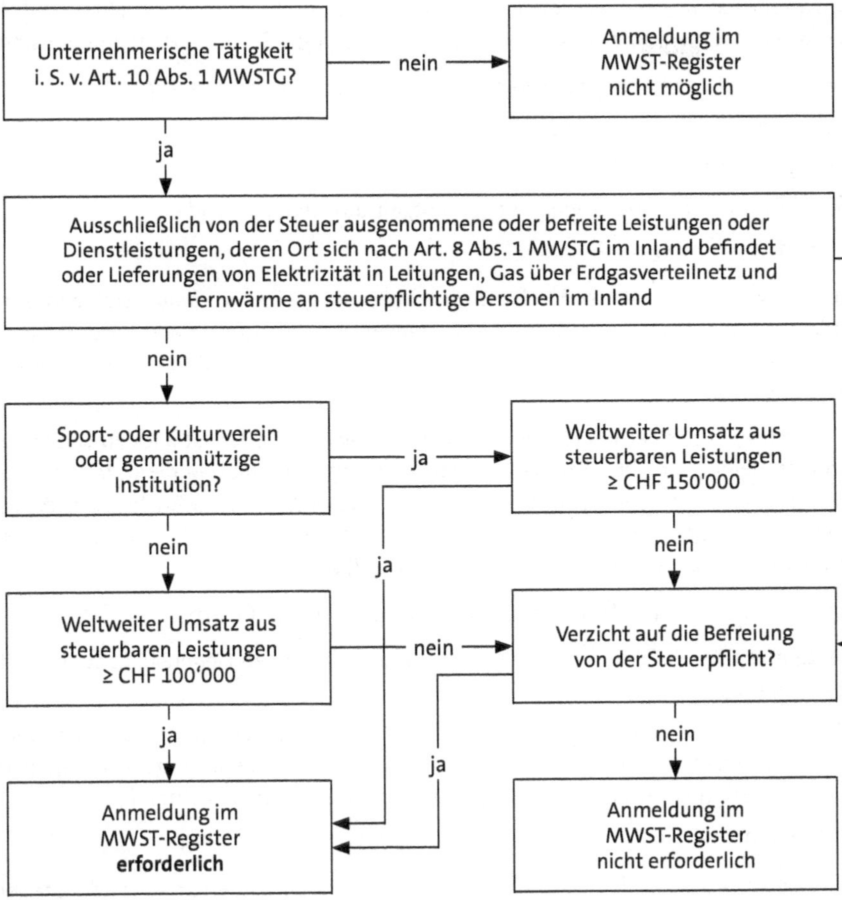

Anmerkungen: Quelle ESTDV; die Ziffern sind Verweise auf Publikationen zur MWST der ESTDV; Umsatz aus steuerbaren Leistungen >= 100.000 CHF bezieht sich auf die Weltumsätze; die Umsatzgrenze für Sport- oder Kulturvereine oder gemeinnützige Institutionen liegt seit dem 1.1.2023 bei 250.000 CHF (nicht wie o. a. bei 150.000 CHF).

Lieferung/sonstige Leistung

Der schweizerischen Mehrwertsteuer unterliegen folgende Umsätze, die von Steuerpflichtigen erbracht werden, sofern sie nicht ausdrücklich von der Steuer ausgenommen sind:

- Die im Inland gegen Entgelt erbrachten Lieferungen von Gegenständen.
- Die im Inland gegen Entgelt erbrachten Dienstleistungen.
- Der Eigenverbrauch.
- Der Bezug von Dienstleistungen gegen Entgelt aus dem Ausland.
- Die Einfuhr von Gegenständen.

Eine Leistung im Sinne des MWSTG ist die Einräumung eines verbrauchsfähigen wirtschaftlichen Wertes an einen Leistungsempfänger in Erwartung eines Entgelts, auch wenn sie von Gesetzes wegen oder aufgrund behördlicher Anordnung erfolgt (Art. 3 Buchst. c MWSTG).

Unter dem Begriff des verbrauchsfähigen wirtschaftlichen Wertes ist alles zu verstehen, was in irgendeiner Form der Bedürfnis- oder Nachfragebefriedigung dient. Verbrauchsfähige wirtschaftliche Werte sind Gegenstände (Lieferungen; Art. 3 Buchst. d MWSTG) und Dienstleistungen (Art. 3 Buchst. e MWSTG). Nicht verbrauchsfähig im mehrwertsteuerrechtlichen Sinne sind etwa Boden und Geld (Kapital).

Gemäß Art. 3 Buchst. d MWSTG ist die Lieferung wie folgt definiert:

1. Verschaffen der Befähigung, im eigenen Namen über einen Gegenstand wirtschaftlich zu verfügen,
2. Abliefern eines Gegenstandes, an dem Arbeiten besorgt worden sind, auch wenn dieser Gegenstand dadurch nicht verändert, sondern bloß geprüft, geeicht, reguliert, in der Funktion kontrolliert oder in anderer Weise behandelt worden ist,
3. Überlassen eines Gegenstandes zum Gebrauch oder zur Nutzung.

Lieferungen eines Steuerpflichtigen sind dann in der Schweiz steuerbar, wenn der Steuerpflichtige oder ein von ihm Beauftragter den Abnehmer befähigt, im eigenen Namen in der Schweiz über einen Liefergegenstand zu verfügen. Der Ort der Lieferung befindet sich dort, wo sich der Liefergegenstand zum Zeitpunkt der Verschaffung der Verfügungsmacht befindet bzw. die Beförderung/Versendung beginnt.

Abweichend von der vorgenannten Grundregel gilt eine Lieferung aber als in der Schweiz gelegen, wenn der Leistungserbringer im Zeitpunkt der Einfuhr über eine Bewilligung der Eidgenössischen Steuerverwaltung verfügt, die Einfuhr im eigenen Namen vorzunehmen (Unterstellungserklärung). Der Leistungserbringer, dieses ist regelmäßig der liefernde – ausländische – Unternehmer kann entscheiden, ob die Rechtsfolge der Verlagerung des Ortes in die Schweiz im Falle einer Einfuhr eintreten soll und seine Lieferung damit zur Inlandlieferung wird, da diese dann erst nach erfolgter Einfuhr getätigt wird (analog § 3 Abs. 8 d-UStG).

Hilfreich ist, den Ort der Lieferung anhand der nachfolgenden Übersicht zu bestimmen:

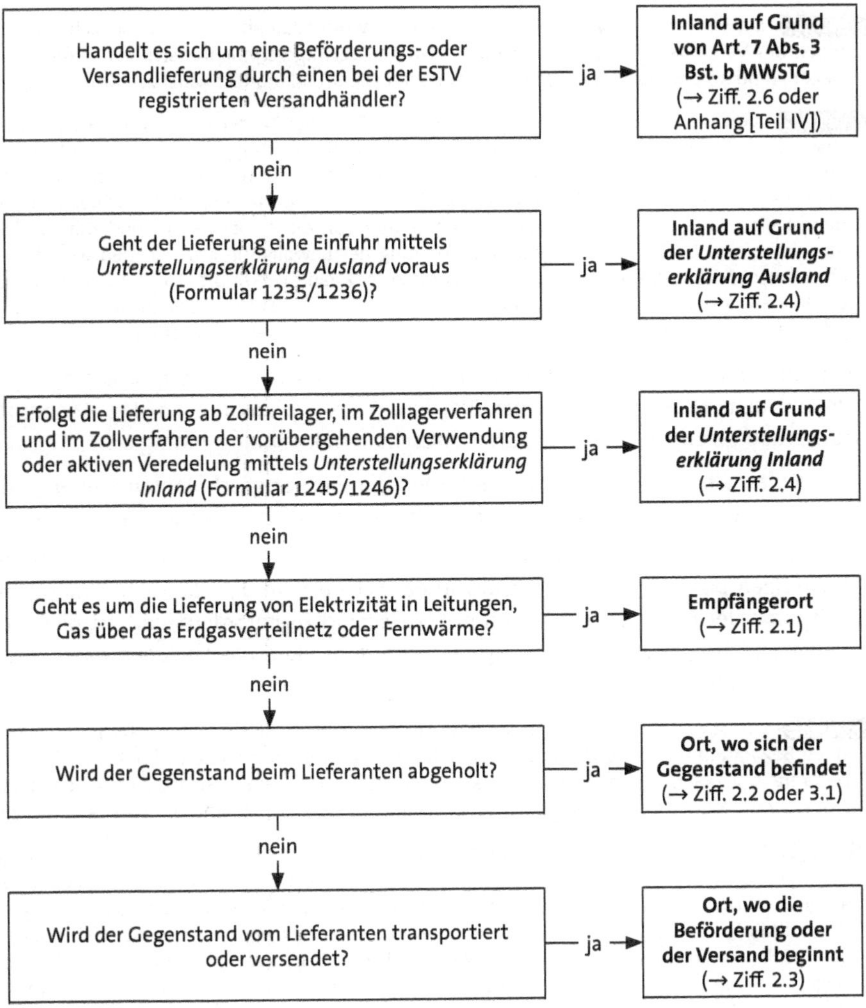

Anmerkungen: Quelle ESTDV; die Ziffern sind Verweise auf Publikationen zur MWST der ESTDV.

Erfolgt die Einfuhr nicht mittels Unterstellungserklärung, bleibt es bei dem Grundsatz, dass sich der Ort der Lieferung am Beginn der Beförderung oder Versendung befindet, demnach regelmäßig im Ausland. Der Leistungserbringer kann aber auch auf die Vornahme der Einfuhr im eigenen Namen verzichten. In diesem Fall muss auf den Verzicht in der Rechnung an seinen Abnehmer hingewiesen werden.

BEISPIEL Ein deutscher Lieferant verkauft einem Schweizer Abnehmer Ware, die sich zum Zeitpunkt des Verkaufs im EU-Ausland befindet. Im Kaufvertrag verpflichtet sich der Lieferant, den Gegenstand an den vom Abnehmer angegebenen Ort im Inland (Schweiz) zu transportieren.

LÖSUNG Verfügt der deutsche Lieferant über eine Bewilligung der ESTV, um die Einfuhr der Ware im eigenen Namen vorzunehmen (Unterstellungserklärung) – und verzichtet er nicht ausdrücklich darauf, von dieser Gebrauch zu machen, indem er dies auf der Rechnung gegenüber den Abnehmer erwähnt – führt er die Ware im eigenen Namen in die Schweiz ein und nimmt eine Lieferung im Inland an den Abnehmer vor, die er versteuern und mit der ESTV abrechnen muss. Üblicherweise wird die Erteilung der Bewilligung mit der mehrwertsteuerlichen Registrierung des ausländischen Lieferanten im Inland verknüpft. Auf der Zollanmeldung erscheinen der Lieferant als Importeur (bei Lieferanten mit Sitz im Ausland der Lieferant per Adresse seines inländischen Steuervertreters) und der Abnehmer als Empfänger.

Die Einfuhrsteuer berechnet sich vom Entgelt, das der Abnehmer am Bestimmungsort im Inland dem Lieferanten schuldet (Rechnung des Lieferanten an den Abnehmer). Dazu werden hinzugerechnet, falls sie nicht schon im Rechnungsbetrag enthalten sind:

- Die außerhalb der Schweiz sowie aufgrund der Einfuhr geschuldeten Steuern, Zölle und sonstigen Abgaben, mit Ausnahme der zu erhebenden Einfuhrsteuer, und
- die Kosten für das Befördern oder Versenden und alle damit zusammenhängenden Leistungen bis zum Bestimmungsort in der Schweiz, an den die Gegenstände zum Zeitpunkt der Entstehung der Einfuhrsteuerschuld zu befördern sind. Ist dieser Ort unbekannt, so gilt als Bestimmungsort der Ort, an dem das Umladen nach Entstehung der Einfuhrsteuerschuld im Inland erfolgt.

BEISPIEL Ein Gegenstand wird über vier Beteiligte verkauft. Die Lieferung erfolgt mit einer einzigen Bewegung des Gegenstandes vom ersten Lieferanten zum letzten Abnehmer: Der erste Lieferant A verkauft einen Gegenstand an Wiederverkäufer B, welcher denselben Gegenstand an Wiederverkäufer C weiterverkauft, der ihn seinerseits an Endabnehmer D weiterveräußert.

LÖSUNG Nimmt B die Einfuhr des Gegenstandes aufgrund der Unterstellungserklärung im eigenen Namen vor, gilt die Lieferung von A, die der Lieferung von B vorausgeht, als im EU-Ausland ausgeführt. Die Lieferung von B, der den Gegenstand aufgrund der Unterstellungserklärung einführt, und die nachfolgende Lieferung von C gelten hingegen beide als im Inland (Schweiz) ausgeführt. In der Zollanmeldung wird der Wiederverkäufer B als Importeur aufgeführt, da er den Gegenstand aufgrund seiner Unterstellungserklärung einführt (bei Lieferanten mit Sitz im Ausland per Adresse seines inländischen Steuervertreters), und der Endabnehmer D als Empfänger. Die Einfuhrsteuer berechnet sich vom Entgelt am Bestimmungsort im Inland, das der Wiederverkäufer B seinem Lieferanten A schuldet. Die Lieferung des Wiederverkäufers C gilt als im

Inland ausgeführt, weil sie – im Rahmen dieses Reihengeschäfts – derjenigen des Wiederverkäufers B folgt, der den Gegenstand mittels Unterstellungserklärung eingeführt hat.

BEISPIEL Im Unterschied zum vorstehend beschriebenen Sachverhalt befördert Wiederverkäufer B hier den Gegenstand in die Schweiz, verzichtet allerdings auf die Vornahme der Einfuhr im eigenen Namen aufgrund einer Unterstellungserklärung Ausland.

LÖSUNG Folglich muss in Anwendung der üblichen Zollvorschriften der letzte Abnehmer D als Importeur des Gegenstandes angegeben werden. Alle im Rahmen dieses Reihengeschäfts ausgeführten Lieferungen gelten (Lieferungen vom ersten Lieferanten A und der Wiederverkäufer B und C) als im Ausland erbracht.

Auf der Zollanmeldung erscheint der letzte Abnehmer D als Importeur und Empfänger. Die Einfuhrsteuer berechnet sich vom Entgelt, welches der letzte Abnehmer D am Bestimmungsort im Inland dem Lieferanten (Wiederverkäufer C) schuldet.

Es gibt neben der vorgenannten Unterstellungserklärung Ausland noch eine zweite Art von Unterstellungserklärung. Mit der Unterstellungserklärung Inland werden Lieferungen von Gegenständen, die sich in der Schweiz befinden, unter Zollüberwachung stehen und somit gem. Art. 23 Abs. 2 Ziffer 3 MWSTG von der Steuer befreit sind, der Schweizer MWST unterstellt. Darunter fallen beispielsweise Lieferungen ab Zolllagerverfahren (z. B. offene Zolllager) oder Zollfreilagern sowie ab Zollverfahren der aktiven Veredelung oder der vorübergehenden Verwendung. Näheres dazu geht aus den Formularen Nr. 1245/1246 hervor. Mit der Anwendung der Unterstellungserklärung Inland ändert sich der Ort der davon betroffenen Lieferung jedoch nicht.

Sind Sie im Besitze einer bewilligten Unterstellungserklärung Ausland, gilt diese nur für die darin aufgeführten Lieferungen im Ausland. Wollen Sie sowohl die Unterstellungserklärung Ausland als auch die Unterstellungserklärung Inland anwenden, sind zwei separate Anträge erforderlich.

Beispiele für Lieferungen im Sinne des Schweizer MWSTG,

- die Vermietung von Geräten, Maschinen etc.
- die Vermietung von nicht auf Dauer in Gebäuden eingebauten Vorrichtungen wie beispielsweise Zeiterfassungs-, Überwachungs- und Lautsprecheranlagen, Handtuchautomaten, Händetrockner, Seifenspender, Desinfektionsanlagen
- die Bereitstellung eines Beförderungsmittels ohne Bedienungspersonal
- die Vermietung von unbeweglichen Gegenständen (z. B. Immobilien, Parkplätze)
- Inbetriebnahmen
- Änderungen und Funktionskontrollen
- Verkauf von Büchern, Lebensmitteln, Autos
- Vermietung/Verleasen von Fahrzeugen
- Vermietung/Verkauf/Verleasen von PC-Hardware
- Reparatur eines Snowboards

- Reinigen von Kleidungstücken
- Funktionskontrollen von Maschinen

Zu beachten ist, dass im Schweizer Mehrwertsteuerrecht der Begriff der Lieferung weiter gefasst ist als in der EU. Lieferungen und Dienstleistungen weichen im Schweizer MWSTG sowohl vom deutschen Umsatzsteuerrecht als auch von unserem deutschen Sprachgebrauch ab. Beides führt vielfach zu einer fehlerhaften Beurteilung der Leistungsortsbestimmung und infolgedessen der MWST-Pflicht in der Schweiz. Das Schweizer MWSTG folgt einem weiten Lieferbegriff, der den Anwendungsbereich für eine Dienstleistung sehr stark verkleinert. Es fallen demnach – anders als im Umsatzsteuerrecht der EU-Staaten – in der Schweiz auch nach deutscher Sichtweise Dienstleistungen unter den Lieferbegriff: In der Schweiz gelten nämlich sämtliche Arbeiten an Gegenständen als Lieferungen, wobei es einer Veränderung der Gegenstände nicht bedarf. Kurz: Nahezu jede physische Tätigkeit in der Schweiz führt zur einer in der Schweiz steuerbaren Lieferung.

Wird ein Gegenstand durch den Lieferanten selbst oder für dessen Rechnung durch einen Dritten installiert, repariert, montiert oder sonst bearbeitet, beginnt die Lieferung – ungeachtet der Inbetriebnahme – mit der Aufnahme der Tätigkeit am Ort der Installation, der Reparatur oder der Montage. Die Lieferung gilt in der Folge als dort erbracht, wo die werkvertragliche Leistung vorgenommen beziehungsweise wo der Gegenstand abgeliefert wird. Dabei ist ohne Bedeutung, ob die Inbetriebnahme durch den Lieferanten oder den Abnehmer erfolgt.

Die Ortsbestimmung für die Lieferung von Elektrizität und Gas wurde abweichend von den Lieferungen von körperlichen Gegenständen geregelt. Dabei wird – abweichend vom EU-Recht – nicht unterschieden zwischen Lieferungen von Elektrizität und Erdgas in Leitungen, die für den Wiederverkauf bestimmt sind und solchen, die für den Verbrauch bestimmt sind. Als Ort der Lieferung von Elektrizität und Erdgas in Leitungen gilt der Ort, an dem der Empfänger der Lieferung den Sitz der wirtschaftlichen Tätigkeit oder eine Betriebsstätte hat, für welche die Lieferung erbracht wird oder in Ermangelung eines solchen Sitzes oder einer solchen Betriebsstätte der Wohnort oder Ort, von dem aus er tätig wird.

Gemäß Art. 3 Buchst. e MWSTG ist die Dienstleistung wie folgt definiert:

1. jede Leistung, die keine Lieferung ist;

   eine Dienstleistung liegt auch vor, wenn:
2. immaterielle Werte und Rechte überlassen werden,
3. eine Handlung unterlassen oder eine Handlung beziehungsweise ein Zustand geduldet wird;

BEISPIELE FÜR DIENSTLEISTUNGEN

- Beratungs- und Managementleistungen
- Datenverarbeitungen
- Werbeleistungen
- Arbeitskräfteüberlassungen
- Grundstücksdienstleistungen (Hausverwaltungen, Architektenleistungen etc.)
- Beförderungsleistungen

Als Dienstleistungsort gilt seit dem 1.1.2010, vorbehaltlich bestimmter Sonderregeln, der Sitz des Empfängers der Dienstleistung. Sonderregelungen existieren z. B. für

- Güterbeförderungen und Nebentätigkeiten des Transportgewerbes
- Recycling- und Entsorgungsleistungen
- Organisationsdienstleistungen
- gastgewerbliche Leistungen und
- Beherbergungsleistungen.

Nach Schweizer Mehrwertsteuerrecht gilt auch die Überlassung eines Gegenstandes zum Gebrauch, welche beispielsweise auf einem Miet-, Leasing- oder Pachtvertrag beruht, als Lieferung. Dass dem Mieter, Leasingnehmer oder Pächter bei dieser Art von Rechtsgeschäften keine Verfügungsmacht verschafft wird, ist ohne Bedeutung.

Die Qualifikation von Vermietung und Leasing als Lieferung oder Dienstleistung wirkt sich in erster Linie auf den Ort der Besteuerung aus. Bei internationalen Sachverhalten sollte zwingend das Besteuerungsrecht der beteiligten Staaten gegeneinander abgegrenzt werden, um Doppelbesteuerungen und somit Wettbewerbsverzerrungen zu vermeiden. Das MWSTG unterscheidet auch nicht zwischen Leistungen an Steuerpflichtige (Business to Business = B2B) und an Nichtsteuerpflichtige (Business to Consumer = B2C) und bei der Vermietung und Leasing von Beförderungsmitteln zusätzlich zwischen kurz- und langfristigen Vermietungen und Leasing.

Danach gilt die Ablieferung eines fremden Gegenstandes, an dem Arbeiten für fremde Rechnung besorgt worden sind, als Lieferung, selbst wenn das Unternehmen kein eigenes Material aufwenden musste. Im Unterschied zum schweizerischen Recht verlangen die europäischen Mehrwertsteuerrechte jedoch, dass durch die Bearbeitung ein neuer Gegenstand entsteht. Reine Reparatur- und Instandhaltungsarbeiten, bei denen die Identität des Gegenstandes unverändert bleibt, weil er lediglich geprüft, geeicht, reguliert, in der Funktion kontrolliert oder in anderer Weise behandelt worden ist, stellen nach schweizerischer Auffassung hingegen Lieferungen dar.

Hilfreich ist, den Ort der Dienstleistung anhand der nachfolgenden Übersicht zu bestimmen:

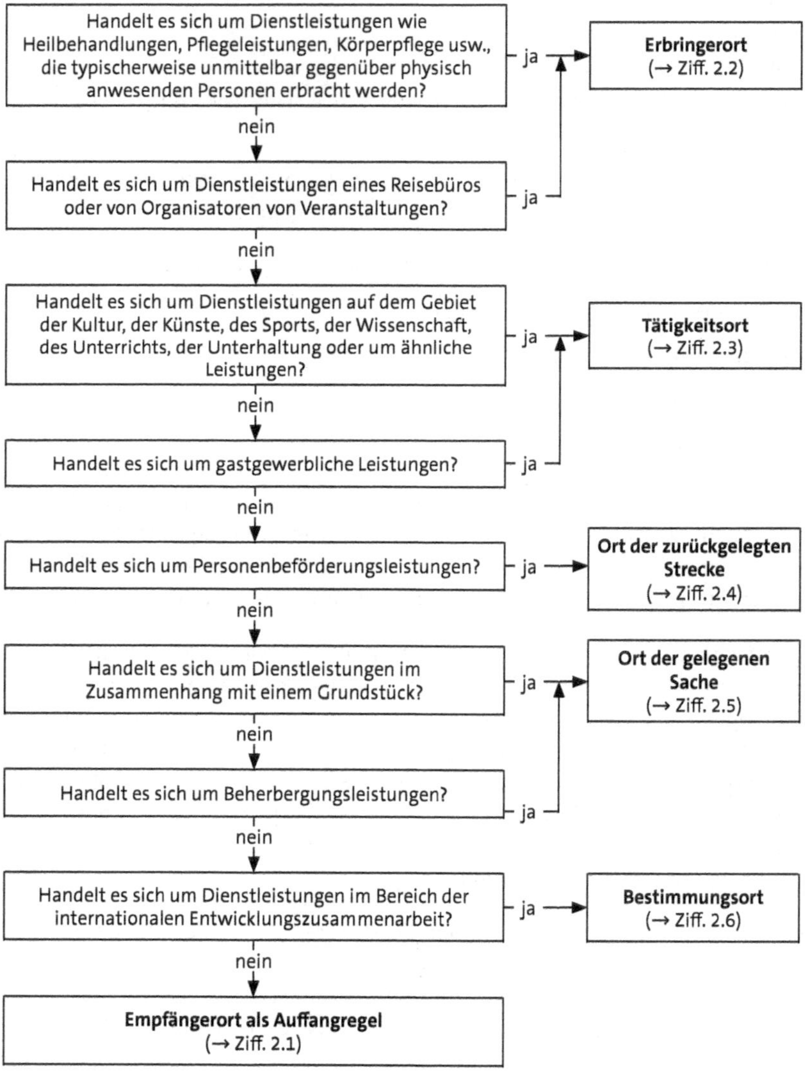

Anmerkungen: Quelle ESTDV; die Ziffern sind Verweise auf Publikationen zur MWST der ESTDV.

Werklieferung/Werkleistung/Bauleistung

Unter Dienstleistungen, die im Zusammenhang mit Immobilien stehen, fallen die Vermittlung, Verwaltung, Begutachtung und Schätzung eines Grundstücks sowie Dienstleistungen im Zusammenhang mit dem Erwerb und der Bestellung von dinglichen Rechten an einem Grundstück, Dienstleistungen im Zusammenhang mit der Vorbereitung oder Koordinierung von Bauleistungen (insbesondere Architektur-, Ingenieur- und Bauaufsichtsleistungen), die Überwachung von Grundstücken und Gebäuden sowie Beherbergungsleistungen.

Die vorgenannten Leistungen gelten an jenem Ort als erbracht, an dem das Grundstück gelegen ist. Außerdem fallen ebenfalls die Vermittlung und Begutachtung des Grundstückes sowie Überwachungsleistungen und auch die Bauaufsichtsleistungen unter diese Norm. Die Erweiterung der grundstücksbezogenen Leistungen sowie Beherbergungsleistungen stellt eine Angleichung an die in der EU seit 1.1.2010 geltenden Änderungen des Dienstleistungsorts dar.

Führt ein nicht in der Schweiz ansässiger Unternehmer einen Gegenstand ein bzw. lässt er diesen durch einen Dritten in die Schweiz versenden und verwendet er diesen Gegenstand zur Ausführung von Arbeiten, so liegt dem Umsatz i. d. R. ein sogenannter Werkvertrag zugrunde. Mit diesem Vertrag verpflichtet sich der ausländische Unternehmer zur Herstellung eines Werkes, er schuldet demnach ein bestimmtes Arbeitsresultat („das fertige Werk als Ganzes"). Folglich führen Werklieferungen in der Schweiz zwingend zu einer Registrierungspflicht, sofern die maßgebende „Welt"-Umsatzgrenze i. H. von 100.000 CHF überschritten wird. Im Gegenzug können Vorsteuerbeträge, die mit der Werklieferung in Verbindung stehen, im Rahmen der Abgabe der Mehrwertsteuermeldung geltend gemacht werden.

Werden Bauarbeiten in der Schweiz ausgeführt oder Maschinen/Anlagen montiert oder repariert (sogenannte werkvertragliche Lieferungen), kommt auch grds. das Schweizer Umsatzsteuerrecht zur Anwendung.

Alle Gegenstände, die im Zusammenhang mit Werklieferungen/Werkleistungen in die Schweiz eingeführt werden, müssen der zuständigen Zollstelle zugeführt, unter Zollkontrolle gestellt und zur Abfertigung angemeldet werden. Auch tariflich zollfrei ins Inland (= Schweiz oder Fürstentum Liechtenstein) eingeführte Gegenstände unterliegen der Einfuhrumsatzsteuer (EUSt).

Sofern der ausländische Lieferant, der eine Werklieferung in der Schweiz ausführt, nicht in der Schweiz mehrwertsteuerlich erfasst ist, da der „Welt"-Umsatz < 100.000 CHF ist, umfasst die Bemessungsgrundlage für die Einfuhrumsatzsteuer den Warenpreis und auch die Arbeitskosten, wobei unerheblich ist, ob die Arbeitskosten auf physische Arbeiten in der Schweiz entfallen.

Sofern der ausländische Lieferant zur Mehrwertsteuer in der Schweiz registriert ist, wird die Schweizer EUSt lediglich auf den Warenwert erhoben.

Der Schweizer Bundesrat hat beschlossen, Maßnahmen zur Verbesserung des Vollzugs der MWST bei ausländischen Unternehmen zu ergreifen. Für werkvertragliche Leistungen (Bearbeitung von Gegenständen, die nach Schweizer Recht als Lieferungen gelten) sollen die ausländischen Unternehmer im Online-Meldeverfahren für vorübergehend in der Schweiz tätige Unternehmen aus EU-/EFTA-Mitgliedstaaten stets ihre Schweizer MWST-Nr. angeben müssen („vorübergehend tätig" bedeutet hier höchstens drei Monate oder 90 Tage pro Kalenderjahr). So will man überprüfen, ob die Unternehmen ihren Steuerpflichten nachgekommen sind. Gegenstände, z. B. Werkzeuge, die zur Bauausführung vorübergehend in die Schweiz verbracht werden sollen, können auf vier verschiedene Arten eingeführt werden:

Formlose Liste

Einführung des Werkzeuges unverzollt aufgrund einer Vereinbarung mit der jeweiligen Grenzzollstelle. Die Liste wird beim Grenzübertritt abgestempelt. Es handelt sich um kein offizielles Verfahren, jedoch zeigt die Praxis, dass dieses Verfahren bereits in einer Vielzahl von Fällen durchgeführt wurde.

Abfertigungsschein

Die Grenzzollämter haben den entsprechenden Antrag vorliegen. Dieses Verfahren kann im sogenannten grenznahen Raum (= Umkreis von 10 km) durchgeführt werden.

Carnet ATA

Das Carnet ATA gilt für maximal zwölf Monate und wird von den deutschen Industrie- und Handelskammern ausgestellt. Die Kosten sind warenwertabhängig und beginnen ab 50 €. Das Carnet gilt jedoch nicht für mit Maschinenkraft bewegbare Baustelleneinrichtungen.

Freipass

Von der Umsatzsteuer befreit sind Einfuhren, die mit dem sogenannten Freipass zur vorübergehenden Einfuhr abgefertigt werden. Hierbei handelt es sich beispielsweise um Gegenstände, die für einen bestimmten Zeitraum in die Schweiz verbracht werden, z. B. für Ausstellungsgegenstände, die der Unternehmer nach der Messe in der Schweiz wieder nach Deutschland einführen möchte, für den „ungewissen Verkauf" und für Baugeräte, die nach erfolgter Bauarbeit die Schweiz wieder verlassen. Anhand des Wertes der Gegenstände wird eine Kaution in Höhe der Umsatzsteuer von der Zollverwaltung verlangt. Der Freipass gilt maximal für zwei Jahre, ab dem dritten Jahr der Einfuhr in die Schweiz würde ein Zollanteil erhoben werden. Bei einer Vermietung können zwar die Gegenstände in die Schweiz mittels Freipasses eingeführt werden, jedoch ist das Mietentgelt für den Gebrauch der Gegenstände in der Schweiz steuerbar. Die Umsatzsteuer wird auf das Mietentgelt berechnet und von der hinterlegten Kaution abgezogen. Dem Kunden gegenüber kann die Umsatzsteuer nicht abgerechnet werden, d. h. die Umsatzsteuer wird unter Umständen Kostenbestandteil. Eine umsatzsteuerliche Registrierung wäre zu prüfen.

Bei aus deutscher Sicht sogenannten Werklieferungen in der Schweiz ist stets zu untersuchen, ob Werkzeuge oder Materialien in die Schweiz eingeführt werden.

BEISPIEL ► Ein deutscher Bauunternehmer, der nicht in der Schweiz im Mehrwertsteuerregister eingetragen ist, verpflichtet sich gegenüber einem Schweizer Unternehmer, ein Bauwerk in der Schweiz abzureißen. Der deutsche Unternehmer führt ausschließlich für den Abriss benötigte Werkzeuge in die Schweiz ein.

LÖSUNG ► Der Abriss stellt eine Bearbeitung von Gegenständen dar, demnach liegt aus Schweizer Sicht eine Lieferung vor. Für die Einführung der Werkzeuge, die nach erfolgtem Auftrag wieder aus der Schweiz ausgeführt werden, wird keine EUSt erhoben. Es liegt demnach ein Fall der sogenannten Bezugsteuer (Art. 45 Abs. 1 Buchst. c MWSTG) vor, sofern folgende Bedingungen erfüllt sind:

- Der deutsche Bauunternehmer bearbeitet in der Schweiz nichtbewegliche Gegenstände (= hier das Gebäude, welches grds. als unbeweglicher Gegenstand gilt).
- Der deutsche Bauunternehmer ist nicht im Schweizer Mehrwertsteuerregister eingetragen.
- Der Schweizer Leistungsempfänger ist selbst in der Schweiz im Mehrwertsteuerregister eingetragen oder er ist eine Privatperson, die jedoch im Kalenderjahr Leistungen von mehr als 10.000 CHF bezieht, die der Bezugsteuer unterliegen.

BEISPIEL ► Ein deutscher Bauunternehmer, der nicht in der Schweiz im Mehrwertsteuerregister eingetragen ist, verpflichtet sich gegenüber einem Schweizer Unternehmer, Arbeiten an einem Bauwerk in der Schweiz durchzuführen. Der deutsche Unternehmer führt für die Arbeiten benötigte Werkzeuge und Materialien in die Schweiz ein.

LÖSUNG ► Arbeiten an einem Bauwerk stellen aus Schweizer Sicht eine Lieferung dar. Da auch Materialien in die Schweiz eingeführt werden, liegt keine Leistung vor, die der Bezugsteuer unterliegt. Für das Material wird EUSt in der Schweiz erhoben (vgl. Art. 45 Buchst. c MWSTG). Für die Einführung der Werkzeuge, die nach erfolgtem Auftrag wieder aus der Schweiz ausgeführt werden, wird keine EUSt erhoben. Der deutsche Bauunternehmer ist verpflichtet, sich für diesen Auftrag in der Schweiz zur MWST zu registrieren, es sei denn sein „Welt“-Umsatz ist < 100.000 CHF. Der deutsche Bauunternehmer rechnet seine gesamte Leistung (Wert der Arbeitsleistung + Materialwert + Gewinnmarge) gegenüber dem Schweizer Leistungsempfänger mit 7,7 % Schweizer MWST ab. Die für das eingeführte Material zu entrichtende EUSt (7,7 %) kann der deutsche Bauunternehmer als Vorsteuer in seiner Schweizer MWST-Meldung als Vorsteuer geltend machen. Anzumerken ist, dass für den Wert der Arbeitsleistung keine EUSt erhoben wird.

Sofern durch den deutschen Bauunternehmer tatsächlich keine Registrierung durchgeführt wird, wird die EUSt auf den Wert des Materials zuzüglich des Wertes der Arbeitsleistung und der Gewinnmarge erhoben und die entrichtete EUSt wird nicht im sogenannten Vorsteuer-Vergütungsverfahren erstattet.

BEISPIEL Ein deutscher Bauunternehmer, der nicht in der Schweiz im Mehrwertsteuerregister eingetragen ist, verpflichtet sich gegenüber einem Schweizer Unternehmer, eine Anlage in die Schweiz zu liefern und in einen betriebsbereiten Zustand (= Montage) zu versetzen. Der „Welt"-Umsatz des deutschen Bauunternehmers ist > 100.000 CHF.

LÖSUNG In der Schweiz handelt es sich bei der Lieferung und Montage um eine Lieferung. Der deutsche Bauunternehmer muss sich in der Schweiz zur MWST registrieren.

Verlagerungsverfahren/Reverse-Charge

Dienstleistungsbezüge aus dem Ausland wurden seit dem 1.1.2010 unter dem Begriff der „Bezugsteuer" neu geregelt, wobei diese (Bezug-)Steuer neuerdings auch Lieferungen umfasst, die von Unternehmen mit Sitz im Ausland erbracht werden, ohne dass diese dafür Einbaumaterial über die Grenze bringen. Demnach werden bei der Bezugssteuer auch Lieferungen und das Überlassen eines Gegenstandes zum Gebrauch oder zur Nutzung erfasst, sofern der Leistungserbringer im Ausland ansässig ist und nicht im MWST-Register eingetragen ist. Wie auch in der EU zum 1.1.2010 eingeführt, gilt auch in der Schweiz nunmehr das Empfängersitzprinzip als Grundregel im Bereich der Dienstleistungen.

Seit dem 1.1.2018 unterliegen der Bezugssteuer gem. Art. 45 MWSTG folgende Leistungen:

- Dienstleistungen, deren Leistungsort sich nach Art. 8 Abs. 1 MWSTG (Empfängerort) in der Schweiz befindet und die erbracht werden durch Unternehmen mit Sitz im Ausland, die nicht im Register der steuerpflichtigen Personen in der Schweiz eingetragen sind, mit Ausnahme von Telekommunikations- oder elektronischen Dienstleistungen an nicht steuerpflichtige Empfänger (Art. 45 Buchst. a MWSTG).
- Die Einfuhr von Datenträgern ohne Marktwert mit den darin enthaltenen Dienstleistungen und Rechten (Art. 52 Abs. 2 MWSTG). Als Datenträger ohne Marktwert gilt jeder Träger von Daten, der in der Art und Beschaffenheit, wie er eingeführt wird, nicht gegen Entrichtung eines im Zeitpunkt der Einfuhr feststehenden Entgelts erworben werden kann. Ebenfalls als Datenträger ohne Marktwert gilt jeder Träger von Daten, der nicht gegen Entrichtung einer einmaligen, im Zeitpunkt der Einfuhr feststehenden Lizenzgebühr vertragsmäßig genutzt werden kann.
- Die Lieferung von unbeweglichen Gegenständen im Inland, die nicht der Einfuhrsteuer unterliegt und die erbracht wird durch Unternehmen mit Sitz außerhalb der Schweiz, die nicht im Register der Steuerpflichtigen in der Schweiz eingetragen sind, mit Ausnahme des Überlassens solcher Gegenstände zum Gebrauch oder zur Nutzung.

- Die Lieferung von Elektrizität in Leitungen, Gas über das Erdgasverteilnetz und Fernwärme durch Unternehmen mit Sitz außerhalb der Schweiz an steuerpflichtige Personen mit Sitz im Inland.

Der Empfänger hat die o. a. Leistungen der Bezugsteuer zu unterwerfen, wenn

- er als steuerpflichtige Person in der Schweiz mehrwertsteuerlich registriert ist (Art. 10 MWSTG) oder
- die der Bezugsteuer unterliegenden Leistungen > 10.000 CHF pro Jahr betragen und er nicht als steuerpflichtige Person umsatzsteuerlich registriert ist.

Bei dem Betrag i. H. von 10.000 CHF handelt es sich um keine Freigrenze, d. h. beim Überschreiten des Betrags ist für den gesamten Betrag Schweizer Mehrwertsteuer, z. B. auch durch Privatpersonen, an den Schweizer Fiskus zu entrichten. Nicht steuerpflichtige Personen mussten jedoch vorab von der zuständigen Behörde schriftlich über die Bezugsteuerpflicht informiert werden. Die Pflicht der ESTV, solche Personen bei Lieferungen nach Art. 45 Abs. 1 Buchst. c MWSTG vorgängig über die Bezugsteuerpflicht zu informieren, ist seit dem 1.1.2018 entfallen. Da es sich um nicht steuerpflichtige Personen handelt, dürfen diese die entrichtete Bezugsteuer nicht als Vorsteuer geltend machen.

BEISPIEL Der in Deutschland ansässige Steuerberater erbringt eine Beratungsleistung gegenüber einem in der Schweiz ansässigen Mandanten.

LÖSUNG Die Steuerberatungsleistung gilt an dem Sitzort des Leistungsempfängers in der Schweiz als erbracht. Der Umsatz ist demnach steuerbar in der Schweiz. Der deutsche Steuerberater wird jedoch durch diese Dienstleistung nicht in der Schweiz mehrwertsteuerpflichtig, denn der in der Schweiz ansässige Mandant hat den Bezug der Dienstleistung zu versteuern, sofern er selbst mehrwertsteuerpflichtig ist oder im Kalenderjahr für mehr als 10.000 CHF derartige Dienstleistung bezieht. Der deutsche Steuerberater kann im Zusammenhang mit dieser der Bezugsteuer unterliegenden Dienstleistung angefallenen Schweizer Vorsteuerbeträgen im Vorsteuer-Vergütungsverfahren in der Schweiz bis zum 30.6. des Folgejahres geltend machen.

Wie bereits geschrieben, liegt auch ein Fall der Bezugsteuer vor, sofern ein nicht in der Schweiz ansässiger und nicht im Schweizer MWST-Register eingetragener Unternehmer unbewegliche Gegenstände innerhalb der Schweiz liefert, diese Lieferungen nicht der EUSt unterlagen und es sich dabei nicht um ein Überlassen des Gegenstands zum Gebrauch oder Nutzung handelt. Als Lieferung von unbeweglichen Gegenständen sind insbesondere die Leistungen des Bauhaupt- und Baunebengewerbes, wie sie in Art. 5 der Verordnung vom 21.5.2003 über die in der Schweiz entsandten Arbeitnehmer/innen (EntsV) beschrieben werden, anzusehen.

BEISPIELE FÜR BAUHAUPT- UND BAUNEBENGEWERBE (NICHT ABSCHLIEßEND):

- Aushub und Erdarbeiten
- Bauarbeiten
- Renovierungen
- Abbauarbeiten
- Wartungen
- Malerarbeiten
- Abbrucharbeiten

Tätigt der ausländische Unternehmer jedoch werkvertragliche Lieferungen in der Schweiz und beträgt der „Welt"-Umsatz mehr als 100.000 CHF, so hat sich der ausländische Unternehmer ins MWST-Register eintragen zu lassen und eine Bezugsteuerpflicht entfällt. Es kommt dann zu keinem Übergang der Steuerschuld, und es muss mit Schweizer Mehrwertsteuer abgerechnet werden.

Sobald eine im Ausland ansässige Gesellschaft in der Schweiz zur Mehrwertsteuer registriert ist, ist das Verfahren „Bezugssteuer" nicht mehr anwendbar.

Konsignationslager/Call-Off stock

Seit dem 1.1.2014 regelt Art. 4 MWST-Verordnung (MWSTV) Folgendes:

„Bei Lieferungen von Gegenständen, die aus dem Ausland in ein Lager im Inland (= Schweiz) verbracht und ab diesem Lager geliefert werden, liegt der Ort der Lieferung im Ausland, wenn der Lieferungsempfänger und das zu entrichtende Entgelt beim Verbringen der Gegenstände im Inland feststeht und sich die Gegenstände im Zeitpunkt der Lieferung im zollrechtlich freien Verkehr befinden."

Bezüglich der mehrwertsteuerlichen Abwicklung von Konsignationslagern unterscheidet das Schweizer Mehrwertsteuerrecht zwischen zwei Abwicklungen.

BEISPIEL Ein nicht in der Schweiz ansässiger Unternehmer überführt einen Gegenstand aus dem Ausland in den zollrechtlich freien Verkehr, verbringt diesen Gegenstand in ein in der Schweiz belegendes Lager und liefert ihn anschließend (in eigenem Namen) an seinen Kunden ab diesem Lager. Das Lager kann diesem Lieferanten oder seinem Kunden gehören.

LÖSUNG Dabei ist zwischen den folgenden zwei Fällen zu unterscheiden:

Bei der Überführung in den zollrechtlich freien Verkehr sind dem Lieferanten der Empfänger der Lieferung und das dafür geschuldete Entgelt bekannt. Die anschließende Lieferung an den Kunden gilt als im Ausland erbracht (Art. 4 MWSTV), folglich unterliegt sie nicht der Inlandsteuer.

In diesem Fall führt das Geschäft zwischen dem Lieferanten und dem Käufer des ab dem Lager gelieferten Gegenstandes zur Einfuhr. In der Zollanmeldung wird der Käufer des ab dem Lager gelieferten Gegenstandes sowohl als Importeur als auch als Empfänger aufgeführt. Die Einfuhrsteuer wird vom Entgelt am Bestimmungsort im Inland berechnet, das der Käufer seinem Lieferanten für den ab Lager gelieferten Gegenstand schuldet.

Der Bestimmungsort im Inland ist das Lager, wenn der Käufer den Gegenstand dort abholt (Übernahme des Gegenstandes ab Lager durch den Käufer). Wenn der Gegenstand durch den Lieferanten zum Käufer transportiert oder versendet wird, ist der Bestimmungsort der Ort, an dem der Gegenstand nach dem Verlassen des Lagers transportiert wird (Transport oder Versenden des Gegenstandes durch den Lieferanten).

BEISPIEL: AUSLÄNDISCHER LIEFERANT OHNE UNTERSTELLUNGSERKLÄRUNG ▸ Ein ausländischer Lieferant verfügt im Inland über ein Lager, von dem aus er seinen Exklusivvertreter beliefert. Bei der Einfuhr der Gegenstände sind der Name des Empfängers und das Entgelt bekannt (Verkaufspreis an den Exklusivvertreter). Deshalb gilt die nachfolgende Lieferung an den Exklusivvertreter ab Lager im Inland als im Ausland erbracht und unterliegt nicht der Inlandsteuer. Dies gilt auch dann, wenn das Lager dem Exklusivvertreter gehört.

BEISPIEL: AUSLÄNDISCHER LIEFERANT MIT UNTERSTELLUNGSERKLÄRUNG, OHNE VERZICHT AUF DEREN ANWENDUNG ▸ Wenn der ausländische Lieferant diese Lieferung mit der ESTV abrechnen will, kann er bei dieser eine Bewilligung beantragen (Unterstellungserklärung), was den Eintrag im Register der mehrwertsteuerpflichtigen Personen zur Folge hat. Wenn der Lieferant den Gegenstand mittels Unterstellungserklärung einführt, gilt seine anschließende Lieferung des Gegenstandes an den Kunden als im Inland erbracht.

In der Zollanmeldung wird als Importeur der ausländische Lieferant per Adresse seines inländischen Steuervertreters aufgeführt. Er muss auch als Empfänger per Adresse des Lagers genannt werden. Die Einfuhrsteuer wird vom Entgelt am Bestimmungsort im Inland berechnet, das der Käufer dem ausländischen Lieferanten für den ab Lager gelieferten Gegenstand schuldet.

Bei der Überführung in den zollrechtlich freien Verkehr sind dem Lieferanten der Empfänger der Lieferung und/oder das geschuldete Entgelt nicht bekannt. Als Ort der nachfolgenden Lieferung an den Kunden gilt das inländische Lager, wo der Gegenstand dem Kunden übergeben wird (Lieferung und Übernahme des Gegenstandes ab Lager durch den Käufer; Art. 7 Abs. 1 Buchst. a MWSTG) oder der Ort, an dem die Beförderung oder die Versendung des Gegenstandes zum Abnehmer beginnt (Beförderung oder Versendung durch den Lieferanten; Art. 7 Abs. 1 Buchst. b MWSTG). In diesen Fällen unterliegt die Lieferung grds. der Inlandsteuer.

In der Zollanmeldung erscheint der Lieferant als Importeur und als Empfänger per Adresse des inländischen Lagers (falls der Lieferant schon im Register der mehrwertsteuerpflichtigen Personen eingetragen ist). Die Einfuhrsteuer wird vom Marktwert am inländischen Bestimmungsort berechnet. Als Marktwert gilt der Verkaufspreis abzüglich 10 %, den der Lieferant beim Verkauf an einen unabhängigen Dritten auf derselben Handelsstufe berechnen würde (Engros-, Detailhandel usw.). Wenn der Lieferant seine Tätigkeit auf verschiedenen Stufen ausübt (z. B. Verkauf an Großhändler und Endkonsumenten), ist die dem Endkonsum am nächsten gelegene Stufe maßgebend. Bis zum

31.12.2017 galt Folgendes: Handelt es sich beim Lieferanten um ein ausländisches Unternehmen, das nicht im MWST-Register eingetragen ist, kann eine solche Inlandlieferung beim Empfänger unter den Voraussetzungen von Art. 45 Abs. 2 MWSTG der Bezugsteuer aufgrund von Art. 45 Abs. 1 Buchst. c MWSTG unterliegen, sofern das ausländische Unternehmen nicht ausdrücklich auf eine Befreiung von der Steuerpflicht verzichtet (Art. 10 Abs. 2 Buchst. b i. V. mit Art. 11 MWSTG). Diese Möglichkeit ist jedoch seit dem 1.1.2018 entfallen, da die Anwendung der Bezugsteuer aufgrund Art. 45 Abs. 1 Buchst. c MWSTG ausdrücklich auf Lieferung von unbeweglichen Gegenständen beschränkt wurde, sofern diese Lieferung nicht der Einfuhrsteuer unterliegt, und die erbracht wird durch Unternehmen mit Sitz im Ausland, die nicht im Register der steuerpflichtigen Personen eingetragen sind, mit Ausnahme des Überlassens solcher Gegenstände zum Gebrauch oder zur Nutzung.

BEISPIEL ▸ Ein Hersteller verfügt über ein Lager im Inland, ab dem er seine verschiedenen Wiederverkäufer nach deren aktuellen Bedürfnissen beliefert. Bei der Einfuhr der Gegenstände, die für sein Warenlager bestimmt sind, ist zwar das Entgelt bekannt (Verkaufspreis an die Wiederverkäufer), jedoch nicht der Name des jeweiligen Käufers. Deshalb unterliegen die nachfolgenden Lieferungen ab dem inländischen Lager grds. der Inlandsteuer.

In der Praxis hat sich bewährt, dass, wenn man zwingend eine umsatzsteuerliche Registrierung wünscht, in dem Konsignationslagervertrag ein Passus aufgenommen wird, der besagt, dass der Konsignant das Recht hat, die eingelagerte Ware auch an Dritte zu veräußern. Unerheblich ist, wenn tatsächlich keine Ware an Dritte veräußert wird. Können sich demnach verschiedene Schweizer Kunden vom Lager bedienen, so steht beim Import der Empfänger nicht fest. Daher gilt die Lieferung als im Inland erbracht und unterliegt daher der Schweizer MWST. Importeur muss dabei nicht der in der Schweiz ansässige Lieferant sein, da er als Eigentümer der Ware das Recht auf den Vorsteuerabzug hat und kein Spezialregime greift.

TAB. 3: Zusammenfassung

Schweizer Kunde bekannt	Preis bekannt	Unterstellungserklärung	Sachverhalt	Exporteur	Importeur	Recht auf VSt-Abzug der Schweizer EUSt
Nein	Ja	Nicht relevant	Lieferung ab Schweizer Lager	Ausländischer Lieferant	Ausländischer Lieferant	Ausländischer Lieferant
Ja	Nein	Nicht relevant	Lieferung ab Schweizer Lager	Ausländischer Lieferant	Ausländischer Lieferant	Ausländischer Lieferant
Nein	Nein	Nicht relevant	Lieferung ab Schweizer Lager	Ausländischer Lieferant	Ausländischer Lieferant	Ausländischer Lieferant

Ja	Ja	Keine	Lieferung im Ausland	Ausländischer Lieferant	Schweizer Kunde	Schweizer Kunde
Ja	Ja	Ja	Lieferung ab Schweizer Lager	Ausländischer Lieferant	Ausländischer Lieferant	Ausländischer Lieferant
Ja	Ja	Ja, aber Verzicht auf Anwendung bei Grenzübertritt	Lieferung im Ausland	Ausländischer Lieferant	Schweizer Kunde	Schweizer Kunde
Ja	Ja	Versandhändler	Lieferung ab Schweizer Lager	Ausländischer Lieferant	Ausländischer Lieferant	Ausländischer Lieferant

Steuerbefreiungen

Von der Umsatzsteuer befreit sind im Wesentlichen:

- die Lieferung von Gegenständen (= Exporte aus der Schweiz) mit Ausnahme der Überlassung zum Gebrauch oder zur Nutzung, die direkt ins Ausland befördert oder versendet werden
- die Überlassung zum Gebrauch oder zur Nutzung, die Vermietung und Vercharterung jedweder Gegenstände, sofern diese direkt ins Ausland befördert oder versendet werden und vom Empfänger überwiegend im Ausland genutzt werden
- die Lieferung von Gegenständen, die im Rahmen eines Transitverfahrens, Zolllagerverfahrens, Zollverfahrens der vorübergehenden Verwendung oder der aktiven Veredelung oder wegen Einlagerung in einem Zollfreilager nachweislich im Inland unter Zollüberwachung standen (= Umsätze mit unverzollten Waren)
- das Verbringen von Gegenständen ins Ausland, das nicht im Zusammenhang mit einer Lieferung steht (z. B. Verbringung von Ware in ein ausländisches Lager)
- das mit einer Aus- oder Einfuhr von Gegenständen zusammenhängende grenzüberschreitende Befördern oder Versenden und alle damit zusammenhängenden Leistungen bis zum Bestimmungsort
- bestimmte Umsätze von und an international tätige Luftverkehrsunternehmen, die gewerbsmäßige Luftfahrt im Beförderungs- oder Charterverkehr betreiben
- Dienstleistungen von Agenten, soweit die vermittelten Umsätze steuerfrei sind oder im Ausland bewirkt werden

- in eigenem Namen erbrachte Dienstleistungen von Reisebüros und Organisatoren von Veranstaltungen, soweit sie Lieferungen und Dienstleistungen Dritter in Anspruch nehmen, die von diesen im Ausland bewirkt werden
- Vermietung und Verkauf von Wohnungen
- Verkauf von Liegenschaften
- Geld- und Kapitalverkehr, wobei das Inkassogeschäft und die Vermögensverwaltung steuerpflichtig sind
- Leistungen im Gesundheitswesen (Heil- und Pflegebehandlungen im Bereich der Humanmedizin)
- die Leistungen im Bereich der Sozialversicherungen, einschließlich der Leistungen betreffend die Prävention und die berufliche Aus- und Weiterbildung sind seit dem 1.1.2018 von der MWST ausgenommen.

Seit dem 1.1.2010 wird unterstellt, dass, wer eine nach dem MWSTG steuerbefreite Leistung erbracht hat und bei der Rechnungsstellung an den Kunden die MWST offen ausweist, für deren Versteuerung zur Umsatzsteuerpflicht optiert hat. In der Vergangenheit – bis zum 31.12.2009 – bedurfte es einer gesonderten Bewilligung durch die ESTV. Seit dem 1.1.2010 können Unternehmen in der Schweiz demnach für jeden einzelnen Umsatz wählen, ob sie insoweit zur Umsatzsteuerpflicht optieren möchten. Außerdem ist die Option für die von der Steuer ausgenommenen Umsätze auch durch deren Deklaration im Abrechnungsformular seit dem 1.1.2018 möglich.

Eine Ausnahme bilden die Umsätze im Bereich des Geld- und Kapitalverkehrs, der Versicherungsumsätze sowie der Umsätze bei Wetten, Lotterien und sonstigen Glücksspielen. Für diese Umsätze ist eine Option zur Steuerpflicht weiterhin nicht möglich.

Seit dem 1.1.2010 ist die Vermietung von sämtlichen Gegenständen in der Schweiz von der Steuer befreit, sofern der Leistungsempfänger den vermieteten Gegenstand überwiegend im Ausland nutzt.

Ausfuhrlieferungen/Exporte

Unter Exporten versteht man Lieferungen von Gegenständen, die eine steuerpflichtige Person aus der Schweiz direkt ins Ausland befördert oder versendet. Der Nachweis für die Steuerbefreiung kann mit einem Dokument der Eidgenössischen Zollverwaltung (EZV) belegt werden. In der Regel wird sich diesbezüglich des durch die EZV abgestempelten Exemplars Nr. 3 des Einheitsdokuments bedient. Ausnahmen gelten hinsichtlich der nicht gestempelten Ausfuhrveranlagungsverfügungen „e-dec“.

Eine weitere Ausnahme existiert bezüglich Ausfuhrlieferungen, deren Wert 1.000 CHF nicht übersteigen. In diesen Fällen ist es ausreichend, wenn der Unternehmer den Versand ins Ausland anhand anderer, geeigneter Geschäftsunterlagen erbringt.

Führen Unternehmer Gegenstände aus der Schweiz aus, ohne dass diesen Ausfuhren ein Rechtsgeschäft zugrunde liegt, sind auch diese Ausfuhren steuerfrei, sofern die erforderlichen Nachweise vorliegen (Beispiel: Verbringen von Gegenständen in ein Lager, welches sich außerhalb der Schweiz befindet). Im zollamtlichen Ausfuhrdokument ist mangels Verkaufspreises der Preis für die Gegenstände aufzuführen, der im Verkaufsfall einem fremden Dritten berechnet worden wäre.

Grundsätzlich kann der Ausfuhrnachweis auch durch andere geeignete Belege in der Schweiz geführt werden, wie z. B.

- Einfuhrdokumente im Bestimmungsland oder
- Kopien der Ausfuhrdokumente.

Insoweit gilt der Grundsatz der freien Beweiswürdigung (Art. 81 Abs. 3 MWSTG).

Wer zollrechtlich relevante Tätigkeiten entfaltet, insbesondere Import von Gütern, muss sich für eine EORI-Nummer registrieren. Diese dient der Identifikation der beteiligten für die Zollabwicklung in der EU.

Grundstücke

Von der MWST ausgenommen sind die entgeltlichen Übertragungen von Eigentum oder Miteigentum, die im Grundbuch eingetragen werden. Genau wie in Deutschland ist die Vermietung und Verpachtung von Grundstücken mehrwertsteuerfrei. Unerheblich ist, ob die Vermietung oder Verpachtung zu gewerblichen Zwecken oder für private Zwecke erfolgt. Es besteht jedoch die Möglichkeit, auf die Steuerbefreiung zu verzichten. Wird zulässigerweise zur Steuerpflicht optiert, ist die Ausgangsleistung mit dem Normalsteuersatz i. H. von 7,7 % zu versteuern. Seit dem 1.1.2010 kann sogar dann zur Steuerpflicht optiert werden, wenn die (Immobilien-)Leistung an nicht steuerpflichtige Personen erbracht wird, es sei denn, der Empfänger nutzt den Gegenstand ausschließlich für private Zwecke.

Von der Mehrwertsteuerbefreiung für Vermietung und Verpachtung sind immer ausgeschlossen:

- Die Vermietung und Verpachtung von Wohn- und Schlafräumen zur Beherbergung von Gästen
- Die Vermietung von Konferenzräumen
- Die Vermietung von Campingplätzen

- Die Vermietung von Parkplätzen, sofern diese nicht im Gemeingebrauch stehen und es sich nicht um eine kurzfristige Vermietung von öffentlichen Parkplätzen z. B. am Straßenrand handelt
- Die Vermietung und Verpachtung von Betriebsanlagen
- Die Vermietung von Schließfächern
- Die Vermietung von Messestandflächen

Werkzeugkostenzuschüsse

Werkzeugkostenzuschüsse können nach Schweizer Recht als Nebenleistung zur Hauptleistung betrachtet werden. Es ist unerheblich, ob die eigens für diesen Auftrag hergestellten Werkzeuge dem Abnehmer der mit den Werkzeugen hergestellten Gegenstände gesondert fakturiert oder in dem Preis der hergestellten Gegenstände eingepreist wurden. Des Weiteren ist es ebenso unerheblich, ob die Werkzeuge nach Ausführung des Auftrags dem Auftraggeber oder einem Dritten geliefert werden oder nicht.

Kommt für die hergestellten Gegenstände die Steuerbefreiung für Ausfuhrlieferungen/Exporte in Betracht, so gilt diese Steuerbefreiung auch für die Werkzeuge, auch wenn die Werkzeuge körperlich gar nicht aus dem Schweizer Staatsgebiet exportiert werden. Das vorgenannte gilt jedoch nur dann, wenn die Werkzeuge ausschließlich für Aufträge des ausländischen Auftraggebers benutzt werden dürfen oder aber die Werkzeuge nach Auftragserfüllung nachweislich vernichtet wurden.

Steuersätze

In der Schweiz gelten zurzeit folgende Steuersätze:

Normalsteuersatz:	7,7 % (seit 1.1.2018)
Ermäßigte Steuersätze:	2,5 % und 3,7 % (seit 1.1.2018)

Dem ermäßigten Steuersatz von 2,5 % unterliegen insbesondere folgende Leistungen:

- Ess- und Trinkwaren, ausgenommen alkoholische Getränke. Der reduzierte Steuersatz gilt nicht für Ess- und Trinkwaren, die im Rahmen von gastgewerblichen Leistungen, z. B. in Restaurants, abgegeben werden. Jedoch ist dieser anzuwenden, wenn die Ess- und Trinkwaren in Verpflegungsautomaten angeboten werden.
- Elektronische Publikationen ohne Reklamecharakter (wie Bücher, Zeitungen und Zeitschriften) werden den gedruckten Publikationen gleichgestellt.
- Seit dem 1.1.2018 kommt der reduzierte Steuersatz bei Medikamenten zur Anwendung.

Beherbergungsleistungen unterliegen dem Steuersatz von 3,7 %. Als Nebenleistung wird auch die Abgabe des Frühstücks mit 3,7 % besteuert, selbst wenn das Frühstück auf der Rechnung gesondert ausgewiesen wird.

In einem Volksentscheid stimmten die Schweizer am 25.9.2022 für die Erhöhung der Mehrwertsteuer, Ab dem 1.1.2024 ist eine Erhöhung der Sätze geplant: Regelsatz 8,1 %, reduzierter Satz 2,6 %, Beherbergungen 3,8 %. In der Mehrwertsteuerabrechnung für das 3. Quartal 2023, für das 2. Semester 2023 und für den Monat Juli 2023 kann zum ersten Mal mit den neuen Mehrwertsteuersätzen gegenüber der ESTV abgerechnet werden. Insoweit wurden die MWST-Formulare bereits angepasst.

Bemessungsgrundlage

Der Umsatz wird auch in der Schweiz nach dem Entgelt bemessen. Entgelt ist alles, was der Empfänger der Leistung bzw. ein Dritter im Namen des Empfängers für den Erhalt der Lieferung oder Dienstleistung aufwendet. Die Gegenleistung umfasst auch den Ersatz aller Kosten, wie z. B. Reisekosten.

Vorsteuerabzug

Grundsätzlich können in der Schweiz registrierte Unternehmen alle ihnen in Rechnung gestellten Umsatzsteuerbeträge als Vorsteuer von der Eidgenössischen Steuerverwaltung zurückfordern, wenn die Leistung für das Unternehmen bezogen wurde und eine ordnungsgemäße Rechnung vorliegt. Gleiches gilt für die Steuer für aus dem Ausland bezogene Dienstleistungen und die von der EZV (Eidgenössische Zollverwaltunng) erhobene EUSt.

Nicht abzugsfähig sind Ausgaben für Vergnügungen. Erstattungsfähig oder teilweise erstattungsfähig sind u. a., anders als in den meisten EU-Staaten:

- Restaurantkosten, Verpflegung und Getränke zu 100 % (bis 31.12.2009: 50 %)
- Hotelkosten zu 100 %
- Beförderungsleistungen bei Geschäftsreisen zu 100 %
- PKW-Kosten (Reparatur, Wartung, Miete) sowie Anschaffungs- und Herstellungskosten zu 100 %.

Für Luxusfahrzeuge, das sind Fahrzeuge, deren Anschaffungskosten den Betrag von 100.000 CHF (netto) übersteigen, gilt Folgendes:

Die Regelung, nach der der Vorsteuerabzug auf den Luxusanteil, das ist der Anteil, der die 100.000 CHF übersteigt, nicht vorgenommen werden kann, ist seit dem 1.1.2010 hinfällig. Das heißt, Vorsteuern können zu 100 % geltend gemacht werden und gleichzeitig ist ein

Privatanteil zu versteuern. Für die pauschale Ermittlung des Privatanteils auf das Geschäftsfahrzeug der Luxusklasse ist der volle Anschaffungspreis (ohne MWST) als Bemessungsgrundlage heranzuziehen und mit 0,8 % pro Monat abzurechnen.

Zwar muss grds. eine ordnungsgemäße Rechnung vorliegen, jedoch beanstandet die EStV neuerdings nicht immer formelle Fehler, sofern dem Fiskus kein (Mehrwert-) Steuerschaden entstanden ist. Praktische Erfahrungen sind jedoch noch nicht bekannt, und aus dem vorgenannten Grund ist zwingend durch den Leistungsempfänger auf eine ordnungsgemäße (Eingangs-)Rechnung zu bestehen.

Die EUSt ist bei dem Grenzübertritt zu entrichten. Führt ein in der Schweiz nicht registriertes Unternehmen Gegenstände in die Schweiz ein, um z. B. mit diesen Gegenständen Dienstleistungen oder Werklieferungen (aus EU-Sicht) bzw. werkvertragliche Lieferungen (aus Schweizer Sicht) auszuführen, ist Folgendes zu beachten:

Es entsteht an der Grenze eine EUSt i. H. von (regelmäßig) 7,7 % auf

- den Wert des eingeführten Gegenstandes,
- die Speditionskosten bis zum Bestimmungsort und
- ggf. noch Montagekosten für den Gegenstand bzw. die Dienstleistung.

BEISPIEL: Korrosionsschutzarbeiten sollen in der Schweiz ausgeführt werden.

Dafür wird Korrosionsschutz (Wert 3.000 €) aus Deutschland in die Schweiz eingeführt.

Material: 3.000 €

Speditionskosten: 400 €

Dienstleistung: 8.000 €

Entgelt: 11.400 € x 7,7 % = 877,80 €

Es entsteht eine EUSt i. H. von 877,80 €

Die werkvertragliche Lieferung in der Schweiz ist netto abzurechnen, unterstellt, es ist der einzige Umsatz in der Schweiz (und die „Welt"-Umsatzgrenze i. H. von 100.000 CHF ist nicht erreicht).

Außerdem ist bei der EUSt zu beachten, dass der Abzug der EUSt grds. nur durch den Steuerpflichtigen möglich ist. Nur der auf den Einfuhrdokumenten als Importeur vermerkte Unternehmer kann den Vorsteuerabzug geltend machen. Lautet die Veranlagungsverfügung der EZV auf eine andere Person als den eigentlichen steuerpflichtigen Importeur, kann der Importeur dennoch den Vorsteuerabzug für die entrichtete EUSt geltend machen, wenn

- er im Besitz der Veranlagungsverfügung der EZV ist,
- er tatsächlich der Importeur ist und deshalb unmittelbar nach der Einfuhr über die Gegenstände wirtschaftlich verfügen konnte und dieses auch nachweislich durch geeignete Geschäftsunterlagen belegen kann,

- er die eingeführten Gegenstände für steuerbare Umsätze verwendet und
- jeglicher Missbrauch ausgeschlossen werden kann.

Insbesondere bei Werklieferungen ist sicherzustellen, dass die Einfuhrabwicklung durch das Unternehmen erfolgt, das später die eingeführten Gegenstände im Rahmen der Werklieferung verwendet. Erfolgt im Falle einer Nichtregistrierung des ausländischen Unternehmers die Einfuhr durch den Schweizer Endkunden, ist der Schweizer Endkunde nicht zum Abzug der EUSt als Vorsteuer berechtigt, da ausschließlich der ausländische Unternehmer über die eingeführten Gegenstände wirtschaftlich verfügen konnte und eben nicht der Schweizer Endkunde. Die Einfuhrabwicklung durch den Endkunden wird regelmäßig dazu führen, dass dem Endkunden der Vorsteuerabzug versagt werden wird, da er zum Zeitpunkt der Einfuhr noch keine Verfügungsmacht an den eingeführten Gegenständen haben kann.

Dienstleistungen, die z. B. zwischen Konzerngesellschaften erbracht werden oder aber die ausländische Gesellschaften ihren in der Schweiz gelegenen Betriebsstätten erbringen, sind zwingend abzurechnen, zu verbuchen und durch die Schweizer Konzerngesellschaft bzw. durch die Schweizer Betriebsstätte zu versteuern. Erfolgte in der Vergangenheit fälschlicherweise keine Fakturierung, ist zwar der Sachverhalt der Schweizer Finanzbehörde offenzulegen, i. d. R. wird diese jedoch auf eine nachträgliche Fakturierung verzichten, sofern der Leistungsempfänger, die Schweizer Gesellschaft bzw. die Schweizer Betriebsstätte zum vollen Vorsteuerabzug berechtigt war.

Die Eidgenössische Zollverwaltung löste die bisherigen gelben Importbelege am 1.3.2018 durch die elektronische Veranlagungsverfügung (eVV) Import ab. Alle Firmen, welche Waren aus dem Ausland beziehen, sind von dieser Umstellung betroffen. Unternehmer, die Warenlieferungen aus dem Ausland in der Schweiz empfangen, diese Waren also in die Schweiz importiert haben, und über ein eigenes ZAZ-Konto (Zentralisiertes Abrechnungsverfahren der Zollverwaltung) verfügen, müssen die Belege selbst vom Zollserver „abholen“. Für das Abholen bestehen grds. zwei Möglichkeiten: zum einen das automatische Abholen und Archivieren mit einer eigenen e-dec Software oder aber das manuelle Abholen und Archivieren mit dem Web-GUI des Schweizer Zolls. Eine eigene Software ist eine einfache, sichere und komfortable Lösung. Sie funktioniert vollautomatisch, beinhaltet eine gesetzeskonforme Archivierung der eVV und bietet viele Such-, Filter- und Exportfunktionen. Softwarelieferanten sind die gleichen Firmen wie bei der Ausfuhranmeldung mit e-dec Export. Die Technologie ist dieselbe wie bei den Ausfuhrnachweisen „eVV Export“. Das Abholen mit dem Web-GUI des Zolls ist kostenlos, jedoch recht aufwendig. Die Archivierung muss organisiert sein. Bei beiden Varianten ist ein Zertifikat (elektronischer Schlüssel) zum Zollsystem notwendig. Der Importeur muss sich dazu mit einem Onlineverfahren in der Zollkundenverwaltung (ZKV) registrieren und das Zertifikat danach in seine Software oder seinen Browser einfügen. Nur die elektronische XML-Datei ist seit dem 1.3.2018 noch gültiger Vorsteuernachweis für die festgesetzte EUSt. Die Veranlagungsverfügung „eVV Import" kann jedoch weiterhin zum Zwecke der Visualisierung und für Buchhaltungszwecke auf Papier ausgedruckt werden. Das Eröffnen eines ZAZ-Kontos ist kostenlos, jedoch muss für das Konto eine Sicherheit hinterlegt werden. Sämtliche Zoll- und EUSt-Zahlungen werden über dieses Konto abgewickelt. Insoweit muss der Kontoinhaber auch für einen laufenden Ausgleich dieses Kontos sorgen.

Vorteile mit eigenem ZAZ-Konto:

- Alle Belege kommen vollständig direkt zum Importeur.
- Keine Vorlageprovision an den Spediteur.
- 60 Tage Zeit zum Bezahlen der MwSt.
- Der Importeur bestimmt den Umstelltermin von Papier zu Elektronik.

Firmen ohne eigenes ZAZ-Konto

Firmen ohne ZAZ-Konto wickeln die o. a. Zahlungen über das ZAZ-Konto des beauftragten Spediteurs ab, der insoweit als Dienstleister fungiert und für seine erbrachte Dienstleistung entsprechend auch ein Dienstleistungsentgelt erhebt. Bisher erhielten diese die gelben Importbelege vom Spediteur zugestellt. Die neuen eVV werden dem Importeur auf drei Wegen zur Verfügung gestellt:

- Der Spediteur sendet dem Importeur die Dateien per E-Mail zu.
- Der Importeur muss die Dateien selbst auf dem Server des Spediteurs abholen.
- Der Spediteur sendet dem Importeur die Sendungsnummer des Zolls und einen Code zu. Mit diesen Angaben muss der Importeur die Dateien selbst beim Zollserver abholen.

Das Verfahren bestimmt der jeweilige Spediteur. Der Importeur hat keine Einflussnahme darauf. Probleme mit den gemischten Belegen und den verschiedenen Zustellsystemen sind vorprogrammiert. Bei allen drei Wegen müssen die Kontrolle der Belege und die gesetzeskonforme Archivierung der eVV sichergestellt sein. Als Alternative bietet sich die Eröffnung eines eigenen ZAZ-Kontos an (ab zehn Sendungen pro Jahr).

Vorteile der eVV bei Fiskalvertretungen

Schweizer Treuhänder, die ein Fiskalvertretungsmandat betreuen, mussten bisher die Papierbelege kopieren oder scannen und an das ausländische Unternehmen weiterleiten. Dieser Aufwand ist bei den elektronischen Belegen (eVV) mit der richtigen Software gelöst. Beide Stellen, der Treuhänder in der Schweiz und das Unternehmen im Ausland, installieren die gleiche Software mit dem gleichen Zertifikat. Danach holen beide Stellen unabhängig voneinander die Daten beim Zoll ab. Diese Mehrfachabholung funktioniert bei einigen Softwaren. Mit diesem Vorgehen haben beide Stellen auf dem Bildschirm und im Archiv den gleichen Status.

Rechnungsbestandteile

Um in der Schweiz Vorsteuerbeträge geltend machen zu können, ist in der Praxis – so lautet auch eine Empfehlung der ESTV – durch den Steuerpflichtigen eine Rechnung auszustellen, welche die folgenden Angaben enthalten sollte:

- Name, Anschrift des leistenden Unternehmers
- Name und Anschrift des Empfängers der Rechnung/Leistung
- Die Mehrwertsteuernummer des Leistenden
- Die Menge und die handelsübliche Bezeichnung der Liefergegenstände/Leistungen
- Den Zeitpunkt der Lieferung/Dienstleistung, sofern dieser nicht mit dem Rechnungsdatum übereinstimmt
- Das Entgelt für die Lieferung/Dienstleistung
- Die auf das Entgelt entfallende Umsatzsteuer oder den angewendeten Steuersatz (z. B. inkl. 7,7 % MWST)
- Bei ausländischen Gesellschaften sollte auch neben der eigenen (ausländischen) Anschrift der Name bzw. die Firma und die genaue Adresse des Stellvertreters/ Fiskalvertreters aufgeführt werden (nicht zwingend)

Weder die Aufnahme der Umsatz- bzw. Mehrwertsteuernummer des Leistungsempfängers noch die Angabe einer fortlaufenden Rechnungsnummer sieht das Schweizer MWSTG vor.

Zwar stellt im neueren MWSTG (seit 1.1.2010) eine Rechnung mit den o.a. Angaben gem. Art. 26 MWSTG nicht mehr zwingend eine Voraussetzung zur Geltendmachung des Vorsteuerabzugs dar, jedoch kann der Leistungsempfänger den Vorsteuerabzug weiterhin auch nur dann geltend machen, wenn er darlegen kann, dass ihm MWST für eine eigene unternehmerische Tätigkeit, für die er grds. zum Vorsteuerabzug berechtigt ist, in Rechnung gestellt wurde.

Kassenzettel für Beträge bis 400 CHF müssen keine Angaben über den Leistungsempfänger enthalten.

Fremdwährung

Entgelte in fremder Währung sind für die Berechnung der Umsatzsteuer in Schweizer Franken umzurechnen (Basis: Devisenkurs Verkauf). Die Umrechnung hat auf Basis der von der ESTV bekannt gegebenen Kurse zu erfolgen.

Die Umrechnung erfolgt nach dem von der ESTV veröffentlichten Wechselkurs, wobei wahlweise der Monatsmittelkurs oder der Tageskurs für den Verkauf von Devisen verwendet werden kann. Bei ausländischen Währungen, für welche die ESTV keinen Kurs veröffentlicht, gilt der publizierte Tageskurs für den Verkauf von Devisen einer inländischen Bank. Steuerpflichtige Personen, die Teil eines Konzerns sind, können für die Umrechnung ihren internen Konzernumrechnungskurs verwenden. Dieser ist sowohl für die Leistungen innerhalb des Konzerns als auch im Verhältnis zu Dritten anzuwenden.

Es können demnach wahlweise angewendet werden:

- Tageskurse (tägliche Aktualisierung: *https://www.rates.bazg.admin.ch/home*) oder
- monatliche Durchschnittskurse (Veröffentlichung für den Folgemonat jeweils am 25. bzw. am darauf folgenden ersten Werktag des Vormonats). Diese Durchschnittskurse entsprechen dem arithmetischen Mittel der von der Schweizer Steuerbehörde publizierten Tageskurse vom 25. Tag eines Monats bis zum 24. Tag des Folgemonats. Am 25. Tag des Folgemonats (oder am darauffolgenden ersten Werktag) wird der so ermittelte Durchschnittskurs publiziert, und ab Beginn des nächsten Monats darf er angewendet werden. Auf diese Weise ist gewährleistet, dass die Anwendung von Monatsmittelkursen langfristig keine Vor- oder Nachteile gegenüber der Anwendung von Tageskursen mit sich bringt.

BEISPIEL ▶ Aus den Tageskursen vom 25.3. bis zum 24.4. wird der Durchschnittskurs errechnet (und am 25.4. publiziert), der vom 1.5. bis zum 31.5. angewendet werden kann.

Sowohl der Tageskurs als auch der Monatsmittelkurs sind auf der Homepage der ESTV abrufbar (*www.estv.admin.ch*).

Die Umrechnung zum Durchschnittskurs bzw. Tageskurs hat bei einem Steuerpflichtigen sowohl für die Berechnung der Umsatzsteuer als auch der zum Abzug zugelassenen Vorsteuer zu erfolgen. Gleiches gilt für die Bezugssteuer. Das gewählte Vorgehen muss während mindestens eines Jahres beibehalten werden. Ein Wechsel ist nur auf den Beginn eines neuen Kalender- oder Geschäftsjahres möglich. Zwischen Leistungserbringer und -empfänger abgesprochene oder andere Umrechnungskurse (z. B. interne Kurse, Konzernkurse) dürfen nicht angewendet werden. Für nicht veröffentlichte Kurse gilt der Devisen-Tageskurs (Verkauf) gemäß Bankenmitteilung oder Kurszettel.

Liegt eine Rechnung in Fremdwährung, z. B. in € vor, so sind die Beträge zwingend zu den veröffentlichten Kursen in Landeswährung (= CHF) umzurechnen. Der intern angewandte – und ggf. auf der Rechnung aufgedruckte – Kurs zur Berechnung der Preisangabe in CHF kann für mehrwertsteuerliche Zwecke nicht verwendet werden. Bei ausländischen Währungen, für welche die ESTV keinen Kurs bekannt gibt, gilt der publizierte Devisen-Tageskurs (Verkauf) einer inländischen Bank.

Das gewählte Vorgehen ist während mindestens einer Steuerperiode beizubehalten und ist sowohl für die Berechnung der Umsatzsteuer, Bezugsteuer als auch für den Vorsteuerabzug anzuwenden. Ein Wechsel ist nur auf den Beginn einer neuen Steuerperiode möglich.

Besonderheiten in Bezug auf Fremdwährungsrechnungen gelten bei Rechnungen innerhalb von Konzernverhältnissen: Zwischen Gesellschaften desselben Konzerns darf die in fremder Währung fakturierte Mehrwertsteuer mit einem Konzernkurs berechnet werden, es sei denn, die leistungsempfangende Konzerngesellschaft nutzt die Eingangsleistung für umsatzsteuerfreie Ausgangsumsätze. Die Umrechnung zum Konzernkurs ist während eines Jahres zwingend beizubehalten.

Rechnungskorrekturen

Rechnungen sind bei Erhalt auf die formelle Vollständigkeit und die materielle Richtigkeit (Steuersatz, Berechnungsgrundlage usw.) hin zu überprüfen.

Den Anforderungen nicht entsprechende Belege sind vor der Bezahlung durch den Leistungserbringer richtig stellen zu lassen. Nach der Bezahlung dürfen Rechnungen usw. grds. nicht mehr abgeändert werden (z. B. durch Stornierung und Neuerstellung), da es sich um einen abgeschlossenen Geschäftsfall handelt.

Stellt sich nach der Bezahlung heraus, dass die dem Kunden fakturierte Umsatzsteuer zu hoch oder zu niedrig berechnet wurde (Rechenfehler, Anwendung eines falschen Steuersatzes, unrichtige Berechnungsgrundlage usw.), so ist eine Korrektur durch eine formell richtige Nachbelastung bzw. (kaufmännische) Gutschrift, in welcher auf den ursprünglichen Beleg hinzuweisen ist, möglich. Diese Nachbelastungen oder Gutschriften müssen zugestellt und gebucht werden (sowohl beim Leistungserbringer als auch beim Leistungsempfänger), und zwar auch dann, wenn dadurch kein neuer Zahlungsfluss bewirkt wird. Der steuerpflichtige Leistungsempfänger hat eine entsprechende Korrektur des Vorsteuerabzugs vorzunehmen. Wenn die Berichtigung unterbleibt, werden zu Unrecht oder zu viel berechnete Steuern in voller Höhe geschuldet, gleichzeitig kann jedoch der Leistungsempfänger die zu hoch fakturierte Steuer als Vorsteuer geltend machen, sofern die bezogene Leistung für steuerbare Umsätze verwendet wurde und ein Missbrauchsfall nicht vorlag. In der Praxis kann demnach i. d. R. oft auf eine Rechnungskorrektur verzichtet werden.

Elektronische Rechnungen

Seit dem 1.3.2002 ist die Verordnung des EFD (Eidgenössische Finanzdepartements) über elektronisch übermittelte Daten und Informationen (ElDI-V) in Kraft. Sie ermöglicht es, dass Unternehmen untereinander umsatzsteuerrelevante Daten papierlos austauschen. Einzelheiten regelt seit dem 1.1.2005 das Bundesgesetz über die elektronische Signatur, ZertES. Vereinfacht lässt sich sagen, dass papierlose Rechnungen mit einer qualifizierten Signatur versehen sein müssen, um als ordnungsgemäße Rechnungen anerkannt zu werden, die dann dem Leistungsempfänger den Vorsteuerabzug gestatten.

In der Schweiz ist die Rechnungsstellung mittels EDI zulässig, wenn eine Zertifizierung durch die Organisation „European Access Network“ (EAN) erfolgt ist.

Weder die Übersendung von Text-Dateien als E-Mail-Anhang noch die Zusendung der Rechnung per Telefax berechtigen den Leistungsempfänger zum Vorsteuerabzug.

Elektronisch übermittelte Daten (z. B. Rechnungen), die für den Vorsteuerabzug, die Steuererhebung oder den Steuerbezug relevant sind, stellen dann einen Beleg dar, wenn der Nachweis des Ursprungs und der Integrität erfüllt ist. Zur Gewährleistung dieser Voraussetzungen sieht die Verordnung des EFD über elektronische Daten und Informationen (ElDI-V) die digitale Signatur der übermittelten Daten vor. Die Anforderungen an elektronische Signaturen im Bereich der MWST entsprechen denen, die von fortgeschrittenen Signaturen erfüllt werden (Art. 2 ElDI-V). Beim Ausdruck von elektronischen Rechnungen gehen diese Eigenschaften verloren. Ungeachtet der Beweismittelfreiheit gilt weiterhin der Grundsatz, dass die Beweispflicht für steuerentlastende Tatsachen der steuerpflichtigen Person obliegt.

Anzahlungen

Die Mehrwertsteuerschuld entsteht mit der Rechnungsstellung, welche spätestens drei Monate nach der Erbringung der Lieferung oder Dienstleistung zu erfolgen hat.

Bei Umsätzen, die über Teilrechnungen oder Teilzahlungen abgewickelt werden, entsteht die Umsatzsteuer mit Erstellung der Teilrechnung oder mit der Vereinnahmung der Teilzahlung, entscheidend ist das zuerst eintretende Ereignis.

Bei Vorauszahlungen sowie bei Lieferungen und Dienstleistungen ohne oder mit späterer Rechnungsstellung, ist die Umsatzsteuer mit der Vereinnahmung an die Schweizer Finanzverwaltung zu entrichten.

Gutschriften/Self Billing

Wird anstelle einer Rechnung durch den Leistungserbringer eine Gutschrift durch den Leistungsempfänger ausgestellt, so ist zwingend die Mehrwertsteuer-Nummer des Gutschriftsempfängers/des Leistungserbringers aufzudrucken. Fehlt die MWST-Nummer des Leistungserbringers auf der Gutschrift, kann dieser jedoch anhand von Name und Adresse eindeutig identifiziert werden, ist der Vorsteuerabzug des Leistungsempfängers dennoch zulässig.

Ersetzt die Gutschrift die Rechnung für ein Gegengeschäft (Verrechnung zweier Leistungen), sind sowohl die Umsatzsteuer-Nummer des Ausstellers der Gutschrift als auch des Gutschriftsempfängers anzugeben, da beide Vertragspartner gleichzeitig Leistungserbringer und -empfänger sind.

Aufbewahrung von Unterlagen

Grundsätzlich sind sämtliche Unterlagen, wie z. B. Bestellungen, Lieferscheine, Kopien der Ausgangsrechnungen, Zahlungsbelege, Original-Einkaufsrechnungen, Zolldokumente, in der Schweiz – ggf. bei dem Schweizer Stellvertreter (vgl. „Registrierung") – aufzubewahren.

Die Schweizer Finanzbehörde erlaubt es, dass Unterlagen außerhalb der Schweiz aufbewahrt werden, sie sind jedoch im Rahmen von Steuerprüfungen kurzfristig vorzulegen.

Die Aufbewahrungsfrist beträgt grds. zehn Jahre, für Immobilientransaktionen 20 Jahre.

Veranlagungsverfahren/Steuererklärungen

Steuererklärungen für die Schweiz sind einzureichen bei der

Eidgenössische Steuerverwaltung (EStV)
Hauptabteilung Mehrwertsteuer
Schwarztorstrasse 50
3003 Bern
SCHWEIZ
Telefon: 0041 / (0) 31 322 21 11
Telefax: 0041 / (0) 31 325 75 38
E-Mail: mwst.webteam@estv.admin.ch
www.estv.admin.ch

Für das Fürstentum Liechtenstein bei der

Liechtensteinische Steuerverwaltung
Abteilung Mehrwertsteuer
Lettstrasse 37
9490 Vaduz
SCHWE FÜRSTENTUM LIECHTENSTEIN
Telefon: 0042 / 32366817
Telefax: 0042 / 32366830
E-Mail: info.mwst@stv.llv.li
www.stv.llv.li

Mehrwertsteuer-Meldungen sind grds. quartalsweise einzureichen. Die Abgabefrist beträgt 60 Tage nach Ende eines Quartals. Das heißt, die Mehrwertsteuer-Werte für das 1. Quartal (1.1.–31.3.) sind bis zum 30.5. (31.3. + 60 Tage) einzureichen. Nach Ablauf von 60 Tagen, also ab dem 1.6. entsteht ein Verzugszins i. H. von 5 % pro Jahr.

Ist die Anmeldung antragsgemäß unter besonderen Voraussetzungen ausnahmsweise monatlich einzureichen, so gelten die nachfolgenden Fristen:

Meldung für Januar (1.1.–31.1.) = Abgabe bis zum 30.3. (31. 1. + 60 Tage); Verzugszinsen ab 1.4.

Kommt es im Rahmen der Abgabe der Voranmeldung zu einem Guthaben, so wird dieses Guthaben zunächst mit Steuerschulden verrechnet. Anschließend erfolgt die Auszahlung.

Zum 1.1.2020 wurde eine Praxisänderung zu Gunsten der ausländischen Unternehmen eingeführt. Die Deklaration der Umsätze wurde vereinfacht, d. h. die im MWST-Register eingetragenen ausländischen Unternehmen können in den periodischen Abrechnungen in der Ziffer 200 lediglich die im Inland (Schweiz) erzielten Umsätze deklarieren. Sie können somit auf die Deklaration ihrer gesamten weltweiten Umsätze verzichten. Wenn von der Steuer ausgenommene Entgelte (Art. 21 Abs. 2 MWSTG) oder Subventionen (Art. 18 Abs. 2 Buchst. a–c MWSTG i. V. mit Art. 29 MWSTV) vereinnahmt wurden, empfehlt sich jedoch weiterhin die Deklaration der gesamten weltweiten Umsätze.

Die Mehrwertsteuer-Meldungen werden durch die ESTV postalisch versandt und sind mit einem Barcode versehen, in dem die Unternehmensdaten des Mehrwertsteuerpflichtigen „gespeichert" sind. Als Anlage ist eine so genannte Korrekturabrechnung beigelegt, die quasi identisch mit der monatlich einzureichenden Mehrwertsteuer-Abrechnung (= Mehrwertsteuer-Meldung) ist. Seit dem Jahr 2015 besteht aber auch die Möglichkeit, MWST-Meldungen elektronisch einzureichen.

Zwar sind Mehrwertsteuer-Jahreserklärungen nicht einzureichen, jedoch verpflichtet das MWStG seit dem 1.1.2010 die Unternehmen, die MWST-Abrechnungen einer Steuerperiode mit dem Jahresabschluss abzugleichen und ggf. Korrekturen durchzuführen. Die Korrektur muss spätestens in derjenigen Abrechnungsperiode erfolgen, in die der 180. Tag nach Abschluss des Geschäftsjahres fällt. Die festgestellten Mängel sind der ESTV mit einer Berichtigungsabrechnung zu melden. Diese Berichtigungsabrechnung kann im Internet per Download abgerufen werden. Sollte nach 240 Tagen nach Geschäftsabschluss bei der ESTV keine Berichtigungsabrechnung eingegangen sein, so geht diese davon aus, dass ein interner Abgleich zwischen eingereichten Abrechnungen mit dem Jahresabschluss erfolgt ist und dieser Abgleich aber zu keiner Beanstandung führte.

Die erörterte Jahreskorrektur der MWST-Abrechnung war erstmals nach Ende der ersten Steuerperiode unter dem seit dem 1.1.2010 geltenden Recht, d. h. im Jahr 2011, einzureichen.

Sofern Berichtigungsabrechnungen eingereicht werden, so erhebt die ESTV auf den noch zu entrichtenden MWST-Betrag einen Verzugszins.

Die steuerpflichtige Person hat die Steuerabrechnungen mit ihrem Jahresabschluss abzugleichen und festgestellte Mängel zu korrigieren. Für die Korrektur von dabei festgestellten Fehlern ist ausschließlich das Formular zu verwenden, welche die eingereichten Abrechnungen der vergangenen Steuerperiode ergänzt bzw. korrigiert. Im Formular „Jahresabstimmung" sind deshalb nur die Differenzen zu den bisher eingereichten Abrechnungen zu deklarieren. Wurden beim Abgleich mit dem Jahresabschluss keine Mängel festgestellt, ist keine Berichtigungsabrechnung (Jahresabstimmung) einzureichen. Ist nach Ablauf von 240 Tagen seit Ende des betreffenden Geschäftsjahres keine Berichtigungsabrechnung eingegangen, geht die ESTV davon aus, dass die von der steuerpflichtigen Person eingereichten MWST-Abrechnungen vollständig und korrekt sind und die Steuerperiode finalisiert ist. Bei einer Differenz zugunsten der ESTV ist der Nachzahlungsbetrag auf das Konto IBAN CH60 0900 0000 3000 0037 5 zu überweisen. Unter Mitteilungen bitte MWST-Nummer und Zahlungsgrund (z. B. J2023 für das Jahr 2023) angeben. Eine Differenz wird dem Steuerpflichtigen zurückerstattet.

Für Korrekturen einzelner Monats-, Quartals- oder Semesterabrechnungen während der laufenden Steuerperiode, ist die Korrekturabrechnung zu verwenden.

Seit September 2015 können Mehrwertsteuer-Abrechnungen elektronisch eingereicht werden. Folgende Funktionen werden u. a. durch die ESTV angeboten:

- Einreichung der MWST-Abrechnung
- Einreichung von Jahresabstimmungen
- Einreichung von Fristverlängerungen
- (...)

Unternehmen können ihre Treuhänder bevollmächtigen, damit auch sie auf das Portal zugreifen können. Die Papierformulare bleiben gültig, der Postweg ist weiterhin offen. Jedoch ist offensichtlich, dass die ESTV die Papiereinreichung minimieren möchte. Ausnahmsweise können Sie weiter mit der Papierabrechnung die MWST deklarieren. Mit dem Versand des Abrechnungscodes erhalten Sie ein separates Bestellformular. Dieses ist auszufüllen und muss per Post zurück an die ESTV (keine E-Mails oder Fax) verschickt werden. Die ESTV sendet Ihnen dann die Papierabrechnung per Post. Bis auf Ihr Porto entstehen dabei keine weiteren Kosten. Dieser Vorgang muss für jede neue Abrechnungsperiode jedoch wiederholt werden.

Die ESTV bietet zwei unterschiedliche Online-Service an, um die MWST-Meldungen elektronisch zu übertragen:

- Mit **MWST-Abrechnung pro** (mit Account) stehen alle Online-Funktionen für die Abrechnung der MWST zur Verfügung. Dies ist die Vollversion mit allen zurzeit verfügbaren Funktionalitäten; diese Möglichkeit nutzen aktuell schon über 60 % aller steuerpflichtigen Personen.
- **MWST-Abrechnung easy** (seit 1.1.2021): Diese neue Online-Dienstleistung ersetzt das klassische Papierformular in einer einfachen Form, ohne Account und mit einfachem Login. Mit MWST-Abrechnung easy (ohne Account) wird die MWST über ein Gastlogin abgerechnet. Es erfolgt für jede Abrechnung das Einloggen als Gast mit einer mobilen Telefonnummer. Ein Einloggen mit einer ausländischen Mobilfunknummer ist jedoch nicht möglich. Voraussetzung für ein sicheres Login ist eine Schweizer Mobil- oder Festnetztelefonnummer mit SMS-Funktion. Zudem können Steuervertreter optional Gebrauch von der Deklarationsfreigabe machen. Das ist ein Dokument, welches die steuerpflichtige Person - zur Abnahme der elektronisch eingereichten Abrechnung des Steuervertreters - unterzeichnet und der ESTV per Post einreicht. Beide Systeme stehen grds. 24 Std./ sieben Tage zur Verfügung. Bei geplanten Wartungsarbeiten werden die Nutzer vorgängig in der Applikation darüber informiert.

Online-Dienstleistungen auf einen Blick	**MWST online abrechnen OHNE Account «MWST-Abrechnung easy»**	**MWST online abrechnen MIT Account «ESTV SuisseTax»**
Einmalige Registrierung notwendig	Nein	Ja
Vereinfachtes Login	Ja	Nein
Online Ausfüllen und Einreichen der Abrechnung	X	X
Automatisches Berechnen der Steuer	X	X
Sicherer Zugriff online - rund um die Uhr	X	X
Erinnerungsfunktionen zur Einreichung der nächsten Abrechnung	X	X
Treuhandfirmen können die Deklarationsfreigabe (Dokument) durch ihre Kunden auf Papier unterschreiben lassen; Einreichen per Post möglich	X	
Treuhandfirmen können auf einen Blick alle noch nicht eingereichten Abrechnungen ihrer Kunden einsehen und bei Bedarf Fristverlängerungen erfassen		X
Treuhandfirmen können für alle noch nicht eingereichten Abrechnungen ihrer Kunden in einem Schritt Fristverlängerungen beantragen		X
Nachträgliches online Einreichen von Korrekturabrechnungen und Jahresabstimmung		X
Nachverfolgen der Vorgänge in der Geschäftsfallübersicht		X
Beantragen von Fristverlängerungen		X
Upload Funktion direkt aus der Buchhaltungssoftware		X
Bestellen von Unternehmer- und Eintragungsbescheinigung		X
Selbständiges Erfassen der Auszahladresse	X	X
Treuhandfirmen können auf einen Blick alle noch nicht eingereichten Abrechnungen ihrer Kunden einsehen und bei Bedarf Fristverlängerungen erfassen		X

Treuhandfirmen können für alle noch nicht eingereichten Abrechnungen ihrer Kunden in einem Schritt Fristverlängerungen beantragen		X
Nachträgliches online Einreichen von Korrekturabrechnungen und Jahresabstimmung		X
Nachverfolgen der Vorgänge in der Geschäftsfallübersicht		X
Beantragen von Fristverlängerungen		X
Upload Funktion direkt aus der Buchhaltungssoftware		X
Bestellen von Unternehmer- und Eintragungsbescheinigung		X
Selbständiges Erfassen der Auszahladresse	X	X

Die Liechtensteiner Steuerverwaltung stellt mit e-MWST ebenfalls eine Plattform zur Verfügung, auf der Unternehmen, die im Mehrwertsteuerregister eingetragen sind, ihre Mehrwertsteuerabrechnungen elektronisch einreichen können, womit eine Einreichung auf dem Postweg entfällt. Die Freischaltung des Portals erfolgt nach erfolgreicher Registrierung des Unternehmens und gleichzeitiger Benennung mindestens eines Vollmachtnehmers, der berechtigt ist, die Abrechnungen elektronisch einzureichen. Die Nutzung der Plattform ist kostenlos.

IntraStat/Zusammenfassende Meldung

Da weder die Schweiz noch das Fürstentum Liechtenstein zum EU-Gemeinschaftsgebiet gehören, entfallen sowohl Meldungen zur Intrastat als auch Zusammenfassende Meldungen.

Registrierung

Registrierungsunterlagen können online auf der Homepage der Steuerverwaltung abgerufen werden. Anzugeben sind in der Eingabemaske:

- Name
- Adresse
- PLZ
- Ort
- Telefon

- Fax
- Kontaktperson
- Fragebogen zustellen an...
- Gewünschte Sprache (deutsch, italienisch oder französisch)
- Art der Geschäftstätigkeit
- Zeitpunkt der Aufnahme der Geschäftstätigkeit
- Angaben zur Vorgängerfirma und deren MWST-Nummer
- Bemerkungen (Freitext)

Anschließend sendet die Schweizer Finanzbehörde den auszufüllenden Fragebogen zur Eintragung als Mehrwertsteuerpflichtiger postalisch zu. Der entsprechende Fragebogen der Steuerverwaltung Fürstentum Liechtenstein ist identisch mit dem der ESTV. Neben dem erwähnten Fragebogen sind weiter Unterlagen auf dem Postweg einzureichen:

- Schriftliche Erklärung des Stellvertreters, dass dieser die Stellvertretung für eine ausländische Gesellschaft annimmt (vgl. unten)
- Kopie des Handelsregisterauszugs
- Unternehmerbescheinigung des Finanzamtes
- z. B. Kopie des Werkvertrages

Außerdem kann die Anmeldung bei der ESTV auch schriftlich erfolgen. In beiden Fällen (online oder schriftlich) hat die Anmeldung unaufgefordert innerhalb von 30 Tagen nach Beginn der Steuerpflicht zu erfolgen.

Ausländische Gesellschaften haben sich ständig für die Dauer ihrer Tätigkeit in der Schweiz durch einen in der Schweiz niedergelassenen Stellvertreter/Fiskalvertreter – in der Schweiz spricht man von einem „Steuervertreter" – vertreten zu lassen. Als Stellvertreter wird eine natürliche oder juristische Person mit Wohn- oder Geschäftssitz in der Schweiz anerkannt. Es ist nicht erforderlich, dass die Stellvertreter Steuerberater o. Ä. sind. Im Konzern bietet sich als kostengünstigste Möglichkeit an, dass als Stellvertreter Tochtergesellschaften fungieren.

Zu erwähnen ist, dass der Stellvertreter die Verpflichtung übernimmt, dass die Schweizer Vorschriften, das Mehrwertsteuergesetz, eingehalten werden, dass die Deklarationspflichten fristgerecht erfüllt und dass Zahlungen fristgerecht entrichtet werden. Der Stellvertreter haftet jedoch nicht für die Steuerschulden des ausländischen Unternehmers, d. h. die Bezahlung sämtlicher Ansprüche aus dem Steuerschuldverhältnis obliegt dem ausländischen Unternehmen.

Des Weiteren müssen ausländische Gesellschaften eine unbefristete Solidarbürgschaft durch eine in der Schweiz ansässige Bank bei der Schweizer Finanzverwaltung hinterlegen. Die Sicherheit kann wie folgt geleistet werden durch: Barhinterlage, solvente Solidarbürgschaften, Bankgarantie, Schuldbriefe und Grundpfandverschreibungen, Lebensversicherungspolicen mit Rückkaufswert, kotierte Frankenobligationen von schweizerischen Schuldnern oder Kassenobligationen von schweizerischen Banken. Die Höhe der Bürgschaft richtet sich nach dem durchschnittlich erzielten Jahresumsatz. Im Rahmen der Registrierung wird der exakte Betrag durch die Schweizer Finanzverwaltung festgelegt. Die Bürgschaft muss zwingend auf das ausländische Unternehmen mit dessen ausländischer Adresse ausgestellt sein. Die Höhe der Sicherheitsleistung beträgt:

- 3 % des erwarteten steuerbaren Inlandumsatzes (ohne Exporte)
- Mindestbetrag: 2.000 CHF
- Höchstbetrag: 250.000 CHF

Der Ablauf ist wie folgt:

- Das Unternehmen meldet sich online an.
- Die Eidgenössische Steuerverwaltung definiert den Sicherstellungsbetrag und informiert den Steuervertreter über die Höhe der Sicherstellung und die Zahlungsinformationen.
- Nach Eingang der Sicherstellung sowie der Ernennung / Annahme des Steuervertreters wird die Eintragung in das MWST-Register bestätigt.

Nach erfolgter Registrierung wird eine Mehrwertsteuernummer vergeben. Eine Mehrwertsteuernummer ist eine eindeutige 9-stellige Nummer (die mit dem Präfix „CHE" beginnt und mit dem Suffix MWST (Deutsch) oder TVA (Französisch) oder IVA (Italienisch) endet), die von der Eidgenössischen Steuerverwaltung vergeben wird und eine Person/Körperschaft als mehrwertsteuerlich in der Schweiz registriert ausweist. Die MWST-Nummer oder auch Unternehmens-Identifikationsnummer (UID) erscheint i. d. R. auf den vom Lieferanten ausgestellten Rechnungen (Beispiel: CHE-123.456.789 MWST). Zur korrekten Zuteilung, Verwaltung und Verwendung der UID führt das Bundesamt für Statistik das UID-Register. Es ist unter folgender Internetadresse zu finden: *www.uid.admin.ch*.

STEUERVERWALTUNG
FÜRSTENTUM LIECHTENSTEIN

Merkblatt zum Fragebogen zur Eintragung als Mehrwertsteuerpflichtiger für ausländische Unternehmen

1.1

Ausländische Unternehmen, die Leistungen im Mehrwertsteuer-Inland erbringen und im In- und Ausland pro Jahr mindestens CHF 100'000.00 Umsatz (weltweiter Umsatz) aus nicht von der Steuer ausgenommenen Leistungen erzielen (z.B. aus Montagetätigkeit oder mit werkvertraglichen Lieferungen), werden obligatorisch mehrwertsteuerpflichtig (Art. 10 MWSTG). Es gilt zu beachten, dass die Schweiz und das Fürstentum Liechtenstein zusammen ein gemeinsames Mehrwertsteuer-Inland bilden. Ausländische Unternehmen ohne Sitz oder Betriebsstätte im Inland, die Leistungen sowohl in der Schweiz als auch in Liechtenstein (dies unabhängig des jeweiligen Umsatzanteils) erbringen, werden in das Mehrwertsteuer-Register der Eidgenössischen Steuerverwaltung (ESTV) in Bern / CH eingetragen. In das liechtensteinische Mehrwertsteuer-Register werden nur diejenigen Unternehmen eingetragen, welche ausschliesslich steuerbare Leistungen in Liechtenstein erbringen.

Werden nach einer erfolgten Eintragung in beiden Staaten steuerbare Umsätze (z.B. Arbeiten an Gegenständen) erzielt, sind alle Umsätze mit derjenigen Steuerverwaltung abzurechnen, bei welcher die Registrierung als mehrwertsteuerpflichtiges Unternehmen erfolgt ist.

1.2

Liefert ein im Ausland domiziliertes Unternehmen seinem inländischen Abnehmer Gegenstände frei Haus verzollt und versteuert, führt es nach Art. 7 MWSTG Auslandlieferungen aus, die seine Mehrwertsteuerpflicht im Zollinland nicht begründen. Die Lieferung gilt als dort erbracht, wo die Beförderung oder Versendung beginnt. In solchen Fällen kann der inländische Abnehmer die von seinem Lieferanten bei der Einfuhr entrichtete Steuer als Vorsteuer abziehen. Es ist ihm dafür das Original der Einfuhrsteuerquittung auszuhändigen, auf welcher er (der Abnehmer) als Importeur aufscheint.

2.

Als Steuerpflichtige in Liechtenstein einzutragende Unternehmen, deren Hauptsitz - bei Inhabern von Einzelfirmen deren Wohnsitz - sich im Ausland befindet, haben sich ständig, d.h. solange sie im Zollinland tätig und steuerpflichtig sind, durch eine in Liechtenstein niedergelassene Person oder

Firma vertreten zu lassen (Stellvertreter), bei welcher für alles, was die Mehrwertsteuer betrifft, Domizil gewählt wird. Falls das Unternehmen über eigene Geschäftsräumlichkeiten im Inland verfügt, kann mit Einwilligung des Stellvertreters auch die Adresse dieser Räumlichkeiten verwendet werden.

3.

Die uns gesetzlich zustehenden geldwerten Ansprüche (Steuern, Verzugszinsen und Kosten) sind in Form einer unbefristeten Solidarbürgschaft durch eine in Liechtenstein oder der Schweiz domizilierte Bank sicherzustellen. Die Garantieleistung kann auch direkt bei der Liechtensteinischen Steuerverwaltung einbezahlt werden. Die Höhe der Garantieleistung ist vom erwarteten steuerbaren Inlandumsatz (ohne Exporte) abhängig und beträgt mindestens CHF 2'000.--.

4.

Das eingetragene Unternehmen ist für seine Umsätze im Inland steuerpflichtig und hat periodisch auf amtlichem Formular in Schweizer Franken mit der Liechtensteinischen Steuerverwaltung abzurechnen.

5.

Damit die Liechtensteinische Steuerverwaltung prüfen kann, ob und ab wann allenfalls eine Eintragung als Steuerpflichtiger vorgenommen werden muss, hat sich ein ausländisches Unternehmen bei uns mittels dem Formular „Fragebogen zur Eintragung als Mehrwertsteuerpflichtiger für ausländische Unternehmen" anzumelden und uns u.a. folgende Angaben zu machen:

- genauer Beginn der Tätigkeit im Inland;
- Art der Tätigkeit im Inland;
- voraussichtlicher Jahresumsatz aus Leistungen im Inland wie auch im Ausland.

Sollte Ihr Unternehmen aufgrund der Angaben im Fragebogen zur Eintragung als Mehrwertsteuerpflichtiger für ausländische Unternehmen im Fürstentum Liechtenstein steuerpflichtig werden, wird Ihnen die Steuerverwaltung anschliessend weitere detaillierte Informationen zukommen lassen.

Wir hoffen, Ihnen mit diesen Angaben gedient zu haben, und stehen Ihnen für allfällige Rückfragen (Tel. +423 / 236 68 09 bzw. 236 68 33) gerne zur Verfügung.

Freundliche Grüsse

Steuerverwaltung
Abteilung Mehrwertsteuer

Nutzungsbedingungen e-MWST

1. Anwendungsbereich

e-MWST (https://mwst.llv.li) ist eine elektronische Plattform, die von der Steuerverwaltung Fürstentum Liechtenstein (nachfolgend Steuerverwaltung) zur Verfügung gestellt wird. Nach erfolgter Registrierung können die im geschützten Bereich von e-MWST angebotenen Dienstleistungen im Zusammenhang mit der Mehrwertsteuer genutzt werden. Bis auf weiteres beinhaltet das Angebot die elektronische Einreichung der Mehrwertsteuerabrechnungen.

2. Voraussetzungen zur Nutzung

e-MWST steht grundsätzlich sämtlichen im Mehrwertsteuerregister eingetragenen Unternehmen offen. Die steuerpflichtigen Personen (nachfolgend Unternehmen) haben jedoch keinen rechtlichen Anspruch zur Nutzung von e-MWST.

Für das Anmeldeverfahren ist die Verwendung der eID.li oder Lilog nötig (siehe Ziff. 5). Das Anmeldeverfahren mittels LiSign wird per 31.12.2020 eingestellt.

Ebenso müssen - neben einem Internetanschluss - gewisse technische Mindestanforderungen (Browser, Bildschirmauflösung, Farbtiefe, etc.) erfüllt sein. Die aktuell gültigen Voraussetzungen sind jeweils im Informationsbereich von https://mwst.llv.li ersichtlich.

3. Preise

Die Nutzung von e-MWST ist kostenlos. Je nach gewählter Zugangsart (siehe Ziff. 5) können jedoch Kosten anfallen.

4. Registrierung / Bevollmächtigung

Die Registrierung erfolgt über das im öffentlichen Bereich der e-MWST verfügbare Formular „Vollmachtsregelung zum Errichten eines Benutzerprofils". Mit diesem Formular kann der Vollmachtgeber (zeichnungs-berechtigte Person des Unternehmens) gleichzeitig auch den oder die Vollmachtnehmer bestimmen. Dieses Formular muss von den zeichnungsberechtigten Personen rechtsgültig und handschriftlich unterzeichnet an die Steuerverwaltung gesendet werden. Zur Überprüfung des Zeichnungsrechts ist ein aktueller Handelsregisterauszug beizulegen.

Die Steuerverwaltung bestätigt die Registrierung auf dem Postweg an die Adresse des Unternehmens. Die bevollmächtigten Personen (Vollmachtnehmer) bzw. von diesen befugten Personen werden mittels E-Mail über die Freischaltung des Portalzuganges informiert.

Sollen später noch weitere Personen bevollmächtigt werden, muss dies durch den Vollmachtgeber mit dem im öffentlichen Bereich der e-MWST verfügbaren Formular „Vollmachtsregelung weiterer bevollmächtigter Personen" erfolgen.

Das Unternehmen muss dafür besorgt sein, dass immer mindestens ein Vollmachtnehmer bevollmächtigt ist.

Zum Löschen von Bevollmächtigten bzw. befugten Personen verwenden Sie bitte das Formular „Löschung einer Vollmachtsregelung für bevollmächtige Personen".

Aeulestrasse 38 | Postfach 684 | 9490 Vaduz | Liechtenstein | T +423 236 68 17 | F +423 236 68 65 | info.mwst.stv@llv.li | www.llv.li

5. Zugang zu e-MWST

eID.li ist die neue digitale Identität des Fürstentums Liechtenstein, mit der sich natürliche Personen bei elektronischen Diensten sicher ausweisen und anmelden können und kann von jedem Bürger und Einwohner Liechtensteins sowie ausländischen Staatsangehörigen beantragt werden.
eID.li ersetzt die bisherigen Identitätsmittel Lilog und Lisign. Lisign wird noch bis 31.12.2020 unterstützt.
lilog bleibt solange verfügbar, bis für Unternehmen eine adäquate Lösung zur Verfügung steht.

Detaillierte Informationen entnehmen Sie bitte den aufgeführten Weblinks.

https://www.eid.li https://www.lilog.llv.li

Mit dem Zugang können alle für die Unternehmung bevollmächtigten Personen (Vollmachtnehmer bzw. von diesem befugte Personen) die e-MWST Geschäfte ausführen. Derzeit umfasst dies das Ausfüllen, Freigeben und Übermitteln der Abrechnungen an die Steuerverwaltung.
Die einzelnen Vorgänge können von verschiedenen Vollmachtnehmern ausgeführt werden.

6. Ankündigung der Abrechnungsperioden

Es wird kein Abrechnungsformular mehr per Post zugestellt. Anstelle dessen wird per E-Mail das Aufschalten einer neuen Abrechnung im Portal an alle Vollmachtnehmer bzw. von diesen befugten Personen mitgeteilt. Es liegt in der Verantwortung der Benutzer für die Gültigkeit der E-Mail-Adressen zu sorgen und die Empfangsbereitschaft zu gewährleisten.

Alle zur Einreichung bereiten Abrechnungsformulare werden im geschützten Bereich des Portals angezeigt.

Das Unternehmen hat gegenüber der Steuerverwaltung innert 60 Tagen nach Ablauf der Abrechnungsperiode unaufgefordert abzurechnen (Art. 58 Abs. 1 MWSTG).

7. Aufzeichnung des Abrechnungseingangs

Die Nachweisbarkeit von Ursprung und Unveränderbarkeit der elektronisch eingereichten Abrechnung wird wie folgt sichergestellt:

Nach der Kontrolle der Abrechnungsdaten und deren Bestätigung durch den Benutzer wird ein PDF-Dokument erstellt. Dieses wird von der Steuerverwaltung mit einer elektronischen Signatur versehen und enthält im Weiteren einen Zeitstempel sowie eine eindeutige und einmalige Dokumentennummer.
Die Einreichung der Abrechnung in Papierform entfällt.

8. Gewährleistung der Verfügbarkeit und Wiedergabe der elektronisch eingereichten Abrechnungen

Gemäss Mehrwertsteuerverordnung (MWSTV) muss die Überprüfung der einzelnen MWST-Abrechnungen während der gesamten gesetzlich vorgeschriebenen Aufbewahrungsfrist möglich sein. Die Aufzeichnungen müssen seitens der Steuerpflichtigen jederzeit lesbar gemacht werden können (Art. 118 MWSTV).

Wir empfehlen deshalb, die eingereichten Abrechnungen – nebst deren automatischen Speicherung und entsprechender Verfügbarkeit auf e-MWST - zusätzlich auf eigenen Datenträgern zu sichern.

9. Kündigung e-MWST-Zugang

Sowohl die Steuerverwaltung wie auch das Unternehmen können den Zugang jederzeit ohne Angabe eines Grundes und ohne Einhaltung einer Kündigungsfrist kündigen.

Die Kündigung hat in schriftlicher Form zu erfolgen. Das Unternehmen richtet die Kündigung an die Adresse der Steuerverwaltung gemäss Ziffer 15.

Die Kündigung seitens der Steuerverwaltung erfolgt schriftlich an die Adresse des Unternehmens.

Auch im Falle einer Kündigung bleibt das Unternehmen dafür verantwortlich, seine Mehrwertsteuerabrechnungen innert 60 Tagen nach Ablauf der Abrechnungsperiode unaufgefordert einzureichen (Art. 58 Abs. 1 MWSTG).

10. Sicherheitsrisiken

Der Zugang zu e-MWST erfolgt je nach gewählter Zugangsart via eID.li oder Lilog.

Die Passwörter müssen geheim gehalten werden.

Die Übertragung der Datenpakete im Internet erfolgt verschlüsselt. Dritte können die Inhalte deshalb nicht einsehen. Da das Internet jedoch ein offenes Netz ist, können Dritte erkennen, dass eine Verbindung mit der Steuerverwaltung besteht. Für die Sicherheit der Daten während der Übermittlung via Internet übernimmt die Steuerverwaltung keine Haftung.

Der Kunde muss dafür Sorge tragen, dass sein IT-System mit Sicherheitsupdates aktuell gehalten ist und mit einem Virenschutzprogramm gegen Schadsoftware (Viren, Trojaner und Malware etc.) geschützt ist.

11. Datenschutz

Die Bearbeitung der Daten erfolgt unter Beachtung der Gesetzgebung über den Datenschutz.

12. Haftung

Die Nutzung von e-MWST erfolgt auf eigene Gefahr. Die Steuerverwaltung kann weder einen jederzeit unbeschränkten Zugang noch eine jederzeitige unbeschränkte Nutzbarkeit von e-MWST gewährleisten.

Die Steuerverwaltung schliesst jegliche Haftung für Schäden oder Folgeschäden aus, die sich aus dem Zugriff bzw. dem verunmöglichten Zugriff auf e-MWST oder einzelner seiner Elemente und ganz allgemein aus der Benutzung von e-MWST ergeben könnten.

13. Anwendbares Recht bei Streitigkeiten

Für sämtliche Streitigkeiten, die im Zusammenhang mit der Nutzung von e-MWST zwischen dem Unternehmen und der Steuerverwaltung entstehen, ist ausschliesslich liechtensteinisches Recht anwendbar.

14. Anpassungen der Nutzungsbedingungen

Die Steuerverwaltung behält sich vor, die Nutzungsbedingungen anzupassen. Das jederzeitige Kündigungsrecht seitens des Unternehmens sowie die kostenlose Nutzung von E-MWST sind von der Steuerverwaltung nicht ohne die ausdrückliche Zustimmung des Unternehmens abänderbar. Sonstige Anpassungen erfolgen schriftlich an die Adresse des Unternehmens und gelten ohne schriftlichen Widerspruch innert 30 Tagen ab Empfang als genehmigt.

15. Kontaktadresse

Steuerverwaltung
Fürstentum Liechtenstein
Mehrwertsteuer
Postfach 684
9490 Vaduz

E-Mail: info.mwst.stv@llv.li
Telefon: +423 236 68 19

Stand: November 2020

Abrechnungsperiode:
Einreichedatum und Zahlungsfrist:
Valuta (Verzugszins ab):
MWST-Nr:
Ref-Nr:

I. UMSATZ (zitierte Artikel beziehen sich auf das Mehrwertsteuergesetz vom 12.06.2009)	Ziffer	Umsatz CHF	Umsatz CHF	
Total der vereinbarten bzw. vereinnahmten Entgelte, inkl. optierte Leistungen, Entgelte aus Übertragungen im Meldeverfahren sowie aus Leistungen im Ausland (weltweiter Umsatz)	200			
In Ziffer 200 enthaltene Entgelte aus von der Steuer ausgenommenen Leistungen (Art. 21), für welche nach Art. 22 optiert wird	205			
Abzüge: Von der Steuer befreite Leistungen (u.a. Exporte, Art. 23), von der Steuer befreite Leistungen an begünstigte Einrichtungen und Personen (Art. 107 Abs. 1 Bst. a)	220			
Leistungen im Ausland (Ort der Leistung im Ausland)	221 +			
Übertragung im Meldeverfahren (Art. 38, bitte zusätzlich Form. 764 einreichen)	225 +			
Von der Steuer ausgenommene Inlandleistungen (Art. 21), für die nicht nach Art. 22 optiert wird	230 +			
Entgeltsminderungen wie Skonti, Rabatte usw.	235 +		Total Ziff. 220 bis 280	
Diverses (z.B. Wert des Bodens, Ankaufspreise Margenbesteuerung)	280 +		= –	289
Steuerbarer Gesamtumsatz (Ziff. 200 abzüglich Ziff. 289)	299		=	

II. STEUERBERECHNUNG

Satz		Leistungen CHF ab 01.01.2024	Steuer CHF / Rp. ab 01.01.2024			Leistungen CHF bis 31.12.2023	Steuer CHF / Rp. bis 31.12.2023	
Normal	303		+	8,1%	302		+	7,7%
Reduziert	313		+	2,6%	312		+	2,5%
Beherbergung	343		+	3,8%	342		+	3,7%
Bezugsteuer	383		+		382		+	

	Ziffer	Steuer CHF / Rp.		
Total geschuldete Steuer (Ziff. 302 bis 383)			=	399
Vorsteuer auf Material- und Dienstleistungsaufwand	400			
Vorsteuer auf Investitionen und übrigem Betriebsaufwand	405 +			
Einlageentsteuerung (Art. 32, bitte detaillierte Aufstellung beilegen)	410 +			
Vorsteuerkorrekturen: gemischte Verwendung (Art. 30), Eigenverbrauch (Art. 31)	415 –		Total Ziff. 400 bis 420	
Vorsteuerkürzungen: Nicht-Entgelte wie Subventionen, Tourismusabgaben (Art. 33 Abs. 2)	420 –		= –	479
Zu bezahlender Betrag	500		=	
Guthaben der steuerpflichtigen Person	510 =			

III. ANDERE MITTELFLÜSSE (Art. 18 Abs. 2)

Subventionen, durch Kurvereine eingenommene Tourismusabgaben, Entsorgungs- und Wasserwerkbeiträge (Bst. a-c)	900	
Spenden, Dividenden, Schadenersatz usw. (Bst. d-l)	910	

Der/die Unterzeichnende bestätigt die Richtigkeit seiner/ihrer Angaben:
Datum: Rechtsverbindliche Unterschrift Kontaktperson: Name, Tel.-Nr.

Vollmacht

Vollmachtgeber/in

MWST-Nr. ....
Name ....
Strasse ....
PLZ/Ort ....

Telefon ....
E-Mail ....

Vollmachtnehmer/in

Name ....
Strasse ....
PLZ/Ort ....

Telefon ....
E-Mail ....

Der/die Vollmachtgeber/in erteilt dem/der Vollmachtnehmer/in die Ermächtigung für die Vertretung in seinem/ihrem Namen gegenüber der Eidgenössischen Steuerverwaltung (ESTV), Hauptabteilung MWST:

Nur eine Auswahl möglich

- ☐ MWST-Abrechnungen, Korrekturabrechnungen, Auskünfte und administrative Angelegenheiten.
  Adresse: Die Korrespondenz wird dem/der **Vollmachtnehmer/in** zugestellt.
- ☐ MWST-Abrechnungen, Korrekturabrechnungen, Auskünfte und administrative Angelegenheiten.
  Adresse: Die Korrespondenz wird dem/der **Vollmachtgeber/in** zugestellt.
- ☐ Die Vollmacht gilt nur für folgende Handlungen (bitte genau definieren):
  ....
  ....
  ....
  ....

Diese Vollmacht bleibt gültig bis zum schriftlichen Widerruf.

Datum .... Unterschrift Vollmachtgeber/in ....

DM_1990

Schweizerische Eidgenossenschaft
Confédération suisse
Confederazione Svizzera
Confederaziun svizra

Eidgenössisches Finanzdepartement EFD
Eidgenössische Steuerverwaltung ESTV
Hauptabteilung Mehrwertsteuer

Name und Adresse der antragstellenden Firma:

MWST-Nr.: ______________________
ESTV-ID: ______________________

ESTV-intern: ERHEM Team 7

Verlagerung der Steuerentrichtung
(Art. 63 MWSTG)

Anwendungsantrag

Wir stellen hiermit Antrag, die auf der Einfuhr von Gegenständen geschuldete Steuer nicht dem Bundesamt für Zoll und Grenzsicherheit BAZG zu entrichten, sondern sie in der periodischen Steuerabrechnung der Eidgenössischen Steuerverwaltung (ESTV) auf separatem Formular Nr. 1234 zu deklarieren.

Wir haben vom Text des Anhangs zu diesem Anwendungsantrag Kenntnis genommen. Wir verpflichten uns, die darin genannten Bedingungen zu beachten.

Verlagerungsverfahren

Bitte füllen Sie die nachfolgende Tabelle mit den entsprechenden Daten aus.

1. Geschäftsjahr

vom: ______________________ bis: ______________________

2. Einfuhr

Die entrichtete Einfuhrsteuer im Rahmen unserer unternehmerischen, zum Vorsteuerabzug berechtigenden Tätigkeit während des letzten abgeschlossenen Geschäftsjahres beträgt:

	Einfuhrwert in CHF	Steuerbetrag in CHF
• **Gegenstände besteuert zum Normalsatz**		
• Gegenstände besteuert zum reduzierten Satz		
Total	**CHF 0,00**	CHF 0,00

3. Ausfuhr

Im Geschäftsjahr nach Ziffer 1 haben wir importierte Gegenstände wieder exportiert (gegebenenfalls nach einer Bearbeitung im Inland).

Der Ausfuhrwert dieser Gegenstände beträgt in CHF: __________

1/2

D_MWST Nr. 1231_02 / 05.22

4. Erklärung

Aufgrund der Ein- und Ausfuhren nach Ziffern 2 und 3 ist ein jährlicher Vorsteuerüberschuss von mehr als 10'000 Franken entstanden. Wird diese Limite nach Erteilung der Bewilligung nicht mehr überschritten, ist unverzüglich die ESTV zu benachrichtigen. Bei der Berechnung der Limite ist die verlagerte Einfuhrsteuerschuld jeweils zu berücksichtigen.

In diesem Zusammenhang ist zu erwähnen, dass Vorsteuerüberschüsse, die sich aus der Ausfuhr von Gegenständen ergeben, welche vorgängig im Inland bezogen / hergestellt wurden, nicht massgebend sind.

Zweigniederlassungen in: ______________________________

Ort und Datum:

____

Firmenstempel und rechtsgültige Unterschrift:

____

Es werden nur vollständig ausgefüllte und unterzeichnete Anträge bearbeitet.

Bewilligungs-Nr.

Die Anwendung der Verlagerung der Steuerentrichtung wird bewilligt ab: ______________

Bern, ______________________

Hauptabteilung Mehrwertsteuer
Abteilung Erhebung

2/2

D_MWST Nr. 1231_02 / 05.22

Schweizerische Eidgenossenschaft
Confédération suisse
Confederazione Svizzera
Confederaziun svizra

Eidgenössisches Finanzdepartement EFD
Eidgenössische Steuerverwaltung ESTV
Hauptabteilung Mehrwertsteuer

Verlagerung der Steuerentrichtung

Bedingungen zur Anwendung der Verlagerung

1. Gesetzliche Grundlagen

Auszug aus der Mehrwertsteuerverordnung vom 27. November 2009 (MWSTV)

Gestützt auf Artikel 63 des Bundesgesetzes vom 12. Juni 2009 über die Mehrwertsteuer (MWSTG) verordnet der Schweizerische Bundesrat:

Art. 117 Verlagerung der Entrichtung der Einfuhrsteuer

[1] Wer Steuern im Verlagerungsverfahren entrichten will, bedarf einer Bewilligung der ESTV.

[2] Bestehen Zweifel darüber, ob die Voraussetzungen für die Verlagerung der Einfuhrsteuer erfüllt sind, so erhebt das Bundesamt für Zoll und Grenzsicherheit BAZG die Steuer.

[3] Die Verjährung der verlagerten Einfuhrsteuerschuld richtet sich nach Artikel 42 MWSTG.

[4] Die ESTV regelt den Vollzug im Einvernehmen mit dem BAZG.

Art. 118 Bewilligungsvoraussetzungen

[1] Die Bewilligung wird erteilt, wenn die steuerpflichtige Person:

a. die Mehrwertsteuer nach der effektiven Methode abrechnet;
b. im Rahmen ihrer unternehmerischen Tätigkeit regelmässig Gegenstände importiert und exportiert;
c. über diese Gegenstände eine detaillierte Einfuhr-, Lager- und Ausfuhrkontrolle führt;
d. in ihren periodischen Steuerabrechnungen mit der ESTV regelmässig Vorsteuerüberschüsse aus Ein- und Ausfuhren von Gegenständen nach Buchstabe b von mehr als 10'000 Franken pro Jahr ausweist, die aus der Entrichtung der Einfuhrsteuer an das BAZG herrühren; und
e. Gewähr bietet für einen ordnungsgemässen Ablauf des Verfahrens.

[2] Die Erteilung oder Aufrechterhaltung der Bewilligung kann von der Leistung von Sicherheiten in Höhe der mutmasslichen Ansprüche abhängig gemacht werden.

Art. 119 Wegfall der Bewilligungsvoraussetzungen

Fällt eine der Voraussetzungen der Bewilligung nach Artikel 118 Absatz 1 Buchstaben a – d MWSTV weg, so muss die steuerpflichtige Person die ESTV unverzüglich schriftlich benachrichtigen.

Art. 120 Entzug der Bewilligung

Die Bewilligung wird entzogen, wenn die steuerpflichtige Person nicht mehr Gewähr für einen ordnungsgemässen Ablauf des Verfahrens bietet.

Art. 121 Nichterhebung der Inlandsteuer

Für die Bewilligung nach Artikel 63 Absatz 2 MWSTG gelten die Artikel 118 – 120 MWSTV sinngemäss.

D_MWST Nr. 1232_02 / 05.22

2. Weitere Bedingungen für die Erteilung der Bewilligung

Die Bewilligung wird nur erteilt, wenn die steuerpflichtige Person:

a) quartals- oder monatsweise über die Mehrwertsteuer abrechnet;
b) nicht nach Saldo- oder Pauschalsteuersätzen abrechnet;
c) die eingeführten Gegenstände nicht im Rahmen eines Vermittlungsgeschäfts importiert (die Einfuhr hat in jedem Fall im eigenen Namen zu geschehen; eine allfällige Weiterlieferung wäre in jedem Fall steuerbar).

Im Falle der Gruppenbesteuerung dürfen nur diejenigen Gruppenmitglieder das Verlagerungsverfahren anwenden, die über eine Bewilligung verfügen.

3. Buchführung und Aufbewahrung der Geschäftsbücher und Belege; Verfahrenspflichten und -rechte

Die Ziffern 3.1 bis 3.7 sind für alle steuerpflichtigen Personen im Verlagerungsverfahren zu beachten. **Die Ziffer 3.8 regelt spezielle Bedingungen nur für Unternehmen, die mit hochwertigen individualisierbaren Gegenständen handeln.**

3.1. Pflicht zur Buchführung

Die Geschäftsbücher einer steuerpflichtigen Person sind der Eigenart und Bedeutung des Unternehmens angepasst. Sie geben über sämtliche erbrachten Lieferungen und Dienstleistungen und die darauf entfallende MWST wie auch über den gesamten Aufwand und die abziehbare Vorsteuer lückenlos und detailliert Aufschluss.

Dies bedingt unter Umständen die Führung besonderer Hilfsbücher und Kontrollen (Eingangs- und Ausgangsfakturabücher oder -journale, Warenkontrollen, Unterlagen über das Anlagevermögen, Aufzeichnungen über gemischt verwendete Gegenstände und Dienstleistungen usw.).

Die einzelnen Geschäftsvorfälle müssen anhand von Einzelbelegen von der Eintragung in die Hilfs- und Grundbücher bis zur MWST-Abrechnung bzw. bis zum Jahresabschluss und umgekehrt leicht und zuverlässig verfolgt werden können. Die Ein- und Wiederausfuhr von Gegenständen muss einwandfrei nachgewiesen werden (z.B. mit der Veranlagungsverfügung, welche das BAZG bei der Ein- und Ausfuhr ausstellt).

3.2 Lagerkontrolle, allgemeine Bedingungen

Die steuerpflichtige Person, der eine Bewilligung zur Verlagerung der Einfuhrsteuer erteilt wird, muss über die im Rahmen ihrer Tätigkeit importierten und exportierten Gegenstände detaillierte Einfuhr-, Lager- und Ausfuhrkontrollen führen.

Diese sind den betrieblichen Verhältnissen anzupassen und müssen so gestaltet sein, dass sich die vollständige Erfassung aller Gegenstände – auch wenn sie von Dritten be- oder verarbeitet werden – vom Eingang bis zum Ausgang leicht und zuverlässig verfolgen lassen.

3.3 Pflicht zur Deklaration der Einfuhrsteuer

Mit jeder periodischen MWST-Abrechnung ist das ausgefüllte Formular Nr. 1234 der Abrechnung beizulegen.

3.4 Rückgabe bzw. unentgeltliche Weitergabe der Gegenstände im Inland

Hat die steuerpflichtige Person die Gegenstände als Verkaufskommissionärin oder zur Auswahl aus dem Ausland erhalten und gibt sie diese im Inland an den ausländischen Lieferanten bzw. Kommittenten zurück, so muss sie unverzüglich die ESTV, zwecks Korrektur des Vorsteuerabzuges schriftlich benachrichtigen.

Diese schriftliche Mitteilung an die ESTV ist nur dann nicht nötig, wenn der Lieferant oder Kommittent die Gegenstände direkt ausführt und die steuerpflichtige Person den **einwandfreien Nachweis** der Ausfuhr erbringt.

3.5 Vermittlungsgeschäfte

Eine Abfertigung im Verlagerungsverfahren ist für Einfuhren von Gegenständen, welche die steuerpflichtige Person bloss im Namen und für Rechnung des Vertretenen tätigt, nicht gestattet.

3.6 Nutzungsänderungen

Wir verweisen dazu auf die geltenden Bestimmungen in der MWST-Info Nutzungsänderungen.

3.7 Meldung bei Wegfall der Voraussetzungen

Bei Wegfall der Voraussetzungen für die Verlagerung (Art. 119 MWSTV) ist die steuerpflichtige Person verpflichtet, die ESTV, innert 15 Tagen nach Ablauf des Geschäftsjahres, in dem die Voraussetzungen nicht mehr erfüllt sind, die ESTV schriftlich zu benachrichtigen.

3.8 Bedingungen nur für Unternehmen, die mit hochwertigen individualisierbaren Gegenständen handeln

Beispiele von hochwertigen, individualisierbaren Gegenständen:
Kunstgegenstände, Antiquitäten, Perlen, Edelsteine, Schmucksteine, Edelmetalle u. dgl.

3.8.1 Lagerkontrolle

Elemente der Lagerkontrolle:

Eingang:
- Lagernummer; *)
- Lieferant (beim Kauf) / Kommittent, Herkunft (bei Kommission oder Auswahl);
- Datum der Faktura, des Liefer- bzw. Übergabescheins;
- Einfuhrdatum (Datum der Zollanmeldung);
- Tarifnummer;
- Nummer der Veranlagungsverfügung MWST, welche das BAZG bei der Einfuhr ausgestellt hat;
- genaue Warenbezeichnung; **)
- Menge, Anzahl, Gewicht; ***)
- Wert (Bemessungsgrundlage MWST) gemäss Veranlagungsverfügung MWST.

Ausgang: – Kunde (beim Verkauf), Kommissionär, Empfänger (bei Übergabe zur Auswahl);
– Datum der Faktura, des Liefer- bzw. des Übergabescheins;
– Ausfuhrdatum (Datum der Zollanmeldung);
– Tarifnummer;
– Nummer der Veranlagungsverfügung Ausfuhr, welche das BAZG ausgestellt hat;
– genaue Warenbezeichnung; **)
– Menge, Anzahl, Gewicht; ***)
– Wert (statistischer Wert) gemäss Veranlagungsverfügung Ausfuhr.

*) Diese Nummer ist in der Lagerkontrolle, auf Warenumhüllungen und allen Belegen (Lieferantenfakturen, Zolldokumente, Lieferscheine, Kundenrechnungen usw.) anzubringen.
**) Bei Gemälden z.B. auch Maler, Stil, Jahr.
***) z.B. auch Karat, Grain.

Eine Lagerkontrolle ist ausnahmslos auch für Gegenstände zu führen, welche die steuerpflichtige Person nicht aufgrund eines Verkaufsgeschäfts erhält (z.B. Miete, Kommission, Auswahl). Aus den Aufzeichnungen muss deutlich hervorgehen, aufgrund welcher Rechtsgeschäfte die Gegenstände eingeführt worden sind.

3.8.2 Gewichtsverluste, Warenschwund

Diese (z.B. bei Schleifverlusten von Edelsteinen) müssen aus der Lagerkontrolle ersichtlich sein.

4. Vorkehrungen bei der Anmeldung zur Einfuhrveranlagung

Auf der Einfuhr der Gegenstände erhebt das BAZG keine Steuer, wenn folgende Voraussetzungen erfüllt sind:

- Die anmeldepflichtige Person beantragt in der Zollanmeldung die Verlagerung der Einfuhrsteuer.
- Die steuerpflichtige Person, der das Verlagerungsverfahren bewilligt wurde, ist rechtmässige Importeurin der eingeführten Gegenstände, d.h. sie kann unmittelbar nach der Einfuhr über die Gegenstände wirtschaftlich verfügen.
- Bei der Einfuhr liegt ein auf die Importeurin (steuerpflichtige Person) lautendes Dokument (z.B. Rechnung, Proformarechnung, Konsignationsrechnung, Konsignationsvertrag, Brief mit Wertangaben) des Lieferanten resp. Versenders vor.
- Die Zollanmeldung enthält unter anderem folgende Informationen:
  - Feld „Importeur": Bewilligungsinhaber;
  - Feld „UID Importeur": Die Unternehmens-Identifikationsnummer des Importeurs;
  - Feld „Bewilligungen": Die Bewilligungsnummer des Importeurs;
  - Feld „MWST-Nr.": Die MWST-Nr. des Importeurs (bei Importeuren, die Mitglieder einer MWST-Gruppe sind: die MWST-Nr. der Gruppe).

Bestehen Zweifel darüber, ob die Voraussetzungen für die Verlagerung der Einfuhrsteuer erfüllt sind, erhebt das BAZG die Steuer.

Freundliche Grüsse

Abteilung Erhebung

4/4

D_MWST Nr. 1232_02 / 05.22

Schweizerische Eidgenossenschaft
Confédération suisse
Confederazione Svizzera
Confederaziun svizra

Eidgenössisches Finanzdepartement EFD
Eidgenössische Steuerverwaltung ESTV
Hauptabteilung Mehrwertsteuer

Name und Adresse (in Blockschrift)

MWST-Nr.:____________________
ESTV-ID: ____________________

ESTV-intern: Abteilungssekretariat Erhebung

Verlagerung der Steuerentrichtung auf der Einfuhr; Beilage zur MWST-Abrechnung

Bewilligungs-Nr. .... vom:..

Abrechnungsperiode: ....

Deklaration Einfuhrsteuer / Vorsteuerabzug

	CHF	Steuer-satz	Steuerbetrag in CHF
Total Einfuhrwert von Gegenständen und darauf geschuldete Steuer (Erläuterungen entnehmen Sie bitte dem Anhang zum Anwendungsantrag; Form. Nr. 1232):	....	8,0 %	....
	....		....
	....	2,5 %	....
	....		....
Total verlagerte Einfuhrsteuer / Vorsteuerabzug			0.00

Die oben erwähnten Beträge dürfen nicht in die MWST-Abrechnung einbezogen werden. **Dieses Zusatzformular ist immer der Abrechnung beizulegen (bitte nicht anheften).**

....
Ort und Datum Firmenstempel und rechtsgültige Unterschrift

erstellt durch: ....Telefon: ....

1/1

D_MWST Nr. 1234_01 / 05.14

Korrekturabrechnung (effektive Methode)

Diese Abrechnung ersetzt die bereits eingereichte Abrechnung

Herrn, Frau, Firma

MWST-Nr:

ESTV-ID:

Abrechnungsperiode:

von/bis:

deklarierter Steuerbetrag: CHF

I. UMSATZ (zitierte Artikel beziehen sich auf das Mehrwertsteuergesetz vom 12.06.2009)	Ziffer	Umsatz CHF	Umsatz CHF	
Total der vereinbarten bzw. vereinnahmten Entgelte, inkl. optierte Leistungen, Entgelte aus Übertragungen im Meldeverfahren sowie aus Leistungen im Ausland (weltweiter Umsatz)	200			
In Ziffer 200 enthaltene Entgelte aus von der Steuer ausgenommenen Leistungen (Art. 21), für welche nach Art. 22 optiert wird	205			
Abzüge: Von der Steuer befreite Leistungen (u.a. Exporte, Art. 23), von der Steuer befreite Leistungen an begünstigte Einrichtungen und Personen (Art. 107 Abs. 1 Bst. a)	220			
Leistungen im Ausland (Ort der Leistung im Ausland)	221			
Übertragung im Meldeverfahren (Art. 38, bitte zusätzlich Form. 764 einreichen)	225			
Von der Steuer ausgenommene Inlandleistungen (Art. 21), für die nicht nach Art. 22 optiert wird	230			
Entgeltsminderungen wie Skonti, Rabatte usw.	235		Total Ziff. 220 bis 280	
Diverses (z.B. Wert des Bodens, Ankaufspreise Margenbesteuerung)	280			289
Steuerbarer Gesamtumsatz (Ziff. 200 abzüglich Ziff. 289)	299			

II. STEUERBERECHNUNG

Satz		Leistungen CHF ab 01.01.2018	Steuer CHF / Rp. ab 01.01.2018		Ziffer	Leistungen CHF bis 31.12.2017	Steuer CHF / Rp. bis 31.12.2017	
Normal	302			7,7%	301			8,0%
Reduziert	312			2,5%	311			2,5%
Beherbergung	342			3,7%	341			3,8%
Bezugsteuer	382				381			
Total geschuldete Steuer (Ziff. 301 bis 382)								399
						Steuer CHF / Rp.		
Vorsteuer auf Material- und Dienstleistungsaufwand					400			
Vorsteuer auf Investitionen und übrigem Betriebsaufwand					405			
Einlageentsteuerung (Art. 32, bitte detaillierte Aufstellung beilegen)					410			
Vorsteuerkorrekturen: gemischte Verwendung (Art. 30), Eigenverbrauch (Art. 31)					415		Total Ziff. 400 bis 420	
Vorsteuerkürzungen: Nicht-Entgelte wie Subventionen, Tourismusabgaben (Art. 33 Abs. 2)					420			479
Zu bezahlender Betrag					500			
Guthaben der steuerpflichtigen Person					510			

III. ANDERE MITTELFLÜSSE (Art. 18 Abs. 2)

	Ziffer	
Subventionen, durch Kurvereine eingenommene Tourismusabgaben, Entsorgungs- und Wasserwerkbeiträge (Bst. a-c)	900	
Spenden, Dividenden, Schadenersatz usw. (Bst. d-l)	910	

Der/die Unterzeichnende bestätigt die Richtigkeit seiner/ihrer Angaben:

Datum: Rechtsverbindliche Unterschrift Kontaktperson: Name, Tel.-Nr.

DM_0535_02 / 01.18

Jahresabstimmung (Berichtigungsabrechnung nach Art. 72 MWSTG, effektive Methode)
In dieser Abrechnung sind nur die Differenzen zu den bisher eingereichten Abrechnungen zu deklarieren.

Herrn, Frau, Firma

MWST-Nr:

ESTV-ID:

Steuerperiode von/bis: 01.01. bis 31.12.

Wir bitten Sie bei einer Differenz zugunsten der ESTV den Betrag auf das Konto IBAN CH60 0900 0000 3000 0037 5 zu überweisen sowie unter „Mitteilung" die MWST-Nummer und den Zahlungsgrund (z.B. J2018 für das Jahr 2018) anzugeben

I. UMSATZ (zitierte Artikel beziehen sich auf das Mehrwertsteuergesetz vom 12.06.2009)

	Ziffer	Umsatz CHF		Umsatz CHF
Total der vereinbarten bzw. vereinnahmten Entgelte, inkl. optierte Leistungen, Entgelte aus Übertragungen im Meldeverfahren sowie aus Leistungen im Ausland (weltweiter Umsatz)	200			
In Ziffer 200 enthaltene Entgelte aus von der Steuer ausgenommenen Leistungen (Art. 21), für welche nach Art. 22 optiert wird	205			
Abzüge: Von der Steuer befreite Leistungen (u.a. Exporte, Art. 23), von der Steuer befreite Leistungen an begünstigte Einrichtungen und Personen (Art. 107 Abs. 1 Bst. a)	220			
Leistungen im Ausland (Ort der Leistung im Ausland)	221			
Übertragung im Meldeverfahren (Art. 38, bitte zusätzlich Form. 764 einreichen)	225			
Von der Steuer ausgenommene Inlandleistungen (Art. 21), für die nicht nach Art. 22 optiert wird	230			
Entgeltsminderungen wie Skonti, Rabatte usw.	235		Total Ziff. 220 bis 280	
Diverses (z.B. Wert des Bodens, Ankaufspreise Margenbesteuerung)	280			289
Steuerbarer Gesamtumsatz (Ziff. 200 abzüglich Ziff. 289)	299			

II. STEUERBERECHNUNG

Satz		**Leistungen CHF ab 01.01.2018**	**Steuer CHF / Rp. ab 01.01.2018**			Leistungen CHF bis 31.12.2017	Steuer CHF / Rp. bis 31.12.2017	
Normal	302			7,7%	301			8,0%
Reduziert	312			2,5%	311			2,5%
Beherbergung	342			3,7%	341			3,8%
Bezugsteuer	382				381			

	Ziffer	Steuer CHF / Rp.		
Total geschuldete Steuer (Ziff. 301 bis 382)				399
Vorsteuer auf Material- und Dienstleistungsaufwand	400			
Vorsteuer auf Investitionen und übrigem Betriebsaufwand	405			
Einlageentsteuerung (Art. 32, bitte detaillierte Aufstellung beilegen)	410			
Vorsteuerkorrekturen: gemischte Verwendung (Art. 30), Eigenverbrauch (Art. 31)	415		Total Ziff. 400 bis 420	
Vorsteuerkürzungen: Nicht-Entgelte wie Subventionen, Tourismusabgaben (Art. 33 Abs. 2)	420			479
Zu bezahlender Betrag	500			
Guthaben der steuerpflichtigen Person	510			

III. ANDERE MITTELFLÜSSE (Art. 18 Abs. 2)

	Ziffer	
Subventionen, durch Kurvereine eingenommene Tourismusabgaben, Entsorgungs- und Wasserwerkbeiträge (Bst. a-c)	900	
Spenden, Dividenden, Schadenersatz usw. (Bst. d-l)	910	

Der/die Unterzeichnende bestätigt die Richtigkeit seiner/ihrer Angaben:

Datum: ______ Rechtsverbindliche Unterschrift ______ Kontaktperson: Name, Tel.-Nr. ______

DM_0550 / 01.20

Jahresabstimmung (Berichtigungsabrechnung nach Art. 72 MWSTG, Saldosteuersatz / Pauschalsteuersatz)
In dieser Abrechnung sind nur die Differenzen zu den bisher eingereichten Abrechnungen zu deklarieren.

Herrn, Frau, Firma

MWST-Nr:

ESTV-ID.:

Steuerperiode von/bis: 01.01. bis 31.12.

Wir bitten Sie bei einer Differenz zugunsten der ESTV den Betrag auf das Konto IBAN CH60 0900 0000 3000 0037 5 zu überweisen sowie unter „Mitteilung" die MWST-Nummer und den Zahlungsgrund (z.B. J2018 für das Jahr 2018) anzugeben

I. UMSATZ (zitierte Artikel beziehen sich auf das Mehrwertsteuergesetz vom 12.06.2009)	Ziffer	Umsatz CHF	Umsatz CHF	
Total der vereinbarten bzw. vereinnahmten Entgelte, inkl. Entgelte aus Übertragungen im Meldeverfahren sowie aus Leistungen im Ausland (weltweiter Umsatz)	200			
Abzüge:				
Von der Steuer befreite Leistungen (u.a. Exporte, Art. 23), von der Steuer befreite Leistungen an begünstigte Einrichtungen und Personen (Art. 107 Abs. 1 Bst. a)	220			
Leistungen im Ausland (Ort der Leistung im Ausland)	221			
Übertragung im Meldeverfahren (Art. 38, bitte zusätzlich Form. 764 einreichen)	225			
Von der Steuer ausgenommene Inlandleistungen (Art. 21), für die nicht nach Art. 22 optiert wird	230			
Entgeltsminderungen wie Skonti, Rabatte usw.	235		Total Ziff. 220 bis 280	
Diverses (z.B. Wert des Bodens)	280			289
Steuerbarer Gesamtumsatz (Ziff. 200 abzüglich Ziff. 289)	299			

II. STEUERBERECHNUNG

		Leistungen CHF ab 01.01.2018	Steuer CHF / Rp. ab 01.01.2018		Leistungen CHF bis 31.12.2017	Steuer CHF / Rp. bis 31.12.2017	
1. Satz	322			321			
2. Satz	332			331			
Bezugsteuer	382			381			
Total geschuldete Steuer (Ziff. 321 bis 382)							399

	Ziffer	Steuer CHF / Rp.		
Steueranrechnung gemäss Formular Nr. 1050	470			
Steueranrechnung gemäss Formular Nr. 1055, 1056	471		Total Ziff. 470 bis 471	479
Zu bezahlender Betrag	500			
Guthaben der steuerpflichtigen Person	510			

III. ANDERE MITTELFLÜSSE (Art. 18 Abs. 2)	
Subventionen, durch Kurvereine eingenommene Tourismusabgaben, Entsorgungs- und Wasserwerkbeiträge (Bst. a-c)	900
Spenden, Dividenden, Schadenersatz usw. (Bst. d-l)	910

Der/die Unterzeichnende bestätigt die Richtigkeit seiner/ihrer Angaben:
Datum: Rechtsverbindliche Unterschrift Kontaktperson: Name, Tel.-Nr.

DM_0553 / 01.20

Slowakei

Allgemeines

Die slowakische Umsatzsteuer (daň z pridanej hodnoty - DPH) entspricht in allen wesentlichen Positionen/Definitionen der MwStSystRL.

Unternehmer/Organkreis

Der Unternehmerbegriff entspricht der Definition laut MwStSystRL.

Eine Gruppenbesteuerung/Organschaft ist möglich und erfolgt auf Antrag. Als Mitglieder kommen nur in der Slowakei ansässige Unternehmen oder slowakische Betriebsstätten ausländischer Unternehmen in Betracht. Es können nur juristische Personen Mitglieder einer Gruppenbesteuerung/Organschaft sein. Voraussetzung ist deren finanzielle, wirtschaftliche und organisatorische Verbundenheit. Die finanzielle Verbundenheit äußert sich dadurch, dass die betroffenen Unternehmen von einer beherrschenden Person im Sinne des slowakischen Handelsgesetzbuchs kontrolliert werden. Eine solche Beherrschung hat derjenige, der Stimmrechtsmehrheit besitzt. Wirtschaftliche Verbundenheit liegt vor, wenn die Haupttätigkeiten der Beteiligten voneinander abhängen oder ein gemeinschaftliches wirtschaftliches Ziel haben, oder wenn einer der Beteiligten seine Tätigkeit ganz oder teilweise zugunsten eines oder mehrerer anderer Beteiligter ausübt. Organisatorische Verbundenheit ist gegeben, wenn mindestens eine der Parteien an der Leitung oder Kontrolle einer anderen beteiligt ist. Alle Mitglieder einer Gruppenbesteuerung/Organschaft in der Slowakei treten – anders als in Deutschland – unter der gleichen Umsatzsteuer-ID-Nummer auf. Eine Gruppenbesteuerung/Organschaft ist bis zum 31.10. eines Jahres zu beantragen, um dann vom 1.1. des Folgejahres an Gültigkeit zu haben.

In der Slowakei haften die Gruppen-/Organkreismitglieder gesamtschuldnerisch für die Verpflichtungen der Gruppe/der Organschaft, die sich aus dem Umsatzsteuergesetz ergeben.

Während in der Slowakei ansässige Unternehmer sich erst dann zwingend zur Umsatzsteuer registrieren lassen müssen, wenn die Umsatzgrenze von 49.790 € überschritten wird, müssen ausländische Unternehmer sich unabhängig von einer Umsatzgrenze registrieren lassen, sobald in der Slowakei steuerpflichtige Leistungen erbracht werden, für die nicht das Reverse-Charge-Verfahren anwendbar ist. Für Unternehmen, die lediglich Versicherungs- und Finanzdienstleistungen erbringen oder Immobilien liefern oder vermieten, gelten Sonderregelungen – diese können auch bei Überschreiten der genannten Grenze für sich entscheiden, ob sie sich registrieren lassen wollen oder nicht.

In der Slowakei ist unter bestimmten Voraussetzungen auch eine freiwillige Registrierung möglich, wenn die o. g. Umsatzgrenzen nicht erreicht werden.

Nicht-Unternehmer müssen sich registrieren lassen, wenn die Erwerbschwelle (für den Bezug aus anderen EU-Staaten) den Wert von 14.000 € übersteigt.

Lieferung/sonstige Leistung

Das slowakische Umsatzsteuergesetz definiert die Begriffe der Lieferung und sonstigen Leistung entsprechend den Vorgaben der MwStSystRL.

Werklieferung/Werkleistung/Bauleistung

Eine Lieferung zuzüglich Montage wird auch in der Slowakei als Werklieferung angesehen. Als Ort der Werklieferung ist im slowakischen Umsatzsteuerrecht der Ort der Übergabe des fertigen Werkes festgelegt. Daher unterliegt jede in der Slowakei erbrachte Werklieferung der slowakischen Umsatzsteuer.

Reihengeschäfte

Auf dem Weg zu einem neuen endgültigen EU-Mehrwertsteuersystem wurden im Oktober 2018 durch die europäischen Finanzminister die sogenannten „Quick-Fixes“ erlassen.

Hierin wurden nun erstmals Vorschriften zu Reihengeschäften aufgenommen. Seit dem 1.1.2020 ist damit verbindlich für alle Mitgliedstaaten einheitlich die Zuordnung der bewegten Lieferung bei innergemeinschaftlichen Reihengeschäften geregelt. Das bisherige Problem, dass in anderen Mitgliedstaaten diesbezüglich abweichende Regelungen zu beachten waren, fällt somit seither weitestgehend weg.

Die EU-einheitlichen Regelungen hierzu finden sich in den Begriffsbestimmungen.

Diese Regelungen beziehen sich allerdings ausschließlich auf innergemeinschaftliche Reihengeschäfte, nicht jedoch auf Reihengeschäfte mit Drittlandsbezug (Einfuhr/Ausfuhr).

Verlagerungsverfahren/Reverse-Charge

Das slowakische Umsatzsteuerrecht sieht die Anwendung des Reverse-Charge-Verfahrens zunächst einmal vor bei

- in der Slowakei steuerbaren sonstigen Leistungen, die der „B2B-Grundregel“ (vgl. Art. 44 MwStSystRL, § 3a Abs. 2 UStG) unterliegen und von ausländischen Unternehmen erbracht werden.

Handelt es sich jedoch um ein ausländisches Unternehmen mit umsatzsteuerlicher Betriebsstätte in der Slowakei, so ist das Reverse-Charge-Verfahren nicht anzuwenden, wenn diese Leistung durch diese Betriebsstätte erbracht wurde.

BEISPIEL: ▶ Ein deutsches Unternehmen besitzt in der Slowakei eine umsatzsteuerliche Betriebsstätte. Aus dieser Betriebsstätte heraus werden Beratungsleistungen an ein slowakisches Unternehmen erbracht.

Das Reverse-Charge-Verfahren ist nicht anzuwenden. Das deutsche Unternehmen hat unter offenem Ausweis slowakischer Umsatzsteuer abzurechnen.

Weiterhin sieht das slowakische Umsatzsteuerrecht die Anwendung des Reverse-Charge-Verfahrens vor bei

- allen anderen sonstigen Leistungen, bei Werklieferungen und seit 1.1.2016 auch bei Warenlieferungen, die von ausländischen Unternehmen im o. g. Sinne an slowakische Unternehmen erbracht werden.

Von einer Leistungserbringung an ein slowakisches Unternehmen ist dann auszugehen, wenn das leistungsempfangende Unternehmen über eine umsatzsteuerliche Registrierung in der Slowakei verfügt. Das Vorhandensein eines Sitzes oder aber einer einer umsatzsteuerlichen Betriebsstätte in der Slowakei ist in diesem Kontext nicht zwingend notwendig.

Der Begriff der „umsatzsteuerlichen Betriebsstätte" ist gemäß Verwaltungsanweisung der slowakischen Finanzverwaltung der Rechtsprechung des EuGH entsprechend auszulegen.

Das Reverse-Charge-Verfahren ist außerdem anzuwenden bei

- der Lieferung bestimmter Arten von Anlagegold oder Gold in Form von Rohstoffen oder Halbfertigprodukten,
- Lieferungen von Metallschrott und -abfällen,
- Lieferungen sicherungsübereigneter Gegenstände durch einen steuerpflichtigen Sicherungsgeber an einen Sicherungsnehmer,
- Lieferungen von Gegenständen nach vorangegangener Übertragung des Eigentumsvorbehalts und der Ausübung des Eigentumsrechts durch den Abtretungsempfänger,
- Lieferungen von Grundstücken, die vom Schuldner im Rahmen eines Zwangsversteigerungsverfahrens verkauft werden,
- Lieferungen bestimmter landwirtschaftlicher Produkte (die Voraussetzung, dass der Wert der Einzeltransaktion 5.000 € überschreiten muss, wurde zum 1.1.2018 aufgehoben; mit Wirkung vom 1.1.2019 erging die Neuregelung, dass Verkäufe dieser

Produkte über elektronische Kassensysteme von der Anwendung des Reverse-Charge-Verfahrens ausgenommen sind),

- Lieferungen bestimmter Arten von Eisen und Stahl (Roh- und Vormaterialien; die Voraussetzung, dass der Wert der Einzeltransaktion 5.000 € überschreiten muss, wurde zum 1.1.2018 aufgehoben; mit Wirkung vom 1.1.2019 erging die Neuregelung, dass Verkäufe dieser Produkte über elektronische Kassensysteme von der Anwendung des Reverse-Charge-Verfahrens ausgenommen sind),
- Lieferungen von Mobiltelefonen und integrierten Schaltkreisen, sofern der Wert der Einzeltransaktion 5.000 € überschreitet (in Bezug auf die Lieferungen von Mobiltelefonen und integrierten Schaltkreisen besteht die Grenze von 5.000 € auch nach dem 1.1.2018 fort),
- der Übertragung von Emissionsrechten und vergleichbaren Rechten,
- Lieferungen von Gas über das Erdgasverteilungsnetz oder von Elektrizität, Wärme oder Kälte an bestimmte Unternehmer sowie
- bei der Lieferung von Bauten oder ihren Teilen inklusive des Baugrundstücks (sofern diese nicht steuerfrei geliefert werden),

jeweils unter bestimmten Voraussetzungen.

Seit dem 1.1.2016 wurde zudem das Reverse-Charge-Verfahren für

- bestimmte Lieferungen im Bausektor (Erbringung von Bauleistungen, Lieferung von Gebäuden und Teilen desselben aufgrund eines Werkvertrages oder ähnlicher Verträge sowie die Lieferung von Waren mit Montage oder Installation, wenn diese als Bauleistung zu qualifizieren sind)

eingeführt. Voraussetzung für die Anwendbarkeit dieser Regelung ist, dass der Leistungsempfänger zumindest in der Slowakei umsatzsteuerlich registriert ist. Die Ansässigkeit des Leistenden in der Slowakei ist für die Anwendbarkeit dieser Regelung nicht schädlich.

Konsignationslager/Call-off stock

Mit dem 1.1.2020 traten die sogenannten „Quick Fixes“ in Kraft, die u. a. eine EU-weite Vereinfachung in Form einer Konsignationslagerregelung vorsehen. Diese Regelung hat das Ziel, dass sich der Inhaber des Konsignationslagers (der „Lieferant“) nicht in dem EU-Staat für Umsatzsteuerzwecke registrieren lassen muss, in welchem er für seinen Kunden ein Konsignationslager unterhält.

Die EU-einheitlichen Regelungen hierzu finden sich in den Begriffsbestimmungen.

Werden die Voraussetzungen zur Anwendung dieser Vereinfachungsregelung nicht erfüllt, so gelten die „normalen“ Grundsätze:

Lieferungen aus dem EU-Ausland in das Lager in der der Slowakei gelten in diesem Fall als Verbringungen, die einer innergemeinschaftlichen Lieferung gleichgestellt sind. Den im Ausland steuerfreien Verbringungen steht in der Slowakei ein innergemeinschaftlicher Erwerb gegenüber, für den Erwerbsteuer anzumelden ist.

Die Lieferungen aus dem Konsignationslager an den Kunden werden dann als Inlandsumsatz innerhalb der Slowakei betrachtet und sind in der Slowakei umsatzsteuerpflichtig.

Eine Registrierung des Lieferanten für Umsatzsteuerzwecke in der Slowakei ist also notwendig, sofern die Voraussetzungen für die Anwendung der EU-weit geltenden Vereinfachungsregelung nicht gegeben sind.

Fernverkäufe

Mit Inkrafttreten der sogenannten „Quick Fixes“ zum 1.1.2020 wird u. a. EU-weit eine einheitliche Behandlung sogenannter „Fernverkäufe“ sicherstellt.

Als „Fernverkäufe“ werden grenzüberschreitende Warenlieferungen im EU-Gemeinschaftsgebiet an einen bestimmten Abnehmerkreis (vor Allem an Kunden, bei denen es sich nicht um Unternehmer handelt) bezeichnet.

Die EU-einheitlichen Regelungen hierzu finden sich in den Begriffsbestimmungen.

Sonderregelungen für die Betreiber „elektronischer Schnittstellen“

Mit den bereits erwähnten „Quick Fixes“ werden auch EU-einheitliche Regelungen für die Betreiber sogenannter „elektronischer Schnittstellen“ eingeführt. Als „elektronische Schnittstelle“ gelten beispielsweise elektronische Marktplätze oder elektronische Plattformen. Diese Regelungen greifen für bestimmte Warenverkäufe von Online-Händlern über solche Schnittstellen, wenn der Händler im Drittland ansässig ist, die Beförderung oder Versendung der Ware in der EU beginnt oder endet und die Kunden einem bestimmten Abnehmerkreis angehören (vor allem Kunden, bei denen es sich nicht um Unternehmer handelt).

Diese Regelung tritt für Umsätze und Einfuhren ab dem 1.7.2021 in Kraft.

Die EU-einheitlichen Regelungen hierzu finden sich in den Begriffsbestimmungen.

Steuerbefreiungen

Das slowakische Umsatzsteuergesetz sieht u. a. Umsatzsteuerbefreiungen (bzw. einen Steuersatz von 0 %) für die folgenden Lieferungen bzw. Leistungen vor:

- Ausfuhrlieferungen
- innergemeinschaftliche Lieferungen
- Arbeiten an beweglichen körperlichen Gegenständen, die nach Abschluss der Arbeiten ins Drittland zurückgelangen
- Transportleistungen und Personenbeförderungen
- Leistungen im Zusammenhang mit dem Im- und Export von Waren
- Lieferungen und Leistungen von öffentlichem Interesse (wie medizinische oder soziale Leistungen)
- bestimmte Finanz- und Versicherungsdienstleistungen
- Verkauf und Vermietung von Grund und Boden und Gebäuden unter bestimmten Voraussetzungen

Der Verkauf von Grund und Boden und Gebäuden in der Slowakei ist nicht von der Umsatzsteuer befreit, wenn es sich um Bauland handelt oder das Grundstück mit „neuen" Gebäuden bebaut ist. Als „neu" gilt ein Gebäude grds. innerhalb der ersten fünf Jahre.

Das slowakische Umsatzsteuerrecht kennt – wie das deutsche Recht auch – die Möglichkeit des Verzichtes auf die Steuerfreiheit bei der Vermietung und Verpachtung von Immobilien, sofern diese nicht für Wohnzwecke genutzt werden. Bei der Veräußerung von Gebäuden kommt ebenfalls ein Verzicht auf die Steuerfreiheit in Betracht, sofern es sich nicht um „neue" Gebäude handelt und das Gebäude nicht für Wohnzwecke genutzt wird. Bei der Veräußerung oder Verpachtung von Grund und Boden ist eine Option nicht möglich.

Steuersätze

In der Slowakei gelten zurzeit folgende Steuersätze:

- Normalsteuersatz: 20 %
- ermäßigter Steuersatz: 10 %
- ermäßigter Steuersatz: 5 %

Einem ermäßigten Steuersatz unterliegen u. a. die Lieferungen von Grundnahrungsmitteln, diverse Leistungen im Bereich des Tourismus und des Gastgewerbes wie Restaurant- und Verpflegungsdienstleistungen, die Lieferung von Medikamenten oder Büchern, Beherbergungsleistungen sowie Leistungen registrierter sozialer Unternehmen unter bestimmten Voraussetzungen.

Bemessungsgrundlage

Als Bemessungsgrundlage zur Ermittlung der slowakischen Umsatzsteuer gilt – entsprechend den Vorgaben der MwStSystRL – alles, was der Leistungsempfänger aufwendet, um die Leistung zu erhalten.

Das slowakische Umsatzsteuerrecht erlaubt die Minderung des Entgelts und dem folgend die Umsatzsteuerkorrektur im Falle eines Forderungsausfalles. Voraussetzung ist, dass der Leistungsempfänger nach Entstehen der Steuerschuld ganz oder teilweise nicht bezahlt und die Forderung nicht mehr durchsetzbar und damit „uneinbringlich" ist.

Eine solche Uneinbringlichkeit wird angenommen,

- wenn es sich um eine Forderung i. H. von maximal 1.000 € brutto handelt und seit mehr als 150 Tagen fällig ist (Lieferant muss nachweisen können, dass er Anstrengungen unternommen hat, die Forderung einzutreiben),
- wenn es sich um eine mehr als 150 Tage fällige Forderung handelt, die den Bruttobetrag von 1.000 € übersteigt, unter der Voraussetzung, dass der Lieferant versucht hat, die Forderung gerichtlich durchzusetzen,
- wenn es sich beim Kunden um eine juristische Person handelt und diese ohne Rechtsnachfolger erloschen ist,
- wenn es sich beim Kunden um eine natürliche Person handelt und diese verstorben ist,
- in Fällen der Insolvenz,
- bei Schuldenerlass sowie
- in Restrukturierungsfällen,

jeweils unter bestimmten Voraussetzungen.

Die Korrektur der Bemessungsgrundlage kommt jedoch nicht in Betracht, wenn

- der Kunde eine dem Leistenden nahestehende Person ist oder zum Zeitpunkt der Leistung war,
- die Leistung nach Eröffnung eines Insolvenzverfahrens erbracht wurde oder
- der Leistende zum Zeitpunkt der Leistungserbringung wusste oder hätte wissen müssen, dass der Kunde ganz oder teilweise nicht bezahlen wird.

Eine Umsatzsteuerkorrektur kommt grds. nur innerhalb von drei Jahren nach Ablauf der Frist der Umsatzsteuererklärung für den Zeitraum in Betracht, in dem die Leistung erbracht wurde.

Erhält der Steuerpflichtige nach erfolgter Umsatzsteuerkorrektur (doch noch) Zahlungen im Zusammenhang mit einer Forderung, muss er entsprechend eine weitere Korrektur melden.

Handelt es sich beim Kunden um einen Unternehmer, so hat der Leistende dem Kunden im Zeitpunkt der Geltendmachung der Uneinbringlichkeit einen Berichtigungsbeleg zu erteilen.

Der Kunde ist entsprechend zur Korrektur von geltend gemachter Vorsteuer verpflichtet, wenn er seiner Zahlungsverpflichtung nicht innerhalb von 100 Tagen nach Fälligkeit nachgekommen ist (auch dann, wenn kein vom Lieferanten ausgestellter Berichtigungsbeleg eingeht).

Vorsteuerabzug

Grundvoraussetzungen für die Inanspruchnahme des Vorsteuerabzugs sind:

- der Unternehmer muss eine Lieferung oder Leistung für sein Unternehmen bezogen haben,
- die Lieferung oder Leistung muss von einem anderen Unternehmer ausgeführt worden sein und
- der leistende Unternehmer muss eine ordnungsgemäße Abrechnung mit offen ausgewiesener Umsatzsteuer erstellt haben.

Nicht abzugsfähig ist die Vorsteuer in den folgenden Fällen:

- Aufwendungen zur Unterhaltung und Repräsentation
- bestimmte Bewirtungskosten

Rechnungsbestandteile

Grundsätzlich ist für jede Lieferung oder Leistung, die ein Unternehmen erbringt, eine ordnungsgemäße Rechnung zu erstellen. Diese Rechnungen müssen mindestens folgende Angaben enthalten:

- Name und Anschrift des Leistenden
- Umsatzsteuer-ID-Nummer des Leistenden
- ggf. Name und Anschrift des Vertreters des Leistenden sowie dessen Umsatzsteuer-ID-Nummer
- Name und Anschrift des Kunden
- Umsatzsteuer-ID-Nummer des Kunden

- Rechnungsdatum
- fortlaufende Rechnungsnummer
- Leistungszeitpunkt/Lieferzeitpunkt oder im Fall von Anzahlungsrechnungen Zeitpunkt der Vereinnahmung des Entgelts oder eines Teils des Entgelts, sofern der Zeitpunkt der Vereinnahmung feststeht und nicht mit dem Ausstellungsdatum der Rechnung übereinstimmt
- Angaben zu Menge und Art der Liefergegenstände/Leistungsbeschreibung
- Nettostückpreis
- Nettorechnungsbetrag (pro Steuersatz/Steuerbefreiung)
- jede im Voraus vereinbarte Minderung des Entgelts, soweit sie nicht im Entgelt berücksichtigt ist
- Umsatzsteuersatz oder ggf. Hinweis auf eine Steuerbefreiung (durch den Hinweis auf die nationale diesbezügliche Regelung im slowakischen Umsatzsteuergesetz, durch Hinweis auf die entsprechende Regelung in der MwStSystRL oder den Hinweis „this supply is exempt from VAT/dodanie je oslobodene od dane“)
- Umsatzsteuerbetrag in €

Im Falle einer Verlagerung der Umsatzsteuerschuld (Reverse-Charge) ist auf die Anwendung des Reverse-Charge-Verfahrens hinzuweisen („reverse-charge/prenesenie daňovej povinnosti“). Im Fall der Verwendung des „Cash Accounting“-Verfahrens (siehe „Anzahlungen/Cash-Accounting“) ist in der Rechnung auf die Anwendung dieses Verfahrens hinzuweisen („VAT applies based on the receipt of the payment/dan sa uplatnuje na zaklade prijatia platby“).

Bei Fremdwährungsrechnungen ist der Umsatzsteuerbetrag in € anzugeben. Maßgeblich für die Umrechnung ist der Tageskurs, den die Europäische Zentralbank für den Tag vor dem Tag bekannt gibt, an dem die Lieferung oder Leistung ausgeführt wurde. Wenn es den Finanzbehörden im Vorfeld angezeigt wurde, ist auch eine Umrechnung auf Basis des am Tag der Lieferung oder Leistung von den slowakischen Behörden für Zollzwecke veröffentlichten Wechselkurses gestattet. Entschließt sich ein Unternehmen, auf Basis des für Zollzwecke veröffentlichten Wechselkurses umzurechnen, so ist er an diese Wahl für ein ganzes Kalenderjahr gebunden.

Rechnungen sind nicht zwingend in slowakischer Sprache zu erteilen, jedoch können die slowakischen Finanzbehörden eine Übersetzung verlangen.

Es existieren Vereinfachungsregelungen für Kleinbetragsrechnungen, die mit elektronischem Kassensystem erteilt werden. Diese Regelungen greifen bei Rechnungen, die einen Bruttobetrag von 1.000 € im Fall von Barzahlungen bzw. einen Betrag von 1.600 € im Fall von anderen Zahlungsvarianten nicht überschreiten. In allen anderen

Fällen greifen Vereinfachungsregelungen für Rechnungen, die einen Bruttobetrag von 100 € nicht überschreiten.

Elektronische Rechnungen

In der Slowakei war in der Vergangenheit die Rechnungstellung auf elektronischem Wege möglich (aber nicht verpflichtend), sofern Authentizität und Integrität der Rechnung sichergestellt werden konnte und der Kunde mit der Rechnungstellung auf elektronischem Weg einverstanden war.

Diverse Mitgliedsstaaten treiben allerdings aktuell die Regelungen für die verpflichtende Rechnungstellung auf elektronischem Weg voran. Hierzu gehört auch die Slowakei.

Hier war die Einführung eines entsprechenden Systems ab dem 1.1.2023 geplant. Es sollte unter Anwendung eines übergangsweisen Testzeitraums zunächst mit dem öffentlichen Sektor begonnen werden, um das System dann ab dem 1.1.2024 vollständig einzuführen. Allerdings ist aktuell aufgrund von Verzögerungen kaum mit einer Einführung vor 2025 zu rechnen.

Die verpflichtende elektronische Rechnungstellung soll für inländische Unternehmer und für ausländische Unternehmer greifen, die in der Slowakei für Umsatzsteuerzwecke registriert sind. Hierzu wird Unternehmern eine kostenlose Online-Anwendung zur Verfügung gestellt. Der Rechnungstellungsprozess soll dergestalt ablaufen, dass Unternehmen ihre Rechnungsdaten zunächst an die Finanzverwaltung senden – entweder über die vorhandene Buchhaltungssoftware oder über die o. g. Online-Anwendung. Nach erfolgter Überprüfung durch die Finanzverwaltung (die in wenigen Sekunden erfolgt) sendet diese dem Unternehmer einen QR-Code zu, den dieser auf die Rechnung aufdrucken muss. Anschließend kann die Rechnung an den Kunden gesendet werden. Will der Kunde aus der Rechnung einen Vorsteuerabzug geltend machen, muss er diese Rechnung entsprechend in seiner Buchhaltungssoftware oder wieder in der o. g. Online-Anwendung kennzeichnen.

Lieferanten mit besonders vielen Ausgangsrechnungen soll es gestattet sein, die QR-Codes mit eigener Rechnungssoftware zu generieren.

Im Fall der erfolgreichen Einführung der verpflichtenden elektronischen Rechnungstellung wird in Erwägung gezogen, künftig auf die Einreichung des Local Listing (VAT Control Statement) zu verzichten. Ein weiterer Vorteil für Unternehmen wird sein, dass auf Basis der eingereichten Dokumente vorausgefüllte Umsatzsteuermeldungen generiert werden können.

Informationen zu diesem Thema finden sich unter:

https://web-einvoice-demo.mypaas.vnet.sk/

Anzahlungen/Cash-Accounting

Anzahlungen

Anzahlungsrechnungen sind zum Zeitpunkt des Geldeingangs zu versteuern.

Cash Accounting

Mit Wirkung ab dem 1.1.2016 wurde in der Slowakei das „Cash Accounting"-System eingeführt. Hiernach ist es Unternehmern – die sich für die Anwendung dieses Systems entscheiden – gestattet, die Umsatzsteuer auf Lieferungen und Leistungen nicht bereits zum Zeitpunkt der Leistungserbringung, sondern erst zum Zeitpunkt der Zahlung durch den Kunden abzuführen. In Bezug auf Eingangsleistungen ist den Unternehmern, die sich für das „Cash Accounting"-System entscheiden, dann analog der Vorsteuerabzug erst dann gestattet, wenn die maßgebliche Eingangsrechnung bezahlt wurde (unabhängig davon, ob der rechnungsausstellende Lieferant das „Cash Accounting"-System anwendet oder nicht).

Rechnungen von Unternehmern, die das „Cash-Accounting"-System anwenden, müssen einen entsprechenden Hinweis enthalten (siehe „Rechnungsbestandteile"). Fehlt dieser Hinweis auf einer Rechnung, darf das „Cash Accounting"-System nicht angewandt werden und die Steuer entsteht nach den „Standard-Regelungen". In diesem Punkt ist eine nachträgliche Rechnungskorrektur nicht möglich.

Die Möglichkeit der Anwendung dieses Systems besteht nur für Unternehmen mit Sitz, Niederlassung oder Betriebsstätte in der Slowakei, die gewisse Umsatzgrenzen nicht überschreiten. In Liquidation oder in Insolvenz befindliche Unternehmen sind von der Anwendung dieser Regelung ausgeschlossen. Auch ist die Regelung nicht anwendbar, wenn das Unternehmen Mitglied einer Gruppenbesteuerung/Organschaft ist.

Will man das „Cash-Accounting"-System in Anspruch nehmen, ist eine vorherige schriftliche Mitteilung an die Finanzbehörde notwendig. Diese Mitteilung ist auf einem speziellen Formular vorzunehmen, dass auf der Homepage der slowakischen Finanzdirektion zu finden ist. Alle Unternehmen, die von diesem System Gebrauch machen, werden auf der Homepage der slowakischen Finanzdirektion gelistet.

Gutschriften/Self Billing

Für die Einführung des Gutschriftenverfahrens ist vorab eine schriftliche Vereinbarung zwischen den Parteien erforderlich, in welcher dem Leistungsempfänger die Abrechnung im Gutschriftsverfahren gestattet wird. Diese Vereinbarung muss die genauen Bedingungen enthalten, die erfüllt sein müssen, damit die vom Kunden erteilten Gutschriften vom Lieferanten akzeptiert werden. Beide Vertragsparteien müssen eine Durchschrift dieser Vereinbarung besitzen, damit diese auf Verlangen der Finanzverwaltung vorgelegt werden kann.

Im Fall der Ausstellung einer Gutschrift ist der Hinweis „vyhotovenie faktúry odberatelom“ (= „Gutschrift“) aufzunehmen.

Aufbewahrung von Unterlagen

Die Aufbewahrungsfrist für Rechnungen beträgt i. d. R. zehn Jahre. Die Aufbewahrungsfristen für andere Dokumente sind unterschiedlich.

Seit 2013 kann die Aufbewahrung in beliebiger Form erfolgen (d. h. in Papierform oder in elektronischer Form). Bei Archivierung in elektronischer Form muss die Unveränderlichkeit der Belege sichergestellt sein.

Eine Aufbewahrung außerhalb der Slowakei ist gestattet. In bestimmten Fällen ist eine Meldung an die Finanzverwaltung oder ggf. sogar deren Genehmigung erforderlich.

Alle umsatzsteuerlich relevanten Unterlagen müssen jedoch auf Anforderung der Finanzverwaltung kurzfristig vorgelegt werden können.

Veranlagungsverfahren/ Steuererklärungen/ Local Listing (VAT Control Statement)/ Maßnahmen zur Bekämpfung des Umsatzsteuerbetrugs/ Kommunikation mit der Finanzverwaltung

Veranlagungsverfahren/Steuererklärungen

In der Slowakei gilt grds. der Monat als Besteuerungszeitraum. Lag der Jahresumsatz eines Unternehmers in den vergangenen zwölf Monaten unter 100.000 € und sind mindestens zwölf Monate seit der Registrierung für Umsatzsteuerzwecke vergangen, so kann die quartalsweise Abgabe beantragt werden.

Umsatzsteuer-Jahreserklärungen wie in Deutschland sind in der Slowakei nicht einzureichen.

Die Abgabe von Umsatzsteuer-Meldungen hat zwingend auf elektronischem Wege zu erfolgen.

Die Einreichung hat bis zum 25. des dem Meldezeitraum folgenden Monats zu erfolgen.

Zu diesem Stichtag ist auch eine etwaige Umsatzsteuer-Zahllast fällig.

Resultiert aus der Saldierung von Umsatzsteuer und Vorsteuer ein Vorsteuerüberhang, so wird dieser grds. in den folgenden Besteuerungszeitraum vorgetragen. Kann der Überhang im Folge-Besteuerungszeitraum nicht voll angerechnet werden, so erfolgt eine Auszahlung innerhalb von 30 Tagen nach Einreichung der Meldung für den folgenden Besteuerungszeitraum (sofern keine Steuerprüfung anberaumt wurde).

Eine Sonderregelung existiert, wenn der betroffene Unternehmer

- Anmeldungen im Monatsturnus einreicht,
- seit mindestens zwölf Monaten registriert ist und
- dieser in den letzten sechs Monaten weder Steuerschulden noch andere öffentliche Schulden über 1.000 € hatte.

In diesem Fall erfolgt die Auszahlung des Vorsteuerüberhangs auf Antrag innerhalb von 30 Tagen nach Ablauf der Frist zur Einreichung der Umsatzsteuer-Meldung, aus welcher sich der Vorsteuerüberhang ergab.

Die Auszahlung von Vorsteuerüberhängen erfolgt ausschließlich auf ein Bankkonto, welches vom Unternehmer für seine in der Slowakei der Umsatzsteuer unterliegenden Geschäftsaktivitäten genutzt wird. Dies ist den slowakischen Finanzbehörden mit speziell hierfür vorgesehenem Vordruck zu melden (Vordruck ist auf der Homepage der slowakischen Finanzbehörden veröffentlicht). Kommt der Unternehmer dieser Meldepflicht nicht nach, wird der Vorsteuerüberhang so lange weiter vorgetragen, bis der Unternehmer seiner Meldepflicht nachgekommen ist.

Im Hinblick auf die (slowakische) Einfuhrumsatzsteuer ist auf Folgendes hinzuweisen:

Derzeit wird die Einfuhrumsatzsteuer im Rahmen der Zollanmeldung erhoben.

Seit Jahren soll für umsatzsteuerliche Zwecke für bestimmte registrierte Personen-/Unternehmensgruppen das sog. „postponed accounting" eingeführt werden. Hierbei wird die Einfuhrumsatzsteuer nicht im Rahmen der Zollanmeldung erhoben und ist nicht an die Zollbehörde zu entrichten, sondern kann im Rahmen der einzureichenden Umsatzsteuererklärung des einführenden Unternehmers erklärt und abgeführt werden. Die Einführung dieser Regelung wird jedoch immer wieder verschoben.

Aus dieser Regelung ergäben sich Liquiditätsvorteile.

Local Listing (VAT Control Statement)

Seit 2014 haben Unternehmen in der Slowakei zusätzlich zu den laufenden Umsatzsteuermeldungen, den Zusammenfassenden Meldungen sowie den Intrastat-Meldungen sogenannte „Local Listings" (Kontrolný výkaz) einzureichen (auch: „VAT Control Statements – nachfolgend: „Local Listings").

Bei den „Local Listings" handelt es sich um detaillierte Angaben zu bestimmten Geschäftsvorfällen, die in vorgeschriebener Form im .xml-Format innerhalb der gleichen Fristen wie die Umsatzsteuermeldung zu machen sind. Hierbei werden Informationen wie Umsatzsteuer-ID-Nummer von Kunde bzw. Lieferant, Leistungsdatum, Rechnungsnummer, Bemessungsgrundlage und Umsatzsteuerbetrag, Umsatzsteuersatz usw. abgefragt.

Die verspätete Einreichung oder gar unterlassenes Einreichen kann zu Strafzahlungen oder unter Umständen zur Deregistrierung führen.

Die Angaben im Rahmen der „Local Listings" werden durch die slowakische Finanzbehörde automatisch auf Fehler hin überprüft. Hierdurch sollen Betrügereien wie Karussellgeschäfte oder die mehrfache Geltendmachung von Vorsteuer aus einer Rechnung identifiziert werden.

Maßnahmen zur Bekämpfung des Umsatzsteuerbetrugs

In der Slowakei existiert eine Regelung, wonach der Leistungsempfänger in bestimmten Fällen für die Abführung der Umsatzsteuer durch den Leistenden haftet. Betroffen sind folgende Fälle:

- Einkäufe bei in der Slowakei für Umsatzsteuerzwecke registrierte Unternehmen, die in einer gesondert von der slowakischen Finanzdirektion geführten Liste veröffentlicht sind:

  https://www.financnasprava.sk/sk/elektronicke-sluzby/verejne-sluzby/zoznamy/detail/_b6188880-e315-47f0-895d-a275008afcf2

  Die Liste wird in slowakischer Sprache geführt. Für die Suche wird alternativ der Firmenname („Nazov subjektu"), die Umsatzsteuer-ID-Nummer („IC DPH") oder ggf. die statistische Identifikationsnummer („ICO") des Lieferanten benötigt.

- Lieferungen mit unangemessen hohen oder niedrigen Preisen sowie die Tatsache einer personellen Verbindung zwischen den Organen oder Gesellschaftern von Lieferant und Abnehmer.

Unternehmer sind seit dem 30.11.2021 verpflichtet, der slowakischen Steuerbehörde ihre Bankkonten zu melden, die sie für ihre geschäftlichen Transaktionen verwenden. Diese Verpflichtung erstreckt sich sowohl auf in- wie auch auf ausländische Bankkonten und gilt für in- wie auch für ausländische Unternehmer.

Die Liste der gemeldeten Bankkonten wird seit dem 1.1.2022 zusammen mit den Angaben zur Identifizierung der Steuerpflichtigen auf der Website der slowakischen Steuerbehörde veröffentlicht und regelmäßig aktualisiert.

Etwaige Vorsteuererstattungen werden von der slowakischen Steuerbehörde nur auf ein solches gemeldetes Bankkonto vorgenommen.

Zahlen Kunden auf ein nicht in der o. g. Liste veröffentlichtes Bankkonto des Lieferanten, können die slowakischen Finanzbehörden vom Kunden die in der Rechnung ausgewiesene Umsatzsteuer verlangen, wenn und soweit der Lieferant diese nicht an den Fiskus gezahlt hat. Für den Fall, dass der Lieferant die Zahlung auf ein nicht registriertes Bankkonto verlangt, kann der Kunde das Haftungsrisiko dadurch beseitigen, dass er die Umsatzsteuer auf der Rechnung direkt auf ein von der Finanzverwaltung geführtes Konto überweist und nur den Rechnungs-Nettobetrag auf das vom Lieferanten gewünschte Bankkonto (sog. „Split Payment").

In der Slowakei werden Unternehmen auf Basis eines „Tax Reliability Index" in zuverlässige und unzuverlässige Steuerzahler eingeteilt. Die Bewertung erfolgt auf Grundlage verschiedener Kriterien wie die Erfüllung von Pflichten gegenüber der Finanzverwaltung und anhand wirtschaftlicher Kennzahlen. Zuverlässige Steuerzahler kommen in den Genuss diverser Vorteile (beispielsweise Gebührenermäßigung für die Erteilung verbindlicher Auskünfte oder bevorzugte Überprüfungen vor Auszahlung eines Vorsteuerüberhangs).

Kommunikation mit der Finanzverwaltung

Seit 2022 erfolgt die Kommunikation zwischen der slowakischen Finanzverwaltung und in der Slowakei ansässigen Steuerpflichtigen ausschließlich auf elektronischem Weg, sowohl in Richtung von als auch in Richtung zur Finanzverwaltung. Amtliche Entscheidungen und Dokumente werden an elektronische Postfächer des zentralen Portals der öffentlichen Verwaltung gesendet (*slovensko.sk*). Die Kommunikation auf diesem Weg wurde zunächst für Verbrauchsteuerzwecke eingeführt.

Nicht in der Slowakei ansässige Unternehmen können wählen, ob sie die Kommunikation auf elektronischem Weg wünschen. Ist das Postfach nicht für elektronische Kommunikation aktiviert, so erfolgt weiterhin die Kommunikation in Papierform.

Intrastat/Zusammenfassende Meldung

Intrastat-Meldungen sind monatlich – auf elektronischem Weg – bis zum 15. Tag des Folgemonats einzureichen, wenn die Schwellenwerte überschritten werden. Für Eingangs- und Ausgangsmeldungen gilt für das Jahr 2022 jeweils ein Schwellenwert von 1 Mio. €.

Um die Intrastat-Meldungen in der Slowakei elektronisch einreichen zu können, ist eine Registrierung beim Slovak Statistical Office durchzuführen. Im Rahmen der Registrierung werden ein Username und ein Passwort vergeben, mit denen dann die elektronische Einreichung möglich wird.

Zuständig:

Slovak Statistical Office
Lamačská cesta 3/C
840 05 BRATISLAVA 45
SLOWAKEI

Weitere Informationen in englischer Sprache finden sich unter

https://intrastat.financnasprava.sk/en/index.php?page=ako.

Die Zusammenfassende Meldung ist in der Slowakei grds. monatlich einzureichen. Soweit die Summe der Bemessungsgrundlagen für meldepflichtige Warenlieferungen weder für das laufende Kalendervierteljahr noch für eines der vier vorangegangenen Kalendervierteljahre jeweils mehr als 50.000 € beträgt, kann die Zusammenfassende Meldung kalendervierteljährlich eingereicht werden.

Die Zusammenfassenden Meldungen sind bis zum 25. des auf den Meldezeitraum folgenden Monats einzureichen.

Die Abgabe der Zusammenfassenden Meldung hat auf elektronischem Wege und – sofern nichts Anderes in Schriftform mit der slowakischen Finanzverwaltung vereinbart wurde – unter Nutzung einer qualifizierten elektronischen Signatur zu erfolgen.

Registrierung

Registrierung für umsatzsteuerliche Zwecke

In der Europäischen Union ansässige Unternehmer können sich über einen steuerlichen Vertreter registrieren lassen, jedoch grds. nur mit Bezug auf steuerfreie Einfuhren von Gegenständen, die im Anschluss an die Einfuhr unmittelbar zur Ausführung von innergemeinschaftlichen Lieferungen verwendet werden. In allen anderen Fällen ist für in der Europäischen Union ansässige Unternehmer die direkte Registrierung – d. h. nicht über einen steuerlichen Vertreter – vorgesehen.

Eine Regelung, wonach die Benennung eines Fiskalvertreters für in Drittländern ansässige Unternehmer obligatorisch ist, existiert in der Slowakei nicht. Grundsätzlich ist auch hier die direkte Registrierung vorgesehen, wobei die freiwillige Benennung eines steuerlichen Vertreters mit Bezug auf steuerfreie Einfuhren von Gegenständen, die im Anschluss an die Einfuhr unmittelbar zur Ausführung von innergemeinschaftlichen Lieferungen verwendet werden, möglich ist.

Zuständig ist:

Tax Office Bratislava I
Radlinského 37
P.O.Box 89
817 89 Bratislava 15
SLOWAKEI
www.financnasprava.sk

Für die umsatzsteuerliche Registrierung in der Slowakei werden folgende Unterlagen benötigt:

- Registrierungsformular (einzureichen ist das Formular in slowakischer Sprache, welches als Anlage beigefügt ist – dieses Formular ist leider nur in slowakischer Sprache verfügbar)
- Dieses Formular kann online ausgefüllt werden:

  https://pfseform.financnasprava.sk/Formulare/eFormVzor/REG/form.238.html

- aktueller Handelsregisterausdruck (amtlicher Ausdruck) nebst amtlicher Übersetzung in die slowakische Sprache
- Vollmachten (soweit erteilt) in slowakischer Sprache oder in anderer Sprache nebst amtlicher Übersetzung
- Bankbescheinigung, aus der sich ergibt, dass das Empfangskonto ein Konto der zu registrierenden Gesellschaft ist (möglichst die „International Bank Account Number" (IBAN) und den „Bank Identification Code" (BIC) mit angeben lassen)

Besondere Besteuerungsverfahren der „One-Stop-Shops"

Eine Registrierung für Umsätze in (anderen) EU-Staaten ist für einen Unternehmer nur dann zwingend erforderlich, wenn für seine Umsätze kein besonderes Besteuerungsverfahren (Stichwort „One-Stop-Shop") anwendbar ist.

Mehrfach wurden bereits die „Quick Fixes" erwähnt, mit denen Anfang 2020 zahlreiche EU-einheitliche Regelungen eingeführt wurden.

Durch die „Quick Fixes" werden auch EU-weit einheitliche Regelungen zu den besonderen Besteuerungsverfahren der „One-Stop-Shops" erlassen. Diese greifen für Umsätze, die ab dem 1.7.2021 ausgeführt werden.

Die EU-einheitlichen Regelungen zu diesem Thema finden sich in den Begriffsbestimmungen.

REGDP_1

ŽIADOSŤ O REGISTRÁCIU, OZNÁMENIE ZMIEN, ŽIADOSŤ O ZRUŠENIE REGISTRÁCIE NA DAŇ Z PRÍJMOV A DAŇ Z PRIDANEJ HODNOTY

Číselné údaje sa zarovnávajú vpravo, ostatné údaje sa píšu zľava. Nevyplnené riadky sa ponechávajú prázdne.
Údaje sa vypĺňajú paličkovým písmom (podľa tohto vzoru), písacím strojom alebo tlačiarňou, a to čiernou alebo tmavomodrou farbou.

Á Ä B Č D É F G H Í J K L M N O P Q R Š T Ú V X Ý Ž 0 1 2 3 4 5 6 7 8 9

DIČ (ak bolo pridelené)

Fyzická osoba Právnická osoba *(vyznačí sa x)*

Žiadosť o registráciu *(vyznačí sa x)*

Identifikačné číslo pre DPH (ak bolo pridelené)

Žiadosť o zrušenie registrácie

SK

Oznámenie zmeny týkajúcej sa registrácie

Dátum, ku ktorému nastala zmena

Oznámenie zmeny týkajúcej sa identifikačných údajov

. . 2 0

I. Druh dane, ku ktorému sa žiada registrácia, oznámenie zmeny alebo zrušenie registrácie

Daň z príjmov

získanie povolenia alebo oprávnenia na podnikanie, začatie výkonu inej samostatnej zárobkovej činnosti fyzickou osobou alebo začatie prenajímania nehnuteľnosti fyzickou osobou, vznik stálej prevádzkarne na území SR

zrušenie povolenia alebo zánik oprávnenia na podnikanie, ukončenie výkonu inej samostatnej zárobkovej činnosti fyzickou osobou alebo ukončenie prenajímania nehnuteľnosti fyzickou osobou, zánik stálej prevádzkarne na území SR

vznik povinnosti platiteľa dane z príjmov

zánik povinnosti platiteľa dane z príjmov

zo závislej činnosti

vyberaných zrážkou

platiteľa príjmu, z ktorého sa zabezpečuje daň

iné

Daň z pridanej hodnoty

tuzemská alebo zahraničná osoba

skupina [1)]

počet členov v skupine (vrátane zástupcu skupiny)

II. Fyzická osoba

Obchodné meno alebo dodatok obchodného mena

Titul uvádzaný pred menom

Meno

Priezvisko

Titul uvádzaný za menom

IČO

Rodné číslo

/

Dátum narodenia

. .

ak ide o fyzickú osobu s bydliskom mimo územia SR

Záznamy daňového úradu

Miesto pre evidenčné číslo

Odtlačok prezentačnej pečiatky daňového úradu

MFSR

Strana 1

REGDP_2

DIČ

Identifikačné číslo pre DPH
S K

III. Právnická osoba

Obchodné meno alebo názov

Právna forma

IČO (ak bolo pridelené na území SR)

IV. Adresa trvalého pobytu alebo sídla

Ulica

Súpisné/orientačné číslo
/

PSČ

Obec

Štát

Číslo telefónu*

E-mail*

V. Miesto podnikania (ak nie je totožné s trvalým pobytom)
Stála prevádzkareň / prevádzkareň na území Slovenskej republiky

(vyznačí sa x)

Názov a umiestnenie miesta podnikania alebo stálej prevádzkarne / prevádzkarne

Ulica

Súpisné/orientačné číslo
/

PSČ

Obec

VI. Organizačná zložka podľa Obchodného zákonníka (vyplní aj organizačná zložka zahraničnej osoby)

IČO organizačnej zložky (vrátane poradového čísla)
/

Názov a umiestnenie organizačnej zložky

Ulica

Súpisné/orientačné číslo
/

PSČ

Obec

VII. Osoba oprávnená konať (vyplní právnická osoba)

Titul uvádzaný pred menom

Meno

Priezvisko

Titul uvádzaný za menom

IČO

Rodné číslo
/

Dátum narodenia
. .

ak ide o fyzickú osobu s bydliskom mimo územia SR

MFSR

Strana 2

REGDP_3

DIČ

Identifikačné číslo pre DPH

S K

VIII. Čísla účtov v bankách, na ktorých sú sústredené peňažné prostriedky z podnikateľskej činnosti

Čísla účtov v bankách v Slovenskej republike

IBAN

Založenie účtu Zrušenie účtu

IBAN

Založenie účtu Zrušenie účtu

IBAN

Založenie účtu Zrušenie účtu

IBAN

Založenie účtu Zrušenie účtu

Účty zriadené v zahraničí

IBAN

Založenie účtu Zrušenie účtu

Štát, v ktorom je účet zriadený

Názov účtu

Úplný názov a adresa banky

IBAN

Založenie účtu Zrušenie účtu

Štát, v ktorom je účet zriadený

Názov účtu

Úplný názov a adresa banky

IX. Adresa na doručovanie na území členského štátu[2)]

Ulica

Súpisné/orientačné číslo

/

PSČ

Obec

Štát

MFSR

Strana 3

REGDP_4

DIČ

Identifikačné číslo pre DPH
S K

X. Splnomocnenec na doručovanie v tuzemsku[3)]

Splnomocnenec – **fyzická osoba**

DIČ (ak bolo pridelené)

Rodné číslo /

Meno

Priezvisko

Splnomocnenec – **právnická osoba**

DIČ (ak bolo pridelené)

IČO

Obchodné meno alebo názov

Ulica

Súpisné/orientačné číslo /

PSČ

Obec

Počet príloh
(uvedie sa v závislosti od príslušnej dane, ku ktorej sa žiadosť vzťahuje)

Dátum
. . 2 0

Vyhlasujem, že všetky uvedené údaje sú správne a úplné a že som si vedomý dôsledkov spojených s ich uvedením.

Podpis

XI. Poznámky

XII. Záznamy správcu dane

1) V prípade označenia tejto možnosti sa v časti II. až X. uvádzajú údaje zástupcu skupiny. Údaje o členoch skupiny sa uvádzajú v prílohe k žiadosti.
2) § 30 ods. 5 daňového poriadku.
3) § 9 ods. 11 daňového poriadku, potrebné doložiť plnomocenstvo.
*) Nepovinný údaj.

MFSR

Strana 4

REGDP_5

DIČ	Identifikačné číslo pre DPH
	S K

PRÍLOHA 1 - DAŇ Z PRIDANEJ HODNOTY

(vyznačí sa x)

Registrácia za platiteľa dane z pridanej hodnoty podľa § 4 ods. 1 zákona

Obrat za posledných 12 predchádzajúcich po sebe idúcich kalendárnych mesiacov (v eurách)*

mesiac a rok dosiahnutia obratu . 2 0

Registrácia za platiteľa dane z pridanej hodnoty podľa § 4 ods. 2 zákona

Registrácia za platiteľa dane z pridanej hodnoty podľa § 4 ods. 4 zákona

Dátum nadobudnutia podniku alebo jeho časti, alebo dodania stavby alebo prijatia platby pred jej dodaním . . 2 0

Registrácia za platiteľa dane z pridanej hodnoty podľa § 5 zákona

Registrácia za platiteľa dane z pridanej hodnoty podľa § 6 ods. 1 zákona

Celková hodnota bez dane dodaného tovaru do tuzemska formou zásielkového predaja (v eurách)*

Registrácia za platiteľa dane z pridanej hodnoty podľa § 6 ods. 2 zákona

Registrácia za platiteľa dane z pridanej hodnoty podľa § 6 ods. 3 zákona

Registrácia za platiteľa dane z pridanej hodnoty po skončení konania o dedičstve podľa § 83 zákona

Dátum nadobudnutia majetku dedičstvom . . 2 0

Zmena registrácie platiteľa dane z pridanej hodnoty podľa § 6a ods. 1 zákona

z registrácie podľa § 5 zákona na registráciu podľa § 4 zákona

z registrácie podľa § 6 zákona na registráciu podľa § 4 zákona

Deň, keď osoba registrovaná podľa § 5 alebo § 6 zákona prestala spĺňať status zahraničnej osoby . . 2 0

Zmena registrácie platiteľa dane z pridanej hodnoty podľa § 6a ods. 2 zákona

z registrácie podľa § 4 zákona na registráciu podľa § 5 zákona

z registrácie podľa § 4 zákona na registráciu podľa § 6 zákona

Deň, keď zahraničná osoba registrovaná podľa § 4 zákona prestala mať v tuzemsku sídlo, miesto podnikania, prevádzkareň, bydlisko alebo miesto, kde sa obvykle zdržiava . . 2 0

Registrácia pred nadobudnutím tovaru v tuzemsku z iného členského štátu podľa § 7 ods. 1 zákona

Celková hodnota tovaru bez dane nadobudnutého z iných členských štátov v kalendárnom roku (v eurách)*

Registrácia pred nadobudnutím tovaru v tuzemsku z iného členského štátu podľa § 7 ods. 2 zákona

Registrácia pred prijatím služby z iného členského štátu alebo pred dodaním služby do iného členského štátu podľa § 7a zákona

*) Nepovinný údaj.

MFSR

Príloha 1

REGDP_6

Strana /

Identifikačné číslo pre DPH skupiny
S K

PRÍLOHA 2 - DAŇ Z PRIDANEJ HODNOTY (člen skupiny)

Registrácia člena skupiny (vyznačí sa x)

Zmena registrácie skupiny z dôvodu: pristúpenia nového člena; vystúpenia člena; zániku člena bez likvidácie; pristúpenie právneho nástupcu zaniknutého člena skupiny

I. Člen skupiny

Miestne príslušný daňový úrad člena skupiny

IČ pre DPH (ak bolo pridelené) alebo DIČ

IČO

Rodné číslo /

Obchodné meno alebo názov

II. Sídlo (právnická osoba), miesto trvalého pobytu (fyzická osoba)

Ulica

Súpisné/orientačné číslo /

PSČ

Obec

Štát

Číslo telefónu*

E-mail*

III. Adresa miesta podnikania alebo prevádzkarne v tuzemsku (uvedie osoba so sídlom alebo trvalým pobytom v zahraničí)

Ulica

Súpisné/orientačné číslo /

PSČ

Obec

Číslo telefónu*

E-mail*

IV. Štatutárny zástupca

Meno

Priezvisko

Rodné číslo /

Dátum narodenia . .

ak ide o fyzickú osobu s bydliskom mimo územia SR

Potvrdzujem, že osoba uvedená ako zástupca skupiny je určená členmi skupiny na zastupovanie skupiny na účely uplatňovania dane z pridanej hodnoty.

Som si vedomý zodpovednosti za povinnosti skupiny vyplývajúce zo zákona o DPH a zo zákona o správe daní a poplatkov.

Dátum . .20

Podpis

*) Nepovinný údaj.

MFSR

Príloha 2

ZO 2-12

1 Spravodajská jednotka	Identif. číslo pre DPH	Číslo organ. jednotky
Názov		
Ulica		
PSČ	Obec	

Hlásenie o vývoze tovaru v rámci EÚ

ŠTATISTICKÝ ÚRAD SLOVENSKEJ REPUBLIKY

3 Obdobie

Registrované ŠÚ SR Č. Vk. 16/22 z 8.7.2021

Spravodajská jednotka predloží hlásenie do **15. kalendárneho dňa** po skončení sledovaného obdobia.

2 Zástupca	Identif. číslo pre DPH
Názov	
Ulica	
PSČ	Obec

4 Celkový počet položiek

5a) Poradové číslo hlásenia v sledovanom období

5b) Poradové číslo opravného hlásenia

6 Poradové číslo položky	7 Opis tovaru						18 IČ DPH partnera v členskom štáte určenia	
8 Kód tovaru								
9 Hodnota tovaru (v EUR)	10 Členský štát určenia	11 Región pôvodu	12 Krajina pôvodu	13 Čistá hmotnosť (kg)	14 Množstvo v dodat. merných jednotkách	15 Druh obchodu	16 Dodacie podmienky	17 Druh dopravy
6 Poradové číslo položky	7 Opis tovaru						18 IČ DPH partnera v členskom štáte určenia	
8 Kód tovaru								
9 Hodnota tovaru (v EUR)	10 Členský štát určenia	11 Región pôvodu	12 Krajina pôvodu	13 Čistá hmotnosť (kg)	14 Množstvo v dodat. merných jednotkách	15 Druh obchodu	16 Dodacie podmienky	17 Druh dopravy
6 Poradové číslo položky	7 Opis tovaru						18 IČ DPH partnera v členskom štáte určenia	
8 Kód tovaru								
9 Hodnota tovaru (v EUR)	10 Členský štát určenia	11 Región pôvodu	12 Krajina pôvodu	13 Čistá hmotnosť (kg)	14 Množstvo v dodat. merných jednotkách	15 Druh obchodu	16 Dodacie podmienky	17 Druh dopravy
6 Poradové číslo položky	7 Opis tovaru						18 IČ DPH partnera v členskom štáte určenia	
8 Kód tovaru								
9 Hodnota tovaru (v EUR)	10 Členský štát určenia	11 Región pôvodu	12 Krajina pôvodu	13 Čistá hmotnosť (kg)	14 Množstvo v dodat. merných jednotkách	15 Druh obchodu	16 Dodacie podmienky	17 Druh dopravy
6 Poradové číslo položky	7 Opis tovaru						18 IČ DPH partnera v členskom štáte určenia	
8 Kód tovaru								
9 Hodnota tovaru (v EUR)	10 Členský štát určenia	11 Región pôvodu	12 Krajina pôvodu	13 Čistá hmotnosť (kg)	14 Množstvo v dodat. merných jednotkách	15 Druh obchodu	16 Dodacie podmienky	17 Druh dopravy

Ochrana dôverných údajov je zaručená zákonom č. 540/2001 Z. z. o štátnej štatistike v znení neskorších predpisov. Ochranu osobných údajov upravuje zákon č. 18/2018 Z. z. o ochrane osobných údajov. Za ochranu dôverných a osobných údajov zodpovedá Štatistický úrad SR, ktorý na ich ochranu prijal vhodné technické a organizačné opatrenia.

A Podpis štatutárneho zástupcu alebo ním poverenej osoby:	B Hlásenie zostavil
	Meno a priezvisko:
	Adresa:
Pečiatka: Dátum:	
	Tel. č.:
	E-mail:

ZO 1-12

Hlásenie o dovoze tovaru v rámci EÚ

ŠTATISTICKÝ ÚRAD SLOVENSKEJ REPUBLIKY

Registrované ŠÚ SR Č. Vk. 15/22 z 8.7.2021

Spravodajská jednotka predloží hlásenie do **15. kalendárneho dňa** po skončení sledovaného obdobia.

1 Spravodajská jednotka	Identif. číslo pre DPH	Číslo organ. jednotky
Názov		
Ulica		
PSČ	Obec	
3 Obdobie		

2 Zástupca	Identif. číslo pre DPH
Názov	
Ulica	
PSČ	Obec

4 Celkový počet položiek	5a) Poradové číslo hlásenia v sledovanom období	
	5b) Poradové číslo opravného hlásenia	

6 Poradové číslo položky	7 Opis tovaru							
8 Kód tovaru								
9 Hodnota tovaru (v EUR)	10 Členský štát zasiania	11 Región určenia	12 Krajina pôvodu	13 Čistá hmotnosť (kg)	14 Množstvo v dodat. merných jednotkách	15 Druh obchodu	16 Dodacie podmienky	17 Druh dopravy
6 Poradové číslo položky	7 Opis tovaru							
8 Kód tovaru								
9 Hodnota tovaru (v EUR)	10 Členský štát zasiania	11 Región určenia	12 Krajina pôvodu	13 Čistá hmotnosť (kg)	14 Množstvo v dodat. merných jednotkách	15 Druh obchodu	16 Dodacie podmienky	17 Druh dopravy
6 Poradové číslo položky	7 Opis tovaru							
8 Kód tovaru								
9 Hodnota tovaru (v EUR)	10 Členský štát zasiania	11 Región určenia	12 Krajina pôvodu	13 Čistá hmotnosť (kg)	14 Množstvo v dodat. merných jednotkách	15 Druh obchodu	16 Dodacie podmienky	17 Druh dopravy
6 Poradové číslo položky	7 Opis tovaru							
8 Kód tovaru								
9 Hodnota tovaru (v EUR)	10 Členský štát zasiania	11 Región určenia	12 Krajina pôvodu	13 Čistá hmotnosť (kg)	14 Množstvo v dodat. merných jednotkách	15 Druh obchodu	16 Dodacie podmienky	17 Druh dopravy
6 Poradové číslo položky	7 Opis tovaru							
8 Kód tovaru								
9 Hodnota tovaru (v EUR)	10 Členský štát zasiania	11 Región určenia	12 Krajina pôvodu	13 Čistá hmotnosť (kg)	14 Množstvo v dodat. merných jednotkách	15 Druh obchodu	16 Dodacie podmienky	17 Druh dopravy

Ochrana dôverných údajov je zaručená zákonom č. 540/2001 Z. z. o štátnej štatistike v znení neskorších predpisov. Ochranu osobných údajov upravuje zákon č. 18/2018 Z. z. o ochrane osobných údajov. Za ochranu dôverných a osobných údajov zodpovedá Štatistický úrad SR, ktorý na ich ochranu prijal vhodné technické a organizačné opatrenia.

A Podpis štatutárneho zástupcu alebo ním poverenej osoby:	B Hlásenie zostavil
	Meno a priezvisko:
	Adresa:
Pečiatka: Dátum:	
	Tel. č.:
	E-mail:

Spanien

Allgemeines

Die spanische Umsatzsteuer (Impuesto sobre el valor anadido – IVA) wird gemäß den EU-weit gültigen Vorschriften der MwStSystRL erhoben, es gibt jedoch in einigen Bereichen Besonderheiten, insbesondere für ausländische Unternehmer, weil Spanien nicht alle Vorgaben der MwStSystRL umgesetzt hat.

Als umsatzsteuerliches Inland gelten das spanische Festland und die Balearischen Inseln. Die Kanarischen Inseln, Ceuta und Melilla gelten umsatzsteuerlich als Drittland und erheben eine eigene Umsatzsteuer.

Unternehmer/Organkreis

Der Unternehmerbegriff entspricht der Definition laut MwStSystRL. Eine Gruppenbesteuerung/Organschaft ist seit 2008 möglich. Allerdings besteht die Einschränkung, dass es sich um in Spanien ansässige Unternehmen handeln muss, weiterhin muss sich jedes Unternehmen gesondert zur Umsatzsteuer registrieren und erhält eine eigene Umsatzsteuernummer. Ausländische Unternehmen können nicht Teil einer Umsatzsteuergruppe sein und werden einzeln zur Umsatzsteuer veranlagt.

Zu beachten ist, dass in Spanien ertragsteuerliche Betriebsstätten als selbstständiges Steuersubjekt behandelt und somit gesondert zur Umsatzsteuer registriert werden müssen und jeweils eine eigene (Umsatz-)Steuernummer erhalten. Im Rahmen der Buchführung müssen die einzelnen Umsätze und empfangenen Leistungen der jeweiligen Betriebsstätte bzw. dem Stammhaus in Deutschland zugeordnet und in die entsprechende Umsatzsteuererklärung aufgenommen werden.

Auch für in Spanien ansässige Unternehmer gilt keine Kleinunternehmergrenze, so dass jeder Unternehmer, der in Spanien steuerbare Umsätze erbringt, sich zur Umsatzsteuer registrieren muss. Eine Ausnahme gilt nur für Unternehmer, die ausschließlich umsatzsteuerfreie Leistungen erbringen.

Lieferung/sonstige Leistung

Die Definition der Begriffe Lieferung und sonstige Leistung entspricht in Spanien grds. der MwStSystRL. Danach setzt eine Lieferung die Verschaffung der Verfügungsmacht an einem Gegenstand voraus. Dazu gehört auch die Übertragung von Rechtstiteln z. B. durch Übergabe von Traditionspapieren.

Der Ort der Lieferung liegt dann in Spanien, wenn sich der verkaufte Gegenstand zum Zeitpunkt der Verschaffung der Verfügungsmacht in Spanien befindet oder die Beförderung oder Versendung des Gegenstands in Spanien beginnt.

Abweichungen können sich bei Lieferungen im Rahmen von Reihengeschäften ergeben.

Bei Importen, die der spanischen Umsatzsteuer unterliegen, können Unternehmer, die monatliche Umsatzsteuererklärungen abgeben, auf Antrag die Einfuhrumsatzsteuer in die Steuererklärung verlagern. Die anfallende Einfuhrumsatzsteuer muss somit nicht an den Zoll gezahlt werden.

Auch im spanischen Umsatzsteuerrecht ist der Begriff der sonstigen Leistung negativ definiert, d. h. alle steuerbaren Vorgänge, die nicht als Lieferungen gelten, sind sonstige Leistungen.

Die Vorschriften zur Bestimmung des Ortes der sonstigen Leistung entsprechen den seit 1.1.2010 EU-weit gültigen Regeln. Eine sonstige Leistung, die an einen Unternehmer erbracht wird, gilt somit grds. als dort ausgeführt, wo der empfangende Unternehmer seinen Sitz hat. Ausnahmen von diesem Grundsatz existieren bei

- sonstigen Leistungen im Zusammenhang mit einem Grundstück
- Personenbeförderungen
- Restaurationsleistungen
- und der kurzfristigen Vermietung von Beförderungsmitteln

Die in der Vergangenheit sehr weit auszulegenden Regelungen hinsichtlich der abweichenden Bestimmung des Leistungsortes (Use and Enjoyment) wurden mit Wirkung ab Januar 2023 erheblich eingeschränkt.

Folgende Leistungen an nicht in der EU ansässige Unternehmer unterliegen der spanischen Umsatzsteuer, wenn diese in Spanien genutzt werden:

- Vermietung von Beförderungsmitteln
- Versicherungsleistungen und Finanzdienstleistungen

Marketing, technische und professionelle Beratungsleistungen sowie Datenverarbeitung und elektronische Dienstleistungen unterliegen nicht mehr der spanischen Umsatzsteuer, wenn der Leistungsempfänger ein Unternehmer ist.

Bei Leistungen an Privatkunden gilt die Leistung darüber hinaus beim Verkauf von immateriellen Wirtschaftsgütern wie Patenten, Copyrights, Werbeleistungen und Beratungsleistungen sowie ebenfalls Vermietung von Beförderungsmitteln als in Spanien erbracht, wenn die Leistung in Spanien genutzt wird.

Werklieferung/Werkleistung/Bauleistung

Als Ort der Lieferung ist im spanischen Umsatzsteuerrecht der Ort der Übergabe des fertigen Werkes festgelegt. Daher unterliegen in Spanien erbrachte Werklieferungen der spanischen Umsatzsteuer.

Anders als in den übrigen EU-Staaten wird eine Lieferung zzgl. Montage in Spanien nur dann als Werklieferung angesehen, wenn der Wert der Montage oder Installation mindestens 15 % des Gesamtwertes des Auftrags beträgt und der gelieferte Gegenstand nach erfolgter Montage unbeweglich wird.

Wenn der Wert der Montage weniger als 15 % des Gesamtwertes beträgt, wird die Montage als Nebenleistung der Lieferung angesehen und die gesamte Leistung als Lieferung betrachtet. In diesem Fall gilt die Lieferung von Teilen auf die Baustelle als innergemeinschaftlicher Erwerb.

Liegt hingegen eine Werklieferung vor, ist die Verbringung von Bauteilen auf die eigene Baustelle vom leistenden Unternehmer entsprechend den EU-Regelungen nicht zur Erwerbsteuer anzumelden. Eine Erwerbsbesteuerung ist jedoch durchzuführen, wenn Zukäufe von fremden Lieferanten auf die Baustelle im nicht-spanischen EU-Ausland erfolgen. Gegebenenfalls wird eine umsatzsteuerliche Registrierung erforderlich, um diese Erwerbe erklären zu können.

Die Werklieferung gilt zum Zeitpunkt der Abnahme als erbracht. Werden bereits vorher Anzahlungen oder Teilleistungen fakturiert, werden diese gemäß. den allgemeinen Regeln besteuert.

Als Bauleistungen gelten in Spanien neben klassischen Bauleistungen auch Renovierungsarbeiten, die den Wert eines Gebäudes steigern, wie der Einbau von neuen Türen, Heizungsanlagen und elektrischen Leitungen, die Lieferung von fest mit dem Boden verbundenen Industrieanlagen und die Gestellung von Personal für die Erbringung von Bauleistungen.

Reparatur- und Wartungsarbeiten gelten üblicherweise nicht als Bauleistungen.

Verlagerungsverfahren/Reverse-Charge

Ausländische Unternehmer, die nicht über eine feste Niederlassung eine Ansässigkeit in Spanien begründen, müssen alle in Spanien erbrachten Lieferungen netto unter Anwendung des Reverse-Charge-Verfahrens abrechnen, wenn der Kunde in Spanien ansässig ist.

Sofern der Kunde in Spanien umsatzsteuerlich registriert ist, gilt das Reverse-Charge-Verfahren unabhängig von der Ansässigkeit des Kunden für alle Warenlieferungen.

Bei der Erbringung von Werkleistungen oder sonstigen Leistungen, die in Spanien steuerbar und steuerpflichtig sind, ist die Verlagerungsregelung nur dann anzuwenden, wenn der Empfänger der Leistung in Spanien ansässig ist. Wird z. B. eine grundstücksbezogene Dienstleistung an einen nicht in Spanien ansässigen Unternehmer erbracht, muss diese zzgl. spanischer Umsatzsteuer fakturiert werden und der Dienstleister muss sich ggf. umsatzsteuerlich registrieren lassen.

Verfügt eine ausländische Gesellschaft über eine ertragsteuerliche Betriebsstätte, die als eigenes Steuersubjekt in Spanien registriert ist, wird – anders als in der Vergangenheit – nicht mehr automatisch auch von einer Ansässigkeit auch für umsatzsteuerliche Zwecke ausgegangen. Stattdessen folgt die spanische Finanzverwaltung der Anwendungsrichtlinie zur MwStSystRL zum Vorliegen einer festen Niederlassung. Zu beachten ist in jedem Fall, dass das Reverse-Charge-Verfahren nur dann nicht anzuwenden ist, wenn die Leistungen tatsächlich von der festen Niederlassung erbracht und unter Verwendung der entsprechenden Umsatzsteuernummer fakturiert werden.

Eine feste Niederlassung wird angenommen, wenn die Niederlassung auf Dauer angelegt ist und ausreichend eigenes Personal und die notwendigen finanziellen Ressourcen vor Ort zur Verfügung stehen, um die Geschäfte eigenständig und unabhängig vom Stammhaus abzuwickeln. Für in Spanien betriebene Warenlager – die in der Vergangenheit teilweise bereits als Betriebsstätte angesehen wurden – bedeutet dies, dass nur noch dann eine Ansässigkeit begründet wird, wenn eigenes Personal vor Ort ist, um Lieferungen aus dem Lager zu koordinieren.

Darüber hinaus wird eine feste Niederlassung unter folgenden Voraussetzungen angenommen:

- Handelsrechtlich registrierte Niederlassung
- in Spanien ansässiges Management
- Büro- oder Verkaufsräume in Spanien
- In Spanien tätiger Vertreter oder Agent darf das Stammhaus rechtlich vertreten

Bei reinen Montagetätigkeiten unter zwölf Monaten Dauer wird keine feste Niederlassung und daraus resultierende Ansässigkeit in Spanien begründet.

Unabhängig von der Ansässigkeit der beteiligten Unternehmer besteht ein generelles nationales Reverse-Charge-Verfahren für folgende Lieferungen:

- Bauleistungen
- Gold und Edelmetalle
- Emissionsrechte

- Schrott und Industrieabfälle (auch Kunststoff und Textilien)
- Mobiltelefone, Notebooks, Tablets und Spielekonsolen

Um sicherzustellen, dass der Kunde die Umsätze im Rahmen seiner spanischen Umsatzsteuermeldung berücksichtigt und die geschuldete Umsatzsteuer im Reverse-Charge-Verfahren erklärt, ist der folgende Hinweis zur Verlagerung der Steuerpflicht in die Rechnung aufzunehmen:

„Operacion sujeta a la inversion del sujeto pasivo de acuerdo con el Articulo 84.2 de la Ley del IVA".

Konsignationslager/Call-off stock

Zum 1.1.2020 hat Spanien die EU-weit gültigen „Quick fixes" zu Konsignationslagern umgesetzt (siehe dazu im Kapitel Begriffsbestimmungen).

Sofern die Voraussetzungen für die Abwicklung entsprechend der EU-weit gültigen Vereinfachungsregel nicht erfüllt sind, wird eine umsatzsteuerliche Registrierung erforderlich.

In diesem Fall gelten Lieferungen auf das Lager in Spanien als Verbringungen, die einer innergemeinschaftlichen Lieferung gleichgestellt sind. Den im Abgangsland steuerfreien Verbringungen steht in Spanien ein innergemeinschaftlicher Erwerb gegenüber. Sofern keine anderen Leistungen in Spanien erbracht werden, die eine umsatzsteuerliche Registrierung erfordern, kann eine vereinfachte Registrierung für statistische Zwecke erfolgen. (Zur Registrierung für statistische Zwecke siehe unter „Registrierung").

Bei Lieferung der Waren aus dem Lager an einen Kunden in Spanien wird ein innerspanischer Umsatz fakturiert. Für diesen gilt, dass die Steuerschuld auf den Kunden verlagert werden muss. Die Rechnung über die Lagerentnahmen muss also ohne spanische Umsatzsteuer (netto) unter Nennung der spanischen Steuernummer des Lieferanten und des Kunden erfolgen, zusätzlich ist auf den Übergang der Steuerschuld hinzuweisen:

„Operacion sujeta a la inversion del sujeto pasivo de acuerdo con el Articulo 84.2 de la Ley del IVA".

Steuerbefreiungen

Das spanische Umsatzsteuergesetz sieht u. a. Umsatzsteuerbefreiungen für die folgenden Lieferungen bzw. Leistungen vor:

- Ausfuhrlieferungen
- innergemeinschaftliche Lieferungen

- bestimmte Finanzdienstleistungen
- Verkauf und Vermietung von Grund und Boden, Gebäuden

Das spanische Umsatzsteuerrecht kennt – wie das deutsche Recht auch – die Möglichkeit des Verzichtes auf die Steuerfreiheit bei der Veräußerung von Grundstücken. Bei der Vermietung von Grundstücken und bei Finanzdienstleistungen ist eine Option hingegen nicht möglich.

Innergemeinschaftliche Lieferungen

Entsprechend den Vorgaben der MwStSystRL ist eine gültige Umsatzsteuer-ID-Nummer des Warenempfängers aufzuzeichnen und die Lieferung muss in die Zusammenfassende Meldung aufgenommen werden.

Weiterhin müssen für innergemeinschaftliche Lieferungen Nachweise vorgehalten werden, die die Lieferung in einen anderen EU-Staat belegen. Es gibt im spanischen Umsatzsteuergesetz keine genauen Regelungen, welche Dokumente zum Nachweis vorgelegt werden müssen, sondern dies muss sich aus den allgemeinen Handelsunterlagen ergeben. Um Diskussionen über ausreichende Nachweise mit dem spanischen Finanzamt zu vermeiden, ist zu empfehlen, den Nachweis gemäß EU-Richtline zu führen und mindestens zwei der nachfolgenden Dokumente vorzuhalten (falls der Kunde den Transport beauftragt hat, zusätzlich eine Bestätigung des Kunden):

- Unterzeichneter Frachtbrief oder CMR
- Bill of Lading
- Luftfrachtrechnung
- Transportrechnung oder Zahlungsnachweis über die Transportkosten

Alternativ kann ein oben genanntes Dokument in Verbindung mit einem der nachfolgenden Dokumente als Nachweis vorgehalten werden:

- Transportversicherung
- Bestätigung des Kunden über das Gelangen der Waren in einen anderen EU-Staat
- Bestätigung eines Lagerhalters in einem anderen EU-Staat über den Erhalt der Waren

Exporte ins Drittland

Wie in anderen EU-Staaten ist auch in Spanien der Export durch den elektronischen Ausgansvermerk des Zolls nachzuweisen. Alternativ kann durch Transportdokumente oder andere Dokumente nachgewiesen werden, dass die Waren die EU verlassen haben.

Reihengschäfte

Für innergemeinschaftliche Reihengeschäfte hat Spanien die EU-Regeln zu den „Quick fixes" umgesetzt. Verwendet der transportbeauftragende Unternehmer in der Mitte der Lieferkette eine spanische Umsatzsteuer-ID-Nummer, unterliegt die Lieferung an ihn der spanischen Umsatzsteuer und die nachfolgende Lieferung ist die umsatzsteuerfreie innergemeinschaftliche Lieferung. Tritt derselbe Unternehmer mit einer nicht-spanischen Umsatzsteuer-ID-Nummer auf, ist die Lieferung an ihn als umsatzsteuerfreie innergemeinschaftliche Lieferung anzusehen und die nachfolgende Lieferung unterliegt der Umsatzsteuer im Bestimmungsland. Dies gilt analog für Lieferungen nach Spanien.

Die Vereinfachung für innergemeinschaftliche Dreiecksgeschäfte ist nicht anwendbar, wenn der mittlere Unternehmer in Spanien umsatzsteuerlich registriert ist. In diesem Fall muss der mittlere Unternehmer zwingend einen innergemeinschaftlichen Erwerb in Spanien erklären und den Verkauf an den dritten Unternehmer zuzüglich spanischer Umsatzsteuer berechnen bzw. das Reverse-Charge-Verfahren für Lieferungen an einen ansässigen Kunden anwenden.

Werkzeugkostenzuschüsse

Das spanische Umsatzsteuerrecht sieht Werkzeugkostenzuschüsse nicht als Nebenleistung zur Hauptleistung an. Geht die Verfügungsmacht an dem Werkzeug an den Zuschussgeber über, liegt eine umsatzsteuerbare und auch umsatzsteuerpflichtige Lieferung in Spanien vor. Dies gilt auch in den Fällen, in denen die mit dem Werkzeug hergestellten Teile in das Drittlandsgebiet oder in einen anderen EU-Staat geliefert werden.

Steuersätze

In Spanien gelten folgende Steuersätze:

- Normalsteuersatz 21 %
- ermäßigter Steuersatz 10 %
- Niedrigsteuersatz 4 %

Dem ermäßigten Steuersatz von 10 % unterliegen unter anderem die folgenden Leistungen:

- Lebensmittel, sofern sie nicht als Grundnahrungsmittel gelten
- Trinkwasser
- Personentransport

- Restaurations- und Beherbergungsleistungen
- Arbeiten an Wohngebäuden für Privatpersonen

Der Niedrigsteuersatz von 4 % gilt vor allem für folgende Leistungen:

- Brot, Getreide, Gemüse und andere Grundnahrungsmittel
- Medikamente
- Printmedien

Bemessungsgrundlage

Als Bemessungsgrundlage zur Ermittlung der spanischen Umsatzsteuer gilt entsprechend den Vorgaben der MwStSystRL alles, was der Leistungsempfänger aufwendet, um die Leistung zu erhalten. Der Begriff „Bemessungsgrundlage" ist jedoch etwas weiter gefasst als in anderen EU-Staaten. Zum Begriff der Gegenleistung gehören so z. B. auch Zinsen, die aufgrund von Zahlungsverzögerungen fällig werden, wenn sie den üblichen Marktzinssatz überschreiten.

Im Falle eines Forderungsausfalles des Kunden kann eine Minderung des Entgeltes – und somit eine Umsatzsteuerkorrektur – erfolgen. Der leistende Unternehmer muss nachweisen, dass die Eintreibung der Forderung aufgrund Insolvenz oder anderweitig erfolglos war. Ein gerichtliches oder notarielles Mahnverfahren ist nicht mehr erforderlich. . Dem Kunden ist eine korrigierte Rechnung zu senden. Die Korrektur ist frühestens ein Jahr nach Entstehung der Steuerschuld möglich und kann maximal sechs Monate nach Bekanntwerden der Uneinbringlichkeit der Forderung gegenüber dem Finanzamt erklärt werden.

Vorsteuerabzug

Grundvoraussetzungen für die Inanspruchnahme des Vorsteuerabzugs sind:

- der Unternehmer muss eine Lieferung oder Leistung für sein Unternehmen bezogen haben
- die Lieferung oder Leistung muss von einem anderen Unternehmer ausgeführt worden sein und
- der leistende Unternehmer muss eine ordnungsgemäße Abrechnung mit offen ausgewiesener Umsatzsteuer erstellt haben

Nicht abzugsfähig ist die Vorsteuer für:

- 50 % der PKW-Kosten (Miete, Benzin, Reparaturen)
- Reisekosten, sofern nicht nachgewiesen werden kann, dass sie unternehmerischen Zwecken dienen
- Geschenke
- Lebensmittel, Getränke und Tabakwaren

Der Vorsteuerabzug von Einfuhrumsatzsteuer ist nur möglich, wenn die elektronischen Zollbelege und Zahlungsbestätigungen „Carta del Pago 0312“ vorliegen. Eine Rechnung des Zollagenten oder Spediteurs ist nicht ausreichend. Zu beachten ist, dass auch bei Vorliegen einer umsatzsteuerlichen Registrierung in Spanien (z. B. aufgrund von innergemeinschaftlichen Erwerben) die Vorsteuer nur dann im Rahmen der monatlichen oder quartalsweisen Steuererklärungen geltend gemacht werden kann, wenn in Spanien steuerbare Umsätze getätigt werden, die nicht dem Reverse-Charge-Verfahren unterliegen. Dazu gehören auch innergemeinschaftliche Lieferungen aus Spanien in andere EU-Staaten oder Exporte.

Wenn ein Unternehmen nur Umsätze tätigt, die dem Reverse-Charge-Verfahren unterliegen, muss die Vorsteuer trotz Bestehens einer umsatzsteuerlichen Registrierung im Vergütungsverfahren geltend gemacht werden.

Rechnungsbestandteile

Rechnungen sind innerhalb eines Monats nach Ausführung der Leistung in beliebiger Sprache zu erstellen. Im Fall einer Steuerprüfung kann das Finanzamt Übersetzungen anfordern. In den Rechnungen sind grds. folgende Angaben zwingend vorgeschrieben:

- Name und Anschrift des Leistenden
- Umsatzsteuer-(ID)-Nummer des Leistenden (NIF)
- Name und Anschrift des Kunden
- Umsatzsteuer-(ID)-Nummer des Kunden (NIF)
- Rechnungsdatum
- fortlaufende Rechnungsnummer
- Leistungszeitpunkt/Lieferzeitpunkt
- Leistungsbeschreibung
- Nettobetrag
- Umsatzsteuersatz
- Umsatzsteuerbetrag

- Hinweis auf vereinbarte Minderung des Entgelts
- ggf. Angabe des steuerlichen Vertreters/Fiskalvertreters
- ggf. Hinweis auf eine Steuerbefreiung unter Angabe der Vorschrift der MwStSystRL oder des spanischen Umsatzsteuergesetzes
  - Innergemeinschaftliche Lieferungen:

    Entrega intracomunitaria exenta de acuerdo con el artículo 25 de la Ley 37/1992
  - Exporte ins Drittland:

    Exportación exenta en virtud del artículo 21 de la Ley 37/1992
  - Im Falle einer Verlagerung der Umsatzsteuerschuld (Reverse-Charge) ist auf die Anwendung des Verlagerungsverfahrens hinzuweisen:

    „Operacion sujeta a la inversion del sujeto pasivo de acuerdo con el Articulo 84.2 de la Ley del IVA."

Das spanische Umsatzsteuerrecht sieht eine Vereinfachungsregelung für Kleinbetragsrechungen bis 400 € vor.

Rechnungskorrekten können nicht in Form einer einfachen Gutschrift oder Credit note erfolgen, sondern es ist eine Korrekturrechnung (factura rectificada) zu erstellen, die Bezug auf die ursprüngliche Rechnung nimmt und den Grund für die Korrektur enthält.

Rechnungen können auch in Fremdwährungen gestellt werden, es ist jedoch der Umsatzsteuerbetrag in Euro aufzuführen. Der Umsatzsteuerbetrag ist mit dem zum Leistungszeitpunkt gültigen Umrechnungskurs der spanischen Nationalbank umzurechnen und in Euro auf der Rechnung anzugeben.

Elektronische Rechnungen

Spanien hat zum 1.1.2013 die Vorgaben der EU zur elektronischen Rechnungsstellung umgesetzt.

Die elektronische Rechnungsstellung ist zulässig, wenn der Rechnungsempfänger ausdrücklich mit der elektronischen Fakturierung einverstanden ist. Es ist zu empfehlen, dies schriftlich zu dokumentieren.

Weiterhin müssen Rechnungssteller und Rechnungsempfänger die Echtheit der Herkunft einer Rechnung, die Unversehrtheit ihres Inhalts und die Lesbarkeit vom Zeitpunkt der Ausstellung bis zum Ende der gesetzlichen Aufbewahrungsfrist gewährleisten. Dies kann nach Wahl der Beteiligten in folgender Form erfolgen:

- Rechnungsübermittlung in einem EDI-System
- Versendung der Rechnungen mit einer elektronischen Unterschrift oder

- in jeder anderen Form, wenn ein dokumentiertes und dauerhaftes Kontrollsystem eingerichtet wird, das der Finanzverwaltung im Rahmen einer Prüfung ermöglicht, die empfangenen Daten nachzuvollziehen und eine nachträgliche Änderung auszuschließen.

Elektronische Rechnungen an Behörden oder Unternehmen der öffentlichen Hand sind gem. Gesetz 25/2013 in einem strukturierten Format mit einer fortgeschrittenen elektronischen Signatur oder Zertifikat zu stellen. Die elektronische Signatur kann mit einem Zertifikat nach Abs. 10 des Art. 2. der Richtlinie 1999/93/EG des Europäischen Parlaments und des Rates vom 13.12.1999 geleistet werden. Das Zertifikat muss von einem Zertifizierungsdienstanbieter, der in einem Land der EU anerkannt ist, ausgestellt werden.

Ab 2024 wird für alle Unternehmer bei B2B-Umsätzen schrittweise die Verpflichtung zur elektronischen Rechnungsstellung eingeführt:

- Ab Januar 2024 für Unternehmer mit einem Umsatz von 8 Mio. €und mehr pro Jahr.
- Ab Januar 2025 für alle anderen Unternehmer.

Die Einführungsrichtlinie war bei Drucklegung dieses Buches noch nicht veröffentlicht, so dass auch keine abweichende Regelung für nicht ansässige Unternehmer bekannt war.

Gutschriften/Self Billing

Die Abrechnung im Gutschriftsverfahren ist nach schriftlicher Vereinbarung zwischen den beteiligten Parteien möglich.

Eine Gutschrift muss alle formellen Anforderungen einer Rechnung erfüllen und innerhalb eines Monats nach dem Leistungszeitpunkt erstellt werden. Der leistende Unternehmer muss die vom Leistungsempfänger gestellte Gutschrift ausdrücklich akzeptieren. Die Gutschrift gilt als im Namen und für Rechnung des leistenden Unternehmers ausgestellt.

Sofern der Leistungsempfänger einer in Spanien steuerbaren und steuerpflichtigen Leistung außerhalb der EU ansässig ist, muss das zuständige Finanzamt die Abrechnung im Gutschriftsverfahren genehmigen.

Anzahlungen

Die Steuerpflicht auf Anzahlungen entsteht in Spanien nicht zum Zeitpunkt der Rechnungsstellung, sondern erst bei Eingang der Zahlung.

Aufbewahrung von Unterlagen

Alle umsatzsteuerlich relevanten Unterlagen sind grds. vier Jahre lang aufzubewahren, die handelsrechtliche Aufbewahrungsfrist beträgt sechs Jahre. Vorsteuerbelege wie Eingangsrechnungen, Zolldokumente und Zahlungsbelege über die Einfuhrumsatzsteuer sind im Original aufzubewahren.

Die Dokumente können außerhalb Spaniens aufbewahrt werden, sind aber im Rahmen einer Steuerprüfung kurzfristig vorzulegen.

Eine elektronische Archivierung ist ebenfalls zulässig, es muss aber sichergestellt sein, dass ein kurzfristiger Zugriff der Finanzverwaltung von Spanien aus möglich ist und die Dokumente im ursprünglich archivierten Zustand reproduzierbar sind.

Veranlagungsverfahren/Steuererklärungen

Grundsätzlich müssen in Spanien alle Erklärungen in elektronischer Form mit elektronischer Signatur abgegeben werden.

Umsatzsteuererklärungen sind in Spanien bis zu einer Umsatzgrenze von 6.010.121 € pro Jahr quartalsweise einzureichen. Übersteigen die Umsätze diese Grenze, sind monatliche Umsatzsteuererklärungen abzugeben. Auf Antrag können auch Unternehmer mit regelmäßigen Vorsteuerüberhängen monatliche Umsatzsteuererklärungen abgeben. Werden die Umsatzsteuererklärungen quartalsweise abgegeben, ist zusätzlich eine Jahreserklärung erforderlich.

Die Erklärung (Form 303) ist bis zum 20. Kalendertag des Folgemonats einzureichen, ebenfalls bis zu diesem Tag müssen die Zahlungen veranlasst sein. Für die letzte Steuerklärung des Jahres gilt eine Fristverlängerung bis Ende Januar. In der Vergangenheit konnten Umsatzsteuerzahlungen nur von einem spanischen Bankkonto vorgenommen werden. Seit dem 15.3.2021 sind auch Zahlungen von einem ausländischen Bankkonto möglich.

Zusätzlich muss ein registrierter Unternehmer, der nicht wegen Überschreitens der Umsatzgrenze zur Abgabe von monatlichen Steuererklärungen und SII-Meldungen verpflichtet ist, einmal pro Jahr eine Aufstellung aller in Spanien getätigten Umsätze und Wareneinkäufe über 3.000 € (Formular 347) – unterteilt nach dem jeweiligen Kunden/ Lieferanten – vorlegen. Diese Aufstellungen werden mit den Angaben der jeweiligen Geschäftspartner abgeglichen. Außerdem ist eine Jahreserklärung (Formular 390) einzureichen. Anders als in Deutschland ist diese Erklärung jedoch als Zusammenfassung der monatlichen/quartalsweisen Umsatzsteuererklärung zu sehen und es können keine Korrekturen in der Jahreserklärung vorgenommen werden.

Vorsteuerüberhänge werden grds. innerjährlich vorgetragen, ein Antrag auf Auszahlung ist nur mit Abgabe der Dezember-Erklärung möglich, sofern nicht die Abgabe monatlicher

Umsatzsteuererklärungen beantragt wurde. Anträge auf Auszahlung von Überhängen führen grds. zu einer Prüfung aller relevanten Vorgänge/Unterlagen durch die Finanzbehörde, wobei vorsteuerrelevante Unterlagen im Original vorgelegt werden müssen.

Unternehmer, die jährlich für mehr als 120.202,42 € steuerfreie innergemeinschaftliche Lieferungen und Exporte tätigen, können eine monatliche Erstattung der Vorsteuerguthaben beantragen.

Die allgemeine Verjährungsfrist für die nachträgliche Festsetzung der Umsatzsteuer durch das Finanzamt beträgt in Spanien vier Jahre ab Fälligkeit der Steuererklärung für die jeweilige Periode. Die Verjährungsfrist für die Geltendmachung von Vorsteuern oder Reduzierung des Umsatzsteuerbetrages durch den Unternehmer beträgt vier Jahre nach dem Leistungsdatum bei taggenauer Berechnung.

Fehler in der Steuererklärung dürfen unabhängig vom Betrag nicht in einer nachfolgenden Periode erklärt werden, sondern es ist eine korrigierte Umsatzsteuererklärung einzureichen. Alternativ kann die Korrektur durch einen Brief an das Finanzamt mit Erläuterung zum Hintergrund der Korrektur und Angabe des Feldes der Steuererklärung, das korrigiert werden muss, erfolgen.

Seit Juli 2021 werden erhöhte Strafen bei verspäteter Abgabe der Steuererklärung erhoben. Neben Verzugszinsen und Strafen für die nicht bzw. verspätet abgeführte Steuer wird eine Ordnungsstrafe i. H. von 1 % der Umsatzsteuer je Monat der Verspätung erhoben, bei mehr als einem Jahr Verzug werden 15 % der Umsatzsteuer (nicht Zahllast) fällig.

System zur direkten Informationsübermittlung – sistema de suministro inmediata (SII)

Seit dem 1.1.2017 sind alle Unternehmen, die aufgrund eines Umsatzes von mehr als 6.010.121 € in Spanien monatliche Umsatzsteuererklärungen abgeben, zusätzlich verpflichtet, innerhalb von vier Tagen detaillierte Informationen zu jeder einzelnen Ein- und Verkaufsrechnung an das Finanzamt zu übermitteln. Für verspätete und fehlerhafte Meldungen können Strafen von 300–6.000 € pro Quartal erhoben werden.

Folgende Informationen sind – teilweise in codierter Form – im Rahmen der SII-Meldung elektronisch an das Finanzamt zu übermitteln:

- Steuernummer des Kunden/Lieferanten
- Name des Kunden/Lieferanten
- Herkunfts-/Bestimmungsland
- Codierung der Steuernummer nach Inland/Ausland
- Codierung für Einkauf/Verkauf

- Rechnungsdatum
- Buchungsdatum
- Rechnungsart
  - Rechnung
  - Kleinbetragsrechnung
  - Ersatzrechnung (Kleinbetragsrechnung)
  - Zusammenfassung mehrerer Rechnungen (Sammelrechnung)
  - Korrekturrechnung (Art. 80.1, 80.2 und 80.6 UStGz)
  - Korrekturrechnung (Art. 80.3 UStGz)
  - Korrekturrechnung (Art. 80.4 UStGz)
  - Korrekturrechnung (sonstige)
  - Korrekturrechnung (Kleinbetragsrechnung)
- Transaktionscode
  - Allgemeines Verfahren
  - Export
  - Sonderverfahren gebrauchte Objekte
  - Sonderverfahren Investmentgold
  - Sonderverfahren Reisebüros
  - Sonderverfahren Organschaften
  - Sonderverfahren „criterio de caja"
  - Kanarische Umsatzsteuer
  - Vermittlungsleistungen von Reisebüros
  - Rechnungen für Honorare und Auftrag von Dritten
  - Vermietung von gewerblichen Objekten mit Quellensteuer
  - Vermietung von gewerblichen Objekten ohne Quellensteuer
  - Rechnung für Bauzertifizierung
  - Rechnung für noch nicht fällige Umsatzsteuer (Anzahlungen)
  - Import
- Rechnungsnummer
- Bemessungsgrundlage
- Steuersatz

- Steuerbetrag
- Bruttobetrag
- Qualifizierung Umsatzsteuerveranlagung
  - steuerpflichtig – ohne Anwendung des Reverse-Charge-Verfahrens
  - steuerpflichtig – mit Anwendung des Reverse-Charge-Verfahrens
- Steuerbefreiung
  - nicht steuerbar (Innenumsatz)
  - steuerfreie Exporte
  - exportähnlicher Umsatz
  - Lieferungen in Zolllagern und unter anderen Sonderzollverfahren
  - steuerfreie innergemeinschaftliche Lieferung
  - sonstige nicht steuerbare und steuerfreie Umsätze

IntraStat/Zusammenfassende Meldung

In Spanien werden sowohl Zusammenfassende Meldungen für innergemeinschaftliche Lieferungen als auch IntraStat-Meldungen abgegeben.

IntraStat-Meldungen sind bis zum 12. Tag des Folgemonats einzureichen, wenn die Schwellenwerte von 400.000 € für Ein- und Ausgangsmeldungen überschritten werden.

Das spanische Umsatzsteuerrecht sieht eine Zusammenfassende Meldung sowohl für innergemeinschaftliche Lieferungen als auch für Erwerbe vor. Die Zusammenfassenden Meldungen sind jeweils quartalsweise bis zum 20. Tag des Folgemonats einzureichen. Für das 4. Kalenderquartal (Oktober – Dezember) gilt eine verlängerte Frist bis Ende Januar.

Registrierung

Ausländische Unternehmer aus EU-Staaten können sich entweder direkt oder über einen steuerlichen Vertreter registrieren lassen. In der Praxis ist eine umsatzsteuerliche Registrierung ohne steuerlichen Vertreter kaum möglich, da für die Abgabe der Umsatzsteuererklärungen eine in Spanien registrierte elektronische Signatur erforderlich ist und für die Korrespondenz mit dem Finanzamt eine elektronische Mailbox eröffnet werden muss, die ebenfalls nur mit elektronischer Signatur zugänglich ist.

Für nicht in der EU ansässige Unternehmer aus Drittstaaten ist die Benennung eines Fiskalvertreters obligatorisch. Sofern nicht ansässige Unternehmen eine umsatzsteuerliche Registrierung beantragen, ist zunächst eine Steuernummer für die gesetzlichen Vertreter des Unternehmens zu beantragen.

Zuständig für die umsatzsteuerliche Registrierung ist das lokale Finanzamt, in dessen Bezirk entweder der steuerliche Vertreter ansässig ist oder sich die (umsatzsteuerliche) Betriebsstätte befindet. Falls eine direkte Registrierung erfolgt, ist das zentrale Finanzamt in Madrid zuständig:

Agencia Estatal de Administración Tributaria (AEAT)
Delegación Especial de Madrid
Sección de Regímes Especiales
Calle Guzmán el Bueno, 139
28071 Madrid
Tel: +34 91 582 6739
Fax: +34 91 582 6757
Email: consultas@aeat.es
Web: http://www.agenciatributaria.es/AEAT.internet/Inicio.shtml

Eine umsatzsteuerliche Registrierung in Spanien führt zunächst nur zur Erteilung einer Steuernummer (Numéro di identificatión fiscal – NIF). Eine Umsatzsteuer-ID-Nummer muss gesondert beantragt werden, wenn nachgewiesen werden kann, dass diese für innergemeinschaftliche Transaktionen benötigt wird. In der Regel erfolgt die Erteilung erst nach eingehender Prüfung durch das Finanzamt einige Monate nach Abschluss der umsatzsteuerlichen Registrierung rückwirkend zum Registrierungszeitpunkt.

In Spanien werden folgende Unterlagen für die umsatzsteuerliche Registrierung benötigt:

- Registrierungsformular 036
- Beschreibung der Tätigkeiten in Spanien
- ggf. Vollmacht für den Fiskalvertreter, beglaubigt und mit Haager Apostille versehen
- Handelsregisterauszug, beglaubigt und mit Haager Apostille versehen
- ggf. Rechnungen, Bestellungen etc., um die Notwendigkeit der Aktivierung der Umsatzsteuer-ID-Nummer nachzuweisen.
- Sofern eine Steuernummer für die Vertreter des Unternehmens beantragt werden muss, ist zusätzlich eine mit einer Haager Apostille versehene Kopie des Reisepasses oder Personalausweises der Vertreter erforderlich.

Ausländische Unternehmer, die lediglich Leistungen erbringen, für die das Reverse-Charge-Verfahren anwendbar ist, können eine umsatzsteuerliche Registrierung für statistische Zwecke vornehmen und erhalten eine spanische Umsatzsteuer-ID-Nummer, um den innergemeinschaftlichen Erwerb von Waren erklären oder Importe vornehmen zu können.

ANEXO V

MINISTERIO DE HACIENDA Y FUNCIÓN PÚBLICA

Agencia Tributaria

Teléfono: 901 33 55 33
www.agenciatributaria.es

Impuesto sobre el Valor Añadido

Autoliquidación

Modelo **303**

Identificación (1)

Devengo (2) Ejercicio [ ] Período [ ]

NIF [ ] Apellidos y Nombre o Razón social [ ]

	SI	NO
¿Está inscrito en el Registro de devolución mensual (Art. 30 RIVA)?	[ ]	[ ]
¿Tributa exclusivamente en régimen simplificado?	[ ]	[ ]
¿Es autoliquidación conjunta?	[ ]	[ ]
¿Ha sido declarado en concurso de acreedores en el presente período de liquidación?	[ ]	[ ]
¿Ha optado por el régimen especial del criterio de Caja (art. 163 undecies LIVA)?	[ ]	[ ]
¿Es destinatario de operaciones a las que se aplique el régimen especial del criterio de caja?	[ ]	[ ]
Opción por la aplicación de la prorrata especial (artículo 103.Dos.1° LIVA)	[ ]	
Revocación de la opción por la aplicación de la prorrata especial (artículo 103.Dos.1° LIVA)	[ ]	
Exonerados de la Declaración-resumen anual del IVA, modelo 390: ¿Existe volumen de operaciones (art. 121 LIVA)?	[ ]	[ ]

Espacio reservado para numeración por código de barras

Fecha en que se dictó el auto de declaración de concurso — Día Mes Año

Si se ha dictado auto de declaración de concurso en este período indique el tipo de autoliquidación — Preconcursal [ ] Postconcursal [ ]

Liquidación (3)

Régimen general

IVA devengado

	Base imponible	Tipo %	Cuota
Régimen general	01	02	03
	04	05	06
	07	08	09
Adquisiciones intracomunitarias de bienes y servicios	10		11
Otras operaciones con inversión del sujeto pasivo (excepto. adq. intracom)	12		13
Modificación bases y cuotas	14		15
Recargo equivalencia	16	17	18
	19	20	21
	22	23	24
Modificaciones bases y cuotas del recargo de equivalencia	25		26
Total cuota devengada ([03] + [06] + [09] + [11] + [13] + [15] + [18] + [21] + [24] + [26])			27

IVA deducible

	Base	Cuota
Por cuotas soportadas en operaciones interiores corrientes	28	29
Por cuotas soportadas en operaciones interiores con bienes de inversión	30	31
Por cuotas soportadas en las importaciones de bienes corrientes	32	33
Por cuotas soportadas en las importaciones de bienes de inversión	34	35
En adquisiciones intracomunitarias de bienes y servicios corrientes	36	37
En adquisiciones intracomunitarias de bienes de inversión	38	39
Rectificación de deducciones	40	41
Compensaciones Régimen Especial A.G. y P.		42
Regularización bienes de inversión		43
Regularización por aplicación del porcentaje definitivo de prorrata		44
Total a deducir ([29] + [31] + [33] + [35] + [37] + [39] + [41] + [42] + [43] + [44])		45

Resultado régimen general ([27] - [45]) 46

Ejemplar para el sujeto pasivo

Modelo
303

NIF | Apellidos y Nombre o Razón social | **Página 2**

Régimen simplificado

A Actividades agrícolas, ganaderas y forestales

Actividad A_1

Código | Volumen ingresos | Índice cuota | Cuota devengada

1T, 2T, 3T: Porcentaje ingreso a cuenta ____ % | Ingreso a cuenta A ____

4T: Cuota soportada operaciones corrientes ____ | Cuota anual derivada del Régimen simplificado B ____

Actividad A_2

Código | Volumen ingresos | Índice cuota | Cuota devengada

1T, 2T, 3T: Porcentaje ingreso a cuenta ____ % | Ingreso a cuenta A ____

4T: Cuota soportada operaciones corrientes ____ | Cuota anual derivada del Régimen simplificado B ____

B Actividades en régimen simplificado (excepto agrícolas, ganaderas y forestales)

Actividad B_1 Epígrafe IAE ____

	Nº unidades de módulo	Importe
Módulo 1		
Módulo 2		
Módulo 3		
Módulo 4		
Módulo 5		
Módulo 6		
Módulo 7		

Cuota devengada operaciones corrientes C

Reducciones ..... D

1T, 2T, 3T:

Índice corrector de actividades de temporada ..... Z

Porcentaje ingreso a cuenta ..... E %

Ingreso a cuenta* ([C] - [D]) x [E] ..... F

* Ver instrucciones para actividades de temporada y accesorias

Actividad B_2 Epígrafe IAE ____

	Nº unidades de módulo	Importe
Módulo 1		
Módulo 2		
Módulo 3		
Módulo 4		
Módulo 5		
Módulo 6		
Módulo 7		

Cuota devengada operaciones corrientes C

Reducciones ..... D

1T, 2T, 3T:

Índice corrector de actividades de temporada ..... Z

Porcentaje ingreso a cuenta ..... E %

Ingreso a cuenta* ([C] - [D]) x [E] ..... F

* Ver instrucciones para actividades de temporada y accesorias

Suma de ingresos a cuenta del conjunto de actividades ($A_1 + A_2 + A_3 + ... + F_1 + F_2 + F_3 + ...$) 47

4T (Actividad B_1):

Cuotas soportadas operaciones corrientes ..... G

Índice corrector de actividades de temporada ..... H

RESULTADO ([C] - [D] - [G]) x [H] I

Porcentaje cuota mínima ..... J %

Devolución cuotas soportadas otros países ..... K

Cuota mínima L

Cuota anual derivada régimen simplificado ..... M

4T (Actividad B_2):

Cuotas soportadas operaciones corrientes ..... G

Índice corrector de actividades de temporada ..... H

RESULTADO ([C] - [D] - [G]) x [H] I

Porcentaje cuota mínima ..... J %

Devolución cuotas soportadas otros países ..... K

Cuota mínima L

Cuota anual derivada régimen simplificado ..... M

Actividades A + B:

Suma de cuotas derivadas régimen simplificado del conjunto de actividades ($B_1 + B_2 + ... + M_1 + M_2 + ...$) 48

Suma de ingresos a cuenta realizados en el ejercicio 49

Resultado ([48] - [49]) 50

Cuotas devengadas

Adquisiciones intracomunitarias de bienes 51

Entregas de activos fijos 52

IVA devengado por inversión del sujeto pasivo 53

Total cuota resultante: Si 1T, 2T, 3T: ([47] + [51] + [52] + [53]) 54
Si 4T: ([50] + [51] + [52] + [53])

IVA deducible

Adquisición o importación de activos fijos 55

Regularización bienes de inversión 56

Total IVA deducible ([55] + [56]) 57

Resultado régimen simplificado ([54] - [57]) 58

Ejemplar para el sujeto pasivo

Modelo **303** NIF | Apellidos y Nombre o Razón social | **Página 3**

Información adicional

Entregas intracomunitarias de bienes y servicios	59	
Exportaciones y operaciones asimiladas	60	
Operaciones no sujetas o con inversión del sujeto pasivo que originan el derecho a deducción	61	

Exclusivamente para aquellos sujetos pasivos acogidos al régimen especial del criterio de caja y para aquéllos que sean destinatarios de operaciones afectadas por el mismo:

		Base imponible		Cuota
Importes de las entregas de bienes y prestaciones de servicios a las que habiéndoles sido aplicado el régimen especial del criterio de caja hubieran resultado devengadas conforme a la regla general de devengo contenida en el art. 75 LIVA	62		63	
		Base imponible		**Cuota soportada**
Importes de las adquisiciones de bienes y servicios a las que sea de aplicación o afecte el régimen especial del criterio de caja	74		75	

Resultado

Regularización cuotas art. 80.Cinco.5ª LIVA	76	
Suma de resultados ([46] + [58] + [76])	64	
Atribuible a la Administración del Estado 65 [ ] %	66	
IVA a la importación liquidado por la Aduana pendiente de ingreso	77	
Cuotas a compensar de periodos anteriores	67	
Resultado ([66] + [77] - [67] + [68])	69	
A deducir (exclusivamente en caso de autoliquidación complementaria): Resultado de la anterior o anteriores declaraciones del mismo concepto, ejercicio y periodo	70	
Resultado de la liquidación ([69] - [70])	71	

Exclusivamente para sujetos pasivos que tributan conjuntamente a la Administración del Estado y a las Diputaciones Forales. Resultado de la regularización anual. 68 [ ] euros

Compensación (4)
Si resulta [71] negativa consignar el importe a compensar
72 C [ ]

Sin actividad (5)
Sin actividad - [ ]

Devolución (6)
Manifiesto a esa Delegación que el importe a devolver reseñado deseo me sea abonado mediante transferencia bancaria a la cuenta indicada de la que soy titular:
Importe: 73 D [ ]
Código SWIFT-BIC
Código IBAN

Ingreso (7)
Ingreso efectuado a favor del Tesoro Público, cuenta restringida de colaboración en la recaudación de la AEAT de autoliquidaciones.
Importe: I [ ]
Código IBAN

Complementaria (8)
Si esta autoliquidación es complementaria de otra autoliquidación anterior correspondiente al mismo concepto, ejercicio y período, indíquelo marcando con una "X" esta casilla.
[ ] Autoliquidación complementaria
En este caso, consigne a continuación el número de justificante identificativo de la autoliquidación anterior.
Nº. de justificante [ ]

Exclusivamente a cumplimentar en el último periodo de liquidación por aquellos sujetos pasivos que queden exonerados de la Declaración-resumen anual del IVA

	A **Actividades a las que se refiere la declaración** (de mayor a menor importancia por volumen de operaciones)	B **Clave**	C **Epígrafe IAE**
Principal			
Otras			

Si ha efectuado operaciones por las que tenga obligación de presentar la declaración anual de operaciones con terceras personas, marque una "X" .... D [ ]

Información de la tributación por razón de territorio (sólo para sujetos pasivos que tributan a varias Administraciones)

Álava 89 [ ] % Guipúzcoa 90 [ ] % Vizcaya 91 [ ] % Navarra 92 [ ] %

Operaciones realizadas en el ejercicio

Operaciones en régimen general	80	
Operaciones a las que habiéndoles sido aplicado el régimen especial del criterio de caja hubieran resultado devengadas conforme a la regla general de devengo contenida en el art. 75 LIVA	81	
Entregas intracomunitarias exentas	93	
Exportaciones y otras operaciones exentas con derecho a deducción	94	
Operaciones exentas sin derecho a deducción	83	
Operaciones no sujetas por reglas de localización o con inversión del sujeto pasivo	84	
Entregas de bienes objeto de instalación o montaje en otros Estados miembros	85	
Operaciones en régimen simplificado	86	
Operaciones en régimen especial de la agricultura, ganadería y pesca	95	
Operaciones realizadas por sujetos pasivos acogidos al régimen especial del recargo de equivalencia	96	
Operaciones en Régimen especial de bienes usados, objetos de arte, antigüedades y objetos de colección	97	
Operaciones en régimen especial de Agencias de Viajes	98	
Entregas de bienes inmuebles y operaciones financieras no habituales	79	
Entregas de bienes de inversión	99	
***Total volumen de operaciones (Art. 121 Ley IVA)** (80 + 81 + 93 + 94 + 83 + 84 + 85 + 86 + 95 + 96 + 97 + 98 - 79 - 99)*	88	

Ejemplar para el sujeto pasivo

Modelo **303** | NIF | Apellidos y Nombre o Razón social | Página 4

Prorrata

	CNAE (3 cifras)	Importe total de las operaciones	Importe de las operaciones con derecho a deducción	Tipo	% prorrata
1	500	501	502	503	504
2	505	506	507	508	509
3	510	511	512	513	514
4	515	516	517	518	519
5	520	521	522	523	524

Actividades con regímenes de deducción diferenciados

IVA deducible: Grupo 1

		Base imponible	Cuota deducible
IVA deducible en operaciones interiores	Bienes y servicios corrientes	700	701
	Bienes de inversión	702	703
IVA deducible en importaciones	Bienes corrientes	704	705
	Bienes de inversión	706	707
IVA deducible en adquisiciones intracomunitarias	Bienes corrientes y servicios	708	709
	Bienes de inversión	710	711
Compensaciones en régimen especial de la agricultura, ganadería y pesca		712	713
Rectificación de deducciones		714	715
Regularización de bienes de inversión			716
***Suma de deducciones** (701+ 703+ 705 + 707 + 709 + 711 + 713 + 715 + 716)*			717

IVA deducible: Grupo 2

		Base imponible	Cuota deducible
IVA deducible en operaciones interiores	Bienes y servicios corrientes	718	719
	Bienes de inversión	720	721
IVA deducible en importaciones	Bienes corrientes	722	723
	Bienes de inversión	724	725
IVA deducible en adquisiciones intracomunitarias	Bienes y servicios corrientes	726	727
	Bienes de inversión	728	729
Compensaciones en régimen especial de la agricultura, ganadería y pesca		730	731
Rectificación de deducciones		732	733
Regularización de bienes de inversión			734
***Suma de deducciones** (719 + 721+ 723 + 725 + 727+ 729 + 731 + 733 + 734)*			735

Ejemplar para el sujeto pasivo

Agencia Tributaria

Teléfono: 901 33 55 33
www.agenciatributaria.es

Impuesto sobre el Valor Añadido

Autoliquidación

Modelo **303**

Identificación (1)

Devengo (2) Ejercicio ______ Período ______

NIF ______ Apellidos y Nombre o Razón social ______

Espacio reservado para numeración por código de barras

Liquidación (3)

Compensación (4)

Si resulta [71] negativa consignar el importe a compensar

[72] C ______

Sin actividad (5)

Sin actividad - ☐

Devolución (6)

Manifiesto a esa Delegación que el importe a devolver reseñado deseo me sea abonado mediante transferencia bancaria a la cuenta indicada de la que soy titular:

Importe: [73] D ______

Código SWIFT-BIC ______

Código IBAN ______

Ingreso (7)

Ingreso efectuado a favor del Tesoro Público, cuenta restringida de colaboración en la recaudación de la AEAT de autoliquidaciones.

Importe: I ______

Código IBAN ______

Complementaria (8)

Si esta autoliquidación es complementaria de otra autoliquidación anterior correspondiente al mismo concepto, ejercicio y período, indíquelo marcando con una "X" esta casilla.

☐ Autoliquidación complementaria

En este caso, consigne a continuación el número de justificante identificativo de la autoliquidación anterior.

Nº. de justificante ______

<u>Ejemplar para la Administración-Entidad financiera</u>

ANEXO I

MINISTERIO DE ECONOMÍA Y HACIENDA

Agencia Tributaria

Teléfono: 901 33 55 33
www.agenciatributaria.es

DECLARACIÓN ANUAL DE OPERACIONES CON TERCERAS PERSONAS

DECLARACIÓN

REAL DECRETO 1065/2007, DE 27 DE JULIO

Pág. 1

Modelo **347**

Declarante

Espacio reservado para la etiqueta identificativa
(si no dispone de etiquetas, haga constar a continuación sus datos identificativos)

Espacio reservado para numeración por código de barras

N.I.F.

TELÉFONO DE CONTACTO

APELLIDOS Y NOMBRE, DENOMINACIÓN O RAZÓN SOCIAL O DENOMINACIÓN

N.I.F. del representante

Ejercicio

Ejercicio ....

Declaración complementaria o sustitutiva

Si la presentación de esta declaración tiene por objeto incluir datos que, debiendo haber figurado en otra declaración del mismo ejercicio presentada anteriormente, hubieran sido completamente omitidos en la misma, o si el objeto es modificar parcialmente el contenido de la anteriormente presentada, marque con una "X" la casilla "Declaración complementaria que corresponda, o ambas, en su caso".
Cuando la presentación de esta declaración tenga por objeto anular y sustituir completamente a otra declaración anterior del mismo ejercicio en la cual se hubieran consignado datos inexactos o erróneos, indique su carácter de declaración sustitutiva marcando con una "X" la casilla correspondiente.

Declaración complementaria por inclusión de datos..........
Declaración complementaria por modificación o anulación de datos
Declaración sustitutiva..........

Número identificativo de la declaración anterior

Resumen de los datos incluidos en la declaración

Número total de personas y entidades	01	
Importe total anual de las operaciones	02	
Número total de inmuebles..........	03	
Importe total de las operaciones de arrendamiento de locales de negocio	04	

Fecha y firma

Fecha:

Firma:

Fdo.: D/Dª. ______

Cargo o empleo: ______

Espacio reservado para la Administración

Hoja resumen. Ejemplar para la Administración

Agencia Tributaria

Declaración anual de operaciones con terceras personas

DECLARACIÓN

Relación de declarados

HOJA COMÚN PARA TODAS LAS OPERACIONES (CLAVES A, B, C, D, E, F Y G)

Pág. 2

Modelo **347**

Datos identificativos de esta hoja

NIF del declarante | Ejercicio | Hoja nº /

Espacio reservado para numeración por código de barras

Declarado 1

NIF declarado | NIF-IVA declarado | NIF representante | Apellidos y nombre, razón social o denominación del declarado

Provincia (Código) | País (Código) | Clave operación | Operación seguro | Arrendamiento local negocio | Operación IVA de caja | Op. con inversión sujeto pasivo | Op. régimen de depósito distinto del aduanero

Importe percibido en metálico | Ejercicio

Importe anual de las operaciones | Importe anual percibido por transmisiones de inmuebles sujetas a IVA | Importe anual de las operaciones devengadas con criterio IVA de caja

Importe de las operaciones	Importe percibido por transmisiones de inmuebles sujetas a IVA
1T	1T
2T	2T
3T	3T
4T	4T

Declarado 2

NIF declarado | NIF-IVA declarado | NIF representante | Apellidos y nombre, razón social o denominación del declarado

Provincia (Código) | País (Código) | Clave operación | Operación seguro | Arrendamiento local negocio | Operación IVA de caja | Op. con inversión sujeto pasivo | Op. régimen de depósito distinto del aduanero

Importe percibido en metálico | Ejercicio

Importe anual de las operaciones | Importe anual percibido por transmisiones de inmuebles sujetas a IVA | Importe anual de las operaciones devengadas con criterio IVA de caja

Importe de las operaciones	Importe percibido por transmisiones de inmuebles sujetas a IVA
1T	1T
2T	2T
3T	3T
4T	4T

Declarado 3

NIF declarado | NIF-IVA declarado | NIF representante | Apellidos y nombre, razón social o denominación del declarado

Provincia (Código) | País (Código) | Clave operación | Operación seguro | Arrendamiento local negocio | Operación IVA de caja | Op. con inversión sujeto pasivo | Op. régimen de depósito distinto del aduanero

Importe percibido en metálico | Ejercicio

Importe anual de las operaciones | Importe anual percibido por transmisiones de inmuebles sujetas a IVA | Importe anual de las operaciones devengadas con criterio IVA de caja

Importe de las operaciones	Importe percibido por transmisiones de inmuebles sujetas a IVA
1T	1T
2T	2T
3T	3T
4T	4T

Total de la hoja

Consigne en esta casilla la suma del "Importe anual de las operaciones" de esta hoja........................ | Importe de las operaciones

Agencia Tributaria

Declaración anual de operaciones con terceras personas

DECLARACIÓN

Relación de declarados

HOJA COMÚN PARA TODAS LAS OPERACIONES (CLAVES A, B, C, D, E, F Y G)

Pág. 2

Modelo **347**

Datos identificativos de esta hoja

NIF del declarante | Ejercicio | Hoja nº ___ / ___

Espacio reservado para numeración por código de barras

Declarado 1

NIF declarado | NIF-IVA declarado | NIF representante | Apellidos y nombre, razón social o denominación del declarado

Provincia (Código) | País (Código) | Clave operación | Operación seguro | Arrendamiento local negocio | Operación IVA de caja | Op. con inversión sujeto pasivo | Op. régimen de depósito distinto del aduanero

Importe percibido en metálico | Ejercicio

Importe anual de las operaciones | Importe anual percibido por transmisiones de inmuebles sujetas a IVA | Importe anual de las operaciones devengadas con criterio IVA de caja

Importe de las operaciones	Importe percibido por transmisiones de inmuebles sujetas a IVA
1T	1T
2T	2T
3T	3T
4T	4T

Declarado 2

NIF declarado | NIF-IVA declarado | NIF representante | Apellidos y nombre, razón social o denominación del declarado

Provincia (Código) | País (Código) | Clave operación | Operación seguro | Arrendamiento local negocio | Operación IVA de caja | Op. con inversión sujeto pasivo | Op. régimen de depósito distinto del aduanero

Importe percibido en metálico | Ejercicio

Importe anual de las operaciones | Importe anual percibido por transmisiones de inmuebles sujetas a IVA | Importe anual de las operaciones devengadas con criterio IVA de caja

Importe de las operaciones	Importe percibido por transmisiones de inmuebles sujetas a IVA
1T	1T
2T	2T
3T	3T
4T	4T

Declarado 3

NIF declarado | NIF-IVA declarado | NIF representante | Apellidos y nombre, razón social o denominación del declarado

Provincia (Código) | País (Código) | Clave operación | Operación seguro | Arrendamiento local negocio | Operación IVA de caja | Op. con inversión sujeto pasivo | Op. régimen de depósito distinto del aduanero

Importe percibido en metálico | Ejercicio

Importe anual de las operaciones | Importe anual percibido por transmisiones de inmuebles sujetas a IVA | Importe anual de las operaciones devengadas con criterio IVA de caja

Importe de las operaciones	Importe percibido por transmisiones de inmuebles sujetas a IVA
1T	1T
2T	2T
3T	3T
4T	4T

Total de la hoja

Consigne en esta casilla la suma del "importe anual de las operaciones" de esta hoja.. .... Importe de las operaciones

Agencia Tributaria

Declaración anual de operaciones con terceras personas

DECLARACION

HOJA ANEXO . ARRENDAMIENTOS DE LOCALES DE NEGOCIOS

Relación de inmuebles

Pág. 3

Modelo **347**

Datos identificativos de esta hoja

NIF del declarante | Ejercicio | Hoja nº /

Espacio reservado para numeración por código de barras

Declarado 1

NIF del arrendatario | NIF del representante | Apellidos y nombre, razón social o denominación del arrendatario

Importe de la operación | Referencia catastral | Situación (Código)

Tipo de vía | Nombre de la vía pública | Tipo Num. | Núm. casa | Calif. nu | Bloque | Portal | Escal. | Planta | Puerta

Complemento domicilio (ej: Urbanización., Polígono industrial.., C. Comercial..,) | Localidad / Población (si es distinta de Municipio)

Nombre del municipio | Cód. municipio | Provincia | Cód. provincia | Cód. postal

Declarado 2

NIF del arrendatario | NIF del representante | Apellidos y nombre, razón social o denominación del arrendatario

Importe de la operación | Referencia catastral | Situación (Código)

Tipo de vía | Nombre de la vía pública | Tipo Num. | Núm. casa | Calif. nu | Bloque | Portal | Escal. | Planta | Puerta

Complemento domicilio (ej: Urbanización., Polígono industrial.., C. Comercial..,) | Localidad / Población (si es distinta de Municipio)

Nombre del municipio | Cód. municipio | Provincia | Cód. provincia | Cód. postal

Declarado 3

NIF del arrendatario | NIF del representante | Apellidos y nombre, razón social o denominación del arrendatario

Importe de la operación | Referencia catastral | Situación (Código)

Tipo de vía | Nombre de la vía pública | Tipo Num. | Núm. casa | Calif. nu | Bloque | Portal | Escal. | Planta | Puerta

Complemento domicilio (ej: Urbanización., Polígono industrial.., C. Comercial..,) | Localidad / Población (si es distinta de Municipio)

Nombre del municipio | Cód. municipio | Provincia | Cód. provincia | Cód. postal

Declarado 4

NIF del arrendatario | NIF del representante | Apellidos y nombre, razón social o denominación del arrendatario

Importe de la operación | Referencia catastral | Situación (Código)

Tipo de vía | Nombre de la vía pública | Tipo Num. | Núm. casa | Calif. nu | Bloque | Portal | Escal. | Planta | Puerta

Complemento domicilio (ej: Urbanización., Polígono industrial.., C. Comercial..,) | Localidad / Población (si es distinta de Municipio)

Nombre del municipio | Cód. municipio | Provincia | Cód. provincia | Cód. postal

ANEXO III

Agencia Tributaria
Teléfono: 901 33 55 33
www.agenciatributaria.es

MINISTERIO DE HACIENDA

Impuesto sobre el Valor Añadido
Declaración-Resumen anual

Pág. 1
Modelo **390**

1. Sujeto pasivo

NIF

Apellidos y Nombre o Razón social o denominación

Registro de devolución mensual en algún período del ejercicio ....

Régimen especial del grupo de entidades en algún período del ejercicio....... Nº Grupo Dominante Dependiente

Tipo régimen especial aplicable: Art. 163 sexies.cinco .... SI NO NIF entidad dominante

¿Ha sido declarado en concurso de acreedores en este ejercicio? SI NO

¿Ha optado por el régimen especial del criterio de caja (art. 163.undecies LIVA)? SI NO

¿Ha sido destinatario de operaciones a las que se aplique el régimen especial del criterio de caja? SI NO

2. Devengo

Ejercicio

Declaración sustitutiva ....

Declaración sustitutiva por rectificación de cuotas deducidas en caso de concurso de acreedores (art. 80.Tres LIVA) ....

Número identificativo declaración anterior

Espacio reservado para numeración por código de barras

3. Datos estadísticos

A **Actividades a las que se refiere la declaración** (de mayor a menor importancia por volumen de operaciones) | B **Clave** | C **Epígrafe IAE**

Principal

Otras

Si ha efectuado operaciones por las que tenga obligación de presentar la declaración anual de operaciones con terceras personas, marque una 'X' .... D

Declaración de sujeto pasivo incluido en autoliquidaciones conjuntas

Sujeto pasivo acogido a la presentación de la autoliquidación conjunta a través de la entidad:

NIF Razón social

4. Datos del representante

Personas físicas y entidades sin personalidad jurídica

Representante

NIF Apellidos y Nombre o Razón social o denominación

Calle, Pza., Avda. Nombre de la vía pública Número Esc. Piso Prta. Teléfono

Municipio Provincia Cod. Postal

Personas jurídicas

Declaración de los Representantes legales de la Entidad

El (los) representante(s) legal(es) de la Entidad declarante, manifiesta(n) que todos los datos consignados se corresponden con la información contenida en los libros oficiales exigidos por la legislación mercantil y en la normativa del Impuesto.

Por poder,	Por poder,	Por poder,
D	D	D ....
NIF..	NIF..	NIF..
Fecha Poder	Fecha Poder	Fecha Poder ....
Notaría....................................	Notaría....................................	Notaría....................................

NIF | Apellidos y Nombre o Razón social o denominación | **Pág. 2**

5. Operaciones realizadas en régimen general

IVA devengado

	Base imponible	Tipo %	Cuota devengada
Régimen ordinario	01	4	02
	03	10	04
	05	21	06
Operaciones intragrupo	500	4	501
	502	10	503
	504	21	505
Régimen especial del criterio de caja	643	4	644
	645	10	646
	647	21	648
Régimen especial de bienes usados, objetos de arte, antigüedades y objetos de colección	07	4	08
	09	10	10
	11	21	12
Régimen especial de agencias de viaje	13	21	14
Adquisiciones intracomunitarias de bienes	21	4	22
	23	10	24
	25	21	26
Adquisiciones intracomunitarias de servicios	545	4	546
	547	10	548
	551	21	552
IVA devengado en otros supuestos de inversión del sujeto pasivo	27		28
Modificación de bases y cuotas	29		30
Modificación de bases y cuotas de operaciones intragrupo	649		650
Modificación de bases y cuotas por auto de declaración de concurso de acreedores	31		32
Total bases y cuotas IVA	33		34
Recargo de equivalencia	35	0,5	36
	599	1,4	600
	601	5,2	602
	41	1,75	42
Modificación recargo equivalencia	43		44
Modificación recargo equivalencia por auto de declaración de concurso de acreedores	45		46
Total cuotas IVA y recargo de equivalencia (34+ 36 + 600 + 602 + 42 + 44 + 46)			47

NIF | Apellidos y Nombre o Razón social o denominación | **Pág. 3**

5. Operaciones realizadas en régimen general (continuación)

IVA deducible

	Base imponible	Tipo %	Cuota deducible
Operaciones interiores corrientes: IVA deducible en operaciones interiores de bienes y servicios corrientes	190	4	191
	603	10	604
	605	21	606
Total bases imponibles y cuotas deducibles en operaciones interiores de bienes y servicios corrientes	48		49
IVA deducible en operaciones intragrupo de bienes y servicios corrientes	506	4	507
	607	10	608
	609	21	610
Total bases imponibles y cuotas deducibles en operaciones intragrupo de bienes y servicios corrientes	512		513
Operaciones interiores de bienes de inversión: IVA deducible en operaciones interiores de bienes de inversión	196	4	197
	611	10	612
	613	21	614
Total bases imponibles y cuotas deducibles en operaciones interiores de bienes de inversión	50		51
IVA deducible en operaciones intragrupo de bienes de inversión	514	4	515
	615	10	616
	617	21	618
Total bases imponibles y cuotas deducibles en operaciones intragrupo de bienes de inversión	520		521
Importaciones y adquisiciones intracomunitarias de bienes y servicios: IVA deducible en importaciones de bienes corrientes	202	4	203
	619	10	620
	621	21	622
Total bases imponibles y cuotas deducibles en importaciones de bienes corrientes	52		53
IVA deducible en importaciones de bienes de inversión	208	4	209
	623	10	624
	625	21	626
Total bases imponibles y cuotas deducibles en importaciones de bienes de inversión	54		55
IVA deducible en adquisiciones intracomunitarias de bienes corrientes	214	4	215
	627	10	628
	629	21	630
Total bases imponibles y cuotas deducibles en adquisiciones intracomunitarias de bienes corrientes	56		57
IVA deducible en adquisiciones intracomunitarias de bienes de inversión	220	4	221
	631	10	632
	633	21	634
Total bases imponibles y cuotas deducibles en adquisiciones intracomunitarias de bienes de inversión	58		59
IVA deducible en adquisiciones intracomunitarias de servicios	587	4	588
	635	10	636
	637	21	638
Total bases imponibles y cuotas deducibles en adquisiciones intracomunitarias de servicios	597		598

F | Apellidos y Nombre o Razón social o denominación | Pág. 4

Operaciones realizadas en régimen general (continuación)

educible

		Base imponible	Tipo %		Cuota deducible
ensación en régimen especial de la agricultura, ería y pesca	60			61	
s deducibles en virtud de resolución administrativa o cia firmes con tipos no vigentes	660			661	
IVA d cación de deducciones	639			62	
Comp ganad cación de deducciones por operaciones intragrupo	651			652	
Cuota senten rización de bienes de inversión				63	
Rectifi rización por aplicación porcentaje definitivo de prorrata				522	
Rectifi ***de deducciones (49 + 513 + 51 + 521 + 53 + 55 + 57 + 59 + 598 + 61 + 661 + 62 + 652 + 63 + 522)***				64	
Regula ***Resultado régimen general (47 - 64)***				65	

Suma

NIF | Apellidos y Nombre o Razón social o denominación | Pág. 5

6. Operaciones realizadas en régimen simplificado

Actividades en régimen simplificado (excepto agrícolas, ganaderas y forestales)

Actividad 1 Epígrafe IAE 66

	A Nº unidades de módulo	B Importe
Módulo 1		
Módulo 2		
Módulo 3		
Módulo 4		
Módulo 5		
Módulo 6		
Módulo 7		

Cuota devengada operaciones corrientes C
Cuotas soportadas operaciones corrientes .. D
Índice corrector .... E
RESULTADO .... F
Porcentaje cuota mínima............................ G %
Devolución cuotas soportadas otros países..... H
Cuota mínima.. I
Cuota derivada régimen simplificado........... J_1

Actividad 2 Epígrafe IAE 66

	A Nº unidades de módulo	B Importe
Módulo 1		
Módulo 2		
Módulo 3		
Módulo 4		
Módulo 5		
Módulo 6		
Módulo 7		

Cuota devengada operaciones corrientes C
Cuotas soportadas operaciones corrientes .. D
Índice corrector .... E
RESULTADO .... F
Porcentaje cuota mínima............................ G %
Devolución cuotas soportadas otros países..... H
Cuota mínima.. I
Cuota derivada régimen simplificado........... J_2

NOTA: En el caso de existir más actividades cumplimentar en hoja aparte, en idéntico formato al facilitado en este apartado

Actividades agrícolas, ganaderas y forestales

	Código	Volumen ingresos	Índice cuota	Cuota devengada	Cuotas soportadas	Cuota derivada Régimen Simplificado
1						K_1
2						K_2
3						K_3
4						K_4
5						K_5

IVA devengado

Suma de cuotas derivadas régimen simplificado [Act. no agrícolas, ganaderas y forestales (J_1+J_2+........)] 74
Suma de cuotas derivadas régimen simplificado [Act. agrícolas, ganaderas y forestales (K_1+K_2+........)] 75
IVA devengado en adquisiciones intracomunitarias de bienes 76
IVA devengado por inversión del sujeto pasivo (adquisiciones intracomunitarias de servicios y otros supuestos)........................ 77
IVA devengado en entregas de activos fijos.. 78
TOTAL CUOTA RESULTANTE (74+75+76+77+78).. 79

IVA deducible

IVA soportado en adquisición de activos fijos.. 80
Regularización de bienes de inversión.. 81
Suma de deducciones (80+81) 82
Resultado régimen simplificado (79 - 82).. 83

NIF | Apellidos y Nombre o Razón social o denominación | Pág. 6

7. Resultado liquidación anual (Sólo para sujetos pasivos que tributan exclusivamente en territorio común)

Liquidación anual

Regularización cuotas art. 80.Cinco.5ª LIVA	658	
Suma de resultados (65 + 83 + 658)	84	
IVA a la importación liquidado por la Aduana (sólo sujetos pasivos con opción de diferimiento)	659	
Compensación de cuotas del ejercicio anterior	85	
Resultado de la liquidación (84 + 659 - 85)	86	

8. Tributación por razón de territorio (Sólo para sujetos pasivos que tributan a varias Administraciones)

Administraciones						
				Regularización cuotas art. 80.Cinco.5ª LIVA	658	
Territorio común	87		%	Suma de resultados (65 + 83 + 658)	84	
Álava	88		%	Resultado atribuible a territorio común (84 x 87)	92	
Guipúzcoa	89		%	IVA a la importación liquidado por la Aduana (sólo sujetos pasivos con opción de diferimiento)	659	
Vizcaya	90		%	Compensación de cuotas del ejercicio anterior atribuible a territorio común	93	
Navarra	91		%	***Resultado de la liquidación anual atribuible a territorio común (92 + 659 - 93)***	94	

9. Resultado de las liquidaciones

9.1 Periodos que no tributan en Régimen especial del grupo de entidades

Total resultados a ingresar en las autoliquidaciones de IVA del ejercicio	95	
Total devoluciones mensuales de IVA solicitadas por sujetos pasivos inscritos en el Registro de devolución mensual	96	
Total devoluciones solicitadas por cuotas soportadas en la adquisición de elementos de transporte (Art. 30 bis RIVA)	524	
Si el resultado de la autoliquidación del último periodo es a compensar o a devolver consigne su importe: A compensar	97	
A devolver	98	
Cuotas pendientes de compensación al término del ejercicio	662	

9.2 Periodos que tributan en Régimen especial del grupo de entidades

Total resultados positivos autoliquidaciones del ejercicio (modelo 322)	525	
Total resultados negativos autoliquidaciones del ejercicio (modelo 322)	526	

10. Volumen de operaciones

Operaciones realizadas en el ejercicio

Operaciones en régimen general	99	
Operaciones a las que habiéndoles sido aplicado el régimen especial del criterio de caja hubieran resultado devengadas conforme a la regla general de devengo contenida en el art. 75 LIVA	653	
Entregas intracomunitarias exentas	103	
Exportaciones y otras operaciones exentas con derecho a deducción	104	
Operaciones exentas sin derecho a deducción	105	
Operaciones no sujetas por reglas de localización o con inversión del sujeto pasivo	110	
Entregas de bienes objeto de instalación o montaje en otros Estados miembros	112	
Operaciones en régimen simplificado	100	
Operaciones en régimen especial de la agricultura, ganadería y pesca	101	
Operaciones realizadas por sujetos pasivos acogidos al régimen especial del recargo de equivalencia	102	
Operaciones en Régimen especial de bienes usados, objetos de arte, antigüedades y objetos de colección	227	
Operaciones en régimen especial de Agencias de Viajes	228	
Entregas de bienes inmuebles, operaciones financieras y relativas al oro de inversión no habituales	106	
Entregas de bienes de inversión	107	
Total volumen de operaciones (Art. 121 Ley IVA) (99 + 653 + 103 + 104 + 105 + 110 + 112 + 100 + 101 + 102 + 227 + 228 - 106 - 107)	108	

NIF | Apellidos y Nombre o Razón social o denominación | **Pág. 7**

11. Operaciones específicas

Operaciones realizadas en el ejercicio

Adquisiciones interiores exentas	230	
Adquisiciones intracomunitarias exentas	109	
Importaciones exentas	231	
Bases imponibles del IVA soportado no deducible	232	
Operaciones sujetas y no exentas que originan el derecho a la devolución mensual	111	
Entregas interiores de bienes devengadas por inversión del sujeto pasivo como consecuencia de operaciones triangulares	113	
Servicios localizados en el territorio de aplicación del impuesto por inversión del sujeto pasivo	523	

Exclusivamente para aquellos sujetos pasivos acogidos al régimen especial del criterio de caja y para aquéllos que sean destinatarios de operaciones afectadas por el mismo:

	Base imponible		Cuota	
Importes de las entregas de bienes y prestaciones de servicios a las que habiéndoles sido aplicado el régimen especial del criterio de caja hubieran resultado devengadas conforme a la regla general de devengo contenida en el art. 75 LIVA	654		655	

	Base imponible		Cuota soportada	
Importe de las adquisiciones de bienes y servicios a las que sea de aplicación o afecte el régimen especial del criterio de caja conforme a la regla general de devengo contenida en el art. 75 LIVA	656		657	

12. Prorrata

1

Actividad desarrollada

C.N.A.E. (3 cifras)	Importe total de las operaciones	Importe de las operaciones con derecho a deducción	Tipo	% prorrata
114	115	116	117	118

2

Actividad desarrollada

C.N.A.E. (3 cifras)	Importe total de las operaciones	Importe de las operaciones con derecho a deducción	Tipo	% prorrata
114	115	116	117	118

3

Actividad desarrollada

C.N.A.E. (3 cifras)	Importe total de las operaciones	Importe de las operaciones con derecho a deducción	Tipo	% prorrata
114	115	116	117	118

4

Actividad desarrollada

C.N.A.E. (3 cifras)	Importe total de las operaciones	Importe de las operaciones con derecho a deducción	Tipo	% prorrata
114	115	116	117	118

5

Actividad desarrollada

C.N.A.E. (3 cifras)	Importe total de las operaciones	Importe de las operaciones con derecho a deducción	Tipo	% prorrata
114	115	116	117	118

NIF	Apellidos y Nombre o Razón social o denominación	Pág. 8

13. Actividades con regímenes de deducción diferenciados

IVA deducible: Grupo 1

		Base imponible	Cuota deducible
IVA deducible en operaciones interiores	Bienes y servicios corrientes	139	140
	Bienes de inversión	141	142
IVA deducible en importaciones	Bienes corrientes	143	144
	Bienes de inversión	145	146
IVA deducible en adquisiciones intracomunitarias	Bienes corrientes y servicios	147	148
	Bienes de inversión	149	150
Compensaciones en régimen especial de la agricultura, ganadería y pesca		151	152
Rectificación de deducciones		640	153
Regularización de bienes de inversión			154
Suma de deducciones (140 + 142 + 144 + 146 + 148 + 150 + 152 + 153 + 154)			155

IVA deducible: Grupo 2

		Base imponible	Cuota deducible
IVA deducible en operaciones interiores	Bienes y servicios corrientes	156	157
	Bienes de inversión	158	159
IVA deducible en importaciones	Bienes corrientes	160	161
	Bienes de inversión	162	163
IVA deducible en adquisiciones intracomunitarias	Bienes y servicios corrientes	164	165
	Bienes de inversión	166	167
Compensaciones en régimen especial de la agricultura, ganadería y pesca		168	169
Rectificación de deducciones		641	170
Regularización de bienes de inversión			171
Suma de deducciones (157 + 159 + 161 + 163 + 165 + 167 + 169 + 170 + 171)			172

IVA deducible: Grupo 3

		Base imponible	Cuota deducible
IVA deducible en operaciones interiores	Bienes y servicios corrientes	173	174
	Bienes de inversión	175	176
IVA deducible en importaciones	Bienes corrientes	177	178
	Bienes de inversión	179	180
IVA deducible en adquisiciones intracomunitarias	Bienes y servicios corrientes	181	182
	Bienes de inversión	183	184
Compensaciones en régimen especial de la agricultura, ganadería y pesca		185	186
Rectificación de deducciones		642	187
Regularización de bienes de inversión			188
Suma de deducciones (174 + 176 + 178 + 180 + 182 + 184 + 186 + 187 + 188)			189

MINISTERIO DE HACIENDA

Agencia Tributaria

Delegación de

Administración de

Código Administración

Declaración recapitulativa de operaciones intracomunitarias. €

Art. 78 al 81 del Reglamento del I.V.A. aprobado por el R.D. 1624/1992, de 29 de diciembre (B.O.E. del 31)

Modelo

349

Identificación

Espacio reservado para la etiqueta identificativa

(si no dispone de etiquetas, haga constar a continuación sus datos identificativos, así como los de su domicilio fiscal)

Ejercicio, periodo y tipo de presentación

Ejercicio ....

Periodo ....

Modalidad de presentación:

Impreso ....

Soporte { Soporte individual .... / Soporte colectivo { Presentador .... / Sujeto pasivo declarante

N.I.F. | Apellidos y nombre o Razón social | Teléfono de contacto

Calle/Plaza/Avda. | Número | Esc. | Piso | Prta.

Código Postal | Municipio | Provincia

Declaración complementaria o sustitutiva

Si la presentación de esta declaración tiene por objeto incluir operaciones que, debiendo haber figurado en otra declaración del mismo ejercicio y período presentada anteriormente, hubieran sido completamente omitidas en la misma, marque con una "X" la casilla "Declaración complementaria".

Cuando la presentación de esta declaración tenga por objeto anular y sustituir completamente otra declaración anterior del mismo ejercicio y período en la cual se hubieran consignado datos inexactos, o erróneos, indique su carácter de declaración sustitutiva marcando con una "X" la casilla correspondiente.

En caso de declaraciones sustitutivas, se hará constar a continuación el número identificativo de la declaración anterior que se sustituye mediante la nueva.

Declaración complementaria ....

Declaración sustitutiva ....

Número identificativo de la declaración anterior .....

Resumen declaración

Número total de operadores intracomunitarios 01

Importe de las operaciones intracomunitarias 02

Número total de operadores intracomunitarios con rectificaciones 03

Importe de las rectificaciones 04

Presentación en soporte colectivo

a)

Resumen de datos incluidos en el soporte (Sólo para presentadores colectivos)

N.º Total de Declarantes 05

N.º Total de personas o entidades relacionadas 06

b)

Número de justificante del presentador 07

(Sólo para el ejemplar de cada uno de los sujetos pasivos incluidos en presentación colectiva)

Fecha y firma

Fecha:

El sujeto pasivo o su representante

El presentador o su representante (En presentación colectiva)

Firma:

Fdo.: D/D.ª ______________________________

Cargo o empleo: ______________________________

Administración

Hoja-resumen. Ejemplar para el sujeto pasivo

Agencia Tributaria

Resumen operaciones con la Unión Europea. €

Art- 78 al 81 del Reglamento del I.V.A. aprobado por el R.D. 1624/1992, de 29 de diciembre (B.O.E. del 31)

Hoja interior

Modelo **349**

RECTIFICACIONES DE PERÍODOS ANTERIORES

Datos identificativos de esta hoja interior

N.I.F. del declarante | Ejercicio | Período | Hoja n.º /

Operador 1
Código País | N.I.F. comunitario | Apellidos y nombre o Razón social | Clave
Ejercicio | Período | Base imponible rectificada | Base imponible declarada anteriormente

Operador 2
Código País | N.I.F. comunitario | Apellidos y nombre o Razón social | Clave
Ejercicio | Período | Base imponible rectificada | Base imponible declarada anteriormente

Operador 3
Código País | N.I.F. comunitario | Apellidos y nombre o Razón social | Clave
Ejercicio | Período | Base imponible rectificada | Base imponible declarada anteriormente

Operador 4
Código País | N.I.F. comunitario | Apellidos y nombre o Razón social | Clave
Ejercicio | Período | Base imponible rectificada | Base imponible declarada anteriormente

Operador 5
Código País | N.I.F. comunitario | Apellidos y nombre o Razón social | Clave
Ejercicio | Período | Base imponible rectificada | Base imponible declarada anteriormente

Operador 6
Código País | N.I.F. comunitario | Apellidos y nombre o Razón social | Clave
Ejercicio | Período | Base imponible rectificada | Base imponible declarada anteriormente

Operador 7
Código País | N.I.F. comunitario | Apellidos y nombre o Razón social | Clave
Ejercicio | Período | Base imponible rectificada | Base imponible declarada anteriormente

Operador 8
Código País | N.I.F. comunitario | Apellidos y nombre o Razón social | Clave
Ejercicio | Período | Base imponible rectificada | Base imponible declarada anteriormente

Operador 9
Código País | N.I.F. comunitario | Apellidos y nombre o Razón social | Clave
Ejercicio | Período | Base imponible rectificada | Base imponible declarada anteriormente

Operador 10
Código País | N.I.F. comunitario | Apellidos y nombre o Razón social | Clave
Ejercicio | Período | Base imponible rectificada | Base imponible declarada anteriormente

Total por hoja ..... Base imponible rectificada

Ejemplar para el sujeto pasivo

Ver. 1.0/2003

Agencia Tributaria

Resumen operaciones con la Unión Europea. €

Art· 78 al 81 del Reglamento del I.V.A. aprobado por el R.D. 1624/1992, de 29 de diciembre (B.O.E. del 31)

Hoja interior

Modelo **349**

RELACIÓN DE OPERACIONES INTRACOMUNITARIAS

Datos identificativos de esta hoja interior

N.I.F. del declarante | Ejercicio | Período | Hoja n.º /

Operador	Código País	N.I.F. comunitario	Apellidos y nombre o Razón social	Clave	Base imponible
Operador 1					
Operador 2					
Operador 3					
Operador 4					
Operador 5					
Operador 6					
Operador 7					
Operador 8					
Operador 9					
Operador 10					
Operador 11					
Operador 12					
Operador 13					
Operador 14					
Operador 15					

Total por hojas .... Base imponible

Ver. 1.0/2003

Ejemplara para el sujeto pasivo

Tschechische Republik

Allgemeines

Die tschechische Umsatzsteuer (daň z přidané hodnoty – DPH) entspricht den wesentlichen Positionen/Definitionen der MwStSystRL.

Unternehmer/Organkreis

Der Unternehmerbegriff entspricht der Definition laut MwStSystRL.

Eine Gruppenbesteuerung/Organschaft ist möglich und erfolgt auf Antrag. Voraussetzung ist, dass die betroffenen Unternehmen entweder finanziell oder organisatorisch verbunden sind. Finanzielle Verbundenheit ist gegeben, wenn die Beteiligung an einer Gesellschaft oder die Stimmrechte in Bezug auf diese Gesellschaft – direkt oder indirekt – mindestens 40 % betragen. Eine organisatorische Eingliederung kann sich beispielsweise aufgrund von mindestens einer Person ergeben, die in den Führungsgremien aller betroffenen Gesellschaften tätig ist. Zudem besteht die Einschränkung, dass nur Gesellschaften mit Sitz oder Betriebsstätte in der Tschechischen Republik für die Gruppenbesteuerung/Organschaft infrage kommen und die finanzielle oder organisatorische Verbundenheit auch unmittelbar zwischen diesen Gesellschaften bestehen muss. In Bezug auf die finanzielle Verbundenheit müssen also beispielsweise nicht nur die Mitglieder der Gruppe/Organschaft in der Tschechischen Republik ansässig sein, sondern auch die Person bzw. das Unternehmen, durch welches die finanzielle Verbundenheit gegeben ist. Ausländische Unternehmen sind jeweils gesondert zu registrieren.

BEISPIEL: Eine deutsche Gesellschaft hält jeweils 100 % der Anteile an zwei tschechischen Gesellschaften.

Die Gruppenbesteuerung/Organschaft zwischen den tschechischen Gesellschaften auf Basis finanzieller Verbundenheit ist nicht möglich, da diese nicht bzw. nur über eine nicht-tschechische Gesellschaft finanziell miteinander verbunden sind. Eine Gruppenbesteuerung/Organschaft zwischen diesen Gesellschaften käme jedoch dann in Betracht, wenn sie organisatorisch miteinander verbunden wären, d. h. beispielsweise Geschäftsführeridentität besteht.

Die Gruppenbesteuerung/Organschaft ist bis zum 31.10. eines Jahres zu beantragen, um dann vom 1.1. des Folgejahres an Gültigkeit zu haben. In diesem Fall ist die als Organträgerin bestimmte Gesellschaft bereits in Bezug auf den letzten vor dem 1.1. liegenden Voranmeldungszeitraum (beispielsweise das letzte Quartal oder der Monat Dezember des Vorjahres) verpflichtet, eine konsolidierte Umsatzsteuererklärung abzugeben.

Soll beantragt werden, eine Gruppenbesteuerung/Organschaft künftig nicht mehr durchzuführen, gilt ebenfalls die oben genannte Frist, d. h. ein diesbezüglicher Antrag muss bis zum 31.10. eines Jahres erfolgen, um ab dem 1.1. des Folgejahres Gültigkeit zu haben.

In Tschechien haften die Gruppen-/Organkreismitglieder gesamtschuldnerisch für die Verpflichtungen der Gruppe/der Organschaft, die sich aus dem Umsatzsteuergesetz ergeben.

Während in der Tschechischen Republik ansässige Unternehmer sich erst dann zwingend zur Umsatzsteuer registrieren lassen müssen, wenn die Umsatzgrenze von 2 Mio. CZK (ca. 85.000 €) überschritten wird, müssen ausländische Unternehmer sich unabhängig von einer Umsatzgrenze registrieren lassen, sobald in der Tschechischen Republik steuerpflichtige Leistungen erbracht werden, für die nicht das Reverse-Charge-Verfahren anwendbar ist.

Nicht-Unternehmer müssen sich registrieren lassen, wenn die Erwerbschwelle (für den Bezug aus anderen EU-Staaten) den Wert von 326.000 CZK (ca. 13.840 €) übersteigt. Seit dem 1.1.2013 ist hier keine „Vollregistrierung" mehr nötig. Vielmehr wurde die Möglichkeit einer „eingeschränkten" Registrierung („person identified for VAT") eingeführt.

Lieferung/sonstige Leistung

Das tschechische Umsatzsteuergesetz definiert die Begriffe der Lieferung und sonstigen Leistung entsprechend den Vorgaben der MwStSystRL.

Werklieferung/Werkleistung/Bauleistung

Eine Lieferung zuzüglich Montage wird auch in der Tschechischen Republik als Werklieferung angesehen. Als Ort der Werklieferung ist im tschechischen Umsatzsteuerrecht der Ort der Übergabe des fertigen Werkes festgelegt. Daher unterliegt jede in der Tschechischen Republik erbrachte Werklieferung der tschechischen Umsatzsteuer.

Reihengeschäfte

Auf dem Weg zu einem neuen endgültigen EU-Mehrwertsteuersystem wurden im Oktober 2018 durch die europäischen Finanzminister die sogenannten „Quick-Fixes" erlassen.

Hierin wurden nun erstmals Vorschriften zu Reihengeschäften aufgenommen. Seit dem 1.1.2020 ist damit verbindlich für alle Mitgliedstaaten einheitlich die Zuordnung der bewegten Lieferung bei innergemeinschaftlichen Reihengeschäften geregelt. Das bisherige Problem, dass in anderen Mitgliedstaaten diesbezüglich abweichende Regelungen zu beachten waren, fällt somit seither weitestgehend weg.

Die EU-einheitlichen Regelungen hierzu finden sich in den Begriffsbestimmungen.

Diese Regelungen beziehen sich allerdings ausschließlich auf innergemeinschaftliche Reihengeschäfte, nicht jedoch auf Reihengeschäfte mit Drittlandsbezug (Einfuhr/Ausfuhr).

Verlagerungsverfahren/Reverse-Charge

Das tschechische Umsatzsteuerrecht sieht die Anwendung des Reverse-Charge-Verfahrens zunächst einmal vor bei

- in der Tschechischen Republik steuerbaren sonstigen Leistungen, die der „B2B-Grundregel" (vgl. Art. 44 MwStSystRL, § 3a Abs. 2 UStG) unterliegen und von ausländischen Unternehmen erbracht werden.

Ausländische Unternehmer in diesem Sinne sind Unternehmer, die in der Tschechischen Republik weder einen Sitz noch eine feste Niederlassung besitzen. Besitzt das ausländische Unternehmen eine feste Niederlassung oder eine umsatzsteuerliche Betriebsstätte in der Tschechischen Republik, gilt es nur dann als ausländischer Unternehmer im Sinne der Regelung, wenn diese Niederlassung bzw. Betriebsstätte nicht an der Leistungserbringung beteiligt ist.

Ausländische Unternehmen, die lediglich über eine umsatzsteuerliche Registrierung in der Tschechischen Republik verfügen, gelten nicht als tschechische Unternehmen in diesem Sinne.

BEISPIEL: Ein deutsches Unternehmen besitzt in der Tschechischen Republik eine umsatzsteuerliche Betriebsstätte. Aus dieser Betriebsstätte heraus werden Beratungsleistungen an ein tschechisches Unternehmen erbracht.

Das Reverse-Charge-Verfahren ist nicht anzuwenden. Das deutsche Unternehmen hat unter offenem Ausweis tschechischer Umsatzsteuer abzurechnen.

Weiterhin sieht das tschechische Umsatzsteuerrecht die Anwendung des Reverse-Charge-Verfahrens vor bei

- allen anderen sonstigen Leistungen, die von ausländischen Unternehmen ohne Betriebsstätte in der Tschechischen Republik erbracht werden oder aber – ist eine tschechische Betriebsstätte vorhanden – diese nicht am Umsatz beteiligt ist. Ausländische Unternehmen, die lediglich über eine umsatzsteuerliche Registrierung in der Tschechischen Republik verfügen, gelten nicht als tschechische Unternehmen in diesem Sinne. Weitere Voraussetzung ist, dass der Leistungsempfänger in der Tschechischen Republik ansässig oder zumindest für Umsatzsteuerzwecke registriert ist und
- Lieferungen unter den gleichen Bedingungen.

Außerdem greift das Reverse-Charge-Verfahren bei

- Werk-/Montagelieferungen, die von ausländischen, nicht in der Tschechischen Republik für Umsatzsteuerzwecke registrierten Unternehmern an in der Tschechischen Republik registrierte Unternehmer erbracht werden – gleichgültig, ob sie dort auch ansässig sind oder nicht.

Ist der Leistungsempfänger selbst als tschechisches oder ausländisches Unternehmen für Umsatzsteuerzwecke registriert, so stellt die Anwendbarkeit des Reverse-Charge-Verfahrens auf betroffene Eingangsumsätze für diesen in der Praxis kein Problem dar. Er hat die Umsatzsteuer auf die betroffenen Eingangsumsätze in der jeweiligen Umsatzsteuermeldung zu erklären und ist nach normalen Grundsätzen zum Vorsteuerabzug aus dem betroffenen Eingangsumsatz berechtigt.

Liegt eine Registrierung des Leistungsempfängers nicht vor und lässt er sich auch nicht freiwillig registrieren, so geht dem Wortlaut des tschechischen Umsatzsteuergesetzes nach die Steuerschuld bei Erbringung der o. a. Leistungen von ausländischen Unternehmen nicht auf den Leistungsempfänger über, d. h. das Reverse-Charge-Verfahren ist nicht anwendbar und der Erbringer der Leistung ist gezwungen, sich in der Tschechischen Republik für umsatzsteuerliche Zwecke registrieren zu lassen und unter offenem Ausweis tschechischer Umsatzsteuer abzurechnen.

Das Reverse-Charge-Verfahren greift auch bei

- Bauleistungen von Bauunternehmen in der Tschechischen Republik, wenn sowohl Leistender als auch Leistungsempfänger in der Tschechischen Republik für Umsatzsteuerzwecke registriert sind.

Zur Definition von „Bauleistungen“ nimmt das tschechische Umsatzsteuergesetz auf die Produktklassifikation CZ-CPA des tschechischen Statistikamtes (Codes 41 bis 43) Bezug. Es besteht die Möglichkeit, die vorzunehmenden Arbeiten bei eigens darauf spezialisierten Büros der entsprechenden Klassifikation zuordnen zu lassen. Eine solche Einschätzung erfolgt allerdings unverbindlich. Die tschechischen Finanzbehörden bieten die Vornahme einer verbindlichen Einschätzung an, ob eine Bauleistung vorliegt oder nicht. Eine solche Auskunft ist allerdings kostenpflichtig. Außerdem ist nicht unbedingt mit einer zeitnahen Einschätzung zu rechnen.

Das Reverse-Charge-Verfahren ist – die Steuerbarkeit in der Tschechischen Republik unterstellt – außerdem anzuwenden bei

- (grds. einer Steuerbefreiung unterliegenden) Grundstückslieferungen, wenn der Verkäufer zur Umsatzsteuerpflicht optiert,
- Lieferungen von Gas und Elektrizität an Wiederverkäufer,
- Umsätzen mit Zertifikaten für Gas und Elektrizität,

- der Zurverfügungstellung von Arbeitskräften im Bausektor,
- der Lieferung bestimmter Kategorien von Schrott und Abfällen,
- bestimmten Umsätzen mit Gold/Goldprodukten,
- der Übertragung von Emissionsrechten und vergleichbaren Rechten,
- Telekommunikationsdienstleistungen,
- der Lieferung von Mobiltelefonen, integrierten Schaltkreisen, Spielekonsolen, Tablets und Laptops,
- der Lieferung bestimmter Getreidesorten und
- der Lieferung bestimmter Metalle wie Rohmetalle oder metallene Halbzeuge

jeweils unter bestimmten Voraussetzungen.

Bei der Lieferung von Gegenständen wie Mobiltelefonen, integrierten Schaltkreisen, Spielekonsolen, Tablets und Laptops und der Lieferung der betroffenen Getreide- und Metallsorten ist das Reverse-Charge-Verfahren grds. nur dann anwendbar, wenn der Umsatz je Transaktion den Wert von 100.000 CZK (ca. 3.830 €) übersteigt. Es gibt jedoch auch eine Regelung, wonach es nicht beanstandet wird, wenn beide Vertragsparteien die Anwendung des Reverse-Charge-Verfahrens auch in den Fällen, die unter diesem Wert liegen, schriftlich miteinander vereinbaren.

Weiterhin greift das Reverse-Charge-Verfahren für folgende Umsätze:

- Lieferung sicherungsübereigneter Gegenstände durch einen steuerpflichtigen Sicherungsgeber an einen Sicherungsnehmer,
- Lieferung von Gegenständen nach vorangegangener Übertragung des Eigentumsvorbehalts und der Ausübung des Eigentumsrechts durch den Abtretungsempfänger und
- Lieferung von Grundstücken, die vom Schuldner im Rahmen eines Zwangsversteigerungsverfahrens verkauft werden.

Konsignationslager/Call-off stock

Mit dem 1.1.2020 traten die sogenannten „Quick Fixes" in Kraft, die u. a. eine EU-weite Vereinfachung in Form einer Konsignationslagerregelung vorsehen. Diese Regelung hat das Ziel, dass sich der Inhaber des Konsignationslagers (der „Lieferant") nicht in dem EU-Staat für Umsatzsteuerzwecke registrieren lassen muss, in welchem er für seinen Kunden ein Konsignationslager unterhält.

Die EU-einheitlichen Regelungen hierzu finden sich in den Begriffsbestimmungen.

Werden die Voraussetzungen zur Anwendung dieser Vereinfachungsregelung nicht erfüllt, so gelten die „normalen“ Grundsätze:

Lieferungen aus dem EU-Ausland in das Lager in der Tschechischen Republik gelten in diesem Fall als Verbringungen, die einer innergemeinschaftlichen Lieferung gleichgestellt sind. Den im Ausland steuerfreien Verbringungen steht in der Tschechischen Republik ein innergemeinschaftlicher Erwerb gegenüber, für den Erwerbsteuer anzumelden ist.

Die Lieferungen aus dem Konsignationslager an den Kunden werden dann als Inlandsumsatz innerhalb in der Tschechischen Republik betrachtet und sind in der Tschechischen Republik umsatzsteuerpflichtig.

Eine Registrierung des Lieferanten für Umsatzsteuerzwecke in der Tschechischen Republik ist also notwendig, sofern die Voraussetzungen für die Anwendung der EU-weit geltenden Vereinfachungsregelung nicht gegeben sind.

Fernverkäufe

Mit Inkrafttreten der sogenannten „Quick Fixes“ zum 1.1.2020 wird u. a. EU-weit eine einheitliche Behandlung sogenannter „Fernverkäufe“ sicherstellt.

Als „Fernverkäufe“ werden grenzüberschreitende Warenlieferungen im EU-Gemeinschaftsgebiet an einen bestimmten Abnehmerkreis (vor Allem an Kunden, bei denen es sich nicht um Unternehmer handelt) bezeichnet.

Die EU-einheitlichen Regelungen hierzu finden sich in den Begriffsbestimmungen.

Sonderregelungen für die Betreiber „elektronischer Schnittstellen“

Mit den bereits erwähnten „Quick Fixes“ werden auch EU-einheitliche Regelungen für die Betreiber sogenannter „elektronischer Schnittstellen“ eingeführt. Als „elektronische Schnittstelle“ gelten beispielsweise elektronische Marktplätze oder elektronische Plattformen. Diese Regelungen greifen für bestimmte Warenverkäufe von Online-Händlern über solche Schnittstellen, wenn der Händler im Drittland ansässig ist, die Beförderung oder Versendung der Ware in der EU beginnt oder endet und die Kunden einem bestimmten Abnehmerkreis angehören (vor Allem Kunden, bei denen es sich nicht um Unternehmer handelt).

Diese Regelung tritt für Umsätze und Einfuhren ab dem 1.7.2021 in Kraft.

Die EU-einheitlichen Regelungen hierzu finden sich in den Begriffsbestimmungen.

Steuerbefreiungen

Das tschechische Umsatzsteuergesetz sieht u. a. Umsatzsteuerbefreiungen (bzw. einen Steuersatz von 0 %) für die folgenden Lieferungen bzw. Leistungen vor:

- Ausfuhrlieferungen
- innergemeinschaftliche Lieferungen
- Arbeiten an beweglichen körperlichen Gegenständen, die nach Bearbeitung ins Drittland zurückgelangen
- Güterbeförderungen und andere Dienstleistungen, die mit dem Im- oder dem Export von Gütern zusammenhängen
- internationale Personenbeförderungen
- bestimmte Finanz-/Versicherungsdienstleistungen
- Lieferungen und Leistungen von öffentlichem Interesse (wie medizinische und soziale Leistungen)
- Verkauf und Vermietung von Grund und Boden und Gebäuden unter bestimmten Voraussetzungen

Der Verkauf von Grund und Boden und Gebäuden in der Tschechischen Republik ist nicht von der Umsatzsteuer befreit, wenn es sich um Bauland handelt oder das Grundstück mit „neuen“ Gebäuden bebaut ist. Als „neu“ gilt ein Gebäude grds. innerhalb der ersten fünf Jahre (bzw. innerhalb der ersten drei Jahre für Gebäude, die vor 2013 erworben wurden). Auch können umfangreiche Umbauarbeiten an einem Gebäude dazu führen, dass es als „neu“ im Sinne dieser Regelung anzusehen ist. In diesem Bereich kommt es in der Praxis nicht selten zu Auslegungsproblemen beispielsweise den Begriff „Baugrundstück“ betreffend.

Das tschechische Umsatzsteuerrecht kennt – wie das deutsche Recht auch – in bestimmten Fällen die Möglichkeit des Verzichtes auf die Steuerfreiheit bei der Vermietung und Verpachtung sowie der Veräußerung von Immobilien. Die Möglichkeit der Option zur Steuerpflicht für andere Umsätze sieht das tschechische Umsatzsteuerrecht jedoch nicht vor.

Steuersätze

In der Tschechischen Republik gelten folgende Steuersätze:

- Normalsteuersatz: 21 %
- ermäßigte Steuersätze: 10 % bzw. 15 %

Den ermäßigten Steuersätzen unterliegen u. a. die Lieferungen von Lebensmitteln, Büchern, Medikamenten sowie Dienstleistungen wie kulturelle Veranstaltungen oder soziale Betreuungsleistungen.

Bemessungsgrundlage

Als Bemessungsgrundlage zur Ermittlung der tschechischen Umsatzsteuer gilt alles, was der Leistungsempfänger aufwendet, um die Leistung zu erhalten.

Im Hinblick auf Fälle von Entgeltminderungen existieren in der Tschechischen Republik folgende Regelungen:

Korrekturen des Entgelts

Die Korrektur der Bemessungsgrundlage ist vom Leistenden in dem Besteuerungszeitraum vorzunehmen, in dem die Berichtigung der Bemessungsgrundlage als erfolgt gilt.

Im Fall von Preisänderungen ist der leistende Unternehmer in der Tschechischen Republik verpflichtet, Berichtigungsrechnungen auszustellen. Er kann bzw. muss die Änderung seiner Bemessungsgrundlage dann in dem Besteuerungszeitraum geltend machen, in welchem er angemessene Anstrengungen unternommen hat, diese dem Leistungsempfänger zur Verfügung zu stellen.

Forderungsausfall

Eine Minderung des Entgelts und dem folgend eine Umsatzsteuerkorrektur im Falle eines Forderungsausfalls kann ein Unternehmen unter folgenden Voraussetzungen geltend machen:

- Es wurde ein Zwangsvollstreckungsverfahren eröffnet, in dem die Forderung noch nicht vollständig eingetrieben wurde und der erste Vollstreckungstitel wurde vor mehr als zwei Jahren erlassen,
- es wurde ein Zwangsvollstreckungsverfahren eröffnet und dieses wurde mangels Vermögen des Schuldners eingestellt,
- der Kunde befindet sich im Insolvenzverfahren und die Forderung wurde ordnungsgemäß zur Insolvenztabelle angemeldet, nicht bestritten und das Gericht stellt das Verfahren mangels Masse ein oder aber es wird festgestellt, dass das Vermögen zur Befriedigung der Forderung nicht oder nicht ganz ausreichen wird,
- der Kunde ist gestorben und im Nachlassverfahren wird festgestellt, dass das Vermögen nicht oder nicht ganz zur Befriedigung der Forderung ausreichen wird oder

- eines der o. g. Verfahren wurde eingeleitet, die o. g. Bedingungen sind noch nicht eingetreten und seit Ende des Besteuerungszeitraums, in dem die steuerpflichtige Leistung erbracht wurde, sind fünf Jahre verstrichen.

Die Korrektur der Bemessungsgrundlage kommt jedoch nur in Betracht, wenn der Leistende und sein Kunde keine nahestehenden Personen sind oder zum Zeitpunkt der Leistung waren. Außerdem müssen beide noch für Umsatzsteuerzwecke erfasst sein und der Schuldner darf nicht als „unzuverlässig" eingestuft sein (vgl. hierzu spätere Ausführungen zu „Haftung").

Der leistende Unternehmer ist verpflichtet, im Fall der Geltendmachung von Entgeltminderungen Berichtigungsrechnungen auszustellen. Er kann die Minderung seiner Bemessungsgrundlage dann in dem Besteuerungszeitraum geltend machen, in welchem dem Kunden die Korrekturbelege zugestellt wurden.

Grundsätzlich ist eine Umsatzsteuerkorrektur nur innerhalb von drei Jahren nach Ende des Besteuerungszeitraums, in dem die Steuerschuld ursprünglich entstanden ist, möglich.

Der Umsatzsteuermeldung, in welcher vom Leistenden die o. g. Entgeltkorrekturen geltend gemacht werden, sind auch Kopien aller Rechnungen, hinsichtlich derer eine Umsatzsteuerberichtigung erfolgte, sowie eine Übersicht über die im Rahmen der Umsatzsteueranmeldung vorgenommenen Berichtigungen beizufügen. Zusätzlich ist zu empfehlen, der Umsatzsteuervoranmeldung auch die Kopie des Beleges beizulegen, aus dem die Zustellung der berichtigten Rechnung an den Schuldner ersichtlich ist.

Vorsteuerabzug

Grundvoraussetzungen für die Inanspruchnahme des Vorsteuerabzugs sind:

- Der Unternehmer muss eine Lieferung oder Leistung für sein Unternehmen bezogen haben,
- die Lieferung oder Leistung muss von einem anderen Unternehmer ausgeführt worden sein und
- der leistende Unternehmer muss eine ordnungsgemäße Abrechnung mit offen ausgewiesener Umsatzsteuer erstellt haben.

Nicht abzugsfähig ist die Vorsteuer in den folgenden Fällen:

- Repräsentationsaufwendungen (Ausnahme: Geschenke von geringem Wert)
- privat genutzter Kraftstoff bei Nutzung eines Firmenwagens

Rechnungsbestandteile

Grundsätzlich ist für jede Lieferung oder Leistung, die ein Unternehmen an ein anderes Unternehmen erbringt, eine ordnungsgemäße Rechnung zu erstellen. Diese Rechnungen müssen mindestens folgende Angaben enthalten:

- Name und Anschrift des Leistenden
- Umsatzsteuer-ID-Nummer des Leistenden
- Name und Anschrift des Kunden
- Umsatzsteuer-ID-Nummer des Leistungsempfängers (falls vorhanden)
- Rechnungsdatum
- fortlaufende Rechnungsnummer
- Leistungszeitpunkt/Lieferzeitpunkt oder im Fall von Anzahlungsrechnungen Zeitpunkt der Vereinnahmung des Entgelts oder eines Teils des Entgelts, sofern der Zeitpunkt der Vereinnahmung feststeht und nicht mit dem Ausstellungsdatum der Rechnung übereinstimmt
- Leistungsbeschreibung
- Nettostückpreis (in beliebiger Währung)
- jede im Voraus vereinbarte Minderung des Entgelts, soweit sie nicht im Entgelt berücksichtigt ist (in beliebiger Währung)
- Umsatzsteuersatz
- Nettorechnungsbetrag (je Steuersatz/Steuerbefreiung, in beliebiger Währung)
- Umsatzsteuerbetrag in CZK (je Steuersatz)
- ggf. Hinweis auf eine Steuerbefreiung unter Nennung der gesetzlichen Grundlage

Im Falle einer innergemeinschaftlichen Lieferung oder im Fall der Verlagerung der Umsatzsteuerschuld (Reverse-Charge) ist die Angabe der Umsatzsteuer-ID-Nummer des Kunden obligatorisch. Bei Anwendung des Reverse-Charge-Verfahrens ist in der Rechnung auf die Anwendung dieses Verfahrens hinzuweisen („daň odvede zákazník“ = „Steuerschuldnerschaft des Leistungsempfängers“).

Es existieren Vereinfachungsregelungen für Kleinbetragsrechnungen, die einen Bruttobetrag von 10.000 CZK (etwa 425 €) nicht überschreiten.

Die Rechnung ist nicht zwingend in tschechischer Sprache auszustellen. In der Praxis kann es bei Ausstellung von Rechnungen in fremder Sprache vorkommen, dass im Rahmen von Betriebsprüfungen die tschechischen Finanzbehörden die exemplarische Übersetzung einer Rechnung verlangen.

Auf Fremdwährungsrechnungen ist zusätzlich der Umsatzsteuerbetrag in CZK anzugeben. Maßgeblich für die Umrechnung ist der Tageskurs, den die tschechische Zentralbank für den Tag bekannt gibt, an dem die Lieferung oder Leistung ausgeführt wurde. 2013 wurde die Möglichkeit eingeführt, auch die Umrechnungskurse der Europäischen Zentralbank zu nutzen.

Elektronische Rechnungen

In der Tschechischen Republik ist die Rechnungstellung auf elektronischem Wege möglich.

Voraussetzung ist, dass der Rechnungsempfänger zustimmt. Es ist nicht notwendig, der tschechischen Finanzverwaltung die Rechnungstellung auf elektronischem Wege im Vorfeld anzuzeigen.

Im Rahmen der Rechnungstellung auf elektronischem Weg muss die Authentizität und Integrität der Rechnung sichergestellt sein. Dies kann nach tschechischer Rechtslage auf jeden Fall durch die Rechnungsstellung per EDI oder mit einer fortgeschrittenen elektronischen Signatur erfolgen. Im Fall der Rechnungstellung per EDI ist das Erteilen einer zusätzlichen Sammelrechnung in Papierform nicht erforderlich.

Seit dem 1.1.2013 werden darüber hinaus andere Wege der Sicherstellung von Authentizität und Integrität der Rechnung anerkannt.

Anzahlungen

Anzahlungen sind grds. zum Zeitpunkt des Geldeingangs zu versteuern.

Gutschriften/Self Billing

In der Tschechischen Republik besteht die Möglichkeit, im Gutschriftswege abzurechnen. Hierüber ist in der Praxis im Vorfeld eine schriftliche Vereinbarung zwischen den beteiligten Unternehmen zu empfehlen.

Im Fall der Ausstellung einer Gutschrift ist der Hinweis „vystaveno zákazníkem" (=„Gutschrift") aufzunehmen.

Der leistende Unternehmer bleibt für fristgerechte Erteilung und Inhalt verantwortlich.

Aufbewahrung von Unterlagen

Alle umsatzsteuerlich relevanten Unterlagen sind zehn Jahre lang aufzubewahren.

Belege müssen zwingend innerhalb der Tschechischen Republik aufbewahrt werden. Eine Archivierung im Ausland kommt nur in Betracht, wenn der Unternehmer einen Echtzeitzugriff auf die Dokumente gewährleisten kann. Damit kommt die Archivierung im Ausland praktisch nur für Dokumente in Betracht, die in elektronischer Form archiviert werden. Papierdokumente können elektronisch archiviert werden, wenn der Unternehmer nach Umwandlung in der Lage ist, die Authentizität der Herkunft und die Unversehrtheit des Inhalts nachzuweisen.

Im Falle einer Archivierung im Ausland sind die tschechischen Finanzbehörden hierüber in Kenntnis zu setzen.

Veranlagungsverfahren/Steuererklärungen/ Kontrollerklärungen/Haftung

Veranlagungsverfahren/Steuererklärungen

In der Tschechischen Republik gilt der Monat als Besteuerungszeitraum.

Unter folgenden Voraussetzungen kann bis zum 25.1. des betroffenen Kalenderjahres zur quartalsmäßigen Abgabe optiert werden:

- Jahresumsatz von weniger als 10 Mio. CZK (ca. 384.600 €) im Vorjahr
- Steuerpflichtiger wurde nicht als „unzuverlässiger Steuerzahler“ eingestuft (vgl. hierzu Ausführungen unten zu „Haftung“)
- bei dem Steuerpflichtigen handelt es sich nicht um einen umsatzsteuerlichen Organkreis

Im Kalenderjahr der erstmaligen Registrierung und im Folgejahr gilt ohne Ausnahme der Monat als Besteuerungsraum. Dies gilt auch für Unternehmen, welche sich im Insolvenzverfahren befinden.

Die Abgabe von Umsatzsteuererklärungen hat grds. auf elektronischem Wege zu erfolgen.

Das aktuelle Formular ist in englischer Sprache als Anlage beigefügt.

Umsatzsteuermeldungen sind bis zum 25. des auf die Meldeperiode folgenden Monats abzugeben.

Umsatzsteuerzahlungen sind ebenfalls zu diesem Stichtag fällig. Resultiert aus der Saldierung von Umsatzsteuer und Vorsteuer ein Vorsteuerüberhang, so wird dieser i. d. R. innerhalb von 30 Tagen ausgezahlt.

Jahressteuererklärungen wie in Deutschland sind nicht einzureichen.

Bei Importen aus Drittstaaten ist die Einfuhrumsatzsteuer nicht an die Zollbehörde zu zahlen, sondern die Zahlung erfolgt durch die Erfassung des Einfuhrvorgangs in der Umsatzsteuermeldung, in der auch der korrespondierende Vorsteuerabzug geltend gemacht werden kann („postponed accounting").

Kontrollerklärungen

In der Tschechischen Republik müssen Unternehmer mit Wirkung ab dem 1.1.2016 eine zusätzliche Kontrollerklärung („kontrolní hlášení") abgeben, in der Folgendes zu melden ist:

- Leistungen, die erbracht wurden und die in der Tschechischen Republik steuerpflichtig sind (inklusive der Leistungen, die dem Reverse-Charge-Verfahren unterliegen)
- Leistungen, die empfangen wurden und die in der Tschechischen Republik steuerpflichtig sind (inklusive der Leistungen, die dem Reverse-Charge-Verfahren unterliegen)
- innergemeinschaftliche Warenerwerbe
- Dienstleistungen, die von einem ausländischen, in der EU ansässigen Unternehmer empfangen werden
- Dienstleistungen, die von einem ausländischen, im Drittland ansässigen Unternehmer empfangen werden

Juristische Personen haben diese Erklärungen monatlich einzureichen, bei natürlichen Personen unterliegen die Kontrollerklärungen den gleichen Abgabefristen wie die Umsatzsteuermeldungen. Sie sind elektronisch einzureichen. Die verspätete Abgabe ist bußgeldbehaftet. Zudem droht die Einstufung als „unzuverlässiger Steuerzahler" (vgl. hierzu Ausführungen unten zu „Haftung").

Die Erklärungen müssen für jede betroffene Ein-/Ausgangsrechnung bestimmte Angaben enthalten. Eine Ausfüllanleitung in englischer Sprache findet sich unter

https://www.financnisprava.cz/assets/en/attachments/d-seznam-dani/Control_Statement_Guidelines_1_1_2023_final_anj_internet.pdf.

Haftung

In bestimmten Fällen haftet der Leistungsempfänger für nicht entrichtete Umsatzsteuer des leistenden Unternehmers.

Dies gilt zunächst einmal in den Fällen, in denen der Leistungsempfänger „tax payer" in der Tschechischen Republik ist und wusste (oder hätte wissen müssen), dass der Leistende die Steuer vorsätzlich nicht abführt, dass der Leistende sich vorsätzlich in eine Lage bringt, in der er die Steuer nicht entrichten kann oder dass ein Fall der Steuerkürzung oder der Erschleichung eines Steuervorteils vorliegt.

Auch kommt eine Haftung in den Fällen infrage, in denen das Entgelt vollständig oder teilweise durch ein virtuelles Aktivum (z. B. Bitcoins) gezahlt wurde, in denen das Entgelt ohne einen wirtschaftlichen Grund offensichtlich vom üblichen Preis abweicht, oder bei Lieferungen über elektronische Schnittstellen.

Zudem gilt Folgendes:

Unternehmen sind verpflichtet, der tschechischen Finanzbehörde alle bei Kreditinstituten geführten Bankkonten anzuzeigen, wenn diese für die gewerbliche Tätigkeit verwendet werden.

Die Bankkonten, die der tschechischen Finanzbehörde mitgeteilt wurden, werden von der tschechischen Finanzbehörde in einer Datenbank veröffentlicht:

http://adisreg.mfcr.cz/adistc/DphReg?ZPRAC=FDPHI2&id=2&pocet=2&poc_dic=1&OK=Display

Der Leistungsempfänger haftet für die nicht entrichtete Umsatzsteuer des leistenden Unternehmens in diesem Zusammenhang wie folgt:

- Leistungsempfänger zahlt dem leistenden Unternehmen einen Rechnungsbetrag auf ein tschechisches Bankkonto, das nicht in der Datenbank der tschechischen Finanzbehörde enthalten ist (Voraussetzung für das Eingreifen dieser Haftungsregelung ist jedoch, dass der Rechnungsbetrag den Betrag von 540.000 CZK (ca. 22.925 €) überschreitet).
- Leistungsempfänger zahlt dem leistenden Unternehmen den Rechnungsbetrag auf ein ausländisches Bankkonto (= nicht tschechisches Bankkonto) – unabhängig vom Rechnungsbetrag und unabhängig davon, ob dieses in der Datenbank der tschechischen Finanzbehörde enthalten ist.

Wird in solchen Fällen die Umsatzsteuer aus einer Lieferung oder Leistung vom leistenden Unternehmer nicht entrichtet, können die tschechischen Finanzbehörden den Leistungsempfänger zur Zahlung der Umsatzsteuer auffordern.

Ausländische Gesellschaften, die in der Tschechischen Republik für Umsatzsteuerzwecke registriert sind, sollten daher der tschechischen Finanzbehörde das Vorhandensein etwaiger tschechischer Konten anzeigen.

Bei Zahlung von Eingangsrechnungen sollten die Empfänger der in Rechnung gestellten Leistung prüfen, ob das Bankkonto des leistenden Unternehmens ein tschechisches Bankkonto ist und als solches in der Datenbank der tschechischen Finanzbehörde enthalten ist.

Zudem veröffentlicht die tschechische Finanzbehörde in der o. a. Datenbank für jeden tschechischen Umsatzsteuerzahler, ob dieser als zuverlässig oder unzuverlässig einzustufen ist („Black List"). Als „unzuverlässig" wird ein Unternehmer eingestuft, der in schwerwiegender Weise gegen seine steuerrechtlichen Verpflichtungen verstoßen hat, beispielsweise durch wiederholte Nichtabgabe von Umsatzsteuererklärungen oder dadurch, dass Steuerrückstände aufgelaufen sind.

Zahlt eine Gesellschaft als Leistungsempfänger an einen unzuverlässigen Umsatzsteuerzahler (leistendes Unternehmen), so besteht ein Haftungsrisiko. Vor Zahlung von Eingangsrechnungen sollte daher zusätzlich zum Konto überprüft werden, ob der Rechnungsaussteller in der Datenbank als unzuverlässiger Umsatzsteuerzahler veröffentlicht wurde.

Sollte sich aus der Datenbankrecherche aus Sicht des Rechnungsempfängers ein Haftungsrisiko ergeben, so empfiehlt sich, von der Zahlung des Bruttorechnungsbetrages an den Rechnungserteiler abzusehen. Um ein Haftungsrisiko auszuschließen, sollte möglichst mit dem Lieferanten vereinbart werden, dass die Zahlung an diesen sich auf den Nettorechnungsbetrag beschränkt und der Umsatzsteuerbetrag direkt an die tschechischen Finanzbehörden gezahlt wird.

Intrastat/Zusammenfassende Meldung

Intrastatmeldungen sind bei Überschreiten der Schwellenwerte von jeweils 12.000.000 CKZ (ca. 509.480 €) für innergemeinschaftliche Lieferungen und für Erwerbe abzugeben. Wird hier der Wert von 20 Mio. CZK (ca. 849.140 €) nicht überschritten, kommt unter bestimmten Voraussetzungen seit dem 1.1.2022 die Abgabe vereinfachter Intrastatmeldungen (weniger detailliert und nur einmal jährlich) in Betracht.

Sie sind monatlich innerhalb von zwölf Arbeitstagen nach Ablauf des Meldemonats auf elektronischem Weg einzureichen, wobei Ausnahmen für kleine Unternehmen gelten.

Zur Umrechnung ausländischer Währungen soll der Umrechnungskurs in Ansatz gebracht werden, mit dem auch die Zollverwaltung arbeitet, und zwar mit dem am vorletzten Mittwoch des Vormonats gültigen Wechselkurs. Dieser Kurs weicht von demjenigen für Umsatzsteuerzwecke ab. Er findet sich unter

http://www.celnisprava.cz/cz/aplikace/Stranky/kurzy.aspx.

Für die Intrastat zuständige Stelle:

Czech Statistical Office
Na padesátém 3268/81
100 82 PRAHA 10
TSCHECHISCHE REPUBLIK
E-Mail: infoservis@czso.cz
Tel. +420 274 051 111

https://www.czso.cz/csu/czso/intrastat_basic_information

Die Zusammenfassende Meldung ist in der Tschechischen Republik grds. monatlich bis zum 25. des Folgemonats einzureichen. Sind keine innergemeinschaftlichen Lieferungen zu melden (sondern z. B. lediglich die Erbringung innergemeinschaftlicher Dienstleistungen) und reicht der Unternehmer seine Umsatzsteuermeldungen vierteljährlich ein, so kann auch die Zusammenfassende Meldung kalendervierteljährlich eingereicht werden.

Die Abgabe der Zusammenfassenden Meldung hat auf elektronischem Wege zu erfolgen.

Registrierung

„Eingeschränkte" Registrierung/Identifizierung zur Umsatzsteuer

Mit Wirkung vom 1.1.2013 wurde die Möglichkeit einer „eingeschränkten" Registrierung („person identified for VAT"/Identifizierung zur Umsatzsteuer) eingeführt.

Diese Registrierung kommt für Nichtunternehmer (wenn diese beispielsweise zur Deklaration innergemeinschaftlicher Erwerbe verpflichtet sind) und für Unternehmer in Betracht. Die nachfolgenden Ausführungen beschränken sich auf die für Unternehmer relevanten Aspekte dieser Regelung.

Eine „eingeschränkte" Registrierung setzt voraus, dass keine „reguläre" Registrierungspflicht (nachfolgend: („Voll-")Registrierung) aufgrund eigener Ausgangsumsätze besteht (im Falle von tschechischen Unternehmen keine Registrierung beispielsweise aufgrund der „Kleinunternehmereigenschaft"). Diese Form der Registrierung findet Anwendung in Fällen

- inländischer Unternehmer, bei denen sich die Erklärungspflichten auf folgende Sachverhalte beschränken: innergemeinschaftliche Erwerbe, Bezug von Leistungen unter Anwendung des „Reverse-Charge-Verfahrens" von nicht in der Tschechischen Republik ansässigen Unternehmern und Erbringung von Dienstleistungen, die der „B2B-Grundregel" (vgl. Art. 44 MwStSystRL, § 3a Abs. 2 UStG) unterliegen sowie
- ausländischer bisher nicht registrierter Unternehmer, bei denen sich die Erklärungspflichten auf innergemeinschaftliche Erwerbe beschränken.

Diese Form der Registrierung hat den Vorteil, dass eigene Ausgangsumsätze trotz Registrierung weiterhin nicht der Umsatzsteuer zu unterwerfen sind (bezogen auf das o. g. Beispiel der „Kleinunternehmerschaft" tschechischer Unternehmer natürlich nur, solange die maßgebenden Umsatzgrenzen weiterhin unterschritten bleiben). Nachteil dieser Form von Registrierung ist, dass zwar sofort die Umsatzsteuer auf Eingangsumsätze zu erklären und abzuführen ist, jedoch kein oder unter bestimmten Voraussetzungen ein spätes Vorsteuerabzugsrecht besteht.

Eine freiwillige „Vollregistrierung“ als „tax payer“ (die dann zur Vorsteuerabzugsberechtigung führt, jedoch auch nicht ohne Konsequenzen für etwaige tschechische Ausgangsumsätze bleibt) ist möglich.

Die Form der „eingeschränkten“ Registrierung wird in der Praxis vor Allem für tschechische Unternehmen von Relevanz sein. Für ausländische Unternehmen ergibt sich oft aufgrund von Ausgangsumsätzen, für die die fraglichen Erwerbe erfolgen, eine zwingende („Voll-“)Registrierungspflicht als „tax payer“, da Kleinunternehmergrenzen für ausländische Unternehmen nicht existieren.

Daher beschränken sich die nachfolgenden Ausführungen auf die („Voll “)Registrierung als „tax payer“.

(„Voll-“)Registrierung

Unternehmer mit Ansässigkeit innerhalb der EG können sich in der Tschechischen Republik entweder direkt oder über einen steuerlichen Vertreter registrieren lassen. Erfolgt die Registrierung über einen Vertreter, so ist den tschechischen Finanzbehörden dessen Vollmacht in Schriftform vorzulegen.

Der Begriff des echten „Fiskalvertreters“ ist in der Tschechischen Republik – anders als in den meisten anderen EG-Mitgliedstaaten – unbekannt.

Zuständig für die Registrierung ist das Finanzamt Ostrava:

Finanční úřad pro Moravskoslezský region
Na Jízdárně 3162/3
CZ-709 00 Ostrava Přívoz
http://www.financnisprava.cz

Für die umsatzsteuerliche Registrierung in der Tschechischen Republik werden folgende Unterlagen benötigt (es empfiehlt sich, den Anlagen zum Registrierungsformular eine Übersetzung in die tschechische Sprache beizufügen bzw. diese zweisprachig auszustellen):

- Registrierungsformular (in englischer Sprache als Anlage beigefügt)
- Unternehmerbescheinigung der Finanzbehörde im Ansässigkeitsstaat oder von einer Finanzbehörde in einem anderen EU-Land, in dem eine umsatzsteuerliche Registrierung bereits vorliegt, gleichzeitig Bestätigung über weitere bestehende Registrierungen innerhalb der EU mit Angabe aller erteilten Umsatzsteuer-ID-Nummern
- Handelsregisterauszug
- Erklärung über Bankkonto
- ggf. Vollmacht für den steuerlichen Vertreter

Besondere Besteuerungsverfahren der „One-Stop-Shops"

Eine Registrierung für Umsätze in (anderen) EU-Staaten ist für einen Unternehmer nur dann zwingend erforderlich, wenn für seine Umsätze kein besonderes Besteuerungsverfahren (Stichwort „One-Stop-Shop") anwendbar ist.

Mehrfach wurden bereits die „Quick Fixes" erwähnt, mit denen Anfang 2020 zahlreiche EU-einheitliche Regelungen eingeführt wurden.

Durch die „Quick Fixes" werden auch EU-weit einheitliche Regelungen zu den besonderen Besteuerungsverfahren der „One-Stop-Shops" erlassen. Diese greifen für Umsätze, die ab dem 1.7.2021 ausgeführt werden.

Die EU-einheitlichen Regelungen zu diesem Thema finden sich in den Begriffsbestimmungen.

Please read carefully the Guidelines before filling out this form.

Tax Office / Specialized Tax Office

Local Office

01 Tax Identification Number

C Z

02 Box for an official stamp of the Tax Office

APPLICATION FOR VALUE ADDED TAX REGISTRATION

03 for a payer ☐ or an identified person ☐ – no registered office or permanent establishment in the Czech Republic ☐

04

Legal person:

Name including a legal format

Natural person:

Surname

Maiden name

First name(s)

Degree

Birth certificate number / Date of birth (if the birth certificate number is not allocated)

Registered office of the legal person / address of the place of residence of the natural person in accordance with Section 13 Subsection 1 of the Tax Code:

Street name and orientation number, city district and descriptive number

City

Postcode

Country

Real registered office:

Street name and orientation number, city district and descriptive number

City

Postcode

Country

E-mail

Phone number

05 Effective date of compulsory registration

06 Reason for registration in accordance with a particular provision of the VAT Act

07 Turnover in the immediately preceding 12 calendar months

08 Date of cancellation of previous VAT registration

Reason for the cancellation

09 Reason for voluntary registration of a payer or identified person

09a Estimated amount of an annual turnover in case of voluntary registration of a payer

25 5104/A MFin 5104/A – vzor č. 8

1

10 Registration in other EU member states.
– Tax Ident. No.

Date of registration

EORI

11 Account numbers held at payment service providers (bank accounts)

Write numbers of all your accounts at payment service providers which are used for your economic activity if you are filling out this application form as a payer.

Accounts in the Czech Republic held in CZK:

Account number / Bank (identification) code

intended for publication
yes / no

Account held in a foreign country or foreign currency account:

IBAN

Bank ID type

Bank ID

Currency of the account

intended for publication
yes / no

Account name

Name of the bank

Bank street

Bank city

Bank postcode (ZIP-code) Country

11a Account for a refund of overpaid VAT

H

12 Annexes

– only the person not having a registered office or permanent establishment in the Czech Republic (the non-established taxable person)
- VAT (or similar tax) registration certificate from another country
- trade licence / certificate or other authorization to business activity
- business register statement

– other annexes

number of annexes

Details of the signatory:

Code of the signatory

First name(s) and surname / Name of legal person

Date of birth / Tax consultant certificate number / Legal person identification number

Natural person authorized for the signature (if a taxable person or agent is a legal person)
Write what is the relationship to the legal person (e.g. director, authorized person, etc.)

First name(s) and surname / Relationship to a legal person

Taxable person / authorized signatory

Date

Stamp

Signature of the taxable person / authorized signatory

2

GUIDELINES

Where the guidelines include references to individual provisions (Sections) of the law, it concerns the Act No. 235/2004 Coll., on Value Added Tax, as amended by later regulations, provided it is not stated otherwise.
State the remaining part of the official name of your locally competent Tax Office (e.g. – capital Prague, – South Bohemian Region, etc.) in the **Tax Office / Specialized Tax Office box**. If the entity is a person selected in accordance with Section 11 Subsection 2 of the Act No. 456/2011 Coll., on the Financial Administration of the Czech Republic, as amended by later regulations (hereinafter referred to as "the Act on the Financial Administration of the Czech Republic"), the Specialized Tax Office must be stated. Enter the seat of the Local Office where the file about the taxable person is or will be kept in the "Local Office" box (Section 13 of the Act on the Financial Administration of the Czech Republic). **Locally competent for non-established taxable persons (no registered office or permanent establishment in the Czech Republic) is Finanční úřad pro Moravskoslezský kraj (Tax Office for the Moravian-Silesian Region), Územní pracoviště (territorial branch) Ostrava I.**

01 – State the tax identification number if already allocated to the person applying for registration.

03 – Mark the relevant box if the applicant is intended to be a payer or identified person. Further, **mark the box if you are a person who does not have a registered office or permanent establishment (a non-established taxable person) in the Czech Republic,** otherwise leave the box blank.

04 – State the requested identification data of the person applying for registration. Entering the information in the "Maiden name" box, "Degree" box, "Phone number" box or "E-mail" box is optional.
Registered office of a legal person under Section 13 Subsection 1 of the Act No. 280/2009 Coll., the Tax Code, as amended by later regulations (hereinafter referred to as "the Tax Code"), is the address which is registered for the legal person in the Commercial Register or similar public register, or the address where the legal person is actually seated if such an entity is not entered in these registers. The place of residence of a natural person under Section 13 Subsection 1 of the Tax Code is the address of a place of permanent residence of the citizen of the Czech Republic, or the address of the reported place of residence of the foreigner, and if the place of residence of the natural person cannot be identified in this manner, it shall mean the place in the territory of the Czech Republic where the natural person mostly stays. **Non-established taxable persons shall state their registered office in the public register (legal persons) or the place of residence (natural persons).**
Real registered office is the address of the place of management of the taxable person where fundamental managerial decisions are made, or the place where the management of this person meets to ensure performance of the business activity; if a natural person does not have a place of his management, the registered office of such person shall mean his residence.

05 – If you are the person who becomes a payer according to Section 6, state the date when your turnover has exceeded the registration threshold **(Please be aware that Section 6 is only for those taxable persons who have the registered office in the Czech Republic; therefore not for non-established taxable persons)**. If you become a payer under Section 6b to 6e, or an identified person under Section 6g to 6i, state the date when this fact given in the respective Section occurred.

06 – State the particular provision (Section) of the law on the basis of which you become or became a payer or identified person.

07 – State your turnover in the immediately preceding 12 calendar months before the application submission date.

08 – State the date of the previous VAT registration cancellation including the reason for the cancellation.

09 – Give a brief reason for your voluntary registration.

09a – If you apply for a voluntary registration of a payer, state the estimated amount of your annual turnover as specified in Section 4a.

10 – If you have been registered for the tax in another EU member state, state the tax identification number and date of registration.
State EORI number for communication with customs authorities if it is not identical with a tax identification number (or a tax identification number has not been allocated yet).

11 – In case you are filling out the application for VAT registration of a payer, state the numbers of all your accounts at payment service providers (your bank accounts) which are used for your economic activity. Always state if they are intended to be made public in the VAT Register.
Please note that this requirement is related to the possible liability (the receiver of the supply is liable for the tax unpaid by the provider of the supply if the payment is made to an account other than the account which was made public; this liability applies only on specific conditions defined by the law – Section 109 Subsection 2 Paragraph c)).
Also please be aware that although there is no restriction as regards the publishing of the account held abroad, the possible liability application is not hindered thereby. It is a separate case of liability given by Section 109 Subsection 2 Paragraph b), under which the receiver of the supply, who made payment for the taxable supply to the provider's account held outside the country, is held liable for VAT unpaid by the provider, no matter if it was the account that had been published in the VAT Register.
Where the accounts are held at Czech banks, it is not necessary to complete the following information: Bank ID type / Bank ID / Account name / Name of the bank / Bank street / Bank city / Bank postcode / Country.
Write the type of the bank ID in the "Bank ID type" box, i.e. for example BIC, FW, SC. Write the account name or name of the account holder in the "Account name" box.

11a – Complete an account No. for a refund of overpaid VAT on the H line.
If the account is held abroad or in a foreign currency, leave the H line blank (put a dash). In that case the account held abroad or in a foreign currency completed in the form above will be treated as the account intended for the refund of overpaid VAT – provided that it is your own account which is used for economic activity. When the mentioned conditions are not fulfilled, write this account in separate annex in accordance with the last paragraph of the guidelines.
If the account intended for a refund of overpaid VAT is your own and this account is used for your economic activity, it should be also written in the accounts in the box 11.

12 – The mentioned annexes must be provided by persons not having a registered office or permanent establishment in the Czech Republic (non-established taxable persons). All these annexes must be officially verified copies of original documents translated into Czech language. Officially verified translation into the Czech language is not required but a financial office has the right to ask for it later in case of need (Section 76 Subsection 2 of the Tax Code). The annexes must sufficiently and credibly substantiate the identification of the applicant.
Other annexes – indicate their total number (applicable e.g. if you need more space in the box 11 – account numbers, etc.).

The signatory details must be completed only where the application is being filled in and submitted by a person other than the taxable person; where the taxable person makes the submission himself, this part should not be filled in. Instructions for filling out details of the signatory are published on the website of the Financial Administration: http://www.financnisprava.cz in the Tax forms section.

If you need more space for provision of any additional data or information that may be relevant, use separate annex and enter the corresponding box No. of the original form to which such information is referred. Indicate the total of the annexes in the box 12.

3

Please read carefully the Guidelines before filling out this form.
Figures shown in the tax return are rounded to whole crowns.

Part A

Tax Office for / Specialized Tax Office

Territorial Branch for/in

Tax Identification Number

C Z

Birth certificate number / Ident. No.

proper | additional | corrective

Reasons for submission of the additional tax return were ascertained on

Number of annexes / sheets /

Box for an official stamp of the Tax Office

Value Added Tax RETURN

for the period of taxation: month **quarter** **year**

for the period from **to**

Taxpayer under Section 6 to 6fa		Identified person under Section 6g to 6l		If no data are available for page 2, put a dash (X)	
Group under Section 5a		Non-taxpayer under Section 19 or 108		Code of the period of taxation of the following year	

Legal person: Name

Natural person: Surname First name Degree

Registered office of the legal person / address of the place of residence of the natural person in accordance with Section 13 Subsection 1 of the Tax Code:

a) City b) Postcode c) Phone number

d) Street name (or city district) e) Descriptive / Orientation number

f) E-mail g) Country

Main economic activity

Part B

Details of the signatory: Code of the signatory

First name(s) and surname / Name of legal person

Date of birth / Tax consultant certificate number / Legal person ident. No.

Natural person authorized for the signature (if a taxable person or agent is a legal person), **write what is the relationship to the legal person** (e.g. director, authorized person, etc.)

First name(s) and surname / Relationship to the legal person

Taxable person / Authorized signatory

Date Stamp Signature of the taxable person / authorized signatory

Contact person Phone number

25 5401/A MFin 5401/A – vzor č. 23

1

Part C – Value Added Tax

I. Taxable transactions		Line	Tax base	Output tax
Supply of goods or supply of services with the place of transaction in the Czech Republic	standard	1		
	reduced	2		
Acquisition of goods from another Member State (Section 16; Section 17 Subsection 6 Paragraph e); Section 19 Subsection 3 / Section 19 Subsection 6)	standard	3		
	reduced	4		
Receipt of services with the place of transaction in accordance with Section 9 Subsection 1 from a person registered for tax in another Member State	standard	5		
	reduced	6		
Imports of goods (Section 23)	standard	7		
	reduced	8		
Acquisition of a new means of transport (Section 19 Subsection 4 / Section 19 Subsection 6)		9		
Reverse charge scheme (Section 92a) – customer of goods or recipient of services	standard	10		
	reduced	11		
Other taxable transactions with an obligation to declare tax on their receipt (Section 108)	standard	12		
	reduced	13		

II. Other transactions and transactions with the place of transaction outside the Czech Republic with entitlement to tax deduction		Amount
Supply of goods to another Member State (Section 64)	20	
Supply of services with the place of transaction in another Member State specified in Section 102 Subsection 1 Paragraph d) and Subsection 2	21	
Exports of goods (Section 66)	22	
Supply of a new means of transport to a person who is not registered for tax in another Member State (Section 19 Subsection 4)	23	
Selected transactions (Section 110b Subsection 2)	24	
Reverse charge scheme (Section 92a) – supplier of goods or supplier of services	25	
Other transactions made with entitlement to tax deduction (e.g. Section 24a, 67, 68, 69, 70, 71h, 89, 90, 92)	26	

III. Additional information			
Simplified triangulation arrangements for the supply of goods (Section 17) by an intermediary	Acquisition of goods	30	
	Supply of goods	31	
Imports of goods exempt under Section 71g		32	
Correction of tax in respect of an irrecoverable receivable (Section 46 and following, or 74a)	Creditor	33	
	Debtor	34	

IV. Entitlement to tax deduction			Tax base	Full entitlement	Reduced entitlement
From received taxable transactions from payers	standard	40			
	reduced	41			
On imports of goods when the tax administrator is a customs office		42			
From taxable transactions shown on lines 3 to 13	standard	43			
	reduced	44			
Correction of tax deductions pursuant to Section 75, 77, 79 to 79e		45			
Total tax deduction (40 + 41+ 42 + 43 + 44 + 45)		46			
Amount of acquired assets specified in Section 4 Subsection 4 Paragraph d) and e)		47			

V. Reduction of entitlement to tax deduction					
Transactions exempt from tax without entitlement to tax deduction	50				
Amount of transactions not included in the coefficient calculation (Section 76 Subsection 4)	51	**With entitlement to deduction**		**Without entitlement to deduction**	
A part of the tax deduction in a reduced amount	52	**Coefficient (%)**		**Deduction**	
Settlement of tax deduction (Section 76 Subsection 7 to 10)	53	**Settlement coefficient (%)**		**Deduction change**	

VI. Tax calculation		
Adjustment of tax deduction (Section 78 and following)	60	
Tax refund (Section 84)	61	
Output tax (the sum of 1 to 13 – 61 + tax pursuant to Section 108 not given elsewhere)	62	
Tax deduction (46 in the full amount + 52 Deduction + 53 Deduction change + 60)	63	
Tax (62 – 63)	64	
Excessive deduction (63 – 62)	65	
Difference against the last known tax on the submission of an additional tax return (62 – 63)	66	

2

Türkei

Allgemeines

Die Mehrwertsteuer (MWSt) wurde 1985 in der Türkei eingeführt. Die türkische MWSt hat sich vor dem Hintergrund der Bemühungen um einen EU-Beitritt zunehmend an die Mehrwertsteuersystem-Richtlinie der EU (MWStSysRL) angeglichen. Auch wenn die Grundprinzipien gleich sind, müssen insbesondere nicht in der Türkei ansässige Unternehmen spezielle Detailregelungen beachten.

Die türkische MWSt wird KDV (Katma Deger Vergisi) abgekürzt.

Unternehmer/Organkreis

Der Unternehmerbegriff entspricht grds. der Definition der MWStSysRL der EU. Eine Gruppenbesteuerung/Organschaft ist nicht möglich. Jedes Unternehmen eines Konzerns o. ä. muss sich deswegen jeweils selbst steuerlich erfassen lassen.

Lieferung/sonstige Leistung

Der türkischen MWSt unterliegen die Lieferungen und sonstigen Leistungen, die auf dem Gebiet der Türkei ausgeführt werden oder in die Türkei importiert werden.

Warenlieferungen gelten in der Türkei als ausgeführt, wenn sich die Waren im Zeitpunkt des Verkaufs im Gebiet der Türkei befinden und nicht befördert oder versandt werden oder, wenn die Waren von der Türkei aus befördert oder versandt werden. Eine Lieferung setzt die Verschaffung der Verfügungsmacht an einem Gegenstand voraus.

Auch im türkischen Mehrwertsteuerrecht ist der Begriff der sonstigen Leistung negativ definiert, d. h., dass alle steuerbaren Vorgänge, die nicht als Lieferungen gelten, sonstige Leistungen sind.

Seit dem 1.1.2018 unterliegen auch diverse von einem ausländischen Unternehmen an eine Privatperson gegen Entgelt erbrachte elektronische Dienstleistungen der türkischen MWSt. Zu diesen elektronischen Dienstleistungen gehört u. a.:

- Streaming von Videos, Musik oder Spielen;
- E-Books;
- Hosting von Websites;
- Rundfunk oder Radio; und
- Online-Telefonie und Daten.

Die aus einer Warenlieferung oder Dienstleistung resultierende Steuerschuld entsteht im Zeitpunkt des Ausführens der Lieferung bzw. Dienstleistung. Wird vorher eine Rechnung (z. B. Anzahlungsrechnung) ausgestellt, entsteht jedoch mit und im Zeitpunkt des Ausstellens der Rechnung die Verpflichtung, die ausgewiesene Steuer abzuführen (siehe auch Abschnitt Rechnungsbestandteile).

Werklieferung/Werkleistung/Bauleistung

Während eine Werklieferung innerhalb der Türkei (d. h. ohne Import von Gütern) als einheitlicher Vorgang gesehen wird, sind Liefer- und Leistungsanteile einer Werklieferung für sich gesondert zu beurteilen, wenn Lieferanteile importiert werden und der Import durch den Kunden erfolgt. In diesen Fällen sollten Werklieferverträge daher insbesondere gesonderte Preisvereinbarung für die Liefer- und Leistungsteile enthalten.

Erfolgt die Warenlieferung vom Ausland aus, sollte der Import der Waren durch den türkischen Empfänger erfolgen; der Lieferanteil der Werklieferung ist dann vom Lieferanten ohne MWSt abzurechnen.

Verlagerungsverfahren/Reverse-Charge

Steuerschuldner einer der MWSt unterliegenden Lieferung oder sonstigen Leistung ist grds. der liefernde bzw. leistende Unternehmer. Handelt es sich bei diesem jedoch um ein steuerlich nicht registriertes ausländisches Unternehmen, ist bei Dienstleistungen der Empfänger im Wege des sog. Reverse Charge-Verfahrens zur Entrichtung der türkischen MWSt verpflichtet.

Die aus dem Reverse Charge-Verfahren abzuführende MWSt wird in einer gesonderten MWSt-Erklärung ausgewiesen (KDV Formular 1015 B (KDV2)). Diese gesonderte Erklärung enthält ausschließlich Positionen für „abzuführende MWSt“, weswegen aus der MWSt-Meldung immer eine Zahllast resultiert. Die gleichzeitig entstehende Vorsteuer ist im Rahmen der „normalen“ MWSt-Erklärung (KDV Formular 1015 A (KDV1)) geltend zu machen. Insoweit kann auch ein unter das Reverse Charge-Verfahren fallender Bezug zu einer – zumindest temporären – Belastung führen, wenn kein entsprechender Vorsteueranspruch zur Verrechnung besteht.

Neben dem oben genannten Reverse Charge-Verfahren besteht z. B. für bestimmte Bauleistungen, Reinigungsarbeiten, Lieferung von Schrott, aber auch bei Beratungs- und Prüfungsdienstleistungen eine Verpflichtung eines Steuereinbehaltes durch den Leistungsempfänger – ähnlich einer Quellenbesteuerung. Abhängig von der erbrachten Dienstleistung oder der gelieferten Gegenstände sind unterschiedlich hohe Anteile der ausgewiesenen MWSt einzubehalten.

Steuerbefreiungen

Das türkische MWSt-Recht kennt einen sog. Nullsteuersatz und „echte" Steuerbefreiungen. In den Nullsteuersatz-Fällen besteht für den Unternehmer ein Vorsteuerabzugsrecht hinsichtlich der dafür eingekauften Waren und Leistungen. „Echte" Steuerbefreiungen führen dagegen zum Ausschluss des Vorsteuerabzugs.

Leistungen zum Nullsteuersatz sind z. B.:

- Ausfuhrlieferungen und mit Ausfuhrlieferungen im Zusammenhang stehende sonstige Leistungen
- Lieferung von Maschinen und Anlagen an Gesellschaften, die für MWSt-Zwecke registriert sind und über ein sogenanntes „Investmentzertifikat"(ICC- Investment Incentive Certificate) verfügen.

Bei Exportlieferungen ist zu beachten, dass die Güter innerhalb von drei Monaten körperlich ausgeführt werden müssen. Andernfalls hat der Vorlieferant türkische MWSt zu fakturieren.

Um von der Steuerbefreiung für Lieferungen unter dem Investmentzertifikat zu profitieren sind weitere Voraussetzungen zu erfüllen. Die Leistungsbeziehung muss direkt an den Inhaber des Zertifikats erfolgen. Eine Befreiung durch die Kette ist nicht möglich. Ferner muss der Inhaber des Zertifikates dem Leistenden Kopien (teilweise notariell beglaubigt) des Zertifikates, eines Betätigungsschreibens des für den Kunden zuständigen Steuerbehörde und einen Auszug aus einer dazugehörigen Aufstellung, aus der sich die steuerbefreiten Gegenstände ergeben, zur Verfügung stellen.

Das türkische Mehrwertsteuerrecht sieht verschiedene Sonderregelungen für Lieferungen und sonstige Leistungen im Zusammenhang mit Freizonen, Zolllagern (Bonded Warehouses), Zollversandverfahren oder speziellen Technologie-Parks („Teknokent") vor. In diesem Bereich gilt es den Umfang und die Voraussetzung für eine Befreiung genau zu prüfen. Teilweise ist die Nutzung der vermeintlichen Vereinfachung mit hohen Aufzeichnungsverpflichtungen verbunden und bedarf in aller Regel eine enge Zusammenarbeit mit dem türkischen Lieferanten und/oder türkischen Kunden.

Für Dienstleistungen kennt das türkische Mehrwertsteuerrecht ebenfalls „Exporte". Voraussetzung für den Dienstleitungsexport ist, dass die Leistung

- an eine im Ausland ansässige Person erbracht werden und
- die Leistung im Ausland genutzt/verbraucht wird.

Der Begriff genutzt/verbraucht ist weit zu fassen. So gilt beispielsweise die Vermittlungsleistung eines Exportgeschäftes von Deutschland in die Türkei durch einen türkischen Unternehmer als in der Türkei genutzt/verbraucht, d. h. die Fakturierung erfolgt zzgl. türkischer Mehrwertsteuer. Die Vermittlung eines Exportes ex Türkei gilt hingegen als Leistung, die nicht in der Türkei genutzt/verbraucht wird.

Von der MWSt befreit sind beispielsweise Finanz- und Versicherungsumsätze, wenn diese Umsätze unter die Transaktionssteuer für Banken bzw. Versicherungen fallen.

Bei Veräußerung und Vermietung von unbeweglichen Vermögen/Immobilien bestehen – abhängig von bestimmten Parametern – zahlreiche Sonderregelungen hinsichtlich der Steuerbefreiung bzw. dem Verzicht auf die Steuerbefreiung. So unterliegt die Vermietung von unbeweglichen Vermögen zwischen Unternehmern grds. der Mehrwertsteuer. Nur in Einzelfällen greift hier eine Steuerbefreiung.

Steuersätze

In der Türkei gelten zurzeit folgende Steuersätze:

- Normalsteuersatz 18 %
- ermäßigter Steuersatz 8 %
- Niedrigsteuersatz 1 %
- Nullsteuersatz 0 %

Dem ermäßigten Steuersatz unterliegen insbesondere Nahrungsmittel, Restaurantdienstleistungen (ausgenommen Luxusrestaurants) bestimmte medizinische Güter und Dienstleistungen.

Dem Niedrigsteuersatz unterliegen bestimmte Nahrungsmittel, bestimmte Agrarerzeugnisse und bestimmte Leasing-Geschäfte.

Dem Nullsteuersatz unterliegen Ausfuhrlieferungen und damit in Zusammenhang stehende Dienstleistungen.

Bemessungsgrundlage

Die Bemessungsgrundlage für die türkische MWSt ist das vereinbarte Entgelt.

Im Falle eines Forderungsausfalles erlaubt das türkische Mehrwertsteuerrecht keine Minderung der Bemessungsgrundlage und demzufolge keine Mehrwertsteuerkorrektur.

Vorsteuerabzug

Grundvoraussetzungen für die Inanspruchnahme des Vorsteuerabzugs sind:

- der Unternehmer muss eine Lieferung oder Leistung für sein Unternehmen bezogen haben

- die Lieferung oder Leistung muss von einem anderen Unternehmer ausgeführt worden sein und
- der leistende Unternehmer muss eine ordnungsgemäße Abrechnung mit offen ausgewiesener MWSt erstellt haben

Vom Vorsteuerabzug ausgeschlossen ist die Steuer für:

- Repräsentationskosten
- Lagerverluste und gestohlene Waren
- Anschaffung von PKW

Darüber hinaus ist zu beachten, dass Vorsteuerbeträge nur in dem Jahr geltend gemacht werden dürfen, in dem die Lieferung oder sonstige Leistung bezogen wurde und auch die Rechnung (bzw. Einfuhrdokument) gebucht wurde.

Vorsteuerüberhänge sind grds. in die nächste Periode vorzutragen. Eine Erstattung von Mehrwertsteuern erfolgt theoretisch auf Antrag. Eine Auszahlung soll nach erfolgter Steuerprüfung erfolgen. Diese Steuerprüfung kann durch einen dafür zertifizierten Steuerberater erfolgen.

Die Praxis zeigt, dass sich tatsächliche Auszahlungen nur sehr schwer oder gar nicht realisieren lassen.

Unter bestimmten Voraussetzungen kann auch ein im Ausland ansässiges Unternehmen eine Vorsteuererstattung in der Türkei beantragen. Seit 2003 sieht das türkische Mehrwertsteuergesetz vor, dass bei folgenden Waren- und Dienstleistungsbezügen ein Antrag auf Rückerstattung der gezahlten Umsatzsteuer gestellt werden kann:

- Waren und Dienstleistungen in Bezug auf Transportaktivitäten; und
- Waren und Dienstleistungen in Bezug auf die Teilnahme an Messen und Ausstellungen.

Um eine Vorsteuererstattung zu beantragen, muss das Ansässigkeitsland des Unternehmens ein Gegenseitigkeitsabkommen mit der Türkei abgeschlossen haben. Dies ist aktuell für folgende Länder der Fall: Bosnien-Herzegowina, Bulgarien, Dänemark, Finnland, Frankreich, Irland, Italien, Malta, die Niederlande, Norwegen, Portugal, Rumänien, die Slowakei, Slowenien und die Schweiz.

Rechnungsbestandteile

Wer als Steuerpflichtiger in der Türkei eine Lieferung oder sonstige Leistung ausführt, ist verpflichtet, innerhalb von sieben Tagen nach Erbringung der Leistung eine Rechnung mit folgendem Inhalt zu stellen:

- Name und Anschrift des Leistenden
- Steuernummer und zuständiges Steueramt des Leistenden
- Name und Anschrift des Kunden
- Steuernummer und zuständiges Steueramt des Kunden
- Rechnungsdatum
- Fortlaufende Rechnungsnummer
- Leistungszeitpunkt/Lieferzeitpunkt, ggf. Anzahlungszeitpunkt
- ggf. Hinweis auf Datum und Nummer des Ladescheins
- Liefer- oder Leistungsbeschreibung
- Nettobetrag
- Mehrwertsteuersatz
- Mehrwertsteuerbetrag
- ggf. Hinweis auf eine Steuerbefreiung/Verlagerung der Steuerschuld

Eine Fakturierung in fremder Währung ist möglich, wenn eines der beteiligten Unternehmen ein ausländisches Unternehmen ist. Bei der Umrechnung von Fremdwährungsbeträgen ist der von der türkischen Zentralbank veröffentlichte Umrechnungskurs vom Tag der Lieferung oder Leistungserbringung zu nutzen. In der Buchführung sind u. a. auch der Rechnungswert sowie der genutzte Umrechnungskurs aufzuzeichnen.

Rechnungen dürfen in einer anderen Sprache als türkisch ausgestellt werden. Die türkischen Steuerbehörden dürfen dann jedoch eine Übersetzung, ggf. beglaubigt, verlangen.

Eine Rechnungsberichtigung mittels Gutschrift ist nicht möglich. Auch das sog. Self Billing-Verfahren wird in der Türkei nicht als zulässig anerkannt.

Die MWSt-Schuld entsteht mit der Liefer- bzw. Leistungserbringung oder mit der Ausstellung einer Anzahlungsrechnung. Wenn eine Anzahlung lediglich mit einem sog. Payment Request angefordert wird, entsteht keine MWSt-Schuld.

Elektronische Rechnungen

Die Ausstellung elektronischer Rechnungen ist in der Türkei möglich und für immer mehr Unternehmen verpflichtend. Zur Umstellung auf eine elektronische Rechnungslegung sind seit Juli 2022 Unternehmen mit einem Umsatz von mehr als 4 Mio. TRY verpflichtet. Ab dem 1.7.2023 wird die Umsatzschwelle nochmals gesenkt. Für Unternehmen, deren Umsatz im Kalenderjahr 2022 3 Mio. TRY oder mehr betrug, ist die Ausstellung von elektronischen Rechnungen dann ebenfalls obligatorisch. Das Verfahren bedarf der vorherigen Zustimmung. Im Zuge der Bewilligung wird ein elektronisches

Zertifikat (Steuersiegel) zugeteilt, mit dem die elektronischen Rechnungen jeweils zu signieren sind. Die Beantragung der Teilnahme am Verfahren und die Übermittlung elektronischer Rechnungen erfolgt via des Online-Portals *www.efatura.gov.tr* der türkischen Steuerverwaltung.

Ab dem 1.9.2023 ist außerdem die Verwendung von QR-Codes bei der elektronischen Rechnungsstellung in der Türkei obligatorisch.

Aufbewahrung von Unterlagen

Einkaufs- und Verkaufsbücher sowie die Journale über erhaltene und ausgestellte Rechnungen sind in der Türkei nach strengen Regeln zu führen und müssen zusammen mit den dazugehörigen Belegen (insbes. Ein- und Ausgangsrechnungen) mindestens für fünf Jahre lang nach dem letzten Eintrag aufbewahrt werden.

Veranlagungsverfahren/Steuererklärungen

MWSt-Erklärungen (KDV Formulare 1015 A (KDV1) und ggf. 1015 B /KDV2)) sind monatlich bis zum 24. des Folgemonats abzugeben. Steuerzahlungen sind bis zum 26. des Folgemonats zu leisten. Kleinere Unternehmen können ihre MWSt-Erklärungen quartalsweise einreichen.

MWSt-Erklärungen müssen zwingend über ein Online-Portal (*https://ebeyanname.gib.gov.tr, e-Beyanname*) abgegeben werden.

Ausländische Unternehmen, die bestimmte elektronische Dienstleistungen an Privatpersonen gegen Entgelt erbringen, müssen eine monatliche MWSt-Erklärung (KDV3) über ein spezielles Online-Portal (*https://digitalservice.gib.gov.tr*) abgeben. Ab dem 1.1.2019 sind registrierte ausländische Unternehmen außerdem dazu verpflichtet, auch Verkäufe von elektronischen Dienstleistungen an Unternehmen (B2B) über das Online-Portal zu melden. Abgabefrist ist der 26. des Folgemonats. Steuerzahlungen sind bis zum 26. des Folgemonats zu leisten. Es brauchen keine sog. Nullmeldungen abgegeben zu werden, wenn keine steuerpflichtigen Umsätze getätigt wurden. Die MWSt-Schuld ist in türkischen Lira auszuweisen. Bei der ggf. erforderlichen Umrechnung von fremden Währungen sind die von der türkischen Zentralbank für den Leistungszeitpunkt veröffentlichten Umrechnungskurse zu verwenden.

Registrierung

Eine rein mehrwertsteuerliche Registrierung ausländischer Unternehmer ist grds. nicht möglich. (siehe unten wegen einer speziellen Ausnahme). Die MWSt-Registrierung erfolgt im Zuge der handelsrechtlichen Anmeldung einer Niederlassung oder zumindest einer ertragsteuerlichen Betriebstätte. Bei Personengesellschaften, Konsortien oder Arbeitsgemeinschaften sind zunächst die jeweiligen Anteilseigner ertragsteuerlich zu registrieren. Die Personengesellschaft, das Konsortium oder die Arbeitsgemeinschaft kann erst dann mehrwertsteuerlich registriert werden.

Ausländische Unternehmen, die bestimmte elektronische Dienstleistungen an Privatpersonen gegen Entgelt erbracht haben, müssen sich über ein spezielles Online-Portal (*https://digitalservice.gib.gov.tr*) für MWSt-Zwecke anmelden. Es besteht keine wertmäßige Schwelle, die von der Registrierungspflicht befreit.

Die Registrierung einer Betriebstätte/Niederlassung erfolgt bei der für sie örtlich zuständigen Finanzbehörde.

Für eine handelsrechtliche Registrierung einer Niederlassung eines ausländischen Unternehmens werden ein in der Türkei ansässiger Niederlassungsleiter und folgende Unterlagen benötigt:

- Handelsregisterauszug, beglaubigt und mit Haager Apostille überbeglaubigt.
- Gesellschaftsvertrag bzw. Satzung der Gesellschaft (der Hauptniederlassung)
- Beschluss der Geschäftsführung über die Gründung einer Niederlassung, notariell beglaubigt und mit Haager Apostille überbeglaubigt
- Vollmacht des Niederlassungsleiters, notariell beglaubigt und mit Haager Apostille überbeglaubigt
- Ausweiskopie des Niederlassungsleiters, zusammen mit einer beglaubigten Übersetzung
- Eine Fotografie des Niederlassungsleiters.
- Beglaubigte Unterschriftsprobe des Niederlassungsleiters auf einem Briefbogen der Niederlassung
- Bestätigungsschreiben des Niederlassungsleiters, dass alle für die handelsrechtliche Registrierung erteilten Informationen der Wahrheit entsprechen.
- Fragebogen mit Gründungsinformationen, unterzeichnet durch den Niederlassungsleiter.
- Fragebogen betreffend Angaben zu den Büroräumen, der Steuernummer des Vermieters, der Anzahl der lokal tätigen Mitarbeiter und des Beginns der Tätigkeiten.

Für die steuerliche Registrierung der Niederlassung werden folgende Unterlagen benötigt:

- Nachweis über die handelsrechtliche Registrierung der Niederlassung
- Nachweis über die Entrichtung der Gebühren für die Bekanntgabe der Registrierung der Niederlassung im Amtsblatt des Handelsregisters.
- Kopie eines Schreibens des Ministeriums für Industrie und Handel, mit welchem der Registrierung der Niederlassung zugestimmt wird.
- Mietvertrag betreffend die Büroräume der Niederlassung
- Unterschriftsmuster des Niederlassungsleiters
- Ausweiskopie des Niederlassungsleiters, zusammen mit einer Übersetzung
- Vollmacht des Niederlassungsleiters
- Kopie der Gesellschaftsvertrag bzw. der Satzung der Gesellschaft (der Hauptniederlassung)

GELİR İDARESİ BAŞKANLIĞI

KATMA DEĞER VERGİSİ BEYANNAMESİ

(Gerçek Usulde Vergilendirilen Mükellefler İçin)

1015A

1

VERGİ DAİRESİ MÜDÜRLÜĞÜNE

İL -İLÇE

YILI: .... ☐ AYLIK ☐ ÜÇ AYLIK

OCA	ŞUB	MAR	NİS	MAY	HAZ
TEM	AĞU	EYL	EKİ	KAS	ARA

☐☐☐☐☐ V.D.KODU (Vergi Dairesince Doldurulacaktır.)

MÜKELLEFİN

1	Vergi Kimlik Numarası (*) (T.C.Vatandaşı Olan Gercek Kişilerde T.C. Kimlik Numarası Yazılacaktır.)	
2	E-Posta Adresi	3 Telefon No: (Alan Kodu) (Telefon)
4	Soyadı (Unvanı)	
5	Adı	

MATRAH VE VERGİ BİLDİRİMİ (**)

TABLO-1 TEVKİFAT UYGULANMAYAN İŞLEMLER

MATRAHIN VERGİ ORANLARINA GÖRE DAĞILIMI

	MATRAH (Türk Lirası)	(Kr)	KDV ORANI (%)		VERGİ (1) (Türk Lirası)	(Kr)
6			1	7		
8			8	9		
10			18	11		
12				13		

TABLO-2 KISMİ TEVKİFAT UYGULANAN İŞLEMLER

MATRAHIN VERGİ VE TEVKİFAT ORANLARINA GÖRE DAĞILIMI

	MATRAH (Türk Lirası)	(Kr)	KDV ORANI (%)	TEVKİFAT ORANI (2)		VERGİ (1) (Türk Lirası)	(Kr)
14					15		
16					17		
18					19		
20					21		

TABLO-3 6736 SAYILI KANUNUN (6/2-a) MADDESİ KAPSAMINDAKİ İŞLEMLER

	MATRAH (Türk Lirası)	(Kr)	KDV ORANI (%)		VERGİ (1) (Türk Lirası)	(Kr)
22			1	23		
24			8	25		
26			18	27		
28				29		

6736 sayılı kanun kapsamında doğacak ödemelerimi ☐ defaten ödemek istiyorum. ☐ 3 eşit taksitte ödemek istiyorum.

TABLO-4 DİĞER İŞLEMLER

		MATRAH (Türk Lirası)	(Kr)		VERGİ (Türk Lirası)	(Kr)
30	Türkiye'de İkamet Etmeyenlere KDV Hesaplanarak Yapılan Satışlar (Yolcu Beraberi Eşya) [KDVGUT-(8A-5)](3)			31		
32	Amortismana Tabi Sabit Kıymet (Taşınmaz, Taşıt Araçları, Demirbaş, Makine ve Teçhizat vb.) Satışları			33		
34	Diğerleri			35		

		(Türk Lirası)	(Kr)
36	MATRAH TOPLAMI (6+8+10+12+14+16+18+20+22+24+26+28+30+32+34)		
37	HESAPLANAN KATMA DEĞER VERGİSİ (7+9+11+13+15+17+19+21+23+25+27+29+31+33+35)		
38	İLAVE EDİLECEK KDV		
39	TOPLAM KATMA DEĞER VERGİSİ (37+38)		

TABLO-5 İNDİRİMLER

40	Önceki Dönemden Devreden İndirilecek KDV		
41	Bu Döneme Ait İndirilecek KDV		
42	Satıştan İade Edilen, İşlemi Gerçekleşmeyen veya İşleminden Vazgeçilen Mal ve Hizmetler Nedeniyle İndirilmesi Gereken KDV		
43	Türkiye'de İkamet Etmeyenlere Bu Dönemde İade Edilen KDV [KDVGUT-(8A-5)](3)		
44	İndirimli Orana Tabi İşlemlerle İlgili Yıl İçerisinde Mahsuben İadesi Gerçekleşmeyen KDV(4)		
45	Yurtiçi ve Yurtdışı KDV Ödenmeksizin Temin Edilen Mallar İçin Ödenmeyen KDV ve İadesi Gerçekleşmeyen (103-106)(6)		
46	Kanunun (11/1-c) ve Geçici 17.Maddelerinden Doğan İadelerin İndirim Yoluyla Telafisi Nedeniyle İndirilecek KDV(7)		
47	İNDİRİMLER TOPLAMI (40+41+42+43+44+45+46)		

TABLO-6 SONUÇ HESAPLARI

48	Tecil Edilecek Katma Değer Vergisi(8)		
49	Ödenmesi Gereken Katma Değer Vergisi(9) (39-47-48)		
50	6736 Sayılı Kanunun (6/2-a) Maddesi Kapsamındaki İşlemler Nedeniyle Hesaplanan Katma Değer Vergisi		
51	Bu Dönemde Ödenmesi Gereken Katma Değer Vergisi(10) (49-50)		
52	İade Edilmesi Gereken Katma Değer Vergisi(11)		
53	Sonraki Dönemlere Devreden Katma Değer Vergisi (47-39-52)		

TABLO-7 DİĞER BİLGİLER

54	Özel Matrah Şekline Tabi İşlemlerde Matraha Dahil Olmayan Bedel(12)		
55	Teslim ve Hizmetlerin Karşılığını Teşkil Eden Bedel (Aylık 36+54+68+80)		
56	Teslim ve Hizmetlerin Karşılığını Teşkil Eden Bedel (Kümülatif)(13)		
57	Kredi Kartı ile Tahsil Edilen Teslim ve Hizmetlerin KDV Dahil Karşılığını Teşkil Eden Bedel(14)		

İSTİSNALAR, İADE HAKKI DOĞURAN İŞLEMLER VE İHRAÇ KAYDIYLA TESLİMLER

TABLO-8 KISMİ İSTİSNA KAPSAMINA GİREN İŞLEMLER

KOD NO. (15)	KDVK MD. NO. (15)	TESLİM VE HİZMET TUTARI (Türk Lirası)	(Kr)	YÜKLENİLEN KDV (16) (Türk Lirası)	(Kr)
		₺		₺	
		₺		₺	
		₺		₺	
		₺		₺	
		₺		₺	
TOPLAM		₺		₺	

TABLO-9 TAM İSTİSNA KAPSAMINA GİREN İŞLEMLER

KOD NO. (15)	KDVK MD. NO. (15)	TESLİM VE HİZMET TUTARI (Türk Lirası)	(Kr)	YÜKLENİLEN KDV (16) (Türk Lirası)	(Kr)
		₺		₺	
		₺		₺	
		₺		₺	
		₺		₺	
		₺		₺	
TOPLAM		₺		₺	

TABLO-10 DİĞER İADE HAKKI DOĞURAN İŞLEMLER (15)

KOD NO. (15)	KDVK MD. NO. (15)	TESLİM VE HİZMET TUTARI (Türk Lirası)	(Kr)	İADEYE KONU OLAN KDV (18) (Türk Lirası)	(Kr)
		₺		₺	
		₺		₺	
		₺		₺	
		₺		₺	
		₺		₺	
TOPLAM		₺		₺	
İADE EDİLEBİLİR KDV (81 + 93)				₺	
				₺	

TABLO -11 İHRAÇ KAYDIYLA TESLİMLER

	TESLİM BEDELİ (Türk Lirası)	(Kr)	ORAN (%)		HESAPLANAN KDV (Türk Lirası)	(Kr)
İHRACATI YAPILACAK NİHAİ ÜRÜNLERİN KANUNUN 11/1-c MADDESİ KAPSAMINDA TESLİMİ			1	96		
			8	97		
			18	98		

	TESLİM BEDELİ (Türk Lirası)	(Kr)	ORAN (%)		HESAPLANAN KDV (Türk Lirası)	(Kr)
DAHİLDE İŞLEME VEYA GEÇİCİ KABUL REJİMLERİ KAPSAMINDA İHRACATI YAPILACAK ÜRÜNÜN İMALİNDE KULLANILACAK MALLARIN DİİB VEYA GKİB SAHİPLERİNE KANUNUN GEÇİCİ 17 NCİ MADDESİ KAPSAMINDA TESLİMİ			1	99		
			8	100		
			18	101		

Tecil Edilebilir KDV (96+97+98+99+100+101)	102		
İhracatın Gerçekleştiği Dönemde İade Edilecek Tecil Edilemeyen KDV (102-48)	103		
Yurtiçi ve Yurtdışı KDV Ödenmeksizin Temin Edilen Mallar İçin Ödenmeyen KDV	104		
İhracatın Gerçekleştiği Dönemde İade Edilecek KDV (19)	105		
İndirimli Orana Tabi Malların İhraç Kaydıyla Tesliminde Yüklenilen KDV	106		
İndirimli Orana Tabi Malların İhraç Kaydıyla Tesliminde İade Edilecek Yüklenilen KDV Farkı (106-105)	107		

BEYANNAMENİN HANGİ SIFATLA VERİLDİĞİ

Mükellef ☐ Mirasçı ☐ Kanuni Temsilci (Veli, Vasi, Kayyum) ☐

Vergi Kimlik No. (Kanuni Temsilci)

Adı ve Soyadı

İmzası Tarih

BEYANNAMEYİ DÜZENLEYEN S.M. VEYA S.M.M.M.

Vergi Kimlik No

T.C. Kimlik No.

E-Posta Adresi

Adı ve Soyadı

İmzası Tarih

GELİR İDARESİ BAŞKANLIĞI

KATMA DEĞER VERGİSİ BEYANNAMESİ

(Vergi Sorumluları İçin)

1015 B

VERGİ DAİRESİ MÜDÜRLÜĞÜNE

İL-İLÇE

VERGİLENDİRME DÖNEMİ YILI : ....

OCA	ŞUB	MAR	NİS	MAY	HAZ
TEM	AĞU	EYL	EKİ	KAS	ARA

V.D.KODU
(Vergi Dairesince Doldurulacaktır.)

2

VERGİ SORUMLUSUNUN

1 Vergi Kimlik Numarası (*)

2 E-Posta Adresi

3 Telefon No: (Alan Kodu) (Telefon)

4 Soyadı (Unvanı)

5 Adı

TABLO - 1 TAM TEVKİFAT UYGULANAN İŞLEMLERE AİT BİLDİRİM

Matrah (Türk Lirası)	(Kr)	KDV Oranı (%)		Vergi (Türk Lirası)	(Kr)
6			7		
8			9		
10			11		
12			13		

14 **Matrah Toplamı (6+8+10+12)**

15 **Vergi Toplamı (7+9+11+13)**

TABLO - 2 KISMİ TEVKİFAT UYGULANAN İŞLEMLERE AİT BİLDİRİM

Matrah (Türk Lirası)	(Kr)	KDV Oranı(%)	Tevkifat Oranı (%)		Vergi (Türk Lirası)	(Kr)
16				17		
18				19		
20				21		
22				23		
24				25		
26				27		

28 **Matrah Toplamı (16+18+20+22+24+26)**

29 **Vergi Toplamı (17+19+21+23+25+27)**

30 **Toplam KDV Matrahı (14+28)**

31 **Tevkif Edilen KDV Toplamı (15+29)**

32 **İlave Edilecek KDV**

33 **Ödenmesi Gereken KDV (31+32)**

34 **BEYANNAMENİN HANGİ SIFATLA VERİLDİĞİ**

Vergi Sorumlusu ☐ **Mirasçı** ☐ **Kanuni Temsilci (Veli, Vasi Kayyum)** ☐

Vergi Kimlik Numarası (*) (Kanuni Temsilci)

Adı ve Soyadı

İmzası

Tarih

35 **BEYANNAMEYİ DÜZENLEYEN S.M. VEYA S.M.M.M.**

Vergi Kimlik Numarası (*)

E-Posta Adresi

Adı ve Soyadı

İmzası

Tarih

(*) T.C. Vatandaşı olan gerçek kişilerde T.C. Kimlik numarası yazılacaktır.

www.gib.gov.tr

MAVİ VEYA SİYAH TÜKENMEZ KALEMLE OKUNAKLI VE BÜYÜK HARFLERLE DOLDURULACAKTIR.
PARASIZDIR

Örnek No. : 1935-h

D.M.O. Basım İşl.Md. - 2011

TABLO-3 KATMA DEĞER VERGİSİ KESİNTİSİ YAPILAN MÜKELLEFLERE AİT BİLDİRİM

Soyadı (Ünvanı)	Adı (Ünvanın Devamı)	Vergi Kimlik Numarası (*)	Vergiye Tabi Matrah	Tevkif Edilen KDV Tutarı (Kesinti Miktarı) (Türk Lirası)		(Kr)
					,	
					,	
					,	
					,	
					,	
					,	
					,	
					,	
					,	
					,	
					,	
					,	
					,	
					,	
					,	
					,	
					,	
					,	
					,	
					,	
					,	
					,	
					,	

TABLO - 4 BEYANNAMEYE EKLENECEK BELGELER

Adet	Türü	Adet	Türü

CERTIFICATE OF THE RESOLUTION
OF THE BOARD OF DIRECTORS OF
....

We, the undersigned, hereby confirm and certify that the Board of Directors of .... a company duly organized and existing under the laws of Germany, having its registered head office address at .... Germany (hereinafter referred to as the "Company") have convened in a meeting where the following resolutions have been unanimously adopted:

1. To establish a Branch Office of the Company within the territory of the Republic of Turkey, at the address ....

2. To assign capital for the said Branch Office in the amount of Turkish Lira .... and to transfer equivalent amount of foreign currency to Turkey from abroad following the registration of the Branch Office at the relevant commercial Registry;

3. To appoint and authorize Mr. .... with full power to proceed and finalize the required establishment procedures and to act as the General Manager of the said Branch Office to be established, and to issue a power of attorney for him for this purpose.

Date: ....

....
represented by
(name, title and signature)

Note: This Certificate of Resolution should be notarized and certified by Apostille, as per La Haye Convention or instead of Apostille by Turkish Consulate.

POWER OF ATTORNEY

KNOW ALL MEN BY THESE PRESENTS that our Company, ..., a company duly organized and existing under the laws of Germany, having its registered head office at .... Germany (hereinafter referred to as the "Company") does hereby appoint and authorize Mr. ...., of .... nationality, as its true and lawful attorney–in–fact to act as the General Manager of the Company's Branch Office to be established in the Republic of Turkey (hereinafter referred to as the "Country") and confers upon him full power and authority, in the name and on behalf of the Company, to represent and bind the Company and its Branch Office in the Country, to sign and execute any and all deeds and instruments, to do and perform all and every business of the Company, including but not limited to the followings:

1) To prepare and file for and on behalf of Company all types of petitions, applications, notices, appeals, reports, affidavits, statements, documents, tax returns, balance sheets, profit and loss statements, reports, police declarations, customs declarations and other papers required whatsoever under the laws and regulations of the Country.

2) To follow up necessary procedures and make necessary applications in the name of the Company and to direct and superintend the activities of the Company's Branch Office in the Country.

3) To represent or to have represented the Company in the Country, before all degrees and classes of courts in the capacities of claimant, defendant and third party.

4) To prepare and file all kind of tax returns and petitions to appropriate tax offices, to apply for tax refunds, to deposit taxes due to such offices, as well as to collect tax rebates and overdue payment of taxes from any tax and revenue office or other related official authorities, to apply for and to receive approvals invoices, receipts, expense leaflets etc. from tax offices, to apply to tax compromising committees in

connection with any sum of tax disputes and assessments and to compromise.

5) To represent the Company in the Country in its affairs related to the Government before each and all departments, offices, ministries or directorates and all other offices, tax and customs authorities, social security authorities, directorates and branches thereof, to act for and on behalf of the Company in all matters and conflicts in connection with the business and transactions of the Company and its branch office, to participate and bid for any tenders for any and all type of contract works in the Country to be performed by the Company and/or its Branch Office, to sign and submit bid applications and proposals for tenders, to negotiate after such tenders and sign contracts, commitments and all other related documents by the ministries and all other governmental authorities, departments, offices, participations, legal entities and companies formed and/or participated by governmental authorities of the Country, to sign and conclude any other contracts or sub-contracts with private sector companies and/or individual contractors and to approve or designate any sub-contractors on behalf of the Company and/or its Branch Office.

6) To open and close any type of bank accounts in the name of the Company and its branch office in any banks in the Country, to use such accounts by issuing checks and pay orders, to deposit or withdraw any and all sums of money in any such accounts, to negotiate with, to deposit or transfer to banks all or any bills of exchange, letters of credit, promissory notes, checks or to endorse the same, to request and receive credit cards, to utilize cash and non-cash credit from any bank, to sign cash and non-cash credit agreements and deposit account agreements.

7) To collect and keep any amount of money payable to the Company from governmental authorities and private firms or others, to come to peaceful agreements or compromise of any kind in connection with the business of the Company with state or private sector, including to comprise with tax compromising committees for any amount of tax disputes.

8) To purchase or sell and deliver any property such as automobiles, vehicles, office equipments and household goods on behalf of the Company to any person at any price at his own discretion.

9) To execute and deliver all kind of necessary documents and contracts in connection with the powers herein conferred, such as lease contracts for offices, employment contracts, and retainer agreements with lawyers, accountants and other professionals, to sign and cancel subscription contracts for post box, telephone, electric, gas, cable etc. with relevant authorities.

10) To delegate all or any of the foregoing powers to one or more persons to act for and on behalf of the Company retaining at the same time the right to exercise the authority under the foregoing powers, and to revoke, at his discretion any such delegation of authority.

....

Represented by ....
(Name, surname, title and signature)

Note: This POA should be notarized and certified by Apostille (as per the La Haye Convention) or instead by Turkish Consulate.

POWER OF ATTORNEY

KNOW ALL MEN BY THESE PRESENTS, that the undersigned, ... (hereinafter referred to as ''the Company'') duly organized and existing under the laws of Germany, having its registered head office at .... Germany hereby constitute and appoint ...., as its attorneys-in-fact, and confers upon them the power and authority, to act jointly or individually, in its name and on its behalf, on the subject of follow-up and finalize establishment procedures of a branch office to be established by the Company, within the boundaries of the Republic of Turkey, to provide all the approvals concerning the establishment, registration and announcement of the said branch office, to follow-up all necessary procedures and transactions from the beginning until the end related to establishment of such branch office, to prepare, to sign, to file and to receive back all required documents, certificates, petitions, forms and applications etc. representing the Company before notaries, ministries, chambers of commerce, commercial registers, municipalities, social security association, tax offices, and all other concerned authorities, to sign the minutes of work place inspection of the relevant tax offices, to have the accounting documents printed and books certified in the name of the branch office to be established, to have it registered in registers, to deposit required duties and fees and to receive back over payments, to make and sign any amendments, cancellations and additions on the applications when necessary before notary public and other relevant authorities, to delegate other persons with all or some of the foregoing powers and authorities, to cooperate with those persons and to revoke such delegation.

....

....
Represented by (Name, title & signature)

Note: This POA should be notarized and certified by Apostille (as per Lahey Convention) or instead by Turkish Consulate.

COMMITMENT LETTER

(Required as per the Article 29 of the Regulations of Commercial Registration)

TO ANKARA COMMERCIAL REGISTRY

TITLE OF THE ENTERPRISE	: ………………………………………………(HEAD OFFICE GERMANY) TURKEY ………. BRANCH
CAPITAL OF THE ENTERPRISE	: …………………………… TL.
ADDRESS	: ……………………………………………………
START UP DATE OF OPERATION	: …………….., 20..
FIELDS OF ACTIVITY	: ……………………………………………………..
TELEPHONE NUMBER	: …………………………..

In accordance with the first paragraph of the Article 29 of the Regulations of Commercial Registration, we hereby declare and undertake that the information in this Commitment Letter is true and correct and we accept to be responsible if the contrary will be detected by further investigation.

AUHORIZED REPRESENTATIVE(S)

Name, Surname :
(Branch General Manager)
Signature :

Ungarn

Allgemeines

Das ungarische Umsatzsteuergesetz (2007. évi CXXVII. törvény az általános forgalmi adóról) wurde zum 1.1.2008 neu gefasst und seitdem mehr als dreihundertmal geändert und ergänzt. Berücksichtigt wurden dabei insbesondere die Vorgaben und Änderungen der Mehrwertsteuersystem-Richtlinie (MwStSystRL) der EU. Die Umsatzsteuer heißt in Ungarn Általános Forgalmi Adó und wird ÁFA abgekürzt.

Unternehmer/Organkreis

Der Unternehmerbegriff entspricht der Definition laut der EU-MwStSystRL. Unternehmer ist, wer eine Tätigkeit unabhängig von ihrem Ort, Zweck und Ergebnis selbstständig zur nachhaltigen Erzielung von Einnahmen ausübt.

Eine Gruppenbesteuerung ist auf Antrag möglich. Allerdings besteht die Einschränkung, dass es sich um in Ungarn ansässige Unternehmen handeln muss. Ausländische Unternehmen sind somit jeweils gesondert zu registrieren. Die zur Gruppe gehörenden Unternehmen schulden die Umsatzsteuer gesamtschuldnerisch. Alle innerhalb der Gruppe ausgeführten Umsätze sind nicht umsatzsteuerbar.

In Ungarn ansässige Kleinunternehmer können sich von ihren Umsatzsteuerpflichten befreien lassen. Ihnen steht dann auch kein Vorsteuerabzugsrecht zu. Als Kleinunternehmer gilt derjenige, dessen Umsätze im vorherigen Kalenderjahr oder voraussichtlich im laufenden Kalenderjahr die Schwelle von 8 Mio. HUF nicht überschritten haben bzw. überschreiten werden. Ausländische Unternehmer können die Kleinunternehmer-Befreiung nicht anwenden.

Nicht-Unternehmer müssen sich registrieren lassen, wenn die Erwerbschwelle (für den Bezug aus anderen EU-Staaten) den Wert von ca. 10.000 € übersteigt.

Die zu einer Registrierung führende Lieferschwelle (Versandhandelsumsätze) für nicht im Land ansässige Unternehmer betrug bis zum 30.6.2021 35.000 €. Zum 1.7.2021 sind die Versandhandelsregelungen durch die Regelungen zum Fernverkauf ersetzt worden. Die individuellen Schwellenwerte je EU-Staat wurden durch einen EU-weiten Schwellenwert für Fernverkäufe von 10.000 € (für Umsätze in allen EU-Staaten zusammen; berücksichtigt werden auch Umsätze aus Telekommunikations-, Rundfunk- und elektronischen Dienstleistungen an Nicht-Unternehmer) ersetzt. Um lokale Registrierungen zu vermeiden ist der Mini-One-Stop-Shop durch den erweiterten One-Stop-Shop bzw. Import-One-Stop-Shop ersetzt worden. Einzelheiten finden sich im Kapital „Begriffsbestimmungen".

Lieferung/sonstige Leistung

Diese Begriffe entsprechen den Definitionen der MwStSystRL für Lieferungen und sonstige Leistungen.

Lieferungen sind in Ungarn umsatzsteuerbar, wenn der Unternehmer oder ein von ihm Beauftragter den Abnehmer befähigt, im eigenen Namen in Ungarn über einen Liefergegenstand zu verfügen. Der Ort der Lieferung befindet sich dort, wo sich der Liefergegenstand zum Zeitpunkt der Verschaffung der Verfügungsmacht befindet bzw. die Versendung/Beförderung beginnt.

Sonstige Leistungen sind alle Leistungen, die nicht als Lieferungen anzusehen sind. Eine sonstige Leistung kann auch in einer Duldung oder in einem Unterlassen einer Handlung bestehen. Die Vorschriften zur Bestimmung des Ortes der sonstigen Leistung sind grds. mit dem deutschen UStG identisch.

Werklieferung/Werkleistung/Bauleistung

Eine Lieferung zuzüglich Montage wird auch in Ungarn als Werklieferung angesehen. Als Ort der Lieferung bei Werklieferungen ist im ungarischen Umsatzsteuerrecht der Ort der Übergabe des fertigen Werks festgelegt. Daher unterliegen alle in Ungarn erbrachten Werklieferungen der ungarischen Umsatzsteuer.

Verlagerungsverfahren/Reverse-Charge

Bei Werklieferverträgen, der Lieferung von Gas über das Erdgasnetz, der Lieferung von Elektrizität und nahezu allen sonstigen Leistungen ist der umsatzsteuerlich in Ungarn registrierte Empfänger der Steuerschuldner, wenn der Lieferant bzw. Leistungserbringer außerhalb Ungarns ansässig ist (Reverse Charge-Verfahren).

Das Umsatzsteuergesetz sieht als Maßnahme zur Bekämpfung des Umsatzsteuerbetrugs auch ein inländisches Reverse Charge-Verfahren für bestimmte Bereiche und Waren vor (z. B. Immobilienbereich, Baubereich, Personalgestellung im Baubereich, Emissionshandel, bestimmte Metalle insbesondere Stahlprodukte (seit 2015) und Metallschrotte und -abfälle, bestimmte Agrargüter) vor. Die Regelung gilt immer dann, wenn sowohl der Lieferant als auch der Kunde in Ungarn zur Umsatzsteuer registriert sind.

Seit dem 1.1.2023 existiert auch ein Reverse Charge-Verfahren für bestimmte Bau- und Installationsleistungen.

Konsignationslager/Call-off stock

Zum 1.1.2020 traten die sogenannten „Quick fixes" in Kraft, die u.a. eine EU-weite Vereinfachung der Konsignationslagerregelung vorsehen, mit dem Ziel, dass sich der Inhaber des Konsignationslagers im EU-Lagerstaat nicht steuerlich registrieren lassen muss. Die EU-einheitlichen Regeln finden sich in dem Kapital „Begriffsbestimmungen".

Findet die Vereinfachungsregelung keine Anwendung, weil der Lieferant beispielsweise das notwendige Register nicht führt und/ oder andere Formalien nicht erfüllt werden, wie die Nicht-Eintragung der Verbringung in die Zusammenfassende Meldung, dann wird eine Registrierung notwendig.

In diesem Fall gelten die Lieferungen auf das Lager in Ungarn als Verbringungen, die einer innergemeinschaftlichen Lieferung gleich gestellt sind. Den in Deutschland steuerfreien Verbringungen steht in Ungarn ein innergemeinschaftlicher Erwerb gegenüber, für den Erwerbsteuer anzumelden ist. Somit ist eine umsatzsteuerliche Registrierung in Ungarn erforderlich. Die Lieferungen aus dem Konsignationslager an den Kunden werden als Inlandsumsatz innerhalb Ungarns betrachtet und sind zuzüglich ungarischer Umsatzsteuer abzurechen.

Steuerbefreiungen

Das ungarische Umsatzsteuergesetz sieht u. a. Umsatzsteuerbefreiungen (bzw. einen Steuersatz von 0 %) für die folgenden Lieferungen bzw. Leistungen vor:

- Ausfuhrlieferungen
- Innergemeinschaftliche Lieferungen
- bestimmte Finanzdienstleistungen
- Verkauf und Vermietung von Grund und Boden, Gebäuden

Das ungarische Umsatzsteuerrecht kennt – wie das deutsche Recht auch – die Möglichkeit des Verzichtes auf die Steuerfreiheit bei der Vermietung und der Veräußerung von Grundstücken. Bei Finanzdienstleistungen ist eine Option hingegen nicht möglich.

Werkzeugkostenzuschüsse

Das ungarische Umsatzsteuerrecht sieht Werkzeugkostenzuschüsse nicht als Nebenleistung zur Hauptleistung an. Geht die Verfügungsmacht an dem Werkzeug an den Zuschussgeber über, dann liegt eine umsatzsteuerbare und auch umsatzsteuerpflichtige Lieferung in Ungarn vor. Dies gilt auch in den Fällen, in denen die mit dem Werkzeug hergestellten Teile in das Drittlandsgebiet oder in einen anderen EU-Staat geliefert werden.

Steuersätze

In Ungarn gelten zurzeit folgende Steuersätze:

- Normalsteuersatz 27 %
- ermäßigter Steuersatz 18 %
- besonders ermäßigter Steuersatz 5 %

Dem besonders ermäßigten Steuersatz unterliegen u. a. die Lieferungen von Medizin und Büchern sowie seit Januar 2020 Übernachtungsleistungen.

Bemessungsgrundlage

Als Bemessungsgrundlage zur Ermittlung der ungarischen Umsatzsteuer gilt – entsprechend den Vorgaben der MwStSystRL – alles, was der Leistungsempfänger aufwendet, um die Leistung zu erhalten.

Seit dem 1.1.2020 kann im Falle eines Forderungsausfalles in engen Grenzen eine Minderung der Bemessungsgrundlage und demzufolge eine Umsatzsteuerkorrektur erfolgen.

Vorsteuerabzug

Grundvoraussetzungen für die Inanspruchnahme des Vorsteuerabzugs sind:

- der Unternehmer muss eine Lieferung oder Leistung für sein Unternehmen bezogen haben
- die Lieferung oder Leistung muss von einem anderen Unternehmer ausgeführt worden sein und
- der leistende Unternehmer muss eine ordnungsgemäße Abrechnung mit offen ausgewiesener Umsatzsteuer erstellt haben

Bis Ende 2011 war ein Vorsteuerabzug nur möglich, wenn die eingehende Rechnung auch tatsächlich bezahlt worden war. Der Nachweis war durch die Kopie eines Bankbeleges/Kreditkartenabrechnung zu führen.

Bei innergemeinschaftlichen Erwerben kann die als Umsatzsteuer abzuführende Erwerbsteuer erst dann als Vorsteuer geltend gemacht werden, wenn eine ordnungsgemäße Rechnung vorliegt.

Nicht abzugsfähig sind die folgenden Vorsteuerbeträge:

- 50% der PKW-Kosten
- 50 % der Treibstoffkosten für PKW

- Taxikosten
- Aufwendungen für Speisen und Getränke
- Werbegeschenke über 5.000 HUF
- 30 % der Telefonkosten (70 % abzugsfähig)

Bis Ende 2011 bestand ein Vorsteuerabzugsverbot hinsichtlich gemieteter oder geleaster Personenkraftwagen.

Übersteigt der Vorsteuerbetrag die Steuerschuld, kann der Überschuss in die nächste Steuerperiode übertragen werden. Auf Antrag und bei Erreichen eines Mindestbetrages erfolgt eine Auszahlung des Überschusses. Bei Jahreszahlern beträgt der Mindestbetrag 50.000 HUF, bei Vierteljahreszahlern 250.000 HUF und bei Monatszahlern 1.000.000 HUF.

Seit 2012 fordert die ungarische Finanzverwaltung im Rahmen von Prüfungen umfangreiche Unterlagen (z. B. Einkaufsverträge, Bestellungen, Lagerbuchhaltungsunterlagen) sowie Darstellungen der in Ungarn abgewickelten Geschäfte an. 2016 ist die ungarische Finanzverwaltung dazu übergegangen Steuerpflichtige in Risikoklassen einzuteilen. Abhängig von der Risikoklasse ist die Häufigkeit von Prüfungen, Strafen bei Fehlern und auch die Dauer bis zur Auszahlung von Erstattungen.

Umsatzsteuerguthaben werden nur auf ein ungarisches Bankkonto der registrierten Gesellschaft ausgezahlt.

Rechnungsbestandteile

Grundsätzlich ist für jede Lieferung oder Leistung, die ein Unternehmen erbringt, Seit dem 1.7.2020 ist innerhalb von acht Tagen eine ordnungsgemäße Rechnung zu erstellen. Diese Rechnungen müssen mindestens folgende Angaben enthalten:

- Name und Anschrift des Leistenden
- Umsatzsteuer-ID-Nummer des Leistenden
- Name und Anschrift des Kunden
- Rechnungsdatum
- Fortlaufende Rechnungsnummer
- Leistungszeitpunkt/Lieferzeitpunkt
- Leistungsbeschreibung
- Statistische Warennummer (nur bei steuerfreien Umsätzen)
- Nettobetrag
- Umsatzsteuersatz

- Umsatzsteuerbetrag
- Angabe des Fiskalvertreters/steuerlichen Vertreters
- ggf. Hinweis auf eine Steuerbefreiung unter Angabe der nationalen Vorschrift oder Bezug auf die MwStSystRL
- zusätzlich ist bei innergemeinschaftlichen Lieferungen ex Ungarn die Umsatzsteuer-ID-Nummer des Kunden aufzunehmen
- ebenso müssen bei Rechnungen an Steuerpflichtige die ersten acht Ziffern der Umsatzsteuernummer des Kunden angegeben werden

Im Falle einer Verlagerung der Umsatzsteuerschuld (Reverse-Charge) ist zusätzlich die Umsatzsteuer-ID-Nummer des Kunden anzugeben und auf die Anwendung des Verlagerungsverfahrens in ungarischer (fordított adózas) oder englischer Sprache hinzuweisen.

Nach vorheriger Vereinbarung ist es zulässig, dass mehrere Umsätze einer Steuerperiode mit einer einzigen Rechnung abgerechnet werden.

Die früher gültige Anforderung, in der Rechnung die Zahlungsweise und das Zahlungsziel zu nennen, ist nicht mehr gültig. Rechnungen können in ungarischer oder jeder anderen gesprochenen Sprache ausgestellt werden. Im Falle eine Umsatzsteuerprüfung sind auf Anfrage alle nicht-ungarischen Unterlagen zu übersetzen.

Bezüglich der Rechnung gibt es zwei Möglichkeiten:

- Es können von einer zugelassenen Druckerei in Ungarn fortlaufend nummerierte Rechnungen gekauft und genutzt werden

oder

- aus einem DV-System erstellte, eindeutig zu identifizierende Rechnungen erstellt werden.

Fremdwährungsrechnungen sind grds. zulässig, die zu zahlende Umsatzsteuer sollte jedoch für Besteuerungszwecke in Forint umgerechnet werden (Kurs, der von der ungarischen Nationalbank oder von einer anderen ungarischen Bank veröffentlicht wird). Es ist der Umrechnungskurs des Tages der Leistungsausführung maßgebend. Es kann alternativ auch der von der Europäischen Zentralbank veröffentlichte Kurs genutzt werden. Die ungarische Steuerverwaltung ist vor Nutzung schriftlich zu informieren.

Rechnungskorrekturen können durch eine offizielle Stornierung der ursprünglichen Rechnung und Neuausstellung mit den berichtigten Werten erfolgen. Dabei muss der Differenzbetrag unter Verweis auf die alte Rechnung gesondert ausgewiesen werden, dies gilt auch für gewährte Skonti.

Für Rechnungskorrekturen kann auch eine berichtigte Rechnung ausgestellt werden, welche die zu berichtigende Rechnung mit Nummer und Datum, die zu berichtigenden Angaben/Werte zusammen mit den ursprünglichen Angaben/Werten und den sich durch die Berichtigung ergebende Konsequenzen nennen muss.

Auf der Seite der ungarischen Finanzverwaltung (*https://onlineszamla-test.nav.gov.hu/home*) sind unter dem Menüpunkt „Gesetze" Einzelheiten auch in deutscher Sprache zu finden.

Elektronische Rechnungen

Die ungarische Finanzverwaltung hat die seit dem 1.1.2013 geltenden neuen EU-Rechnungsstellungsvorschriften umgesetzt. Auf der Seite der ungarischen Finanzverwaltung (*https://onlineszamla-test.nav.gov.hu/home*) sind unter dem Menüpunkt „Gesetze" Einzelheiten auch in deutscher Sprache zu finden.

Gutschriften/Self Billing

Grundsätzlich besteht auch in Ungarn die Möglichkeit, mit Gutschriften abzurechnen, hierzu bedarf es jedoch einer vorherigen schriftlichen Vereinbarung zwischen den beteiligten Unternehmen. Außerdem ist es unter derselben Voraussetzung möglich, dass Dritte die Rechnungen erstellen. Eine Gutschrift muss – wie im deutschen Recht – als solche bezeichnet werden (önszámlázás).

Aufbewahrung von Unterlagen

Umsatzsteuerlich relevante Unterlagen sind laut Umsatzsteuergesetz fünf Jahre lang aufzubewahren, nach allgemeinen Buchführungsvorschriften müssen die Unterlagen jedoch acht Jahre lang vorgehalten werden. Vorsteuerbelege müssen im Original vorgehalten werden.

Prüfungen werden in Ungarn häufig extrem kurzfristig angeordnet. Der Steuerpflichtige ist gehalten, die erforderlichen Unterlagen innerhalb von drei Tagen nach Prüfungsanordnung vorzulegen. Es empfiehlt sich daher, alle umsatzsteuerlich relevanten Unterlagen bei einem steuerlichen Vertreter in Ungarn aufzubewahren.

Veranlagungsverfahren/Steuererklärungen

Die Umsatzsteuermeldungen müssen in Ungarn grds. in elektronischer Form quartalsweise an das zuständige Finanzamt abgegeben werden. Neu registrierte Unternehmen müssen in den ersten zwei Jahren monatlich Umsatzsteuermeldungen abgeben. Bei Unter- bzw. Überschreitung verschiedener Umsatz- bzw. Steuergrenzen kann auf monatliche bzw. jährliche Meldungen umgestellt werden. Die Steuererklärung ist jeweils bis zum 20. des Folgemonats fällig.

Seit März 2015 müssen auch Transporte innerhalb Ungarns über das so genannte EKAER System gemeldet werden. Zum 1.1.2021 sind die Meldepflichten in diesem Bereich etwas gelockert worden. Es müssen nur noch so genannte Risikogüter gemeldet werden.

Die seit 1.7.2018 bestehende Verpflichtung zur Online-Meldung von Rechnungsdaten ist in zwei Schritten zum 1.7.2020 und 1.1.2021 deutlich verschärft worden. Zum 1.7.2020 ist zunächst der Schwellenwert von 100.000 HUF weggefallen, so dass sämtliche Rechnungen über Inlandsumsätze zwischen in Ungarn umsatzsteuerlich registrierten Unternehmen zu melden sind. Meldepflichtig sind auch Rechnungen über steuerfreie Umsätze oder Umsätze, die beim Kunden dem Reverse-Charge-Verfahren unterliegen.

Seit dem 1.1.2021 sind auch Rechnungen über innergemeinschaftliche Lieferungen oder Ausfuhren ex Ungarn zu übermitteln. Seit dem 1.4.2021 Rechnungen im Bereich B2C. Ausgenommen bleiben neben nicht steuerbaren Umsätzen nur noch Umsätze, die über das OSS-Verfahren gemeldet werden.

Umfangreiche Hinweise inklusive Gesetzesauszügen, Fragen und Antworten und Beschreibung der technischen Anforderungen sind auf der Seite der ungarischen Finanzverwaltung (*https://onlineszamla-test.nav.gov.hu/home*) auch in deutscher Sprache zu finden.

Ferner plant die ungarische Finanzverwaltung aus den übermittelten Daten eine vorläufige Umsatzsteuer-Meldung zu erstellen und dem Steuerpflichtigen zur Verfügung zu stellen.

IntraStat/Zusammenfassende Meldung

Die Intrastat-Meldungen sind sowohl für innergemeinschaftliche Lieferungen wie auch für innergemeinschaftliche Erwerbe erst bei Überschreiten eines Schwellenwertes von 250 Mio. HUF für Eingangs- und 140 Mio. HUF für Ausgangsmeldungen einzureichen. Abgabetermin für die per Papier oder in elektronischer Form abzugebenden Meldungen ist der 15. des Folgemonats.

Zusätzlich zu den Intrastat-Meldungen sieht das ungarische Umsatzsteuerrecht für innergemeinschaftliche Lieferungen und Erwerbe die Abgabe einer Zusammenfassenden Meldung als Ergänzung der Umsatzsteuererklärung vor. Diese ist monatlich bzw. quartalweise in elektronischer Form bis zum 20. des Folgemonats einzureichen.

Registrierung

Die Registrierung einer ungarischen Niederlassung hat beim örtlich zuständigen Handelsgericht zu erfolgen. Im Zuge dessen wird die Niederlassung auch steuerlich registriert.

Ausländische Unternehmer ohne Niederlassung in Ungarn müssen die umsatzsteuerliche Registrierung bei der Direktion Nord-Budapest beantragen:

Large Taxpayers Directorate (KAVIG) of the National Tax and Customs Administration (NTCA)
Dob ucta 75-81
HU-1077 Budapest
Ungarn
Telefon +36 1 461 3300

Unternehmer, die über eine Betriebsstätte oder Niederlassung in Ungarn verfügen, müssen sich bei dem regional zuständigen Finanzamt registrieren lassen.

Seit der Neufassung des Umsatzsteuergesetzes im Januar 2008 ist in einem gewissen Maße auch eine rückwirkende Registrierung möglich. Dadurch kann erreicht werden, dass Vorsteuerbeträge aus Zeiträumen vor Abgabe des Registrierungsantrags abzugsfähig werden. Allerdings muss der Abzug innerhalb der Verjährungsfrist (fünf Jahre) und in der ersten einzureichenden Umsatzsteuer-Meldung erfolgen.

Zur umsatzsteuerlichen Registrierung in Ungarn werden die folgenden Unterlagen benötigt:

- Registrierungsformular T201 (Anleitung in englischer Sprache unter *https://nav.gov.hu/pfile/file?path=/en/taxation/taxpayer_registration/specific-rules-of-taxpayer-registration-new/23t201-completion-guide-07.02.2023*)
- Handelsregisterauszug, beglaubigte ungarische Übersetzung
- Unternehmerbescheinigung vom Finanzamt
- Unterschriftsproben auf einem Firmenbriefpapier
- Bei den zum 1.7.2021 neu eingeführten Regelungen zu den Fernverkäufen können lokale Registrierungen in den einzelnen EU-Ländern durch Anwendung des One-Stop-Shop bzw. Import-One-Stop-Shop vermieden werden (siehe Kapital „Begriffsbestimmungen").

DATA SHEET 17T201

FOR REGISTRATION AND REPORTING CHANGES

National Tax and Customs Administration

for legal entities not required to be incorporated, non-profit organisations - except registered budgetary legal persons and civil organizations-, foreign companies, joint owners, assets placed under fiduciary asset management and in the case of taxable groups, the group

This Data Sheet must be filed in two hard copies or one electronic copy.

Place of barcode

TO BE FILLED OUT BY THE AUTHORITY

Receipt/arrival: ☐☐☐☐☐☐☐☐ Code of receiving person: ☐☐☐☐☐☐☐

Date of mailing: ☐☐☐☐☐☐☐☐

Tax number: ☐☐☐☐☐☐☐☐–☐–☐☐

☐☐ ☐☐☐☐☐☐☐☐ community tax number ☐☐☐☐☐☐☐☐/☐☐☐☐☐☐☐☐ starting/finishing date of effect of community tax number

☐☐☐☐☐☐☐☐ date — place of stamp — signature

Customs identification number H U ☐☐☐☐☐☐☐☐☐☐☐

TO BE FILLED OUT BY THE TAXPAYER

1. **Registration number of the Data Sheet to be corrected, based on the Notice of the National Tax and Customs Administration:** *It must be filled out in the cases described in the instructions.* ☐☐☐☐☐☐☐☐☐☐

2. **Type of registration**
Registration: (1), reporting changes in data: (2), registration following cancellation of tax number: (3) ☐
Please establish tax number ☐
Please establish a customs identification number ☐
EORI number (customs identification number applicable to any official customs proceedings and to the fulfilment of the registration tax liability [1]. VPID number (customs identification number applicable only to the registration tax liability [2]
Compliance with obligation to register (request for tax number) the assets placed under fiduciary asset management or report changes in data relating to assets having a tax number ☐
Request for tax number based on point 2a of paragraph 1 of the Vehicle Tax Act no. LXXXII of 1991 ☐

3. **Effective date of change** ☐☐☐☐☐☐☐☐
This section must be filled out in case of reporting changes in data.

4. **Name of the organisation** ____________________

5. **Short name** ____________________

6. **Tax number:** ☐☐☐☐☐☐☐☐–☐–☐☐
EORI/VPID number issued in Hungary: H U ☐☐☐☐☐☐☐☐☐☐
One of the two identification numbers must be filled out in the case of reporting changes in data or registration following cancellation of tax number.

7. **Name of executive:** ____________________ **Phone Number:** ____________________
Non-mandatory field

8. **Detail sheets and supplementary sheets filled out**

Detail sheets:

A	B	F

Supplementary sheets:

1.	2.	3.	5.	6.	8.	9.	11.	12.

We acknowledge that, pursuant to Article 24 (9) of the Act on the Rules of Taxations, the tax authority shall refuse to issue tax number if the data provided by the taxpayer are false or insufficient.

Being aware of my legal liability I declare that the data I provided above do reflect the truth

place of stamp

____
name of taxpayer or representative (proxy, organizational representative)in capital letters

____________________ 2 0 1 7 ☐☐ ☐☐
locality — year — month — day

____
signature of taxpayer or representative (proxy, organizational representative)

Please mark with an 'X' if you are a proxy and your Power of Attorney is attached ☐

Please mark with an 'X' if you are a permanent proxy duly registered with the National Tax and Customs Administration and entitled to sign this Form! ☐

ONLY THE HUNGARIAN FORM CAN BE OFFICIALLY FILLED!

17T201-A01 Tax number ________-_-__ Name ________________

Registration for the first time

1. **Requesting tax number to comply with municipal tax authority tax obligations**
We request the issue of a tax number only to comply with an obligation incurred at the municipal tax authority ☐

2. **Registered seat (place of business management)**
country ____ postal code ____ town, township, etc. ____
name of public place ____ type of public place ____ number/topographical lot number ____ number of building ____ staircase ____ floor, door ____
Number of operation license: ____ Date: ____
Foreign enterprise located his place of business management to Hungary (Article 2 (3) and Article 4 point 35 of the Act on corporate tax and dividend tax) ☐

3. **Branch office**
country ____ postal code ____ town, township, etc. ____
name of public place ____ type of public place ____ number/topographical lot number ____ number of building ____ staircase ____ floor, door ____
Number of operation license: ____ Date: ____
May be continued on Supplementary sheet 2

4. **Storage place of documents, electronic certificates and records**
country ____ postal code ____ town, township, etc. ____
name of public place ____ type of public place ____ number/topographical lot number ____ number of building ____ staircase ____ floor, door ____
May be continued on Supplementary sheet 5
The taxpayer stores electronic documents, books and records electronically pursuant to the VAT Act, with granting online access. U ☐

5. **Code of form of business operation**
Code: ____ Description: ____

6. **NACE-code**
Main activity: ____ Description ____ Number of operation license: ____ Date: ____
Other activity: ____
____
May be continued on Supplementary sheet 1

7. **Starting date of activity generating taxable income** ____
This section must be filled out if you have already started your activity.

8. **Data of foreign enterprises**
Registered seat
country ____ postal code ____ town, township, etc. ____
name of public place ____ type of public place ____ number/topographical lot number ____ number of building ____ staircase ____ floor, door ____
Tax identification number ____
If registering due to remote sale, the reason thereof is: free choice [1], exceeding threshold [2] ☐

9. **Data of the instrument of association**
Number: ____ Date: ____

10. **Data of the registration**
Number: ____ Date: ____ Effective date: ____

11. **The manner of establishment**
Establishment without legal predecessor: 01, change of company form: 02, merger by the formation of a new company: 03, division by acquisition: 04, division by spin-off: 05. ☐☐

12. **Data of legal predecessors**
Number of legal predecessors: ☐☐ Description: ____ Tax number: ________-_-__
____ ________-_-__
May be continued on Supplementary sheet 6

ONLY THE HUNGARIAN FORM CAN BE OFFICIALLY FILLED!

17T201-A02 Tax number ☐☐☐☐☐☐☐☐-☐-☐☐
Name ______

13. Data of the legal representative(s)

Name (description): ______ Nationality: ______ Telephone number ______
Tax identification code: ☐☐☐☐☐☐☐☐☐☐ Tax number: ☐☐☐☐☐☐☐☐-☐-☐☐
Has no tax identification code: ☐ Data Sheet T34 attached: ☐
Joint owners' representative: ☐
Place of abode (registered seat): ______ country ☐☐☐☐☐☐☐☐☐ postal code ______ town, township, etc.
______ name of public place ______ type of public place ______ number/topographical lot number ______ number of building ______ staircase ______ floor, door
Starting date of this legal relationship: ☐☐☐☐☐☐☐☐
Date of termination, in the case of a fixed-term legal relationship: ☐☐☐☐☐☐☐☐
Representative appointed by the members of a cost sharing group ☐

Name (description): ______ Nationality: ______ Telephone number ______
Tax identification code: ☐☐☐☐☐☐☐☐☐☐ Tax number: ☐☐☐☐☐☐☐☐-☐-☐☐
Has no tax identification code: ☐ Data Sheet T34 attached: ☐
Joint owners' representative: ☐
Place of abode (registered seat): ______ country ☐☐☐☐☐☐☐☐☐ postal code ______ town, township, etc.
______ name of public place ______ type of public place ______ number/topographical lot number ______ number of building ______ staircase ______ floor, door
Starting date of this legal relationship: ☐☐☐☐☐☐☐☐
Date of termination, in the case of a fixed-term legal relationship: ☐☐☐☐☐☐☐☐
Representative appointed by the members of a cost sharing group ☐
May be continued on Supplementary sheet 8

14. Data of the financial representative (to be filled out by a foreign enterprise not established in Hungary)

Name: ______ Telephone number: ______
Registered seat: ☐☐☐☐ postal code ______ town, township, etc.
______ name of public place ______ type of public place ______ number/topographical lot number ______ number of building ______ staircase ______ floor, door
Tax number: ☐☐☐☐☐☐☐☐-☐-☐☐
Country code control number: ☐☐☐ Bank account number: ☐☐☐☐☐☐☐☐☐☐☐☐☐☐☐☐☐☐☐☐☐☐☐☐

15. Effect of the Act on Corporate Tax and Dividend Tax (Tao Act)

We do not belong: (1), do belong: (2) under the effect of Act LXXXI of 1996 on corporate tax and dividend tax, pursuant to Articles 2-3 thereof. ☐

16. Non-profit status

We are classified as a non-profit organisation, pursuant to Act CLXXV of 2011 on the Right of Association, Non-profit Status, and the Operation and Funding of Civil Society Organisations. ☐
Number of court decision: ______ Date: ☐☐☐☐☐☐☐☐
Effective date: ☐☐☐☐☐☐☐☐

17T201-A03 Tax number ☐☐☐☐☐☐☐☐–☐–☐☐

Name ____________________

17. **Registration of a cost sharing group**

1. Simultaneously with the registration, we wish to file a request for the authorization of the establishment of a cost sharing group. ☐
2. Objective of the establishment of the cost sharing group: ____________________
3. In the case of a civil association establishing a cost sharing group, we have attached to this Data Sheet the unconditional consent of the representative about the undertaking of the representation, the certified copy of the contract about the establishment of the association, and the common, explicit and unanimous request of the members on the establishment of the cost sharing group. ☐
4. In the case of a non-civil association, in relation to the cost sharing group, we have attached to the registration the statements and official documents (presentation of the system of records, and statements relating to the number of members, keeping records, as well as joint and several responsibility) stipulated in Article 85/A (8) b) and c) of the VAT Act. ☐

Please register the members' data on Supplementary sheet 9.

18. **Reporting of acquisition of an intangible asset creating eligibility for royalty as per point (5/d) of Article 4 of the Tao Act**

Statement of taxpayer qualifying as domestic resident as regards his place of business management:
I hereby report that I had intangible assets creating eligibility for royalty before becoming a domestic resident ☐

Statement of taxpayer following the acquisition of assets establishing the basis of royalty gains:
I make a statement of obtained assets creating eligibility for royalty in Supplementary sheet 12. ☐

19. **To be filled out when applying for customs identification number**

Contact for electronic communication: ____________________

I give my consent to my EORI number, name and seat/residence address being published ☐

In the case of a taxpayer established within the territory of the Community, tax identification numbers issued in (an)other European Union member-state(s)

Country code	Community tax number (one in each line)

In the case of a taxpayer established within the territory of the Community, bank accounts of the taxpayer opened at foreign financial institution(s):

Country code (ISO code)	Bank code	Bank account number		Date of account opening	Date of account closing
		HUF account	Currency account		
		HUF account	Currency account		
		HUF account	Currency account		

Postal address:

______ country ☐☐☐☐☐☐☐☐☐ postal code ______ town, township, etc.

______ name of public place ______ type of public place ______ number/topographical lot number ______ number of building ______ staircase ______ floor, door

17T201-A04 Tax number ☐☐☐☐☐☐☐☐–☐–☐☐

Name ____________________

20.	**Report pursuant to the FATCA Agreement (Article 43/A (1) - (2) of the Act on the particular rules of international administrative cooperation regarding taxes and other public dues (Aktv.))** GIIN code of the financial institution	☐☐☐☐☐☐–☐☐☐☐☐–☐☐–☐☐☐
	We hereby report that our institution complies with the registration liability of the IRS FATCA on the basis of the Article 43/A (4) of the Aktv. (1-Yes, 2-No)	☐
	We hereby report that we qualify as "Reporting Hungarian Financial Institution" according to the cooperative Agreement on the implementation of the FATCA regulation (Article 43/A (1) of the Aktv)	☐
	Date when the Reporting Hungarian Financial Institution status commences	☐☐☐☐☐☐☐☐
	We hereby report that we qualify as "Non-Reporting Hungarian Financial Institution" according to the cooperative Agreement on the implementation of the FATCA regulation for the following reason (Article 43/A (2) of the Aktv)	☐☐
	Date when the Non-Reporting Hungarian Financial Institution status commences	☐☐☐☐☐☐☐☐
21.	**Report relating to the vocational training contribution** I hereby report as the organization specified in the Article 43 (2) of Act CLXXXVII of 2011 on the vocational training that on the basis of Article 2 (1) point h) of Act CLV of 2011 on vocational training contribution and the support for the development of training programs, I comply with the vocational training contribution pursuant to the Article 5 point a) subpoint ab) of the referred Act.	☐
22.	**Report according to Article 43/G. (1) - (2) of the Aktv.** We hereby report that we qualify as "Reporting Hungarian Financial Institution" according to VIII point A of the Annex 1 of the Aktv. (Article 43/G (1) of the Aktv.)	☐
	Date when the Reporting Hungarian Financial Institution status commences	☐☐☐☐☐☐☐☐
	We hereby report that we qualify as "Non-Reporting Hungarian Financial Institution" according to VIII point B of the Annex 1 of the Aktv. for the following reason (Article 43/G (2) of the Aktv.)	☐☐
	Date when the Non-Reporting Hungarian Financial Institution status commences	☐☐☐☐☐☐☐☐
23.	**Reporting selection of small business taxation regime (KIVA)** Based on point 9 of Article 19 of Act CXLVII of 2012 on the fixed-rate tax of low tax-bracket enterprises and on small business tax, as a law firm, patent agents' firm or foreign entrepreneur founded during the tax year I hereby opt for the small business taxation regime.	☐
24.	**Reporting the application of the International Financial Reporting Standards (IFRS)** (Based on Article 3 point (4) of Article 114/C and points (1)-(4) of Article 114/D of Act C of 2000 on Accounting) We hereby declare that our annual financial report on the basis of Act C of 2000 on Accounting shall be prepared in accordance with the International Financial Reporting Standards (IFRS) from the first day of the year following the date of this declaration. We also attach the report of the certified auditor acknowledging our preparedness.	☐

ONLY THE HUNGARIAN FORM CAN BE OFFICIALLY FILLED!

Vorsteuervergütungsverfahren

Allgemeines

Das Umsatzsteuerrecht der EU-Mitgliedstaaten und bestimmter Drittländer sieht vor, dass sich ausländische Unternehmer Vorsteuerbeträge in einem besonderen Vorsteuervergütungsverfahren erstatten lassen können.

Eine Erstattung im Vorsteuervergütungsverfahren ist grds. nur unter folgenden, insgesamt zu erfüllenden Voraussetzungen möglich:

Der Antragsteller hat im Erstattungsstaat weder seinen Sitz noch eine Betriebsstätte.

Der Antragsteller ist im Erstattungsstaat weder umsatzsteuerlich registriert, noch verpflichtet, sich dort umsatzsteuerlich registrieren zu lassen.

Der Antragsteller hat im Erstattungsstaat entweder keine steuerpflichtigen Lieferungen oder Dienstleitungen ausgeführt oder nur solche, hinsichtlich derer die Umsatzsteuerschuld auf den Kunden verlagert wird (sog. Reverse Charge-Verfahren).

Der Antragsteller ist im Heimatland für Umsatzsteuerzwecke registriert.

Der Antragsteller verfügt über auf ihn lautende Vorsteuerbelege im Original.

Vergütungsverfahren innerhalb der EU

Vergütungsanträge sind seit dem Jahr 2010 elektronisch über ein Online-Portal im Heimatland des Antragstellers zu stellen. In Deutschland ist das Online-Portal des Bundeszentralamts für Steuern (BZSt) zu nutzen.

Online-Portal des BZSt: *https://www.elsteronline.de/bportal/*

Für die Nutzung des Online-Portals des BZSt wird ein elektronisches Zertifikat benötigt. Inländische Unternehmen können ein bereits vorhandene ElsterOnline-Zugangsdaten (Zertifikat und PIN) zum Login beim BZSt-OnlinePortal (BOP) verwenden (*https://www.elsteronline.de/eportal*). Unternehmer aus Nicht-EU-Ländern, die in Deutschland einen Vergütungsantrag stellen möchten, können sich über ein Formular zum Online-Portal anmelden und erhalten dann zu verwendende Zugangsdaten.

Anträge sind auf jeweils 1.000 Anlagepositionen beschränkt. Für Anträge mit mehr als 1.000 Anmeldepositionen steht die Massendatenschnittstelle (ELMA5) des BZSt zur Verfügung, die einer vorherigen Freischaltung bedarf. Den Antrag auf Freischaltung der Massendatenschnittstelle (ELMA5) ist im BZSt-OnlinePortal (BOP) unter „Formulare“ zu finden.

Die Vergütung muss spätestens bis zum 30.9. des Folgejahres beantragt sein. Später gestellte Anträge werden abgelehnt. Nur in bestimmten Ausnahmefällen kann eine Wiedereinsetzung in den vorigen Stand o. ä. – nach dem Recht des Erstattungsstaates – in Anspruch genommen werden.

Der Antragszeitraum muss mindestens drei aufeinander folgende Monate betragen. In manchen Mitgliedstaaten muss ein Kalendervierteljahr gewählt werden. Bei derartigen Anträgen muss die beantragte Vergütung mindestens 400 € betragen.

Wenn ein Antrag für das gesamte Kalenderjahr oder für das letzte Kalendervierteljahr gestellt wird, muss die beantragte Vergütung nur mindestens 50 € betragen.

Zusammen mit dem Antrag sind elektronische Kopien der Vorsteuerbelege in Form von pdf-, jpg- und tif-Dateien zu übermitteln, wenn die Bemessungsgrundlage für die Umsatzsteuer 250 € bei Kraftstoffen oder 1.000 € in anderen Fällen beträgt oder übersteigt. Auf Verlangen des Erstattungsstaates hat der Antragsteller dieser – auf gesondertem Wege – auch andere Vorsteuerbelege in Kopie oder die Originale der Vorsteuerbelege zu übersenden.

Die mit dem Vergütungsantrag übermittelten Dateianhänge dürfen aus technischen Gründen insgesamt maximal 5 MB betragen. Bei einem größeren Datenvolumen soll der Antragsteller von sich aus mit dem Erstattungsstaat klären, wie die Belege einzureichen sind.

Das BZSt prüft eingehende Anträge, übermittelt dem Antragsteller umgehend eine Empfangsbestätigung und leitet den Antrag innerhalb von 15 Tagen an den Erstattungsstaat weiter. Dieser informiert den Antragsteller daraufhin umgehend per E-Mail über den eingegangenen Antrag.

Im Vergütungsantrag sind folgende Angaben zu machen:

- Erstattungsstaat
- Vergütungszeitraum
- Angaben zum Unternehmen
- Bankverbindung
- Detaillierte Angaben zu den Vorsteuerbeträgen und Vorsteuerbelegen
- Erklärung des Antragstellers, dass die Antragsvoraussetzungen erfüllt sind

Das BZSt veröffentlicht auf seinen Internetseiten eine Präferenzliste der EU-Mitgliedstaaten mit hilfreichen Informationen zur Antragstellung (siehe Anlage) und weiteren Informationen zum Vorsteuervergütungsverfahren (*https://www.bzst.de/DE/Unternehmen/Umsatzsteuer/Vorsteuerverguetung/vorsteuerverguetung_node.html*).

Welche Vorsteuerbeträge erstattet werden, richtet sich nach dem Recht des Erstattungsstaates.

Die EU-Kommission veröffentlicht auf Ihren Internetseiten eine Übersicht (Vademecum) je Mitgliedstaat, welcher u. a. entnommen werden kann, welche Vorsteuerbeträge nicht erstattet werden können.

(*https://taxation-customs.ec.europa.eu/taxation-1/value-added-tax-vat/eu-country-specific-information-vat_en*)

Der Erstattungsstaat hat vier Monate Zeit, um über die Erstattung zu entscheiden.

Wenn der Erstattungsstaat weitere Informationen oder Unterlagen benötigt, kann er sie elektronisch vom Antragsteller anfordern. Dem Antragsteller ist dafür eine Frist von einem Monat zu setzen. Nach Erhalt der weiteren Unterlagen und Informationen hat der Erstattungsstaat weitere zwei Monate, um über die Erstattung zu entscheiden.

Spätestens innerhalb von zehn Tagen nach Ablauf der Bearbeitungsfrist erstattet der Erstattungsstaat dem Antragsteller den Erstattungsbetrag. Wenn die Erstattung später erfolgt, schuldet der Erstattungsstatt dem Antragsteller Zinsen auf den Erstattungsbetrag.

Die EU-Kommission erläutert in einem Protokoll, wie sich Antragsteller bei nicht rechtzeitig eintreffenden Mitteilungen oder Vergütungsbeträgen verhalten sollen (siehe Anlage).

Vergütungsverfahren in Norwegen

Um Schwierigkeiten bei den Vergütungsbehörden vorzubeugen, ist generell darauf zu achten, dass alle Belege und Rechnungen auf die Gesellschaft ausgestellt sind und den Mehrwertsteuerbetrag zumindest zusätzlich in norwegischen Kronen ausweisen.

Wurden bereits in den letzten Jahren Vergütungsanträge gestellt, ist die letzte Bearbeitungsnummer im neuen Antrag stets zu vermerken.

Eine Vergütung ist nicht möglich für

- Repräsentationsaufwendungen
- Bewirtungskosten
- PKW-Kosten (Mietwagen, Benzin etc.)

Folgende Unterlagen müssen in Papierform eingereicht werden:

- Ausgefüllter und rechtsverbindlich unterzeichneter Vergütungsantrag
- Kopien der Vorsteuerbelege (Rechnungen/Zolldokumente)
- Unternehmerbescheinigung (nicht älter als ein Jahr)
- Vollmacht, sofern der Vergütungsantrag von einem Bevollmächtigten beantragt wird

Die Unternehmerbescheinigung muss eine Beschreibung der Geschäftsaktivitäten des Unternehmens enthalten. Erfolgt diese Beschreibung nicht in norwegischer, schwedischer, dänischer oder englischer Sprache, ist zudem eine beglaubigte Übersetzung einzureichen.

Jede einzelne Rechnung ist in Feld 11 des Vergütungsantrags einzutragen. Aufstellungen der Rechnungen in Form von selbst erstellten Listen werden akzeptiert, wenn diese Aufstellungen inhaltlich den amtlichen Aufstellungen entsprechen. Die Aufstellung kann auch per E-Mail an die Vergütungsbehörde gesandt werden (*VATrefund@skatteetaten.no*).

Die Bearbeitung der Anträge dauert i. d. R. sechs Monate. Einsprüche gegen ablehnende Bescheide sind innerhalb von sechs Wochen nach Ablehnung des Antrages einzulegen.

Anträge können jährlich gestellt werden, wenn der Vergütungsbetrag 500 NOK übersteigt. Ein quartalsweiser Antrag ist ab einem Betrag von 5.000 NOK möglich.

Zuständig ist:

The Norwegian Tax Administration
VAT Refunds
P.O. Box 103
NO-1501 Moss
Norway

Bei einem Versand per Kurier o. ä.:

The Norwegian Tax Administration
VAT Refunds
Bernt Ankers gate 17
1534 Moss
Norway
E-Mail: VATrefund@skatteetaten.no
Internet: www.skatteetaten.no

Antragsfrist ist der 30.9. des Folgejahres. Später eingehende Anträge werden abgelehnt.

Antragsformular „RF-1032"

1. Antragsseite 1

Zulässige Sprachen: norwegisch, schwedisch, dänisch, englisch

Erforderliche Angaben

- Feld 1: Registriernummer eines früheren Antrags
- Feld 2: Antragsteller mit

  - Name
  - Straße und Hausnummer
  - Postleitzahl, Ort, Land
  - E-Mail-Adresse
  - Website
  - Telefonnummer
  - Ansprechpartner
- Feld 3: Geschäftstätigkeit
  - Art der Tätigkeit des Antragstellers
  - NACE-Code (Klassifikation der Wirtschaftszweige, siehe: *http://www.destatis.de*)
  - USt-Registrierung im Heimatland
- Feld 4: Vergütungsumfang
  - Antragszeitraum (z. B. von Monat „January“ bis Monat „December“, Jahr „2020“)
  - Vorheriger Vergütungszeitraum
  - Vergütungsbetrag in norwegischen Kronen (NOK)
  - Anzahl der beigefügten Rechnungen
- Feld 5: Bankverbindung
  - Auswahl Währung (NOK oder andere, z. B. Euro)
  - IBAN (International Bank Account Number)
  - SWIFT/BIC (Bank Identifier Code)
  - Name der Bank
  - Adresse der Bank
  - Postadresse der Bank
  - Land
  - Name des Kontoinhabers (=Antragstellers!)
  - Steuernummer des Kontoinhabers
- Feld 6: Steuervertreter
- Feld 7: Grund für die Waren- und Dienstleistungsbezüge

Bitte geben Sie an, warum und für welche Zwecke die steuerpflichtig abgerechneten Waren/Dienstleistungen eingekauft wurden.

Verbleiben nicht verbrauchte Waren in Norwegen? Wenn ja, für welche Zwecke?

Bitte nennen und legen Sie beispielhafte Ausfuhrnachweise für nicht in Norwegen verbrauchte Waren vor, die ausgeführt wurden.

- Feld 8: Bestätigung im Fall von ausgeführten Transportdienstleistungen
- Feld 9: Zusätzliche Informationen
- Feld 10: Unterzeichnung mit
  - Ort
  - Datum
  - Unterzeichnung durch die Geschäftsführung
  - Namensnennung
  - Firmenstempel

2. Antragsseite 2 (Feld 11): Rechnungsaufstellung

(Bitte nutzen Sie bei Bedarf mehrere Zeilen je Rechnung.)

- Kopf:
  - Registriernummer
  - Name des Antragstellers
- Spalte 1: Laufende Nummer
- Spalte 2: Rechnungsaussteller
- Spalte 3: Art der bezogenen Waren/Dienstleistungen
- Spalte 4: Datum der Rechnung/des Zolldokuments
- Spalte 5: Nummer der Rechnung/des Zolldokuments
- Spalte 6: Rechnungsgesamtbetrag
- Spalte 7: Mehrwertsteuerbetrag
- Formularfuß: Verweise für erforderliche Überträge

Vergütungsverfahren in der Schweiz

Vergütungsanträge können nur jährlich und nur einmal pro Kalenderjahr gestellt werden. Die Mindestantragssumme beträgt 500 CHF. Maßgeblich ist der von der Steuerbehörde als vergütungsfähig anerkannte MWSt-Betrag.

Um Schwierigkeiten bei den Vergütungsbehörden vorzubeugen, ist generell darauf zu achten, dass alle Belege und Rechnungen auf die Gesellschaft ausgestellt sind.

Erforderliche Unterlagen für den in Papierform zu stellenden Vergütungsantrag:

- Ausgefüllter und rechtsverbindlich vom Antragsteller und vom Vertreter unterzeichneter Antrag (Formular Nr. 1222)
- Rechnungsaufstellung (Formular Nr. 1223)
- Vorsteuerbelege im Original (Rechnungen/Zolldokumente)
- Auf besondere Anforderung der Vergütungsbehörde hin sind Nachweise über die erfolgten Zahlungen (z. B. Kontenauszüge, Kreditkartenabrechnungen) beizulegen.
- Unternehmerbescheinigung (nicht älter als ein Jahr)

Wurden bereits in den letzten Jahren Vergütungsanträge gestellt, ist die letzte Bearbeitungsnummer im neuen Antrag stets zu vermerken.

Für Zwecke des Vergütungsverfahrens muss im Vergütungsantrag ein in der Schweiz ansässiger Vertreter (Empfangsbevollmächtigter) benannt und bevollmächtigt werden. Dieser hat den Vergütungsantrag zu unterzeichnen und einzureichen.

Auszahlungen erfolgen ausschließlich auf ein Schweizer Bankkonto des Antragstellers oder auf ein Konto des Empfangsbevollmächtigten.

Einsprüche gegen ablehnende Bescheide sind innerhalb von 30 Tagen nach Zugang des Bescheides einzulegen.

Zuständig ist:

Eidgenössische Steuerverwaltung
Hauptabteilung Mehrwertsteuer
Schwarztorstrasse 50
3003 Bern
mwst@estv.admin.ch
Internet: www.estv.admin.ch

Der Antrag ist zwischen dem 1.1. und dem 30.6. des auf die Vergütungsperiode nachfolgenden Kalenderjahres einzureichen. Später eingehende Anträge werden abgelehnt. Maßgebend ist das Datum des Poststempels.

Antragsformular „1222“

Zulässige Sprachen: Deutsch, Französisch, Italienisch

Erforderliche Angaben

Seite 1 – Angaben über den ausländischen Antragsteller

- Feld 1: Antragsteller mit
  - Name
  - Straße und Hausnummer
  - Postleitzahl, Ort, Land
- Feld 2: Vergütungsperiode
- Feld 3: Kennnummer in der Schweiz eines früheren Antrags
- Feld 4: Erklärung des Antragstellers
- Feld 5: Beschreibung der Geschäftstätigkeit des Antragstellers
- Feld 6: Zusammenhang/Zweck der Auslagen
- Feld 7: Vorsteuerbetrag (gesamt)
- Feld 8: Vollmacht für den erforderlichen Vertreter in der Schweiz
- Feld 9: Rechtsverbindliche Unterzeichnung durch den Antragsteller mit
  - Nennung von Ort und Datum
  - Anbringung eines Firmenstempels

Seite 2 – Angaben über den Vertreter in der Schweiz

- Feld 1: Name, Telefonnr. und E-Mail-Adresse des Vertreters
- Feld 2: Bankverbindung
- Feld 3: Bemerkungen
- Feld 4: Rechtsverbindliche Unterzeichnung durch den Vertreter mit
  - Nennung von Ort und Datum
  - Anbringung eines Firmenstempels
- Formularfuß: Art und Anzahl der Anlagen

Rechnungsaufstellung „1223"

Zulässige Sprachen: Deutsch, Französisch, Italienisch

Erforderliche Angaben

Formularkopf: Name des Antragstellers

- Spalte 1: Laufende Nummer
- Spalte 2: Datum der Rechnung/des Zolldokuments
- Spalte 3: Nummer der Rechnung/des Zolldokuments
- Spalte 4: Name und Anschrift des Lieferanten
- Spalte 5: Mehrwertsteuer-Nr. des Lieferanten
- Spalte 6: Art der Gegenstände oder Dienstleistungen
- Spalte 7: Mehrwertsteuerbetrag in Fremdwährung
- Spalte 8: Umrechnungskurs
- Spalte 9: Mehrwertsteuerbetrag in CHF
- Formularfuß: Ort und Datum

Vergütungsverfahren in Großbritannien

Vergütungsanträge können – bedingt durch den Austritt Großbritanniens aus der EU – nicht mehr über ein Onlineportal im Heimatland des Antragstellers beantragt werden, sondern sind direkt bei den britischen Finanzbehörden „Her Majesty‘s Revenue & Customs" (HMRC) einzureichen.

Es ist außerdem zu beachten, dass der Vergütungszeitraum in Großbritannien nicht mehr dem Kalenderjahr entspricht. Der maximale Vergütungszeitraum umfasst nun den Zeitraum eines Jahres vom 1.7. bis zum 30.6. des Folgejahres (sogenanntes „prescribed year"). Ein Antrag auf Vorsteuervergütung muss innerhalb von sechs Monaten nach Ablauf des maximalen Vergütungszeitraums gestellt werden, d. h. jeweils bis spätestens zum 31.12. Der Vergütungsantrag muss dabei mindestens einen Zeitraum von drei Monaten umfassen.

Wenn der Antrag für einen Zeitraum von weniger als zwölf Monaten gestellt wird, darf der Gesamtbetrag der geltend gemachten Vorsteuer nicht weniger als 130 £ betragen.

Vorsteuervergütungsanträge können elektronisch über ein Secure Data Exchange Service (SDES)-System von HMRC eingereicht werden. Alternativ besteht nach wie vor die Möglichkeit Anträge postalisch an HMRC zu richten.

Zu beachten ist außerdem, dass die britischen Finanzbehörden falsch eingereichte Vorsteuervergütungsanträge sehr ernst nehmen und Rückerstattungen eines fälschlicherweise ausgezahlten Betrages verlangen, sowie hohe Strafen verhängen.

Für den in Papierform zu stellenden Vergütungsantrag sind folgende Unterlagen erforderlich:

- Ausgefülltes Antragsformular „VAT65A“
- Unternehmerbescheinigung im Original
- Rechnungen
- Zahlungsnachweise

Zuständig ist:

HM Revenue and Customs — Compliance Centers

VAT Overseas Repayment Unit S1250

Benton Park View

Newcastle upon Tyne

NE98 1YX

- Vereinigtes Königreich

Antragsformular „VAT65A“

Zulässige Sprache: Englisch

Erforderliche Angaben:

Angaben über den ausländischen Antragsteller

- Feld 1: Antragsteller mit
  - Name
  - Straße und Hausnummer
  - Postleitzahl, Ort, Land
- Feld 2: Beschreibung der Geschäftstätigkeit des Antragstellers
- Feld 3: Steuernummer und Angaben zum zuständigen Finanzamt im Ansässigkeitsstaat
- Feld 4: Vergütungszeitraum
- Feld 5: Vorsteuerbetrag (gesamt)

- Feld 6: Bankverbindung
- Feld 7: Anzahl der Anlagen
- Feld 8: Zusammenhang/Zweck der Auslagen
- Feld 9: Rechtsverbindliche Unterzeichnung durch den Antragsteller mit
  - Nennung von Ort und Datum
  - Kontaktdaten

Rechnungsaufstellung

- Spalte 1: Laufende Nummer
- Spalte 2: Art der Gegenstände oder Dienstleistungen
- Spalte 3: Name des Lieferanten
- Spalte 4: Anschrift des Lieferanten
- Spalte 5: Mehrwertsteuer-Nr. des Lieferanten
- Spalte 6: Datum der Rechnung/des Zolldokuments
- Spalte 7: Nummer der Rechnung/des Zolldokuments
- Spalte 7: Vorsteuerbetrag in Britischen Pfund
- Formularfuß: Vorsteuerbetrag (gesamt)

Präferenzliste der EU-Mitgliedstaaten

		Warenbeschreibung durch Subcodes[2] erforderlich (Art. 9.2)[3]	Elektronische Kopien der Originalrechnungen erforderlich (Art. 10)[3]	Grenzwerte (Art. 10)[3] in nationaler Währung	Geschäftsbeschreibung durch NACE-Code erforderlich (Art. 11)[3]	Akzeptierte Sprachen (Art. 12)[3]	Einschränkungen beim Vergütungszeitraum (Art. 16)[3]	Voraussetzung für Vertretung durch Dritte	Zahlung an Dritte	Korrekturen / Änderungen
Belgien	**BE**	Ja	Bei Überschreiten der Grenzwerte 250 Euro und 1000 Euro	250 Euro und 1000 Euro	Ja	1.Französisch 2.Niederländi. 3.Deutsch 4.Englisch		Mit Vollmacht	Ja, mit Vollmacht	Ja[1]
Bulgarien	**BG**	Ja	Nein (werden eventuell angefordert gem. Art. 20)		Ja	1.Bulgarisch 2.Englisch		Schriftliche Vollmacht muss persönlich der Steuerbehörde vorgelegt werden	Nein	Ja[1]
Dänemark	**DK**	Ja	Nein		Ja	1.Dänisch 2.Englisch 3.Deutsch	Nicht mehr als 1 Kalenderjahr und nicht weniger als 3 Kalendermonate	Mit Vollmacht	Ja, mit Vollmacht	Ja[1]
Estland	**EE**	Ja	Bei Überschreiten der Grenzwerte Art. 10	250 Euro und 1000 Euro	Ja	1.Estnisch 2.Englisch	Nicht mehr als 1 Kalenderjahr und nicht weniger als 3 Kalendermonate	Mit Vollmacht	Ja, mit Vollmacht	Ja[1]
Finnland	**FI**	Ja	Wenn steuerpflichtiger Betrag der Rechnung oder Einfuhrbeleg 1000 Euro übersteigt	1000 Euro	Ja	1.Finnisch 2.Schwedisch 3.Englisch	Nicht mehr als 1 Kalenderjahr und nicht weniger als 3 Kalendermonate	Mit Vollmacht	Ja, auf Bitte des Steuerpflichtigen	Ja[1]
Frankreich	**FR**	Ja (zusätzlich zu den Angaben gem. Art. 8)	Bei Überschreiten der Grenzwerte Art. 10	250 Euro und 1000 Euro	Ja	1.Französisch 2.Englisch	Nicht mehr als 1 Kalenderjahr und nicht weniger als 3 Kalendermonate oder Rest des Jahres (z.B. 01.11.-31.12.)	Mit Vollmacht	Ja, auf Bitte des Steuerpflichtigen mit Vollmacht und nur auf Euro-Konto	Nein
Griechenland	**EL**	Ja	Bei Überschreiten der Grenzwerte Art. 10	250 Euro und 1000 Euro	Ja	1.Griechisch 2.Englisch 3.Französisch		Mit Vollmacht	Ja, auf Bitte des Steuerpflichtigen (beglaubigte Vollmacht mit Apostille)	Ja[1]

		Warenbeschreibung durch Subcodes[2] erforderlich (Art. 9.2)[3]	Elektronische Kopien der Originalrechnungen erforderlich (Art. 10)[3]	Grenzwerte (Art. 10)[3] in nationaler Währung	Geschäftsbeschreibung durch NACE-Code erforderlich (Art. 11)[3]	Akzeptierte Sprachen (Art. 12)[3]	Einschränkungen beim Vergütungszeitraum (Art. 16)[3]	Voraussetzung für Vertretung durch Dritte	Zahlung an Dritte	Korrekturen / Änderungen
Großbritannien	**GB**	Ja	Bei Überschreiten der Grenzwerte Art. 10	£200 und £750	Ja	1.Englisch	Nicht mehr als 1 Kalenderjahr und nicht weniger als 3 Kalendermonate	Mit schriftlicher Vollmacht	Ja, auf Bitte des Steuerpflichtigen; Nur auf ein Euro-Konto	Ja[1]
Irland	**IE**	Ja	Bei Überschreiten der Grenzwerte Art. 10	250 Euro und 1000 Euro	Ja	1.Englisch 2.Irisch		Mit schriftlicher Vollmacht	Ja mit Vollmacht	Ja[1]
Italien	**IT**	Ja	Ja (bei Antragstellung ab dem 16.02.2017)		Ja	1.Italienisch 2.Englisch 3.Französisch	Nur Quartalsanträge (01.01-31.03; 01.04.-30.06.; 01.07.-30.09.; 01.10.-31.12.) oder jährlich (01.01.-31.12.)	Mit Vollmacht; der Dritte muss im Erstattungsstaat registriert sein	Nein	Nein
Kroatien	**HR**	Ja	Nein (werden eventuell angefordert gem. Art. 20)		Ja	1. Kroatisch 2. Englisch	Nicht mehr als 1 Kalenderjahr und nicht weniger als 3 Kalendermonate oder Rest des Jahres (z.B. 01.11.-31.12.)	Mit Vollmacht	Ja, auf Bitte des Steuerpflichtigen	Ja[1]
Lettland	**LV**	Ja	Bei Überschreiten der Grenzwerte Art. 10	175,70 LVL und 702,80 LVL	Ja	1.Lettisch 2.Englisch		Mit Vollmacht	Ja, auf Bitte des Steuerpflichtigen	Ja[1]
Litauen	**LT**	Ja	Bei Überschreiten der Grenzwerte Art. 10	250 Euro und 1000 Euro	Ja	1.Litauisch 2.Englisch	Nicht mehr als 1 Kalenderjahr und nicht weniger als 3 Kalendermonate	Mit Vollmacht; der Dritte muss im Erstattungsstaat registriert sein	Ja, auf Bitte des Steuerpflichtigen	Ja[1]
Luxemburg	**LU**	Nein	Nein		Ja	1.Französisch 2.Deutsch 3.Englisch		Mit schriftlicher Vollmacht	Ja, auf Bitte des Steuerpflichtigen	Nein
Malta	**MT**	Ja	Bei Überschreiten der Grenzwerte Art. 10	250 Euro und 1000 Euro	Ja	1.Maltesisch 2.Englisch	Nicht mehr als 1 Kalenderjahr und nicht weniger als 3 Kalendermonate	Mit schriftlicher Vollmacht	Ja, bei Vorlage der Original-Vollmacht	Ja[1]
Niederlande	**NL**	Ja	Nein		Ja	1.Niederländ. 2.Englisch 3.Deutsch		Mit Vollmacht	Ja, mit Vollmacht	Ja[1]

		Warenbeschreibung durch Subcodes[2] erforderlich (Art. 9.2)[3]	Elektronische Kopien der Originalrechnungen erforderlich (Art. 10)[3]	Grenzwerte (Art. 10)[3] in nationaler Währung	Geschäftsbeschreibung durch NACE-Code erforderlich (Art. 11)[3]	Akzeptierte Sprachen (Art. 12)[3]	Einschränkungen beim Vergütungszeitraum (Art. 16)[3]	Voraussetzung für Vertretung durch Dritte	Zahlung an Dritte	Korrekturen / Änderungen
Österreich	**AT**	Ja	Nein; (werden evtl. im Zusammenhang mit Risikoanalyse und Art. 20 angefordert)		Ja	1. Deutsch 2. Englisch (nur Bemerkungen Art.9(1)10)	Mehrere aufeinander folgende Quartale in einem Antrag möglich	Mit Vollmacht	Ja, mit Vollmacht	Ja[1]
Polen	**PL**	Ja	Bei Überschreiten der Grenzwerte Art. 10	250 Euro und 1000 Euro	Ja	1.Polnisch	Nicht mehr als 1 Kalenderjahr und nicht weniger als 3 Kalendermonate oder Rest des Jahres (z.B. 01.11.-31.12.)	Mit schriftlicher Vollmacht	Nein	Ja[1]
Portugal	**PT**	Ja	Nein		Ja	1.Portugiesis. 2.Englisch		Mit Vollmacht	Ja, mit Vollmacht	Ja[1]
Rumänien	**RO**	Ja	Bei Überschreiten der Grenzwerte Art. 10	1057,05 RON und 4228,20 RON	Ja	1.Rumänisch		Mit Vollmacht	Ja, mit Vollmacht	Ja[1]
Schweden	**SE**	Ja	Nein		Ja	1.Schwedisch 2.Englisch 3.Deutsch		Mit schriftlicher Vollmacht	Ja, wenn Daten von Antragsteller geliefert	Ja[1]
Slowakei	**SK**	Ja	Bei Überschreiten der Grenzwerte Art. 10	250 Euro und 1000 Euro	Ja	1.Slowakisch	Nicht mehr als 1 Kalenderjahr und nicht weniger als 3 Kalendermonate	Mit Vollmacht	Ja, auf Bitte des Steuerpflichtigen	Ja[1]
Slowenien	**SI**	Ja	Nein		Ja	1.Slowenisch 2.Englisch	Nur Quartalsanträge (01.01-31.03; 01.04.-30.06.; 01.07.-30.09.; 01.10.-31.12.) oder jährlich (01.01.-31.12.)	Mit Vollmacht	Ja, mit Vollmacht	Ja[1]
Spanien	**ES**	Ja	Bei Überschreiten der Grenzwerte Art. 10	250 Euro und 1000 Euro	Ja	1.Spanisch 2.Englisch (nur für Bemerkungen gem. Art.9)	Nur Quartalsanträge (01.01-31.03; 01.04.-30.06.; 01.07.-30.09.; 01.10.-31.12.) oder jährlich (01.01.-31.12.)	Mit schriftlicher Vollmacht	Ja, mit Vollmacht	Ja[1]

		Warenbeschreibung durch Subcodes[2] erforderlich (Art. 9.2)[3]	Elektronische Kopien der Originalrechnungen erforderlich (Art. 10)[3]	Grenzwerte (Art. 10)[3] in nationaler Währung	Geschäftsbeschreibung durch NACE-Code erforderlich (Art. 11)[3]	Akzeptierte Sprachen (Art. 12)[3]	Einschränkungen beim Vergütungszeitraum (Art. 16)[3]	Voraussetzung für Vertretung durch Dritte	Zahlung an Dritte	Korrekturen / Änderungen
Tschechien	**CZ**	Nein	Bei Überschreiten der Grenzwerte Art. 10	250 Euro und 1000 Euro	Ja	1.Tschechisch		Mit Vollmacht	Ja, wenn Daten von Antragsteller geliefert	Ja[1]
Ungarn	**HU**	Ja	Bei Überschreiten der Grenzwerte Art. 10	63 000 HUF und 300 000 HUF	Nein	1.Ungarisch 2.Englisch	Nicht mehr als 1 Kalenderjahr und nicht weniger als 3 Kalendermonate oder Rest des Jahres (z.B. 01.11.-31.12.)	Mit Vollmacht; (wenn Dritter spezielle Qualifikation hat)	Nein	Ja[1]
Zypern	**CY**	Nein	Bei Überschreiten der Grenzwerte Art. 10	250 Euro und 1000 Euro	Ja	1.Griechisch 2.Englisch 3.Türkisch		Mit schriftlicher Vollmacht	Ja, auf Bitte des Steuerpflichtigen	Ja[1]

1 Bitte beachten Sie, dass die Anforderungen an die Form und den Inhalt von **Korrektur- / Änderungsanträgen** in den einzelnen Mitgliedstaaten variieren und Korrekturen und Änderungen z.T. nur unter bestimmten Voraussetzungen akzeptiert werden. Zur Vermeidung einer Abweisung des gestellten Antrages empfiehlt das BZSt, sich vor der Stellung des Antrages beim Mitgliedstaat der Erstattung genau über die Anforderungen und Voraussetzungen zu erkundigen. Sofern die im Antragsformular vorhandenen Anlagepositionen nicht ausreichen sollten, erkundigen Sie sich bitte beim Mitgliedstaat der Erstattung, ob die Einreichung mehrerer Anträge für denselben Vergütungszeitraum möglich ist.

2 In dem Erstattungsantrag muss die Art der erworbenen Gegenstände und Dienstleistungen nach folgenden Kennziffern (Codes – Kategorien) aufgeschlüsselt werden:

1 = Kraftstoff;
2 = Vermietung von Beförderungsmitteln;
3 = Ausgaben für Transportmittel (andere als unter Kennziffer 1 oder 2 beschriebene Gegenstände und Dienstleistungen);
4 = Maut und Straßenbenutzungsgebühren;
5 = Fahrtkosten wie Taxikosten, Kosten für die Benutzung öffentlicher Verkehrsmittel;
6 = Beherbergung;
7 = Speisen, Getränke und Restaurantdienstleistungen;
8 = Eintrittsgelder für Messen und Ausstellungen;
9 = Luxusausgaben, Ausgaben für Vergnügungen und Repräsentationsaufwendungen;
10 = Sonstiges.

Durch die Subcodes (Unterkategorien) werden die o.g. Kennziffern weiter aufgeschlüsselt. Bitte beachten Sie, dass die Subcodes von der Mehrheit der Erstattungsstaaten gefordert werden; fehlende Subcodes können zu einer Ablehnung des Antrages führen. Die Aufschlüsselung der Unterkategorien können Sie der Verordnung Nr. 1174/2009 der Kommission entnehmen.

3 Informationen zu den angegebenen **Artikeln** können der EU-Richtlinie zur Erstattung der Mehrwertsteuer entnommen werden.

Stand: 22.03.2017

Legislation relating to the EU VAT Refund procedure

EU VAT Refund Process:

1. Application to be submitted by 30th September of the calendar year following the refund period *(Article 15(1)*[1]*)*.
2. The application is only considered submitted when the information in Articles 8, 9, and 11 are complete *(Article 15(1))*.
3. The Member State of establishment (MSE) sends the applicant an electronic confirmation of receipt 'without delay' *(Article 15(2))*.
4. The MSE has 15 days in which to forward the application to the Member State(s) of refund (MSR) *(Article 48(1) of Council Regulation (EU) No 904/2010)*.
5. The MSE shall not forward the application if, during the refund period, the applicant is not a taxable person; or he carries out only exempt supplies; or he is under the special scheme for small enterprises; or he is covered by the flat rate scheme for farmers *(Article 18(1))*.
6. The MSE shall notify the applicant of the decision taken under Article 18(1) *(Article 18(2))*.
7. The MSR notifies the applicant 'without delay' and by electronic means, of the date on which it received the application *(Article 19(1))*.
8. The MSR notifies the applicant within 4 months of its decision to approve or refuse the refund application *(Article 19(2))*.
9. However, where the MSR does not consider that it has all the relevant information to make a decision, it may request, by electronic means, additional information within that four month period. Further additional information may be required. *(Article 20 (1))*.
10. The additional information is to be supplied to the MSR within one month of the request for additional information being received. *(Article 20(2))*.
11. The MSR should make a decision within 2 months of receipt of the additional information, or the expiry of the deadline for the receipt of the additional information. *(Article 21 1st paragraph)*.
12. Where further additional information is required, the MSR should make a decision to make a whole or partial payment within eight months of receipt of the original application *(Article 21 2nd paragraph)*.
13. The MSR has to make the payment within 10 working days of the deadlines referred to in Articles 19(2) or 21. The payment shall be made in the MSR or, at the applicant's request, in another Member State. *(Article 22(1))*.

[1] All references to Council Directive 2008/9/EC of 12 February 2008 unless otherwise stated.

EU VAT Refund
European Commission, TAXUD C1 – 5th October 2012

Protocol concerning Member States' responsibilities, outlining which Member State the taxpayer should consult in particular situations

1. VAT refund claim submitted on the MSE (Member State of Establishment) web portal, but receipt notification not received within 2 working days:

   Contact MSE.

2. VAT refund claim submitted on MSE web portal and receipt notification received, but no confirmation that claim has been sent to MSR (Member State of Refund) within 15 days:

   Contact MSE

3. VAT refund claim submitted on MSE web portal and MSE has confirmed that it has been sent to MSR, but MSR has not confirmed its receipt:

   Contact MSR to confirm whether or not application has been received).

4. MSR informs applicant that they have not received the VAT Refund claim:

   Contact MSE to inform them of situation and request that Member State to find out what from MSR happened to the refund and determine what action may be required.

5. MSR has received VAT refund claim, but no decision or request for additional information received by claimant within four months:

   Contact MSR

6. Claimant has received the decision, but not the VAT refund payment:

   Contact MSR

NB – In all cases, where the claimant uses an agent, before either party contacts the MSE or MSR they must first check with the other party that they have not received or sent any relevant notifications.

EU VAT Refund
European Commission, TAXUD C1 – 5th October 2012

VAT Refund Contact Points

2008/9/EC VAT Refund Directive contact points – Last update: January 2023

Member State	Address	Telephone/fax	Email address	Website
Austria	Finanzamt Graz-Stadt Conrad von Hötzendorf-Straße 14 - 18 A - 8018 Graz	Tel. BV 31 0043-316-881-538041 Fax BV 31 0043-1-4335938041 Tel. BV 32 0043-316-881-538042 Fax BV 32 0043-1-4335938042	BV31 Post.FA68-BV11@bmf.gv.at BV32 Post.FA68-BV12@bmf.gv.at	https://www.bmf.gv.at/steuern/selbststaendige-unternehmer/umsatzsteuer/ust-auslaendische-unternehmer.html https://english.bmf.gv.at/taxation/VAT-Assessment-Refund.html
Belgium	SPF Finances - Centre étrangers - Team 2 Finto - boulevard du Jardin Botanique 50, boite 3410, 1000 Bruxelles BELGIQUE	Tel: +32(0)257/ 786 60	foreigners.team2@minfin.fed.be	https://finances.belgium.be/fr/entreprises/tva/international/remboursement-de-la-tva-etrangere
	FOD Financiën - Centrum Buitenland - Team 2 Finto, Kruidtuinlaan 50, bus 3410, 1000 Brussel BELGIE	Tel: +32(0)257/ 786 60	foreigners.team2@minfin.fed.be	https://financien.belgium.be/nl/ondernemingen/btw/internationaal/teruggave-buitenlandse-btw
Bulgaria	National Revenue Agency 52, Kniaz Aleksander Dondukov Bvd. 1000 Sofia Bulgaria	Tel.: +359 2 9859 6801	infocenter@nra.bg	www.nap.bg

VAT Refund Contact Points

2008/9/EC VAT Refund Directive contact points – Last update: January 2023

Member State	Address	Telephone/fax	Email address	Website
Cyprus	Ministry of Finance Tax Department VAT Services CY -1471 Nicosia	Tel: +357 2260 1845 or +357 2260 1850 or +357 2260 1852 Fax: +357 2266 0484	hq@tax.mof.gov.cy	http://refund-eu.vat.mof.gov.cy/VATiSee/ www.mof.gov.cy/tax
Czech Republic	Incoming applications: Tax Office for Prague 1 Štěpánská 28 112 33 PRAHA 1 The Czech Republic	Phone: +420 224 041 111 Fax: +420 224 043 198	podatelna2001@fs.mfcr.cz epodpora@fs.mfcr.cz	http://www.financnisprava.cz/vracenidph
	Outgoing applications: CZ Tax Offices			http://www.financnisprava.cz/en/internation-tax-affairs/cooperation-and-vat/vat-refunds
Croatia	Ministry of Finance, Regional Office Zagreb, VAT Refund Department		vat.refund.hr@porezna-uprava.hr	http://www.porezna-uprava.hr/en/EN_porezni_sustav/Stranice/vat_refund.aspx
Denmark	Skattestyrelsen Momsrefusion & Momsregistrering Christian X's Vej 22 DK-6100 Haderslev	Tel: +45 7238 0440	momsrefusion@sktst.dk	www.skat.dk/english https://www.skat.dk/skat.aspx?oid=2244390&ik_navn=transport

VAT Refund Contact Points

2008/9/EC VAT Refund Directive contact points – Last update: January 2023

Member State	Address	Telephone/fax	Email address	Website
Estonia	Taxation Division Tax and Customs Board Lõõtsa 8a Tallinn 15176 Estonia	+372 676 1187 372 676 1256	vatrefund@emta.ee	Portal: http://www.emta.ee/index.php?id=12223 Information: http://www.emta.ee/index.php?id=26515
Finland	Uusimaa Corporate Tax Office P.O. Box 34 00052 VERO FINLAND	Tel. +358 20 697 063 Fax + 358 9 7311 4895	Send Support Request through ALVEU -service	www.tax.fi > ALVEU > service
France	Service de Remboursement de la TVA 10, rue du Centre TSA 60015 93465 NOISY-LE-GRAND CEDEX	Tel: + 33 1 72 95 20 31	sr-tva.dinr@dgfip.finances.gouv.fr	https://www.impots.gouv.fr/portail/internationalenbusiness/vat-refunds-and-credits-companies-without-permanent-establishment-france?l=en
Germany	Bundeszentralamt für Steuern Dienstsitz Schwedt Passower Chaussee 3b 16303 SCHWEDT/Oder	Tel.: +49-(0)228-406-1200 Fax: +49-(0)228-406-3200	vorsteuerverguetung@steuerliches-info-center.de	http://www.bzst.de/003_menue_links/006_ust-verguetung/061_ausl_untern/611_vorschriften/index.html

VAT Refund Contact Points

2008/9/EC VAT Refund Directive contact points – Last update: January 2023

Member State	Address	Telephone/fax	Email address	Website
Greece	Ministry of Finance Directorate General of Tax and Customs Issues 14th VAT Directorate VAT Repayments Section Sina street 2- 4 10672 Athens Greece	Tel: 00302103644960 0030210 3644990 Fax: No. 00302103645413	d14-ctm@otenet.gr	
Hungary	National Tax and Customs Administration (Nemzeti Adó- és Vámhivatal) Large Taxpayers' Tax and Customs Directorate (Kiemelt Adó- és Vámigazgatóság) Department Dealing with Tax Refund of Foreigners (Külföldiek Adó-visszatérítését Intéző Főosztály) Address: H-1077 Budapest , Dob. u. 75-81. Postal address : H-1410 Budapest, P.O.B. 138	Tel: (+36) 1-461-3300 Fax: (+36) 1-461-1985	kavig@nav.gov.hu	http://nav.gov.hu (Hungarian) http://en.nav.gov.hu (English)
Ireland	Collector Generals Office VAT Repayments Office Sarsfield House Francis Street Limerick Ireland	Tel: +353 61 488060 Fax: +353 61 488095	unregvat@revenue.ie	

VAT Refund Contact Points

2008/9/EC VAT Refund Directive contact points – Last update: January 2023

Member State	Address	Telephone/fax	Email address	Website
Italy	Agenzia delle Entrate - Centro operativo di Pescara Via Rio Sparto 21 65129 Pescara - Italia	Tel: +39 085 5772369 or +39 085 5772204 Fax +39 085 5772325	cop.pescara.ivanonresidenti@agenziaentrate.it	Agenzia delle Entrate - VAT refunds **(English version)** http://www.agenziaentrate.gov.it/wps/portal/entrate/cosa_devi_fare **(Italian version)**
Latvia	The Non-resident Tax and Other Tax Data Credibility Assessment Division of the State Revenue Service Tax Board 1 Talejas Street, Riga, Latvia, LV-1978	Tel: +371 67121990 +371 67121984	NP.lietvediba@vid.gov.lv	https://www.vid.gov.lv/en/vat-refund-legal-persons-registered-european-union
Lithuania	VAT Refund Unit Vilnius County State Tax Inspectorate Ulonu Street 2 LT - 01509 Vilnius Lithuania	Tel: +370 5 274 2 530 Fax: +370 5 272 3005	vilniaus.apskr.rastai@vmi.lt	www.vmi.lt
Luxembourg	Refund Office : Administration de l'enregistrement, des domaines et de la TVA Bureau d'imposition Luxembourg 11 67, rue Verte, L-2667 Luxembourg Postal address: B.P. 31, L-2010 Luxembourg	Tel: +352 247 80700 Fax: +352 247 90400	vatrefund@en.etat.lu	http://www.aed.public.lu/etva/vatrefund/taxpayer-eu.html
Malta	VAT Department Ta' Paris Road B'Kara BKR 4633 Malta		vat@gov.mt	http://vat.gov.mt/docs/New%20Eight%20Directive%20Refund%20Rules_EN_vers01.pdf

VAT Refund Contact Points

2008/9/EC VAT Refund Directive contact points – Last update: January 2023

Member State	Address	Telephone/fax	Email address	Website
Netherlands	Belastingdienst Limburg/Kantoor Buitenland Postbus 4486 6401 CZ HEERLEN	Tel: 0031 55 53 85 385		
Poland	Drugi Urząd Skarbowy Warszawa-Śródmieście ul. Jagiellońska 15 03-719 Warszawa	Tel: +48 22 511 35 00 Fax: +48 22 511 35 02	us1436@mz.mofnet.gov.pl	www.mazowieckie.kas.gov.pl/drugi-urzad-skarbowy-warszawa-srodmiescie
	Ministry of Finance Ministerstwo Finansów ul. Świętokrzyska 12 00-916 Warszawa, Poland	Tel: (+48 22) 694 55 55 Fax: (+48 22) 694 41 77	kancelaria@mf.gov.pl	
Portugal	Ministério das Finanças Autoridade Tributária e Aduaneira Direcção de serviços de reembolsos Av. João XXI, 76 -5.º 1049-065 LISBOA PORTUGAL	Tel: 00 351 217 610 000 Fax: 00 351 217 938 133	dsr@at.gov.pt dsr-vatrefund@at.gov.pt	**Portal:** http://www.portaldasfinancas.gov.pt/at/html/index.html **VAT refund request link:** https://www.portaldasfinancas.gov.pt/pt/ongoingLogin.action?action=/pt/CD/external/vatrefund/submeterPedidoReembolso.action **Appeal against a claiming refund of VAT decision link:** https:///www.portaldasfinancas.gov.pt/pt/CD/main.jsp?body=/reclamacoes/reclamarIVAPreform.jsp

VAT Refund Contact Points

2008/9/EC VAT Refund Directive contact points – Last update: January 2023

Member State	Address	Telephone/fax	Email address	Website
Romania	Ministry of Public Finances General Directorate of Public Finances of the Municipality of Bucharest Directorate of Methodology for Income Managing Foreign Representations, Embassies and non-Established Taxpayers Administration Unit 13, Strada Dimitrie Gerota, Sector 2 Zip code 020027 Bucuresti Romania	Tel/Fax: 0040213057081	Date.ContribuabiliNerezidenti.MB@mfinante.ro	
Slovakia	Tax Office Bratislava, VAT Unit Ševčenkova 32 850 00 Bratislava Slovakia	Tel: +421 2 5737 8111	duba-ba.kontakt@financnasprava.sk	https://www.financnasprava.sk/sk/opytajte-sa-financnej-spravy https://www.financnasprava.sk/sk/podnikatelia/dane/dan-z-pridanej-hodnoty/vratenie-dph-zahranicnej-osobe
Slovenia	Ljubljana Tax Office Davčna ulica 1 SI 1000 Ljubljana	Tel: +386 1 36921 18 Fax: +386 1 36930 18	gp.durs-lj@gov.si	www.durs.gov.si Value Added Tax | Tax Administration of the RS

VAT Refund Contact Points

2008/9/EC VAT Refund Directive contact points – Last update: January 2023

Member State	Address	Telephone/fax	Email address	Website
Spain	Agencia Estatal de Administración Tributaria - AEAT Oficina Nacional de Gestión Tributaria Paseo de la Castellana, 147 28046 Madrid ——— Registro / Office to submit documentation: C/ Lérida nº 32-34 28020 Madrid	Tel + 34 91 453 94 51(57)	ivanoestablecidos@correo.aeat.es	https://sede.agenciatributaria.gob.es https://sede.agenciatributaria.gob.es/Sede/en_gb/no-residentes/iva-empresarios-profesionales-no-establecidos/devoluciones-iva-no-establecidos.html
Sweden	*Regarding: Austria, Bulgaria, Czech Republic, Croatia, Denmark, France, Germany, Greece, Hungary, Italy, Poland, Portugal, Romania, Slovakia, Slovenia and Spain*: Skatteverket Utlandsskattekontoret SE-205 31 Malmö	Fax: + 46 10 574 62 03	uk.malmo@skatteverket.se	
	Regarding all other Member States: Skatteverket SE-106 61 Stockholm	Fax: +46 105 74 18 11	stockholm@skatteverket.se	

VAT Refund Contact Points

2008/9/EC VAT Refund Directive contact points – Last update: January 2023

Member State	Address	Telephone/fax	Email address	Website
United Kingdom[1]	Refunds of VAT from the UK made to traders established in another Member State Compliance Centres, VAT Overseas Repayment Unit, S1250, Benton Park View, Newcastle-Upon-Tyne. NE98 IYX	Tel: (+44) (0) 300 322 9279	newcastle.oru@hmrc.gov.uk	http://www.hmrc.gov.uk/vat/managing/international/EU-visits.htm http://www.hmrc.gov.uk/vat/managing/international/nonEU-visits.htm

[1] DISCLAIMER: As provided for in the Withdrawal Agreement (OJ C 384 I, 12.11.2019, p.1), as of 1 February 2020, the UK is a third country. As of this date, the transition period applies until 31 December 2020, unless it is decided to extend it. During the transition period, EU law, including EU VAT rules, continues to apply to and in the UK as if it was a Member State.

The Norwegian Tax Administration

Søknad om refusjon av MVA til utenlandske næringsdrivende / Application for refund of VAT to foreign businesses

Les veiledningen før du fyller ut skjemaet / Read the guidelines before completing this form

Skatteetaten
Postboks 103
NO-1501 Moss
Norway

1 Identifikasjonsnummer / Identification number

Clear fields

2 Søker / Applicant

Firmanavn / Company name	Hjemmeside / Web-site
Adresse / Address	Telefon / Phone
Postnummer og -sted / Postal code and city	Land / Country
E-postadresse / Email address	Kontaktperson / Contact

3 Virksomhetsområde / Business

Virksomhetens art / Nature of business	NACE-kode / NACE code
MVA-/organisasjonsnummer / VAT/business registration number	

4 Søknadsperiode og beløp / Application period and amount

Søknadsperiode fra og med måned / Start month	Til og med måned / End month	År / Year	Forrige søknadsperiode / Previous application period
Totalt MVA-beløp som søkes refundert i NOK (spesifisert i boks 11) / Total amount of VAT refund requested in NOK (specified in box 11)			Antall vedlagte fakturaer / Number of enclosed invoices
			Kryss av her dersom du ønsker fakturaer/bilag i retur / Tick this box if you want us to return your invoices ○

5 Bankdetaljer / Bank details

○ Utbetaling i EUR / Payment in EUR
○ Utbetaling i (angi valuta) / Payment in (specify the currency)

IBAN / International Bank Account Number		
Bankkontonummer (kun for land uten IBAN) / Bank account number (for countries without IBAN only)	Bank-kode / Bank code	SWIFT / BIC
Bankens navn / Name of bank		
Adresse / Address		
Postnummer og -sted / Postal code and address		Land / Country
Kontoeiers navn / Account holder's name	Kontoeiers MVA-/organisasjonsnummer / Account holder's VAT/business registration number	

6 Fullmektig (dersom relevant) / Authorised agent (if applicable)

Fullmektigens navn / Name of agent	Kontaktperson / Contact
Adresse / Address	Telefon / Phone
Postnummer og -sted / Postal code and city	Land / Country
E-postadresse / Email address	Fullmektigs organisasjonsnummer / Agent's business registration number

RF-1032BE

7 Bakgrunnen for anskaffelsene i Norge (se boks 7 i veiledningen) /
The purpose of the acquisitions in Norway (see box 7 in the guidelines)

8 For søkere som driver virksomhet med vare-/persontransport (se boks 8 i veiledningen) /
For applicants who provide transportation services for goods or passengers (see box 8 in the guidelines)

Vennligst bekreft at:

- ◯ søker ikke har påtatt seg oppdrag om levering av transporttjenester mellom to steder (kabotasje) i Norge
- ◯ søker ikke har påtatt seg oppdrag om levering av rundreise i Norge med en varighet på over 24 timer

Please confirm that:

- ◯ the applicant has not provided transportation services between two locations (cabotage) in Norway
- ◯ the applicant has not provided roundtrips/tours in Norway lasting more than 24 hours

9 Tilleggsopplysninger / Additional information

10 Erklæring / Declaration

Søker erklærer med dette at:
- merverdiavgiften ikke tidligere er søkt refundert av Skatteetaten
- merverdiavgiften ikke er refundert gjennom andre ordninger (f.eks. Tollvesenet)
- søker ikke har hatt avgiftspliktig omsetning i Norge de siste 12 måneder (se boks 10 i veiledningen)
- opplysningene gitt i søknaden er riktige

The applicant hereby declares that:
- the VAT has not previously been applied for through the Norwegian Tax Administration
- the VAT has not been refunded through other schemes (e.g. Norwegian Customs)
- they have not had any taxable turnover in Norway in the last 12 months (see box 10 in the guidelines)
- the information given in the application is correct

Dato / Date	Signatur (søker eller fullmektig) / Signature (applicant or authorised agent)	Navn med blokkbokstaver / Name in block capitals

11 Fakturaspesifikasjon / Invoice specification

Identifikasjonsnummer / Identification number

Nummer / Number	Fakturautsteder / Invoice issuer	Beskrivelse av varen/tjenesten / Description of the goods/service	Fakturadato / Invoice date	Fakturanummer / Invoice number	Fakturabeløp med MVA / Invoice amount including VAT	MVA-beløp i NOK / VAT amount in NOK
Sum dette vedlegget / Total of this enclosure						
Overført fra forrige vedlegg (dersom du har fylt ut flere fakturaspesifikasjonssider) / Carried forward from previous enclosure (if you have completed more than one invoice specification page)						
Totalsum NOK / Total amount NOK						

Veiledning til søknadsskjema RF-1032

Utfylling av søknadsskjema

Søknadsfristen for foregående kalenderår er 30. september.
Søknaden må være poststemplet senest denne datoen.

Skjemaet fylles ut elektronisk før det skrives ut, signeres og sendes til oss i original per post. Sender du søknaden med bud, bruk vår besøksadresse. Begge adressene finner du under 'Kontaktinformasjon'. Dersom du fyller ut skjemaet for hånd, bruk blokkbokstaver. Skjemaet må fylles ut på norsk, svensk, dansk eller engelsk.

Boks 1
Første gang virksomheten søker refusjon, skal denne boksen ikke fylles ut. Førstegangssøkere får tildelt et identifikasjonsnummer når vi registrerer søknaden. Dette nummeret skal benyttes i alle fremtidige henvendelser.

Boks 2
Fyll ut søkers navn, adresse, telefonnummer, e-postadresse og hjemmeside. Dersom det ikke benyttes en fullmektig, ber vi om at det oppgis en kontaktperson i virksomheten.

Boks 3
Oppgi virksomhetens art, NACE-kode og MVA- eller organisasjonsnummer i hjemlandet. En nærmere beskrivelse av virksomheten kan eventuelt gis i boks 9 eller i eget vedlegg.

Boks 4
Søknadsperioden må være innen et enkelt kalenderår og må dekke minst tre måneder, bortsett fra i tilfeller der den utgjør en restperiode på slutten av kalenderåret. Du kan ikke søke på en periode som ikke er utløpt.

Du kan ikke søke om refusjon for beløp på under NOK 5 000, med mindre perioden avsluttes 31. desember. Da er minimumsbeløpet NOK 500.

Vi gjør oppmerksom på at eventuelt feilaktig refundert beløp kan kreves tilbakebetalt eller motregnes ved eventuelle fremtidige utbetalinger.

Oppgi antall vedlagte fakturaer og forrige søknadsperiode hvis virksomheten har søkt tidligere.

Boks 5
Utbetalinger skjer i Euro dersom du ikke oppgir en annen valuta. Eventuelle kostnader ved utbetaling til konto utenfor Norge belastes kontoeieren. Dersom banken opererer med IBAN, må kontoeiers IBAN oppgis. Dette gjelder også SWIFT/BIC. Kontakt egen bank dersom du har spørsmål. Husk å oppgi kontoeiers navn og MVA-/organisasjonsnummer.

Boks 6
Virksomheten kan velge å søke refusjon ved fullmektig. En fullmakt skal da vedlegges i original. Det må klart fremgå hvilke rettigheter fullmektigen har, blant annet om fullmektig kan motta refunderte beløp til sin konto. Dersom en ansatt i virksomheten fyller ut og signerer søknaden, skal ikke boks 6 fylles ut.

Boks 7
Her skal du gi en forklaring på hvorfor virksomheten har kjøpt varer/tjenester i Norge. Dette er nødvendig for at vi skal kunne avgjøre om virksomheten har rett til refusjon av MVA, og om kostnadene det søkes refusjon for er fradragsberettiget i henhold til norsk regelverk. For at vi skal ha tilstrekkelig med opplysninger bør informasjonen i boks 7 besvare følgende:
- hvorfor har virksomheten kjøpt varer/tjenester i Norge, og
- hvordan er varene/tjenestene til bruk i den utenlandske virksomheten

Boks 8
Denne boksen fylles ut dersom søker driver virksomhet med vare-/persontransport.

Kryss av dersom søker kun har fraktet varer eller personer som en del av en grenseoverskridende direktetransport til/fra Norge eller dersom søker kun har benyttet Norge som et transittland.

Du skal ikke krysse av dersom søker har transportert varer eller personer fra ett sted i Norge til et annet sted i Norge, dette gjelder også dersom søker har påtatt seg kabotasjekjøring i Norge.

Definisjonen på rundreiser er reiser hvor formålet er at de reisende skal få se og oppleve områder, steder, severdigheter mv. Eksempelvis vil bussreiser i Norge utover 24 timer betegnes som en rundreise. Det er ingen forutsetning for rundreiser at reisen avsluttes der den startet.

Boks 9
Her kan du gi en utvidet beskrivelse av virksomheten, eventuelt informere om andre forhold som kan ha betydning for søknaden.

Boks 10
Skjemaet dateres og signeres. Les nøye gjennom erklæringene før du signerer.

Omsetning i Norge: Levering av varer eller tjenester mot vederlag i Norge regnes som avgiftspliktig omsetning. Dette gjelder også dersom det benyttes en underleverandør.

Boks 11
Hver enkelt faktura skal listes opp og nummereres fortløpende. Nummeret skal også påføres fakturaen. Det er viktig at det tydelig fremgår hva slags varer/tjenester den enkelte faktura gjelder. Du kan sende inn et eget regneark som lister opp bilagene. Regnearket må inneholde de samme opplysningene som er oppgitt i boks 11. Regnearket kan i tillegg også sendes elektronisk til vår e-post adresse VATrefund@skatteetaten.no

Følgende dokumenter skal vedlegges søknaden

Kopi av fakturaer
Innsendte fakturaer og eventuelle kreditnotaer blir ikke sendt i retur når søknaden er behandlet, så sant søker ikke har bedt om det. Se søknadsskjemaets boks 4.

Utførselsdokumenter
Dersom det søkes om refusjon av merverdiavgift på varer som kan videreselges i Norge, skal søknaden vedlegges norsk utførselsdokumentasjon (attestert tolldeklarasjon) på at varen er ført ut av landet eller dokumentasjon på at varen er forbrukt eller destruert.

Attest fra offentlig myndighet i søkers hjemland
Attesten skal bekrefte at virksomheten i søknadsperioden har drevet den type næringsvirksomhet som du har oppgitt i søknadsskjemaets boks 3. Attesten er gyldig i ett år etter at den er utstedt.

Fullmakt
Fullmakt i original skal legges ved dersom virksomheten søker refusjon ved fullmektig.

Attesten og fullmakten skal være på norsk, svensk, dansk eller engelsk. Dersom de er utstedt på et annet språk, må du legge ved en bekreftet oversettelse.

Vilkår for refusjon (se merverdiavgiftsloven § 10-1 (1))

Næringsdrivende i utlandet som ikke har hatt avgiftspliktig omsetning i Norge de siste tolv måneder har rett til refusjon av inngående merverdiavgift dersom

- merverdiavgiften gjelder anskaffelse av varer eller tjenester i Norge eller innførsel av varer til Norge, og varene eller tjenestene er til bruk i virksomheten,

- omsetningen utenfor Norge hadde medført registreringsplikt/-rett dersom omsetningen hadde skjedd i Norge og

- merverdiavgiften hadde vært fradragsberettiget dersom virksomheten var registrert i Norge.

Inngående merverdiavgift refunderes ikke for varer som anskaffes eller innføres til Norge og omsettes her.

Kontaktinformasjon

Besøksadresse: Skatteetaten, Bernt Ankers gate 17, 1534 Moss
Postadresse: Skatteetaten, Postboks 103, 1501 Moss
E-postadresse: VATrefund@skatteetaten.no
Telefon: 800 80 000 / + 47 22 07 70 00
(Telefontider: 08.00 – 15.30 GMT + 1)

Guidelines to application form RF-1032

Completion of the application form

The deadline for submitting applications for the previous year is September 30.
The application must be postmarked no later than this date.

The application form is to be filled out electronically before being printed and signed and the original submitted through the post. If you send your application by courier please use our office address. See 'Contact information' for address details. If you fill out the form by hand, please use block capitals. The form must be completed in Norwegian, Swedish, Danish or English.

Box 1
If you are applying for the first time, leave this box empty. You will be allocated an identification number when we register the application. This number must then be used in all subsequent applications and correspondence with us.

Box 2
Fill out the applicant's name, address, phone, email and website. If you are not applying through an authorised agent, please nominate a contact person in the applicant's business.

Box 3
State the applicant's nature of business, NACE code and VAT or business registration number in their home country. A further description of the business may be given in box 9 or in a separate enclosure.

Box 4
The application period must lie wholly within a single calendar year and must cover at least three months, except where it concerns a residual period at the end of the calendar year. You cannot apply for a period not yet expired.

You cannot apply for a refund of less than NOK 5,000, unless the period ends 31 December, in which case the minimum amount is NOK 500.

Please note that any incorrectly refunded amounts can be reclaimed or offset against future refunds.

You should also state the number of enclosed invoices and, if applicable, the previous application period.

Box 5
Payments are made in Euro unless another currency is specified. Any additional costs relating to transfers to accounts outside of Norway will be charged to the account holder. If the bank operates with IBAN, the account holder's IBAN must be stated. The same applies to SWIFT/BIC. If you have any additional questions, please contact your bank. It is mandatory to state the account holder's name and VAT or business registration number.

Box 6
Businesses can choose to apply through an authorised agent. An original letter of attorney must be enclosed, and the agent's rights must be clearly stated, for instance, if the agent can receive payments to his account. If an employee in the applicant's business fills out and signs the application, box 6 should not be completed.

Box 7
You must include information as to why the applicant has purchased goods/services in Norway. This is essential information to enable us to determine the applicant's right to a refund of VAT and decide if the costs applied for are deductible under Norwegian rules and regulations. To provide us with sufficient information, box 7 should answer the following questions:
- why has the applicant bought the goods or services in Norway, and
- in what way has the applicant used the purchased goods and/or services in his business?

Box 8
This box should only be filled in if you are supplying transportation services for goods or passengers.

Enter X if the applicant has transported goods or persons only as a part of a cross-border direct transport to/from Norway, or if the applicant has used Norway only as a transit country.

Do not enter X if the applicant has transported goods or persons from one place in Norway to another place in Norway, this also applies if the applicant has carried out cabotage in Norway.

Roundtrips: A roundtrip means an excursion whose aim is to provide the passenger with an experience of an area or place, sightseeing, etc. Coach tours in Norway that exceed 24 hours will, for instance, be regarded as roundtrips. It is not a condition that the roundtrip ends where it started.

Box 9
You may provide us with an additional description of your business or any other information which may be relevant to the application.

Box 10
The application form must be dated and signed. Please read the declarations carefully before signing.

Turnover in Norway: Delivery of goods/services in return for remuneration is considered as taxable turnover. This also applies if you use a subcontractor.

Box 11
You should list and sequentially number each invoice. This number should also be stated on each invoice. It is important that it is clearly stated what kind of goods/services each invoice relates to. You may send us a spread sheet listing the invoices, but make sure to include all the information requested in box 11. The spread sheet may also be sent electronically to our email address VATrefund@skatteetaten.no

The following must be enclosed with the application

Copy of invoices
We will not return submitted invoices and any credit notes after processing unless you specifically ask us to. See box 4 on the application form.

Export documents
If you apply for refund of VAT on goods that could be the object of resale in Norway, Norwegian export documents (verified customs declaration) showing that the goods have been exported from Norway, or any other documentation showing that the goods have been destroyed or consumed, must be enclosed with the application.

Certificate from public authority in the applicant's home country
The certificate must confirm that the applicant was engaged in the commercial activity stated in box 3 of the application form during the application period. The certificate is valid for one year from the date of issue.

Letter of attorney
If you apply through an authorised agent, an original letter of attorney must be enclosed with the application.

The certificate and the letter of attorney must be in Norwegian, Swedish, Danish or English. If they are issued in any other language, a certified translation must be enclosed.

Conditions for refund (see Section 10-1(1) of the VAT Act)

Foreign businesses which have made no taxable supplies in Norway during the previous twelve months shall be entitled to a refund of input VAT provided that:

- the VAT relates to procurements of goods or services in Norway or the import of goods into Norway, and the goods or services are intended for use in the enterprise.

- the supply outside Norway would have entailed a liability to register or an entitlement to voluntary registration if it had taken place inside Norway, and

- the VAT would have been deductible if the enterprise had been registered in Norway.

Input VAT is not refundable for goods that are acquired or imported to Norway and sold here.

Contact information

Office address: Skatteetaten, Bernt Ankers gate 17, 1534 Moss
Postal address: Skatteetaten, P.O. Box 103, NO-1501 Moss, Norway
Email address: VATrefund@skatteetaten.no
Phone: 800 80 000 / +47 22 07 70 00
(Phone hours: 08.00 – 15.30 GMT +1)

Schweizerische Eidgenossenschaft
Confédération suisse
Confederazione Svizzera
Confederaziun svizra

Eidgenössisches Finanzdepartement EFD
Eidgenössische Steuerverwaltung ESTV
Hauptabteilung Mehrwertsteuer

ENR-Nr.
(bitte leer lassen)

Antrag auf Vergütung der Mehrwertsteuer
nach Artikel 107 Absatz 1 Buchstabe b MWSTG

Angaben über den ausländischen Antragsteller

1. Name und Vorname oder Firma: ....

   Strasse: ....

   PLZ, Ort, Land: ....

2. Vergütungsperiode: ....

3. Kennnummer in der Schweiz:
   Antragssteller, die in früheren Jahren Steuerrückvergütungen erhalten haben, wurde eine 6-stellige Kenn-Nr. (8xx xxx) zugestellt. Bitte hier vermerken. ....

4. Erbringen Sie selbst oder ein von Ihnen beauftragter Dritter Lieferungen oder Dienstleistungen in der Schweiz?
   ☐ ja wenn ja, welche ....
   ☐ nein ....
   ....

5. Genaue Beschreibung der Geschäftstätigkeit: ....
   ....

6. In welchem Zusammenhang sind Ihre Auslagen in der Schweiz entstanden beziehungsweise welchem Zweck dienten sie? ....
   ....
   ....
   ....

7. Gesamtbetrag des Antrages in CHF: ....

8. Vollmacht für den Vertreter in der Schweiz:
Der unter Ziffer 1 aufgeführte **ausländische Antragsteller** bevollmächtigt hiermit:

Name und Vorname / Firma: ....

Strasse: ....

Postleitzahl, Ort: ....

zur Vertretung in Sachen Mehrwertsteuer gegenüber der Eidg. Steuerverwaltung in Bern / CH.

9. Ort und Datum: ....

   Stempel und rechtsgültige Unterschrift **des Antragstellers:** ....

1/2

D_MWST Nr. 1222_01 / 08.14

Weitere Angaben über den Vertreter in der Schweiz

1. Name der zuständigen Person: ....

   Telefon-Nummer: ....

   E-Mail-Adresse: ....

2. Der Vertreter beantragt, im Namen des Auftraggebers, die Vergütung des in Ziffer 7 angegebenen Betrages auf folgendes Konto:

   Kontonummer / IBAN: ....

   Name und Anschrift des Kontoinhabers: ....

   ....

   Name und Ort des Geldinstituts: ....

   ....

3. Bemerkungen: ....

   ....

   ....

4. Ort und Datum:

   ....

   Stempel und rechtsgültige Unterschrift **des Vertreters:**

   ....

Folgende Unterlagen sind dem Antrag beizulegen:

☐ Aufstellung zum Antrag auf Vergütung der MWST (Form. Nr. 1223)

☐ Bescheinigung der ausländischen Steuerbehörde (Unternehmereigenschaft)

☐ Originalrechnungen

☐ ....

Schweizerische Eidgenossenschaft
Confédération suisse
Confederazione Svizzera
Confederaziun svizra

Eidgenössisches Finanzdepartement EFD

Eidgenössische Steuerverwaltung ESTV
Hauptabteilung Mehrwertsteuer

Name / Firma: .... Blatt-Nr. ....

Aufstellung zum Antrag auf Vergütung der Mehrwertsteuer nach Artikel 107 Absatz 1 Buchstabe b MWSTG für die Vergütungsperiode: ....

Lfd. Nr.	Datum der Rechnung / des Einfuhrdokumentes	Nummer der Rechnung / des Einfuhrdokumentes	Name und Ort des Leistungserbringers (Lieferer / Erbringer der Dienstleistung)	MWST-Nr. des Leistungserbringers	Art der Gegenstände oder Dienstleistung	MWST-Betrag in Fremdwährung	Umrechnungskurs siehe MWST-Info 18 „Vergütungsverfahren"	**MWST-Betrag** in CHF / Rp.	bitte leer lassen (Revisionsnotizen) Legende
Ort und Datum:							Total	0	

D_MWST Nr. 1223_01 / 07.15

Schweizerische Eidgenossenschaft
Confédération suisse
Confederazione Svizzera
Confederaziun svizra

Eidgenössisches Finanzdepartement EFD
Eidgenössische Steuerverwaltung ESTV
Hauptabteilung Mehrwertsteuer

Vergütungsverfahren nach Artikel 107 Absatz 1 Buchstabe b MWSTG und den Artikeln 151 bis 156 MWSTV

Länderliste (in alphabetischer Reihenfolge)

Folgende Länder erfüllen die Voraussetzungen für die Gewährung des Gegenrechts:

Land	Einschränkungen und/oder Bemerkungen	Grundlage	Vergütung möglich?	MWSTV
Australien		Vereinbarung	ja	152/a
Bahrain	Kennt keine mit der schweizerischen MWST vergleichbare Steuer.	Nachweis	ja	152/b
Belgien		Gegenrechtserklärung	ja	152/a
	Vergütungszins	Gegenrecht	ja	156
Bermuda	Anderes Steuersystem.	Vereinbarung	ja	152/b
Bulgarien		Gegenrechtserklärung	ja	152/a
Dänemark	Vergütung der MWST auf Verpflegung und Getränke nur zu 25%.	Gegenrechtserklärung	ja	152/a
Deutschland	Keine Vergütung der MWST auf Treibstoffen sowie pauschalierten Reisekosten.	Gegenrechtserklärung	ja	152/a
	Vergütungszins	Gegenrecht	ja	156
Estland		Gegenrechtserklärung	ja	152/a
Finnland		Gegenrechtserklärung	ja	152/a
Frankreich		Gegenrechtserklärung	ja	152/a
Griechenland		Gegenrechtserklärung	ja	152/a
Grossbritannien	Einschränkungen: Kein Gegenrecht für Jersey, Guernsey und die restlichen Kanalinseln (Herm, Sark, Alderney), da diese autonom sind.	Gegenrechtserklärung	ja	152/a
Hongkong	Kennt keine mit der schweizerischen MWST vergleichbare Steuer.	Vereinbarung	ja	152/b
Irland		Gegenrechtserklärung	ja	152/a

D_MWST Nr. 1224_01 / 12.21

Land	Einschränkungen und/oder Bemerkungen	Grundlage	Vergütung möglich?	MWSTV
Island	Neu ab Antragsjahr 2021 (Rechnungen ab 01.01.2020).	Vereinbarung	ja	152/a
Israel	Nullsatz für verschiedene Leistungen.	Gegenrechtserklärung	ja	152/a
Italien		Gegenrechtserklärung	ja	152/a
	Vergütungszins	Gegenrecht	ja	156
Japan		Gegenrechtserklärung	ja	152/a
Kanada	Vergütung der MWST ausschliesslich auf: • Messekosten (Aussteller) • Teilnahmekosten an internationalen Konferenzen, Seminaren usw., die nicht öffentlich sind (Teilnehmer) • Beherbergungsleistungen (max. 30 Tage)	Gegenrechtserklärung	ja	152/a
Kroatien		Gegenrechtserklärung	ja	152/a
Lettland		Gegenrechtserklärung	ja	152/a
Litauen		Gegenrechtserklärung	ja	152/a
Luxemburg		Gegenrechtserklärung	ja	152/a
Malta	Neu ab Antragsjahr 2016 (Rechnungen ab 01.01.2015).	Vereinbarung	ja	152/a
Mazedonien		Gegenrechtserklärung	ja	152/a
Monaco		Gegenrechtserklärung	ja	152/a
Niederlande		Gegenrechtserklärung	ja	152/a
Norwegen		Gegenrechtserklärung	ja	152/a
Österreich	Neu ab Antragsjahr 2022 (Rechnungen 2021): Keine Vergütung auf Treibstoffen	Gegenrechtserklärung	ja	152/a
Polen		Gegenrechtserklärung	ja	152/a
Portugal		Gegenrechtserklärung	ja	152/a
Rumänien		Gegenrechtserklärung	ja	152/a

Land	Einschränkungen und/oder Bemerkungen	Grundlage	Vergütung möglich?	MWSTV
Saudi-Arabien	Bis Antragsjahr 2018: anderes Steuersystem.	Vereinbarung	ja	152/c
	Ab Antragsjahr 2019: Einführung MWST.	Zurzeit keine	Vergütung wieder möglich, sobald Gegenrechtserklärungen ausgetauscht wurden. Zeitpunkt derzeit unbekannt.	152/a
Schweden		Gegenrechtserklärung	ja	152/a
Republik Serbien	Neu ab Antragsjahr 2016 (Rechnungen ab 01.01.2015).	Gegenrechtserklärung	ja	152/a
Slowenien		Gegenrechtserklärung	ja	152/a
Slowakei		Gegenrechtserklärung	ja	152/a
Spanien		Gegenrechtserklärung	ja	152/a
	Vergütungszins	Gegenrecht	ja	156
Taiwan		Gegenrechtserklärung	ja	152/a
Tschechische Republik	Neu ab Antragsjahr 2014: Keine Vergütung auf: • Reisekosten, Unterkunft und Verpflegung • Telefongebühren • Taxi • Treibstoff	Gegenrechtserklärung	ja	152/a
Türkei	Vergütung der MWST ausschliesslich auf: • Leistungen im Transportwesen (Beförderungsleistungen) inklusive Ausgaben für Treibstoffe, Ersatzteile, Wartungs- und Reparaturkosten • Leistungen im Zusammenhang mit der Teilnahme an Messen und Ausstellungen (Aussteller) inklusive Ausgaben für Beherbergungsleistungen und gastgewerbliche Leistungen	Gegenrechtserklärung	ja	152/a
Ungarn		Gegenrechtserklärung	ja	152/a

Land	Einschränkungen und/oder Bemerkungen	Grundlage	Vergütung möglich?	MWSTV
Vereinigte Arabische Emirate	Antragsjahre 2017 und 2018 (Rechnungen vom 01.01.2016 bis 31.12.2017)	Anderes Steuersystem	ja	152/b
	Antragsjahr 2019 (Rechnungen vom 01.01.2018 bis 31.12.2018) - Einführung der Mehrwertsteuer	Abklärung zum Zeitpunkt der Gültigkeit der Vereinbarung ist noch hängig.	nein	
	Ab Antragsjahr 2020 (Rechnungen ab 01.01.2019)	Vereinbarung	ja	152/a
Vereinigte Staaten von Amerika	Anderes Steuersystem	Vereinbarung	ja	152/c
Zypern		Gegenrechtserklärung	ja	152/a

Ist der Staat, in dem die antragstellende Person ihren Sitz hat, nicht in dieser Liste aufgeführt, so hat sie die Möglichkeit, der ESTV nachzuweisen, dass die Voraussetzungen für die Gewährung des Gegenrechts nach Artikel 152 Absatz 1 MWSTV dennoch erfüllt sind.

Die Bedingungen für diesen Nachweis stehen auf der Webseite der ESTV:
www.estv.admin.ch → Mehrwertsteuer → VAT-Refund - Tax free → VAT-Refund → Gegenrecht

aktuelle Liste; letzte Änderung im 12.2021

4/4

D_MWST Nr. 1224_01 / 12.21

HM Revenue
& Customs

Application for refund of VAT

By a business person who is not established in the UK

Read the VAT65A Notes before completing this form.

HM Revenue and Customs
Compliance Centres
VAT Overseas Repayment Unit
S1250
Benton Park View
NEWCASTLE UPON TYNE
NE98 1YX

Enter your Unique Reference Number (URN), only if this is not your first application

Is this form being completed by an agent on behalf of a trader? Enter 'X' if it is.

1 **Your forename(s) and surname or name of business**

House name/number and street name

Place, for the UK this will be your town and county

Country

Postal reference, for the UK this will be your postcode

2 **Nature of applicant's business**

3 **For the country in which you are established, or have your domicile, or have your normal place of residence, give the following**

Tax/Business registration number

Name of the official authority

Address of the official authority

4 **Period covered by this application** MM YY

From ___ ___ to ___ ___

5 **Total amount of refund requested. See itemised schedules on page 3**

£

6 **Enter details of the account where you would like to receive the payment of your requested refund**

Non-UK bank account

UK bank account

Postal account

IBAN

Currency of account

Bank SWIFT code

Bank identifier code

Account in the name of

Name of bank

Address of bank

7 Number of items enclosed excluding itemised schedules

Documents

Invoices

Import documents

Declaration

8 **I hereby declare that:**

a) the goods or services specified on the itemised schedule(s) were used for the following business activities in the UK

b) in the UK during the period covered by this application, I engaged in (put 'X' in the appropriate box)

no supply of goods or services ☐

only the provision of services in respect of which tax is payable solely by the person to whom they are supplied ☐

only the provision of certain supporting exempted transport services. ☐

c) the details given in this application are true.

I agree to pay back any monies wrongfully obtained

Signature

Date DD MM YYYY

Place application signed

Contact phone number

Fax number

Email address

You must complete the itemised schedule at question 9 on page 3. If you need more space, use as many copies of the VAT65A(CS) as you need. You must send us 2 copies of each schedule.

Unique Reference Number (URN), if you have one

Page 2

Schedule number 0 1

9 Itemised schedule of VAT amounts relating to the period covered by this application

1. Each document submitted should be consecutively numbered starting with 1. The number should be inserted in the top right-hand corner. Enter details across the columns in respect of each invoice submitted. If you do not have enough space use the VAT65A(CS) or acceptable alternative version (see 'General' in the Notes). Attach this securely to the application form.
2. You are reminded that when tax is incurred by taxable persons who receive VAT group treatment, the group representative member must apply on behalf of all the members. As the supporting invoices produced will not necessarily be addressed to the representative member, the status certificate must also contain the names of those group members who incurred the tax.
3. Refunds of tax incurred may only be claimed subject to the rules in the UK. Brief details of supplies on which tax cannot be reclaimed are given in HMRC Notice 723A.
   Tax incurred on the following supplies will not be refunded by the UK tax authority:
   (a) supplies of goods which have been or are about to be exported
   (b) supplies to travel agents which are for the direct benefit of travellers. Under this scheme the term 'travel agent' includes tour operators or any person who purchases or re-supplies services to travellers

Number	Nature of goods or services	Name of supplier	Address of supplier	VAT Registration Number	Date of invoice DD MM YYYY	Invoice number	Amount of tax £

Unique Reference Number, if you have one

Page total £

Paqe 3

HM Revenue
& Customs

Application for refund of VAT

By a business person who is **not** established in the community

General

The information you give on the schedule at question 9 of VAT65A will be scanned by a computer. Therefore it is essential that you complete this form as instructed below. You must use VAT65A, or an acceptable alternative version, to make your application. Alternative versions must meet our strict guidelines to make sure that they will work with our scanning equipment.

For more information, go to **www.gov.uk/government/collections/vat-forms** and from the list select 'VAT65A' then select 'Developers guide (VAT65A Developers Guide)'.

We recommend that:

- you complete this form electronically
- the application must be completed in English
- you don't use punctuation marks (full stops, commas and so on) unless essential
- you use only recognised abbreviations (for example, 'Ltd' for Limited)

If you complete this form manually, by hand, you must use capital letters.

For text: start each entry at the beginning of the line or space provided, as shown below.

A B C L T D

For amounts: line up each entry to the right and only enter one character (figure, punctuation mark and so on) in each space, as shown below.

2 2 5 . 2 0

The VAT65A application must be submitted no later than 6 months from the end of the prescribed year in which you incurred the VAT. The prescribed year is the period starting on 1 July of one year and ending on 30 June of the next.

Applications may also be submitted if the conditions set out in the notes to boxes 4 and 5 aside are met.

The Commissioners may require claimants to appoint tax representatives, registered for VAT in the United Kingdom (UK), to act on their behalf.

Unique Reference Number

This is the reference number we ask for in the top left-hand corner on page 1 and on each schedule. Leave this blank if this is your first claim. If this is not your first claim enter your reference number, this will have been issued by the official authority in the UK.

You will be notified of your reference number for use with second or subsequent claims.

Numbered boxes

Box 1 The name and address you enter here will appear on all communications we send to you.

Box 2 State the type of business activity you are engaged in during the period of the claim.

Box 3 The application must be accompanied by an original certificate of status issued by the official authority of the country in which you are established. This is to confirm that you are a business person in that country. However, where the official authority in the UK already holds such evidence, you don't need to produce another status certificate for a period of one year from the date of issue of the first certificate.

Box 4 The application should refer to the purchase of goods or services invoiced, or imports made, during a period of not less than 3 months or not more than one prescribed year. However, it may relate to a period of less than 3 months where the period represents the end of a prescribed year. Claims may also include invoices or import documents not covered by previous applications and concerning transactions made during the prescribed year covered by this application.

Box 5 The application may be used for more than one invoice or import document. If the period to which the claim relates is 3 months or more, but less than one prescribed year, the total amount of VAT claimed must not be less than £130. Otherwise, if the period is one prescribed year, or the remainder of a prescribed year, the amount of VAT claimed must not be less than £16.

Box 6 If you have a bank account you should follow the instructions detailed below.

IBAN - (International Bank Account Number) insert the IBAN of the account to which the requested refund is to be made.

Currency of account - enter the currency of the bank account where you want the refund to be paid.

Bank SWIFT code - (Society for Worldwide Interbank Financial Telecommunication) enter the SWIFT code of the bank where the account is held.

Within the context of international payment transactions, the SWIFT code (standard throughout the world) allows banks to be identified without the need to specify an address or bank number. SWIFT codes are used mainly for automatic payment transactions.

BIC - (Bank Identifier Code) insert the sort code number of the bank where the account is held.

Account in the name of - insert the name of the account holder to whom you want the refund to be paid.

Name and address of bank - insert the name and address of the bank where the account is held. Requests for payment to a bank account must be accompanied by a bank lodgement/credit slip, or other account document, as confirmation of the bank account details.

Please note that all other refunds will be issued to you, the claimant, as named in box 1. This will be paid in sterling by means of a Payable Order. Payments to a third party should be submitted with a Power of Attorney giving the payee authority to receive money on your behalf. The UK reserves the right to make refunds addressed to you, the claimant.

Box 7 Please attach **original** documents showing the amount of VAT incurred. These documents will be returned to you when the claim has been processed.

Box 8 a) Describe the nature of activities for which goods were acquired or services received. For example:

- attendance at conference
- business expenses
- fuel and transport costs

If you need more space you must use a continuation sheet. Call this 'box 8(a)' and include your business registration number or Unique Reference Number (if you have one). Attach this securely to the application form.

b) Exempted transport services are those carried out in connection with the international carriage of goods, including, subject to certain conditions, transport services associated with the transit, export or import of goods.

c) Any refund which is obtained improperly may render the offender liable to the fines or penalties laid down by the law of the UK.

More information

For more information about the scheme, please contact the VAT Helpline:

Telephone: **0300 200 3700**

Textphone: **0300 200 3719**

Outside UK: **+44 2920 501 261**

If you have a query about a claim you have sent to the VAT Overseas Repayment Unit, please contact:

HM Revenue and Customs
Compliance Centres
VAT Overseas Repayment Unit
S1250
Benton Park View
NEWCASTLE UPON TYNE
NE98 1YX

Telephone: **+44 (0) 300 322 9279**

Email: **newcastle.oru@hmrc.gov.uk**

How we use your information

HM Revenue and Customs is a Data Controller under the Data Protection Act 1998. We hold information for the purposes specified in our notification to the Information Commissioner, including the assessment and collection of tax and duties, the payment of benefits and the prevention and detection of crime, and may use this information for any of them.

We may get information about you from others, or we may give information to them. If we do, it will only be as the law permits to:

- check the accuracy of information
- prevent or detect crime
- protect public funds

We may check information we receive about you with what is already in our records. This can include information provided by you, as well as by others, such as other government departments or agencies and overseas tax and customs authorities. We will not give information to anyone outside HM Revenue and Customs unless the law permits us to do so. For more information, go to **www.gov.uk/government/organisations/hm-revenue-customs/about/personal-information-charter**